DIREITO DO TRABALHO E PROCESSO DO TRABALHO

REFORMA TRABALHISTA APÓS O PRIMEIRO OLHAR

1ª edição — 2018
2ª edição — 2019

DENISE ALVES HORTA
ISABELA MÁRCIA DE ALCÂNTARA FABIANO
LUIZ RONAN NEVES KOURY
SEBASTIÃO GERALDO DE OLIVEIRA
Coordenadores

DIREITO DO TRABALHO E PROCESSO DO TRABALHO

REFORMA TRABALHISTA APÓS O PRIMEIRO OLHAR

2ª edição

LTr®

EDITORA LTDA.

Rua Jaguaribe, 571
CEP 01224-003
São Paulo, SP — Brasil
Fone (11) 2167-1101
www.ltr.com.br
Setembro, 2019

Produção Gráfica e Editoração Eletrônica: RLUX
Projeto de capa: FABIO GIGLIO
Impressão: PSP Digital

Versão impressa — LTr 6166.6 — ISBN 978-85-361-9970-2
Versão digital — LTr 9585.1 — ISBN 978-85-301-0081-0

Dados Internacionais de Catalogação na Publicação (CIP)
(Câmara Brasileira do Livro, SP, Brasil)

Direito do trabalho e processo do trabalho :
reforma trabalhista após o primeiro olhar / coordenadores Denise Alves Horta... [et al.]. — 2. ed. — São Paulo : LTr, 2019.

Vários autores.
Outros coordenadores: Isabela Márcia de Alcântara Fabiano, Luiz Ronan Neves Koury, Sebastião Geraldo de Oliveira.

Bibliografia.
ISBN 978-85-361-9970-2

1. Direito do trabalho 2. Direito do trabalho — Brasil 3. Direito processual do trabalho 4. Reforma constitucional I. Horta, Denise Alves. II. Fabiano, Isabela Márcia de Alcântara III. Koury, Luiz Ronan Neves. IV. Oliveira, Sebastião Geraldo de.

19-23662 CDU-34:331.001.73(81)

Índice para catálogo sistemático:

1. Brasil : Reforma trabalhista : Direito do trabalho 34:331.001.73(81)

Maria Alice Ferreira — Bibliotecária — CRB-8/7964

Colaboradores

ADRIANA L. S. LAMOUNIER RODRIGUES

Advogada. Doutora em Direito do Trabalho pela Universidade Federal de Minas Gerais (UFMG) em cotutela com a Universidade de Roma Tor Vergata (2017). Master em Direito Sindical pela Universidade de Roma Tor Vergata. Bacharel em Direito pela UFMG (2011).

ANA PAULA REPOLÊS TORRES

Analista Judiciário do TRT da 3ª Região. Mestre em Direito e Doutora em Filosofia/UFMG.

ANTÔNIO GOMES DE VASCONCELOS

Professor da Faculdade de Direito da Universidade Federal de Minas Gerais. Coordenador do Programa Universitário de Apoio às Relações de Trabalho e à Administração da Justiça — UFMG. Mestre e Doutor em Direito Constitucional (UFMG). Juiz Titular da 45ª Vara do Trabalho de Belo Horizonte.

ANTONIO UMBERTO DE SOUZA JÚNIOR

Professor Universitário. Mestre em Direito pela Faculdade de Direito da Universidade de Brasília. Professor da Escola Nacional de Formação e Aperfeiçoamento de Magistrados do Trabalho (ENAMAT) e de diversas Escolas Judiciais de Tribunais Regionais do Trabalho. Conselheiro do Conselho Nacional de Justiça (2007-2009). Advogado (1986-1993). Juiz Titular da 6ª Vara do Trabalho de Brasília/DF (TRT da 10ª Região).

BEN-HUR SILVEIRA CLAUS

Juiz do Trabalho do Tribunal Regional do Trabalho da 4ª Região (RS). Mestre em Direito.

BENTO HERCULANO DUARTE NETO

Doutor e Mestre pela PUC-SP. Professor Titular da UFRN. Desembargador do Tribunal Regional do Trabalho da 21ª Região. Titular da Cadeira n. 13 da Academia Brasileira de Direito do Trabalho e Membro do Instituto Brasileiro de Direito Processual — IBDP.

CARLOS ROBERTO BARBOSA

Juiz do Trabalho da 27ª Vara do Trabalho de Belo Horizonte-MG. Doutor em Direito pela Universidad Complutense de Madrid.

CAROLINA SILVA SILVINO ASSUNÇÃO

Mestranda em direito do trabalho e das relações sociais pelo Centro Universitário do Distrito Federal (UDF). Pós-graduanda em Direito do Trabalho pela Fundação Getúlio Vargas (FGV). Especialista em Direito e Processo do Trabalho pela Faculdade de Direito Milton Campos (FDMC). Membro do Grupo de Estudos As Interfaces entre o Processo Civil e o Processo do Trabalho da FDMC. Professora do curso de pós-graduação da Faculdade de Direito Milton Campos (FDMC). Juíza do Trabalho substituta no TRT/MG.

CÉSAR P. S. MACHADO JR.

Graduado em Direito pela Universidade de Ribeirão Preto (1980) e Mestre em Educação pela Universidade Federal de Uberlândia (2000) e em Direito pela Universitat de Valencia, Espanha (2013). Desembargador do Trabalho — Tribunal Regional do Trabalho da 3ª Região. Tem experiência na área de Direito, com ênfase em direito material e processual do trabalho, atuando principalmente nos seguintes temas: prova e recursos no processo do trabalho.

CLEBER LÚCIO DE ALMEIDA

Pós-doutor em Direito pela Universidad Nacional de Córdoba/ARG. Doutor em Direito pela Universidade Federal de Minas Gerais. Mestre em Direito pela PUC-SP. Professor da graduação e do Programa de Pós-Graduação PPGD/PUC-Minas. Juiz do Trabalho da 3ª Região.

DENISE ALVES HORTA

Desembargadora do TRT da 3ª Região. Mestre em Filosofia pela PUC-SP. Pós-graduada em Direito do Trabalho: Materialidade, Instrumentalidade e Efetividade pela PUC-MG. Conselheira da Escola Judicial do TRT da 3ª Região.

DOUGLAS ALENCAR RODRIGUES

Ministro do TST.

ELAINE NASSIF

Procuradora do Trabalho na PRT3. Mestre em Direito Processual. Mestre em Direito Constitucional. Doutora em Direito Público.

EMÍLIA FACCHINI

Desembargadora do Tribunal Regional do Trabalho da 3ª Região.

FABIANO COELHO DE SOUZA

Juiz Titular da 4ª Vara do Trabalho de Goiânia-GO. Diretor Regional para o Centro-Oeste do Fórum Nacional Permanente em Defesa da Memória da Justiça do Trabalho (MEMOJUTRA), gestão 2018-2020. Juiz Auxiliar da Vice-Presidência (2014-2016) e da Presidência do Tribunal Superior do Trabalho (2016-2018). Coordenador Nacional do Processo Judicial Eletrônico na Justiça do Trabalho (2016-2018). Integrante dos Comitês Nacionais dos Programas Trabalho Seguro e Erradicação do Trabalho Infantil e Estímulo à Aprendizagem do TST/CSJT (2016-2018). Mestre em Direito pela PUC-GO. Professor da Escola de Direito de Brasília (IDP) e dos cursos de pós-graduação da ATAME, IDP, IPOG, ESA-GO/UFG e Rede Juris. Vice-Presidente do Instituto Goiano de Direito do Trabalho – IGT (2011-2017).

GERALDO MAGELA MELO

Juiz do Trabalho do Tribunal Regional do Trabalho da Terceira Região. Doutor em Direito pela UFMG. Mestre em Direito Privado, com ênfase em Direito do Trabalho, pela Pontifícia Universidade Católica de Minas Gerais, pós-graduado em Direito Tributário e Finanças Públicas pelo Instituto Brasiliense de Direito Público. Professor Universitário e de Pós-Graduação. Ex-Auditor Fiscal da Previdência Social e da Receita Federal do Brasil.

ISABELA MÁRCIA DE ALCÂNTARA FABIANO

Mestre em Direito do Trabalho pela PUC-Minas. Especialista em Direito do Trabalho e Processo do Trabalho pelo IEC PUC-Minas. Bacharel em Direito pela UFMG. Professora de Processo do Trabalho nos Cursos de Especialização em Processo e em Direito do Trabalho do IEC PUC-Minas e no MBA em Direito do Trabalho e Processo do Trabalho do Centro Universitário Newton Paiva. Servidora do TRT/MG. Formadora da Escola Judicial do TRT/MG. Coordenadora e revisora de obras jurídicas coletivas e articulista.

JESSÉ CLAUDIO FRANCO DE ALENCAR

Juiz Titular da 22ª Vara do Trabalho de Belo Horizonte/MG. Mestre em Direito pela Universidade Federal de Minas Gerais. Ex-professor de pós-graduação do Centro Educacional de Formação Superior (Faculdade Milton Campos). Professor Assistente da Sociedade Mineira de Cultura (Pontifícia Universidade Católica de Minas Gerais — PUC-Minas).

JOÃO DE LIMA TEIXEIRA FILHO

Advogado no Rio de Janeiro (www.limateixeira.com). Presidente da Academia Brasileira de Direito do Trabalho (ABDT).

JORGE CAVALCANTI BOUCINHAS FILHO

Professor de Direito Trabalhista da Fundação Getúlio Vargas/EAESP-FGV e da Escola Superior de Advocacia da OAB/SP. Titular da Cadeira n. 21 da Academia Brasileira de Direito do Trabalho. Diretor da Escola Superior de Advocacia Trabalhista da Associação dos Advogados Trabalhistas de São Paulo.

JOSÉ AFFONSO DALLEGRAVE NETO

Advogado. Mestre e Doutor em Direito pela UFPR. Pós-doutorando pela Universidade de Lisboa (FDUNL). Membro da JUTRA e da Academia Brasileira de Direito do Trabalho.

JOSÉ CALDEIRA BRANT NETO

Advogado, com atuação especial em Direito Coletivo do Trabalho por mais de 45 anos. Sócio da Caldeira Brant Sociedade de Advogados. Bacharel em Direito pela Universidade Federal de Minas Gerais (1970). Membro de várias comissões de concurso para magistrado no Tribunal Regional do Trabalho da Terceira Região.

JOSÉ MURILO DE MORAIS

Desembargador do Tribunal Regional do Trabalho da 3ª Região.

LEONARDO TIBO BARBOSA LIMA

Doutor em Direito Privado e Mestre em Direito do Trabalho pela PUC-MG. Especialista em Direito Público pela UGF-RJ. Juiz do Trabalho substituto do TRT da 3ª Região.

LETÍCIA COUTINHO MONTE ALTO

Bacharel em Direito pela UFMG. Servidora Pública do Tribunal de Justiça do Estado de Minas Gerais – TJMG.

LUCILDE D'AJUDA LYRA DE ALMEIDA

Desembargadora do Trabalho e Mestre em Direito do Trabalho pela PUC-MG.

LUIZ ANTÔNIO DA SILVA BITTENCOURT

Mestrando em Direito Privado pela Pontifícia Universidade Católica de Minas Gerais (CAPES 6). Especialista em Ensino de Filosofia; Especialização em andamento em Derechos Humanos Laborales y Derecho Transnacional del Trabajo pela Universidade de Castilha-La Mancha, Toledo, Espanha. Revisor do periódico da UNIFOR. Advogado.

LUIZ OTÁVIO LINHARES RENAULT

Doutor em Direito pela Universidade Federal de Minas Gerais. Professor adjunto aposentado da Pontifícia Universidade Católica de Minas Gerais. Desembargador do Tribunal Regional do Trabalho da 3ª Região.

LUIZ RONAN NEVES KOURY

Desembargador aposentado do Tribunal Regional do Trabalho da 3ª Região. Mestre em Direito Constitucional pela UFMG. Professor de Direito Processual do Trabalho da Faculdade de Direito Milton Campos.

MARCELO FURTADO VIDAL

Juiz Titular da 10ª Vara do Trabalho, Belo Horizonte-MG. Mestre em Filosofia do Direito pela Faculdade de Direito da UFMG. Mestre em Direito Social pela Universidad de Castilla-La Mancha, Espanha.

MÁRCIO FLÁVIO SALEM VIDIGAL

Desembargador do Tribunal Regional do Trabalho da Terceira Região. Especialista em Direito do Trabalho — Materialidade, Instrumentalidade e Efetividade. Doutor em Autonomia Individuale e Autonomia Collettiva na Universidade de Roma II — Tor Vergata — Itália. Doutor em Direito.

MARIA CECÍLIA ALVES PINTO

Desembargadora junto ao Tribunal Regional do Trabalho da 3ª Região, Doutora pela Universidad Pablo de Olavide, dentro do Programa de Doutorado "Desarrollo y Ciudadanía: Derechos Humanos, Igualdad, Educación e Intervención Social".

MARIA CRISTINA DINIZ CAIXETA

Juíza do Trabalho — Titular da 40ª VT/BH. Mestre em Processo pela PUC-Minas. Mestre em Relações Laborais pela Universidade Castilla De La Mancha — Espanha. Professora Universitária.

MARIA RAQUEL FERRAZ ZAGARI VALENTIM

Juíza Titular da 5ª Vara do Trabalho de Juiz de Fora. Coordenadora Acadêmica da Escola Judicial do TRT da 3ª Região (2016-2017). Pós-Graduada em Direito do Trabalho/USP.

MARISTELA ÍRIS DA SILVA MALHEIROS

Desembargadora junto ao Tribunal Regional do Trabalho da 3ª Região.

MARTHA HALFELD FURTADO DE MENDONÇA SCHMIDT

Juíza Titular do TRT-MG e do Tribunal de Apelação da ONU. Doutora em Direito pela *Université de Paris II (Panthéon-Assas)* e pela UFMG. Ex-Conselheira da Enamat (Escola Nacional de Formação e Aperfeiçoamento de Magistrados do Trabalho) e da Escola Judicial do TRT-MG. Professora licenciada do Centro Universitário UNA, em Belo Horizonte.

MÔNICA SETTE LOPES

Professora associada da Faculdade de Direito da UFMG. Desembargadora aposentada do Tribunal Regional do Trabalho da 3ª Região. Doutora em Filosofia do Direito.

MURILO RODRIGUES COUTINHO

Assessor Jurídico de Desembargador do TRT da 3ª Região. Ex-Assessor Jurídico de Ministros do TST.

NEIVA SCHUVARTZ

Mestre em Direito do Trabalho pela Faculdade de Direito da Universidade de Coimbra (diploma reconhecido pela USP). Especialista em Direito do Trabalho pela Faculdade Milton Campos. Especialista em Negócios Internacionais pela PUC-Minas. Graduada em Direito pelo Centro Universitário de Belo Horizonte e Psicologia pelo Centro Universitário Newton Paiva. Coordenadora do MBA em Direito do Trabalho do Centro Universitário Newton Paiva. Membro do Conselho Consultivo da *Revista Iniciação Científica Newton Paiva* e sócia da Calazans, Luz, Pereira & Schuvartz Advogados.

NEY MARANHÃO

Professor Adjunto do Curso de Direito da Universidade Federal do Pará (Graduação e Pós-graduação *stricto sensu*). Doutor em Direito do Trabalho pela Universidade de São Paulo (USP), com estágio de Doutorado-Sanduíche junto à Universidade de Massachusetts (Boston/EUA). Mestre em Direitos Humanos pela Universidade Federal do Pará (UFPA). Especialista em Direito do Trabalho pela Universidade de Roma – La Sapienza (Itália). Professor convidado de diversas Escolas Judiciais de Tribunais Regionais do Trabalho. Juiz Titular da 2ª Vara do Trabalho de Macapá (AP) (TRT da 8ª Região/PA-AP)

RAQUEL BETTY DE CASTRO PIMENTA

Doutora pela Università degli Studi di Roma Tor Vergata (Itália) em cotutela internacional com a UFMG (Brasil). Mestre em Direito do Trabalho pela PUC-MG. Especialista em Direito do Trabalho Ítalo-Brasileiro pela UFMG e pela Università di Roma Tor Vergata; Bacharel em Direito pela UFMG. Servidora do Tribunal Regional do Trabalho da 3ª Região. Professora em cursos de pós-graduação *lato sensu*.

RICARDO WAGNER RODRIGUES DE CARVALHO

Professor de Direito do Trabalho nos cursos de graduação e pós-graduação da Faculdade de Direito Milton Campos. Mestre em Direito do Trabalho pela PUC-MG. Assessor de Desembargador do TRT 3ª Região.

SARA COSTA BENEVIDES

Doutora e Mestre em Direito do Trabalho pela PUC-Minas. Especialista em Direito Civil pelo IEC PUC-Minas. Bacharel em Direito pela PUC-Minas. Professora de Direito e Processo do Trabalho em cursos de graduação e pós-graduação *lato sensu* e em cursos preparatórios para concursos públicos. Advogada.

SEBASTIÃO GERALDO DE OLIVEIRA

Desembargador do TRT da 3ª Região. Mestre em Direito pela UFMG. Membro da Academia Brasileira de Direito do Trabalho. Autor de livros e artigos sobre saúde do trabalhador e acidente do trabalho.

SÉRCIO DA SILVA PEÇANHA

Desembargador no TRT-3ª Região e Mestre em Direito Processual pela PUC-MG.

TAISA MARIA MACENA DE LIMA

Doutora e Mestra em Direito Civil pela UFMG. Professora na PUC-Minas. Ex-bolsista do DAAD. Desembargadora do Trabalho.

TARCÍSIO CORREA DE BRITO

Juiz do Trabalho do TRT3 desde 1998. Especialista em Direito do Trabalho e Direito Previdenciário pela Universidade Estácio de Sá, 2002. Mestre em Filosofia do Direito pela Faculdade de Direito da UFMG, 2002. Mestre em relações internacionais, opção política internacional pela Universidade de Paris II, Panthéon-Assas, 2004. Estudos doutorais em Direito Internacional Público pela Universidade de Paris II, Panthéon-Assas, 2004-2010.

VÍTOR NOGUEIRA DE OLIVEIRA

Bacharel em Direito pela UFMG. Pós-graduado em Direito do Trabalho e Processo do Trabalho. Advogado.

VITOR SALINO DE MOURA EÇA

Pós-doutor em Direito Processual Comparado pela Universidad Castilla-La Mancha, na Espanha. Professor Adjunto IV da PUC-Minas (CAPES 6), lecionando nos cursos de mestrado e doutorado em Direito. Professor visitante em diversas universidades nacionais e estrangeiras. Professor conferencista na Escola Nacional de Magistratura do Trabalho — ENAMAT e na ENAMATRA. Pesquisador junto ao Centro Europeo y Latinoamericano para el Diálogo Social — España. Membro efetivo, dentre outras, das seguintes sociedades: Academia Brasileira de Direito do Trabalho — ABDT; Asociación Iberoamericana de Derecho del Trabajo y de la Seguridad Social — AIDTSS; Asociación de Laboralistas — AAL; Escuela Judicial de América Latina — EJAL; Instituto Brasileiro de Direito Social Cesarino Júnior — IBDSCJ; Instituto Latino-Americano de Derecho del Trabajo y de la Seguridad Social — ILTRAS; da Societé Internationale de Droit du Travail et de la Sécurité Sociale e do Instituto Brasileiro de Direito Processual — IBDP.

VÓLIA BOMFIM CASSAR

Doutora em Direito e Economia pela UGF. Mestre em Direito Público pela UNESA. Desembargadora do Tribunal/RJ. Professora do curso LFG e curso Forum e autora.

WÂNIA GUIMARÃES RABÊLLO DE ALMEIDA

Doutora e mestra em Direito Privado, com ênfase em Direito do Trabalho, pela PUC-Minas. Professora e advogada.

SUMÁRIO

PARTE VII
REFORMA TRABALHISTA E DIREITO PROCESSUAL DO TRABALHO

Apresentação

Uma coisa é pôr ideias arranjadas, outra é lidar com país de pessoas, de carne e sangue, de mil-e-tantas misérias. (João Guimarães Rosa)

Em fevereiro de 2018, foi publicada a obra *Direito do Trabalho e Processo do Trabalho: Reforma Trabalhista — Principais Alterações*, atualizada de acordo com a MP n. 808 de 14 de novembro de 2017.

Os objetivos eram apresentar as modificações legislativas, sobretudo nos âmbitos do Direito do Trabalho (em seus aspectos individual e coletivo) e do Direito Processual do Trabalho, e estimular o início do debate jurídico.

Mais de um ano depois da vigência da Lei n. 13.467/2017, começam a se delinear as tendências interpretativas das novas normas instituídas, em especial daquelas de Direito Processual do Trabalho. Quanto às de Direito Material, devido à sua força particularizante, exige-se uma sustentação reiterada na vida presente, resultado da própria dinâmica das relações jurídicas, o que reclama tempo maior para a sinalização dos rumos nas interpretações.

O TST, a fim de garantir a segurança jurídica, contribuiu significativamente para a pacificação das divergências que se afloraram quanto à aplicação no tempo das modificações processuais efetivadas pela Lei n. 13.467/2017, ao editar a Instrução Normativa n. 41, por meio da Resolução n. 221, de 21 de junho de 2018.

Diante do contexto retratado, esta nova obra traz à tona a visão de magistrados, procuradores do trabalho, professores e advogados sobre os temas articulados na Reforma Trabalhista.

Os autores, em abrangente análise, apresentam o resultado crítico, doutrinário e jurisprudencial do empreendimento legislativo levado a efeito, que, no seu primeiro ano de vigência, foi marcado por inúmeras ações diretas de inconstitucionalidade e pela perda de vigência da Medida Provisória n. 808 de 14 de novembro de 2017.

Para facilitar a compreensão das esferas temáticas analisadas, a presente obra está dividida em sete partes, observando a mesma metodologia do livro anterior.

A primeira delas aborda a Reforma Trabalhista e a Instrução Normativa n. 41/2018 do TST. A segunda trata do processo legislativo da Reforma e o do direito intertemporal. A terceira parte enfoca as controvérsias sobre a constitucionalidade da Lei n. 13.467/2017. O quarto segmento examina a amplitude da terceirização instituída pela Reforma e seus impactos no mundo do trabalho. A quinta parte é destinada às alterações concernentes ao Direito Individual do Trabalho. A sexta e a sétima partes tratam, respectivamente, das alterações realizadas no âmbito do Direito Coletivo do Trabalho e do Direito Processual do Trabalho.

A elaboração do livro, com o desenvolvimento sistemático apresentado, não seria possível sem o privilégio da contribuição de juristas destacados, que se debruçaram sobre os novos dispositivos legais para oferecerem ao leitor conteúdo crítico em variadas perspectivas.

Realça-se o propósito construtivo e, sobretudo, elucidativo das reflexões empreendidas em torno da fisionomia moderna da legislação laboral, com iluminação dos vieses que ressaem do primeiro ano de sua aplicação prática.

A alteração, pela Reforma, de parte da organicidade do sistema até então vigente predispõe a desenvolver um trabalho de superação das insuficiências por meio de um longo caminho a ser trilhado no Judiciário Trabalhista. Com desdobramentos e interrogações que permanecerão em aceso debate nos próximos anos, o percurso desafia a contínua tomada de consciência crítica dessa face importante da realidade, que compõe o desenvolvimento da história contemporânea, ligada ao mundo do trabalho.

Os Coordenadores

PARTE I

REFORMA TRABALHISTA E A INSTRUÇÃO NORMATIVA 41/2018 DO TST

A Reforma Trabalhista e o Tribunal Superior do Trabalho: entre a gestão administrativa de questões jurídicas e o exercício efetivo da jurisdição

Douglas Alencar Rodrigues(*)

Considerações preliminares

Que os primeiros registros deste relatório sejam de agradecimento ao Desembargador Luiz Ronan Neves Koury, responsável pelo convite para participar desta importante obra jurídica coletiva editada no âmbito do Egrégio Tribunal Regional do Trabalho da 3ª Região, em momento singular da história do Direito e da Justiça do Trabalho no Brasil.

A proposta deste ensaio, segundo exposto pelo ilustre Desembargador Luiz Ronan, deveria alcançar a exposição em breves palavras da experiência vivenciada pela Comissão de Ministros do Tribunal Superior do Trabalho (TST), designada para realizar os estudos preliminares acerca das inovações geradas pela Lei n. 13.467/2017 e que culminaram na edição da Resolução 221/2018 (Instrução Normativa n. 41/2018) pelo TST.

Uma advertência preliminar, portanto, aos que optarem pela leitura do presente texto: não encontrarão um artigo no melhor estilo acadêmico, com citações doutrinárias e farto escólio jurisprudencial; apenas encontrarão o relato de um ativo partícipe do processo de construção jurisprudencial deflagrado com o início da vigência da Lei n. 13.467/2017 e com a edição da IN n. 41/2018.

Apesar dos limites que devem balizar a construção do presente relatório, como dito, centrados no trabalho da Comissão designada para indicar parâmetros iniciais para aplicação das novas regras, parece conveniente expor breve análise do contexto recente que precedeu as polêmicas inovações inscritas na Lei n. 13.467/2017, alvo de tantos debates e disputas instalados nas mais diversas arenas, acadêmica, judicial e parlamentar.

1. O cenário do mercado de trabalho brasileiro no contexto da reforma trabalhista e os sindicatos

No universo recente das relações de trabalho no Brasil, algumas características eram marcantes e devem ser realçadas: elevada taxa de desemprego, girando em torno de 12% ao tempo da tramitação da proposição legislativa que resultou na Lei n. 13.467/2017; alto índice de informalidade (40%), com exclusão de expressivo contingente de trabalhadores do sistema previdenciário; elevada taxa de rotatividade da mão de obra, embora com níveis diferenciados nos vários setores da economia; baixo nível dos salários (pesquisa divulgada recentemente pelo IBGE, em novembro/2017, revela que metade dos trabalhadores brasileiros, subordinados e autônomos, possuem renda inferior a 15% do salário mínimo); expressivo e crescente volume de ações trabalhistas; negociações coletivas que não pacificam conflitos, antes os estimulam, geram instabilidade e comprometem a necessária previsibilidade, alimentando o ciclo vicioso de transferência de custos ao conjunto da sociedade; número explosivo de sindicatos em um sistema que consagra a unicidade, totalizando mais de 17.300 sindicatos, dos quais mais da metade jamais celebrou qualquer ajuste coletivo; baixos índices de representatividade dos sindicatos, financiados com a intervenção do Estado.

Diante desse cenário — resultado, entre tantos fatores, do onipresente processo de globalização econômica, ainda percebido em sua real extensão e complexidade por muitos atores sociais —, mostrava-se mesmo necessário promover alguns ajustes na legislação laboral, ainda que pontuais, especialmente em relação ao modelo sindical e à negociação coletiva, na perspectiva de criar condições para a construção de relações de emprego mais colaborativas e democráticas, menos conflitivas ou adversariais.

O diálogo social legítimo, exercitado em bases realistas e conduzido por sindicatos representativos e atores empresariais conscientes de suas responsabilidades, inclusive no campo social, foi o objetivo idealizado pela Constituição da República de 1988, segundo vem proclamando o Supremo Tribunal Federal, quando menos, a partir do rumoroso caso BESC (RE 590.415).

(*) Ministro do TST.

Ainda que se possa afirmar a existência de nichos de legitimidade, representatividade e combatividade no universo sindical brasileiro contemporâneo, o legado varguista da unicidade sindical e do custeio estatal acabou transformando essas organizações de classe em autênticos cartórios, altamente rentáveis, livres de quaisquer controles, dando ensejo a disputas e escândalos diversos tanto na gestão dessas entidades (muitas das quais verdadeiramente apropriadas, privatizadas ou colonizadas por dirigentes inescrupulosos), quanto na busca pela concessão de registros sindicais (confira-se a esse propósito as múltiplas e recentes notícias divulgadas pela mídia nacional acerca da "quadrilha do registro sindical" que se instalou no Ministério do Trabalho e Emprego).

Por efeito lógico desse cenário de baixa representatividade e verdadeira desconexão entre as cúpulas sindicais e as categorias supostamente representadas, a negociação coletiva não encontrou campo fértil na jurisprudência para que pudesse desenvolver sua vocação natural de eixo central de regulação — autônoma e diferenciada, e para além da lei — das relações entre trabalhadores e empregadores, inclusive e particularmente em contextos de crise econômica.

Sob o epíteto de "princípio da adequação setorial negociada", consolidou-se na jurisprudência a concepção doutrinária de que as normas coletivas jamais poderiam regular direitos já disciplinados por normas jurídicas editadas pelo Estado, ainda que fossem disponíveis (transacionáveis em reclamações trabalhistas) ou que oferecessem conteúdo patrimonial imediato.

Essas negociações apenas seriam válidas se consagrassem regras mais benéficas aos trabalhadores, vedada, objetivamente, a possibilidade de redução ou a modificação dos níveis de proteção inscritos em lei, independentemente da regularidade formal do processo negocial e da legítima manifestação de vontade das categorias envolvidas. E o que é pior, com absoluto desprezo à denominada teoria do conglobamento, segundo a qual não se pode analisar de forma pontual ou isolada as disposições inscritas em contratos coletivos, pois as previsões aparentemente prejudiciais aos trabalhadores são compensadas por conquistas outras na mesma negociação coletiva, a partir de prévios juízos de valor (conveniência e oportunidade) de que são titulares os próprios atores coletivos, juízos esses que não devem se sujeitar ao crivo do Poder Judiciário, ressalvados os casos extremos de direitos indisponíveis ou de lesão à norma de ordem pública.

Na cotidiano forense, o ataque às normas coletivas praticamente se repetia na maioria das ações individuais, oferecendo ao exame judicial a análise isolada de cláusulas específicas, sem maiores questionamentos a propósito dos efeitos amplos que deveriam ser observados em razão do reconhecimento, ainda que pontual, da ineficácia da norma coletiva. Ora, se a ineficácia de determinada previsão é reconhecida pelo Poder Judiciário, nada mais natural que a correspondente vantagem destinada a compensá-la seja igualmente tornada nula, repondo os atores sociais ao estado anterior.

Mas, para além dessas críticas, a noção de que a concessão da "vestimenta legal" a determinados direitos faria com que fossem ungidos com o manto da indisponibilidade absoluta, tornando-os infensos ao âmbito da negociação coletiva, foi expressamente superada no sistema legal em vigor.

Embora a "teoria da adequação setorial negociada" tenha sido bem concebida cientificamente, contando com ampla acolhida jurisprudencial, o foco de resistência a essa teoria sempre esteve situado nos próprios atores sociais, responsáveis pela celebração de contratos coletivos (expressão utilizada como gênero para acordos e convenções coletivas de trabalho), consagrando prescrições contrárias às disposições legais, súmulas e orientações jurisprudenciais do TST.

Diferentemente do que se poderia imaginar, essa postura de celebração de normas coletivas em sentido contrário ao disposto em lei tornou-se absolutamente comum, dando ensejo a inúmeras ações judiciais individuais e rompendo a confiabilidade que se deveria atribuir à negociação coletiva. Mesmo sindicatos com elevado grau de representatividade patrocinavam – e continuam patrocinando — negociações contrárias ao postulado da adequação setorial negociada, evidenciando o descompasso ou a reação dos atores sociais contra a jurisprudência consolidada.

Entre tantos exemplos, talvez o mais emblemático envolva o Sindicato dos Metalúrgicos do ABC (SP), que celebrou acordo coletivo com a Volkswagen fixando periodicidade (mensal) distinta da legal (semestral) para a concessão da parcela de participação nos lucros e resultados, o que acabou coonestado pelo TST, em julgamento histórico, após intensa disputa jurisprudencial (OJT 73 da SBDI-I/TST).

E o resultado desse cenário de descompasso absoluto entre a realidade normatizada pelos atores sociais e os limites da autonomia negocial coletiva, tais como propostos pela doutrina e jurisprudência, acabou forjando um quadro dantesco e paradoxal, na medida em que os atores sociais, de um lado, insistiam — e insistem — em firmar pactos coletivos contrários à teoria da adequação setorial negociada (mesmo quando não envolvidas normas de ordem pública, voltadas à tutela da segurança e higidez física e mental no trabalho), e o sistema estatal de gestão da justiça (referência ampla para abarcar o Poder Judiciário, o Ministério Público e os Auditores Fiscais do Trabalho), de outro, igualmente insistia — e ainda insiste — em decretar a nulidade dessas prescrições.

A mensagem que se extrai desse cenário poderia ser assim sintetizada: o pactuado coletivamente não tem valor jurídico, independentemente da natureza ou conteúdo dos direitos negociados, e não deve ser necessariamente cumprido, pois remanesce o "terceiro turno" da disputa a ser trilhado perante a Justiça do Trabalho.

Em outras palavras, mesmo que seja cumprido o que fora convencionado, seria lícito propor reclamação trabalhista para discutir a incidência do princípio da adequação setorial negociada, invalidando fração da norma coletiva e obtendo o ganho econômico decorrente; se não for cumprida a norma coletiva por seus destinatários, será igualmente lícito propor a ação para fazer valer o quanto negociado.

Em qualquer dessas hipóteses o resultado seria sempre o mesmo: insegurança jurídica e desprestígio para a negociação coletiva, com ações e recursos abarrotando o Poder Judiciário.

É lamentável e incompreensível que, depois de vencido o processo de negociação coletiva (primeiro turno) e vivenciada a norma na execução dos contratos de trabalho (segundo turno), subsista a possibilidade de discussão ulterior perante a Justiça do Trabalho a propósito da juridicidade do quanto foi negociado pelos atores sociais e que fora regularmente cumprido por seus destinatários (terceiro turno).

Ressalvadas as situações extremas de transação de direitos verdadeiramente indisponíveis, e que são inconfundíveis com os direitos de conteúdo patrimonial imediato, diuturnamente transacionados nas varas e tribunais do trabalho, o critério doutrinário e jurisprudencial básico a ser observado na análise das normas coletivas deve alcançar a ratificação da norma coletiva que tenha sido celebrada sem vícios de ordem formal, em consonância com as prescrições estatutárias e regular expressão da vontade das categorias envolvidas.

Com a prevalência da lógica contrária e de interdição da autonomia negocial coletiva, no entanto, que parte do pressuposto de que os atores sociais devem ser permanentemente tutelados pelo Estado, prevalecia a insegurança jurídica responsável por gerar ainda mais ações judiciais, com desprestígio à credibilidade da negociação coletiva e ao próprio resgate da promessa constitucional da razoável duração do processo.

Esse cenário sofreu sensível alteração quando o Supremo Tribunal Federal, em abril de 2015, fez publicar o acórdão lavrado no RE 590.415, em que relator o Ministro Luís Roberto Barroso, no qual demonstrou claramente a necessidade de reexame da jurisprudência trabalhista, particularmente a editada pelo TST, com a revisão do sentido conferido à autonomia coletiva da vontade. A esse emblemático e histórico julgamento seguiu-se um outro, relatado pelo Ministro Teori Zavascki, nos autos do RE 895.759, também sinalizando na mesma direção de inadequação da jurisprudência em relação à autonomia negocial coletiva.

Sobreveio, então, ao final de 2016, o Anteprojeto de Lei n. 6.787 remetido ao Congresso Nacional pelo Poder Executivo, para dispor sobre poucas questões: negociação coletiva, trabalho informal, representação no local de trabalho e trabalho temporário. Dos debates travados no curso da tramitação do referido Anteprojeto de Lei n. 6.787 nasceu a Lei n. 13.467/2017, alvo dos presentes comentários.

Não cabe, com os olhos do presente, tecer questionamentos críticos com relação às opções e virtudes do modelo de regulação das relações trabalhistas implantado no Brasil a partir da década de 30 do século XX.

Afinal, a intervenção estatal para regular as relações de trabalho pessoal e subordinado foi imposta pela realidade social vivenciada no curso inicial do processo de industrialização brasileira, atendendo à legítima aspiração social por segurança e justiça nas relações de trabalho que se estabeleciam no contexto das profundas transformações sociais, econômicas e políticas então vivenciadas.

No Brasil, à semelhança do que se verificou nos países continentais da Europa, a intervenção estatal se fez também necessária para pacificar as relações assimétricas de trabalho que tantas convulsões sociais produziram ao longo da República Velha e no próprio alvorecer do Estado Novo.

2. O CONTEXTO DA REFORMA TRABALHISTA

Embora a Lei n. 13.467/2017 tenha sido editada com reduzido lapso de tramitação nas duas casas do Congresso Nacional, apesar da extensão e da relevância de seus conteúdos, acabou promovendo alterações significativas no sistema de regulação das relações de trabalho no Brasil, também consagrando inovações e modificações relevantes em vários aspectos do correspondente sistema de resolução de conflitos.

Aspectos centrais desse modelo sofreram alterações expressivas, os quais podem ser realçados, entre tantos outros: a regulação de novos parâmetros para exercício da autonomia da vontade nos planos individual e coletivo; a indução a um novo modelo sindical que se pretende mais representativo; o prestígio reforçado à adoção de meios extrajudiciais de resolução de conflitos; a introdução de mecanismos destinados a conferir segurança jurídica às relações de trabalho, alterando o paradigma essencialmente belicista que habita o imaginário coletivo e que pauta a conduta dos atores sociais; a reafirmação com letras fortes do postulado ético da litigância responsável; a previsão de um filtro mais restritivo para os recursos destinados à esfera jurisdicional extraordinária, a transcendência, que pode colocar em xeque o próprio papel de uniformização jurisprudencial exercitado pelo órgão de cúpula da Justiça do Trabalho.

Pelo modo célere como tramitou e pelo amplo conteúdo e impacto das alterações promovidas, a Reforma Trabalhista tem sido alvo de duras críticas produzidas por atores relevantes do mundo sindical, da magistratura, do Ministério Público, da advocacia e da Academia.

Essas críticas envolvem, por exemplo, a afirmação extremista de que a nova legislação seria manifesta e irremediavelmente inconstitucional, em sua totalidade, porque produzida em instante de uma suposta fragilidade democrática, afrontando o postulado da dignidade da pessoa humana e a própria noção da progressividade dos direitos humanos. Censuras que envolvem o viés liberal da reforma e o propósito de retificação da jurisprudência sumulada do TST. Críticas que igualmente avançam para a "inconvencionalidade" de várias das novas disposições, porquanto incompatíveis com diversas normas internacionais ratificadas pelo Brasil. E críticas mais genéricas que buscam, em síntese, censurar as próprias opções consagradas na arena parlamentar, como se fosse possível ao Poder Judiciário substituir critérios tidos por não convenientes ou menos adequados ao ideal da proteção social do trabalhador.

Nada obstante, vencido o momento de definição das escolhas pelo legislador e posta a lei em vigor, várias dessas críticas parecem perder relevância e substância. Assim, por exemplo, o exíguo tempo de tramitação da reforma nas duas casas do Congresso Nacional e o objetivo de retificação da jurisprudência sumulada do TST não são relevantes para o momento atual de interpretação e aplicação das novas regras. A compatibilidade dessas regras com a Constituição e com as demais normas internacionais ratificadas pelo Brasil, diferentemente, deve ser avaliada caso a caso, no exercício típico da jurisdição.

3. O TST E A REGULAMENTAÇÃO ADMINISTRATIVA DAS NOVAS REGRAS

Além do manancial de questionamentos relevantes a propósito do novo modelo legal trabalhista implantado no Brasil, muitos dos quais bem fundamentados, a entrada em vigor das novas regras, em 11.11.2017, agregou um elemento novo a esse relevante debate, qual seja, a insegurança jurídica advinda da disputa de direito intertemporal que se estabeleceu nos campos material e processual.

Decisões judiciais logo se precipitaram em todo o país, aplicando indiscriminadamente as novas regras processuais às ações em curso, embora propostas antes da vigência da nova legislação, com clara ruptura das noções de estabilidade e segurança jurídica.

Nesse específico âmbito, vários são os questionamentos enfrentados: as novas regras seriam imediatamente aplicáveis, colhendo os contratos em curso, inclusive para reduzir parâmetros de proteção ou alterar a realidade antes observada, ou tais contratos representam atos jurídicos perfeitos, imunes aos efeitos dessas novas prescrições? As novas regras processuais são ou não aplicáveis aos processos em curso ou em que medida devem ser respeitadas as situações subjetivas processuais constituídas? Qual das teorias doutrinárias deve prevalecer: da unidade processual, das fases do procedimento ou do isolamento dos atos processuais?

Esse cenário de perplexidade acabou levando o Tribunal Superior do Trabalho (TST) a reprisar a estratégia de gestão já adotada em dois momentos antecedentes de importantes inovações normativas, precisamente aqueles que envolveram o advento da Reforma do Poder Judiciário (EC 45/2004) e a chegada do novo Código de Processo Civil (Lei n. 13.105/2015).

Como bem se sabe, nesses dois momentos, o TST optou por editar atos normativos de caráter orientador, destinados a tornar explícitas as posições daquela Corte a propósito do significado das novas regras processuais então editadas.

E as múltiplas virtudes dessas duas opções gerenciais de resolução prévia de questões jurídicas relevantes são manifestas e inquestionáveis, na exata medida em que fazem superadas desde logo, em seu nascedouro, as dezenas de questões processuais que se poderiam suscitar nas milhares de ações que tramitam nos vários órgãos do Poder Judiciário, retardando indefinidamente a solução final dessas disputas e comprometendo o postulado da razoável duração do processo.

Em boa hora, portanto, o TST, que não detém, como é óbvio, função legislativa primária, optou por constituir comissão composta pelos Ministros Aloysio Corrêa da Veiga (presidente), Maria Cristina Peduzzi, Vieira de Mello Filho, Alberto Bresciani, Walmir Oliveira da Costa, Mauricio Godinho Delgado, Augusto César Leite de Carvalho, Alexandre Agra Belmonte e Douglas Alencar Rodrigues, para examinar as novas regras e propor o conteúdo de instrução normativa sobre aspectos reputados relevantes da nova legislação.

Ao longo de seis reuniões foram definidas as estratégias de análise, definidos os temas e respectivos relatores, cujas propostas deveriam ser previamente enviadas aos demais integrantes da comissão, dinamizando os debates que seriam enfrentados.

A premissa básica que orientou a ação da comissão — que por óbvio não detinha função normativa, figurando a Resolução Administrativa que seria editada como espécie de *soft law*, sem eficácia vinculativa, mas apenas persuasória para os demais órgãos do Poder Judiciário

— foi a presunção de constitucionalidade da norma jurídica editada pelo Congresso Nacional. Com isso, seriam examinadas algumas das questões de direito processual mais relevantes e que vinham suscitando dúvidas e questionamentos em todo o Brasil. As questões de direito material, porque essencialmente centradas em juízos de valor próprios ao exercício jurisdicional típico, foram relegadas para a esfera própria das disputas em ações judiciais.

Ainda que existissem dúvidas ou mesmo divergências pontuais em relação às opções do legislador ordinário, inclusive sob a perspectiva da própria constitucionalidade de algumas das disposições inscritas na Lei n. 13.467/2017, não seria possível que o TST, em âmbito administrativo, resolvesse tantas questões jurídicas complexas, antecipando-se ao salutar e democrático processo de construção difusa do sentido da ordem jurídica, observado a partir das instâncias iniciais de jurisdição.

Fixados os limites da atuação da Comissão e construído o texto-base da Instrução Normativa, os demais ministros da Corte foram instados a se manifestar, expondo suas sugestões, críticas e divergências. Colhidas todas as manifestações, a Comissão as analisou e emitiu novas considerações, aprimorando o texto e submetendo-o à deliberação final. O resultado dos trabalhos desenvolvidos foi apresentado em sessão plenária e finalmente aprovado.

A ideia da segurança jurídica representa valor central nas sociedades ocidentais, independentemente da tradição romano-germânica de direito legislado ou da experiência anglo-saxã dos precedentes.

No exercício da jurisdição, juízes e tribunais devem zelar pela proteção das expectativas sociais criadas a partir da pacificação da jurisprudência.

Embora a ação judicial esteja pautada no postulado da persuasão racional (que consagra a liberdade de valoração de provas e de interpretação do direito cujo conteúdo ainda não tenha sido fixado pelos tribunais a que se vinculam ou pelas cortes superiores), os membros do Poder Judiciário compõem uma estrutura pública que deve funcionar de forma sistemática e coerente, produzindo respostas céleres e isonômicas.

Muito além de um conjunto desordenado de agentes políticos responsáveis por editar respostas para os litígios apresentados, os magistrados devem proteger a confiança legítima dos cidadãos, preservando a estabilidade da jurisprudência, como autêntico patrimônio social (CPC, art. 926).

A expectativa, portanto, é que as diretrizes postas na IN 41/2018 sejam acatadas naturalmente pelos demais órgãos do Poder Judiciário, pois, do contrário, as partes sucumbentes em ações e recursos deverão interpor recursos diversos perante a Justiça do Trabalho, com o propósito de fazer valer, ao fim, a compreensão do TST a propósito das questões jurídicas tratadas em sede administrativa.

4. As questões tratadas pelo TST

Como se sabe, a Lei de Introdução às Normas do Direito Brasileiro (LINDB), em seu art. 2º e respectivos parágrafos, fixa os parâmetros que devem orientar a análise de conflitos de leis no tempo, consagrando os critérios da vigência inercial da norma jurídica até que outra a revogue ou a modifique (por declaração expressa ou por regulação diversa e/ou integral da matéria tratada na lei anterior).

Ainda como critério para resolução de tais conflitos, fixou o legislador que disposições especiais ou gerais subsistem ao lado das anteriores regras gerais, desde que inexista incompatibilidade absoluta entre as disposições confrontadas, também não se operando a automática repristinação da lei superada — a retomada de sua eficácia — em razão da cessação da vigência da lei que a tenha alterado ou revogado.

No campo das normas processuais, o CPC fixou que suas disposições se aplicarão desde logo aos processos pendentes (art. 1.046), dispondo a CLT, de igual modo, que as disposições de caráter imperativo terão aplicação imediata às relações iniciadas, mas não consumadas, antes do início de sua vigência (art. 912).

Para além das disputas já estabelecidas em relação à eficácia imediata das normas de direito material sobre os contratos de trabalho em curso, é certo que a aplicação imediata das novas disposições no campo processual suscitou discussões imediatas, como se pôde observar logo após o início da vigência da Lei n. 13.467/2017. Decisões judiciais passaram a ser proferidas em todo o país, aplicando indiscriminadamente as novas regras processuais às ações em curso, mesmo para as que foram propostas antes da vigência da nova legislação, com clara ruptura das noções de estabilidade e segurança jurídica.

Muito embora a própria legislação proclame o efeito imediato e geral das leis, respeitados o ato jurídico perfeito, o direito adquirido e a coisa julgada (art. 6º da LINDB), é dever dos juízes, na interpretação da lei, atender os fins sociais a que ela se dirige e às exigências do bem comum (art. 5º da LINDB).

Nenhuma interpretação jurídica, é a lição clássica da melhor doutrina, pode produzir resultados que gerem perplexidade e insegurança, como se fosse possível, ou mesmo razoável e conveniente, retificar atos processuais vinculados a etapas processuais pretéritas, regularmente superadas em conformidade com a legislação vigente à época.

Também se sabe que a doutrina processual oferece subsídios para auxiliar na resolução dessas questões de direito intertemporal, com as teorias da unidade processual, das fases do procedimento e do isolamento dos atos processuais. A aplicabilidade dessas teorias, entretanto, depende da capacidade dos intérpretes de conceberem soluções que mais favoreçam os jurisdicionados, evitando surpresas e perplexidades.

Com o propósito de respeitar as situações processuais subjetivas configuradas foi editado o art. 1º da IN 41/2018, vinculando a eficácia das novas regras a atos processuais futuros, pendentes de execução nas ações judiciais em trâmite.

Também com esse espírito de preservação de expectativas, entendeu-se por bem fixar que a prescrição intercorrente apenas poderia incidir sobre as condutas inerciais configuradas a partir do início da vigência da nova disciplina.

Ainda que existisse conflito jurisprudencial entre o TST (Súmula 114) e o STF (Súmula 327) a propósito da prescrição intercorrente no processo trabalhista, a ação do legislador, dispondo sobre o tema no art. 11-A da CLT, conferiu sentido à previsão do § 1º do art. 884 da CLT, segundo a qual o devedor poderia arguir a prescrição da pretensão executiva em sede de embargos à execução.

Questão jurídica tratada também sob o enfoque de direito intertemporal foi a da obrigação de formação de litisconsorte passivo necessário em reclamações trabalhistas voltadas à invalidação de cláusula de acordo ou convenção coletiva de trabalho, quando os respectivos signatários deverão ser citados, segundo o § 5º do art. 611-A da CLT.

De acordo com o art. 3º da IN 41/2018, a previsão legal em foco apenas deverá ser observada nos feitos iniciados após a vigência da Lei n. 13.467/2017, o que não afasta, evidentemente, em face da natureza legal necessária atribuída ao cúmulo subjetivo em questão, a eventual adoção do mesmo critério para as ações propostas anteriormente, com semelhantes objetos. Afinal, se o litisconsórcio é de fato necessário mesmo nas situações em que se discuta, com eficácia *inter partes*, a validade e eficácia de cláusula de norma coletiva, a eficácia da sentença correspondente dependeria da citação de todos os litisconsortes, sob pena de nulidade (art. 114 do CPC).

Também as inovações legais a propósito das custas processuais — sediada nos arts. 789, *caput*, e 790-B e parágrafos, da CLT — foram reservadas, respectivamente, às decisões proferidas após a vigência da nova lei e às ações posteriormente propostas. No primeiro caso, a adoção do teto do valor de custas processuais beneficia os litigantes, podendo ser aplicada às ações em curso, diferentemente das demais disposições presentes no segundo conjunto de normas acima referido, impositivas do ônus sucumbencial dos honorários periciais à parte beneficiária da gratuidade da justiça.

Também por imposição do princípio da causalidade, a condenação em honorários sucumbenciais ficou adstrita às ações propostas a contar da vigência da nova lei, evitando-se o risco de custos econômicos não dimensionados por ocasião do ajuizamento da ação, quando vigorava outra disciplina legal, precisamente a do art. 14 da Lei n. 5.584/70 c/c as Súmulas 219 e 329 do TST.

O processo representa o método estatal de resolução de conflitos, sendo intoleráveis, por isso, tentativas de sua utilização para obtenção de fins ilícitos. Por isso, juízes e tribunais do trabalho sempre aplicaram subsidiariamente as normas do CPC para sancionar litigantes ímprobos.

Apesar disso, com os arts. 790-A a 790-C da CLT, cuja aplicação foi definida como autônoma e imediata pelo TST (art. 7º da IN 41/2018), o legislador deixou ainda mais explícito esse dever de fiscalização do uso ético do processo, inclusive alcançando as testemunhas que faltarem com o dever de verdade, que passam a ser sancionadas com multa em valor que deverá ser superior a 1% (um por cento) e inferior a 10% (dez por cento) do valor corrigido da causa, podendo ser fixada em até duas vezes o limite máximo dos benefícios do Regime Geral de Previdência Social quando o valor da causa for irrisório ou inestimável.

Talvez neste tópico resida a inovação mais expressiva da IN 41/2018. No art. 10 e parágrafo único do referido ato administrativo ficou definido que as multas às testemunhas só poderiam ser aplicadas em ações propostas depois do início da vigência da Lei n. 13.467/2017, sendo necessário garantir a elas o direito à ampla defesa, em incidente a ser instaurado antes da prolação da sentença, momento adequado para a aplicação da multa.

Como se sabe, as testemunhas condenadas ao pagamento dessa multa, na condição de terceiros interessados, poderão se insurgir contra a decisão, pela via do recurso ordinário, razão pela qual entendeu-se conveniente concentrar o instante de aplicação da sanção com o do próprio julgamento do conflito, não apenas porque é precisamente esse o momento para que o magistrado externe sua convicção acerca do valor atribuído à prova, mas também para unificar o momento de ataque à decisão para a(s) parte(s) sucumbente(s) e para o(s) terceiro(s) interessado(s).

Também o novo rito para a exceção de incompetência territorial, fixado no art. 800 da CLT, ficou vinculado aos casos em que a citação (equivocadamente nominada de notificação) ocorra após 11.11.2017, data de início da vigência da Lei n. 13.467/2017.

Aspectos vários da petição inicial trabalhista (pedido líquido, certo e determinado), da representação da parte reclamada (preposto não precisa ser empregado; não há revelia quando o advogado da empresa está presente à audiência inicial, com procuração e defesa) e do pagamento de custas (quando arquivada a ação por ausência do autor à audiência) igualmente foram vinculados às audiências havidas e às ações propostas após 11.11.2017.

Seguindo a exata dicção legal, a ação judicial de ofício na condução das execuções e na instauração do Incidente de Desconsideração da Personalidade Jurídica (IDPJ), prevista nos arts. 878 e 855-A da CLT, ficou circunscrita aos casos em que as partes não estiverem representadas por advogados.

Superando a celeuma criada a partir da edição da IN 39/2016, relativamente à aplicação do IDPJ ao processo do trabalho, a Lei n. 13.467/2017 expressamente indicou a necessidade de adoção do procedimento previsto nos arts. 133 a 137 do CPC para que o patrimônio de sócios de entes jurídicos executados, responsáveis patrimoniais secundários, possam ser afetados pela ação judicial (art. 855-A da CLT).

Como o sistema de uniformização da jurisprudência criado pela Lei n. 13.015/2014 foi revogado pela Lei n. 13.467/2017, o TST considerou oportuno indicar aos Tribunais Regionais a plena aplicabilidade do art. 926 do CPC, segundo o qual a jurisprudência deve se manter íntegra, estável e coerente (art. 18 da IN 41/2018).

De igual modo, fixou o entendimento de que deveriam ser regularmente concluídos os Incidentes de Uniformização de Jurisprudência (IUJ) pendentes de exame em momento anterior ao início da vigência da Lei n. 13.467/2017, em conformidade com a legislação vigente ao tempo em que instaurados, prestigiando-se o valor da segurança jurídica tutelado pelo referido procedimento.

Com esse mesmo espírito de proteção da confiança dos jurisdicionados, o TST deixou claro que as decisões produzidas no âmbito do sistema de uniformização de jurisprudência criado pela Lei n. 13.015/2014 preservaram sua eficácia vinculante, por aplicação dos arts. 926, §§ 1º e 2º, e 926, III e V, do CPC.

Ainda sobre o mesmo tema, o TST vedou a possibilidade de instauração de novos IUJs nos recursos interpostos sob a vigência da sistemática prevista no art. 896, §§ 3º a 6º, da CLT, preceitos que foram revogados pela Lei n. 13.467/2017.

Por fim, na IN 41/2018, o TST definiu que o novo pressuposto recursal da transcendência apenas se aplica aos recursos interpostos contra acórdãos proferidos no âmbito dos TRTs após o dia 11.11.2017, "excluídas as decisões em embargos de declaração."

Tema que tem gerado tantas dúvidas, em face de seu caráter aberto e indeterminado, a introdução do novo pressuposto da transcendência implica mudança expressiva na forma como devem atuar os advogados que subscrevem recursos de revista e agravos de instrumento ao TST. Também pode afetar de maneira significativa a própria identidade institucional do TST no sistema jurisdicional trabalhista, na medida em que o controle da legalidade/constitucionalidade e a pacificação da jurisprudência podem acabar desprestigiados, caso os relatores dos recursos assumam uma postura mais restritiva da transcendência.

O exame do art. 896-A, § 1º, da CLT revela que o próprio legislador deixou aberta a possibilidade de detecção de outras hipóteses de transcendência, ao sugerir de modo meramente exemplificativo os parâmetros delineados no § 1º do art. 896-A da CLT. Não se pode, entretanto, no exercício desse juízo inicial de delibação, afastar o papel precípuo do TST de guardião da unidade interpretativa do direito no âmbito da Justiça do Trabalho.

Conclusão

O advento da Lei n. 13.467/2017 representa um momento de refundação do sistema brasileiro de regulação das relações entre o capital e o trabalho no Brasil, idealizado a partir da década de 30 do século passado.

Vencidas as disputas travadas no âmbito da arena parlamentar acerca do sentido ou dos sentidos que deveriam orientar o novo sistema legal trabalhista, não se pode recusar aplicação às novas regras, no exame de casos concretos, salvo se manifestamente contrárias às normas fundamentais do sistema.

No curso desse processo, são naturais as discussões acerca da conformidade das novas disposições às normas fundamentais do sistema jurídico, não devendo causar surpresas a eventual declaração de inconstitucionalidade ou inconvencionalidade de algumas das novas disposições.

O que é relevante, nesse cenário, é que a autonomia e a independência dos Poderes Legislativo e Judiciário sejam bem compreendidas e respeitadas por todos quantos envolvidos no processo de interpretação e aplicação às novas regras, cada qual em sua esfera própria de atuação.

Nesse cenário, correções pontuais à obra do legislador, eventualmente promovidas por juízes e tribunais, apenas podem ser compreendidas como naturais e resultantes do regular funcionamento das instituições democráticas.

Resta então, ao ensejo, anotar a expectativa de que os horizontes traçados pelo TST a partir da IN 41/2018 possam contribuir para a melhor gestão dos conflitos entre o capital e o trabalho.

PARTE II

REFORMA TRABALHISTA, PROCESSO LEGISLATIVO E DIREITO INTERTEMPORAL

A Reforma Trabalhista: tramitação, "*vacatio legis*" e direito intertemporal

Fabiano Coelho de Souza(*)

1. Introdução

Neste estudo, iremos iniciar abordando a tramitação legislativa que resultou na Lei n. 13.467/2017, denominada Reforma Trabalhista. A seguir, examinaremos a *vacatio legis* e o início da vigência da norma nos campos individual, coletivo e processual. Por fim, analisaremos o tormentoso tema do direito intertemporal e como a Reforma comunicará com os contratos, normas coletivas e relações processuais em curso.

2. Tramitação legislativa no Congresso Nacional

A Reforma Trabalhista nasceu do Projeto de Lei n. 6.787/2016, apresentado pelo Presidente da República Michel Temer à Câmara dos Deputados, em 23.12.2016. Inicialmente, tratava-se de projeto enxuto, envolvendo temas para os quais o Governo anunciava que tinha consenso entre as centrais sindicais(1) e entidades patronais. Cogitou-se de uma medida provisória, mas o Governo recuou e apresentou o texto como projeto de lei(2). Originalmente, o projeto envolvia os seguintes temas:

a) majoração de multas por infrações administrativas de falta de registro da CTPS (CLT, art. 47) e ausência de encaminhamento de informações sociais do trabalhador (CLT, art. 47-A);

b) alteração do regime de trabalho a tempo parcial (CLT, art. 58-A);

c) regulamentação da eleição de trabalhadores no local de trabalho (CLT, art. 523-A);

d) condições para a prevalência do negociado sobre o legislado (CLT, art. 611-A);

e) atualização dos valores de multas por infração à legislação trabalhista (CLT, art. 634);

f) contagem de prazos em dias úteis (CLT, art. 775);

g) alteração do contrato de trabalho temporário (Lei n. 6.019/1974, arts. 2º, 10 a 12, 14, 18-A, 18-B e 19).

Em 9 de fevereiro de 2017, a Presidência da Câmara dos Deputados constituiu Comissão Especial para exame do PL, designando como presidente o Deputado Federal Daniel Vilela (PMDB-GO) e como relator o Deputado Federal Rogério Marinho (PSDB-RN). A Comissão realizou diversas audiências públicas, ouvindo lideranças sindicais de trabalhadores e empresários, magistrados de todas as instâncias, integrantes do Ministério Público do Trabalho, advogados, professores e economistas. Em 12 de abril de 2017, o relator, Deputado Rogério Marinho, apresentou o seu parecer(3).

Em síntese, o parecer do Deputado Rogério Marinho revelou linhas gerais do trabalho realizado, que expandiu enormemente o escopo do projeto, revelando alguns equívocos técnicos e procedimentais, formando o caldeirão que explica a oportunidade perdida: em vez do país avançar na modernização das relações de trabalho, buscou-se, aleatoriamente, firmar um contraponto à jurisprudência do Tribunal Superior do Trabalho, em geral para inviabilizar alguns entendimentos favoráveis aos trabalhadores. Sendo mais diretos, Jorge Luiz Souto Maior e Valdete Souto Severo, de maneira precisa, afirmam que o objetivo real da Reforma Trabalhista "não é outro senão fragilizar a classe trabalhadora, reduzir direitos trabalhistas e impedir o acesso do trabalhador à Justiça do Trabalho"(4)

(*) Juiz Titular da 4ª Vara do Trabalho de Goiânia-GO. Diretor Regional para o Centro-Oeste do Fórum Nacional Permanente em Defesa da Memória da Justiça do Trabalho (MEMOJUTRA), gestão 2018-2020. Juiz Auxiliar da Vice-Presidência (2014-2016) e da Presidência do Tribunal Superior do Trabalho (2016-2018). Coordenador Nacional do Processo Judicial Eletrônico na Justiça do Trabalho (2016-2018). Integrante dos Comitês Nacionais dos Programas Trabalho Seguro e Erradicação do Trabalho Infantil e Estímulo à Aprendizagem do TST/CSJT (2016-2018). Mestre em Direito pela PUC-GO. Professor da Escola de Direito de Brasília (IDP) e dos cursos de pós-graduação da ATAME, IDP, IPOG, ESA-GO/UFG e Rede Juris. Vice-Presidente do Instituto Goiano de Direito do Trabalho — IGT (2011-2017).

(1) No entanto, nem todas as centrais sindicais admitiram o consenso em torno da proposta. Em especial a CUT — Central Única dos Trabalhadores, desde a apresentação do projeto, manifestou discordância.

(2) *Governo apresenta reforma trabalhista como projeto de lei.* Notícia veiculada em O Globo e acessada no *link*: <https://oglobo.globo.com/economia/governo-apresenta-reforma-trabalhista-como-projeto-de-lei-20682478>.

(3) Disponível em: <http://www.camara.gov.br/proposicoesWeb/prop_mostrarintegra;jsessionid=90D4372353AC627DC5C48FFBFF220C27.proposicoesWebExterno2?codteor=1544961&filename=Tramitacao-PL+6787/2016>.

(4) *Manual da Reforma Trabalhista:* pontos e contrapontos. São Paulo: Sensus, 2017, p. 177.

Em seu relatório, o Deputado Rogério Marinho destacou que foram ouvidas centenas de pessoas ligadas ao mundo do trabalho e que isso garantiu um resultado amplo e democrático. Na realidade, há controvérsias. As audiências públicas não observaram um método científico que pudesse tornar a medida mais proveitosa. Aliás, as imperfeições de redação da lei contrastam com várias manifestações qualificadas, produzidas no âmbito da Câmara dos Deputados, o que demonstra que faltou ao projeto preocupação científica — talvez adotando o procedimento de constituição de grupo de trabalho envolvendo juristas que ficassem responsáveis pela redação final, como ocorreu em outras missões legislativas relevantes, como o novo Código de Processo Civil. O resultado foi que diversos textos não correspondem ao discurso de mudança pretendida pelo legislador. Não bastasse, o déficit democrático revelado pela tramitação parlamentar coloca em dúvida a convencionalidade da lei, considerando a ratificação pelo Brasil da Convenção 144 da Organização Internacional do Trabalho, que exige a consulta prévia às organizações sindicais para mudanças na legislação trabalhista[(5)].

Em outro ponto, o relator destacou que a legislação estava desatualizada e que, sob o mantra da proteção, estimula o desemprego e a informalidade. No entanto, o projeto não combate a informalidade e o descumprimento inescusável da legislação trabalhista, preferindo o caminho mais cômodo de estímulo a relações jurídicas precárias, como se dá com a ampliação da terceirização (Lei n. 6.019/1974, arts. 4º-A e 5º-A), regulamentação do trabalho intermitente (CLT, arts. 443 e 452-A) e tentativa de validar contratos de trabalho autônomo, ainda que exclusivo e habitual (CLT, art. 442-B).

Em seguida, o Deputado Rogério Marinho afirma, em seu relatório, que o propósito do projeto não era retirar direitos, mas emprestar segurança jurídica aos contratantes. Verdade é que alguns direitos, especialmente enunciados na jurisprudência do TST, foram alvo de intuito nítido de supressão, a exemplo da remuneração do tempo à disposição do empregador (CLT, art. 4º), inaplicabilidade da prescrição intercorrente (CLT, art. 11-A, e Súmula n. 114 do TST), horas *in itinere* (CLT, art. 58, § 2º, e Súmula n. 90 do TST), proibição de banco de horas instituído no campo individual (CLT, art. 59, § 5º, e Súmula n. 85 do TST), tratamento da supressão do intervalo intrajornada (CLT, art. 71, § 4º, e Súmula n. 437 do TST), indenização de danos extrapatrimoniais (CLT, art. 223-A e seguintes), higienização e colocação de marcas comerciais nos uniformes (CLT, art. 456-A), equiparação salarial em cadeia (CLT, art. 461, § 5º, e Súmula n. 6 do TST), incorporação de gratificação de função após dez anos (CLT, art. 468, § 2º, e Súmula n. 372 do TST), negociação coletiva prévia às despedidas coletivas (CLT, art. 477-A), limites à prevalência do negociado sobre o legislado (CLT, arts. 611-A e 611-B) e ultratividade da norma coletiva (CLT, art. 614, § 3º, e Súmula n. 277 do TST). Por outro lado, o texto da lei, confuso em diversas passagens, não alcançará a desejada segurança jurídica pela falta de apuro científico. A orquestração desastrada da Reforma Trabalhista tem seu ápice na figura da inserção da alínea '*f*' do art. 702 da CLT. Tal norma manifesta evidente inconstitucionalidade, pelos seguintes motivos: afronta a autonomia dos tribunais para regulação de seus regimentos internos; estabelece critérios irracionais, desproporcionais e desarrazoados para o estabelecimento, revisão ou cancelamento de súmulas e orientações jurisprudenciais dos tribunais trabalhistas; insere dispositivo num artigo que está revogado desde 1988, sem restabelecer o seu *caput*. Não bastasse, os parâmetros praticamente invencíveis estabelecidos pelo legislador para edição, revisão ou cancelamento dos verbetes de jurisprudência dominante culminaram por impedir que o TST revisasse suas súmulas e orientações jurisprudenciais contrárias às disposições da nova lei, produzindo ambiente de desconfortável insegurança jurídica.

Outro ponto digno de nota é que o Deputado Rogério Marinho analisou a litigiosidade, culpando em parte os empregadores que intencionalmente descumprem a lei, mas apontando que um grande número de ações seria pelo detalhamento exagerado das obrigações trabalhistas. No entanto, o texto busca reduzir alguns direitos, tenta impor risco para a demanda, com sucumbência e limitações da gratuidade da justiça, mas em nada ataca a lesão estratégica a direitos trabalhistas, conduta pela qual alguns maus empregadores descumprem a legislação de modo consciente, proposital e inescusável.

Por fim, o relatório destaca que um dos pilares do projeto é a prevalência do negociado sobre o legislado, em respeito à autonomia coletiva da vontade. Porém, na Câmara dos Deputados a essência do modelo de negociação coletiva foi alterada: originalmente, o PL mencionava a necessidade de concessão de vantagem compensatória específica para cada direito legislado a ser reduzido ou suprimido, em conformidade, inclusive, com a jurisprudência do STF, mas tal premissa foi excluída do texto pelo relator.

Aprovado na Câmara dos Deputados, o projeto de lei seguiu para o Senado Federal em 28.4.2007, onde recebeu a numeração de PLC n. 38/2017. No dia 11 de julho de 2017, o projeto foi aprovado pelo Senado, após questionável procedimento, por meio do qual parlamentares,

(5) Nesse sentido é o Enunciado n. 1 da 2ª Jornada da ANAMATRA: CONTROLE DE CONVENCIONALIDADE DA REFORMA TRABALHISTA, AUSÊNCIA DE CONSULTA TRIPARTITE E DE CONSULTA PRÉVIA ÀS ORGANIZAÇÕES SINDICAIS. I. Reforma trabalhista. Lei n. 13.467/2017. Incompatibilidade vertical com as convenções da OIT. Ausência de consulta tripartite. Ofensa à Convenção n. 144 da OIT. II. Ausência de consulta prévia às organizações de trabalhadores. Ofensa à Convenção 154 da OIT, bem como aos verbetes 1075, 1081 e 1082 do Comitê de Liberdade Sindical do Conselho de Administração da OIT.

em especial o relator, Senador Ricardo Ferraço[6], apontaram erros e injustiças na proposição, mas anuíram com sua aprovação, mediante compromisso do Presidente da República, Michel Temer, em editar medida provisória que permitisse alguns ajustes na lei. Na oportunidade, houve divulgação ostensiva, no sentido de que haveria correção do projeto por vetos ou por medidas provisórias, envolvendo os seguintes temas: regulamentação do trabalho intermitente; regime de compensação de 12 por 36; obrigatoriedade de participação dos sindicatos nas negociações coletivas; trabalho de empregadas grávidas e lactantes em local insalubre; prorrogação da jornada em atividade insalubre; arbitramento da indenização por dano extrapatrimonial; possibilidade de contratação de autônomo com exclusividade; extinção da contribuição sindical[7].

Encaminhado ao Presidente da República, o projeto foi rapidamente sancionado no dia 13 e publicado no dia 14 de julho de 2017.

3. A Medida Provisória n. 808

Com a sanção da Lei n. 13.467/2017, criou-se forte expectativa em torno de uma possível edição de Medida Provisória, que promoveria acertos na Reforma Trabalhista, em especial, para atender demandas manifestadas pelos senadores da base aliada ao Presidente Michel Temer.

A Medida Provisória visou alterar pontos da Reforma que foram objeto de crítica e conferir segurança jurídica na aplicação da Reforma. No entanto, as alterações promovidas foram muito amplas e geram discussões até mesmo acerca da constitucionalidade da MP, editada no dia 14 de novembro de 2017, 3 dias após o início da vigência da Lei n. 13.467/2017.

O fato do Presidente da República esperar o início da vigência da Reforma Trabalhista para editar a Medida Provisória provoca discussão acerca do critério de urgência, tendo em vista que, como a lei não pode ser retroativa, não haveria mais urgência em alterá-la após sua vigência. Não bastasse, a Exposição de Motivos da MP deixou de abordar a fundamentação de relevância para temas sensíveis, como o direito intertemporal, limitando-se a mencionar que "*a urgência e a relevância do conjunto das medidas apresentadas fundamentam-se a partir da necessidade de conferir segurança jurídica e dar clareza a dispositivos da modernização da legislação trabalhista, aprovados pelo Congresso Nacional e introduzidos no ordenamento jurídico pátrio pela Lei n. 13.467, de 2017*"[8].

A Medida Provisória criou uma regra de direito intertemporal, determinando a aplicação da Lei n. 13.467/2017 aos contratos de trabalho em curso. No entanto, a questão foi polêmica, por induzir debate acerca do possível efeito retroativo da medida provisória, caso a compreensão seja de que realmente a Medida Provisória tenha inovado, fixando regra de direito intertemporal. Ademais, se a Medida Provisória de fato inovou, restava a dúvida se a referência aos contratos em vigor seria às relações de trabalho existentes no dia 14 de novembro, data da edição da medida provisória, e não no dia 11 de novembro, o que, embora fosse uma estranha intervenção legislativa, não teria o vício de retroatividade normativa.

A MP, no entanto, caducou sem ser convertida em lei, de modo que restou restabelecida a vigência integral dos dispositivos previstos na Lei n. 13.467/2017 e alterados pela Medida Provisória n. 808.

4. Da *vacatio legis*

A Lei n. 13.467/2017 estabeleceu período de cento e vinte dias para início de vigência da Reforma Trabalhista. Assim, a partir de tal premissa, torna-se necessário verificar a data inicial de vigência da lei.

A fórmula de contagem do período de *vacatio legis* está prevista no art. 8º, § 1º, da Lei Complementar n. 95/1998. Deste modo, a contagem do prazo para a entrada em vigor das leis que estabeleçam período de vacância far-se-á com a inclusão da data da publicação e do último dia do prazo, entrando em vigor no dia subsequente à sua consumação integral.

A Lei n. 13.467 foi sancionada no dia 13 e publicada no dia 14 de julho de 2017. Deste modo, atendida a regra de contagem acima identificada, inclui-se a data de publicação na contagem dos 120 dias, prazo concluído no dia 10 de novembro de 2017. Como a lei vigora no dia subsequente à consumação integral do prazo, a norma tem vigor a partir de 11 de novembro de 2017, um sábado.

Temos notado discussões acerca de eventual diferenciação da vigência da lei no campo processual, tendo em vista que o dia 11 de novembro não se trata de data com funcionamento da Justiça do Trabalho. Na realidade, a vigência da lei é uma só no campo do direito material ou processual, podendo haver distinção quanto aos efeitos materiais a serem presumivelmente produzidos no dia 13 de novembro de 2017, primeiro dia útil de vigência da nova lei.

---

(6) O relatório do Senador Ricardo Ferraço pode ser acessado no seguinte endereço: <http://legis.senado.leg.br/sdleg-getter/documento?dm=5302372&disposition=inline>.

(7) Sobre o acordo para votação do projeto no Senado Federal: <http://www12.senado.leg.br/noticias/materias/2017/07/11/por-acordo-com-senadores-reforma-trabalhista-deve-ser-alterada-no-planalto>.

(8) Disponível no endereço <http://www.planalto.gov.br/ccivil_03/_Ato2015-2018/2017/Exm/Exm-MP-808-17.pdf>.

5. Direito intertemporal

A Reforma Trabalhista suscita várias questões de direito intertemporal no direito material, coletivo e processual do trabalho. Neste estudo, buscaremos investigar a aplicação da nova lei nas relações findas, em curso ou futuras, no plano material e processual.

A nova lei aplica-se aos processos judiciais e aos contratos de trabalho iniciados a partir de 11 de novembro de 2017. Pode-se debater pontualmente que uma determinada norma seja inconstitucional ou inconvencional ou mesmo ineficaz por violar o princípio da vedação ao retrocesso social. De todo modo, sendo válida, a norma seria aplicável sem maiores debates sobre as relações jurídicas ou processuais iniciadas após a entrada em vigor. A hipótese, assim, não apresenta maior dificuldade de solução do direito intertemporal.

Do mesmo modo, pelo princípio da irretroatividade das normas jurídicas, a lei nova não será aplicável a contratos de trabalho e relações processuais já findas quando de sua vigência. No campo processual, a afirmação de inaplicabilidade plena da lei nova é mais segura. Porém, no campo do direito material, serão suscitadas algumas questões relevantes, que justificam nossa abordagem neste momento. Por amostragem, apontamos alguns temas que provocarão debates:

a) Caracterização do grupo econômico por coordenação

Com a Reforma Trabalhista, o § 2º do art. 2º da CLT passa a adotar a caracterização do grupo econômico por coordenação. Assim, ainda que as empresas mantenham cada uma sua autonomia, serão consideradas integrantes do grupo econômico, conforme o § 3º do mesmo artigo, mediante demonstração do interesse integrado, efetiva comunhão de interesses e atuação conjunta das empresas. Embora a regra nova aproxime o conceito de grupo econômico urbano do conceito de grupo no meio rural[9], o fato é que a jurisprudência até então exigia o elemento direção para as relações trabalhistas no meio urbano[10]. Assim, surge a dúvida se para fins de responsabilidade trabalhista a nova regra de grupo econômico poderá ser empregada para uma relação de emprego já concluída.

A questão é inusitada, tendo em vista que o grupo econômico mantém solidariedade não só passiva, como fixa a lei, mas, igualmente, ativa, de modo que o grupo é considerado o real empregador dos empregados vinculados às diversas empresas dele integrantes. Por isso, pode parecer estranho que, com base no novo critério de configuração do grupo econômico, uma empresa, após o encerramento do contrato de trabalho, passe a ostentar a condição de responsável solidária em relação ao empregador original. Porém, com todo o respeito às opiniões em sentido contrário, temos que a responsabilidade, neste caso, deve ser afirmada.

Ocorre que a responsabilidade patrimonial do grupo econômico será apurada apenas na fase de cumprimento da sentença, sendo irrelevante saber se a empresa integrante do grupo tenha participado da lide ou integrado o título executivo judicial[11]. Assim, temos que a nova regra de configuração do grupo econômico aplica-se para os contratos de trabalho em curso, mas, igualmente para os processos em andamento. Exceção deve ser registrada quanto à hipótese de absolvição da empresa, porque, neste caso, o órgão judicial reputou não configurado o grupo econômico por sentença, não podendo esta ser impactada, revista ou reformada em razão da mudança da lei. Como reforço de tal argumento, pela aplicação imediata da nova regra acerca do grupo econômico, destaco que a Reforma Trabalhista aponta que tal caracterização dá-se para fins de responsabilidade pelas obrigações trabalhistas, e não mais para os fins da relação de emprego. Com isso, é evidente a aplicabilidade da regra reformada aos contratos de trabalho já concluídos e em debate judicial de responsabilidade, não se tratando de mera questão de saber se o grupo econômico estaria configurado para fins de relação de emprego.

b) Responsabilidade do sócio retirante

Do mesmo modo que a configuração do grupo econômico, a responsabilidade do sócio retirante (CLT, art.

---

(9) Lei n. 5.889/73, art. 3º, § 2º — Sempre que uma ou mais empresas, embora tendo cada uma delas personalidade jurídica própria, estiverem sob direção, controle ou administração de outra, ou ainda quando, mesmo guardando cada uma sua autonomia, integrem grupo econômico ou financeiro rural, serão responsáveis solidariamente nas obrigações decorrentes da relação de emprego.

(10) Neste sentido, é o seguinte precedente da SDI-1 do TST: RECURSO DE EMBARGOS EM RECURSO DE REVISTA. CONFIGURAÇÃO DE GRUPO ECONÔMICO. ART. 2º, § 2º, DA CLT. EXISTÊNCIA DE SÓCIOS EM COMUM. A interpretação do art. 2º, § 2º, da CLT conduz à conclusão de que, para a configuração de grupo econômico, não basta a mera situação de coordenação entre as empresas. É necessária a presença de relação hierárquica entre elas, de efetivo controle de uma empresa sobre as outras. O simples fato de haver sócios em comum não implica por si só o reconhecimento do grupo econômico. No caso, não há elementos fáticos que comprovem a existência de hierarquia ou de laços de direção entre as reclamadas que autorize a responsabilidade solidária. Recurso de Embargos conhecido por divergência jurisprudencial e desprovido. (E-ED-RR — 214940-39.2006.5.02.0472, Relator Ministro: Horácio Raymundo de Senna Pires, Data de Julgamento: 22.5.2014, Subseção I Especializada em Dissídios Individuais, Data de Publicação: DEJT 15.8.2014).

(11) Embora o art. 513, § 5º, do CPC exija que o corresponsável ou coobrigado integre o título executivo como condição de responsabilidade na fase de cumprimento da sentença, fato é que na Justiça do Trabalho prevalece o entendimento no sentido de que tal circunstância é desnecessária, premissa fixada a partir do cancelamento da Súmula n. 205 do TST. Assim, as empresas integrantes do grupo econômico, cuja análise será feita no cumprimento da sentença, poderão responder pelo crédito trabalhista.

10-A), ainda que apurada após a extinção do contrato de trabalho, será aplicável às relações jurídicas concluídas. É que, neste caso, trata-se de responsabilidade patrimonial, a ser apurada na fase de cumprimento da sentença, ainda que se refira a um contrato de trabalho concluído, em especial quando a responsabilidade for solidária em razão da fraude na retirada do sócio (CLT, art. 10-A, parágrafo único). Deste modo, será aplicável imediatamente aos processos em curso tanto a regra que explicita a responsabilidade do sócio retirante, quanto o benefício de ordem em seu favor, pelo qual terá direito de ver primeiro a execução processada em face da empresa, em seguida dos atuais sócios, para só então atingir-lhe.

c) Novas multas por infração trabalhista

As penalidades são interpretadas restritivamente, de modo que o novo patamar de multa por falta de registro da CTPS (CLT, art. 47) e envio de informações sociais (CLT, art. 47-A) não se aplicará, por óbvio, a autos de infração lavrados em data anterior à vigência da Reforma Trabalhista. Mesmo assim, a nova regra valerá imediatamente para os novos autos de infração, ainda que a infração seja relacionada a contrato de trabalho iniciado e concluído antes da vigência da Lei n. 13.467/2017.

Por outro lado, o direito intertemporal será irrelevante nas hipóteses em que, a pretexto da intenção do legislador, o texto em nada inova. E, infelizmente, a Lei n. 13.467/2017 apresenta várias imperfeições, por meio das quais percebe-se que o texto legal não corresponde à manifesta intenção do legislador. Nestes casos, a interpretação deve ser feita a partir do que a norma jurídica é, e não daquilo que o legislador pretendeu que fosse. E aqui vale lembrar a lição do saudoso mestre de todos os juslaboralistas contemporâneos, Amauri Mascaro Nascimento, para quem a redação das leis trabalhistas, destinadas que são à massa trabalhadora da população, precisa ter maior grau de cuidados quanto à clareza(12). A Reforma Trabalhista, neste contexto, apresenta vício de maior gravidade, que é o fato de ser incompreensível, dúbia, ilógica e não reveladora de alterações em diversos pontos. Assim, sem desconsiderar a divergência interpretativa que surgirá, apresentamos alguns pontos inócuos da reforma e que, ao contrário do propagandeado, não inovam a legislação:

a) o **conceito de tempo à disposição do empregador**, em que pese o esforço redacional do legislador (CLT, art. 4º, § 2º) exclui a contagem do tempo de permanência do empregado nas dependências do empregador em inúmeras hipóteses, desde que a conduta revele uma escolha própria do empregado, de modo que todas as situações de permanência por determinação do empregador ou resultantes da dinâmica empresarial, resultarão no cômputo do tempo à disposição do empregador, em situação muito similar ao que ocorre atualmente;

b) **aplicação do direito comum como fonte subsidiária do direito do trabalho** (CLT, art. 8º, § 1º) que, independente da alteração legislativa, continua dependente da compatibilidade da regra a ser exportada com os princípios fundamentais do direito do trabalho;

c) **proibição de que súmulas e outros enunciados de jurisprudência editados pelo TST e pelos TRT's promovam restrição a direitos legalmente previstos ou criação de obrigações que não estejam previstas em lei** (CLT, art. 8º, § 2º), regra vazia, haja vista que, num sistema que adota o pluralismo jurídico, como o direito do trabalho, não se pode confundir interpretação contra a lei ou ativismo judicial com a superação de lacunas mediante emprego de equidade, analogia, princípios, usos e costumes, e direito comparado, conforme continua admitindo o *caput* do art. 8º da CLT;

d) **exame das normas coletivas exclusivo aos seus elementos essenciais**, previstos no art. 104 do CC (CLT, art. 8º, § 3º), o que em nada difere da postura jurisprudencial atual, de investigar se a norma coletiva foi negociada por quem estava autorizado a tanto, se as formalidades legais foram cumpridas e se a norma contém objeto ilícito, correspondente a direitos de indisponibilidade absoluta;

e) **interrupção da prescrição pelo protesto judicial** e demais situações cabíveis (art. 202, do CC), diante da aparente restrição, a autorizar a interrupção exclusivamente pelo ajuizamento de reclamação trabalhista (CLT, art. 11, § 3º);

f) **caracterização e remuneração das horas *in itinere***, considerando que o legislador aponta que o tempo de trajeto não será computado na jornada (CLT, art. 58, § 2º), mas nada menciona quanto ao deslocamento para locais de difícil acesso ou não servidos por transporte público regular, situação para a qual temos que o empregado consumirá seu tempo em situação que não decorre de sua escolha própria, devendo, portanto, ser remunerado por isso (CLT, art. 4º, § 2º);

g) a **prestação de horas extras excepcionais** (CLT, art. 61, § 1º) continua não exigindo nenhum acordo de prorrogação de jornada, embora o texto reformado dispense apenas a existência de convenção coletiva ou acordo coletivo de trabalho;

h) a **contratação de autônomo**, ainda que atendidas as formalidades legais, só não gerará o vínculo empregatício caso não decorra de fraude (CLT, art. 442-B);

i) a **definição de padrão de vestimenta pelo empregador**, bem como a licitude de inclusão no uniforme de logomarcas da própria empresa ou de parceiras (CLT,

(12) NASCIMENTO, Amauri Mascaro. *Teoria da norma jurídica trabalhista*. São Paulo: LTr, 1976. p. 152.

art. 456-A, *caput*), não altera as relações de trabalho em absolutamente nada, inclusive quanto à possibilidade de indenização por danos extrapatrimoniais, caso não haja autorização expressa para fins de uso da imagem do trabalhador, tema não tratado na lei;

j) como já era antes da reforma, a **higienização do uniforme** é de responsabilidade do trabalhador, exceto quando forem necessários procedimentos ou produtos especiais (CLT, art. 456-A, parágrafo único).

6. Direito intertemporal em matéria de prescrição

As principais inovações da reforma em matéria prescricional é admitir a prescrição total quando do descumprimento, e não apenas da alteração do pactuado (CLT, art. 11, § 2º) e a incidência da prescrição intercorrente, inclusive de ofício (CLT, art. 11-A). Doravante, haverá a discussão acerca da aplicação de tais institutos no campo do direito do trabalho (em relação à prescrição total decorrente do descumprimento do pactuado) e no campo processual (prescrição intercorrente). É que seria inusitado que no dia 11 de novembro de 2017, da noite para o dia, ocorresse a automática incidência da prejudicial de prescrição total ou intercorrente — até então inexistente no ordenamento jurídico[13].

Diante da situação, a lógica é que o novo prazo prescricional, porque até então inexistente, iniciará a sua contagem a partir da vigência da Lei n. 13.467/2017. Essa linha argumentativa foi aplicada quando da EC n. 28, que equiparou as regras de prescrição envolvendo os trabalhadores urbanos e rurais, conforme entendimento consubstanciado na OJ n. 417 da SDI-I do TST[14]. Tal lógica é afirmada pelo art. 916 da CLT, pela qual os prazos prescricionais, quando menores do que os previstos na legislação anterior, começarão a ser contados a partir da vigência da nova lei. Cabe destacar que a Instrução Normativa n. 41, que dispõe sobre a aplicação das normas processuais da CLT, alteradas pela Lei n. 13.467/2017, adota este entendimento, na medida em que expressa que o prazo de prescrição intercorrente será contado a partir do descumprimento da determinação judicial para que o credor movimente o processo, desde que feita após 11 de novembro de 2017. Deste modo, a prescrição intercorrente não poderá ser contada para situação de omissão do credor caracterizada antes da vigência da Lei n. 13.467/2017.

7. (In)aplicabilidade da nova lei aos contratos de trabalho em curso

A questão mais complexa de direito intertemporal a envolver a Reforma Trabalhista diz respeito à sua incidência aos contratos de trabalho em curso. Ocorre que a lógica do direito do trabalho é pela progressividade, ou seja, de alterações normativas que venham acrescer novos direitos. Deste modo, surge a dúvida se uma regra que prejudica o trabalhador, estabelecida em lei, será incidente aos contratos de trabalho em curso.

Analisando a questão da aplicação da lei trabalhista no tempo, o saudoso professor Arnaldo Süssekind, mestre de todos os juslaboralistas brasileiros, amparando-se na doutrina, traz os seguintes aportes para a questão:

> Paul Roubier, o mais conceituado tratadista do direito intertemporal, concluiu que 'a maior parte das leis trabalhistas (...) deve ser considerada como relativa a um estatuto legal, o estatuto da profissão. Em outros termos, o legislador, indiferente às condições dos contratos, regulamenta diretamente a situação dos trabalhadores. Essas leis atendem aos trabalhadores como tais e não como contratantes'. Inspirado na lição desse mestre francês, escreveu Carlos Maximiliano que 'preceitos imperativos ulteriores, inspirados pelo interesse social e pela necessidade de proteção ao trabalho, atingem os contratos em curso, pois se referem ao estatuto legal da profissão; têm em vista os homens como obreiros, não como contratantes. Assim acontece com as leis trabalhistas em geral.

No entanto, em que pese a nítida posição de Süssekind em favor da aplicação imediata da nova lei aos contratos de trabalho em curso, é preciso ponderar que todos os exemplos mencionados na obra citada, para validar a incidência imediata, diziam respeito a novos direitos criados pelo legislador, e não a retrocesso social. Deste modo, a defesa da aplicação imediata pelo referido autor traduzia a preocupação de estender novas melhorias da condição do trabalhador, por meio da aplicação da lei nova, mais protecionista, aos contratos de trabalho em curso.

É forte o argumento pela aplicação imediata da lei aos contratos de trabalho em curso, sem qualquer distinção acerca de normas que produzam progresso ou retrocesso social. Neste sentido, destacamos os abalizados ensinamentos de Mário Luiz Delgado[15], para quem a lei nova, salvo disciplina expressa em sentido contrário, implica em eficácia imediata, sendo aplicável aos fatos e situa-

(13) Conforme há muito reconhecido na jurisprudência do TST: Súmulas ns. 114 (pela inaplicabilidade da prescrição intercorrente ao processo do trabalho) e 294 (prescrição total aplicável apenas para a alteração do pactuado, em nada fazendo referência ao descumprimento do ajuste contratual).

(14) PRESCRIÇÃO. RURÍCOLA. EMENDA CONSTITUCIONAL N. 28, DE 26.5.2000. CONTRATO DE TRABALHO EM CURSO. Não há prescrição total ou parcial da pretensão do trabalhador rural que reclama direitos relativos a contrato de trabalho que se encontrava em curso à época da promulgação da Emenda Constitucional n. 28, de 26.5.2000, desde que ajuizada a demanda no prazo de cinco anos de sua publicação, observada a prescrição bienal.

(15) *Novo direito intertemporal brasileiro* — da irretroatividade das leis civis. 2. ed. São Paulo: Saraiva, 2014. p. 142-147.

ções jurídicas que forem ocorrendo ou se completarem durante a sua vigência. Para o autor, a ultra-atividade da norma revogada seria exceção e, assim, dependente de previsão legal explícita.

A tese pela aplicação imediata da Lei n. 13.467/2017 aos contratos de trabalho iniciados antes de sua vigência será, provavelmente, fundamentada por quem a defende por meio da regra do *caput* do art. 2.035 do Código Civil, a indicar que "*a validade dos negócios jurídicos e demais atos jurídicos, constituídos antes da entrada em vigor deste Código, obedece ao disposto nas leis anteriores, referidas no art. 2.045*[16]*, mas os seus efeitos, produzidos após a vigência deste Código, aos preceitos dele se subordinam, salvo se houver sido prevista pelas partes determinada forma de execução*".

No entanto, dadas as particularidades do Direito do Trabalho, a reforçar o prestígio não só do direito adquirido como da condição mais benéfica ao trabalhador, temos que a lógica da disciplina impõe a ineficácia da alteração normativa prejudicial ao trabalhador, ainda que decorrente de lei. Naturalmente, o que defendemos não implica retirar a função constitucional do Legislativo nem mesmo congelar as condições de trabalho de modo a mantê-las impermeáveis a qualquer mudança, mesmo diante da necessidade técnica ou econômica. A nossa ponderação é no sentido de que o legislador deverá explicitar a regra de adaptação, transição ou incidência das novas regras, ainda que prejudiciais aos trabalhadores. Tal caminho, por exemplo, foi adotado na recente Lei n. 13.429/2017, que alterou a lei do trabalho temporário, inclusive para regulamentar contratos de prestação de serviços (terceirização), momento em que o legislador fez contar no art. 19-C que "*os contratos em vigência, se as partes assim acordarem, poderão ser adequados aos termos desta Lei*". Ou seja, quando o legislador pretender a aplicação de lei potencialmente prejudicial aos trabalhadores com contratos de trabalho em vigor, deverá fazê-lo de modo expresso. Tal postura não se fez presente na Reforma Trabalhista, o que demandou a edição de uma medida provisória, em 14 de novembro de 2017, com o intuito de impor a aplicação imediata de modo retroativo aos contratos de trabalho em curso quando do início da vigência da Lei n. 13.467/2017.

Nesta linha de pensamento, podemos acrescentar a lição de Américo Plá Rodriguez[17] que, examinando o princípio da condição mais benéfica a envolver o confronto entre a lei nova e o contrato de trabalho, também reporta a necessidade de constar expressamente a vontade do legislador para que o nível de proteção do atual trabalhador possa ser afetado.

Por outro lado, encontra ressonância na doutrina, a ressalva de que a norma prejudicial pode ser aplicada aos contratos em curso, desde que expressamente ditado pelo legislador. Neste sentido, Luiz de Pinho Pedreira da Silva[18], examinando o princípio da condição mais benéfica, cita o argentino Miguel Sardegna e o espanhol Alonso Garcia, autores para quem as normas não se modificam nem se substituem para piorar a situação do trabalhador, devendo ser respeitada a situação mais favorável que este gozava antes do pacto, norma, convenção coletiva ou laudo que tente desmelhorar a situação do trabalhador, salvo quando contiver determinação expressa em sentido contrário, ou seja, quando fixar regra expressa pela incidência da regra prejudicial aos contratos em curso. No entanto, Pinho Pedreira[19] sustenta a ideia de que nem por ressalva do legislador deve ser admitida a aplicação da nova lei prejudicial ao trabalhador. Assim, cabe refletir sobre as ponderações do saudoso jurista baiano, para quem:

> Cabe agora um parêntese para esclarecer que a intangibilidade da condição mais benéfica em nada afeta a integral vigência da norma pejorativa posterior, que não é derrogada sequer em relação aos empregados protegidos pela referida condição. É esta uma garantia *ad personam*, de sorte que não se estende aos empregados contratados sob a égide da nova norma, modificativa *in pejus* da anterior. Tal desigualdade não fere, no caso, o princípio constitucional da isonomia, de que descende o de tratamento igual do Direito do Trabalho, pois um e outro proíbem discriminações arbitrárias e não as que tenham causas objetivas como aquelas decorrentes do respeito à condição mais benéfica e, em consequência, ao direito adquirido, que socorre aos trabalhadores amparados pela aludida condição mas não aos outros.

No mesmo sentido, da ineficácia da norma prejudicial ao trabalhador, lembramos a lição de Guilherme Guimarães Feliciano[20], para quem toda nova regulamentação ou disposição de ordem geral aplicável a todo um conjunto de situações laborais, altera-lhes as condições anteriores, desde que essas não sejam mais benéficas ao trabalhador (caso em que, uma vez adquiridas, permanecem integrando o patrimônio jurídico do empregado).

Pelo visto, temos que o direito intertemporal possui uma lógica própria no direito do trabalho, como, aliás,

(16) CC, art. 2.045. Revogam-se a Lei n. 3.071, de 1º de janeiro de 1916 — Código Civil e a Parte Primeira do Código Comercial, Lei n. 556, de 25 de junho de 1850.

(17) *Curso de derecho laboral*. Tomo 1, v. 1. Montevideu: Idea, 2000. p. 175.

(18) *Principiologia do direito do trabalho*. 2. ed. São Paulo, 1999. p. 102-103.

(19) Obra citada, p. 107.

(20) *Curso crítico de Direito do Trabalho* — teoria geral do direito do trabalho. São Paulo: Saraiva, 2013. p. 250.

expressou o Tribunal Superior do Trabalho[21], ao manter a base de cálculo mais vantajosa para o adicional de periculosidade dos eletricitários com contrato de trabalho em curso quando da vigência da Lei n. 12.740/2012. Deste modo, concluímos que a nova lei, naquilo que prejudica o trabalhador, mesmo com a edição da medida provisória (que buscou suprir a omissão legislativa e impor de modo retroativo a aplicação imediata), não será aplicável aos contratos de trabalho em curso quando de sua vigência.

Cabe ressaltar que há regras mais benéficas ou indiferentes na Reforma Trabalhista, tratando de modalidade e formalidades rescisórias, fruição de férias, entre outros temas, situação que demanda a aplicação imediata da nova lei, sem afetar o princípio da condição mais benéfica. Nessa linha, nos exemplos citados, as regras pertinentes à rescisão contratual observarão a norma vigente no momento de sua ocorrência, o mesmo podendo ser dito em relação à fruição de férias.

Por fim, lembro que as novas regras envolvendo redução ou supressão de um determinado direito não prevalecerão sobre a regra mais benéfica, mesmo em relação aos novos contratos de trabalho, caso o empregado conte a seu favor com disciplina normativa favorável em contrato individual, regulamento empresarial, acordo coletivo, convenção coletiva, sentença normativa ou laudo arbitral, por aplicação do princípio da proteção.

8. Direito intertemporal e direito adquirido

Vale ponderar, ainda, que a lei não poderá retroagir de modo a atingir direito adquirido, ato jurídico perfeito e coisa julgada (CF, art. 5º, XXXVI). Assim, algumas regras, ainda que prevaleça o entendimento de aplicabilidade da nova lei aos contratos de trabalho em curso, não poderão retroagir de modo a atingir situações já consolidadas. A título de exemplo, podemos citar a incorporação da gratificação de função e a equiparação salarial.

Os requisitos da equiparação salarial vigentes na versão do texto legal pré-reforma eram: mesmo empregador, mesma localidade, identidade funcional e trabalho de igual valor, como medidas de comparação entre dois trabalhadores. Com a Reforma Trabalhista, tais premissas foram profundamente alteradas, provocando a dúvida se as novas regras incidem nos atuais contratos e de que maneira.

Em relação à equiparação salarial, vale citar a posição expressa na obra de comentários à reforma trabalhista do grupo denominado Quarteto Trabalhista, integrado por este autor, Antonio Umberto de Souza Júnior, Ney Maranhão e Platon Teixeira de Azevedo Neto:

> Devemos lembrar que a diretriz constitucional segundo a qual a lei não poderá prejudicar o direito adquirido (art. 5º, XXXVI, da CF/1988) deverá inspirar a interpretação dos casos concretos para os quais haja dúvidas acerca da incidência da nova lei. Nessa linha, é preciso pontuar que a Reforma Trabalhista altera os critérios de aquisição do direito à equiparação salarial, tratando-se de norma de direito material, dirigida aos empregados e empregadores. Não se trata, assim, de critério judicial a ser utilizado em processos analisados a partir da vigência da Lei n. 13.467/2017. Dito de outro modo, os novos critérios estabelecidos pelo legislador não interferem no julgamento dos pedidos já formulados perante a Justiça do Trabalho, nem mesmo para os futuros processos que tenham por premissa fática a situação de desnível salarial iniciado antes da Reforma.
>
> É que, neste caso, a partir do instante em que o trabalhador é indevidamente discriminado em matéria salarial, já estará configurado o direito adquirido a pretender as diferenças salariais respectivas. Exemplificando: um trabalhador que passou a exercer uma função no mês de outubro de 2017, recebendo salário inferior a um determinado paradigma, terá direito de ter o seu caso analisado, se judicializada a questão, segundo a regra vigente ao tempo do início da discriminação salarial (*tempus regit actum*) e, portanto, o regime anterior à Reforma constituirá o parâmetro de aferição do direito à equiparação salarial. Por óbvio, a nova regência legal não pode retroagir para prejudicar[22].

Do mesmo modo, outro exemplo de direito adquirido diz respeito à incorporação da gratificação de função, quando houver reversão sem justo motivo, após exercício da função de confiança por mais de dez anos, como estabelecido na Súmula n. 372 do TST. Agora, com a reforma trabalhista, de acordo com a regra expressa no § 2º do art. 468 da CLT (inserida pela Lei n. 13.467/2017), a reversão do empregado ocupante da função de confiança, com ou sem justo motivo, não assegura ao empregado o direito à manutenção do pagamento da gratificação, que não será incorporada, independentemente do tempo de exercício da respectiva função. No entanto, os empregados que na data de 11 de novembro de 2017, início de vigência da Reforma Trabalhista, já implementaram as condições para a incorporação da gratificação em caso de reversão, de modo que em eventual reversão terão direito à não aplicação da reforma, no que exclui o direito.

9. Direito intertemporal e normas coletivas

Com base no princípio da irretroatividade e considerando que a autonomia coletiva privada constitui excep-

(21) SUM-191 do TST: ADICIONAL DE PERICULOSIDADE. INCIDÊNCIA. BASE DE CÁLCULO. (...) III — A alteração da base de cálculo do adicional de periculosidade do eletricitário promovida pela Lei n. 12.740/2012 atinge somente contrato de trabalho firmado a partir de sua vigência, de modo que, nesse caso, o cálculo será realizado exclusivamente sobre o salário básico, conforme determina o § 1º do art. 193 da CLT.

(22) *Reforma trabalhista* — análise comparativa e crítica da Lei n. 13.467/2017. São Paulo: Rideel, 2017. p. 261.

cionalidade tolerada (e até estimulada) pelo legislador, as regras reformistas envolvendo a regulamentação coletiva não alcançam as normas em vigor ao tempo de vigência da Lei n. 13.467/2017. Assim sendo, o conteúdo da norma coletiva porventura ilegal ao tempo do pacto não poderá ser validado a partir da vigência da reforma, haja vista que a regra, em especial quando envolver direito até então considerado absolutamente indisponível, seria inválida desde sua origem. Do mesmo modo, eventual conflito entre acordo coletivo e convenção coletiva de trabalho, consideradas ambas entabuladas antes da vigência da reforma trabalhista, fará com que prevaleça a norma mais favorável, de acordo com a redação anterior do art. 620 da CLT, e não o acordo coletivo, como parâmetro absoluto previsto na Lei n. 13.467/2017.

10. Direito intertemporal e processos em curso

O direito intertemporal em matéria processual é mais simples. No caso, aplica-se a diretriz perfilhada no art. 14 do Código de Processo Civil, aplicável subsidiariamente ao processo do trabalho, a indicar que "*a norma processual não retroagirá e será aplicável imediatamente aos processos em curso, respeitados os atos processuais praticados e as situações jurídicas consolidadas sob a vigência da norma revogada*". Com isso, o legislador adotou a teoria do isolamento dos atos processuais, de modo que os processos concluídos não são impactados em virtude da coisa julgada, da mesma forma que os atos processuais já praticados, sendo juridicamente perfeitos, não sofrem influência da lei nova. Nessa linha, o TST, por meio da IN 41, sinalizou que a aplicação da Reforma Trabalhista no campo processual é imediata, sem atingir, no entanto, situações pretéritas iniciadas ou consolidadas sob a égide da lei revogada (art. 1º). Por esta lógica, podemos indicar como será a aplicação das principais regras processuais novas estabelecidas pela Lei n. 13.467/2017:

a) o ajuizamento de ação para homologação de acordo extrajudicial em matéria trabalhista só será válido se realizado o protocolo a partir da vigência da reforma (CLT, art. 652, g);

b) os prazos iniciados antes da reforma serão contados em dias corridos, aplicando-se a contagem em dias úteis apenas para as intimações realizadas já na vigência da reforma[(23)] (CLT, art. 775, *caput*) considerando que é da ciência da comunicação processual que nasce a contagem do prazo no processo laboral (CLT, art. 774, *caput*);

c) o limite na fixação das custas (CLT, art. 789, *caput*) será aplicado para os processos cuja sentença seja proferida já na vigência da Reforma, porque deve ser considerado o momento de fixação da despesa processual, na perspectiva da teoria do isolamento dos atos processuais;

d) as regras pertinentes à gratuidade da justiça (CLT, art. 790, §§ 3º e 4º) tem aplicação imediata aos novos processos, não incidindo às ações ajuizadas em data anterior a 11 de novembro de 2017, como meio de preservação do acesso à justiça;

e) o procedimento de exceção de incompetência (CLT, art. 800) valerá para as notificações recebidas na vigência da Lei n. 13.467/2017 (art. 11 da IN 41 do TST);

f) a liquidação do pedido (CLT, art. 840, § 2º), em atendimento ao princípio da legalidade, será exigida para as petições iniciais de protocolo realizado a partir de 11 de novembro de 2017;

g) o requisito da transcendência (CLT, art. 896-A) será exigido para os recursos que impugnarem acórdãos regionais publicados a partir da vigência da Reforma Trabalhista, excluídas as decisões de embargos de declaração (art. 19 da IN 41 do TST);

h) a dispensa legal de que o preposto seja empregado aplica-se às audiências realizadas após 11 de novembro de 2017, independente da data de protocolo da reclamação trabalhista (art. 12, § 3º, da IN 41 do TST);

i) a exigência de contraditório prévio à homologação do cálculo (CLT, art. 879, § 2º) só será aplicável aos processos cuja liquidação do julgado não tenha sido iniciada antes da vigência da Reforma Trabalhista (art. 14 da IN 41 do TST);

j) o prazo de 45 dias de inadimplência do devedor para a adoção das medidas de execução indireta só será aplicado às execuções iniciadas na vigência da Lei n. 13.467/2017 (art. 15 da IN 41 do TST);

k) a dispensa de garantia do juízo para a apresentação de embargos à execução por entidades filantrópicas e seus diretores aplica-se às execuções iniciadas após 11.11.2017 (art. 16 da IN 41 do TST);

l) os incidentes de uniformização de jurisprudência iniciados sob a égide da lei anterior deverão observar e serão concluídos com base na legislação vigente ao tempo da interposição do recurso, segundo o disposto nos regimentos internos dos tribunais (art. 18, § 1º, da IN 41 do TST);

m) as normas que possibilitavam aos Ministros do TST a determinação de retorno dos autos para uniformização da jurisprudência regional não se

(23) Nesta linha, com muita razão, expõe Rafael Lara Martins: "um princípio de dúvida — já doutrinária e jurisprudencialmente há muito superada — se daria exclusivamente quanto aos atos processuais a serem praticados no período de transição entre a regra antiga e a nova. Desta forma, pode-se estatuir o seguinte: a) para os prazos iniciados após a vigência da nova norma processual será utilizada a contagem em dias úteis; b) para os prazos iniciados antes da vigência da nova norma processual será utilizada a contagem em dias contínuos e irreleváveis". In: RODRIGUES, Deusmar José. *Lei da Reforma Trabalhista* — comentada artigo por artigo. Leme: JHMizuno, 2017. p. 250.

aplicam aos recursos de revista e agravos de instrumento conclusos aos relatores e ainda não julgados até a edição da Lei n. 13.467/2017 (art. 18, § 2º, da IN 41 do TST);

n) os dispositivos que tratam da responsabilidade processual (CLT, arts. 793-A, 793-B e 793-C, § 1º) têm aplicação imediata e autônoma (art. 7º da IN 41 do TST), mesmo porque era pacífica a aplicação de regras similares, previstas no Código de Processo Civil, ao processo do trabalho.

Por fim, ressaltamos algumas situações especiais, previstas na Instrução Normativa n. 41 do TST.

O primeiro destaque refere-se a não aplicar imediatamente normas acerca da sucumbência, o que engloba os honorários advocatícios de sucumbência (CLT, art. 791-A; art. 6º da IN 41 do TST) e periciais (CLT, art. 790-B; art. 5º da IN 41 do TST). Na lógica do isolamento dos atos processuais, poderia ser defendida a incidência nos processos em curso, mas não sentenciados até a vigência da Reforma Trabalhista. No entanto, há um elemento de boa-fé objetiva e de não-surpresa, tendo em vista que a parte, em especial o autor, ingressou na lide sem que houvesse risco de sucumbência na data do ajuizamento. Mesmo tratamento será dado ao risco de condenação em custas ao beneficiário da justiça gratuita (CLT, art. 844, § 2º), aplicável apenas às ações ajuizadas a partir da vigência da Reforma. Assim, é mais razoável aplicar tais regras apenas para os processos ajuizados na vigência da lei nova.

Outra questão importante é que o TST, por meio da IN 41 (art. 3º), estabeleceu a diretriz pela qual a obrigação de formar o litisconsórcio sindical nas ações anulatórias de cláusulas de acordo ou de convenção coletiva de trabalho (CLT, art. 611-A, § 5º) incide apenas para os processos iniciados a partir de 11.11.2017. *Data venia*, essa não é a interpretação mais adequada, se pensarmos que o legislador em nada inovou. As ações anulatórias de cláusula de norma coletiva autônoma interferem na órbita jurídica das entidades sindicais convenentes e, assim, sempre foi cabível o litisconsórcio necessário. A dúvida que pode surgir é se haveria novidade porque o legislador mencionou o cabimento do litisconsórcio necessário não só na ação coletiva, mas, igualmente, na ação individual que tenha por objeto a anulação de uma cláusula normativa. No entanto, a ação anulatória não se confunde com a reclamação trabalhista individual, já que nesta última o empregado busca a ineficácia, e não a anulação da cláusula questionada. Deste modo, como a interpretação adequada é de descabimento do litisconsórcio sindical obrigatório nos dissídios individuais, temos que a regra do § 5º do art. 611-A não trouxe nada novo ao sistema processual, razão pela qual não se justifica limitar a regra aos novos processos.

Discordamos ainda do tratamento conferido pela Instrução Normativa à aplicação de sanções processuais. No caso, se o entendimento predominante sempre foi pela aplicação das penalidades de litigância de má-fé, previstas no CPC, ao processo do trabalho, não se justifica limitar a incidência das sanções estabelecidas no *caput* do art. 793-C, e §§ 2º e 3º da CLT aos processos ajuizados a partir da vigência da Reforma, como sinalizado nos arts. 8º e 9º da IN 41.

Outro ponto que, respeitosamente, divergimos da IN 41 diz respeito à aplicação de multa processual à testemunha improba. No caso, o TST sinaliza que tal penalidade só será aplicada às ações ajuizadas na vigência da Lei n. 13.467/2017. Ora, a situação é de incidência imediata, na perspectiva do isolamento dos atos processuais. Não se trata de questão sucumbencial que infira a dosagem do risco da causa pelo demandante; a situação é de probidade processual, exigível no momento de prática do ato. Por isso, compreendemos que a penalidade será aplicável aos processos ajuizados em data anterior à Reforma, desde que o depoimento improbo tenha ocorrido após 11 de novembro de 2017.

Cabe, ainda, ressalva ao entendimento estabelecido na IN 41 acerca do afastamento da revelia na hipótese em que, mesmo ausente o reclamado, o advogado compareceu e a defesa escrita foi anexada aos autos do processo eletrônico (CLT, art. 844, § 5º). No caso, o TST aponta que a regra nova, destinada a afastar a revelia, só seria aplicável aos novos processos, ajuizados a partir de 11.11.2017 (art. 12, *caput*, da IN 41). No entanto, a situação é de cristalina aplicação da teoria do isolamento dos atos processuais. Ora, se a audiência ocorreu já na vigência da Reforma Trabalhista, ainda que a ação tenha sido proposta antes de 10 de novembro de 2017, aplicar a revelia com defesa nos autos e comparecimento do advogado do reclamado seguramente constitui ofensa ao devido processo legal, à legalidade, ampla defesa e contraditório.

Por fim, destacamos que a IN 41 aponta que as regras de isenção, substituição ou redução do depósito recursal, bem como a previsão de recolhimento em conta judicial alcançam os recursos contra decisões proferidas a partir de 11 de novembro de 2017 (art. 20). No entanto, o direito subjetivo ao recurso surge com a intimação da decisão e não, necessariamente, com o momento do julgamento. Deste modo, temos que o marco divisor para a aplicação da nova lei não é a data de julgamento e, sim, a data de intimação da parte acerca da decisão prolatada e que ensejará o respectivo recurso.

11. Conclusão

Sintetizando o quanto analisado no presente estudo, replicamos aqui o essencial acerca do direito intertemporal envolvendo a Reforma Trabalhista:

a) a vigência da Lei n. 13.467/2017 tem início no dia 11 de novembro de 2017;

b) a nova lei aplica-se aos novos contratos de trabalho e processos judiciais iniciados já na vigência da Reforma Trabalhista;

c) os novos prazos prescricionais criados na Lei n. 13.467/2017 terão sua contagem iniciada a partir da vigência da Reforma Trabalhista;

d) mesmo prevendo corrente interpretativa que defenderá a aplicação imediata da reforma aos contratos de trabalho em curso, com base no art. 2.035 do Código Civil, concluímos, em razão das especificidades do direito do trabalho, que o norte do direito intertemporal será o princípio da condição mais benéfica, a impedir a incidência da norma prejudicial aos contratos em vigor, diante da ausência de determinação expressa do legislador;

e) a nova lei não prejudicará o direito adquirido, premissa de forte incidência no exame dos pleitos de equiparação salarial e incorporação da gratificação de função, caso os fatos que deem origem ao direito ocorram antes da vigência da Reforma Trabalhista;

f) as normas coletivas, quanto ao objeto e solução de conflitos entre convenção e acordo coletivo seguem a lei antiga, caso estipuladas antes da vigência da Reforma Trabalhista;

g) o direito processual segue a teoria do isolamento dos atos processuais, de modo que a nova lei aplica-se aos processos em curso, no estágio em que se encontrarem, inclusive para a conclusão de prazos contados de modo contínuo, quando iniciados antes da vigência da reforma, cabendo reflexão em relação às ressalvas promovidas pela Instrução Normativa n. 41 do Tribunal Superior do Trabalho;

h) as regras de sucumbência de despesas processuais não se aplicam aos processos em curso, por se tratar de risco inexistente quando do ajuizamento da ação.

PARTE III

REFORMA TRABALHISTA E CONSTITUIÇÃO

Controvérsias sobre a constitucionalidade da reforma trabalhista

Carlos Roberto Barbosa(*)

"O que importa num estado constitucional de direito não será tanto saber se o que o legislador, o governo ou o juiz fazem são actos legislativos, executivos ou jurisdicionais, mas se o que eles fazem pode ser feito e é feito de forma legítima[...]".

CANOTILHO

I — Supremacia da Constituição

O controle de constitucionalidade é um recurso jurídico criado para verificar a correspondência entre os atos emitidos por quem decreta o poder e a Constituição, anulando-os quando rompem os princípios constitucionais. Esse controle é uma ferramenta jurídica pelo qual, para assegurar o cumprimento das normas constitucionais, se realiza um procedimento de revisão dos atos de autoridade, incluindo normas gerais, e no caso de contradição com a Constituição se procede a invalidação das normas de hierarquia inferior que não tenham sido elaboradas em conformidade com aquela.

O fundamento desse controle é a manutenção do princípio da supremacia constitucional.

A Constituição recolhe de maneira geral as decisões políticas básicas de uma sociedade, estabelecendo como se deve organizar o Estado, quem pode aceder ao poder — conteúdo formal — assinalando o catálogo de direitos humanos que as autoridades estarão obrigadas a respeitar e procurar — conteúdo material ou substantivo.

Deste modo, a Constituição determina as regras formais e materiais a que os titulares do poder deverão sujeitar-se, mediante cláusulas escritas ou positivadas. É por meio destas cláusulas que se deixa ver a natureza da Constituição: um pacto político que tende a organizar a sociedade, assim como as instituições constituídas mediante as quais se exerce o poder.

Sucede que, toda vez que a Constituição é o resultado ou reflexo dos fatores reais do poder, ela mesma pode ser definida como o conjunto dos mais importantes processos políticos da sociedade que se desenvolvem nas instituições que para tal efeito foram criadas. Nessa tessitura, se pode observar que a proteção da Constituição, entendida como a máxima expressão de vontade de uma sociedade e como constituinte dos princípios e instituições fundamentais, adquire um papel fundamental no moderno Estado Constitucional de Direito, já que não pode haver instituição sem fundamento em um princípio, nem princípio que não possa ser materializado e protegido por uma instituição ou ferramenta, segundo seja o caso. A Constituição fixa as formas de expressão do poder e determina seu controle, sendo um imperativo que todo ato de autoridade, seja judicial, legislativo ou administrativo, se encontra ajustado aos princípios fundantes básicos, impondo, em caso de não ser assim, a sanção de nulidade.

A supremacia hierárquica da Constituição traz como primeira consequência a rigidez de suas normas.

A rigidez significa a inalterabilidade da Constituição por lei ordinária. É necessário estabelecer um procedimento legislativo específico para a alteração do texto constitucional.

> O princípio da supremacia hierárquica das normas constitucionais, mesmo que no plano normagênese, aparece simultaneamente às normas impositivas da rigidez constitucional, ostenta procedência lógica (a exigência de que a alteração da Constituição se faça de modo solene provém da supremacia formal que ela se atribui e não ao contrário) e cronológica (tendo em vista o processo constituinte) em relação ao princípio da rigidez.[1]

A segunda consequência do princípio da supremacia da Constituição é o controle da constitucionalidade das leis. É necessário estabelecer um mecanismo para controlar a compatibilidade dos atos do Poder Legisla-

(*) Juiz do Trabalho da 27ª Vara do Trabalho de Belo Horizonte-MG. Doutor em Direito pela Universidad Complutense de Madrid.

(1) RAMOS, Dival da Silva. *Controle de constitucionalidade*. São Paulo: Saraiva, 2010.

tivo emanados à Constituição. A melhor forma de fazer a Constituição prevalecer sobre os atos legislativos que a contrariem é por meio de uso de uma sanção de invalidade, que possa inibir, *ab initio* ou a partir de determinado momento, passado ou futuro, os efeitos da lei contraventora, retomando a classificação proveniente do Direito Romano, na qual as leis perfeitas são aquelas que determinam a nulidade dos atos praticados contra as suas disposições.

À jurisdição constitucional compete fazer com que as sanções de invalidade produzam os seus efeitos, o que acentua a relação existente entre o controle da inconstitucionalidade e o sistema sancionatório da inconstitucionalidade enquanto vício.

II — Meios de controle da constitucionalidade

O controle de regularidade constitucional é um elemento essencial para manter a vigência da própria Constituição, e dotando de equilíbrio os direitos fundamentais e as estruturas institucionais determinadas pelo acordo constitucional.

Os sistemas jurídicos reconhecem a existência de distintos mecanismos de controle, mesmos aqueles que distinguem duas correntes: a americana e a europeia. No que respeita à corrente americana, se verifica que o *judicial review,* ou o controle judicial das normas, é a tese de não aplicação de uma norma inferior que desconhece a Constituição. Esse sistema é o que hoje se conhece como o controle difuso da constitucionalidade de leis, toda vez que a faculdade de analisar a regularidade constitucional das normas gerais não recai em um só órgão, mas sim na totalidade de tribunais que conformam o Poder Judiciário. Esse sistema procura um meio de controle indireto, já que o exame de verificação ao regime constitucional se efetua mediante um caso concreto de aplicação da norma correspondente. Esse meio de controle, ao não analisar em abstrato a norma em questão, unicamente tem alcance de determinar que a lei não é aplicável para este caso em particular, desconhecendo efeitos gerais. Isso demonstra que o controle difuso não persegue a proteção da totalidade da Constituição, mas unicamente dos direitos individuais.

Por outro lado, temos o modelo concentrado que é exercido unicamente por um órgão autorizado para tanto, criando-se para esse efeito uma jurisdição constitucional, que contará com diversos meios de controle da constitucionalidade, cujos efeitos dependerão da natureza dos atos sujeitos ao controle.

O controle de constitucionalidade é repressivo no Judiciário brasileiro e ocorre de forma mista, ou seja, por meio de forma concentrada (via de ação) ou difusa (via de defesa).

O controle difuso de constitucionalidade enseja o exercício da jurisdição por qualquer membro do Poder Judiciário, tanto pelos juízes singulares quanto pelos órgãos colegiados. Em relação a este, a Constituição Federal exige a chamada cláusula de reserva de plenário, prevista no art. 97 ("*Somente pelo voto da maioria absoluta de seus membros ou dos membros do respectivo órgão*"), que determina a maioria absoluta dos membros integrantes do Tribunal pleno ou órgão especial para declarar a inconstitucionalidade de leis ou atos normativos do Poder Público.

Quanto ao controle concentrado, o Supremo Tribunal Federal (art. 102, I, "a", da Constituição da República do Brasil) é acionado para decidir acerca da constitucionalidade ou inconstitucionalidade de lei ou ato normativo de forma abstrata; ou seja, se a norma indigitada está ou não se contrapondo à Constituição, por meio das ações diretas de inconstitucionalidade (ADI); das ações declaratórias de constitucionalidade (ADC), instituídas pela Lei n. 9.868/99; ou das arguições de descumprimento de preceito fundamental (ADPF), regulamentada pela Lei n. 9.882/99.

III — Consequências da inconstitucionalidade da norma

O equilíbrio e a harmonia entre os Poderes impõem ao Judiciário somente declarar a inconstitucionalidade como exceção, quando ficar demonstrado que houve violação ao texto constitucional sem que essa decisão seja apenas uma opção por determinada linha de interpretação, pois é mais lógico aceitar que o legislador, ao elaborar a norma, ou o administrador, na execução dessa mesma norma, sempre estará obedecendo à Constituição, donde se conclui que o princípio da presunção de constitucionalidade tem como objetivo conservar os atos normativos, sejam legislativos ou administrativos em concreto, dando maior grau de certeza e segurança jurídica.

A consequência da inconstitucionalidade da norma é sua invalidade, porque sendo a Constituição fundamento de validade das demais normas do ordenamento jurídico, a validade das normas infraconstitucionais pressupõe sua compatibilidade e conformidade com a Constituição.

As decisões proferidas nessas ações têm efeitos *ex tunc* (anulam a lei desde a sua criação), *erga omnes* (valem para todos) e vinculante para todo o Poder Judiciário e para todos os órgãos da Administração Pública, direta e indireta, não abrangendo, apenas, o Poder Legislativo.[2]

(2) O STF, em exame da ADIn n. 652/MA (DJ 04.02.93), Relator Min. Celso de Mello, como questão de ordem, se pronunciou: "EMENTA (...). — O repúdio ao ato inconstitucional decorre, em essência, do princípio que, fundado na necessidade de preservar a unidade da ordem jurídica nacional, con-

Contudo, no magistério jurisprudencial do Supremo Tribunal Federal havia uma clara disposição de se abrandar a higidez dogmática que proclama a nulidade de todos os atos estatais em contrariedade à Carta Magna. Isso por ponderação a outros princípios também previstos na própria Constituição como o da segurança jurídica, isonomia, ato jurídico perfeito, cabendo à decisão que declarar inconstitucional uma norma ou ato de definir se os efeitos serão retrospectivos ou prospectivos.

Esta questão foi positivada com o advento da Lei n. 9.868, de 1999[(3)]. Não poderão, contudo, ser afetados o direito adquirido, o ato jurídico perfeito e a coisa julgada. Logo, em nosso sistema jurídico tem-se desenvolvido técnicas de interpretação constitucional que permitem a suspensão dos efeitos da lei em caráter excepcional, até que a decisão definitiva seja prolatada, além de possibilitar que o STF module os efeitos de suas decisões, por meio de técnicas de declarações parciais ou totais de constitucionalidade ou inconstitucionalidade, efeitos *ex tunc*, *ex nunc*, profuturo e interpretação conforme a Constituição.

A interpretação conforme a Constituição é mais do que uma técnica de salvamento da lei ou do ato normativo, pois ela consiste em uma técnica de decisão. Não cabe ao Poder Judiciário anular uma lei quando puder de alguma maneira preservá-la em nosso ordenamento jurídico num dos sentidos que ela comporte e que esteja em consonância com a Lei Maior. Sempre que possível, a norma deverá ser interpretada de maneira a ser dotada de eficácia, só devendo ser declarada a sua inconstitucionalidade e consequente banimento do ordenamento jurídico como *ultima ratio,* é dizer, quando a inconstitucionalidade do dispositivo em questão for flagrante e incontestável. Nesse sentido, a interpretação conforme a Constituição funciona como um fator de autolimitação da atividade do Poder Judiciário que acaba por respeitar a atuação dos demais Poderes, Legislativo e Executivo, e consequentemente, a obedecer ao princípio da separação dos poderes.

IV — Sobre a constitucionalidade de alguns preceitos da Lei n. 13.467/2017

A reforma do mercado de trabalho não é, por geral, mais que um conjunto de modificações introduzidas pelo legislador no marco jurídico das relações de trabalho com o objetivo de melhorar sua eficiência e, assim, criar empregos.

A vontade política vem influenciada por fatores de diferente natureza, mesmo que, fundamentalmente, as razões econômicas tenham um maior peso, quando não decisivo ou exclusivo.

No presente artigo serão examinadas questões afetas à Constituição Federal por eventual vício material. A inconstitucionalidade por vício formal decorre da inobservância do devido processo legislativo. Podemos ter os vícios de natureza subjetiva e objetiva, sendo que o vício formal subjetivo é verificado na fase de iniciativa.

Muito se discute a legitimidade da reforma trazida com a Lei n. 13.467/2017, ao argumento de açodada, pois carente de amplo debate pelos atores sociais.

Se é certo que as mudanças foram discutidas desde épocas passadas, não se apresenta plausível imputar à regulação das relações de trabalho uma responsabilidade preferente e prioritária na perda de emprego, por um equivocado pensamento de que a criação de empregos pode e deve promover-se mediante as mudanças normativas nesse âmbito.

Logo, esse prenúncio que tanto se propaga, na verdade, faz surgir no meio social o receio de falta de correspondência entre o objetivo proclamado e os objetivos realmente perseguidos.

Dentro dos apologistas da reforma se encadeou o discurso de que não houve perda de direitos. No entanto, a retórica perde consistência pela singela leitura do § 2º, do art. 58, da CLT, dispondo que o tempo despendido pelo empregado desde a sua residência até a efetiva ocupação do posto de trabalho e para o seu retorno, não será computado na jornada de trabalho. Optou o legislador pela exclusão das horas de transporte ou itinerantes, em que pese o tema ser próprio de negociações coletivas, tão festejada pelo legislador reformista.

Houve também perda de direitos com a supressão de horas à disposição, por ficção legal, com a nova redação do art. 4º, § 2º, da CLT.

Essas perdas comodamente não anunciadas por alguns, não comprometem, em essência, a reforma traba-

---

sagra a supremacia da Constituição. Esse postulado fundamental de nosso ordenamento normativo impõe que preceitos revestidos de menor grau de positividade jurídica guardem, necessariamente, relação de conformidade vertical com as regras inscritas na Carta Política, sob pena de ineficácia e de consequente inaplicabilidade. — Atos inconstitucionais são, por isso mesmo, nulos e destituídos, em consequência, de qualquer carga de eficácia jurídica. — A declaração de inconstitucionalidade de uma lei alcança, inclusive, os atos pretéritos com base nela praticados, eis que o reconhecimento desse supremo vício jurídico, que inquina de total nulidade os atos emanados do Poder Público, desampara as situações constituídas sob sua égide e inibe — ante a sua inaptidão para produzir efeitos jurídicos válidos — a possibilidade de invocação de qualquer direito. — A declaração de inconstitucionalidade em tese encerra um juízo de exclusão, que, fundado numa competência de rejeição deferida ao Supremo Tribunal Federal, consiste em remover do ordenamento positivo a manifestação estatal inválida e desconforme ao modelo plasmado na Carta Política, com todas as consequências daí decorrentes, inclusive a plena restauração de eficácia da lei e das normas afetadas pelo ato declarado inconstitucional. Esse poder excepcional — que extrai a sua autoridade da própria Carta Política — converte o Supremo Tribunal Federal em verdadeiro legislador negativo ...".

(3) O art. 27 da referida lei estabelece: *"Ao declarar a inconstitucionalidade de lei ou ato normativo, e tendo em vista razões de segurança jurídica ou de excepcional interesse social, poderá o Supremo Tribunal Federal, por maioria de dois terços de seus membros, restringir os efeitos daquela declaração ou decidir que ela só tenha eficácia a partir de seu trânsito em julgado ou de outro momento que venha a ser fixado".*

lhista que lança um novo padrão nas relações de trabalho, fazendo, em alguns aspectos e sem disfarces, outra leitura do princípio tuitivo do direito do trabalho.

Sequer preocupa ou angustia a possibilidade de retrocesso. Tampouco conforta um vaticínio de evolução. O que mais se lamenta é a oportunidade esquecida pelo legislador de fazer uma verdadeira e pura reforma, que passeasse junto com a reforma da previdência social, tratando de temas tão recorrentes como idade mínima para aposentadoria e mercado de trabalho para pessoas com mais de cinquenta e cinco anos.

Já que tanto ensaiamos com os exemplos de outros países, principalmente aqueles considerados mais desenvolvidos, é lastimável que não se tenha falado do fim da denúncia vazia do contrato de trabalho, como medida de justa proteção no frontispício de um mercado de trabalho tão recessivo e parco para as pessoas com determinada idade.

As preocupações com a reforma trabalhista brasileira superam fronteiras, sendo temas de alerta no hemisfério sul, destacando um retrocesso da reforma trabalhista de 2017 e a maior debilidade dos direitos de nossos trabalhadores em relação à Argentina[(4)].

Muito se discrepa sobre o cânon de constitucionalidade de alguns preceitos da Lei n. 13.467/2017, erigidos sob o mote de diminuição do custo das relações de trabalho e viabilizar ou favorecer a criação de empregos.

Sobre esse tema, longe de pretensão exauriente, se buscará destacar alguns preceitos ou institutos que, inicialmente, se apresentam mais controvertidos.

IV.1 — Livre acesso à justiça. Gratuidade judiciária

O livre acesso à Justiça constitui princípio fundamental e, sendo assim, a parte possui a faculdade de optar pela via judicial ao invés do ingresso no âmbito administrativo para assegurar o cumprimento do direito violado, tendo em vista que a própria Constituição Federal expressamente prevê a mencionada garantia em seu art. 5º, inc. XXXV.

O princípio do acesso à Justiça ascende como temática seminal no meio jurídico, haja vista tratar-se, além de um direito fundamental, de um princípio capaz de viabilizar, se devidamente aplicado, a concretização de outros direitos fundamentais.

A abordagem proposta no presente tópico objetiva realizar uma análise acerca da estreita relação entre o princípio do acesso à Justiça e a concessão dos benefícios da gratuidade da Justiça.

A garantia do art. 5º, LXXIV — assistência jurídica integral e gratuita aos que comprovarem insuficiência de recursos — não revogou a de assistência judiciária gratuita da Lei n. 1.060, de 1950, aos necessitados, certo que, para obtenção desta, basta a declaração, feita pelo próprio interessado, de que a sua situação econômica não permite vir a juízo sem prejuízo da sua manutenção ou de sua família. Essa norma infraconstitucional põe-se, ademais, dentro do espírito da Constituição, que deseja que seja facilitado o acesso de todos à Justiça (CF, art. 5º, XXXV).

Na Justiça do Trabalho, a assistência judiciária gratuita é regulada pela Lei n. 5.584/70.[(5)]

O art. 790, § 3º, da CLT, com a *novel* redação da Lei n. 13.467, de 13 de julho de 2017, dispõe que: "*É facultado aos juízes, órgãos julgadores e presidentes dos tribunais do trabalho de qualquer instância conceder, a requerimento ou de ofício, o benefício da justiça gratuita, inclusive quanto a traslados e instrumentos, àqueles que perceberem salário igual ou inferior a 40% (quarenta por cento) do limite máximo dos benefícios do Regime Geral de Previdência Social*".

Por sua vez, o § 4º, do *supra* dispositivo legal, estabelece *que: "O benefício da justiça gratuita será concedido à parte que comprovar insuficiência de recursos para o pagamento das custas do processo"*.

O art. 790-B, com a redação dada pela nova legislação, ao tratar da paga dos honorários periciais, fixa a responsabilidade da parte sucumbente na pretensão objeto da perícia, ainda que beneficiária de justiça gratuita, acrescentando, em seu § 4º, que: "*Somente no caso em que o beneficiário da justiça gratuita não tenha obtido em juízo créditos capazes de suportar a despesa referida no* caput, *ainda que em outro processo, a União responderá pelo encargo.*"

Para o confronto deste dispositivo legal com o art. 5º, inciso XXXV, da Constituição da República, garantidor

(4) ALERTAS EN EL CONO SUR — "La reforma laboral brasileña, que borra de un plumazo el legado varguista, no debería impactar directamente sobre Argentina, al menos desde el punto de vista de los inversores". En muchos medios de esta nación se difunde la idea de que los inversores extranjeros preferirán hacer sus negocios en el país vecino por sus nuevas y ventajosas condiciones. Sin embargo, el experto en coyuntura internacional añade que "los derechos de los trabajadores ya eran mucho más débiles allí que aquí, las potenciales inversiones no tienen incentivos para elegir Brasil antes que Argentina a raíz de este retroceso". Por otro lado, destaca que "el Gobierno de derecha argentino sí va a intentar servirse de ese retroceso como un ejemplo a seguir para tratar de imponer el tema en la agenda política local". Disponível em: <https://actualidae.rt.com/.../246718-impacta-reforma-laboral-brasil>.

(5) Art. 14. Na Justiça do Trabalho, a assistência judiciária a que se refere a Lei n. 1.060, de 5 de fevereiro de 1950, será prestada pelo Sindicato da categoria profissional a que pertence o trabalhador. § 1º. A assistência é devida a todo aquele que perceber salário igual ou inferior ao dobro do mínimo legal, ficando assegurado igual benefício ao trabalhador de maior salário, uma vez provado que sua situação econômica não lhe permite demandar, sem prejuízo do sustento próprio ou da família.

do livre acesso à Justiça, oportuna a lição de Pontes de Miranda ao apresentar distinção entre assistência judiciária e benefício da justiça gratuita:

> *Assistência judiciária e benefício da justiça gratuita não são a mesma coisa. O benefício da justiça gratuita é direito à dispensa provisória de despesas, exercível em relação jurídica processual, perante o juiz que promete prestação jurisdicional. É instituto de direito pré-processual. A assistência judiciária é a organização estatal ou paraestatal, que tem por fim, ao lado da dispensa provisória das despesas, a indicação de advogado. É instituto de direito administrativo*[(6)].

Logo, como direito que antecede ao processo, à dispensa provisória de despesas, ao se condicionar o pagamento dos honorários periciais aos créditos capazes de suportar a despesa, não se verifica aberta exceção ao princípio do livre acesso no campo das questões trabalhistas, mesmo à luz da moderna teoria que defende a eficácia horizontal dos direitos fundamentais, calcada na ponderação de interesses.

Sem embargo de sua condição de direito fundamental, o princípio do acesso à Justiça não é, entretanto, absoluto, sobretudo na espécie em que, efetivamente, a parte não fica obstada de submeter uma causa específica ao Poder Judiciário[(7)].

O Supremo Tribunal Federal, no AI 152.676 AgR, Rel. Min. Maurício Corrêa, j. 15.9.1995, 1ª T, *DJ* de 3.11.1995, reconheceu que: "Os princípios constitucionais que garantem o livre acesso ao Poder Judiciário, o contraditório e a ampla defesa, não são absolutos e hão de ser exercidos, pelos jurisdicionados, por meio das normas processuais que regem a matéria, não se constituindo negativa de prestação jurisdicional e cerceamento de defesa a inadmissão de recursos quando não observados os procedimentos estatuídos nas normas instrumentais".

Esta linha argumentativa bem se ajusta à dicção do § 4º, do art. 791-A, ao dispor que: "*Vencido o beneficiário da justiça gratuita, desde que não tenha obtido em juízo, ainda que em outro processo, créditos capazes de suportar a despesa, as obrigações decorrentes de sua sucumbência ficarão sob condição suspensiva de exigibilidade e somente poderão ser executadas se, nos dois anos subsequentes ao trânsito em julgado da decisão que as certificou, o credor demonstrar que deixou de existir a situação de insuficiência de recursos que justificou a concessão de gratuidade, extinguindo-se, passado esse prazo, tais obrigações do beneficiário*".

Examinado tal dispositivo legal, à luz do art. 1.707, do Código Civil Brasileiro, que trata da impenhorabilidade, incindibilidade e incompensabilidade de créditos alimentares, vale pontuar que os alimentos não são compensáveis pois é o próprio sustento do alimentando que se protege, sendo também inacessível, pois, inerente à pessoa do alimentando. Contudo, no direito do trabalho, mesmo com o reconhecimento de que nunca deverão ser compensadas verbas que não tenham cunho trabalhista, a autorização do art. 791-A, § 4º, da CLT, será possível desde que não interfira na subsistência do trabalhador. Tanto assim que o comando legal é expresso ao mencionar "*créditos capazes de suportar a despesa*", autorizando o julgador no caso concreto a realizar a merecida ponderação, inclusive por se tratar de norma em sentido material[(8)].

---

(6) PONTES DE MIRANDA, Francisco Cavalcanti. *Comentários à Constituição de 1967*: com Emenda n. 1, de 1969. tomo IV. Rio de Janeiro: Forense, 1987. p. 642.

(7) "Quando a Constituição fala de exclusão de lesão ou ameaça de lesão do Poder Judiciário quer referir-se, na verdade, à impossibilidade de exclusão de alegação de lesão ou ameaça, tendo em vista que o direito de ação (provocar a atividade jurisdicional) não se vincula à efetiva procedência do quanto alegado; ele existe independentemente da circunstância de ter o autor razão naquilo que pleiteia; é direito abstrato". In: DIDIER JÚNIOR, Fredie. Direito à inafastabilidade do Poder Judiciário. LEÃO, Adroaldo; PAMPLONA FILHO, Rodolfo (Coords.). *Direitos constitucionalizados*. Rio de Janeiro: Forense, 2005. p. 166.

(8) A jurisprudência, no que levamos de vigência da Lei n. 13.467/2017, tem caminhando neste sentido, conforme excerto de Acórdão proferido pela Oitava Turma do Tribunal Regional do Trabalho, da Terceira Região, nos autos do processo 0010204-13.2018.5.03.0019, de Relatoria da Desembargadora Ana Maria Amorim Rebouças: "*HONORÁRIOS ADVOCATÍCIOS SUCUMBENCIAIS — Estabelece o art. 791-A da CLT e seus parágrafos: "Art. 791-A. Ao advogado, ainda que atue em causa própria, serão devidos honorários de sucumbência, fixados entre o mínimo de 5% (cinco por cento) e o máximo de 15% (quinze por cento) sobre o valor que resultar da liquidação da sentença, do proveito econômico obtido ou, não sendo possível mensurá-lo, sobre o valor atualizado da causa. (Incluído pela Lei n. 13.467, de 2017) § 1º Os honorários são devidos também nas ações contra a Fazenda Pública e nas ações em que a parte estiver assistida ou substituída pelo sindicato de sua categoria. (Incluído pela Lei n. 13.467, de 2017) § 2º Ao fixar os honorários, o juízo observará: (Incluído pela Lei n. 13.467, de 2017) I — o grau de zelo do profissional; (Incluído pela Lei n. 13.467, de 2017) II — o lugar de prestação do serviço; (Incluído pela Lei n. 13.467, de 2017) III — a natureza e a importância da causa; (Incluído pela Lei n. 13.467, de 2017) IV — o trabalho realizado pelo advogado e o tempo exigido para o seu serviço. (Incluído pela Lei n. 13.467, de 2017) § 3º Na hipótese de procedência parcial, o juízo arbitrará honorários de sucumbência recíproca, vedada a compensação entre os honorários. (Incluído pela Lei n. 13.467, de 2017) § 4º Vencido o beneficiário da justiça gratuita, desde que não tenha obtido em juízo, ainda que em outro processo, créditos capazes de suportar a despesa, as obrigações decorrentes de sua sucumbência ficarão sob condição suspensiva de exigibilidade e somente poderão ser executadas se, nos dois anos subsequentes ao trânsito em julgado da decisão que as certificou, o credor demonstrar que deixou de existir a situação de insuficiência de recursos que justificou a concessão de gratuidade, extinguindo-se, passado esse prazo, tais obrigações do beneficiário. (Incluído pela Lei n. 13.467, de 2017) § 5º* São devidos honorários de sucumbência na reconvenção. *(Incluído pela Lei n. 13.467, de 2017)" Desta forma, considerando que a presente reclamatória foi ajuizada na vigência da Lei n. 13.467/2017 (15.03.2018 — ID. 689fc58) e, ainda, diante da procedência parcial dos pedidos, impõe-se a condenação da parte autora ao pagamento de honorários de advogado, entretanto, o crédito ficará suspenso, nos termos do art. 98, § 1º, VI, e § 3º, CPC/2015, dado que reconhecido o direito da parte reclamante à assistência judiciária, interpretando-se o § 4º do art. 791-A, CLT, em consonância com a disposição contida no art. 5º, LXXIV, da Constituição da República, que garante a assistência jurídica integral e gratuita aos que comprovarem insuficiência de recursos. É dizer: a disposição do § 4º do art. 791-A, CLT, é de ser interpretada no sentido de que somente se pode exigir da parte beneficiária da justiça gratuita o pagamento de honorários de advogado, caso o valor de crédito reconhecido em processo judicial altere a condição de miserabilidade, o que não se verifica aqui.*

Qualquer conduta, estatal ou particular, em sentido material está sujeita ao princípio da ponderação, sobretudo quando obste a concretização de direitos fundamentais. Portanto, se a norma possui conteúdo sujeita à valoração do juiz, se esvai a discussão relacionada à sua inconstitucionalidade.

Ainda, dentro do tema 'acesso à Justiça', se poderá discutir a constitucionalidade do art. 844, da CLT[9], ao exigir o pagamento de custas para repropositura de demanda, na hipótese de ausência injustificada do reclamante, "*salvo se comprovar, no prazo de quinze dias, que a ausência ocorreu por motivo legalmente justificável*".

Não se apresenta contraditória a convivência simultânea de um direito e de um dever concernentes à mesma matéria. A norma em apreço está, igualmente, calcada na técnica legislativa da cláusula geral, as quais possuem conteúdo aberto (normalmente composto por conceitos jurídicos indeterminados) e solução jurídica também indefinida previamente.

De qualquer maneira, mencionado dispositivo legal não impede o acesso à Justiça. Exige, apenas, que o acionamento da máquina judiciária seja feito com responsabilidade, inclusive facultando à parte interessada justificar sua ausência, que passará sob o crivo do intérprete, sem ofensa direta à Constituição Federal.

A disposição legal vem dar consistência ao exercício da cidadania, ou seja, exercício dos direitos e deveres civis, políticos e sociais. Isto significa que direitos e deveres estão interligados, e o respeito e cumprimento de ambos é que contribuem para uma sociedade mais equilibrada.

Não basta se aferrar a um viés meramente ideológico, se distanciando da realidade, com escoras na comodidade de um princípio, sem permitir a propalada convivência de direitos e deveres, que não refogem à normalidade e à proporcionalidade, e longe de se tratar de legislação abusiva.

Logo, não é próprio se falar em "postulado hermenêutico da proporcionalidade como critério de aferição de constitucionalidade", como pontuado na peça de ingresso da ADI 5766[10].

Por óbvio que a eiva de inconstitucionalidade deverá ser analisada em direção à Carta Magna, e não em observância ao regramento do tema por outros diplomas legais ou normas de caráter infraconstitucional. A inconstitucionalidade é um problema de relação intras-sistêmica entre normas pertencentes a um determinado ordenamento jurídico estatal, segundo os critérios de validade contidos nas normas constitucionais, que não se confunde com o problema da injustiça ou ilegalidade social. Entretanto, ela não se dá entre duas normas constitucionais, mas entre normas constitucionais e normas infraconstitucionais.

Nesse sentido, veja-se a doutrina e a posição do STF: "O texto constitucional é bem objetivo e incisivo ao assegurar a todos os necessitados a prestação de assistência jurídica integral e gratuita. O binômio não esconde nenhum mistério hermenêutico: nada pagará quem buscar socorro no judiciário sem ter condições para arcar com as despesas próprias de quem litiga. Da lista extensa de despesas abarcadas pela justiça gratuita constante do art. 98, § 1º, do CPC, bem maior do que aquela que figurava no atualmente revogado art. 3º da Lei n. 1.060/1950 (....). (...) Tal qual já indicava o art. 12 da Lei n. 1.060/1950, atualmente também revogado pelo novo CPC, este não isenta o beneficiário das despesas enumeradas, mas apenas determina que tais obrigações sucumbenciais fiquem sob condição suspensiva de exigibilidade pelo prazo de 5 anos (prazo reduzido, na CLT, para 2 anos). Se, dentro do lapso temporal estabelecido pela lei, sobrevier alteração relevante nas condições financeiras do beneficiário, deverá ele quitar o débito com o Judiciário; não havendo modificação na sua situação pessoal em tal quinquênio (ou biênio, no caso dos processos trabalhistas, ficará definitivamente exonerado de tais pagamentos. Não é possível transigir interpretativamente nessa matéria porque a assistência jurídica integral e gratuita é um instrumento fundamental de viabilização do efetivo acesso à Justiça. Não se pode permitir que, em pleno século XXI, seja juridicamente tolerável a reconstrução de muralhas financeiras para tornar difícil ou impossível bater às portas dos tribunais para o indivíduo ter o seu day of court, *tornando novamente atuais os densos estudos de Cappelleti e Garth sobre as ondas de acesso à justiça que começaram justamente pela superação dos obstáculos econômicos. A jurisprudência do STF é muito clara na direção da amplitude e da impensabilidade de créditos com encargos sucumbenciais de responsabilidade de beneficiário da justiça gratuita. À guisa de ilustração, veja-se o seguinte aresto: Direito constitucional e processual civil. FGTS. Atualização: correção monetária. Recurso extraordinário. Agravo. Alegações de perda de eficácia de medidas provisórias e de sucumbência mínima dos agravantes. Prequestionamento. (...)2. No mais, como ressaltado pela decisão agravada: "em face da sucumbência recíproca, será proporcionalizada a responsabilidade por custas e honorários advocatícios, fazendo-se as devidas compensações, ressalvado o benefício da assistência judiciária gratuita, que só responderão por tais verbas, quando tiverem condições para isso, nos termos do art. 12 da Lei n. 1.060, de 05.02.1950. 4.Agravo improvido (STF, 1ª T., AgRg — AgIn n. 304693, Sydney Sanches, j. 09.10.2001, DJU 1º.02.2002). Portanto, para salvar a norma de leituras constitucionalmente desastrosas, a expressão "créditos capazes de suportar a despesa" somente pode merecer um sentido: ressalva a lei que, sendo a condição financeira do beneficiário da justiça gratuita transformada pelo grande vulto da norma a ele destinada por força da decisão judicial na qual tenha sido responsabilizado pelos honorários de advogado — ou em outro processo qualquer — deverá ele arcar com esta verba sucumbencial, aliviando os cofres públicos federais. Ou seja, o beneficiário da justiça gratuita só suportará tais despesas caso aufira créditos cujo montante promova contundente e indiscutível alteração de sua própria condição socioeconômica." (Antônio Umberto de Souza Júnior, Fabiano Coelho de Souza, Ney Maranhão e Platon Teixeira de Azevedo Neto. In: "Reforma Trabalhista — Análise Comparativa e Crítica da Lei n. 13.467/2017.* São Paulo: *Rideel, 2017. p. 385/6, destaques do original). Logo, mantenho a condenação do obreiro ao pagamento de honorários advocatícios, deixando claro que já ficou determinado na origem que o crédito ficará suspenso, nos termos do art. 98, § 1º, VI, e § 3º, CPC/2015, dado que reconhecido o direito da parte reclamante à assistência judiciária. Nada a reparar".*

(9) Art. 844. § 2º Na hipótese de ausência do reclamante, este será condenado ao pagamento das custas calculadas na forma do art. 789 desta Consolidação, ainda que beneficiário da justiça gratuita, salvo se comprovar, no prazo de quinze dias, que a ausência ocorreu por motivo legalmente justificável. § 3º O pagamento das custas a que se refere o § 2º é condição para a propositura de nova demanda.

(10) Na referida Ação Direta de Inconstitucionalidade, distribuída em 28 ago. 2017, Relator Min. Roberto Barroso, o Procurador-Geral da República busca a declaração de inconstitucionalidade das seguintes normas, todas introduzidas pela Lei n. 13.467, de 13 de julho de 2017: a) da expressão "ainda que beneficiária da justiça gratuita", do *caput*, e do § 4º do art. 790-B da CLT; b) da expressão "desde que não tenha obtido em juízo, ainda que em outro processo, créditos capazes de suportar a despesa," do § 4º do art. 791-A da CLT; c) da expressão "ainda que beneficiário da justiça gratuita," do § 2º do art. 844 da CLT.

Sequer se vislumbra um maior rigor no dispositivo da CLT, em comparação com outras disposições relacionadas aos juizados especiais(11). De qualquer maneira, ao se falar em ofensa ao princípio da isonomia e proporcionalidade com outros sistemas, inevitável se reconhecer que o fato de se exigir comprovação ou motivação da ausência é questão de ilegalidade, podendo consistir em inconstitucionalidade indireta ou reflexa. A inconstitucionalidade será indireta, reflexa ou oblíqua quando, para saber se um ato normativo atenta contra a Constituição, for necessário, primeiramente, compará-lo com outro ato normativo.

Conforme mencionado no Processo n. AIRR-0243200-74.1990.5.14.0401, em lições de Alexandre de Moraes (MORAES, 2007, p. 537), "a via reflexa caracteriza-se quando a apuração da ofensa à norma constitucional depender do reexame de normas infraconstitucionais aplicadas pelo Poder Judiciário ao caso concreto; ou ainda, quando, para atingir violação do preceito constitucional, houver necessidade de interpretação do sentido da legislação infraconstitucional".

Assim, plausível se afirmar que o comando do art. 844, da CLT, primeiramente deverá ser interpretado à luz do art. 14, da Lei n. 5.584/70, que trata da gratuidade judiciária na Justiça do Trabalho para, em seguida, se apurar possível ofensa à Constituição Federal.

Para o STF, a inconstitucionalidade indireta representa uma crise de legalidade e não de constitucionalidade. O que se viola primeiro, diretamente, é a lei; a violação da Constituição, como visto, é secundária(12).

Examinada a questão, igualmente, à luz da "crise de legalidade", pontuou o Tribunal Regional da Terceira Região:

"BENEFICIÁRIA DA JUSTIÇA GRATUITA — EXCLUSÃO DO PAGAMENTO DAS CUSTAS — Estabelece a nova redação do art. 844, § 2º, da CLT, alterado pela Lei n. 13.467/17, que "na hipótese de ausência do reclamante, este será condenado ao pagamento das custas calculadas na forma do art. 789 desta Consolidação, ainda que beneficiário da justiça gratuita, salvo se comprovar, no prazo de quinze dias, que a ausência ocorreu por motivo legalmente justificável". É fato, ainda, que o § 3º do mesmo artigo preconiza que "o pagamento das custas a que se refere o § 2º é condição para a propositura de nova demanda". Pois bem. Interpretando-se o § 2º do art. 844 da CLT, em consonância com a disposição contida no art. 5º, LXXIV, da Constituição da República, que garante a assistência jurídica integral e gratuita aos que comprovarem insuficiência de recursos, conclui-se que a execução das custas não é devida, nos termos do art. 98, § 1º, VI, e § 3º, CPC/2015, dado que reconhecido o direito da reclamante à assistência judiciária. É dizer: a disposição do § 2º do art. 844 da CLT, é de ser interpretada no sentido de que somente se pode exigir da parte beneficiária da justiça gratuita o pagamento de custas, caso se verifique a alteração de sua condição de miserabilidade, o que não ocorre aqui. Nesse sentido, veja-se a doutrina e a posição do STF: "O texto constitucional é bem objetivo e incisivo ao assegurar a todos os necessitados a prestação de assistência jurídica integral e gratuita. O binômio não esconde nenhum mistério hermenêutico: nada pagará quem buscar socorro no judiciário sem ter condições para arcar com as despesas próprias de quem litiga. Daí a lista extensa de despesas abarcadas pela justiça gratuita constante do art. 98, § 1º, do CPC, bem maior do que aquela que figurava no atualmente revogado art. 3º da Lei n. 1.060/1950 (....). (...) Tal qual já indicava o art. 12 da Lei n. 1.060/1950, atualmente também revogado pelo novo CPC, este não isenta o beneficiário das despesas enumeradas, mas apenas determina que tais obrigações sucumbenciais fiquem sob condição suspensiva de exigibilidade pelo prazo de 5 anos (prazo reduzido, na CLT, para 2 anos). Se, dentro do lapso temporal estabelecido pela lei, sobrevier alteração relevante nas condições financeiras do beneficiário, deverá ele quitar o débito com o Judiciário; não havendo modificação na sua situação pessoal em tal quinquênio (ou biênio, no caso dos processos trabalhistas, ficará definitivamente exonerado de tais pagamentos. Não é possível transigir interpretativamente nessa matéria porque a assistência jurídica integral e gratuita é um instrumento fundamental de viabilização do efetivo acesso à Justiça. Não se pode permitir que, em pleno século XXI, seja juridicamente tolerável a reconstrução de muralhas financeiras para tornar difícil ou impossível bater às portas dos tribunais para o indivíduo ter o seu day of court, tornando novamente atuais os densos estudos de Cappelleti e Garth sobre as ondas de acesso à justiça que começaram justamente pela superação dos obstáculos econômicos. A jurisprudência do STF é muito clara na direção da amplitude e da impensabilidade de créditos com encargos sucumbenciais de responsabilidade de beneficiário da justiça gratuita. À guisa de ilustração, veja-se o seguinte aresto: Direito constitucional e processual civil. FGTS. Atualização: correção monetária. Recurso extraordinário. Agravo. Alegações de perda de eficácia de medidas provisórias e de sucumbência mínima dos agravantes. Prequestionamento. (...)2. No mais, como ressaltado pela decisão agravada: 'em face da sucumbência recíproca, será proporcionalizada a responsabilidade por custas e honorários advocatícios, fazendo-se as devidas compensações, ressalvado o benefício da assistência judiciária gratuita, que só responderão por tais verbas, quando tiverem condições para isso, nos termos do art. 12 da Lei n. 1060, de 05.02.1950. 4. Agravo improvido (STF, 1ª T., AgRg -AgIn n. 304693, Sydney Sanches, j. 09.10.2001, DJU 1º.02.2002). Portanto, para salvar a norma de leituras constitucionalmente desastrosas, a expressão "créditos capazes de suportar a despesa" somente pode merecer um sentido: ressalva a lei que, sendo a condição financeira do beneficiário da justiça gratuita transformada pelo grande vulto da norma a ele destinada por força da decisão judicial na qual tenha sido responsabilizado pelos honorários de advogado — ou em outro processo qualquer — deverá ele arcar com esta verba sucumbencial, aliviando os cofres públicos federais. Ou seja o beneficiário da justiça gratuita só suportará tais despesas caso aufira créditos cujo montante promova contundente e indiscutível alteração de sua própria condição socioeconômica." (SOUZA

---

(11) *Art. 51. Extingue-se o processo, além dos casos previstos em lei: I — quando o autor deixar de comparecer a qualquer das audiências do processo; [...]. § 2º No caso do inciso I deste artigo, quando comprovar que a ausência decorre de força maior, a parte poderá ser isentada, pelo Juiz, do pagamento das custas.*

(12) "(...) tem-se violação reflexa à Constituição quando o seu reconhecimento depende de rever a interpretação dada à norma ordinária pela decisão recorrida, caso em que é a hierarquia infraconstitucional dessa última que define, para fins recursais, a natureza da questão federal. Admitir o recurso extraordinário por ofensa reflexa ao princípio constitucional da legalidade seria transformar em questões constitucionais todas as controvérsias sobre a interpretação da lei ordinária, baralhando as competências repartidas entre o STF e os tribunais superiores e usurpando até a autoridade definitiva da Justiça dos Estados para a interpretação do direito local"(RTJ-161/197).

JÚNIOR, Antônio Umberto de; SOUZA, Fabiano Coelho de; MARANHÃO, Ney; AZEVEDO NETO, Platon Teixeira de. In: "Reforma Trabalhista — Análise Comparativa e Crítica da Lei n. 13.467/2017". São Paulo: Rideel, 2017. p. 385/6). (Destaques do original). *Não bastasse isso, esta Turma julgadora decidiu, acerca do tema, no Processo 0011786-76.2017.5.03.0021, de relatoria do D. Desembargador Márcio Ribeiro do Vale, que "deve ser feito o controle de convencionalidade/supralegalidade, declarando-se inválida a norma inserta no art. 844, § 2º, da CLT, com a automática isenção, à autora, do pagamento das custas processuais fixadas na origem, vez que beneficiária da justiça gratuita". Naquela oportunidade ressaltei que "a norma questionada viola o disposto no art. 5º, LXXIV, da CR/88, que assegura que "o Estado prestará assistência jurídica integral e gratuita aos que comprovarem insuficiência de recursos" e, sobretudo, inviabiliza o pleno exercício do princípio da inafastabilidade da jurisdição, assegurado no art. 5º, XXXV, da CR/88". E mais "(...) as lições do Exmo. Juiz do Trabalho Tarcísio Corrêa de Brito, no artigo DIREITOS SOCIAIS FUNDAMENTAIS NA PERSPECTIVA INTERNACIONAL: CONTRIBUIÇÕES PARA UMA APLICAÇÃO (CRIATIVA) DA TEORIA DO CONTROLE JURISDICIONAL DE CONVENCIONALIDADE E DE LEGALIDADE DAS LEIS TRABALHISTAS (...) Com a entrada em vigor da Reforma Trabalhista instrumentalizada pela Lei n. 13.467/17, em novembro de 2017, torna-se necessário abordar o tema dos direitos sociais internacionais como parâmetro para o potencial exercício do controle de convencionalidade ou de supralegalidade da referida legislação 'inovada', resgatando, do ponto de vista doutrinário, os ensinamentos de Valério Mazzuoli na matéria. Afinal, imersa em um efetivo pluralismo jurídico, a análise dos novos dispositivos da CLT ensejará um constante diálogo das fontes, considerando-se que a legislação trabalhista não pode ser interpretada como um outsider dos ordenamentos jurídicos nacional e internacional, negligenciando as contribuições do direito constitucional, do direito civil, do direito internacional público e do direito internacional privado para a compreensão do alcance e dos limites discursivos de seus dispositivos. Ademais, a própria Reforma impõe considerar que a regulamentação do mundo do trabalho, a partir de novembro de 2017, conviverá com uma variabilidade de formas heteronormativas e autocompositivas de produção normativa (legislação, acordo individual, deliberações das comissões de empresa, acordos coletivos, convenções coletivas e dissídios coletivos) que deverão ser harmonizadas e compatibilizadas por obra do intérprete judicial".* (REVISTA DO TRIBUNAL REGIONAL DO TRABALHO 3ª REGIÃO, EDIÇÃO ESPECIAL "REFORMA TRABALHISTA, 2017, p. 209). *Assim, o art. 844, § 2º, da CLT, ao impor ao empregado beneficiário da justiça gratuita, ou seja, com clara impossibilidade de arcar com os custos do processo sem prejuízo de seu sustento e/ou de sua família, o pagamento de custas processuais inviabiliza ao mesmo o acesso à justiça e promove a desigualdade no tratamento das partes. Contudo, o amplo acesso à justiça é direito humano, fundamental, alçado ao status de supralegalidade, prevalecendo, assim, sobre as leis ordinárias (no caso, a Lei n. 13.467/2017). Nesse sentido: "ART. 844, § 2º, DA CLT. REDAÇÃO CONFERIDA PELA LEI N. 13.467/2017. OBSTÁCULO IMPOSTO AO PRINCÍPIO DO AMPLO ACESSO À JUSTIÇA (ART. 5º, XXXV, DA CR/88). AFASTAMENTO DE SEUS EFEITOS. CONTROLE DE CONVENCIONALIDADE/SUPRALEGALIDADE. O art. 844, § 2º, da CLT, incluído pela Lei n. 13.467/2017, dispõe que, no caso de arquivamento do processo pela ausência do autor na audiência inaugural, "este será condenado ao pagamento das custas calculadas na forma do art. 789 desta Consolidação, ainda que beneficiário da justiça gratuita, salvo se comprovar, no prazo de quinze dias, que a ausência ocorreu por motivo legalmente justificável". Contudo, o referido dispositivo legal não pode ser aplicado no ordenamento jurídico pátrio, face à clarividente ofensa aos termos do art. 5º, XXXV, da CR/88, que dispõe sobre a inafastabilidade da jurisdição. O STF conferiu caráter supralegal aos tratados e convenções sobre direitos humanos subscritos pelo Brasil, razão pela qual se aplicam o artigo XVIII da Declaração Americana dos Direitos e Deveres do Homem, de 1948, e o art. 8º, 1, do Pacto de São José da Costa Rica, de 1969, devidamente subscritos pelo Brasil, que asseguram o direito ao amplo acesso à justiça. Trata-se de direito humano, fundamental, alçado pelo STF ao status de supralegalidade, prevalecendo, assim, sobre as leis ordinárias, como o é a Lei n. 13.467/2017. Inaplicável, portanto, a norma inserta no art. 844, § 2º, da CLT, de hierarquia inferior, sendo devido ao autor, beneficiário da justiça gratuita, a isenção do pagamento das custas processuais fixadas na origem". (TRT da 3ª Região; PJe: 0011592-69.2017.5.03.0185 (RO); Disponibilização: 06.02.2018; Órgão Julgador: Sétima Turma; Relator: Marcelo Lamego Pertence). Logo, deve ser feito o controle de convencionalidade/supralegalidade, declarando-se inválida a norma inserta no art. 844, § 2º, da CLT, com a automática isenção, à autora, do pagamento das custas processuais fixadas na origem, vez que beneficiária da justiça gratuita. Dou provimento ao apelo para isentar a autora do pagamento das custas processuais".* PROCESSO n. 0010273-66.2018.5.03.0012, 8ª Turma — Relatora Ana Maria Amorim Rebouças.

Este tema seguirá trazendo muitas discussões, inclusive pelo fato de que são apresentados recursos contra decisões de primeiro grau, que indeferem o pedido de isenção de custas, sem que a parte autora, beneficiária da gratuidade de justiça, sequer apresente requerimento de prazo para justificar sua ausência[13].

IV.2 — Aspectos salariais e a Lei n. 13.467/17

O instituto da agregação ou estabilidade financeira que garante ao empregado destituído de cargo ou função de comissão a continuar percebendo os valores destes cargos ou funções depois de um determinado tempo, incorporando-se à remuneração, teve a sua constitucionalidade reconhecida, através de iterativa jurisprudência do STF (STJ — REsp. ns. 164.432, DJU de 3.9.94).

O art. 468, § 2º autoriza a perda da gratificação, como resultado da reversão ao cargo efetivo, anteriormente ocupado[14].

(13) **ARQUIVAMENTO. RECLAMAÇÃO TRABALHISTA** AJUIZADA SOB A ÉGIDE DA LEI N. 13.467/2017. Dentre as várias modificações introduzidas na CLT pela Lei n. 13.467/2017 se encontra o novel § 2º do art. 844, segundo o qual, na hipótese de **arquivamento** da **reclamação trabalhista** decorrente da ausência do reclamante, "este será condenado ao pagamento das custas calculadas na forma do art. 789 desta Consolidação, ainda que beneficiário da justiça gratuita, salvo se comprovar, no prazo de quinze dias, que a ausência ocorreu por motivo legalmente justificável." Portanto, se a recorrente não requer a concessão do prazo legal para fins de prova do motivo legalmente justificável de sua ausência à audiência, deverá efetuar o pagamento das custas processuais fixadas, ainda que beneficiária da justiça gratuita. (TRT da 3ª Região; PJe: 0010023-51.2018.5.03.0006 (RO); Disponibilização: 24.05.2018, DEJT/TRT3/Cad.Jud, Página 1785; Órgão Julgador: Decima Turma; Relator: Taisa Maria M. de Lima).

(14) § 2º *A alteração de que trata o § 1º deste artigo, com ou sem justo motivo, não assegura ao empregado o direito à manutenção do pagamento da gratificação correspondente, que não será incorporada, independentemente do tempo de exercício da respectiva função.* (NR)

De igual maneira, no complexo salarial eram incluídas diversas parcelas, tais como gratificações ajustadas, abonos, diárias para viagem excedentes de cinquenta por cento do salário que, pela sua natureza retributiva, eram incluídas no cálculo de haveres trabalhistas, *v. g.*, férias, gratificação natalina, depósitos do FGTS, bem assim, para fins previdenciários.

O art. 457, da CLT, com sua nova redação, dispõe em seu § 2º, que: "*As importâncias, ainda que habituais, pagas a título de ajuda de custo, auxílio-alimentação, vedado seu pagamento em dinheiro, diárias para viagem, prêmios e abonos não integram a remuneração do empregado, não se incorporam ao contrato de trabalho e não constituem base de incidência de qualquer encargo trabalhista e previdenciário*"[(15)].

O mesmo dispositivo legal, § 4º, estabelece que: "*Consideram-se prêmios as liberalidades concedidas pelo empregador em forma de bens, serviços ou valor em dinheiro a empregado ou a grupo de empregados, em razão de desempenho superior ao ordinariamente esperado no exercício de suas atividades*".

Se é certo que critérios científicos deverão imperar sobre a escolha semântica do legislador, que clausula, igualmente, correto reconhecer que a jurisprudência do STF é no sentido de inexistir direito adquirido sobre regime jurídico, bem assim que a discussão acerca da natureza jurídica de parcelas remuneratórias é de índole eminentemente infraconstitucional.

A seu turno, o art. 461, § 2º, da CLT, traz nova roupagem para o instituto da equiparação salarial, excluindo a necessidade de homologação de quadro de carreira, o que implica em livre trânsito para o empregador, ademais de estabelecer novos critérios de tempo, e por fim, a equiparação "por cascata".

A vedação de aumento salarial por repique ou cascata, em relação ao servidor público, conta com disposição expressa no inciso XIII, do art. 37, da CF. O art. 461, § 2º, da CLT, veda a indicação de paradigmas remotos, "*...ainda que o paradigma contemporâneo tenha obtido a vantagem em ação judicial própria*". Em que pese esta proibição legal, vale o raciocínio se a *interpretação* meramente gramatical — sentido linguístico — deverá imperar sobre os princípios e regras de *interpretação* do direito privado na *álea* contratual, sobretudo o valor salarial a ser considerado, quando presentes os pressupostos da equiparação salarial, inclusive a contemporaneidade.

IV.3 — Duração do trabalho

Tradicionalmente, se associa o trabalho à realização de uma série de tarefas, pelas quais se recebe uma contraprestação econômica e que se desenvolve em local de trabalho determinado.

Nos termos do art. 59, da CLT, a duração do trabalho poderá ser acrescida de horas extras, em número não excedente de duas, por acordo individual, convenção coletiva ou acordo coletivo de trabalho.

O § 5º, do referido artigo, com a redação da Lei n. 13.467/2017, autoriza a instituição do banco de horas por acordo individual, contrariamente ao entendimento pretoriano de exigir a elaboração mediante negociação coletiva.

O respeito dos limites da jornada e descanso forma parte do direito do trabalhador, para o qual concorre a responsabilidade do empregador, a partir da obrigada avaliação de riscos e planificação da atividade preventiva.

Assim, em que pese o parágrafo único do art. 59-B, da CLT, estabelecer que a prestação de horas extras habituais não descaracteriza o acordo de compensação de jornada e o banco de horas, há de se conjugar tal preceito com seu *caput*, ao limitar a paga apenas do adicional, se não ultrapassada a duração máxima semanal.

Em vias de constitucionalidade, uma destacada discussão reside na instituição do regime de trabalho de doze horas seguidas por trinta e seis horas ininterruptas de descanso, mediante acordo individual escrito, nos termos do art. 59-A, da CLT.

Poderia se enunciar que o regime 12x36 não é propriamente um sistema de compensação, pelo que não estaria ao abrigo do art. 7º, XIII, da Constituição Federal, que limita a duração do trabalho normal a oito horas diárias e quarenta e quatro semanais, facultada a compensação de horários e a redução da jornada, mediante acordo ou convenção coletiva de trabalho.

(15) A Medida Provisória n. 808, de 14 de novembro de 2017, em nova redação ao mencionado § 2º, estabelecia: "*As importâncias, ainda que habituais, pagas a título de ajuda de custo, limitadas a cinquenta por cento da remuneração mensal, o auxílio-alimentação, vedado o seu pagamento em dinheiro, as diárias para viagem e os prêmios não integram a remuneração do empregado, não se incorporam ao contrato de trabalho e não constituem base de incidência de encargo trabalhista e previdenciário*". Concluímos pelo acerto da alteração trazida com a Medida Provisória ao não excluir os abonos da integração do salário, por ser parcela de inafastável caráter retributivo. Porém, a limitação de cinquenta por cento da remuneração mensal para não integração de ajuda de custo, carece de raciocínio lógico, eis que a autêntica ajuda de custo, independentemente de seu valor, não compõe a remuneração obreira por ostentar natureza indenizatória. As diárias é que deveriam seguir limitadas a cinquenta por cento da remuneração para não inclusão nos salários, conforme redação original do art. 457, § 2º, da CLT. Contudo, terminado o prazo inicial de validade da MP n. 808 de sessenta dias, e novo prazo decorrente de sua prorrogação, por igual prazo, em 19 de fevereiro de 2018, não houve a votação necessária pelo Congresso Nacional para que tal norma se transformasse em lei. Assim, foi publicado no Diário Oficial da União — DOU em 25.04.2018, o Ato Declaratório n. 22 de 24.04.2018, que encerra a vigência da Medida Provisória n. 808 de 14.11.2017, que altera a Consolidação das Leis do Trabalho, prevalecendo a Reforma Trabalhista instituída por meio da Lei n. 13.467/2017.

Porém, o argumento mais consistente, interpretando o mencionado art. 59-A, da CLT, à luz da Constituição, é que esta faculta compensação de horários e a redução da jornada, mediante acordo ou convenção coletiva do trabalho.

Em lições do celebrado Mauricio Godinho Delgado: "Propositadamente, a nova Carta teria colocado o verbete acordo afastado da qualificação (e restrição) coletivo (aliás, a norma constitucional usa a palavra coletiva, concordando com o feminino convenção). Esse posicionamento sugere que pretendeu a Constituição conferir à palavra acordo a dubiedade de acepções que propicia (acordo bilateral ou acordo coletivo) — tal como já ocorria com o velho § 2º do art. 59, CLT (lá usa-se a expressão "acordo ou contrato coletivo")."(16)

> *A intenção constitucional,* segue o mestre, *de se reportar ao duplo sentido da palavra acordo, afirmar-se-ia com clareza mais palmar ainda em outra passagem constitucional correlata. É que a Constituição teve o cuidado de se referir, expressamente, a acordo coletivo ou à negociação coletiva quando pretendeu, de fato, restringir a modificação trabalhista nela examinada ao título jurídico da negociação coletiva. É o que se passou no art. 7º, VI, que trata de redução de salário (aqui se fala em "convenção ou acordo coletivo") e no art. 7º, XIV, que trata da ampliação da jornada especial em turnos ininterruptos de revezamento (aqui se fala em "salvo negociação coletiva").*

No regime 12x36, a duração mensal de trabalho tem número inferior ao limite constitucional de 220 horas. Nesta senda, mais se justifica a cuidadosa diferenciação constitucional, pelo fato de a adoção do regime importar em aspecto favorável ao próprio trabalhador, sem elevação da quantidade efetiva de horas trabalhadas dentro do mês. Um dos primados da Constituição é estabelecer normas "que visem à melhoria de sua condição social" que, ao final, se traduziria em paradoxo, retirar a higidez de disciplina que, inegavelmente, se traduz em benefício ao trabalhador.

O plenário do Supremo Tribunal Federal julgou constitucional o dispositivo da Lei n. 11.901/2009, que estipula a jornada de trabalho de bombeiro civil em 12 horas para cada 36 horas de descanso. Por maioria, os ministros entenderam que a norma não viola preceitos constitucionais, pois, além de não ser lesiva à sua saúde ou a regras de medicina e segurança do trabalho, é mais favorável ao trabalhador.

O relator da ADI 4.842, ministro Edson Fachin, salienta que a jornada prevista na lei está respaldada na Constituição Federal (art. 7º, inciso XIII) pela possibilidade de compensação de horas trabalhadas mediante acordo ou convenção coletiva de trabalho. Para o relator, não procede a argumentação genérica de que haveria violação ao direito à saúde, previsto no art. 196 da Constituição: "Não houve comprovação com dados técnicos e periciais consistentes de que essa jornada causa danos à saúde do trabalhador". Conforme o voto do relator, além da inexistência da comprovação direta de risco, os próprios sindicatos de profissionais que se manifestaram na ADI entendem que o risco não é potencializado e, ao contrário, consideram essa jornada como benéfica aos trabalhadores.(17)

Em colofão ao tema, o parágrafo único, do art. 60, da CLT, excetua da exigência de licença prévia das autoridades competentes em matéria de higiene do trabalho, para a prorrogação nas atividades insalubres, as jornadas de doze horas de trabalho por trinta e seis horas ininterruptas de descanso.

Se partirmos da premissa de que a escala 12x36 não configura prorrogação de jornada, mas sim um regime padrão de trabalho, seria inócuo ou dispensável o comando do mencionado parágrafo único. No entanto, havendo de se inferir que a lei não contém regramento inútil, alçada a escala especial para esta condição, não é o fato de a Constituição Federal não conter norma com a mesma exigência do art. 60, da CLT, para se concluir que não há exceção ao seu texto. Mesmo que a cláusula não esteja prevista expressamente na Constituição Federal Brasileira, é inegável a sua presença por meio da análise sistemática do ordenamento jurídico e da presença de diversos outros princípios e institutos consagrados, tais como o princípio da dignidade da pessoa humana, o princípio da segurança jurídica e o princípio da máxima eficácia e efetividade das normas.

Tem-se que a colisão que deverá ser mensurada não é ao princípio previsto no art. 7º, XXII, da CF, que trata da redução dos riscos inerentes ao trabalho, por meio de normas de saúde, higiene e segurança. Como destacado anteriormente, o STF na referida ADI 4.842 pontuou que a escala 12x36 não é prejudicial à saúde do trabalhador, por não comprovada por dados técnicos e periciais, destacando o ministro relator que "não procede a argumentação genérica de que haveria violação ao direito à saúde, previsto no art. 196 da Constituição Federal".

Contudo, pela leitura do art. 7º, XIII, da Constituição Federal, inegável que na escala 12x36 há prorrogação ao

(16) Disponível em: <www.trt3.jus.br/escola/download/revista/rev_54/Mauricio Delgado.pdf>.

(17) A Medida Provisória n. 808, de 14 de novembro de 2107, alterou o art.59-A, da Consolidação das Leis do Trabalho — CLT, exigindo, como regra geral, que o estabelecimento da jornada de trabalho de doze horas seguidas de trabalho por trinta e seis horas ininterruptas de descanso, seja realizado mediante convenção coletiva ou acordo coletivo de trabalho, suprimindo a expressão "acordo individual escrito". Ficou mantida, no entanto, a faculdade de se estabelecer esta escala especial mediante acordo individual escrito para as entidades atuantes no setor de saúde, conforme Nova Redação do § 2º, do referido dispositivo legal. Esta exceção legal, ao que se infere, decorre da prática comum em contratos de profissionais da área de saúde, facultando sua adoção sem a intervenção do ente sindicial representativo das categorias econômica e profissional. No entanto, o Ato Declaratório n. 22 de 24.04.2018, encerrou a vigência da Medida Provisória n. 808 de 14.11.2017, que altera a Consolidação das Leis do Trabalho, prevalecendo a Reforma Trabalhista instituída por meio da Lei n. 13.467/2017.

labor diário de oito horas, havendo clara disposição do legislador em destacar esta circunstância ao trazer para o cenário jurídico o parágrafo único, do art. 60, da CLT. A exceção criada por este dispositivo legal implica em tratamento diferenciado aos empregados que nela atuam, logo, írrita ao art. 5º, da Carta Magna, que dispõe sobre o princípio igualitário perante a lei, sem distinção de qualquer natureza.

O reconhecimento de diferenças não poderá ser feito sem quebra da isonomia. O legislador de 2017 não indica este fator de desigualação (fator de *discrímen*), sendo que a simples circunstância de se permitir o acordo individual escrito, com fim de estabelecer horário de trabalho de doze horas seguidas por trinta e seis horas ininterruptas de descanso, não representa fator decisivo, e tampouco obsta a exigência do *caput*, do art. 60, da CLT.

Em outras palavras, é compatível a licença prévia das autoridades competentes em matéria de higiene do trabalho, com a escala 12x36, mesmo quando firmada por acordo individual escrito. Logo, não há correlação lógica abstrata existente entre o fator erigido em critério de *discrímen* e a disparidade estabelecida no tratamento jurídico diversificado.

Não se verifica constância desta correlação lógica com os interesses absorvidos no sistema constitucional, pena de se admitir no seio da empresa tratamento diferenciado para empregados atuando em ambiente insalubre, em prorrogação da jornada, sem fator de *discrímen* que autorize a dispensa de licença prévia para uns em detrimento de outros.

Assim, se pode vislumbrar na reforma trabalhista, ao instituir a escala especial 12x36, aspectos constitucionais quando firmada por acordo individual; por outro lado, se verifica violação à Constituição ao dispensar a licença prévia das autoridades quando do labor em condições de insalubridade, por violação ao princípio da isonomia.

Quando a norma legal é *overbroad*, ou seja, quando tem tanto aplicações constitucionais como inconstitucionais, mas existem razões de política constitucional (*constitutional policy*), que desaconselham ir delimitando os contornos constitucionais da norma caso por caso, pode o intérprete declarar a inaplicabilidade total da disciplina ou sua inconstitucionalidade facial[18].

Em reforço desse entendimento, se pode agregar que o legislador reformista incorre em colisão ou conflito ao permitir no *caput*, do art. 59-A, da CLT, que na escala 12x36 o intervalo seja indenizado, ou seja, que não haja gozo deste benefício. No entanto, o art. 611-A, III, da CLT, autoriza a negociação coletiva quanto ao benefício, "respeitado o limite mínimo de trinta minutos para jornadas superiores a seis horas". A exceção constante do art. 59-A é expressamente direcionada ao art. 59, e não ao período de descanso de que trata o art. 71, todos da Consolidação. Em que pese a colisão de norma não tangenciar a inconstitucionalidade, ao final, não resultará possível realizar uma interpretação restritiva que supere os defeitos jurídicos de que a norma padece.

Não se olvida, e conforme se extrai das notícias do STF, de 3 de outubro de 2016, que a Confederação Nacional de Indústria (CNI) ajuizou no Supremo Tribunal Federal a Arguição de Descumprimento de Preceito Fundamental (ADPF) 422, na qual questiona o art. 60 da Consolidação das Leis do Trabalho (CLT) na parte que trata da prévia anuência de autoridades competentes para a celebração de acordo de prorrogação de jornada de trabalho relacionada às atividades insalubres.

A confederação sustenta que a prévia anuência do Estado é incompatível com preceitos fundamentais previstos nos incisos XIII, XXII e XXVI, do art. 7º, da Constituição Federal e com a garantia da liberdade sindical, e que o dispositivo atacado não foi recepcionado pela Carta de 1988.

No entanto, o pronunciamento da Suprema Corte poderá irradiar-se sobre a inteireza do art. 60, da CLT, e não apenas sobre a exceção de seu parágrafo único.

IV.4 — Autonomia da vontade coletiva. Restrições da atuação do judiciário

A ideia de um poder judiciário se encontra no princípio básico do estado democrático de direito, que o art. 16, da Declaração de Direitos do Homem e do Cidadão de 1789 elevou à categoria de dogma orgânico estrutural, e princípio de divisão de poderes do Estado, ao que Montesquieu deu uma fórmula cerrada e sugestiva, ao expor com rigor e sistema o que antes não se viu ou apenas se contemplou de forma fragmentária e polemicamente.

A prestação jurisdicional é um ideal preconizado na separação de poderes, como função típica do Poder Judiciário quando há violação de um direito, pois o Estado passa a ser também interessado na solução mais pacífica para o conflito, daí a ideia de convívio em sociedade, de busca pela justa composição dos litígios, de modo que a justiça seja concretizada com intervenção estatal, ao

(18) Em tradução livre, de acordo com esta doutrina do *overbreadth*, que em princípio se aplica exclusivamente em matéria de liberdade de expressão, os tribunais podem declarar a inconstitucionalidade *on its face* da norma que é *overbroad*. Segundo a jurisprudência da Corte Suprema dos Estados Unidos, uma norma é *overbroad* quando: (i) tem demasiadas aplicações potencialmente inconstitucionais (é dizer, a norma seria inconstitucional na maior parte dos casos em que resultasse aplicável), e (ii) não resulta possível realizar uma interpretação restritiva que supere o defeito constitucional de que a norma padece (cfr. FALLON [JR.], Richard H., "*Making sense of overbreadth*", 100 Yale Law Journal 853,863 [1991]; TRIBE, Laurence, American Constitutional Law, 2. ed. The Foundation Press, Mineola, New York, 1988. p. 1.022).

passo que reconheça, modifique ou extinga direitos uma vez alvos de uma discussão judicial.

No direito de ação reside a possibilidade de o cidadão ter sua pretensão a direito decidida de forma definitiva pelo Estado, já que possui o monopólio da jurisdição, como informa a própria Constituição no art. 5º, inciso XXXV (*"A lei não excluirá da apreciação do Poder Judiciário nenhuma lesão ou ameaça a direito."*).

O art. 8º, com a redação da Lei n. 13.467/17[(19)], em abundância, repetido, em parte, no § 1º, do art. 611-A[(20)], ambos da CLT, traz à discussão o princípio da intervenção mínima na autonomia coletiva.

Antes do exame deste tema, o § 1º, do referido artigo, ao tratar do direito comum como fonte subsidiária do direito do trabalho, retira a condicionante de compatibilidade que, ao final, poderá imbricar no exame dos institutos do direito civil, olvidando-se de que o especial derroga o geral naquilo em que com ele for incompatível.

Contudo, tal disposição não retira o comando do *caput* do referido artigo, no sentido de que à falta de disposições legais ou contratuais, a Justiça do Trabalho decidirá em conformidade com os princípios e normas gerais de direito, principalmente do direito do trabalho. Portanto, o uso do direito comum como fonte subsidiária terá a aplicação e dimensão que entender o intérprete, pelo que inócuo o exame de exceção ao texto constitucional.

Na comunicação de fontes, presente a lacuna legislativa, o intérprete poderá fazer uso de técnicas ontológicas e axiológicas, buscando, respectivamente, uma norma que mais corresponde à realidade social, ou mesmo uma norma mais justa para a solução do caso concreto.

A jurisprudência do STF se apresenta firme no entendimento de que as normas secundárias, que têm como fundamento de validade outras que não a Lei Maior, não estão sujeitas a essa fiscalização, pois haveria sempre uma questão de prévia legalidade que demandaria o exame da compatibilidade entre a norma impugnada e aquela que lhe dá fundamento.

Voltada a mirada para a intervenção mínima da Justiça do Trabalho na autonomia da vontade coletiva, em trmoss jurídico e econômico, o desafio de conciliar interesses diversos e incongruentes trouxe modificações na estrutura normativa.

Ana Paula Tauceda Branco leciona que: "o Poder Judiciário, anteriormente dedicado a uma interpretação jurídica reduzida à exegese do texto, tão comumente constatada pelas vias das operações de uma simplificada subsunção dogmática, a partir do Estado Democrático de Direito inaugurado e proclamado pela Carta Republicana de 1988, redefine o seu papel à luz do conteúdo do texto magno, de modo que suas decisões passam a se mostrar marcadas por posições jurídicas e argumentações voltadas a uma atuação comprometida com a efetivação dos direitos humanos fundamentais assegurados — inclusive os de índole sociotrabalhista — dando vida à Constituição brasileira, através das respostas apresentadas às demandas dos cidadãos formuladas perante os tribunais judiciários".[(21)]

Pela leitura do art. 7º, *caput,* da Constituição Federal, a negociação coletiva também representa uma via de melhoria das condições sociais, atuando como instrumento de efetivação de direitos fundamentais e como meio de reconhecimento do valor social do trabalho humano e forma de inserção do trabalhador na sociedade.

A discussão, portanto, não se resume na aferição da legitimidade ou ilegitimidade das cláusulas que advêm de normas coletivas, e sim de eventual supressão ou redução de direito, cabendo, portanto, na ponderação entre tais possibilidades, a preservação do valor social do trabalho e da dignidade do trabalhador, sobretudo quando não haja autorização de norma superior, como ocorre com o art. 611-A, da CLT.

De qualquer maneira, ao fazer remissão ao art. 104, do Código Civil Brasileiro, o legislador reformista abriu campo interpretativo quanto ao objeto do ajuste autônomo. Esta norma apresenta definição ampla ou um conceito jurídico indeterminado, dando azo ao julgador de adotar acepções diferentes, ainda que jungidas à licitude, possibilidade e determinação do objeto.

Logo, mesmo que o intuito do legislador reformista tenha sido de limitar a atuação dos tribunais trabalhistas a aspectos formais, escapando-lhes o exame de temas de caráter material, há de se concluir que não fica vedado ao intérprete investigar o objeto, pena de se reconhecer vedada limitação à atuação jurisdicional.

Diante deste panorama, mostra-se possível a interpretação conforme a Constituição Federal. A interpretação é antes de mais nada uma atividade criadora. Em toda a interpretação existe, portanto, uma criação de

---

(19) Art. 8º ... § 1º O direito comum será fonte subsidiária do direito do trabalho. § 2º Súmulas e outros enunciados de jurisprudência editados pelo Tribunal Superior do Trabalho e pelos Tribunais Regionais do Trabalho não poderão restringir direitos legalmente previstos nem criar obrigações que não estejam previstas em lei. § 3º No exame de convenção coletiva ou acordo coletivo de trabalho, a Justiça do Trabalho analisará exclusivamente a conformidade dos elementos essenciais do negócio jurídico, respeitado o disposto no art. 104, da Lei n. 10.406, de 10 de janeiro de 2002 (Código Civil), e balizará sua atuação pelo princípio da intervenção mínima na autonomia da vontade coletiva. (NR).

(20) § 1º No exame da convenção coletiva ou do acordo coletivo de trabalho, a Justiça do Trabalho observará o disposto no § 3º do art. 8º desta Consolidação.

(21) O ativismo judiciário negativo investigado em súmulas editadas pelo Tribunal Superior do Trabalho". Disponível em: <www.amatra17.org.br/arquivos/4ac2c477939c9.pdf>.

direito. Trata-se de um processo no qual entra a vontade humana, m que o intérprete procura determinar o conteúdo exato de palavras e imputar um significado à norma. Nesse sentido, a interpretação é uma escolha entre múltiplas opções, fazendo-se sempre necessária por mais bem formuladas que sejam as prescrições legais. A atividade interpretativa busca sobretudo reconstruir o conteúdo normativo, explicitando a norma em concreto em face de determinado caso.

Fica vedado, contudo, ao Poder Judiciário colocar normas em vigor, restando-lhe apenas a tarefa de afastar da vigência aquelas leis que contrariem frontalmente as normas superiores do ordenamento jurídico.[(22)]

Bandeira de Mello diz que para conter o poder do Estado é preciso que "aquele que faz as leis nem julgue nem execute, aquele que executa nem julgue e nem faça as leis, e que aquele que julga nem faça as leis nem as execute[(23)]".

Portanto, o § 2º, do art. 8º, da CLT, ao estabelecer que as súmulas e outros enunciados editados pelo Tribunal Superior do Trabalho e pelos Tribunais Regionais do Trabalho, *"não poderão restringir direitos legalmente previstos nem criar obrigações que não estejam previstas em lei"*, nada mais fez que dar uma dispensável concretude ao princípio da separação dos poderes, buscando de maneira indisfarçada retirar atividade legiferante das cortes trabalhistas, objeto de críticas tanto na restrição de direitos como na criação de obrigações[(24)].

IV.5 — Prevalência do negociado sobre o legislado

A regulação das relações de trabalho está integrada por normas jurídicas de variadas classes e origens. Ademais, das normas legais se destaca a importância de uma fonte particular, própria do direito do trabalho, que são as normas convencionais.

As normas convencionais, por dotadas de eficácia normativa, formam parte do sistema de fontes do direito do trabalho, o que leva ao questionamento de sua posição na hierarquia normativa com respeito às demais fontes do direito.

O direito à negociação coletiva decorre de configuração legal. Logo, é a lei que deverá estabelecer as matérias que são suscetíveis de ser abordadas pelo instrumento coletivo, como os critérios de relação entre a própria lei e as normas convencionais.

A relação entre lei e negociação coletiva pode ser de complementariedade, suplementariedade, supletoriedade e de exclusão. Assim será complementar quando a lei remite às normas convencionais a regulação de uma matéria ou de determinados aspectos da mesma; será suplementar quando implica uma regulação legal de mínimos, suscetível de ser melhorada por acordo coletivo ou convenção coletiva; será supletória quando a regulação legal não atua como mínimo, senão como norma aplicável exclusivamente como ausência de regulação distinta estabelecida em acordo coletivo ou convenção coletiva. Assim, permite às normas convencionais uma regulação da matéria distinta que pode ser tanto a pior como a melhor[(25)]. A norma estatal somente se aplica em ausência de regulação pelas normas autônomas; e será de exclusão quando o legislador preserve a matéria, ou um aspecto concreto da mesma frente à negociação coletiva.

Em matéria de articulação entre as fontes, o critério tradicional consistia no respeito a uma norma mínima[(26)].

---

(22) *O bom senso entre a "passividade judicial" e o "pragmatismo jurídico", entre o "respeito à tradicional formulação das regras de freios e contrapesos da Separação de Poderes" e "a necessidade de garantir às normas constitucionais máxima efetividade" deve guiar o Poder Judiciário, e, em especial, o Supremo Tribunal Federal na aplicação do ativismo judicial, com a apresentação de metodologia interpretativa clara e fundamentada, de maneira a balizar o excessivo de subjetivismo, permitindo a análise crítica da opção tomada, com o desenvolvimento de técnicas de autocontenção judicial, principalmente, afastando sua aplicação em questões estritamente políticas, e, basicamente, com a utilização minimalista desse método decisório, ou seja, somente interferindo excepcionalmente de forma ativista, mediante a gravidade de casos concretos colocados e em defesa da supremacia dos Direitos Fundamentais.* [AS SÚMULAS VINCULANTES NO BRASIL E A NECESSIDADE DE LIMITES AO ATIVISMO JUDICIAL. *Alexandre de Moraes.* Disponível em: <www.revistas.usp.br/rfdusp/article/download/67946/70554]>.

(23) BANDEIRA DE MELLO, Celso Antônio. *Discricionariedade e controle jurisdicional.* São Paulo: Malheiros, 2007. p. 12.

(24) Orienta Ana Paula Tauceda Branco: "*Nesse exercício jurídico em busca de compreender o ativismo judiciário aqui investigado através das súmulas jurisprudenciais sob análise, sem dúvida que por demais séria é a verificação, mais uma vez, da prática de ativismo judiciário negativo pelo TST, ao demonstrar, por suas posições que, se por um lado aceita a ampliação do seu raio de atuação, doutro lado se apresenta exercendo um ativismo negativo — este sim, capaz de desequilibrar o sistema político e a democracia constitucional! —, visto que fundado na sua desconexão com a garantia dos direitos humanos fundamentais dos cidadãos trabalhadores, eis que ditas prescrições normativas são amplamente comprometidas não com a efetivação, ou melhor, com a diminuição e eliminação de direitos trabalhistas, através da elaboração de interpretações construídas em prol dos interesses do empregador e portanto, desreguladoras de direitos (op. cit.).*

(25) "(...) *as regras autônomas juscoletivas podem prevalecer sobre o padrão geral heterônomo, mesmo que sejam restritivas dos direitos dos trabalhadores, desde que não transacionem setorialmente parcelas justrabalhistas de indisponibilidade absoluta. Embora o critério definidor de quais sejam as parcelas de indisponibilidade absoluta seja vago, afirma-se que estão protegidos contra a negociação* in pejus *os direitos que correspondam a um "patamar civilizatório mínimo", como a anotação da CTPS, o pagamento do salário mínimo, o repouso semanal remunerado, as normas de saúde e segurança do trabalho, dispositivos antidiscriminatórios, a liberdade de trabalho etc. Enquanto tal patamar civilizatório mínimo deveria ser preservado pela legislação heterônoma, os direitos que o excedem sujeitar-se-iam à negociação coletiva, que, justamente por isso, constituiria um valioso mecanismo de adequação das normas trabalhistas aos diferentes setores da economia e a diferenciadas conjunturas econômicas.*" [STF (RE 590.415 — tema 152 da repercussão geral, DJe 29.05.2015, Relator Ministro Luís Roberto Barroso).

(26) (...) según el cual cada norma del Derecho del Trabajo es tope o piso mínimo para las normas de jerarquía normativa superior. De tal modo, la ley sólo podía ser desplazada por el convenio colectivo que estableciera condiciones más favorables para los trabajadores; a su vez, la autonomía individual

Se uma norma convencional se aparta da norma legal, no sentido de que não resulta uma maior proteção para o trabalhador, ou desvirtua o significado de um conceito definido por uma norma legal, ou de hierarquia superior, a correção deste desvio se logra mediante a aplicação de norma de posição superior, salvo os casos em que a disponibilidade coletiva tenha sido estabelecida pela norma de graduação superior, ou que tenha uma remissão legal expressa à norma convencional, como decorre do art. 7º, VI, da Constituição Federal, que veda a redução salarial, salvo o disposto em convenção ou acordo coletivo.

O legislador reformista de 2017 adotou o caráter complementar e supletório no art. 611-A, da CLT, estabelecendo, exemplificativamente, a prevalência da convenção coletiva e do acordo coletivo sobre a lei quando dispuserem sobre determinadas matérias.

Em regime de exclusão, via art. 611-B, listou as matérias infectas à negociação coletiva, que constituirão objeto ilícito, repetindo, em grande parte, as disposições do art. 7º, da Constituição Federal.

Esta relação entre a lei e as normas convencionais sempre foi tema de discussão no ordenamento jurídico de vários países, sendo adotada uma das técnicas antes apontadas, dependendo do momento histórico e da situação econômica.

O fato isolado de se adotar a técnica de complementariedade ou de supletoriedade não significa ofensa ao *caput* do art. 7º, da CLT, que projeta a melhoria das condições sociais, como comando de otimização, como conceito axiológico, ou como valor predominante em determinada sociedade. Não contêm uma ordem ou uma proibição e sim uma valoração.

Por certo, não se nega o caráter fundamental dos direitos trabalhistas, a demandar uma atuação do Estado, com o propósito de garantir a vida desses direitos, face à instabilidade das relações trabalhistas e a prevalência do capital sobre o trabalho(27).

Contudo, há de se criar uma cultura de menor dependência, diminuindo a figura do Estado paternalista, sobretudo quando se apresenta ineficiente a atender todas as necessidades da coletividade. A proteção dos direitos trabalhistas deverá ser feita por outras vias, que ultrapassam a proteção estatal. A realidade atual exige comunhão de responsabilidades, ganhando destaque o papel do sindicato na defesa dos direitos e interesses da categoria por si representada.

Deve-se buscar um equilíbrio entre custo individual e custo social. Um Estado absolutamente pródigo na proteção dos trabalhadores, enfraquece a própria atuação do sindicato, ou quando pouco incentiva uma judicialização espantosa, até mesmo esperando do Estado-juiz a declaração de nulidade de cláusulas que livremente celebrou.

A atuação do Estado deverá se dar no sentido de auxiliar no fortalecimento das bases sindicais, seja por meio de alterações legislativas, diretrizes do poder executivo ou mesmo mediante da intervenção do Poder Judiciário.

"Nessa perspectiva deverá ser questionado o papel a ser desempenhado pelo Estado (como guardião dos regramentos que tutelam o trabalhador); pelo sindicato (como legítimo representante dos direitos dos trabalhadores) e da própria sociedade civil organizada, que sofre diretamente os reflexos desses conflitos", como pontua Vanessa Roberta do Rocio Souza(28).

A Constituição Federal consagra a pactuação coletiva, via art.7º, XVI, como garantia de desenvolvimento de uma arte de diálogo que venha a promover uma comunhão de interesses ou uma síntese entre os eixos articuladores da vida em sociedade.

Tal disposição, no entanto, não significa que possa se validar toda e qualquer negociação, pois não há autorização legal para transacionarem sobre direitos mínimos garantidos em normas trabalhistas de aplicação cogente, simplesmente desprezando o já pontuado direito/dever de solidariedade e de comunhão de responsabilidades.(29)

Por ser o catálogo de faculdades associadas ao direito de negociação coletiva plural, entre outros integra a liberdade de estipular, ou se prefere, de selecionar as matérias objeto de negociação e dotá-las de um conteúdo

---

sólo habría de prevalecer sobre el convenio colectivo o la ley en la medida de que reconociera derechos superiores. (GOLDIN, A. *Evolución reciente del sistema de fuentes del derecho del trabajo*. In: Libro de ponencias de las 2as. Jornadas Uruguayas-Santafesinas de Derecho del Trabajo, Santa Fé, Rep. Argentina, junio de 1997, p. 420)

(27) Para Mario De La Cueva: É facilmente compreensível a imperatividade absoluta do direito do trabalho: a existência de relações entre capital e trabalho não depende apenas da vontade dos trabalhadores e empregadores, mas possui um caráter de necessidade: na vida social sempre existiram e existirão relações de produção e, portanto, revela-se a importância da lei que regulamenta tal direito [...] A injustiça social e a desigualdade que originaram o princípio da autonomia formal da vontade, obrigou o Estado a intervir no processo econômico, para assegurar aos trabalhadores um padrão mínimo de vida. DE LA CUEVA, Mario. *Derecho mexicano del trabajo*. 4. ed. México: Porrua, 1959. p. 254.

(28) O PAPEL DA NEGOCIAÇÃO COLETIVA NA FLEXIBILIZAÇÃO DOS DIREITOS TRABALHISTAS E A CLÁUSULA DE PROIBIÇÃO DO RETROCESSO SOCIAL: UMA ABORDAGEM CONSTITUCIONAL EM TEMPOS DE MUNDIALIZAÇÃO DO CAPITAL. Dissertação apresentada por Vanessa Roberta do Rocio Souza ao Curso de Mestrado em Direito Empresarial e Cidadania do Centro Universitário Curitiba, como requisito parcial para a obtenção do título de Mestre em Direito. Disponível em: <www.unicuritiba.edu.br/images/mestrado/.../2008/VANESSA_DO_ROCIO_SOUZA.pdf>.

(29) Paulo Emílio Ribeiro de Vilhena argumenta que o fato de as relações sociais (e em específico as relações de trabalho) passarem por graduais etapas de evolução que possibilitam a utilização de sistemas de soluções de conflitos privados não permite "o uso autofágico de suas forças", sendo ainda muito relevante a presença do Estado (de modo direto ou indireto) para equilibrar os anseios e possibilitar a "proporção ótima da eficiência dos resultados decorrentes de sua participação nos meios e na solução de conflitos de trabalho com o mínimo de desgastes dos potenciais operadores normais dos interessados" [VILHENA, Paulo Emílio Ribeiro. *Da sentença normativa à luz da Emenda Constitucional n. 45/04*. 2. ed. São Paulo: LTr, 2006. p. 142].

substantivo. Mas, essa liberdade de estipulação não é absoluta, podendo o legislador ordinário efetuar ponderações entre a dita liberdade e outros direitos ou bens constitucionais legalmente protegidos.

Em que pese fazer menção exemplificativa das matérias que terão prevalência sobre a lei, de se entender que outros temas que refujam ao especificado no art. 611-A, da CLT, necessariamente terão que passar pelo crivo da hierarquia das fontes, com observância do "patamar civilizatório mínimo", posto que as normas convencionais de hierarquia inferior somente atuarão com preferência sobre a lei quando a disponibilidade coletiva tenha sido estabelecida pela norma de graduação superior.[(30)]

Examinadas as matérias tratadas no referido dispositivo consolidado, se constata que os incisos "I" a "III", "X" e "XIII" estão relacionados à jornada de trabalho, inclusive com observância dos limites constitucionais, a inibir qualquer pecha em sentido contrário.

As discussões quanto ao banco de horas anual sempre foi objeto de normas convencionais, por se tratar da melhor via para seu estabelecimento. O que sempre será objeto de indagação é a real existência de "banco de horas", quando possível a conversão em hora suplementar do tempo que excede a jornada legal.

O fato de se permitir a negociação do intervalo intrajornada, respeitado o limite mínimo de trinta minutos para jornadas superiores a seis horas, dispõe, exatamente, sobre a determinação do art. 7º, XIII, da Constituição Federal, dando efetividade ao inciso XXVI, do mesmo artigo. O art. 71, da CLT, integra o Capítulo II, que versa sobre Duração do Trabalho. Nos termos de preceito constitucional (art. 7º, XIII), a duração do trabalho pode ser reduzida por acordo ou convenção coletiva.

Clama por atenção o art. 611-A, inciso XIII, da CLT, ao dispor sobre a prevalência da convenção e acordo coletivo de trabalho sobre a lei quando dispuser sobre "prorrogação de jornada em ambientes insalubres, sem licença prévia das autoridades competentes do Ministério do Trabalho". Contudo, o art. 611-B, inciso XVII, estabelece como objeto ilícito de convenção coletiva ou de acordo coletivo de trabalho a supressão ou a redução de "normas de saúde, higiene e segurança do trabalho previstas em lei ou em normas regulamentadoras do Ministério do Trabalho". Sem embargo de se poder entender que as prorrogações de jornada não são enquadráveis como normas de saúde, higiene e segurança do trabalho, o trabalho insalubre tem este enquadramento. Ou seja, o trabalho em condições insalubres atua como força atrativa do art. 60, da CLT, em casos de prorrogação. Portanto, a colisão não é entre princípio e regramento jurídico, mas sim com a própria norma, que veda a pactuação sobre tutela sindical, sem licença prévia das autoridades competentes em matéria de higiene do trabalho.

Em tais casos, como duas regras não podem existir juntas, quando são contraditórias, há de prevalecer a mais específica do art. 611-B, da CLT, que dispõe sobre a ilicitude de objeto de convenção coletiva ou de acordo coletivo de trabalho.

Portanto, o caso não é de inconstitucionalidade. A ideia de que o Direito é um sistema harmônico, no qual as normas não podem ser consideradas de forma isolada, mas devem ser vistas no conjunto, chama-se teoria da comunicação das fontes, ou também diálogo das fontes. Nesta hipótese, quando duas normas regem o mesmo fato, o Juiz não precisa expelir uma para fora do sistema jurídico (aplicando a outra), mas pode buscar em cada uma delas os melhores preceitos para fazer justiça ao caso concreto.

IV.6 — Acordo individual. Prevalência sobre negociação coletiva

O art. 444 da CLT consagra a livre estipulação das partes interessadas em tudo quanto não contravenha às disposições de proteção ao trabalho, aos contratos coletivos aplicáveis e às decisões das autoridades competentes.

O parágrafo único do mencionado dispositivo legal prioriza a livre estipulação, com preponderância sobre os instrumentos coletivos, nos casos de empregado portador de diploma de nível superior e que perceba salário mensal igual ou superior a duas vezes o limite máximo dos benefícios do Regime Geral de Previdência Social.

Particularmente, em relação à força vinculante da negociação coletiva, o empregador deverá respeitar o resultado alcançado no correspondente procedimento. Para modificação das cláusulas convencionais não bastará contar com a aceitação do trabalhador individual, pois se rompe com a mencionada força que vincula. Isso significa superar a autoridade unilateral e onímoda do empregador sobre o empregado, a umas relações trabalhistas baseadas no equilíbrio entre sindicatos e organizações empresariais.

O regramento faz expressa referência ao valor salarial percebido pelo empregado e seu grau de instrução escolar, exigindo que seja portador de diploma de nível superior.

A Constituição de 1988 proíbe a distinção entre o trabalho manual, técnico e intelectual ou entre profissionais respectivos (art. 7º, XXXII). Esta aplicação do

(30) "LEI — INCONSTITUCIONALIDADE *VERSUS* INTERPRETAÇÃO — VERBETE VINCULANTE N. 10 DA SÚMULA DO SUPREMO — INADEQUAÇÃO. Estando o pronunciamento judicial baseado em simples interpretação de norma legal, descabe cogitar de enfrentamento de conflito desta com o texto constitucional e, assim, da adequação do Verbete Vinculante n. 10 da Súmula do Supremo" (Rcl n. 14.158/SP-AgR, Relator Ministro Marco Aurélio, Tribunal pleno, DJe de 126/13).

princípio da nãodiscriminação também está presente no art. 3º, parágrafo único, da CLT, segundo o qual não haverá distinções relativas à espécie de emprego e à condição de trabalhador, nem entre o trabalho intelectual, técnico ou manual.

Poderia se argumentar que referida norma constitucional veda o tratamento discriminatório entre profissionais que exerçam a mesma atividade. Assim, se exercem a mesma atividade, há de se inferir pela mesma paga salarial, pelo que o parágrafo único, do art. 444, da CLT, não abriria exceção à Carta Magna, pelo fato de o empregado ser portador de diploma de nível superior.

Acontece que o prestador de trabalho subordinado altamente qualificado e que recebe alto salário não está, apenas por essas circunstâncias, à margem da proteção assegurada pela legislação do trabalho. Acentuem-se diversos preceitos constitucionais relativos à proteção ampla do salário (art. 7º, VI, VII e X, da CF), a par do fundamental preceito lançado no art. 7º, XXXII, CF, que proíbe a distinção entre trabalho manual, técnico e intelectual ou entre os profissionais respectivos, norma que, isoladamente, já é frontal instrumento vedatório da discriminação sociotrabalhista produzida pela outorga de prevalência de acordo individual sobre os instrumentos coletivos, inclusive com uma incompreensível remissão ao art. 611-A, da CLT, que trata da prevalência do convencionado sobre o legislado.

De igual forma não há um fator de *discrimen* lógico e constitucionalmente aceito, ao se vincular a livre estipulação das condições de trabalho ao valor salarial auferido pelo empregado, por inferir que estará em melhores condições de negociar diretamente com o empregado. A *novel* norma legal coloca este empregado em injustificável evidência, expondo-o à vontade do empregador que, naturalmente, prevalecerá ao final.

O princípio da isonomia tem sede explícita no texto constitucional (art. 5º, *caput*), sendo também mencionado no Preâmbulo da Constituição. É norma supraconstitucional; estamos diante de um princípio, direito e garantia, para o qual todas as demais normas devem obediência.

O Supremo Tribunal Federal, a respeito, assentou que: "O princípio da isonomia, que se reveste de autoaplicabilidade, não é — enquanto postulado fundamental de nossa ordem político-jurídica — suscetível de regulamentação ou de complementação normativa. Esse princípio — cuja observância vincula, incondicionalmente, todas as manifestações do Poder Público — deve ser considerado, em sua precípua função de obstar discriminações e de extinguir privilégios (*RDA* 55/114), sob duplo aspecto: (a) o da igualdade na lei; e (b) o da igualdade perante a lei. A igualdade na lei — que opera numa fase de generalidade puramente abstrata — constitui exigência destinada ao legislador que, no processo de sua formação, nela não poderá incluir fatores de discriminação, responsáveis pela ruptura da ordem isonômica. A igualdade perante a lei, contudo, pressupondo lei já elaborada, traduz imposição destinada aos demais poderes estatais, que, na aplicação da norma legal, não poderão subordiná-la a critérios que ensejem tratamento seletivo ou discriminatório. A eventual inobservância desse postulado pelo legislador imporá ao ato estatal por ele elaborado e produzido a eiva de inconstitucionalidade" [MI 58, rel. p/ o ac. min. Celso de Mello, j. 14.12.1990, P, *DJ* de 19.4.1991.].

Em lições de João Mangabeira, "a igualdade perante a lei não basta para resolver as contradições criadas pela produção capitalista. O essencial é igual oportunidade para a consecução dos objetivos da pessoa humana. E para igual oportunidade é preciso igual condição. Igual oportunidade e igual condição entre homens desiguais pela capacidade pessoal de ação e direção. Porque a igualdade social não importa nem pressupõe um nivelamento entre homens naturalmente desiguais. O que a Lei estabelece é a supressão das desigualdades artificiais criadas pelos privilégios da riqueza, numa sociedade em que o trabalho é social, e consequentemente social a produção, mas o lucro é individual e pertence exclusivamente a alguns".[31]

Celso A. Bandeira de Mello divide em três questões o reconhecimento das diferenças que não podem ser feitas sem quebra da isonomia: "a primeira diz com o elemento tomado como fator de desigualação (fator de discrímen); a segunda reporta-se à correlação lógica abstrata existente entre o fator erigido em critério de discrímen e a disparidade estabelecida no tratamento jurídico diversificado; a terceira atina à consonância desta correlação lógica com os interesses absorvidos no sistema constitucional e destarte juridicizados".[32]

A leitura do parágrafo único do art. 444 da CLT não permite se concluir por um nexo lógico entre o fator de *discrimen* e a própria discriminação de regime jurídico em função dele estabelecido, ademais de não possuir um sentido legítimo.

De qualquer maneira, ainda que afastada a eiva de inconstitucionalidade, o disposto no art. 444 da CLT deverá ser criteriosamente analisado à luz do caso concreto, posto que os critérios apriorísticos se limitam a presumir a livre estipulação das partes, sendo de real importância o labor do intérprete e aplicador do dispositivo legal em exame.

---

(31) MANGABEIRA, João *apud* FERREIRA, Luís Pinto. *Princípios gerais do direito constitucional moderno*. São Paulo: Saraiva, 1983. p. 771.

(32) MELLO, Celso A. Bandeira de. *Conteúdo jurídico do princípio da igualdade*. São Paulo: Malheiros, 1993. p. 21.

IV.7 — Dano extrapatrimonial

"Não se interpreta o direito em tiras, em pedaços".

EROS GRAU

A reforma trabalhista de 2017 criou um microssistema às reparações de dano de natureza extrapatrimonial, decorrentes da relação de trabalho, textualizando que serão aplicáveis à espécie apenas os dispositivos do Título II-A, da CLT.

De maneira desconexa, sem seguir um fiel princípio, houve distanciamento do comando do art. 8º, da CLT, que estabelece o direito comum como fonte subsidiária, em casos de omissão. Nos dias atuais, impor limites ou estancar um instituto tão dinâmico como o dano extrapatrimonial não é medida legislativa merecedora de gabo ou elogio. Não bastasse, a leitura do referido Título não é abrangente, sequer tratando da responsabilidade do empregador pelo exercício de atividade de risco, nos termos do art. 927, do Código Civil. Portanto, esta disciplina do artigo civilista continuará aplicável às lesões trabalhistas, por omissão, exatamente nos termos do art. 8º, da CLT.

O art. 223-B, ao tratar de dano extrapatrimonial, qualifica-o como "a ação ou omissão que ofenda a esfera moral ou existencial da pessoa física ou jurídica, as quais são as titulares exclusivas do direito à reparação".

A expressão dano extrapatrimonial, em preferência a dano moral, possui maior irradiação, alcançando inclusive o dano estético.

Uma questão que intriga é a menção à titularidade exclusiva do direito à reparação. Como sói acontecer em lides trabalhistas, quando vulnerados direitos relacionados à honra, à imagem, à intimidade, à liberdade de ação, à autoestima, à sexualidade, à saúde e à integridade física da pessoa física (art. 223-C da CLT), se atinge o patrimônio extrapatrimonial de outras pessoas. Esse *dano* ocorre quando a ofensa é dirigida a uma pessoa, mas quem sente os efeitos dessa ofensa, dessa lesão é outra. Embora o ato tenha sido praticado diretamente contra determinada pessoa, seus efeitos acabam por atingir, indiretamente, a integridade moral de terceiros. É o chamado dano moral por ricochete ou *préjudice d'affection*.

Esta é a inquebrantável realidade da vida, que o legislador não pode olvidar, sob pena de se distanciar de um princípio constitucional garantidor de inviolabilidade, da intimidade, da vida privada, da honra e imagem, que assegura o direito à indenização pelo dano material ou moral decorrente de sua violação (art. 5º, incisos V e X, da Constituição da República).

As normas legais são preceitos que tutelam situações subjetivas de vantagem ou vínculo, ou seja, reconhecem, por um lado, às pessoas ou entidades, a faculdade de realizar certos interesses por ato próprio ou exigindo ação ou abstenção de outrem, e, por outro lado, vinculam as pessoas ou entidades à obrigação de submeterem-se às exigências de realizar uma prestação, ação ou abstenção em favor de outrem.[33]

À norma legal cumpre dar concretude ao princípio, não podendo dele se afastar. Um dos critérios distintivos de regra e princípio, baseado na origem, consiste em que as regras são criadas, os princípios desenvolvidos, eis que não se baseiam na decisão de qualquer legislador ou tribunal, mas de uma questão de conveniência ou oportunidade que se desenvolve historicamente.

Os princípios desempenham a importante função de conferir unidade normativa a todo o sistema jurídico, eis que se impõem como diretivas tanto para a interpretação de toda e qualquer norma legal quanto para a ação de todos os entes estatais, e por isso, a sua ação é de cunho positivo. Além disso, possuem uma função negativa, pois servem de limite ao não permitir que se criem limitações excessivas a determinados direitos fundamentais, nem como ao impedir que se criem normas contrárias ao conteúdo neles previsto.

Os princípios da ampla defesa (CF, art. 5º, inc. LV), do contraditório (CF, art. 5º, inc. LV), da presunção de inocência (CF, art. 5º, inc. LVII), no instante em que foram assumidos pela jurisprudência, deixaram de ter vigência apenas formal para contarem com o *status* de direito vigente (ou vivente).

De todo pertinente a afirmação de Celso Bandeira de Mello, para quem a violação de um princípio, conforme o escalão do princípio atingido, é muito mais grave do que transgredir uma norma, uma vez que a não observância de um princípio significa uma ofensa não apenas a um mandamento obrigatório, mas a todo o sistema de comandos[34].

O art. 948 do Código Civil dispõe sobre a reparação dos familiares da vítima, que são indenizados por suas perdas e dor, e não têm relação direta ou de trabalho com o empregador que causou danos ao seu parente.

Pela leitura do art. 223-B, da CLT, não se dessume a intenção do legislador de retirar da competência da Justiça do Trabalho as ações envolvendo os familiares da vítima, até mesmo, pois importaria em quebra de harmonia do ordenamento jurídico e, ao final, ao princípio da isonomia. De um mesmo fato não podem decorrer tratamentos distintos, eis que tangencia o princípio da dignidade da pessoa humana, constante do art. 1º, III, da Constituição Federal, tratando de forma diferente a reparação de danos de natureza civil da reparação trabalhista.

(33) SILVA, José Afonso da. *Curso de direito constitucional positivo*. São Paulo: Malheiros, 2005. p. 91.

(34) MELLO, Celso Bandeira de. *Elementos de direito administrativo*. 2. ed. São Paulo: RT, 1999. p. 300.

O dano dos parentes da vítima não tem origem em contrato, tendo cunho civilista, pelo que não poderão ser limitados pela legislação trabalhista. Ao fazer limitação aos contornos do contrato, o legislador abre exceção aos arts. 1º, III e 5º, V da Constituição Federal.

"'*Parente de vítima' é 'parente de vítima', e pouco importa se quem causou o dano era empregador ou não, se tinha relação contratual ou extracontratual com a vítima. Parente é indenizado porque é parente e sofre porque é ser humano*", nos orienta Cássio Colombo Filho.[35]

Outra discussão trazida com a reforma trabalhista se relaciona ao § 1º, do art. 223-G, da CLT, ao estabelecer parâmetros em conformidade com o "último salário contratual do ofendido", vedada a acumulação.

As objeções da limitação quantitativa da responsabilidade foram expressadas com muita ênfase, sobretudo no caso do art. 223-G, quando se poderá contemplar valores indenizatórios distintos a empregados, atingidos por um mesmo fato.

Cássio Colombo Filho nos fala do dilema do bonde: "*um bonde desgovernado dirige-se em direção a cinco trabalhadores que reparam os trilhos, e cujo impacto resultará em suas mortes. O espectador percebe tal situação e está num ponto no qual há um dispositivo de desvio de trilhos. Se operá-lo desvia o bonde para outro trilho, onde atua apenas um trabalhador, que também será morto. O que fazer? Desviar o bonde ou não?*"[36]

Sem o desvio do bonde para outro trilho, com a morte de cinco trabalhadores, com base no art.223-G, poderão resultar indenizações distintas, baseadas no último salário contratual do ofendido, ferindo de morte, em outra dimensão, o princípio da isonomia, salvo se o intérprete levar em consideração o menor salário contratual de uma das vítimas, já que a norma legal impõe um "*top*" indenizatório.

A Medida Provisória n. 808, de 14 de novembro de 2017, buscou corrigir essa distorção, via § 1º, do art. 223-G, ao substituir a expressão último salário contratual do ofendido pelo limite máximo dos benefícios do Regime Geral de Previdência Social, evitando assim situações hipotéticas de indenizações distintas para ofendidos em um mesmo nexo de causa. No entanto, como já apontado, o Ato Declaratório n. 22 de 24.04.2018 encerrou a vigência da Medida Provisória n. 808 de 14.11.2017.

Seguirão os empregados, os empregadores e operadores do Direito neste cenário de incerteza e insegurança jurídica, o que sobrelevará o papel do intérprete em cada tema que a referida Medida Provisória buscou tratar ou corrigir.

Com esses parâmetros estabelecidos pela Lei n. 13.467/2017, é certo que dificilmente chegaremos a um acordo sobre a eficiência dos limites quantitativos da indenização, sabendo-se que não pairam maiores controvérsias quanto aos critérios qualitativos. Na vida, inclusive na vida do direito, é possível discrepar acerca de muitas questões, e de distintas maneiras. Se uma pessoa acredita que hoje é domingo, e outra pensa que é segunda-feira, temos um pequeno desacordo, que deriva de uma diferente informação. Mas, se uma pessoa busca algo, tem interesse em algo, e outro não, entre ambos existe um desacordo de atitudes. Esse tipo de discrepância não é meramente técnico, senão que ingressa no terreno do subjetivo. O debate sobre a limitação quantitativa da responsabilidade civil se desenvolve no âmbito dos desacordos de atitude, que contém alta dose de carga emotiva. Primeiro, pois se supõe que prejudica as vítimas; segundo, porque vem o questionamento de uma concepção perversa do mercado.

O STF já se pronunciou contra a recepção pela CF/88 do art. 52, da Lei n. 5.350/67, Lei de Imprensa. Isso porque a Constituição de 1988 emprestou à reparação decorrente do dano moral tratamento especial (art. 5º, V e X), buscando que a indenização decorrente desse dano fosse a mais ampla. Para a Suprema Corte: "*não seria possível sujeitá-la aos limites estreitos da lei de imprensa. Se o fizéssemos, estaríamos interpretando a Constituição no rumo da lei ordinária, quando é de sabença comum que as leis devem ser interpretadas no rumo da Constituição*".[37]

Logo, no entender do STF, a restituição de gravame a bens ideais da personalidade, como a honra, a imagem, a intimidade, não seriam enquadráveis em escala econômica padronizada, qualquer que seja ela, análoga à das valorações relativas aos danos patrimoniais, pelo que não haveria maiores dificuldades para se concluir pela inconstitucionalidade do § 1º, do art. 223-G, da CLT.

Contudo, se pode entender que o mencionado artigo celetista não importa em escala econômica padronizada ou tabelamento, mas sim na fixação de um "*top*" indenizatório.

Sob este viés, no direito moderno se opera a separação absoluta entre posto e pressuposto, entre *lex* e *ius*. Os caminhos não estão bem definidos e sinalizados na busca desenfreada de *ius* onde há *lex*.

Logo, a limitação quantitativa da responsabilidade não afeta, em sua essência, nem ao direito de propriedade, nem ao direito de personalidade, nem ao direito de isonomia, tampouco ao direito de jurisdição.

---

(35) Desembargador Federal do Tribunal Regional do Trabalho da 9ª Região, Professor Universitário, escritor e palestrante. Disponível em: <inostrabalhistas.com.br/o-dilema-do-bonde-e-reforma-trabalhista>.

(36) *Op. cit.*

(37) STF — RECURSO EXTRAORDINÁRIO: RE 240450 RJ.

O direito de propriedade da vítima do dano (seu crédito indenizatório), em definitivo, é aquele que assinala a lei. Os máximos indenizatórios são uma questão atinente à política jurídica, porque não se discute que o direito possa limitar ou restringir o conteúdo normal do dano, e este limite pode consistir em cifra monetária fixada pela lei, por via da qual o "arbitramento forense" é substituído pela intervenção legislativa.

O direito da pessoa lesionada sempre é reparado de maneira necessariamente incompleta, e forçosamente haverá distorção: o equilíbrio entre a dor e o dinheiro, entre a frustração do prazer da vida e o dinheiro, entre a perda de um braço e o dinheiro será uma estimação racional — que condiz com o ser das coisas — determinada pela impossibilidade de procurar o restabelecimento ao *statu quo ante* ao dano por outros meios. A maneira idônea de proteger o direito da pessoa é evitar a todo custo que seja lesionado, o qual constitui matéria específica de prevenção. Os limites quantitativos, em definitivo, apenas vêm a agregar-se a outros que já existem no sistema, que são próprios de sua estrutura (incisos "I" a "XII", do art. 223-G), e com os quais convivemos, mais ou menos, em paz.

A reparação por dinheiro apenas cumpre um rol, como medida comum dos bens, mas não recobra a aflição. Substitui, no caso de bens materiais, a obrigação inadimplida, mas nos danos extrapatrimoniais isso não sucede. Do grego *aisthesis* se formou a palavra estimação, para nos referir a esta outra forma de apreciar ou valorar a realidade. Perceber com inteligência ou com os sentidos, compreendendo, vendo, ouvindo. Uma das manifestações do assinalado é precisamente dar-se conta da enfermidade. A realidade da dor fica na vítima com toda sua força e agudeza. A presença dessa realidade é necessária para que se tenha estimação da riqueza atual da propriedade real de uma coisa ou sentido, do bom que têm as coisas e que é tão bom para alguém que se converte em valioso.

Sem dúvida, o mal é privação de um bem, mas o bem não é privação de um mal. O mal pressupõe o bem, mas o bem não pressupõe o mal, como ensina São Tomás de Aquino.

O que o dinheiro pode fazer, e na realidade é sua única função nos danos extrapatrimoniais, é oferecer bens de diferentes características, que respondam aos desejos totalmente diferentes e que proporcionem diferentes satisfações. Deve servir de meio para possibilitar à vítima perseguir outros fins que lhe deixem em situação, mesmo que diferente daquela existente *ex ante*, tão favorável como aquela.

Ainda, sob esta angulação, os limites quantitativos tampouco colocam em compromisso o princípio da isonomia, pois as categorias que atualmente abarcam não resultam haver sido estabelecidas com aspectos discriminatórios.

Por último, os limites quantitativos sequer esquivam a jurisdição. Isso porque os juízes devem aplicar a lei, quando ela não vem divorciada do texto constitucional. Evidente que se a lei "tabela" o dano mediante valores fixos, a tarefa judicial, de alguma maneira, se desluz. Contudo, não é o mesmo em que o ordenamento jurídico estabelece margens para aplicação ao caso.

Como não se trata de reparação automática do dano por um montante prefixado, a atividade jurisdicional estará preservada, havendo de resolver antes que tudo se o demandante está legitimado para reclamar a indenização dos danos que pretende, se o demandado é o responsável, e estabelecer, depois, a extensão de seu dever de reparar conforme as regras da causalidade adequada, para, ao final, aplicar o limite quantitativo.

Assim como o direito indenizatório de todos os danificados, diretos e indiretos, deve ser satisfeito com um montante máximo, também incumbe ao julgador precisar em quais proporções concorrem uns e outros sobre este montante.

Este "*top*" indenizatório também poderá importar em diminuir a litigiosidade. Com este mecanismo legal as partes poderão prever, em certa medida de exatidão, o montante indenizatório, inclusive para que os casos não sejam judicializados. Ao igual que os contratos, os acordos extrajudiciais referidos à indenização têm uma condição necessária para êxito, que é chegar a um valor que as partes concluíram que incrementa o bem estar.

A análise de cada caso para se adotar uma decisão jurídica não pode resultar, apenas, na equação de ganhos e perdas econômicas, individuais ou sociais. A perda de um membro, ou de uma beleza natural não pode ser medida em dinheiro. A possibilidade de se avaliar o resultado do custo-benefício, com respeito a outros objetivos, sempre estará aberta para quem deve decidir, inclusive o modo que tenha alguma concessão de justiça ou equidade. E quem precisa tomar uma decisão deve ter o cuidado de controlar se foram investigados todos os custos e os benefícios. Mas, claro está que o sistema jurídico não pode cobrir, em geral, todos os objetivos, pelo que pode fazer conciliar o objetivo de propiciar a eficiência e o de propiciar a equidade.

O "*top*" indenizatório será igualmente eficiente para retirar a incerteza quanto aos seus valores. Na realidade forense, não é incomum a crítica de que os danos são arbitrados em discutíveis valores, a maior ou a menor, de forma até mesmo caprichosa. Ademais, o talento dos advogados, o comportamento do autor, a firmeza do demandado, e a idiossincrasia na formação dos julgadores, combinam para entregar às vítimas similares resultados por completo desiguais.

Portanto, é uma questão de raciocinar sobre o tema. Mesmo para aqueles que verificam uma má raiz na limitação quantitativa da responsabilidade, não se deve passar por alto as vantagens que traz, inclusive para as vítimas.

IV.8 – Modalidades do contrato de trabalho. Flexibilização

Muitas vezes se apresenta inócuo o cânon de inconstitucionalidade sobre normas de conteúdo jurídico indeterminado, assim entendidos os dispositivos vagos, que possibilitam interpretação ampla, não dependentes de edição posterior de outra norma. É instituto de grande amplitude, ou de *fluidez*, como caracteriza o jurista Bandeira de Mello[38]. E, como pontualiza referido mestre, a interpretação de tais conceitos indeterminados deve ser contextualizada, importando na noção de que deve ser aplicada de acordo com todo o ordenamento jurídico.

Assim, questões relacionadas ao trabalho intermitente (art. 443, § 3º, da CLT), razoavelmente, poderão ter interpretação limitada à natureza das atividades, por ser um contrato atípico, sem abrangência geral, inclusive demandando regulamentação, por ser norma de conteúdo aberto, ou seja, é dispositivo que não tem aplicabilidade em si mesmo, mas está atrelado a algum outro que estabeleça, fielmente, do que se trata[39]. Alguns haveres trabalhistas reconhecidos na Constituição da República, por exemplo férias e gratificação natalina, estão relacionados aos dias trabalhados dentro de cada mês, eis que o período de inatividade não será considerado como tempo à disposição do empregador, nos termos do § 5º, do referido dispositivo legal.

Das disposições legais relacionadas ao teletrabalho desperta curiosidade jurídica o fato de ser excluído do regime da duração de trabalho. O parágrafo único, do art. 75-B, da CLT, dispõe que: "O comparecimento às dependências do empregado para a realização de atividades específicas que exijam a presença do empregado no estabelecimento não descaracteriza o regime de teletrabalho". O *caput* do referido artigo procura isolar o teletrabalho, por sua natureza, do trabalho externo. Assim, para o legislador reformista o teletrabalho, mesmo quando se apresentar compatível com a fixação de horário de trabalho, não estará abrangido pelo regime da duração de trabalho, o que poderá abrir exceção constitucional quando estabelece limite da jornada de trabalho (art. 7º, XIII, da Constituição Federal).

A figura do autônomo exclusivo (art. 442-B, da CLT), talvez venha inspirada em modalidade conhecida no cenário jurídico mundial, como o autônomo dependente do direito espanhol. Acontece que não se aproximam. O autônomo dependente ou TRADE (*trabajador autónomo económicamente dependiente*), na Espanha, possui alguns direitos próprios de empregados subordinados, como por exemplo, a dezoito dias de férias anuais, direito à indenização em casos de rompimento injustificado do contrato, além de faculdade de habilitação no programa do seguro-desemprego. A diferença fundamental entre um TRADE e um falso autônomo é que o primeiro, normalmente, exerce suas atividades fora do âmbito de organização e direção do cliente, enquanto o segundo com caráter geral está integrado na estrutura de trabalho do cliente, atuando sob sua direção e controle. Cumprirá, pois, ao intérprete o reconhecimento de diferenças para a pertinente qualificação jurídica.

No aspecto da terceirização, a Lei n. 13.467/2017 reforçou os critérios pouco antes definidos na Lei n. 13.439/2017, autorizando a contratação em atividade-fim ou principal da empresa contratante. Sempre imaginamos a necessidade de autorização legal para terceirizar atividade finalística, posto que atividade-meio não demanda uma tomada de atitude do legislador. Neste admirado acaso, no qual se exige da empresa prestadora "capacidade econômica compatível com a sua execução", mais razoável e plausível que não fizéssemos emenda ao que acontece em outros ordenamentos jurídicos, ao ser assegurado o mesmo tratamento salarial aos empregados da contratante, sem relevar essa possibilidade ao ajuste entre partes.

Por derradeiro, sem se ater a modalidades do contrato, o art. 134, § 1º, da CLT, autoriza o fracionamento de férias em três períodos, desde que haja concordância do empregado, e que um deles não seja inferior a quatorze dias. Acontece que a Convenção n. 132, da Organização Internacional do Trabalho (OIT), ratificada pelo Brasil, por meio do Decreto n. 3.197, de 5.10.99, autoriza a divisão deste benefício "pela autoridade competente ou pelo órgão adequado de cada país". Os tratados já vigentes no Brasil possuem valor supralegal: tese do ministro Gilmar Mendes (RE 466.343-SP), que foi reiterada no HC 90.172-SP, 2ª Turma, votação unânime, j. 5 jun. 2007. Portanto, a regra supralegal deverá imperar sobre a lei jurídica interna. Não é norma constitucional — à falta do rito exigido pelo § 3º do art. 5º —, mas a sua hierarquia intermediária de norma supralegal autoriza afastar a regra ordinária brasileira que autoriza o fracionamento mediante concordância do empregado.

(38) MELLO, Celso Antônio Bandeira de. *Discricionariedade e controle jurisdicional*. São Paulo: Malheiros, 2007. p. 29.

(39) O Min. Carlos Britto esclarece o que seria "norma aberta": (...) por não ter suficiente densidade normativa, não é possível sua aplicação imediata, exigindo-se uma normação infraconstitucional para integrar-lhe o sentido. Em consequência, sustentam a imprescindibilidade da *interpositio legislatoris* prevista no *caput* do dispositivo. Essa determinação, colocada na cabeça, estende-se a todo o corpo do artigo, deixa-o como norma aberta e impõe a observância da legislação anterior à Constituição Federal de 1988, até o advento da lei complementar. (RE 340111 AgR / RS — RIO GRANDE DO SUL; AG.REG.NO RECURSO EXTRAORDINÁRIO; DJ 16.2.2004; p. 00073).

IV.9 – Lei n. 13.467/2017. Aplicabilidade. Contratos Vigentes

A Medida Provisória n. 808, de 14 de novembro de 2017, estabeleceu, em seu art. 2º, que "O disposto na Lei n. 13.467, de 13 de julho de 2017, se aplica, na integralidade, aos contratos de trabalho vigentes".

Como a Medida Provisória é um instrumento com força de lei, adotado pelo presidente da República, e produz efeitos imediatos, sem embargo de sua perda de vigência pelo Ato Declaratório n. 22, de 24.04.2018, bem assim de ter sido pontuado em linhas anteriores o exame de aspectos constitucionais quanto à matéria, no particular efeito se impõe a análise quanto à formalidade.

Embora a redação da alínea *"b"*, do inc. I, do art. 62, da Constituição Federal seja expressa tão somente quanto aos ramos civil e penal do direito processual, o Supremo Tribunal Federal, desde antes da alteração implementada pela Emenda Constitucional n. 32/2001, tem entendido inconstitucional a "utilização de medidas provisórias para alterar a disciplina legal do processo, à vista da definitividade dos atos nele praticados" (ADI n. 1.910/DF--MC, Rel. Min.Sepúlveda Pertence, Tribunal Pleno, DJ de 27.2.2004).

Por certo, as leis processuais têm vigência imediata, mas sempre *ad futurum*, jamais retroagindo para modificar atos processuais já praticados validamente. As medidas provisórias têm seus efeitos condicionados a sua aprovação pelo Congresso Nacional dentro do trintídio constitucional, e estes se resolvem *ex tunc* se não sobrevier a sua conversão em lei.

Como desaguadouro dessa condição resolutiva e consequente provisoriedade dos seus efeitos, medida provisória não poderá regular matéria processual em face de sua definitividade, e tampouco enseja diferenciar o processo do trabalho dos demais ramos processuais, como o processo civil e o processo penal.

Pela intensa vinculação científica e doutrinária entre processo do trabalho e processo civil – ambos ordenados por princípios únicos estabelecidos em nossa Constituição Federal —, o próprio Código de Processo Civil (de 2015), em seu art. 15, estabeleceu que as disposições desse Código hão de ser aplicadas supletiva e subsidiariamente às normas que regulem processos trabalhistas.

Por conseguinte, o referido art. 2º, da Medida Provisória n. 808, de 14 de novembro de 2017, abre exceção formal ao art. 62, § 1º, inciso I, alínea *"b"*, da Constituição da República Federativa do Brasil de 1988.

Se poderia afirmar que referido artigo da Medida Provisória n. 808, efetivamente, não disciplina regra de processo, dispondo, simplesmente, sobre incidência da Lei n. 13.467, de 13 de julho de 2017, aos contratos de trabalho vigentes. Contudo, há de se ter presente o fenômeno do direito processual material, que inibe o reconhecimento de institutos em confinamento ou em compartimentos estanques. *"Em primeiro lugar, porque o processo é uma das vias pelas quais o direito material transita rumo à realização da justiça em casos concretos; ele é um instrumento a serviço do direito material. Depois, porque existem significativas faixas de estrangulamento, ou momentos de intersecção, entre o plano substancial e o processual do ordenamento jurídico"*, como nos ensina Dinamarco (DINAMARCO, Cândido Rangel. *Instituições de direito processual civil*, v. I. São Paulo: Malheiros, 2001).

De qualquer maneira, malgrado o objetivo do art. 2º, da Medida Provisória n. 808/2017 de apaziguar controvérsias sobre aplicabilidade da Lei n. 13.467 aos contratos de trabalho vigentes, tem-se por relevável sua dicção, inclusive para efeitos de inconstitucionalidade, por evidentemente não contemplar situações em que os benefícios decorrem de norma autônoma.

São princípios gerais do direito a irretroatividade das leis e a aplicabilidade imediata da lei nova. No Brasil, se acolheu a teoria de isolamento dos atos processuais, conforme o art. 14, do CPC, "A norma processual não retroagirá e será aplicável imediatamente aos processos em curso, respeitados os atos processuais praticados e as situações jurídicas consolidadas sob a vigência da norma revogada".

Logo, independentemente da redação do art. 2º, da Medida Provisória n. 808/2017, todas as alterações promovidas pela Lei n. 13.467/2017, como ademais decorrente de qualquer outra alteração legislativa, possuem incidência imediata sobre os contratos em vigor, salvo se o direito era assegurado de forma mais favorável ao trabalhador por fonte de direito autônomo, tais como cláusulas contratuais e normas regulamentares do empregador.

V – Conclusão

Não se recorda de reforma das leis trabalhistas em que não se escutou o som de lástima ou soluçar, algumas vezes sem causa aparente, sobretudo em casos de governos sem muito vigor, onde existe um conflito grave em termos ideológicos, permitindo que os empresários logrem ajoelhar o próprio governo.

No caso específico da Lei n. 13.467/2017, no entanto, não seria de todo inconsistente acusar esta reforma de "gatopardismo". O "gatopardismo" ou o "lampedusiano", em ciência política é "mudar tudo para que nada mude".

Não obstante às proporções, ante o indiscutível objetivo do legislador reformista, a alusão é valida para se concluir que a dimensão da reforma estará, em boa parte, condicionada ao labor do intérprete.

Em igual grandeza, ao relevante papel dos atores sociais, associando responsabilidades com o Estado, havendo de se buscar mecanismos para melhor estruturar os sindicatos no importante papel que lhes reserva o futuro das relações trabalhistas, passando por sua organização e unicidade, bem assim pela exigência da contribuição assistencial, com o fim da contribuição sindical obrigatória.

No decorrer destes meses da implantação da reforma trabalhista não se apresenta de todo eficaz buscar resultados que proporcionem uma análise mais contundente dos impactos da Lei n. 13.467/2017.

Com a perda da vigência da Medida Provisória n. 808, de 14 de novembro de 2017, ausente uma regulamentação sobre vários temas, persistirá a insegurança entre trabalhadores, empregadores e operadores do direito do trabalho, gerando o fato mais destacável, até então, que é a redução do número de ações trabalhistas, festejado por alguns como "sucesso", mas difícil de se concluir pelo término dos conflitos na relação de emprego. Segundo o TST (Tribunal Superior do Trabalho), os três primeiros meses deste ano registraram queda de 45% no número de processos trabalhistas em relação a 2016 e 2017.

Não se tem constância de qualquer recurso de processos trabalhistas iniciados depois de novembro de 2017 ter chegado ao Tribunal Superior do Trabalho. Sem embargo, esta colenda Corte se deteve sobre o assunto e criou uma comissão formada pelos ministros do tribunal, responsável por elaborar uma instrução normativa sobre as aplicações da reforma. Assim, o Pleno do Tribunal Superior do Trabalho aprovou no dia 21.06.2018 a Instrução Normativa n. 41/2018, que explicita normas de direito processual relativas à Lei n. 13.467/2017 (Reforma Trabalhista). De acordo com o texto aprovado, a aplicação das normas processuais previstas pela reforma é imediata, sem atingir, no entanto, situações iniciadas ou consolidadas na vigência da lei revogada. Assim, a maioria das alterações processuais não se aplica aos processos iniciados antes de 11.11.2017, data em que a Lei n. 13.467 entrou em vigor.

Segundo o ministro Aloysio Corrêa da Veiga, as questões de direito material serão discutidas caso a caso, no julgamento no primeiro e no segundo graus, bem assim no julgamento dos recursos sobre os temas que chegarem ao TST.

Por sua vez, o Supremo Tribunal Federal, por seis votos a três, decidiu, no dia 29.06.2018, declarar a constitucionalidade do ponto da Reforma Trabalhista que extinguiu a obrigatoriedade da contribuição sindical. Prevaleceu o entendimento de não se poder admitir que a contribuição sindical seja imposta a trabalhadores e empregadores quando a Constituição determina que ninguém é obrigado a se filiar ou a se manter filiado a uma entidade sindical. Além disso, para a maioria o fim da obrigatoriedade da contribuição sindical não ofende a Constituição.

No tempo de vigência da Lei n. 13.467/2017, diferentemente de tão luminoso que o legislador reformista perdeu o "culto de dulia" com o trabalhador, se pode discrepar da ideia de salvaguarda da competitividade e viabilidade empresarial como mecanismo para favorecer a manutenção do emprego.

Contudo, não basta para tanto um transversal déficit de argumentação jurídica, com caráter meramente ideológico. As indispensáveis altercações deverão vir acompanhadas senão de um modelo, ao menos de um facho de solução. Os atores sociais terão que procurar juntos para que o sacrifício do direito ao trabalho frente à liberdade negocial do empresário não resulte desproporcionado.

O debate dessa reforma deve situar-se conforme um cânon estrito de constitucionalidade e a ausência de direitos em conflito que conduzam a um juízo de ponderação, colocando em relação às normas discutidas com aquela parte do conteúdo do direito sem o qual este perde sua peculiaridade. Aquilo que permite ser reconhecido como direito pertencente a um concreto modelo referencial, que é o Direito do Trabalho.

Referências Bibliográficas

COLOMBO FILHO, Cássio. Disponível em: <ostrabalhistas.com.br/o-dilema-do-bonde-e-reforma-trabalhista>.

DE LA CUEVA, Mario. *Derecho mexicano del trabajo*. 4. ed. México: Porrua, 1959.

DELGADO, Mauricio Godinho. Disponível em: <www.trt3.jus.br/escola/download/revista/rev54.pdf>.

FALLON JR., Richard H. *Making sense of overbreadth*, 100 Yale Law Journal 853,863 [1991]; TRIBE, Laurence, American Constitutional Law, 2. ed. The Foundation Press, Mineola, New York, 1988.

GOLDIN, A. Evolución reciente del sistema de fuentes del derecho del trabajo. In: *Libro de ponencias de las 2as. Jornadas Uruguayas-Santafesinas de Derecho del Trabajo, Santa Fé, Rep. Argentina, junio de 1997*.

LEÃO, Adroaldo; PAMPLONA FILHO, Rodolfo (Coords.). Rio de Janeiro: Forense, 2005. p. 166.

MANGABEIRA, João, *apud* FERREIRA, Luís Ponto. *Princípios gerais do direito constitucional moderno*. São Paulo: Saraiva, 1983.

MELLO, Celso A. Bandeira de. *Conteúdo jurídico do princípio da igualdade*. São Paulo: Malheiros, 1993.

________. *Discricionariedade e controle jurisdicional*. São Paulo: Malheiros, 2007.

MIRANDA, Francisco Cavalcanti Pontes de. *Comentários à Constituição de 1967*: com emenda n. 1, de 1969. tomo IV. Rio de Janeiro: Forense, 1987.

MORAES, Alexandre de. *As súmulas vinculantes no Brasil e a necessidade de limites ao ativismo judicial*. Disponível em: <www.revistas.usp.br./rfdusp/article/dowload/67946/70554>.

RAMOS, Dival da Silva. *Controle de constitucionalidade*. São Paulo: Saraiva, 2010.

SILVA, José Afonso da. *Curso de direito constitucional positivo*. São Paulo: Malheiros, 2005.

SOUZA, Vanessa Roberta do Rocio. "O papel da negociação coletiva na flexibilização dos direitos trabalhistas e a cláusula de proibição do retrocesso social: uma abordagem constitucional em tempos de mundialização do capital". Disponível em: <www.unicuritiba.edu.br/images/mestrado/.../2008/VANESSA_DO_ROCIO_SOUZA.pdf>.

TAUCEDA BRANCO, Ana Paula. O ativismo judiciário negativo investigado em súmulas editadas pelo Tribunal Superior do Trabalho. Disponível em: <www.amatra17.org.br/arquivos/4ac2c477939c9.pdf>.

VILHENA, Paulo Emílio Ribeiro de. *Da sentença normativa à luz da Emenda Constitucional n. 45/04*. 2. ed. São Paulo: LTr, 2006.

PARTE IV

REFORMA TRABALHISTA E TERCEIRIZAÇÃO

A AMPLITUDE DA TERCEIRIZAÇÃO INSTITUÍDA PELA REFORMA TRABALHISTA E SEU IMPACTO NO MUNDO DO TRABALHO

José Affonso Dallegrave Neto(*)

1. SURGIMENTO E INVOLUÇÃO DO FENÔMENO DA TERCEIRIZAÇÃO

A terceirização é fenômeno recente no mundo do trabalho. Surgiu a partir da mudança do paradigma fordista, em linha de produção horizontal, para a produção flexível toyotista, de linha vertical. No fordismo, quanto maior for a empresa-mãe, melhor será (*the big is beautiful*), incentivando às grandes corporações a agregarem todos os segmentos e etapas da produção. Nos idos de 1950, os japoneses, que têm sério problema espacial e territorial e, portanto, com dificuldade de estocarem seus produtos em grandes pátios, criaram um sistema de produção de modo a atender a seus desafios e necessidades físicas. E assim, os carros e demais produtos da fábrica passaram a ser produzidos sob medida (*just in time*), explorando-se ao máximo o uso da informática e da robótica na linha industrial.

De quebra, os capitalistas orientais chegaram à conclusão de que à empresa-mãe seria melhor centrar suas forças no núcleo duro da produção, relegando às empresas subcontratadas as demais atividades secundárias. Nascia, pois, a terceirização da mão de obra. Uma ideia originalmente boa, porém deformada pela prática gananciosa de boa parte dos empresários. Em vez de deixar a terceirização apenas para a atividade-meio, a empresa a estendeu para os serviços essenciais à consecução de seus objetivos sociais em flagrante *fraus legis*.

Daniela Muradas observa que "a subcontratação e a terceirização são mecanismos próprios da empresa enxuta e do Estado mínimo, as quais têm por substrato comum a ideia de eficiência, razão instrumental aplicada à produção e ao serviço público com vistas à maximização dos resultados com minimização de custos de produção ou de gastos públicos". Para atender aos padrões de eficiência, combinam-se a especialização das atividades patronais e a precarização das condições laborais, por meio da utilização de figuras atípicas, flexíveis e com padrões sociojurídicos inferiores, complementa Muradas(1).

A Súmula n. 331, III, do TST, até então vem permitindo o uso da subcontratação em atividade-meio da empresa. Ainda assim, a tomadora somente deixará de ser primariamente responsabilizada pelos créditos trabalhistas dos terceirizados, caso não haja pessoalidade e subordinação direta entre ela e o trabalhador. O mesmo verbete do TST, em seu inciso IV, prevê a responsabilidade subsidiária da empresa tomadora em relação à inadimplência das obrigações trabalhistas por parte do empregador (empresa de prestação de serviços).

A terceirização ganhou corpo no Brasil a partir da década de 1970. Mesmo assim, observa Mauricio Delgado, tal referência aludia tão somente ao segmento público do mercado de trabalho, à luz do Decreto-Lei n. 200/67 (art. 10)(2). Além dele, a Lei n. 5.645/70 delimitou os serviços públicos que poderiam ser objeto de terceirização, quais sejam "as atividades relacionadas com transporte, conservação, custódia, operação de elevadores, limpeza e outras assemelhadas". Na esfera privada, a primeira e mais importante lei sobre terceirização foi a de n. 6.019/74, em vigor até hoje, que regula o trabalho temporário. Posteriormente, surgiu a Lei n. 7.102/83 referente à terceirização dos serviços de vigilância bancária, a qual restou ampliada pela Lei n. 8.863/94 que estendeu a relação tripartite (tomadora, empregado, terceirizada) para toda a área de vigilância patrimonial (pública e privada).

A partir dessas inovações legais, ocorridas nos idos de 1970, verificou-se verdadeira sanha da classe patronal que passou a terceirizar outras atividades econômicas não autorizadas por lei, implicando significativo aumento do número de ações trabalhistas sobre a matéria. Esse contexto de desordem fez com que o Tribunal Superior do Trabalho editasse, em 1986, a Súmula n. 256, *verbis*:

> Salvo nos casos de trabalho temporário e de serviço de vigilância, previsto nas Leis ns. 6.019 e 7.102, é ilegal a contratação

(*) Advogado, Mestre e Doutor em Direito pela UFPR. Pós-doutorando pela Universidade de Lisboa (FDUNL). Membro da JUTRA e da Academia Brasileira de Direito do Trabalho.

(1) REIS, Daniela Muradas. Terceirização e sindicatos: desafios e perspectivas. *Encuentro Interamericano de Derecho del Trabajo y la Seguridad Social*, 8, 12-14 mar. 2014, Havana. Disponível em: <http://www.alal.com.br/materia.asp?cod_noticia=6124>.

(2) DELGADO, Mauricio Godinho. *Curso de direito do trabalho*. 4. ed. São Paulo: LTr, 2002. p. 418-419.

de trabalhadores por empresa interposta, formando-se o vínculo empregatício diretamente com o tomador dos serviços.

Passados sete anos, ante a inércia do legislador em relação à edição de uma lei geral e reguladora da terceirização, o TST se viu na obrigação de editar verbete mais amplo sobre o tema. E assim o fez ao publicar a Súmula n. 331:

> I — A contratação de trabalhadores por empresa interposta é ilegal, formando-se o vínculo diretamente com o tomador dos serviços, salvo no caso de trabalho temporário. (Lei n. 6.019, de 3.1.1974).
>
> II — A contratação irregular de trabalhador, mediante empresa interposta, não gera vínculo de emprego com os órgãos da administração pública direta, indireta ou fundacional. (art. 37, II, da CF/1988).
>
> III — Não forma vínculo de emprego com o tomador a contratação de serviços de vigilância (Lei n. 7.102, de 20.6.1983), de conservação e limpeza, bem como a de serviços especializados ligados à atividade-meio do tomador, desde que inexistente a pessoalidade e a subordinação direta.
>
> IV — O inadimplemento das obrigações trabalhistas, por parte do empregador, implica a responsabilidade subsidiária do tomador dos serviços, quanto àquelas obrigações, inclusive quanto aos órgãos da administração direta, das autarquias, das fundações públicas, das empresas públicas e das sociedades de economia mista, desde que hajam participado da relação processual e constem também do título executivo judicial (art. 71 da Lei n. 8.666, de 21.6.1993).

Posteriormente, por força do julgamento da ADC n. 16, o STF examinou a questão da responsabilidade dos entes da Administração Pública, fato que motivou o Tribunal Superior do Trabalho, em maio de 2011, a modificar a redação da Súmula n. 331, alterando o inciso IV, e inserindo outros dois incisos:

> IV — O inadimplemento das obrigações trabalhistas, por parte do empregador, implica a responsabilidade subsidiária do tomador dos serviços quanto àquelas obrigações, desde que haja participado da relação processual e conste também do título executivo judicial.
>
> V — Os entes integrantes da Administração Pública direta e indireta respondem subsidiariamente, nas mesmas condições do item IV, caso evidenciada a sua conduta culposa no cumprimento das obrigações da Lei n. 8.666, de 21.6.1993, especialmente na fiscalização do cumprimento das obrigações contratuais e legais da prestadora de serviço como empregadora. A aludida responsabilidade não decorre de mero inadimplemento das obrigações trabalhistas assumidas pela empresa regularmente contratada.
>
> VI — A responsabilidade subsidiária do tomador de serviços abrange todas as *verbas decorrentes da condenação referentes ao período da prestação laboral*.

Esse era o quadro normativo e jurisprudencial consolidado acerca das possibilidades legais de terceirização do trabalho até a edição da Lei n. 13.429/17. Pode-se dizer que durante quatro décadas, desde a edição original da Lei n. 6.019/74, vigoraram duas normas inexoráveis:

> — possibilidade de terceirização apenas da atividade-meio, sendo ilícita a contratação de empregados por empresa interposta para atender a atividade-fim da empresa;
>
> — isonomia de direitos ao empregado de empresa terceirizada, assegurando as mesmas verbas trabalhistas legais e normativas dos colegas da empresa tomadora que exerçam a mesma função.

Além da previsão expressa do art. 12, *a*, da Lei n. 6.019/74, essas duas regras encontram-se amparadas pelos princípios constitucionais da Isonomia (art. 5º) e da valorização do trabalho (art. 193). Some-se a eles, o fundamento da dignidade da pessoa humana (art. 1º, III), sendo, pois, indigno legitimar a criação de empregados de primeira e segunda classes, que exerçam funções idênticas para um mesmo tomador, em flagrante discriminação e estigma ao trabalhador terceirizado. Vale dizer, os trabalhadores efetivos da tomadora situados em posição proeminente em relação aos terceirizados. Aos empregados da administração pública se estende essa regra isonômica, conforme se depreende de Orientação Jurisprudencial da SDI-1 do TST, *verbis*:

> OJ N. 383. TERCEIRIZAÇÃO. EMPREGADOS DA EMPRESA PRESTADORA DE SERVIÇOS E DA TOMADORA. ISONOMIA. ART. 12, *A*, DA LEI N. 6.019, DE 3.1.1974. A contratação irregular de trabalhador, mediante empresa interposta, não gera vínculo de emprego com ente da Administração Pública, não afastando, contudo, pelo princípio da isonomia, o direito dos empregados terceirizados às mesmas verbas trabalhistas legais e normativas asseguradas àqueles contratados pelo tomador dos serviços, desde que presente a igualdade de funções. Aplicação analógica do art. 12, *a*, da Lei n. 6.019, de 3.1.1974.

Com base nesses valores jurídicos, a Súmula n. 331 do TST sistematizou e sacramentou o tema para distinguir a terceirização lícita da ilícita, dispondo sobre os casos especiais em que é possível a contratação por meio de empresa interposta, além de declarar a proibição de terceirização da atividade-fim da empresa. Mauricio Godinho Delgado assim resume o quadro normativo vigente:

> *Excluídas as quatro situações-tipo que ensejam a terceirização lícita* no Direito brasileiro, quais sejam, a) contratação de trabalho temporário; b) atividades de vigilância; c) atividades de conservação e limpeza; d) serviços especializados ligados à atividade-meio do tomador, *não há na ordem jurídica do país preceito legal a dar validade trabalhista* a contratos mediante os quais uma pessoa física preste serviços não eventuais, onerosos, pessoais e subordinados a outrem (arts. 2º, *caput* e 3º, *caput*, CLT) sem que esse tomador responda juridicamente, pela relação laboral estabelecida.[(3)]

---

(3) DELGADO, Mauricio Godinho. *Curso de direito do trabalho*. 4. ed. São Paulo: LTr, 2002. p. 442.

Quanto à caracterização da atividade-fim da empresa, ela ocorre, *prima facie*, pela análise do contrato social da pessoa jurídica. Vale dizer, se o empregado executar algum serviço que se relacione diretamente com o objeto social da empresa estará diante de uma atividade-fim. Se for contratado para uma atividade secundária ou apenas intermediária ao objeto principal, estará diante de uma atividade-meio. A terceirização era permitida na primeira e vedada na segunda hipótese, conforme redação da Súmula n. 331 do TST em vigor antes da Lei n. 13.429/17. Assim, uma instituição de ensino, por exemplo, poderia terceirizar a cantina, a limpeza ou o estacionamento, mas deveria contratar diretamente seus professores e o setor administrativo da escola.

Diante de todo o exposto, cabe questionar a (in) constitucionalidade da nova disposição trazida pelas Leis ns. 13.429 e 13.467, as quais possibilitaram a terceirização até mesmo para a atividade-fim das empresas tomadoras. Daniela Muradas Reis, ao relacionar o princípio do não retrocesso social com o princípio da proteção do trabalhador, traz a seguinte observação:

> O sentido tuitivo, em uma perspectiva dinâmica, se relaciona à ideia de ampliação e aperfeiçoamento de institutos e normas trabalhistas. Assim, afiança-se o compromisso da ordem jurídica promover, quantitativamente e qualitativamente, o avanço das condições de pactuação da força de trabalho, bem como a garantia de que não serão estabelecidos recuos na situação sociojurídica dos trabalhadores. Por conseguinte, são consectários lógicos do princípio da proteção, o princípio da norma mais favorável e o princípio da progressividade dos direitos sociais.[4]

Diante disso, pode-se asseverar que qualquer diploma legal que possibilite a terceirização de atividade-fim, já nasce com a pecha da inconstitucionalidade. É flagrante a sua ofensa ao princípio da isonomia, máxime por tratar de forma desigual trabalhadores que prestam serviço em igual condição de trabalho, lado a lado, para um mesmo tomador. Ademais, considerando que a ordem jurídica já havia regulado a matéria, ainda que precariamente, por meio da Lei n. 6.019/74 e da Súmula n. 331 do TST, permitindo a terceirização somente da atividade-meio da tomadora, a mudança abrupta da regra, *in pejus* ao trabalhador, ofendeu em cheio o princípio da proibição do retrocesso social. Em igual sentido é a atenta posição de Grijalbo Coutinho:

> Ora, a terceirização dilapida conquistas sociais previstas em diplomas jurídicos nacionais e internacionais, sendo responsável pelo aumento dos índices de trabalho escravo contemporâneo, mortes e mutilações relacionadas ao trabalho. Trata-se de veículo empresarial hoje utilizado com maior ênfase para liquidar ou mitigar direitos humanos da classe trabalhadora. Verifica-se, pois, a sua incompatibilidade com o *princípio da proibição do retrocesso social* inerente ao Direito do Trabalho, incorporado de maneira expressa ao ordenamento jurídico nacional (CRFG, art. 7º) e internacional.[5]

Em suma, é possível asseverar que o sistema jurídico pátrio impõe a salvaguarda da valorização do trabalho humano, o tratamento isonômico e a progressividade dos direitos e avanços à classe trabalhadora, sendo proibido o retrocesso social normativo. Destarte, ao nosso crivo, as Leis ns. 13.429 e 13.467, ao permitirem a terceirização da atividade-fim da empresa colidiram com o quadro axiológico da Constituição Federal, e nessa medida deverão ser declaradas inconstitucionadas e inválidas pelo Supremo Tribunal Federal[6]. Enquanto isso não acontecer, prevalece a presunção de validade de toda lei em vigor, fato que nos impele a comentá-las.

2. Comentários às novas Leis ns. 13.429 e 13.467/17

A nova Lei n. 13.429/17[7] alterou a velha Lei do trabalho temporário, Lei n. 6.019/74, agora revigorada. Além de modificar alguns dispositivos do trabalho temporário, a nova lei regulou inédita modalidade de terceirização; mais ampla e flexível. Posteriormente, a indigitada reforma trabalhista foi concretizada pela Lei n. 13.467/17[8] que, sob o pretexto da modernização, ampliou ainda mais a flexibilização do trabalho terceirizado, introduzindo novos dispositivos, além de alterar a redação da recém-editada Lei n. 13.429.

Oportuno consignar recente decisão unânime da SDI-1, do Tribunal Superior do Trabalho, no dia 3.8.17, que assim delimitou o marco temporal do novo regramento:

> A entrada em vigor da nova lei, geradora de profundo impacto perante a jurisprudência consolidada do TST, no que alterou substancialmente a Lei do Trabalho Temporário, não se aplica às relações de emprego regidas e extintas sob a égide da lei velha, sob pena de afronta ao direito adquirido do empregado a condições de trabalho muito mais vantajosa (Processo ED-E-ED-RR-1144-53.2013.5.06.0004, Rel. Min. João Oreste Dalazen)

(4) REIS, Daniela Muradas. *O princípio da vedação do retrocesso no direito do trabalho*. São Paulo: LTr, 2010. p. 10.

(5) COUTINHO, Grijalbo Fernandes. *Terceirização*: máquina de moer gente trabalhadora. São Paulo: LTr, 2015. p. 233.

(6) DALLEGRAVE NETO, José Affonso. Proibição do retrocesso social e sistema jurídico. Inconstitucionalidade dos projetos de lei que visam permitir a terceirização da atividade-fim da empresa. In: CARELLI, Bianca Bomfim; MEDEIROS, Benizete Ramos de (Coords.). *Um construtor dos direitos sociais. Estudos em homenagem ao centenário de Benedito Calheiros Bomfim*. São Paulo: LTr, 2016. p. 76-87.

(7) Publicada em 31.3.2017.

(8) Publicada no DOU em 14.7.2017 com prazo de vacância de 120 dias.

Temos, a partir de agora, duas formas de terceirizar o trabalho. Nas duas há uma relação tripartite onde consta um trabalhador, uma empresa interposta da mão de obra, e uma empresa tomadora. Nesse sentido é a nova redação do primeiro artigo da Lei n. 6.019:

> Art. 1º As relações de trabalho na empresa de trabalho temporário, na empresa de prestação de serviços e nas respectivas tomadoras de serviço e contratante regem-se por esta Lei.

O legislador chama os sujeitos da primeira modalidade de *empresa de trabalho temporário, empresa tomadora*, e *trabalhador*. Somado a essa, a Lei n. 13.429/17 criou outra forma de terceirização com os seguintes protagonistas, *empresa prestadora de serviços, contratante e trabalhador*. Examinemos, pois, as duas relações de trabalho.

2.1. Empresa de trabalho temporário, empresa tomadora e trabalhador

Por força do art. 2º, o trabalho temporário visa suprir duas situações legais: *substituição transitória de pessoal permanente; e demanda complementar de serviços*. Assim dispõe a norma legal:

> Art. 2º, Lei n. 6.019/74. Trabalho temporário é aquele prestado por pessoa física contratada por uma empresa de trabalho temporário que a coloca à disposição de uma empresa tomadora de serviços, para atender à *necessidade de substituição transitória de pessoal permanente* ou à *demanda complementar de serviços*.

Antes da alteração trazida pela Lei n. 13.429/17 havia certa dúvida acerca do alcance do trabalho temporário, sobretudo ante à distinção entre atividade-fim e atividade-meio. Pela Súmula n. 331, III, do TST somente era permitida a terceirização da atividade-meio da tomadora:

> *Não forma vínculo de emprego* com o tomador a contratação de serviços de vigilância (Lei n. 7.102/83) e de conservação e limpeza, bem como a de *serviços especializados ligados à atividade-meio do tomador*, desde que inexistente a pessoalidade e a subordinação direta.

Registre-se que as legislações específicas atinentes aos serviços de vigilância, e de conservação e limpeza (Lei n. 7.102/83), encontravam-se excluídas da Lei n. 6.019/74. E assim permanecem estas exceções, conforme redação atual do art. 19-B[(9)]. Contudo, a partir da Lei n. 13.429/17, restou claro que o contrato de trabalho temporário pode versar sobre o desenvolvimento de atividades-meio e atividades-fim a serem executadas na empresa tomadora de serviços. Exegese do art. 9º, § 3º, da Lei n. 6.019/74.

Com outras palavras, a empresa tomadora poderá acionar uma empresa de serviço temporário para providenciar um substituto provisório de algum empregado efetivo, que esteja afastado em razão de férias, licença-gestante, ou qualquer outro motivo de suspensão ou interrupção contratual. A única exceção encontra-se no § 1º, quando o legislador expressamente proíbe a contratação de trabalho temporário para a 'substituição de trabalhadores em greve, salvo nos casos previstos em lei'.

A segunda hipótese de contratação de trabalhador temporário, por interposta empresa temporária, visa suprir alguma demanda complementar da empresa tomadora. Antes da Lei n. 13.429/17, a expressão era mais restrita: suprir atividades extraordinárias. Agora se utiliza o termo atender a demanda complementar de serviço, assim considerada aquela "oriunda de fatores *imprevisíveis ou*, quando decorrente de fatores *previsíveis, tenha natureza intermitente, periódica ou sazonal*", conforme dispõe o § 2º do art. 2º da Lei n. 6.019/74. Mencione-se a contratação de trabalhadores para suprir atividades de temporada, a exemplo de hotéis ou empreendimentos turísticos. A *empresa tomadora de serviços* é sempre uma *pessoa jurídica* ou entidade a ela equiparada que celebra contrato de prestação de trabalho temporário[(10)]. Quanto à empresa de trabalho temporário, os seus requisitos de funcionamento encontram-se no art. 6º, quais sejam:

> I — prova de inscrição no Cadastro Nacional da Pessoa Jurídica (CNPJ), do Ministério da Fazenda; II — prova do competente registro na Junta Comercial da localidade em que tenha sede; III — prova de possuir capital social de, *no mínimo, R$ 100.000,00*.

O convênio entre as empresas deverá se dar por contrato escrito, o qual ficará à disposição dos auditores fiscais do Ministério do Trabalho. Nos termos do art. 9º, o contrato deverá conter a qualificação das partes; o motivo justificador da demanda de trabalho temporário; o prazo e o valor da prestação de serviços; e as disposições sobre a segurança e a saúde do trabalhador, independentemente do local de realização do trabalho.

A nova lei introduziu proibição expressa, dirigida à empresa de trabalho temporário, de cobrar do trabalhador qualquer valor a título de mediação, ou comissão pela angariação de emprego. Infelizmente, trata-se de prática repugnante em que referidas empresas, aproveitando-se da vulnerabilidade do trabalhador desempregado, cobram taxas ou valores de comissão para conseguir vaga de emprego. Doravante, nos termos do art. 18 e parágrafo único, da Lei n. 6.019/74, a empresa que anota a CTPS do trabalhador temporário só poderá efetuar os descontos de lei, sujeitando-se ao cancela-

(9) Art. 19-B: O disposto nesta Lei não se aplica às empresas de vigilância e transporte de valores, permanecendo as respectivas relações de trabalho reguladas por legislação especial, e subsidiariamente pela CLT.

(10) Art. 4º Empresa de trabalho temporário é a pessoa jurídica, devidamente registrada no Ministério do Trabalho, responsável pela colocação de trabalhadores à disposição de outras empresas temporariamente. Registre-se que antes da alteração dada pela Lei n. 13.429/17, a tomadora era uma pessoa física ou jurídica urbana. *Contrario sensu:* agora inclui-se a pessoa jurídica de âmbito rural.

mento do registro de funcionamento caso incorra na infração referida[11].

A partir de agora, nos termos do art. 3º da Lei n. 6.019/74, é reconhecida expressamente a atividade da empresa de trabalho temporário, que passa a integrar o plano básico do enquadramento sindical, previsto no art. 577 da CLT. E aqui reside a primeira e sensível distinção de tratamento jurídico. Enquanto os empregados efetivos da tomadora serão beneficiados por normas coletivas mais vantajosas, próprias do respectivo enquadramento sindical da atividade preponderante, os trabalhadores temporários gozarão das parcas benesses das normas coletivas celebradas pelo frágil sindicato dos empregados em empresas de serviços temporários.

O legislador conferiu às partes a possibilidade de adequar os vigentes contratos de trabalho às novas diretrizes da Lei n. 6.019/74, *ex vi* do art. 19-C. Quanto aos ajustes das empresas de trabalho temporário, o tratamento é diverso. A lei impõe prazo peremptório de 90 dias para se adequarem, sob pena de terem o seu funcionamento suspenso por ato do Diretor Geral do Departamento Nacional de Mão de Obra (art. 7º, parágrafo único, da Lei n. 6.019/74).

O contrato individual de trabalho celebrado entre a empresa de trabalho temporário e cada um dos assalariados colocados à disposição da empresa tomadora deverá ser escrito e objeto de anotação em CTPS[12], constando expressamente os *direitos* conferidos aos trabalhadores. O art. 12 da Lei n. 6.019/74 assim dispõe:

> a) *remuneração equivalente à percebida pelos empregados de mesma categoria da empresa tomadora*, garantida, em qualquer hipótese, a percepção do SM regional;
>
> b) jornada de oito horas, remuneradas as horas extraordinárias não excedentes de duas;
>
> c) férias proporcionais;
>
> d) repouso semanal remunerado;
>
> e) adicional por trabalho noturno;
>
> f) *indenização por dispensa* sem justa causa ou término normal do contrato, *correspondente a 1/12* do pagamento recebido;
>
> g) seguro contra acidente do trabalho;
>
> h) proteção previdenciária.

Não se ignore que além desse rol de direitos, aplicam-se aos temporários os 34 incisos do art. 7º da Constituição Federal, e o vale-transporte previsto na Lei n. 7.418/85[13]. Havendo conflitos de normas, a exemplo do adicional de horas extras de 20%, previsto no art. 12, *b*, da Lei n. 6.019/74, e o adicional de 50% previsto no art. 7º, XVI, da Constituição Federal, prevalecerá a norma mais benéfica ao trabalhador. Da mesma forma, a previsão de indenização na razão de 1/12 (um doze avos), no art. 12, *f*, da Lei n. 6.019/74, não exclui a indenização do FGTS:

> Por outro lado, a respeito da discussão sobre se a indenização prevista no art. 12, alínea *f*, da Lei n. 6.019/74 foi tacitamente derrogada em face do advento do regime do FGTS, tratam-se de institutos com finalidades diversas. A Lei n. 6.019/74 estabeleceu uma indenização especial, sem qualquer vinculação a outro evento, consubstanciada em pagamento de um *plus* pelo término do contrato temporário, diferentemente do regime do FGTS, cujo direito encontra-se intrinsecamente condicionado ao tempo de serviço prestado pelo trabalhador. Precedente recente desta SBDI-1 de minha lavra. (TST; E-RR — 2007-39.2012.5.12.0016, Rel. Min. Renato de Lacerda Paiva, SBDI-1, DEJT 12.6.2015)

Além dos direitos já mencionados, o legislador assegurou ao trabalhador temporário o mesmo atendimento médico, ambulatorial e de refeição destinado aos empregados efetivos da empresa tomadora. Registre-se que não se trata de garantir o mesmo valor do vale-refeição ou plano médico, mas apenas o mesmo serviço existente nas dependências da contratante, ou local por ela designado, *ex vi* do art. 9º, § 2º, da Lei n. 6.019.

Observa-se que a nova Lei aumentou o prazo de duração do contrato de trabalho temporário, com relação ao mesmo empregador. Se antes era de 90 dias, podendo prorrogar por mais 90 dias[14], agora o prazo é de 180 dias, consecutivos ou não, podendo prorrogar por até 90 dias. Vale dizer, nos termos do novo art. 10, §§ 1º e 2º, da Lei n. 6.019, o trabalhador temporário poderá suprir demanda com o mesmo tomador em até 9 meses contínuos, ou 270 dias descontínuos.

O legislador vedou a celebração de contrato de experiência cumulado com o contrato de trabalho temporário, mormente porque ambos são espécies do gênero Contrato por Prazo Determinado (art. 10, § 3º). Se, posteriormente, este mesmo trabalhador temporário vier a ser contratado diretamente pela empresa tomadora do serviço, não se justificará a celebração de Contrato de Experiência, exceto se for contratado para função diversa daquela prestada anteriormente.

---

(11) Art. 18. É vedado à empresa do trabalho temporário cobrar do trabalhador qualquer importância, mesmo a título de mediação, podendo apenas efetuar os descontos previstos em Lei. Parágrafo único. A infração deste artigo importa no cancelamento do registro para funcionamento da empresa de trabalho temporário, sem prejuízo das sanções administrativas e penais cabíveis.

(12) Registre-se vedação expressa do legislador ao estrangeiro com visto provisório: art. 17 da Lei n. 6.019/74: "é defeso às empresas de prestação de serviço temporário a contratação de estrangeiros com visto provisório de permanência no País".

(13) Nesse sentido é o art. 1º, III, do Decreto n. 95.247/1987.

(14) Por força da Portaria n. 789/2014 do Ministério do Trabalho o período original da lei já tinha sido ampliado para nove meses, no máximo (art. 2º, parágrafo único). Especificamente para os casos de acréscimo extraordinário de serviços, a aludida Portaria permitia a prorrogação do contrato de trabalho por até três meses (art. 3º).

A nova redação do art. 11, parágrafo único, da Lei n. 6.019 veda qualquer *cláusula de reserva* em relação à contratação do mesmo trabalhador pela empresa tomadora, ao final do prazo que tenha sido colocado à sua disposição pela empresa de trabalho temporário. A proibição visa reforçar a natureza não personalíssima da relação ente o trabalhador temporário e a empresa tomadora. Sob o mesmo fundamento, os §§ 5º e 6º, do art. 10, determinam que o trabalhador temporário somente poderá ser colocado à disposição da mesma tomadora de serviços em novo contrato temporário, após 90 dias do término do contrato anterior, sob pena de caracterizar vínculo empregatício com a tomadora.

O novo art. 10 da Lei n. 6.019 declara que, qualquer que seja o ramo da empresa tomadora de serviços, não existe vínculo de emprego entre ela e os trabalhadores contratados pelas empresas de trabalho temporário. Aludido dispositivo regula as situações regulares e legítimas. Contudo, não se aplica no caso de estarem presentes os requisitos da relação de emprego (art. 3º, CLT), em especial quando a pessoalidade e a subordinação jurídica recaírem sobre a empresa tomadora. Nesta hipótese estaremos diante de fraude à lei trabalhista, atraindo a regra do art. 9º da CLT[15].

> Constatada a ilicitude do contrato de fornecimento de mão de obra, determina a ordem jurídica que se considere desfeito o vínculo laboral com o empregador aparente (entidade terceirizante), formando-se o vínculo justrabalhista do Obreiro diretamente com o tomador dos serviços (empregador oculto ou dissimulado). (TST; AIRR — 2752-41.2015.5.10.0801, Rel. Min. Mauricio Godinho Delgado, 3ª Turma, DEJT 12.5.2017)

Por se tratar de uma relação de trabalho tripartite, verifica-se certa confusão (ou imbricação acentuada) entre os três sujeitos: trabalhador, empresa de serviço temporário e empresa tomadora. Nesse sentido, o art. 13 declara que a caracterização da falta grave capaz de resolver o contrato por justa causa ou rescisão indireta envolve os três sujeitos. Vale dizer, o trabalhador deverá observar suas regras de conduta não somente em relação ao seu empregador (empresa de serviço temporário), mas também com a empresa tomadora do serviço.

> Art. 13. Constituem justa causa para rescisão do contrato do trabalhador temporário os atos e circunstâncias mencionados nos *arts. 482 e 483, da CLT*, ocorrentes entre o *trabalhador e a empresa* de trabalho temporário *ou* entre *aquele e a empresa cliente* onde estiver prestando serviço.

Da mesma forma, percebe-se forte imbricação tripartite no que diz respeito ao tema da segurança e saúde do trabalhador. E aqui se destacam dois pontos. O primeiro, previsto no art. 12, § 2º, obriga a empresa tomadora ou cliente a comunicar à empresa de trabalho temporário a ocorrência de todo acidente cuja vítima seja um assalariado posto à sua disposição, considerando-se local de trabalho tanto aquele onde se efetua a prestação do trabalho, quanto a sede da empresa de trabalho temporário. O segundo destaque normativo encontra-se no art. 9º, § 1º, ao impor à empresa contratante a garantia das condições de segurança, higiene e salubridade dos trabalhadores temporários, quando o trabalho for realizado em suas dependências ou em local por ela designado.

Como se vê, andou bem o legislador nesse tema da responsabilidade da empresa tomadora. Com efeito, eventual doença ou acidente do trabalho decorrente da execução do contrato de trabalho temporário, a responsabilidade recairá sobre as duas empresas solidariamente. A empresa de serviço temporário responderá por ser a empregadora do trabalhador. A empresa tomadora por descumprir medida imposta pelo legislador, a qual ensejou o sinistro. Aplica-se no particular a regra do Código Civil:

> Art. 942. Os bens do responsável pela ofensa ou violação do direito de outrem ficam sujeitos à reparação do dano causado; e, se a ofensa tiver mais de um autor, todos responderão solidariamente pela reparação.
>
> Parágrafo único. São solidariamente responsáveis com os autores os coautores e as pessoas designadas no art. 932.[16]

Nos demais casos que escapam ao campo dos acidentes de trabalho, a responsabilidade da empresa tomadora será apenas subsidiária em relação às obrigações trabalhistas referentes ao período em que ocorrer o trabalho temporário, e o recolhimento das contribuições previdenciárias. Exegese do art. 10, § 7º, da Lei n. 6.019/74.

Observa-se preocupação acentuada do legislador ao assegurar efetiva fiscalização e cobrança das contribuições do INSS. Além da obrigação das empresas de trabalho temporário fornecerem às empresas tomadoras os comprovantes da regularidade de sua situação com o INSS (art. 14), restou consignado no texto da lei (art. 15) a possibilidade de a fiscalização exigir da empresa tomadora a apresentação dos contratos firmados tanto com a empresa de trabalho temporário quanto com esta e o trabalhador, e do respectivo recolhimento das contribuições previdenciárias. Além disso, a lei deixa claro (art. 16) que no caso de falência da empresa de trabalho temporário, a tomadora ou cliente será "solidariamente responsável pelo recolhimento das contribuições previdenciárias, no tocante ao tempo em que o trabalhador esteve sob suas ordens, assim como em referência ao mesmo período, pela remuneração e indenização previstas nesta Lei".

---

(15) Art. 9º Serão nulos de pleno direito os atos praticados com o objetivo de desvirtuar, impedir ou fraudar a aplicação dos preceitos contidos na presente Consolidação.

(16) Reza o art. 932, III, do Código Civil: São também responsáveis pela reparação civil: III — o empregador ou comitente, por seus empregados, serviçais e prepostos, no exercício do trabalho que lhes competir, ou em razão dele.

2.2. Empresa prestadora de serviços, contratante e trabalhador

A Lei n. 13.429/17, a pretexto de modernizar a Lei n. 6.019/74, acabou por criar nova modalidade de terceirização do trabalho, mais ampla e flexível se comparada com a do trabalho temporário. Nesta relação, também há três sujeitos: o trabalhador; a empregadora, chamada de empresa prestadora de serviços; e a cliente, chamada pelo legislador de Contratante.

Segundo dispõe o art. 5º-B, o contrato entre a empresa de prestação serviço com a contratante será escrito e deverá conter: qualificação das partes; especificação do serviço a ser prestado; prazo para realização do serviço, quando for o caso; e valor. Por força do § 1º do art. 5º-A, será vedada à contratante a utilização dos trabalhadores em atividades distintas daquelas que foram objeto do contrato com a empresa prestadora de serviços. Além desta medida que inibe o desvio de função, o § 2º do mesmo dispositivo faculta às partes a indicação do local da prestação de serviço, podendo ser nas instalações físicas da empresa ou em outro ambiente convencionado.

A contratante poderá ser pessoa física ou jurídica, a qual firmará contrato escrito com a empresa prestadora de serviços. A partir de agora até mesmo um profissional liberal ou uma pessoa natural poderão contratar terceirizados. Pela redação original da Lei n. 13.429, o serviço sublocado era apenas para suprir *serviços determinados e específicos*. A título de exemplo, mencione-se o médico (ou advogado) que contrata um motorista particular ou um segurança para o seu consultório.

Como se vê, esta expressão implicava interpretação restritiva, pois nos remetia à ideia de alguma atividade certa e delimitada. Para Gustavo Garcia, a expressão revelava que a terceirização só era admitida "quanto a serviços delimitados previamente e especificados". Vale dizer, "a empresa prestadora não pode prestar serviços genéricos, não se admitindo a terceirização, pela empresa contratante (tomadora), de atividades sem especificação"(17). Com a reforma trabalhista aprovada por meio da Lei n. 13.467, o aludido artigo sofreu nova modificação. Comparemos:

> Art. 5º-A, redação dada pela Lei n. 13.429: "Contratante é a pessoa física ou jurídica que celebra contrato com empresa de prestação de serviços *determinados e específicos*".

> Art. 5º-A, redação modificada pela Lei n. 13.467: "Contratante é a pessoa física ou jurídica que celebra contrato com empresa de prestação de serviços *relacionados a quaisquer de suas atividades, inclusive sua atividade principal*".

Como se vê, a malsinada reforma trabalhista escancarou a porteira, como se diz no vocabulário popular. A partir da vigência da Lei n. 13.467, a terceirização da mão de obra, em quaisquer de suas modalidades, poderá atingir todos os setores da empresa, inclusive sua atividade principal. Pior: o STF ratificou a validade desta amplitude ao julgar a Arguição de Descumprimento de Preceito Fundamental (ADPF) 324 e o Recurso Extraordinário (RE) 958252 com repercussão geral. Na sessão do dia 30 de agosto de 2018 sete ministros votaram a favor da terceirização de atividade-fim e quatro contra. Doravante, até mesmo a velha e saudável distinção entre atividade-fim e atividade-meio, prevista na Súmula n. 331, III, do TST, restará prejudicada. Oportuno recordar a diferença entre elas.

Por atividade-fim temos aquela essencial à consecução da finalidade da empresa; aquele grupo de atividades alinhado diretamente com o objeto social da empresa. Assim, em uma escola ou faculdade, integra à atividade-fim o ofício dos professores. Em um hospital, o pessoal da enfermagem; em uma loja, os vendedores; em uma indústria moveleira, os marceneiros.

As atividades secundárias que funcionam como mero apoio ao funcionamento da atividade-fim, e que se encontram alijadas do objeto social da empresa, constituem atividade-meio, podendo ser terceirizadas. Admitir a terceirização do setor estratégico, finalístico e essencial do empreendimento é deformar o próprio conceito de empresa, visto como o ente que congrega quatro elementos: insumo, tecnologia, capital e mão de obra. Vale dizer, uma empresa só é empresa quando articula esses quatro fatores de produção. Terceirizar atividade-fim (leia-se, atividade essencial e coincidente com o objeto social da empresa) era, até então, uma fraude à legislação trabalhista:

> SERVIÇOS RELACIONADOS À ÁREA FIM. TELEFÔNICAS. A terceirização deve se restringir aos serviços de apoio ou suporte da parte técnica. As atividades inerentes aos serviços de telecomunicações, que podem ser repassadas, são aquelas que têm relação com a atividade-meio da empresa. Confundi-las com as atividades essenciais que têm relação com a existência, a organização e o funcionamento da entidade concessionária seria absolutamente incongruente e atentatório às regras trabalhistas nos âmbitos individual e coletivo. Nessa linha é o entendimento deste c. Tribunal, de que se trata de terceirização ilícita a terceirização de tais atividades, ensejando a responsabilidade solidária quanto aos créditos trabalhistas. (TST; RR 0117600-83.2009.5.09.0872; 3ª Turma; Rel. Min. Alexandre de Souza Agra; DEJT 12.5.2017; p. 1117)(18)

(17) GARCIA, Gustavo Filipe Barbosa. *Terceirização:* trabalho temporário, cooperativas de trabalho. Salvador: Juspodivm, 2017. p. 53.

(18) Em igual sentido, registre antigo precedente da SBDI-1: "RECURSO DE EMBARGOS — AÇÃO CIVIL PÚBLICA — TERCEIRIZAÇÃO EM ATIVIDADE-FIM — EMPRESA DO RAMO DE ENERGIA ELÉTRICA — EXEGESE DO ART. 25 DA LEI N. 8.987/95 — INTELIGÊNCIA DA SÚMULA N. 331 DO TRIBUNAL SUPERIOR DO TRABALHO — VIOLAÇÃO DO ART. 896 DA CLT. A Lei n. 8.987, de 13 de fevereiro de 1995, que dispõe sobre o regime de concessão e permissão de prestação de serviços públicos, ostenta natureza administrativa e, como tal, ao tratar, em seu art. 25, da contratação com terceiros de atividades inerentes, acessórias ou complementares ao serviço concedido, não autorizou a terceirização da atividade-fim das empresas

Doravante, com a edição da Lei n. 13.467, a prática até então considerada fraudulenta tornou-se legítima e legal. Um retrocesso sem precedente. Nesse sentido, a reforma trabalhista fez questão de alterar o art. 4º-A. Compare-se, pois, as duas redações:

Art. 4º-A, redação dada pela Lei n. 13.429/17: "Empresa prestadora de serviços a terceiros é a pessoa jurídica de direito privado destinada a prestar à contratante *serviços determinados e específicos*.

Art. 4º-A, redação dada pelo PL n. 6.787/16: "Considera-se prestação de serviços a terceiros a transferência feita pela contratante da execução de *quaisquer de suas atividades, inclusive sua atividade principal*, à empresa prestadora de serviços que possua capacidade econômica compatível com a sua execução.

Observa-se que grande parte do aludido Projeto de Lei n. 6.787 (convertido na Lei n. 13.467) foi desenhado para atender aos interesses do capital em detrimento da classe trabalhadora. No particular, a intenção da nova redação do art. 4º-A, à Lei n. 6.019/74, foi alargar ao máximo o cabimento da terceirização, desvirtuando a cientificidade do instituto. Não por coincidência que o Relator do PL da Terceirização, o Deputado Federal Laercio de Oliveira (SD-SE), é um grande empresário do setor de empresas terceirizadas(19).

Quanto mais entidades se atravessarem e integrarem o processo de contratação e manutenção do trabalhador, mais onerosa ficará a conta. Uma coisa é a empresa contratar diretamente seu empregado, pagando o seu salário mais os encargos sociais. Situação diversa ocorre quando esta mesma empresa tomadora decide firmar convênio com outra empresa terceirizada a fim de contratar trabalhador para suprir sua necessidade. Considerando que a empresa interposta cobrará sua taxa de administração, por certo que o custo final aumentará, implicando na redução do valor do salário a ser pago ao trabalhador. Assim, por exemplo, se o *quantum* salarial inicialmente planejado foi de R$ 1.200,00, a partir da intermediação cairá para módicos R$ 1.000,00, aproximadamente. Do contrário a conta não fechará.

Não bastasse isso, verifica-se que boa parte dessas empresas interpostas torna-se insolvente, fato que atrai a responsabilidade subsidiária da contratante, nos termos do novo art. 5º-A, § 5º, da Lei n. 6.019:

A empresa contratante é *subsidiariamente responsável* pelas *obrigações trabalhistas* referentes ao período em que ocorrer a prestação de serviços, e o recolhimento das *contribuições previdenciárias* observará o disposto no art. 31 da Lei n. 8.212/91.

Ao trabalhador terceirizado não se vislumbra qualquer vantagem em ser regulado pela Lei n. 6.019/74, vez que seus benefícios remuneratórios sempre ficarão aquém caso fosse contratado diretamente pela empresa tomadora ou contratante. Ricardo Antunes descreve como preocupante esse avassalador processo de precarização fomentado pela terceirização. Observa o sociólogo que:

Poucos trabalhadores podem entrar na Justiça, porque o trabalhador terceirizado tem que trabalhar, não tem nem tempo de entrar na Justiça. E quando eles entram e ganham as causas, frequentemente essas empresas já fecharam, já se constituíram outras empresas, com outros nomes, para poder fugir das penalidades decorrentes do não cumprimento da legislação social protetora do trabalho.

De forma mais incisiva, Ricardo Antunes compara a terceirização a uma espécie de escravidão moderna:

Por que eu faço uma alusão à escravidão? Na escravidão o trabalhador era vendido. Na terceirização ele é alugado. É uma locação de força de trabalho. (...) É evidente que não estamos voltando ao trabalho escravo de 1500, estamos falando de uma escravidão inclusive digital, do trabalho terceirizado, precarizado, informal, do trabalho sem direitos, de uma dependência do sistema perverso de metas, que tem levado a suicídios e adoecimentos do trabalho.(20)

Ao empresário tomador do serviço, vislumbram-se apenas duas vantagens: delegar o processo de seleção de pessoal para a empresa interposta; e solicitar a pronta substituição do trabalhador terceirizado que porventura não esteja atendendo a sua demanda. Contudo, os riscos de ter que pagar a conta duas vezes não é pequeno, em face dos recorrentes casos de falência ou insolvência das empresas interpostas.

Nos termos no § 1º do art. 4º-A, a empresa prestadora de serviços poderá subcontratar outras empresas para realização desses serviços. Vale dizer, a partir de agora

---

do setor elétrico. Isso porque, esse diploma administrativo não aborda matéria trabalhista, nem seus princípios, conceitos e institutos, cujo plano de eficácia é outro. A legislação trabalhista protege, substancialmente, um valor: o trabalho humano, prestado em benefício de outrem, de forma não eventual, oneroso e sob subordinação jurídica, apartes à já insuficiente conceituação individualista. E o protege sob o influxo de outro princípio maior, o da dignidade da pessoa humana. Não se poderia, assim, dizer que a norma administrativista, preocupada com princípios e valores do Direito Administrativo, viesse derrogar o eixo fundamental da legislação trabalhista, que é o conceito de empregado e empregador, jungido que está ao conceito de contrato de trabalho, previsto na CLT. O enunciado da Súmula n. 331 do Tribunal Superior do Trabalho guarda perfeita harmonia com princípios e normas constitucionais e trabalhistas e trouxe um marco teórico e jurisprudencial para o fenômeno da terceirização nas relações de trabalho no Brasil, importante para o desenvolvimento social e econômico do País, já que compatibilizou os princípios da valorização do trabalho humano e da livre concorrência e equilibrou a relação entre o capital e o trabalho. Recurso de embargos conhecido e parcialmente provido". (E-RR-586341/1999.4, Red. Min. Luiz Philippe Vieira de Mello Filho, SBDI-1, DEJT de 16.10.2009)

(19) Seu nome consta em 14 empresas que prestam serviços neste segmento. *Vide* notícia: <https://falandoverdades.com.br/2017/03/24/relator-da-pl-da-terceirizacao-e-dono-de-empresas-de-terceirizacao-o-povo-e-o-pato/>.

(20) Entrevista do sociólogo Ricardo Antunes à *Revista Carta Capital*, em 17.5.2017. Disponível em: <https://www.cartacapital.com.br/sociedade/201cna-escravidao-o-trabalhador-era-vendido-na-terceirizacao-ele-e-alugado201d>.

criou-se a possibilidade de *quarteirização do trabalho*[21], o que implicará maior custo final do processo de contratação e manutenção da mão de obra.

O § 2º do art. 4º-A declara que não há vínculo empregatício entre os *trabalhadores, ou sócios* das empresas prestadoras de serviços, qualquer que seja o seu ramo, *e a contratante*. Verifica-se preocupação em elidir o vínculo não só entre os trabalhadores, mas também entre os sócios da empresa terceirizada que mantém permanente interlocução com a empresa tomadora do serviço.

Apesar desta expressa regra, a declaração da relação de emprego sempre deverá ser esquadrinhada à luz dos requisitos do art. 3º da CLT, e do próprio § 1º do art. 4º-A, quando declara ser da empresa prestadora de serviços (e não da contratante) a incumbência de contratar, remunerar e dirigir o trabalho realizado pelos trabalhadores terceirizados. Logo, se constatar que o assalariado presta serviço personalíssimo com a contratante, e com ela mantém subordinação direta, não há dúvidas de que o vínculo restará declarado[22].

Os requisitos de funcionamento da empresa de prestação de serviços a terceiros estão consignados nos incisos I a III do art. 4º-B da Lei n. 6.019/74. São eles:

> I — prova de inscrição no Cadastro Nacional da Pessoa Jurídica (CNPJ); II — registro na Junta Comercial; III — capital social compatível com o número de empregados, observando-se os seguintes parâmetros:
>
> a) empresas com até 10 empregados — capital mínimo de R$ 10.000,00; b) empresas com mais de 10 e até 20 empregados — capital mínimo de R$ 25.000,00; c) empresas com mais de 20 e até 50 empregados — capital mínimo de R$ 45.000,00; d) empresas com mais de 50 e até 100 empregados — capital mínimo de R$ 100.000,00; e e) empresas com mais de 100 empregados — capital mínimo de R$ 250.000,00.

Quanto aos direitos trabalhistas, percebe-se que são restritos e condicionados. Ademais, verifica-se tutela menor ao trabalhador da empresa de prestação de serviço em comparação com os trabalhadores das empresas de serviço temporário, e *sensivelmente menor* quando comparados aos empregados regidos pela CLT. Não há como negar que terceirizar significa precarizar condições de trabalho, seja porque o conjunto de benesses é inferior, seja pela provisoriedade do contrato, seja, muitas vezes, pela remuneração menor.

Além das mudanças trazidas pela Lei n. 13.429/17, o aludido PL n. 6.787 fez questão de introduzir novo dispositivo. Trata-se do art. 4º-C da Lei n. 6.019/74 que assegura aos empregados da empresa prestadora de serviços: — quando e enquanto os serviços forem executados nas dependências da tomadora, as mesmas condições relativas à alimentação garantida aos empregados da contratante, quando oferecida em refeitórios; — serviços de transporte; — treinamento adequado, fornecido pela contratada, quando a atividade o exigir.

Quanto ao atendimento médico ou ambulatorial, verifica-se um conflito de normas. Enquanto o art. 4º-C, I, *c*, introduzido pela Lei n. 13.467, assegura as mesmas condições relativas a "atendimento médico ou ambulatorial existente nas dependências da contratante ou local por ela designado", o art. 5º-A, § 4º, trazido pela Lei n. 13.429/17, dispõe que a contratante *poderá estender* ao trabalhador da empresa de prestação de serviços o mesmo atendimento médico, ambulatorial e de refeição destinado aos seus empregados, existente nas dependências da contratante, ou local por ela designado. Não bastasse esse conflito, o novo § 2º do art. 4º-C, em redação dada pela Lei n. 13.467/17, passou a permitir a divisão de espaço entre efetivos e terceirizados no que tange a atendimento ambulatorial e de alimentação, assim disposto:

> Art. 4º-C, § 2º: Nos contratos que impliquem mobilização de empregados da contratada em número igual ou superior a 20% dos empregados da contratante, esta poderá disponibilizar aos empregados da contratada os serviços de alimentação e atendimento ambulatorial em outros locais apropriados e com igual padrão de atendimento, com vistas a manter o pleno funcionamento dos serviços existentes.

Tal previsão legitima verdadeiro *apartheid* social. Ainda que o texto da Lei n. 13.467 deixe claro que os locais distintos deverão manter "igual padrão de atendimento", não há dúvidas de que as instalações dos terceirizados ficarão aquém da dos efetivos. Se na prática essa previsível discriminação for acintosa, caberá coibi-la com a regra do art. 3º, IV, da Constituição Federal[23].

Quanto à isonomia salarial, mais uma vez percebe-se menor tutela conferida ao trabalhador contratado pela empresa de prestação de serviço. Enquanto o empregado terceirizado, contratado na modalidade de temporário, tem assegurado, no art. 12, *a*, da Lei n. 6.019/74, "remuneração equivalente à percebida pelos empregados de mesma categoria da empresa tomadora, garantida, em qualquer hipótese, a percepção do SM regional", o novo § 1º do art. 4º-C, em redação proposta pela Lei n. 13.467, surpreende a todos com a seguinte previsão:

---

(21) Art. 4º-A, § 1º, da Lei n. 6.019/74: "A empresa prestadora de serviços contrata, remunera e dirige o trabalho realizado por seus trabalhadores, ou subcontrata outras empresas para realização desses serviços".

(22) Registre-se a existência de segmento da doutrina que desdobra o *jus variandi* para admitir que o poder de direção incumbe à empresa tomadora, e somente o poder disciplinar a cargo da empresa de trabalho temporário. Nesse sentido: MANNRICH, Nelson. *A modernização do contrato de trabalho*. São Paulo: LTr, 1998, p. 200.

(23) Art. 3º Constituem objetivos fundamentais da República Federativa do Brasil: I — construir uma sociedade livre, justa e solidária; II — garantir o desenvolvimento nacional; III — erradicar a pobreza e a marginalização e reduzir as desigualdades sociais e regionais; IV — promover o bem de todos, sem preconceitos de origem, raça, sexo, cor, idade e quaisquer outras formas de discriminação.

§ 1º. Contratante e contratada *poderão* estabelecer, *se assim entenderem*, que os empregados da contratada farão jus a *salário equivalente* ao pago aos empregados da contratante, além de outros direitos não previstos neste artigo.

Como se vê, a percepção de salário equivalente não se enquadra como direito objetivo (ou *norma agendi*), mas mera opção (ou *facultas agendi*). Na prática, isso representa um vazio normativo (*nihil legis*), pois se nem mesmo as normas cogentes são integralmente observadas pelos empregadores, o que dizer de opções legais como esta.

Quanto ao prazo de duração, o legislador só previu em relação à modalidade do trabalho temporário, permanecendo omisso quanto aos contratos de trabalho do empregado com a empresa de prestação de serviço. Neste caso, aplica-se a regra geral dos dois anos, constante das Disposições Gerais dos Contratos, máxime porque este modo de terceirização compõe a Lei do Trabalho Temporário (Lei n. 6.019/74), espécie do gênero Contrato por tempo determinado:

Art. 445 da CLT. O contrato de trabalho por prazo determinado não poderá ser estipulado por mais de 2 (dois) anos, observada a regra do art. 451.

Quanto ao período de resguardo do ex-empregado terceirizado, o legislador estabeleceu o prazo de 18 meses. Nesse lapso temporal, a contar do término do seu contrato de trabalho com a empresa de prestação de serviço, o ex-trabalhador não poderá se converter em sócio de pessoa jurídica, que venha a se tornar contratada da mesma tomadora contratante. Assim dispõe o art. 5º-C na redação dada pela Lei n. 13.467:

Não pode figurar como contratada, nos termos do art. 4º-A desta Lei, a pessoa jurídica cujos titulares ou sócios tenham, nos últimos 18 meses, prestado serviços à contratante na qualidade de empregado ou trabalhador sem vínculo empregatício, exceto se os referidos titulares ou sócios forem aposentados.

Com outras palavras, o legislador só permitirá a "pejotização" do ex-trabalhador após 18 meses da rescisão de seu contrato de trabalho com aquela empresa tomadora do serviço. A nova Lei n. 13.467 assinalou igual prazo de 18 meses[24] para que a ex-empregadora (a empresa prestadora de serviço) fique impossibilitada de rescindir o contrato do empregado efetivo e em seguida o recontrate como terceirizado. Assim, dispõe o art. 5º-D:

O empregado que for demitido não poderá prestar serviços para esta mesma empresa na qualidade de empregado de empresa prestadora de serviços antes do decurso de prazo de 18 meses, contados a partir da demissão do empregado.

Por derradeiro, a Lei n. 6.019/74 traz três disposições finais que se aplicam às modalidades de terceirização nela reguladas. A primeira delas segue a regra do art. 114, I, da Constituição Federal, ao declarar ser da Justiça do Trabalho a competência para dirimir os litígios entre as empresas de serviço temporário e seus trabalhadores (art. 19). A segunda disposição geral refere-se ao pagamento de multa administrativa em caso de descumprimento do disposto na Lei, regendo-se pela CLT a sua fiscalização, autuação e o processo de imposição (art. 19-A).

Por último, o art. 19-B consigna que a Lei n. 6.019 não se aplica às empresas de vigilância e transporte de valores, vez que estas possuem regramento próprio, Lei n. 7.102/83, permanecendo as respectivas relações de trabalho reguladas por legislação especial, e subsidiariamente pela CLT. Nos termos do art. 3º, a vigilância ostensiva e o transporte de valores serão executados pelo próprio estabelecimento financeiro, desde que organizado e preparado para tal fim; ou "por empresa especializada contratada". Conforme entendimento jurisprudencial e doutrinário[25], a contratante (tomadora) será subsidiariamente responsável pelas obrigações trabalhistas atinentes ao período em que ocorrer a prestação de serviços de vigilância e transporte de valores, com fundamento na analogia (art. 455, CLT) e na Súmula n. 331, IV e VI do TST.

3. Acidente de trabalho de trabalhadores terceirizados

Em relação à ocorrência de acidentes do trabalho, os dados estatísticos confirmam que nas chamadas atividades terceirizadas o número de acidentes-tipo e doenças ocupacionais é sensivelmente maior. Tal fato se explica em razão do porte dessas empresas temporárias ou prestadoras de serviços de vigilância e limpeza, geralmente microempresas que não investem em tecnologia e menos ainda em segurança do trabalho, máxime porque o lucro delas só se manifesta se houver economia de custos, o que representa, na prática, exploração da mão de obra e baixo investimento em insumos, tecnologia e segurança no trabalho.

INDENIZAÇÃO POR DANO MORAL. CONDUTA PRATICADA POR EMPREGADA TERCEIRIZADA EM DESFAVOR DE EMPREGADA DA EMPRESA TOMADORA DOS SERVIÇOS. RESPONSABILIDADE SOLIDÁRIA. O art. 932 do Código Civil, ao enunciar que são também responsáveis pela reparação civil, em seu inciso III, menciona expressamente o empregador ou comitente, por seus empregados, serviçais e prepostos, no exercício do trabalho que lhes competir, ou em razão dele. Não há dúvidas de que a empresa tomadora de serviços, no caso de terceirização, possui o dever de cautela, seja na eleição da empresa prestadora de serviços seja na fiscalização de suas atividades, uma vez que escolhe e celebra contrato com terceiro que intermedeia, em seu proveito, a mão de obra necessária

(24) Registre-se que aos demais Contratos a Termo previstos na CLT, aplica-se o prazo geral de seis meses previsto em seu art. 452, *verbis*: "Considera-se por prazo indeterminado todo contrato que suceder, dentro de 6 (seis) meses, a outro contrato por prazo determinado, salvo se a expiração deste dependeu da execução de serviços especializados ou da realização de certos acontecimentos".

(25) GARCIA, Gustavo Filipe Barbosa. *Terceirização:* trabalho temporário, cooperativas de trabalho. Salvador: Juspodivm, 2017. p. 103.

ao desenvolvimento de suas atividades econômicas. No caso, a conduta ilícita foi praticada por empregada terceirizada responsável pela vigilância do Banco, no local e no horário de trabalho contra empregada do próprio Banco. Assim, emerge a coparticipação das reclamadas no cometimento do ato ilícito, restando, pois, caracterizada a responsabilidade solidária pela reparação do dano mediante exegese dos arts. 927, *caput*, 932, III, e 942, *caput*, e do Código Civil. Logo, o Banco responde pela condenação ao pagamento de indenização por danos morais decorrentes de ato ilícito por ele cometido, pois o entendimento desta Corte é o de que, em se tratando de reparação de dano, a responsabilidade do prestador e do tomador de serviços é solidária, nos termos da Lei Civil. (TST; RR 0000761-55.2013.5.09.0016; 7ª Turma; Rel. Min. Vieira de Mello Filho; DEJT 1º.4.2016; p. 1.384)

Verifica-se verdadeiro menoscabo por parte das empresas que contratam os serviços de trabalhadores terceirizados. As tomadoras sentem-se eximidas do dever de zelar pela saúde dos terceirizados, eis que estes não integram o seu quadro de empregados efetivos. Ocorre que, nos termos da NR-4 (itens 4.5, 4.5.1 e 4.5.2), é da empresa tomadora o dever de estender seus serviços de segurança e medicina do trabalho aos empregados da empresa prestadora de serviços. Nessa esteira, mais uma vez se pronunciou a 1ª Jornada de Direito Material e Processual na Justiça do Trabalho promovida pela Anamatra:

SÚMULA N. 44. RESPONSABILIDADE CIVIL. ACIDENTE DO TRABALHO. TERCEIRIZAÇÃO. SOLIDARIEDADE. Em caso de terceirização de serviços, o tomador e o prestador respondem solidariamente pelos danos causados à saúde dos trabalhadores. Inteligência dos arts. 932, III, 933 e 942, parágrafo único, do Código Civil e da Norma Regulamentadora n. 4 (Portaria n. 3.214/77 do Ministério do Trabalho e Emprego).

Sobre o tema, José Cairo Júnior observa:

A obrigação de adotar medidas preventivas que visem proteger a saúde e segurança do empregado não é personalíssima, podendo ser executada diretamente pelo empregador, por seus prepostos ou mesmo utilizando-se dos serviços de empresas especializadas. Em qualquer caso, havendo omissão ou imperícia na execução da atividade por parte de terceiro, responde o empregador pelo acidente sofrido pelo seu empregado.

De outro lado, conforme visto anteriormente, o Código Civil, quando regula a responsabilidade civil por fato de outrem, assim se manifesta:

Art. 932. São também responsáveis pela reparação civil:

III — o empregador ou comitente, por seus empregados, serviçais e prepostos, no exercício do trabalho que lhes competir, ou em razão dele.

Observa-se que o dispositivo legal não se limita a usar a expressão empregador, mas também comitente. Ora, comitente é "que ou quem encarrega de comissão; constituinte". Logo, não há dúvida de que a empresa contratante é comitente da empresa contratada. A primeira é a tomadora do serviço e a segunda é preposta dela em relação ao trabalhador terceirizado. Assim, nos termos do art. 932, III, do Código Civil, a empresa tomadora (comitente) responde pela reparação civil de danos de outrem (trabalhadores) causados por seu preposto (empresa terceirizada) no exercício do trabalho que lhes competir ou em razão dele. Nesse sentido, assevera Cláudio Brandão:

Pode-se concluir que, nos contratos de terceirização, deve prevalecer a regra da responsabilidade objetiva da empresa tomadora quanto aos empregados da fornecedora, com base nos arts. 932, III, e 933, ambos do CC, em relação aos acidentes causados aos empregados da empresa terceirizada, que nada mais é do que preposta da empresa tomadora de serviços.

Ora, uma das incumbências da contratada (empresa terceirizada) é justamente empregar e dirigir o trabalhador com a estrita observância da legislação trabalhista. Ao contratante (empresa-mãe) caberá fiscalizar o cumprimento da legislação, fato que fundamenta a responsabilidade da tomadora em face da chamada culpa *in vigilando* e *in eligendo*. A propósito, mencione-se a recente notícia publicada no sítio eletrônico do TST:

TST — Turma mantém responsabilidade de construtora por acidente em ônibus contratado para transporte de funcionários — Notícia de 13.1.2017.

A Segunda Turma do TST não conheceu de recurso da Iesa Óleo e Gás S.A. contra decisão que a responsabilizou por acidente ocorrido em ônibus contratado pela empresa para transporte de funcionários. Ela terá de pagar R$10 mil de indenização a caldereiro que desenvolveu patologia na mão direita devido ao acidente.

Segundo o processo, o veículo com 40 funcionários estava acima da velocidade permitida quando passou bruscamente sobre um quebra-molas, fazendo com que o trabalhador, sentado na parte de traz do coletivo, fosse arremessado para o alto. Na queda, acabou lesionando a mão direita. O empregado, que também acionou a empresa de ônibus no juízo cível, requereu, na Justiça do Trabalho, a responsabilização da empregadora pelo acidente de trabalho que ensejou a incapacidade laborativa para a função.

A empresa de óleo e gás alegou que a condenação é indevida, pois a culpa do infortúnio é exclusivamente da empresa contratada. No entanto, a Segunda Turma, por maioria de votos, vencido o relator do recurso, ministro Renato de Lacerda Paiva, manteve a reponsabilidade objetiva da empregadora.

O ministro José Roberto Freire Pimenta, em voto divergente acompanhado pela ministra Delaíde Miranda Arantes, considerou que a decisão deveria ser mantida, pois a Iesa, ao contratar empresa especializada para a locomoção de seus funcionários, assume o ônus pelo transporte e os riscos de eventuais acidentes ocorridos no trajeto, ainda que por culpa exclusiva de terceiro."

(Alessandro Jacó/CF — Processo: RR — 112000-80.2008.5.01.0204)

Não bastassem as razões aduzidas, o *caput* do art. 942 do Código Civil determina a responsabilidade solidária de todos que concorreram para o ato ilícito causador do dano da vítima (autores e coautores). O parágrafo único (do referido art. 942 do CC) deixa claro que aludida responsabilidade solidária abrange todas as pessoas designadas no art. 932 do CC, inclusive o empregador ou comitente em relação ao seu preposto, fornecedor e terceirizados.

Até mesmo nos casos de inexistência de vínculo de emprego haverá responsabilidade solidária de todos os beneficiários do serviço contratado, ainda que sob a modalidade de prestação de serviço regulada pelo Código Civil.

> Em caso de acidente do trabalho, todos os beneficiários diretamente pela prestação laboral do trabalhador devem ser responsabilizados, independentemente do vínculo empregatício, pois quem contrata prestador de serviços tem o dever jurídico de fiscalizar não apenas o objeto do contrato, que é mero patrimônio material, mas também e primordialmente as condições de segurança em que os serviços são prestados, uma vez que a vida, a saúde e a integridade física das pessoas devem receber proteção jurídica em ordem de prioridade em relação aos simples bens materiais. (TRT, SC, RO 08237-2005-014-12-00-9, Rel. Amarildo Carlos de Lima, DOE 3.10.2007)

Nos termos do art. 114, VI, da Constituição Federal, será da Justiça do Trabalho a competência para julgar a indenização acidentária decorrente de qualquer relação de trabalho (*lato sensu*). Nesse caso de inexistência de vínculo de emprego, por envolver pretensão civil, a prescrição aplicável será a trienal de que trata o art. 206, § 3º, V, do Código Civil, conforme razões expendidas adiante, em capítulo próprio desta obra. Complementando esse tema, remetemos o leitor à Parte XII, item 6, desta obra, intitulado "Caso dos empregados domésticos e autônomos".

Nessa esteira, verifica-se que a nova Lei n. 13.429/17 andou bem ao declarar que é de "responsabilidade da contratante garantir as condições de segurança, higiene e salubridade dos trabalhadores, quando o trabalho for realizado em suas dependências ou local previamente convencionado em contrato", *ex vi* do art. 5º-A, § 3º. Ainda que o empregador, responsável pela anotação da CTPS, seja a empresa de prestação de serviço, não se pode negar que esta modalidade tripartite requer tutela e tratamento diferenciados. Logo, se o trabalhador executa suas atividades nas dependências ou local designado pela empresa tomadora, será dela o ônus de observar as regras de infortunística e o dever de prevenção e precaução. Considerando a existência de expressa obrigação legal, eventual acidente ou doença com nexo na execução do trabalho responderão de forma solidária as duas conveniadas, empresa tomadora e contratante.

Com efeito, a regra geral para as obrigações trabalhistas é de responsabilidade subsidiária entre a contratante (tomadora do serviço) e a empresa de prestação de serviço, por culpa *in eligendo* e *in vigilando*[26]. Exceção a esta regra recai no campo das indenizações acidentárias, onde a responsabilidade é solidária ante a expressa obrigação da contratante, aludida no § 3º do art. 5º-A da Lei n. 6.019/74 e seus acréscimos trazidos pela Lei n. 13.429/17.

Referências Bibliográficas

ANTUNES, Ricardo. Entrevista à *Revista Carta Capital*, em 17.5.2017. Disponível em: <https://www.cartacapital.com.br/sociedade/201cna-escravidao-o-trabalhador-era-vendido-na-terceirizacao-ele-e-alugado201d>.

COUTINHO, Grijalbo Fernandes. *Terceirização*: máquina de moer gente trabalhadora. São Paulo: LTr, 2015.

DALLEGRAVE NETO, José Affonso. Proibição do retrocesso social e sistema jurídico. Inconstitucionalidade dos projetos de lei que visam permitir a terceirização da atividade-fim da empresa. In: CARELLI, Bianca Bomfim; MEDEIROS, Benizete Ramos de (Coords.). *Um construtor dos direitos sociais. Estudos em homenagem ao Centenário de Benedito Calheiros Bomfim*. São Paulo: LTr, 2016.

DELGADO, Mauricio Godinho. *Curso de direito do trabalho*. 4. ed. São Paulo: LTr, 2002.

GARCIA, Gustavo Filipe Barbosa. *Terceirização*: trabalho temporário, cooperativas de trabalho. Salvador: Juspodivm, 2017.

MANNRICH, Nelson. *A modernização do contrato de trabalho*. São Paulo: LTr, 1998.

REIS, Daniela Muradas. *Terceirização e sindicatos: desafios e perspectivas*. Encuentro Interamericano de Derecho del Trabajo y la Seguridad Social, 8, 12-14 mar. 2014, Havana. Disponível em: <www.alal.com.br/materia.asp?cod_noticia=6124>.

REIS, Daniela Muradas. *O princípio da vedação do retrocesso no direito do trabalho*. São Paulo: LTr, 2010.

(26) "A responsabilidade subsidiária do tomador de serviços diante do inadimplemento das obrigações trabalhistas do empregador, prevista na Súmula n. 331 do TST, tem como base a culpa *in eligendo* e a culpa *in vigilando*." (TRT 17ª R.; RO 0001217-92.2015.5.17.0151; 3ª Turma; Rel. Des. Carlos Henrique Bezerra Leite; DOES 24.1.2017; p. 1.210)

PARTE V

REFORMA TRABALHISTA E DIREITO INDIVIDUAL DO TRABALHO

A formação de grupo econômico no Direito do Trabalho à luz da reforma trabalhista (art. 2º, §§ 2º e 3º da CLT)

Leonardo Tibo Barbosa Lima(*)

1. Introdução

A Lei n. 13.467/17 deu nova redação ao art. 2º, § 2º, da CLT, além de acrescentar um terceiro parágrafo ao citado dispositivo, que rege o instituto do grupo econômico trabalhista. A modificação foi pautada em entendimentos majoritariamente chancelados pela doutrina e pela jurisprudência, mas merece exame atento, sobretudo porque agora foram estabelecidos critérios de forma expressa para a caracterização do referido instituto.

Trata-se de tema dos mais sensíveis no Direito do Trabalho, pois o natural desequilíbrio de poder das relações de trabalho é acentuado em função do agrupamento patronal, o qual, a despeito disso, muitas vezes se manifesta de forma explícita na relação material, mas se oculta, na processual.

O objetivo do artigo é, pois, compreender os efeitos da Lei n. 13.467/17 (reforma trabalhista) na caracterização do grupo econômico trabalhista, por meio da linha jurídico-teórica de pesquisa, com a abordagem dos aspectos conceitual e prático do tema, bem como do método de investigação hipotético-dedutivo.

O artigo se inicia apresentando a teoria geral do grupo econômico trabalhista, em que se pretende construir um conceito de grupo econômico específico para as relações de trabalho, avança com a exposição da argumentação teórica sobre as alterações promovidas e se encerra mostrando um extrato das reflexões do autor.

Nesta segunda edição, além da revisão do texto, buscou-se realizar novas reflexões sobre a temática, notadamente em função da evolução da doutrina e da jurisprudência supervenientes à primeira publicação, para compor o cenário mais atual do tema.

2. Teoria do grupo econômico trabalhista

2.1. *Conceito, fundamentos, natureza jurídica e finalidade*

A primeira questão que o tema desafia é a construção de um conceito para o fenômeno do grupo econômico. De início, é preciso considerar que um mesmo fato pode ser objeto de várias Ciências, cada qual responsável por dar o devido tratamento, segundo seus próprios métodos. E, dentro da mesma Ciência, é possível que esse mesmo objeto também tenha tratamento diferenciado, a depender das subdivisões que marcam a perspectiva do exame.

Assim é que o fenômeno do grupo econômico certamente tem tratamento específico na Economia, na Política ou na Sociologia, a quem cabe investigá-lo segundo suas finalidades e métodos, mas também tem um tratamento jurídico, que, a despeito de não ser puro,(1) atua em um plano notadamente normativo(2) ou, mais que isso, de Direito.(3)

E, estando já dentro do próprio Direito, é de se indagar se esse mesmo fenômeno (grupo econômico) tem ou deve ter tratamento ou regulação específicos, por exemplo, para as questões de Direito Econômico, Tributário e Trabalhista.

A nós parece que a resposta é afirmativa, o que modifica, senão singulariza, toda a fundamentação que será apresentada neste artigo, influenciando desde o conceito até os resultados do fenômeno.

Nas relações civis entre particulares, sem prejuízo da necessária intervenção do Estado em assuntos econômicos, quando for o caso, a autonomia da vontade, marcada pela igualdade presumida entre as partes, é fator que muito se considera, sobretudo porque estão ambas pro

(*) Doutor em Direito Privado e Mestre em Direito do Trabalho pela PUC-MG. Especialista em Direito Público pela UGF-RJ. Juiz do Trabalho substituto do TRT da 3ª Região.

(1) Considerando a ineficiência da teoria positivista para explicar a interação entre direito e moral, assim como o atual estado da arte da filosofia jurídica, que tende a admitir a mútua influência entre direito e moral.

(2) Ainda com referência ao estado, a arte da filosofia do direito, que entende como norma a junção entre norma e princípio.

(3) Na perspectiva do culturalismo jurídico (direito como fato, valor e norma), corrente jusfilosófica com a qual temos forte vinculação epistemológica.

tegidas dos avanços do Estado, pelas barreiras dos direitos fundamentais constitucionalmente reconhecidos. Em outras palavras, a vontade de determinadas empresas formarem um grupo econômico, no âmbito das citadas relações jurídicas, pode ser regulada, inteiramente, pela manifestação expressa dos sujeitos, sob a chancela do Estado: haverá grupo econômico sempre que empresas celebrarem contrato social de mútua atuação.

Veja-se que, nesta seara, importa à caracterização do grupo uma vontade manifestada, submetida a requisitos formais. É o que consta, por exemplo, da Resolução n. 2/12 do CADE, que define como grupo econômico a existência de empresas que estejam sob controle comum, interno ou externo, em que quaisquer delas seja titular, direta ou indiretamente, de pelo menos 20% do capital social ou votante (art. 4º, § 2º). Há também a possibilidade de formação de grupo econômico pela simples confusão patrimonial, independentemente de requisitos formais (art. 50 do CC).

Vale citar que o grupo econômico também é objeto do Direito Previdenciário (art. 30, IX, da Lei n. 8.212/90) e do Direito Tributário (art. 124, I, do CTN), nos quais há previsão expressa da existência de solidariedade entre os membros.

Com efeito, os conceitos externos ao Direito do Trabalho não são determinantes nas relações de trabalho. Eles, quando muito, apenas cumprem papel informativo ou complementar.

Com facilidade, dois argumentos apresentam-se, de logo e sem delongas, para sustentar essa conclusão. Primeiro, citem-se os arts. 10 e 448 da CLT, que desvinculam a figura do empregador daquela constante dos registros formais societários, considerando como tal o que realmente atue como tal (art. 2º da CLT); segundo, porque há o princípio da primazia da realidade, que prestigia a realidade dos fatos, contra a verdade dos escritos, o que acaba reforçando o primeiro argumento citado.

Por isso é que a construção de um conceito para grupo econômico, assim como todo o tratamento como instituto,(4) deve vir antecedida da advertência de que a metodologia (argumentativa) é principalmente a do Direito do Trabalho. E isso acontece porque a finalidade do instituto do grupo econômico trabalhista é específica, qual seja, a de "ampliar as possibilidades de garantia do crédito trabalhista" (DELGADO, 2017, p. 467), o que decorre do princípio da proteção (art. 7º da CLT) e das garantias constitucionais da valorização social do trabalho e da função social das empresas (art. 170 da CF).

Para fins trabalhistas, portanto, grupo econômico é *uma sociedade, de fato ou regularmente constituída, formada por empresas que explorem atividade econômica, que, conquanto guardem personalidade jurídica autônoma, atuem de forma subordinada ou coordenada, na persecução de objetivos comuns, coletivamente considerados, em que ao menos uma delas seja empregadora.*

Partindo-se do final para o começo, salienta-se que, para fins trabalhistas, a existência do contrato de emprego é essencial, de maneira que não há falar em grupo econômico trabalhista entre empresas sem empregados.

Esse mesmo enfoque está presente na definição de Delgado (grifou-se):

> O grupo econômico aventado pelo Direito do Trabalho define-se como a figura resultante da vinculação justrabalhista que se forma entre dois ou mais entes favorecidos direta ou indiretamente pelo mesmo *contrato de trabalho*, em decorrência de existir entre esses entes laços de direção ou coordenação em face de atividades industriais, comerciais, financeiras, agroindustriais ou de qualquer outra natureza econômica. (2017, p. 466).

Os demais elementos desse conceito serão objeto de exame pormenorizado nos itens seguintes.

Por ora, ainda é preciso dizer que o regramento desse instituto está primordialmente feito na CLT (art. 2º) e na Lei n. 5.889/73 (art. 3º), o que revela a natureza jurídica do grupo de *empregador*. Ou seja, *grupo econômico* é *empregador*, para fins trabalhistas.

É bem verdade que a CLT não esgota o tema, como no caso das formas societárias que geram os grupos econômicos (transformação, incorporação, fusão e cisão), que estão reguladas pelo Direito Civil (art. 1.113 do Código Civil). O que ocorre é que esse regramento é de pouca relevância para fins trabalhistas, consoante o disposto nos arts. 10 e 448 da CLT.

Merece nota, ainda, a IN n. 144/18, do MTE, sobre a fiscalização do FGTS, a qual apresenta a distinção entre grupo econômico por coordenação e subordinação.(5)

---

(4) Instituto é o termo que usamos para o fenômeno tratado pela ciência jurídica, após a atribuição de conceito, fundamentação, natureza jurídica, classificação e exame de sua aplicabilidade e efeitos, ao menos.

(5) "Art. 31. Forma-se grupo econômico por coordenação, quando, preservada a autonomia entre as empresas, há demonstração de interesse integrado, efetiva comunhão de interesses e atuação conjunta dos integrantes, sem relação de dominação, conforme previsto nos §§ 2º e 3º do art. 2º da CLT.
Art. 32. Forma-se grupo econômico por subordinação, quando o comando é centralizado em uma das sociedades integrantes, denominada controladora ou dominante, mediante controle interno ou dependência econômica.
§ 1º O controle interno caracteriza-se pela participação societária decisiva no capital das sociedades agrupadas ou pelo controle gerencial ou administrativo.
§ 2º A dependência econômica é caracterizada na relação vertical entre a empresa dominante e a subordinada, quando:
I — a empresa subordinada tiver vendido ou consignado à dominante, no ano anterior, mais de vinte por cento do seu volume das vendas, no caso de distribuição com exclusividade em determinada área do território nacional, e mais de cinquenta por cento do volume total das vendas, nos demais casos; ou

2.2. Classificação

O conceito proposto está imbricado com a classificação construída na doutrina e bastante aceita pela jurisprudência.

A primeira delas, em verdade, já foi bem explorada por ocasião da apresentação do conceito, pois é aquela que distingue o grupo econômico trabalhista dos demais afetos a outros ramos do direito, como o tributário, por exemplo.

Já imerso na seara trabalhista, o grupo econômico pode ser constituído por *subordinação* ou por *coordenação*. No primeiro caso, a relação entre as empresas componentes é marcada pelo protagonismo de uma ou umas, com a atuação coadjuvante das demais. Esse destaque pode consistir em direção, controle ou administração, sem prejuízo da autonomia da personalidade jurídica de cada qual, mormente para assuntos que não interessem ao grupo. De se destacar que uma filial ou agência, por exemplo, não tem autonomia na personalidade jurídica, pelo que é considerada apenas um dos estabelecimentos da empresa.

Explica Alice Monteiro de Barros (2017, p. 257), que o *controle* consiste na influência dominante de uma empresa sobre outra, *direção* é a efetivação desse controle e *administração*, a submissão da empresa controlada pela controladora.

Na coordenação, a atuação, embora não seja necessariamente uniforme, não merece qualquer distinção, podendo cada empresa desenvolver o papel que lhe cabe, de forma específica e até singular, mas com necessária trama de laços, num comportamento que lembra o de uma peça em uma engrenagem.

Os grupos subordinados são também chamados de *verticais*, dada a existência de níveis na atuação de cada qual, estando as protagonistas acima das coadjuvantes.

Pelo mesmo critério, os grupos coordenados são considerados *horizontais*, dada a sua atuação em um mesmo plano, no que tange ao destaque.

Grupos existem em que o comportamento das empresas é dinâmico e, com ou sem regras predefinidas, acabam construindo uma rede volátil, de complexa identificação quanto ao destaque. Para casos assim, calha a denominação *conglomerado*, que acolhe bem as formas residuais de organização.

A doutrina tem admitido a caracterização de grupo econômico do qual participem sociedades sem fins lucrativos (*v. g.*, pessoas físicas, massa falida, sociedades beneficentes), desde que ao menos um dos integrantes exerça atividade econômica empresarial. (DELGADO, 2017, p. 468).

Finalmente, do ponto de vista da divisão da legislação trabalhista, o grupo econômico pode ser *urbano* ou *rural*, conforme a geografia de sua atuação, sem prejuízo de que haja promiscuidade.

2.3. Direito comparado

Edilton Meireles (2002) possui profunda e valiosa monografia sobre o tema, da qual aqui se socorre de forma singela, apenas para reforçar o banho de teoria geral que se pretende dar a este tópico inicial. É dele, pois, o crédito pela análise de como o fenômeno é tratado pelos ordenamentos jurídicos estrangeiros, tal como se apresenta, em síntese, a seguir.

Na Itália, a formação do grupo econômico não afeta a autonomia das empresas componentes, a ponto de o grupo, em si, não ser considerado sujeito de direito, de maneira que o fenômeno é tratado como econômico (em que se reconhece unidade empresarial), mas apenas produz efeitos jurídicos, a não ser em casos de fraude, em que todos os infratores são tomados como sujeitos únicos, respondendo pelos atos, nos termos da lei. (MEIRELES, 2002, p. 177).

Em Portugal, há decisões no sentido de considerar o grupo como empregador único, sujeito de direitos, portanto, principalmente em situações em que haja confusão de relações de trabalho, ocasião em que um mesmo empregado trabalha em favor de várias empresas do grupo. (MEIRELES, 2002, p. 178).

Na França, aos menos até 2002, não havia um conjunto sistemático de regras sobre o grupo econômico trabalhista, de maneira que o tema é fruto de construção cooperada de diversas fontes. A caracterização do grupo está relacionada a aspectos materiais que denotem confusão patrimonial e à unificação de serviços, como contabilidade, publicidade e informática. Caracterizado o grupo, este é considerado empregador (único), de maneira que as empresas componentes são responsabilizadas pelos direitos trabalhistas, independentemente de ter havido prestação de serviços a todas elas. (MEIRELES, 2002, p. 179).

Já na Alemanha, o tema é regido pela lei das sociedades anônimas, pela qual, em regra, o grupo não goza de personalidade jurídica própria. A doutrina e a jurisprudência, contudo, adotam a tese do empregador único, no caso restrito de o empregado prestar serviços a várias empresas do grupo. (MEIRELES, 2002, p. 182).

Na Argentina, as empresas do grupo respondem solidariamente pelas obrigações trabalhistas, mas, salvo no caso de fraude, o grupo não é considerado empregador

---

II — a empresa dominante, por qualquer forma ou título, for a única adquirente de um ou mais produtos ou serviços fornecidos pela subordinada, ainda quando a exclusividade se refira à padronagem, marca ou tipo do produto."

único, de maneira que o empregado deve acionar, necessariamente, o seu empregador formal. (MEIRELES, 2002, p. 183).

Finalmente, nos Estados Unidos da América, a Suprema Corte já responsabilizou o grupo econômico ("grupo integrado") como empregador único, considerando situações fáticas que demonstraram a existência de comunhão de bens e empregados, interdependência financeira e atuação integrada. Essa responsabilidade está hoje edificada na lei contra a discriminação no trabalho ("*Age Discrimination in Employment Amendments Act*"). (MEIRELES, 2002, p. 188).

Meireles (2002, p. 191) adverte que, no âmbito da OIT, apenas a Declaração sobre princípios de empresas multinacionais e política social faz referência singela às empresas multinacionais, que atuam em forma de conglomerado, mas o conteúdo é mera repetição das convenções fundamentais.

É possível concluir, portanto, que o fenômeno do grupo econômico trabalhista é mundial e que, no Direito comparado, ele vem sendo tratado como um instituto jurídico, com especificidades dadas pelo Direito do Trabalho, notadamente com a atribuição de responsabilidade solidária.

3. Regramento dado pela Lei n. 13.467/17

3.1. Alterações

Antes da vigência da Lei n. 13.467/17, o instituto do grupo econômico trabalhista urbano era regido pelo art. 2º, § 2º, da CLT, que tinha a seguinte redação:

> Art. 2º [...]
>
> § 2º Sempre que uma ou mais empresas, tendo, embora, cada uma delas, personalidade jurídica própria, estiverem sob a direção, controle ou administração de outra, *constituindo grupo industrial, comercial ou de qualquer outra atividade econômica*, serão, *para os efeitos da relação de emprego*, solidariamente responsáveis *a empresa principal e cada uma das subordinadas*. (Grifou-se).

As partes supra, destacadas em itálico, são as que foram alteradas pela Lei n. 13.467/17, que também acrescentou mais um parágrafo ao art. 2º da CLT, ficando a redação final da seguinte forma:

> Art. 2º. [...]
>
> § 2º Sempre que uma ou mais empresas, embora tendo cada uma delas personalidade jurídica própria, estiverem sob direção, controle ou administração de outra, *ou ainda quando, mesmo guardando cada uma sua autonomia, integrem grupo econômico, serão responsáveis solidariamente pelas obrigações decorrentes da relação de emprego.*
>
> § 3º *Não caracteriza grupo econômico a mera identidade de sócios, sendo necessárias, para a configuração do grupo, a demonstração do interesse integrado, a efetiva comunhão de interesses e a atuação conjunta das empresas dele integrantes.* (NR) (Grifou-se).

As palavras em itálico também se referem às alterações promovidas.

No aludido § 2º, a primeira alteração consistiu em retirar do texto legal os setores de atuação econômica (industrial, comercial ou qualquer outra atividade econômica), para adotar o vocábulo genérico de *grupo econômico*, o qual pode decorrer de formação por *subordinação* (nas hipóteses mantidas de direção, controle ou administração) ou por *coordenação*, que está contida na expressão "mesmo guardando cada uma a sua autonomia". Dessa forma, o legislador em nada alterou o instituto jurídico, mas apenas deu polimento ao texto, deixando-o mais claro quanto à existência de grupo econômico por coordenação, que já era fruto de uma construção doutrinária e jurisprudencial.[6]

A segunda alteração produzida no aludido § 2º também teve a mesma finalidade, qual seja, a de polir o texto e deixar clara a existência do grupo econômico por coordenação. O texto anterior era redundante, pois, se a responsabilidade é solidária, está implícita a ideia de que a empresa principal e as subordinadas são também responsáveis. Mas a retirada da expressão referente a *empresa principal e subordinadas* é significante, na medida em que a lei não mais se refere à espécie de relação tecida entre as empresas. Pela nova redação, portanto, a solidariedade abarca todas as empresas do grupo, independentemente da situação de subordinação, de coordenação ou de se tratar de um conglomerado.

A inclusão do § 3º trouxe para dentro da lei a regulação dos requisitos de configuração do grupo econômico, tarefa que antes estava afeta apenas à doutrina e à jurisprudência. É bem verdade que, como será visto, o aludido parágrafo nada mais fez do que acolher o entendimento dominante nas citadas fontes.

De início, é preciso dizer que a redação do aludido § 3º revela pouco cuidado com o instituto, o que dificulta, mas não impede sua interpretação. Isso porque se inicia fazendo referência a um requisito negativo ("não caracteriza grupo econômico..."), para só depois fazer referência aos requisitos positivos ("sendo necessárias, para a configuração do grupo"). O resultado foi um texto confuso, que parte da exceção para chegar à regra.

---

(6) "GRUPO ECONÔMICO — Em conformidade com o § 2º do art. 2º da CLT, o conceito de grupo econômico reveste-se de relativa informalidade, vez que se destina a ampliar as garantias de satisfação de crédito de natureza alimentar, bastando, para a caracterização do referido instituto, a simples coordenação entre as empresas, exatamente como se verifica na presente hipótese." (TRT da 3ª Região; PJe: 0010958-09.2016.5.03.0153 (RO); Disponibilização: 25.8.2017; Órgão Julgador: Primeira Turma; Relator: Emerson Jose Alves Lage);

Não obstante, essa construção textual certamente decorre do fato de que o legislador tinha a intenção primeira de extirpar dos requisitos algo que lhe interessava, que era a identidade de sócios. Outra intenção oculta é a de não fixar requisitos taxativos, mas apenas indicativos da existência do grupo econômico. E, ao fazer isso, o legislador relativiza até mesmo o citado requisito negativo, ao fazer uso da palavra "mera".

É preciso, pois, reorganizar a mensagem do texto.

O aludido § 3º estabeleceu requisitos subjetivos e objetivos.

O requisito subjetivo é a existência de *interesse* na formação do grupo, o qual é qualificado como *integrado* e *comum*. Temos razões para crer que o vocábulo "integrado" tem inspiração no direito norte-americano, porque, como visto, esse é o termo utilizado naquele país. Sem embargo, a integração a que se refere o legislador é *abstrata*, consistente na vontade de reunir as empresas, de forma coordenada, subordinada ou conglomerada, como ideia de que essa reunião seja vantajosa. Veja-se que, por ser abstrata, essa ideia não precisa ser necessariamente materializada, ou seja, para fins trabalhistas, é irrelevante que esse interesse integrado conste de um contrato social ou qualquer outro documento escrito. A existência do interesse integrado está na lógica do empreendimento, decorre de conclusão dedutiva, o que se pode presumir de empresas que possuam atividades idênticas, similares ou conexas, para fazer uso de categoria do próprio Direito do Trabalho: "*a solidariedade de interesses econômicos dos que empreendem atividades idênticas, similares ou conexas, constitui o vínculo social básico que se denomina categoria econômica.*" (art. 511, § 1º da CLT). Esse entendimento já vinha sendo acolhido pela jurisprudência.(7)

Nada impede, contudo, que empresas sem tais laços formem grupo econômico, mas essa hipótese exigiria do julgador a consideração de fatos que revelassem em que situação os respectivos interesses societários se entrelaçariam, o que ainda ficaria no campo dedutivo, em que pese o necessário juízo de valor sobre as provas.

Já o interesse *comum*, por sua vez, é elemento empírico, aferido na prática, tendo em vista que o legislador fez referência à expressão "efetiva comunhão de interesses." Em outras palavras, é preciso que a formação do grupo deixe o campo das ideias e se institua na realidade, o que pode ser aferido por meio das mais variadas condutas, nenhuma delas necessariamente formalizada. É o caso, por exemplo, de empresas elaborarem um mesmo empreendimento, como o projeto de construção de um prédio, ainda que ele realmente não venha a se concretizar. Somando-se esse fato com o interesse integrado (abstrato), ter-se-ia preenchido o requisito do interesse.

O requisito da efetiva comunhão de interesses já era largamente observado pela jurisprudência.(8)

É bem verdade que, havendo a formalização do grupo econômico, por exemplo, por meio de um contrato, tanto o interesse integrado quanto o comum estariam preenchidos, pois o contrato é um instrumento de materialização de interesses.

O requisito objetivo consiste na "atuação conjunta das empresas." A nosso ver, esse requisito está relacionado ao comportamento dos integrantes do grupo entre si, seja de forma coordenada, seja de forma subordinada. No citado exemplo do empreendimento, haveria atuação conjunta se cada uma das empresas fornecesse ou se comprometesse a fornecer algum tipo de insumo, como mão de obra, equipamentos, logística, elaboração de projeto etc.

É precisamente no exame das muitas hipóteses fáticas do requisito objetivo que está inserido o único requisito negativo, qual seja, o da "mera identidade de sócios." Com efeito, a lei normatizou o entendimento de que, para fins de caracterização da "atuação conjunta das empresas", não basta que entre elas haja coincidência de sócios, sendo necessário que esse fato, uma vez apurado, seja acompanhado de outros, tal qual é o caso da confusão patrimonial ou de pessoal.(9)

Destarte, é possível que um empresário participe do quadro societário de várias empresas, sem que isso configure o grupo econômico, por si só, o que é bem razoável, já que, para fins trabalhistas, o quadro societário não é um elemento determinante para desvelar o empregador.

---

(7) "GRUPO ECONÔMICO. RECONHECIMENTO À LUZ DOS PRECEITOS TRABALHISTAS. A tipificação do grupo econômico para fins justrabalhistas não se reveste das mesmas formalidades que aquelas estabelecidas pelo Direito Econômico ou Direito Comercial. Para acolher a sua existência basta que emerjam evidências probatórias de que estão presentes elementos de integração interempresarial e que exerçam, todas, atividades de cunho econômico. Sendo conexas as atividades desempenhadas pelas reclamadas e inexistindo prova hábil a afastar a tese da inicial, mormente em face da revelia de uma delas, "mister" se faz o reconhecimento do grupo econômico e a condenação solidária das demandadas ao pagamento das parcelas deferidas ao reclamante." (TRT da 3ª Região; Processo: 01116-2007-086-03-00-6 RO; Data de Publicação: 15.11.2008, DJMG, p. 35; Órgão Julgador: Sexta Turma; Relator: Emerson Jose Alves Lage; Revisor: Anemar Pereira Amaral)

(8) "GRUPO ECONÔMICO. CONFIGURAÇÃO. RESPONSABILIDADE SOLIDÁRIA. Comprovada a existência de estreita ligação entre as demandadas, evidenciada não só pela comunhão de interesses, mas também pela identidade de composição, impõe-se o reconhecimento de formação de grupo econômico entre elas. Inteligência do art. 2º, § 2º, da CLT." (TRT da 3ª Região; Processo: 0000263-85.2014.5.03.0146 AP; Data de Publicação: 21.8.2017; Órgão Julgador: Terceira Turma; Relator: Camilla G.Pereira Zeidler; Revisor: Luis Felipe Lopes Boson)

(9) "Grupo econômico. Caracterização. Identidade de sócios. A mera identidade de sócios não basta para a caracterização de grupo econômico, mormente quando o autor não comprova a alegação de prestação de serviços concomitante para as duas empresas que pretende ver condenadas solidariamente." (TRT da 1ª Região. Processo 00911004320035010401. Relator Leonardo Pacheco. 2ª Turma. DEJT 15.1.2013).

3.2. Reflexões

Como visto, as alterações promovidas pela Lei n. 13.467/17 incorporaram alguns entendimentos pacificados na jurisprudência e na doutrina.

Entretanto, o legislador perdeu a oportunidade de normatizar outros entendimentos sedimentados, ainda mais relevantes, voltados à proteção do crédito trabalhista. Em verdade, apenas a previsão do grupo por coordenação foi benéfica ao trabalhador. O legislador concentrou-se mais em normatizar entendimentos que, embora já pacificados, restringissem a formação do grupo econômico, principalmente para explicitar que a mera identidade de sócios não é suficiente para caracterizá-lo.

Não obstante, é preciso refletir sobre questões que, embora não sejam novas, certamente serão reexaminadas à luz da novel legislação.

1. *Jurisprudência do TST*. O primeiro tema é o da jurisprudência consolidada do C. TST.

A supressão da expressão "para os efeitos da relação do emprego", que estava contida na redação do § 2º, do art. 2º, da CLT, é um indício de que o legislador pode ter tido a intenção de afastar a solidariedade ativa dos integrantes do grupo, mantendo apenas a passiva, já que colocou no final do texto a frase "serão responsáveis solidariamente pelas obrigações decorrentes da relação de emprego." A prevalecer essa tese, somente os integrantes do grupo que constarem do título executivo poderiam ser responsabilizados pelo respectivo débito, comprometendo a jurisprudência consolidada do TST.

Mas, com a devida licença, essa interpretação é frágil, considerando que, historicamente, a expressão "para efeitos da relação de emprego" nunca foi apontada como pilar da teoria do empregador único. Em verdade, a jurisprudência brasileira foi pendular, ora para o lado da possibilidade (Súmula n. 129 do TST), ora pelo da impossibilidade (cancelamento da Súmula n. 205 do TST) da caracterização do instituto do empregador único, mas sem nunca calcar seu movimento com base na citada frase.

Do ponto de vista jurídico, a lógica se mostra em considerar que as expressões "para os efeitos da relação de emprego" e "obrigações decorrentes da relação de emprego" são equivalentes, fazendo referência à responsabilidade solidária do integrante do grupo econômico pelos haveres trabalhistas, mantendo viva a discussão acerca da possibilidade ou não da figura do grupo econômico.

Por isso, no nosso sentir, a novel legislação não causa qualquer abalo nas Súmulas ns. 93 e 129, as quais, interpretadas em seu conjunto, dão suporte à teoria do empregador único, que admite a solidariedade passiva (como responsáveis pelas obrigações trabalhistas) e ativa (como tomadoras dos serviços) das empresas integrantes do grupo, sem que o trabalho para mais de uma delas configure multiplicidade de contratos de emprego.

Fica preservada, ainda, a tese decorrente do cancelamento da Súmula n. 205 do C. TST, segundo a qual a citada responsabilidade pode ser declarada na fase de execução, independentemente de as empresas do grupo constarem do título executivo ou tiverem participado da fase de conhecimento.

Também permanece incólume a OJ n. 411 da SDI-I, do C. TST, que reconhece a autonomia das personalidades jurídicas das empresas integrantes do grupo, de modo que a aquisição de uma delas por outro grupo não gera sucessão das demais.

2. *Legislação especial do rural*. A Lei n. 13.467/17 não fez qualquer referência à Lei n. 5.889/73, a qual já vinha sendo interpretada de forma sistemática com a CLT, formando um microssistema,[10] o que deve continuar a ocorrer.

Com efeito, o art. 3º, § 2º, possui texto praticamente idêntico ao do novel art. 2º, § 2º, da CLT, com a redação que lhe foi dada pela Lei n. 13.467/17.[11] O citado dispositivo da lei do rurícola já era o embasamento legal utilizado para a caracterização do grupo econômico por coordenação, o que reforça o argumento de que a nova redação do art. 2º, § 2º, da CLT teve a finalidade de reconhecer expressamente essa figura.

3. *Simulação*. Não se deve olvidar que, a despeito de todas as alterações trazidas pela Lei n. 13.467/17, o art. 9º da CLT continua vigente, de maneira que o Juízo trabalhista, atento aos princípios do Direito do Trabalho, notadamente o da primazia da realidade, tem o poder de anular os atos viciados por simulação. Esta, como se sabe, consiste na manifestação de determinada vontade, com a finalidade de obter efeito diferente do manifestado.

Destarte, presentes os requisitos legais, não constitui óbice à caracterização do grupo econômico a prática de atos simulados, como a celebração de contratos e ou-

(10) "GRUPO ECONÔMICO. UNICIDADE CONTRATUAL. É cediço que, para a configuração de grupo econômico, a existência de simples relação de coordenação interempresarial é suficiente, uma vez que atende ao sentido essencial vislumbrado pela ordem trabalhista, consubstanciada no parágrafo segundo do art. 2º da CLT, qual seja, ampliar as possibilidades de garantia do crédito trabalhista, responsabilizando todas as empresas componentes do grupo econômico. Acena nesse sentido a evolução do legislador que, ao regulamentar o trabalho do empregado rural, referiu-se ao grupo por coordenação (Lei n. 8.889/73, art. 3º, § 2º)." (TRT da 3ª Região; PJe: 0011868-24.2015.5.03.0039 (RO); Disponibilização: 23.2.2017; Órgão Julgador: Décima Primeira Turma; Relator: Adriana Goulart de Sena Orsini)

(11) "Art. 3º. [...] § 2º Sempre que uma ou mais empresas, embora tendo cada uma delas personalidade jurídica própria, estiverem sob direção, controle ou administração de outra, ou ainda quando, mesmo guardando cada uma sua autonomia, integrem grupo econômico ou financeiro rural, serão responsáveis solidariamente nas obrigações decorrentes da relação de emprego."

tros documentos que, de alguma forma, tentem excluir a formação do grupo econômico, com o objetivo de desvirtuar, impedir ou fraudar a aplicação dos preceitos da lei trabalhista.

4. *Identidade de sócios*. É bem verdade que a mera identidade de sócios não é o suficiente para, de *per si*, caracterizar o grupo econômico. Entretanto, do ponto de vista processual, esse fato, embora não seja prova, constitui um forte indício[(12)] da existência de grupo econômico, de maneira que, observados os requisitos da lei (art. 373 do CPC c/c art. 818 da CLT, inclusive com a nova redação dada pela Lei n. 13.467/17), é possível que o Juízo inverta ou redistribua o ônus da prova.

Nesse sentido, por exemplo, é uma das teses aprovadas no XIX Congresso Nacional dos Magistrados da Justiça do Trabalho — CONAMAT:

> Grupo econômico e ônus da prova. A identidade de sócios, total ou parcial, as sociedades familiares ou, ainda, a identidade de endereço de empresas diversas acarretam indício de existência de grupo econômico. Nestes casos, aplica-se o § 1º do art. 818 da CLT pois, pelo princípio da aptidão da prova, cabe ao reclamado o ônus de provar a inexistência dos requisitos estabelecidos no art. 2º, §§ 2º e 3º da CLT (interesse integrado, efetiva comunhão de interesses e atuação conjunta das empresas).

5. *Cumulação dos requisitos*. Não se discute que as situações de fato mais adequadas para a caracterização segura do grupo econômico são aquelas em que todos os elementos estejam provados (interesse integrado, comunhão de interesse e a atuação conjunta das empresas). E essa até aparenta ser a primeira interpretação do art. 2º, § 3º, da CLT, que fez uso da conjunção aditiva "e", em vez da alternativa "ou".[(13)]

Mas a falta de um deles pode não ser empecilho para a caracterização do instituto.

Com efeito, em se tratando do requisito objetivo (atuação conjunta), é razoável admitir que ele seja mesmo indispensável. Mas, quanto aos subjetivos (interesse integrado e comunhão de interesse), o caso concreto pode fornecer elementos que, se não tornarem indispensável, ao menos fazem presumir a sua existência. É o caso da ocorrência da identidade dos sócios, como já citado.

Outro exemplo é a situação em que o empregado tenha trabalhado simultaneamente para duas empresas que atuem de forma conjunta em um mesmo empreendimento, muito embora não haja coincidência de sócios, tampouco tenha sido demonstrada a existência de interesse integrado e comunhão de interesse. Imagine-se que um engenheiro, empregado da Construtora A, tenha também trabalhado para a Construtora B, na construção de uma ponte, em uma etapa da obra. A hipótese, inclusive, se encaixa no art. 455 da CLT:

> Art. 455 — Nos contratos de subempreitada responderá o subempreiteiro pelas obrigações derivadas do contrato de trabalho que celebrar, cabendo, todavia, aos empregados, o direito de reclamação contra o empreiteiro principal pelo inadimplemento daquelas obrigações por parte do primeiro.
>
> Parágrafo único — Ao empreiteiro principal fica ressalvada, nos termos da lei civil, ação regressiva contra o subempreiteiro e a retenção de importâncias a este devidas, para a garantia das obrigações previstas neste artigo.

Em casos como esse, haverá atuação conjunta, porque as construtoras se comportaram de forma coordenada, ainda que por um curto período de tempo. De se destacar que a lei não fez qualquer referência à duração dessa atuação, de maneira que ela não precisa ser duradoura.

Como ambas as empresas foram tomadoras do serviço, haverá manifesto grupo econômico para fins trabalhistas, independentemente da aferição dos elementos subjetivos.

6. *Terceirização*. A Lei n. 13.467/17 também promoveu alterações na Lei n. 6.019/74 (art. 4º-A), permitindo, em tese,[(14)] a terceirização das ditas atividades-fim, como consideradas na Súmula n. 331 do C. TST.

Ocorre que, se antes a terceirização de atividade-fim era ilícita, formando vínculo diretamente com o tomador de serviços (também nos termos da citada súmula), o simples fato de essa conduta passar a ser lícita não é empecilho à configuração do grupo econômico entre empresa tomadora e prestadora de serviços. Ora, se a prestação do serviço é feita na atividade-fim da tomadora, salta aos olhos a existência de interesse integrado e comum, de maneira que, a depender das provas existentes sobre a atuação conjunta, poderá haver entre elas grupo econômico de natureza trabalhista, com reconhecimento da existência de solidariedade ativa (empregador único) e passiva, sendo devidos aos empregados os direitos previstos nas normas mais favoráveis, inclusive as decorrentes de negociação coletiva.

7. *Aplicação da lei no tempo*. O tema tem natureza híbrida, porque, apesar de estar atrelado à caracterização da figura do empregador, socorre-se de regras processuais para definir sua aplicação no tempo, já que a

(12) Nos termos do art. 239 do CCP, "considera-se indício a circunstância conhecida e provada, que, tendo relação com o fato, autorize, por indução, concluir-se a existência de outra ou outras circunstâncias."

(13) "... a demonstração do interesse integrado, a efetiva comunhão de interesses e a atuação conjunta das empresas dele integrantes".

(14) Não se está aqui a sustentar que a terceirização de atividade-fim foi efetivamente liberada, tendo em vista que o tema é polêmico e necessita de análise própria e profunda. Por isso, foi utilizado o termo "em tese", querendo significar "a prevalecer a tese de que a terceirização de atividade-fim foi liberada...".

caracterização, quando não admitida pelo empregador, depende de decisão judicial. Nesses casos, como já mencionado, surge a problemática processual, que importa em saber sobre a natureza do litisconsórcio passivo (se necessário ou facultativo) e a dinâmica probatória. (DELGADO, 2017, p. 474).

Vale repetir que, no que tange ao litisconsórcio, prevalece o entendimento de que ele é facultativo e não impede a declaração do grupo na fase de execução, em relação a empresas que não constem do título judicial. E isso se mostra mesmo mais prudente, considerando a possibilidade de formação superveniente do grupo, de maneira que a indicação dos componentes, por ocasião da petição inicial, poderia não corresponder efetivamente à composição vigente à época da execução (SILVA, 2015, p. 114). No que tange à prova, o novo regramento do aludido parágrafo terceiro será peça-chave no exame da matéria fática, pois balizará a apuração de indícios e provas, bem como o respectivo juízo de valor.

De outra face, foi visto que, no âmbito material, as alterações promovidas pela Lei n. 13.467/17 tiveram como linha mestra a normatização dos entendimentos já acolhidos pela doutrina e pela jurisprudência.

Destarte, conclui-se que as repercussões processuais são mais relevantes, considerando a necessidade frequente de exame e declaração do grupo por decisão judicial. Por isso e porque a lei processual tem, em regra, aplicação imediata, é que, no nosso sentir, as novas regras já podem ser aplicadas a partir do dia 11.11.2017, data de entrada em vigor da Lei n. 13.467/17, nos termos do art. 14 do CPC de 2015.

4. Conclusão

A Lei n. 13.467/17 reconheceu, expressamente, a figura do grupo econômico trabalhista por coordenação (art. 2º, § 2º) e estabeleceu requisitos subjetivos (interesse integrado e comum) e objetivos (atuação conjunta) para a caracterização do grupo, a serem verificados no caso concreto, pelo Juízo (art. 2º, § 3º).

A mera identidade de sócios entre as empresas integrantes, embora não baste à caracterização do grupo econômico, constitui indício que autoriza a inversão ou redistribuição do ônus da prova, nos termos do art. 373 do CPC c/c art. 818 da CLT, com redação dada pela Lei n. 13.467/17.

A prevalecer a tese de liberação da terceirização de atividade-fim, a efetivação dessa modalidade de terceirização também constitui indício de formação de grupo econômico, dada a conexão do objeto social das empresas e atuação em sistema de colaboração, o que autoriza a inversão do ônus da prova.

A novel legislação não contraria os entendimentos constantes das Súmulas ns. 93 e 129, as quais, interpretadas em seu conjunto, dão suporte à teoria do empregador único, que admite a solidariedade passiva (como responsáveis pelas obrigações trabalhistas) e ativa (como tomadoras dos serviços) das empresas integrantes do grupo, sem que o trabalho para mais de uma delas configure multiplicidade de contratos de emprego. Da mesma forma, permanece a tese decorrente do cancelamento da Súmula n. 205 do C. TST, segundo a qual a citada responsabilidade pode ser declarada na fase de execução, independentemente de as empresas do grupo constarem do título executivo ou tiverem participado da fase de conhecimento.

Por fim, quanto à aplicação da lei no tempo, conclui-se que as repercussões processuais foram mais relevantes, considerando a necessidade frequente de exame e declaração de existência de grupo por decisão judicial. Por isso e porque a lei processual tem sempre aplicação imediata, é que as novas regras já podem ser aplicadas a partir do dia 11.11.2017, data de entrada em vigor da Lei n. 13.467/17, nos termos do art. 14 do CPC de 2015.

Referências Bibliográficas

BARROS, Alice Monteiro de. *Curso de direito do trabalho*. 11. ed. atual. por Jessé Cláudio Franco de Alencar. São Paulo: LTr, 2017.

BERNARDES, Simone Soares; SCALÉRCIO, Marcos; LIMA, Leonardo Tibo Barbosa. *Reforma trabalhista: teses interpretativas*. Salvador: Juspodivm, 2018.

BRAGHINI, Marcelo. *Reforma trabalhista*: flexibilização das normas sociais do trabalho. São Paulo: LTr, 2017.

DELGADO, Mauricio Godinho. *Curso de direito do trabalho*. 16. ed. São Paulo: LTr, 2017.

LIMA, Leonardo Tibo Barbosa. *Lições de direito processual do trabalho*. Teoria e prática. 4. ed. São Paulo: LTr, 2017.

MEIRELES, Edilton. *Grupo econômico trabalhista*. São Paulo: LTr, 2002.

SILVA, Homero Batista Mateus da. *Curso de direito do trabalho aplicado*. Parte geral. 3. ed., v. 1. São Paulo: Revista dos Tribunais, 2015.

VASCONCELLOS, Armando Cruz. Nova lei da terceirização: o que mudou? *Revista LTr*. São Paulo: LTr, v. 81, n. 07, p. 810/819, jul. 2017.

O EMPREGADO E O TEMPO À DISPOSIÇÃO DO EMPREGADOR NAS DEPENDÊNCIAS DA EMPRESA: VISÃO CRÍTICA ÀS ALTERAÇÕES PROPOSTAS PELA REFORMA

Marcelo Furtado Vidal(*)

1. INTRODUÇÃO

Duração do trabalho, jornada do trabalho e horário de trabalho são expressões correlatas que vêm adquirindo cada vez mais importância no estudo do contrato de trabalho, pois é através da fixação do momento exato do início e término da jornada de trabalho que se torna possível mensurar a correção da contraprestação salarial ajustada.

O trabalho, enfim, desenvolve-se no tempo, mediante a transferência da força de trabalho do empregado em favor do empregador.

Existem três fontes que disputam a regulação da jornada de trabalho e, de resto, o tempo à disposição: a intervenção normativa estatal, as negociações coletivas e a vontade das partes.

A articulação entre essas fontes não ocorre sem tensão, interiorizando uma permanente disputa entre os imperativos da produção, da renda e do emprego, com as necessidades vitais do trabalhador, como a saúde, a segurança e o descanso.

As normas estatais, na história do direito do trabalho, têm se constituído como expressão de um mínimo legal, inderrogável e indisponível para qualquer outra fonte, permitindo-se normas mais benéficas.

A doutrina brasileira aponta três critérios básicos na mensuração da jornada de trabalho: tempo efetivamente trabalhado, tempo à disposição e tempo de deslocamento.

Além desses critérios, emergem outros parâmetros, como o tempo de prontidão e o tempo de sobreaviso.

Para fins terminológicos, é necessário um esclarecimento, pois, no que tange às denominadas horas *in itinere*, costuma-se dividi-las em duas modalidades, de trajeto externo, da residência até a portaria da empresa, e de trajeto interno, da portaria da empresa até o local de trabalho.

Pela delimitação do tema, o enfoque, aqui, restringir-se-á à análise das horas de trajeto interno, da portaria até o local efetivo de trabalho.

As horas itinerantes ou o tempo de deslocamento da residência do empregado até os limites da empresa, bem como o debate em torno do tempo à disposição fora do ambiente empresarial, não são, portanto, a princípio, objeto do presente estudo, e serão mencionados quando conectados, já que, muitas vezes, revela-se impossível uma separação absoluta.

Num primeiro momento, objetiva-se dar uma visão panorâmica do quadro doutrinário-normativo e jurisprudencial às vésperas da reforma, para depois se analisar a profundidade e o alcance das alterações constantes do novo diploma legal.

2. OS CRITÉRIOS DE FIXAÇÃO DA JORNADA

Como visto, delineiam-se três critérios básicos sobre o início e o término da jornada de trabalho. São eles, o tempo efetivamente trabalhado, o tempo à disposição e o tempo de deslocamento.

O terceiro critério é um desdobramento do segundo, pois ambos se distanciam do parâmetro de se remunerar a prestação de serviços tendo apenas como medida o efetivo trabalho prestado.

De fato, são duas vertentes básicas. Na primeira, excluem-se do cálculo da jornada os lapsos temporais onde não exista efetiva transferência da força de trabalho. Na segunda, incorpora-se na jornada de trabalho o tempo tido como à disposição do trabalhador.

O Brasil recepcionou o segundo critério, conforme o *caput* do art. 4º da CLT, *verbis:*

> Art. 4º Considera-se como de serviço efetivo o período em que o empregado esteja à disposição do empregador, aguardando ou executando ordens, salvo disposição especial expressamente consignada.

(*) Juiz Titular da 10ª Vara do Trabalho, Belo Horizonte/MG. Mestre em Filosofia do Direito pela Faculdade de Direito da UFMG. Mestre em Direito Social pela Universidad de Castilla-La Mancha, Espanha.

O critério não é rígido em face das idiossincrasias do caso concreto, constando, da parte final do *caput* do art. 4º, a seguinte ressalva: "... *salvo disposição especial expressamente consignada*".

Assim, tendo em vista as peculiaridades de cada profissão, existem condescendências legais ao critério geral, como ocorreu, por exemplo, com o denominado tempo de espera, não computável na jornada de trabalho dos motoristas profissionais de passageiros e cargas, por força do § 8º do art. 235-C da CLT. Esse tempo de espera é indenizável na proporção de 30% do salário-hora normal, consoante § 9º do mesmo dispositivo legal, na forma das alterações introduzidas pela Lei n. 13.103/15. No mesmo sentido são as horas de prontidão do ferroviário, onde a lei fixa valores inferiores para remunerar o trabalho, nos termos do § 3º do art. 244 consolidado.

Os critérios, muitas vezes, intercomunicam-se, como se observa do art. 78 da CLT, em que se computa, no salário ajustado por peça, o total da produção efetivada, ou seja, paga-se estritamente por aquilo que se produz, respeitado, obviamente, o mínimo legal.

A doutrina brasileira não tem se insurgido quanto ao critério do tempo à disposição, e com ele se simpatiza, qualificando-o de mais moderno, além de proteger o empregado quanto aos abusos do poder econômico.

A valoração, entretanto, não é pacífica, como se exemplifica pelo Direito comparado.

A Espanha adotou o critério do tempo efetivamente trabalhado, consoante o art. 34.5 do Estatuto dos Trabalhadores: *"O tempo de trabalho se computará de modo que tanto no começo como no final da jornada diária o trabalhador se encontre em seu posto de trabalho"*.(1)

O critério espanhol, não obstante baseado no tempo efetivamente trabalhado, também não é imutável, admitindo, tal como no Brasil, jornadas de trabalho especiais, onde se consideram como tempo de trabalho efetivo alguns tempos à disposição, como o trabalho no mar.(2)

O que diferencia substancialmente um modelo do outro é o peso e a importância que se conferem à autonomia privada coletiva para, de acordo com as peculiaridades de cada profissão, de cada local de trabalho, delimitar-se o alcance do denominado tempo à disposição.

Convém ouvir, com um pouco mais de vagar, essa perspectiva espanhola. Nas palavras de *Palomec*:

> Existem, por conseguinte, uma série de tempos que, tanto no princípio, como no final do trabalho, não se reputam como jornada tais como asseio, troca de roupa, ir e voltar do trabalho, lanches etc. Sobre tais períodos de tempo se estabelece à regra geral o seu não cômputo como jornada, mas as possibilidades de pactos individuais e coletivos, que absorvam esses períodos temporais na jornada, são múltiplos e adaptados a cada empresa ou setor concreto.(3)

Enquanto a doutrina espanhola reconhece que a delimitação do tempo à disposição está vinculada às múltiplas possibilidades de sua concretização, dependendo de cada empresa e setor, atraindo os pactos individuais e coletivos como instrumentos privilegiados de acertamento, a doutrina brasileira, bem como nosso sistema normativo priorizam a intervenção estatal na fixação desses parâmetros.

O direito espanhol não abandona a ideia de que é a regulação legal que deverá fixar a jornada mínima, nem que os pactos coletivos deverão observar as disposições de saúde e segurança, como aquelas originárias de diretivas da União Europeia, mas elege um papel de destaque na autonomia privada coletiva, tanto que o art. 34 do Estatuto dos Trabalhadores diz expressamente que: "*A duração da jornada de trabalho será aquela pactuada nos convênios coletivos ou contratos de trabalho*"(4)

No além-mar, são as partes envolvidas, próximas ao que acontece em cada realidade empregatícia, é que vão delimitar o tempo à disposição. Aqui, é o Estado que vai interferir e conjecturar, ditando os limites e as possibilidades do tempo à disposição, sejam nos dissídios individuais, sejam nos dissídios coletivos.

No modelo brasileiro surge uma questão hermenêutica relativa à indeterminação contida na expressão "*tempo à disposição*", bem traduzida por *Klaus Günther*, quando assenta que "*...nós não podemos compreender um texto independentemente de sua situação de aplicação.*"(5)

É que a indeterminação estrutural presente no critério legal "*tempo à disposição*" só é passível de ser com-

---

(1) "El tiempo de trabajo se computará de modo que tanto al comienzo como al final de la jornada diária el trabajador se encuentre em su puesto de trabajo" Legislación Laboral. Tecnos. p.181.

(2) PALOMEQUE LÓPEZ, Manuel Carlos; LA ROSA, Manuel Álvares de. *Derecho del trabajo*. Madrid: Centro de Estudios Ramón Areces, 2004. p. 618.

(3) PALOMEQUE LÓPEZ, Manuel Carlos; LA ROSA, Manuel Álvares de. *Derecho del trabajo*. Madrid: Centro de Estudios Ramón Areces, 2004. p. 619. "Hay, por consiguiente, una serie de tiempos que, tanto al principio como al final del trabajo, no se reputan jornada tales como aseo, cambio de ropa, ir y volver al trabajo, bocadilho etc. Sobre tales periodos de tiempo se establece la regla general de su no cómputo como jornada, pero las posibilidades de pactos individuales y colectivos, que absorban estos periodos temporales en la jornada, son múltiples y adaptados a cada empresa o sector concreto.

(4) ¡*La duración de la jornada de trabajo será la pactada en los convenios colectivos o contratos de trabajo.*" VALVERDE, Antonio Martín; GUTIERREZ, Fermín Rodríguez-Sañudo; MURCIA, Joaquín García. Derecho del Trabajo. Editorial Tecnos, 2003. p. 534-535.

(5) GÜNTHER, Klaus. *The sense of appropriateness aplication discourses in morality and law*: apllication discoursess in morality and law. Albany: Sate University of New York, 1993. p. 274. "The hermeneutical insight that we cannot understand a tex independently of the situation of its interpretation has radicalized the thesis of structural indeterminacy to The claim that every norm becomes a deteminate one only in the act of interpretation itself. If future experiences cannot be anticipated, then a norm acquires obligating validity only in the particular interpretative situation itself."

preendida adequadamente, a *"cada instante, isto é, a cada situação concreta de uma maneira nova e distinta"*.[(6)]

Günther fala em juízo de adequabilidade. E o jurista espanhol, em juízo de adaptação.

Evidentemente, esse juízo de adequabilidade seria muito mais factível se fosse concretizado por aqueles que estão vivenciando diretamente o contrato de trabalho, e não pela jurisdição estatal que, por estar distante, acabaria se envolvendo na mítica dworkiana do juiz Hércules, cuja tarefa, na hipótese, seria imaginar situações contratuais hipotéticas, conceber uma regra de tempo à disposição para situações distintas, transformá-la em precedente ou súmula, para, posteriormente, ser aplicada indistintamente a toda e qualquer situação de aplicação.

Como o critério legal brasileiro é o do tempo à disposição, doutrina e jurisprudência começaram a elucubrar as hipóteses de solução, mediante a fixação de um critério legal único.

No que tange às horas *in itinere* relativas ao tempo de deslocamento residência/local de trabalho, a doutrina reconheceu que o caminho que restava seria a criação jurisprudencial, mediante uma interpretação extensiva do art. 4º da CLT. Assim, vieram ao mundo jurídico os Enunciados ns. 90, 320, 324 e 325 do TST.

Mas, relativamente ao que se passava dentro dos muros da fábrica, permanecia um vazio legal, pois o critério do deslocamento residência/local de trabalho, ainda que incorporasse, por assimilação, as "horas *in itinere*" internas, ainda assim não eliminaria a falta de um critério para fundamentar as múltiplas possibilidades de tempo à disposição dentro do local de trabalho, como a realização de lanches, a leitura descompromissada de um livro por parte daquele que, por interesse próprio, chega mais cedo, a troca de uniformes, as ginásticas etc.

Sobre a matéria, à época, havia apenas uma discussão semelhante, categorizada pela doutrina como tempo residual, e não tempo à disposição, relativa às pequenas variações de minutos que antecedem e sucedem a marcação de ponto. Aqui não se debatiam as diversas modalidades possíveis de tempo à disposição, mas aqueles atrasos pontuais, geralmente decorrentes de longas filas nas máquinas de marcação do ponto. Também por falta de previsão legal, a jurisprudência cristalizada na Orientação Jurisprudencial SDI-1 n. 23, posteriormente convertida na Súmula n. 366, estabeleceu o permissivo de 5 minutos antes, desde que não ultrapassasse o limite máximo de 10 minutos diários.

Posteriormente, veio ao mundo jurídico a Lei n. 10.243, de 19 de junho de 2001, que introduziu dois parágrafos no art. 58 da CLT.

O primeiro tratou dos minutos residuais, aqueles instantes antes e depois da marcação de ponto: "*Não serão descontadas nem computadas como jornada extraordinária as variações de horário no registro de ponto não excedentes de cinco minutos, observado o limite máximo de dez minutos diários.*"

Já o § 2º cuidou das horas itinerantes propriamente ditas, asseverando que: "*O tempo despendido pelo empregado até o local de trabalho e para o seu retorno, por qualquer meio de transporte, não será computado na jornada de trabalho, salvo quando, tratando-se de local de difícil acesso ou não servido por transporte público, o empregador fornecer a condução.*"

A doutrina trabalhista, então, estabeleceu um *link* entre o § 1º do art. 58 e o *caput* do art. 4º da CLT, criando uma nova categoria jurídica trabalhista, o "*tempo residual à disposição*", não sendo mais necessária uma interpretação extensiva, ou qualquer outro exercício hermenêutico destinado a colmatar a indeterminação ou incompletude da norma.

Doravante, qualquer atividade que o empregado realizasse antes ou depois do início da jornada seria tempo à disposição, desde que ultrapassasse o limite máximo de 10 minutos diários, antes e depois da prestação efetiva dos serviços.

A solução, finalmente, teria sido encontrada.

Pelo critério aritmético, tornou-se desinfluente o que o empregado está fazendo no centro de trabalho. Ultrapassada a soma aritmética, configurar-se-ia o tempo à disposição, atraindo o pagamento das horas extras.

Mediante um exercício hermenêutico, passou-se a dizer para o empregador, pouco importando quantos empregados possua, se dez ou quinhentos, e independentemente dos locais de trabalho, se numa indústria pesqueira do Rio Amazonas ou na planta de uma empresa automobilística na cidade de São Paulo, que cinco minutos é um tempo mais que razoável para que seus empregados se cumprimentem antes de marcar o ponto, ou façam qualquer outra atividade.

Não se discute a justiça da solução encontrada, pois, no quadro legal disponível, posta uma reclamação trabalhista, ao estado compete responder, fixando os parâmetros do tempo à disposição, seja ele qual for.

Numa primeira análise, portanto, ao se cotejar, em abstrato, os dois critérios, o tempo fixo e o do tempo à disposição, não se pode afirmar qual critério seria melhor que o outro, sem levar em consideração a presença ou a ausência de dois requisitos principais. Primeiro, a presença daqueles que deveriam ser os protagonistas da solução, em cada caso. Segundo, a disposição teleológica

(6) GADAMER, Hans-Georg. *Verdade e método*: traços fundamentais de uma hermêneutica filosófica. Petrópolis: Vozes, 1999. p. 461.

da jurisdição trabalhista de acolher ou não, de acordo com os limites que fixar, o que as convenções coletivas ou acordos coletivos do trabalho venham a disciplinar sobre o tempo à disposição dentro das dependências da empresa.

3. O PANORAMA JURISPRUDENCIAL NO CONTRATO INDIVIDUAL DE TRABALHO E NA NEGOCIAÇÃO COLETIVA

As atividades que o empregado pode fazer dentro das dependências da empresa antes ou depois de iniciar a efetiva jornada de trabalho são infinitas. Pode se alimentar; vestir o uniforme; tomar um cafezinho; conversar rapidamente com os colegas; chegar mais cedo na condução fornecida pelo empregador; ficar aguardando a condução após o final da jornada; fazer ginástica; colocar os equipamentos de segurança; esperar o elevador após passar pela portaria do prédio; fazer, na qualidade de motorista, o "*checklist*" dos pneus do ônibus; ficar na fila para assinar o recibo de pagamento ou contracheque no final do expediente em determinados dias do mês; andar a pé ou através de condução interna em variadas distâncias após passar pela portaria da empresa; descer o elevador da mina; ler um livro no local de trabalho, já que estudante noturno, aguardando o começo das aulas na escola próxima; não se dirigir ao ponto de ônibus ao lado e aguardar o transporte coletivo no pátio da empresa por questões de segurança etc.

As dependências situacionais são tantas, que se torna impossível conceber um precedente ou súmula que contemple todas as variáveis do caso concreto.

Analisando-se a jurisprudência do Tribunal Superior do Trabalho, é possível encontrar entendimentos que, não obstante relativos a determinados casos de tempo à disposição, servem como cânones interpretativos ou juízos antecipados para casos semelhantes.

Em torno da matéria, o Tribunal Superior do Trabalho editou as Súmulas ns. 118, 366 e 429, a seguir transcritas: **Súmula n. 118, TST:** *Jornada de trabalho. Horas extras. Os intervalos concedidos pelo empregador, na jornada de trabalho, não previstos em lei, representam tempo à disposição da empresa, remunerados como serviço extraordinário, se acrescidos ao final da jornada;* **Súmula n. 366, TST:** *Não serão descontadas nem computadas como jornada extraordinária as variações de horário do registro de ponto não excedentes de cinco minutos, observado o limite máximo de dez minutos diários. Se ultrapassado esse limite, será considerada como extra a totalidade do tempo que exceder a jornada normal;* **Súmula n. 429, TST:** *Tempo à disposição do empregador. Art. 4º da CLT. Período de deslocamento entre a portaria e o local de trabalho. Considera-se à disposição do empregador, na forma do art. 4º, da CLT, o tempo necessário ao deslocamento do trabalhador entre a portaria da empresa e o local de trabalho, desde que supere o limite de 10 minutos.*

Os postulados constantes dos entendimentos cristalizados pelo Tribunal Superior do Trabalho vêm sendo utilizados pela jurisprudência nacional como molde para toda e qualquer atividade que se desenvolva na empresa e seu entorno.

Exemplifica-se com a hipótese do período gasto pelo empregado com o deslocamento até o vestiário, troca de uniforme e o café.

Sobre o assunto, e conforme pesquisa extraída do Incidente de Uniformização de Jurisprudência do TRT da 3ª Região, processo 0010127-95.2017.5.03.0000 (IUJ), encontram-se os seguintes verbetes:

> TRIBUNAL REGIONAL DO TRABALHO DA 3ª REGIÃO: TESE JURÍDICA PREVALECENTE N. 15. HORAS EXTRAORDINÁRIAS. TEMPO À DISPOSIÇÃO. MINUTOS QUE ANTECEDEM E SUCEDEM A JORNADA DE TRABALHO. DESLOCAMENTO ATÉ O VESTIÁRIO. TROCA DE UNIFORME. CAFÉ.
>
> Os minutos que antecedem e sucedem a jornada de trabalho, despendidos com o deslocamento até o vestiário, a troca de uniforme e o café, configuram tempo à disposição do empregador e ensejam o pagamento de horas extraordinárias, observados os limites impostos pelo § 1º do art. 58 da CLT e pela Súmula n. 366 do TST. (DEJT/TRT3/ Cad.Jud. 19 e 20.7.2017)
>
> 7ª REGIÃO (ESTADO DO CEARÁ): TESE JURÍDICA PREVALECENTE N. 2. *O IUJ ROPS0001669-81.2014.5.07.0033 resultou na edição da Tese Jurídica Prevalecente n. 2. TEMPO À DISPOSIÇÃO. MINUTOS QUE ANTECEDEM E SUCEDEM A JORNADA DE TRABALHO — Res. 272/2015 — DEJT, de 22, 23 e 24.9.2015, Caderno Judiciário, e DEJT n. 1813, de 15.9.2015, Caderno administrativo.*
>
> *O tempo gasto pelo empregado no estabelecimento empresarial em atividades relativas à troca de uniforme, alimentação, higiene pessoal, entre outras, deve ser considerado como à disposição do empregador e enseja o pagamento da jornada extraordinária correspondente, exceto se não ultrapassar cinco minutos de variação no registro do horário de entrada e de saída, observado o limite máximo de dez minutos diários (art. 58, § 1º, da CLT). Extrapolada essa tolerância, deve ser computada como extraordinária a totalidade do tempo que exceder a jornada normal.*
>
> 12ª REGIÃO (ESTADO DE SANTA CATARINA):
>
> SÚMULA N. 11. *TROCA DE UNIFORME. TEMPO À* DISPOSIÇÃO DO EMPREGADOR. *O tempo destinado à troca de uniforme como obrigação imposta pelo empregador ou por norma de saúde pública deve ser considerado como efetiva labuta, integrando a jornada de trabalho do empregado, ainda que haja previsão em contrário em instrumento normativo.*
>
> 13ª REGIÃO (ESTADO DA PARAÍBA):
>
> *INCIDENTE JURISPRUDENCIAL: IUJ N. 0009600-14.2010. 5.13. 0000. Origem: Proc. 0092800-29.2009.5.13.0007 — Autuação: 24/03/2010. TEMA: "Pagamento, como extras, dos minutos que antecedem e sucedem os horários formalmente estabelecidos para o início e o término da execução dos serviços".*
>
> *TESE FIXADA: Resolveu o Egrégio Tribunal, por maioria, que, embora reconhecendo a inexistência de horas extras, todos os tempos registrados nos cartões de ponto sejam objeto de pagamento simples, salvo se não exceder de dez minutos por dia, até o limite de 8 (oito) horas.*

15ª REGIÃO (CAMPINAS/SP):

SÚMULA N. 58. *CONTROLE DE PONTO. REGISTRO. HORAS EXTRAS. MINUTOS QUE ANTECEDEM E SUCEDEM A JORNADA DE TRABALHO. Não serão descontadas nem computadas como jornada extraordinária as variações de horário do registro de ponto não excedentes de cinco minutos, observado o limite máximo de dez minutos diários. Se ultrapassado esse limite, será considerada como extra a totalidade do tempo que exceder a jornada normal, pois configurado tempo à disposição do empregador, não importando as atividades desenvolvidas pelo empregado ao longo do tempo residual.* (RESOLUÇÃO ADMINISTRATIVA N. 007/2016, de 20 de maio de 2016 — Divulgada no DEJT de 23.5.2016, p. 02-04; DEJT de 24.5.2016, p. 01-02; DEJT de 25.5.2016, p. 01-02).

Investigando uma outra hipótese, relativa ao tempo de espera do transporte fornecido pelo empregador, tem-se a seguinte tese jurídica prevalecente do Tribunal Regional do Trabalho da 3ª Região:

TEMPO DE ESPERA. TRANSPORTE FORNECIDO PELO EMPREGADOR. IMPOSSIBILIDADE DE UTILIZAÇÃO DE OUTRO MEIO DE CONDUÇÃO. TEMPO À DISPOSIÇÃO. HORAS EXTRAORDINÁRIAS DEVIDAS. Constitui tempo à disposição o período em que o empregado, após desembarcar da condução concedida pelo empregador, aguarda o início da jornada e/ou o de espera pelo embarque, ao final do trabalho, desde que não seja possível a utilização de outro meio de transporte compatível com o horário de trabalho. Nessa hipótese, é devido o pagamento das respectivas horas extraordinárias, observados os limites impostos pelo § 1º do art. 58 da CLT e pela Súmula n. 366 do TST. (RA 196/2016, disponibilização: DEJT/TRT3/Cad. Jud. 16, 19 e 20.9.2016)

Pela amostragem, pode-se dizer que a reforma trabalhista veio ao mundo jurídico no momento em que a jurisprudência trabalhista caminhava para pacificar o entendimento originalmente concebido pela doutrina, e esposado pelo Tribunal Superior do Trabalho, no sentido de se fundir o tempo à disposição com o tempo residual, cabendo destacar o entendimento do Tribunal Regional da 15ª Região, quando afirma que se configura o tempo à disposição, "*...não importando as atividades desenvolvidas pelo empregado ao longo do tempo residual*".

É evidente que opiniões divergentes existem, na doutrina e nos embates travados nos tribunais. Muitos entendem que o fornecimento de um pequeno lanche ao empregado antes do início de suas atividades lhe é benéfico, não se podendo penalizar o empregador com o pagamento do lapso como horas extras. Quanto ao fornecimento de transporte, argumentou-se que, caso não fosse fornecido, o empregado, necessitando do emprego para prover seu sustento, teria que se deslocar ou por transporte público, ou por transporte particular, onde as vicissitudes seriam até maiores. Não se concebe, igualmente, para muitos, como justo, remunerar como hora extra aqueles períodos onde o empregado, por interesse próprio, permanece no interior da empresa, como, por exemplo, para pegar o filho na escola ao lado, ou mesmo quando chega mais cedo para se dirigir ao posto bancário situado no interior da empresa.

Mas, uma pesquisa rápida permite concluir que existe uma posição hegemônica, doutrinária e jurisprudencial, sobre o tema: a partir do momento em que o empregado entra nas dependências da empresa se submete ao poder de comando do empregador e todas as tarefas que desempenhar serão consideradas como atos preparatórios, ou de finalização, autênticos complementos suplementares da jornada e, como tal, devem ser remunerados como horas extras, desde que se ultrapasse a fórmula matemática.

Finalmente, quanto à possibilidade de os instrumentos normativos transacionarem um tempo à disposição em parâmetros diversos daqueles preconizados pelo § 1º do art. 58 da CLT, veio a lume a Súmula n. 449 do TST, do seguinte teor, *verbis:*

MINUTOS QUE ANTECEDEM E SUCEDEM A JORNADA DE TRABALHO. LEI N. 10.243, DE 19.6.2001. NORMA COLETIVA. FLEXIBILIZAÇÃO. IMPOSSIBILIDADE. (conversão da Orientação Jurisprudencial n. 372 da SBDI-1) — Res. 194/2014, DEJT divulgado em 21, 22 e 23.5.2014.

A partir da vigência da Lei n. 10.243, de 19.6.2001, que acrescentou o § 1º ao art. 58 da CLT, não mais prevalece cláusula prevista em convenção ou acordo coletivo que elastece o limite de 5 minutos que antecedem e sucedem a jornada de trabalho para fins de apuração das horas extras.

Se tempo à disposição é o mesmo que minuto residual, e se a lei passou a delimitar 10 minutos diários como o máximo permitido para referido lapso, qualquer transação fundada na autonomia coletiva que elastecesse tal período estaria violando a lei, de indisponibilidade absoluta, e não relativa. (Processo TST-RR-81200-54.2006.5.02.0255)

A posição doutrinária de que é juridicamente válida, mediante transação, a redução da duração do trabalho, com a respectiva redução salarial, desde que coletivamente negociada a medida (art. 7º, VI e XIII da CF), não se aplica aqui, face os termos peremptórios da súmula, que não abre qualquer exceção.

Dentre os fundamentos constantes dos precedentes que deram origem à súmula, também se encontram aqueles que invocam o princípio da dignidade da pessoa humana (Constituição Federal, art. 1º, incisos III e IV) e que conferem ao § 1º do art. 58 da CLT o atributo de patamar civilizatório mínimo, que afasta, inclusive, o princípio da adequação setorial negociada. (E-RR – 685/2001-342-01-40, Publicação: DJ 9.5.2008)

Remove-se, também, a incidência do inciso XXVI do art. 5º da CF — reconhecimento das convenções e acordos coletivos de trabalho, sob o mesmo argumento de violação ao princípio da reserva legal. (TST-RR-55/2005-281-04-00.1. 4ª Turma. DJ 29.6.2007).

Por fim, é banido o emprego da teoria do conglobamento, como técnica de interpretação dos instrumentos coletivos. Se um instrumento normativo prever, por exemplo, 15 minutos para troca de uniforme, mas, no conjunto das cláusulas, mostrar-se mais benéfico para o empregado, ainda assim, a cláusula seria anulada porquanto: *"Embora o princípio do conglobamento, adotado na interpretação dos acordos e convenções coletivas, permita a redução de determinados direitos mediante a concessão de outras vantagens similares, de modo que no seu conjunto o ajuste se mostre razoavelmente equilibrado, não é admissível a utilização de instrumentos normativos para a preterição pura e simples de direito legalmente previsto"*. (E-A-RR – 61230/2002-900-04-00, Publicação: DJ 29.2.2008)

O verbete sumular incorporou pontos doutrinários que impediam qualquer transação no que tange ao tempo à disposição.

Às vésperas da reforma, e no que tange ao tempo à disposição dentro da ambiência empresarial, doutrina e jurisprudência trabalhistas haviam fechado o círculo.

Mas uma ressalva se impõe. Sinais contrários começavam a surgir no Supremo Tribunal Federal. No RE-895.759, o Ministro Teori Zavascki, em decisão monocrática, entendeu ser possível transacionar horas *in itineri* em negociação coletiva, mesmo que se afaste direito assegurado na CLT, no caso, o § 2º do art. 58, quando se concedam ao trabalhador outras vantagens com vistas a compensar essa supressão. Muito embora a decisão não se reporte especificamente a minutos residuais e sim a horas *in itinere*, acenou com outras possibilidades interpretativas no que tange à possibilidade de os sujeitos coletivos transacionarem direitos relativos ao cômputo da jornada de trabalho, sem que o ato negocial pudesse significar renúncia de direitos, o que será detalhado no item 5 deste breve estudo.

4. As alterações legislativas e suas repercussões nos contratos individuais do trabalho

As alterações legislativas ligadas ao tema são as seguintes:

> Art. 4º (...)
>
> § 1º (...)
>
> § 2º Por não se considerar tempo à disposição do empregador, não será computado como período extraordinário o que exceder a jornada normal, ainda que ultrapasse o limite de cinco minutos previsto no § 1º do art. 58 desta Consolidação, quando o empregado, por escolha própria, buscar proteção pessoal, em caso de insegurança nas vias públicas ou más condições climáticas, bem como adentrar ou permanecer nas dependências da empresa para exercer atividades particulares, entre outras:
>
> I — práticas religiosas; II – descanso; III – lazer; IV – estudo; V — alimentação; VI — atividades de relacionamento social; VII — higiene pessoal; VIII — troca de roupa ou uniforme, quando não houver obrigatoriedade de realizar a troca na empresa. (NR)
>
> Art.58. (...)
>
> § 2º O tempo despendido pelo empregado desde a sua residência até a efetiva ocupação do posto de trabalho e para o seu retorno, caminhando ou por qualquer meio de transporte, inclusive o fornecido pelo empregador, não será computado na jornada de trabalho, por não ser tempo à disposição do empregador.
>
> § 3º (Revogado). (NR)

Dada a amplitude da reforma, os dispositivos citados são apenas aqueles que mais diretamente se conectam com o tema. Outras interferências certamente virão na medida em que os casos concretos e as demandas da vida laboral cotidiana se manifestem nos conflitos individuais e coletivos do trabalho.

De início, a observação que se impõe é que a reforma não revogou o *caput* do art. 4º da CLT, nem alterou o modelo legal, mantendo o critério do tempo à disposição.

Optou-se, assim, pela manutenção do paradigma vigente, de maior intervenção estatal, introduzindo-se, no § 2º do art. 4º, algumas hipóteses que não mais deverão ser consideradas tempo à disposição no interior da empresa, como que pretendendo impor uma correção de rumo naquilo que vinha sendo decidido pelos tribunais, sem mudar, no entanto, o critério legal informador.

A partir da vigência da lei não serão mais consideradas tempo à disposição no âmbito interno do empreendimento empresarial, ainda que o respectivo lapso ultrapasse o limite de cinco minutos previsto no § 1º do art. 58 da CLT, as hipóteses onde o empregado, por escolha própria, buscar proteção pessoal, em caso de insegurança nas vias públicas ou más condições climáticas, bem como adentrar ou permanecer nas dependências da empresa para exercer atividades particulares, dentre outras: práticas religiosas, descanso, lazer, estudo, alimentação, atividade de relacionamento social, higiene pessoal e troca de roupa ou uniforme, quando não houver obrigatoriedade de realizar a troca na empresa.

Criaram-se exceções ao critério do tempo à disposição, que permaneceu intacto. As restrições são claras, de fácil compreensão, não demandando, à primeira vista, maiores esforços exegéticos. Mas algumas observações merecem ser feitas.

A expressão "*escolha própria*" revela-se desnecessária, para não dizer de maldosa ironia, pois se o empregado, ao final da jornada, preferir esperar o transporte público dentro da empresa, e não no ponto de ônibus próximo, por questões de segurança, certamente não tomará esta decisão por escolha própria, mas pela ausência de outra escolha, pois a que restaria seria o risco de enfrentar a violência de um assalto, ou a própria morte.

De outro lado, cabe frisar que os exemplos de atividades particulares enumerados no dispositivo são meramente exemplificativos, não consubstanciando *numerus clausus*, restando ao intérprete, doravante, de acordo com cada caso, delimitar o alcance da expressão "*atividades particulares*".

Atividade particular, portanto, passou a ser a palavra-chave, a medida diferenciadora que irá dizer o que deve e o que não deve ser considerado como tempo à disposição.

Como tempo à disposição e intervalos para descanso são conceitos próximos, cuidados haverão de ser tomados na interpretação da atividade "*descanso*". É que no Direito do Trabalho existem alguns intervalos remunerados previstos em lei, denominados intervalos especiais, que, apesar de não serem considerados como tempo à disposição do empregador, integram a jornada de trabalho, atraindo a respectiva remuneração. São exemplos os 10 minutos a cada 90 minutos laborados em serviços de mecanografia (art. 72, CLT), 20 minutos a cada 3 horas de esforço (art. 229, CLT) e 20 minutos a cada 100 minutos de trabalho contínuo (art. 253, CLT). Esses intervalos, utilizados para descanso, integram a jornada de trabalho e continuam sendo remunerados, tratando-se de casos especiais, de expressa previsão legal. Quanto aos intervalos espontaneamente concedidos pelo empregador não previstos em lei, na forma da Súmula n. 118 do TST, a reforma trabalhista, em virtude das várias restrições que impôs, certamente restringiu, ou anulou, a eficácia da Súmula, pois a reforma assenta que não poderão ser consideradas como tempo à disposição as permanências do empregado na empresa para fins de estudo, lazer, descanso, o que remete a solução para cada caso concreto. Por último, e ainda no que tange à palavra descanso introduzida no dispositivo legal, a mudança não se relaciona e nenhuma consequência traz aos chamados intervalos intrajornada não remunerados, de que são exemplos aqueles previstos no art. 71 da CLT (1 e 2 horas em jornadas contínuas superiores a 6 horas diárias e o intervalo de 15 minutos em jornadas contínuas superiores a 4 horas). Esses intervalos continuam como lapsos temporais não remunerados, uma vez que não são tempo laborado nem tempo à disposição do empregador.

Diz o inciso VIII que o intervalo de troca de roupa ou uniforme não será considerado como tempo à disposição quando não houver obrigatoriedade de realizar a troca na empresa. É comum em empresas de vigilância longas filas para o empregado pegar o armamento, equipamentos de segurança e vestir o uniforme. Dirá o empregador que o empregado pode vir uniformizado de casa. O empregado, nesse caso, sairia de madrugada do subúrbio dos grandes centros urbanos, pegaria o metrô, o trem, o ônibus, sozinho, desarmado, regiamente vestido com roupas que simbolizam repressão ao crime, elevando-se potencialmente os riscos à sua incolumidade física. Resta saber o que a jurisprudência, em juízo de adequabilidade, fixará como sendo "*obrigatoriedade*".

Não houve revogação do § 1º do art. 58 da CLT, mas apenas restrição de sua incidência nas hipóteses enumeradas. Com isso, o mencionado dispositivo continua vigorando para todos os casos não previstos nas exceções da lei, inclusive aquela prevista no inciso VIII do § 2º do art. 4º consolidado, isto é, nas hipóteses onde o empregador não permitir a troca do uniforme em casa, o parâmetro para medir o tempo à disposição continua sendo aquele previsto no § 1º do art. 58 da CLT.

No que tange às denominadas horas *in itinere* internas, ou seja, aquelas horas de trajeto que ocorrem entre a portaria e o local efetivo de trabalho, a reforma acabou acentuando uma ambivalência já existente no quadro interpretativo anterior. Trata-se, à evidência, de um tempo gasto pelo trabalhador no interesse do empregador. Como se sabe, não é incomum, principalmente em empresas de mineração e portuárias, a condução ultrapassar a portaria do centro de trabalho e prosseguir o trajeto por 15, 20 minutos ou mais, até alcançar o local da efetiva prestação de serviços. Assim, restaria evidente, à primeira vista, que esse trajeto interno, por não constituir interesse particular, deveria continuar a ser remunerado como horas extras, desde que o tempo de deslocamento ultrapassasse 5 minutos, ou 10 minutos diários, na forma do art. 4º *caput* e seu respectivo § 2º, c/c o 1º, art. 58, ambos da CLT. Ocorre, porém, que a reforma, no § 2º do art. 58, baniu do sistema jurídico trabalhista a possibilidade de pagamento de qualquer hora de trajeto, desde a residência "*até a efetiva ocupação do posto de trabalho*", o que, evidentemente, alcança o trajeto incluído dentro do centro empresarial.

Abre-se, assim, a discussão de qual regime jurídico, afinal de contas, regerá o tempo de trabalho, ou as horas de trajeto internas, entre a portaria e o posto de trabalho. Se prevalecer as modificações do § 2º do art. 4º da CLT, que excepcionou do tempo à disposição as atividades particulares, certamente esse tempo de deslocamento interno deverá ser remunerado na forma do § 1º do art. 58 da CLT, vale dizer, se o trajeto interno ultrapassar 5 minutos ou o limite diário de 10 minutos, deverá ser pago como hora extra. Mas se prevalecer o que está escrito no § 2º do art. 58 das alterações, não será devido remuneração alguma.

O mesmo fato jurídico disciplinado por dois dispositivos legais que apresentam soluções diferentes.

Pode parecer que as contenções descritas pela lei são poucas. Mas uma análise mais apurada demonstrará que não. Não se discute, no campo da moral, se as restrições são boas ou más. Pode-se até concordar com a maior parte delas. Não é disso que se trata. O que se evidencia é que, após as mudanças, não terão mais sentido as diferenciações doutrinárias entre os critérios de mensuração do tempo trabalhado. Muitas vezes, uma proposição jurídica (tempo à disposição) está conformada de modo tão amplo, que abarca situações de fato para as quais não deve valer. Então essa proposição jurídica é restringida por meio de uma segunda proposição jurídica, denominada de restritiva. "*As proposições restritivas contêm uma ordenação negativa de vigência (não vigora)*"[7]. Pergunta-se: se as horas de trajeto residência, trabalho não configuram tempo à disposição, se práticas religiosas, descanso, lazer, estudo, alimentação, atividades de relacionamento social, higiene pessoal e troca de uniforme (quando não houver obrigatoriedade de realizar a troca na empresa), nada disso significar tempo à disposição, então o que resta? Além disso, à primeira proposição genérica (tempo à disposição), acrescenta-se, como restritiva, uma outra proposição genérica (atividades particulares), cujo alcance, à exceção das hipóteses enumeradas, só poderá ser conhecido nos casos concretos de aplicação. Evidencia-se a adoção de princípios e valores antinômicos, uma insegurança teórica do legislador, pois as restrições acabam tornando sem efeito a proposição principal.

Melhor seria se a reforma tivesse optado pelo critério do tempo de trabalho efetivo. Este critério deixa em aberto o tempo gasto no transporte residência/local de trabalho, assim como toda e qualquer hipótese de tempo à disposição. Com isso, o modelo desloca o centro de incidência da lei para a norma coletiva. A intervenção heterônoma fixa o mínimo, ficando a cargo dos sujeitos coletivos a conquista da norma mais favorável. A reforma, ao revés, cria uma forma híbrida de mensuração do tempo de trabalho, permanecendo intervencionista, como antes, mantendo o critério geral do tempo à disposição, mas impondo regras do que não deve ser considerado como tal. Se antes era a jurisprudência que procurava concretizar a incompletude da norma, agora é o estado legislador que procura, pontualmente, suprir espaços vazios. O comum, seja num caso, como no outro, é a permanência de uma visão de mundo que interpreta a constituição de forma a desprestigiar a norma coletiva, diminuindo o seu peso e a sua importância nas relações de trabalho.

Quando a Lei n. 13.467/17 diz, que o tempo despendido pelo empregado desde a sua residência até a efetiva ocupação do posto de trabalho e para o seu retorno, caminhando ou por qualquer meio de transporte, **não** pode ser computado na jornada de trabalho por não ser tempo à disposição; e diz igualmente, que as atividades de práticas religiosas, descanso, lazer, estudo, alimentação, atividades de relacionamento social, higiene pessoal e troca de uniforme (quando não houver obrigatoriedade de realizar a troca na empresa) também **não** podem ser consideradas como tempo à disposição, não está apenas restringindo a previsão geral, mas criando um mandamento heterônomo proibitivo, como se a parte mais fraca da relação fosse o empregador, e não o empregado. Uma espécie de mínimo legal intangível do empresário, invertendo-se os polos. Surge, na verdade, uma situação inusitada nas negociações coletivas pois, agora, o empregador se verá na contingência de defender que o legislado teria prevalência sobre o negociado, restando ao trabalhador, contrariamente às restrições legais, tentar transacionar tempos de trajetos nas negociações coletivas, passando a defender a bandeira de que a convenção coletiva e o acordo coletivo de trabalho têm prevalência sobre a lei, conforme, aliás, previsto no art. 611-A do diploma reformador.

Ingressamos, assim, no campo das repercussões da matéria no direito coletivo do trabalho.

5. O impacto nas relações coletivas de trabalho

Sem prejuízo de outros enfoques, selecionam-se os seguintes artigos da Lei n. 13.467, de 13.7.2007, que podem, de uma forma ou de outra, interferir nos entendimentos relativos às possibilidades e limites da negociação coletiva no que concerne o tempo à disposição nas dependências da empresa.

> Art. 8º (...)
>
> § 1º (...)
>
> § 2º (...)
>
> § 3º No exame de convenção coletiva ou acordo coletivo de trabalho, a Justiça do Trabalho analisará exclusivamente a conformidade dos elementos essenciais do negócio jurídico, respeitado o disposto no art. 104 da Lei n. 10.406, de 10 de janeiro de 2002 (Código Civil) e balizará sua atuação pelo princípio da intervenção mínima na autonomia da vontade coletiva. (NR)
>
> Art. 611-A. A convenção coletiva e o acordo coletivo de trabalho têm prevalência sobre a lei quando, entre outros, dispuserem sobre:
>
> I — pacto quanto à jornada de trabalho, observados os limites constitucionais;
>
> (...)
>
> § 1º No exame da convenção coletiva ou do acordo coletivo de trabalho, a Justiça do Trabalho observará o disposto no § 3º do art. 8º desta Consolidação.
>
> § 2º A inexistência de expressa indicação de contrapartidas recíprocas em convenção coletiva ou acordo coletivo de trabalho não ensejará sua nulidade por não caracterizar um vício do negócio jurídico.

Consolidava-se no Brasil a tradição de o legislador incorporar os entendimentos solidificados pela jurisprudência trabalhista. Os §§ 1º e 2º do art. 58 da CLT, den-

(7) LARENZ, Karl. *Metodologia da ciência do direito*. Fundação Calouste Gulbenkian, 5. ed., 1983. p. 308-309.

tre outros, são exemplos paradigmáticos dessa tendência, que, com a nova reforma, encerra-se.

Conforme visto na parte final do item 4 deste estudo, a Súmula n. 449 do TST consagrou o entendimento de que, a partir da vigência da Lei n. 10.243, de 19.6.2001, que acrescentou o § 1º ao art. 58 da CLT, não mais prevalece cláusula prevista em convenção ou acordo coletivo que elastece o limite de 5 minutos que antecedem e sucedem a jornada de trabalho para fins de apuração das horas extras.

Antes, portanto, da edição da Lei n. 10.243, de 10.6.2001, prevaleciam as cláusulas convencionais que elasteciam o limite de 5 minutos. E a nova lei, ora em comento, excluiu a incidência do § 1º do art. 58 da CLT dos tempos à disposição enumerados, voltando-se à jurisprudência anterior, onde o Tribunal Superior do Trabalho permitia a negociação coletiva dos referidos lapsos.

Pontualmente, assim como ocorreu nos dispositivos relativos ao contrato individual do trabalho, o legislador transparece retificar entendimentos de jurisprudências que entende ser contrários à Constituição. Assim é que, contra o entendimento de que não se aplica na análise das cláusulas de uma convenção coletiva o princípio do conglobamento, diz no § 2º do art. 611-A que "*a inexistência de expressa indicação de contrapartidas recíprocas em convenção coletiva ou acordo coletivo de trabalho não ensejará sua nulidade por não caracterizar um vício do negócio jurídico*".

Realmente, os precedentes que deram origem à Sumula n. 449 são rigorosos. São proibidas, por exemplo, cláusulas coletivas que delimitam 12 minutos antes e depois da jornada para troca de uniformes como tempo não computável na jornada. A posição doutrinária de que é juridicamente válida, mediante transação, a redução da duração do trabalho, com a respectiva redução salarial, desde que coletivamente negociada a medida (art. 7º, VI e XIII da CF), também não prevalece, pois viola preceito legal cogente. O inciso XXVI do art. 7º da CF, que diz ser direito dos trabalhadores o reconhecimento das convenções e acordos coletivos, tem afastada a sua aplicabilidade pelas mesmas razões de violação ao princípio da reserva legal.

Por fim, à expressão mínimo legal, acrescentou-se o adjetivo "*civilizatório*", com frequentes invocações à preservação do princípio constitucional da "*dignidade da pessoa humana*", que afasta, inclusive, o princípio da adequação setorial negociada, ficando num segundo plano, para não dizer esquecida, a situação de aplicação.

Ao analisar as possibilidades de argumentação no Direito e na Moral, *Klaus Günter* diferencia os momentos de justificação (moralidade) e aplicação (juridicidade). Defrontamo-nos com um critério normativo universal de justificação quando a Constituição, por exemplo, diz que o Estado Democrático de Direito tem como fundamento a dignidade da pessoa humana, ou que constituem objetivos da República construir uma sociedade livre, justa e solidária. Mas a juridicidade, aplicação, ou adequabilidade da norma surge no instante de sua aplicação, onde cabe ao intérprete, mediante uma idealização contrafactual, examinar, até onde for possível, todas as circunstâncias do caso. A relação da norma com a situação de aplicação é assim definida em cada situação de aplicação, e se refere sempre a um sentido não ardiloso.[(8)] Em outras palavras, disse *Gadamer* que "*toda interpretação deve estar obrigada a entrar nos eixos da situação hermenêutica a que pertence*"[(9)]. Não é bárbaro ou anticivilizatório defender o entendimento de que é lícita cláusula convencional que estabeleça 12 minutos para troca de uniforme, ou mesmo para um lanche, antes do efetivo início da prestação de serviços, como tempo não computável na jornada de trabalho. Do ponto de vista da estrutura da norma, o recurso a argumentos que dizem, a *contrario sensu*, que a opinião divergente é indigna à natureza humana, ou mesmo própria da barbárie, reflete, geneticamente, a desinfluência do caso nos juízos de aplicação, com a colonização do direito do trabalho pela moral.

Antes da reforma, tratando de assunto semelhante, porque envolve horas *in itinere* externas, o Ministro Teori Zavascki, em decisão monocrática, começou a desenhar outro padrão hermenêutico. Nos termos daquela decisão, se existe uma transação no âmbito de negociação coletiva, com a concessão de vantagens para compensar a supressão de direitos, aplicam-se os artigos da Constituição que disponham sobre o salário (art. 7º, VI) e jornada de trabalho (art. 7º, XIII e XIV), inclusive reduzindo temporariamente remuneração e fixando jornada diversa da constitucionalmente estabelecida, sem que isso implique extrapolação dos limites da razoabilidade.

Muito embora a decisão não tenha sido levada a plenário, os sinais oriundos do Supremo Tribunal Federal são claros. O juiz, diante de uma cláusula convencional que negocie tempo à disposição, não deverá examiná-la com uma lupa, calculando a expressão aritmética dos direitos transacionados, ou medindo em milímetros os benefícios do trabalhador, se foram bons ou maus, extraordinários ou modestos, preferíveis ou não. O juízo, segundo o voto monocrático, deverá ser o da razoabilidade em face do padrão normativo da Constituição, que

(8) GÜNTER, Klaus. *Teoria da argumentação no direito e na moral*: justificação e aplicação. São Paulo: Landy, 2004. p. 114-115; 364-369. "Discursos de aplicação são, consequentemente, pluralistas, e se referem sempre, em um sentido não ardiloso, só a normas *prima facie*."

(9) Ob. cit. p. 597.

está acima da lei, e diz, expressamente, que a jornada pode ser reduzida mediante acordo ou convenção coletiva do trabalho (art. 7º, XIII) e que o salário é irredutível, salvo o disposto em acordo ou convenção coletiva (art. 7º, XIV).

Com esta decisão, a Corte Suprema não está reabrindo o debate do assunto "*negociado sobre legislado*", mas apenas, e tão somente, aplicando hipóteses restritas de flexibilização previstas na Constituição, em desconformidade com o entendimento até então predominante da jurisprudência trabalhista.

É verdade que a disputa entre negociado e legislado voltou com a reforma, passando a constar do art. 611-A que a convenção coletiva tem prevalência sobre a lei nas hipóteses que enumerou.

O assunto aqui é bem diverso, envolvendo a renovação de um debate oriundo dos anos 1990. O dispositivo certamente suscitará controvérsias sobre a sua constitucionalidade. Quando a decisão monocrática do Ministro Zavascki diz que horas *in itinere*, enquanto tempo à disposição, podem ser objeto de negociação coletiva, com contrapartidas que respeitem a razoabilidade, não está afirmando que o convencionado tem prevalência sobre a lei, mas apenas interpretando as cláusulas convencionais e a lei nos parâmetros da Constituição. A flexibilização só pode ocorrer em situações limites e delimitadas nos incisos VI, XIII e XIV do art. 7º da CF.

Mas os dispositivos da reforma relativos à negociação coletiva vão muito mais além dos parâmetros traçados pelo ministro Zavascki.

É que o *caput* do art. 7º da Constituição Federal possui uma função eficacial de bloqueio implícita que impede a aprovação de leis que depreciem a condição social dos trabalhadores, *verbis*: art. 7º *"São direitos dos trabalhadores urbanos e rurais, além de outros que visem à melhoria de sua condição social"*.[10] Apesar de o art. 611-B enumerar direitos cuja redução ou supressão seriam consideradas ilícitas, o art. 611-A abre brechas que atuariam como um salvo-conduto para o descumprimento de eventuais direitos agasalhados na Constituição. O dispositivo consigna que a convenção coletiva e o acordo coletivo têm prevalência sobre a lei quando, entre outros, dispuserem sobre: I — pacto quanto à jornada de trabalho, *observados os limites constitucionais*. Não obstante, neste caso, à referência aos limites constitucionais, duas observações se fazem necessárias. Primeiro, a lei diz que haveria outras hipóteses de prevalência do negociado sobre o legislado, quando afirmou "entre *outros*". Segundo, ressalvou que os limites traçados pela Constituição seriam respeitados somente no caso de pacto quanto à jornada de trabalho (inciso I). E se uma negociação coletiva que disponha sobre regulamento empresarial contiver uma discriminação de gênero ou de culto religioso, será que a Constituição Federal terá que ser respeitada? Pela reforma não, pois o regulamento empresarial, que faz parte do inciso VI, não traz qualquer ressalva, como constou do inciso I. Assim, está implícita na lei da reforma trabalhista uma fissura, ou seja, a possibilidade de a Constituição, à exceção do inciso I do art. 611-A, não ser observada nas outras hipóteses, nem em outros casos advindos da ressalva "*entre outros*". Por isso, parece que a função do novel art. 611-A é bem mais ampla do que aparenta ser, ou seja, confessa, nas entrelinhas, que deseja deixar aberta uma porta para ultrapassar os limites constitucionais, visando a abdicar a Constituição de sua função normativa, atribuindo aos acordos coletivos e às convenções coletivas o papel de estabelecerem derrogações *in pejus* de direitos, um espaço destinado à perda de direitos, e não uma instância destinada à obtenção de condições mais benéficas.[11] Soa impensável, ademais, uma lei ordinária dizer onde a Constituição se aplica e onde ela não se aplica. Nessa hipótese, descortina-se uma provável violação da cláusula de vedação do retrocesso, implícita no *caput* do art. 7º da Constituição Federal, o que, entretanto, deverá ser analisado e respondido em cada caso.[12]

Também suscitará polêmicas o dispositivo que procura determinar à Justiça do Trabalho qual princípio juslaboral deverá balizar os julgamentos, bem como, no quadro do ordenamento jurídico, qual dispositivo legal poderá ser aplicado, *verbis*: *"No exame de convenção coletiva ou acordo coletivo de trabalho, a Justiça do Trabalho analisará exclusivamente a conformidade dos elementos*

---

(10) MENEZES, M. A. M. *Constituição e reforma trabalhista no Brasil*: interpretação na perspectiva dos direitos fundamentais. São Paulo: LTr, 2004. p. 69.

(11) Existe estudo pormenorizado sobre o pactuado e o legislado no final do século XX. SILVA, Sayonara Grillo Coutinho Leonardo da. *Relações coletivas do trabalho*. São Paulo: LTr, 2008. p. 324-339.

(12) O *caput* do art. 7° da CF sempre incomodou os economistas. Segundo Sayonara Crillo Coutinho Leonardo da Silva, no final da década de 1990, "crescia nos meios empresariais e acadêmicos mais liberais a proposta de separação de dois conjuntos diferenciados de regras, com aplicação alternativa de um ou de outro. A denominação da proposição como sendo a prevalência do pactuado sobre o legislado só contribuiu para confundir os termos do problema, pois, na verdade pretendia suspender a aplicação de todas as regras provenientes do Estado (mais ou menos benéficas) pelo conjunto de regras advindas dos acordos ou convenções coletivas firmadas. Ou seja, em vez de um intercruzamento de regras, ou de uma 'revogação imprópria' particular em casos concretos quando a atuação da autonomia coletiva se expressasse em benefício do trabalhador, teríamos a aplicação isolada ou dos direitos previstos na lei e na Constituição, ou nos acordos ou convenções" (...) "Nos anais de um evento em que o economista José Pastore defendia a cisão, Roberto Campos afirmava : 'Quem insiste no art. 7º acaba passando para a economia informal em que não existe o art. 7º. Essa solução me parece boa. Talvez a forma mais simples de fazê-la seria iniciar-se o art. 7º da Constituição dizendo: (...) salvo acordo, convênio, negociação coletiva, os direitos dos trabalhadores são os seguintes (...) E aí viriam os 76 direitos enunciados na Constituição." (*Relações coletivas do trabalho*. São Paulo: LTr, 2008. p. 334)

essenciais do negócio jurídico, respeitado o disposto no art. 104 da Lei n. 10.406, de 10 de janeiro de 2002 (Código Civil) e balizará sua atuação pelo princípio da intervenção mínima na autonomia da vontade coletiva."

Não é incomum os códigos inserirem algumas regras gerais de interpretação. Realmente, diz o art. 104 do Código Civil que a validade do negócio jurídico requer agente capaz; objeto lícito, possível, determinado ou determinável; e forma prescrita ou não defesa em lei. O artigo está inserido nas disposições gerais do título Negócio jurídico. Mas as disposições gerais também fazem constar outras regras, como nos arts. 112, 113 e 114, segundo as quais: "*Nas declarações de vontade se atenderá mais à intenção nelas consubstanciada do que ao sentido literal da linguagem*"; "*Os negócios jurídicos devem ser interpretados conforme a boa-fé e os usos do lugar de sua celebração*" e "*Os negócios jurídicos benéficos e a renúncia interpretam-se estritamente*". Existem outras regras no diploma civil. Diz o art. 421 que "*A liberdade de contratar será exercida em razão e nos limites da função social do contrato.*" E o art. 422 afirma que "*Os contratantes são obrigados a guardar, assim na conclusão do contrato, como em sua execução, os princípios de probidade e boa-fé.*" A atual Lei de Introdução às Normas do Direito Brasileiro, Lei n. 12.376, de 2010, proclama, em seu art. 5º, que, "*Na aplicação da lei, o juiz atenderá aos fins sociais a que ela se dirige e às exigências do bem comum*". O art. 47 da Lei n. 8.078/90 faz constar que "*As cláusulas contratuais serão interpretadas de maneira mais favorável ao consumidor*". O parágrafo único do art. 8º da CLT, de outro lado, registra o preceito não isolacionista de que "*O direito comum será fonte subsidiária do direito do trabalho, naquilo em que não for incompatível com os princípios fundamentais deste.*" Desnecessário também relembrar as regras sobre os defeitos do negócio jurídico, o erro, o dolo, a coação, o estado de perigo, tal como regulados nos arts. 145 a 156 do Código Civil. E todos sabem que, no campo principiológico, o Direito Coletivo do Trabalho agasalha outros princípios além daquele da autonomia privada coletiva, como o princípio da boa-fé, o princípio da lealdade e transparência e o princípio da interveniência sindical.

A reforma, entretanto, cria algo muito diferente do que vetores de interpretação, pois, na boa intenção de conferir maior segurança na interpretação das cláusulas convencionais, impede o juiz de, no quadro da normatividade constitucional e infraconstitucional, reportar-se a leis e princípios que não sejam aqueles antecipadamente escolhidos pelo legislador. Uma restrição à interpretação sistemática. Tal como acontecia na jurisprudência anterior, pouco importa o caso concreto, a situação de aplicação, as controvérsias que poderão advir da negociação coletiva. O termo "*exclusivamente*" diz tudo: o juiz, ao julgar matéria relativa à negociação coletiva, não poderá fundamentar suas decisões, interpretar os fatos e o ordenamento jurídico como um todo, a não ser da forma como o legislador desejou, por antecipação. Se a matéria *sub judice* atrair a incidência de diversos institutos jurídicos, o julgador só poderá utilizar os preceitos legais e os princípios anteriormente escolhidos pelo Estado legiferante. O parlamento se antepõe aos olhos do juiz, procurando lhe impor como deve pensar, como deve decidir e de que dispositivos legais poderá ou não se valer. Surge a dúvida se os advogados também estariam impedidos de argumentar de forma contrária àquela adredemente selecionada pelo Estado. Uma reforma liberal com mais intervenção estatal. Talvez o legislador ordinário, não obstante o nobre propósito de buscar maior segurança jurídica, tenha se excedido. Como adverte Cappelletti,(13) na Inglaterra, até o *Act of Settlement*, de 1701, os juízes eram considerados como funcionários do executivo, nomeados pelo rei *durante bene placito*. Mas nas democracias ocidentais modernas, o princípio da imparcialidade judicial ("*nemo judex in causa sua*") passou a implicar também independência do juiz, independência contra pressões econômicas, psicológicas, sociais e, também, independência interna à própria magistratura. A reforma, contra o Juiz-legislador, eventualmente teria concebido o Legislador-juiz, que procura intervir nos processos judiciais, dizendo ao juiz como ele deve decidir, em desrespeito ao princípio republicano da separação dos poderes, previsto no art. 2º da Constituição Federal. Por isso, a constitucionalidade do dispositivo provavelmente poderá ser objeto de questionamentos futuros, caso as situações de aplicação assim o exigirem.

No campo da negociação coletiva não houve propriamente uma mudança de paradigmas mas uma migração de extremos. Antes, uma jurisprudência entrincheirada onde, fora dos limites impostos pelo § 1º do art. 58 da CLT, nada era possível, pois quase tudo era tempo à disposição. Agora, em decorrência de uma série de proposições jurídicas restritivas, quase nada é tempo à disposição. Além disso, caminha-se para uma tendência de transformar a negociação coletiva numa espécie de zona franca, segregada da lei e da Constituição, pois o legislador, em face da moldura legal do caso concreto, escolhe qual lei o juiz deve aplicar e quando a Constituição poderá ou não ser invocada. Nas duas extremidades, afasta-se do padrão médio, do ponto ótimo de proteção que a decisão monocrática do Ministro Zavascki começou a desenhar.

De qualquer forma, com as alterações introduzidas no § 2º do art. 58 da CLT, bem como com a revogação de seu § 3º, o debate, relativamente ao tempo à disposição, e às horas de trajeto dentro das dependências da empresa, adquire novos contornos, e não haverá mais, após a vigência da nova lei, uma disposição legal especí-

(13) CAPPELLETTI, Mauro. *Juízes legisladores?* Porto Alegre: Sérgio Antônio Fabris Editor, 1993. p. 78.

fica que possa ser invocada como norma mais benéfica. Antes da Lei n. 13.467/2007 havia um limbo jurídico, um vazio preenchido pela jurisprudência, que procurava fixar os parâmetros do tempo à disposição. Agora, existem ordenações negativas de vigência, relacionando as atividades que não devem ser consideradas como tempo à disposição, o que torna mais difícil a luta dos empregados pela norma mais favorável no âmbito da negociação coletiva.

6. Conclusão

Em face da incompletude estrutural do termo "*tempo à disposição*" dentro das dependências da empresa, a jurisdição trabalhista, instada a responder, viu-se obrigada a criar um critério jurisprudencial.

Para suprir a lacuna, pegou de empréstimo uma solução jurisprudencial pertinente a outra situação fática, relativa aos pequenos minutos que antecediam ou sucediam a marcação de ponto, para aplicá-la, como carimbo, a toda e qualquer situação de tempo à disposição.

Pouco importava o que o empregado estivesse fazendo no interior da empresa, chegando mais cedo por conveniência própria, ficando mais tarde esperando o término das aulas para pegar o filho na escola próxima, tudo se resumiria em tempo à disposição, integrante da jornada de trabalho, atraindo o respectivo pagamento.

Com a positivação do critério arimético destinado aos minutos residuais através da Lei n. 10.243, de 10.6.2001, a jurisdição estatal, mediante as compreensões jurisprudenciais predominantes, passou a entender que se tratava de um mínimo legal de indisponibilidade absoluta, insusceptível de transação, vindo a lume a Súmula n. 449 do TST, cujos precedentes asfixiavam toda e qualquer possibilidade de transação.

A reforma atropelou uma mutação interpretativa em curso no Supremo Tribunal Federal. No que tange às técnicas de mensuração do tempo trabalhado, criou um sistema ambíguo. Apesar de manter o critério geral intervencionista do tempo à disposição, disse o contrário nas exceções que relacionou, uma intervenção ao contrário, criando mandamentos heterônomos proibitivos do que não deve ser considerado como tempo à disposição e horas de trajeto que alcançam o perímetro interno da empresa, erigindo óbices à negociação coletiva.

Sob a perspectiva da autonomia privada coletiva, o novo regramento apresenta sucessivos atos falhos, demonstrando, tal como na jurisprudência até hoje preponderante, uma visão restritiva à liberdade dos sujeitos coletivos no acertamento de suas diferenças. Antes, era o Estado-juiz quem dizia aos empregados e empregadores o que deveria e não deveria ser considerado tempo à disposição. Agora é o Estado-legislador que desempenha esse mesmo papel. Num caso, como no outro, destaca-se a presença de um Estado intervencionista. Houvesse intenção do legislador em fomentar a autonomia privada coletiva, certamente teria optado pelo critério do tempo efetivamente trabalhado. Tal critério, como visto, não impede que o Estado continue legislando sobre jornada de trabalho nos ramos profissionais especializados e que precisam de uma maior proteção, mas, substancialmente, deixa a cargo das partes interessadas a iniciativa de disciplinar uma matéria que lhes é muito próxima.

Não cabe, entretanto, pessimismos, ou lamentações, mas um chamamento positivo para que os trabalhadores, nas negociações coletivas, aprendam com os próprios erros, organizem-se, pois a positivação dos direitos sociais, a depender somente daqueles que se apresentam como tutores da parte mais fraca, ou da parte mais forte, certamente culminará em uma cidadania passiva, numa justiça da salvação, com a redução dos cidadãos ao estatuto de indivíduos-clientes de um Estado providencial.[14]

O Brasil ainda continua no dilema de construir um modelo que se situe entre duas perspectivas. A primeira oriunda de uma jurisprudência que fecha as potencialidades da autonomia coletiva. A segunda, que restringe essa mesma autonomia coletiva de forma inversa, seja criando mandamentos restritivos, seja concebendo modelos normativos destinados a criar na negociação coletiva espaços de derrogações *in pejus* de direitos, inatingíveis pela Constituição. Por isso, o Direito do Trabalho continua sendo esse ramo desafiador, que repetidamente convoca o jurista a se posicionar sobre novos equilíbrios, enfrentando essas complexas interlocuções entre a lei, a negociação coletiva e a Constituição. Como diz *Baylos*: "*um modelo para armar*"[15].

(14) VIANNA, Luiz Werneck *et al. A judicialização da política e das relações sociais no Brasil.* Rio de Janeiro: Revan, 1999. p. 23-24.

(15) BAYLOS, Antônio. *Direito do trabalho.* Modelo para armar. São Paulo: LTr, 1999.

A inconstitucionalidade da intervenção na jurisdição trabalhista — Arts 8º e 702 da CLT

Elaine Nassif(*)

1. De volta ao passado — os §§ 1º e 3º do art. 8º da Lei n. 13.467/2017

Na evolução do direito do trabalho, Ghera[(1)] distingue três fases históricas: 1) a primeira fase na qual as leis do trabalho se apresentam como exceção ao direito comum; 2) a segunda fase na qual a incorporação do direito do trabalho no sistema do direito privado foi caracterizada pela inserção da disciplina das leis e contratos coletivos no âmbito da codificação; 3) a fase da constitucionalização do direito do trabalho, cujos princípios fundamentais estão garantidos na Carta Maior.

A Lei n. 13.467 trouxe em seu bojo um conteúdo privatista ao direito do trabalho, um contexto que o aproxima do direito comum, um conteúdo que aprecia a igualdade contratual e a liberdade na manifestação de vontade, extraindo conteúdos públicos e de direitos social, que lhe conferiam inderrogabilidade, ao livre direito de dispor.

E ao fazê-lo, não se limitou a tratar do direito senão também dos órgãos que foram criados para fazer valer o direito trabalhista. Desta feita, entretanto, a reforma foi demasiadamente longe, e se olvidou que, sendo o Poder Legislativo um dos Poderes da República, não poderia ele reconstruir o Estado a seu bel prazer, pois, não sendo ele poder constituinte originário, não pode refundar o Estado. Falece-lhe poder e legitimidade para isso. A violação do pacto social que se construiu a partir do Poder constituinte originário não valida atos de intervenção de um poder em outro, sendo irreconhecíveis dentro da ordem constitucional estabelecida desde 1988.

O primeiro ponto desta intervenção está na tentativa da reforma de impedir que a jurisdição trabalhista jurisdicione, ou seja, diga o direito, e por meio de sua atividade intelectiva, inerente à autonomia e independência própria de todos os juízes, produza o inafastável direito jurisprudencial.[(2)], que se origina seja das lacunas e da impossibilidade do "non liquet", seja da interpretação orientada à isonomia e à segurança jurídica. Vejamos:

CLT — antes	CLT após a Lei n. 13.467/2017
Art. 8º As autoridades administrativas e a Justiça do Trabalho, na falta de disposições legais ou contratuais, decidirão, conforme o caso, pela jurisprudência, por analogia, por **equidade** e outros princípios e normas gerais de direito, principalmente do direito do trabalho, e, ainda, de acordo com os **usos** e costumes, o direito comparado, mas sempre de maneira que **nenhum interesse de classe ou particular prevaleça sobre o interesse público.**	"Art. 8º As autoridades administrativas e a Justiça do Trabalho, na falta de disposições legais ou contratuais, decidirão, conforme o caso, pela jurisprudência, por analogia, por **equidade** e outros princípios e normas gerais de direito, principalmente do direito do trabalho, e, ainda, de acordo com os **usos** e costumes, o direito comparado, mas sempre de maneira que **nenhum interesse de classe ou particular prevaleça sobre o interesse público.**
Parágrafo único. O **direito comum** será fonte subsidiária do direito do trabalho, naquilo **em que não for incompatível** com os princípios fundamentais deste.	§ 1º O direito comum será fonte subsidiária do direito do trabalho.
	§ 2º Súmulas e outros enunciados de jurisprudência editados pelo Tribunal Superior do Trabalho e pelos Tribunais Regionais do Trabalho **não poderão restringir direitos legalmente previstos nem criar obrigações que não estejam previstas em lei.**

(*) Procuradora do Trabalho na PRT3. Mestre em Direito Processual, Mestre em Direito Constitucional e Doutora em Direito Público.

(1) GHERA, Edoardo. *Diritto del lavoro*. Bari: Caccuci Editore, 2002. p. 12.

(2) Abordamos pela primeira vez a matéria em: NASSIF, Elaine. Reforma Trabalhista — Primeiros estudos sobre a intervenção na jurisdição trabalhista — arts. 8º e 702 da CLT. In: HORTA, Denise Alves; FABIANO, Isabela Márcia de Alcântara; KOURY, Luiz Ronan Neves; OLIVEIRA, Sebastião Geraldo de (Coords.). ***Direito do trabalho e processo do trabalho. reforma trabalhista, principais alterações.*** Atualizado de Acordo com a MP n. 808, de 14 de novembro de 2017. São Paulo: LTr, 2018.

	§ 3º No exame de convenção coletiva ou acordo coletivo de trabalho, a Justiça do Trabalho analisará **exclusivamente a conformidade dos elementos essenciais do negócio jurídico**, respeitado o disposto no art. 104 da Lei n. 10.406, de 10 de janeiro de 2002 (Código Civil), e balizará sua atuação pelo **princípio da intervenção mínima na autonomia da vontade coletiva**." (NR)

Conforme se vê, a reforma quer a aplicação do direito comum em qualquer lacuna, mesmo que incompatível com o direito do trabalho. Sabemos que direito comum está fundado na liberdade contratual entre partes substancialmente iguais e livres de contrangimentos, a manifestarem sua vontade de pactuarem. Por isso mesmo, além do agente capaz, objeto lícito e forma não prescrita, analisa-se o conteúdo da vontade sob o prisma da boa-fé, no direito comum. No direito do trabalho, a condição social e as necessidades básicas de sobrevivência sempre impediram a liberdade contratual.

Raselli ensina que:

> é notório como no século passado os operários, especialmente os industriais, se encontrassem reduzidos a condições de vida muito míseras porque os empregadores, aproveitando-se da grande oferta de mão de obra, derivada do urbanismo, impunham salários insuficientes às necessidades da vida. A lei da oferta e da procura, dada a superabundância permanente de mão de obra, não servia para assegurar condições justas de trabalho. Por isso os operários foram obrigados a reunir-se para exigir que se tratassem das condições de trabalho. [...] A coalizão operária amenizava, em parte, o jogo das forças econômicas, mas não era, por si, uma garantia verdadeira de justiça entre as classes em contraste [...] Isso porque a eficácia de tais acordos, sem o *status* de lei, estava adstrita aos que os firmavam, deixando os trabalhadores estranhos à organização de trabalhadores alheios ao contrato, à lei operária, e assim, coagidos pela necessidade, aceitavam trabalhar em condições mais desvantajosas, esvaziando o quanto os outros trabalhadores tinham conseguido.[3]

Dessarte, o direito do trabalho é fruto de construções coletivas, de lutas históricas e sempre de organizações de classes, não pertencendo ao direito privado, característica esta que se impõe reconhecer desde a inderrogabilidade de suas normas a critério das partes. Isso é bastante elementar.[4]

Sobre a equidade, que ficou mantida no *caput* do art. 8º da nossa CLT, pela reforma, é importante lembrar o ensinamento de Raselli:

> "A lei, para indicar o critério fundamental no qual deve se inspirar a Magistratura do Trabalho, usa a palavra equidade, que neste caso, tratando-se de determinar as condições gerais de trabalho e não de resolver casos singulares, deve ser entendida no sentido de equidade geral, isso é, do complexo de exigências na qual deve inspirar-se a disciplina de uma determinada relação, visando atender à justiça e às condições fundamentais da vida social. Assim, entendo que a palavra equidade tenha no caso o mesmo significado que na expressão jurisdição de equidade, com a qual se designa, justamente, aquela jurisdição em que resolvem as controvérsias jurídicas a ela submetidas, não aplicando o direito restrito, mas sim inspirando-se diretamente nas exigências da consciência coletiva e à necessidade da organização social. O sentido de equidade a identificar-se com a justiça, entendida no sentido mais amplo, é o complexo de exigências oriundas do fato de que, nas relações sociais, se encontram dois ou mais sujeitos, os quais devem gozar de paritárias garantias para os atributos e a expressão da sua personalidade."[5]

A reforma trabalhista institui o princípio da intervenção mínima na interpretação do direito, que por si, é incompatível com o Direito do Trabalho.

Sequer no Direito Comum, onde a literalidade da manifestação da vontade contratual está adstrita a critérios de validade que precisam perpassar, ao fim e ao cabo, os mesmos cânones de justiça já aplicados no direito do trabalho, todos relativos aos sentido de justiça — e portanto, de proporcionalidade — e de solidariedade social.[6]

> "O processo de constitucionalização do direito contratual pode ser resumido, pois, em torno da substituição de seu centro valorativo: em lugar do indivíduo e de sua vontade soberana, põe-se a pessoa — sua dignidade e socialidade. Por outras palavras, em lugar da liberdade contratual, a solidariedade social. [...] O direito contratual assume, portanto, um caráter tutelar — o que desde logo suscita a questão de saber **a quem se deve**

(3) RASELLI, Alessandro. *La magistratura del lavoro. Giurisdizione ed azione*. Studi di diritto processuale diretti da Piero Calamandrei. Padova: CEDAM, 1934, XII, p. 9. Tradução livre do italiano.

(4) DE LUCA TAMAJO, Raffaele. *La norma inderogabile nel diritto del lavoro*. Napoli: Casa Editrice Dott. Eugenio Jovene, 1976.

(5) RASELLI, *op. cit.*, p. 15. Tradução livre do italiano.

(6) A esse respeito, confira-se: MARTINS-COSTA, Judith. *A boa-fé no direito privado*. 1. ed., 2ª tiragem. São Paulo: Revista dos Tribunais. 2000, para quem a boa-fé ingressou no *corpus* do direito brasileiro pela porta da doutrina, introduzindo um código aberto de princípios e normas na interpretação dos contratos.

tutelar, e contra quem: como determinar, enfim, quem seja a parte contratante fraca. Abandona-se assim a ideia de que as partes contratantes são perfeitamente intercambiáveis e iguais, na medida em que, indiscriminadamente, são sujeitos de direito, livres e capazes.(7) (grifos nossos)

A pretensão de coerência sistêmica da chamada reforma trabalhista também não resiste ao tão basilar conceito de fonte subsidiária.

A subsidiariedade pressupõe a existência do pré-requisito da compatibilidade com o regime jurídico a que será subsidiado. Daí podermos dizer que uma fonte é subsidiária quando: 1 — há omissão de previsão legal na fonte legal primária; 2 — há compatibilidade com os princípios fundamentais que a informam.

Assim, ao analisarmos o *caput* do art. 8º com o seu § 3º, o que vemos é a intenção de conferir conteúdo privatista na apreciação do direito trabalhista, destituindo-lhe do seu caráter público e social, na defesa dos interesses públicos concernentes aos direitos difusos, coletivos e individuais homogêneos que sempre caracterizaram a elaboração legislativa do seu conteúdo material, a partir da evolução das lutas operárias, da resistência ou do avanço do capital, e da síntese que daí se logrou fixar em lei.

2. O § 2º do art. 8º da CLT — a intervenção institucional

Como podemos ver na tabela inserida no início deste artigo, a chamada reforma trabalhista introduziu no § 2º do art. 8º da CLT um comando dirigido aos Tribunais do Trabalho acerca do *conteúdo* de suas Súmulas ou Enunciados de Jurisprudência.

Diz a reforma que Súmulas e outros enunciados de jurisprudência editados pelo Tribunal Superior do Trabalho e pelos Tribunais Regionais do Trabalho **não poderão restringir direitos legalmente previstos nem criar obrigações que não estejam previstas em lei.**

Ora, ora. Voltemos ao "non liquet". A Lei de Introdução ao Código Civil brasileiro determinava, em seu art. 4º, que quando a lei fosse omissa, o juiz seria obrigado a decidir o caso de acordo com a analogia, os costumes e os princípios gerais de direito. Isto é, segundo as fontes subsidiárias de direito.

O Código de Processo Civil de 2015 também prevê, no seu art. 126, que o juiz não se exime de sentenciar ou despachar alegando lacuna ou obscuridade da lei. No julgamento da lide caber-lhe-á aplicar as normas legais; não as havendo, recorrerá à analogia, aos costumes e aos princípios gerais de direito.

O juiz do trabalho tem, pois, como qualquer outro, o dever de decidir e suprir as lacunas legais, criando, para tanto, o direito aplicável ao caso concreto (*juris dictum*) com base nas fontes subsidiárias.

O art. 769 da CLT prevê que nos casos omissos, o direito processual comum será fonte subsidiária do direito processual do trabalho, exceto naquilo em que for incompatível as normas processuais trabalhistas. A reforma, como vimos, excluiu esse limite à aplicabilidade irrestrita de um direito privado a direito público ou social.

É claro que, se a própria lei indica caminhos para se solucionar a incompletude da lei, o dogma da onipotência do legislador foi deixado para trás.(8) A incompletude é um fato corriqueiro na sociedade da incerteza.(9)

O dogma da lei como rainha das fontes é insustentável. A velocidade e a diversidade dos fatos e a variedade de suas nuances torna impossível ao legislador antecipá-los e reger suas consequências(10). Os fatos chegam aos Tribunais antes das leis que os regulem. Tanto mais no mundo do trabalho, que é o primeiro a sentir os efeitos das inovações tecnológicas e das substituições de modos produtivos, que depois repercutirão nas demais esferas da sociedade. De se acrescentar ainda que é norma de hermêutica aplicável a todos os ramos do direito, posto que iserida na Lei de Introdução às Normas do Direito Brasileiro, os fins sociais e as exigências do bem comum.

> Art. 5º Na aplicação da lei, o juiz atenderá aos fins sociais a que ela se dirige e às exigências do bem comum.

A função jurisdicional tem por escopo dizer o direito no caso concreto. Por muitas vezes os fatos levados ao juizo não estão previstos no direito. E logo, o juiz é obrigado a criá-lo, a completer a lacuna legal. Tentar extirpar essa função somente do juiz trabalhista é uma tarefa que desmonta séculos de construção do direito jurisdicional, ou judicial.

As Súmulas e Enunciados não são mais que o telhado desta construção, permanente e necessária do direito que se decanta nos laboratórios da existência de cada situação imprevista da lei. Daí que, muitas das vezes, é dos enunciados, dos precedentes e das Súmulas, que após nascer o direito, vem a lei.

---

(7) NEGREIROS, Teresa. *Teoria do contrato. Novos paradigmas.* Rio de Janeiro: Renovar, 2002.

(8) BOBBIO, Norberto. Lacune del diritto. *Novissimo Digesto italiano.* V. IX. Torino: UTET, 1954. p. 421

(9) Para usar uma expressão muito conhecida, cunhada por Zigmund Bauman, em seu livro com esse título.

(10) FERRARESE, Maria Rosaria. *Le istituzioni dela globalizzazione. Diritto e diritti nella società transnazionale.* Bologna: Il Mulino, 2000.

Como se não bastasse a tentativa de amarrar a prestação jurisdicional no seu conteúdo, tolhendo a possibilidade mesma do julgamento, a reforma penetrou na forma da sedimentação do direito jurisprudencial (onde, alias, ela foi se abeberar...) e violou atos *interna corporis,* atos que somente podem ser emanados pelo poder legitimamente constituído a praticá-los, como aqueles previstos nos Regimentos Internos.

Os atos processuais e procedimentais previstos nos Regimentos Internos pertencem à liberade de organização que cada Poder da República possui e que constitui o cerne sobre o qual se assenta a sua independência, em relação a outro Poder.

Veja-se, a propósito, o que a reforma introduziu no art. 702, I, "f", adentrando no Regimento Interno do TST:

CLT — Art. 702. Ao Tribunal Pleno compete: I — em única instância: [...] f) estabelecer súmulas de jurisprudência uniforme, na forma prescrita no Regimento Interno. **Regimento Interno do TST** **Art. 165.** O projeto de edição de Súmula deverá atender a um dos seguintes pressupostos: **I** — três acórdãos da Subseção Especializada em Dissídios Individuais, reveladores de unanimidade sobre a tese, desde que presentes aos julgamentos pelo menos 2/3 (dois terços) dos membros efetivos do órgão; **II** — cinco acórdãos da Subseção Especializada em Dissídios Individuais, prolatados por maioria simples, desde que presentes aos julgamentos pelo menos 2/3 (dois terços) dos membros efetivos do órgão; **III** — quinze acórdãos de cinco Turmas do Tribunal, sendo três de cada, prolatados por unanimidade; ou **IV** — dois acórdãos de cada uma das Turmas do Tribunal, prolatados por maioria simples. § 1º Os acórdãos catalogados para fim de edição de Súmula deverão ser de relatores diversos, proferidos em sessões distintas. § 2º Na hipótese de matéria revestida de relevante interesse público e já decidida por Colegiado do Tribunal, poderá qualquer dos órgãos judicantes, a Comissão de Jurisprudência e Precedentes Normativos, a Procuradoria-Geral do Trabalho, o Conselho Federal da Ordem dos Advogados do Brasil ou Confederação Sindical, de âmbito nacional, suscitar ou requerer ao Presidente do Tribunal apreciação, pelo Tribunal Pleno, de proposta de edição de Súmula. Nesse caso, serão dispensados os pressupostos dos incisos I a IV deste artigo, e deliberada, preliminarmente, por dois terços dos votos, a existência de relevante interesse público.	**REFORMA** — "Art. 702. I — f) estabelecer ou alterar súmulas e outros enunciados de jurisprudência uniforme, pelo voto de pelo menos **dois terços** de seus membros, caso a mesma matéria já tenha sido decidida de **forma idêntica** por **unanimidade** em, no mínimo, **dois terços** das turmas em pelo menos **dez sessões** diferentes em cada uma delas, podendo, ainda, por maioria de dois terços de seus membros, restringir os efeitos daquela declaração ou decidir que ela só tenha eficácia a partir de sua publicação no Diário Oficial; § 3º As sessões de julgamento sobre estabelecimento ou alteração de súmulas e outros enunciados de jurisprudência deverão ser públicas, divulgadas com, no mínimo, trinta dias de antecedência, e deverão possibilitar a sustentação oral pelo Procurador-Geral do Trabalho, pelo Conselho Federal da Ordem dos Advogados do Brasil, pelo Advogado-Geral da União e por confederações sindicais ou entidades de classe de âmbito nacional. § 4º O estabelecimento ou a alteração de súmulas e outros enunciados de jurisprudência pelos Tribunais Regionais do Trabalho deverão observar o disposto na alínea "f" do inciso I e no § 3º deste artigo, com rol equivalente de legitimados para sustentação oral, observada a abrangência de sua circunscrição judiciária." (NR)

A constitucionalidade da fixação do conteúdo e da forma de se elaborar súmulas ou outros entendimentos jurisprudenciais pelos Tribunais faz parte de um pacto republicano que teve início com a organização dos Estados Democráticos.

É que no Sistema de freios e contrapesos concebido para evitar a sanha totalitária, matérias inerentes à organização *interna corporis* constituem aquele espaço fundamental por meio do qual cada Poder republicano e, no caso, o Judiciário, exerce sua independência e autonomia enquanto tal.

O Estado se estrutura com base nesses poderes, que foram concebidos em substituição ao poder soberano dos reis, que exerciam todas as funções. O desrespeito a esta estrutura reporta ao absolutismo, ao totalitarismo, enfim, aos regimes sem mecanismos de freios e contrapesos, que encontra na Constituição de 88 seu fundamento:

> Art. 2º São Poderes da União, independentes e harmônicos entre si, o Legislativo, o Executivo e o Judiciário.

Dessas amarras que o legislador procura impor ao Judiciário Trabalhista, discriminando-o de todos os outros, exsurge a discriminação a um poder republicano, cuja forma de produção de suas decisões é imanente à sua própria existência.

Evidentemente, o controle de constitucionalidade das decisões jurídicas, inclusive Súmulas e Enunciados ou precedentes, deve ser exercido de forma isonômica para todos os ramos do Poder Judiciário.

A discriminação que aparentemente tem por alvo somente a Justiça do Trabalho, em verdade atinge o Poder

Judiciário como um todo. Afinal, se o Legislador pode, ao arrepio da independência e harmonia entre os poderes, adentrar no Regimento Interno de um Tribunal, poderá doravante fazê-lo em relação a qualquer outro, subordinando o Judiciário às suas intempéries.

As regras do jogo democrático e republicano precisam ser respeitadas. Há nas instituições uma tensão, decorrente, a toda evidência, da proeminência que o Judiciário tomou no cenário político brasileiro. Mas o fez com o beneplácito dos beneficiados de ocasião, conforme a situação. Isso só fez aumentar a sua força no cenário, acrescida da indefectível transformação dos membros do Judiciário em personagens corriqueiros dos noticiários, das revistas e das colunas sociais. O desequilíbrio e a proeminência nascem no momento em que o julgador passa a ser julgado pela opinião pública, e já não tem, portanto, a necessária isenção para atuar, acuado na sua esfera tanto pública quanto privada.

Mas isso talvez seja assunto para outra ocasião.

Voltando à discriminação infraconstitucional, vemos que no CPC não há comandos sobre como um Tribunal deve ou não formular seus julgados, como e de que forma. Há regras não escritas que talvez sejam tão mais importantes do que as escritas.

Há talvez mais regras não escritas do que escritas, que advêm dos costumes, que advêm do modo que, desde a Paz de Westfália se pratica, num exercício de se conter de invadir ou interferir no espaço e na autodeterminação de outrem. A paz, o equilíbrio e a estabilidade institucional dependem do respeito a essas regras não escritas sobre o convívio interinstitucional. Dessas regras se deve fazer uma defesa incondicional.

A rigidez de quórum exigida na reforma trabalhista para a formulação de Súmulas conduz ainda a outra dessas regras não escritas, mas que permeiam toda a legitimidade do sistema. Vejamos: na hierarquia das fontes, quanto mais quórum exigido para uma aprovação, maior sua posição na pirâmide. Por conseguinte, esta norma será mais difícil de ser modificada e portanto, diz-se que é mais rígida.

Se as Súmulas dos tribunais trabalhistas exigem tamanho quórum de seus membros, poderia haver legalidade, mas não legitimidade em se invocar outras cuja hegemonia fosse tão desproporcional, por superior que fosse o tribunal de revisão.

De onde exsurge a dificuldade criada pela própria reforma, que é a de inviabilizar a revisão das Súmulas por ela alcançadas direta ou indiretamente.

E por fim, a insegurança jurídica plantada ao criar a possibilidade de se proceder a um controle de mérito de Súmulas. Todas as Súmulas poderiam, em tese, passear a ser questionadas por terem "criado direito", ou "restringido", carreando uma discussão infindável para o órgão de cúpula e de controle concentrado de constitucionalidade, certamente já estrangulado com suas inúmeras atribuições.

As decisões judiciais fundamentadas, quer se concorde com elas ou não, precisam ser cumpridas. Imagine-se suspender aplicação de Súmula enquanto se controla seu conteúdo. É impensável que um Sistema assim possa funcionar coerentemente, pois toda decisão decorre desse exercício de subsunção ou de suprimento de lacunas.

E veja-se que curioso: a própria reforma trabalhista está baseada nas Súmulas e enunciados de jurisprudência, essas mesmas que criaram ou restringiram direitos. Destacamos pelo menos 25 Súmulas, 4 Orientações Jurisprudenciais SDI — I, e 6 Precedentes Normativos SCD.[(11)], que deram conteúdo à reforma, fosse para afirmar fosse para negar seu entendimento.

E a reforma que agora se estuda certamente dará vazão a uma miríade de situações que ela mesma não previu. E graças ao *non liquet*, os tribunais estarão diante de situações concretas e novas jamais previstas na normativa, e terão que dar respostas aos jurisdicionados, e da somatória dessas respostas virão as Súmulas, enunciados e precedentes, pois a formação do direito não para, aguardando que uma lei venha a regulamentar a matéria, o que seria o mesmo que negar a prestação jurisdicional e afastar o Estado de sua função primeva que é a de manter o monopólio da coerção.

A levá-lo ao pé da letra, seria a primeira ordem jurídica no planeta a consagrar o princípio da negação da prestação jurisdicional em virtude do princípio do *non liquet*. Significaria obrigar o juiz a deixar de apreciar lesão ou ameaça a direito que não estivesse contemplado na legislação, ante a impossibilidade de aplicar as fontes secundárias, as subsidiárias e criar, com base nelas todas, o direito para o caso concreto, num primeiro momento, e em abstrato, na uniformização de jurisprudência e a lei, por fim.

3. Da interpretação dos "negócios jurídicos" na Justiça do Trabalho

Diz a reforma que a Justiça do Trabalho fará a **interpretação** de convenção ou acordo **exclusivamente** conforme **elementos essenciais do negócio jurídico** (agente capaz, objeto lícito, possível, determinado ou determinável, forma prescrita ou não defesa em lei — art. 104 da Lei n. 10.406/2002).

(11) Súmulas ns. 118, 429, 449, 126, 366, 333, 268, 294, 114, 153, 90, 320, 85, 444, 291, 349, 376, 428, 437, 101, 203, 6, 68, 372, 122; OJs ns. 23, 326, 323, 270 SDI — I; PN 100, 6, 31, 86, 119, 17 (SDC).

Primeiramente, as normas de direito privado são derrogáveis a critério das partes. Ou seja, se as partes não convencionarem diversamente do que nela está escrito, vale a lei. Se convencionarem diferentemente, vale a convenção.

Salta aos olhos esta pretensão da reforma em transmudar a natureza do direito do trabalho, de norma de ordem pública para uma ordem privada, derrogável, disponível.

Quando o art. 7º, da Constituição da República fala que são direitos dos trabalhadores, além de outros que visem à melhoria de sua condição social, está indicando uma regra de hermenêutica ao magistrado do trabalho, dizendo-lhe que não é possível permitir vigorar um complexo de direitos menor do que aquele que ela assegura.

A definição sobre objeto lícito e ilícito que existe no direito civil e penal não é transponível para o direito do trabalho. O que é ilícito no direito comum é o que está tipificado como ilícito penal. Simples assim.

No direito do trabalho essa tentativa de apartar o lícito como aquilo que está constitucionalizado, é uma tentativa inútil de subtrair uma identidade imanente ao direito do trabalho que é o limite da natureza humana, das fraquezas humanas e do meio no qual tudo acontece e sem o qual nada poderia existir, nascer ou morrer: o tempo.

A especificidade da magistratura do trabalho está em conhecer os processos produtivos de cada setor e de discernir, em razão desse conhecimento, uma análise do global dos seus efeitos sobre aquilo que é parte do processo produtivo e sem qual, ainda hoje, muitos setores não subsistem. Descartar a mão de obra porque a tecnologia chegou para ocupar seu lugar não extingue a Justiça do Trabalho, mas apenas a desloca, como todo o processo produtivo, para um modelo diferente no qual, saberemos aos poucos, uma participação diferente na construção da sociedade sairá da mão dos trabalhadores, precariados, empreendedores, autônomos, e todo tipo de força vital que faz girar o mundo.

3.1. Negócio jurídico

A natureza das convenções ou acordos foi equiparada aos dos negócios jurídicos, cuja interpretação, pelo novel princípio da intervenção mínima, se basearia unicamente em verificar seus elementos essenciais, os quais, por sua vez, já estão definidos em outras normas. Assim é que a jurisdição trabalhista, praticamente autômata e dissociada do contrato realidade e da regra da norma mais favorável, passaria a, no seu grau de inferioridade em relação às demais jurisdições, participar de um esquema no qual só teria que marcar x.

Enquanto isso, na Justiça comum, os negócios jurídicos podem e efetivamente são revisados conforme o sentido maior de justiça, que Del Vecchio procurou desenvolver em seu "la giustizia": "A justiça, de certa parte, consiste na conformidade a uma lei; mas de outra parte, se afirma também que a lei deve estar conforme a justiça."(12)

Segundo Orlando Gomes(13), há dois tipos de soluções mais comuns: a resolução do contrato ou tão somente a revisão do contrato. Nesta, pede-se ao juiz para realizar o necessário reajustamento pela revalorização das prestações. Implica poder de intervir na economia do contrato, concedido ao juiz, que não se considera conveniente, pelo menos como solução única.

Uma possível terceira solução adota fórmula de cunho misto. Pode ao juiz pronunciar a resolução ou determinar o reajustamento das prestações. Adotou-a o código polonês das obrigações, ao prescrever que os tribunais são autorizados, se julgarem necessário segundo o princípio da boa-fé e levando em consideração o interesse das partes, a determinar o modo de execução, o valor da prestação, ou, ainda, a pronunciar a resolução do contrato (Código Civil grego e egípcio).

Lorenzetti(14) alerta que no Brasil:

> Em alguns casos, os juízes podem utilizar instrumentos legais para "sociabilizar os contratos, retificando-os. Por exemplo: 1) uma circunstância sobreveniente, externa, extraordinária e imprevisível, que destrói a equivalência das prestações tornando-as excessivamente onerosas, permitindo a resolução ou a revisão (art. 198); 2) a equidade autoriza a redução de cláusulas penais excessivas (art. 656, CC) ou a redução de indenizações excessivas derivadas da desistência unilateral do locador de obra (art. 1638, CC); 3) O abuso do Direito (art. 1.071) que só legitima o uso "regular", e, por isso, submete-o ao controle dos fins que o legislador teve em conta ao concedê-lo, a moral e os bons costumes; 4) a interpretação objetiva baseada na boa-fé (art. 1.198, CC).

Assim, temos que pelo princípio fundamental da obrigatoriedade das convenções, não é dado a uma das partes alterar a avença unilateralmente ou pedir ao juiz que o faça. A vontade conjunta dos contratantes pode revisar o contrato e alterar ou extinguir sua execução total ou parcial.

(12) DEL VECCHIO, Giorgio. *La giustizia*. Roma: Editrice Studium, 1946. p. 1.

(13) GOMES, Orlando. *Transformações gerais do direito obrigações*. 2. ed., aum. São Paulo: RT, 1980.

(14) LORENZETTI, Ricardo Luís. *Fundamentos do direito privado*. São Paulo: RT, 1998.

No entanto, em situações excepcionais admite-se, ou vem se admitindo, nas últimas décadas, uma revisão das condições dos contratos por força de uma intervenção judicial que a sentença substitui, no caso concreto, a vontade de um dos contratantes.

Essa revisão pode ocorrer, é fato, por via oblíqua, quando se reconhece o abuso de direito ou o enriquecimento sem causa. No abuso de direito, pode-se paralisar o cumprimento de um contrato porque se desvia do fim social e econômico para o qual foi criado, sob a falsa aparência de legalidade. No enriquecimento sem causa, a questão é mais geral e somente por via indireta pode ser atingido um contrato. Não é fenômeno que possa ser invocado para fundamentar uma revisão contratual.

A possibilidade de intervenção judicial no contrato ocorrerá quando um elemento surpresa coloque em extrema dificuldade um dos contratantes. Nem sempre essa dificuldade (onerosidade) equivalerá a um excessivo benefício em prol do credor. O contrato nessa situação deve ser resolvido ou então conduzido a níveis suportáveis de cumprimento.

Existem razões de Estado que impelem à intervenção nos contratos (como p. ex. nas locações, aquisições de veículos, etc.). Ela interfere nos preços, prazos etc.

A intervenção judicial decorre do fato de que não se pode obstar da apreciação do Judiciário lesão ou ameaça a direito. Há direitos que são indisponíveis não podendo ser negociados ou resultar de negociações. Trata-se, pois, da aplicação do sentido de justiça, que passa longe da noção puramente individualista.

Adverte Venosa(15) que:

> Se o devedor pedir ao juiz exclusivamente a extinção da obrigação, não poderá ele decidir fora do pedido. Caso contrário, poderá colocar as condições contratuais em limites aceitáveis. Denota boa-fé o contratante que quer pagar o justo, diferentemente daquele que simplesmente deseja se livrar da obrigação. Na pendência da lide, ainda em homenagem à boa-fé, deve o autor depositar o que entender devido.

Por outro lado poderíamos cogitar que a teoria que justifica a intervenção do Estado nos contratos privados, no sentido de proceder à sua revisão é a mesma que justifica a intervenção do Poder Judiciário em toda e qualquer questão, pois o papel do poder judiciário é exatamente o de fazer valer o direito material previsto no ordenamento jurídico.

3.2. Agente capaz

De se perguntar, o que se argumenta somente tendo em vista o viés liberal da reforma, se o agente capaz poderia ser o trabalhador individual em acordo firmado sobre matéria desde sempre afeta ao direito coletivo.

Se nos abeberamos do mesmo direito comum, esse agente capaz deve ser capaz também do ponto de vista de poder deliberar sobre condições benéficas ao seu *status*, e não estar em uma situação que promova, como se pretendeu nos primórdios do capitalismo, um rompimento com a justiça dos contratos.

Com efeito, como ensina Noronha:

> Ligada à preocupação com a justiça contratual, está aquela com o aspecto social dos contratos. Ora, se também o Direito do Trabalho foi precursor neste campo, atualmente pode ser dito que o Direito das Obrigações também está se *socializando*. Princípios que pareciam privativos dos contratos de trabalho estão passando para os obrigacionais, em especial para aqueles que interessam a grupos ou massas específicas de cidadãos, com destaque para os locatários e os consumidores. (16)

O fundamento do direito do trabalho é, deste ângulo, o mesmo de qualquer outro, isto é, a realização de princípios éticos que embasam o ideal de justiça, dentre os quais está o princípio da igualdade na medida das desigualdades, e não uma igualdade qualquer, divorciada da realidade. Nesse sentido, se afirma que o direito do trabalho é protetivo como o direito consumidor ou o direito dos idosos, ou das crianças e adolescentes, ou tantos outros que identificam, na relação contratual, a necessidade de uma capacidade substancial e real, advinda das condições sociais, econômicas, dentre outras, que habilitem esse sujeito de direitos a realmente expressar com liberdade a sua vontade.

A exteriorização dessa capacidade não pode se dar tendo em vista somente uma das partes contraentes, qual seja, de quem é contratado senão também de quem contrata, ou todo o juízo de equidade não teria validade no campo da interpretação do direito do trabalho, regra hermenêutica a guiar a jurisdição na busca da aplicação do princípio universal da justiça como isonomia, que aplicado ao direito do trabalho sói denominar-se o princípio protetivo.

---

(15) VENOSA, Sílvio de Salvo Venosa. *Teoria Geral dos Contratos*. 2. ed. São Paulo: Atlas, 1996.

(16) NORONHA, Fernando. *Direito das Obrigações. Fundamentos do direito das obrigações. Introdução à responsabilidade civil*. V. 1. São Paulo: Saraiva, 2003. p. 329.

CLT —	CLT após a REFORMA
Art. 444. As relações contratuais de trabalho podem ser objeto de livre estipulação das partes interessadas em tudo quanto não contravenha às disposições de proteção ao trabalho, aos contratos coletivos que lhes sejam aplicáveis e às decisões das autoridades competentes.	"Art. 444. As relações contratuais de trabalho podem ser objeto de livre estipulação das partes interessadas em tudo quanto não contravenha às disposições de proteção ao trabalho, aos contratos coletivos que lhes sejam aplicáveis e às decisões das autoridades competentes Parágrafo único. A livre estipulação a que se refere o *caput* deste artigo aplica-se às hipóteses previstas no art. 611-A desta Consolidação, com a mesma eficácia legal e preponderância sobre os instrumentos coletivos, no caso de empregado portador de diploma de nível superior e que perceba salário mensal igual ou superior a duas vezes o limite máximo dos benefícios do Regime Geral de Previdência Social." (NR)

3.3. *Objeto lícito, possível, determinado ou determinável*

A reforma definiu, excluindo qualquer outro, o que viria a ser o objeto ilícito de uma convenção ou acordo coletivo.

E os restringiu definitivamente, a algumas disposições do art. 7º que seriam inalcançáveis nos acordos e convenções coletivas, algumas delas, como redução de riscos à segurança e a saúde e jornada como norma de saúde e segurança, de forma desleal ao texto constitucional. Vejamos:

"Art. 611-B. Constituem objeto ilícito de convenção coletiva ou de acordo coletivo de trabalho, exclusivamente, a supressão ou a redução dos seguintes direitos:	Constituição da República de 1988 — Art. 7º São direitos dos trabalhadores urbanos e rurais, além de outros que visem à melhoria de sua condição social:
I — normas de identificação profissional, inclusive as anotações na Carteira de Trabalho e Previdência Social; II — seguro-desemprego, em caso de desemprego involuntário; III — valor dos depósitos mensais e da indenização rescisória do Fundo de Garantia do Tempo de Serviço (FGTS); IV — salário mínimo; V — valor nominal do décimo terceiro salário; VI — remuneração do trabalho noturno superior à do diurno; VII — proteção do salário na forma da lei, constituindo crime sua retenção dolosa; VIII — salário-família; IX — repouso semanal remunerado; X — remuneração do serviço extraordinário superior, no mínimo, em 50% (cinquenta por cento) à do normal; XI — número de dias de férias devidas ao empregado; XII — gozo de férias anuais remuneradas com, pelo menos, um terço a mais do que o salário normal; XIII — licença-maternidade com a duração mínima de cento e vinte dias; XIV — licença-paternidade nos termos fixados em lei; XV — proteção do mercado de trabalho da mulher, mediante incentivos específicos, nos termos da lei; XVI — aviso-prévio proporcional ao tempo de serviço, sendo no mínimo de trinta dias, nos termos da lei; XVII — normas de saúde, higiene e segurança do trabalho previstas em lei ou em normas regulamentadoras do Ministério do Trabalho; XVIII — adicional de remuneração para as atividades penosas, insalubres ou perigosas;	II — seguro-desemprego, em caso de desemprego involuntário; III — fundo de garantia do tempo de serviço; IV — salário mínimo , fixado em lei, nacionalmente unificado, capaz de atender a suas necessidades vitais básicas e às de sua família com moradia, alimentação, educação, saúde, lazer, vestuário, higiene, transporte e previdência social, com reajustes periódicos que lhe preservem o poder aquisitivo, sendo vedada sua vinculação para qualquer fim; VIII — décimo terceiro salário com base na remuneração integral ou no valor da aposentadoria; IX — remuneração do trabalho noturno superior à do diurno; X — proteção do salário na forma da lei, constituindo crime sua retenção dolosa; XII — salário-família pago em razão do dependente do trabalhador de baixa renda nos termos da lei; *(Redação dada pela Emenda Constitucional n. 20, de 1998)* XV — repouso semanal remunerado, preferencialmente aos domingos; XVI — remuneração do serviço extraordinário superior, no mínimo, em cinquenta por cento à do normal; (Vide *Del 5.452, art. 59 § 1º)* XVII — gozo de férias anuais remuneradas com, pelo menos, um terço a mais do que o salário normal; XVIII — licença à gestante, sem prejuízo do emprego e do salário, com a duração de cento e vinte dias; XIX — licença-paternidade, nos termos fixados em lei; XX — proteção do mercado de trabalho da mulher, mediante incentivos específicos, nos termos da lei; XXI — aviso-prévio proporcional ao tempo de serviço, sendo no mínimo de trinta dias, nos termos da lei;

XIX — aposentadoria; XX — seguro contra acidentes de trabalho, a cargo do empregador; XXI — ação, quanto aos créditos resultantes das relações de trabalho, com prazo prescricional de cinco anos para os trabalhadores urbanos e rurais, até o limite de dois anos após a extinção do contrato de trabalho; XXII — proibição de qualquer discriminação no tocante a salário e critérios de admissão do trabalhador com deficiência; XXIII — proibição de trabalho noturno, perigoso ou insalubre a menores de dezoito anos e de qualquer trabalho a menores de dezesseis anos, salvo na condição de aprendiz, a partir de quatorze anos; XXIV — medidas de proteção legal de crianças e adolescentes; XXV — igualdade de direitos entre o trabalhador com vínculo empregatício permanente e o trabalhador avulso; XXVI — liberdade de associação profissional ou sindical do trabalhador, inclusive o direito de não sofrer, sem sua expressa e prévia anuência, qualquer cobrança ou desconto salarial estabelecidos em convenção coletiva ou acordo coletivo de trabalho; XXVII — direito de greve, competindo aos trabalhadores decidir sobre a oportunidade de exercê-lo e sobre os interesses que devam por meio dele defender; XXVIII — definição legal sobre os serviços ou atividades essenciais e disposições legais sobre o atendimento das necessidades inadiáveis da comunidade em caso de greve; XXIX — tributos e outros créditos de terceiros; XXX — as disposições previstas nos arts. 373-A, 390, 392, 392-A, 394, 394-A, 395, 396 e 400 desta Consolidação. Parágrafo único. Regras sobre duração do trabalho e intervalos não são consideradas como normas de saúde, higiene e segurança do trabalho para os fins do disposto neste artigo."	XXII — redução dos riscos inerentes ao trabalho, por meio de normas de saúde, higiene e segurança; XXIII — adicional de remuneração para as atividades penosas, insalubres ou perigosas, na forma da lei; XXVIII — seguro contra acidentes de trabalho, a cargo do empregador, sem excluir a indenização a que este está obrigado, quando incorrer em dolo ou culpa; XXIX — ação, quanto aos créditos resultantes das relações de trabalho, com prazo prescricional de cinco anos para os trabalhadores urbanos e rurais, até o limite de dois anos após a extinção do contrato de trabalho; *(Redação dada pela Emenda Constitucional n. 28, de 25.05.2000)* XXXI — proibição de qualquer discriminação no tocante a salário e critérios de admissão do trabalhador portador de deficiência; XXXIII — proibição de trabalho noturno, perigoso ou insalubre a menores de dezoito e de qualquer trabalho a menores de dezesseis anos, salvo na condição de aprendiz, a partir de quatorze anos; *(Redação dada pela Emenda Constitucional n. 20, de 1998)* XXXIV — igualdade de direitos entre o trabalhador com vínculo empregatício permanente e o trabalhador avulso. Art. 8º e Súmula Vinculante 40 STF Art. 9º Art. 9º, § 1º

De se constatar que o legislador infraconstitucional não só alterou conteúdo da Constituição ao definir o objeto ilícito como também deixou de mencionar diversos direitos inderrogáveis constitucionalizados, pretendendo, quiçá, por uma interpretação de exclusão, fazer entender que se não é objeto ilícito, então é lícito, mesmo que esteja assegurada, constitucionalmente, a inderrogabilidade.

Na linha da tentativa de aparentar não reduzir salários, para manter a impressão de ser benéfica, mexeu-se no tempo, na jornada, e em todos os direitos trabalhistas geradores de parcelas salariais que geram reflexos. Assim, reduz-se salário pelo aumento de jornada. O tempo para se deslocar dentro da empresa, do portão até o local de trabalho, ou o tempo para ir da porta da fazenda até onde estaria o pivô, a quilômetros de distância, entram para o conceito de tempo livre, um tempo no qual o trabalhador não estaria à disposição do empregado. Se antes jornada era tempo de deslocamento, tempo de efetivo exercício e tempo à disposição, agora ficou reduzida ao do exercício. Se houvesse o teletransporte, se poderia admitir que tal regra talvez não aumentasse o tempo de trabalho, mas, como se sabe, é mera ficção.

Da mesma forma, a jornada para fins de acordo coletivo não faz parte de normas de saúde e segurança. De repente, há uma onipotência. Dizemos ao nosso corpo: não você não está cansado porque mesmo que se trabalhe sem o intervalo entre jornadas mínimo essencial ao descanso, está dito que a jornada não ingressa na saúde. A jornada provoca cansaço, e o cansaço gera de doenças a acidentes, passando pela perda de laços afetivos e emocionais que dão suporte às famílias e a tudo que tenha sentido para o trabalhador, levantar-se todas as manhãs para vender sua força de trabalho.

Assim, não se poderá dizer que as normas sobre jornada são lícitas, porque certas coisas são inegociáveis, e certamente uma delas, a mais essencial delas, é o direito à saúde e à vida. Fosse na América, seria também o direito à felicidade. Mas esse já é outro assunto.

A situação do sócio retirante em face do art. 10-A da CLT e seu parágrafo único introduzidos pela reforma trabalhista

Emília Facchini(*)

"O começo da sabedoria é encontrado na dúvida; duvidando começamos a questionar, e procurando podemos achar a verdade."

*(Pierre Abélard – Abelardo – Filósofo escolástico, teólogo e professor – Reino da França, * 1.079 – +1.142).*

RESUMO: A reforma trabalhista recentemente promovida por meio da Lei n. 13.467, de 13 de julho de 2017, dentre inúmeras modificações que operou na legislação juslaboral, introduziu o artigo 10-A, *caput* e parágrafo único, na Consolidação das Leis do Trabalho, o qual preconiza a responsabilização subsidiária do sócio retirante, desde que observados os requisitos ali previstos, dentre eles o prazo de dois anos, após averbada a modificação do contrato, o benefício de ordem, bem como a sua responsabilização solidária em caso de fraude, matéria que se pretende enfrentar por meio do presente artigo, a fim de contribuir para o fomento do debate de um tema de tamanha relevância que, por recente, mostra-se ainda incipiente na seara doutrinária trabalhista.

PALAVRAS-CHAVE: Tipos societários. Responsabilidade dos sócios. Desconsideração da personalidade jurídica. Incidente de desconsideração. Dissolução parcial de sociedades. Retirada e recesso; Sócio retirante. Arts. 1.028 a 1.032 do Código Civil. Reforma trabalhista. Lei n. 13.467, de 13 de julho de 2017. Art. 10-A, *caput* e parágrafo único, da CLT. Responsabilidade subsidiária. Responsabilidade solidária. Fraude.

1. Introdução

Diante dos enormes desafios econômicos da atualidade, a sociedade brasileira recebe a mais recente reforma trabalhista, consubstanciada pelas mudanças promovidas pela promulgação da Lei n. 13.467, de 13 de julho de 2017, que introduziu profundas alterações na Consolidação das Leis do Trabalho, gerando a discussão acerca do seu novel art. 10-A, *caput* e parágrafo único. Como sabido, tais dispositivos cuidam da responsabilidade do sócio retirante frente ao credor trabalhista.

Trata-se da primeira vez em que o legislador brasileiro determina regra específica para o direito do trabalho sobre o tema, envolvendo a pessoa do sócio, porquanto a responsabilidade de que cuidava o art. 10 celetista voltava-se apenas à garantia de que a alteração na estrutura jurídica da empresa não poderia afetar os direitos adquiridos pelos trabalhadores; já o § 2º, art. 2º, da CLT, tratava da definição do grupo econômico e sua responsabilidade perante os créditos trabalhistas, sem que houvesse qualquer dispositivo acerca da responsabilização do sócio, o que impunha ao intérprete valer-se de regras do direito societário no bojo do Código Civil de 2002.

A fim de melhor esclarecer a matéria posta, faz-se necessário adentrar em alguns conceitos e institutos do direito empresarial, autônomo conquanto ciência jurídica, mas cujo contexto interpenetra com o direito do trabalho, de modo que sua compreensão se faz necessária para permitir a reflexão acerca da nova regra celetista. Todavia, não se pretende aprofundar na seara do direito empresarial, uma vez que este não constitui o desafio principal, mas auxiliar, repita-se, no debate jurídico sobre o sócio retirante e sua responsabilidade.

O propósito maior deste estudo é compreender a razão da introdução da novel regra no ordenamento celetista, apontar qual seria a interpretação mais razoável dos requisitos por ela trazidos e os efeitos da (in)observância deles, perpassando pela natureza da responsabilidade daí advinda do sócio que se retira da sociedade.

2. Breve histórico

O direito comercial, enquanto ramo do direito privado, disciplina as atividades econômicas, tendo origem

(*) Desembargadora do Tribunal Regional do Trabalho da 3ª Região.

na Idade Média, a partir do surgimento da burguesia feudal (habitantes dos burgos, aglomerados formados na periferia dos feudos). Criadas as corporações de ofício, cada uma delas regia-se por suas próprias normas comerciais, como regras consuetudinárias, materializadas em estatutos. Intensificando-se a atividade comercial e proliferando a movimentação mercantil, o direito comercial evoluiu, com a participação dos Estados Nacionais, no início da Idade Moderna.

Perdendo força as corporações de ofício, o direito comercial passa a ser regulado por códigos de leis, com a participação estatal, aplicáveis a todos os cidadãos, tais como o Código Comercial Francês em 1808, em se destacando o Código Civil Francês, promulgado em 1804, adotando aquele a teoria dos atos de comércio, que veio a influenciar o Código Comercial do Brasil, datado de 1850, e o Regulamento n. 737/1850, que definiu os atos de comércio no território nacional brasileiro.

Diante da deficiência da teoria dos atos de comércio (que regulava apenas a mercancia de bens e atos afins), acanhada para disciplinar as atividades econômicas cada vez mais complexas, e a crescente crítica da doutrina privatista à divisão do direito privado, o Código Civil Italiano inovou em 1942, trazendo em seu bojo as regras do direito comercial, que passa a ser denominado direito empresarial, pois focado no binômio "empresa/empresário" e não mais no ato de "comércio/comerciante", disciplinando "*toda e qualquer atividade econômica, desde que organizada para a produção ou circulação de bens ou de serviços e exercida com profissionalismo*".[1]

A partir daí, seguindo a influência da teoria da empresa, da qual já se aproximava o direito brasileiro pela jurisprudência e pela edição do Código de Defesa do Consumidor em 1990, que ampliou sobremaneira o conceito de fornecedor, envolvendo todo e qualquer exercente de atividade econômica, veio à lume a Lei n. 10.406/2002. Estava instituído um novo Código Civil, que adotou a teoria da empresa do Código Italiano de 1942, derrogando grande parte do vetusto Código Comercial Brasileiro, do qual resta apenas a parte relativa ao Comércio Marítimo, e inaugurando em seu Livro II da Parte Especial, o Direito de Empresa, composto pelos arts. 966 a 1.195.

Restaram, assim, assentadas as bases do Direito Empresarial brasileiro hodierno.

3. Tipos societários e responsabilidade dos sócios

As sociedades são pessoas jurídicas de direito privado, que decorrem da união de pessoas para fins de exploração de atividade econômica e repartição de lucros, sendo a pluralidade de sócios pressuposto ordinário de sua existência (art. 981 do Código Civil).

Dessa forma, no Brasil, o empreendedor pode exercer atividade empresarial individualmente, sujeitando seu patrimônio ao risco do negócio, pois "*ainda que lhe seja atribuído um CNPJ próprio, distinto do seu CPF, não há distinção entre a pessoa física em si e o empresário individual*"[2] ou pode constituir sociedade, e, nesse caso, conforme a tipificação escolhida, separar seu patrimônio da pessoa jurídica constituída, ou limitar sua responsabilização. Essa última alternativa funciona como estímulo ao empreendedorismo, porquanto redutora do risco empresarial nas sociedades capitalistas, em que o empresário almeja o lucro.

Relevante que, nessa linha de incentivo à atividade econômica, foi criada a Empresa Individual de Responsabilidade Limitada (EIRELI) pela Lei n. 12.441/2011, que acresceu o art. 980-A ao Código Civil, pelo qual tal empresa assume determinados direitos e obrigações próprios, que não se confundem com os do seu titular e a ela se aplicam, no que couber, as regras previstas para as sociedades limitadas (art. 980-A, § 4º, do CC).

Não obstante, não são as sociedades unipessoais que interessam para ao escopo do presente estudo, mas as plúrimas, cabendo-nos, perpassar pelos tipos societários pertinentes e respectivas responsabilidades dos sócios para seguimento do tema em discussão.

O Código Civil de 2002 divide as sociedades em dois grupos maiores, quais sejam, as não personificadas, que não possuem personalidade jurídica devidamente levada a registro dos atos constitutivos em órgão competente (sociedades em comum, nova denominação da sociedade de fato, e sociedades em conta de participação), e as personificadas (sociedades simples, sociedades em nome coletivo, sociedades em comandita simples, sociedades em comandita por ações, sociedades limitadas, sociedades cooperativas e sociedades anônimas).[3]

Quanto à responsabilidade dos sócios que compõem as sociedades personificadas, ou seja, aquelas que mantêm registros regulares e, por isso, interessam ao estudo presente, a situação do sócio que se retira dos dados cadastrais, deve ser analisada sob os ângulos que se propõem a seguir.

Esclareça-se que a sociedade simples pura — forma básica — tem por objeto o exercício de atividade econômica não empresarial (caso típico das sociedades uniprofissionais); a sociedade simples propriamente dita, constituída para exercício de atividade econômica de empresa, pode adotar as formas de sociedade limitada, em nome coletivo ou em comandita simples.

---

(1) RAMOS, 2011. p. 17.

(2) TOMAZETE, 2017. p. 50.

(3) TOMAZETE, 2017. p. 295-296.

A responsabilidade dos sócios da sociedade simples pura, quanto às obrigações sociais, é ilimitada, ou seja, insuficientes os bens sociais para saldamento do passivo, os credores podem executar o patrimônio dos sócios, sendo cabível o benefício de ordem (arts. 1.023 e 1.024 do Código Civil).

Na sociedade em nome coletivo, mais antigo tipo societário[4], não se admite como sócio pessoa jurídica, sendo ilimitada perante terceiros a responsabilidade dos sócios que a compõem, só podendo ser administrada por algum deles. Qualquer previsão de limitação de responsabilidade só tem efeito sobre os mesmos e não sobre os créditos de terceiros (art. 1.039 do Código Civil).

No que diz respeito à sociedade em comandita simples, evolução da anterior, a mesma é composta por duas categorias de sócios: os comanditários (sócio capitalista que investe bens ou capital) e os comanditados (sócio, pessoa física, que administra a sociedade e negocia tais bens ou capital), sendo que tais classes devem constar expressamente do contrato social. O regime jurídico do comanditado é o mesmo do sócio da sociedade em nome coletivo e sua responsabilidade é ilimitada (art. 1.157 do Código Civil). Quanto ao comanditário, este é obrigado apenas pelo valor de sua cota (art. 1.045 do Código Civil).

Já as cooperativas são sociedades simples de pessoas que se reúnem para exercer certas atividades, tais como a de profissionais liberais. No que tange à responsabilidade dos cooperados, há duas possibilidades que devem ser definidas no próprio estatuto (art. 1.095 do Código Civil):

> [...] um primeiro caminho é a limitação da responsabilidade, na qual o sócio responde por sua parte no capital social, bem como pelas perdas sociais na proporção de sua participação nas referidas operações. Outro caminho é a responsabilidade ilimitada, em que o sócio responde solidária e ilimitadamente pelas obrigações sociais, independentemente de sua participação no negócio. Obviamente, se a sociedade não tiver capital social, esta última opção é a única cabível para a responsabilização dos sócios cooperados.[5]

A sociedade anônima, disciplinada por lei especial (Lei n. 6.404/76), será sempre sociedade empresária, e ao contrário das anteriores, não é espécie de sociedade de pessoas, em que prevalece a *affectio societatis*, mas sociedade de capitais, *intuitu pecuniae*, não havendo se falar na figura do sócio, mas do acionista. Não importa a sua qualidade pessoal, mas sim, sua contribuição social. Vale dizer, a responsabilidade do acionista é limitada ao preço da emissão da ação, e não ao valor das ações subscritas ou adquiridas. Não há solidariedade entre acionistas pelas obrigações sociais, ou seja, esses assumem o risco de perder o valor investido e não o restante de seu patrimônio pessoal.[6]

Dentre as modalidades desse tipo de sociedade, encontram-se a companhia aberta, a companhia fechada e a pequena companhia. A companhia será aberta, se os valores mobiliários de sua emissão puderem ser negociados em bolsa de valores ou mercado de balcão; fechada, se não tiver autorização para lançamento de títulos de sua emissão no mercado de capitais; pequena companhia, se tiver menos de vinte acionistas e patrimônio líquido inferior a 20.000 BTN's (hoje TR). Mas todas têm como pressuposto o lucro, pois obrigadas à distribuição dos dividendos entre os acionistas.

A sociedade em comandita por ações é aquela em que:

> [...] o capital está dividido em ações (CC, art. 1.099, 1ª parte), respondendo os sócios (comanditários e comanditados) pelo preço da emissão das ações subscritas ou adquiridas, e, além disso, há responsabilidade subsidiária, solidária e ilimitada dos diretores (sócios comanditados) pelas obrigações, ou melhor, pelas perdas sociais (CC, art. 1.091), podendo receber, por isso, relevante participação nos lucros conforme disposto no estatuto social. Os sócios comanditários apenas têm responsabilidade pela integralização das ações que subscreveram.[7]

Por fim, faz-se o exame das sociedades limitadas, tipo societário que visceja no meio empresarial brasileiro, cujas características de contratualidade e limitação da responsabilidade dos sócios atraem os médios e pequenos empreendedores. A contratualidade permite maior liberdade do sócio na afirmação do vínculo societário e na tomada de decisões, em confronto, por exemplo, com as sociedades anônimas, com característica institucional e regras rígidas de regência.[8]

Tal tipo societário surgiu no século XIX, para conjugar as vantagens das sociedades de capitais e das sociedades de pessoas e, ao contrário das demais oriundas do fato social, resultou do legislador alemão, difundindo-se pela Europa e chegando ao Brasil com a Lei das Sociedades por quotas de responsabilidade limitada, no início do século XX (Decreto n. 3.708/1919). Sem dúvida, é o tipo societário que desempenha papel de destaque na vida econômica brasileira, asseverando pesquisa de Tomazete que entre 1995 e 2005, representaram 98,93% das sociedades constituídas no período.[9]

---

(4) RAMOS, 2011. p. 81.
(5) TOMAZETE, 2017. p. 681.
(6) TOMAZETE, 2017. p. 422.
(7) DINIZ, 2015. p. 451.
(8) RAMOS, 2011. p. 94-95.
(9) TOMAZETE, 2017. p. 360.

Acerca da responsabilidade dos sócios da sociedade limitada (nome adotado pelo Código Civil/2002), motivo de pulverização desse tipo societário, é restrita ao valor de suas quotas sociais, havendo solidariedade pela integralização do capital social. Quitado o capital social, os credores da sociedade nada mais poderiam exigir do patrimônio social dos sócios. De forma excepcional, o "véu" que cobre a personalidade jurídica desse tipo societário pode ser retirado, tema a ser tratado no próximo tópico.

Como visto, os tipos societários trazem no seu bojo as regras de responsabilidade do sócio *lato sensu* perante terceiros, enquanto integrante do quadro social, as quais merecem ser rememoradas, de maneira que se aprofunde no tema objeto deste artigo, que cuida do sócio que se retira da sociedade.

4. Desconsideração da personalidade jurídica — Incidente de desconsideração e processo do trabalho

O princípio da autonomia patrimonial das pessoas jurídicas, que funcionou como atrativo ao empreendedorismo, fomentando a atividade econômica, o que interessa tanto ao particular quanto ao Estado e que tem na livre iniciativa um dos seus pilares de desenvolvimento, acabou se revelando, em alguns casos, como subterfúgio para que empresários maliciosos usassem abusivamente desta blindagem jurídica.

Assim, diante do abuso dessa autonomia patrimonial em detrimento dos credores da sociedade, formulou-se a doutrina da desconsideração da personalidade jurídica, sendo que: "*A 'disregard doctrine' não visa anular a personalidade jurídica, mas somente objetiva desconsiderar no caso concreto dentro dos seus limites, a pessoa jurídica em relação às pessoas que atrás dela se escondem*".(10)

A doutrina se iniciou pela sua concepção objetivista, chamada Teoria Maior, pela qual é condicionante à caracterização do abuso da personalidade jurídica, a prova do desvio de finalidade, da confusão patrimonial, do abuso de poder ou da má-fé. Assim, não basta o descumprimento de uma obrigação social, sendo necessário que ele decorra do desvirtuamento da função da pessoa jurídica.(11)

Entretanto, com a promulgação do Código de Defesa do Consumidor, a *disregard doctrine* mereceu regulamentação legal, tendo o seu art. 28 tratado do tema, dispondo, no *caput*:

> O juiz poderá desconsiderar a personalidade jurídica da sociedade quando, em detrimento do consumidor, houver abuso de direito, excesso de poder, infração da lei, fato ou ato ilícito ou violação dos estatutos ou contrato social. A desconsideração também será efetivada quando houver falência, estado de insolvência, encerramento ou inatividade da pessoa jurídica provocados por má administração.

O § 5º desse dispositivo foi além, prevendo que "*também poderá ser desconsiderada a pessoa jurídica sempre que sua personalidade for, de alguma forma, obstáculo ao ressarcimento de prejuízos causados ao consumidor*".

Portanto, de acordo com a regra protetiva do Código de Defesa do Consumidor (CDC), a mera ocorrência de prejuízo ao credor, consubstanciada pelo fato de a pessoa jurídica não honrar as dívidas sociais, abre caminho à desconsideração da personalidade jurídica e o ataque aos bens pessoais dos sócios, o que corporificou a denominada Teoria Menor.

O Superior Tribunal de Justiça já se posicionou nesse sentido:

> [...] a teoria menor da desconsideração, acolhida em nosso ordenamento jurídico excepcionalmente no Direito do Consumidor e no Direito Ambiental, incide com a mera prova da insolvência da pessoa jurídica para o pagamento de suas obrigações, independentemente da existência de desvio de finalidade ou de confusão patrimonial.(12)

Para os defensores da aplicação da Teoria Menor, como o risco empresarial decorre do exercício de atividades econômicas, não poderia ser suportado pelos credores não negociais, motivação que inspirou sua aplicação ao direito processual do trabalho. Assim, passou-se a entender que não se poderia exigir do empregado a prova de que houve abuso da personalidade jurídica, sob pena de se tornar o processo trabalhista um obstáculo à satisfação de créditos alimentares e não um instrumento a favor desses créditos.(13)

De todo modo, a aplicação da Teoria Menor no direito processual do trabalho parece ser majoritária e a utilização supletiva das regras do Código de Defesa do Consumidor, notoriamente assentada no princípio da proteção do trabalhador, encontra guarida no art. 769, da CLT, pela compatibilidade que guarda com a sua hipossuficiência.

Não obstante, outra questão se sobreleva, qual seja, a maneira pela qual se aplica a desconsideração no caso concreto, eis que, antes da promulgação do Código de Processo Civil de 2015, inexistia regulação para processamento do incidente de desconsideração da personalidade jurídica, questão que o legislador buscou resolver

(10) REQUIÃO, 1969. p. 14.

(11) BORGES, Roxana Cardoso Brasileiro; MARTINS, Irena Carneiro. In: RIBEIRO; CARAMÊS, 2017. p. 156.

(12) STJ — 3ª Turma — Resp 279273/SP, Rel. Ministro Ari Pargendler, Rel. p/ Acórdão Ministra Nancy Andrighi, 3ª T., julgado em 04.12.2003, DJ 29.03.2004, p. 230.

(13) SANTOS, 2003. p. 213.

com a inserção no respectivo Título III — Da Intervenção de Terceiros —, das regras insculpidas nos arts. 133 a 137.

Sobreveio a discussão sobre a aplicabilidade do incidente de desconsideração da personalidade jurídica (IDPJ) no processo do trabalho, com vozes favoráveis e contrárias, principalmente quando se debate a questão do contraditório prévio ou diferido.

A Instrução Normativa n. 39/2016 do colendo Tribunal Superior do Trabalho, no seu art. 6º, reputou aplicável o incidente ao processo do trabalho, observadas algumas adaptações.[14] A Comissão de Ministros, cuja decisão consensual foi referendada pelo egrégio Pleno daquela Corte, pautou-se, principalmente, pelos seguintes parâmetros: o pressuposto material da desconsideração está fundado no abuso de direito, modalidade de ato ilícito, e, por isso, constituiu sanção, e somente pode ser manejada, se assegurado direito de defesa e contraditório prévios; a Justiça do Trabalho não pode eleger, ao sabor da conveniência, quais os dispositivos do Código de Processo Civil/2015 são aplicáveis ao processo do trabalho, a teor do contido no art. 15 da processualística comum[15]; o incidente não foi disciplinado apenas para a fase cognitiva, dispondo que, na execução, é obrigatória a observância dele (art. 795, § 4º, do Código de Processo Civil/2015).

Nesse sentido, algumas razões de incompatibilidade foram enfrentadas por Dalazen[16].

A primeira assevera que, como o Código de Processo Civil/2015 atribui ao requerente o ônus de provar o atendimento dos pressupostos materiais da desconsideração (art. 134, § 4º), transfere ônus insuportável ao trabalhador, considerando-se o contido no art. 28, § 5º, do Código de Defesa do Consumidor. Noutras palavras, os requisitos do incidente de desconsideração da personalidade jurídica (IDPJ) são mais exigentes que os do Código de Defesa do Consumidor. Entretanto, o incidente não explicita o pressuposto material para a desconsideração, o que não impede a continuidade de aplicação da Teoria Menor, bastando ser tipificado o inadimplemento da sentença condenatória trabalhista pela pessoa jurídica.

A segunda razão objeta incompatibilidade, porque o Código de Processo Civil de 2015 prevê o recurso contra a decisão interlocutória que julga o incidente, o que não se afina com a sistemática processual trabalhista (art. 893, § 1º, da CLT). Não obstante, foi equacionado o entrave pela referida Instrução Normativa, tomando-se em conta a fase do processo em que declarada a desconsideração, quando foi reconhecida a excepcional recorribilidade imediata, em duas hipóteses. Assim, na fase de cognição, não cabe recurso imediato; na fase de execução, cabe o agravo de petição, independentemente de garantia do juízo, cabendo, ainda, o agravo interno, se proferida a decisão em incidente instaurado originariamente no TRT, pelo Relator designado.

A terceira objeção forra-se na prevalência jurisprudencial trabalhista da tese do contraditório diferido, o que vai de encontro à reformulação conceitual promovida pelo código de processo atual, que passou a privilegiar o contraditório prévio e vedar a decisão surpresa (arts. 9º e 10º, do Código de Processo Civil/2015)[17].

Por fim, outro motivo de incompatibilidade sufragado é o de que a delonga da instauração do incidente de desconsideração da personalidade jurídica (IDPJ) poderia ensejar frustração da execução, na medida em que o sócio, citado antes de quaisquer medidas constritivas de seu patrimônio pessoal, poderia dilapidá-lo e frustrar o próprio incidente. Não obstante, as hipóteses de constatação de fraude de execução contemplam tal subterfúgio, a teor do contido nos arts. 137 e 792, § 3º, do Código de Processo Civil[18]. Ademais, na pendência do incidente, cabem as tutelas provisórias de urgência (arts. 294 e seguintes do Código de Processo Civil/2015), sendo que o art. 301 possibilita o arresto, conquanto medida de tutela de urgência de natureza cautelar. Dalazen chega a asseverar que "*é perfeitamente viável o juiz do trabalho adotar medidas constritivas de urgência, de natureza acautelatória, sobre bens do terceiro suposto responsável, antes de proferir a decisão de desconsideração, se entender que há comprovadamente risco ao resultado útil do processo*".[19]

---

(14) Art. 6º Aplica-se ao Processo do Trabalho o incidente de desconsideração da personalidade jurídica regulado no Código de Processo Civil (arts. 133 a 137), assegurada a iniciativa também do juiz do trabalho na fase de execução (CLT, art. 878). § 1º Da decisão interlocutória que acolher ou rejeitar o incidente: I — na fase de cognição, não cabe recurso de imediato, na forma do art. 893, § 1º da CLT; II — na fase de execução, cabe agravo de petição, independentemente de garantia do juízo; III — cabe agravo interno se proferida pelo Relator, em incidente instaurado originariamente no tribunal (CPC, art. 932, inciso VI). § 2º A instauração do incidente suspenderá o processo, sem prejuízo de concessão da tutela de urgência de natureza cautelar de que trata o art. 301 do CPC.

(15) Na ausência de normas que regulem processos eleitorais, trabalhistas ou administrativos, as disposições deste Código lhes serão aplicadas supletiva e subsidiariamente.

(16) DALAZEN, 2017. p. 153-156.

(17) Art. 9º Não se proferirá decisão contra uma das partes sem que ela seja previamente ouvida. Art. 10. O juiz não pode decidir, em grau algum de jurisdição, com base em fundamento a respeito do qual não se tenha dado às partes oportunidade de se manifestar, ainda que se trate de matéria sobre a qual deva decidir de ofício.

(18) Art. 137. Acolhido o pedido de desconsideração, a alienação ou a oneração de bens, havida em fraude de execução, será ineficaz em relação ao requerente. Art. 792. A alienação ou a oneração de bem é considerada fraude à execução: § 3º Nos casos de desconsideração da personalidade jurídica, a fraude à execução verifica-se a partir da citação da parte cuja personalidade se pretende desconsiderar.

(19) DALAZEN, 2017. p. 155.

Praticamente na mesma linha da interpretação do colendo Tribunal Superior do Trabalho, a reforma trabalhista trazida pela Lei n. 13.467, de 13 de julho de 2017, introduziu o art. 855-A na CLT, que passou a repetir quase os mesmos termos do art. 6º da Instrução Normativa n. 39/2016, retrorreferenciados, pelo que a discussão jurisprudencial passa a sofrer os limites legais estipulados, com a única modificação expressiva no sentido de que não será instaurado de ofício pelo Juízo, se as partes estiverem representadas processualmente.(20)

Desse modo, a desconsideração da personalidade jurídica, quando imprescindível à satisfação dos créditos trabalhistas, ou seja, se verificado o abuso da autonomia patrimonial da pessoa jurídica, poderá atingir os sócios integrantes da sociedade executada, ou até mesmo os sócios que não fazem mais parte do quadro social.

5. Dissolução parcial de sociedades — Ação de dissolução — Falecimento, retirada e exclusão do sócio

Historicamente, tanto o Direito Romano, quanto as Ordenações Filipinas, permitiam a extinção da sociedade na morte ou renúncia de um sócio, neste caso, desde que presente a boa-fé ou a hipótese de justa causa. O Código Comercial Brasileiro de 1850, sob a influência do Código Napoleônico de 1808, abandonou tais requisitos e admitiu a simples vontade do sócio como causa de dissolução da sociedade, conforme art. 335, n. 5.(21) O Código Civil de 1916, prestigiando a tradição romanista, demandou que a renúncia do sócio fosse realizada de boa-fé e notificada com determinada anterioridade, como contido no art. 1.404.(22)

Todas as possibilidades se deram sob a égide do contrato social bilateral, mas com o surgimento da teoria do contrato plurilateral as empresas assim constituídas passaram a ter um papel econômico preponderante nas sociedades e sua permanência no mercado desborda do interesse privado para o público.

Tomazete propõe:

> [...] a construção do contrato plurilateral permite que se atenda também ao princípio da preservação da empresa, pelo qual, sempre que possível, há que se manter a empresa como organismo econômico produtor de riquezas, tendo em vista os inúmeros interesses envolvidos, como os dos trabalhadores, do fisco e dos consumidores.(23)

Assim, a dissolução parcial das sociedades é matéria mais recente no direito empresarial brasileiro, posto que até a entrada em vigor do Código Civil de 2002 não havia o tema merecido tratamento específico legislativo, o qual passou a seguir a tendência da legislação estrangeira, bem como doutrina e jurisprudência nacionais, que já buscavam definir os trilhos procedimentais para afastamento de algum sócio, sem que a sociedade fosse extinta.(24)

O Código Civil de 2002 optou por inserir, nas regras de sociedade simples, as hipóteses de dissolução parcial, especificamente na Seção V — Da Resolução da Sociedade em relação a um Sócio — desde o art. 1.028 até o 1.032, remetendo a tais dispositivos, no que couberem, as regras dos demais tipos societários.

Entendendo-se a dissolução parcial como toda forma de extinção do contrato de sociedade, em relação a uma ou mais pessoas, em que a sociedade não se extingue, o instituto se tipifica nos casos de morte, exclusão do sócio ou exercício do direito de retirada.(25)

Relevante que o Código de Processo Civil/2015, de forma inovadora em relação ao CPC/1973 — que cuidava apenas do procedimento de dissolução total —, regulamentou de forma específica a dissolução parcial da sociedade no Título III — Dos Procedimentos Especiais —, no Capítulo V — Da Ação de Dissolução Parcial de Sociedade —, do art. 599 ao art. 609.

Dessarte, a ação de dissolução parcial se aplica, ordinariamente, à sociedade empresária contratual ou simples, na redação do art. 599, inciso I, do Código de Processo Civil.(26) Assim, dentre outras, sua disciplina volta-se às sociedades personificadas do Código Civil,

---

(20) Art. 855-A. Aplica-se ao Processo do Trabalho o incidente de desconsideração da personalidade jurídica previsto nos arts. 133 a 137 da Lei n. 13.105, de 16 de março de 2016 — Código de Processo Civil. § 1º Da decisão interlocutória que acolher ou rejeitar o incidente: I — na fase de cognição, não cabe recurso de imediato, na forma do § 1º do art. 893 desta Consolidação; II — na fase de execução, cabe agravo de petição, independentemente de garantia do juízo; III — cabe agravo interno se proferida pelo relator, em incidente instaurado originariamente no tribunal. § 2º A instauração do incidente suspenderá o processo, sem prejuízo de concessão da tutela de urgência de natureza cautelar de que trata o art. 301 da Lei n. 13.105, de 16 de março de 2015 (Código de Processo Civil).

(21) Código Comercial, Lei n. 556, de 1850 (parte revogada pela Lei n. 10.406 de 10.01.2002. "Art. 335. As sociedades reputam-se dissolvidas: (...) 5. Por vontade de um dos sócios, sendo a sociedade celebrada por tempo indeterminado (...)".

(22) Art. 1.404. A renúncia de um dos sócios só dissolve a sociedade quando feita de boa-fé, em tempo oportuno, e notificada aos sócios 2(dois) meses antes.

(23) TOMAZETE, 2017. p. 328.

(24) ALBUQUERQUE, 2015. p. 143.

(25) ALBUQUERQUE, 2015. p. 151.

(26) Art. 599. A ação de dissolução parcial de sociedade pode ter por objeto: I — a resolução da sociedade empresária contratual ou simples em relação ao sócio falecido, excluído ou que exerceu o direito de retirada ou recesso;

quais sejam, a sociedade em nome coletivo, em comandita simples, sociedade limitada e sociedade simples pura, havendo dúvida doutrinária em relação à aplicação do procedimento em relação às não personificadas. No tocante às sociedades anônimas de capital fechado, com característica *intuitu personae* preponderantes sobre a institucional, é possível seu manejo para viabilizar a retirada de um acionista por justa causa, a teor do contido no art. 599, § 2º, do Código de Processo Civil.(27)

Diante da hipótese de falecimento do sócio numa sociedade de pessoas, conquanto uma das formas de dissolução parcial, impõe-se a liquidação da quota do *de cujus* e a continuidade das atividades sociais, conforme art. 1.028, do Código Civil, com as ressalvas legais dispostas, tais como a opção dos remanescentes pela dissolução, ou a substituição da posição societária pelos herdeiros.(28) A data da resolução será a do óbito, a teor do contido no art. 605, do Código de Processo Civil/2015.(29)

Quanto à exclusão de sócio, de igual modo, forma de dissolução parcial, essa pode se dar, até mesmo extrajudicialmente quanto ao sócio remisso, isto é, em mora com a integralização de suas cotas sociais, por iniciativa da maioria dos demais sócios, conforme contido no parágrafo único do art. 1.004 do CC.(30) Poderá ocorrer, de pleno direito, em relação ao sócio declarado falido ou civilmente insolvente, ou o sócio cuja cota for liquidada para pagamento de dívida, a teor do contido no art. 1.030, parágrafo único, do Código Civil.(31) Outro caso de exclusão é a incapacidade superveniente, considerando que o sócio não poderá mais cooperar para o fim social, questão que se resolve judicialmente, nos termos do art. 1.030, *caput*, do Código Civil, parte final.

A exclusão, também, pode se dar judicialmente, com legitimidade da sociedade para propor a ação dissolutória, pretendendo o desligamento do sócio que descumpriu com seus deveres, na forma do art. 605, inciso V, do Código de Processo Civil/2015.(32)

Outra hipótese de dissolução parcial, nas sociedades por prazo indeterminado, é aquela em que qualquer sócio pode exercer o direito de retirada, mediante notificação aos demais com antecedência de 60 dias. A data da resolução é o sexagésimo dia seguinte ao do recebimento da notificação do sócio retirante, endereçada à sociedade, conforme previsto no art. 605, II, do Código de Processo Civil(33), em conexão com o art. 1.029 do Código Civil(34), que dispõe um prazo de 60 dias entre a manifestação da retirada e sua eficácia.

Entretanto, nas sociedades por prazo determinado, a retirada do sócio descontente somente pode se dar mediante prova de justa causa, a teor do art. 1.029 do Código Civil, por meio de decisão judicial, conforme art. 605, inciso IV, do Código de Processo Civil/2015. Noutras palavras, a mera quebra da *affectio societatis* não permite a exclusão do sócio pela sociedade, mas possibilita o exercício do direito de retirada por este.

A retirada é vista por grande parte dos autores como a hipótese de desligamento voluntário do sócio, mas não se pode olvidar espécie distinta de retirada, denominada direito de recesso, que permite ao sócio dissidente, minoritário, nas sociedades limitadas, de desligar-se da sociedade por discordar de alteração contratual ou operação societária (incorporação ou fusão) resolvida pela maioria, nos termos do art. 1.077 do Código Civil.(35) O Código de Processo Civil/2015 trata os institutos, retirada e recesso, de forma distinta, nos incisos do art. 605, especialmente o de n. III.(36)

Relevante que o sócio retirante ou o que exerceu o direito de recesso passa a ter legitimidade para propositura da ação dissolutória, se não tiver sido providenciada a alteração contratual consensual pela sociedade para formalizar o desligamento, depois de 10 dias do exercício do respectivo direito, conforme art. 600, inciso IV, do

---

(27) § 2º A ação de dissolução parcial de sociedade pode ter também por objeto a sociedade anônima de capital fechado quando demonstrado, por acionista ou acionistas que representem cinco por cento ou mais do capital social, que não pode preencher o seu fim.

(28) Art. 1.028. No caso de morte de sócio, liquidar-se-á sua quota, salvo: I — se o contrato dispuser diferentemente; II — se os sócios remanescentes optarem pela dissolução da sociedade; III — se, por acordo com os herdeiros, regular-se a substituição do sócio falecido.

(29) Art. 605. A data da resolução da sociedade será: (...) I — no caso de falecimento do sócio, a do óbito;

(30) Art. 1.004 (...) Parágrafo único. Verificada a mora, poderá a maioria dos demais sócios preferir, à indenização, a exclusão do sócio remisso, ou reduzir-lhe a quota ao montante já realizado, aplicando-se, em ambos os casos, o disposto no § 1º do art. 1.031.

(31) Parágrafo único. Será de pleno direito excluído da sociedade o sócio declarado falido, ou aquele cuja quota tenha sido liquidada nos termos do parágrafo único do art. 1.026.

(32) Art. 605. A data da resolução da sociedade será: (...) IV — na retirada por justa causa de sociedade por prazo determinado e na exclusão judicial de sócio, a do trânsito em julgado da decisão que dissolver a sociedade;

(33) Art. 605. A data da resolução da sociedade será: (...) II — na retirada imotivada, o sexagésimo dia seguinte ao do recebimento, pela sociedade, da notificação do sócio retirante;

(34) Art. 1.029. Além dos casos previstos na lei ou no contrato, qualquer sócio pode retirar-se da sociedade; se de prazo indeterminado, mediante notificação aos demais sócios, com antecedência mínima de sessenta dias; se de prazo determinado, provando judicialmente justa causa. Parágrafo único. Nos trinta dias subseqüentes à notificação, podem os demais sócios optar pela dissolução da sociedade.

(35) Art. 1.077. Quando houver modificação do contrato, fusão da sociedade, incorporação de outra, ou dela por outra, terá o sócio que dissentiu o direito de retirar-se da sociedade, nos trinta dias subseqüentes à reunião, aplicando-se, no silêncio do contrato social antes vigente, o disposto no art. 1.031.

(36) Art. 605. A data da resolução da sociedade será: (...) III — no recesso, o dia do recebimento, pela sociedade, da notificação do sócio dissidente.

Código de Processo Civil.[37] A doutrina questiona a necessidade de o sócio retirante propor ação de dissolução parcial, quando bastaria o exercício de seu direito por declaração unilateral e receptícia de vontade. Vale dizer que: "*Nem mesmo para dar conhecimento a terceiros e tornar a retirada oponível* erga omnes *(...) o sócio[retirante] precisa recorrer ao Judiciário; basta averbar a notificação que por escrito tenha encaminhado à sociedade e aos demais sócios na Junta Comercial ou Registro Civil das Pessoas Jurídicas, conforme o caso (CC, art. 1.032)*".[38] Entretanto, acolhe a mesma doutrina a possibilidade do manejo da máquina judiciária pelo sócio retirante, porquanto a apuração de haveres também é objeto desse tipo de ação, de modo a avaliar o valor da cota do sócio retirante, do sócio excluído ou do sócio falecido.

A dissolução parcial, efeito jurídico modificativo do contrato de sociedade, constitui efeito extintivo em relação ao sócio que se afasta, determinando o fim dos vínculos negociais entre sócio e sociedade. Não obstante, prevê o Código Civil regras específicas que alongam essa responsabilidade. A primeira está contida no art. 1.003, parágrafo único, no sentido de que: "*Até dois anos depois de averbada a modificação do contrato, responde o cedente solidariamente com o cessionário, perante a sociedade e terceiros, pelas obrigações que tinha como sócio*".

A segunda, no art. 1.032 do Código Civil, estabelecendo a responsabilidade do sócio, que não mais pertence ao quadro social, em relação a terceiros, ao prever que:

> A retirada, exclusão ou morte do sócio, não o exime, ou a seus herdeiros, da responsabilidade pelas obrigações sociais anteriores, até dois anos após averbada a resolução da sociedade; nem nos dois primeiros casos, pelas posteriores e em igual prazo, enquanto não se requerer a averbação.

Como se pode aferir, no caso do sócio que se retirou ou daquele que foi excluído, judicial ou extrajudicialmente, sua responsabilidade perante terceiros (e perante a própria sociedade), é da mesma natureza daquela de quando era sócio, prevalecendo até dois anos após a respectiva averbação do desligamento na Junta Comercial (ou no Cartório de Registro de Pessoas Jurídicas, conforme o caso). Se não for averbada a dissolução parcial, a responsabilidade desse sócio remanesce pelas obrigações posteriores da retirada ou exclusão, até dois anos após o requerimento da averbação.

Na hipótese do sócio falecido, a regra é única, ou seja, a responsabilidade prevalece até dois anos depois de averbada a dissolução parcial que, como visto, terá como marco a data do óbito. Evidentemente que essa responsabilidade patrimonial tem seus limites definidos nas regras de hereditariedade, não podendo ser superior às forças da herança, nos termos do art. 1.792, do Código Civil.[39]

De todo modo, repete-se, a dissolução parcial do vínculo societário por morte, retirada ou exclusão, assim como por cessão de cota, analogicamente, não faz cessar a responsabilidade pessoal dos sócios por obrigações sociais anteriores à verificação de tais eventos, a qual será mantida por algum tempo, exatamente conforme assumidas quando figurava como sócio.

Importante ressaltar que, excepcionalmente, por força da aplicação da teoria da desconsideração da personalidade jurídica, as regras de responsabilidade pós-contratual para o sócio retirante, falecido ou excluído da sociedade, podem atingir aqueles que figurem em tipos societários, com sua responsabilidade limitada, eis que o "véu" social é temporariamente desfeito, como já amplamente abordado.

Assim, no tipo societário mais frequente dentre os médios e pequenos empreendedores, ou seja, a sociedade limitada, se já integralizado o capital, os sócios não teriam mais responsabilidade pelas dívidas sociais, mas, como visto, na hipótese de desconsideração da personalidade jurídica, poderá o sócio, ainda que retirante, vir a responder com o seu patrimônio pessoal, na forma já exposta no item anterior.

6. Responsabilidade do sócio retirante prevista no art. 10-A da CLT, introduzido pela Reforma Trabalhista (Lei n. 13.467, de 13 de julho de 2017) — Benefício de ordem — Fraude

O direito do trabalho não possuía dispositivo específico para regular o tema da responsabilidade do sócio retirante, motivo pelo qual eram utilizados de forma combinada e de modo geral, os arts. 1.032 e 1.003, parágrafo único, ambos do Código Civil /2002, por força do disposto no parágrafo único, art. 8º, da CLT.

Confira-se na jurisprudência:

> RESPONSABILIDADE DO SÓCIO RETIRANTE — Mesmo antes da alteração da Consolidação das Leis do Trabalho, com a inserção do art. 10-A, a realidade é que, desde a promulgação do atual Código Civil a doutrina e a jurisprudência já tinham se posicionado no sentido de limitação à responsabilidade do sócio retirante. (TRT da 1ª Região; Processo n. 0156400-69.2001.5.01.0223 — DEJT 23.07.2018; Órgão Julgador: Quarta Turma; Relator: Cesar Marques Carvalho; Disponibilização: 25.07.2018)

(37) Art. 600 (...) IV — pelo sócio que exerceu o direito de retirada ou recesso, se não tiver sido providenciada, pelos demais sócios, a alteração contratual consensual formalizando o desligamento, depois de transcorridos 10 (dez) dias do exercício do direito;

(38) FRANÇA, 2016. p. 36-37 e 64.

(39) Art. 1.792. O herdeiro não responde por encargos superiores às forças da herança; incumbe-lhe, porém, a prova do excesso, salvo se houver inventário que a escuse, demonstrando o valor dos bens herdados.

Não obstante, as interpretações são diversas, acolhendo parte da jurisprudência trabalhista o entendimento de que o prazo de dois anos tem natureza de prazo decadencial, cujo termo inicial se dá com a averbação da modificação do contrato social, independentemente de outros fatores, tais como, se o contrato de trabalho em discussão teria relação temporal com a época em que o sócio integrava a sociedade, beneficiando-se diretamente do labor oferecido.

Por esta primeira linha interpretativa, o sócio retirante, ao proceder à regular averbação de sua retirada, só poderia ser responsabilizado pelos débitos societários se acionado no decurso de dois anos depois da referida escrituração. Após tal biênio, estaria decretada a decadência do direito.

A doutrina já se pronunciou a respeito do cabimento dessa interpretação:

> Introduziu, entretanto, o novo Código Civil uma limitação à responsabilidade, só podendo ser invocada até dois anos após a averbação da saída do sócio. Assim, passados dois anos de sua saída, o sócio não pode mais ser cobrado pelas obrigações relativas ao período em que integrava a sociedade. Tal regra constitui fator de segurança e estabilidade, permitindo que o sócio tenha certeza de que não será mais cobrado em relação a fatos anteriores. Essa norma também se aplica aos direitos trabalhistas, uma vez que o legislador não traçou distinção ou privilégios quanto à natureza dos créditos.(40)

Lado outro, por meio de linha diversa de interpretação, a responsabilidade do sócio retirante permanece por esses dois anos, mas não se esgota neles. Assim, mesmo que regularmente averbada sua saída, admite-se que o ex-sócio continue responsável, sem que se observe tal limite temporal, mas desde que a dívida resulte de contratação laboral, cuja vigência, pelo menos parcialmente, seja coincidente com a respectiva integração daquele no quadro social. Apoia-se tal interpretação na redação dos arts. 10 e 448, da CLT (antes da reforma da Lei n. 13.467, de 13 de julho de 2017, que introduziu os arts. 10-A e 448-A), que garantem os créditos trabalhistas, independentemente da modificação da estrutura jurídica da empresa.(41)

Ainda numa outra vertente, interpreta-se que o prazo previsto no art. 1.032 do Código Civil/2002 não limita a responsabilidade de execução do sócio ao biênio subsequente à sua saída, mas a impõe pelas obrigações contraídas pela sociedade até dois anos depois da averbação de retirada. Vale dizer, a regra é de direito material, podendo se estender a responsabilidade por mais tempo, com observância apenas do período do contrato laboral.

Não bastasse, há também vozes que não admitem a aplicação da norma do art. 1.032 do Código Civil/2002 ou do parágrafo único do art. 1.003 daquele mesmo diploma legal ao processo do trabalho, por entenderem que, em qualquer momento da fase executiva, o redirecionamento da execução em face do patrimônio particular do sócio majoritário ou minoritário, que se retirou da sociedade (conforme o caso), pode ocorrer, desde que o trabalhador tenha prestado serviços à sociedade no lapso temporal em que o sócio tenha deles se beneficiado, por incidência dos arts. 790, inciso II e 795, ambos do Código de Processo Civil/2015.(42)

Em arremate, a jurisprudência trabalhista também aborda os casos de fraude na alteração societária, quando um sócio se retira, mas continua atuando na sociedade, deixando em seu lugar um sócio fictício, o conhecido "laranja". Nesse caso, afirmam os julgados que nenhuma limitação legal se aplica aos sócios retirantes, quando se utilizam de fraude nos registros societários, para escapar da responsabilidade patrimonial que possam vir a sofrer pelos débitos da sociedade.

Como se percebe, a gama de interpretações pode gerar enorme insegurança ao jurisdicionado, situação que se agrava, principalmente, quando se trata de área de interpenetração de ramos distintos do direito, não se podendo olvidar uma das tônicas da reforma trabalhista, que foi a de conferir maior segurança jurídica a esse sistema.

Em geral, as regras previamente estabelecidas para resolução de conflitos de interesse são favoráveis à ordem jurídica no Estado Democrático de Direito, sendo próprio relembrar que a previsão da segurança jurídica está contida no art. 5º, inciso XXXVI, da Constituição Federal/88, ao ditar que "*a lei não prejudicará o direito adquirido, o ato jurídico perfeito e a coisa julgada*". Outros institutos jurídicos, tais como a prescrição e a decadência, também se correlacionam com a segurança jurídica, e a se entender que o prazo de dois anos, após a averbação da retirada do sócio da sociedade, constitui prazo decadencial, fácil se perceber sua estreita interligação com a segurança jurídica e com a oportunidade de seu tratamento pela legislação trabalhista.

Desse modo, a introdução do art. 10-A na Consolidação das Leis do Trabalho tem o fito de colaborar para maior coesão interpretativa em relação ao sócio retirante. Vejamos seu conteúdo:

> Art. 10-A. O sócio retirante responde subsidiariamente pelas obrigações trabalhistas da sociedade, relativas ao período em

(40) LORENZETTI, 2003. p. 228.

(41) Art. 10. Qualquer alteração na estrutura jurídica da empresa não afetará os direitos adquiridos por seus empregados. Art. 448. A mudança na propriedade ou na estrutura jurídica da empresa não afetará os contratos de trabalho dos respectivos empregados.

(42) Art. 790. São sujeitos à execução os bens: (...) II — do sócio, nos termos da lei; Art. 795. Os bens particulares dos sócios não respondem pelas dívidas da sociedade, senão nos casos previstos em lei.

que figurou como sócio, somente em ações ajuizadas até dois anos depois de averbada a modificação do contrato, observada a seguinte ordem de preferência:

I — a empresa devedora;

II — os sócios atuais; e

III — os sócios retirantes.

Parágrafo único. O sócio retirante responderá solidariamente com os demais quando ficar comprovada fraude na alteração societária decorrente da modificação do contrato.

Primeiro ponto a se observar é que o art. 10-A da CLT só menciona a figura do sócio retirante, sendo de se indagar se o legislador não se preocupou com a responsabilidade do sócio excluído ou falecido, sob o mesmo aspecto.

Segundo pondera França, ao analisar o art. 609 do Código de Processo Civil/2015[(43)], que cuida da apuração dos haveres do "sócio retirante", a regra apuratória é a mesma para o sócio falecido ou excluído[(44)], não se tendo razão para tratamento diferenciado dessas categorias.

Logo, procedendo a uma interpretação sistêmica, há de se considerar a figura do sócio retirante como aquele que se desligou da sociedade, por efeito de dissolução parcial, qualquer que seja a sua causa (morte, retirada ou exclusão).

Daí, não adviria dúvida de que o *caput* do art. 10-A também se aplica às duas outras hipóteses, ou seja, de sócio falecido ou excluído judicial ou extrajudicialmente da sociedade, resolvendo-se todas as hipóteses pela legislação trabalhista.

Não obstante, interpretação diversa pode obtemperar que o legislador trabalhista cuidou apenas do sócio retirante *stricto sensu*. Nesse caso, para o sócio falecido ou excluído, continua a ser necessária a invocação supletiva da regra do art. 1.032 do Código Civil/2002 e/ou do parágrafo único, do art. 1.003, daquele mesmo código, hipóteses de menor incidência prática.

Tais vertentes interpretativas influenciam diretamente sobre as demais regras do art. 10-A, da CLT, que tratam da subsidiariedade, da natureza da responsabilidade, bem como do prazo de dois anos para ajuizamento da ação, todas elas presentes no novel artigo, mas ausentes no art. 1.032 do Código Civil/2002.

Questão igualmente controvertida desperta a expressão "*obrigações trabalhistas da sociedade, **relativas ao período em que figurou como sócio***", que hoje consta do *caput* do art. 10-A da CLT.

Conforme abordado no subitem 4 deste artigo, não se acolhia como determinante para fins de desconsideração da personalidade jurídica, a concomitância entre o período em que o sócio figurou na sociedade e a duração do contrato de trabalho.

A redação da novel legislação parece intentar introduzir um novo parâmetro, buscando definir, também sob o aspecto da concomitância de fatos, os limites temporais da responsabilidade do sócio, sendo que tal requisito não consta dos arts. 1.032 e 1.003, parágrafo único do Código Civil. Nessa interpretação, o sócio retirante só poderia vir a ser chamado a responder pelas obrigações se a concomitância entre o período em que o sócio figurou na sociedade e a duração do contrato de trabalho se configurasse.

Mas a interpretação sistêmica do instituto pode sugerir caminho diverso. Noutras palavras, a jurisprudência trabalhista sempre considerou que o ingresso de sócio traz consigo a efetiva participação em todos os passivos e ativos da sociedade, inclusive trabalhistas. E nessa sorte de ideias, não haveria como deixar de chamar o sócio retirante, apenas porque não figurou na sociedade ao tempo da prestação de serviços.

Parece mais razoável, então, que o legislador, ao incluir a expressão "*relativas ao período em que figurou como sócio*", se referiu às obrigações posteriores à exclusão do sócio na sociedade, não havendo qualquer exigência quanto à concomitância entre o período em que o sócio figurou na sociedade e a duração do contrato de trabalho.

Cita-se o seguinte julgado, com entendimento semelhante:

RESPONSABILIDADE. SÓCIOS RETIRANTES. PARCELAS TRABALHISTAS REFERENTES AO PERÍODO POSTERIOR À AVERBAÇÃO DA MODIFICAÇÃO DO CONTRATO SOCIAL. A responsabilidade dos sócios, até dois anos após averbada a alteração do contrato social quanto à saída, deve se limitar às obrigações que tinham nessa condição, não respondendo por créditos inadimplidos concernente a período em que já não mais faziam parte do quadro societário, nos termos do que enunciam os arts. 1.003 e 1.032 do Código Civile art. 10-A da CLT, incluído pela Lei n. 13.467/2017. (TRT da 3ª Região; PJe: 0011895-73.2016.5.03.0038 (RO); Disponibilização: 06.02.2018; Órgão Julgador: Quinta Turma; Relator: Manoel Barbosa da Silva)

Bom que se ressalte, ainda, a considerável novidade introduzida pelo art. 10-A da CLT, quanto ao benefício de ordem do sócio retirante em relação aos sócios atuais da sociedade, uma vez que não cuidava dele o Código Civil de 2002. Poder-se-ia mesmo admitir que o benefício de ordem já existe em relação a alguns tipos societários, que guardam regras específicas sobre a ordem de preferência executiva dos bens pessoais e dos sociais, conforme já amplamente abordado. Porém, nada havia sido

(43) Art. 609. Uma vez apurados, os haveres do sócio retirante serão pagos conforme disciplinar o contrato social e, no silêncio deste, nos termos do § 2º do art. 1.031 da Lei n. 10.406, de 10 de janeiro de 2002 (Código Civil).

(44) FRANÇA, 2016. p. 79.

disposto, quer nos parecer, sobre o benefício de ordem do retirante em relação aos sócios atuais da sociedade, tampouco em relação à sociedade, que tenha sua personalidade jurídica desconsiderada.

Vale dizer, com a entrada em vigor do art. 10-A da CLT, primeiro deverão ser excutidos os bens da sociedade, depois os dos sócios atuais, para somente depois voltar-se a execução contra os bens do sócio retirante, tenha sido ou não desconsiderada a personalidade jurídica social no caso concreto, o que, muitas vezes, demandará do credor esforço adicional para obter satisfação do crédito trabalhista.

Outra novidade consiste no marco temporal do prazo da responsabilidade do sócio retirante. Assim, quando o legislador introduziu a expressão "*somente em ações ajuizadas até dois anos depois de averbada a modificação do contrato*" buscou espancar as vertentes interpretativas trazidas anteriormente, que não coadunavam com a ideia de ser decadencial o prazo de 2 anos e, ainda, fixou, de forma mais certeira, a forma de contagem. Não se trata de prazo para chamamento do devedor, sócio retirante, ao processo trabalhista, como diversas interpretações acolhiam, em sede de execução.

Noutras palavras, o credor terá que ajuizar a ação até dois anos depois do registro da saída do sócio retirante, se pretender que possa vir o mesmo a responder com seu patrimônio pessoal, subsidiariamente. Situação que impõe carga maior ao detentor do crédito trabalhista, eis que, muitas vezes, somente no curso da ação trabalhista, se configura a inadimplência da sociedade empregadora. Nesse aspecto, a desconsideração da personalidade jurídica, que ordinariamente se dá apenas no curso da execução pela adoção da Teoria Menor, pode encontrar a via da responsabilização subsidiária do sócio retirante já esgotada pelo decurso do tempo.

Em mesmo sentido, segue interpretação recente do colendo TST:

> **AGRAVO DE INSTRUMENTO. RECURSO DE REVISTA INTERPOSTO NA VIGÊNCIA DA LEI N. 13.015/2014. EMPRESA EM RECUPERAÇÃO JUDICIAL. COMPETÊNCIA DA JUSTIÇA DO TRABALHO. EXECUÇÃO TRABALHISTA EM FACE DE SÓCIO RETIRANTE.** A jurisprudência desta Corte firmou o entendimento de que o redirecionamento da execução contra os sócios ou integrantes do mesmo grupo econômico da empresa falida ou em recuperação judicial não afasta a competência da justiça do trabalho em prosseguir na execução, uma vez que eventual constrição não incidirá sobre bens da empresa em recuperação judicial, mas contra o patrimônio do sócio da empresa executada. No caso, restou configurada a legitimidade do sócio retirante para figurar no polo passivo da execução, tendo em vista que *a ação foi ajuizada dentro do interstício de 2 anos, contado do afastamento da sociedade*. Desse modo, persiste a competência trabalhista para prosseguir na execução contra o sócio retirante. Precedentes. **LEGITIMIDADE PASSIVA. RESPONSABILIDADE DO SÓCIO RETIRANTE. INTERPRETAÇÃO DA LEGISLAÇÃO INFRACONSTITUCIONAL. INVIABILIDADE EM SEDE DE EXECUÇÃO.** Na situação dos autos, não procede a alegação de ofensa ao art. 5º, *caput*, XXXV e LV, da Constituição Federal, quando a lide está adstrita ao exame de legislação infraconstitucional aplicável à matéria, visto que essa circunstância impossibilita a configuração de sua violação literal e direta. A discussão, deste modo, não se exaure na Constituição Federal. Agravo de instrumento a que se nega provimento. (AIRR — 112400-41.2007.5.02.0030, Relatora Ministra: Maria Helena Mallmann, Data de Julgamento: 26.06.2018, 2ª Turma, Data de Publicação: DEJT 29.06.2018)

Merece também análise a modificação da natureza da responsabilidade de subsidiária para solidária, no caso de "*fraude na alteração societária decorrente da modificação do contrato*". Não se trata de fraude trabalhista no sentido mais amplo, mas de fraude do registro modificativo do contrato social, como por exemplo, na hipótese de sócio que se retira apenas formalmente da sociedade e continua atuando, sendo do credor a prova respectiva.

Duas vertentes interpretativas podem advir, em relação ao interregno bienal da responsabilidade. Seriam dois anos para ajuizar a ação trabalhista, conforme a regra geral contida no *caput* do art. 10-A da CLT, não se cogitando de prazo, quando comprovada a fraude no registro de saída do sócio? Ou seriam dois anos para ambos os casos, constatada a fraude ou não, considerando que o parágrafo único deve ser interpretado em harmonia com a regra do *caput*, segundo a técnica legislativa em que "*o parágrafo é exclusivamente reservado para constituir a imediata divisão do artigo*" e "*seu assunto depende diretamente do assunto ventilado no artigo*"(45). Sendo assim, não se interpreta um parágrafo contido num artigo sem que se trate de hipótese específica da mesma regra geral.

Pela segunda hipótese, se comprovada a fraude, o legislador apenas teria convertido a espécie de responsabilidade de subsidiária em solidária, como medida sancionatória, mas ainda mantendo o prazo de dois anos para propositura da respectiva ação trabalhista.

Pela primeira hipótese, quer nos parecer que a demonstração de fraude registral, de saída, retira do devedor a prerrogativa de não vir a responder com seu patrimônio pessoal, exatamente conforme já se posicionava a interpretação trabalhista à luz do art. 1.032 do Código Civil/2002. Mas não são estranhas as ponderações de parte a parte, eis que, juridicamente, ambas apresentam-se possíveis.

Como se apreende, algumas questões ficaram abertas, a despeito do esforço do legislador em conferir maior segurança jurídica com a entrada em vigor do art. 10-A da CLT, a qual, de fato, só será obtida após a conjugação das interpretações que vierem a surgir, com a consequente e sólida jurisprudência, sem que se extirpe a intenção legal.

Isso porque, a circunstância não nos permite esquecer que a dinâmica das relações sociais dificilmente conseguirá obter da regra positivada a mesma velocidade

(45) FERREIRA, 1986. p. 179.

de expressão, cabendo à jurisprudência adequar o fato social à ordem jurídica, sempre.

7. Conclusão

O esforço empreendido na tessitura das ideias *retro*, decerto, não tem a pretensão de firmar um convencimento definitivo sobre o tema, mas, sim, instigar o debate.

Cuidou-se, aqui, de se proceder a uma análise primeira sobre o novo art. 10-A, da CLT, abordando a figura do sócio retirante, cuja interpretação será mais bem construída ao longo do tempo, por meio do exame pormenorizado realizado no âmago dos processos submetidos a esta Especializada, caso a caso.

Noutras palavras, a questão instigará debates, dos quais participará a comunidade jurídica trabalhista, buscando amoldá-la ao sistema protetivo que inspira essa seara do direito, sem se descuidar do princípio da segurança jurídica, que inspirou a edição da Lei n. 13.467, de 13 de julho de 2017, conforme as vozes que aplaudiram sua promulgação.

Como sabido, dos 922 artigos da CLT, foram alterados 54, inseridos 43 e revogados 9 deles, o que atinge um total de 106 modificações, a impactar todo o arcabouço trabalhista, sendo certo, repete-se, que o legislador diz pretender, com isso, maior competitividade no mercado econômico e geração de mais e melhores empregos.[46]

O tempo e o esforço do intérprete hão de responder a diversas indagações que podem permanecer, agora, sem resposta, mas as relações sociais evoluem e as coletividades são convidadas a adaptar-se, utilizando-se dos instrumentos da democracia para o aperfeiçoamento das leis vigentes.

Referências Bibliográficas

ALBUQUERQUE, Luciano Campos de. *Dissolução de sociedades*. 2. ed. revista e atualizada de acordo com o novo Código de Processo Civil. São Paulo: Malheiros, 2015.

BRASIL. Tribunal Regional do Trabalho da 1ª Região. Relator: Cesar Marques Carvalho. Processo n. 0156400-69.2001.5.01.0223 — DEJT 23.07.2018. Órgão Julgador: Quarta Turma. Disponibilização: 25.07.2018.

BRASIL. Tribunal Regional do Trabalho da 3ª Região; Relator: Manoel Barbosa da Silva. Processo PJe: 0011895-73.2016.5.03.0038 (RO). Órgão Julgador: Quinta Turma. Disponibilização: 06.02.2018.

BRASIL. Tribunal Superior do Trabalho. Relatora Ministra: Maria Helena Mallmann. Agravo de Instrumento em Recurso de Revista AIRR — 112400-41.2007.5.02.0030. Data de Julgamento: 26.06.2018. Órgão Julgador: 2ª Turma. Data de Publicação: DEJT 29.06.2018.

DALAZEN, João Oreste. *Lições de direito e processo do trabalho*. 1. ed. São Paulo: LTr, 2017.

DINIZ, Maria Helena. *Curso de direito civil brasileiro*. V. 8. Direito de empresa. 7. ed. São Paulo: Saraiva, 2015.

FERREIRA, Pinto. *Revista Inf. Legisl.* Brasília, Biblioteca do Senado, ano 23, n. 89, jan./mar. 1986.

FRANÇA, Erasmo Valadão Azevedo e Novaes; VON ADAMECK, Marcelo Vieira. *Da ação de dissolução parcial de sociedade. Comentários breves ao CPC/2015*. São Paulo: Malheiros, 2016.

LORENZETTI, Ari Pedro. *A responsabilidade pelos créditos trabalhistas*. São Paulo: LTr, 2003.

PORTAL DA INDÚSTRIA <http://www.portaldaindustria.com.br/relacoesdotrabalho/media/publicacao/chamadas/Modernizacao%20Trabalhista_Vweb.pdf>. Acesso em: 16 ago. 2017.

RAMOS, André Luiz Santos Cruz. *Direito de empresa no Código Civil* — comentários ao livro II (arts. 966 a 1195). São Paulo: Forense, 2011.

RIBEIRO, Márcia Carla Pereira; CARAMÊS, Guilherme Bonato Campos (Coords.). *Direito empresarial e o novo CPC*. Belo Horizonte: Fórum, 2017.

REQUIÃO, Rubens. Abuso de direito e fraude através da personalidade jurídica. *RT*. São Paulo, v. 58, n. 410, dez. 1969.

SANTOS, Hermelino de Oliveira. *Desconsideração da personalidade jurídica no processo do trabalho*. São Paulo: LTr, 2003.

TOMAZETTE, Marlon. *Curso de direito empresarial. Teoria geral e direito societário*. 8. ed. rev. e atual, v. 1. São Paulo: Atlas, 2017.

(46) *Portal da Indústria*, 2017.

A PRESCRIÇÃO TRABALHISTA. O QUE MUDA COM AS NOVAS DISPOSIÇÕES DA REFORMA (ART. 11 E §§ E ART. 11-A E §§ DA CLT). IMPACTO NO AJUIZAMENTO DE AÇÕES E NA EFETIVIDADE DAS DECISÕES TRABALHISTAS

César P. S. Machado Jr.(*)

1. CONSIDERAÇÕES GERAIS

No direito e na vida dos contratos, o fator tempo também tem uma importância muito grande, principalmente quando se analisa os institutos da prescrição.

Como muito bem nos diz Vicente Ráo, "A inviolabilidade do passado é princípio que encontra fundamento na própria natureza do ser humano, pois, segundo as sábias palavras de Portalis, o homem que não ocupa senão um ponto no tempo e no espaço, seria o mais infeliz dos seres, se não pudesse julgar seguro nem sequer quanto à sua vida passada. Por essa parte de sua existência, já não carregou todo o peso de seu destino? O passado pode deixar dissabores, mas põe termo às incertezas. Na ordem da natureza só o futuro é incerto e esta própria incerteza é suavizada pela esperança, a fiel companheira de nossa fraqueza. Seria agravar a triste condição da humanidade, querer mudar, através do sistema da legislação, o sistema da natureza, procurando, para o tempo que já se foi, fazer reviver as nossas dores, sem nos restituir as nossas esperanças".

Aqui está o fundamento principal da prescrição: a paz social, sepultando de forma definitiva as situações pretéritas, que não poderão ser revividas após o decurso de prazos fixados, o que colabora com a harmonia e segurança das relações humanas.

2. A PRESCRIÇÃO

Clóvis Beviláqua define a prescrição como "sendo a perda da ação atribuída a um direito e de toda sua capacidade defensiva, em consequência do não-uso delas, durante um certo lapso de tempo".

Sílvio Rodrigues concorda com essa definição, mencionando que são elementos da prescrição:

a) inércia do credor, ante a violação de seu direito;

b) o decurso de um período de tempo fixado em lei;

c) perda da ação de que todo o direito vem munido, de modo a privá-lo de qualquer capacidade defensiva.

A inércia ou negligência acentuada do credor, desinteressando-se pelo seu direito, pelo tempo previsto na lei, tem como efeito a perda da ação necessária para garanti-lo e fazê-lo efetivo.

Trata-se da perda da tutela jurisdicional necessária para reivindicar o direito prescrito, o que é mais harmônico com a legislação, pois estabelece o art. 882 do Código Civil que o pagamento de dívida prescrita não dá direito à sua devolução, o que significa que a dívida permanece, embora prescrita.

Pela sua própria natureza, a prescrição se caracteriza como normas de ordem pública, pelo desejo de paz, harmonia e segurança nas relações jurídicas e, em consequência, temos que não é lícito às partes:

a) ajustar a imprescritibilidade dos direitos;

b) prorrogar ou reduzir os prazos de prescrição; (CC, art. 192)

c) renunciar ao seu prazo, antes que se consume (CC, art. 191).

Como bem indica Sílvio Venosa, as partes não podem reduzir os prazos prescricionais por se tratar de matéria de ordem pública, inalterável por ajuste entre particulares.

O art. 191 do Código Civil é enfático ao mencionar que o devedor somente poderá renunciar à prescrição após o decurso do prazo. Para tanto, bastará não argui-la quando for demandado, pois nos direitos patrimoniais, quanto ao processo do trabalho, é indispensável a sua alegação pela parte que a aproveita para o seu reconhecimento.

(*) Graduado em Direito pela Universidade de Ribeirão Preto (1980) e Mestre em Educação pela Universidade Federal de Uberlândia (2000) e em Direito pela Universitat de Valencia, Espanha (2013). Desembargador do Trabalho — Tribunal Regional do Trabalho da 3ª Região. Tem experiência na área de Direito, com ênfase em direito material e processual do trabalho, atuando principalmente nos seguintes temas: prova e recursos no processo do trabalho.

A prescrição declarada de ofício, como previsto no art. 487, II, do CPC, não é aplicável ao processo do trabalho como reiteradamente vem decidindo o TST.

Pelos termos amplos do art. 7º, XXIX, da Constituição Federal, não há que se perquirir a natureza dos atos sujeitos à prescrição, se nulos ou anuláveis, pois todos eles estão abrangidos pela prescrição.

Como veremos, a Súmula n. 294/TST contemplou de forma ampla a existência de prescrição de todas as alterações contratuais ocorridas, o que significa dizer que mesmo os atos nulos estão sujeitos à prescrição.

3. Os prazos de prescrição

Quanto aos prazos de prescrição, a matéria está prevista no art. 7º, XXIX, da Constituição Federal, que dispõe que os trabalhadores urbanos e rurais têm o prazo de prescrição de cinco anos para reivindicarem seus direitos, até o limite de dois anos após a extinção do contrato de trabalho.

Essa regra constitucional foi complementada pelo art. 11 da CLT, objeto do nosso estudo, que consigna que:

> Art. 11. A pretensão quanto a créditos resultantes das relações de trabalho prescreve em cinco anos para os trabalhadores urbanos e rurais, até o limite de dois anos após a extinção do contrato de trabalho.
>
> § 1º O disposto neste artigo não se aplica às ações que tenham por objeto anotações para fins de prova junto à Previdência Social.
>
> § 2º Tratando-se de pretensão que envolva pedido de prestações sucessivas decorrente de alteração ou descumprimento do pactuado, a prescrição é total, exceto quando o direito à parcela esteja também assegurado por preceito de lei.
>
> § 3º A interrupção da prescrição somente ocorrerá pelo ajuizamento de reclamação trabalhista, mesmo que em juízo incompetente, ainda que venha a ser extinta sem resolução do mérito, produzindo efeitos apenas em relação aos pedidos idênticos.

Essa novel disposição legal, com pequenas alterações na redação, trouxe para a legislação as diretrizes já consolidadas na jurisprudência trabalhista constantes das Súmulas ns. 294 e 268 do TST, como veremos oportunamente.

4. Direitos trabalhistas fora da CLT

A inserção da prescrição no texto constitucional pacificou uma questão que era debatida em vista da antiga redação do art. 11 da CLT, que assim dispunha:

> Não havendo disposição especial em contrário nesta Consolidação, prescreve em dois anos o direito de pleitear a reparação de qualquer ato infringente de dispositivo nela contido.

A expressão "qualquer ato infringente de dispositivo nela contido", restringia a prescrição bienal, ali estabelecida, unicamente aos direitos previstos na própria CLT, sem prejuízo da estipulação de outros prazos prescricionais, em outras normas legais.

Assim, entendia-se que a prescrição quanto ao cadastramento do empregado no PIS era de dez anos, em vista do DL n. 2.052/83, art. 10, e quanto ao FGTS a prescrição seria trintenária (Súmula n. 362/TST), salvo quanto aos depósitos sobre parcelas remuneratórias não pagas e já prescritas, pois tais depósitos são considerados como mero acessório (Súmula n. 206/TST).

Agora, com os termos amplos do art. 7º, XXIX, da Constituição Federal, todos os direitos trabalhistas, quaisquer deles, estarão sujeitos aos prazos prescricionais ali constantes. Esse entendimento decorre de decisão do STF, com modulação de seus efeitos, ao fundamento de que a Constituição foi expressa e precisa ao fixar os prazos prescricionais, não tendo aplicação, por consequência, o princípio da proteção, não se revelando a prescrição como direito mínimo que pudesse ser ampliado por lei ordinária.

Portanto, seja quanto ao cadastramento no PIS, seja quanto ao FGTS, não há diferenças quanto à análise da prescrição.

Com relação ao cadastramento no PIS, a prescrição aplicável será aquela de dois anos após o término do contrato, pois o débito do empregador é permanente, renovado dia a dia, pela sua omissão em não realizar tal cadastramento.

Sendo assim, o FGTS como direito trabalhista deve sujeitar-se, da mesma forma, aos mesmos prazos prescricionais dos demais direitos trabalhistas.

5. Prescrição das alterações e descumprimentos contratuais

A Súmula n. 294/TST estabeleceu diferenciação importante quanto à abrangência da prescrição, ao estabelecer critérios distintos na apreciação das alterações contratuais.

Segundo o seu texto, a Súmula n. 294 declara que: "Tratando-se de ação que envolva pedido de prestações sucessivas decorrente de alteração do pactuado, a prescrição é total, exceto quando o direito à parcela esteja também assegurado por preceito de lei".

O art. 11, § 2º, da CLT, com a redação da Lei n. 13.467/17, adotou os termos da súmula citada, porém, ampliou a incidência da prescrição, ao estabelecer que a prescrição será total quando envolva pedido de prestações sucessivas decorrente de alteração ou descumprimento do pactuado, salvo quando o direito à parcela também for assegurado por preceito de lei.

Consequentemente, não só a alteração do pactuado, como também o seu simples descumprimento, gerará o início da contagem da prescrição total, salvo matéria regulada em lei.

Quanto à alteração do pactuado, criou-se a figura do ato único do empregador, consistente na violação do contrato, alterando-o ilicitamente.

Se a pretensão for de recebimento de direitos oriundos da alteração contratual, será necessário anular esse ato do empregador que resultou na alteração contratual lesiva.

Então, a pretensão será dirigida contra esse ato único, para declará-lo nulo, e, por isso, o início do prazo prescricional será a partir da concretização desse mesmo ato.

Somente com a anulação desse ato terá o empregado direito à percepção dos seus direitos decorrentes dessa nulidade.

Portanto, o decurso do prazo de cinco anos dessa alteração, mesmo na vigência do contrato, caracteriza prescrição total do direito de reivindicar qualquer repercussão financeira da alteração do contrato, salvo se se tratar de direito protegido por norma legal.

Por exemplo, o empregador em 2011 alterou a forma de remuneração do empregado, que percebia comissões por vendas, passando a salário fixo mensal, o que lhe causou prejuízos. Pelos prejuízos advindos da alteração contratual, a mesma é nula, sendo devidas as diferenças salariais decorrentes (CLT, art. 468).

Contudo, o empregado, durante a relação de emprego, terá que questionar essa alteração no prazo de cinco anos, contados da alteração contratual lesiva, sob pena de ver consumada a prescrição total. Então, se esse empregado esperar o término do contrato em 2017 para pleitear as diferenças salariais, o seu direito estará integralmente prescrito, pois não é possível deferir-lhe as diferenças salariais dos últimos cinco anos sem a análise do ato único do empregador, ocorrido anteriormente.

Com a inclusão do simples descumprimento de preceito que não tenha proteção legal também como gerador do início do prazo prescricional total, temos que agora perdeu significado a investigação da ocorrência de alteração do pactuado ou seu simples descumprimento. O simples não pagamento da parcela, por alteração do pactuado ou pelo seu descumprimento, gerará o início do prazo prescricional, não estando a parcela protegida por norma legal.

O Tribunal Superior do Trabalho tem aplicado a Súmula n. 294 de forma ampla, considerando que se trata de alterações contratuais com prescrição total, pois não decorrente de garantia prevista em lei, as alterações relativas, exemplificativamente, a:

— alteração dos critérios de promoção estabelecidos em regulamento da empresa;

— incorporação da gratificação semestral à remuneração;

— alteração na forma de cálculo de parcela da remuneração.

Nesse contexto, a Súmula n. 199/I estabelece a prescrição total das horas extras pré-contratadas e suprimidas, enquanto a Súmula n. 275/II determina a prescrição total em se tratando de pedido de reenquadramento. Por sua vez, a Orientação Jurisprudencial n. 76 trata da prescrição total da substituição de avanços trienais por quinquênios.

E, até mesmo quando se trata de direitos oriundos de norma coletiva, o Tribunal Superior do Trabalho tem considerado que tais cláusulas não são decorrentes de lei, e, igualmente, estão sujeitas à prescrição total decorrente do descumprimento do pactuado.

Finalmente, a ressalva constante da Súmula n. 294 de que as parcelas oriundas de preceito de lei ficam à salvo da prescrição total também tem sido interpretada de forma ampliativa aos efeitos prescricionais, pois se equiparou a lei municipal a simples regulamento de empresa, quando a alteração do pactuado também levará à prescrição total.

6. A contagem do prazo e o momento da arguição da prescrição

Feita essa breve introdução sobre o tema, temos de analisar três aspectos muito importantes:

- a contagem do prazo;
- o momento da arguição;
- as pessoas legitimadas a arguir a prescrição.

Na vigência do contrato de emprego, o prazo de prescrição é de cinco anos; no término do contrato, o prazo é de dois anos.

Porém, a sua contagem é feita de forma retroativa, ou seja, conta-se do ajuizamento da ação trabalhista.

Se entre a data da distribuição da ação trabalhista e o término do contrato transcorreu prazo superior a dois anos, incide a prescrição total, e o pedido é julgado improcedente.

Na hipótese desse prazo ser inferior a dois anos, então, num segundo passo, é necessária a fixação da prescrição quinquenal, também de forma retroativa, a partir do ajuizamento da ação.

Ou seja, por exemplo: um empregado foi admitido em 16.12.2011, sendo dispensado em 20.5.2015, com aviso prévio indenizado, e com ajuizamento da ação trabalhista em 30.5.2017.

Primeiro, é importante a data do ajuizamento da ação: 30.5.2017.

Segundo, é imprescindível fixar o dia do término do contrato, que no caso será em 29.6.2015, pois houve o pagamento do aviso prévio indenizado, que é computado para todos os efeitos, inclusive para a contagem do prazo prescricional, como determina o art. 487, § 1º, da CLT, calculado na forma da Lei n. 12.506/11.

Nessa primeira análise, entre a data da distribuição — 30.5.2017 — e o término do contrato — 29.6.2015 — não foi ultrapassado o prazo máximo de dois anos, pelo que não houve a prescrição total do direito de ação.

Agora, em decorrência, temos que fixar o início do período não prescrito com relação ao prazo de cinco anos, referente à prescrição parcial.

O raciocínio é o mesmo. Da data do ajuizamento da ação, conta-se retroativamente o prazo de cinco anos.

No exemplo, como a data do ajuizamento ocorreu em 30.5.2017, o período de cinco anos passíveis de questionamento tem início em 30.5.2012. Veja-se, pois, que o empregado não tem direito às parcelas dos últimos cinco anos de trabalho, mas tão somente aos cinco anos contados, retroativamente, da data da distribuição do processo.

Havendo discussão de diferenças salariais que são pagas com prazo até o 5º dia útil do mês seguinte ao vencido (CLT, art. 459, parágrafo único), teríamos, ainda no exemplo citado, o prazo prescricional com início em 1º.5.2012, apurando-se todas as parcelas devidas a partir dessa data.

É necessário sempre levarmos em conta que a prescrição é a inércia do titular em reivindicar seu direito, e, por isso, somente a partir do momento em que o titular do direito tem uma ação exercitável é possível que o mesmo esteja sujeito aos seus efeitos.

É o princípio da *actio nata*, pois a violação do direito pressupõe o seu não cumprimento na data estipulada para o adimplemento da obrigação.

No pagamento de parcelas salariais, somente a partir do 5º dia útil do mês subsequente o empregador estará em mora, pois o mesmo tem legalmente esse prazo para o pagamento de sua obrigação salarial.

Assim, a contagem do prazo prescricional tem início exatamente a partir do momento em que a parte tem a possibilidade do ajuizamento da ação para o reconhecimento do seu direito.

Por exemplo, nas férias o empregado somente poderá reivindicá-las após o decurso do período concessivo, quando poderá propor ação judicial para fixar o seu início (CLT, art. 137, § 1º), pelo que nesse dia terá início a contagem do prazo prescricional.

Se o prazo prescricional termina em dia em que não há expediente forense, o prazo é prorrogado para o primeiro dia útil seguinte. Nessa situação, há a prorrogação do prazo.

A questão dos prazos no direito comum está regulamentada pelo art. 132 do Código Civil, que estabelece que salvo disposição em contrário, os prazos são contados excluindo-se o dia do começo e incluindo-se o dia do vencimento da obrigação e que, se este cair em dia feriado, considerar-se-á prorrogado o prazo até o primeiro dia útil seguinte (CC, art. 132, § 1º).

Essa mesma diretriz está consignada no art. 224, § 1º, do CPC e art. 775 da CLT.

Efetivamente, a prescrição é matéria de direito material pelo que a contagem de seus prazos deve ser feita sob a ótica do art. 132 do Código Civil, que assegura a prorrogação do prazo até o primeiro dia útil, quando este cair em dia em que não há expediente forense.

Como já mencionado, a prescrição é matéria que diz respeito ao mérito do pedido, eis que seu acolhimento acarreta a sua extinção, com julgamento do mérito (CPC, art. 487, II).

Por isso, existem opiniões de que a prescrição somente poderá ser arguida com a contestação, pois nesse momento o reclamado deverá arguir toda matéria útil à sua defesa (CPC, art. 336), em decorrência do princípio da eventualidade.

Contudo, o entendimento dominante se apoia no art. 193 do Código Civil, no sentido de que: "A prescrição pode ser alegada em qualquer grau de jurisdição, pela parte a quem aproveita".

A Súmula n. 153 do Tribunal Superior do Tribunal interpretou referido artigo, consignando que a prescrição poderá ser alegada até a instância ordinária, ou seja, a prescrição poderá ser alegada até o julgamento do recurso ordinário interposto, inclusive pelo revel.

O juiz não pode conhecer da prescrição de direitos patrimoniais que não foi invocada pelas partes (CC, art. 194), uma vez que estas podem renunciá-la, tácita ou expressamente.

Essa mesma diretriz se aplica quanto às entidades de direito público, cuja falta de invocação da prescrição não pode ser suprida pelo Ministério Público, segundo a Orientação Jurisprudencial n. 130 da SDI-1/TST.

7. Ações imprescritíveis

O art. 11, § 1º, da CLT, menciona que os prazos da prescrição trabalhista não se aplicam às ações que tenham por objeto anotações para fins de prova junto à Previdência Social.

É que tais ações, no âmbito trabalhista, terão exclusivamente natureza declaratória e, por isso, são imprescritíveis.

As ações declaratórias foram previstas nos arts. 19 e 20 do CPC, quando o interesse a ser tutelado fica limitado à declaração da existência, inexistência ou modo de ser de uma relação jurídica ou à autenticidade ou falsidade de documento.

Como indicou Alfredo Buzaid: "Há, porém, direitos, tutelados por ação meramente declaratória, que são, por sua natureza, imprescritíveis. Chiovenda justifica a doutrina da imprescritibilidade das ações declaratórias, afirmando que elas não se destinam a fazer cessar um estado de fato contrário, em sentido próprio, mas a declarar qual é o estado de fato conforme ao direito, fazendo cessar a propósito o estado de incerteza. Os direitos tutelados por ações imprescritíveis costumam chamar-se direitos facultativos, com fundamento no art. 688 do Código Civil. No silêncio da lei deve reputar-se imprescritível ou não uma ação, consoante se proponha, ou não fazer cessar um estado de fato contrário ao direito, ou um estado jurídico viciado".

8. Suspensão dos prazos prescricionais

Em determinadas situações não há o início do cômputo do prazo prescricional, ou, se teve início, o prazo fica paralisado ou suspenso.

Cessada a causa da suspensão, reinicia-se a contagem do prazo e o tempo anterior (se existente) é computado para fins da apuração da prescrição.

Essas hipóteses estão previstas nos arts. 197, 198 e 199 do Código Civil e no art. 625-G da CLT. Esse artigo da CLT estabelece a suspensão da prescrição quando o empregado solicitar a atuação das comissões de conciliação prévia para fins de tentativa de conciliação extrajudicial de sua demanda.

Nada mais correto do que não iniciar ou suspender o cômputo dos prazos prescricionais entre cônjuges, na constância do matrimônio, entre ascendentes e descendentes, durante o pátrio poder ou entre tutelados ou curatelados e seus tutores ou curadores, durante a tutela ou curatela.

Nessas hipóteses, seria quase impossível o ajuizamento da ação pelo credor contra seu cônjuge, ascendente ou tutor, pelo que entre a paz social da prescrição, preferiu o legislador, sabiamente, a paz entre pessoas que mantém relações tão próximas.

A vedação do cômputo da prescrição contra menores, do art. 440 da CLT, foi ampliada pelo art. 198 do Código Civil, que a estendeu a todos os incapazes, o que inclui os menores, os enfermos ou deficientes mentais que não tenham discernimento e aos que, mesmo por causa transitória, não puderem expressar sua vontade (CC, art. 3º).

Contudo, se se tratar de empregado, a suspensão do prazo prescricional pela idade se dará até que este complete 18 anos; se o autor da ação trabalhista não for empregado, como na hipótese de autônomo, herdeiro ou sucessor do empregado falecido, a suspensão da prescrição terminará quando o interessado completar 16 anos.

Também se estende a suspensão dos prazos prescricionais àqueles que estão ausentes do Brasil em serviço público da União, dos Estados, ou dos Municípios, e àqueles que se encontram servindo nas Forças Armadas, em tempo de guerra (CC, art. 198).

Como indica Sílvio Rodrigues, as disposições do art. 199 do Código Civil prevendo como suspensivas da prescrição a condição suspensiva, o não vencimento do prazo ou a pendência de ação de evicção, são irrelevantes, pois em todas elas não se encontra o credor apto ao ajuizamento da ação judicial para proteção do seu direito, pelo que não haveria mesmo, de qualquer forma, em se falar em prazos prescricionais.

A suspensão da prescrição em favor de um dos credores solidários só aproveita os outros, se o objeto da obrigação for indivisível (CC, art. 201).

Discute-se se a suspensão contratual gera, igualmente, a suspensão do prazo da prescrição, e a resposta tem sido negativa, em vista de que a CLT é omissa a respeito, pelo que as hipóteses possíveis devem ser buscadas no Código Civil, que não a previu.

Realmente, a simples suspensão contratual não impedirá o empregado de ajuizar ações trabalhistas, pelo que não há de se falar em suspensão do prazo prescricional, salvo por outras razões, como a deficiência mental transitória (CC, art. 3º).

9. Interrupção dos prazos prescricionais

Os casos de interrupção da prescrição, como menciona Sílvio Rodrigues, "envolve um comportamento ativo do credor, supõe uma iniciativa de sua parte, demonstrando que, em vez de inerte e negligente, mantém-se alerta e interessado na preservação de seu direito".

Na interrupção, o prazo decorrido entre a lesão ao direito e a causa que estabeleceu a interrupção fica desprezado, iniciando-se, novamente, desde seu início (CC, art. 202, parágrafo único), quando cessada a causa interruptiva.

Porém, tal interrupção restringe-se à prescrição total, referente ao prazo de dois anos após o término do contrato, não impedindo a aplicação da prescrição parcial, mês a mês, que continua de cinco anos, contados retroativamente a partir da data do ajuizamento da ação trabalhista.

As hipóteses de interrupção estão elencadas no art. 202 do Código Civil, e exceto a última, todas pressupõem um comportamento ativo do credor.

Exige-se que o credor promova ação judicial para reivindicar o seu crédito, apresente protesto judicial ou o seu título de crédito em juízo de inventário ou em concurso de credores ou, ainda, pratique qualquer ato judicial que constitua em mora o devedor.

O reconhecimento do direito, pelo devedor, por qualquer ato inequívoco, inclusive o extrajudicial, também assegura a interrupção do prazo prescricional.

Uma das hipóteses mais comuns no direito do trabalho é a interrupção da prescrição pelo ajuizamento da ação trabalhista, mesmo que tenha sido arquivada, como indica a Súmula n. 268/TST, redação que foi incorporada ao art. 11, § 3º, pelo advento da reforma trabalhista.

Este artigo afirma que a interrupção da prescrição *somente* advém com o ajuizamento da ação trabalhista; não há que se dar interpretação restritiva a essa disposição, esquecendo-se do art. 8º, § 1º, da CLT, em que o direito comum é fonte subsidiária do direito do trabalho, pelo que se aplicam as disposições civilistas sobre o assunto.

Assim, ajuizada a ação trabalhista, a interrupção faz cessar qualquer contagem do período anterior a esse ajuizamento, iniciando-se, imediatamente, nova contagem do prazo, a partir da estaca zero.

O arquivamento da ação trabalhista, contudo, faz interromper o prazo prescricional exclusivamente quanto aos títulos postulados, e não quanto a todos os demais pedidos que poderiam ter sido formulados e não o foram.

Não se exige atualmente que a citação seja válida para a interrupção da prescrição (art. 240 do CPC), razão pela qual o simples arquivamento do processo como previsto na Súmula n. 268/TST, pela ausência do empregado à audiência, é suficiente para a mencionada interrupção.

Com isso, o pedido de desistência formulado anteriormente à citação também tem o efeito de interromper o prazo prescricional.

Como a interrupção da prescrição pode ser realizada por qualquer interessado (CC, art. 203), o ajuizamento de ação trabalhista pelo sindicato, como substituto processual, também tem esse efeito.

Quando se trata de dívida com vários devedores, como ocorre geralmente nas dívidas trabalhistas na hipótese de terceirização de mão de obra, surge a questão da extensão da interrupção da prescrição para os demais codevedores, pois poderá ocorrer de o empregado ter ajuizado a primeira ação trabalhista exclusivamente contra uma empresa, e o processo ter sido arquivado.

A interrupção da prescrição pelo ajuizamento de processo anterior, contra apenas uma empresa, estende-se para as demais empresas, que foram citadas em um segundo processo. A regra geral, do art. 204 do Código Civil, é que "a interrupção operada contra o codevedor, ou seu herdeiro, não prejudica aos demais coobrigados".

Contudo, tratando-se de obrigação solidária ou indivisível, em que todos os devedores são responsáveis pela dívida integral, a interrupção efetuada contra o devedor solidário envolve os demais e seus herdeiros (CC, art. 204, §§ 1º e 2º).

O mesmo deve ser declarado quanto às obrigações subsidiárias, pois estas devem ser decididas de modo uniforme entre os devedores (CPC, art. 116), não sendo possível o acolhimento da prescrição quanto a um devedor, julgando-se extinto o processo com o julgamento do mérito quanto a ele, e condenando outro empregador ao pagamento dos direitos reconhecidos.

10. A prescrição intercorrente

Com a reforma trabalhista, o art. 11-A da CLT passou a ter a seguinte redação:

> Art. 11-A. Ocorre a prescrição intercorrente no processo do trabalho no prazo de dois anos.
>
> § 1º A fluência do prazo prescricional intercorrente inicia-se quando o exequente deixa de cumprir determinação judicial no curso da execução.
>
> § 2º A declaração da prescrição intercorrente pode ser requerida ou declarada de ofício em qualquer grau de jurisdição.

Interrompida a prescrição, pelo ajuizamento da ação trabalhista, o prazo anterior fica desconsiderado, iniciando-se, por inteiro, novo cômputo desse prazo.

Por isso, qualquer ocorrência no trâmite do processo, como o seu arquivamento, ou a desistência do pedido, bem como a sua anulação posterior não torna sem efeito a interrupção realizada.

Até aqui, mencionamos a prescrição em face à pretensão da tutela de conhecimento.

Quanto à tutela executória, tínhamos a Súmula n. 114 do TST, que afirmava a não incidência da prescrição na fase executória, também chamada de prescrição intercorrente, que é aquela que se verifica no curso do processo.

Essa súmula, no que se refere à prescrição da pretensão executória, encontrava óbice no art. 884, § 1º, da CLT, que menciona que a prescrição da dívida é uma das matérias de defesa do devedor na apresentação dos embargos à execução.

Como não é possível na execução qualquer alteração da coisa julgada, a prescrição mencionada no art. 884, § 1º, da CLT não pode se referir àquela do processo de conhecimento, mas, sim, à prescrição do processo de execução, que pela inércia exclusiva do credor ficou paralisado.

Com o advento do art. 11-A, da CLT, ficou superada a citada súmula, passando o processo do trabalho a conviver com a prescrição intercorrente, declarável até de ofício, contando-se o biênio a partir do momento em que o exequente deixar de cumprir determinação judicial no curso da execução.

Mauro Schiavi recomenda ao "magistrado, antes de reconhecer a prescrição intimar o exequente, por seu advogado e, sucessivamente, pessoalmente, para que indique o ato processual adequado ao prosseguimento da execução, sob consequência de se iniciar o prazo prescricional".

Pondere-se, porém, que essa prescrição intercorrente somente se dará quando os atos processuais dependerem, exclusivamente, da atuação do exequente, sendo exemplo os artigos de liquidação.

Assim, os termos amplos do art. 11-A, no sentido de que a fluência da prescrição começará da data em que o exequente deixe de cumprir determinação judicial no curso da execução, deve ser interpretada como sendo, tão somente, aqueles atos pelos quais não se consegue a continuidade da execução.

O advento da aplicação da prescrição intercorrente no processo do trabalho, aplicável até de ofício, traz consigo algumas contradições.

Se a prescrição pode ser aplicável de ofício, na execução, é de se indagar se ainda subsistiriam razões para a sua não aplicação de ofício no processo de conhecimento.

Por outro lado, se na execução não há mais a sua condução de ofício, conforme art. 878 da CLT, salvo nos casos de postulação sem advogado, nos parece contraditório a possibilidade legal dessa declaração de prescrição intercorrente.

Aliás, o art. 765 da CLT continua sem alterações, pelo qual o juiz dirigirá o processo com liberdade, podendo determinar qualquer diligência necessária ao esclarecimento da demanda, ou seja, atuará de ofício. Se tal poder diretivo processual é válido no processo de conhecimento, não há razão de restringir sua aplicação no processo de execução.

Não nos parece salutar a existência de procedimentos tão distintos entre as fases de conhecimento e execução, o que fragmenta e desestabiliza o processo do trabalho.

As horas *in itinere* e a reforma trabalhista

João de Lima Teixeira Filho (*)

I — A reforma

A Lei n. 13.467, de 13 de julho de 2017, representa uma "Reforma Trabalhista", como disseminado? Sob o prisma de organicidade, a resposta é negativa, como evidenciam os trabalhos legislativos, a seguir sumariados.

O Projeto de Lei n. 6.787, de 22 de dezembro de 2016, é o marco inicial de profunda alteração da Consolidação das Leis do Trabalho[(1)]. O Presidente da República encaminhou à Câmara dos Deputados referida proposta para atualizar pontualmente a CLT. Poucas alterações legislativas, circunscritas a sete temas: multa administrativa em vínculo de emprego informal (art. 47 da CLT), trabalho em regime de tempo parcial (art. 58-A), representação dos trabalhadores na empresa (art. 523-A), a cognominada "prevalência do negociado sobre o legislado" (art. 611-A), índice de atualização de multas administrativas (art. 634), contagem dos prazos processuais em dias úteis (art. 775) e ampliação de escopo do trabalho temporário, regido pela Lei n. 6.019, de 3 de janeiro de 1974.

Cercado de celeuma, em meio a uma degradação do ambiente político jamais vista na história e num contexto de enorme fragilidade social, com taxa de desemprego por volta de 13%, atingindo cerca de 14 milhões de trabalhadores, referido projeto de lei tramitou célere na Câmara dos Deputados: meteóricos 4 meses! De 23.12.2016 até 26.04.2017[(2)], quando aprovado, foram oferecidas nada menos que 840 emendas ao PL n. 6.787/2016 em variados temas de direito individual, coletivo e de processo do trabalho. A proposta legislativa adquiriu vida própria e avolumou-se desorganizadamente.

Em meio a justificados clamores por debate aprofundado e a críticas de toda ordem, a Comissão de Trabalho da Câmara dos Deputados realizou sucessivas audiências públicas para colher manifestações de representantes de trabalhadores, de empregadores, de magistrados, advogados, procuradores e de juristas. Muita energia despendida e poucos resultados práticos. De todo esse alvoroço resultou um texto com mais de 100 alterações da CLT, em sofrida técnica legislativa. Tudo aprovado num *vapt-vupt*, na Câmara dos Deputados e no Senado Federal[(3)]. O Senado sequer alterou o projeto aprovado pela Câmara dos Deputados. Tudo com o deliberado propósito de evitar o prolongamento do processo legislativo. Houvesse modificação do projeto pela Casa Revisora, o art. 65 da Constituição Federal determinaria o imprescindível retorno da proposta legislativa à Casa de origem. Isso demandaria mais tempo e mais conflitos para perfazimento do trâmite legislativo. O açodamento gerou críticas até de parlamentares favoráveis à reforma, o que levou o Presidente da República a assumir o compromisso de, após a sanção da lei, editar Medida Provisória para pacificar os temas mais controvertidos. Dois dias após a aprovação no Senado Federal, o projeto foi sancionado pelo Presidente da República, transformando-se na Lei n. 13.467, de 13 de julho de 2017, com *vacatio legis* de 120 dias. Após muita hesitação, sobrevém a Medida Provisória n. 808, de 14.11.2017, com inúmeras alterações à lei recém-promulgada, mas não na disciplina das horas *in itinere*, objeto do presente artigo.

Essa apertada síntese denota, só por si, que tão impactante e profunda modificação legislativa está longe da mais tosca noção de uma adequada, justa e bem estruturada "Reforma Trabalhista". A despeito de constituir a maior revisão da CLT, a miríade de novos dispositivos prescindiu de organicidade e coerência interna com o fito de produzir um arcabouço jurídico homogêneo. Desproteção é a tônica. Grupos de pressão, sobretudo patronais, vislumbraram nesse atalho legislativo a via rápida para resolver interesses próprios e dissolver construções jurisprudenciais do Tribunal Superior do Trabalho sedimentadas pelo tempo. Dispositivos da Reforma Trabalhista fixaram preceito em sentido diametralmente oposto à formulação pretoriana cristalizada em súmulas do TST, como resposta a um alardeado "ativismo judicial".

(*) Advogado no Rio de Janeiro (www.limateixeira.com). Presidente da Academia Brasileira de Direito do Trabalho (ABDT)

(1) A breve justificativa do projeto de lei do Executivo consta da Exposição de Motivos EM n. 00036/2016 MTB, de 22.12.2016, do Ministro de Estado do Trabalho e Emprego.

(2) O Plenário da Câmara dos Deputados aprovou a proposta oriunda da Comissão de Trabalho por 296 votos a favor e 177 votos contra.

(3) O projeto tramitou no Senado Federal de 26.04.2017 a 11.07.2017, quando aprovado em plenário por 50 votos a favor e 26 votos contra.

Produziu-se, na verdade, uma colcha de retalhos ao sabor de conveniências circunstanciais, colapsando, em grande medida, princípios fundantes e normas cogentes de proteção ao trabalhador no hemisfério direito individual do trabalho.

Cumpre reconhecer que a Lei n. 13.467, de 13.07.2017 produziu também avanço legislativo. Reconfigurar a contribuição sindical de compulsória para voluntária foi, sem dúvida, exemplo conspícuo de oxigenação do direito posto. Essa alteração perfura o cancro das relações coletivas de trabalho e libera energias renovadoras para conformação de um modelo sindical autenticamente representativo. Viabiliza substituir a ainda supérstite estrutura sindical, cartorária e servil ao Estado, constituída, em boa parte, por entidades de classe administradoras da contribuição sindical compulsória. De outra parte, arguta arquitetura normativa prescindiu de prévia emenda constitucional ao art. 8º, inciso IV, da Carta Política, onde inscrita a *"contribuição prevista em lei"*. Preservou-se essa reserva legal ao tornar voluntária por lei[(4)] a nova contribuição sindical. Com isso, o Brasil aproxima-se de uma das três dimensões da liberdade sindical da Convenção n. 87 da OIT, a liberdade sindical individual. Não a satisfaz integralmente, pois a intervenção estatal ainda cerceia o trabalhador de eleger, *sponte sua*, o sindicato que represente seus interesses. Mas, sem dúvida, é uma evolução. Nada mais digno de celebração nesta rotulada "Reforma Trabalhista".

Registro final: no mesmo contexto, foi promulgada a Lei n. 13.429, de 31 de março de 2017, sobre terceirização e trabalho temporário. Não decorreu de projeto de lei do Executivo mas de aproveitamento de deficiente e imprecisa proposta que tramitava há tempos no Senado Federal. Imprimiu-se-lhe celeridade ímpar para compor o figurino ideado.

II — Direito intertemporal

Os dispositivos da nova lei não malferem, direta e frontalmente, o rol de direitos sociais elencados na Constituição Federal, erigidos para garantir o mínimo de condições de vida digna ao trabalhador como um piso de direitos, abaixo dos quais a dignidade da pessoa humana é afrontada. Todavia, não menos exato que a proteção da Lei Maior se propaga para o nível infra-constitucional. Os direitos fundamentais assegurados ao trabalhador no art. 7º da Carta Política, de forma não exauriente, se irradiam para *"além de outros* [direitos] *que visem à melhoria de sua condição social"* (CRFB, art. 7º, *caput, in fine*). E são acrescidos também dos direitos e garantias consagrados em diplomas internacionais ratificados pelo Brasil, com a proeminência assegurada pelos §§ 2º e 3º da Carta Política.

O escopo delimitado deste artigo não nos permite exaurir tão relevante temática. Mas ela marcará presença na aplicação da Lei n. 13.467, de 13.07.2017, e abalará a tão decantada segurança jurídica, mote dessa "Reforma Trabalhista", repetido com enfado. Ao contrário da almejada estabilidade da relação jurídica entre empregados e empregadores, num ambiente seguro para negócios, aquecimento da economia e geração de empregos — é a propaganda — pode-se prever a proliferação de conflitos judiciais decorrentes da aplicação imediata da nova lei às relações jurídicas em curso de execução, abundando arguições de inconstitucionalidade em sede de controle difuso e concentrado.

Questões de direito intertemporal marcam presença nas alterações legislativas. A aplicação da lei nova é imediata, como determinam os arts. 5º, § 1º, da Constituição Federal e 912 da CLT. Mas "A lei não prejudicará o direito adquirido, o ato jurídico perfeito e a coisa julgada" (CRFB, art. 5º, XXXVI), instrumentalizando o cidadão de garantia fundamental frente ao legislador, diretamente, na defesa de seu patrimônio jurídico constituído em definitivo. Incidência imediata da lei nova não se confunde com retroatividade da lei. É dizer, a normatividade recente não alcança situações consolidadas ou relações jurídicas extintas sob o manto da lei revogada. Com maior propriedade, leciona Amauri Mascaro Nascimento: "Os efeitos futuros das situações em curso no contrato serão aqueles indicados pela lei nova. Retroatividade é a supressão dos efeitos já produzidos. Mas se a nova lei é aplicada às consequências ainda não realizadas de um ato ocorrido sob o império da precedente, não houve retroatividade, e sim efeito imediato".[(5)]

Mesmo a jurisprudência erigida em súmula revela critérios específicos, não apenas para temas de direito individual, como de processo do trabalho[(6)]. E, ainda as-

(4) Arts. 578, 579, 582, 583, 587 e 602 da CLT, *ex vi* da Lei n. 13.429/2017.

(5) NASCIMENTO, Amauri Mascaro. *Teoria geral de direito do trabalho*. São Paulo: LTr, 1998. p. 217.

(6) *Súmula n. 69 do TST — RESCISÃO DO CONTRATO (nova redação) — Res. 121/2003, DJ 19, 20 e 21.11.2003.*
A partir da Lei n. 10.272, de 05.09.2001, havendo rescisão do contrato de trabalho e sendo revel e confesso quanto à matéria de fato, deve ser o empregador condenado ao pagamento das verbas rescisórias, não quitadas na primeira audiência, com acréscimo de 50% (cinquenta por cento).
Súmula n. 170 do TST — SOCIEDADE DE ECONOMIA MISTA. CUSTAS (mantida) — Res. 121/2003, DJ 19, 20 e 21.11.2003.
Os privilégios e isenções no foro da Justiça do Trabalho não abrangem as sociedades de economia mista, ainda que gozassem desses benefícios anteriormente ao Decreto-Lei n. 779, de 21.08.1969 (ex-Prejulgado n. 50).
Súmula n. 182 do TST — AVISO PRÉVIO. INDENIZAÇÃO COMPENSATÓRIA. LEI N. 6.708, DE 30.10.1979 (mantida) — Res. 121/2003, DJ 19, 20 e 21.11.2003.
O tempo do aviso prévio, mesmo indenizado, conta-se para efeito da indenização adicional prevista no art. 9º da Lei n. 6.708, de 30.10.1979.
Súmula n. 307 do TST — JUROS. IRRETROATIVIDADE DO DECRETO-LEI N. 2.322, DE 26.02.1987 (mantida) — Res. 121/2003, DJ 19, 20 e 21.11.2003.
A fórmula de cálculo de juros prevista no Decreto-Lei n. 2.322, de 26.02.1987 somente é aplicável a partir de 27.02.1987. Quanto ao período anterior, deve-se observar a legislação então vigente.

sim, a jurisprudência iterativa do TST é susceptível de revisão pela Corte Suprema. Nesse sentido, recorde-se que posicionamento oposto ao do TST foi consagrado pelo STF quando do advento do Decreto-Lei n. 1.535, de 13.04.1977, que alterou todo o capítulo das férias anuais na CLT e, dentro dele, modificou período de duração das férias de 20 dias úteis para 30 dias corridos. No debate judicial da aplicação da lei nova aos fatos pretéritos, para determinar a duração do período de gozo do descanso anual, o STF cuidou de preservar o direito adquirido do empregador no seguinte exemplo pretoriano:

> Direito do Trabalho. Férias. A duração das férias do empregado, cujo direito de gozo foi adquirido antes do advento do Decreto-Lei n. 1.535, de 13.04.1977, é a fixada nos termos do preceito específico vigente à época da aquisição, assistindo ao empregador o correspondente direito adquirido de conceder tais férias no exato limite daquela duração. Ofensa ao princípio do respeito ao direito adquirido, insculpido no § 3º do art. 153 da Constituição Federal, configurada. Conhecimento e provimento do recurso extraordinário[7].

A Lei n. 13.467, de 13.07.2017, provocará intensas controvérsias de conteúdo e na forma de sua aplicação, bem ao contrário da acenada segurança jurídica, propalada para a sociedade, decorrente do simples advento dessa lei. Aliás, o Ministério Público Federal vem de propor duas ações diretas de inconstitucionalidade: a ADI n. 5.735/DF, sobre a Lei n. 13.429/2017, e a ADI n. 5.766/DF contra a Lei n. 13.467/2017, no concernente a honorários periciais, honorários advocatícios e custas. E outras virão.

III — Duração do trabalho

Tempo e salário são pilares de sustentação do Direito do Trabalho. São fator de salvaguarda do trabalho

Súmula n. 308 do TST — PRESCRIÇÃO QUINQUENAL (incorporada a Orientação Jurisprudencial n. 204 da SBDI-1) — Res. 129/2005, DJ 20, 22 e 25.04.2005.
I — (...)
II — A norma constitucional que ampliou o prazo de prescrição da ação trabalhista para 5 (cinco) anos é de aplicação imediata e não atinge pretensões já alcançadas pela prescrição bienal quando da promulgação da CF/1988. (ex-Súmula n. 308 — Res. 6/1992, DJ 05.11.1992)
Súmula n. 315 do TST — IPC DE MARÇO/1990. LEI N. 8.030, DE 12.04.1990 (PLANO COLLOR). INEXISTÊNCIA DE DIREITO ADQUIRIDO (mantida) — Res. 121/2003, DJ 19, 20 e 21.11.2003.
A partir da vigência da Medida Provisória n. 154, de 15.03.1990, convertida na Lei n. 8.030, de 12.04.1990, não se aplica o IPC de março de 1990, de 84,32% (oitenta e quatro vírgula trinta e dois por cento), para a correção dos salários, porque o direito ainda não se havia incorporado ao patrimônio jurídico dos trabalhadores, inexistindo ofensa ao inciso XXXVI do art. 5º da CF/1988.
Súmula n. 328 do TST — FÉRIAS. TERÇO CONSTITUCIONAL (mantida) — Res. 121/2003, DJ 19, 20 e 21.11.2003.
O pagamento das férias, integrais ou proporcionais, gozadas ou não, na vigência da CF/1988, sujeita-se ao acréscimo do terço previsto no respectivo art. 7º, XVII.
Súmula n. 362 do TST — FGTS. PRESCRIÇÃO (nova redação) — Res. 198/2015, *republicada em razão de erro material* — DEJT divulgado em 12, 15 e 16.06.2015.
I — Para os casos em que a ciência da lesão ocorreu a partir de 13.11.2014, é quinquenal a prescrição do direito de reclamar contra o não-recolhimento de contribuição para o FGTS, observado o prazo de dois anos após o término do contrato;
II — Para os casos em que o prazo prescricional já estava em curso em 13.11.2014, aplica-se o prazo prescricional que se consumar primeiro: trinta anos, contados do termo inicial, ou cinco anos, a partir de 13.11.2014 (STF-ARE-709212/DF).
Súmula n. 387 do TST — RECURSO. FAC-SÍMILE. LEI N. 9.800/1999 (atualizada em decorrência do CPC de 2015) — Res. 208/2016, DEJT divulgado em 22, 25 e 26.04.2016.
I — A Lei n. 9.800, de 26.05.1999, é aplicável somente a recursos interpostos após o início de sua vigência. *(ex-OJ n. 194 da SBDI-1 — inserida em 08.11.2000)*
Súmula n. 441 do TST — AVISO PRÉVIO. PROPORCIONALIDADE — Res. 185/2012, DEJT divulgado em 25, 26 e 27.09.2012.
O direito ao aviso prévio proporcional ao tempo de serviço somente é assegurado nas rescisões de contrato de trabalho ocorridas a partir da publicação da Lei n. 12.506, em 13 de outubro de 2011.
Súmula n. 449 do TST — MINUTOS QUE ANTECEDEM E SUCEDEM A JORNADA DE TRABALHO. LEI N. 10.243, DE 19.06.2001. NORMA COLETIVA. FLEXIBILIZAÇÃO. IMPOSSIBILIDADE. (conversão da Orientação Jurisprudencial n. 372 da SBDI-1) — Res. 194/2014, DEJT divulgado em 21, 22 e 23.05.2014.
A partir da vigência da Lei n. 10.243, de 19.06.2001, que acrescentou o § 1º ao art. 58 da CLT, não mais prevalece cláusula prevista em convenção ou acordo coletivo que elastece o limite de 5 minutos que antecedem e sucedem a jornada de trabalho para fins de apuração das horas extras.
Súmula n. 458 do TST — EMBARGOS. PROCEDIMENTO SUMARÍSSIMO. CONHECIMENTO. RECURSO INTERPOSTO APÓS VIGÊNCIA DA LEI N. 11.496, DE 22.06.2007, QUE CONFERIU NOVA REDAÇÃO AO ART. 894, DA CLT. (conversão da Orientação Jurisprudencial n. 405 da SBDI-1 com nova redação) — Res. 194/2014, DEJT divulgado em 21, 22 e 23.05.2014.
Em causas sujeitas ao procedimento sumaríssimo, em que pese a limitação imposta no art. 896, § 6º, da CLT à interposição de recurso de revista, admitem-se os embargos interpostos na vigência da Lei n. 11.496, de 22.06.2007, que conferiu nova redação ao art. 894 da CLT, quando demonstrada a divergência jurisprudencial entre Turmas do TST, fundada em interpretações diversas acerca da aplicação de mesmo dispositivo constitucional ou de matéria sumulada.
OJs da SBDI-1/TST n. 271 — RURÍCOLA. PRESCRIÇÃO. CONTRATO DE EMPREGO EXTINTO. EMENDA CONSTITUCIONAL N. 28/2000. INAPLICABILIDADE (alterada) — DJ 22.11.2005. O prazo prescricional da pretensão do rurícola, cujo contrato de emprego já se extinguira ao sobrevir a Emenda Constitucional n. 28, de 26.05.2000, tenha sido ou não ajuizada a ação trabalhista, prossegue regido pela lei vigente ao tempo da extinção do contrato de emprego.
OJs da SBDI-1/TST n. 417 — PRESCRIÇÃO. RURÍCOLA. EMENDA CONSTITUCIONAL N. 28, DE 26.05.2000. CONTRATO DE TRABALHO EM CURSO. (DEJT divulgado em 14, 15 e 16.02.2012).
Não há prescrição total ou parcial da pretensão do trabalhador rural que reclama direitos relativos a contrato de trabalho que se encontrava em curso à época da promulgação da Emenda Constitucional n. 28, de 26.05.2000, desde que ajuizada a demanda no prazo de cinco anos de sua publicação, observada a prescrição bienal.

(7) Ac. STF, 2ª Turma, Proc. RE-94.357-9-SP; Rel. Min. Djaci Falcão; *in* "Repertório de Jurisprudência Trabalhista", v. 3, de João de Lima Teixeira Filho, Freitas Bastos, 1985, p. 531/532.

humano e de dignidade da pessoa do trabalhador, pois daí derivam intensas repercussões morais, sociais, fisiológicas e econômicas. Duração do labor e salário estão presentes em reivindicações históricas de trabalhadores ingleses por condições humanas de trabalho no final século XVIII. Clamavam por "Eight hours to work; eight hours to play; eight hours to rest; eight shillings a day".

Quanto ao tempo, Proust bem advertiu que "Os dias talvez sejam iguais para um relógio, mas não para um homem". E Santo Agostinho examinou a natureza metafísica do tempo, afirmando:

> O que é o tempo? Quem poderia explicá-lo de modo fácil e breve? Quem poderia captar o seu conceito, para exprimi-lo em palavras? No entanto, que assunto mais familiar e mais conhecido em nossas conversações? Sem dúvida, nós o compreendemos quando dele falamos, e compreendemos também o que nos dizem quando dele nos falam. Por conseguinte, o que é o tempo? Se ninguém me pergunta, eu sei; porém, se que quero explicá-lo a quem me pergunta, então não sei[8].

O tempo é uma grandeza da vida e, nela, do trabalho pelas relevantes interações humanas e econômicas que se constituem no seu transcurso.

O tempo rege não só a duração do vínculo de emprego e a antiguidade do empregado, como também o módulo diário da prestação de serviços (jornada) ou a duração semanal de trabalho, os intervalos *intra* e *inter* jornadas, o repouso semanal, as férias anuais e variados períodos de interrupção do contrato de trabalho. Na temática que cuidamos, o tempo é medido na relação de emprego pelo trabalho *efetivamente prestado*, por períodos de *não-trabalho* e por lapsos de *trabalho ficto*. Interessa-nos definir a última categoria.

A definição, na lógica clássica, era real ou nominal. Definição real exprime a coisa em sua própria natureza e essência, expressa a coisa que a palavra significa e determina o que é essa coisa. Já a definição nominal, convencional ou verbal, define a coisa conforme o conceito pelo que convencionamos ser. É a explicitação de sentido. Modernamente, definição nominal é designada como conceito estipulado.

Trabalho ficto é um conceito estipulado de que se vale o legislador e disso não foge a CLT. Carlos Maximiliano ensina que:

> As disposições excepcionais são estabelecidas por motivos ou considerações particulares, contra outras normas jurídicas, ou contra o Direito comum; por isso não se estendem além dos casos e tempos que designam expressamente.[9]

Exemplo eloquente de conceito estipulado é a criação normativa da hora noturna com "52 minutos e 30 segundos" (CLT, art. 73, § 1º) ou mesmo do trabalho noturno como aquele "executado entre as 22 horas de um dia e as 5 horas do dia seguinte" (CLT, art. 73, § 2º). Pretere-se a unidade convencionada de tempo em prol da tutela especial para quem trabalha sob essas desgastantes condições.

No *trabalho ficto* o empregado não labora de fato, não expende sua energia vital no cumprimento de tarefa funcional, na realização de algum afazer para o empregador, mas coloca-se, de antemão, em condições de executar seu mister no momento em que o empregador liberar a efetividade de sua força de trabalho, contida por fatores não imputáveis ao empregado.

O art. 4º da CLT vale-se do conceito estipulado ao estabelecer:

> Considera-se como de serviço efetivo o período em que o empregado esteja à disposição do empregador, aguardando ou executando ordens, salvo disposição especial expressamente consignada.

A intelecção dessa norma reitora, que ilumina todo o regramento consolidado, à exceção das tutelas especiais do trabalho, tem dupla aplicação: ao tempo de duração do contrato e ao tempo de ocupação da força de trabalho, por variadas formas.

Quanto ao tempo de vigência do contrato de trabalho, aplica-se às prestações devidas no seu intercurso e o patrimônio jurídico que nele se constitui, ao seu tempo de serviço para fins aquisitivos de direitos, como a estabilidade e a indenização por tempo de serviço de antanho ou reintegração no emprego, a contagem do tempo de serviço, à soma de período descontínuos de trabalho (CLT, art. 453), equiparação salarial, férias anuais, entre outras apontadas em obras clássicas dos mestres de sempre Arnaldo Lopes Süssekind[10] e Mozart Victor Russomano[11].

Importa-nos, contudo, a outra significação. O art. 4º da CLT consagra equivalente para o tempo consumido em estado que não é de labor propriamente dito, mas ficto porquê de sujeição ao empregador. Objetivando quantificar a duração do trabalho e a correspondente contraprestação, o art. 4º considera como se trabalho fosse o que efetivamente não o é. Por circunstâncias

(8) AGOSTINHO, Santo. *Confissões*. 9. ed. Paulus, 1984. p. 317/318.

(9) MAXIMILIANO, Carlos. *Hermenêutica e Aplicação do Direito*. Forense, 1984. p. 227.

(10) SÜSSEKIND, Arnaldo Lopes. *Comentários à Consolidação das Leis do Trabalho e à Legislação Complementar*. v. 1, Rio de Janeiro: Freitas Bastos, 1960. p. 138.

(11) RUSSOMANO, Mozart Victor. *Comentários à Consolidação das Leis do Trabalho*. 8. ed., v. 1, Rio de Janeiro: José Konfino, 1973. p. 30.

próprias da atividade empresarial, o empregado se coloca ao dispor do empregador, permanecendo contido em sua liberdade, em estado de alerta, para iniciar a efetiva prestação de serviços se e quando instado a tanto. Nesse período, o empregado não exerce sua autonomia. Não desfruta do tempo ao seu livre alvedrio, em atividades alheias ao trabalho, ante perspectiva de vir a executar tarefa tão logo o empregador necessite. Sofre restrição no seu direito de lazer. É um estado de inércia ou inação, produzido pelo empregador, que a lei considera, por abstração, mas com propriedade, como se o empregado estivesse executando ordens. A tipicidade desse regime implica em o empregado permanecer num regime de labor latente, inexercitado, por circunstância operacional, mas integrado ao empreendimento econômico.

Essa forma de trabalho não manifesto, mas presente em potência, por causa imputável à necessidade do empregador, fundamenta a tutela geral do art. 4º da CLT. Tal apropriação de mão de obra, à disposição do empregador, a postos para cumprir ordens, é tempo de serviço efetivo e, por isso, integra a duração normal de trabalho.

Prontidão e sobreaviso são regimes especiais que expressam o modo de tempo à disposição, ambos ditados por especificidade da operação ferroviária, seu berço.

Prontidão é o conceito estipulado no art. 244, § 3º, da CLT para o empregado que, em regime de escala, permanece nas dependências da estrada de ferro, por até 12 horas, aguardando ordens para iniciar um trabalho ou substituir empregado permanente da via férrea, pondo-se em atividade. Pelas horas em prontidão aufere dois terços do salário-hora normal. Se convocado a trabalhar percebe o salário integral. Tem jus a uma hora de intervalo para alimentação, não computada como de serviço, salvo se fornecida alimentação no próprio local, hipótese em que as 12 horas de prontidão podem ser contínuas.

A atividade do aeronauta tem o equivalente a prontidão: a "Reserva". É o de tempo que o aeronauta permanece no local de trabalho, à disposição do empregador e por determinação deste, pelo período não superior a 6 ou a 10 horas de duração, conforme se trate, respectivamente, de empresa de transporte aéreo regular ou de táxi aéreo e de serviços especializados. Em qualquer caso, quando a reserva exceder de 3 (três) horas, o empregador tem de assegurar ao aeronauta acomodações adequadas para o seu descanso (Lei n. 7.183, de 05.04.1984).

Sobreaviso é outra tutela especial, típica do trabalho ferroviário. Estipulado no art. 244, § 2º, da CLT, o regime de sobreaviso é dirigido ao empregado que permanece em sua própria residência, conforme escala preestabelecida, pelo período máximo de 24 horas para atender eventual convocação ao serviço. Pelas horas de disponibilidade em sobreaviso aufere um terço do salário-hora normal. Se convocado a trabalhar percebe o salário ordinário integral.

O advento dos meios telemáticos de comunicação, a partir do "BIP", impactou o regime de sobreaviso ao tornar desnecessária a permanência do empregado em local fixo para ser alcançado pela convocação. Passou a haver mobilidade relativa, porque controlada ainda assim. A jurisprudência apreendeu e adequou a situação fática[12]. Em seguida, evoluiu para admitir que a mobilidade supervisionada, via instrumentos de comunicação, não eliminam o regime de sobreaviso, desde que ciente o empregado do estado de alerta para eventual convocação[13].

Pela similitude de condições de funcionamento operacional, o aeronauta também se submete disciplina do sobreaviso nos moldes examinados. A distinção é, apenas, o período à disposição do empregador, que perdura por 12 horas no máximo, e o local de permanência, que é de sua livre escolha. Contudo, uma vez convocado para trabalhar, terá de apresentar-se no aeroporto ou em outro local determinado, até 90 (noventa) minutos após receber comunicação respectiva. O aeronauta pode ser escalado para 2 (dois) sobreavisos semanais ou 8 (oito) mensais. Nada além.

O regime de trabalho em prontidão ou de sobreaviso pode ocorrer em variadas atividades empresariais, não raro aquelas submetidas a funcionamento contínuo. Cumpre ao intérprete proceder ao enquadramento jurídico da situação fática e exercitar a analogia *legis*, autorizada no art. 8º da CLT, como mecanismo de integração do direito. Assim ocorreu quando o Tribunal Superior do Trabalho revestiu os eletricitários com essa tutela especial na sua Súmula n. 229: "Por aplicação analógica do art. 244, § 2º, da CLT, as horas de sobreaviso dos eletricitários são remuneradas à base de 1/3 sobre a totalidade das parcelas de natureza salarial".

Em síntese, o *trabalho ficto* não consiste senão em o empregado, previamente cientificado, colocar à disposição do empregador a potencialidade de sua energia vital, inerte por motivo a ele atribuível, mas pronto para exercitá-la, efetivamente, na preservação do fluxo regu-

(12) OJ-SBDI-1 n. 49 — HORAS EXTRAS. USO DO BIP. NÃO CARACTERIZADO O "SOBREAVISO" (cancelada em decorrência da sua conversão na Súmula n. 428) — Res. 175/2011, DEJT divulgado em 27, 30 e 31.05.2011. O uso do aparelho BIP pelo empregado, por si só, não caracteriza o regime de sobreaviso, uma vez que o empregado não permanece em sua residência aguardando, a qualquer momento, convocação para o serviço.

(13) *Súmula n. 428 do TST* — SOBREAVISO. APLICAÇÃO ANALÓGICA DO ART. 244, § 2º DA CLT (redação alterada na sessão do Tribunal Pleno realizada em 14.09.2012) — Res. 185/2012 — DEJT divulgado em 25, 26 e 27.09.2012.

I — O uso de instrumentos telemáticos ou informatizados fornecidos pela empresa ao empregado, por si só, não caracteriza o regime de sobreaviso.

II — Considera-se em sobreaviso o empregado que, à distância e submetido a controle patronal por instrumentos telemáticos ou informatizados, permanecer em regime de plantão ou equivalente, aguardando a qualquer momento o chamado para o serviço durante o período de descanso.

lar do serviço, por circunstância imprevisível ou não. Trata-se de trabalho contido, não manifesto, por interesse do empregador. Integra, portanto, a duração normal do trabalho.

IV — Tempo *in itinere*

O tempo itinerante do trabalhador até o seu local de trabalho é apreendido pelo direito e tem ampla cobertura pelo seguro social vigente. É acidente do trabalho não só o verificado durante a prestação de serviços como também o ocorrido "no percurso da residência para o local de trabalho ou deste para aquela, qualquer que seja o meio de locomoção, inclusive veículo de propriedade do segurado" (Lei n. 8.213, art. 21, IV, "d").

A tutela trabalhista para o tempo de itinerário é mais restrita. Não protege o empregado entre sua residência e o local de trabalho. Opera efeitos a partir do ingresso do laborista na esfera de ingerência de seu empregador, permanecendo à sua disposição. O preceito abrangente do art. 4º consolidado desdobra-se em tutelas específicas, como é o caso dos arts. 238, *caput*, e 309 da CLT. Constitui regência especial sobre o tempo de deslocamento do empregado, nem sempre correspondente ao art. 4º da CLT.

Precisamente por isso, o tempo consumido pelos empregados na atividade ferroviária não é considerado de trabalho efetivo no itinerário do local ou para o local de terminação e início dos serviços, quando se trate de trabalhadores em equipagem de trens (CLT, art. 238, § 1º). Porém o é na hipótese do integrante da mesma categoria "c" permanecer à disposição do empregador, nas dependências da estrada de ferro, uma vez concluída a viagem no local de destino (CLT, art. 238, § 4º).

Já o deslocamento de turma de conservação da ferrovia, propriamente dita, para os trechos que demandam reparo, é considerado tempo de serviço, desde a saída do local em que baseadas até o término do serviço em qualquer ponto compreendido dentro dos limites territoriais da respectiva turma. O tempo consumido no percurso de retorno à base só é computado como de trabalho efetivo caso excedido o limite geográfico de atuação da turma. Afora essa situação, a duração da viagem de retorno dos trabalhadores em conservação da via permanente não é de trabalho (CLT, art. 238, § 3º).

Outro é o tratamento deferido ao ferroviário integrante de turmas de conservação de obras de arte, linhas telegráficas ou telefônicas e edifícios. Não é contado, como de trabalho efetivo, o tempo de viagem para o local do serviço, em condução do empregador, sempre que não exceda de uma hora, seja para ida ou para volta, ficando assegurado o cômputo de todo o tempo caso superada uma hora de duração (CLT, art. 238, § 6º).

Em outro segmento da economia, a mineração, prevê a CLT que "o tempo despendido pelo empregado da boca da mina ao local do trabalho e vice-versa será computado para o efeito de pagamento do salário" (art. 294). O preceito não é especioso se se considerar que a atividade de lavra não se avizinha dos escritórios da empresa, em regra. De conseguinte, para chegar a boca da mina, ponto de partida de sua atividade, o empregado não transitou por dependências da empresa, onde se iniciaria sua jornada. Hipótese restrita de tempo *in itinere*, circunscrito ao trajeto no interior da mina, em condução fornecida pelo empregador, até a frente de trabalho.

Há mais. Não é computado como de trabalho o tempo gasto pelo aeronauta no transporte terrestre entre o local de repouso ou da apresentação para início de suas atividades, e vice-versa, ainda que em condução fornecida pela empresa, na base do aeronauta ou fora dela. Há norma expressa (art. 23, § 2º, da Lei n. 7.183, de 05.04.1984).

É perceptível a variedade de tutelas sobre o tempo de deslocamento do empregado, em condução do empregador, até o efetivo inicio do seu labor. É cambiável não só dentro de um mesmo tipo de serviço, como o ferroviário, mas entre diferentes atividades com regramento próprio. No entanto, a diversidade de tratamento legal do tema é obediente à ressalva prevista no comando geral do art. 4º Consolidado: "salvo disposição especial expressamente consignada".

A controvérsia sobre o tempo *in itinere* se espraiou para as atividades ordinárias quando o empregador fornece transporte, por todo o trajeto ou parte dele, para conduzir seu empregado até o local de início da execução contratual. A origem do debate se situa nos empreendimentos de grande porte, normalmente em áreas ínvias ou frentes de trabalho, a demandar fornecimento de transporte ao empregado como forma de viabilizar a efetiva prestação de trabalho. Há exemplos históricos, de traslado de trabalhadores por helicóptero, para clareiras abertas em meio à mata, e de transporte por ônibus em precários acessos particulares.

A envoltura jurídica para o tempo *in itinere* foi tecida pelos Tribunais do Trabalho a partir do comando geral do art. 4º da CLT. A Súmula n. 90 do TST, em sua formulação original, proclamou que "O tempo despendido pelo empregado, em condução fornecida pelo empregador, até o local do trabalho e no seu retorno, é computável na jornada de trabalho".[14]

A amplitude do *standard* jurisprudencial compreendeu situações jurídicas desiguais num mesmo tratamen-

(14) Redação original — RA 69/1978, DJ de 26.09.1978.

to jurídico. Comisturou o transporte concedido como vantagem supralegal ou utilidade salarial com prestação tipicamente instrumental, meio sem o qual o empregado não cumpre sua obrigação contratada de trabalhar. É a dicotomia das prestações fornecidas *para* e *pelo* trabalho, na clássica síntese de José Martins Catharino. Era a escorreita concepção jurídica do art. 458 da CLT, destroçada pela inconstitucional Lei n. 10.243, de 19.06.2001, que negou o caráter salarial de utilidades reconhecidas pelo art. 7º, IV, da Constituição Federal e qualificadas como componentes do salário para satisfazer as necessidades básicas vitais do trabalhador.

A Súmula n. 90 clamava por reforma para compatibilizar o transporte *para* a prestação de serviços com a duração do trabalho também medida por horas *in itinere*, se consumidas dentro deste instrumento. Ao ingressar nessa ferramenta de trabalho o empregado se incorpora ao estabelecimento empresário e, integrando-o, coloca-se à disposição do empregador para prestar seu serviço na localidade por ele determinada, no destino final para o qual foi conduzido.

Desse modo, a formulação pretoriana foi reconfigurada pelo TST para adequá-la a premissas fáticas imanentes ao transporte fornecido como *meio de trabalho*: limitou-se ao transporte "para local de difícil acesso ou não servido por transporte regular público"[(15)]. É dizer, o transporte subministrado como comodidade ou vantagem salarial não induz tempo à disposição do empregador; como equipamento indispensável ao trabalho, sim, seja para local inacessível, seja para, alternativamente, trajeto sem transporte público concedido. Ferramenta, pois. O uso da condução nesses precisos moldes resulta do evidente interesse da produção e da direção da prestação de serviços na organização do empreendimento econômico. Logo, integra o empregado à entidade empresária, colocando-o sob a sujeição do empregador, em condições contidas para prestar seu serviço na localidade de destino.

A Lei n. 10.243, de 19.06.2001, elevou ao patamar da CLT a concepção sumulada n. 90, distinguindo situações. Firmou a premissa que o tempo *in itinere* não integra a duração do trabalho, seja qual for a condução ofertada pelo empregador. Integra-o, todavia, quando presente um daqueles pressupostos alternativos do *standard* jurisprudencial revisado, tipificador do instrumento *para* o trabalho. O novel § 2º do art. 58 da CLT ostenta a seguinte formulação: "O tempo despendido pelo empregado até o local de trabalho e para o seu retorno, por qualquer meio de transporte, não será computado na jornada de trabalho, *salvo* quando, tratando-se de local de difícil acesso ou não servido por transporte público, o empregador fornecer a condução". Variou a enunciação; o conteúdo normativo, não.

Mantida a premissa da Súmula n. 90 e do preceituado no art. 58, § 2º, da CLT, remanesceram facetas decorrenciais, adjetivas mesmo, do tempo *in itinere*, todas resolvidas pelos incisos da Súmula n. 90[(16)] e na Súmula n. 320 do TST[(17)], coerentemente com a natureza do transporte fornecido: se instrumento de trabalho ou vantagem supralegal.

Sucede que a Lei n. 13.467, de 13 de julho de 2017, revoga toda a construção erguida em décadas para as horas itinerantes e consagra o seu avesso na nova dicção do art. 58, § 2º, da CLT, *litteris:*

> Art. 58. ....*omissis*.................
>
> § 2º O tempo despendido pelo empregado desde a sua residência até a efetiva ocupação do posto de trabalho e para o seu retorno, caminhando ou por qualquer meio de transporte, inclusive o fornecido pelo empregador, não será computado na jornada de trabalho, por não ser tempo à disposição do empregador.
>
> § 3º (Revogado).(NR).

O projeto originado do Poder Executivo (PL n. 6.787/2016) não propôs a revogação da disciplina anterior do tempo itinerante. Apenas remeteu a matéria à negociação coletiva[(18)].

No entretanto, o texto promulgado acolheu emenda formulada, basicamente, pelo Deputado Alfredo Kaefer, com achegas de outros parlamentares. A emenda nuclear apresenta justificação falaciosa. Critica a penalização das empresas que fornecem transporte, atribui ao Judiciário Trabalhista insegurança jurídica por interpretações di-

---

(15) *Súmula n. 90 do TST* — Súmula mantida — Res. 121/2003, DJ 19, 20 e 21.11.2003. Súmula alterada — RA 80/1978, DJ 10.11.1978.
O tempo despendido pelo empregado, em condução fornecida pelo empregador, até o local de trabalho de difícil acesso ou não servido por transporte regular público, e para o seu retorno, é computável na jornada de trabalho.

(16) Incisos II a V da Súmula n. 90 (incorporadas as Súmulas ns. 324 e 325 e as Orientações Jurisprudenciais ns. 50 e 236 da SBDI-I) — Res. 129/2005, DJ 20, 22 e 25.04.2005.
"II — A incompatibilidade entre os horários de início e término da jornada do empregado e os do transporte público regular é circunstância que também gera o direito às horas "in itinere". *(ex-OJ n. 50 da SBDI-I — inserida em 1º.02.1995)*
III — A mera insuficiência de transporte público não enseja o pagamento de horas "in itinere". *(ex-Súmula n. 324 — Res. 16/1993, DJ 21.12.1993)*
IV — Se houver transporte público regular em parte do trajeto percorrido em condução da empresa, as horas "in itinere" remuneradas limitam-se ao trecho não alcançado pelo transporte público. *(ex-Súmula n. 325 — Res. 17/1993, DJ 21.12.1993)*
V — Considerando que as horas "in itinere" são computáveis na jornada de trabalho, o tempo que extrapola a jornada legal é considerado como extraordinário e sobre ele deve incidir o adicional respectivo. *(ex-OJ n. 236 da SBDI-I — inserida em 20.06.2001)*

(17) *Súmula n. 320 do TST* — HORAS "IN ITINERE". OBRIGATORIEDADE DE CÔMPUTO NA JORNADA DE TRABALHO (mantida) — Res. 121/2003, DJ 19, 20 e 21.11.2003. O fato de o empregador cobrar, parcialmente ou não, importância pelo transporte fornecido, para local de difícil acesso ou não servido por transporte regular, não afasta o direito à percepção das horas "in itinere".

(18) "Art. 611-A. A convenção ou o acordo coletivo de trabalho tem força de lei quando dispuser sobre:
....
IV — horas *in itinere*;"

vergentes e critica o transporte público em contraponto ao fornecido pelas empresas a seus empregados[19]. Ora, jurisprudência trabalhista era segura (Súmula n. 90). E evolutiva, à medida que questões acessórias às horas *in itinere* afloravam. A sedimentação pretoriana sobreveio e imprimiu segurança jurídica. A controvérsia reside na eficácia da pactuação coletiva. De outra parte, descabido confrontar o transporte público com o privado para suprimir o tempo de trajeto, pois a tutela pressupõe ausência daquele e não sua má qualidade comparativamente à condução do empregador. Argumentos falaciosos.

A revogação não poupou sequer as micro e pequenas empresas, às quais o § 3º do art. 58 Consolidado reservou à autonomia privada coletiva a disciplina da fixação de tempo médio *in itinere* e sua remuneração em transporte fornecido para local de difícil acesso ou não servido por transporte público, tal como regrado pela Lei Complementar n. 123, de 15.12.2006 (Estatuto Nacional da Microempresa e da Empresa de Pequeno Porte).

A propósito da pactuação de horas *in itinere* em negociação coletiva, sem condicionar ao porte da entidade empresária, cumpre recordar a decisão monocrática do Min. Teori Zavascki no RE 895.759/PE. Fundado em precedente histórico no RE 590.415/SC, da relatoria do Min. Roberto Barroso e com motivação que refunda o direito coletivo do trabalho, assentou o Min. Teori: "Registre-se que a própria Constituição Federal admite que as normas coletivas de trabalho disponham sobre salário (art. 7º, VI) e jornada de trabalho (art. 7º, XIII e XIV), inclusive reduzindo temporariamente remuneração e fixando jornada diversa da constitucionalmente estabelecida. Não se constata, por outro lado, que o acordo coletivo em questão tenha extrapolado os limites da razoabilidade, uma vez que, embora tenha limitado direito legalmente previsto, concedeu outras vantagens em seu lugar, por meio de manifestação de vontade válida da entidade sindical".

E lavrou dispositivo vinculante, *litteris:* "Diante do exposto, com base no art. 557, § 1º-A, do CPC/1973, dou provimento ao recurso extraordinário para afastar a condenação da recorrente ao pagamento das horas *in itinere* e dos respectivos reflexos salariais. Após o trânsito em julgado, oficie-se à Vice-Presidência do Tribunal Superior do Trabalho, encaminhando-lhe cópia desta decisão para as devidas providências, tendo em conta a indicação do presente apelo como representativo de controvérsia."

A par do aspecto processual, a Carta Política prestigia as relações coletivas de trabalho. A interpretação sistemática de dispositivos constitucionais aponta a negociação coletiva como meio eficaz e democrático de composição dos conflitos entre capital e trabalho. A palavra de ordem do Preâmbulo da Lei Maior é firme ao preconizar a "harmonia social e comprometida, na ordem interna e internacional, com a solução pacífica das controvérsias", gênero de que a negociação coletiva e espécie. Como destacamos alhures[20], a Carta Magna arrola, entre os direitos sociais que garante, o "reconhecimento das convenções e acordos coletivos de trabalho" (art. 7º, inciso XXVI), aí conferindo não apenas validade aos instrumentos negociais nominados — visão apequenada desse direito social. A elocução constitucional transcende, em muito, à forma de exteriorização ou envoltório do pactuado. Contém, na verdade, o reconhecimento estatal do poder social inerente às pessoas e, pois, aos grupos por elas organizados de autoconduzirem-se, de co-decidirem sobre o ordenamento de condições de trabalho, de protagonizarem a autocomposição de seus interesses coletivos, solverem suas desinteligências fora do Estado, pela via do entendimento direto, à luz de contraparti-

(19) Justificação da emenda do Dep. Alfredo Kaefer: "O atual entendimento sobre o pagamento de horas *in itinere* acaba por penalizar as empresas que oferecem a seus empregados um serviço de transporte próprio ou fretado, provendo aos trabalhadores mais conforto, segurança e comodidade. Logo, observa-se a necessidade de reverter esse entendimento com o objetivo de prover segurança jurídica, evitando interpretações divergentes pela Justiça do Trabalho.
Dessa forma, o afastamento da insegurança jurídica vai estimular a concessão desse transporte que traz benefícios para o trabalhador e para a sociedade.
É importante lembrar que, nos países competitivos, o transporte é público.
Ou seja, esse é um custo das empresas brasileiras, dentre vários outros exclusivos às instituições que atuam no Brasil.
Se compararmos o transporte público com o privado, observamos que, no transporte público, o trabalhador gasta mais tempo para o deslocamento, pois pode ser necessário fazer uma integração, utilizando ônibus e metrô; o número de paradas pode ser elevado, uma vez que o itinerário pode incluir mais voltas antes da chegada ao destino; além de sua maior vulnerabilidade a assaltos, devido ao número de vezes e aos locais de parada.
Já o transporte privado é mais seguro, pois os passageiros são conhecidos e o número de paradas é menor, o ponto para embarque e desembarque é mais próximo de casa, além de haver, em algumas situações, câmeras de filmagem e GPS.
Com relação ao conforto, o ônibus particular pode ter banco reclinável e estofado, cortina, cabine com menos ruído, ar condicionado, banheiros e, em alguns casos, até *wi-fi*.
Do ponto de vista da sociedade, existiria um ganho, pois, hoje, as empresas demandam a existência de transporte público nos horários de entrada e saída de turno, em duplicidade com aquele já fornecido por elas, pois se não houver esse transporte público, a empresa deverá pagar, além do transporte privado, a hora extra.
No momento em que o país vive, o ideal é que o transporte que hoje passa na porta das empresas e que não está saturado deveria ser destinado para facilitar o acesso da população a hospitais, unidades de atendimento emergencial em saúde, escolas, centro da cidade, parques e outras áreas de lazer.
Contudo, atualmente, quando esse movimento acontece, a empresa se torna vulnerável às penalidades associadas à hora *in itinere* e, em muitos casos, é punida por oferecer um benefício que garante aos trabalhadores mais comodidade, conforto e segurança.
Com o estímulo às empresas para que concedam o transporte aos trabalhadores, teríamos a possibilidade de melhoria do serviço também para a sociedade.
Também não há que se falar em tempo gasto para deslocamento, pois, atualmente, nos centros urbanos, a necessidade de se percorrer uma pequena distância pode demandar um longo período de tempo em virtude do trânsito.
Portanto, este tema, que nasceu com jurisprudência há cera de 40 anos e foi posteriormente incorporado na legislação, merece ser alterado de forma a se adaptar às características da sociedade moderna, em benefício do trabalhador e da sociedade."

(20) TEIXEIRA FILHO, João de Lima; SÜSSEKIND, Arnaldo Lopes; MARANHÃO, Délio; VIANNA, José de Segadas. *Instituições de Direito do Trabalho*. 22. ed., v. 2, São Paulo: LTr, 2005. p. 1.190/1.191.

das julgadas satisfatórias aos seus interesses. Cumpre ao Estado respeitar o pactuado, se inexistir malferimento a norma de ordem pública estatal — bem claro.

Evaristo de Moraes Filho apontou, em notável lição, o surgimento de "tendências no sentido de maior liberdade e autonomia na vida sindical, com um mínimo de intervenção do Estado, que deixa de ser o elemento propulsor e controlador, para se transformar num mero assistente orientador, discreto, e não ator único. É preciso devolver o social aos temas do trabalho, abandonando um pouco mais o econômico e o político. Ou, como escreve Jacques Le Goff, inspirado em Delors: '1º — O Estado deve restituir à sociedade as prerrogativas e responsabilidades que lhe pertencem e cessar de monopolizar as intervenções sociais. Deve reencontrar seu papel de **regulador do jogo social**, abandonando sua pretensão de tudo regular. 2º — Mas, diferentemente do Estado regulador do tipo liberal, o Estado tal como o vê Delors, deve ser um **indicador**, um **animador** se não um **piloto da mudança**. Se ele se retira, o faz de modo ativo'."(21)

A Constituição Federal tornou disponíveis pela negociação coletiva temas de inegável relevo, como jornada de trabalho e salário, nos incisos IV, XIII e XIV de seu art. 7º, sempre sob estrita tutela sindical (art. 8º, VI). Fê-lo expressa e inequivocamente. E condicionou à frustração do processo negocial direto a possibilidade de serem eleitos árbitros privados (CRFB, art. 114, § 1º) ou a Justiça do Trabalho, agora na condição de árbitro institucional (CRFB, art. 114, § 2º). O contexto constitucional da negociação coletiva é eloquente e ao intérprete cumpre dar efetividade a esse direito humano fundamental, como definido pela Organização Internacional do Trabalho.

Sob tal perspectiva, a Carta Política vigente reservou ao exercício da autonomia privada coletiva a reconfiguração de condições de trabalho envolvendo jornada e salário e, pois, o tempo *in itinere*. Tema privativo dos atores sociais no exercício das relações coletivas de trabalho. Revogação por lei da jornada itinerante é anômala, sob o prisma da reserva constitucional (CRFB, art. 7º, VI, XIII e XIV), não passando por seu crivo.

E agride também preceito de contenção da Lei Maior que veda o retrocesso social mediante rebaixamento do grau de proteção do trabalhador, tanto nos direitos sociais elencados no art. 7º, como "além de outros que visem à melhoria de sua condição social". Eis o núcleo tuitivo para rechaço à revogação por lei de normas cogentes e protetivas do trabalhador.

A ordem econômica não é um fim em si mesma, mas instrumento para a valorização do trabalho humano, sobre a qual se funda, e da livre iniciativa (CRFB, art. 170), objetivando assegurar a todos existência digna, conforme os ditames da justiça social, entre outros princípios, como a primazia do trabalho sobre o capital (CRFB, art. 193), a busca do pleno emprego, o respeito a dignidade humana. Essa interpretação sistemática da Carta Política levou a Corte Suprema a proclamar, em julgado paradigmático, que:

> Nesta ampla moldura, deduzo que uma proposição em contrário levaria à perpetração de muito mais desrespeito à Constituição do que prestígio para ela. Quero dizer, o que ganharia com a tese contrária seria suplantado, de muito, pelas perdas infligidas ao sistema de comandos da Constituição-cidadã, a significar, então, postura interpretativa oposta à preconizada pelo chamado "princípio da proporcionalidade em sentido estrito".(22)

Essa interpretação sistêmica da Constituição Federal também conduz à inconstitucionalidade do preceito derrogatório do art. 58, § 2º, da CLT pela Lei n. 13.467, de 13 de julho de 2017.

Sob a motivação de a reforma trabalhista criar um ambiente econômico atrativo para negócios e geração de empregos são revogadas normas que jamais foram empeço ao desenvolvimento econômico do país e com elas o Brasil galgou a invejável posição de 4ª economia do mundo. A CLT era a mesma e nela não reside o entrave à higidez da economia. O problema é de outra natureza, estranha ao direito. Quanto ao mercado de trabalho, o tempo se encarregará de demonstrar o rotundo erro das Cassandras que defendem a desproteção como meio hábil de gerar empregos, produtividade etc...

V – CONCLUSÃO

A revogação do art. do art. 58, § 2º, da CLT pela Lei n. 13.467/2017 padece de dupla inconstitucionalidade. Sob um prisma, o tempo *in itinere* é espécie de trabalho ficto, no qual o labor à disposição é contido pelo empregador, logo parte integrante da jornada de trabalho. Daí resulta a desproteção social pelo rebaixamento da tutela heterônoma, em afronta aos arts. 7º, *in fine*, 170 e 193 da Carta Política vigente. A par disso e sob outro ângulo, a duração do trabalho, inclusive itinerante, e sua remuneração é matéria reservada pela Lei Maior à autorregulação dos próprios autores sociais via negociação coletiva, mediante concessões recíprocas que consultem aos interesses coletivos das partes negociadoras que pacifiquem a relação de emprego (CRFB, Preâmbulo e arts. 7º, IV, XIII, XIV e XXVI, 8º, VI, e 114, §§ 1º e 2º).

(21) MORAES FILHO, Evaristo. "Tendência do Direito Coletivo do Trabalho — Estudos em homenagem ao Ministro Arnaldo Süssekind", na obra coletiva TEIXEIRA FILHO, João de Lima (Coord.). *Relações Coletivas de Trabalho*. São Paulo: LTr, 1989. p. 35. Grifos originais.

(22) Ac. STF, Pleno, Proc. ADI 1.721-3; Rel. Min. Carlos Ayres Britto; DJ de 20.10.2006.

A NOVA REGULAMENTAÇÃO DO TRABALHO EM REGIME DE TEMPO PARCIAL

Luiz Otávio Linhares Renault(*)
Raquel Betty de Castro Pimenta(**)

"Na ânsia de alcançar sempre maior nível de produção, esqueceu-se o capitalismo do homem que trabalha, que é uma criatura feita à imagem de Deus, com alma, dignidade, personalidade e um destino a realizar."

(Evaristo de Moraes Filho)

"Precisamente por sempre tender a força das coisas a destruir a igualdade, a força da legislação deve sempre tender a mantê-la.

(Rousseau)

1. INTRODUÇÃO

A reforma trabalhista implementada pela Lei n. 13.467, de 13 de julho de 2017, com vigência a partir de 11 de novembro de 2017, promoveu profundas alterações na Consolidação das Leis do Trabalho e em outras leis que disciplinam basicamente o trabalho humano, "a fim de adequar a legislação às novas relações de trabalho", conforme expresso em sua ementa[1].

Uma das significativas alterações que foram promovidas diz respeito ao trabalho em regime de tempo parcial, cuja nova regulamentação será examinada neste artigo.

O trabalho por tempo parcial é apontado como uma estratégia para a facilitação de contratações e para o combate ao desemprego, mas deve ser analisado com cautela, como já alertava Alice Monteiro de Barros sobre os riscos da utilização da contratação de trabalhadores neste regime:

> Não há dúvida de que um horário de trabalho mais flexível e a possibilidade de emprego em tempo parcial poderiam incentivar a inserção e a permanência no mercado de trabalho de pessoas oneradas com encargos familiares e atividades domésticas, como as mulheres, os jovens que precisam estudar em parte do dia, e as pessoas que pretendem ir desligando-se das atividades, aos poucos, antes de se aposentarem. Essa flexibilidade poderá também constituir estratégia para o combate ao desemprego. Para isso, porém, é indispensável que o trabalho em tempo parcial receba tratamento proporcional ao trabalho em tempo integral, mormente no que tange ao salário, às oportunidades de promoção e às prestações previdenciárias, do contrário, de nada adiantaria e essa modalidade de emprego seria considerada precária, podendo traduzir até mesmo uma discriminação indireta.[2]

Neste artigo, far-se-á um estudo a respeito da regulamentação do trabalho em regime de tempo parcial antes e após a reforma, pontuando as alterações promovidas e suas possíveis repercussões no mercado de trabalho.

Nesta segunda edição, analisam-se os impactos da nova regulamentação nas decisões proferidas por Tribunais Trabalhistas — Tribunal Superior do Trabalho e Tribunais Regionais do Trabalho —, no primeiro ano de vigência da reforma trabalhista.

(*) Doutor em Direito pela Universidade Federal de Minas Gerais. Professor adjunto aposentado da Pontifícia Universidade Católica de Minas Gerais; Desembargador do Tribunal Regional do Trabalho da 3ª Região.

(**) Doutora pela Università degli Studi di Roma Tor Vergata (Itália) em cotutela internacional com a UFMG (Brasil). Mestre em Direito do Trabalho pela PUC-MG. Especialista em Direito do Trabalho Ítalo-Brasileiro pela UFMG e pela Università di Roma Tor Vergata. Bacharel em Direito pela UFMG. Servidora do Tribunal Regional do Trabalho da 3ª Região.Professora em cursos de pós-graduação *lato sensu*.

(1) BRASIL. *Lei n. 13.467, de 13 de julho de 2017. Altera a Consolidação das Leis do Trabalho (CLT), aprovada pelo Decreto-Lei n. 5.452, de 1º de maio de 1943, e as Leis ns. 6.019, de 3 de janeiro de 1974, 8.036, de 11 de maio de 1990, e 8.212, de 24 de julho de 1991, a fim de adequar a legislação às novas relações de trabalho.* Disponível em: <http://www.planalto.gov.br/ccivil_03/_ato2015-2018/2017/lei/L13467.htm>. Acesso em: 4 set. 2017.

(2) BARROS, Alice Monteiro de. *Curso de direito do trabalho*. 4. ed. rev. e ampl. São Paulo: LTr, 2008. p. 668.

2. O REGIME DE TEMPO PARCIAL ANTES DA REFORMA TRABALHISTA

O regime de trabalho de tempo parcial foi inserido na legislação trabalhista brasileira por sucessivas Medidas Provisórias, sendo que a regulamentação anterior à reforma do art. 58-A da CLT corresponde à redação dada pela Medida Provisória n. 2.164-41, de 24.8.2001[(3)], cuja vigência foi indeterminada pelo art. 2º da Emenda Constitucional n. 32 de 11.9.2001[(4)].

Mauricio Godinho Delgado ensina que a regulação do trabalho em tempo parcial pelas sucessivas Medidas Provisórias não representou inteiramente uma inovação, porque, mesmo antes da tipificação legal, a garantia do salário mínimo já era construída, adotando-se como critério de aferição a real duração do trabalho pactuada com o empregado, sendo possível a celebração do contrato de trabalho com a estipulação de salário proporcional à jornada[(5)].

As alterações legislativas em torno da matéria foram promovidas por Medidas Provisórias, acrescentando dispositivos na CLT, a saber: o art. 58-A, o § 4º do art. 59, o art. 130-A e o § 3º do art. 143.

A redação dada ao art. 58-A da CLT pela Medida Provisória n. 2.164-41, de 24.8.2001, era a seguinte:

> Art. 58-A. Considera-se trabalho em regime de tempo parcial aquele cuja duração não exceda a vinte e cinco horas semanais. *(Incluído pela Medida Provisória n. 2.164-41, de 2001)*
>
> § 1º O salário a ser pago aos empregados sob o regime de tempo parcial será proporcional à sua jornada, em relação aos empregados que cumprem, nas mesmas funções, tempo integral. *(Incluído pela Medida Provisória n. 2.164-41, de 2001)*
>
> § 2º Para os atuais empregados, a adoção do regime de tempo parcial será feita mediante opção manifestada perante a empresa, na forma prevista em instrumento decorrente de negociação coletiva. *(Incluído pela Medida Provisória n. 2.164-41, de 2001)*

Como se extrai do dispositivo legal acima transcrito, o tipo legal celetista conceituou o trabalho em regime de tempo parcial como aquele limitado a 25 (vinte e cinco) horas semanais. Estipulou-se a possibilidade do pagamento proporcional do salário em relação à jornada efetuada, e possibilitou-se aos atuais empregados contratados em regimes de tempo superior ao limite estipulado realizar a opção pelo regime de tempo parcial perante a empresa, desde que essa opção fosse manifestada na forma prevista em instrumento oriundo em negociação coletiva.

Nota Mauricio Godinho Delgado que os contratos de trabalho estipulados com jornada inferior ao padrão vigorante no país de 44 (quarenta e quatro horas) semanais, mas superior ao limite de 25 (vinte e cinco horas) semanais previsto no art. 58-A da CLT, não eram abrangidos pelo regime de tempo parcial. E esclarece:

> Note-se que o regime de tempo parcial tipificado na CLT existe somente com respeito a obreiros naturalmente inseridos na jornada padrão de 8 horas ao dia e corresponde ao módulo de 44 horas na semana — mas que, singularmente, sejam contratados para duração de labor até 25 horas semanais. O regime mencionado não abrange, é óbvio, empregados que tenham jornada especial reduzida por força de norma jurídica própria (ilustrativamente, jornalistas profissionais e radialistas — estes do setor de autoria e locução —, todos com duração diária de trabalho de 5 horas). É que nestes casos a jornada foi reduzida pela lei em vista do trabalho especialmente desgastante de tais profissionais —, o que não ocorre na situação aventada pelo regime de tempo parcial.[(6)]

Importante notar, ainda, que a regulamentação antes existente para o trabalho em regime de tempo parcial estabelecia o limite semanal da jornada — 25 horas semanais — mas não estabelecia critérios referentes a um limite diário. Assim, era possível a estipulação de contratos de trabalho com jornadas diárias de até oito horas, em menos dias ao longo da semana.

Consoante o § 4º do art. 59, da CLT, que regulamentava o trabalho em tempo parcial, com a redação dada pela Medida Provisória n. 2.164-41, de 24.8.2001:

> § 4º Os empregados sob o regime de tempo parcial não poderão prestar horas extras. *(Incluído pela Medida Provisória n. 2.164-41, de 2001)*

A antiga regulamentação celetista do trabalho em tempo parcial, portanto, vedava a prestação de trabalho extraordinário aos empregados contratados neste regime especial. Para Homero Batista Mateus da Silva, essa vedação existia para evitar contradição na estipulação do contrato:

> Parece contraditório contratar uma pessoa para atividade parcial, e depois exigir que ela faça horas

(3) BRASIL. *Medida provisória n. 2.164-41, de 21 de agosto de 2001. Altera a Consolidação das Leis do Trabalho — CLT, para dispor sobre o trabalho a tempo parcial, a suspensão do contrato de trabalho e o programa de qualificação profissional, modifica as Leis ns. 4.923, de 23 de dezembro de 1965, 5.889, de 8 de junho de 1973, 6.321, de 14 de abril de 1976, 6.494, de 7 de dezembro de 1977, 7.998, de 11 de janeiro de 1990, 8.036, de 11 de maio de 1990, e 9.601, de 21 de janeiro de 1998, e dá outras providências.* Disponível em: <http://www.planalto.gov.br/ccivil_03/MPV/2164-41.htm#art1>. Acesso em: 20 set. 2017.

(4) Art. 2º As medidas provisórias editadas em data anterior à da publicação desta emenda continuam em vigor até que medida provisória ulterior as revogue explicitamente ou até deliberação definitiva do Congresso Nacional. (BRASIL. *Emenda Constitucional n. 32, de 11 de setembro de 2001. Altera dispositivos dos arts. 48, 57, 61, 62, 64, 66, 84, 88 e 246 da Constituição Federal, e dá outras providências.* Disponível em: <http://www.planalto.gov.br/ccivil_03/constituicao/emendas/emc/emc32.htm>. Acesso em: 20 set. 2017).

(5) DELGADO, Mauricio Godinho. *Curso de direito do trabalho*. 16. ed. rev. e ampl. São Paulo: LTr, 2017. p. 1058.

(6) DELGADO, Mauricio Godinho. *Curso de direito do trabalho*. 16. ed. rev. e ampl. São Paulo: LTr, 2017. p. 1059.

extras. Fica parecendo que a pessoa estava à disposição do empregador como mão de obra barata, aguardando oscilações da sazonalidade.[7]

O art. 130-A, com a redação introduzida pela Medida Provisória n. 2.164-41, de 24.8.2001, estipulava sistema de concessão das férias anuais remuneradas de forma diferenciada em relação aos contratos de trabalho de tempo integral. A duração das férias anuais dos trabalhadores submetidos ao trabalho em regime de tempo parcial era menor do que o padrão estabelecido em outros contratos:

> Art. 130-A. Na modalidade do regime de tempo parcial, após cada período de doze meses de vigência do contrato de trabalho, o empregado terá direito a férias, na seguinte proporção: *(Incluído pela Medida Provisória n. 2.164-41, de 2001)*
>
> I — dezoito dias, para a duração do trabalho semanal superior a vinte e duas horas, até vinte e cinco horas; *(Incluído pela Medida Provisória n. 2.164-41, de 2001)*
>
> II — dezesseis dias, para a duração do trabalho semanal superior a vinte horas, até vinte e duas horas; *(Incluído pela Medida Provisória n. 2.164-41, de 2001)*
>
> III — quatorze dias, para a duração do trabalho semanal superior a quinze horas, até vinte horas; *(Incluído pela Medida Provisória n. 2.164-41, de 2001)*
>
> IV — doze dias, para a duração do trabalho semanal superior a dez horas, até quinze horas; *(Incluído pela Medida Provisória n. 2.164-41, de 2001)*
>
> V — dez dias, para a duração do trabalho semanal superior a cinco horas, até dez horas; *(Incluído pela Medida Provisória n. 2.164-41, de 2001)*
>
> VI — oito dias, para a duração do trabalho semanal igual ou inferior a cinco horas. *(Incluído pela Medida Provisória n. 2.164-41, de 2001)*
>
> Parágrafo único. O empregado contratado sob o regime de tempo parcial que tiver mais de sete faltas injustificadas ao longo do período aquisitivo terá o seu período de férias reduzido à metade. *(Incluído pela Medida Provisória n. 2.164-41, de 2001)*

Com efeito, a duração das férias anuais remuneradas do trabalhador contratado no regime de tempo parcial era inferior ao padrão tradicional, sendo no máximo de dezoito dias, e no mínimo de dez dias, estabelecida em conformidade com o número de horas de trabalho semanais — e não exatamente com o número de faltas injustificadas durante o período aquisitivo. O parâmetro das faltas injustificadas servia como redutor da duração das férias anuais por um critério único estabelecido no parágrafo único do art. 130-A, diminuídas as férias à metade quando o trabalhador tivesse mais de sete faltas injustificadas.

Ainda no tocante às férias anuais remuneradas, o § 3º do art. 143 da CLT, também incluído pela Medida Provisória n. 2.164-41, de 24.8.2001, retirava do regime de tempo parcial a possibilidade de conversão de 1/3 do período de férias em abono pecuniário:

> Art. 143. É facultado ao empregado converter 1/3 (um terço) do período de férias a que tiver direito em abono pecuniário, no valor da remuneração que lhe seria devida nos dias correspondentes.
>
> [...]
>
> § 3º O disposto neste artigo não se aplica aos empregados sob o regime de tempo parcial. *(Incluído pela Medida Provisória n. 2.164-41, de 2001)*

3. Alterações promovidas pela Lei n. 13.467/17

A reforma trabalhista promoveu alterações significativas no regime de trabalho em tempo parcial, ampliando o seu limite de duração semanal, autorizada a realização do trabalho extraordinário em algumas hipóteses, revogada ficando a anterior regulamentação especial relativa às férias anuais remuneradas.

Para tanto, efetuou a alteração de redação do *caput* do art. 58-A da CLT e incluiu os §§ 3º a 7º ao artigo, além de promover a revogação do § 4º do art. 59, do art. 130-A e do § 3º do art. 143.

Sob a nova regulamentação, todas as disposições legais incidentes sobre o trabalho em regime de tempo parcial foram unificadas no art. 58-A e seus parágrafos.

3.1. Ampliação da duração semanal do trabalho em tempo parcial

A primeira e mais importante alteração promovida pela reforma trabalhista no que se refere ao trabalho em tempo parcial se deu na ampliação do seu limite de duração, na nova redação conferida ao *caput* do art. 58-A da CLT, que passa a prever o seguinte:

> Art. 58-A. Considera-se trabalho em regime de tempo parcial aquele cuja duração não exceda a trinta horas semanais, sem a possibilidade de horas suplementares semanais, ou, ainda, aquele cuja duração não exceda a vinte e seis horas semanais, com a possibilidade de acréscimo de até seis horas suplementares semanais. *(Redação dada pela Lei n. 13.467, de 2017)*

De conseguinte, o padrão semanal máximo para o trabalho em tempo parcial foi ampliado para 30 horas, sendo instituída a possibilidade de prestação de até 6 horas semanais de trabalho extraordinário no caso do trabalho cuja jornada normal não exceda a 26 horas semanais, atingido, dessa forma, o patamar de 32 horas de trabalho na mesma semana.

A ampliação do padrão de duração do trabalho em tempo parcial possibilita que a contratação de trabalha-

(7) SILVA, Homero Batista Mateus da. *Comentários à reforma trabalhista.* São Paulo: Revista dos Tribunais, 2017. p. 38.

dores para uma jornada de trabalho semanal próxima ao padrão tradicional se dê mediante o pagamento de salário proporcional a esta duração, importando em redução do patamar remuneratório de categorias que, tradicionalmente, já eram submetidas a jornadas especiais, mas superiores ao antigo limite de 25 horas semanais.

Quando da tramitação do projeto de lei que originou a Lei n. 13.467/17 no Congresso Nacional, entidades representativas de carreiras jurídicas se manifestaram acerca de pontos específicos do projeto de reforma. Em nota técnica conjunta(8) emitida sobre o PLC n. 38/2017 quando ainda em trâmite perante o Senado Federal, a Associação Nacional dos Procuradores do Trabalho — ANPT, a Associação Nacional dos Magistrados da Justiça do Trabalho — ANAMATRA, a Associação Brasileira dos Advogados Trabalhistas — ABRAT, o Sindicato Nacional dos Auditores Fiscais do Trabalho — SINAIT, a Associação Latino-americana de Advogados Laboralistas — ALAL, a Associação Latino-americana de Juízes do Trabalho — ALJT e a Associação Luso-Brasileira de Juristas do Trabalho — JUTRA assim se manifestaram sobre a ampliação da duração do trabalho em tempo parcial:

> Do contrato a tempo parcial:
>
> Propõe o PLC n. 38/2017 alterar a CLT para flexibilizar contratos que possibilitem pagamento abaixo do salário mínimo, passando a considerar regime de tempo parcial de trabalho (art. 58-A/CLT) aquele cuja duração seja de trinta horas semanais, sem possibilidade de horas extras semanais, ou aquele com jornada de vinte e seis horas semanais ou menos, que pode ser suplementado com mais seis horas extras semanais. Hoje a CLT fala em até vinte e cinco horas semanais, o que equivale a cerca de 57% da jornada do contrato a tempo integral (considerada a jornada semanal de 44 horas). Com esse acréscimo de tempo de jornada nos contratos a tempo parcial, esse tipo de contratação passaria a contemplar jornadas que correspondem a até 73% da jornada admitida no contrato a tempo integral, desnaturando, ao aproximar a jornada dessas duas espécies de contrato, o próprio contrato a tempo parcial e fomentando a substituição de empregados para esse tipo de contratação.

Com o propósito de contribuir para o debate do projeto de reforma trabalhista, quando ainda em tramitação no Senado Federal, dezessete dos vinte e sete Ministros do Tribunal Superior do Trabalho entregaram à Presidência do Senado um documento com considerações jurídicas ao PLC n. 38/2017(9). No que se refere ao trabalho em tempo parcial, apontaram os Ministros que o alargamento da sua duração e a permissão para a prestação de horas extras neste regime representariam a supressão ou restrição de direitos individuais e sociais trabalhistas.

As considerações apresentadas demonstram a preocupação com o fato de a nova previsão normativa incentivar a contratação de trabalhadores em formas mais precárias, com padrão remuneratório inferior ao mínimo legal ou ao piso normativo das categorias.

3.2. Autorização de horas extras no trabalho em tempo parcial que não exceda a 26 horas semanais

A autorização da prestação de horas extras no trabalho em tempo parcial, que não exceda a 26 horas semanais, está prevista na segunda parte do *caput* do art. 58-A da CLT, o que deve ser conjugado com a revogação do § 3º do art. 59 da CLT. Os §§ 3º, 4º e 5º acrescidos ao art. 58-A também trazem previsões relativas ao trabalho extraordinário neste regime:

> Art. 58-A. Considera-se trabalho em regime de tempo parcial aquele cuja duração não exceda a trinta horas semanais, sem a possibilidade de horas suplementares semanais, ou, ainda, aquele cuja duração não exceda a vinte e seis horas semanais, com a possibilidade de acréscimo de até seis horas suplementares semanais. *(Redação dada pela Lei n. 13.467, de 2017)*
>
> [...]
>
> § 3º As horas suplementares à duração do trabalho semanal normal serão pagas com o acréscimo de 50% (cinquenta por cento) sobre o salário-hora normal. *(Incluído pela Lei n. 13.467, de 2017)*
>
> § 4º Na hipótese de o contrato de trabalho em regime de tempo parcial ser estabelecido em número inferior a vinte e seis horas semanais, as horas suplementares a este quantitativo serão consideradas horas extras para fins do pagamento estipulado no § 3º, estando também limitadas a seis horas suplementares semanais. *(Incluído pela Lei n. 13.467, de 2017)*
>
> § 5º As horas suplementares da jornada de trabalho normal poderão ser compensadas diretamente até a semana imediatamente posterior à da sua execução, devendo ser feita a sua quitação na folha de pagamento do mês subsequente, caso não sejam compensadas. *(Incluído pela Lei n. 13.467, de 2017)*

Como já ressaltado, a prestação de trabalho extraordinário não pode se dar em todos os contratos em tempo parcial, mas apenas naqueles com duração semanal de até 26 horas, sendo permitido, no máximo, 6 horas de trabalho suplementar. Esta estipulação está clara na segunda parte do *caput* do art. 58-A e é repetida no § 4º acrescido ao artigo. Na visão de Homero Batista Mateus da Silva:

> A reforma teve ao menos o bom-senso de não liberar irrestritamente as horas extras, que desvirtua-

(8) *Reforma trabalhista:* associações divulgam nota técnica sobre PLC n. 38/17. Disponível em: <https://www.anamatra.org.br/imprensa/noticias/25376-reforma-trabalhista-associacoes-divulgam-nota-tecnica-sobre-o-plc-38-17>. Acesso em: 22 set. 2017.

(9) *PLC n. 38/2017 — Documento de Considerações Jurídicas.* Disponível em: <https://www.anamatra.org.br/files/Consideracoes-Reforma_Ministros.pdf>. Acesso em: 22 set. 2017.

riam o regime, e admiti-las apenas para contratações mais baixas, com cargas inferiores a 26 horas por semana. Em resumo, um trabalhador a tempo parcial poderá chegar a 32 horas semanais — 26 regulares e 6 suplementares.(10)

O § 3º acrescido ao art. 58-A trata da remuneração do trabalho extraordinário. A literalidade do dispositivo acrescido poderia acarretar a impressão de que as horas extras do trabalhador a tempo parcial teriam o adicional limitado ao percentual de 50% (cinquenta por cento), e a base de cálculo fixada apenas com base no salário-hora nominal. No entanto, não é essa a conclusão mais acertada.

Ora, tais previsões devem ser interpretadas em conjunto com o art. 7º, XVI, da Constituição Federal, que prevê a remuneração do serviço extraordinário superior, no mínimo, em cinquenta por cento à do normal, assim como com o inciso XXVI, do mesmo dispositivo legal, que prevê o reconhecimento das convenções e acordos coletivos de trabalho, aberta a possibilidade de ser fixado percentual superior para o adicional de horas extras via negociação coletiva(11). Quanto à base de cálculo das horas extras, deve ser considerada a previsão do art. 64 da CLT, que estipula a forma de cálculo do salário-hora, e a Súmula n. 264 do TST, segundo a qual: "A remuneração do serviço suplementar é composta do valor da hora normal, integrado por parcelas de natureza salarial e acrescido do adicional previsto em lei, contrato, acordo, convenção coletiva ou sentença normativa".

Desse modo, o novo § 3º do art. 58-A da CLT deve ser compreendido sob esta perspectiva mais ampla, de forma que a hora extra do trabalho em regime de tempo parcial deverá ser paga com o acréscimo do adicional de, no mínimo, 50% (cinquenta por cento) sobre o salário-hora normal, calculado nos moldes do art. 64 da CLT e da Súmula n. 264 do TST.

O § 5º acrescido ao art. 58-A da CLT traz previsões acerca da compensação das horas extraordinárias prestadas pelo trabalhador submetido ao trabalho em tempo parcial que não exceda a 26 horas semanais. Prestadas horas extras, elas poderão ser compensadas na semana imediatamente posterior à sua execução, ou deverão ser pagas, como extras, no mês subsequente.

Acerca do regime especial de compensação de jornada criado neste dispositivo, nota Homero Batista Mateus da Silva:

> Admite-se a compensação das horas extras no regime parcial até a semana seguinte. O advérbio de modo 'diretamente', inserido no art. 58-A, § 5º, e a exigência de que a compensação seja na semana seguinte dão a entender de que não se faz necessário o acordo escrito de compensação de jornada. Essa desoneração faz algum sentido se lembrarmos que, de fato, o contrato parcial não foi concebido para a realização de horas extras. Se estas forem banalizadas, era melhor que o empregado houvesse sido contratado a tempo integral.

Discordamos dessa afirmação, pois não há qualquer disposição clara no sentido de dispensar a necessidade do acordo expresso para possibilitar a instituição de regime de compensação do trabalho extraordinário. Ora, a compensação de jornada traduz inegável mecanismo flexibilizatório de garantias trabalhistas, sendo sempre necessária autorização via acordo escrito entre as partes ou por intermédio de negociação coletiva do regime de compensação, seja semanal ou em padrões temporais superiores(12).

Não há que se falar, ainda, que o § 5º acrescido ao art. 58-A estaria permitindo o pagamento das horas extras não compensadas dois meses após a prestação do trabalho extraordinário, já que a literalidade do dispositivo menciona, de forma ambígua, a "quitação na folha de pagamento do mês subsequente". Ao contrário, o pagamento das horas extras não compensadas deve se dar no mês seguinte à realização do trabalho suplementar, como notam Homero Batista Mateus da Silva(13) e Francisco Antônio de Oliveira(14).

3.3. Férias anuais remuneradas no trabalho em tempo parcial

A última alteração referente à regulamentação do trabalho em tempo parcial se deu no instituto das férias anuais remuneradas, com a revogação do art. 130-A e do § 3º do art. 143, e a inserção dos §§ 6º e 7º ao art. 58-A da CLT:

> § 6º É facultado ao empregado contratado sob regime de tempo parcial converter um terço do período de férias a que tiver direito em abono pecuniário. *(Incluído pela Lei n. 13.467, de 2017)*
>
> § 7º As férias do regime de tempo parcial são regidas pelo disposto no art. 130 desta Consolidação. *(Incluído pela Lei n. 13.467, de 2017)*

---

(10) SILVA, Homero Batista Mateus da. *Comentários à reforma trabalhista.* São Paulo: Revista dos Tribunais, 2017. p. 38.

(11) Nesse sentido, cf. SILVA, Homero Batista Mateus da. *Comentários à reforma trabalhista.* São Paulo: Revista dos Tribunais, 2017. p. 39; e OLIVEIRA, Francisco Antônio de. *Reforma trabalhista*: comentários à Lei n. 13.467, de julho de 2017. São Paulo: LTr, 2017. p. 23.

(12) Sobre a evolução do debate a respeito do título jurídico autorizador da compensação de jornada e de seu caráter flexibilizatório das regras imperativas concernentes à duração do trabalho, vide, por todos, DELGADO, Mauricio Godinho. *Curso de direito do trabalho.* 16. ed. rev. e ampl. São Paulo: LTr, 2017. p. 1.000-1.017.

(13) SILVA, Homero Batista Mateus da. *Comentários à reforma trabalhista.* São Paulo: Revista dos Tribunais, 2017. p. 39.

(14) OLIVEIRA, Francisco Antônio de. *Reforma trabalhista*: comentários à Lei n. 13.467, de julho de 2017. São Paulo: LTr, 2017. p. 23.

O anterior art. 130-A previa uma tabela de duração das férias anuais dos trabalhadores sujeitos ao regime de tempo parcial, proporcional ao número de horas trabalhadas por semana. A revogação expressa desse artigo e a inserção do § 7º ao art. 58-A acarretaram a equivalência no regime de férias anuais em relação ao trabalho em regime integral.

Do mesmo modo, a revogação do § 3º do art. 143, que vedava a conversão de até 1/3 do período de férias em abono pecuniário para o trabalho em tempo parcial, e a inserção do § 6º ao art. 58-A da CLT, permitindo a prática, também é dispositivo que promove a unificação do regime das férias anuais remuneradas para os trabalhos realizados em tempo integral e parcial.

Para Homero Batista Mateus da Silva, "a equalização se justifica com a ampliação da carga horária semanal dos parciais, a autorização para algumas horas extras e, de toda forma, a remuneração proporcionalmente reduzida que auferem"(15).

4. O impacto da nova regulamentação do trabalho em regime de tempo parcial, na jurisprudência trabalhista, no primeiro ano de vigência da Lei n. 13.467/2017

Nesta segunda edição da obra coletiva, analisam-se os impactos jurisprudenciais da nova regulamentação do trabalho em regime de tempo parcial, no primeiro ano de vigência da Lei n. 13.467/2017.

A partir de pesquisa jurisprudencial no Tribunal Superior do Trabalho, constatou-se que ainda não houve pronunciamento daquela Corte sobre a nova regulamentação, advinda com a Lei n. 13.467/2017, já que todos os julgamentos proferidos sobre o tema do trabalho em regime de tempo parcial, após a entrada em vigor da reforma trabalhista, em 11.11.2017, diziam respeito a recursos interpostos antes da vigência da nova lei, atingindo situações jurídicas ocorridas e consolidadas sob a égide da legislação anterior.

Em alguns julgados, foi possível observar que alegações trazidas pelas partes acerca da aplicação da nova regulamentação, advinda da Lei n. 13.467/2017, foram afastadas pelo TST, com fundamento no princípio da irretroatividade das leis. É o que se verifica, por exemplo, no seguinte excerto:

> **EMENTA: AGRAVO DE INSTRUMENTO. CIRURGIÃO DENTISTA. FÉRIAS DE 30 DIAS. REGIME DE TEMPO PARCIAL. JORNADA LEGAL. ALTERAÇÃO CONTRATUAL LESIVA.** O processamento do recurso de revista está adstrito à demonstração de divergência jurisprudencial (art. 896, alíneas *a* e *b*, da CLT) ou violação direta e literal de dispositivo da Constituição da República ou de lei federal (art. 896, *c*, da CLT). Não demonstrada nenhuma das hipóteses do art. 896 da CLT, não há como reformar o r. despacho agravado. Agravo de instrumento de que se conhece e a que se nega provimento.
>
> [...]
>
> *Ressalte-se que a Lei n. 13.467/2017 não retroage para atingir os eventos ocorridos antes de sua vigência, nem os processos cujas decisões foram publicadas antes de 11.11.2017, como no caso.* (AIRR — 10930-29.2014.5.15.0007 Data de Julgamento: 20.06.2018, Relatora Desembargadora Convocada: Cilene Ferreira Amaro Santos, 6ª Turma, Data de Publicação: DEJT 22.06.2018 — grifos acrescidos)

Igualmente, em âmbito regional, pesquisa jurisprudencial, realizada no Tribunal Regional do Trabalho da Terceira Região, evidenciou que a maioria dos julgamentos proferidos no último ano se referiam a fatos anteriores à entrada em vigor da Lei n. 13.467/2017, pelo que os casos submetidos à apreciação das Turmas eram solucionados com base na regulamentação anterior, mencionando a inaplicabilidade da reforma trabalhista de forma retroativa. É como a questão foi decidida, por exemplo, nos processos 0010059-06.2017.5.03.0111 (RO), Disponibilização: 19.07.2018, Órgão Julgador: Décima Primeira Turma, Relatora Convocada Ana Maria Espi Cavalcanti; 0011053-92.2016.5.03.0103 (RO), Disponibilização: 15.06.2018, Órgão Julgador: Décima Turma, Relatora: Maria Laura Franco Lima de Faria; 0011409-52.2017.5.03.0168 (RO), Disponibilização: 18.05.2018, Órgão Julgador: Sétima Turma, Redator: Marcelo Lamego Pertence; PJe: 0010170-86.2017.5.03.0176 (RO), Disponibilização: 11.04.2018, Órgão Julgador: Sétima Turma, Relator: Convocado Cleber Lucio de Almeida; 0011140-47.2017.5.03.0092 (ED), Disponibilização: 21.02.2018, Órgão Julgador: Primeira Turma, Relator: Luiz Otavio Linhares Renault; 0010895-69.2016.5.03.0157 (RO), Disponibilização: 19.12.2017, Órgão Julgador: Sétima Turma, Relator: Marcelo Lamego Pertence.

Assim, não se verificou, no âmbito do TST ou do TRT da 3ª Região, o julgamento de casos em que o contrato de trabalho já tenha sido realizado sob a égide da nova regulamentação do trabalho em regime de tempo parcial, não sendo ainda possível constatar o impacto das alterações promovidas pela Lei n. 13.467/2017 na jurisprudência trabalhista.

4. Considerações finais

Na aceleradíssima dinâmica da vida pós-moderna, constitui tarefa árdua e difícil para o legislador disciplinar as relações jurídicas, de hoje e de amanhã, sejam de que natureza forem.

Em se tratando do fato socioeconômico "trabalho do homem", talvez mais do que as de outra índole, talhe,

(15) SILVA, Homero Batista Mateus da. *Comentários à reforma trabalhista*. São Paulo: Revista dos Tribunais, 2017. p. 39.

silhueta ou feitio, é muito importante que não se desprezem os avanços dos direitos fundamentais conquistados pelos trabalhadores com incontáveis lutas (rebeliões, greves, suor, sangue, sofrimento e lágrimas), vedado devendo ser qualquer retrocesso, ainda que sob a argumentação de "*modernização*", de "*geração de empregos*", ou de uma suposta "*segurança jurídica*".

Todos esses motes são vazios de sentido e de significado; os seus resultados perder-se-ão no turbilhão das palavras de desconstrução do direito social, não se podendo, definitivamente, confundir uma suposta "*segurança jurídica*" com a diminuição de direitos dos trabalhadores.

Em nenhum país do mundo, podendo-se citar, exemplificativamente, a Espanha, Portugal ou Itália, as alterações legislativas com semelhantes propósitos, pontuais ou mais abrangentes, no âmbito da legislação do trabalho, produziram os efeitos desejados.

É esperar para ver os efeitos da nossa reforma legislativa...

O Direito do Trabalho não se compraz com retrocessos; ele é um Direito em formação perene, sempre na direção da tutela ao hipossuficiente e da melhoria das condições de vida do trabalhador.

O Direito Operário, mais tarde denominado Direito do Trabalho, nasceu da espinha dorsal do Direito Civil, da qual se desprendeu e ganhou autonomia, porque enxergou, na relação jurídica em que o objeto da prestação de uma das partes é o trabalho do homem, uma desigualdade muito acentuada entre o prestador e o dador de serviços, por isso que perfilha avanços e melhorias; jamais retrocessos ou recuos.

Se a autonomia do Direito do Trabalho advém desse princípio *mater* da proteção e de tantos outros princípios especiais, erigidos e desenvolvidos, cientificamente, em torno dessa premissa básica, não nos parece razoável que se deva atribuir procedência às afirmações e às alterações baseadas na presunção de igualdade entre partes nitidamente desiguais, nem no afrouxamento do seu caráter tuitivo, sob a máscara de uma "*reforma para modernização das relações de trabalho*".

No fundo e em última análise, não há melhor maneira de tratar os desiguais do que desigualmente; definitivamente, empregado (trabalho) e empresa (capital) não são iguais. A igualdade é elemento fundamental para a *justiça,* sendo certo que em se tratando de direitos fundamentais, com musculatura social, a igualdade deve ser absoluta.

Vem a calhar a expressão de Rui Barbosa: "*A regra da igualdade não consiste senão em quinhoar desigualmente aos desiguais, na medida em que se desigualam. Tratar com desigualdade a iguais ou a desiguais com igualdade, seria flagrante desigualdade e, não igualdade real*".[16]

Não nos parece, outro tanto, que se deva fazer um movimento de regresso com o Direito do Trabalho, aprisionando-o, novamente, no arcabouço do Direito Civil, atribuindo-se, dentre tantos outros nivelamentos jurídicos, prevalência do negociado sobre o legislado, ainda que em sede coletiva.

Essa é outra questão, infelizmente, ainda não resolvida no Brasil: a denominada *questão sindical*, pois sabemos que, no Brasil, os sindicatos, em geral, são entes coletivos de "*cofres cheios porém de assembleias vazias*"[17], e, por conseguinte, com fraca ou nenhuma representação da classe operária.

Logo, a questão relativa ao Direito Individual está umbilicalmente ligada à outra, do Direito Coletivo; ambas precisam ser enfrentadas à luz da Constituição Federal, das normas internacionais, dos princípios especiais e dos direitos fundamentais, e em cujo dorso o legislador deve subir e olhar para a frente — horizonte a construir e não a desconstruir.

Retomamos o raciocínio para citar certo doutrinador antigo[18] que disse que, normalmente, o empregado diz "sim", não porque queira dizer "sim", mas porque não pode dizer "não".

O vício da manifestação da vontade do empregado, parte mais fraca, está no nascedouro do negócio jurídico, pelo que os seus frutos estão "envenenados", e mancharão as mãos daqueles que os colherem, acumulando riqueza, em detrimento de um *patamar mínimo civilizatório*[19].

Paul Deschanel, faz um século, disse, com palavras eternas, que "*o trabalho é hoje a honra do homem e a alma da sociedade. Entretanto, o trabalho, que é soberano na ordem política, permanece ainda muitas vezes miserável na ordem econômica*"[20].

Para todos nós, para cada um de nós, não importam a profissão e a convicção política, posto que, em uma sociedade profundamente multifacetada e acentuadamente desigual, com um contingente cada vez maior de excluídos, esse drama da exploração do trabalho, da miserabilidade da pessoa humana, do empobrecimento e da exclusão continua a ser um drama pungente, que, nós acreditamos, uma reforma trabalhista com traços neoliberais não irá resolver.

---

(16) BARBOSA, Rui. *Comentários à Constituição Federal Brasileira.* Rio de Janeiro: Saraiva, 1934.

(17) A expressão é do Prof. Antônio Álvares da Silva.

(18) Parece-nos ter sido Orlando Gomes ou Catharino.

(19) A expressão foi cunhada pelo Prof. e Ministro Mauricio Godinho Delgado.

(20) DESCHANEL, Paul. Préface. In: *L'oeuvre sociale de la IIe republique.* Paris, 1912. p. VI.

Flexibilizar a legislação trabalhista para que por seu cordoamento jurídico passem mais tipos contratuais, com o alargamento da autonomia da vontade e a redução da tutela jurídica à parte mais fraca, não resolverá o problema. Ao revés, aumentará ainda mais o fosso entre o capital e o trabalho, entre a acumulação de riqueza e a pobreza, elevando os níveis de miséria e de infelicidade do trabalhador e de sua família.

A ampliação das hipóteses de enquadramento de contratos de trabalho no regime de tempo parcial e a autorização de prestação de horas extras nessa modalidade contratual importa em mais uma forma de precarização do trabalho, sem nenhuma evidência de que haverá geração de empregos.

Ser feliz é um estado de espírito; está na alma e não na matéria. Ser feliz não é apenas *ter*; é também *compartilhar.* Dividir a riqueza proveniente do capital e do trabalho deve ser uma meta a se alcançar. Por conseguinte, um patamar material mínimo constitui pressuposto para uma vida digna, degrau primeiro para que a pessoa humana "viva feliz" (ou simplesmente viva, segundo Sêneca) e divise as demais virtudes, dentre as quais se destacam a igualdade, a fraternidade e a justiça social.

Em síntese: temos a convicção de que o legislador, fugindo da realidade socioeconômica e com base em pressupostos equivocados, abriu um buraco na secular proteção ao trabalhador.

Referências bibliográficas

BARBOSA, Rui. *Comentários à Constituição Federal Brasileira.* Rio de Janeiro: Saraiva, 1934.

BARROS, Alice Monteiro de. *Curso de direito do trabalho.* 4. ed. rev. e ampl. São Paulo: LTr, 2008.

BRASIL. *Decreto-lei n. 5.452, de 1º de maio de 1943. Aprova a Consolidação das Leis do Trabalho.* Disponível em: <http://www.planalto.gov.br/ccivil_03/decreto-lei/Del5452.htm>. Acesso em: 20 set. 2017.

BRASIL. *Emenda Constitucional n. 32, de 11 de setembro de 2001. Altera dispositivos dos arts. 48, 57, 61, 62, 64, 66, 84, 88 e 246 da Constituição Federal, e dá outras providências.* Disponível em: <http://www.planalto.gov.br/ccivil_03/constituicao/emendas/emc/emc32.htm>. Acesso em: 20 set. 2017.

BRASIL. *Lei n. 13.467, de 13 de julho de 2017. Altera a Consolidação das Leis do Trabalho (CLT), aprovada pelo Decreto-Lei n. 5.452, de 1º de maio de 1943, e as Leis ns. 6.019, de 3 de janeiro de 1974, 8.036, de 11 de maio de 1990, e 8.212, de 24 de julho de 1991, a fim de adequar a legislação às novas relações de trabalho.* Disponível em: <http://www.planalto.gov.br/ccivil_03/_ato2015-2018/2017/lei/L13467.htm>. Acesso em: 4 set. 17.

BRASIL. *Medida provisória n. 2.164-41, de 24 de agosto de 2001. Altera a Consolidação das Leis do Trabalho — CLT, para dispor sobre o trabalho a tempo parcial, a suspensão do contrato de trabalho e o programa de qualificação profissional, modifica as Leis ns. 4.923, de 23 de dezembro de 1965, 5.889, de 8 de junho de 1973, 6.321, de 14 de abril de 1976, 6.494, de 7 de dezembro de 1977, 7.998, de 11 de janeiro de 1990, 8.036, de 11 de maio de 1990, e 9.601, de 21 de janeiro de 1998, e dá outras providências.* Disponível em: <http://www.planalto.gov.br/ccivil_03/MPV/2164-41.htm#art1>. Acesso em: 20 set. 2017.

DELGADO, Mauricio Godinho. *Curso de direito do trabalho.* 16. ed. rev. e ampl. São Paulo: LTr, 2017.

DESCHANEL, Paul. Préface. In: *L'oeuvre sociale de la IIe republique.* Paris, 1912.

MORAES FILHO, Evaristo. *Introdução ao direito do trabalho.* Rio de Janeiro: Forense, 1956.

OLIVEIRA, Francisco Antônio de. *Reforma trabalhista*: comentários à Lei n. 13.467, de julho de 2017. São Paulo: LTr, 2017.

PLC n. 38/2017 — Documento de Considerações Jurídicas. Disponível em: <https://www.anamatra.org.br/files/Consideracoes-Reforma_Ministros.pdf>. Acesso em: 22 set. 2017.

REFORMA TRABALHISTA: associações divulgam nota técnica sobre PLC 38/17. Disponível em: <https://www.anamatra.org.br/imprensa/noticias/25376-reforma-trabalhista-associacoes-divulgam-nota-tecnica-sobre-o-plc-38-17>. Acesso em: 22 set. 2017.

ROUSSEAU, Jean-Jacques. *Do contrato social.* São Paulo: Nova Cultural, 1987.

SILVA, Homero Batista Mateus da. *Comentários à reforma trabalhista.* São Paulo: Revista dos Tribunais, 2017.

TRIBUNAL REGIONAL DO TRABALHO DA 3ª REGIÃO. 0010059-06.2017.5.03.0111 (RO); Disponibilização: 19.07.2018; Órgão Julgador: Decima Primeira Turma; Relator: Convocada Ana Maria Espi Cavalcanti.

TRIBUNAL REGIONAL DO TRABALHO DA 3ª REGIÃO. 0010170-86.2017.5.03.0176 (RO); Disponibilização: 11.04.2018; Órgão Julgador: Sétima Turma; Relator: Convocado Cleber Lucio de Almeida.

TRIBUNAL REGIONAL DO TRABALHO DA 3ª REGIÃO. 0010895-69.2016.5.03.0157 (RO); Disponibilização: 19.12.2017; Órgão Julgador: Sétima Turma; Relator: Marcelo Lamego Pertence.

TRIBUNAL REGIONAL DO TRABALHO DA 3ª REGIÃO. 0011053-92.2016.5.03.0103 (RO); Disponibilização: 15.06.2018; Órgão Julgador: Décima Turma; Relator: Maria Laura Franco Lima de Faria.

TRIBUNAL REGIONAL DO TRABALHO DA 3ª REGIÃO. 0011140-47.2017.5.03.0092 (ED); Disponibilização: 21.02.2018; Órgão Julgador: Primeira Turma; Relator: Luiz Otavio Linhares Renault.

TRIBUNAL REGIONAL DO TRABALHO DA 3ª REGIÃO. 0011409-52.2017.5.03.0168 (RO); Disponibilização: 18.05.2018; Órgão Julgador: Sétima Turma; Redator: Marcelo Lamego Pertence.

TRIBUNAL SUPERIOR DO TRABALHO. AIRR — 10930-29.2014.5.15.0007 Data de Julgamento: 20.06.2018, Relatora Desembargadora Convocada: Cilene Ferreira

Análise do tratamento dado pela reforma trabalhista à duração da jornada de trabalho e ao intervalo intrajornada

Jessé Claudio Franco de Alencar(*)

1. Introdução

A chamada reforma trabalhista, positivada pela Lei n. 13.467, de 13 de julho de 2017, teve entre seus objetivos declarados albergar a ideia de "prevalência do negociado sobre o legislado", sendo de se esperar que a concretização deste postulado seja fortemente sentida na regulação da duração do trabalho. Não é por acaso que os três primeiros incisos do novel art. 611-A da CLT, o qual resguarda a prevalência dos instrumentos coletivos sobre a lei formal, dizem respeito exatamente ao "pacto quanto à jornada de trabalho", ao banco de horas anual e ao intervalo intrajornada. Na mesma linha, empresta-se validade às negociações coletivas que disponham diversamente da lei também no que diz respeito à modalidade de registro de ponto, à troca de dia de feriado e à prorrogação de jornada em ambientes insalubres, sem licença prévia das autoridades competentes no Ministério do Trabalho.

A par do elastecimento do espectro de autonomia negocial no âmbito do direito coletivo do trabalho, a nova legislação também inovou ao dar validade a manifestações individuais e diretas de vontade dos empregados em pontos sensíveis de seus contratos de trabalho, afastando a necessidade de envolvimento das entidades sindicais profissionais em diversas situações.

No que diz respeito à duração das jornadas de trabalho e à possibilidade de flexibilização destas, salta aos olhos que a reforma trabalhista buscou alterar não apenas os parâmetros infraconstitucionais de regulação, mas, principalmente, e de forma radical, inúmeros entendimentos jurisprudenciais sobre o tema sedimentados ao longo do tempo.

Nesse sentido, restringiram-se as hipóteses de caracterização de tempo à disposição para fins de integração à jornada efetivamente considerada e paga pelos empregadores, foram afrouxados os requisitos para o estabelecimento válido de regime de compensação de jornadas e minoradas as consequências econômicas da violação ao intervalo intrajornada para alimentação e descanso.

Lançamos, nos tópicos seguintes, um primeiro olhar sobre as principais modificações trazidas pela reforma trabalhista sobre o tema.

2. Da duração da jornada de trabalho à luz de algumas inovações trazidas pela Lei n. 13.467, de 2017

2.1. Do tempo à disposição (CLT, art. 4º, *caput*, e § 2º)

Conquanto as normas gerais de duração do trabalho estejam albergadas nos arts. 57 a 75 da CLT, convém lembrar que é a cabeça do art. 4º da Consolidação que garante seja considerado "*como de serviço efetivo o período em que o empregado esteja à disposição do empregador, aguardando ou executando ordens, salvo disposição especial expressamente consignada*".

O alcance desse dispositivo sempre foi objeto de controvérsia, sendo recorrentes as reclamações trabalhistas versando sobre o reconhecimento e pagamento, com respectivo adicional extraordinário, do tempo em que o empregado, embora não estivesse efetivamente trabalhando, se encontrava nas dependências da empresa, antes ou depois do expediente, sendo esse tempo usualmente destinado a alimentação, banho e uniformização. O Colendo Tribunal Superior do Trabalho, aliás, sumulou o entendimento de que "*não serão descontadas nem computadas como jornada extraordinária as variações de horário do registro de ponto não excedentes de cinco minutos, observado limite máximo de dez minutos diários. Se ultrapassado esse limite, será considerada como extra a totalidade do tempo que exceder a jornada normal, pois configurado tempo à disposição do empregador, não importando as atividades desenvolvidas pelo empregado ao longo do tempo residual (troca de uniforme, lanche, higiene pessoal, etc.)*"[(1)]

(*) Juiz Titular da 22ª Vara do Trabalho de Belo Horizonte/MG. Mestre em Direito pela Universidade Federal de Minas Gerais. Ex-professor de pós-graduação do Centro Educacional de Formação Superior (Faculdade Milton Campos). Professor Assistente da Sociedade Mineira de Cultura (Pontifícia Universidade Católica de Minas Gerais – PUC-Minas).

(1) Texto atualizado com a colaboração de Raquel Drummond de Andrade. Especialista em Direito do Trabalho e Previdenciário pela Pontifícia Universidade Católica de Minas Gerais – PUCMinas. Analista Judiciária no TRT da 3ª Região.

A Lei n. 13.467, de 2017, no entanto, além de renumerar e fazer um pequeno ajuste de redação no então parágrafo único do art. 4º da CLT (que trata da contagem do tempo de serviço do empregado afastado para prestar serviço militar ou por acidente de trabalho), acrescenta um segundo parágrafo àquele artigo para restringir as hipóteses de caracterização de tempo à disposição do empregador, ainda que o empregado esteja dentro do estabelecimento patronal para além da jornada normal. Nesse sentido, estabelece o novo § 2º do art. 4º da CLT que por não se tratar de tempo à disposição do empregador, não será considerado como extraordinário o período em que o empregado, por escolha própria, busca proteção pessoal, em caso de insegurança ou más condições climáticas, bem como permanece nas dependências da empresa para exercer atividades particulares, tais como de práticas religiosas, descanso, lazer, estudo, alimentação, relacionamento social, higiene pessoal e troca de roupa ou uniforme quando não houver obrigatoriedade de realizar a troca na empresa.

O rol de tarefas trazido pela lei é meramente exemplificativo e, por coerência, também deve ser desconsiderado o tempo gasto com quaisquer atividades particulares análogas e desvinculadas do processo produtivo. A execução de atividades particulares, tais como as narradas pelo artigo referido, flexibilizam o limite objetivo do art. 58, § 1º da CLT, sendo possível a extrapolação do período sem a configuração da disponibilidade do trabalhador ao empregador.

Observe-se que se a troca de uniformes se der necessariamente no próprio local de trabalho, seja por determinação patronal, por imposição de normas de saúde pública, pela proibição de uso dessas vestimentas fora do ambiente de trabalho, como no caso dos vigilantes (art. 18 da Lei n. 7.102/83) ou por quaisquer outras razões, o tempo gasto no fardamento integrará a jornada do empregado e deverá ser computado como extraordinário caso exceda a carga normal e ultrapasse o limite de cinco minutos previsto no § 1º do art. 58 da CLT.

Nesse mesmo sentido, o Enunciado n. 24 da 2ª Jornada de Direito Material e Processual do Trabalho, promovida pela Associação Nacional dos Magistrados da Justiça do Trabalho (Anamatra) e realizada nos dias 09 e 10 de outubro de 2017, informa a diretriz de se considerar tempo à disposição do empregador quando as atividades desenvolvidas pelo empregado não decorrerem de escolha própria ou exercício de atividades particulares, quando forem originadas de riscos inerentes à atividade desenvolvida pelo empregador ou, quando em função da natureza do trabalho, a higiene pessoal deve ser realizada no local de trabalho.

2.2. Das horas *in itinere* (CLT art. 58, § 2º)

A doutrina entende que as horas *in itinere* correspondem ao tempo à disposição do empregador, quando a empresa encontra-se fora do perímetro urbano, via de regra, em local de difícil acesso, ou seja, impossível de ser atingido pelo obreiro sem uso de transporte. Por essa razão, as empresas optam pela alternativa de propiciar condução a seus empregados, visando obter mão de obra pontual e assídua. Assim, o tempo gasto pelo empregado no percurso, até o local de trabalho, em veículo fornecido pelo empregador, identifica-se com a hipótese prevista no art. 4º consolidado e autoriza o pagamento pelo tempo gasto no transporte, nos termos da Súmula n. 90, I, do TST(2). A partir de 19 de junho de 2001, a matéria passou também a ter tratamento legal. A Lei n. 10.243 introduziu no art. 58 da CLT o § 2º, que dispunha: "O tempo despendido pelo empregado até o local de trabalho e para o seu retorno, por qualquer meio de transporte, não será computado na jornada de trabalho, salvo quando, tratando-se de local de difícil acesso ou não servido por transporte público, o empregador fornecer a condução".

Já a Lei Complementar n. 123, de 2006, acrescentou um terceiro parágrafo ao art. 58 da CLT para possibilitar as microempresas e empresas de pequeno porte fixarem, por meio de acordo ou convenção coletiva, em caso de transporte fornecido pelo empregador, em local de difícil acesso ou não servido por transporte público, o tempo médio despendido pelo empregado, bem como a forma e a natureza da remuneração.

Rompendo com o entendimento majoritário assentado há décadas, a reforma trabalhista de 2017 veio extirpar as horas *in itinere* do texto consolidado, revogando o § 3º e dando a seguinte redação ao § 2º do art. 58: "*O tempo despendido pelo empregado desde a sua residência até a efetiva ocupação do posto de trabalho e para o seu retorno, caminhando ou por qualquer meio de transporte, inclusive o fornecido pelo empregador, não será computado na jornada de trabalho, por não ser tempo à disposição do empregador*".

Segundo os idealizadores do novo dispositivo, o regramento anterior "*mostrou-se prejudicial ao empregado ao longo do tempo, pois fez com que os empregadores suprimissem esse benefício aos seus empregados*"(3), razão pela qual acreditam que a partir da reforma o benefício voltará a ser fornecido. Com a devida vênia, a concessão do "benefício", muitas das vezes, é imperativo de existência do próprio empreendimento, uma vez que sem a condução patronal seria virtualmente impossível admitir

(2) BARROS, Alice Monteiro de. *Curso de direito do trabalho*. 11. ed. atual. Por Jessé Claudio Franco de Alencar. São Paulo: LTr, 2017. p. 441.

(3) Disponível em: <http://www.camara.gov.br/proposicoesWeb/prop_mostrarintegra;jsessionid=415650D7A4C3FDE8AE995D0D8EB2946F.proposicoesWebExterno2?codteor=1544961&filename=Tramitacao-PL+6787/2016>. Acesso em: 22 ago. 2017.

trabalhadores capazes de chegar, de forma pontual e assídua, a local de difícil acesso ou sem transporte público.[(4)]

A alteração legislativa traz, ainda, incongruência ao sistema. Com efeito, além de se afastar da consagrada aplicação do art. 4º da CLT à espécie, o ordenamento jurídico passa a tratar diversamente situações fáticas análogas, pois permanece hígido o art. 294 da CLT, o qual garante aos empregados em minas no subsolo o cômputo do tempo despendido da boca da mina ao local do trabalho e vice-versa para efeito de pagamento do salário. Além disso, como bem lembra BOMFIM, o obreiro já sente o ambiente de trabalho da empresa durante o trajeto, podendo sofrer, por exemplo, punição por justa causa se praticar alguma infração prevista no art. 482 da CLT[(5)].

Por outro lado, o Supremo Tribunal Federal vinha sinalizando a possibilidade de que as horas *in itinere* fossem objeto de negociação coletiva[(6)], permitindo a adequação da norma às especificidades de cada empreendimento ou categoria, o que poderia servir de estímulo à concessão do transporte, sem importar na genérica e indiscriminada supressão de direito assegurado há décadas ao trabalhador brasileiro.

A reforma trabalhista sequer incorporou ao texto celetista regra de transição para os contratos em curso, nos quais havia rotineiro pagamento da parcela. Uma vez que as horas *in itinere* decorriam diretamente da norma celetista, bem como, considerando a aplicação imediata da norma de direito material e a natureza sucessiva do contrato de trabalho, entende-se possível a imediata supressão da parcela com a vigência da norma alteradora.

Há corrente doutrinária[(7)], contudo, que defende a utilização, por analogia, do disposto no item III da Súmula n. 191, do TST, que trata da aplicação da Lei n. 12.740/2012, que alterou a base de cálculo do adicional de periculosidade, para os eletricitários, aos contratos de trabalho em curso quando de sua entrada em vigor. Utilizando raciocínio semelhante ao adotado no referido verbete jurisprudencial, defende-se que nos contratos iniciados antes da alteração do art. 58 da CLT continua-se a computar as horas de trajeto no total da jornada de trabalho. Somente nos contratos iniciados após a vigência da norma alteradora seria desconsiderado o tempo de trajeto como período à disposição do empregador, não calculando, em consequência, o total das horas na jornada diária[(8)].

2.3. Do trabalho em regime de tempo parcial (CLT, art. 58-A)

Entende-se que um horário de trabalho mais flexível e a possibilidade de emprego em tempo parcial podem incentivar a inserção e a permanência no mercado de trabalho de pessoas oneradas com encargos familiares e atividades domésticas, bem como daqueles que precisam estudar em parte do dia e as pessoas que pretendem ir desligando-se de suas atividades aos poucos, antes de se aposentarem. Para isso, porém, é indispensável que o trabalho em tempo parcial receba tratamento proporcional ao trabalho em tempo integral, mormente no que tange ao salário, às oportunidades de emprego e às prestações previdenciárias, sob pena de servir como instrumento de precarização de mão de obra.

O art. 58-A, acrescentado à CLT em 2001, inseriu o trabalho em regime de tempo parcial no Brasil, assim considerado aquele cuja duração não excedesse 25 horas semanais. Por coerência, estava vedada a realização de horas extras pelos empregados sob o regime de tempo parcial (art. 59, § 4º, da CLT).

---

(4) A situação é especialmente gravosa no meio rural, razão pela qual há quem defenda a inaplicabilidade da alteração legislativa no campo, Nesse sentido, o Enunciado n. 16 da 2ª Jornada de Direito Material e Processual do Trabalho, promovida pela Associação Nacional dos Magistrados do Trabalho (Anamatra) e realizada nos dias 09 e 10 de outubro de 2017, com a seguinte redação: "HORAS DE TRAJETO: HIPÓTESES DE CÔMPUTO NA JORNADA APÓS A LEI N. 13.467/2017. 1. A ESTRUTURA NORMATIVA MATRIZ DO ART. 4º DA CLT CONTEMPLA A LÓGICA DO TEMPO À DISPOSIÇÃO, NÃO ELIMINADA A CONDIÇÃO DE CÔMPUTO QUANDO SE VERIFICAR CONCRETAMENTE QUE O TRANSPORTE ERA CONDIÇÃO E/OU NECESSIDADE IRREFUTÁVEL, E NÃO DE ES-COLHA PRÓPRIA DO EMPREGADO, PARA POSSIBILITAR O TRABALHO NO HORÁRIO E LOCAL DESIGNADOS PELO EMPREGADOR, MANTENDO-SE O PARÂMETRO DESENVOLVIDO PELA SÚMULA N. 90 DO TST, CASO EM QUE FARÁ JUS O TRABALHADOR À CONTAGEM, COMO TEMPO DE TRABALHO, DO TEMPO DE DESLOCA-MENTO GASTO EM TRECHO DE DIFÍCIL ACESSO OU SEM TRANSPORTE PÚBLICO POR MEIO FORNECIDO PELO EMPREGADOR, NA IDA OU RETORNO PARA O TRABALHO. INTELIGÊNCIA DO ART. 3º, *C*, DA CONVENÇÃO N. 155 DA OIT. 2. INAPLICABILIDADE DO § 2º DO ART. 58 DA LEI N. 13.467/2017 AO TRABALHO EXECUTADO NA ATIVIDADE RURAL.

(5) BOMFIM, Vólia. *Direito do trabalho*. 11. ed. rev. e atual. Rio de Janeiro: Forense; São Paulo: Método, 2015. p. 622.

(6) RE 895759, Relator Ministro Teori Zavascki, DJE 13.9.2016.

(7) CORREIA, Henrique; MIESSA, Élisson. *Manual da reforma trabalhista*. 1. ed. Salvador: Juspodivm, 2018. p. 144.

(8) Na jurisprudência também se colhem exemplos de resistência à alteração dos contratos de trabalho em curso pela lei nova. Destaco: "*Reforma Trabalhista. Direito Intertemporal. Direito Material do Trabalho. 1. A Lei da Reforma Trabalhista, Lei 13.467/2017, possui efeito imediato, apenas e tão somente quando estabelece disposições que elevem, para melhor, as condições de trabalho, pela aplicação dos princípios constitucionais da dignidade da pessoa humana, da primazia do trabalho e da proteção (CR, arts. 1º, III e IV, 193,* caput, *170,* caput; *e arts. 5º, § 2º, e 7º* caput). *2. A reformatio in pejus aos contratos em curso não pode ser admitida, já que a norma infraconstitucional não pode violar o ato jurídico perfeito (contrato de trabalho) e os direitos adquiridos dos trabalhadores (CR/88, art. 5º, XXXVI, LINDB, art. 6º). 3. Os contratos de emprego iniciados antes da entrada em vigor da Lei n. 13.467/2017, em 11 de novembro de 2017, não sofrerão incidência do referido diploma, no que tange aos direitos indisponíveis dos trabalhadores, elencados não só entre os direitos fundamentais do cidadão previstos na Constituição da República, mas à categoria de direitos humanos universalmente protegidos pelos tratados internacionais da qual o Brasil é signatário*". TRT da 3ª Região, PJe 0010712-04.2016.5.03.0156 (RO); Disponibilização: 31.08.2018; Órgão Julgador: Terceira Turma; Relatora Desembargadora Camila G. Pereira Zeidler.

A reforma trabalhista de 2017 ampliou para 30 horas a carga semanal permitida neste regime especial, sem a possibilidade de horas suplementares semanais. Caso o trabalho não exceda a 26 horas semanais, fica autorizado o acréscimo de até 6 horas suplementares semanais, segundo a nova redação do art. 58-A, *caput*, da CLT.

As horas suplementares poderão ser compensadas diretamente até a semana posterior à da sua execução. Caso contrário, deverão ser pagas com acréscimo de 50% e quitadas na folha de pagamento no mês subsequente ao trabalhado (Art. 58-A, §§ 3º e 5º).

Observe-se que foi revogada a anterior vedação expressa à prática de horas extras constante do art. 59, § 4º, da CLT.

Em outras palavras, a jornada do empregado submetido a esse regime poderá chegar a 32 horas semanais, considerando a carga normal de 26 horas acrescida das 6 horas suplementares. Essa possibilidade gerou severas críticas e sombrias previsões por parte do Ministério Público do Trabalho, nos seguintes termos:

> Dessa forma, a jornada máxima admitida no regime em tempo parcial passa dos atuais 57% para 73% do contrato a tempo integral, considerando que a jornada de trabalho semanal estabelecida pelo art. 7º, XIII, da Constituição Federal é de 44 horas. Essa proximidade da jornada a tempo parcial com a prevista para o tempo integral descaracteriza a natureza do regime de tempo parcial. Se, contratando por tempo parcial, o empregador puder contar com empregados que trabalharão mais que 2/3 da jornada de empregados do regime integral, por óbvio haverá enorme encorajamento à substituição de empregados em regime integral, com precarização de direitos e mera substituição de empregos de qualidade. Em decorrência, haverá demissões de trabalhadores contratados em regime integral e substituição destes por trabalhadores em regime parcial, que trabalharão jornada considerável, mas recebendo salário inferior[(9)].

Registre-se, por fundamental, que a reforma, manteve inalterada a exigência de que o salário pago aos empregados sob esse regime deva ser proporcional àquele pago aos empregados que cumpram, na mesma função, tempo integral (§ 1º do art. 58-A).

Por fim, a Lei n. 13.467, de 2017, unificou o regime de férias dos trabalhadores a tempo parcial e dos demais empregados regidos pela CLT, a serem gozadas nas proporções previstas no art. 130 da Consolidação, ficando autorizada a conversão de um terço do período a que tiver direito em abono pecuniário (§§ 6º e 7º do art. 58-A). Por consequência, foram extirpados da CLT o art. 130-A, que dispunha de forma diversa sobre os períodos de férias dos trabalhadores a tempo parcial, e o § 3º do art. 143, que os impedia de converter parte do período em abono.

2.4. DA COMPENSAÇÃO DE JORNADAS E DO BANCO DE HORAS (CLT, ARTS. 59 E 59-B)

A Constituição Federal fixa o limite máximo de duração do trabalho em oito horas diárias e quarenta e quatro semanais, facultada a compensação de horários e a redução de jornada, além de determinar que o serviço extraordinário seja remunerado com acréscimo de, no mínimo, cinquenta por cento em relação à hora normal (art. 7º, XIII e XVI).

Esses parâmetros evidentemente são infensos a agressões pela legislação infraconstitucional e não foram atingidos pela reforma trabalhista de 2017.

A CLT, por sua vez, estabelecia que a duração normal de trabalho poderia ser acrescida de horas suplementares não excedentes a duas por dia (art. 59, *caput, na redação anterior à Lei n. 13.467/17*). Quanto ao regime de compensação, a redação original da Consolidação (art. 59, § 2º) pressupunha acordo ou convenção coletiva por meio dos quais o excesso de horas em um dia seria decorrência de diminuição em outro dia, de maneira que não excedesse o horário normal da semana, tampouco ultrapassasse o limite máximo de 10 horas diárias. Com a Lei n. 9.601/1998 e depois com a Medida Provisória n. 2.164-41, de 2001, foi alterada a redação do § 2º do art. 59 da CLT, instituindo-se o chamado "banco de horas", o qual permite, por acordo ou convenção coletiva, a compensação do excesso de horas trabalhadas em um dia pela correspondente diminuição em outro dia, de modo que não exceda, no período máximo de um ano, à soma das jornadas semanais de trabalho, nem seja ultrapassado o limite de 10 horas diárias.

Os inúmeros questionamentos decorrentes da interpretação e aplicação desse quadro legislativo levaram o Tribunal Superior do Trabalho a editar súmula[(10)] a res-

---

(9) Nota Técnica n. 05, de 17 de abril de 2017, da Secretaria de Relações Institucionais do Ministério Público do Trabalho (MPT), em: <http://portal.mpt.mp.br/wps/wcm/connect/portal_mpt/c6d5ffb6-5285-4f96-87f3-6a02340ded33/notatecnica_76-2017.pdf?MOD=AJPERES>. Acesso em: 22 ago. 2017.

(10) *Súmula n. 85 do TST*
COMPENSAÇÃO DE JORNADA (inserido o item VI) — Res. 209/2016, DEJT divulgado em 1, 2 e 3.6.2016.
I — A compensação de jornada de trabalho deve ser ajustada por acordo individual escrito, acordo coletivo ou convenção coletiva. *(ex-Súmula n. 85 — primeira parte — alterada pela Res. 121/2003, DJ 21.11.2003)*
II — O acordo individual para compensação de horas é válido, salvo se houver norma coletiva em sentido contrário. *(ex-OJ n. 182 da SBDI-1 — inserida em 8.11.2000)*.
III — O mero não atendimento das exigências legais para a compensação de jornada, inclusive quando encetada mediante acordo tácito, não implica a repetição do pagamento das horas excedentes à jornada normal diária, se não dilatada a jornada máxima semanal, sendo devido apenas o respectivo adicional. *(ex-Súmula n. 85 — segunda parte — alterada pela Res. 121/2003, DJ 21.11.2003)*

peito, diversas vezes alterada e ampliada para minudenciar o entendimento prevalecente naquela corte.

A Lei n. 13.467, de 13 de julho de 2017, todavia, além de pequenos ajustes de redação, trouxe também alterações ao texto consolidado que impactam profundamente a regulação e o entendimento anterior sobre o tema.

Com efeito, embora tenha mantido o teto de duas horas extras diárias, a nova lei introduz dispositivo que expressamente permite o estabelecimento de regime de compensação de jornada por acordo individual, tácito ou escrito, para compensação no mesmo mês (CLT art. 59, § 6º).

Além disso, a reforma trabalhista inaugura a possibilidade de se pactuar "banco de horas" mediante simples acordo individual escrito, desde que a compensação ocorra no período de seis meses (CLT, art. 59, § 5º).

Na hipótese de rescisão do contrato sem que tenha havido a compensação integral da jornada extraordinária, o trabalhador terá direito ao pagamento das horas extras não compensadas, calculadas sobre o valor da remuneração na data do desligamento (CLT, art. 59, § 3º).

Em resumo, o art. 59 da CLT passou a autorizar três regimes de compensação de jornadas, quais sejam: a) mediante acordo individual, tácito ou escrito, para compensação no mesmo mês; b) mediante acordo individual escrito (banco de horas), para compensação em até seis meses; c) mediante acordo ou convenção coletiva, para compensação no período máximo de um ano.

A inovação está fadada a levantar intensa polêmica.

Na verdade, a possibilidade de instituição de regimes de compensação de jornada mediante acordo individual há muito é objeto de controvérsia na doutrina. Inúmeros autores[(11)] sustentam que essa flexibilização só pode ocorrer mediante anuência sindical, por meio de convenção ou acordo coletivo, por força do disposto no art. 7º, XIII, da Constituição de 1988. Outros autores[(12)], ao reverso, entendem possível que a compensação seja pactuada por simples acordo individual, posição que prevalece no TST (Súmula n. 85, I e II).

Ao trazer para o texto legal autorização de implantação, sem chancela da entidade sindical profissional, de jornada diversa daquela fixada na Constituição como padrão para todos os trabalhadores (oito horas diárias e quarenta e quatro semanais) e ainda possibilitar que a compensação se faça em até seis meses, prazo muito superior ao semanal clássico, a Lei n. 13.467 de 2017 reacende discussão já ultrapassada pela jurisprudência.[(13)]

Outras objeções ainda podem ser feitas ao modelo adotado, valendo reproduzir o entendimento de SILVA,

> (...) a outra crítica, talvez a mais contundente, é a insistência do legislador de autorizar a compensação no regime de banco de horas à razão de uma hora de descanso para cada uma hora extra: ora, se o pagamento da hora extra é à razão de 1,5 hora, também a compensação deveria ser de uma hora e meia para cada uma hora de sobretempo (...).Essa explicação sobre o custo mais barato das horas extras a serem compensadas em banco de horas justifica por que as empresas tendem a adotá-lo, mesmo sem sazonalidade, picos de produção ou atividades capazes de ensejar oscilação brusca de demanda (...)"[(14)]

Observe-se, contudo, que seja qual for o regime de compensação de jornada adotado, deve ser respeitado o repouso semanal remunerado (CF, art. 7º, XV) e não poderá ser ultrapassada a carga de trabalho de dez horas diárias, prevista no *caput* do art. 59[(15)], com a notável exceção da escala 12 x 36, a qual será analisada no tópico seguinte.

Somente ocorrendo necessidade imperiosa poderá a duração do trabalho exceder do limite legal ou convencionado, seja para fazer face a motivo de força maior, seja para atender à realização ou conclusão de serviços inadiáveis ou cuja inexecução possa acarretar prejuízo manifesto, como autorizado pelo vetusto art. 61, *caput*,

---

IV — A prestação de horas extras habituais descaracteriza o acordo de compensação de jornada. Nesta hipótese, as horas que ultrapassarem a jornada semanal normal deverão ser pagas como horas extraordinárias e, quanto àquelas destinadas à compensação, deverá ser pago a mais apenas o adicional por trabalho extraordinário. *(ex-OJ n. 220 da SBDI-1 — inserida em 20.6.2001)*

V — As disposições contidas nesta súmula não se aplicam ao regime compensatório na modalidade "banco de horas", que somente pode ser instituído por negociação coletiva.

VI — Não é válido acordo de compensação de jornada em atividade insalubre, ainda que estipulado em norma coletiva, sem a necessária inspeção prévia e permissão da autoridade competente, na forma do art. 60 da CLT.

(11) Por todos: SÜSSEKIND, Arnaldo. *Instituições de direito do trabalho*. 12. ed., v. 2. São Paulo: LTr, 1991. p. 712.

(12) Por todos: MARTINS, Sérgio Pinto. *Direito do trabalho*. 13. ed. São Paulo: Atlas, 2001. p. 454.

(13) Destaque-se, por exemplo, o recente Enunciado n. 14 da 2ª Jornada de Direito Material e Processual do Trabalho, promovida pela Anamatra e realizada nos dias 09 e 10 de outubro de 2017, com a seguinte redação: "14. BANCO DE HORAS POR ACORDO INDIVIDUAL. A COMPENSAÇÃO DE HORÁRIOS REQUER INTERVENÇÃO SINDICAL OBRIGATÓRIA, INDEPENDENTEMENTE DO SEU PRAZO DE DURAÇÃO, CONFORME ART. 7º, XIII, CF, QUE AUTORIZA A COMPENSAÇÃO APENAS MEDIANTE ACORDO OU CONVENÇÃO COLETIVA DE TRABALHO.

(14) SILVA, Homero Batista Mateus da. *Comentários à reforma trabalhista*. São Paulo: Revista dos Tribunais, 2017. p. 41/42.

(15) Nesse sentido a doutrina destaca: "Como se vê, o legislador, com essa nova disposição, continua a avalizar as ideias de que o labor extra não pode ultrapassar *duas horas* e precisa decorrer de *negociação coletiva* ou simples *acordo individual*". (*Reforma trabalhista*: análise comparativa e crítica da Lei n. 13.467/2017. Antonio Umberto de Souza Júnior [*et. al.*] — São Paulo: Rideel, 2017, p. 63)

da CLT. O excesso, nos casos desse artigo, pode ser exigido independentemente de convenção coletiva ou acordo coletivo de trabalho, não sendo mais necessário comunicar o fato à autoridade competente, exigência que foi suprimida na nova redação dada pela reforma ao primeiro parágrafo do art. 61.

A Lei n. 13.467, de 2017, ainda introduziu na CLT o art. 59-B com o objetivo de disciplinar as consequências decorrentes do não atendimento das exigências legais para compensação de jornada, inclusive quando estabelecida mediante acordo tácito. Nesses casos, dispõe o novel preceito legal, não haverá repetição do pagamento das horas excedentes à jornada normal se não ultrapassada a duração máxima semanal, sendo devido apenas o respectivo adicional, o que não destoa do entendimento jurisprudencial até então vigente (Súmula n. 85, III, do TST).

Já o parágrafo único do novo art. 59-B dispõe que a prestação de horas extras habituais não descaracteriza o acordo de compensação de jornada e o banco de horas, sentido diametralmente oposto ao prevalecente no Tribunal Superior do Trabalho (Súmula n. 85, IV). Esse dispositivo certamente será alvo de intensa discussão judicial, em vista de sua duvidosa constitucionalidade, na medida em que autoriza a prática de horas extras além do acréscimo previsto em regime de compensação, resultando em jornadas virtualmente ilimitadas.

2.5. Da jornada 12 x 36 (CLT, art. 59-A)

A jornada de doze horas de trabalho seguida por trinta e seis de descanso é adotada há muitos anos nos estabelecimentos hospitalares e no setor de vigilância. Embora importe no elastecimento da duração do labor diário por quatro horas, em contrapartida, essa escala traz alguns benefícios ao trabalhador, pois concentra o trabalho em apenas 15 dias do mês, diminui os deslocamentos do empregado no percurso residência-trabalho-residência, permite maiores períodos ininterruptos de descanso e importa em carga horária ligeiramente menor se comparada ao padrão ordinário de 220 horas mensais. Após alguma vacilação, a jurisprudência pacificou o entendimento de que a jornada 12 por 36 é válida, em caráter excepcional, desde que prevista em lei ou ajustada exclusivamente mediante acordo coletivo de trabalho ou convenção coletiva de trabalho, assegurada a remuneração em dobro dos feriados trabalhados (Súmula n. 444 do TST).

Nos últimos anos, inclusive, a legislação pátria expressamente autorizou a adoção dessa jornada excepcional para algumas categorias, caso dos bombeiros civis (Lei. n. 11.901/2009), motoristas profissionais (Lei n. 13.103/2015) e domésticos (Lei Complementar n. 150/2015).

Recentemente, o Supremo Tribunal Federal considerou válida a jornada legal dos bombeiros civis, em decisão com a seguinte ementa:

> DIREITO DO TRABALHO. JORNADA DO BOMBEIRO CIVIL. JORNADA DE 12 (DOZE) HORAS DE TRABALHO POR 36 (TRINTA E SEIS) HORAS DE DESCANSO. DIREITO À SAÚDE (ART. 196 DA CRFB). DIREITO À JORNADA DE TRABALHO (ART. 7º, XIII, DA CRFB). DIREITO À PROTEÇÃO CONTRA RISCO À SAÚDE DO TRABALHADOR (ART. 7º, XXII, DA CRFB).
>
> 1. A jornada de 12 (doze) horas de trabalho por 36 (trinta e seis) horas de descanso não afronta o art. 7º, XIII, da Constituição da República, pois encontra-se respaldada na faculdade, conferida pela norma constitucional, de compensação de horários.
>
> 2. A proteção à saúde do trabalhador (art. 196 da CRFB) e à redução dos riscos inerentes ao trabalho (art. 7º, XXII, da CRFB) não são *ipso facto* desrespeitadas pela jornada de trabalho dos bombeiros civis, tendo em vista que para cada 12 (doze) horas trabalhadas há 36 (trinta e seis) horas de descanso e também prevalece o limite de 36 (trinta e seis) horas de jornada semanal.
>
> 3. Ação direta de inconstitucionalidade julgada improcedente.(16)

A Lei n. 13.467/17, entretanto, introduzia na CLT o art. 59-A que autoriza a adoção indiscriminada da escala 12 x 36 por simples acordo individual escrito ou mediante acordo ou convenção coletiva de trabalho.

O novo dispositivo legal de imediato suscitava dois questionamentos. O primeiro, quanto à conveniência da instituição da jornada 12 x 36 em todo e qualquer ramo produtivo. Observe-se que as atividades em que essa escala se mostra adequada e é largamente praticada têm características próprias, particulares, muitas vezes envolvendo sistemáticas de plantão, as quais alternam períodos de intensa atuação profissional e momentos de mera espera ou prontidão. É sobremaneira discutível a adequação dessa extensa jornada diária a setores que exijam dos empregados grande esforço físico ou mental ao longo de toda a jornada, ainda que seguida de trinta e seis horas de descanso. Não seria surpresa se a inovação viesse a contribuir com aumento dos já assustadores índices de acidentes de trabalho e doenças ocupacionais em solo pátrio.

A segunda possível objeção é de ordem constitucional, na medida em que o novel art. 59-A da CLT autoriza a adoção indiscriminada da jornada 12 x 36 por meio de simples acordo individual escrito. É sabido que o art. 7º, XIII, da Lei Maior fixa o limite de duração normal do trabalho em oito horas diárias e quarenta e quatro semanais, mas faculta a compensação de horários "*mediante acordo ou convenção coletiva de trabalho*".

Como já assinalado no tópico anterior, a natureza do acordo a que alude o preceito constitucional desperta

(16) Ação Direta de Inconstitucionalidade n. 4842, Relator Ministro Edson Fachin, publicado em: 8 ago. 2017.

polêmica. Para aqueles que entendem que a flexibilização da jornada exige tutela sindical e, por consequência, convenção coletiva ou acordo coletivo de trabalho, a inovação padece de insanável inconstitucionalidade.(17)

Na verdade, em se tratando de escala que impõe duração diária de trabalho superior ao padrão ordinário de oito horas diárias, melhor seria que o legislador tivesse deixado às próprias categorias profissionais e econômicas a avaliação da conveniência e oportunidade de sua instituição em cada setor produtivo. Tal solução era pacífica na jurisprudência e já prestigiava a negociação coletiva, um dos alardeados objetivos da reforma trabalhista de 2017.

Tamanhas foram as críticas feitas ao referido dispositivo, que o governo federal se viu compelido a modificá-lo logo após a entrada em vigor da Lei n. 13.467/17. Assim, por força da Medida Provisória n. 808, de 14 de novembro de 2017, o *caput* do art. 59-A, ressalvando o disposto em leis específicas, passou a facultar o estabelecimento da jornada 12 x 36 apenas por meio de convenção coletiva ou acordo coletivo de trabalho.

Excepcionavam-se, contudo, as entidades atuantes no setor de saúde, as quais estão autorizadas a implantar a escala 12x36 não apenas por instrumentos coletivos, mas também por meio de simples acordo individual escrito (art. 59-A, § 2º, da CLT, com redação dada pela MP n. 808/17).

A alteração promovida pela Medida Provisória n. 808/2017, porém, não prevaleceu. Transcorrido o prazo constitucional para apreciação da norma pelo Congresso Nacional, a norma excepcional perdeu a eficácia sendo aplicáveis, portanto, as previsões originais da Lei n. 13.467/17, a despeito das objeções acima relacionadas.

Ressalte-se que não foi editado decreto legislativo para regulamentação das relações constituídas sob a vigência da Medida Provisória, mantendo-se, portanto, a normatização conferida pela MP n. 808 para as relações jurídicas constituídas durante o período de vigência.

Quanto aos intervalos intrajornada para repouso e alimentação, o novo art. 59-A da CLT expressamente determina sua observância ou indenização. Isso não significa dizer que seja facultado às partes estabelecer acordo no sentido de afastar o gozo do intervalo mediante mera contraprestação pecuniária. Seria de estarrecer a existência de autorização legal para trabalho ininterrupto por doze horas consecutivas, em qualquer ramo de atividade, sem que fosse garantido ao empregado sequer alguns minutos para se alimentar.

Ademais, até mesmo o incensado art. 611-A, da CLT, proíbe negociações coletivas que estabeleçam intervalos de refeição inferiores a trinta minutos, sendo incongruente imaginar que o art. 59-A estivesse a autorizar a integral supressão do tempo de alimentação e descanso dos trabalhadores sujeitos à jornada 12 por 36, bastando para isso indenizá-los. Tal faculdade também seria incompatível com o disposto no art. 71, § 3º, da CLT, não alterado pela reforma, que somente autoriza a redução do intervalo de uma hora de refeição por ato dos órgãos governamentais competentes, verificado o atendimento das exigências concernentes à organização dos refeitórios e apenas quando os respectivos empregados não estiverem sob regime de trabalho prorrogado a horas suplementares. Ora, a escala 12 x 36 é um regime de trabalho prorrogado, com a prestação de quatro horas suplementares diárias, sendo indevido o pagamento do adicional extraordinário apenas em razão de sua compensação.

De outra quadra, segundo o entendimento prevalecente no Tribunal Superior do Trabalho, na escala 12 x 36 os domingos eram considerados automaticamente compensados, mas os feriados trabalhados deveriam ser remunerados em dobro. A reforma trabalhista, entretanto, disciplinou a matéria de forma diversa, estabelecendo que a remuneração mensal pactuada para esses empregados abrange os pagamentos devidos tanto pelo descanso semanal remunerado quanto pelo descanso em feriados, sendo compensados os feriados e as prorrogações de trabalho noturno, quando houver (art. 59-A, parágrafo único).

Em outras palavras, a nova regulamentação torna o trabalho em feriados uma mera questão de sorte ou azar do empregado submetido à jornada 12 x 36, que nada receberá a mais por trabalhar nessas ocasiões, nem gozará de outras folgas além daquelas que já teria normalmente se a escala recaísse apenas em dias comuns.

Adotou-se, neste aspecto, a mesma redação da Lei Complementar n. 150, de 1º de junho de 2015, a qual disciplina o trabalho dos domésticos(18). Finda o injustificado tratamento discriminatório dispensado aos empregados domésticos, retirando-se também quanto aos demais trabalhadores submetidos à escala 12 x 36 a

(17) Nota Técnica n. 8, de 26 de junho de 2017, da Secretaria de Relações Institucionais do Ministério Público do Trabalho, em: <http://portal.mpt.mp.br/wps/wcm/connect/portal_mpt/ce4b9848-f7e4-4737-8d81-6b3c6470e4ad/Nota+t%C3%A9cnica+n%C2%BA+8.2017.pdf?MOD=AJPERES>. Acesso em: 22 ago. 2017.

(18) Lei Complementar n. 150, de 1º de junho de 2015, art. 10. É facultado às partes, mediante acordo escrito entre essas, estabelecer horário de trabalho de 12 (doze) horas seguidas por 36 (trinta e seis) horas ininterruptas de descanso, observados ou indenizados os intervalos para repouso e alimentação.

§ 1º A remuneração mensal pactuada pelo horário previsto no *caput* deste artigo abrange os pagamentos devidos pelo descanso semanal remunerado e pelo descanso em feriados, e serão considerados compensados os feriados e as prorrogações de trabalho noturno, quando houver, de que tratam o art. 70 e o § 5º do art. 73 da Consolidação das Leis do Trabalho (CLT), aprovada pelo Decreto-Lei n. 5.452, de 1º de maio de 1943, e o art. 9º da Lei n. 605, de 5 de janeiro de 1949.

possibilidade de aplicação daquele entendimento mais coerente e benéfico.

Há quem sustente, inclusive, que a previsão de compensação de feriados e jornada noturna, autorizada pela nova disposição normativa, configuraria salário complessivo, vedado pelo ordenamento jurídico pátrio. Nesse sentido é a diretriz do Enunciado n. 15 da já citada 2ª Jornada de Direito Material e Processual do Trabalho, promovida pela Anamatra(19)

No que diz respeito ao labor em ambiente insalubre, os empregados submetidos à escala 12x36 passam a ser tratados de forma distinta dos demais trabalhadores em virtude da reforma trabalhista.

Com efeito, o art. 60 da CLT exige que nas atividades insalubres quaisquer prorrogações de jornada só possam ser acordadas mediante licença prévia das autoridades competentes em matéria de higiene do trabalho, as quais, para esse efeito, procederão aos necessários exames locais e à verificação dos métodos e processos de trabalho.

A Lei n. 13.467 de 2017, todavia, introduz parágrafo único ao art. 60 da CLT, dispensando tal exigência para adoção da escala 12 x 36 em locais insalubres. Se a mera possibilidade de instituição da jornada especial em qualquer ramo de atividade, sem participação do sindicato profissional, já nos parecia inadequada, a adoção em ambientes insalubres, sem chancela das autoridades competentes em matéria de saúde e segurança do trabalho, é absolutamente temerária. Em um ambiente potencialmente agressivo à saúde do trabalhador, é indispensável avaliar previamente as consequências para o organismo humano advindas da majoração da jornada padrão de oito para doze horas diárias, o que não guarda correlação obrigatória com o aumento do subsequente período de descanso para trinta e seis horas. O prejuízo à saúde do trabalhador em razão da exposição acumulada a determinados agentes insalubres ao longo de doze horas não será necessariamente neutralizado pela concessão de uma folga no dia posterior, cabendo avaliação técnica em cada caso concreto.

Há mais de duas décadas OLIVEIRA já alertava:

> Outra questão preocupante é trabalho extraordinário nas atividades perigosas e insalubres. Na legislação estrangeira, normalmente, é vedada a realização de horas extras em tais atividades. O fundamento biológico para tal impedimento é facilmente explicável: o trabalho insalubre, perigoso ou penoso provoca reações mais intensas do organismo para manter-se equilibrado, o que, naturalmente, acarreta maior desgaste e propensão à fadiga, exigindo período mais extenso de descanso.
>
> Ademais, os limites de tolerância para exposição aos agentes agressivos foram fixados para a jornada máxima de 8 horas, razão pela qual, após a oitava hora de trabalho, teoricamente, os malefícios atingem níveis intoleráveis para o organismo humano. Ao acumular a agressão dos agentes prejudiciais (perigosos, insalubres ou penosos) com a fadiga proveniente da sobrejornada ocorrerá a sinergia das agressões, ou seja, a multiplicação das consequências danosas(20).

A alteração, portanto, vai de encontro a todo o esforço que se faz no sentido de reduzir os riscos inerentes ao trabalho, por meio de normas de saúde, higiene e segurança, objetivo expressamente lançado no texto constitucional (art. 7º, XXII) e assumido internacionalmente pelo Brasil por meio da assinatura da Convenção 155 da OIT. Acentua-se, na verdade, o fundado receio de que a modificação venha a elevar a já alarmante incidência de doenças profissionais em nosso país.

De qualquer sorte, nos parece arbitrário e ilógico excluir a necessidade de chancela governamental apenas em relação à escala 12 x 36, mantendo a exigência para a validade dos demais acordos de prorrogação de jornada, tal como previsto na cabeça do art. 60 da CLT.

2.6. Do intervalo intrajornada (CLT, art. 71, § 4º)

O art. 71, *caput*, da CLT, dispõe que em qualquer trabalho contínuo, cuja duração exceda de seis horas, é obrigatória a concessão de um intervalo para repouso ou alimentação, o qual será, no mínimo, de uma hora e, salvo acordo em sentido contrário, não poderá exceder de duas horas. Não excedendo de seis horas o trabalho, o intervalo obrigatório será de quinze minutos quando a jornada for superior a quatro horas.

No passado, entendia-se que o desrespeito ao intervalo, sem importar em excesso na jornada efetivamente trabalhada, não dava direito a qualquer ressarcimento ao

(19) JORNADA 12 X 36. 1. TRATANDO-SE DE REGIME DE COMPENSAÇÃO DE JORNADA, É ESSENCIAL PARA A SUA VALIDADE A PREVISÃO EM ACORDO COLETIVO OU CONVENÇÃO COLETIVA DE TRABALHO, NOS TERMOS DO ARTIGO 7º, XIII, DA CONSTITUIÇÃO FEDERAL, INCLUSIVE EM RELAÇÃO AO COMERCIÁRIO, EM RAZÃO DE LEI ESPECIAL (LEI N. 12.790/2013). 2. ARTIGO 60, PARÁGRAFO ÚNICO DA CLT. DISPENSA DE LICENÇA PRÉVIA PARA A REALIZAÇÃO DE JORNADA 12 X 36. MATÉRIA DE SAÚDE E SEGURANÇA DO TRABALHO. INCONSTITUCIONALIDADE POR INFRAÇÃO AO ARTIGO 7º, XXII, DA CONSTITUIÇÃO FEDERAL. 3. IMPOSSIBILIDADE DE REGIME "COMPLESSIVO" QUANTO AO PAGAMENTO DE FERIADOS E PRORROGAÇÃO DA JORNADA NOTURNA, POR INFRAÇÃO AO ARTIGO 7º, IX, DA CONSTITUIÇÃO FEDERAL. 4. A PRESTAÇÃO DE HORAS EXTRAS, INCLUSIVE PELA SUPRESSÃO DO INTERVALO INTRAJORNADA (AINDA QUE PARCIAL), DESCARACTERIZA O REGIME DE COMPENSAÇÃO DE JORNADA 12 X 36, IMPLICANDO O PAGAMENTO COMO HORA EXTRAORDINÁRIA DAQUELAS LABORADAS ALÉM DA 8ª DIÁRIA, POR INFRAÇÃO AO ARTIGO 7º, XIII E XXVI, DA CONSTITUIÇÃO FEDERAL.

(20) OLIVEIRA, Sebastião Geraldo de. *Proteção jurídica à saúde do trabalhador*. São Paulo: LTr, 1996.

obreiro, por tratar-se apenas de infração sujeita a penalidade administrativa[21].

Ocorre que a Lei n. 8.923, de 1994, introduziu um § 4º no citado art. 71 da CLT, determinando, em caso de inobservância do intervalo, a remuneração do período correspondente com um acréscimo de 50% sobre o valor da hora normal de trabalho, sem prejuízo das sanções administrativas cabíveis.

O exato alcance desse dispositivo foi objeto de intensa controvérsia e interpretações diversas na doutrina e na jurisprudência, especialmente no que diz respeito à natureza jurídica do acréscimo remuneratório e na fixação de solução adequada em caso de gozo parcial do intervalo. A matéria acabou pacificada pelo TST por meio da Súmula n. 437[22].

Segundo o entendimento prevalecente no TST, o referido acréscimo remuneratório tinha natureza salarial e a não concessão ou a concessão parcial do intervalo intrajornada mínimo para repouso e alimentação acarretaria o pagamento total do período correspondente, e não apenas daquele suprimido, com acréscimo de, no mínimo, 50% sobre o valor da remuneração da hora normal de trabalho, sem prejuízo do cômputo da efetiva jornada de labor para efeito de remuneração.

Salta aos olhos que o legislador da reforma não partilhava da mesma visão sobre o tema, tanto que deu nova redação ao art. 71, § 4º, da CLT, com a evidente intenção de contrapor o entendimento sedimentado pelo Tribunal Superior do Trabalho.

Agora, com a Lei n. 13.467, de 2017, o desrespeito total ou parcial do intervalo passa a implicar o pagamento, de natureza indenizatória, apenas do período suprimido, com acréscimo de 50%.

Ao atribuir natureza indenizatória ao pagamento decorrente da inobservância do intervalo, a norma acaba por afastar repercussões indiretas em outras parcelas como repousos semanais remunerados, férias e décimos terceiros salários, reflexos que seriam devidos caso reconhecida sua natureza salarial. Tal modificação legislativa nos parece inoportuna, pois diminui os custos financeiros decorrentes de violação a dispositivo evidentemente ligado à saúde, higiene e segurança do trabalho (ainda que o novo art. 611-B, parágrafo único, da CLT, diga o contrário quando a redução for objeto de negociação coletiva), incentivando, por vias transversas, o descumprimento da norma.

Já a limitação do pagamento apenas ao tempo suprimido, todavia, nos parece razoável, pois empresta maior lógica e coerência ao instituto. Comungamos do entendimento exposto por GARCIA ao analisar a redação original do art. 71, § 4º, *in verbis*:

> a interpretação mais razoável, fundada no princípio da proporcionalidade, seria no sentido de que apenas o período de intervalo não concedido é que deveria ser remunerado com o adicional de 50%.
>
> Quanto ao período de intervalo usufruído, não se poderia estabelecer o referido pagamento, até porque o dispositivo faz menção a "remunerar o período correspondente", ou seja, o período em que o intervalo não foi concedido.
>
> Aliás, se apenas uma parte do intervalo não for concedida, mas devida for a remuneração referente a todo o período de intervalo (conforme previsto em lei), tem-se verdadeira injustiça e tratamento desigual, no aspecto material, por se tratar empregados, em situação desigual, de forma igual.
>
> Basta comparar a hipótese do empregado que usufruiu 50 minutos de intervalo para descanso e refeição, com outro trabalhador que não teve nenhum intervalo concedido. Caso o direito fosse idêntico para os dois empregados, mesmo inseridos em situações nitidamente distintas quanto ao referido intervalo, ter-se-ia tratamento igual de pessoas em circunstâncias de fato nitidamente desiguais, contrariando o princípio da igualdade material e constituindo manifesta injustiça[23].

Sempre nos pareceu incongruente igualar, para fins de pagamento ao trabalhador, a subtração de alguns minutos

---

(21) Nesse sentido, por todos: MARANHÃO, Délio. *Direito do trabalho*. 17. ed. Rio de Janeiro: Editora da Fundação Getúlio Vargas, 1993. p. 113/114.

(22) *Súmula n. 437 do TST.* INTERVALO INTRAJORNADA PARA REPOUSO E ALIMENTAÇÃO. APLICAÇÃO DO ART. 71 DA CLT (conversão das Orientações Jurisprudenciais ns. 307, 342, 354, 380 e 381 da SBDI-1) — Res. 185/2012, DEJT divulgado em 25, 26 e 27.9.2012

I — Após a edição da Lei n. 8.923/94, a não concessão ou a concessão parcial do intervalo intrajornada mínimo, para repouso e alimentação, a empregados urbanos e rurais, implica o pagamento total do período correspondente, e não apenas daquele suprimido, com acréscimo de, no mínimo, 50% sobre o valor da remuneração da hora normal de trabalho (art. 71 da CLT), sem prejuízo do cômputo da efetiva jornada de labor para efeito de remuneração.

II — É inválida cláusula de acordo ou convenção coletiva de trabalho contemplando a supressão ou redução do intervalo intrajornada porque este constitui medida de higiene, saúde e segurança do trabalho, garantido por norma de ordem pública (art. 71 da CLT e art. 7º, XXII, da CF/1988), infenso à negociação coletiva.

III — Possui natureza salarial a parcela prevista no art. 71, § 4º, da CLT, com redação introduzida pela Lei n. 8.923, de 27 de julho de 1994, quando não concedido ou reduzido pelo empregador o intervalo mínimo intrajornada para repouso e alimentação, repercutindo, assim, no cálculo de outras parcelas salariais.

IV — Ultrapassada habitualmente a jornada de seis horas de trabalho, é devido o gozo do intervalo intrajornada mínimo de uma hora, obrigando o empregador a remunerar o período para descanso e alimentação não usufruído como extra, acrescido do respectivo adicional, na forma prevista no art. 71, *caput* e § 4º da CLT.

(23) GARCIA, Gustavo Felipe Barbosa. *Curso de direito do trabalho*. 8. ed. rev., atual e ampl. Rio de Janeiro: Forense, 2014. p. 939/940.

do intervalo à sua total supressão. Acabava-se por incentivar o desrespeito à norma, uma vez que era indiferente ao empregador, sob esse prisma, preocupar-se em conceder o maior tempo possível de intervalo quando inviável observar o descanso por inteiro.

Vale observar que a nova redação do art. 71, § 4º, da CLT, deve ser lida e interpretada de forma racional e em harmonia com o restante do ordenamento jurídico, pena de chegar-se a conclusão desconexa ou absurda. Nesse sentido, entende-se que o pagamento pelo tempo de intervalo suprimido, exatamente em razão de sua propalada natureza indenizatória, não se confunde com a obrigatoriedade de remuneração do trabalho executado (CLT, art. 457). De outro lado, todo o tempo efetivamente trabalhado pelo empregado deve ser considerado para fins de observância da jornada máxima de oito horas diárias e quarenta e quatro semanais e sua extrapolação deve ser remunerada com adicional de, no mínimo 50%, por força de comando constitucional expresso (art. 7º, XIII e XVI). Por consequência, se a supressão integral ou parcial do intervalo não importar em trabalho além dos limites constitucionais, será devida apenas a indenização do art. 71, § 4º, da CLT. Mas, ultrapassada a jornada de oito horas diárias ou quarenta e quatro semanais de efetivo trabalho, serão devidas também as correspondentes horas extras.

Exemplifica-se: se o empregado laborar em determinado dia das 8 às 16 horas, sem intervalo, tem-se respeitado o limite constitucional de oito horas diárias de trabalho, sendo devido apenas o pagamento, de natureza indenizatória, do período de descanso suprimido (uma hora), com acréscimo de 50%. Se, no entanto, o empregado laborar das 8 às 17 horas, sem intervalo, perfazendo nove horas de efetivo labor, fará jus tanto à indenização do art. 71, § 4º, da CLT, quanto ao pagamento de uma hora extra, com adicional correspondente, pela extrapolação da jornada constitucional máxima de oito horas diárias. Distintos fatos geradores — ausência de intervalo e extrapolação da jornada diária — geram consequências diversas, com diferentes naturezas jurídicas, não compensáveis entre si.

Ressalte-se que já há jurisprudência, em análise da intertemporalidade da norma alteradora, negando a aplicação do dispositivo reformado aos contratos de trabalho em curso, declarando a natureza salarial da parcela mesmo após a entrada em vigor da Lei n. 13.467/2017. Argumenta-se que a alteração no curso do contrato de trabalho confere efeitos retroativos à lei reformadora, alterando condições salariais que aderiram ao contrato de trabalho e, em consequência, provocando redução salarial, afronta ao art. 7º, VI da Constituição da República[24].

Ainda quanto aos intervalos intrajornada, registra-se que em boa hora a reforma trabalhista veio revogar o art. 384 da CLT, o qual determinava a observância de intervalo mínimo de 15 minutos antes da realização de horas extraordinárias pela mulher. Conquanto prevaleça em nossos tribunais superiores a tese de que esse dispositivo legal foi recepcionado pela Constituição de 1988, do que respeitosamente discordamos, o preceito era de difícil implantação na prática, além de eventualmente caracterizar obstáculo à contratação de mulheres.

Finalmente, inseriu-se um segundo parágrafo no art. 396 da CLT para esclarecer que os horários de gozo dos dois descansos diários de trinta minutos destinados a amamentação serão definidos em acordo individual entre a mulher trabalhadora e seu empregador, o que, na verdade, já era ínsito na finalidade da norma.

2.7. Da duração do trabalho e os empregados em regime de teletrabalho (CLT, art. 62, III)

Estão excluídos do regime geral de duração de trabalho os empregados que exercem atividade externa incompatível com a fixação de horário de trabalho, os gerentes, assim considerados os exercentes de cargos de gestão, aos quais se equiparam, para esses efeitos, os diretores e chefes de departamento e filial, e agora, por força da reforma trabalhista, os empregados em regime de teletrabalho (CLT, art. 62, III).

Segundo a dicção do art. 75-B da CLT, inserido pela Lei n. 13.467/2017, considera-se teletrabalho a prestação de serviços preponderantemente fora das dependências do empregador, com utilização de tecnologias de informação e de comunicação que, por sua natureza, não se constituam como trabalho externo. Não descaracteriza o regime de teletrabalho o comparecimento às dependências do empregador para realização de atividades específicas que exijam a presença do empregado.

Conquanto o instituto não seja objeto do presente ensaio, convém assinalar que a exclusão desses empregados do regime geral de duração do trabalho somente se efetivará quando não for viável o controle pelo empregador, ainda que por meios telemáticos e informatizados, da jornada efetivamente cumprida pelo trabalhador.

Sendo possível ao empregador saber com precisão o tempo gasto pelo empregado no exercício de suas atividades produtivas, pouco importando onde sejam executadas, não haverá razão lógica ou jurídica para afastar a incidência do comando constitucional expresso que limita a jornada de todo e qualquer trabalhador a oito horas diárias

(24) Acórdão da 7ª Turma do TRT 3, ED-RO 0011688-32.2016.5.03.0052, Juíza Rel. Convocada Sabrina de Faria F. Leão; Acórdão da 16ª Turma do TRT 2, RO 1001265-11.2016.5.02.0444, Juiz Rel. Márcio Mendes Granconato.

e quarenta e quatro semanais e determina que a sobrejornada seja remunerada com acréscimo de pelo menos 50% (CF art. 7º, XIII e XVI).

Apenas a impossibilidade de controle de horários permite compatibilizar o novo art. 62, III, da CLT, com a ordem constitucional vigente, sendo que interpretação contrária importaria em reconhecer ao legislador ordinário poder para arbitrariamente suprimir os direitos sociais garantidos pela Constituição da República.

Registre-se que, com o avanço tecnológico e os modernos meios de comunicação, as atividades desenvolvidas pelos teletrabalhadores são compatíveis com fiscalização pelo empregador, seja por meio de sistemas de *login/logout*, *webcam*, *intranet*, aplicativos de deslocamento, número mínimo de tarefas diárias.

Há quem afirme, inclusive, que todas as atividades são passíveis de controle de jornada(25). O Colendo Tribunal Superior do Trabalho já se manifestava, anteriormente à reforma legal, admitindo o controle da jornada de trabalho por meios diversos(26).

Assim, ainda que o trabalho seja realizado remotamente, por meio de instrumentos informatizados, estando configurada a efetiva fiscalização e controle da jornada, é direito do teletrabalhador o recebimento de horas extraordinárias com o adicional respectivo.

3. Considerações finais

A Lei n. 13.467, de 13 de julho de 2017, promoveu radical alteração na legislação trabalhista brasileira, impondo ao mundo do trabalho reforma que por sua extensão e complexidade demandava profunda reflexão prévia e ponderada avaliação das consequências decorrentes das modificações pretendidas. A inusitada velocidade com que o texto aprovado tramitou no Congresso Nacional, todavia, abreviou o necessário debate e impediu salutar amadurecimento das ideais.

Agora nos cabe empreender redobrados esforços para emprestar a melhor interpretação ao novo texto legal, dando coesão e coerência ao ordenamento jurídico, sem jamais esquecer que é a legislação ordinária que deve ter sua aplicação compatibilizada com a Constituição Federal e não o inverso.

(25) MELO, Sandro Nahmias. Teletrabalho, controle de jornada e direito à desconexão. *Revista LTr. 81. Set/2017*. p. 1096: "Insistimos: com os modernos meios de comunicação todas as atividades são suscetíveis ao controle de jornada, ainda que preponderantemente externas. Desconsiderar os avanços tecnológicos implica em fechar os olhos para a realidade."

(26) Acórdão da 5ª Turma do TST, RR 185000-12.2005.5.03.0092. Min. Rel. Emmanoel Pereira. DJ 20.6.2008.

A PRESTAÇÃO DE SERVIÇOS EM REGIME DE TELETRABALHO À LUZ DA REGULAMENTAÇÃO INSTITUÍDA PELA REFORMA TRABALHISTA

Lucilde D'Ajuda Lyra de Almeida(*)

1. Introdução

A chamada reforma trabalhista, introduzida pela Lei n. 13.467, de 13 de julho de 2017, para entrada em vigor a partir de novembro de 2017, traz expectativas de grande impacto nas relações de trabalho e significativas mudanças no campo processual e no que pertine ao poder judicante da Justiça do Trabalho.

Embora aprovada pelo Decreto-Lei n. 5.452, de 1º de maio de 1943, ao longo dessas mais de sete décadas, a Consolidação das Leis do Trabalho já veio sofrendo muitas alterações, adequando-se às mais variadas formas de trabalho. Porém, a atual reforma, altera profundamente a CLT.

Nos idos de 1943, quando ainda era predominante no Brasil o trabalho rural, a CLT já dava predominância ao trabalho urbano, antevendo a industrialização do trabalho e a influência dos sindicatos nas novas relações de trabalho.

A dicotomia entre o capital e o trabalho, com base na exploração do trabalho humano, teve como parâmetro o trabalho subordinado, surgido com a primeira revolução industrial. O trabalho subordinado, entretanto, ao longo dos últimos dois séculos, passou por grandes transformações.

Ao longo do tempo, variadas modalidades contratuais vieram aproximando prestadores e tomadores de serviços, exigindo novos esforços de ampliação da atuação legislativa, relativa ao Direito do Trabalho e de ampliação da atividade sindical e da Justiça do Trabalho.

A função política da Justiça do Trabalho, na busca do justo equilíbrio entre os interesses em confronto do capital e do trabalho, ao longo das últimas décadas, demonstrou exuberante performance.

A Justiça do Trabalho, veio desempenhando importante papel, antecipando-se ao legislador, na ampliação de direitos trabalhistas, através da construção de jurisprudência sob múltiplos temas. A par de atuar também na prevenção de novos litígios, em postura pró-ativa, quando, por exemplo, lançou programa de prevenção de acidentes e assumiu significativa postura contra o trabalho escravo no Brasil.

O Direito do Trabalho, a partir das sucessivas modificações das relações de trabalho e da criação da Consolidação das Leis do Trabalho, portanto, veio se transformando no sentido da ampliação de direitos.

Neste aspecto, a reforma trazida pela Lei n. 13.467, de 2017, veio na contramão desse avanço, na medida em que traz profunda redução desses direitos e, ao contrário da postura política recente do legislador, visa reduzir a postura pró-ativa da Justiça do Trabalho, o que, sem dúvida causará impacto no mundo do trabalho.

Entretanto, a indigitada reforma apresenta-se como forma de "Adequar a legislação às novas relações de trabalho". É o mesmo que se pretendeu com as demais mudanças ocorridas ao longo de toda a existência da Consolidação das Leis do Trabalho:

O enfoque deste estudo é a questão da prestação de serviços em regime de teletrabalho à luz da regulamentação instituída pela Reforma Trabalhista.

2. As Novas Modalidades de Trabalho

Desde o homem primitivo, o trabalho sempre esteve presente na vida humana, fazendo parte do seu cotidiano, razão mesma de sua subsistência. Aprimorando-se, desenvolvendo-se e evoluindo junto com ele.

Uma das formas mais antigas de prestação de serviço é o trabalho em domícilio, aquele realizado no âmbito domiciliar do trabalhador. No curso das grandes mudanças consequentes de sucessiva revolução industrial, com ênfase no avanço da tecnologia, aprimorou-se mudanças significativas nos paradigmas do trabalho.

No mundo contemporâneo, a partir da era moderna da industrialização, no auge da indústria automobilís-

(*) Desembargadora do Trabalho e Mestre em Direito do Trabalho pela PUC-MG.

tica, que marcou a era taylorista, a era fordista e a era toyotista, o trabalho em domícilio sofreu um processo de encolhimento, tendo em vista que a exigência do sistema à época reclamava a presença do empregado no interior da empresa, onde o trabalho assumiu uma forma verticalizada, que influenciava toda a vida familiar e social das pessoas.

Na evolução natural do processo de produção, o capitalismo reinventa-se permanentemente e nesse novo modelo ditado pelas exigências do capitalismo, o trabalho em domícilio adquire feição nova, em torno do qual, no final do século XX, vislumbrou-se acentuado retorno a esta modalidade de prestação de serviço, provocando a preocupação com a regulamentação deste tipo de trabalho, com a edição de Convenção e Recomendação através da Organização Internacional do Trabalho.

O avanço tecnológico muito contribui para que o trabalho seja realizado fora do estabelecimento do empregador, em face das facilidades que os instrumentos de comunicação e os equipamentos modernos de trabalho proporcionam e pelo interesse na redução de custos, principalmente, para o tomador de serviços. Sob o enfoque do interesse do trabalhador, principalmente, daquele que presta serviço especializado ou que coloca à disposição do tomador de serviço o seu conhecimento intelectual, a nova feição que adquire o tempo e o espaço na vida do trabalhador, provoca a mistura entre o ócio, o lazer e o trabalho, o que, em princípio pode ser apontado como vantagem desta modalidade de trabalho.

No final da década de 1970 e ao longo de 1980, intensificou-se o fenômeno denominado terceira revolução industrial, quando a mão de obra humana passou a ser substituída pela máquina de forma ainda mais acentuada do que no início da revolução industrial, em face do progresso da tecnologia e da eletrônica, quando apenas um robô tomava o lugar de centenas de trabalhadores, fazendo surgir milhares de desempregados, o que redundou em redução do consumo, e, consequentemente, em retração da produção e ainda mais desemprego.

Simultaneamente, a nova postura do capital deu-se no sentido da fusão e da cisão de empresas. Abandonou-se assim, a forma verticalizada de estabelecer-se, abrindo-se espaço para empresas menores através dos processos de cisão e de fusão, o que contudo, não obstou a manutenção e até mesmo o crescimento dos grandes grupos econômicos, mediante a ampliação da concentração de riquezas. Destacando-se que a transferência da mão de obra para as novas e menores empresas deu ensejo a escalada, do fenômeno da terceirização de serviços.

Na década de 1990, ocorreu grande migração do trabalho para o setor de serviços, no qual grande parte da mão de obra passou a ser utilizada, com destaque nos setores de lazer e turismo.

A partir daí o trabalho já não era mais realizado, predominantemente no interior das fábricas e também de forma assalariada e fiscalizada, dentro do conceito clássico da prestação de serviço, mas, de várias outras modalidades, dentre elas o trabalho em domicílio, o trabalho à distância. Aprimoraram-se esses novos tipos de trabalho, que passaram a ser desenvolvidos de forma informatizada, adotando-se uma linha telefônica, um terminal de computador ou outro aparelho eletrônico.

Apresentaram-se mais frequentes os casos de trabalho desenvolvidos com a utilização da tecnologia eletrônica de transmissão à distância, situando-se aí o teletrabalho.

3. O Teletrabalho

O teletrabalho está diretamente ligado ao avanço da tecnologia.

No entender de Toffler:

> "[...] Para a maioria das pessoas, o termo tecnologia evoca imagens de siderúrgicas fumacentas ou de máquinas barulhentas. Talvez o símbolo clássico de tecnologia ainda seja a linha de montagem criada por Henry Ford meio século atrás e transformada em ícone social por Charles Chaplin em seu filme **TEMPOS MODERNOS.** Este símbolo, no entanto, sempre foi inadequado, na verdade enganador, pois a tecnologia sempre foi mais do que fábricas e máquinas. A invenção da cangalha para as bestas na Idade Média levou a mudanças importantes nos métodos agrícolas e foi um avanço tecnológico, tanto quanto o invento da fornalha Bessemer séculos mais tarde. Além disso, a tecnologia inclui técnicas, assim como as máquinas que podem ou não ser necessárias para aplicá- las. Ela inclui modos de fazer com que ocorram reações químicas, modos de alimentar peixes, de plantar florestas, de iluminar teatros, de contar votos ou de ensinar história. Os velhos símbolos da tecnologia são ainda mais enganadores nos dias de hoje, quando a maior parte dos processos tecnológicos avançados são levados a efeito longe das linhas de montagens ou das bocas das fornalhas. Na verdade, tanto na eletrônica quanto na tecnologia espacial, ou na maior parte das novas indústrias, um relativo silêncio e um meio ambiente limpo são uma característica — às vezes, até essencial. E a linha de montagem — a organização de exércitos de pessoas para levar a efeito simples funções repetitivas- é um anacronismo. Já é hora de mudarmos os nossos símbolos de tecnologia. De estarmos a altura das mudanças cada vez mais rápidas na própria tecnologia. [...] A tecnologia se alimenta de si mesma. Tecnologia torna possível mais tecnologia, como podemos ver se observarmos por

um momento o processo de inovação. A inovação tecnológica consiste de três estágios, ligados num ciclo de autorrevitalização. Primeiro existe a ideia criativa, factível. Segundo, sua aplicação prática. Terceiro, sua difusão através da sociedade".[(1)]

Landes destaca a "roda d´água", inventada para suprir a escassez de escravos para explicar o avanço da técnica de energia hidráulica; os "óculos", que fizeram mais que duplicar o período de vida ativa de artesãos talentosos, especialmente os que executavam tarefas mais delicadas; o "relógio mecânico", que sucedeu ao relógio de sol, fazendo surgir, nas cidades e vilas, novas rotinas de trabalho pela medida confiável do tempo; e, a "imprensa", inventada na China, onde também foi inventado o papel, no século IX, que encontrou uso geral no século seguinte e ao longo dos séculos, contribuindo de forma inexorável para a preservação e difusão do conhecimento.[(2)]

As referidas obras são citadas em dissertação de mestrado da autora deste artigo.[(3)]

É inegável que a máquina seja um bem material, concebido pelo homem, para seu uso no trabalho com a matéria-prima, que utiliza fontes adicionais e distintas daquelas aplicadas pela força humana.

De qualquer forma, observa-se que o elemento mais típico da Revolução Industrial é o fenômeno da Revolução Tecnológica.

O avanço e as inovações tecnológicas são os elementos propulsores do progresso econômico e a tecnologia constitui chave determinante do alicerce das relações de trabalho, fazendo variar a própria natureza do trabalho e as condições em que o mesmo é prestado, bem como reflete-se nos modos de viver e de pensar do trabalhador.

Com o avanço da tecnologia tem-se exigido do trabalhador, níveis de conhecimentos técnicos e intelectuais cada vez maiores.

Hoje, ao trabalhador já não basta a especialização técnica apenas naquilo que se propõe a fazer. Ele precisa ter conhecimento vasto e amplo, com vistas a enfrentar a concorrência, tanto no trabalho subordinado, quanto no trabalho por conta própria.

É que o excesso da oferta faz com que, no momento da escolha de pessoas para trabalhar, o critério seja ampliado para além das qualificações profissionais dos candidatos, levando-se em conta, com similar grau de exigência, suas qualidades pessoais e seus níveis de conhecimento geral.

Em vista do grau de exigência do consumidor que cobra cada vez mais do fornecedor, no intuito de diferenciar-se tanto profissional, quanto pessoal ou socialmente dos demais, torna-se cada vez mais acelerado o progresso tecnológico, fazendo com que máquinas e equipamentos lançados como aparelhos de última geração tornem-se obsoletos em pouco tempo, exigindo tanto daqueles que os inventam quanto daqueles que os utilizam, a permanecerem em constante processo de aprimoramento.

É perceptível a grande quantidade de mão de obra que veio sendo absorvida pelos setores do comércio e de serviços, porém, com o emprego das novas tecnologias, constituindo-se, muitas vezes, de ocupações que absorvem trabalhadores qualificados, com capacidade de gerar rendimentos elevados e capazes de introduzir contratações inovadoras entre clientes e fornecedores, sejam eles individuais ou microempresários.

Podemos conceituar o trabalho técnico ou qualificado como aquele realizado com utilização dos conhecimentos e da inteligência do prestador de serviços, como aquele dirigido e elaborado por própria conta e capacidade do trabalhador, que estimula sua criatividade para oferecer ao tomador o resultado de sua obra, como se constata a partir dos serviços de elaboradores de programas de computador, dos serviços de tradução de obras literárias, entre outos.

O teletrabalho é espécie do gênero trabalho à distância ou em domícilio, ou trabalho flexível.

Di Martino e Wirth definem o teletrabalho como aquele efetuado em um lugar distanciado das oficinas centrais de produção, no qual o trabalhador não mantém contato pessoal com seus colegas, mas dispõe de condições de comunicar-se com eles por meio de novas tecnologias. [(4)]

No teletrabalho estão presentes todas as características do trabalho realizado fora do âmbito empresarial, fora da vista do empregador, ou do tomador de serviço, com produtividade e qualidade mensuráveis, com a utilização de instrumentos tecnológicos modernos, sem cogitar, porém, da fiscalização direta.

É difícil situar a época, na qual começou a ser realizado o teletrabalho de um modo generalizado, vez não ter este surgido em todos os países nas mesmas épocas e com a mesma intensidade.

---

(1) TOFFLER, Alvin. *O choque do futuro*. Tradução de Eduardo Francisco Alves. 7. ed. Rio de Janeiro: Record, 2001. p. 34.

(2) LANDES, David S. *Riqueza e pobreza das nações*. Tradução de Álvaro Cabral. 5. ed. Rio de Janeiro: Campus, 1998. p. 48-63, passim.

(3) Almeida, Lucilde D´Ajuda Lyra de. *Trabalho em domicílio*. Dissertação de mestrado junto à Pontifícia Universidade Católica de Minas Gerais: Belo Horizonte, 2003. p. 83-84.

(4) DI MARTINO, Vittorio; WIRTH, Linda. Teletrabajo: um nuevo modo de trabajo y de vida. *Revista Internacional del Trabajo*, Genebra: OIT, 109 (4), 1990. p. 471.

Gallardo Moya destaca seu início na década de 1970, nos Estados Unidos, coincindindo com a crise energética e com a recessão econômica, que sua extensão a outros países, especialmente aos países europeus, deveu-se a fatores econômicos e técnicos, e que a recessão econômica, por induzir as empresas a um novo planejamento em sua organização, com a finalidade de adaptar a força de trabalho às novas exigências do mercado, de forma a lutar contra a inflação, tornou necessária a melhoria da concorrência, através da redução de gastos, sobretudo em relação ao preço do trabalho. (5)

O teletrabalho, além de significar novas opções de trabalho, veio mesmo para transformar o mundo do trabalho e interferir na forma de as pessoas viverem e se relacionarem.

4. A Prestação de Serviços em Regime de Teletrabalho

Na mesma medida do avanço tecnológico vão surgindo novas formas de desenvolver-se e de comunicar-se, que por sua vez, provocam mudanças de mentalidades e de comportamentos, revolucionam as relações pessoais, tornando mais complexas e sofisticadas as necessidades, assim como também os hábitos e as pessoas, o que se pode observar para todas as classes sociais, considerando-se, claro, as peculiaridades de cada qual.

A tecnologia da informação tem direta participação nessa mudança de hábitos, haja vista que instiga nas pessoas mais bem informadas os desejos de ter, consumir, viver melhor e o saber, fazendo com que se desenvolvam novas formas de adquirir conhecimentos.

Daí que entre as várias modalidades de atividades ligadas ao teletrabalho, podem ser destacados **os cursos à distância**, em diversas formas de aperfeiçoamento, de técnica e de gradução, que atendem a parcela considerável de cidadãos que interessados em estudar, muitas vezes não têm a possibilidade de frequentar cursos regulares, seja pela falta de tempo, por falta de disponibilidade ou por falta de oportunidade, como ocorre com moradores de localidades distantes dos grandes centros, que não têm a seu dispor boas escolas para frequentar.

Esses cursos à distância vieram crescendo em quantidade, qualidade e importância, na medida em que são propagados, fazendo aumentar a quantidade de pessoas, cujo perfil de querer educar-se, vêm nessa modalidade de serviço a possibilidade de obter o almejado conhecimento.

Não se pode dizer, contudo, que o ensino à distância seja uma modalidade nova. Há muito que eram oferecidos cursos através de correspondência. Cursos de Matemática, Português, Línguas, História, Psicologia, entre outros.

Nessa modalidade, o material utilizado consistia em livros que eram enviados pelos Correios. Ao final do curso, os estudantes recebiam uma prova para que resolvessem e enviassem de volta também via postal, que por sua vez, era corrigida e devolvida ao estudante, com observações específicas para orientação do aluno e emissão de Certificado de conclusão do curso.

Todo o relacionamento com o aluno dava-se à distância, via postal. Inicialmente, enviava-se a propaganda, através da qual o curso era oferecido. O interessado fazia a matrícula, recebia e devolvia o material utilizado, mediante pagamento que também era efetuado via postal.

Atualmente, a utilização do computador fez aumentar a oferta de cursos à distância, muitas vezes na modalidade semi-presencial, método utilizado até mesmo por instituições de ensino e universidades, que, a par de oferecer os cursos regulares, também oferecem cursos à distância, até mesmo em parceria com instituições estrangeiras.

Dessa forma, mais modernizada dos cursos à distância os profissionais selecionados para ministrarem esse tipo de ensino devem ter o mesmo grau de conhecimento dos professores dos cursos regulares, além de estarem especialmente familiarizados com os conhecimentos de informática.

Ainda se vê o ensino à distância, através de cursos pela televisão e pelo computador, dos quais muitas pessoas se utilizam com destacado aproveitamento, em contato unicamente ***on line***, através da máquina.

O perfil da clientela desse tipo de aprendizado continua basicamente o mesmo. Pessoas que gostam, querem e precisam estudar, mas não têm a oportunidade para frequentar os cursos regulares, não obstante o acentuado número de escolas existentes.

Os serviços de telemensagens ainda hoje são utilizados, geralmente prestados por microempresarios, mas, também, muitas vezes, com a contribuição de empregados.

Os empregados que trabalham **com vendas ou assemelhados** podem fazê-lo através de locais de sua própria escolha, quando a comunicação se faz através de telefone celular com os clientes e fornecedores, ante a inexistência de escritórios ou qualquer posto de trabalho, ou com escritórios localizados em outras cidades ou até mesmo em outros estados da federação.

Em situações em que a prestação de serviço seja realizada através de computador, o prestador de serviço ou o empregado pode ser contratado ***on line***, através da própria máquina e através dela ser fiscalizado, consistindo em seu único instrumento de trabalho, com empresas que sejam radicadas até mesmo em outro país.

(5) CF. GALLARDO MOYA, Rosario. *El Viejo y el nuevo trabalho a domicilio.* Madrid: Nueva Imprenta, 1998.

O Banco 24 horas e os discos ***worms***, através dos quais a gravação substitui o homem são também exemplos clássicos de serviços prestados em relação direta entre o ser humano e a máquina.

O teletrabalho é também realizado em centros de trabalho, que consistem em pequenos estabelecimentos separados da oficina central, porém dependentes desta e em permanente comunicação eletrônica.

O telefone celular é atualmente a ferramenta mais poderosa do trabalho à distância, vez que o trabalhador pode comunicar-se, com seu empregador, com clientes, com o tomador dos seus serviços ou com qualquer outra pessoa, que esteja em qualquer lugar, que seja, em casa, em outra cidade, em atividades de diversão e de recreação, sem que a outra pessoa perceba o que está realmente acontecendo.

É o fenômeno da desestruturação do tempo e do espaço, categorias que estão a se transformar de modo radical.

Se é verdade que a sociedade rural não tinha alternativa a não ser de estabelecer-se onde o terreno era apropriado à plantação, vinculando-se ao espaço, e explorando o cultivo apropriado a cada estação do ano, vinculando-se ao tempo, também a sociedade industrial permaneceu vinculada à ideia de tempo e de espaço.

O trabalho concentrava-se nas grandes fábricas, onde os trabalhadores eram obrigados a permanecer pelo tempo para o qual eram contratados, fazendo com que todas as demais atividades rotineiras da sua vida girassem em torno do tempo que lhes sobrava para se dedicarem a elas. Atualmente, graças ao fax, ao celular, à secretária eletrônica, ao correio eletrônico e à internet, pode-se tudo fazer a qualquer tempo e em qualquer lugar, separando-se a vida das pessoas, da ideia de horário e lugar.

5. Da Regulamentação do Teletrabalho

Ante a tendência de o exercício da atividade econômica distanciar-se, cada vez mais, do modelo de concentração em grandes fábricas, a aglutinação de trabalhadores no mesmo local de trabalho viria a converter-se em fato sempre menos frequente, o que ensejou o interesse a respeito do trabalho remoto, no Brasil, tanto quanto no resto do mundo.

A questão tem sido objeto das preocupações da Organização Internacional do Trabalho (OIT), que considera as legislações dos Estados-membros, de modo geral, muito imprecisas no que diz respeito à condição jurídica desses trabalhadores, reconhecendo a existência de um vazio jurídico.

Como uma das tentativas de atenuar o desemprego, a OIT regulamentou o trabalho em domicílio, em face da expansão significativa do teletrabalho, por meio da Convenção n. 177 e da Recomendação n. 184, ambas datadas de 1996.

A propósito, observa Barros[(6)], citando obra de Vega Ruiz, que:

> "[...] em face dos aspectos peculiares dessa relação laboral, que poderá se desenvolver por conta alheia, há países que consideram o trabalho a domicílio no âmbito do trabalho autônomo, arrolando-se entre esses países Bangladesh, Egito, Hong Kong, Índia, Panamá, Turquia, Singapura e África do Sul. Alguns países possuem legislação específica sobre o trabalho a domicílio (Alemanha, Argentina, Áustria, Cuba, Hungria, Índia, Itália, Japão, Marrocos, Noruega, Países Baixos, Peru, Polônia, Portugal, Rússia, San Marino, Suiça e Uruguai), outros regulam-no em um artigo do Código do Trabalho (Bolívia, Colômbia, Costa Rica, El Salvador, Equador, Espanha, França, Guatemala, Haiti, Honduras, México, Nicarágua, Paraguai, República Dominicana, Checoslováquia e Venezuela) outros o incluem no âmbito da legislação geral do trabalho (Brasil e Finlândia) e há os que o excluem de certos institutos jurídicos (Dinamarca, Malta e Suécia).

Com relação a regulamentação trabalhista no direito brasileiro, até agora tínhamos alguns poucos dispositivos que se referiam ao trabalho em domicílio, espécie mais clássica de trabalho à distância. Para a Organização Internacional do Trabalho (OIT), o Brasil era classificado entre os países, nos quais a lei trabalhista era extensiva aos trabalhadores em domicilio, por considerar que esta atividade implica contrato de trabalho originado de uma relação de emprego.

De fato, conforme o art. 6º da CLT: "Não se distingue entre o trabalho realizado no estabelecimento do empregador e o executado no domicílio do empregado, desde que seja caracterizada a relação de emprego". Estendendo-se assim, a essa modalidade de trabalho as normas previstas no direito social desde que compatíveis.

Em nossa Consolidação das Leis do Trabalho existiam tão somente dois dispositivos referentes ao trabalho em domicílio.

O outro era o art. 83 da CLT: "É devido o salário mínimo ao trabalhador em domicílio, considerado este como o executado na habitação do empregado ou em oficina de família, por conta do empregador que o remunere".

Nos idos de 1997, Portaria do Ministério do Trabalho[(7)] criou Comissão Tripartite, integrada por representantes

(6) BARROS, Alice Monteiro de. *Contratos e regulamentações especiais de trabalho*. Peculiaridades, aspectos controvertidos e tendências. São Paulo: LTr, 2001. p. 175.

(7) BRASIL. Ministério do Trabalho. Portaria n. 973 de 19.10.97. Publicada in DOU, 20 out. 1997, p. 24.475.

do Governo Federal e por representantes dos trabalhadores e dos empregadores, com a incumbência de analisar a Convenção n. 177 e a Recomendação n. 184.[8]

A referida providência ministerial harmoniza-se com as disposições da Convenção n. 144 da Organização Internacional do Trabalho, que tem por objeto o estabelecimento de mecanismos tripartites para promover a aplicação das normas internacionais do trabalho.

Assim, o trabalho em domicílio havia despertado grande atenção por parte de governantes e estudiosos da matéria, por tratar-se de atividade cuja tendência era desenvolver-se de modo considerável, principalmente em face do teletrabalho.

Mas, embora a Portaria n. 973 do Ministério do Trabalho tenha criado a expectativa de que algo seria acrescentado à legislação a respeito do teletrabalho, intocada desde 1943, com relação a este ponto, desde que foi criada a Consolidação das Leis do Trabalho por meio do Decreto-Lei n. 5.452, o fato é que permaneceram somente os dois artigos, o art. 6º e o art. 83 consolidados.

6. Da evolução da Jurisprudência

Extensa movimentação decorrente do avanço tecnológico pode ser observada em todas as áreas da existência, consequentemente, ensejando mudanças, cujo fenômeno pode ser sentido ao longo de todo o planeta.

Por outro lado, a legislação nem sempre se mostra apta a acompanhar esse regime frenético de mudanças, seja por falta de aptidão, seja por falta de vontade política, o fato é que tal vazio legislativo, redundou em recente ascensão do poder judiciário, instado a manifestar-se para suprir lacunas próprias dos anseios mais diversos da vida, transferindo-se a este, até mesmo questões polêmicas, que, tradicionalmente, eram resolvidas pelos poderes de instâncias tradicionais que são o legislativo e o executivo. Surgiu daí o fenômeno da judicialização, essa postura nova do judiciário de resolver questões relevantes para a vida individual e social, sobre diversos aspectos das necessidades pessoais, por serem prementes, clamam pela resposta mais imediata, direta e não menos eficaz.

Em artigo escrito sobre o tema, Barroso[9] faz a distinção entre a judicialização e ativismo judicial "fenômeno diverso, embora próximo, é o ativismo judicial. O ativismo judicial é uma atitude, é a deliberada expansão do papel do judiciário, mediante o uso da interpretação constitucional para suprir lacunas, sanar omissões legislativas ou determinar políticas públicas quando ausentes, ou ineficientes".

Essa nova postura do judiciário, entretanto, que implica em expansão do seu papel, no tocante à Justiça do Trabalho, veio gerando significativas oscilações jurisprudenciais, com revisão de súmulas e de precedentes jurisprudenciais, objeto de preocupação de operadores do Direito, haja vista que empregadores, podem ser surpreendidos por significativas mudanças da jurisprudência com importante acúmulo de passivos trabalhistas.

Com relação ao teletrabalho contudo, por ter estado incluído no âmbito da legislação geral do trabalho, sempre a ele foi aplicada a legislação do trabalhador comum, desde que presentes na relação os requisitos dos arts. 2º e 3º da CLT de 1943, no que se refere ao trabalhador subordinado.

Conforme Preleciona Carrion:

> "[...] a legislação do trabalho não se limita simplesmente a regular as relações entre empregados e empregadores, disciplinando a economia; tem a conotação teleológica de proteger o hipossuficente, o empregado. Por isso, as normas laborais são um mínimo; impedem se conceda menos ao trabalhador; o que pactuarem a mais terá eficácia entre as partes e será exigível. Nessa ordem protecionista é que devem ser entendidos os dispositivos que constituem as fontes formais do Direito, na ordem de sua hierarquia; a Constituição Federal, depois as leis, (ou decretos-leis), normas coletivas (em sentença ou em contratos coletivos), contratos individuais; as fontes inferiores não podem conceder menos do que as superiores determinam; em nosso sistema o regulamento de empresa integra-se ao contrato individual, desde que não seja afastado pelas partes; o empregador poderá tirar-lhe sua vigência nos casos futuros, mas será intocável para os anteriores"[10].

Nessa ordem, a jurisprudência veio se construindo ao longo do tempo, em relação ao teletrabalho.

O que se observa a respeito da jurisprudência específica sobre o tema são decisões sobre o reconhecimento de vínculos de emprego, nas quais são considerados os requisitos de os serviços serem indispensáveis à atividade empresarial e controlado e mensurado pela produção do prestador, haja vista que não obstante seja realizado, via de regra, longe das vistas do empregador, a existência da subordinação é indispensável ao reconhecimento do vínculo empregatício.

Assim, a condição social do empregado em teletrabalho, sob o ponto de vista da subordinação é a mesma dos demais empregados, assim considerados aqueles

(8) Recomendação adotada pela 83ª Conferência Internacional do Trabalho, de 22 de junho de 1996.

(9) BARROSO, Luís Roberto. Direito e política: a tênue fronteira, *Revista Justiça & Cidadania*. Rio de Janeiro: JC, 2012.

(10) CARRION, Valentin. *Comentários à Consolidação das Leis do Trabalho*. São Paulo: Saraiva, 2001. p. 274-275.

que trabalham dentro dos domínios físicos da empresa, por isso, os direitos trabalhistas de ambos, à luz da jurisprudência que se formou, são os mesmos.

É bom lembrar que a lei não exige que a prestação de serviços do empregado seja feita no estabelecimento do empregador. Assim, a flexibilização da jornada e o trabalho à distância são fatos que não repelem o caráter empregatício da relação. Também o trabalho em horas extras é reconhecido e determinada a sua remuneração através da jurisprudência inerente ao teletrabalho, desde que provado pelo empregado ou mensurado através dos próprios instrumentos do trabalho.

7. A Regulamentação instituída pela Reforma Trabalhista

A Lei n. 13.467, de julho de 2017, que introduz a reforma trabalhista ora em estudo, insere o Capítulo II-A, especialmente para regulamentar o teletrabalho, cujos artigos do 75-A ao 75-E, não têm correspondência com dispositivos da CLT, uma vez que até então, para o teletrabalho não havia dispositivos específicos.

A partir da entrada em vigor desta Lei, em novembro de 2017, nos termos do art. 75-A, "A prestação de serviços pelo empregado em regime de teletrabalho observará o disposto neste capitulo". No artigo seguinte, art. 75-B, conceitua o teletrabalho: "Considera-se teletrabalho a prestação de serviços preponderantemente fora das dependências do empregador, com a utilização de tecnologias de informação e de comunicação que, por sua natureza, não se constituam como trabalho externo. Parágrafo Único: O comparecimento às dependências do empregador para a realização de atividades específicas que exijam a presença do empregado no estabelecimento não descaracteriza o regime de teletrabalho".

Ao que parece, a conceituação do teletrabalho quer levar em conta principalmente, o uso de tecnologias, haja vista que admite o trabalho presencial concomitante, tomando o cuidado de dizer que a presença do empregado não o descaracteriza, vindo no artigo seguinte, o 75-C dizendo que: "A prestação de serviços na modalidade de teletrabalho deverá constar expressamente do contrato individual de trabalho, que especificará as atividades que serão realizadas pelo empregado. § 1º Poderá ser realizada a alteração entre regime presencial e de teletrabalho desde que haja mútuo acordo entre as partes, registrado em aditivo contratual. § 2º Poderá ser realizada a alteração do regime de teletrabalho para o presencial por determinação do empregador, garantido prazo de transição minímo de quinze dias, sem correspondente registro em aditivo contratual".

O uso de ferramentas tecnológicas revela-se, contudo, cada vez mais frequente, na medida em que a indústria é cada vez mais sofisticada em relação a esses aparelhos e o comércio o grande incentivador para que os mesmos sejam cada vez mais necessários.

A mudança que se verifica em face de o trabalho sempre realizado com utilização da tecnologia justifica a preocupação do legislador ao inserir o teletrabalho no bojo da nova lei.

As nomenclaturas **trabalho** e **teletrabalho** já se confundem, haja vista que o telefone, o computador e outros meios de comunicação se tornam imprescindíveis à realização de qualquer trabalho, elevando-o à condição de quase sempre, ser desnecessária a presença frequente nas dependências do empregador.

Portanto, ao teletrabalho, aplica-se a legislação agora prevista na nova lei trabalhista, para o trabalho em geral, assim como era antes, haja vista que a esse capítulo específico do teletrabalho, apenas se insere mais outros dois artigos, o 75-D que diz: "As disposições relativas à responsabilidade pela aquisição, manutenção ou fornecimento dos equipamentos tecnológicos e da infraestrutura necessária e adequada à prestação do trabalho remoto, bem como ao reembolso de despesas arcadas pelo empregado, serão previstas em contrato escrito".

Essa preocupação do legislador leva em conta, certamente, ao fato que a infraestrutura necessária para a realização do trabalho remoto sejam as ferramentas tecnológicas móveis, diferentemente do mobiliário e demais utensílios utilizados para o trabalho no âmbito da estrutura física do estabelecimento e também ao fato de tais ferramentas serem facilmente utilizadas nas atividades pessoais do prestador dos serviços, o que, por sí só, expõe o material de trabalho.

Essa é uma das características que diferem o teletrabalho do trabalho clássico, não obstante as duas modalidades cada vez mais se confundam. Por isso que elevadas à previsão legal, as ferramentas utilizadas no trabalho, entendendo-se necessário o contrato escrito com dispositivos específicos sobre as mesmas, sem, contudo, descurar-se da pessoa do trabalhador, no ponto em que fez inserir no parágrafo único: "As utilidades mencionadas no *caput* deste artigo não integram a remuneração do empregado."

Finalmente, no art. 75-E, o cuidado com a segurança no teletrabalho.

"O empregador deverá instruir os empregados, de maneira expressa e ostensiva, quanto às precauções a tomar a fim de evitar doenças e acidentes de trabalho. Parágrafo Único: O empregado deverá assinar termo de responsabilidade comprometendo-se a seguir as instruções fornecidas pelo empregador".

Não resta dúvida que ao trabalhador na modalidade de teletrabalho deve ser aplicada toda a legislação de proteção e de prevenção contra acidentes de trabalho.

Entrementes, em face da falta de conscientização de empregadores e empregados, ao excesso de trabalho, bem como para os que se valham do auxílio de familiares, o que pode incluir crianças, o risco de acidentes pode mostrar-se mais acentuado no teletrabalho, do que para os que trabalham sob a vista do patrão.

Alia-se a tais fatores a fiscalização do Ministério do Trabalho ser dificultada, em vista de ser este tipo de trabalho realizado em ambientes esparsos.

Revela-se natural que os acidentes ocorram com mais frequência quando as pessoas estejam cansadas, nervosas, irritadas, famintas, doentes, preocupadas, fatores que fazem com que decresça seu nível de alerta, o que ocorre mais com relação às crianças, em face da inexperiência e do julgamento imaturo das coisas.

Permanecendo longe do ambiente social do trabalho, os trabalhadores tornam-se mais entregues às suas preocupações pessoais e sujeitos a trabalhar em horários e períodos em que tais estados de ânimo apresentem-se mais acentuados.

Bem apropriada, portanto, a inserção de tais dispositivos que introduz obrigações para ambas as partes do contrato de teletrabalho, levando em conta as possibilidades de ocorrências de sinistros nessa modalidade de trabalho.

Aos demais direitos trabalhistas, cuja reforma trata de reduzí-los em vários aspectos, os que trabalham na modalidade do teletrabalho estão sujeitos, assim como os que se ativam no trabalho clássico, sem a utilização de ferramentas consideradas modernas.

A inserção dos empregados em regime de teletrabalho no art. 62 da CLT, com a redação dada pela Lei n. 8.966, de 27.12.1994, através do acréscimo do inciso III da reforma ora em estudo não desautoriza esta constatação.

O referido art. 62 trata da excludente relativa ao capítulo da CLT referente à duração do trabalho com relação a determinados empregados, referindo-se aos empregados que exercem atividades externas incompatíveis com a jornada de trabalho, aos gerentes e exercentes de cargos de confiança, desde que comissionados e, agora, aos empregados em regime de teletrabalho, com o acréscimo da reforma trabalhista.

Nem tampouco a novidade trazida na Lei n. 13.467, através dos seus arts. 611 a 625, sem correspondência com a antiga CLT desautoriza tal constatação, quando insere o teletrabalho, juntamente com o regime de sobreaviso e o trabalho intermitente, através do inciso VIII ao art. 611-A. Nos termos do referido artigo, a convenção coletiva e o acordo coletivo de trabalho têm prevalência sobre a lei quando, entre outros, dispuserem sobre os diversos temas enumerados pelos diversos incisos e paragráfos seguintes, nos quais se insere o teletrabalho, através do inciso VIII.

É sempre bom lembrar que antigas modalidades de trabalho vão continuar a conviver com o teletrabalho, sendo a ambas destinados os mesmos direitos e obrigações. Que o problema da subcontratação não estará ligado diretamente à modalidade na prestação de serviço, se presencial ou à distância, com ou sem a utilização de aparelhos de última geração.

Os efeitos do avanço da tecnologia, se fazem presentes através das revoluções industriais, com reflexos na economia, que, por sua vez interfere diretamente na oferta ou retração de empregos. Em momentos de retração vimos emergir o problema da subcontratação. Em momentos de grande oferta de empregos, poderíamos sentir a mesma exuberância do trabalho em relação ao capital.

8. Conclusão

As relações trabalhistas ao longo do tempo passaram por grandes transformações.

As mudanças mais significativas transcorrem em função do avanço tecnológico, considerados a partir dos inventos mais longínquos até os mais modernos instrumentos de comunicação e de informática.

A utilização de ferramentas tecnológicas na realização do trabalho ensejou o fenômeno da concentração do trabalho nas grandes fábricas, assim como também a sua posterior descentralização, na medida do aperfeiçoamento dessas tecnologias.

Atualmente, a noção de trabalho na sua modalidade clássica, quase confunde-se com o denominado teletrabalho, considerando que muitas das formas antigas de realização do trabalho se fazem com o uso de tecnologias modernas, à distância ou não.

O que motiva mudanças na legislação é a necessidade de adequação às novas exigências da vida e da sociedade.

Sob esse enfoque é que se apresenta a nova Lei n. 13.467, que trata da reforma trabalhista atual.

Era imprescindível que o teletrabalho, como a modalidade mais moderna de realização do trabalho, fosse galgado à condição de figurar no bojo de um capítulo específico da nova lei, não obstante, na sua essência, permanecesse incluído no âmbito da legislação geral do trabalho.

Referências bibliográficas

ALMEIDA, Lucilde D´Ajuda Lyra de. *Trabalho em domicílio*. Dissertação de Mestrado junto à Pontifícia Universidade Católica de Minas Gerais: Belo Horizonte, 2003.

BARROS, Alice Monteiro de. *Contratos e regulamentações especiais de trabalho. Peculiaridades, aspectos controvertidos e tendências*. São Paulo: LTr, 2001.

CARRION, Valentin. *Comentários à Consolidação das Leis do Trabalho*. São Paulo: Saraiva, 2001.

MOYA, Rosario F. Gallardo. *El viejo y el nuevo trabajo en domicilio*. Madrid: Nueva Imprenta, 1998.

LANDES, David S. *Riqueza e pobreza das nações*. Tradução de Álvaro Cabral. 5. ed. Rio de Janeiro: Campus, 1998.

TOFFLER, Alvin. *O choque do futuro*. Tradução de Eduardo Francisco Alves. 7. ed. Rio de Janeiro: Record. 2001.

Artigos

BARROSO, Luís Roberto. Direito e política: a tênue fronteira. *Revista Justiça & Cidadania*. Rio de Janeiro: JC, 2012.

DI MARTINO, Vittório; LINDA, Wirth. Teletrabalho: un nuevo modo de trabajo y de vida. *Revista Internacional del Trabajo*, Genebra: OIT, 109 (4), 1990.

O DANO EXTRAPATRIMONIAL TRABALHISTA APÓS A LEI N. 13.467/2017

Sebastião Geraldo de Oliveira(*)

1. CONSIDERAÇÕES INICIAIS

A reforma trabalhista foi aprovada pela Lei n. 13.467, de 13 de julho de 2017, para vigorar 120 dias após a sua publicação, ocorrida no dia 14 de julho de 2017. Então, desde 11 de novembro de 2017 está em vigor no Brasil praticamente uma nova CLT, cuja alteração foi a mais profunda ocorrida desde a sua promulgação oficial em maio de 1943(1).

No dia 14 de novembro de 2017 foi publicada em edição extraordinária do Diário Oficial da União a Medida Provisória n. 808, a qual promoveu diversas alterações no texto legal já reformado. Desse modo, a normatização do dano extrapatrimonial trabalhista, que entrou em vigor no dia 11 de novembro de 2017, já sofreu alterações em dois artigos (223-C e 223-G), com vigência a partir do dia da publicação da referida Medida Provisória, em 14 de novembro de 2017.

Contudo, a referida Medida Provisória n. 808/2017 não foi convertida em lei no prazo fixado pelo art. 62 da Constituição e, como consequência, perdeu sua eficácia desde o dia 24 de abril de 2018. Conforme prevê a Constituição da República no art. 62, § 3º, o Congresso Nacional deveria disciplinar, por decreto legislativo, os efeitos produzidos pela Medida Provisória não convertida em lei, durante o seu período de vigência, o que, todavia, não ocorreu.

E como ficam os atos jurídicos praticados durante o período da sua vigência, ou seja, as lesões por danos extrapatrimoniais ocorridas no período de 14 de novembro de 2017 a 23 de abril de 2018? A resposta pode ser encontrada no mesmo art. 62, § 11, da Constituição que estabelece: "*Não editado o decreto legislativo a que se refere o § 3º até sessenta dias após a rejeição ou perda de eficácia de medida provisória, as relações jurídicas constituídas e decorrentes de atos praticados durante sua vigência conservar-se-ão por ela regidas.*"

Como se vê, por expressa previsão constitucional, as lesões a respeito do dano extrapatrimonial ocorridas no período de 14 de novembro de 2017 a 23 de abril de 2018 deverão ser apreciadas considerando as disposições da Medida Provisória n. 808/2017, em harmonia com o vetusto princípio do *tempus regit actum*. Desse modo, vamos mencionar com frequência as previsões da referida Medida Provisória n. 808/2017 que produziu efeitos nos 161 dias em que esteve em vigor.

Assumimos o encargo de abordar, nesta obra, o tema dos danos extrapatrimoniais oriundos da relação de trabalho. Trata-se de uma das mudanças mais impactantes da reforma trabalhista de 2017 tanto pela novidade do regramento, quanto pela pretensão do legislador de introduzir um microssistema exclusivo para os danos morais trabalhistas, com previsões destoantes da principiologia há muito sedimentada na teoria geral da responsabilidade civil.

O nosso desafio, portanto, é analisar a configuração peculiar dos danos extrapatrimoniais nas relações de trabalho e os possíveis rumos hermenêuticos dessa nova regulamentação.

Entretanto, a prudência recomenda registrar que este é apenas um olhar provisório, ainda sob o impacto do primeiro ano da mudança, sem o tempo de maturação necessário para apreender toda a extensão e os desdobramentos que poderão ocorrer. É possível que, mais tarde, após as devidas acomodações da novidade no ordenamento jurídico brasileiro, doutrina e jurisprudência possam divisar outras interpretações mais adequadas sobre o conteúdo e o alcance do dano extrapatrimonial trabalhista.

2. UM NOVO TÍTULO NA CLT: "DO DANO EXTRAPATRIMONIAL"

A CLT foi aprovada há mais de 70 anos numa época em que nem se cogitava sobre a reparação dos danos

(*) Desembargador do TRT da 3ª Região. Mestre em Direito pela UFMG. Membro da Academia Brasileira de Direito do Trabalho. Autor de livros e artigos sobre saúde do trabalhador e acidente do trabalho.

(1) A reforma trabalhista entrou em vigor no dia 11 de novembro de 2017 em razão dos critérios de contagem de prazo estabelecidos na Lei Complementar n. 95/1998, cujo art. 8º estabelece: "Art. 8º A vigência da lei será indicada de forma expressa e de modo a contemplar prazo razoável para que dela se tenha amplo conhecimento, reservada a cláusula "entra em vigor na data de sua publicação" para as leis de pequena repercussão. § 1º A contagem do prazo para entrada em vigor das leis que estabeleçam período de vacância far-se-á com a inclusão da data da publicação e do último dia do prazo, entrando em vigor no dia subsequente à sua consumação integral. § 2º As leis que estabeleçam período de vacância deverão utilizar a cláusula 'esta lei entra em vigor após decorridos (o número de) dias de sua publicação oficial'."

extrapatrimoniais. Prevalecia a visão patrimonialista do direito, muito distante da valorização atual da dignidade da pessoa humana, proclamada com ênfase na Constituição da República de 1988.

Como nunca tivemos no Brasil um Código do Trabalho para disciplinar detalhadamente todos os direitos do trabalhador, a CLT estabeleceu expressamente no art. 8º o direito comum como fonte subsidiária, quando houvesse compatibilidade com os princípios protetores do direito do trabalho.

Com efeito, desde que a ciência jurídica acolheu a proteção dos direitos da personalidade, o trabalhador lesado busca na Constituição da República de 1988, no direito civil e em outros ramos do direito as bases para fundamentar os pedidos de indenização por danos morais em decorrência do contrato de trabalho.

A reforma trabalhista de 2017 introduziu o Título II-A na CLT para tratar exclusivamente do "Dano extrapatrimonial", composto por sete artigos, quais sejam: 223-A até 223-G. Topograficamente, o novo título foi inserido entre o Título II, que trata das normas gerais de tutela do trabalho, e o Título III, que trata das normas especiais de tutela do trabalho.

Como se verifica, para dar maior realce às disposições normativas a respeito do dano extrapatrimonial, foi introduzido como categoria de agregação um título adicional na CLT, demonstrando a pretensão do legislador de criar um disciplinamento específico e bem peculiar para o tema dos danos extrapatrimoniais individuais na seara trabalhista.

3. A inovação terminológica do dano extrapatrimonial

Não há dúvidas quanto à denominação dos danos que lesam o patrimônio, com valor pecuniário: são os danos patrimoniais ou danos materiais.

Entretanto, a percepção de novos danos na esfera de interesses não patrimoniais gerou múltiplas denominações e variações terminológicas conforme o ordenamento jurídico de cada país. Para indicar o mesmo fenômeno encontramos, dentre outras, as denominações de dano imaterial, dano moral, dano não patrimonial, dano extrapatrimonial, dano à pessoa. E como espécies dessas denominações genéricas há também diversas denominações, tais como: dano à vida, à integridade física, à saúde, ao projeto de vida, à vida de relação, existencial, biológico, estético, sexual, à intimidade, ao nome, à honra, à imagem, psíquico etc.

Do ponto de vista estritamente terminológico, de fato, a expressão "dano extrapatrimonial" é mais precisa porque abrange todos os danos que não têm expressão econômica, mas são passíveis de reparação. Afirma o jurista Fernando Noronha que só a designação "extrapatrimonial" deixa claro que unicamente terá esta natureza o dano sem reflexos no patrimônio do lesado. Aduz ainda que nem sempre o dano extrapatrimonial tem natureza moral: a palavra moral tem carregado conteúdo ético e o dano extrapatrimonial não tem necessariamente esse conteúdo[(2)].

No mesmo sentido, aponta a Professora Judith Martins-Costa que "sendo mais ampla a expressão danos extrapatrimoniais inclui, como subespécie, os danos à pessoa, ou à personalidade, constituídos pelos danos morais em sentido próprio (isto é, os que atingem a honra e a reputação) os danos à imagem, projeção social da personalidade, os danos à saúde, ou danos à integridade psicofísica, inclusos os danos ao projeto de vida, e ao livre desenvolvimento da personalidade, os danos à vida de relação, inclusive o prejuízo de afeição e danos estéticos. Inclui, ainda, outros danos que não atingem o patrimônio nem a personalidade, como certos tipos de danos ambientais."[(3)].

Apesar do acerto terminológico e de estar a denominação "dano extrapatrimonial" em sintonia com a doutrina mais avançada do direito dos danos, achamos inoportuna ou mesmo inconveniente a sua positivação na CLT. A denominação dano moral, ainda que não seja a mais precisa, já consolidou raízes profundas na cultura jurídica brasileira, tanto na lei como na doutrina e jurisprudência. Tentar renomear uma figura jurídica de estatura constitucional por simples lei ordinária trará mais confusão que esclarecimento ou, talvez, legitimará a pretensão de se criar um dano moral mitigado na esfera trabalhista. Seria preferível manter a tradição e a terminologia acolhida há quase três décadas pela Constituição, base fundamental para o florescimento dos direitos da personalidade no Brasil.

É verdade que a precisão de linguagem na ciência jurídica deve ser buscada para evitar expressões equívocas que geram embaraços de compreensão e dificuldades na aplicação da norma. A própria Lei Complementar n. 95/1998, que trata da elaboração e redação das leis, recomenda no art. 11 que sejam usadas as palavras e expressões em seu sentido comum ou técnico, de modo a ensejar perfeita compreensão do objetivo da lei e a permitir que seu texto evidencie com clareza o conteúdo e o alcance que o legislador pretendeu dar à norma.

Entretanto, a própria Constituição da República de 1988, que consagrou de vez a indenização dos danos não patrimoniais, a fonte normativa e principiológica de

(2) NORONHA, Fernando. *Direito das obrigações*. V. I. São Paulo: Saraiva, 2003. p. 567.

(3) MARTINS-COSTA, Judith. Os danos à pessoa no direito brasileiro e a natureza da sua reparação. *Revista da Faculdade de Direito da UFRGS*. Porto Alegre, v. 19, p. 194, mar. 2001.

maior altitude, utiliza a denominação dano moral em três tópicos importantes sobre o tema desta indenização:

> Art. 5º Todos são iguais perante a lei, sem distinção de qualquer natureza, garantindo-se aos brasileiros e aos estrangeiros residentes no País a inviolabilidade do direito à vida, à liberdade, à igualdade, à segurança e à propriedade, nos termos seguintes: (...)
>
> V — é assegurado o direito de resposta, proporcional ao agravo, além da indenização por dano material, *moral* ou à imagem;
>
> X — são invioláveis a intimidade, a vida privada, a honra e a imagem das pessoas, assegurado o direito a indenização pelo dano material *ou moral* decorrente de sua violação; (Grifamos)
>
> Art. 114. Compete à Justiça do Trabalho processar e julgar:
>
> VI — as ações de indenização por dano *moral* ou patrimonial, decorrentes da relação de trabalho; (Grifamos)

O Código de Defesa do Consumidor de 1990 também utilizou a denominação danos morais:

> Art. 6º São direitos básicos do consumidor: (...) VI — a efetiva prevenção e reparação de danos patrimoniais e *morais*, individuais, coletivos e difusos; VII — o acesso aos órgãos judiciários e administrativos com vistas à prevenção ou reparação de danos patrimoniais e *morais*... (Grifamos)

O Código Civil de 2002, principal estatuto jurídico de normatização e detalhamento da responsabilidade civil, segue a mesma trilha no art. 186:

> Art. 186. Aquele que, por ação ou omissão voluntária, negligência ou imprudência, violar direito e causar dano a outrem, ainda que exclusivamente *moral*, comete ato ilícito. (Grifamos)

O recente Código de Processo Civil de 2015 quando trata do valor da causa na petição inicial estabelece:

> Art. 292. O valor da causa constará da petição inicial ou da reconvenção e será: (...) V — na ação indenizatória, inclusive a fundada em *dano moral*, o valor pretendido; (Grifamos)

A importante Lei n. 9.029/1995, que trata do combate às práticas discriminatórias nas relações jurídicas de trabalho, com a modificação dada pela Lei n.12.288/2010, preceitua:

> Art. 4º O rompimento da relação de trabalho por ato discriminatório, nos moldes desta Lei, além do direito à reparação pelo *dano moral*, faculta ao empregado optar entre: (Grifamos)

Diante do que foi exposto, sem exaurir as citações da expressão nas normas legais, já se percebe que a denominação dano moral está de tal forma consolidada no ordenamento jurídico brasileiro que a mudança da designação para dano extrapatrimonial parece até sugerir — para os menos atentos — que o legislador criou uma nova figura jurídica ou uma nova categoria de danos...

Além disso, haverá dualidade terminológica para o mesmo fenômeno jurídico variando a denominação de acordo com o ramo do direito invocado ou com a competência material do juízo que vai apreciar a demanda. Seria mais compreensível se a mudança fosse implementada na denominação utilizada pelo Código Civil que poderia irradiar efeitos para toda a ordem jurídica, gerando mais uniformidade de compreensão.

Os juristas Nelson Rosenvald, Cristiano Chaves e Felipe Braga na primorosa obra intitulada *Novo tratado de responsabilidade civil* enfatizam:

> Apesar de reconhecermos a forte carga semântica do vocábulo moral — que se presta pela sua amplitude a uma polissemia —, temos de nos curvar à força dos fatos. A expressão *dano moral* não apenas é consagrada no texto constitucional, como também em nossa tradição e cultura jurídica, tendo sido ela uma das principais facetas de afirmação da dignidade da pessoa humana no direito civil, chegando ao ponto de ser a ela vinculada conceitualmente[(4)].

Podemos concluir, portanto, que as denominações dano moral ou dano extrapatrimonial são praticamente sinônimas, uma vez que expressam o mesmo fenômeno no ordenamento jurídico brasileiro. A mudança terminológica não altera o conteúdo do que já está devidamente cristalizado na ciência jurídica, até porque a simples troca de rótulo não muda o conteúdo essencial, como já consagrado no vetusto brocardo jurídico *verba non mutant substantiam rei*.

4. A PRETENSÃO DE LIMITAR O DANO MORAL TRABALHISTA

O primeiro artigo do novo Título II-A da CLT preceitua:

> Art. 223-A. Aplicam-se à reparação de danos de natureza extrapatrimonial decorrentes da relação de trabalho apenas os dispositivos deste Título.

De início, vale enfatizar que a regulamentação introduzida só abrange os danos morais ou extrapatrimoniais. Desse modo, numa ação indenizatória por acidente do trabalho ou doença ocupacional, o julgamento do dano material (danos emergentes, lucros cessantes ou pensão, perda de chance) continuará utilizando como fonte normativa os dispositivos do Código Civil, por aplicação subsidiária determinada pelo art. 8º da CLT.

Aliás, é oportuno destacar a contradição expressa do referido comando legal modificado, com a diretriz básica adotada pela reforma, a respeito da aplicação subsidiária do direito comum no direito do trabalho. A Lei n. 13.467/2017 suprimiu do art. 8º da CLT o importante e septuagenário filtro de compatibilidade, que só autori-

(4) Cf. FARIAS, Cristiano Chaves; BRAGA NETO, Felipe Peixoto; ROSENVALD, Nelson. *Novo tratado de responsabilidade civil*. 2. ed. São Paulo: Saraiva, 2018. p. 370.

zava a aplicação subsidiária do direito comum "naquilo em que não for incompatível com os princípios fundamentais" do direito do trabalho. Assim, apontou a reforma que, nos silêncios da CLT, aplicam-se de imediato as regras do direito comum, abstraindo-se propositalmente da análise sobre a compatibilidade com os princípios que regem o direito do trabalho. O sinal ostensivo foi, portanto, no sentido de alargar a influência da legislação civil no direito do trabalho.

Entretanto, no art. 223-A que inaugura o novo Título da CLT, o legislador abandonou a diretriz apontada e colocou um filtro redutor caprichosamente com sinal invertido, para limitar a reparação do dano moral sofrido pelo trabalhador. Com efeito, ao estabelecer que se aplicam "apenas" os dispositivos da nova regulamentação para o dano extrapatrimonial decorrente da relação de trabalho, o legislador indicou que não quer a aplicação subsidiária do direito comum neste tópico, exatamente com o propósito de estabelecer uma indenização mitigada e redutora dos danos extrapatrimoniais trabalhistas, como veremos na análise de cada artigo.

É certo que os novos dispositivos do Título II-A devem ser considerados na apreciação dos danos morais, mas é inviável afastar por completo a regulamentação a respeito prevista no Código Civil e em outras normas esparsas, mormente porque a regulamentação proposta é limitada e não aponta soluções para todas as controvérsias, como já pacificado no âmbito do direito civil.

No caso recorrente das indenizações por acidente do trabalho teremos duas fontes normativas para tratar das consequências jurídicas oriundas do mesmo evento: para os danos materiais, o Código Civil; para os danos morais, o novo título da CLT, considerando, ainda, a vigência temporal da Medida Provisória n. 808/2017. Os danos materiais serão apreciados com a amplitude do Código Civil, mas os danos extrapatrimoniais, gerados pelo mesmo evento, serão julgados considerando a rígida limitação imposta pela reforma.

Não se deve perder de vista que tanto a indenização por danos morais (art. 5º, incisos V e X) quanto a reparação dos danos decorrentes do acidente do trabalho têm suporte maior na Constituição da República (art. 7º, XXVIII), pelo que não pode a lei ordinária limitar o alcance de preceitos de hierarquia superior, devidamente sedimentados na cultura jurídica brasileira, mormente quando o faz de forma discriminatória exclusivamente para um segmento social, no caso os trabalhadores atingidos.

Se o trabalho é um dos fundamentos da República (art. 1º, IV), se a ordem econômica deve estar apoiada na valorização do trabalho (art. 170) e a ordem social tem como base o primado do trabalho (art. 193), não pode a lei ordinária reduzir a hierarquia axiológica impressa na Lei Maior, nem introduzir normas restritivas exclusivamente para a categoria dos trabalhadores, em verdadeira ruptura com a essência do sistema, colocando o direito do trabalhador em degrau inferior ao dos demais cidadãos. Não é possível desconectar a valorização do trabalho da proteção ao trabalhador, contrariando a solene promessa constitucional. Como pondera com autoridade Humberto Theodoro, "a lei não tem força, no tratar categorias jurídicas, de contrariar a natureza das coisas. A palavra final não é a do legislador, mas a da ciência jurídica."(5)

Na linha desse raciocínio, vale reproduzir o entendimento dos juristas Francisco Meton e Francisco Péricles a respeito do alcance do art. 223-A:

> Incorre em flagrantes inconsistências hermenêuticas, a exemplo do art. 223-A ao pretender proibir o julgador trabalhista de aplicar o direito como sistema. Nunca! Os juízes apreciarão os pedidos conforme formulados, decidindo o direito posto nas petições. Logo, as regras do Código Civil (arts. 944 a 954), segundo a interpretação que lhes fazem os tribunais competentes, serão amplamente empregadas.(6)

5. Conceito do dano extrapatrimonial

O art. 223-B formula um conceito de dano extrapatrimonial conjugando a previsão do art. 186 do Código Civil com o texto esboçado no Projeto de Lei n. 150/99 do Senador Pedro Simon, aprovado no Senado Federal, que estabelece: "Art. 1º Constitui dano moral a ação ou omissão que ofenda o patrimônio moral da pessoa física ou jurídica, e dos entes políticos, ainda que não atinja o seu conceito na coletividade".

Vejam agora o teor do novo dispositivo legal:

> Art. 223-B. Causa dano de natureza extrapatrimonial a ação ou omissão que ofenda a esfera moral ou existencial da pessoa física ou jurídica, as quais são as titulares exclusivas do direito à reparação.

Pelo conceito legal, ocorre o dano extrapatrimonial quando a ação ou omissão do autor ofende a esfera moral ou existencial da vítima, que tanto pode ser o trabalhador, quanto o empregador. Na situação mais frequente em que o prestador de serviços figura como vítima, ocorre o dano extrapatrimonial quando o tomador dos serviços ou seus prepostos, por ação ou omissão, ofender à esfera moral ou existencial do trabalhador.

---

(5) THEODORO JÚNIOR, Humberto. *Comentários ao novo Código Civil*. Rio de Janeiro: Forense, 2003. v. III, t. 2, p. 158.

(6) LIMA, Francisco Meton Marques de; LIMA, Francisco Péricles Rodrigues Marques. *Reforma trabalhista*: entenda ponto por ponto. São Paulo: LTr, 2017. p. 52.

O amplo território do dano moral, as sutilezas do seu conteúdo e a progressividade da sua abrangência dificultam a formulação de um conceito que possa englobar todas as hipóteses que o caracterizam. Como bem assinala André Gustavo Andrade, o dano moral é um conceito em construção e, com o desenvolvimento social e a consequente evolução dos direitos da personalidade, tende a ser ampliado para alcançar situações hoje ainda não consideradas.(7)

Asseveram os festejados juristas Pablo Stolze e Rodolfo Pamplona que "o dano moral consiste na lesão de direitos cujo conteúdo não é pecuniário, nem comercialmente redutível a dinheiro. Em outras palavras, podemos afirmar que o dano moral é aquele que lesiona a esfera personalíssima da pessoa (seus direitos da personalidade), violando, por exemplo, sua intimidade, vida privada, honra e imagem, bens jurídicos tutelados constitucionalmente."(8)

O legislador, em 2017, optou por utilizar a expressão mais ampla do dano extrapatrimonial como gênero para abrigar todas as espécies de danos não patrimoniais, dentre eles, o dano moral e o dano existencial. Desse modo, o conceito legal do dano extrapatrimonial abriga as diversas lesões aos interesses morais ou existenciais da vítima, que pode receber denominações diferentes de acordo com a ofensa a cada bem juridicamente tutelado. Aliás, o Deputado Rogério Marinho, Relator do Projeto de Lei n. 6.787/2016 na Câmara Federal que resultou na Lei n. 13.467/2017, indicou na exposição de motivos: "estamos propondo a inclusão de um novo Título à CLT para tratar do dano extrapatrimonial, o que contempla o dano moral, o dano existencial e qualquer outro tipo de dano que vier a ser nominado."

Nos arts. 223-C e 223-D foram listados, de forma pretensamente exaustiva, os bens juridicamente tutelados, cuja ofensa gera o direito à reparação dos danos de natureza extrapatrimonial:

> Art. 223-C. A honra, a imagem, a intimidade, a liberdade de ação, a autoestima, a sexualidade, a saúde, o lazer e a integridade física são os bens juridicamente tutelados inerentes à pessoa física.
>
> Art. 223-D. A imagem, a marca, o nome, o segredo empresarial e o sigilo da correspondência são bens juridicamente tutelados inerentes à pessoa jurídica.

Entendemos que os dispositivos mencionados pecaram ao pretender elaborar uma lista exaustiva e, ainda assim, bem limitada. Pela leitura estrita do art. 223-C não seriam indenizáveis, por exemplo, a vida, a integridade psíquica, o nome do trabalhador, a integridade funcional, o sigilo de correspondência, sem contar o direito de não ser discriminado por fatores como a idade, a etnia, a cor, a descendência, o gênero etc., o que fere a lógica do conceito amplo de dano extrapatrimonial e toda a doutrina dos direitos da personalidade.

Além disso, não pode passar despercebido que a reparação pelo dano moral por motivo de origem, raça, cor, estado civil, situação familiar, idade, entre outras, é assegurada expressamente pela Lei n. 9.029/1995 que não foi revogada pela reforma trabalhista.

E vale lembrar neste ponto que a Lei Complementar n. 95/1998, que dispõe sobre a elaboração, a redação, a alteração e consolidação das leis, determina no art. 9º que: "A cláusula de revogação deverá enumerar, expressamente, as leis ou disposições legais revogadas". Incabível, portanto, eventual alegação de revogação ou derrogação implícita.

Diante das inúmeras críticas ao texto introduzido pela Lei n. 13.467/2017, a Medida Provisória n. 808, que vigorou no período de 14 de novembro de 2017 a 23 de abril de 2018, alterou o teor do art. 223-C, ampliando a relação dos bens jurídicos tutelados. Vejam a redação:

> Art. 223-C. A etnia, a idade, a nacionalidade, a honra, a imagem, a intimidade, a liberdade de ação, a autoestima, o gênero, a orientação sexual, a saúde, o lazer e a integridade física são os bens juridicamente tutelados inerentes à pessoa natural.

Percebe-se que essa redação introduziu na relação dos bens jurídicos tutelados a etnia, a nacionalidade, o gênero e a saúde. Além disso, melhorou a redação substituindo "a sexualidade" pela denominação mais precisa de "orientação sexual" e alinhou a redação aos termos do Código Civil substituindo a denominação "pessoa física" para "pessoa natural".

Entretanto, mesmo com a mudança promovida, continuaram ausentes no art. 223-C vários bens jurídicos tutelados, tais como a vida, a integridade psíquica, o nome do trabalhador, a integridade funcional etc. Cabe mencionar também que a mudança para designação de "pessoa natural" realizada na redação alterada do art. 223-C não foi feita no dispositivo do art. 223-B, gerando perda da uniformidade terminológica.

Cabe ainda uma indagação pelo tratamento diferenciado: por que o nome da pessoa jurídica do empregador é um bem jurídico tutelado e o nome do trabalhador não? Aliás, conforme pontua Pinheiro Castelo, ocorreu também uma impropriedade porque a pessoa jurídica não tem nome e, sim, denominação social(9).

Diante do exposto, é imperioso concluir que a interpretação mais consentânea e lógica indica que as listas

(7) ANDRADE, Gustavo C. de. A evolução do conceito de dano moral. *Revista da AJURIS*, Porto Alegre, v. XXX, n. 92, p. 139, dez. 2003.

(8) GAGLIANO, Pablo; PAMPLONA FILHO, Rodolfo. *Novo curso de direito civil*. 5. ed. rev. e atual. São Paulo: Saraiva, 2007. v. III: Responsabilidade civil, p. 55.

(9) CASTELO, Jorge Pinheiro. Panorama geral da reforma trabalhista — aspectos de direito processual/material. *Revista LTr*, São Paulo, v. 81, n. 12, p. 1.425, dez. 2017.

dos arts. 223-C e 223-D são apenas exemplificativas, pelo que seria recomendável que houvesse a ressalva expressa do legislador indicando "dentre outros". Contudo, mesmo ausente tal ressalva, esta é a leitura que se impõe, especialmente porque a Lei n. 9.029/1995, acima mencionada, quando relaciona, no art. 1º, os motivos das práticas discriminatórias, acrescenta a expressão "entre outros". Em reforço dessa conclusão, pode ser mencionada também a Convenção n. 111 da OIT, devidamente ratificada pelo Brasil, que tem *status* normativo superior à lei ordinária, quando explicita no art. 1º a compreensão do termo "discriminação"[(10)].

6. Limitação dos legitimados à reparação do dano extrapatrimonial

Chama a atenção na leitura do art. 223-B a previsão de que a pessoa física que sofreu o dano extrapatrimonial é a titular exclusiva do direito à reparação. Tudo indica que o legislador pretendeu com esta disposição restritiva excluir a reparação do dano reflexo ou dano em ricochete, causado a terceiros pelo mesmo ato lesivo.

É inquestionável que o acidente do trabalho e as doenças ocupacionais, muitas vezes, produzem danos reflexos ou em ricochete sobre terceiros. Desse modo, a ação indenizatória pode também ser ajuizada, em nome próprio, por qualquer outra pessoa que tenha sofrido danos materiais ou extrapatrimoniais em razão do acidente ou doença ocupacional sofrido pela vítima direta, tais como o cônjuge, os dependentes, familiares mais próximos ou mesmo alguém que convivia ou dependia do acidentado.

As ações ajuizadas por pessoas diversas do acidentado aparecem, em maior número, nos casos de acidentes com óbito, quando os dependentes do falecido postulam, em nome próprio, o pagamento de pensão e/ou indenização por danos morais. Também é comum ocorrerem pedidos de reparação de danos morais ou materiais por outros intensamente atingidos pela invalidez total da vítima. Muitos acidentados ficam paraplégicos ou tetraplégicos e passam a depender de cuidados permanentes, até mesmo para a higiene pessoal e alimentação, causando, assim, danos reflexos sobre as pessoas mais próximas, em razão da mudança compulsória da rotina doméstica, sem falar nas repercussões emocionais.

Pode o legislador limitar a indenização somente aos danos sofridos pela vítima direta? Os danos sofridos pelas vítimas indiretas ficarão sem qualquer reparação? Teriam as vítimas indiretas que recorrer à Justiça Comum para buscar a devida indenização?

Neste ponto, entendemos que a previsão viola diretamente o altissonante princípio da inafastabilidade do controle jurisdicional, previsto no art. 5º, XXXV da Constituição de 1988, ao tentar, de forma sub-reptícia, excluir da apreciação do Poder Judiciário as lesões sofridas pelas vítimas indiretas. Aliás, foi com base neste princípio, demonstrando que o acesso ao Judiciário não pode ser impedido, que o STF adotou a Súmula Vinculante n. 28, na qual se firmou o entendimento de que é inconstitucional a exigência de depósito prévio como requisito de admissibilidade de ação judicial na qual se pretenda discutir a exigibilidade de crédito tributário.

Se o dano reflexo é uma realidade fática incontestável e é plenamente aceito pelo ordenamento jurídico, pela doutrina e jurisprudência, como deixar os lesados ao desamparo concedendo uma isenção ou assegurando indiretamente impunidade ao ofensor? Vale transcrever o comando maior gravado na Carta Magna:

> Art. 5º XXXV — a lei não excluirá da apreciação do Poder Judiciário lesão ou ameaça a direito;

Poder-se-ia argumentar que a parte lesada indiretamente poderia recorrer à Justiça Comum para buscar a reparação. Também esse argumento não se sustenta, mormente pelo princípio da unidade de convicção. Aliás, o STJ num primeiro momento até decidia pela competência da Justiça Comum como estabelecia a Súmula n. 366: "Compete à Justiça estadual processar e julgar ação indenizatória proposta por viúva e filhos de empregado falecido em acidente de trabalho."

Contudo, o Supremo Tribunal Federal decidiu que a competência para julgar tais ações é da Justiça do Trabalho, mesmo não figurando o acidentado como autor da ação, sobretudo porque a verdadeira causa de pedir continua sendo o acidente do trabalho ocorrido. Após alguns julgamentos das Turmas nesse sentido, a questão foi apreciada pelo Plenário do STF, no julgamento do Conflito de Competência n. 7.545, que pacificou a controvérsia:

> Ementa: *Conflito de competência. Constitucional. Juízo Estadual de primeira instância e Tribunal Superior. Competência originária do Supremo Tribunal Federal para solução do conflito. Art. 102, I, "o", da CB/88. Justiça Comum e Justiça do Trabalho. Competência para julgamento da ação de indenização por danos morais e materiais decorrentes de acidente do trabalho proposta pelos sucessores do empregado falecido. Competência da Justiça*

(10) Decreto de promulgação n. 62.150/1968. Art. 1º 1. Para fins da presente convenção, o termo "discriminação" compreende: a) Toda distinção, exclusão ou preferência fundada na raça, cor, sexo, religião, opinião política, ascendência nacional ou origem social, que tenha por efeito destruir ou alterar a igualdade de oportunidades ou de tratamento em matéria de emprego ou profissão; b) Qualquer outra distinção, exclusão ou preferência que tenha por efeito destruir ou alterar a igualdade de oportunidades ou tratamento em matéria de emprego ou profissão, que poderá ser especificada pelo Membro Interessado depois de consultadas as organizações representativas de empregadores e trabalhadores, quando estas existam, e outros organismos adequados. 2. As distinções, exclusões ou preferências fundadas em qualificações exigidas para um determinado emprego não são consideradas como discriminação. 3. Para os fins da presente convenção as palavras "emprego" e "profissão" incluem o acesso à formação profissional, ao emprego e às diferentes profissões, bem como as condições de emprego.

Laboral. 1. Compete ao Supremo Tribunal Federal dirimir o conflito de competência entre Juízo Estadual de primeira instância e Tribunal Superior, nos termos do disposto no art. 102, I, "o", da Constituição do Brasil. Precedente [CC n. 7.027, Relator o Ministro Celso de Mello, *DJ* de 1º.9.95] 2. A competência para julgar ações de indenização por danos morais e materiais decorrentes de acidente de trabalho, após a edição da EC n. 45/04, é da Justiça do Trabalho. Precedentes [CC n. 7.204, Relator o Ministro Carlos Britto, DJ de 9.12.05 e AgR-RE n. 509.352, Relator o Ministro Menezes Direito, DJe de 1º.8.08]. 3. O ajuizamento da ação de indenização pelos sucessores não altera a competência da Justiça especializada. A transferência do direito patrimonial em decorrência do óbito do empregado é irrelevante. Precedentes. [ED-RE n. 509.353, Relator o Ministro Sepúlveda Pertence, DJ de 17.8.07; ED-RE n. 482.797, Relator o Ministro Ricardo Lewandowski, DJe de 27.6.08 e ED-RE n. 541.755, Relator o Ministro Cézar Peluso, DJ de 7.3.08]. Conflito negativo de competência conhecido para declarar a competência da Justiça do Trabalho." STF. Tribunal Pleno. CC n. 7.545, Rel. Ministro Eros Grau, *DJe* 13 ago. 2009.

Esse posicionamento também prestigia o teor da Súmula Vinculante n. 22 do STF que fixou o entendimento:

> A Justiça do Trabalho é competente para processar e julgar as ações de indenização por danos morais e patrimoniais decorrentes de acidente de trabalho propostas por empregado contra empregador, inclusive aquelas que ainda não possuíam sentença de mérito em primeiro grau quando da promulgação da Emenda Constitucional n. 45/04.

Convém mencionar ainda que esse entendimento tem sido adotado reiteradamente nos julgamentos da Suprema Corte:

> *Recurso extraordinário. Competência. Processual civil e do trabalho. Repercussão geral reconhecida. Ação de indenização decorrente de danos sofridos em acidente de trabalho.* Demanda diretamente decorrente de relação de trabalho, sendo irrelevante, para fins de fixação da competência, o fato de ter sido ajuizada por sucessores do trabalhador falecido. Aplicação da norma do art. 114, inciso VI, da Constituição Federal, com a redação que a ela foi dada pela Emenda Constitucional n. 45/04. Reconhecimento da competência da Justiça Federal do Trabalho para o processamento do feito. Recurso não provido. STF. Tribunal Pleno. RE 600091/MG, Rel.: Ministro Dias Toffoli, DJ 15 ago. 2011

> Ementa: Agravo regimental no recurso extraordinário com agravo. Acidente de trabalho. Ação de indenização ajuizada por sucessores do trabalhador falecido. Reconhecimento da competência da Justiça Federal do Trabalho. 1. O Plenário desta Corte, no julgamento do RE n. 600.091/MG-RG, DJe de 15.8.12, de minha relatoria, assentou que é irrelevante, para fins de fixação da competência, o fato de a ação de indenização decorrente de acidente de trabalho ter sido ajuizada por sucessores do trabalhador falecido. 3. Agravo regimental não provido. (ARE 697120 AgR, Relator Ministro Dias Toffoli, Primeira Turma, julgamento em 20.11.2012, DJe de 19.12.2012)

Diante desse posicionamento firme do Supremo Tribunal Federal, o STJ resolveu cancelar a Súmula n. 366, rendendo-se, finalmente, ao entendimento de que a competência é da Justiça do Trabalho, mesmo para a hipótese do dano reflexo ou em ricochete:

> *Conflito negativo de competência. Acidente de trabalho. Empregado público municipal. Vínculo celetista. Alteração introduzida pela Emenda Constitucional n. 45/2004. Ação de indenização.* Proposta por viúva do empregado acidentado. Reiterada jurisprudência das Turmas e do plenário do STF afirmando a competência da Justiça do Trabalho. Entendimento diferente da Súmula n. 366/STJ. Conflito conhecido para, cancelando a Súmula, declarar a competência do juízo suscitante. STJ. Corte Especial. CC n. 101.977/SP, Rel.: Ministro Teori Albino Zavascki, *DJ* 5 out. 2009.

Entendemos, portanto, que neste ponto o art. 223-B fere a Constituição da República e as vítimas que suportaram os danos reflexos ou em ricochete são também titulares do direito à reparação dos danos extrapatrimoniais por elas sofridos. São lesões distintas, sofridas por pessoas diversas que devem receber reparações separadas, mesmo que provenientes do mesmo fato gerador. E a competência para julgamento, conforme pacificado na Corte Suprema, é mesmo da Justiça do Trabalho.

Outra interpretação possível é entender que também a vítima do dano reflexo é titular exclusiva do direito à reparação, mas apenas dos efeitos daquele dano em ricochete, o qual, naturalmente, é diverso do dano sofrido pela vítima principal, apesar de ter a mesma causa primária. Em outras palavras, cada vítima é titular exclusiva do respectivo dano, mas sem impedir a reparação cabível a todos os que foram lesados de forma direta ou indireta.

Aliás, essa interpretação é reforçada pela disposição introduzida pelo § 5º do art. 223-G, por intermédio da Medida Provisória n. 808, de 14 de novembro de 2017, que vigorou no período de 14 de novembro de 2017 a 23 de abril de 2018, ao estabelecer que os parâmetros para fixação da indenização não se aplicam aos danos extrapatrimoniais decorrentes de morte. Assim, ocorrendo o óbito no acidente do trabalho ou doença ocupacional, aplicam-se os dispositivos já consolidados na seara do Direito Civil.

Por fim, entendemos que a reforma trabalhista, ao pretender limitar a titularidade exclusiva dos lesados por intermédio de lei ordinária, não afasta a legitimação extraordinária prevista nas ações civis públicas ou coletivas, cujos fundamentos estão insculpidos diretamente na Constituição da República.

7. A positivação do dano existencial trabalhista

Na seara das lesões extrapatrimoniais, nos anos recentes a doutrina e a jurisprudência têm vislumbrado novos danos ou prejuízos, ampliando as possibilidades de reparação para assegurar maior completude da indenização.

Uma vez assentada a possibilidade de cumulação da indenização por dano moral com a reparação do dano material (Súmula n. 37 do STJ, de 1992), firmou-se, posteriormente, o entendimento de que são também cumuláveis as indenizações por dano estético e por dano moral (Súmula n. 387 do STJ, de 2009). Ultimamente, passou-se a admitir ainda a indenização pela perda de uma chance, questão hoje já bem delineada na jurisprudência.

Agora, o art. 223-B introduzido na CLT, ao formular o conceito genérico de dano extrapatrimonial, indicou como uma das suas espécies o dano existencial. O tema, portanto, já não fica mais restrito ao campo das cogitações doutrinárias ou dos debates acadêmicos, visto que o dano existencial foi incorporado expressamente no texto legal pela reforma trabalhista de 2017. A indicação no direito positivo dessa nova espécie de dano tende a impulsionar o movimento doutrinário para captar a dimensão do seu real conteúdo e delimitar seu campo de abrangência.

Atualmente, com a consolidação dos direitos da personalidade, a tendência é de expansão das possibilidades reparatórias, para alcançar outros danos de natureza extrapatrimonial, tais como: dano existencial, dano biológico, dano psicológico, dano à saúde, dano sexual, dano à vida de relação etc. Esse movimento expansionista busca inspiração na legislação dos países da União Europeia, especialmente no direito italiano, que já consagrou o cabimento da indenização por dano biológico e por dano existencial.

Também na América Latina ganhou muito destaque a doutrina pioneira do jurista peruano Carlos Fernandes Sessarego a respeito do dano ao projeto de vida, lançada a partir do ano de 1985. Em diversos livros, artigos e conferências, o Professor Sessarego, da Universidad Nacional Mayor de San Marcos em Lima-Peru, formulou as bases teóricas fundamentais do dano extrapatrimonial intitulado "dano ao projeto de vida", cujos ensinamentos ganharam adesão da comunidade jurídica internacional e da jurisprudência da Corte Interamericana de Diretos Humanos(11). Aliás, o Código Civil e Comercial da Argentina, aprovado pela Lei n. 26.994 e promulgado em 7 de outubro de 2014, incorpora expressamente a doutrina do dano ao projeto de vida:

> ***Articulo 1738. Indemnización.*** *La indemnización comprende la pérdida o disminución del patrimonio de la víctima, el lucro cesante en el beneficio económico esperado de acuerdo a la probabilidad objetiva de su obtención y la pérdida de chances. Incluye especialmente las consecuencias de la violación de los derechos personalísimos de la víctima, de su integridad personal, su salud psicofísica, sus afecciones espirituales legítimas y las que resultan de la interferencia en su proyecto de vida.*

O acidente do trabalho ou a doença ocupacional representa para o empregado o desmonte traumático do seu projeto de vida, o encarceramento numa cadeira de rodas ou o sepultamento dos sonhos acalentados quanto à possibilidade de uma vida melhor.

A indenização pelos danos materiais repõe o prejuízo econômico e atende às necessidades básicas de sobrevivência da vítima, mas não elimina a frustração diante da nova realidade, especialmente quando se olha para o futuro. O marco divisório imposto pelo sinistro altera compulsoriamente o rumo da vida, apontando para uma existência arruinada, sombria, sem perspectivas animadoras. Nessas hipóteses, sem dúvida, emerge também a figura jurídica do dano existencial.

Com frequência, o sinistro provoca uma lesão irreversível na trajetória de vida da vítima, ou seja, compromete seriamente a qualidade dessa vida. Assim, o dano existencial tem como elemento nuclear o desmonte ou a ofensa ao projeto de vida da vítima e a sua adaptação forçada a um roteiro de sobrevivência não escolhido. As aspirações são substituídas pelas imposições, o futuro apresenta-se como uma cena trágica paralisada e o projeto de vida é amputado pelo vazio existencial. Saem de cena os planos de ascensão profissional, de aprimoramento na carreira, de realizações de ordem artística, espiritual ou de lazer, da aposentadoria para desfrutar do tempo livre... Enfim, sepulta-se o projeto de vida livremente escolhido no curso da sua fluência para improvisar um modo de sobrevivência possível.

A vítima fará uma alteração indesejada na sua agenda e no seu modo de viver, comprometendo inexoravelmente suas escolhas, preferências e liberdade de ação. Sua rotina habitual e o modo de desfrutar a vida foram afetados pelo ato danoso e exigirá ajustes, adaptações ou restrições, temporárias ou permanentes. Conforme assevera Carlos Giovani Portugal, "o dano ao projeto de vida é aquele que impede a pessoa de realizar seus próprios planos de vida, de levar a cabo suas decisões existenciais."(12)

Os professores Jorge Boucinhas e Rúbia Zanotelli, em cuidadoso artigo doutrinário, elaboraram o seguinte conceito para o dano existencial:

> O dano existencial no Direito do Trabalho, também chamado de dano à existência do trabalhador, decorre da conduta patronal que impossibilita o empregado de se relacionar e de conviver em sociedade por meio de atividades recreativas, afetivas, espirituais, culturais, esportivas, sociais e de descanso, que lhe trarão bem-estar físico e psíquico e, por consequência, felicidade; ou que o impedem de executar, de prosseguir ou mesmo de recomeçar os seus projetos de vida, que serão, por sua vez, responsáveis pelo seu crescimento ou realização profissional, social e pessoal.(13)

(11) Conferir: SESSAREGO, Carlos Fernandes. Reconocimiento y reparación del "Dano al proyecto de vida" en el umbral del siglo XXI. In: SOARES, Flaviana Rampazzo (Coord.). *Danos extrapatrimoniais no direito do trabalho*. São Paulo: LTr, 2017. p. 65-93.

(12) PORTUGAL, Carlos Giovani Pinto. *Responsabilidade civil por dano ao projeto de vida*. Curitiba: Juruá, 2016. p. 102.

(13) BOUCINHAS FILHO, Jorge Cavalcanti; ALVARENGA, Rúbia Zanotelli. O dano existencial e o direito do trabalho. *Revista LTr*, São Paulo. v. 77, n. 4, p. 451, abr. 2013.

Para o jurista Júlio César Bebber, "por dano existencial compreende-se toda lesão que compromete a liberdade de escolha e frustra o projeto de vida que a pessoa elaborou para sua realização como ser humano. Diz-se existencial exatamente porque o impacto gerado pelo dano provoca um vazio existencial na pessoa que perde a fonte de gratificação vital. (...) O fato injusto que frustra esse destino (impede sua plena realização) e obriga a pessoa a resignar-se com o seu futuro é chamado de *dano existencial*."(14)

Rodolfo Pamplona e Luiz Carlos Vilas Boas asseveram que "o dano existencial é entendido como aquele que inviabiliza o projeto de vida da vítima, que a impede de alcançar suas aspirações. Se o ato danoso faz com que a vítima não possa mais exercer determinadas atividades, a jurisprudência o tem qualificado como existencial"(15).

Entretanto, para o deferimento da indenização por dano existencial será necessário o detalhamento do prejuízo extrapatrimonial sofrido e a comprovação de que foi a conduta ilícita ou injusta do empregador que provocou a alegada frustração do projeto de vida ou mesmo da qualidade de vida da vítima. É preciso, portanto, constatar o dano à existência pessoal e a identificação do nexo causal ou pelo menos nexo concausal com a prestação dos serviços da vítima em benefício do empregador. Pode ser, ainda, que a frustração do projeto de vida ocorra unicamente por fatores extralaborais ou exclusivamente pessoais da vítima, sem conexão direta com o trabalho, o que inviabiliza a reparação do alegado dano por falta do pressuposto do liame causal.

A jurisprudência trabalhista já acumula considerável acervo de decisões a respeito do dano existencial, especialmente para os casos de jornadas exaustivas ou extenuantes, sendo oportuno citar alguns julgados do TST:

> *Dano moral. Dano existencial. Submissão à jornada extenuante. Prejuízo não comprovado.* O dano existencial é espécie de dano imaterial. No caso das relações de trabalho, o dano existencial ocorre quando o trabalhador sofre dano/limitações em sua vida fora do ambiente de trabalho em razão de condutas ilícitas, por parte do empregador, impossibilitando-o de estabelecer a prática de um conjunto de atividades culturais, sociais, recreativas, esportivas, afetivas, familiares etc., ou de desenvolver seus projetos de vida nos âmbitos profissional, social e pessoal. Não é qualquer conduta isolada e de curta duração, por parte do empregador, que pode ser considerada como dano existencial. Para isso, a conduta deve perdurar no tempo, sendo capaz de alterar o objetivo de vida do trabalhador, trazendo-lhe um prejuízo no âmbito de suas relações sociais. Ressalte-se, por oportuno, que a prestação de horas extras, por si só, não configura ato ilícito cometido pelo empregador a ensejar a condenação em danos existenciais, cabendo ao trabalhador a efetiva prova acerca da afronta aos seus direitos fundamentais do trabalhador, o que não ocorreu no caso dos autos. Recurso de Revista conhecido e não provido. TST. 4ª Turma. RR n. 1343-58.2016.5.12.0051, Rel.: Ministra Maria de Assis Calsing, DEJT 29 jun. 2018.

> "*Indenização. Dano existencial. Caracterização.* Em que pese o poder diretivo do empregador, não é ilimitada a faculdade para conduzir as atividades dos seus empregados ou a forma do desempenho do trabalho. É dizer, os procedimentos patronais devem guardar consonância com princípios consagrados na Constituição Federal, especialmente o da dignidade da pessoa humana. A submissão de empregado a jornada extenuante, que em muito extrapola o quanto permitido em lei, acarreta-lhe evidente dano existencial, já que a extensa carga horária o impossibilita de manter qualquer projeto extralaboral, familiar e social e vilipendia a proteção à saúde do trabalhador, alçada a garantia constitucional pelo art. 7º, XXII, da CF." Campinas. TRT 15ª Região. RO n. 0010178-77.2016.5.15.0010, Rel.: Lorival Ferreira dos Santos, DJ 17 jul. 2018.

> *Agravo de instrumento em Recurso de Revista do autor em face de decisão publicada antes da vigência da Lei n. 13.015/2014. Responsabilidade civil do empregador. Danos extrapatrimoniais. Dano existencial. Caracterização. Jornada de trabalho excessivamente longa e desgastante.* Ao pretender se apropriar do conceito de existência, para envolvê-lo no universo do dever de reparação, o jurista não pode desconsiderar os aspectos psicológicos, sociológicos e filosóficos a ele inerentes. A existência tem início a partir do nascimento com vida — para alguns, até antes, desde a concepção —, e, desse momento em diante, tudo lhe afeta: a criação, os estímulos, as oportunidades, as opções, as contingências, as frustrações, as relações interpessoais. Por isso, não pode ser encarada simplesmente como consequência direta e exclusiva das condições de trabalho. Responsabilizar o empregador, apenas em decorrência do excesso de jornada, pela frustração existencial do empregado, demandaria isolar todos os demais elementos que moldaram e continuam moldando sua vida, para considerar que ela decorre exclusivamente do trabalho e do tempo que este lhe toma. Significaria passar por cima de sua história, para, então, compreender que sua existência depende tão somente do tempo livre que possui. É possível reconhecer o direito à reparação, quando houver prova de que as condições de trabalho efetivamente prejudicaram as relações pessoais do empregado ou seu projeto de vida. E mais: reconhecido esse prejuízo, é preciso sopesar todos os elementos outrora citados, como componentes da existência humana, para então definir em que extensão aquele fato isolado — condições de trabalho — interferiu negativamente na equação. Há precedentes. Na hipótese, o Tribunal Regional consignou que a imposição de jornada excessiva constitui grave violação de direitos trabalhistas, não obstante, concluiu que esse fato não é capaz de ensejar o reconhecimento automático do dano alegado, e, por consequência, o dever de indenizar. Decisão em consonância com a jurisprudência desta Corte. Incidência da Súmula n. 333 do TST. Agravo de instrumento a que se nega provimento. TST. 7ª Turma. AIRR n. 1079-67.2010.5.20.0006, Rel.: Ministro Cláudio Mascarenhas Brandão, DEJT 6 mar. 2017

> *Indenização por dano existencial. Jornada de trabalho extenuante.* O dano existencial consiste em espécie de dano extrapatrimonial cuja principal característica é a frustração do projeto de vida pessoal do trabalhador, impedindo a sua efetiva integração à sociedade, limitando a vida do trabalhador fora do

---

(14) BEBBER, Júlio César. Danos extrapatrimoniais – estético, biológico e existencial: breves considerações. *Revista LTr*, São Paulo, v. 73, n. 1. p. 28, jan. 2009.

(15) PAMPLONA FILHO, Rodolfo; ANDRADE JÚNIOR, Luiz Carlos Vilas Boas. A torre de babel das novas adjetivações do dano. *Revista LTr*, São Paulo, v. 78, n. 5, p. 560, maio 2014.

ambiente de trabalho e o seu pleno desenvolvimento como ser humano, em decorrência da conduta ilícita do empregador. O Regional afirmou, com base nas provas coligidas aos autos, que a reclamante laborava em jornada de trabalho extenuante, chegando a trabalhar 14 dias consecutivos sem folga compensatória, laborando por diversos domingos. Indubitável que um ser humano que trabalha por um longo período sem usufruir do descanso que lhe é assegurado, constitucionalmente, tem sua vida pessoal limitada, sendo despicienda a produção de prova para atestar que a conduta da empregadora, em exigir uma jornada de trabalho deveras extenuante, viola o princípio fundamental da dignidade da pessoa humana, representando um aviltamento do trabalhador. O entendimento que tem prevalecido nesta Corte é de que o trabalho em sobrejornada, por si só, não configura dano existencial. Todavia, no caso, não se trata da prática de sobrelabor dentro dos limites da tolerância e nem se trata de uma conduta isolada da empregadora, mas, como afirmado pelo Regional, de conduta reiterada em que restou comprovado que a reclamante trabalhou em diversos domingos sem a devida folga compensatória, chegando a trabalhar por 14 dias sem folga, afrontando assim os direitos fundamentais do trabalhador. Precedentes. Recurso de revista conhecido e desprovido." TST. 2ª Turma. RR n. 1034-74.2014.5.15.0002, Rel.: Ministro José Roberto Freire Pimenta, *DJ* 13 nov. 2015

Dano moral. Dano existencial. Supressão de direitos trabalhistas. Não concessão de férias. Durante todo o período laboral. Dez anos. Direito da personalidade. Violação. 1. A teor do art. 5º, X, da Constituição Federal, a lesão causada a direito da personalidade, intimidade, vida privada, honra e imagem das pessoas assegura ao titular do direito a indenização pelo dano decorrente de sua violação. 2. O dano existencial, ou o dano à existência da pessoa, — consiste na violação de qualquer um dos direitos fundamentais da pessoa, tutelados pela Constituição Federal, que causa uma alteração danosa no modo de ser do indivíduo ou nas atividades por ele executadas com vistas ao projeto de vida pessoal, prescindindo de qualquer repercussão financeira ou econômica que do fato da lesão possa decorrer. — (ALMEIDA NETO, Amaro Alves de. Dano existencial: a tutela da dignidade da pessoa humana. *Revista dos Tribunais*, São Paulo, v. 6, n. 24, p. 68, out./dez. 2005). 3. Constituem elementos do dano existencial, além do ato ilícito, o nexo de causalidade e o efetivo prejuízo, o dano à realização do projeto de vida e o prejuízo à vida de relações. Com efeito, a lesão decorrente da conduta patronal ilícita que impede o empregado de usufruir, ainda que parcialmente, das diversas formas de relações sociais fora do ambiente de trabalho (familiares, atividades recreativas e extralaborais), ou seja que obstrua a integração do trabalhador à sociedade, ao frustrar o projeto de vida do indivíduo, viola o direito da personalidade do trabalhador e constitui o chamado dano existencial. 4. Na hipótese dos autos, a reclamada deixou de conceder férias à reclamante por dez anos. A negligência por parte da reclamada, ante o reiterado descumprimento do dever contratual, ao não conceder férias por dez anos, violou o patrimônio jurídico personalíssimo, por atentar contra a saúde física, mental e a vida privada da reclamante. Assim, face a conclusao do Tribunal de origem de que é indevido o pagamento de indenização, resulta violado o art. 5º, X, da Carta Magna. Recurso de revista conhecido e provido, no tema." TST. 1ª Turma. RR n. 727-76.2011.5.24.0002, Rel.: Ministro Hugo Carlos Scheuermann, *DJ* 28 jun. 2013.

8. Responsáveis pelo dano extrapatrimonial

A questão da responsabilidade pela reparação do dano extrapatrimonial tem diversas implicações na seara trabalhista, mormente nesta etapa de liberação ampla da terceirização até mesmo da atividade principal. A reforma trabalhista dedicou um artigo ao tema, com o seguinte teor:

> Art. 223-E. São responsáveis pelo dano extrapatrimonial todos os que tenham colaborado para a ofensa ao bem jurídico tutelado, na proporção da ação ou da omissão.

Diante deste novo dispositivo legal, surgem algumas indagações: o empregador responde pelo dano causado pelos gerentes ou por seus prepostos? O empregador ou o tomador dos serviços responde pelos danos extrapatrimoniais causados pelo prestador de serviço? A responsabilidade proporcional na concausalidade lesiva afasta a solidariedade passiva dos coautores, ou cada qual responde apenas no limite da sua participação?

Primeiramente, cabe repetir que o novo dispositivo trata somente das reparações por dano extrapatrimonial, ou seja, não há qualquer questionamento quanto à responsabilização relativa aos danos materiais sofridos pelos trabalhadores.

Em regra, responde pela reparação civil o causador do dano. Para as indenizações por acidente do trabalho ou doenças ocupacionais, o responsável será sempre o empregador, mesmo que o acidente seja proveniente de atos dos seus prepostos ou de outros empregados que estejam no exercício do trabalho que lhes competir, ou em razão dele.

No Código Civil de 1916, a responsabilidade pelos atos dos prepostos, serviçais ou empregados dependia de comprovação de que o empregador tivesse concorrido com culpa ou negligência para o implemento do dano, conforme previa o art. 1.523. Essa exigência, contudo, foi mitigada, em 1963, quando o Supremo Tribunal Federal adotou a Súmula n. 341 com o seguinte teor: *É presumida a culpa do patrão ou comitente pelo ato culposo do empregado ou preposto.*

O Código Civil de 2002 superou a hesitação do Código anterior e estabeleceu no art. 932, III, sem deixar margem a dúvidas, que o empregador responde pelos atos dos seus empregados, serviçais ou prepostos, desde que estejam no exercício do trabalho que lhes competir ou em razão dele[16].

(16) Asseveram Nelson Rosenvald e outros: "Relevante frisar que a responsabilidade do empregador não se limita aos danos que seus empregados causem a terceiros. Alcança também os danos sofridos por outros empregados, desde que relacionados, de algum modo, ao exercício da função ou em razão dela. Se, por exemplo, um funcionário se apossa de dados pessoais de outro funcionário, e passa as informações para um estelionatário, a responsabilidade da empresa se fará presente se o acesso aos dados se deu em virtude da função exercida." Cf. FARIAS, Cristiano Chaves; BRAGA NETO, Felipe Peixoto; ROSENVALD, Nelson. *Novo tratado de responsabilidade civil*. 3. ed. São Paulo: Atlas, 2018. p. 732.

Mas agora, com a introdução do art. 223-E, continua o empregador a responder pelos atos de seus gestores ou prepostos, pelos danos de natureza extrapatrimonial?

Entendemos seguramente que sim. Em primeiro lugar, porque a redação do dispositivo não foi taxativa no sentido da exclusão da responsabilidade. Uma mudança tão radical em tema de tamanha importância não poderia deixar qualquer margem a dúvidas. Em segundo, porque os riscos do empreendimento sempre foram do empregador (art. 2º da CLT) e não dos que atuam em seu nome e em seu benefício. Em terceiro, porque a Súmula n. 341 do STF há mais de meio século já fixou entendimento no sentido de que o patrão responde pelos atos de seus empregados ou prepostos, tanto que o Código Civil atual consagrou expressamente o princípio no art. 932, III. Em quarto, porque a própria CLT aponta no art. 157 que cabe ao empregador cumprir e fazer cumprir as normas de segurança e naturalmente responder quando tais normas não são observadas. Em quinto, porque prevê o art. 19, § 1º, da Lei n. 8.213/91, quando trata do acidente do trabalho, que: "A empresa é responsável pela adoção e uso das medidas coletivas e individuais de proteção e segurança da saúde do trabalhador" e esse dispositivo não foi revogado. Por último, a norma não afastou a solidariedade dos coautores da ofensa extrapatrimonial, conforme bem assentado no Código Civil:

> Art. 942. Os bens do responsável pela ofensa ou violação do direito de outrem ficam sujeitos à reparação do dano causado; e, se a ofensa tiver mais de um autor, todos responderão solidariamente pela reparação.
>
> Parágrafo único. São solidariamente responsáveis com os autores os coautores e as pessoas designadas no art. 932.

É certo, porém, que o empregador que responder pelo acidente provocado por seu empregado ou preposto (dolosa ou culposamente) poderá ajuizar ação regressiva para obter o reembolso dos valores despendidos, conforme previsto no art. 934 do Código Civil(17) ou mesmo promover o desconto nos salários(18). Entretanto, se o empregado que causou o acidente tiver agido apenas com culpa, o empregador deverá, além de comprová-la de forma convincente, exibir a cláusula do contrato de trabalho estabelecendo a possibilidade de desconto pelos danos causados, conforme previsto no art. 462, § 1º, da CLT.

Também entendemos que nos serviços temporários ou terceirizados o tomador responde pelos danos extrapatrimoniais causados aos trabalhadores. A responsabilidade direta é inicialmente da pessoa jurídica que contratou o trabalhador terceirizado, mas o contratante tomador dos serviços responde subsidiariamente pelas indenizações.

Na mesma trilha deste entendimento, o Supremo Tribunal Federal, ao julgar a Arguição de Descumprimento de Preceito Fundamental (ADPF) n. 324 e o Recurso Extraordinário (RE) n. 958252, na sessão do 30 de agosto de 2018, com repercussão geral reconhecida, fixou a tese de que a contratante responde subsidiariamente pelos direitos trabalhistas dos empregados terceirizados. A tese de repercussão geral foi aprovada com a redação seguinte: "É lícita a terceirização ou qualquer outra forma de divisão do trabalho entre pessoas jurídicas distintas, independentemente do objeto social das empresas envolvidas, mantida a responsabilidade subsidiária da empresa contratante".

O princípio norteador, cada vez mais aceito, proclama que aquele que se beneficia do serviço deve arcar, direta ou indiretamente, com todas as obrigações decorrentes da sua prestação. A terceirização das atividades do empregador não tem o efeito de transferir as responsabilidades trabalhistas, ou seja, "a terceirização das funções não implica na terceirização de responsabilidades."(19)

Nada mais justo, porquanto quem usufrui dos bônus deve suportar os ônus, como assevera a antiga parêmia *qui habet commoda, ferre debet onera*. Nessa linha de pensamento foram editadas várias normas legais, com o propósito de reforçar a garantia para os empregados das empresas terceirizadas, tais como o art. 455 da CLT(20), o art. 16 da Lei n. 6.019/1974, que trata do trabalho temporário(21), e o art. 8º da Convenção n. 167 da Organização Internacional do Trabalho(22). Em período mais

---

(17) Código Civil. Art. 934. "Aquele que ressarcir o dano causado por outrem pode reaver o que houver pago daquele por quem pagou, salvo se o causador do dano for descendente seu, absoluta ou relativamente incapaz."

(18) Cf. TST. 7ª Turma. RR n. 459-68.2011.5.04.0102, Rel. Ministro Cláudio Brandão, *DJ* 6. dez. 2013.

(19) FARIAS, Cristiano Chaves; BRAGA NETO, Felipe Peixoto; ROSENVALD, Nelson. *Novo tratado de responsabilidade civil*. São Paulo: Atlas, 2015. p. 624.

(20) CLT, art. 455: "Nos contratos de subempreitada responderá o subempreiteiro pelas obrigações derivadas do contrato de trabalho que celebrar, cabendo, todavia, aos empregados, o direito de reclamação contra o empreiteiro principal pelo inadimplemento daquelas obrigações por parte do primeiro. Parágrafo único. Ao empreiteiro principal fica ressalvada, nos termos da lei civil, ação regressiva contra o subempreiteiro e a retenção de importâncias a este devidas, para a garantia das obrigações previstas neste artigo."

(21) Lei n. 6.019, de 3 jan. 1974, art. 16: "No caso de falência da empresa de trabalho temporário, a empresa tomadora ou cliente é solidariamente responsável pelo recolhimento das contribuições previdenciárias, no tocante ao tempo em que o trabalhador esteve sob suas ordens, assim como em referência ao mesmo período, pela remuneração e indenização previstas nesta Lei."

(22) OIT. Convenção n. 167, art. 8º: "Quando dois ou mais empregadores estiverem realizando atividades simultaneamente na mesma obra: a) a coordenação das medidas prescritas em matéria de segurança e saúde e, na medida em que for compatível com a legislação nacional, a responsabilidade de zelar pelo cumprimento efetivo de tais medidas recairá sobre o empreiteiro principal ou sobre outra pessoa ou organismo que estiver exercendo controle efetivo ou tiver a principal responsabilidade pelo conjunto de atividades na obra;". Esta Convenção entrou em vigor no Brasil em 19 de maio de 2007. A ratificação ocorreu pelo Decreto Legislativo n. 61/2006 e promulgação pelo Decreto n. 6.271, de 22 nov. 2007.

recente, a Lei n. 12.023/2009, que "dispõe sobre as atividades de movimentação de mercadorias em geral e sobre o trabalho avulso", estabeleceu:

> Art. 8º As empresas tomadoras do trabalho avulso respondem solidariamente pela efetiva remuneração do trabalho contratado e são responsáveis pelo recolhimento dos encargos fiscais e sociais, bem como das contribuições ou de outras importâncias devidas à Seguridade Social, no limite do uso que fizerem do trabalho avulso intermediado pelo sindicato.
>
> Art. 9º As empresas tomadoras do trabalho avulso são responsáveis pelo fornecimento dos Equipamentos de Proteção Individual e por zelar pelo cumprimento das normas de segurança no trabalho.

E para espancar quaisquer dúvidas, a recente Lei n. 13.429/2017, que ampliou as possibilidades de terceirização, inseriu o art. 5º-A na Lei n. 6.019/74, cujo § 3º assegura que é "responsabilidade da contratante garantir as condições de segurança, higiene e salubridade dos trabalhadores, quando o trabalho for realizado em suas dependências ou local previamente convencionado em contrato". Além disso, inseriu no mesmo art. 5º-A o § 5º que estabelece, sem margem a dúvidas: "A empresa contratante é subsidiariamente responsável pelas obrigações trabalhistas referentes ao período em que ocorrer a prestação de serviços...".

Por tudo que foi exposto, mesmo para a hipótese do dano extrapatrimonial, cabe a responsabilidade subsidiária do tomador dos serviços pelos danos sofridos pelos empregados da empresa prestadora de serviços.

É importante mencionar finalmente que, de fato, cada pessoa jurídica responde na proporção da sua participação no evento danoso (concausa), como previsto no art. 223-E, mas aquele que tiver suportado inicialmente a indenização poderá ajuizar ação regressiva para ressarcir o que houver pago daquele por quem pagou (art. 934 do Código Civil).

9. Cumulação dos danos patrimoniais e extrapatrimoniais

A reforma trabalhista pretendeu criar um sistema separado de reparação para os danos extrapatrimoniais, mas concedeu à vítima a faculdade de formular cumulativamente os pedidos dos danos materiais e morais, mesmo quando decorrentes do mesmo ato lesivo (art. 223-F). Esse preceito legal está fundamentado no fato de que para os danos materiais a fonte normativa continuará sendo o Código Civil; contudo, para os danos extrapatrimoniais, será aplicável o novo Título II-A da CLT.

Em razão da diversidade do tratamento jurídico, deverá o juízo discriminar os valores dos danos conforme a sua natureza patrimonial ou extrapatrimonial, ou seja, não será mais possível fixar uma indenização única abarcando as duas espécies de dano.

A norma terá repercussão direta nas ações de indenização por acidente do trabalho ou doença ocupacional quando habitualmente a vítima formula pedidos distintos para reparação dos diversos danos sofridos.

10. Critérios para fixação do montante indenizatório

A fixação do valor indenizatório a respeito dos danos materiais obedece a critérios objetivos, talhados claramente na legislação e norteados pelo milenar princípio da *restitutio in integrum*.

Entretanto, no arbitramento da reparação dos danos extrapatrimoniais, o bem jurídico tutelado tem natureza imaterial e por consequência a extensão, profundidade, reflexos e intensidade das ofensas variam quase ao infinito, de acordo com as circunstâncias de cada caso concreto, com as provas produzidas nos autos e com o olhar técnico particular de cada julgador.

Com o propósito de apontar algumas diretrizes para o juiz apreciar o dano extrapatrimonial, o legislador estabeleceu no art. 223-G um rol com 12 incisos que deverão ser considerados na fixação do valor indenizatório:

> I — a natureza do bem jurídico tutelado;
>
> II — a intensidade do sofrimento ou da humilhação;
>
> III — a possibilidade de superação física ou psicológica;
>
> IV — os reflexos pessoais e sociais da ação ou da omissão;
>
> V — a extensão e a duração dos efeitos da ofensa;
>
> VI — as condições em que ocorreu a ofensa ou o prejuízo moral;
>
> VII — o grau de dolo ou culpa;
>
> VIII — a ocorrência de retratação espontânea;
>
> IX — o esforço efetivo para minimizar a ofensa;
>
> X — o perdão, tácito ou expresso;
>
> XI — a situação social e econômica das partes envolvidas;
>
> XII — o grau de publicidade da ofensa.

Não se nega que a elaboração de um roteiro para o juízo apreciar o dano extrapatrimonial é positiva, porque indica para o julgador e para as partes os fatos mais importantes que deverão ser considerados, bem como as principais provas que serão priorizadas. Na realidade, o julgador já fazia subjetivamente essa apreciação considerando os pontos indicados ou outros também relevantes, mas agora, ao positivar o rol, pelo menos esses quesitos não podem deixar de ser apreciados.

Contudo, no rol das considerações, foi omitida uma das finalidades básicas da indenização que é exatamente o seu caráter preventivo ou inibitório da repetição de novas condutas lesivas. Também não se pronunciou sobre a reparação não patrimonial ou reparação *in natura* do dano moral, como vem apontando a doutrina.

Poder-se-ia indicar se o comportamento foi um fato esporádico ou se tem sido uma prática reiterada daquele empregador.

Faltou indicar ainda a observação sobre o exercício de atividade de risco que também pode gerar direito à indenização, em caso de dano, adotando-se a responsabilidade civil objetiva, como tem ocorrido no âmbito do Colendo TST. Cabe mencionar neste passo que o STF vai decidir oportunamente se é aplicável ou não a responsabilidade objetiva nas indenizações por acidente do trabalho, conforme previsto no art. 927, parágrafo único, do Código Civil. Na apreciação do RE n. 828.040 o Plenário Virtual da Corte, por maioria, acolheu a existência de repercussão geral (Tema 932) por entender que a matéria tem natureza constitucional e tem repercussão econômica e social, tendo em vista sua relevância para o desenvolvimento das relações empregatícias.

Cabe observar ademais que alguns incisos devem ser apreciados com cautela. Não se pode esquecer que o trabalhador subordinado não goza de autonomia e espontaneidade para concordar, sem reservas e com convicção, com a retratação espontânea por parte do lesante, bem como não se pode presumir o perdão tácito ou mesmo expresso somente pela inércia de reação do lesado. A sua situação de dependência e sem garantia de emprego impede que atue em condições de livre manifestação da vontade perante o empregador.

O julgador, portanto, após analisar a especificidade da ofensa e ponderar os tópicos do roteiro de apreciação indicado na lei, mais outros pontos que sobressaiam na instrução processual, vai fixar o montante indenizatório, indicando os fundamentos que embasaram sua convicção. De todo modo, ainda que o roteiro de apreciação aponte diretrizes de segurança louváveis para imprimir um grau maior de previsibilidade do julgamento, é inevitável que nas ações a respeito do dano extrapatrimonial a decisão traga a assinatura pessoal da sensibilidade e argúcia de cada magistrado.

Merece realce a previsão introduzida pela Medida Provisória n. 808/2017, que vigorou no período de 13 de novembro de 2017 a 23 de abril de 2018, para agravar o valor da indenização no caso de reincidência de ofensa idêntica, num prazo de dois anos, contados do trânsito em julgado da decisão condenatória (Art. 223-G, § 3º e § 4º). Conforme a redação alterada, se ocorrer a reincidência da ofensa, o juízo poderá elevar até o dobro o valor da indenização. Para obter essa indenização adicional, deverá a parte interessada comprovar em juízo a existência de condenação anterior do réu pela mesma conduta ofensiva para viabilizar a elevação do valor da reparação.

Vale ressaltar que, na redação do § 3º do art. 223-G, que foi restaurada com a perda de eficácia da Medida Provisória n. 808/2017, só cabe agravar a indenização se ocorrer reincidência da ofensa entre partes idênticas, hipótese praticamente inexistente ou raríssima.

Entendemos que era muito mais razoável a mudança introduzida pela MP n. 808 mencionada porque bastava a repetição da conduta lesiva por uma das partes, que tenha gerado decisão condenatória com trânsito em julgado, para viabilizar o aumento da indenização até o dobro do teto fixado para cada grau da ofensa. Com efeito, o infrator contumaz sofreria condenações maiores pela reincidência da ofensa, com o propósito de influenciá-lo no sentido de rever sua conduta ilícita.

11. O TABELAMENTO DO DANO MORAL TRABALHISTA

A Lei n. 13.467/2017 introduziu na CLT a polêmica questão do tabelamento da indenização por danos extrapatrimoniais trabalhista.

Cabe mencionar que a doutrina e até os julgados utilizam a expressão "tarifação do dano moral", mas preferimos a denominação de "tabelamento dos danos morais", porque o vocábulo tarifa tem significado próprio na ciência jurídica e ostenta natureza de preço público, tratado no campo do direito administrativo. Os parâmetros instituídos na lei para o valor da indenização, criando faixas e tetos máximos de acordo com a gravidade da ofensa, indicam que foi instituído mesmo um tabelamento, não uma tarifação. Aliás, o próprio Relator do PL n. 6.787/2016 na Câmara Federal, que resultou na Lei aprovada, menciona na exposição de motivos "a necessidade de fixar limites para as indenizações por danos morais", pelo que a denominação doutrinária de tabelamento é a mais adequada.

Vejam o teor do novo dispositivo:

> Art. 223-G § 1º Se julgar procedente o pedido, o juízo fixará a indenização a ser paga, a cada um dos ofendidos, em um dos seguintes parâmetros, vedada a acumulação:
>
> I — ofensa de natureza leve, até três vezes o último salário contratual do ofendido;
>
> II — ofensa de natureza média, até cinco vezes o último salário contratual do ofendido;
>
> III — ofensa de natureza grave, até vinte vezes o último salário contratual do ofendido;
>
> IV — ofensa de natureza gravíssima, até cinquenta vezes o último salário contratual do ofendido.

A redação do parágrafo foi também inspirada no teor do Projeto de Lei n. 150/1999 do Senador Pedro Simon, aprovado no Senado Federal, e que instituía três níveis de ofensas (leve, média e grave) para fins de fixação do valor da indenização. Vale registrar que este PL, depois de aprovado no Senado foi enviado à Câmara Federal (PL n. 7.124/2002), mas lá foi arquivado em 2010, porque a Comissão de Constituição, Justiça e Cidadania, por unanimidade, considerou inconstitucional o tabelamento do dano moral.

Estabelece o novo preceito legal que não cabe acumular as indenizações, contrariando neste particular o vetusto princípio da reparação integral. Assim, se a mesma ofensa atingir bens jurídicos extrapatrimoniais distintos da vítima, por exemplo, atingir levemente a imagem, gravemente a sexualidade e de forma média a saúde, só caberá a fixação de uma indenização, pelo que algumas lesões ficarão sem reparação. Entendemos que essa limitação pode ser reputada inconstitucional porque, além de contrariar o princípio da reparação integral, viola a previsão do art. 5º, XXXV que prevê: "a lei não excluirá da apreciação do Poder Judiciário lesão ou ameaça a direito".

Ao vedar a acumulação de indenizações, foi instituída uma indenização complessiva para reparar vários danos, contrariando a jurisprudência trabalhista consolidada desde 1978. Com efeito, prevê a Súmula n. 91 do Colendo TST: "Nula é a cláusula contratual que fixa determinada importância ou percentagem para atender englobadamente vários direitos legais ou contratuais do trabalhador." Aliás, no direito civil o cabimento da acumulação de danos extrapatrimoniais está devidamente pacificado pela Súmula n. 387 do STJ: "É lícita a cumulação das indenizações de dano estético e dano moral".

Comprovada a ofensa, o julgador deverá enquadrar o ato lesivo em um dos quatro níveis indicados (ofensa leve, média, grave ou gravíssima), conforme seu prudente arbítrio e considerando também as especificidades do caso, mormente os doze pontos relacionados no art. 223-G.

Deparamos neste passo com outro ponto muito criticado na reforma trabalhista, qual seja, a determinação de que a indenização seja fixada considerando como teto um multiplicador do último salário contratual do ofendido, de acordo com a faixa de gravidade da ofensa. Contudo, há no novo texto legal uma lacuna importante ao não especificar qual a periodicidade do salário contratual que deve ser considerada, quando a própria reforma utiliza a expressão "salário mensal" ao introduzir o parágrafo único no art. 444 da CLT. De todo modo, considerando o costume e a tradição jurídica a respeito do tema, entendemos que se deve considerar o salário contratual mensal ajustado (fixo ou variável) e as parcelas que integram o salário, como as gratificações legais e as comissões pagas (art. 457, § 1º da CLT).

Entendemos também que neste ponto a reforma trabalhista fere a Constituição Federal ao estabelecer parâmetros de reparação de danos francamente discriminatórios, porque fixados com valores variáveis de acordo com o padrão salarial da vítima. A Carta Maior já menciona o valor da igualdade no seu preâmbulo e estabelece como objetivos fundamentais da República promover o bem de todos, sem preconceitos de origem, raça, sexo, cor, idade e quaisquer outras formas de discriminação (art. 3º, IV). Além disso, a previsão do art. 5º claramente estabelece que "todos são iguais perante a lei, sem distinção de qualquer natureza...".

Ora, por que estabelecer indenizações diversas, de acordo com a renda da vítima, para ofensas extrapatrimoniais da mesma intensidade e com o mesmo grau de gravidade?

Vejam um exemplo que pode ocorrer na prática e que bem demonstra a discriminação pelo tratamento diferenciado. Estão subindo em um elevador de obra de construção civil o estagiário, o pedreiro, o engenheiro e o gerente da obra, que auferem rendimentos mensais diversificados. O cabo do elevador não era o especificado e ainda estavam transportando junto material de construção, violando a NR-18 do Ministério do Trabalho e Emprego, o que acabou provocando acidente e a queda do elevador. Todos os trabalhadores ficaram com sequelas físicas semelhantes em razão do mesmo acidente. A tabela abaixo mostra como poderiam ficar as indenizações por danos extrapatrimoniais, neste exemplo hipotético:

TABELAMENTO DO DANO EXTRAPATRIMONIAL — ART. 223-G DA CLT				
Lesado — Salário — Grau da ofensa	**Estagiário R$ 954,00**	**Encarregado R$ 2.000,00**	**Engenheiro R$ 10.000,00**	**Gerente R$ 15.000,00**
Ofensa leve — 3x	2.862,00	6.000,00	30.000,00	45.000,00
Ofensa média — 5x	4.770,00	10.000,00	50.000,00	75.000,00
Ofensa grave — 20x	19.080,00	40.000,00	200.000,00	300.000,00
Ofensa gravíssima — 50x	47.700,00	100.000,00	500.000,00	750.000,00

É verdade que cabem indenizações diferentes quando se trata de danos materiais, porque o parâmetro é outro: o prejuízo monetário efetivo de cada um. Mas, no aspecto extrapatrimonial a dignidade das pessoas lesadas é a mesma, ou seja, a dignidade da pessoa humana não pode ser aferida de acordo com o seu padrão de rendimento. A maior ou menor riqueza da vítima não pode orientar o valor da indenização, nem servir de parâmetro para reparar a lesão extrapatrimonial. Em sintonia com o nosso entendimento, é oportuno citar a jurisprudência do Colendo STJ:

Ementa. Civil. Dano Moral. Indenização. A condição social da vítima, de pobre, não pode ser valorizada para reduzir o montante da indenização pelo dano moral; a dor das pessoas humildes não é menor do que aquela sofrida por pessoas abonadas ao serem privadas de um ente querido. Recurso Especial conhecido e provido. (**STJ**. 3ª Turma, REsp n. 951.777/DF, Redator: Ministro Ari Pargendler, DJ 27 ago. 2007)

Responsabilidade civil do Estado. Omissão no atendimento à gestante. Morte intrauterina. Indenização por dano moral. Proporcionalidade. 4. A avaliação das condições socioeconômicas dos envolvidos deve ser feita em conjunto com a ponderação acerca da gravidade dos fatos. Não se permite a relativização das indenizações por ofensa a direitos fundamentais tendo como parâmetro a riqueza da vítima, de modo que o direito dos ricos valeria mais que o dos pobres, os quais estariam se "enriquecendo" ao receberem indenizações em valor muito superior à sua renda. (STJ. 2ª Turma. AgRg no REsp 1189510/AC, Rel. Ministro Herman Benjamin, DJe 27.4.2011)

Diante desses fundamentos, na VII Jornada de Direito Civil do Conselho da Justiça Federal, realizada em Brasília em 2016, foi adotado o Enunciado n. 588, com o seguinte teor: "O patrimônio do ofendido não pode funcionar como parâmetro preponderante para o arbitramento de compensação por dano extrapatrimonial."

Em razão das críticas contundentes sobre o cálculo da indenização, considerando o padrão salarial da vítima, a Medida Provisória n. 808, que vigorou no período de 14 de novembro de 2017 a 23 de abril de 2018, alterou o § 1º do art. 223-G que passou a ter a seguinte redação:

§ 1º Ao julgar procedente o pedido, o juízo fixará a reparação a ser paga, a cada um dos ofendidos, em um dos seguintes parâmetros, vedada a acumulação:

I — para ofensa de natureza leve — até três vezes o valor do limite máximo dos benefícios do Regime Geral de Previdência Social;

II — para ofensa de natureza média — até cinco vezes o valor do limite máximo dos benefícios do Regime Geral de Previdência Social;

III — para ofensa de natureza grave — até vinte vezes o valor do limite máximo dos benefícios do Regime Geral de Previdência Social; ou

IV — para ofensa de natureza gravíssima — até cinquenta vezes o valor do limite máximo dos benefícios do Regime Geral de Previdência Social.

Com essa regra, a indenização pelo dano extrapatrimonial não poderá ser fixada de acordo com o padrão salarial da vítima, porquanto o teto estabelecido para cada grau de ofensa considera, apenas, os múltiplos do valor do benefício máximo do Regime Geral da Previdência Social. Então, pelo menos nesse aspecto, durante o período de vigência da Medida Provisória n. 808/2017 a violação constitucional do princípio da isonomia foi corrigida.

Contudo, a correção efetuada pela referida Medida Provisória deixou uma incongruência interna no texto legal, uma vez que o salário contratual do ofensor deverá ser utilizado como parâmetro indenizatório, quando o ofendido for pessoa jurídica, como previsto no art. 223-G, § 2º. Como se depreende do exposto, não se poderá utilizar o salário contratual do trabalhador como parâmetro para fixar a indenização quando for ele a vítima; todavia, o critério poderá ser adotado quando ele for o ofensor responsável pela indenização devida ao seu empregador. Nessa hipótese, o parâmetro do salário não estará sendo usado para discriminar, mas apenas para atenuar o valor da reparação devida por quem aufere renda menor.

Levando-se em conta os valores para 2018 do limite máximo para os benefícios da Previdência Social (R$ 5.645,80), as vítimas do acidente hipotético, acima mencionado, receberiam indenizações obedecendo aos parâmetros máximos seguintes:

TABELAMENTO DO DANO EXTRAPATRIMONIAL — ART. 223-G DA CLT — REDAÇÃO DA MP N. 808/2017 QUE VIGOROU DE 14.11.2017 A 23.04.2018				
Lesado — Salário — Grau da ofensa	Estagiário R$ 954,00	Encarregado R$ 2.000,00	Engenheiro R$ 10.000,00	Gerente R$ 15.000,00
Ofensa leve — 3x	16.937,40	16.937,40	16.937,40	16.937,40
Ofensa média — 5x	28.229,00	28.229,00	28.229,00	28.229,00
Ofensa grave — 20x	112.916,00	112.916,00	112.916,00	112.916,00
Ofensa gravíssima — 50x	282.290.00	282.290.00	282.290.00	282.290.00

Mas esse dispositivo introduzido na CLT tem ainda uma inconstitucionalidade ostensiva já declarada pelo Judiciário para casos semelhantes, qual seja, a fixação de tetos ou tabelamento para a reparação do dano extrapatrimonial.

A inclusão na Constituição da República de 1988 do direito à reparação dos danos morais indicou que as lesões desta natureza devem ser indenizadas em sua plenitude, sem as amarras de tetos limitadores. Segundo prevê o art. 5º, V, a indenização deverá ser proporcional ao agravo; como não é possível limitar a intensidade da ofensa, também não se pode limitar o valor da indenização, sob pena de criar em determinados casos uma reparação desproporcional, em benefício do agressor. O equilíbrio na balança lesão-reparação é orientado pelo princípio constitucional da proporcionalidade, por conseguinte o desnível imposto pela limitação reparatória acaba, indiretamente, estimulando a expansão do comportamento lesivo.

A questão está bem sedimentada no STJ, cuja Súmula n. 281, adotada em 2004, sintetizou: "A indenização por dano moral não está sujeita à tarifação prevista na Lei de Imprensa."

O Excelso Supremo Tribunal Federal já se pronunciou claramente neste sentido, ao interpretar os incisos V e X do art. 5º da Constituição de 1988:

Ementa: *Constitucional. Civil. Dano moral: ofensa praticada pela imprensa. Indenização: tarifação. Lei n. 5.250/67 — Lei de*

Imprensa, art. 52: Não-recepção pela CF/88, art. 5º, incisos V e X. (...) II — A Constituição de 1988 emprestou à reparação decorrente do dano moral tratamento especial — CF, art. 5º, V e X — desejando que a indenização decorrente desse dano fosse a mais ampla. Posta a questão nesses termos, não seria possível sujeitá-la aos limites estreitos da lei de imprensa. Se o fizéssemos, estaríamos interpretando a Constituição no rumo da lei ordinária, quando é de sabença comum que as leis devem ser interpretadas no rumo da Constituição. III — Não-recepção, pela CF/88, do art. 52 da Lei n. 5.250/67 — Lei de Imprensa. (STF, 2ª Turma, RE 396.386, Rel.: Ministro Carlos Velloso, DJ 13 ago. 2004).

Ementa: *Indenização. Responsabilidade civil. Lei de Imprensa. Dano moral. Publicação de notícia inverídica, ofensiva à honra e à boa fama da vítima. Responsabilidade civil da empresa jornalística. Limitação da verba devida, nos termos do art. 52 da Lei n. 5.250/67. Inadmissibilidade. Norma não recebida pelo ordenamento jurídico vigente. Interpretação do art. 5º, IV, V, IX, X, XIII e XIV, e art. 220,* caput *e § 1º, da CF de 1988. Recurso extraordinário improvido.* Toda limitação, prévia e abstrata, ao valor de indenização por dano moral, objeto de juízo de equidade, é incompatível com o alcance da indenizabilidade irrestrita assegurada pela atual Constituição da República. Por isso, já não vige o disposto no art. 52 da Lei de Imprensa, o qual não foi recebido pelo ordenamento jurídico vigente. STF, 2ª Turma. RE 447.584/RJ, Rel. Ministro Cezar Peluso, 16 mar. 2007.

Convém reproduzir parte dos fundamentos do acórdão acima, quando o douto Relator, Ministro Cezar Peluso, com maestria, explica o entendimento que prevaleceu na Corte:

Já não vige deveras, ou segundo reza outra doutrina de igual consequência prática, perdeu seu fundamento de validez, a norma inserta no art. 52 da Lei n. 5.250, de 1967, porque, incompatível com o alcance das regras estatuídas no art. 5º, V e X, da atual Constituição da República, não foi por esta recebida. (...)

Na fisionomia normativa da proteção do direito à integridade moral, ao qual serve o preceito de reparabilidade pecuniária da ofensa, a vigente Constituição da República não contém de modo expresso, como o exigiria a natureza da matéria, nem implícito, como se concede para argumentar, nenhuma disposição restritiva que, limitando o valor da indenização e o grau consequente da responsabilidade civil do ofensor, caracterizasse redução do alcance teórico da tutela.

Finalmente o STF, na sua composição plenária, firmou posicionamento quanto ao não cabimento do tabelamento do dano moral no julgamento da Arguição de Descumprimento de Preceito Fundamental — ADPF n. 130-DF. Nesse julgamento, a Corte declarou que a Lei Federal n. 5.250/67, conhecida como Lei de Imprensa, não foi recepcionada pela Constituição de 1988. O tema do tabelamento ou "tarifação" do dano moral foi abordado expressamente no julgamento por quase todos os Ministros da Corte.

No seu voto, destacou o Ministro Ricardo Lewandowski:

Não impressiona, *data venia, a objeção de alguns,* segundo a qual, se a lei for totalmente retirada do cenário jurídico, o direito de resposta ficaria sem parâmetros e a indenização por dano moral e material sem balizas, esta última à falta de tarifação. É que a Constituição, no art. 5º, V, assegura o *"direito de resposta, proporcional ao agravo", vale dizer, trata-se de um* direito que não pode ser exercido arbitrariamente, devendo o seu exercício observar uma estrita correlação entre meios e fins. E disso cuidará e tem cuidado o Judiciário. Esta Suprema Corte, no tocante à indenização por dano moral, de longa data, cristalizou jurisprudência no sentido de que o art. 52 e 56 da Lei de Imprensa não foram recepcionados pela Constituição, com o que afastou a possibilidade do estabelecimento de qualquer tarifação, confirmando, nesse aspecto, a Súmula n. 281 do STJ. Cito, nessa linha, dentre outras seguintes decisões: o RE 396.386-4/SP; RE 447.484/SP; RE 240.450/RJ e AI 496.406/SP.

Também o Ministro Celso de Mello foi enfático no seu voto:

Não subsistem, por incompatibilidade material com a Constituição da República promulgada em 1988 (CF, art. 5º, incisos V e X), as normas inscritas no art. 52 (*que define o regime de indenização tarifada*) e no art. 56 (*que estabelece o prazo decadencial de 3 meses para ajuizamento da ação de indenização por dano moral*), ambos da Lei de Imprensa (Lei n. 5.250/67). Hipótese de não-recepção. Doutrina. Precedentes do STF. (AI 595.395/SP, Rel. Min. Celso de Mello — DJ 3 ago. 2007)

Diante do que foi exposto, entendemos também que a novel disposição do art. 223-G, § 1º, da CLT, ao criar faixas máximas de indenização, de acordo com o grau de ofensa, padece do vício incontornável da inconstitucionalidade.

Por fim, cabe registrar neste tópico que a Medida Provisória n. 808, que vigorou no período de 14 de novembro de 2017 até 23 de abril de 2018, estabeleceu no § 5º do art. 223-G que os parâmetros indenizatórios estabelecidos não se aplicam aos danos extrapatrimoniais decorrentes de morte. Daí ser possível afirmar que no acidente do trabalho com óbito o valor da indenização cabível do dano extrapatrimonial não está sujeito ao tabelamento do art. 223-G, § 1º, da CLT, podendo ser fixado além do limite estabelecido para a ofensa de natureza gravíssima.

12. O dano extrapatrimonial coletivo

Com o advento da reforma trabalhista surge o questionamento: o dano extrapatrimonial coletivo de natureza trabalhista estará ou não sujeito ao tabelamento indicado no art. 223-G?

O nosso entendimento é no sentido de que não houve mudança alguma no tema dos danos morais coletivos, porquanto a regulamentação introduzida na CLT trata apenas dos danos extrapatrimoniais decorrentes da relação de trabalho cujos titulares sejam pessoas físicas ou jurídicas. Tanto que o art. 223-G estabelece que o juízo deverá considerar a intensidade do sofrimento ou da humilhação, a possibilidade de superação física ou psicológica, o perdão tácito ou expresso, situações que são típicas do dano extrapatrimonial individual.

Os danos aos interesses ou direitos de natureza transindividual ou difusos não foram disciplinados nem sequer mencionados na nova regulamentação dos danos extrapatrimoniais. Desse modo, as mudanças introduzidas pela reforma trabalhista não afetam o disciplinamento atual do dano moral coletivo, nem acarretam o tabelamento dos valores indenizatórios nas ações em que se postulam reparações desses danos.

Convém registrar, ademais, que a ação civil pública para preservar ou reparar os interesses difusos ou coletivos dos trabalhadores e do meio ambiente do trabalho tem altitude constitucional (art. 129, III), razão pela qual não poderia mesmo a lei ordinária da reforma trabalhista limitar ou alterar o seu alcance(23).

Com efeito, é especialmente a Lei da Ação Civil Pública (Lei n. 7.347/85) que rege as ações de responsabilidade por danos morais e patrimoniais de natureza coletiva(24). E a referida norma não sofreu qualquer alteração após o advento da Lei n. 13.467/2017. Cabe também aqui repetir a previsão da Lei Complementar n. 95/1998, cujo art. 9º estabelece: "A cláusula de revogação deverá enumerar, expressamente, as leis ou disposições legais revogadas". Incabível, portanto, eventual entendimento de revogação ou derrogação implícita.

13. Vigência e aplicação das inovações

A reforma trabalhista entrou em vigor no dia 11 de novembro de 2017, após vencer o prazo da *vacatio legis* de cento e vinte dias, contados a partir da publicação oficial da Lei n. 13.467, no dia 14 de julho de 2017.

Em razão das mudanças promovidas na CLT, estão surgindo diversas controvérsias a respeito do direito intertemporal, principalmente sobre a aplicação dos novos dispositivos aos contratos de trabalho firmados antes da vigência da reforma.

As questões de direito intertemporal geram calorosas discussões nos julgamentos dos casos concretos. Normalmente a jurisprudência promove ajustes para o período de transição — conjugando os valores do direito adquirido, da segurança jurídica e o novo regime jurídico — mas a controvérsia só resta mesmo pacificada com o pronunciamento definitivo das Cortes Superiores. Daí o volume acentuado de súmulas e orientações jurisprudenciais a respeito desse tema.

O principal balizamento do direito intertemporal está assentado na Constituição Federal que assegura no art. 5º, XXXVI — *a lei não prejudicará o direito adquirido, o ato jurídico perfeito e a coisa julgada*. Para detalhar o comando da Lei Maior, a Lei de Introdução às Normas de Direito Brasileiro, com a mudança introduzida pela Lei n. 12.376/2010, estabeleceu:

> Art. 6º A Lei em vigor terá efeito imediato e geral, respeitados o ato jurídico perfeito, o direito adquirido e a coisa julgada.
>
> § 1º Reputa-se ato jurídico perfeito o já consumado segundo a lei vigente ao tempo em que se efetuou.
>
> § 2º Consideram-se adquiridos assim os direitos que o seu titular, ou alguém por ele, possa exercer, como aqueles cujo começo do exercício tenha termo pré-fixo, ou condição pré-estabelecida inalterável, a arbítrio de outrem.
>
> § 3º Chama-se coisa julgada ou caso julgado a decisão judicial de que já não caiba recurso.

Nas demandas envolvendo os danos de natureza extrapatrimonial trabalhista, entendemos que deve ser aplicado o vetusto princípio do *tempus regit actum*, ou seja, prevalece a regência da norma vigente no dia da ocorrência do dano ou ofensa, independentemente da data em que for proferido o julgamento.

No exato momento em que ocorreu a ofensa de natureza extrapatrimonial, nasceu também a pretensão da vítima para obter a reparação do direito que foi violado, conforme a consagrada teoria da *actio nata*, tanto que o Código Civil estabelece no art. 189: "violado o direito nasce para o titular a pretensão". Como consequência, o regime jurídico a ser aplicado é aquele que estava em vigor naquela data.

Desse modo, o novo regramento do dano extrapatrimonial somente será aplicado para as ofensas ocorridas a partir de 11 de novembro de 2017, considerando, ainda, o período em que esteve em vigor a Medida Provisória n. 808/2017, qual seja, de 14 de novembro de 2017 a 23 de abril de 2018. Para as ofensas anteriores, independentemente da data em que for realizado o julgamento, prevalece o antigo regime jurídico.

Nas lesões de natureza continuada, será necessário verificar se até o dia 10 de novembro de 2017 já havia ofensa moral caracterizada, hipótese que indicará a aplicação do regramento anterior à reforma. Entretanto, se a consolidação da ofensa só ocorreu após o dia 10 de novembro de 2017, a regência será da lei nova.

Para as doenças ocupacionais será considerada, para fins de verificação do regime jurídico aplicável, a data da ciência inequívoca da incapacidade laboral, como assentado na Súmula n. 278 do STJ. Aliás, a teoria da *actio nata* para fins de início de fluência do prazo prescricional será também considerada para verificar a legislação aplicável.

Entendemos ainda que as normas da reforma trabalhista sobre o dano extrapatrimonial são aplicáveis para todas as ofensas ocorridas a partir de 11 de novembro de 2017, mesmo para os trabalhadores admitidos em

---

(23) "Art. 129. São funções institucionais do Ministério Público: (...) III — promover o inquérito civil e a ação civil pública, para a proteção do patrimônio público e social, do meio ambiente e de outros interesses difusos e coletivos".

(24) Lei n. 7.347/1985. Art. 1º Regem-se pelas disposições desta Lei, sem prejuízo da ação popular, as ações de responsabilidade por danos morais e patrimoniais causados: l — ao meio ambiente; ll — ao consumidor; III — a bens e direitos de valor artístico, estético, histórico, turístico e paisagístico; IV — a qualquer outro interesse difuso ou coletivo; V — por infração da ordem econômica; VI — à ordem urbanística; VII — à honra e à dignidade de grupos raciais, étnicos ou religiosos; VIII — ao patrimônio público e social. Parágrafo único. Não será cabível ação civil pública para veicular pretensões que envolvam tributos, contribuições previdenciárias, o Fundo de Garantia do Tempo de Serviço — FGTS ou outros fundos de natureza institucional cujos beneficiários podem ser individualmente determinados.

data anterior. Isso porque é firme a jurisprudência do STF no sentido de que não há direito adquirido a regime jurídico, ressalvando-se a garantia da irredutibilidade salarial[25]. A propósito, aqui também pode ser adotada a importante regra de direito intertemporal do Código Civil de 2002, fazendo as devidas adequações:

> Art. 2.035. A validade dos negócios e demais atos jurídicos, constituídos antes da entrada em vigor deste Código, obedece ao disposto nas leis anteriores, referidas no art. 2.045, mas os seus efeitos, produzidos após a vigência deste Código, aos preceitos dele se subordinam, salvo se houver sido prevista pelas partes determinada forma de execução.

Para espancar as dúvidas sobre a aplicação da reforma aos contratos de trabalho vigentes, a Medida Provisória n. 808, de 14 de novembro de 2017, estabeleceu no art. 2º:

> Art. 2º O disposto na Lei n. 13.467, de 13 de julho de 2017, se aplica, na integralidade, aos contratos de trabalho vigentes.

Mesmo com a perda de vigência da referida Medida Provisória, conforme já mencionado, entendemos que prevalece a regra acima enunciada, em sintonia com os princípios e as diretrizes jurisprudenciais a respeito do direito intertemporal adotados pelo Excelso STF.

Logo cabe a aplicação da mudança legal aos contratos de trabalho pactuados antes de 11 de novembro de 2017, mas, tão somente, para os eventos ocorridos após a referida data. As ofensas ocorridas em datas anteriores continuarão regidas pela lei antiga, independentemente da data em que for proferido o julgamento.

Por tudo que foi exposto, podemos concluir que, nos julgamentos das demandas envolvendo dano extrapatrimonial trabalhista, a legislação aplicável será sempre aquela que vigorava no dia em que nasceu o direito à reparação, independentemente da data de admissão do ofendido ou da data em que ocorrer o julgamento.

---

(25) STF. Pleno. RE n. 226.855, Relator: Ministro Moreira Alves, julgado em 31 ago. 2000; STF. Pleno AI n. 410.946, Rel. Ministra Ellen Gracie, julgado em 17 mar. 2010; STF. 1ª Turma. RE 998073 AgR, Rel.: Ministra Rosa Weber, DJe 22 mar. 2017; STF. 2ª Turma. RE 907731 AgR, Rel.: Ministro Celso de Mello, DJe 19 jun. 2017; STF. 2ª Turma. ARE 925002 AgR, Rel.: Ministro Dias Toffoli, DJe 30 jun. 2017; STF. 1ª Turma. RE 957768 AgR, Rel.: Ministro Roberto Barroso, DJe 9 ago. 2017.

O TRABALHO DA GESTANTE EM ATIVIDADES INSALUBRES E AS INOVAÇÕES INTRODUZIDAS PELA REFORMA TRABALHISTA

Bento Herculano Duarte Neto(*)

1. INTRODUÇÃO

A proteção à trabalhadora, gestante ou lactante, consiste em tema bastante discutido no Direito do Trabalho, inequívoca a relevância descortinada em face do direito à saúde e, ainda maior, o direito à vida (nascituro). Nesse sentir, o presente artigo tem o objetivo de pontuar a evolução histórica dos direitos concedidos às mulheres empregadas em tais situações, trazendo um panorama da legislação brasileira que trata da matéria, com relevo para as inovações trazidas pela Lei n. 13.467/2017 (reforma trabalhista).

Em um primeiro momento abordar-se-á o tratamento jurídico dispensando ao trabalho da mulher nas Constituições do Brasil, desde a primeira, a do Império (1824), até a Carta Magna em vigor (1988).

Posteriormente, serão analisadas as principais leis infraconstitucionais e as convenções internacionais da OIT que objetivam proteger a maternidade e a não discriminação da mulher no mercado de trabalho.

Após isso, será estudada a Lei n. 13.287/2016, que acrescentou à CLT o art. 394-A, proibindo, de forma genérica, a empregada gestante ou lactante de exercer quaisquer atividades e operações em locais insalubres, enquanto durar a gestação ou a lactação.

Será abordada, ainda, a Lei n. 13.467, publicada no DOU de 14.07.2017, que alterou e deu nova redação a mais de 100 artigos da Consolidação das Leis do Trabalho, entre eles o art. 394-A da CLT, concretizando uma verdadeira reforma trabalhista. Por fim, será analisada a MP n. 808, editada pelo Presidente da República em 14.11.2017, no intuito de evitar possíveis ajuizamentos de Ações Declaratórias de Inconstitucionalidades em relação a diversos artigos que foram bastante criticados pela doutrina especializada.

2. HISTÓRICO CONSTITUCIONAL DOS DIREITOS ASSEGURADOS AO TRABALHO DA MULHER NO BRASIL

O trabalho da mulher no Brasil passou por profundas mudanças legislativas durante o passar do tempo. A nossa primeira Constituição, a Imperial de 1824, foi totalmente omissa em relação à mulher. Na época, entendia-se que a cidadania somente poderia ser exercida pela pessoa do sexo masculino, sendo os direitos políticos e sociais voltados, exclusivamente, para o homem. A mulher não podia, inclusive, votar ou ser votada, nem se candidatar a emprego ou cargo público.

A segunda Constituição Brasileira, a primeira republicana, de 1891, em nada contribuiu para diminuir a discriminação em relação ao sexo feminino, tendo em vista que continuou ignorando a mulher como cidadã, não lhe garantindo qualquer direito trabalhista.

A Constituição Federal de 1934, por sua vez, foi a primeira tratar sobre o trabalho da mulher, uma vez que inspirada nas Constituições do México, de 1917, e da Alemanha (Weimar), de 1919, que fundaram o movimento denominado de constitucionalismo social, positivando diversos direitos trabalhistas, alcançando as empregadas gestantes.

As principais garantias previstas no texto constitucional, em suma, eram: jornada diária de oito horas; assistência médica e sanitária ao trabalhador e à gestante; descanso antes e depois do parto, sem prejuízo do salário e do emprego; instituição de previdência mediante contribuição igual da União, do empregador e do empregado, a favor da velhice, da invalidez, da maternidade e nos casos de acidentes de trabalho ou de morte; proibição de trabalho em indústrias insalubres; direito a férias anuais, sem descontos; e três meses de licença gestante, com vencimentos integrais.

Três anos mais tarde, foi promulgada a Magna Carta de 1937, mantendo a proibição do trabalho da mulher em indústrias insalubres, além de assegurar a assistência médica e higiênica à gestante, estabelecendo um repouso antes e depois do parto, sem prejuízo de salário. Todavia, a "Carta de Getúlio" olvidou de prever a garantia de emprego à gestante.

Já a Constituição de 1946 não só assegurou os direitos já existentes, entre eles a proibição do trabalho da mulher em indústrias insalubres, como também proi-

(*) Doutor e Mestre pela PUC-SP. Professor Titular da UFRN. Desembargador do Tribunal Regional do Trabalho da 21ª Região. Titular da Cadeira n. 13 da Academia Brasileira de Direito do Trabalho e Membro do Instituto Brasileiro de Direito Processual — IBDP.

biu a diferença salarial por motivo de sexo, garantindo a assistência hospitalar à gestante e ainda prevendo o salário-maternidade.

Por sua vez, a Constituição Federal de 1967, editada no regime militar, não trouxe alterações significativas, à exceção da diminuição do tempo de aposentadoria da mulher, que passou de 35 para 30 anos de serviço.

Finalmente, chegamos à Constituição Federal de 1988, o que será objeto de estudo no próximo tópico.

3. Arcabouço jurídico protetivo ao trabalho da mulher na Constituição Federal de 1988 e na legislação infraconstitucional

A Constituição Federal de 1988, em seu art. 5º, I, assegura que homens e mulheres são iguais em direitos e obrigações. Todavia, o referido preceito constitucional não impede que o Poder Público, por meio de ações afirmativas, estabeleça um tratamento diferenciado às mulheres diante das desigualdades históricas existentes e de suas limitações, decorrentes da própria natureza, em busca de se promover a tão almejada igualdade material, em uma perspectiva aristotélica, sem que isso se configure ofensa ao princípio da isonomia.

Nesse sentido, a Magna Carta promoveu um importante fortalecimento para a proteção da mulher no mercado de trabalho, alçando a *status* de direito social a proteção à maternidade.

Vejamos.

Art. 6º São direitos sociais a educação, a saúde, a alimentação, o trabalho, a moradia, o transporte, o lazer, a segurança, a previdência social, a proteção à maternidade e à infância, a assistência aos desamparados, na forma desta Constituição. (O direito à moradia sendo incluído posteriormente por meio de emenda à Constituição)

Além disso, nos incisos do art. 7º, o legislador constitucional elencou diversas garantias concretas às mulheres e à maternidade, como a licença à gestante, sem prejuízo do emprego e do salário, com a duração mínima de 120 dias, portanto ampliando o prazo da Carta de 1967 (inc. XVIII); a proibição de diferença de salários, de exercícios de funções e de critérios de admissão por sexo (inc. XXX); e a proteção do mercado de trabalho da mulher, mediante incentivos específicos, nos termos da lei (inc. XX), este dispositivo necessitando de regulamentação por se tratar de norma de eficácia limitada.

Já na Seção que cuida da Previdência Social, assim preceituou o Constituinte de 1988:

> Art. 201. A previdência social será organizada sob a forma de regime geral, de caráter contributivo e de filiação obrigatória, observados critérios que preservem o equilíbrio financeiro e atuarial, e atenderá, nos termos da lei, a:
>
> (...)
>
> II — proteção à maternidade, especialmente à gestante.

O Ato das Disposições Constitucionais Transitórias (ADCT), por sua vez, assegura, em seu art. 10, "b", que até seja promulgada a lei complementar a que se refere o art. 7º, I, da Lex Legum (proteção em face da despedida arbitrária ou sem justa causa), fica vedada a dispensa arbitrária ou sem justa causa da empregada gestante, desde a confirmação da gravidez até cinco meses após o parto, novamente amplificando-se os direitos da mulher trabalhadora.

No âmbito internacional, dentre outras temos a Convenção n. 4 da Organização Internacional do Trabalho (OIT), que trata da proibição do trabalho noturno da mulher, no período das 22h às 5h, em qualquer estabelecimento industrial público ou privado.

Posteriormente, foi elaborada a Convenção n. 103, também no âmbito da OIT, ratificada pelo Brasil em 18 de junho de 1965, que prevê o direito à licença-maternidade de 12 semanas, devendo uma parte dessa licença ser usufruída após o parto (reitere-se a ampliação do prazo para 120 dias, por força da CF de 1988). A referida Convenção ainda assegura à mulher gestante, em caso de doença confirmada por atestado médico, o direito a uma prorrogação da licença após o parto, cuja duração máxima pode ser estipulada pela autoridade competente.

Já a Convenção n. 183 ampliou significativamente os direitos das empregadas, em razão da necessidade de assegurar a proteção da gravidez, estipulando o direito à licença-maternidade de pelo menos 14 semanas; a necessidade de proteção do emprego; a vedação à discriminação; e a redução da jornada no período de amamentação, entre outras garantias concedidas especificamente.

Na seara infraconstitucional, a Lei n. 1.596/1917 foi pioneira na proteção da mulher no mercado de trabalho, especialmente no período em que estiver grávida, assegurando à empregada o direito de não trabalhar no último dia de gravidez e no primeiro dia após o parto.

A CLT, editada por meio de Decreto-Lei em 1943, mas com inúmeras alterações posteriores, destinou a Seção V, sob o título *'Da Proteção à Maternidade'*, no sentido de elencar diversos direitos, tais como a proibição de dispensa da mulher por motivo de matrimônio ou de gravidez (art. 391); a estabilidade provisória no período de gravidez até 5 meses após o parto (art. 391-A); a licença-maternidade (art. 392), inclusive à mãe adotante (art. 392-A); o direito de romper o contrato quando prejudicial à gestação (art. 394); os descansos especiais para amamentação no curso da jornada (art. 396); e a garantia de local adequado para amamentação no ambiente de trabalho (art. 400).

Tem-se, portanto, que diversos diplomas legislativos pátrios e as convenções internacionais da OIT vêm evoluindo na construção de um sistema de proteção efetivo ao trabalho da mulher, especialmente nos períodos em que ela necessita de uma maior tutela, quais sejam, na gravidez e na lactação.

4. Lei n. 13.287/2016

A Lei n. 13.287, de 11 de maio de 2016, acrescentou à CLT o art. 394-A, que assegura à empregada gestante ou lactante o afastamento, enquanto durar a gestação e a lactação, de quaisquer atividades, operações ou locais insalubres, portanto devendo exercer suas atividades em local salubre.

Trata-se de previsão de natureza cogente, que vai ao encontro do princípio da dignidade da pessoa humana, tendo por objetivo proteger não só a saúde da mulher gestante e lactante, mas também o direito ao nascituro e a proteção da criança lactente contra as doenças causadas por agentes nocivos presentes em ambientes insalubres.

Ocorre que a previsão normativa causou grandes discussões doutrinárias acerca de sua aplicabilidade prática.

Observa-se, primeiramente, que a lei entrou em vigor na data de sua aplicação, não conferindo aos empregadores tempo razoável e necessário para se adequar a nova regulamentação.

Outra crítica feita ao novo dispositivo é que a norma é muito genérica, não sendo clara em especificar em quais atividades e em que grau de insalubridade deveriam ser afastadas as empregadas, bem como não deixando certo se o empregador arcará com o ônus decorrente do afastamento por longo período de suas funcionárias nos casos em que não existam funções salubres em outros setores da empresa, a exemplo dos hospitais.

Há ainda quem defenda que a lei seria desnecessária, haja vista que o art. 392, § 4º, da CLT, já concede às empregadas gestantes o direito de transferência de função, quando as condições de saúde o exigirem, assegurada a retomada da função anteriormente exercida, logo após o retorno ao trabalho.

Diante da tal panorama, a referida lei foi objeto de Ação Direta de Inconstitucionalidade ajuizada perante o Supremo Tribunal Federal (ADIn n. 5.605), ajuizada pela Confederação Nacional de Saúde, Hospitais e Estabelecimentos e Serviços (CNS), sob o argumento de que a previsão normativa ofende os princípios constitucionais da livre-iniciativa, do livre exercício da profissão e da igualdade de gêneros. Asseverou-se ainda que a citada lei, ao tentar proteger as trabalhadoras gestantes e lactantes, acabou por discriminá-las, violando-se frontalmente o princípio constitucional da isonomia.

Ocorre que o direito à livre iniciativa deve ser analisado e interpretado conjuntamente com princípios tais quais o da dignidade da pessoa humana e o da proteção à vida, e até mesmo o princípio da função social da propriedade, o que afasta a ideia de uso absoluto da empresa por seu proprietário. Repita-se, faz-se mister que a integridade física das mulheres gestantes e lactantes no ambiente laboral seja preservada, em obediência ao princípio da dignidade da pessoa humana, insculpido no art. 1º, III, da Constituição Federal, consistente no vetor axiológico do Estado Democrático de Direito.

Disso decorre, inclusive, a indisponibilidade absoluta desse direito, ainda que sob o argumento da liberdade de exercício da profissão, uma vez que a saúde da trabalhadora gestante e, muito especialmente, a do nascituro, não constitui valor sujeito à autonomia contratual.

5. Alterações promovidas pela Lei n. 13.467/2017

Com a entrada em vigor da reforma trabalhista, advinda com a Lei n. 13.467/2017, a restrição ao trabalho de grávidas e lactantes em ambientes insalubres restará abrandada, uma vez que se levarão em consideração alguns requisitos para o afastamento das empregadas de atividades insalubres.

O texto da nova lei prevê:

> Art. 394-A. Sem prejuízo de sua remuneração, nesta incluído o valor do adicional de insalubridade, a empregada deverá ser afastada de:
>
> I — atividades consideradas insalubres em grau máximo, enquanto durar a gestação;
>
> II — atividades consideradas insalubres em grau médio ou mínimo, quando apresentar atestado de saúde, emitido por médico de confiança da mulher, que recomende o afastamento durante a gestação;
>
> III — atividades consideradas insalubres em qualquer grau, quando apresentar atestado de saúde, emitido por médico de confiança da mulher, que recomende o afastamento durante a lactação.
>
> § 2º Cabe à empresa pagar o adicional de insalubridade à gestante ou à lactante, efetivando-se a compensação, observado o disposto no art. 248 da Constituição Federal, por ocasião do recolhimento das contribuições incidentes sobre a folha de salários e demais rendimentos pagos ou creditados, a qualquer título, à pessoa física que lhe preste serviço.
>
> § 3º Quando não for possível que a gestante ou a lactante afastada nos termos do *caput* deste artigo exerça suas atividades em local salubre na empresa, a hipótese será considerada como gravidez de risco e ensejará a percepção de salário-maternidade, nos termos da Lei n. 8.213, de 24 de julho de 1991, durante todo o período de afastamento § 3º.

Como se pode inferir da nova redação conferida ao art. 396-A da CLT, as mulheres grávidas não podem prestar serviços em local de insalubridade de grau máximo, porém nos demais graus (médio e mínimo) só serão afastadas se houver atestado recomendando a necessidade de afastamento, assinado por um médico de sua confiança.

Em relação às lactantes, poderão estas trabalhar em locais insalubres, seja em grau máximo, médio ou mínimo, a não ser que haja recomendação médica em sentido contrário. Tal norma, o que desde já se compreende, tem sido objeto de forte questionamento, inclusive quando o projeto de lei tramitou no Senado Federal, o seu relator, embora tenha concluído pela não modificação do texto aprovado pela Câmara dos Deputados, casa de origem, registrou entender equivocado o dispositivo, curiosamente 'sugerindo' ao Presidente da República o 'conserto' por meio de Medida Provisória ou veto.

Por outro lado, verifica-se que, ao contrário da redação pré-reforma, que nada previa acerca da impossibilidade de aproveitamento das empregadas em outras funções, a redação dada ao art. 394-A da CLT, além de assim prever, inovou, ao estabelecer que o adicional de insalubridade por ventura pago sem que empregada trabalhe em ambiente insalubre, será compensado quando da ocasião do recolhimento previdenciário empresarial respectivo. Ademais, a empregada gestante receberá salário-maternidade quando não puder trabalhar, não sendo, portanto, de responsabilidade do empregador o pagamento de salário durante o período de afastamento, cabendo ao INSS a concessão do benefício previdenciário.

Sob outra vertente, a intenção do legislador, o que já foi afirmado, também contempla a preservação da saúde da criança, em face dos elementos nocivos presentes no ambiente de trabalho de sua genitora, constituindo direito fundamental de indisponibilidade absoluta, inclusive, pela inaptidão volitiva do nascituro, cujo patrimônio é protegido pelo ordenamento jurídico desde o momento da concepção (art. 2º do Código Civil brasileiro).

Importante ressaltar que a novel regulamentação busca evitar prejuízo financeiro para as empregadas gestantes, já que poderão continuar recebendo o adicional de insalubridade durante o período de afastamento, que será pago pelo empregador, com compensação quando do recolhimento das contribuições previdenciárias. Trata-se, portanto, de importante norma de proteção às empregadas grávidas ou lactantes, pois o referido adicional tem natureza de salário-condição, inclusive podendo ser suprimido se desaparecidas as circunstâncias que justificavam seu pagamento, sem que isso implique em ofensa ao principio da irredutibilidade salarial.

6. Advento da MP n. 808

Quando da discussão do PL 6.787/2016 no Senado Federal, em virtude da celeridade que os legisladores queriam impor à tramitação do referido projeto de lei, eles decidiram que, apesar dos equívocos existentes em diversos artigos, deveriam os ajustes ser realizados por Medida Provisória pelo Presidente da República, olvidando-se de seu mister de casa revisora, conforme prevê o art. 65 da Constituição Federal de 1988.

Nesse contexto, após três dias da entrada em vigor da Lei n. 13.467/2017, o Presidente Michel Temer editou a Medida Provisória n. 808, realizando diversas mudanças na redação dos artigos da Lei, dentre as quais sejam: impõe novas regras para a jornada de trabalho 12x36 (art. 59-A); estabelece uma quarentena de 18 (dezoito) meses entre a demissão de um trabalhador e sua contratação como intermitente (art. 452-G); vincula a indenização por danos morais ao teto do RGPS, entre 3 (três) e 50 (cinquenta) vezes esse limite, a depender da gravidade do dano (art. 223-G, § 1°); estabelece que o disposto na Lei n. 13.467, de 13 de julho de 2017, se aplica, na integralidade, aos contratos de trabalho vigentes (art. 2º).

Em virtude das críticas realizadas na redação do art. 394-A da CLT, a MP n. 808 também realizou alterações no seu teor, garantindo uma proteção maior às gestantes. A partir de agora, elas serão automaticamente afastadas, "enquanto durar a gestação", de atividades ou locais insalubres, sendo-lhes retirado o direito ao adicional, exceto no caso de operações insalubres em grau médio ou mínimo, quando a empregada, voluntariamente, apresentar atestado médico que autorize sua permanência no exercício de suas atividades. Já em grau máximo, as grávidas ficam impedidas de exercer atividades nesses locais.

Por sua vez, as empregadas lactantes serão "afastadas de atividades e operações consideradas insalubres em qualquer grau quando apresentar atestado de saúde emitido por médico de sua confiança, do sistema privado ou público de saúde, que recomende o afastamento durante a lactação."

Cabe, portanto, ao Congresso Nacional avaliar a legalidade das mudanças realizadas pelo Presidente da República, no prazo de 60 (sessenta) dias, prorrogável por igual período (art. 62, § 7º, da CRFB/1988). Se não forem apreciadas em tal período ou rejeitadas pelo Poder Legislativo, a Medida Provisória perderá sua eficácia, "ressuscitando" o texto original da Lei n. 13.467/2017.

7. Conclusão

A Lei n. 13.467, que entrou em vigor em 11 de novembro de 2017, impactou diretamente a vida de milhões de trabalhadores no Brasil, e em ponto específico as empregadas lactantes e as gestantes, diante das alterações promovidas no art. 394-A da CLT. Com a edição da MP n. 808, o Poder Executivo Federal tentou atenuar as críticas ocorridas com a reforma, alterando o texto original do artigo mencionado, a fim de conferir uma maior proteção às gestantes.

Delineando-se, ainda que superficialmente, uma abordagem história e sistemática do arcabouço jurídico protetivo do trabalho realizado pelas mulheres ao longo das Constituições Brasileiras, da legislação infraconstitucional e das convenções internacionais da OIT, conclui-se que a reforma trabalhista, embora possibilite o trabalho das gestantes e lactantes em atividades insalubres, o condiciona a locais de insalubridade de grau médio ou mínimo, desde que a trabalhadora, voluntariamente, apresente atestado expedido por médico de sua confiança, o que em tese elimina o risco à saúde da mulher e do feto ou da criança. O risco da norma atuar de forma perversa decorre do fato do contrato individual do trabalho não ser paritário, impondo-se vigilância pelos órgãos de fiscalização e uma cuidadosa análise, quando for o caso, pela Justiça do Trabalho.

8. Referências bibliográficas

BRASIL. Constituição da República Federativa do Brasil. Brasília. DF: Senado. 1988. Disponível: <http://www.planalto.gov.br/ccivil_03/constituicao/constituicaocompilado.htm>. Acesso em: 23 set. 2017.

BRASIL. Consolidação das Leis do Trabalho, Decreto-Lei n. 5.452, de 1º de maio de 1943. Disponível em: <http://www.planalto.gov.br/ccivil_03/decreto-lei/Del5452.htm>. Acesso em: 23 set. 2017.

CASSAR, Vólia Bomfim. *Direito do trabalho*. 14. ed. Rio de Janeiro: Método. 2017.

DELGADO, Mauricio Godinho. *Curso de direito do trabalho*. 16. ed. São Paulo: LTr, 2017.

GARCIA, Gustavo Felipe Barbosa. *Reforma trabalhista*. 2. ed. Salvador: JusPodivm, 2017.

Relação de emprego "*versus*" trabalho autônomo: fim do princípio da primazia da realidade?

Adriana L. S. Lamounier Rodrigues(*)
José Caldeira Brant Neto(**)

1. Introdução

Vivemos num mundo de contrários, antônimos que se conjugam a todo tempo, se embaralham, se fundem, algumas vezes se dissolvem e outras permanecem caminhando lado a lado.

O Direito do Trabalho, desde suas origens, foi permeado por paradoxos, pois carrega em si "o aprendizado dos dominadores e, ao mesmo tempo, os gérmens da resistência dos dominados" (GENRO, 1979) e ainda tem a missão de se fazer incidir quando cessa a autonomia e aparece o poder empregatício.

Porém, apesar das contradições e múltiplas funções, a solidez do Direito Social do Trabalho é o seu fundamento em alguns princípios norteadores. E, de forma já progressista, afirmava o professor Evaristo de Moraes Filho (1965 p. 13) que "em nenhum direito se encontra uma sede de justiça distributiva tão intensa como no Direito do Trabalho".

No Direito do Trabalho brasileiro, a Consolidação das Leis Trabalhistas — CLT — "percebeu (e recolheu) o que acontecia na realidade" (VIANA, 2014); o Direito recolhe informações da realidade para se reconstruir.

A CLT é também repleta de palavras escritas e não escritas, ou ainda, de vozes e silêncios (VIANA, 2014), sendo as leis as vozes ou as palavras escritas e os princípios as não escritas ou os silêncios. Silêncios esses que propiciam a força das palavras escritas, que dão alma ao corpo 'celetista'.

Os princípios juslaborais conferem espírito à CLT, dimensionando o seu sentido e o seu alcance (FELICIANO, 2017). Aliás, o Direito reconhece o papel estruturante de seus princípios imanentes, sem o qual o "Direito objetivo seria um conjunto acrítico de normas positivas mais ou menos coerentes entre si" (FELICIANO, 2017, p. 121).

E nesse sistema principiológico do Direito do Trabalho, temos, de acordo com Américo Plá Rodriguez (2000), o Princípio da Proteção (a espinha dorsal do sistema), o Princípio da Primazia da Realidade, o Princípio da Boa-Fé, o Princípio da Irrenunciabilidade, o Princípio da Continuidade e o Princípio da Razoabilidade.

O Princípio da Primazia da Realidade é, pois, um dos princípios basilares do sistema juslaboral. Portanto, sua aplicação é imperativa no momento da hermenêutica das normas-regras da legislação trabalhista.

Como se sabe, as normas laborais são resultado da correlação de forças sociais (FERREIRA, 2002), e, assim, o Direito do Trabalho para poder fazer incidir sua norma, volta-se aos fatos, de modo a descortinar a realidade e verificar a "manifestação fenomenológica do fator trabalho" (RODRIGUEZ, 2000).

Nesse sentido, o presente trabalho objetiva analisar a relação de emprego e o art. 442-B introduzido pela reforma trabalhista na CLT, à luz do princípio imanente da Primazia da Realidade e da conceituação da pedra de toque do contrato de trabalho, qual seja, a subordinação.

Para isso, primeiramente, analisar-se-ão os pressupostos fático-jurídicos da relação de emprego, dando ênfase ao fundamental elemento da subordinação e à sua evolução conceitual.

Após, far-se-á um panorama sobre o Princípio da Primazia da Realidade e a sua aplicação na legislação trabalhista, principalmente em relação ao incoerente art. 442-B, *caput*, inserido pela Lei n. 13.467/2017.

E, por fim, será examinado como a jurisprudência juslaboral brasileira tem feito para caracterizar o vínculo empregatício e aplicado o Princípio da Primazia da Realidade, e ainda elencados os enunciados aprovados na Segunda Jornada de Direito Material e Processual do Trabalho

(*) Advogada. Doutora em Direito do Trabalho pela Universidade Federal de Minas Gerais (UFMG) em cotutela com a Universidade de Roma Tor Vergata (2017). Master em Direito Sindical pela Universidade de Roma Tor Vergata. Bacharel em Direito pela UFMG (2011).
(**) Advogado, com atuação especial em Direito Coletivo do Trabalho por mais de 45 anos. Sócio da Caldeira Brant Sociedade de Advogados. Bacharel em Direito pela Universidade Federal de Minas Gerais (1970). Membro de várias comissões de concurso para magistrado no Tribunal Regional do Trabalho da Terceira Região.

acerca do tema. Ainda será feita uma prospectiva no sentido da imperatividade dos princípios e da sistematicidade da CLT ao invés da interpretação exegética de uma regra incoerente como o art. 442-B, incorporado à CLT desde o dia 11 de novembro de 2017.

2. Pressupostos fático-jurídicos

A Consolidação das Leis Trabalhistas (CLT) em seus arts. 2º e 3º conceitua empregador e empregado, estabelecendo ser o primeiro aquele que assume os riscos da atividade econômica, admite, assalaria e dirige a prestação pessoal de serviço e o segundo toda pessoa física que prestar serviços de natureza não eventual a empregador, sob a dependência deste e mediante salário.

A partir desses dispositivos legais, é possível identificar os cinco pressupostos[2] fático-jurídicos da relação de emprego, quais sejam: pessoa física, pessoalidade, não eventualidade, onerosidade e subordinação.

O trabalhador é sempre uma pessoa física que presta serviços *intuito personae*. Como bem detalha Luiz Otávio Renault (2011, p. 33), "marcas personalíssimas são deixadas no resultado do trabalho, por quem o executa, em proveito de quem nem sempre gosta de exibir o seu rosto".

O vínculo consuma-se com cada trabalhador, per si, e direta é a relação de cada um com a empresa. Outra consequência, como observa Vilhena (1975, p. 171) "é que não há empregado de empregado: o empregado deste é empregado de quem seja empregador", ou seja, é inviável a substituição de posições jurídicas.

O empregado, de forma personalíssima, ainda executa seu trabalho não eventualmente, seu serviço insere-se no núcleo matricial da produção da empresa. De acordo com Russomano (1960 p. 47), só é serviço eventual aquele que não faz parte normal do estabelecimento, o que não impede, porém, que esteja essencialmente ligado à existência da empresa. Assim, o conceito de eventualidade parte da concepção de serviço essencial e permanente na vida da empresa (VILHENA, 1975).

Ademais, para toda prestação há que haver uma contraprestação pecuniária, pois o serviço tem um preço. É, portanto, lógico o pressuposto da onerosidade.

Todos esses quatro pressupostos são bem característicos. Porém, eles, por si sós, não seriam capazes de solucionar casos limítrofes, de delimitar a natureza jurídica numa zona cinzenta. Por isso, o quinto pressuposto, a subordinação, é considerado a pedra de toque do contrato de emprego. O pressuposto que delineia onde termina a autonomia e onde começa o poder empregatício.

Como bem descreve Alonso Garcia (1960, p. 51), basta imaginar uma pirâmide de cabeça para baixo para se ver todo o Direito do Trabalho em seu plano superior e em seu ápice inferior a subordinação.

Conceituar o trabalhador como subordinado é dizer que ele se encontra sob ordens que podem ser explícitas ou implícitas, rígidas ou maleáveis, constantes ou esporádicas, em ato ou potência (RENAULT, 2011). Ele faz o que é determinado por quem admite, assalaria e dirige a prestação de serviços.

A noção de trabalhador subordinado deve ser elaborada em conformidade com as finalidades concretas de tutela perseguidas pelas normas trabalhistas (PORTO, 2008). Paulo Emílio Ribeiro de Vilhena (1975, p. 220) assevera que "a subordinação é um conceito dinâmico, como dinâmicos são em geral os conceitos jurídicos se não querem perder o contato com a realidade social a que visam exprimir e equacionar". E por isso o conceito de subordinação vinha evoluindo na doutrina e jurisprudência.

Já nas décadas 1960 e 1970, momento que marca a expansão do Direito do Trabalho, afirmava De La Cueva que a subordinação é um poder-dever-jurídico. Iniciava-se a construção do conceito objetivo de subordinação. Observava já Vilhena, ao trazer o autor alemão Jacobi, precursor da conceituação objetiva da subordinação, para o Direito do Trabalho brasileiro que:

> A objetivação da relação de trabalho, em que se acentua a prestação (Jacobi) como núcleo de captação objetivada dos interesses em tráfico, preserva o trabalhador no respeito que se deve à pessoa humana, que não se sujeita, porque a ordem jurídica está estruturada no respeito mínimo à dignidade do indivíduo como pessoa, cuja vontade vinculante não elimina a vontade vinculada (VILHENA, 1975, p. 231).

De forma esclarecedora arremata Vilhena que a subordinação é a participação integrativa da atividade do trabalhador na atividade do credor de trabalho (VILHENA, 1975, p. 232).

Também Romita conceitua a subordinação como objetiva, explicando que ela se manifesta não pela intensidade das ordens empresariais, mas, sim, pela simples integração da prestação laborativa do trabalhador nos fins da empresa, aos objetivos perseguidos pelo tomador, aos fins do empreendimento. Nesse sentido, o obreiro seria subordinado caso a sua atividade se integrasse aos objetivos empresariais (PORTO, 2008).

Já Mauricio Godinho Delgado apresenta a tese da subordinação estrutural, explicitando que é estrutu-

(2) O pressuposto compõe-se de um fato ou de uma forma (lógica) que se alojam na raiz do fenômeno a ser demonstrado (VILHENA, 1975, p. 163). O pressuposto indica essencialidade.

ral, pois a subordinação se manifesta pela "inserção do trabalhador na dinâmica do tomador de seus serviços, independentemente de receber (ou não) suas ordens diretas, mas acolhendo, estruturalmente, sua dinâmica de organização e funcionamento" (DELGADO, 2011).

José Eduardo Chaves Júnior e Marcus Mendes defendem ser a subordinação não apenas estrutural, mas também reticular. Segundo eles, a subordinação jurídica é reticular, pois pode se formar na retina dos múltiplos agentes econômicos coordenados pela unidade central, de modo silencioso e aparentemente incolor e até indolor, e através de instrumentos jurídicos de associação empresária, em que nenhuma atividade econômica especializada é desenvolvida pelo suposto empregador, que se envolve na produção de um determinado resultado acordado com a unidade central (MENDES; CHAVES JÚNIOR, 2007)

Lorena Porto aprofunda a progressão do conceito ao formular a subordinação integrativa que é formada a partir da conjugação da noção de subordinação objetiva com os critérios que excluem a autonomia, acima mencionados, podendo ser assim definida:

> A subordinação, em sua dimensão integrativa, faz-se presente quando a prestação de trabalho integra as atividades exercidas pelo empregador e o trabalhador não possui uma organização empresarial própria, não assume riscos de ganhos ou de perdas e não é proprietário dos frutos do seu trabalho, que pertencem, originariamente, à organização produtiva alheia para a qual presta a sua atividade (PORTO, 2008, p. 130).

E, ainda, considerando as experiências telemáticas e informatizadas de comando do trabalho humano, Daniela Muradas e Eugênio Corassa desenvolvem a subordinação por algoritmos. De acordo com os referidos autores, tendo em vista as formas manifestadas no Uber e no Lyft e em seus semelhantes, a subordinação por algoritmos se manifesta pelo exercício de um "controle totalizante, uma subordinação totalizante a um controle de qualidade exercido pelos consumidores, que esconde o verdadeiro papel de dominação, controle e disciplina dos novos meios de trabalho" (REIS; CORASSA, 2016, p. 06).

Contudo, apesar do avanço da doutrina e da jurisprudência, a atual conjuntura sociopolítica brasileira e sua onda conservadora, fundamentada no neoliberalismo e na austeridade e que culminou na aprovação da reforma trabalhista, quer, sob a roupagem da flexibilização e sob o disfarce da autonomia, dificultar a configuração da relação de emprego.

Já afirmava Danièle Linhart que "por trás da aparência da autonomia esconde-se uma reapropriação pelas direções e pelas chefias da autonomia dos assalariados" (LINHART, 2007, p. 121).

3. Princípio da primazia da realidade sobre a forma

Dentre os mais relevantes axiomas do Direito do Trabalho encontra-se o Princípio da Primazia da Realidade. O clássico Mario De La Cueva já anunciava ser o contrato de trabalho um contrato-realidade.

O Direito do Trabalho fundamenta-se na essência ao invés da aparência, na realidade fática ao invés da formalidade vazia. Até porque, sendo o Direito Social do Trabalho um direito construído por atores sociais que muitas vezes foram aprisionados por formalidades injustas, nada mais coerente que tal ramo do Direito se baseie na realidade do quotidiano, nos fatos sociais e não somente na aparente situação descrita em textos formais.

Nei Martins e Marcelo Mauad (2008, p. 50) explicam que esse princípio "refere que a existência de uma relação de emprego depende não do que as partes pactuaram, mas da situação real em que o trabalhador se veja colocado". Ademais, afirmam que "se as estipulações consignadas no contrato não corresponderem à realidade, carecerão de qualquer valor jurídico".

O Princípio da Primazia da Realidade sobre a Forma atua de modo a buscar a verdadeira intenção das partes (MEIRELLES, 2009) e a desmascarar tentativas de desvirtuamento da legislação trabalhista, desvelando documentos, acordos, contratos e outros textos formais, de modo a se descobrir a real situação do trabalhador.

O dispositivo que melhor reflete tal princípio é o art. 9º da CLT, uma vez que o desvirtuamento e a fraude são incompatíveis com a realidade fática. Ao comentar o art. 9º da Consolidação das Leis do Trabalho, Valentin Carrion (1998, p. 67) explica que desvirtuar a aplicação dos preceitos trabalhistas significa "dar-lhe efeitos que não são os desejados pela intenção legal". O referido dispositivo legal impõe, assim, a incidência das normas sobre os fatos tal qual ocorrem na realidade e não de acordo com o que está registrado (CARNEIRO, 2016).

3.1. O art. 442-B à luz do Princípio da Primazia da Realidade

A reforma trabalhista é um dos mais graves ataques à legislação trabalhista dos últimos 70 anos. Trata-se do aniquilamento de inúmeras normas laborais. De acordo com Giorgi, Loguércio e Lopes[3], o substitutivo desloca o eixo de proteção social, baseado no princípio de que o "trabalho não é mercadoria", para um sistema individualista, baseado na lógica do mercado, retrocedendo até mesmo aos princípios fixados no Código Civil brasileiro.

E também o ataque da reforma se dirigiu, em vários dispositivos, ao basilar Princípio da Primazia da Realidade. Para se ilustrar, tomemos alguns exemplos: as alterações relativas ao salário, retirando a natureza salarial de várias verbas, como, por exemplo, das diárias e dos prêmios; a absurda alteração que estabelece não ser a duração do trabalho e intervalos considerados como normas de saúde, higiene e segurança do trabalho, desafiando não só a realidade como também as leis da natureza e a ciência médica; e o amorfo art. 442-B que tenta fazer a forma prevalecer sobre a realidade ao estipular, em seu *caput*, que 'a contratação do autônomo, cumpridas as formalidades legais, com ou sem exclusividade, de forma contínua ou não, afasta a qualidade de empregado prevista no art. 3º desta Consolidação' (BRASIL, 2017).

Citando o expressivo texto da magistrada Valdete Souto Severo (2017, p. 4), "se o trabalhador for efetivamente autônomo, é de necessidade nenhuma regra que disponha que, em tal caso, não há vínculo de emprego, se existe a necessidade de introduzir uma regra como essa na CLT é porque se pretende disfarçar o óbvio, estimular a burla à legislação trabalhista".

Não é difícil perceber que o art. 442-B tenta mascarar a realidade, de modo a inclusive tentar legitimar a fraude. Porém, esqueceu-se o legislador de que o sistema justrabalhista brasileiro fundamenta-se em sólidos princípios como o Princípio da Proteção e o Princípio da Primazia da Realidade. Princípios esses que impedem qualquer tentativa de legitimação da fraude e que tornam inválidas as letras que atentam contra a sistematicidade da CLT.

Nunca é demais relembrar que o contrato de trabalho é um contrato-realidade (DE LA CUEVA) e, portanto, trata-se de um "contrato informal, tanto no sentido de que ele nasce mesmo sem forma específica, por mero desenvolvimento da atividade laboral, quanto o contrato tenha recebido formalização própria de outra modalidade, quando de fato seja relação de emprego" (LIMA, 2017, p. 09).

Além das incompatibilidades do referido artigo, outro modo de contorná-lo é justamente a identificação da existência da subordinação na relação; se houver, não há contrato de prestação de serviços que prevaleça sobre a realidade da participação integrativa da atividade do trabalhador na atividade do credor de trabalho (VILHENA, 1975), a realidade de um controle totalizante (MURADAS, 2017) exercido pelo tomador de serviços, a realidade de uma estrutural inserção do trabalhador na dinâmica do tomador de seus serviços (DELGADO, 2011).

Assim, o contrato-realidade de subordinação prevalece sobre a forma de contrato de trabalhador "autônomo".

4. Análise da Delimitação da Autonomia e da Subordinação na Jurisprudência

Há casos em que, à primeira vista, autonomia e subordinação "como que se esfumam em uma névoa composta de elementos homogêneos" (VILHENA, 1975, p. 248). E, diante disso, os julgadores, têm que, na concretude fática, determinar a configuração do vínculo, tendo em vista a delimitação de onde termina a autonomia e onde começa o poder empregatício.

Para efeito de ilustração, num interessante caso[4] do Tribunal Regional do Trabalho da Terceira Região, o Desembargador Sebastião Geraldo de Oliveira (BRASIL, 2015), de forma ponderada, clara e objetiva, delimitou como se identificar a diferença entre contrato de associação e contrato de emprego, como conjugar a realidade fática para se encontrar os pressupostos fático-jurídicos da relação de emprego, de modo a descortinar aquilo que estava encoberto por uma formalidade de associação.

Afirmou o referido Desembargador, no referido caso, que estava presente a subordinação jurídica, diferencial para a configuração da relação de emprego e afastamento de pretenso contrato de associação, pois evidente o controle e direcionamento da atividade pelo empregador e possibilidade de exercício do poder de direção e disciplinar. Acrescenta, ainda, que o fato de os profissionais terem notório conhecimento, sendo alguns, inclusive, mestres e doutores, não inviabiliza uma contratação fraudulenta, visto que "o conhecimento não exclui a possibilidade de o profissional se ver na necessidade pessoal de ter que alienar sua mão de obra intelectual e se submeter a termos contratuais fraudulentos" (BRASIL, 2015).

Em outro caso em que autonomia e subordinação pareciam se confundir, o Ministro Mauricio Godinho Delgado (BRASIL, 2015), valendo-se do Princípio da Primazia da realidade sobre a Forma[5], bem elucidou a

(3) GIORGI, Fernanda; LOGUERCIO, José Eymard; LOPES, Antônio Fernando. *Nota técnica sobre a reforma trabalhista*: análise preliminar do Substitutivo ao Projeto de Lei n. 6.787/2016. Disponível em: <http://www.bancarioscampinas.org.br/index.php?id=53&tx_ttnews[tt_news]=8154&cHash=eeaa53d3e0c21be1b5bfa49a5b6e6bd9>.

(4) TRT 3ª Região. Segunda Turma. RO 00849-2014-001-03-00-7. Relator: Des. Sebastião Geraldo de Oliveira. Data de Julgamento: 27.10.2015. Data de Publicação:

(5) Prevalece na Justiça do Trabalho o princípio da primazia da realidade sobre a forma (princípio do contrato-realidade), que preconiza que se deve pesquisar, preferentemente, a prática concreta efetivada ao longo da prestação de serviços, independentemente da vontade eventualmente manifestada pelas partes na respectiva relação jurídica (BRASIL, 2015).

questão ao descortinar a relação contratual. De acordo com ele, o contrato envolvia "explícito direcionamento objetivo do Reclamado sobre a forma de efetuação da prestação do trabalho pelo Reclamante, demonstrando a clara existência da assimetria no *poder de direção/subordinação*, característica da relação empregatícia". E ainda esclareceu que, no caso dos autos, era evidente a dimensão "estrutural da subordinação, mediante a inteira inserção do profissional contratado na organização do escritório, em sua dinâmica de funcionamento e na cultura jurídica e organizacional nele preponderante" (BRASIL, 2015).

No Rio de Janeiro, também o Desembargador José da Fonseca[(6)] desvelou a situação ao buscar a realidade fática em que a formalidade de cooperativa tentava encobrir a relação de emprego. Conforme sua relatoria (BRASIL, 2013), tendo a identificação da relação de trabalho de natureza empregatícia seu suporte investigatório no princípio da primazia da realidade e sendo os fatos jurídicos da relação, evidenciados nos autos, o seu fator determinante, tendo sido comprovado que o autor prestava serviços à cooperativa com subordinação jurídica e ligada diretamente à sua atividade-fim, impõe ser afastada a relação de cooperativado e reconhecer o vínculo de emprego.

Como se pode observar, a jurisprudência é harmônica no sentido de afirmar que é no cenário do chão dos fatos[(7)] que se define a verdadeira relação jurídica existente entre as partes. E não se admite que aquele que presta serviços mediante subordinação e dependência econômica seja autônomo. Nessa circunstância, o reconhecimento do liame empregatício é medida que se impõe (BRASIL, 2014).

De forma objetiva, pondera o magistrado Jorge Luiz Souto Maior que o determinante da incidência do vínculo é a utilização da mão de obra alheia, sendo que não é qualquer prestação de serviços que delimita o campo de atuação do Direito do Trabalho e sim aquela que se execute de modo específico, qual seja: de forma não eventual, subordinada e mediante remuneração (SOUTO MAIOR, 2017).

Ademais, como forma de orientar, servir de parâmetro, em julgados futuros, para a interpretação do art. 442-B inserido pela Lei n. 13.467/17, a Segunda Jornada de Direito Material e Processual do Trabalho aprovou os enunciados ns. 51 a 54, que seguem transcritos:

ENUNCIADO N. 51. TRABALHADOR AUTÔNOMO EXCLUSIVO E ART. 9º DA CLT.

TRABALHADOR AUTÔNOMO EXCLUSIVO. RECONHECIMENTO DA RELAÇÃO DE EMPREGO. A NORMA DO ART. 442-B DA CLT NÃO IMPEDE O RECONHECIMENTO DA RELAÇÃO DE EMPREGO, QUANDO PRESENTES OS PRESSUPOSTOS DOS ARTS. 2º E 3º DA CLT E CONFIGURADO O DESVIRTUAMENTO DO TRABALHO AUTÔNOMO, COM FRAUDE À RELAÇÃO DE EMPREGO, À LUZ DO ART. 9º DA CLT.

ENUNCIADO N. 52. TRABALHADOR AUTÔNOMO EXCLUSIVO E PRIMAZIA DA REALIDADE.

PRIMAZIA DA REALIDADE SOBRE A FORMA. É A PRIMAZIA DA REALIDADE, E NÃO A FORMALIDADE EXTERIORIZADA DE ATOS E NEGÓCIOS JURÍDICOS, QUE DEVE SER CONSIDERADA PARA O RECONHECIMENTO DO VÍNCULO DE EMPREGO (ARTS. 2º E 3º DA CLT) OU DE TRABALHO AUTÔNOMO (ART. 442-B DA CLT).

ENUNCIADO N. 53. TRABALHO AUTÔNOMO CONTÍNUO E EXCLUSIVO. LIMITES E INTERPRETAÇÃO CONFORME: INTELIGÊNCIA DO ART. 442-B DA CLT À LUZ DA CONSTITUIÇÃO FEDERAL.

PRESUME-SE O VÍNCULO EMPREGATÍCIO DIANTE DA PRESTAÇÃO DE SERVIÇOS CONTÍNUA E EXCLUSIVA, UMA VEZ QUE A RELAÇÃO DE EMPREGO É DIREITO FUNDAMENTAL (ARTS. 1º, III E IV, 5º, *CAPUT* E 7º DA CF/1988), DEVENDO O ART. 442-B DA CLT SER INTERPRETADO CONFORME A CONSTITUIÇÃO FEDERAL PARA AFASTAR A CARACTERIZAÇÃO DO TRABALHO AUTÔNOMO SEMPRE QUE O TRABALHADOR, NÃO ORGANIZANDO A PRÓPRIA ATIVIDADE, TENHA SEU LABOR UTILIZADO NA ESTRUTURA DO EMPREENDIMENTO E INTEGRADO À SUA DINÂMICA.

ENUNCIADO N. 54. TRABALHADOR AUTÔNOMO EXCLUSIVO E FORMAS JURÍDICAS IRREAIS.

O ART. 442-B DA CLT NÃO PERMITE A CONTRATAÇÃO DE TRABALHADOR CONSTITUÍDO SOB A FORMA DE PESSOA JURÍDICA, DE MICROEMPREENDEDOR INDIVIDUAL (MEI) E DE EMPRESA INDIVIDUAL DE RESPONSABILIDADE LIMITADA (EIRELI), ENTRE OUTRAS, QUANDO PRESENTES OS PRESSUPOSTOS PARA O RECONHECIMENTO DA RELAÇÃO DE EMPREGO (ARTS. 2º E 3º DA CLT)

4.1. O entendimento consolidado acerca da aplicação do Princípio da Primazia da Realidade tende a continuar

No momento legislativo, muitas foram as tentativas de se reduzir ou, até mesmo, eliminar o Direito do Trabalho. Os discursos atécnicos feitos antes da aprovação da reforma pregavam ser a CLT o algoz, a causa de todos os males, de toda a crise econômica do país. Não era a corrupção, não era a sonegação, não era a falta de fiscalização, não era a má gestão, não era o contexto internacional; era somente o Direito do Trabalho (com sua 'ultrapassada' CLT de 1943) o grande culpado. Diante

(6) RO 01513006220055010072, TRT 1ª Região, Nona Turma, Relator: Des. Jose da Fonseca Martins Junior. Julgamento: 29.10.2013. Publicação: 28.11.2013

(7) Parafraseando o Relator Luiz Carlos Gomes Godoi no julgamento do RO 00005394420135020255, 2ª Turma, Publicação: 11.2.2014 Julgamento: 5.2.2014.

dessa falácia, muitos são os dispositivos inseridos na CLT que, sob a roupagem da flexibilização, intencionam violar princípios norteadores do Direito do Trabalho.

Porém, uma lei ordinária não tem o condão de destruir princípios, de violar a sistematicidade de toda uma consolidação duramente conquistada pelos trabalhadores brasileiros. Não houve outorga do Direito do Trabalho brasileiro, houve luta[8] e conquista. Uma lei ordinária também não pode se sobrepor às Convenções Internacionais, haja vista o controle de supralegalidade e, muito menos, pode ferir a Constituição Federal e os princípios nela consagrados.

Mas, apesar de todo movimento de demonstração das inconstitucionalidades e das incongruências e ataques aos princípios, os legisladores ignoraram o diálogo social e aprovaram a incongruente reforma trabalhista que tenta, sob a forma de modernização, ocultar a real intenção de desmonte de direitos sociais.

Se fôssemos aplicar, no momento legislativo, o Princípio da Primazia da Realidade, a forma seria a de um novo Direito do Trabalho, mais moderno, mais flexível, mais adaptado ao tempo atual, porém, a realidade é de retrocesso social, de um Direito Empresarial, da prevalência do poder econômico sobre o equilíbrio social.

Porém, no momento interpretativo, não se ignorarão os princípios basilares do Direito do Trabalho, não se ferirá a Constituição Federal, não se ignorarão as Convenções da Organização Internacional do Trabalho. Os intérpretes do Direito devem, portanto, fazer uma leitura sistemática, analisar o sentido da CLT, trazer à tona os fundamentos da Constituição da República e não se sucumbirem à exegética de uma legislação atécnica e incompatível com o sistema juslaboral brasileiro.

Portanto, em relação à aplicação do art. 442-B, tal dispositivo não terá o condão de impedir a declaração do vínculo de emprego quando o chão dos fatos revelar o liame.

O brilhantismo do Direito do Trabalho consiste justamente em desvelar o fato social, em trazer a justiça onde a regra isolada estabelece a opressão. Pode-se dizer que o art. 9º da CLT é sua coluna vertebral porque somente eliminando a fraude se consegue erguer o Direito do Trabalho.

Logo, o legitimar a fraude, por mais que tenha sido a missão dos legisladores, não é a dos intérpretes. Os intérpretes continuarão a buscar a realidade, a desconfigurar qualquer tipo de fraude, a desvelar a subordinação encoberta, a aplicar a Constituição, ainda que, para isso, tenham que invalidar a lei ordinária.

5. Conclusão

Diante do exposto, pode-se concluir que não se deixará de aplicar o Princípio da Primazia da Realidade. Isso porque o intérprete do Direito, ao analisar a situação jurídica para se verificar a incidência da relação de emprego, fará prevalecer a realidade e desvelará os vínculos empregatícios encobertos sob a forma de 'trabalho autônomo'.

O presente artigo pretendeu revisitar os pressupostos fático-jurídicos da relação de emprego e a evolução dos conceitos de subordinação, relembrar a fundamentalidade do Princípio da Primazia da Realidade no sistema juslaboral, demonstrar como tem sido aplicado tal princípio na jurisprudência trabalhista brasileira e apontar e antever o sentido da jurisprudência na aplicação de alguns dispositivos da Lei n. 13.467/17 e da MP n. 808/2017, como o art. 442-B.

Por fim, como já mencionado no último tópico, cabe-nos lembrar que os princípios gerais do trabalho (que são princípios constitucionais implícitos, nos termos de Canotilho) e a sistematicidade da Consolidação das Leis Trabalhistas não podem ser extintos por uma legislação infraconstitucional incongruente.

E, ainda, por mais que seja uma legislação com o intuito de precarizar as relações, de restringir direitos, teremos que, ao interpretar e aplicar as leis, lembrar a todos, legisladores e sociedade, que a resistência por meio da utilização dos princípios torna inválida a norma que fere a sistematicidade e os fundamentos do sistema jurídico trabalhista.

Assim como nos anos 1990 as tentativas flexibilizadoras e precarizantes por parte dos legisladores não puseram fim aos princípios norteadores do Direito do Trabalho, também a atual reforma trabalhista não colocará fim à resistência da doutrina, da jurisprudência e dos atores sociais.

Diante da crise, da adversidade, o Direito do Trabalho recolhe minuciosamente os fatos sociais e se reconstrói a partir de sua fundação (os princípios) e do empenho de seus atores, ainda que para isso tenha que invalidar dispositivos legais incompatíveis.

Referências bibliográficas

ALONSO GARCIA, Manuel. *Derecho del trabajo*. Madrid: CSIC, 1957.

BARASSI, Ludovico. *Il diritto del lavoro*. Giuffrè. Milano, 1957.

BARROS, Alice Monteiro de. Trabalhadores intelectuais — subordinação jurídica. Redimensionamento. *Revista de Direito do Trabalho*, v. 115, p. 23-42, jul./set. 2004.

(8) Como bem descreve Evaristo de Moraes Filho (1978), "as massas operárias lutaram durante um triênio — e ainda lutam hoje e continuarão a lutar — pelo advento de leis que lhes melhorassem as condições de vida. Houve greves, lutas, sangue, desespero, prisões, morte. Como falar-se em pobres-diabos, sem líderes, sem ideias, sem aspirações que receberam tudo que se lhes queria dar como favores espontâneos e unilaterais".

________. *Curso de direito do trabalho*. Atualização de: ALENCAR, Jessé Claúdio Franco de. 10. ed. São Paulo: LTr, 2016.

BRASIL. Lei n. 13.467 de 13 de julho de 2017. Disponível em: <http://www.planalto.gov.br/ccivil_03/_ato2015-2018/2017/lei/L13467.htm>.

BRASIL. TRIBUNAL REGIONAL DO TRABALHO DA 1ª REGIÃO. RO 01513006220055010072, Nona Turma, Relator: Des. Jose da Fonseca Martins Junior. Julgamento: 29.10.2013. Publicação: 28.11.2013.

BRASIL. TRIBUNAL REGIONAL DO TRABALHO DA 2ª REGIÃO. Segunda Turma. RO 00005394420135020255, Relator: Luiz Carlos Gomes Godoi. Data do Julgamento: 5.2.2014. Data da Publicação: 11.2.2014.

BRASIL. TRIBUNAL REGIONAL DO TRABALHO DA 3ª REGIÃO. Segunda Turma. RO 00849-2014-001-03-00-7. Relator: Des. Sebastião Geraldo de Oliveira. Data de Julgamento: 27.10.2015. Data de Publicação: 29.1.2016.

BRASIL. TRIBUNAL SUPERIOR DO TRABALHO. Terceira Turma. AIRR 963-42.2011.5.02.0066. Relator: Min. Mauricio Godinho Delgado. Data de Julgamento: 27.5.2015. Data de Publicação: 5.6.2015.

CANOTILHO, J. J. Gomes. *Direito constitucional e teoria da Constituição*. 5. ed. Coimbra: Almedina, 2002.

CARNEIRO, Laura Elizandra Machado. A primazia da realidade no direito do trabalho brasileiro sob a óptica do constructivismo lógico-semântico. *Revista de Direito do Trabalho*. São Paulo, v. 172, p. 157-168, nov./dez. 2016.

DE LA CUEVA, Mario. *Derecho mexicano del trabajo*. 4. ed. Mexico: Porrua, 1959.

DELGADO, Mauricio Godinho. *Manual de direito do trabalho*. São Paulo: LTr, 2011.

DEVEALI, Mario. *Lineamientos de derecho del trabajo*. Buenos Aires: Ed. Argentina, 1948.

FELICIANO, Guilherme Guimarães. Dos princípios do Direito do Trabalho no mundo contemporâneo. In: SIQUIERA, Germano; FELICIANO, Guilherme Guimarães; ARIANO, Silvana Abramo; SANTOS, José Aparecido dos; GRILLO, Sayonara (Orgs.). *Direito do trabalho*: releituras, resistências. São Paulo: LTr, 2017.

FERREIRA, Antônio Casimiro. Para uma concepção decente e democrática do trabalho e dos seus direitos: (re)pensar o direito das relações laborais. In: SOUSA SANTOS, Boaventura (Org.). *Globalização*: fatalidade ou utopia? Porto: Afrontamento, 2002.

GENRO, Tarso Fernando. *Introdução à crítica do direito do trabalho*. Porto Alegre: LP&M, 1979.

GHIDINI, Mario. *Diritto del lavoro*. 3. ed. Padova: CEDAM, 1966.

GIORGI, Fernanda; LOGUÉRCIO, José Eymard; LOPES, Antônio Fernando. *Nota técnica sobre a reforma trabalhista*: análise preliminar do substitutivo ao projeto de Lei n. 6.787/2016. Disponível em: <http://www.bancarioscampinas.org.br/index.php?id=53&tx_ttnews[tt_news]=8154&cHash=eeaa53d3e0c21be1b5bfa49a5b6e6bd9>.

LIMA, Francisco Gérson Marques de. *Reforma trabalhista*: convite à hermenêutica no direito do trabalho, 2017. Disponível em: <http://www.excolasocial.com.br/informe-se/artigos/nossos-artigos/19/>.

LINHART, Danièle. *A desmedida do capital*. São Paulo: Boitempo, 2007.

MARTINS, Nei; MAUAD, Marcelo. *Lições de direito individual do trabalho*. São Paulo: LTr, 2008.

MENDES, Marcus Menezes Barberino; CHAVES JÚNIOR, José Eduardo Resende. Subordinação estrutural-reticular: uma perspectiva sobre a segurança jurídica. *Revista TRT 3ª Região*, Belo Horizonte, v. 46, n. 76, p. 197-218, jul./dez. 2007.

MORAES FILHO, Evaristo de. *Tratado elementar de direito do trabalho*. 2. ed. Rio de Janeiro: Freitas Bastos, 1965. v. I.

________. *O problema do sindicato único*: seus fundamentos sociológicos. 2. ed. São Paulo: Alfa-ômega, 1978.

MURADAS REIS, Daniela; CORRASSA, Eugênio. Subordinação por algoritmos. In: PAES LEME, Ana Carolina R.; RODRIGUES, Bruno Alves; CHAVES JÚNIOR, José Eduardo de R. (Coords.). *Tecnologias disruptivas e a exploração do trabalho humano. A intermediação de mão de obra a partir das plataformas eletrônicas e seus efeitos jurídicos e sociais.*São Paulo: LTr, 2017.

RENAULT, Luiz Otávio Linhares. Subordinação: para quê? In: RENAULT, Luiz Otávio L.; CATELLI, Paula O.; PORTO, Lorena V.; NIGRI, Fernanda (Coords.). *Parassubordinação. Homenagem ao Professor Márcio Túlio Viana*. São Paulo: LTr, 2011.

RODRIGUEZ, Américo Plá. *Princípios de direito do trabalho*. 3. ed. São Paulo: LTr, 2002.

RUSSOMANO Mozart Victor. *Comentários à Consolidação das Leis do Trabalho*. 5. ed. Rio de Janeiro: J. Konfino, 1960.

SEVERO, Valdete Souto. *Análise do projeto de reforma trabalhista*. Disponível em: <http://www.jorgesoutomaior.com/blog/analise-do-projeto-de-reforma-trabalhista>. Acesso em: 20 ago. 2017.

SOUTO MAIOR, Jorge Luiz. *2017. A CLT de Temer*. Disponível em: <http://www.jorgesoutomaior.com/blog/a-clt-de--temer-cia-ltda>.

VIANA, Márcio Túlio. *70 anos de CLT*: uma história de trabalhadores. Brasília: TST, 2013.

________. Os sentidos da CLT. *Revista da Faculdade Mineira de Direito*. PUC-Minas, v. 17, n. 33, 2014.

VILHENA, Paulo Emílio Ribeiro de. *Relação de emprego*: estrutura legal e supostos. São Paulo: Saraiva, 1975.

A regulamentação do trabalho intermitente: impactos para o trabalhador e para o mercado de trabalho

Maria Cecília Alves Pinto(*)

1. Introdução

A presente abordagem acerca do trabalho intermitente, introduzido no direito do trabalho brasileiro pela Lei n. 13.467, de 13.7.2017, responsável pela reforma trabalhista, posteriormente alterada pela Medida Provisória (MP) n. 808, de 14.11.2017, tem como meta uma aproximação teórica acerca desse instituto, mediante análise da previsão jurídica ora instituída, buscando vislumbrar os efeitos da sua aplicação para o trabalhador e também para o mercado de trabalho.

Nesse ponto, é importante ressaltar que a MP n. 808/2017 teve vigência por curto período, ou seja, a partir de 14.11.2017 até 23.04.2018, tendo em vista que, a despeito da previsão contida no art. 62/CF, não chegou sequer a ser pautada para votação na Câmara dos Deputados e, tampouco, no Senado Federal. Dessa forma, descumprido o preceito contido no § 3º do dispositivo constitucional invocado, tem-se que a sua não aprovação no prazo de 60 dias, prorrogado uma única vez por igual período, consoante previsão do § 7º, art. 62/CF, a Medida Provisória n. 808 perdeu a sua eficácia, ressalvado o disposto nos § 11 do art. 62/CF.

E o § 11 do citado art. 62 prevê que "Não editado o decreto legislativo a que se refere o § 3º até sessenta dias após a rejeição ou perda de eficácia de medida provisória, as relações jurídicas constituídas e decorrentes de atos praticados durante a sua vigência conservar-se-ão por ela regidas" (1). Essa situação não é tão simples no âmbito do direito do trabalho que consagra o art. 468/CLT, pelo qual só é válida "a alteração das respectivas condições, por mútuo consentimento, e, ainda assim, desde que não resultem direta ou indiretamente prejuízos ao trabalhador".

Nessa linha de pensamento, tendo-se como norte o disposto no art. 468/CLT e no art. 7º/CF, é possível concluir que a lei nova restritiva de direitos é aplicável apenas aos novos contratos, assim entendidos aqueles celebrados na vigência da referida lei. Esse o entendimento explicitado pelo C. TST no item III da Súmula n. 191, que afasta a incidência da alteração legislativa (§1º do art. 193/CLT) na base de cálculo do adicional de periculosidade, para os empregados com contratos anteriores à referida mudança.

Ou seja, os contratos firmados na vigência da MP n. 808/2017 serão por ela regidos no período da sua vigência, mas, sempre que se projetarem para além do marco final de sua vigência, dia 23.04.2018, voltam a ser regidos pelas disposições da Lei n. 13.467/2017, nos aspectos que lhes forem mais favoráveis.

O art. 443 da Consolidação das Leis do Trabalho (CLT) passou a ter a seguinte redação, após a alteração introduzida pela Lei n. 13.467/2017 (grifos acrescidos no *caput*, bem como no § 3º):

> **O contrato individual de trabalho poderá ser acordado tácita ou expressamente, verbalmente ou por escrito, por prazo determinado ou indeterminado, ou para prestação de trabalho intermitente.**
>
> § 1º Considera-se como de prazo determinado o contrato de trabalho cuja vigência dependa de termo prefixado ou da execução de serviços especificados ou ainda da realização de certo acontecimento suscetível de previsão aproximada.
>
> § 2º O contrato por prazo determinado só será válido em se tratando:
>
> a) de serviço cuja natureza ou transitoriedade justifique a predeterminação do prazo;
>
> b) de atividades empresariais de caráter transitório;
>
> c) de contrato de experiência.

(*) Desembargadora junto ao Tribunal Regional do Trabalho da 3ª Região. Doutora pela Universidad Pablo de Olavide, dentro do Programa de Doutorado "Desarrollo y Ciudadanía: Derechos Humanos, Igualdad, Educación e Intervención Social". *e-mail:* mcecilip@hotmail.com.

(1) O Ato Declaratório n. 22, de 24.04.2018, expedido pelo Presidente da Mesa do Congresso Nacional, fez saber que a Medida Provisória n. 808, de 14 de novembro de 2017, teve seu prazo de vigência encerrado no dia 23 de abril do corrente ano, qual seja, de 2018. Em 26.06.2018, foi expedido o ofício n. 338 (CN), subscrito pelo Presidente da Mesa do Congresso Nacional, pelo qual comunicou ao Sr. Presidente da Câmara dos Deputados o término do prazo para edição de Decreto Legislativo, regulando as relações jurídicas decorrentes da MP n. 808/2017, cuja vigência encerrou-se no dia 23.04.2018, o que faz com que incida o comando do § 11 do art. 62/CF, no sentido de que as relações jurídicas constituídas e decorrentes de atos praticados na vigência da MP sigam por ela regidas. Ofício disponível no *site* do Congresso Nacional, acesso em <https://legis.senado.leg.br/sdleg-getter/documento?dm=7749193&ts=1530640171585&disposition=inline&ts=1530640171585> , acessado em 10.07.2018.

§ 3º Considera-se como intermitente o contrato de trabalho no qual a prestação de serviços, com subordinação, não é contínua, ocorrendo com alternância de períodos de prestação de serviços e de inatividade, determinados em horas, dias ou meses, independentemente do tipo de atividade do empregado e do empregador, exceto para os aeronautas, regidos por legislação própria.

Antes, a legislação trabalhista apenas autorizava o contrato de trabalho por prazo determinado ou indeterminado, sendo este a regra. Para o contrato de trabalho por tempo determinado, foram descritas as hipóteses restritas em que é admitido, o que ocorre apenas em se tratando de serviço cuja natureza ou transitoriedade justifique a predeterminação do prazo, nas atividades empresariais transitórias ou nos contratos de experiência.

Com a reforma trabalhista, foi previsto também o contrato de trabalho intermitente, que pode ser firmado independentemente da atividade do empregado e do empregador, excluídos apenas os aeronautas que são regidos por legislação própria. Nele, é possível a alternância de períodos de prestação de serviços e de inatividade, fixados por horas, dias ou meses, desaparecendo uma das principais obrigações patronais, que é a de proporcionar ao empregado o trabalho, para o qual foi contratado. Isso ocorre porque, no contrato de trabalho intermitente, o trabalhador é convocado para o trabalho em determinado número de horas, dias ou meses, cabendo-lhe acolher ou não o chamado no prazo legal, estando supostamente livre para exercer quaisquer outras atividades do seu interesse, inclusive trabalhar para terceiros.

Importante anotar que a previsão do trabalho intermitente pela legislação brasileira ocorreu no bojo da denominada "reforma trabalhista", aprovada em momento político conturbado, instaurado após o *impeachment* da presidente Dilma Roussef, o que vem sendo apontado como verdadeiro golpe de Estado por inúmeros estudiosos. Naquele momento, o então vice-presidente Michel Temer assumiu a presidência da República e elegeu como prioritários dois grandes e nefastos projetos de governo, que atentam contra a classe trabalhadora: a reforma trabalhista e a reforma previdenciária.

Referido momento político, marcado por denúncias de corrupção contra inúmeros deputados, senadores, ministros de Estado e o próprio presidente da República, propiciou a aprovação da reforma trabalhista, sem prévio debate com a sociedade. A reforma foi divulgada pela grande mídia sob falsas premissas, dentre as quais a de que seria a solução para o desemprego, criando-se inúmeros novos postos de trabalho, além da veiculação da ideia de que não haveria supressão de quaisquer dos direitos conquistados pelos trabalhadores.

Pura ideologia[(2)] que mascarou a realidade por um discurso dissociado da verdadeira intenção que foi ocultada, pois a reforma, no seu conjunto, flexibilizou os direitos dos trabalhadores, destacando-se, dentre diversos outros, os seguintes aspectos: 1) permitiu a ampla e irrestrita terceirização de serviços, inclusive nas atividades-fim das empresas; 2) privilegiou a prevalência do negociado sobre o legislado; 3) suprimiu o pagamento das horas *in itinere*; 4) instituiu o contrato de trabalho intermitente, em que o trabalhador não tem a garantia ao trabalho e tampouco à percepção de um salário mínimo ao final do mês.

O retrocesso social imposto pela denominada reforma trabalhista revela a importância de se retomar a lição de Norberto Bobbio, segundo o qual os direitos humanos não são conquistados todos de uma vez e tampouco de uma vez por todas. Também é importante realçar a concepção que Joaquín Herrera Flores apresenta dos direitos humanos, como resultado, sempre provisório, das lutas empreendidas pelos seres humanos para o acesso aos bens necessários para viver.

A flexibilização do direito do trabalho como consequência da alteração das leis trabalhistas, com a supressão de direitos conquistados em processos de lutas sociais, revela ser premente e necessária a organização dos trabalhadores, visando ao desenvolvimento de estratégias para a construção de espaços de insurgência, a transformação da realidade e a criação de outra racionalidade econômica, em que seja conferida centralidade à vida, em que o ser humano e a natureza assumam posição de destaque. Tudo isso para a retomada dos direitos ora suprimidos e para a conquista de outros, objetivando conferir condições de vida digna aos trabalhadores e suas famílias.

O objetivo do presente trabalho é, assim, a apreensão do conteúdo do novo instituto, qual seja, o contrato de trabalho intermitente, desvendando os contextos que levaram à sua adoção, buscando identificar os prováveis e correspondentes impactos para os trabalhadores e para o mercado de trabalho.

2. A experiência do trabalho intermitente em outros países

A Lei n. 13.467/2017, por meio da qual foi concretizada a reforma trabalhista, como visto acima, alterou

(2) Marilena Chauí afirma que o significado napoleônico do termo ideologia é conservado por Marx, para quem "o ideólogo é aquele que inverte as relações entre as ideias e o real. Assim, a ideologia, que inicialmente designava uma ciência natural da aquisição, pelo homem, das ideias calcadas sobre o próprio real, passa a designar, daí por diante, um sistema de ideias condenadas a desconhecer sua relação real com o real." A ideologia é vista como conjunto de ideias que gera o mascaramento da realidade social, permitindo a legitimação da exploração e da dominação, fazendo com que o falso seja tomado como verdadeiro e o justo pelo injusto. CHAUÍ, Marilena. *O que é ideologia*. São Paulo: Brasiliense, 1989. p. 25. Antônio Carlos Wolkmer, analisando a crítica em Marx, aduz que "a 'crítica' aparece no marxismo como o discurso revelador e desmistificador das ideologias ocultadas que projetam os fenômenos de forma distorcida." WOLKMER, Antônio Carlos. *Introdução ao pensamento jurídico crítico*. São Paulo: Saraiva, 2009. p. 4.

o art. 443/CLT, introduzindo na legislação brasileira o denominado contrato de trabalho intermitente, "no qual a prestação de serviços, com subordinação, não é contínua, ocorrendo com alternância de períodos de prestação de serviços e de inatividade, determinados em horas, dias ou meses". Referido contrato independe do tipo de atividade do empregado e do empregador, sendo vedada a sua celebração apenas para os aeronautas, que são regidos por legislação própria.

Essa modalidade contratual encontra previsão na legislação estrangeira, podendo ser citada, dentre outros, a escala *just in time* no direito americano ou o denominado *zero hour contract* no direito inglês e também o contrato de trabalho intermitente previsto no direito português, utilizada a mesma terminologia adotada na legislação brasileira, ora em estudo.

Sobre o contrato de trabalho intermitente, Ivanderson Baldanza Dias Junior afirma que houve verdadeira importação do modelo adotado pelos Estados Unidos sob o título de escala *just in time*, em que o trabalho é convocado sob demanda. Invocando as constatações de Robert Reich, ex-secretário do trabalho no governo de Bill Clinton, o autor aponta que o modelo aumenta a eficiência empresarial, mas afasta a segurança das famílias dos trabalhadores, diante da imprevisibilidade do trabalho, sujeito a escala irregular, não contando com qualquer garantia de convocação, o que implica em compartilhamento dos riscos do empreendimento, pois, havendo demanda, o trabalhador será convocado para o trabalho e, caso não haja, não será convocado. Ou seja, o empregado não pode contar com o salário para a sua manutenção, pois poderá haver semanas ou meses em que não será chamado a trabalhar. E, sem horas de trabalho, não há direito a pagamento algum[3].

Flávio da Costa Higa afirma que o protótipo brasileiro "baseia-se no '*zero-hour contract*' do direito inglês", apontando como principal característica do instituto, previsto no art. 27-A do *Employment Rights Act 1996*, a ausência de "garantia de prestação de serviços e de recebimento de salário". Segundo o autor, a "doutrina estrangeira, aliás, acusa o '*zero-hour contract*' de ser apenas um rótulo para mascarar o crescimento da precarização" e acrescenta:

> A experiência britânica demonstra que a nossa inquietude não é em vão. O texto nacional não previne a migração de trabalhadores com contratos por prazo indeterminado para o trabalho intermitente, o que seria importante, pois o The Guardian, em 2013, revelou que 90% dos empregados ingleses do McDonald's trabalhavam sob *"zero-hour contract.*[4]

Em Portugal, o Código do Trabalho de 2009 (Lei n. 7/2009) previu, nos arts. 157 a 160, a modalidade de contrato de trabalho intermitente. Para André Almeida Martins:

> Esta figura contratual, conhecida, estudada e consagrada legalmente em vários países da Europa com ordenamentos jurídicos próximos do nosso, traduz-se, sobretudo, como veremos numa das submodalidades agora consagradas, o designado trabalho à chamada, "numa das mais flexíveis formas de emprego" que o Direito do Trabalho conhece.[5]

As graves consequências do trabalho intermitente já foram percebidas na Nova Zelândia, que baniu esse instituto pelo fato de não beneficiar aos trabalhadores, fato ocorrido a partir da "aprovação do *Employment Relations Amendment Act 2016*", que determinou: "os contratos de trabalho têm de especificar o mínimo de horas, os dias e os horários de trabalho"[6].

Essa rápida análise acerca do trabalho intermitente e respectiva regulamentação em outros países permite antever as graves consequências dessa modalidade contratual para o trabalhador brasileiro, que terá um contrato anotado em sua Carteira de Trabalho e Previdência Social (CTPS), sem garantia alguma de trabalho, o que dependerá do interesse patronal e respectivas convocações. Em decorrência, não terá também qualquer garantia à percepção de salário, pois naqueles meses em que não trabalhar, nada receberá. No aspecto, Mauricio Godinho Delgado inscreve o contrato de trabalho intermitente dentre as mais disruptivas inovações da reforma trabalhista, que afastou ou restringiu diversas das proteções, vantagens e garantias estruturadas pelo Direito do Trabalho em prol do trabalhador, apontando a "profunda insegurança quer quanto à efetiva duração do trabalho, quer quanto à sua remuneração" [7].

Segundo Rodrigo Soares Chagas, o contrato de trabalho intermitente impõe ao trabalhador a transferência dos riscos da atividade patronal, em detrimento do que dispõe o art. 2º da CLT, que atribui ao empregador a sua

(3) DIAS JÚNIOR, Ivanderson Baldanza. *Trabalho intermitente na reforma trabalhista.* Disponível em: <http://www.coutodecarvalho.com/2017/05/trabalho-intermitente-na-reforma-trabalhista/>. Acesso em: 15 jul. 2017.

(4) HIGA, Flávio da Costa. *Reforma trabalhista e contrato de trabalho intermitente.* Disponível em: <http://www.conjur.com.br/2017-jun-08/flavio-higa-reforma-trabalhista-contrato-trabalho-intermitente>. Acesso em: 15 jul. 2017.

(5) MARTINS, André Almeida. *O trabalho intermitente como instrumento de flexibilização da relação laboral*: o regime do Código de Trabalho de 2009. Disponível em: <https://iconline.ipleiria.pt/bitstream/10400.8/772/1/artigo2.pdf>. Acesso em: 19 jul. 2017.

(6) HIGA, Flávio da Costa. *Op. cit.*

(7) DELGADO, Mauricio Godinho. *Curso de direito do Trabalho.* São Paulo: LTr, 2018, 17. ed., p. 668.

assunção[8]. Isso porque o fato de a empresa ter ou não demanda por trabalho, ao menos a princípio, não deveria impactar o contrato laboral, deixando o trabalhador em regime de inação não remunerada, como previsto no § 3º do art. 443/CLT, em análise.

Nessa linha de raciocínio importa buscar compreender o contrato de trabalho intermitente e seus impactos para os trabalhadores e para o mercado de trabalho.

3. O contrato de trabalho intermitente: impacto para os trabalhadores e para o mercado de trabalho

Como já anotado acima, o contrato de trabalho intermitente foi introduzido na legislação trabalhista brasileira no bojo da reforma trabalhista.

Trata-se de contrato de trabalho que consagra a supressão da mais importante garantia para o trabalhador, que é aquela concernente ao cumprimento de uma regular jornada de trabalho, com o correspondente pagamento de salário ao final do mês. Isso significa dizer que o trabalhador vinculado ao contrato intermitente deixa de ter a garantia da oferta regular de trabalho, bem como ao salário correspondente, uma vez que poderá ocorrer de não ser convocado para o trabalho sequer uma única vez em dado mês, quando nada receberá.

Nessa nova modalidade de contratação, o laborista será excluído das estatísticas do desemprego, o que pode corroborar o discurso governamental no que diz respeito à criação de novos postos de trabalho, mas a sua condição assemelhar-se-á à do desempregado, pois os chamados para o trabalho serão parecidos com os atuais "bicos", a que se sujeitam aqueles que não acessam o mercado formal de trabalho por via do emprego. E no mais das vezes não terá acesso ao seguro-desemprego, pois não haverá qualquer interesse patronal na dispensa imotivada desse empregado, na medida em que basta não mais convocá-lo ao trabalho, a nada se obrigando em termos de parcelas trabalhistas.

Veja-se que, com a perda de eficácia da MP 808, não mais subsiste o disposto no art. 452-D, que previa a rescisão de pleno direito do contrato intermitente após o decurso de um ano sem qualquer convocação do empregado pelo empregador. Ou seja, o contrato segue vigente, pouco importando o lapso temporal sem prestação de trabalho. Também a situação prevista no § 2º do art. 452-E/CLT, que expressamente excluía o direito do trabalhador intermitente à percepção do seguro-desemprego, somente prevalecerá para aqueles pouquíssimos contratos iniciados e rescindidos na vigência da MP.

Importa a seguir fazer um estudo comparativo entre o trabalho eventual e o trabalho intermitente, buscando perceber as diferenças entre essas duas modalidades contratuais, além de avaliar a real necessidade de o contrato de trabalho intermitente ser escrito e quais são os patamares salariais devidos ao trabalhador. Também é preciso tentar entender a figura da convocação do trabalhador para a prestação de serviços, o que decorre da ausência de uma jornada contratual de trabalho e, ao final, fazer uma breve análise acerca das verbas asseguradas ao laborista nesse novo modelo contratual.

3.1. Trabalho eventual x trabalho intermitente

Segundo Amauri Mascaro Nascimento, em artigo publicado no ano de 2008, ou seja, bem antes da edição da Lei n. 13.467/2017, o trabalho intermitente difere do trabalho eventual[9]. Para ele:

> A diferença reside no caráter cíclico continuado do trabalho intermitente com intervalos entre o fim de um e o início de outro ciclo de atividade

(8) SOARES, Rodrigo Chagas. Caminhando da jornada móvel e variável para o trabalho intermitente. *Revista Magister de Direito do Trabalho*, ano IX, n. 54, p. 101/115.

(9) Acerca do trabalho eventual, constou de artigo anterior escrito por essa magistrada que: "Em síntese, partindo da análise das teses doutrinárias acima citadas, é possível extrair a necessidade do cotejo da teoria dos fins da empresa e a da fixação jurídica, para aferição do elemento fático-jurídico da não eventualidade, com vistas a identificar a existência ou não de vínculo de emprego em dado caso concreto. Não se pode olvidar que sendo o trabalhador contratado para atuar em atividades ligadas aos fins normais da empresa, a regra geral é no sentido de a vinculação ser de índole empregatícia, embora possa ser firmada sob a regência jurídica peculiar dos contratos por tempo determinado, tal como previsto no art. 443/CLT ou por meio do trabalho temporário, regido pela Lei n. 6.019/74. Assim, a teoria do evento, tal como apresentada por Godinho Delgado, tende a ser mitigada, sendo insuficiente para afastar a natureza empregatícia da relação de trabalho havida, na modalidade do contrato de trabalho por tempo determinado. Da mesma forma que ocorreu com o requisito da subordinação para a identificação do vínculo de emprego, que em determinado momento teve o seu conceito elastecido, por meio de releitura da doutrina e da jurisprudência, em relação ao conceito de não eventualidade do trabalho prestado por pessoa física, devem ser, igualmente, ampliadas as hipóteses de sua ocorrência, restringindo-se, como consequência, a noção do que seja o trabalho eventual. Como a CLT insere dentre os elementos imprescindíveis para a identificação do "empregado", aquele atinente à não eventualidade dos serviços prestados, torna-se relevante a análise conjugada das teorias dos fins da empresa com a da fixação jurídica, sem olvidar dos demais elementos apontados pelo Professor Ribeiro de Vilhena. Ou seja, será não eventual o trabalho oneroso prestado por pessoa física, em regime de subordinação jurídica, desde que desenvolvido em prol de outrem, uma pessoa física ou jurídica determinada (teoria da fixação jurídica), inserindo-se também no padrão dos fins normais do empreendimento. Dentro dessa ótica, serão eventuais, por exclusão, as atividades remanescentes, ou seja, aquelas que não se encaixarem nessa delimitação. Assim, será não eventual, para fins de reconhecimento do vínculo de emprego, o trabalho prestado em prol de uma determinada empresa e que esteja inserido dentro dos seus fins normais, restando ao intérprete do direito perquirir também, como parece óbvio, acerca da presença, ou não, dos demais requisitos ditados pelos arts. 2º e 3º/CLT." ALVES PINTO, Maria Cecília. *As novas ferramentas tecnológicas de gestão de mão de obra e a necessária releitura do elemento fático-jurídico da não eventualidade na relação de emprego. Tecnologias disruptivas e a exploração do trabalho humano: a intermediação de mão de obra a partir das plataformas eletrônicas e seus efeitos jurídicos e sociais* / LEME, Ana Carolina Reis Paes; RODRIGUES, Bruno Alves; CHAVES JÚNIOR, José Eduardo de Resende (Coords.). São Paulo: LTr, 2017. p. 201.

para a mesma fonte. Pode-se dizer que no caso do eventual, como está no nome, o trabalho é para um evento de curta duração e no trabalho intermitente há um retorno constante intervalado com ausências de duração expressiva.[10]

No direito brasileiro, partindo da previsão contida no art. 3º/CLT, o contrato de trabalho estabelece-se sempre que presentes os requisitos correspondentes à pessoalidade, não eventualidade, onerosidade e subordinação.

Para Alice Monteiro de Barros e Jessé Cláudio Franco de Alencar, a relação de emprego constitui espécie da relação de trabalho, sendo ambas modalidades de relação jurídica, que é pautada pela atribuição de direitos e deveres a cada uma das partes, pressupondo a existência de duas pessoas e de uma norma qualificadora dessa relação jurídica.[11] Para os referidos autores:

> Os principais elementos da relação de emprego gerada pelo contrato de trabalho são: a) a pessoalidade, ou seja, um dos sujeitos (o empregado) tem o dever jurídico de prestar os serviços em favor de outrem pessoalmente; b) a natureza não eventual do serviço, isto é, ele deverá ser necessário à atividade normal do empregador; c) a remuneração do trabalho a ser executado pelo empregado; d) finalmente, a subordinação jurídica da prestação de serviços ao empregador.[12]

Conjugando a teoria de Amauri Mascaro com a de Alice Monteiro e Jessé Alencar, verifica-se que a principal distinção entre o trabalho eventual e o trabalho intermitente é que a eventualidade do trabalho afasta a configuração do vínculo empregatício, já que o art. 3º da CLT registra a não eventualidade como requisito do contrato de emprego.

Por outro lado, o trabalho intermitente, por força de lei, constitui forma excepcional de típico contrato de emprego, caracterizado pela presença dos requisitos enumerados no art. 3º do diploma consolidado, ou seja, pela pessoalidade, onerosidade e subordinação jurídica. No que diz respeito à não eventualidade, a própria lei cuidou de esclarecer que a existência de lapsos temporais sem trabalho não descaracteriza a subordinação jurídica no contrato de trabalho intermitente, pouco importando sequer que alguns desses lapsos sem trabalho decorram da recusa da convocação por parte do trabalhador e outros da própria ausência de convocação pelo empregador.

Acerca da não eventualidade, Flávio da Costa Higa vê, com razão, uma antinomia entre o disposto no art. 3º/CLT, que seguiu inalterado quanto à necessidade de prestação habitual de serviços e o contrato de trabalho intermitente. Segundo ele:

> O contrato de trabalho intermitente abala os alicerces do Direito do Trabalho em vários aspectos. O primeiro advém do fato de os arts. 443, § 3º e 452-A obliterarem a habitualidade como elemento da relação de emprego. Isso porque "independentemente da pessoalidade ou da subordinação, aquele que presta serviços em caráter eventual não é empregado. É, na realidade, por oposição à definição legal, um trabalhador eventual." Todavia, o texto coloca o trabalhador intermitente numa posição ontológica de imprevisibilidade, mas mantém a essência da relação de emprego, sem alterar a redação do art. 3º da CLT. Concebe, assim, uma antinomia, porquanto ninguém pode "ser e não ser" ao mesmo tempo.[13]

Por força da nova regulamentação, há o estabelecimento de autêntico vínculo empregatício quando a contratação envolver o trabalho intermitente, fato que decorre da sua inserção no bojo do art. 443/CLT, inicialmente restrito ao contrato de trabalho por tempo determinado, somado ao disposto no art. 452-A/CLT, quanto ao rol de direitos associados a esse contrato e o fato de haver previsão expressa, pelo § 3º deste último dispositivo legal, no sentido de que a recusa do trabalhador à convocação para a prestação de serviços "não descaracteriza a subordinação para fins do contrato de trabalho intermitente".

Dessa forma, a par da necessidade de o contrato de trabalho intermitente ser celebrado por escrito, anota-se a obrigação patronal de seu registro na CTPS do trabalhador, nos moldes previstos no art. 29 e seguintes da CLT, circunstância expressamente anotada também no *caput* do art. 452-A/CLT.

Importante registrar ainda que os contratos intermitentes somente poderão ser celebrados para novos vínculos empregatícios, estando os trabalhadores contratados sob a égide da legislação trabalhista anterior protegidos contra as alterações contratuais *in pejus*, por força do que dispõe o art. 468/CLT, cujo *caput* segue vigente mesmo após a reforma trabalhista. Referido dispositivo legal, como visto acima, reputa ilícita qualquer alteração das condições de trabalho, desde que resultem, direta ou indiretamente, prejuízos ao empregado, pouco importando nessa hipótese o mútuo consentimento, pois qualquer alteração contratual lesiva é cominada de nulidade.

---

(10) NASCIMENTO, Amauri Mascaro. A tutela trabalhista além da relação de emprego no Brasil. *Revista de Direito do Trabalho*, v. 129/2008, p. 369-376, jan./mar. 2008.

(11) BARROS, Alice Monteiro de. *Curso de direito do trabalho*. São Paulo: LTr, 2016. p. 147.

(12) *Idem*.

(13) HIGA, Flávio da Costa. *Op. cit.*

Nem se cogite, tampouco, de uma possível rescisão contratual, para que possa ser celebrado em seguida novo contrato, na modalidade intermitente. É que também esse ato pode ser declarado fraudulento, por força do disposto no art. 9º/CLT, cuja redação não foi alterada pela reforma trabalhista, e que reputa nulos os atos praticados com o objetivo de desvirtuar, impedir ou fraudar a aplicação dos preceitos contidos na CLT.

Ou seja, qualquer intento patronal de converter os atuais contratos por tempo indeterminado em contratos intermitentes encontra impeditivo na legislação trabalhista, pois esses trazem um conjunto de direitos muito inferior ao assegurado pela CLT aos trabalhadores. Nesse sentido, caso levada a efeito essa alteração contratual lesiva, poderá ser ela reputada nula, por força do que dispõem os arts. 9º e 468/CLT.

Vedação nesse sentido foi parcialmente explicitada pelo art. 452-G/CLT, introduzido pela MP n. 808/2017, que vedou, até 31.12.2020, a contratação pelo mesmo empregador de trabalhador sujeito a contrato de trabalho indeterminado, e que tenha sido dispensado, como trabalhador intermitente, pelo prazo de 18 meses, contado da rescisão contratual. Perdendo eficácia a Medida Provisória, igualmente fica sem valor o marco temporal nela fixado, cabendo à Justiça do Trabalho, na análise de cada caso concreto, decidir pela presença ou não de fraude.

E, como acima anotado, estando em vigor os arts. 9º e 468/CLT, a dispensa do empregado e sua recontratação por meio de contrato de trabalho intermitente, em curto ou mesmo em médio período de tempo, poderá ser considerada como fraude a direito do trabalhador.

Importa agora investigar a redação do *caput* do art. 452-A/CLT, no que diz respeito à necessidade de celebração de contrato de trabalho escrito e também o seu inciso II combinado com o § 12, quanto aos patamares salariais assegurados ao trabalhador intermitente.

3.2. Necessidade de contrato de trabalho escrito e patamares salariais devidos ao trabalhador intermitente

Além das alterações introduzidas no art. 443/CLT acerca do contrato de trabalho intermitente, a Lei n. 13.467/2017 introduziu também o art. 452-A na CLT. Referido dispositivo legal assim dispôs no seu *caput*:

> O contrato de trabalho intermitente deve ser celebrado por escrito e deve conter especificamente o valor da hora de trabalho, que não pode ser inferior ao valor horário do salário mínimo ou àquele devido aos demais empregados do estabelecimento que exerçam a mesma função em contrato intermitente ou não.
>
> A MP n. 808/2017 alterou essa redação, introduzindo os incisos I, II e III, da seguinte forma:
>
> I – identificação, assinatura e domicílio ou sede das partes;
>
> II – valor da hora ou do dia de trabalho, que não poderá ser inferior ao valor horário ou diário do salário mínimo, assegurada a remuneração do trabalho noturno superior à do diurno e observado o disposto no § 12; e
>
> III – o local e o prazo para o pagamento da remuneração.

Os requisitos que foram introduzidos pela MP, no que se referem à identificação, assinatura e domicílio das partes, constituem requisito de qualquer contrato. O mesmo se diga quanto ao local e prazo para o pagamento da remuneração, o que, via de regra, também é acordado nos demais contratos de trabalho. De qualquer forma, a ausência de estipulação nesses aspectos resultaria na aplicação automática da legislação de regência, como sempre ocorreu no âmbito do direito do trabalho. Já no que diz respeito aos patamares remuneratórios, a previsão contida no inciso II segue presente no *caput* da redação original do artigo.

Por se tratar de modalidade de contratação excepcional, o trabalho intermitente deve ser ajustado por escrito, eis que a regra é a celebração do contrato de trabalho indeterminado, em que o empregador assume os riscos da atividade econômica (art. 2º/CLT), garantindo ao trabalhador a oferta de trabalho e salário previamente pactuados (art. 3º/CLT), responsabilizando-se pelo pagamento também do tempo à sua disposição tal como previsto no art. 4º/CLT.

Dessa forma, a existência de contrato formal e escrito constitui essência do contrato de trabalho intermitente, não se admitindo a contratação tácita ou verbal. Inexistindo instrumento escrito, não há cogitar de contrato de trabalho intermitente, razão pela qual o ajuste havido entre as partes subsumir-se-á à regra geral, que é o contrato de trabalho por tempo indeterminado.

O disposto no § 12 do art. 452-A/CLT, com a redação atribuída pela MP n. 808, e que garantia a percepção do mesmo salário pago aos demais empregados do estabelecimento, que exerçam a mesma função em contrato intermitente ou não, segue assegurado pelo *caput* do artigo, na redação original.

Assim, foi garantido ao trabalhador intermitente o pagamento mínimo pela hora trabalhada equivalente ao valor horário do salário mínimo, não podendo a remuneração ser inferior ao montante devido aos demais empregados que na empresa exerçam a mesma função, seja ou não na condição de trabalhador intermitente.

O fato de a MP haver suprimido a expressão anotada no *caput* do art. 452-A, no sentido de que pouco importa o fato de os empregados paradigmas estarem sujeitos, ou não, a trabalho intermitente, a meu ver não poderá impedir o acesso do trabalhador intermitente contratado e dispensado na vigência do referido instrumento, ao montante salarial auferido pelos demais trabalhadores na empresa, desde que exerçam a mesma função, pouco importando sua contratação na modalidade de contrato por tempo indeterminado.

A isonomia ou equiparação salarial ditada pelo art. 461/CLT(14) assegura igual salário para trabalho de igual valor, desde que idêntica a função e prestado o labor ao mesmo empregador, na mesma localidade, sem distinção de sexo, nacionalidade ou idade. Após a reforma trabalhista, outros requisitos para a equiparação salarial foram adicionados, como, por exemplo, o trabalho no mesmo estabelecimento e a ausência de tempo superior a 4 anos em prol do empregador, em qualquer função, dentre outros.

Como visto acima, o art. 452-A/CLT garantiu ao trabalhador intermitente a percepção do salário devido aos demais empregados do estabelecimento que exerçam a mesma função, criando nova hipótese de isonomia salarial fora da previsão ditada pelo art. 461/CLT.

Referido dispositivo legal, qual seja, o art. 452-A/CLT, não previu as excludentes do direito à isonomia, concernentes à diferença de tempo do paradigma em prol do mesmo empregador superior a 4 anos e na função superior a 2 anos, ou de a empresa ter pessoal organizado em quadro de carreira ou adotar, por meio de norma interna ou de negociação coletiva, plano de cargos e salários.

Por se tratar de regulamentação extraordinária, referente a contrato de trabalho excepcional para o direito do trabalho, tem-se assegurado ao trabalhador intermitente que o valor previsto no *caput* do art. 452-A/CLT não será inferior àquele devido aos demais empregados do estabelecimento que exercerem a mesma função, como intermitente ou não, independentemente do preenchimento dos requisitos ditados pelo art. 461/CLT.

Segundo Souto Maior, o art. 452-A/CLT não garante ao trabalhador sequer a percepção do salário mínimo mensal, mas tão somente o salário mínimo correspondente à hora de trabalho, o que acaba por aniquilar "a necessária estabilidade econômica que os trabalhadores precisam ter enquanto seres humanos e também como consumidores", além de essa modalidade de contratação "favorecer a transposição de trabalhadores efetivos para a condição de intermitentes, com aumento da precarização, do sofrimento e da fragmentação da classe trabalhadora"(15). E acrescenta:

> A proposta gera subempregabilidade e impossibilita que o trabalhador atinja o tempo mínimo de contribuição para conseguir se aposentar. Além disso, aumentando a insegurança e o sofrimento, potencializa as causas de doenças profissionais, provocando custos sociais de diversas naturezas, que incluem até mesmo os desajustes familiares. A prática de pagar apenas pelas horas trabalhadas era o que ocorria antes das legislações trabalhistas serem aprovadas. Portanto, em vez de modernização o que se propõe é o retorno à lógica do século XVIII. Há evidente precarização do trabalho, exigindo do trabalhador que se vincule a dois ou mais empregadores e que permaneça à disposição, impedido de organizar sua vida, fazer cursos de aperfeiçoamento, programar viagens, etc. A afirmação de que o trabalho intermitente permitirá "a absorção pelo mercado de trabalho dos milhões de brasileiros que integram as estatísticas oficiais do desemprego, do subemprego e dos que desistiram de procurar por um emprego, após anos de busca infrutífera por uma ocupação no mercado" é mentirosa e mesmo pueril. É evidente que a possibilidade de transformação de contratos minimamente estáveis em contratos intermitentes não aumentará postos de trabalho. O reconhecimento do contrato a prazo indeterminado, com o pagamento dos repousos semanais, como a regra na relação entre capital e trabalho foi resultado de intensa luta dos trabalhadores e é exatamente isso que a reforma pretende atacar ao estabelecer a possibilidade de contrato intermitente. Mudam os nomes, mas a lógica é a mesma que provocou a revolta dos trabalhadores e que determinou o reconhecimento da necessidade do próprio sistema, de conferir certa segurança aos trabalhadores, inclusive para viabi-

(14) Também o art. 461/CLT foi alterado pela Lei n. 13.467/2017, sendo que apenas o § 4º conservou na íntegra a redação original. Transcreve-se a seguir a novel redação do art. 461/CLT:

Sendo idêntica a função, a todo trabalho de igual valor, prestado ao mesmo empregador, no mesmo estabelecimento empresarial, corresponderá igual salário, sem distinção de sexo, etnia, nacionalidade ou idade.

§ 1º Trabalho de igual valor, para os fins deste Capítulo, será o que for feito com igual produtividade e com a mesma perfeição técnica, entre pessoas cuja diferença de tempo de serviço para o mesmo empregador não seja superior a quatro anos e a diferença de tempo na função não seja superior a dois anos.

§ 2º Os dispositivos deste artigo não prevalecerão quando o empregador tiver pessoal organizado em quadro de carreira ou adotar, por meio de norma interna da empresa ou de negociação coletiva, plano de cargos e salários, dispensada qualquer forma de homologação ou registro em órgão público.

§ 3º No caso do § 2º deste artigo, as promoções poderão ser feitas por merecimento e por antiguidade, ou por apenas um destes critérios, dentro de cada categoria profissional.

§ 4º O trabalhador readaptado em nova função por motivo de deficiência física ou mental atestada pelo órgão competente da Previdência Social não servirá de paradigma para fins de equiparação salarial.

§ 5º A equiparação salarial só será possível entre empregados contemporâneos no cargo ou na função, ficando vedada a indicação de paradigmas remotos, ainda que o paradigma contemporâneo tenha obtido a vantagem em ação judicial própria.

§ 6º No caso de comprovada discriminação por motivo de sexo ou etnia, o juízo determinará, além do pagamento das diferenças salariais devidas, multa, em favor do empregado discriminado, no valor de 50% (cinquenta por cento) do limite máximo dos benefícios do Regime Geral de Previdência Social."

(15) SOUTO MAIOR, Jorge Luiz. *Os 201 ataques da "reforma" aos trabalhadores*. Disponível em: <http://www.jorgesoutomaior.com/blog/os-201-ataques-da-reforma-aos-trabalhadores>. Acesso em: 15 ago. 2017.

lizar o consumo. Afronta a inteligência de quem lida diariamente com o Direito do Trabalho, e especialmente da classe trabalhadora, pretender retirar direitos ao argumento de que há uma preocupação em gerar postos de trabalho.(16)

Nessa linha de raciocínio, não haverá criação de novos postos de trabalho, como anunciado pelo governo, mas sim a precarização daqueles existentes atualmente, sendo importante a análise já empreendida, acerca dos limites impostos pela legislação trabalhista no que diz respeito às alterações contratuais *in pejus*, dentre elas a transformação dos atuais contratos por tempo indeterminado em contratos de trabalho intermitente. Entretanto, o empregador, descompromissado com a função social da empresa e que optar pela utilização do trabalho intermitente, poderá fazê-lo relativamente a novos empregados, sendo certo que o uso dessa estratégia poderá resultar na dispensa paulatina ou mesmo massiva dos atuais trabalhadores a ele vinculados, o que certamente provocará importante dano de ordem social.

Na sequência será examinada a figura jurídica da convocação do trabalhador para a prestação de serviços e a ausência do direito a uma jornada de trabalho regular.

3.3. A convocação do trabalhador para a prestação de serviços: ausência de uma jornada contratual de trabalho

Os §§ 1º a 5º do art. 452-A/CLT dizem respeito à convocação do trabalhador para a prestação de serviços, tendo a seguinte redação:

> § 1º O empregador convocará, por qualquer meio de comunicação eficaz, para a prestação de serviços, informando qual será a jornada, com, pelo menos, três dias corridos de antecedência.
>
> § 2º Recebida a convocação, o empregado terá o prazo de um dia útil para responder ao chamado, presumindo-se, no silêncio, a recusa.
>
> § 3º A recusa da oferta não descaracteriza a subordinação para fins do contrato de trabalho intermitente.
>
> § 4º Aceita a oferta para o comparecimento ao trabalho, a parte que descumprir, sem justo motivo, pagará à outra parte, no prazo de trinta dias, multa de 50% (cinquenta por cento) da remuneração que seria devida, permitida a compensação em igual prazo.
>
> § 5º O período de inatividade não será considerado tempo à disposição do empregador, podendo o trabalhador prestar serviços a outros contratantes.

Pela previsão da MP n. 880/2017, foram suprimidos os §§ 4º e 5º, sendo que o § 2º do art. 452-A/CLT passou a ter seguinte redação:

> § 2º Recebida a convocação, o empregado terá o prazo de vinte e quatro horas para responder ao chamado, presumida, no silêncio, a recusa.

Esse prazo de 24 horas terá aplicação apenas para os atos praticados na vigência da MP n. 808/2017, sendo que depois volta o regramento atinente ao prazo de um dia útil, na redação original da Lei n. 13.467/2017.

Acerca da jornada de trabalho, Mauricio Godinho Delgado afirma que é o "lapso temporal diário em que o empregado se coloca à disposição do empregador em virtude do respectivo contrato", constituindo a medida principal do tempo que o empregado disponibiliza ao seu patrão como resultado do cumprimento do contrato de trabalho que os vincula.(17) E acrescenta que:

> A jornada mede a principal obrigação do empregado no contrato — o tempo de prestação de trabalho ou, pelo menos, de disponibilidade perante o empregador. Por ela, mensura-se, também, em princípio, objetivamente, a extensão de transferência de força de trabalho em favor do empregador no contexto de uma relação empregatícia. É a jornada, portanto, ao mesmo tempo, a medida da principal obrigação obreira (prestação de serviços) e a medida da principal vantagem empresarial (apropriação de serviços pactuados). Daí sua grande relevância no cotidiano trabalhista e no conjunto das regras inerentes ao Direito do Trabalho.(18)

Os §§ 1º ao 5º do art. 452-A/CLT introduzem uma ruptura no regramento do contrato de trabalho, no pertinente ao estabelecimento prévio de uma jornada de trabalho, qual seja, na definição da quantidade de tempo diário que o empregado irá disponibilizar em prol do seu empregador. No contrato de trabalho intermitente, não há pactuação de jornada, pois a oferta de trabalho fica condicionada ao interesse e à necessidade patronal, a quem caberá convocar o empregado para a prestação de serviços.

A grande consequência dessa alteração legislativa é o impacto gerado no valor do salário, pois, a par de o trabalhador não se obrigar ao cumprimento de uma jornada, também não lhe é assegurada a percepção de qualquer montante salarial, sendo pago tão somente pelas horas trabalhadas, o que, na maioria das hipóteses, será insuficiente para atender às necessidades vitais, próprias e de sua família, com alimentação, moradia, lazer e outros, tal como previsto no inciso IV do art. 7º da Constituição da República (CR).

A garantia salarial atribuída ao trabalhador intermitente corresponde ao salário mínimo fixado para cada hora trabalhada, respeitado sempre o montante pago aos demais empregados que, no estabelecimento, exerçam a mesma função, como já visto.

(16) *Idem*.

(17) DELGADO, Mauricio Godinho. *Curso de direito do trabalho*. 16. ed. São Paulo: LTr, 2017. p. 973.

(18) *Idem*.

Na regência do contrato de trabalho intermitente, cabe ao empregador convocar o trabalhador, por qualquer meio de comunicação eficaz, para a prestação de serviços, informando qual será a jornada. Referida convocação deverá ser efetuada com, pelo menos, três dias corridos de antecedência.

Uma vez recebida a convocação, o empregado tem o prazo de um dia útil para responder ao chamado, ou de 24 horas na vigência da MP, e, na hipótese de ausência de manifestação, será presumida sua recusa, o que, entretanto, não descaracteriza o requisito da subordinação para fins do contrato de trabalho intermitente.

E, como o silêncio do trabalhador diante da convocação para o trabalho está previsto legalmente, não poderá ser invocado pelo empregador como falta para fins de imposição de justa causa, seja por abandono de emprego, ainda que esse silêncio implique em ausência no atendimento dos chamados por 30 dias ou mais, seja por ato de indisciplina ou de insubordinação, pois não há obrigação legal ao cumprimento de qualquer jornada ou mesmo de atendimento às convocações patronais que lhe são dirigidas.

O trabalhador pode, validamente, vincular-se a outro empregador ou dedicar-se ao desempenho de outro ofício que torne incompatível a sua adesão às convocações empresárias para o trabalho, as quais podem demorar a ocorrer, pelo fato de não estarem sujeitas a qualquer periodicidade mínima, sendo totalmente imprevisíveis por parte do trabalhador, que pode ser por elas surpreendido.

Como acima anotado, a redação original do art. 452-A/CLT, tal como inserida pela Lei n. 13.467/2017 consagra os §§ 4º e 5º transcritos, revogados pela MP n. 808/2017. Com a perda de eficácia da MP, referidos dispositivos retomam sua redação original. Note-se que, no respeitante ao § 5º, a MP deslocou a previsão a ele concernente para o art. 452-C, explicitando que o período de inatividade é o "intervalo temporal distinto daquele para o qual o empregado intermitente haja sido convocado e tenha prestado serviços, nos termos do § 1º do art. 452-A", definição que não constava do § 5º do art. 453-A/CLT, por ela suprimido.

A previsão contida no § 4º do art. 452-A/CLT, de o descumprimento do acordado pelo empregado, sem justo motivo, após aceita a oferta para o comparecimento ao trabalho, impor-lhe o pagamento de multa de 50% (cinquenta por cento) da remuneração que seria devida, a meu ver, contraria o disposto no art. 2º/CLT, ao transferir para o trabalhador o risco da atividade econômica, malferindo também o princípio da intangibilidade salarial. Esse talvez seja o motivo da revogação do dispositivo poucos dias após a vigência da Lei n. 13.467/2017, por meio da MP n. 808/2017. Entretanto, com a perda de eficácia da MP, o dispositivo volta à redação original.

No contexto, é importante relembrar que o art. 462/CLT ao vedar descontos nos salários do empregado, excepciona a hipótese de descontos previstos em dispositivos de lei, como ocorre no caso (§ 4º do art. 452-A/CLT), ou de contrato coletivo.

Toda a redação do art. 452-B/CLT foi introduzida pela MP n. 808/2017 e somente terá validade para os contratos havidos no período da sua eficácia. Nesse sentido, o inciso IV previu a possibilidade de as partes convencionarem no contrato de trabalho intermitente o formato de reparação recíproca na hipótese de cancelamento dos serviços previamente agendados na forma do art. 452-A. De qualquer forma, o só fato de as partes exercerem a faculdade de prever contratualmente forma de reparação recíproca pelo inadimplemento contratual não implica necessariamente na validade do ajuste, que poderá ser questionado judicialmente pelo trabalhador, tendo em vista as considerações já expendidas, quanto ao necessário respeito ao princípio da intangibilidade salarial, bem como em face da vedação legal de transferência dos riscos do empreendimento para o trabalhador.

O art. 452-A/CLT não enfrentou a hipótese de descumprimento da avença pelo empregado por justo motivo, como ocorre, por exemplo, na hipótese de adoecimento, o que certamente poderá ser justificado por atestado médico. No aspecto, parece-me claro que, em atenção ao princípio protetivo, a melhor interpretação do disposto no § 4º do art. 452-A/CLT, será de excluir a multa a cargo do trabalhador. E mais, o trabalhador terá o direito ao pagamento dos dias de afastamento, justificados por atestado médico.

Nesse ponto, surge o seguinte questionamento: a quem caberá pagar os 15 primeiros dias de afastamento, quando o trabalhador já tiver aderido a uma convocação para a prestação de trabalho intermitente e a ele não puder comparecer em decorrência do seu adoecimento? Parece-me que o empregador deverá arcar com esse encargo, tendo em vista a previsão contida no § 3º do art. 60 da Lei n. 8.213/91. Após o 16º dia, atendidos os supostos legais, caberá à Previdência Social, por meio do Instituto Nacional de Seguro Social (INSS), o pagamento do benefício previdenciário, consoante previsão do art. 59 da Lei n. 8.213/91. A perda de vigência do § 13 do art. 452-A, introduzido pela MP n. 808 e que transferia o encargo à Previdência Social, reforça esse entendimento.

Outro questionamento, dentre outros, pode ser formulado. Por exemplo, se o empregado sujeito ao contrato intermitente sofre um acidente de trabalho na empresa, de gravidade tal a ensejar seu afastamento por tempo superior a 15 dias, levando-o a adquirir a estabilidade provisória no emprego, ditada pelo art. 118 da Lei n. 8.213/91, que assim dispõe:

> O segurado que sofreu acidente do trabalho tem garantida, pelo prazo mínimo de doze meses, a manutenção do seu

contrato de trabalho na empresa, após a cessação do auxílio-doença acidentário, independentemente de percepção de auxílio-acidente.

Resulta óbvio que a única garantia no emprego que interessa ao trabalhador é aquela que lhe assegure o direito a uma remuneração mensal durante todo o lapso atinente à estabilidade provisória a que fizer jus. Sem remuneração, a garantia de emprego fica esvaziada e nada representa. Nessa hipótese, tampouco se pode admitir que o montante salarial seja extraído da média das horas trabalhadas em prol da empresa, o que certamente, em se tratando de trabalho intermitente, será insuficiente para assegurar a sobrevivência digna.

A conclusão mais adequada, nesse ponto, é a de que, uma vez acidentado no trabalho, pouco importando a prestação de trabalho vinculada a contrato intermitente, o trabalhador terá direito à garantia de manutenção de seu contrato de trabalho na empresa, nos moldes previstos no art. 118 supratranscrito, sendo-lhe assegurado o direito ao pagamento do salário mínimo mensal, salvo se houver no estabelecimento empregado que exerça a mesma função, com salário superior, quando será esse o patamar remuneratório assegurado (art. 452-A/CLT). E tudo isso, sem prejuízo da análise do direito às indenizações por dano material, moral e estético, nos termos da legislação de regência.

Repita-se, por importante, que a MP n. 808/2017 introduziu o § 13 ao art. 452-A/CLT, que assim dispôs: "Para os fins do disposto neste artigo, o auxílio-doença será devido ao segurado da Previdência Social a partir da data do início da incapacidade, vedada a aplicação do disposto no § 3º do art. 60 da Lei n. 8.213, de 1991". Entretanto, essa regra somente terá aplicação no período de eficácia da referida Medida Provisória, retornando à responsabilidade patronal o pagamento dos 15 primeiros dias de afastamento, na forma já expendida acima. No período de vigência da MP passou a constituir encargo da Previdência Social também efetuar o pagamento direto do salário-maternidade, nos termos da previsão contida no § 14 do art. 452-A/CLT, o que, após a perda de eficácia desse diploma legal, retornou para o empregador a responsabilidade pelo pagamento do salário-maternidade, compensando posteriormente os valores com a contribuição previdenciária a seu cargo.

No que diz respeito à jornada de trabalho, o período de inatividade não será considerado tempo à disposição do empregador, sendo assegurado ao trabalhador a prestação de serviços a outros contratantes. Nesse ponto, o § 5º do art. 452-A/CLT, afastou a aplicação do art. 4º/CLT aos contratos intermitentes, eis que os períodos de inação, sem convocação para o trabalho, não são considerados tempo à disposição patronal.

A hipótese de convocação e correspondente descumprimento patronal, com a dispensa do trabalhador antes de iniciados os trabalhos, é resolvida pelo § 4º do art. 452-A/CLT, cabendo à empresa pagar ao trabalhador a multa de 50% dos valores pactuados por aquele trabalho. Agora, na hipótese em que o trabalhador inicia a prestação de serviços e é deixado em inatividade pela empresa em alguns períodos, esse tempo deve ser computado como tempo à disposição patronal, ensejando o pagamento dos salários correspondentes. O tempo de inatividade que não se considera à disposição patronal é apenas aquele que medeia dois períodos de prestação de serviços, motivados pela convocação patronal, mas não tempo de inatividade dentro de uma mesma convocação (vide § 3º do art. 443/CLT, com a nova redação).

Igualmente, uma vez convocado ao trabalho, a jornada deverá respeitar os demais preceitos legais a ela pertinentes, como é o caso, por exemplo, do intervalo intrajornada mínimo e máximo (art. 71/CLT), intervalo interjornadas (art. 66/CLT), duração máxima de trabalho em determinado dia, bem como na semana, sob pena de pagamento das horas extras, quando ultrapassados esses limites definidos pelo contrato de trabalho e pela legislação trabalhista, bem como pelos instrumentos normativos (Acordo Coletivo de Trabalho – ACT e Convenção Coletiva de Trabalho – CCT), aplicáveis ao contrato de trabalho.

O trabalho intermitente retirou do empregado o direito a uma jornada preestabelecida de trabalho, sujeitando-o às convocações do empregador para o trabalho, que são condicionadas tão somente pelo interesse e/ou necessidade patronais. Entretanto, uma vez convocado, os patamares de proteção previstos na legislação trabalhista incidem sobre a prestação laboral na sua plenitude, não podendo o empregador exigir o cumprimento de jornadas exaustivas e fora dos limites fixados nos instrumentos coletivos e na legislação.

Todo o art. 452-C foi introduzido pela MP n. 808 e perdeu sua eficácia. Referido dispositivo legal parecia prever exclusividade de trabalho em prol do empregador nos períodos de convocação, permitindo labor para outrem apenas nos períodos de inatividade. Entretanto, a exclusividade na prestação laboral não constitui requisito nem mesmo para a caracterização do contrato de trabalho por tempo indeterminado (*vide* art. 3º/CLT), não sendo razoável essa exigência para o trabalho intermitente, desde que haja compatibilidade de horários na prestação laboral.

É certo, ainda, que os períodos carentes de convocação para o trabalho ou de aceitação pelo trabalhador não são computados para fins de pagamento de salário e demais direitos trabalhistas.

No que tange ao cumprimento de turnos de trabalho, o inciso II do art. 452-B inserido pela MP n. 808/2017, de eficácia por curto período, previu que poderiam ser eles convencionados por meio do contrato de trabalho intermitente. De qualquer forma, é importante anotar que no caso de alternância dos turnos cumpridos pelo trabalhador, envolvendo os turnos diurno e noturno, haveria labor em turnos ininterruptos de revezamento, com direito à jornada de 6 horas, conforme entendimento consagrado pela Orientação Jurisprudencial (OJ) 360, SDI I/TST.

A faculdade conferida às partes, pelo inciso I do art. 452-B/CLT, constante da MP n. 808/2017 e de aplicação restrita ao período de sua eficácia, de convencionar no contrato de trabalho intermitente os locais de prestação de serviço não afasta, tampouco, a incidência da norma contida no § 3º do art. 469/CLT, desde que a contratação ocorra para o trabalho em um determinado local, com necessidade de mudança do empregado para localidade diversa daquela resultante do contrato. Nessa hipótese, surge para o trabalhador o direito ao pagamento suplementar, não inferior a 25% dos salários percebidos naquela localidade, enquanto durar a situação.

O art. 452-D/CLT previu que, na hipótese de o empregador não convocar o empregado por lapso superior a um ano, contado da contratação ou da última convocação ou mesmo do último dia de trabalho, o que for mais recente, seria o contrato de trabalho intermitente considerado rescindido. Instituiu-se nova modalidade de rescisão contratual, em que o trabalhador só teria direito ao pagamento, pela metade, do aviso-prévio, calculado conforme previsão específica (art. 452-F/CLT) e da indenização sobre o saldo do FGTS, sendo as demais verbas trabalhistas devidas na integralidade (art. 452-E/CLT). Todos esses dispositivos legais aqui mencionados foram introduzidos pela MP n. 808/2017, não mais vigendo no mundo jurídico, o mesmo ocorrendo relativamente ao art. 452-E/CLT, segundo o qual havia a possibilidade de movimentação, pelo trabalhador, de até 80% do valor dos depósitos do FGTS, impedindo, entretanto, seu ingresso no programa de seguro-desemprego e também com o § 2º do art. 452-F, que determinava a observância do disposto nos §§ 1º e 2º do art. 487/CLT. A leitura isolada do art. 452-F faz supor ser o aviso-prévio devido na integralidade, o que, na verdade, não ocorria na hipótese da ruptura contratual regida pelo art. 452-D/CLT, decorrente da ausência de convocação para o trabalho pelo período de um ano, quando a previsão era de pagamento pela metade (art. 452-E/CLT). Como visto, a aplicação desses dispositivos cessou com a perda de eficácia da MP n. 808/2017 e a correspondente previsão legislativa é restrita aos contratos havidos (início e fim) no lapso de sua vigência.

Dessa forma, as hipóteses de rescisão contratual retomam a previsão contida na CLT, inclusive quanto ao disposto nos arts. 482 e 483/CLT, relativamente à dispensa por justa causa e rescisão indireta do pacto laboral, quando as parcelas rescisórias serão devidas de acordo com a modalidade específica da rescisão contratual.

Os direitos assegurados ao trabalhador intermitente ao longo do contrato de trabalho estão previstos pelo § 6º do art. 452-A/CLT, o que será a seguir avaliado.

3.4. Contrato de trabalho intermitente e verbas asseguradas ao trabalhador

Dispõe o § 6º do art. 452-A/CLT que:

> § 6º Ao final de cada período de prestação de serviço, o empregado receberá o pagamento imediato das seguintes parcelas:
>
> I — remuneração;
>
> II — férias proporcionais com acréscimo de um terço;
>
> III — décimo terceiro salário proporcional;
>
> IV — repouso semanal remunerado; e
>
> V — adicionais legais.

Segundo esse dispositivo legal, ao final de cada período de prestação laboral, o empregado deve receber a remuneração, as férias proporcionais + 1/3, o 13º salário, o repouso semanal remunerado (RSR) e os adicionais legais.

A previsão contida no § 11 do art. 452-A/CLT, inserida pela MP 808, de que, quando o período de convocação excedesse de um mês, o pagamento das parcelas devidas ao trabalhador intermitente não poderia ser estipulado por período superior a um mês, perdeu eficácia pela não aprovação da MP 808. Entretanto, a proibição de pagamento de salários, qualquer que seja a sua modalidade, por período superior a um mês, ressalvadas comissões, percentagens e gratificações, está consagrada no art. 459/CLT, que também rege o contrato de trabalho intermitente.

No que diz respeito às férias proporcionais, segundo dispõe o art. 146/CLT, são elas devidas à base de 1/12 por mês, ou quando o trabalhador cumprir fração superior a 14 dias. O mesmo ocorre relativamente ao 13º salário, que, por força do disposto nos §§ 1º e 2º do art. 1º da Lei n. 4.090/62, é devido na proporção de 1/12 por mês de efetivo exercício do ano correspondente ou fração igual ou superior a 15 dias de trabalho em determinado mês.

Entretanto, o disposto nos incisos II e III do § 6º do art. 452-A/CLT, quando determinaram o pagamento proporcional de férias e 13º salários, nada previu acerca da conformidade do tempo de trabalho, a cada mês ou convocação, ao que consta do art. 146/CLT e dos §§ 1º e 2º do art. 1º da Lei n. 4.090/62. Dizem apenas que, ao final de cada período de prestação de trabalho, o empregado receberá o pagamento imediato da remuneração, férias + 1/3 e o 13º salário, tudo de forma proporcional ao tempo trabalhado, o que parece ser devido ainda que em certo mês a convocação refira-se tão somente a algumas horas de trabalho.

Apenas o tempo vai dizer como a jurisprudência irá se posicionar acerca da melhor interpretação desse dispositivo legal. Ao menos a princípio, parece ser necessário fazer novo cálculo de proporcionalidade das férias e do 13º salário, para viabilizar o pagamento dessas parcelas em conformidade com o número de horas ou de dias trabalhados a cada convocação, ainda que o trabalho ocorra em períodos inferiores a 14 ou 15 dias.

Outro aspecto relevante é aquele ditado pelo § 7º do art. 452-A/CLT, segundo o qual o "recibo de pagamento deverá conter a discriminação dos valores pagos relativos a cada uma das parcelas referidas no § 6º". Tudo isso para evitar, formalmente, a prática conhecida como salário complessivo, o que é repudiado pela jurisprudência trabalhista. Isso significa que o recibo de pagamento deverá descrever as parcelas quitadas ao trabalhador e indicar os valores a elas correspondentes.

Sobre o tema, em percuciente análise, Jorge Luiz Souto Maior afirma que:

> O fato de se efetivar a discriminação não retira o caráter complessivo, pois, obviamente, o valor final pago, com as parcelas, pode ser meramente o valor que, economicamente, interessa ao empregador. Os direitos não seriam acréscimos ao salário para atender a finalidades sociais. Mesmo discriminados, os direitos seriam, meramente, partes integrantes do salário.[19]

No que diz respeito ao recolhimento do FGTS e da contribuição previdenciária, está ele previsto pelo § 8º do art. 452-A/CLT, cabendo ao empregador efetuar os recolhimentos com base nos valores pagos no período mensal, fornecendo ao empregado o comprovante do cumprimento dessas obrigações. No caso das contribuições previdenciárias, o empregador continua responsável por reter a contribuição devida pelo trabalhador, recolhendo-a aos cofres públicos, juntamente com a quota patronal.

No aspecto, o art. 911-A/CLT, inserido na MP n. 808/2017, de incidência restrita ao seu período de vigência, previu no § 1º que os segurados (trabalhadores empregados), que no somatório das remunerações auferidas de um ou mais empregadores em determinado mês, pouco importando o tipo de contrato de trabalho, e que recebessem remuneração inferior ao salário mínimo mensal, poderiam recolher a diferença com base na mesma alíquota aplicada à contribuição do trabalhador retida pelo empregador. E, no § 2º, cominava ao trabalhador que não complementasse a contribuição previdenciária a penalidade consistente na exclusão do mês, em que a contribuição recolhida fosse inferior àquela incidente sobre o salário mínimo, para fins de aquisição e manutenção da qualidade de segurado do Regime Geral de Previdência Social, bem como para cumprimento dos períodos de carência para a concessão dos benefícios previdenciários. Em boa hora cessou a eficácia desse dispositivo, que acabava por alijar o trabalhador da proteção previdenciária, impondo a ele obrigação de recolher contribuições previdenciárias em meses em que a percepção de rendimentos tivesse sido inferior ao montante do salário mínimo.

De fato, a referida previsão poderia inviabilizar a sobrevivência digna de inúmeros trabalhadores intermitentes, os quais, por absoluta impossibilidade material de efetuarem a complementação dos recolhimentos previdenciários mês a mês, fatalmente perderiam a qualidade de segurados da Previdência Social, sendo abandonados à própria sorte pelo Estado nos períodos de maior necessidade, como são aqueles marcados por adoecimentos, desemprego involuntário e outros.

O § 9º do art. 452-A/CLT dispõe, ainda, que, após doze meses de trabalho, "o empregado adquire direito a usufruir, nos doze meses subsequentes, um mês de férias, período no qual não poderá ser convocado para prestar serviços pelo mesmo empregador". E o questionamento que surge é o seguinte: haverá convocação de trabalhador para 12 meses seguidos de trabalho? E se, convocado, o contrato de trabalho não deixaria de ser intermitente, agregando condição mais benéfica? E mais, se ao longo dos 12 meses de trabalho, houver várias convocações, com pagamento das férias na data acordada para o pagamento, que não pode ser estipulado por período superior a um mês, por força do disposto nos §§ 6º e 11 do art. 452-A, ainda assim haveria direito ao gozo de férias?

Parece ser da essência do trabalho intermitente que o trabalhador não irá usufruir férias, sendo que nesse ponto Flávio Higa afirma que o dispositivo legal acaba por cair no vazio, exatamente pelo fato de as férias terem sido indenizadas, proporcionalmente, ao final de cada período de prestação de serviço. Prossegue dizendo que:

> [...] o "direito" será apenas o de permanecer sem remuneração durante trinta dias. Poder-se-ia objetar que o direito corresponde ao dever de abstenção do empregador, que não poderá convocá-lo para laborar. Porém, se o empregado pode recusar inercialmente a todas as ofertas (§ 2º), o "direito" de ficar sem trabalho e sem salário é exercido a qualquer tempo, independentemente de previsão legislativa. Isso, aliás, é o que já fazem os milhões de desempregados.[20]

A previsão contida no § 10 do art. 452-A/CLT, também perdeu vigência, pois foi inserida pela MP n. 808.

(19) SOUTO MAIOR, Jorge Luiz. *Op. cit.*

(20) HIGA, Flávio da Costa. *Op. cit.*

Por ela, mediante prévio acordo com o empregador, o trabalhador poderia usufruir as férias em até 3 períodos, tal como previsto nos §§ 1º e 2º do art. 134/CLT, que a meu ver segue regendo também o contrato de trabalho intermitente. A pergunta é: que férias? Pois se a cada período de convocação são elas obrigatoriamente pagas ao trabalhador, o que remanesce para gozo? Férias sem remuneração não se prestam ao descanso, físico e mental, do trabalhador, que justifica o instituto.

Como se pode observar dos apontamentos efetuados neste estudo, o contrato de trabalho intermitente é altamente nocivo ao trabalhador, de quem são subtraídos inúmeros direitos imprescindíveis à própria sobrevivência digna, bem como à de sua família, tratando-se de contrato de trabalho precário, que atende muito mais aos interesses patronais. O empregado, nessa nova modalidade contratual, passa à condição de item descartável no processo produtivo, sendo convocado apenas e quando houver interesse patronal, sendo olvidado pela empresa nos períodos de inatividade. Referido contrato de trabalho apresenta-se como um grande desafio para a sociedade, que poderá sofrer os efeitos perversos do aumento de violência civil, em decorrência da falta de condições mínimas de sobrevivência, imposta a inúmeros cidadãos brasileiros.

O contexto político, em que levadas a efeito as reformas trabalhistas, demonstra que o discurso governamental de que não haveria redução de direitos dos trabalhadores é evidentemente uma falácia. Na realidade, houve importante retrocesso na legislação trabalhista, com supressão de direitos, o que impõe aos trabalhadores a necessidade de se reinventarem como sujeitos políticos, envolvendo-se em processos de lutas sociais pela dignidade humana[21], com o objetivo de mudar a realidade em que foram inseridos.

Assim, aos trabalhadores incumbe assumir o protagonismo histórico, pautando sua atuação pela defesa dos direitos humanos, dentre os quais situam-se os direitos trabalhistas. Segundo Joaquín Herrera Flores os direitos humanos "pueden convertirse en la pauta jurídica, ética y social que sirva de guía a la construcción de esa nueva racionalidad"[22].

Cabe ao conjunto dos trabalhadores a insurgência contra a reforma trabalhista, buscando a reconquista dos direitos suprimidos e sua melhoria, o que deve envolver o fortalecimento dos Sindicatos, para que, em conjunto e em rede[23] com os demais movimentos sociais, promovam o seu envolvimento em processos de lutas sociais, em prol da dignidade da vida humana.

5. Considerações finais

O contrato de trabalho intermitente foi introduzido na CLT por força da Lei n. 13.467, de 13.07.2017, responsável pela reforma trabalhista, mediante alteração do art. 443 e introdução do art. 452-A, no diploma consolidado. Posteriormente, houve alterações inseridas na legislação pela MP n. 808/2017, que introduziu na CLT também os arts. 452-B, 452-C, 452-D, 452-E, 452-F, 452-G e 452-H , os quais tiveram vigência no curto período de 14.11.2017 a 23.04.2018, em decorrência do descumprimento do prazo de aprovação da Medida Provisória, ditado pelo § 3º do art. 62/CF, culminando na edição do Ato Declaratório n. 22, pelo Presidente da Mesa do Congresso Nacional, pelo qual informou o encerramento do seu prazo de vigência.

Assim, por força do disposto no § 11 do art. 62/CF, apenas as relações jurídicas constituídas e decorrentes de atos praticados na vigência da MP 808/2017, serão por ela regidas.

O instituto já encontrava previsão na legislação de outros países, como é o caso do direito inglês, com o *zero hour contract*, do direito americano, que consagrou o contrato *just in time*, e da legislação portuguesa, sob o título de trabalho intermitente, mesma rubrica adotada no Brasil.

Em todos esses países, a análise é desfavorável a esse modelo contratual, que não assegura ao trabalhador meios suficientes para a sua subsistência, na medida em que não há garantia do cumprimento de uma jornada de trabalho, cuja remuneração final em cada mês assegure ao trabalhador condições de vida digna.

---

(21) Os processos de lutas sociais referidos no presente trabalho são aqueles mencionados por Joaquín Herrera Flores, para quem os direitos humanos são os resultados sempre provisórios das lutas sociais pela dignidade humana. E essa dignidade, segundo ele não é "el simple acceso a los bienes, sino que dicho acceso sea igualitario y no esté jerarquizado *a priori* por procesos de división del hacer que colocan a unos en ámbitos privilegiados a la hora de acceder a los bienes y a otros en situaciones de opresión y subordinación". E o jusfilósofo espanhol alerta: "Pero, ¡cuidado! Hablar de dignidad humana no implica hacerlo de un concepto ideal o abstracto. La dignidad es un fin material. Un objetivo que se concreta en dicho acceso igualitario y generalizado a los bienes que hacen que la vida sea 'digna' de ser vivida." HERRERA FLORES, Joaquín. *La reinvención de los derechos humanos*. Andalucía: Atrapasueños, 2008. p. 26.

(22) A nova racionalidade referida por Herrera Flores diz respeito ao comprometimento com uma "versión crítica y emancipadora de los derechos humanos a contraponer otro tipo de racionalidad más atenta a los deseos y necesidades humanas que a las expectativas de beneficio inmediato del capital." *Ibidem*, p. 11.

(23) Joaquín Herrera Flores enfatiza o necessário desenvolvimento de capacidade dos movimentos sociais, para a abertura de circuitos de reação cultural, ou seja, de processos de luta geradores de um modo novo de ver e de atuar no mundo, mais contextualizado e flexível, sempre em movimento, articulado em redes, que trabalhem e se articulem como redes, com o objetivo de potencializar o atingimento dos objetivos perseguido pelos movimentos sociais. HERRERA FLORES, Joaquín. *El proceso cultural: materiales para la creatividad humana.* Sevilla: Aconcagua Libros, 2005. p. 11.

A situação é tão grave que a Nova Zelândia baniu os contratos de trabalho intermitente e passou a exigir a especificação contratual do mínimo de horas, dias e os horários de trabalho, não deixando essa definição ao mero alvedrio patronal.

No Brasil, a previsão legislativa fixa a alternância de períodos de trabalho com outros de inatividade, sendo que o empregador apenas pagará a remuneração pelas horas trabalhadas pelo empregado, respeitado o salário mínimo para cada hora trabalhada, salvo se no estabelecimento houver outro trabalhador exercendo a mesma função com salário superior.

O empregador deverá convocar o trabalhador para o trabalho com antecedência de 3 dias corridos, cabendo ao trabalhador responder ao chamado em um dia útil, sob pena de ser presumida a sua recusa. E o § 4º do art. 452-A dispôs que, aceita a oferta, a parte que descumprir, sem justo motivo, o combinado, pagará à outra multa de 50% da remuneração que seria devida, no prazo de 30 dias, permitida a compensação no mesmo prazo, o que, do ponto de vista do trabalhador, malfere o princípio da intangibilidade salarial.

Os direitos fixados pelo § 6º do art. 452-A/CLT serão quitados ao final de cada período de prestação de serviço, com periodicidade máxima de um mês nos termos do art. 459/CLT, ficando o questionamento e a preocupação acerca da real possibilidade de o trabalhador intermitente usufruir férias remuneradas. Na verdade, esse dispositivo viabilizou o pagamento dos valores que o empregador entender pertinentes, mediante decomposição nas parcelas exigidas por lei, como advertiu Souto Maior, acerca da prática do salário complessivo.

O contrato de trabalho em estudo permite a formalização de contratos de emprego, com CTPS anotada, para trabalhos intermitentes, caracterizados por períodos de labor mediados por períodos de inação, sem garantir uma remuneração adequada e suficiente para assegurar a dignidade do trabalhador.

Os trabalhadores intermitentes estarão excluídos das estatísticas atinentes à população desempregada, pois contarão com um vínculo de emprego anotado em CTPS, muito embora sigam sem qualquer garantia de pagamento salarial a cada mês, ou seja, sem qualquer estabilidade financeira ou possibilidade real de acesso aos meios necessários para a própria subsistência e de sua família.

Note-se que a previsão constitucional quanto ao salário mínimo é no sentido de que deve garantir o atendimento às necessidades vitais básicas do trabalhador e de sua família, com moradia, alimentação, educação, saúde, lazer, vestuário, etc. (vide inciso IV do art. 7º/CF), o que não é assegurado ao trabalhador intermitente.

Com a cessação de eficácia da MP n. 808, pelo menos ficaram afastadas as previsões legais de alijamento do trabalhador do programa do seguro-desemprego na extinção do contrato intermitente (§ 2º do art. 452-E/CLT), bem como de complementação da contribuição previdenciária mensal, a cargo do trabalhador, quando perceber remuneração inferior ao mínimo legal, como condição para adquirir e manter-se segurado pelo Regime Geral de Previdência Social.

O gravame imposto aos trabalhadores pelo contrato de trabalho intermitente é tão grande, que o ideal seria que a previsão legal correspondente pudesse ser por eles rechaçada na realidade e, uma vez conscientizados da precariedade dessa modalidade contratual, pudessem recusar sua contratação como intermitentes.

No que diz respeito ao conjunto da reforma trabalhista, os trabalhadores deverão se redescobrir como cidadãos e agentes políticos, para manifestar sua insurgência, por meio de ações concretas, em prol da reconquista dos direitos suprimidos e da sua melhoria, sobretudo porque necessitam dos valores pagos como retribuição pelo trabalho para acessar os bens, materiais e imateriais, necessários à dignidade da vida humana.

Referências bibliográficas

ALVES PINTO, Maria Cecília. *As novas ferramentas tecnológicas de gestão de mão de obra e a necessária releitura do elemento fático-jurídico da não eventualidade na relação de emprego*. Tecnologias disruptivas e a exploração do trabalho humano: a intermediação de mão de obra a partir das plataformas eletrônicas e seus efeitos jurídicos e sociais / LEME, Ana Carolina Reis Paes; RODRIGUES, Bruno Alves; CHAVES JÚNIOR, José Eduardo de Resende (Coords.). São Paulo: LTr, 2017.

BARROS, Alice Monteiro de. *Curso de direito do trabalho*. São Paulo: LTr, 2016.

CHAUÍ, Marilena. *O que é ideologia*. São Paulo: Brasiliense, 1989.

DELGADO, Mauricio Godinho. *Curso de direito do trabalho*. 16. ed. São Paulo: LTr, 2017.

DIAS JÚNIOR, Ivanderson Baldanza. *Trabalho intermitente na reforma trabalhista*. Disponível em: <http://www.coutodecarvalho.com/2017/05/trabalho-intermitente-na-reforma-trabalhista/>. Acesso em: 15 jul. 2017.

HERRERA FLORES, Joaquín. *La reinvención de los derechos humanos*. Andalucía: Atrapasueños, 2008.

________. *El proceso cultural: materiales para la creatividad humana*. Sevilla: Aconcagua Libros, 2005.

HIGA, Flávio da Costa. *Reforma trabalhista e contrato de trabalho intermitente*. Disponível em: <http://www.conjur.com.

br/2017-jun-08/flavio-higa-reforma-trabalhista-contrato-trabalho-intermitente>. Acesso em: 15 jul. 2017.

MARTINS, André Almeida. *O trabalho intermitente como instrumento de flexibilização da relação laboral*: o regime do Código de Trabalho de 2009. Disponível em: <https://iconline.ipleiria.pt/bitstream/10400.8/772/1/artigo2.pdf>. Acesso em: 19 jul. 2017.

NASCIMENTO, Amauri Mascaro. A tutela trabalhista além da relação de emprego no Brasil. *Revista de Direito do Trabalho*, v. 129, p. 369-376, jan./mar. 2008.

SOARES, Rodrigo Chagas. Caminhando da jornada móvel e variável para o trabalho intermitente. *Revista Magister de Direito do Trabalho*, ano IX, n. 54.

SOUTO MAIOR, Jorge Luiz. *Os 201 ataques da "reforma" aos trabalhadores*. Disponível em: <http://www.jorgesoutomaior.com/blog/os-201-ataques-da-reforma-aos-trabalhadores>. Acesso em: 15 ago. 2017.

WOLKMER, Antônio Carlos. *Introdução ao pensamento jurídico crítico*. São Paulo: Saraiva, 2009.

As consequências da livre estipulação no contrato de trabalho: uma análise do parágrafo único do art. 444 da CLT introduzido pela Lei n. 13.467/2017

Márcio Flávio Salem Vidigal(*)

1. Introdução

O exame atento do texto do parágrafo único do art. 444 da Consolidação das Leis do Trabalho, introduzido pela Lei n. 13.467, de 13 julho de 2017, remete, em linha de premissa, ao campo da Teoria do Direito na sua análise específica da questão pertinente à clássica bipartição do Direito em Direito Público e Direito Privado e seus desdobramentos no que tange à dogmática do Direito do Trabalho.

É que o dispositivo remonta às indagações centrais da teoria desse ramo do Direito, no aspecto específico da identificação da sua natureza jurídica e do seu *locus* no ordenamento jurídico nacional. Não se trata, é evidente, de exumar teorias já ultrapassadas no campo teórico e no próprio plano do direito positivo nacional, mas de apontar, como reflexão imprescindível e com a maior clareza possível, a sua real especificidade e a particularidade da sua história, com uma breve e inicial incursão a este propósito, a fim de que se possa situar, com precisão, o alcance da alteração operada em razão da introdução do parágrafo por meio da denominada *reforma trabalhista*.

Com efeito, a regra original contida no *caput* do mencionado artigo, que permanece e permanecerá em vigor ainda depois da reforma recém realizada, é resultado inequívoco do arcabouço dos princípios desse ramo do Direito e da oscilação teórica e legislativa do tema. Nessa perspectiva, traduz expressa vinculação aos seus fundamentos e atrelamento a sua própria gênese finalista e teleológica, gravitando em torno do que sempre se discutiu na esfera do Direito do Trabalho e se formou historicamente no que respeita ao seu caráter público ou privado, em conexão direta com as teorias relativas ao espectro empregatício.

Assim, no âmbito da visão dicotômica do Direito, decorrente da clássica *summa divisio* entre Direito Público e Direito Privado — atualmente abalada pela doutrina das mais variadas disciplinas jurídicas —, muito se discutiu, de forma contundente, sobre a precisa independência (oposição?) de cada um, com a adoção de inúmeras teorias para distingui-los e apartá-los, até que, conquanto tradicional, a divisão passou a ser considerada como arbitrária para muitos doutrinadores, embora nem sempre se tenha pensado dessa forma. Ao contrário — ainda que não se considere a clássica máxima a respeito do tema[(1)] —, já se chegou a afirmar que sem o Direito Público não seria possível o Direito Privado.

O enfoque bipartido, atualmente debilitado e por muitos repudiado, em razão das mutações sociais e históricas que incidem decisivamente sobre a Teoria do Direito, já não é capaz de impedir a interconexão e a interpenetração entre as duas esferas, notadamente quando se verifica a hodierna inserção de matérias típicas do Direito Privado em diplomas legais de caráter público, como é o caso, no Brasil, da extensa disciplina sobre relações privadas na Constituição de 1988 e a adoção de concepções oriundas do Direito Público em situações jurídicas típicas do Direito Privado. Há, no mínimo, nítido abrandamento da dicotomia entre as duas esferas, dado que, como áreas do Direito que são "o Direito Público e o Direito Privado têm, evidentemente, pontos de conexão"[(2)], resultando no fenômeno da publicização do Direito Privado. Do mesmo modo que, como é sabido, o Direito Público sofre o impacto das normas de Direito Privado para disciplinar a sua atividade nas suas relações e externas.

As reflexões a propósito da matéria, portanto — ainda que se admita certa pureza em aspectos pontuais nas áreas pública e privada —, já não se inseririam em esferas limitadas, herméticas e voltadas de modo exclusivo para cada uma delas. Como assinala Michele Costa da Silveira, "[...] se os romanos situaram tal distinção em termos tornados exemplares, mantiveram, como se

---

(*) Desembargador do Tribunal Regional do Trabalho da Terceira Região. Especialista em Direito do Trabalho – Materialidade, Instrumentalidade e Efetividade. Doutor em Autonomia Individuale e Autonomia Collettiva pela Universidade de Roma II – Tor Vergata – Itália. Doutor em Direito.

(1) *Publicum ius est quod ad statum rei romanae spectat; privatum, quod ad singulorum utilitatem: sunt enim quaedam publica utilia, quaedam privatum* (Ulpiano).

(2) NERY, Rosa Maria de Andrade; NERY JUNIOR, Nelson. *Instituições de direito civil* — teoria geral do direito privado. São Paulo: Revista dos Tribunais, 2014, v. I, p. 418.

sabe, uma noção de *lex publica* que não correspondia propriamente ao conceito de *jus publicum*"(3).

Para a autora, ainda nas fontes romanas,

> [...] uma quantidade de normas que regulavam as relações entre privados eram consideradas como pertencentes ao direito público, e a razão disso percebe-se de fato: ocorre quando com o interesse individual concorre um interesse social ou geral. Segundo Bonfante, esse significado de *publicum jus* tem uma singular importância, porquanto a eficácia de suas normas, quando estabelecidas entre os singulares, não podem ser minoradas por via do pacto, ou seja, não poderiam ser minoradas pelos cidadãos(4).

Seguindo de forma abusivamente apressada a linha da história — em razão do limitado espaço deste estudo —, verifica-se que a questão chega a alcançar perspectivas diversas, entre as quais se encontra a formação de especificidades concretas que indicam a existência de sistemas diferenciados, com caraterísticas autônomas, reveladoras até de um *tertium genus* pertinente a concepções jurídicas de sistematização e dogmática próprias, dotado de instituições singulares, enquanto instância de conteúdo social típico, destinada à organização de *corpus* socioeconômico estruturado sobre bases propícias à realização do seu escopo.

Nessa senda, floresce o denominado Direito Social, sistematizado por Georges Gurvitch, e que seria, como terceiro gênero, o sistema de Direito que se baseia em uma série de princípios e normas cujo objeto é a edificação de uma ordem jurídica de origem coletiva, erigida consensualmente, em confronto com a ordem estatal e em contraposição ao individualismo jurídico, de cariz liberal, com a criação de direitos sociais. Seria o direito social objetivo (em contraponto ao direito subjetivo, entendido como o conjunto de instituições e normas que conformam a ordem jurídica. Tendo surgido no final do século XIX, é nesse cenário que, conquanto não se componha simplesmente de disciplinas que tratem do trabalho, da seguridade social etc., o Direito Social permeia esse terreno, na medida em que propõe o combate ao individualismo e a proteção às classes desfavorecidas economicamente(5).

No Brasil, Cesarino Junior propõe a concepção do Direito Social como aquele que tem o propósito de "restabelecer o equilíbrio social", resolvendo especificamente as questões oriundas das relações de trabalho, vale dizer, a questão social(6), no exato sentido de oposição ao direito individualista. Para ele, o Direito Social bifurca-se em direito social *lato senso* e *stricto sensu*. Na linha de Gurvicth, em sentido filosófico, entende o autor brasileiro que o Direito Social é aquele que, gerado espontaneamente no grupo social, se opõe "[...] ao *Direito Estatal*, formulado tecnicamente pelos órgãos competentes do Estado"(7). E em sentido restrito, seria:

> [...] a ciência dos princípios e direitos geralmente imperativos, cujo objeto é, tendo em vista o bem comum, auxiliar as pessoas físicas, dependentes do produto de seu trabalho para a subsistência própria e de suas famílias, a satisfazerem concomitantemente suas necessidades vitais e a terem acesso à propriedade privada(8).

É fácil perceber, então, que, se o Direito do Trabalho chegou a ser concebido nos moldes acima apontados, isto se deve a sua destinação, a um só tempo, coletiva, decorrente de conformações e estruturas sociais peculiares, e do seu diferenciado cunho protetor. E foi com essa tônica que ele encontrou solo fértil no direito positivo brasileiro.

Mas a controvérsia pertinente ao Direito do Trabalho no interior do universo dicotômico sempre encontrou contextos de difícil superação. Para abreviar as digressões a respeito, e limitando o tema à doutrina nacional, veja-se o que, em 1944, dizia Egon Felix Gottschlak a propósito:

> A posição do direito do trabalho ou, no seu sentido genérico, do direito social frente à divisão fundamental do Direito, a clássica divisão ainda hoje adotada por quase todos os escritores, em direito público e direito privado, oferece aspectos de uma complexidade extraordinária e tornou-se objeto de sérias controvérsias na doutrina deste ramo de Direito, cuja autonomia, embora hoje de reconhecimento geral, é apenas de data recente(9).

Em 1956, Evaristo de Moraes Filho referia, com extrema convicção, que o Direito do Trabalho era "a mani-

(3) SILVEIRA, Michele Costa da. As grandes metáforas da bipolaridade. In: MARTINS-COSTA, Judith (Org.). *A reconstrução do direito privado*: reflexos, diretrizes e direitos fundamentais no direito privado. São Paulo: Revista dos Tribunais, 2002. p. 22.

(4) SILVEIRA, Michele Costa da. *Ob. e loc, cit.*, p. 22.

(5) GURVITCH, Georges. *La idea de derecho social*. Noción del sistema de derecho social, historia doctrinal desde el siglo XVII hasta el fin del siglo XIX. Tradução de José Luis Monereo Pérez e Antônio Márquez Prieto. Comares: Granada, 2005.

(6) CESARINO JUNIOR, A. F. *Direito social brasileiro*. 6. ed., ampl. e atual. com a colaboração de CARDONE, Marly A. São Paulo: Saraiva, 1970, 1º v., p. 8.

(7) CESARINO JUNIOR, A. F. Ob. cit., p. 20 (itálico no original).

(8) CESARINO JUNIOR, A. F. Ob. e loc. cit. (itálico no original).

(9) GOTTSCHALK, Egon Felix. *Normas públicas e privadas no direito do trabalho*. São Paulo: Livraria Acadêmica — Saraiva & Cia. — Editores, 1944. p. 3.

festação mais forte e atual" da publicização do direito[10]. É certo que, atualmente, no Brasil, quase já não se discute a questão, pois, embora a ordem jurídica trabalhista esteja repleta de normas de ordem cogente e proibitiva[11] e, por conseguinte, de ordem pública, se verificada substância nuclear do Direito do Trabalho (relação de emprego) e seu cotejo comparativo com a substância dos demais ramos jurídicos existentes, não há como escapar-se da conclusão de que o ramo justrabalhista situa-se no quadro componente do Direito Privado[12].

Para além da visão dicotômica, contudo, a grande *batalha* travada pelo ramo trabalhista refere-se à dimensão interna da esfera privada quanto à afirmação de sua particularidade em relação ao direito civil no que respeita aos seus fundamentos, seus princípios, seus institutos, sua normatização, sua dogmática, enfim.

Observados os propósitos deste despretensioso estudo, dirigido à questão do contrato de trabalho, é de bom alvitre relembrar o tratamento doutrinário do espectro empregatício, apontando as várias teorias desenvolvidas no curso das transformações históricas do Direito do Trabalho, para, com isso, indicar a teoria anticontratualista, a acontratualista (ou paracontratualista), a contratualista e a eclética ou sincrética[13], umas aproximando-se da natureza pública desse fenômeno jurídico, outras do caráter privado, na linha do direito contratual.

As oscilações doutrinárias e mesmo a dúbia disposição positiva nacional sobre o contrato não retiram do Direito do Trabalho, todavia, a especificidade e o particularismo apregoados pela boa doutrina como "*atitude diante das realidades do mundo do trabalho*", dadas as suas características de:

> A) subjacência do conflito nas relações trabalhistas; B) dimensão coletiva do conflito trabalhista; C) papel central da negociação; D) repercussões no âmbito das fontes do Direito; E) significação do tempo social no sistema normativo-trabalhista; F) variedade e poderes dos operadores públicos[14].

Nesse contexto, Maria do Rosário Palma Ramalho assinala que, não obstante a satisfação de alguns interesses dos empregadores, a primeira característica do Direito do Trabalho, reconhecida normalmente pela doutrina é a sua *unilateralidade*, já que a normativa justrabalhista é "[...] globalmente encarada como um direito *dos* trabalhadores e *para* os trabalhadores"[15]. Nessa linha, a autora lembra Alain Supiot, para quem o Direito do Trabalho teve e tem como primeira razão de ser a de *"civilizar"* o poder patronal, dotando-o de um quadro jurídico de exercício. Essa moldura, segundo o autor, tem significado irredutível ambivalência do direito: uma legislação e uma limitação desse poder[16]. A sempre presente atualidade do tema faz lembrar, a propósito, as reflexões sobre a incerteza do Direito em face de imediatismos de ordem econômica e merece bem o desafio lançado por Antoine Lyon-Caen, para quem o Direito do Trabalho nasceu contra o imperialismo do contrato[17]. Aliás, lembrando a doutrina italiana, o Direito do Trabalho revela-se mesmo como um dos poucos exemplos de progresso da cultura jurídica dos novecentos, porque, emancipando-se da concepção patrimonialista e mercantilista predileta da *gius-privatistica*, penetrou no espaço público até alçar-se à esfera constitucional.

Daí estas considerações introdutórias, postas a título de premissa para o enfrentamento do tema.

2. Livre estipulação, autonomia da vontade e autonomia privada

A ideia de livre estipulação pressupõe autonomia, que, enquanto conceito, tem sido objeto de diversas concepções nem sempre convergentes.

Parece correto afirmar que a sua precisa compreensão está na raiz etimológica do vocábulo. O termo deriva da junção de duas palavras gregas — *autós* e *nomói* — e quer significar a lei que os indivíduos criam para si mesmos, podendo-se entendê-la como uma condição ínsita da pessoa ou da coletividade, que determina por si mesma a lei a que pretende se submeter.

No âmbito filosófico, a autonomia pode ser compreendida, em apertadíssima síntese, como uma realidade regida por lei própria, distinta de outras leis, mas não forçosamente incompatível com elas, e passível de desdobramento em dois campos: o ontológico e o ético[18].

(10) MORAES FILHO, Evaristo de. Introdução ao direito do trabalho. *Revista Forense*. Rio de Janeiro, v. II, p. 112, 1956.

(11) As chamadas *normas imperativas*.

(12) DELGADO, Mauricio Godinho. *Curso de direito do trabalho*. 2. ed. São Paulo: LTr, 2003. p. 74.

(13) CATHARINO, José Martins. *Compêndio de direito do trabalho*. 3. ed. rev., atual. e aum. São Paulo: Saraiva, 1982, v. 1, p. 183.

(14) BARBAGELATA, Héctor-Hugo. *O particularismo do direito do trabalho*. Tradução Edilson Alkmim Cunha, revisão técnica Irany Ferrari. São Paulo: LTr, 1996. p. 20-21 (itálico no original).

(15) RAMALHO, Maria do Rosário Palma. *Da autonomia dogmática do direito do trabalho*. Coimbra: Almedina, 2000. p. 429 (itálico do original).

(16) SUPIOT, Alain. Pourqui um droit du travail? *Droit Social.*, Dalloz , 1990, n. 6, p. 488. Eis o trecho no original: "Le droit du travail a eu et a toujours pour première raison d'être, de palier ce manque, c'est-à-dire de <<civiliser>> le pouvor patronal, en le dotant d'un cadre d'exercice. Cet encadrement a signifié das le même temps — irréductible ambivalence du droit — une législation et une limitation de ce pouvoir".

(17) LYON-CAEN, Antoine. Actualité du contrat de travail. *Droit Social*, n. 7-8, p. 540, 1988.

(18) FERRATER MORA, José. *Dicionario de filosofia*. 6. ed. Madri: Alianza Editorial, 1979, v. I, p. 255.

A vontade, por seu turno, na mesma esfera filosófica, conquanto admita vários significados[19], pode ser entendida, em sentido amplo, como faculdade, poder, ou, em acepção ética, como "disposição moral para querer de tal ou qual maneira, quer em geral, quer num caso determinado"[20]. Seria a faculdade do querer que produz efeitos e objetos.

O princípio da autonomia da vontade foi forjado sob o influxo da filosofia jusracionalista[21] e da doutrina econômica liberal, ambas centradas em uma concepção individualista, alicerçada nos direitos subjetivos e enaltecida pelo ideário da Revolução Francesa predominante no ambiente do século XIX.

Ideologicamente amparada na noção então vigente da igualdade formal e na liberdade de todos os indivíduos, projetou-se na essência do pensamento daquele momento histórico por meio de conceitos éticos, sociais e ideológicos. A ideia ocupa lugar de relevo na filosofia kantiana e diz respeito, sob o ponto de vista ético, tratado pelo filósofo, à capacidade de o indivíduo ditar as suas próprias normas morais. É, portanto, a característica da vontade pura enquanto se determina tão só em virtude da sua própria essência[22].

Do ponto de vista estritamente econômico, a questão vincula-se à máxima liberal individualista do *laissez faire, laissez passer*, expressão símbolo do liberalismo econômico no sentido de que o mercado deve funcionar livremente, significando a completa autorregulamentação dos próprios interesses sociais e pessoais, sem intervenção do Estado. Fundado nessa premissa, o liberalismo e os modelos de mercado de capitais e trabalho que lhes são próprios firmaram a ideia e a utilização do contrato como instrumento por excelência da vida econômica. E, nesse contexto, concebem-no como espécie de negócio jurídico que serve economicamente a todos os tipos de relações entre sujeitos de direito e a qualquer pessoa, sem que se leve em conta a sua condição ou posição social.

A partir das citadas concepções filosóficas e do apontado modelo econômico, tendo como pano de fundo teorias ético-sociais, a autonomia da vontade desponta, na esfera do direito em geral, nas relações jurídicas de Direito Privado e particularmente no direito dos contratos. O tema transfere-se para o plano do direito sem perder as suas características essenciais para efeito de sustentação do pensamento e do raciocínio jurídicos.

Por tudo isso, parece correto afirmar que a análise da questão da autonomia da vontade e o seu papel no universo jurídico constituem pressupostos para o alcance, o entendimento da presença e da força do elemento anímico na manifestação, de modo a precisar o significado da base autônoma que lhe é conferida pelo Estado ou, pelo menos, por ele aceita.

2.1. Autonomia da vontade e autonomia privada no plano do direito civil: os contratos

Segundo a orientação liberal, oriunda das concepções racionalistas, o conceito de autonomia da vontade é visto como princípio básico do Direito Privado e sua premissa é a necessidade de que o ordenamento jurídico capacite os indivíduos a estabelecerem relações jurídicas conforme o seu livre interesse. Revela-se, portanto, como primado inarredável e inalienável nas relações sociais e figura como expressão máxima da pessoa e de sua liberdade.

Nessa linha, pode-se dizer que o contrato celebrado sob a influência da autonomia da vontade seria o acordo mediante o qual as partes constituem, regulam ou extinguem, livremente, uma relação jurídica patrimonial entre elas, o que permite concluir que a sua constituição se sustenta na ideia de autorregulamentação. A vontade surge, pois, como sinônimo e símbolo de liberdade e a esfera desta corresponde à autonomia. Por isso, na teoria dos contratos baseada na autonomia da vontade, esta se manifesta sob tríplice aspecto: o primeiro, na *formação do contrato*, em que há a "*liberdade de contratar ou não contratar*"; o segundo, na liberdade de estipular *o contrato*; o terceiro, "*na liberdade de estruturar o conteúdo do contrato*"[23], que é o momento da eficácia.

---

(19) Ferrater Mora aponta quatro sentidos utilizados na história da filosofia: a) psicologicamente, como certa faculdade humana; b) moralmente, se tratada em relação aos problemas da intenção e com as questões concernentes às condições para alcançar o Bem; c) teologicamente, relativo à realidade divina; metafisicamente, se considerada a vontade como princípio das realidades e como motor de toda transformação (FERRATER MORA, 1979, v. IV, p. 3.455).

(20) LALANDE, André. *Vocabulário técnico e crítico da filosofia*. Tradução de Fátima Sá Correia, Maria Emília V. Aguiar, José Eduardo Torres e Maria Corte de Souza. 3. ed. São Paulo: Martins Fontes, 1999. p. 1.227-1.228.

(21) Para Franz Wieacker: "O jusracionalismo não constitui senão um certo capítulo histórico das muito mais vastas manifestações do jusnaturalismo", que está compreendido entre dois séculos (1600-1800). Cfr. WIEACKER, Franz. *História do direito privado moderno*. Tradução de A. M. Botelho Espanha. 3. ed. Lisboa: Alfa Omega, 1994. 2004, p. 280-281.

(22) KANT, Immanuel. *Fudamentação da metafísica dos* costumes. Tradução de Paulo Quintela. Lisboa: Edição 70 Ltda., 2009. p. 90-91. Diz o filósofo: "Autonomia da vontade é aquela sua propriedade graças à qual ela é para si mesma a sua lei (independentemente da natureza dos objectos do querer). O princípio da autonomia é portanto: não escolher senão de modo a que as máximas da escolha estejam incluídas simultaneamente, no querer mesmo, como lei universal. Que esta regra prática seja um imperativo, quer dizer que a vontade de todo o ser racional esteja necessariamente ligada a ela como condição, é coisa que não pode demonstrar-se pela simples análise dos conceitos nela contidos, pois se trata de uma proposição sintética; teria que passar-se além do conhecimento dos objectos e entrar numa crítica do sujeito, isto é da razão prática pura; pois esta proposição sintética, que ordena apodicticamente, tem que poder reconhecer-se inteiramente *a priori*."

(23) GOMES, Orlando. *Contratos*. 3. ed. Rio de Janeiro: Companhia Forense, 1971. p. 29 (itálico no original).

Cabe, então, distinguir as autonomias: a da vontade e a privada.

Segundo a boa doutrina, a definição do contrato como acordo ou como regulamento não estaria indicando um ou outro aspecto do contrato, mas sim duas concepções antitéticas sobre a sua natureza jurídica, quais sejam, a concepção *subjetiva* e a concepção *objetiva*.

A primeira teoria eleva a vontade à categoria de dogma e nela reconhece o elemento subjetivo como criador e essência do contrato.

Partindo da igualdade formal dos sujeitos de direito, admite-se que nada obriga os particulares senão o seu próprio consentimento. Para *Jean Carbonnier*, a autonomia da vontade é uma teoria de filosofia jurídica segundo a qual a vontade humana é, ela mesma, sua *própria lei* e cria sua própria obrigação: se o homem é obrigado por um ato jurídico, especialmente por um contrato, é porque ele quis; o contrato é o princípio da vida jurídica; a vontade individual, o princípio do contrato[(24)]. E foi exatamente nesse sentido que a sociedade liberal moderna atribuiu à vontade a origem da liberdade de contratar. Daí a concepção assentada na teoria clássica contratual do Direito Civil, segundo a qual "o momento central e prevalente" do contrato "é a *vontade*"[(25)]. Ela seria a fonte dos direitos, pressuposto e causa de situações jurídicas, e o contrato a sua forma de expressão.

De outra parte, ao assegurar a cada um a liberdade de contratar com base nesse princípio, a ordem jurídica oferece, também, a faculdade de escolha do conteúdo da avença, respeitados, apenas, os limites ditados pela validade do ato, constituídos por seus elementos essenciais e observados os limites de ordem pública previstos em lei. Segue, então, a afirmação reproduzida no plano doutrinário do Direito Civil de que a autonomia da vontade é "[...] a faculdade que têm as pessoas de concluir livremente os seus contratos"[(26)], conquanto já não se admitisse tal princípio como absoluto, nem que ele refletisse "[...] a realidade social na sua plenitude"[(27)].

Nessa linha, o dogma da vontade retrata o *voluntarismo* na teoria contratual, expressão utilizada para caracterizar a ideia de contrato em determinado momento histórico, pleno de ideologia burguesa, que coroou a *subjetivação* do instituto no Código Civil francês de 1804. De fato, a referência expressiva e consagrada deste modelo é o art. 1.134 do referido Código, segundo o qual "[...] os contratos legalmente formados têm força de lei para aqueles que os celebram"[(28)]. Nessa linha, Enzo Roppo reconhece na concepção da *liberdade de contratar* o viés ideológico único do contrato cunhado no século XIX[(29)]. É o modelo individualista e voluntarista, que ignora a realidade da dessemelhança entre as partes contraentes.

As transformações sociais, políticas e econômicas ocorridas no final daquele século iniciaram, contudo, a desestruturação do liberalismo e atuaram como fator decisivo para que fossem sobrepujadas as bases do dogma da vontade no plano jurídico-contratual[(30)], rumo à nova formulação da teoria da vontade e do contrato.

Dessas alterações resultou a transposição da teoria da autonomia da vontade para a *teoria da declaração*, em que o ponto essencial é a vinculação do tratamento jurídico do negócio aos elementos objetivos exteriores. Assumem prestígio, então, os elementos socialmente reconhecíveis, em detrimento da proteção ao foro íntimo e à psicologia individual. Segundo essa teoria, se houver harmonia e coerência entre a vontade da parte e o que socialmente transparece — e é compreendido pelo outro contratante —, "[...] tende-se a atribuir prevalência a este último, sacrificando, assim, a vontade à declaração"[(31)].

A partir daí a teoria do contrato segue em direção ao *objetivismo*, que afasta a expressão psíquica ou subjetiva da parte como único suporte de sua formação e concebe o negócio, tanto quanto possível, como elemento autônomo e desvinculado da esfera psicológica das partes.

Opera-se, assim, a evolução para o conceito de *autonomia privada* (e não mais *autonomia da vontade*), que, embora seja de difícil conceituação, pode ser entendida como o poder que os particulares têm de disciplinar, por meio de sua própria vontade, as relações em que são partes, determinando-lhes o conteúdo e a disciplina jurídica, observados amplamente os fatores sociais, a diversidade das respectivas posições e os preceitos da ordem pública. Seria, então, o poder de criar regras para elas mesmas, *nos limites da lei e em complemento ao ordenamento estatal*. Vale dizer, a autonomia deve, necessariamente, dirigir-se à efetivação de interesses e funções que reclamam tutela e que sejam socialmente úteis.

---

(24) CARBONNIER, Jean. *Droit Civil, les obligations*. Paris: Presse Universitaire de France, 1956. p. 45-46.

(25) RUGGIERO, Roberto de. *Instituições de direito civil*. Tradução de Paolo Capitanio, atual. por Paulo Roberto Benasse. Campinas: Bookseller, 1999. v. I, p. 316.

(26) PEREIRA, Caio Mário da Silva. *Instituições de direito civil*. Fontes das Obrigações. Rio de Janeiro: Companhia Editora Forense, 1963. v. III, p. 18.

(27) PEREIRA, Caio Mário da Silva. *Instituições de direito civil*. Fontes das Obrigações. Rio de Janeiro: Companhia Editora Forense, 1963. v. III, p. 18.

(28) Tradução livre.

(29) ROPPO, Vincenzo. *O contrato*. Tradução portuguesa de Coimbra, Ana e Gomes, M. Januário C., Coimbra: Edições Almedina S.A., 2009. p. 32.

(30) PARGENDLER, Mariana Souza; MARTINS-COSTA, Judith Hofmaister. *A ressignificação do princípio da autonomia privada:* o abandono do voluntarismo e a ascensão da autodeterminação da pessoa. Disponível em: <http://ugrs.br/propesq/livro2/artgo_mariana.htm>. Acesso em: 2 out. 2010.

(31) PARGENDLER, Mariana Souza; MARTINS-COSTA, Judith Hofmaister. *A ressignificação do princípio da autonomia privada:* o abandono do voluntarismo e a ascensão da autodeterminação da pessoa. Disponível em: <http://ugrs.br/propesq/livro2/artgo_mariana.htm>. Acesso em: 2 out. 2010.

Na doutrina italiana, Massimo Bianca sustenta que a autonomia privada, além de constituir o poder de decidir sobre a própria esfera jurídica pessoal e patrimonial, "[...] pode ser vista como um direito de liberdade e, portanto, como um direito fundamental da pessoa"[32]. E ao repelir o entendimento segundo o qual a liberdade negocial não teria sido objeto de tutela constitucional daquele país[33], insiste na concepção de solidariedade social como valor a ser considerado na formação do contrato, assinalando que a intangibilidade individual *"cede diante da exigência social"*[34]. É o que está também expresso no art. 3º, inciso I, da Constituição da República Brasileira ao preconizar a construção de uma sociedade *justa e solidária*.

De outra parte, conquanto definida, muitas vezes, como *poder* e *faculdade*, alguns autores tendem a considerar a autonomia privada como uma *esfera de atuação* do sujeito no plano do Direito Privado, ou seja, mais propriamente um espaço que lhe é concedido para exercer a sua atividade jurídica[35]. Não mais *poder* ou *faculdade*, mas âmbito de exercício.

De tudo quanto se disse, verifica-se que, conquanto a vontade ainda possa permanecer como núcleo do contrato no Direito Privado positivo (comum intenção das partes), os critérios interpretativos absorvem o que Enzo Roppo chama, na sua obra traduzida para o português, de *objectivação* do contrato[36]. Essas transformações, segundo o autor:

> [...] são funcionalizadas à exigência de garantir ao máximo *a estabilidade e a continuidade das relações contratuais, e portanto, das relações económicas*, e, por esta via, de assegurar-lhes aquele dinamismo que é postulado pelos modos de funcionamento das modernas economias de massa[37].

Caracteriza-se, nesse sentido, em vários ordenamentos jurídicos, a intervenção do Estado na autonomia da vontade (no contrato) sob o influxo de novos ideais, nomeadamente o da dignidade humana e demais direitos afinados com as várias dimensões dos direitos fundamentais e sociais. Esse fenômeno tem sido nominado de diversas formas: dirigismo contratual, publicização do direito, socialização e outras. Exemplo disso, no Brasil, está na introdução do conceito de causa do contrato, função social, assim como outros fatores antes inexistentes no direito dos contratos e, como já referido, nas relações consumeristas e tantas outras.

Abandona-se, então, a declaração de vontade como matriz exclusiva de efeitos jurídicos, para concebê-la como ato de autonomia privada, jungida aos interesses e valores sociais, com o reconhecimento da fragilidade de pessoas e grupos determinados, em detrimento do individualismo liberal, sendo certo que o elemento que permitiu a transformação da clássica e egoística autonomia da vontade em autonomia privada foi seguramente a intervenção estatal por meio da introdução de conceitos voltados para a sociedade. Trata-se, portanto, de mecanismo que, utilizando-se de conceitos axiológicos, impede que a pessoa se comporte como entenda no comércio jurídico, demonstrando que não se pode ignorar a sociedade no interior da qual ela se encontra.

Resulta do exposto que o caminho trilhado pelo Direito Privado na contemporaneidade, como resultado da sua reconstrução, leva o sistema contratual a agasalhar valores e princípios de índole social e protetora, a fim de conferir ao seu instituto central o equilíbrio imprescindível entre os respectivos atores, assegurando, assim, o necessário compromisso com o amplo espectro da sociedade e dos valores sociais.

Certamente por isso não se pode dizer tenha perdido significado a defesa da autonomia do Direito do Trabalho, em decorrência da sua aproximação com Direito Civil. Ao contrário, a aproximação existe exatamente em razão da quebra de paradigma do invólucro clássico do contrato no Direito Privado comum e sua fixação em princípios vigentes na gênese e no curso histórico da Teoria do Direito do Trabalho, que passaram a integrar as Constituições já durante a primeira grande guerra mundial (Constituição Mexicana de 1917), e no período que a ela se seguiu (Constituição Alemã de Weimar de 1919), com o aparecimento do constitucionalismo social.

2.2. Autonomia privada no Direito do Trabalho: o contrato de trabalho

No âmbito do Direito Individual do Trabalho, a autonomia privada não atua da mesma forma como no Direito Civil, ainda que se considere o perfil contemporâneo deste, por isso que é da essência do contrato de trabalho a relação de cunho subordinado, seja concebida esta em seu aspecto objetivo e estrutural. E, nesse passo, entende-se a subordinação, em primeiro lugar, no que interessa ao presente estudo, como o ingrediente constituído pela faculdade que o empregador detém de impor aspectos limítrofes ao espectro da relação, de acordo com a conveniência do empreendimento (respeitadas, é claro, as

---

(32) BIANCA, Massimo. *Diritto civile*. Il contratto. Milano: Dott. A. Giuffrè Editore, 2000. v. 3, p. 30 (tradução livre).

(33) Invocando o art. 3, segunda parte, da Constituição.

(34) BIANCA, Massimo. Ob. cit., p. 33 (itálico acrescido, tradução livre).

(35) AMARAL, Francisco. *Direito civil*: introdução. 5. ed. rev., atual. e aumen. Rio de Janeiro: Renovar, 2003. p. 347.

(36) ROPPO, Vincenzo. Ob. cit., p. 308.

(37) ROPPO, Vincenzo. Ob. cit., p. 309 (itálicos no original).

vedações legais). Nesse sentido, sabe-se que o próprio direito positivo do trabalho brasileiro — a exemplo de tantos outros — confere ao empregador, no conceito clássico do contrato de emprego, uma gama de poderes, que se inserem nas searas da direção, da fiscalização e disciplinar (este último já tido como corolário do poder de direção), atribuindo-lhe um *poder de comando*, que permite até a aplicação de *punições* ao empregado como condicionamento do próprio contrato, por mais democrático que se pretenda o ambiente e o clima empresariais.

O que caracteriza e tipifica a relação jurídica no vínculo de emprego fá-la diferente de todos os outros vínculos de conteúdo patrimonial regulados pelo Direito Privado. Até porque — aspecto relevantíssimo inerente ao contrato de trabalho subordinado — essa relação não se limita a cunho patrimonial, já que o fenômeno jurídico, no caso, envolve a atividade humana do trabalhador e, por isso, alcança a sua própria pessoa, que, como visto, há tempos vem sendo alvo de proteção constitucional no que respeita ao conjunto de suas propriedades e atributos, nomeadamente da dignidade e demais direitos fundamentais e sociais que, no Direito do Trabalho, despontam como inerentes à esfera jurídica do obreiro.

Concorre, ainda, para as presentes reflexões, a circunstância de que, no Direito do Trabalho brasileiro, não há como abstrair a subordinação do estatuto protetor: a disciplina imperativa confere também à subordinação função identificadora do tipo legal por força da posição de inferioridade socioeconômica e contratual do empregado. E o ordenamento jurídico, visto do patamar constitucional, atua, neste particular, no sentido de recuperar a sua inferioridade substancial em relação à outra parte. Aplicadas sem corretivos às relações de trabalho, as lógicas do Direito Privado — embora também privado seja o Direito do Trabalho — não são suficientes para garantir equilíbrio substancial na relação de troca entre trabalho e retribuição. O amparo jurídico ao ser humano que trabalha determina a sua posição central na cadeia dos direitos fundamentais de qualquer dimensão.

Desse modo, pode-se afirmar que a relação de trabalho subordinado é sempre previamente disciplinada pela lei e pelo contrato coletivo, que atuam na sua concretização e em seu efetivo desenvolvimento, de tal forma que a autonomia privada (individual) submete-se a um espectro ainda mais restrito, circunstância que a distingue daquela que, sob um enfoque civilista, é creditada às partes no campo do Direito Civil.

Acrescente-se que o trabalhador subordinado:

> [...] é um sujeito débil no plano socioeconômico e, consequentemente, no plano contratual, enquanto situado em um contexto de frequente desemprego e desprovido de rendimentos diversos da remuneração, com a consequente absoluta necessidade de obter e conservar uma ocupação onde possa trocar dia após dia o seu único e perecível bem (o trabalho) com a retribuição indispensável ao seu sustento[38].

Assim, o Direito do Trabalho:

> [...] nasce exatamente para proteger o trabalhador subordinado contra a sua própria liberdade negocial, abandonando o mito liberal da igualdade formal dos contraentes e da consequente natural equidade do conteúdo do contrato para reconhecer a desigualdade substancial das partes que impõe intervenções corretivas externas para tutela do mais débil[39].

Não se trata de supressão da autonomia contratual, mas da atuação do fenômeno da sua *compressão*, no dizer de autorizada doutrina, de modo a impor favores limitativos ao inadequado alargamento do elemento anímico em situação jurídica que não o comporta[40]. É também esta a finalidade de proteção, que dá lugar à necessária aquisição da melhoria da condição humana e social do trabalhador, tal como decorre dos comandos inseridos no art. 1º, incisos II e III e art. 7º da Constituição da República Brasileira, ensejando a incidência do princípio *de favor* e da aplicação do princípio da norma mais favorável, inerentes ao Direito do Trabalho. A identidade do contrato de trabalho e, em particular, as noções de subordinação e hipossuficiência e da sua relação com o ordenamento protetor situam-se, assim, entre a autonomia privada e a aplicação de um complexo aparato de normas e institutos voltados para a realização da tutela do obreiro, operando como *instrumento de contenção* a possível arbítrio na *relação assimétrica* do contrato de emprego.

Bem por isso é que, em princípio, as garantias e os direitos estabelecidos pela Constituição no art. 7º da Constituição da República são e devem ser subtraídos à disponibilidade das partes, a fim de que seja preservado o seu caráter preceptivo e fundamental. No plano infraconstitucional, a previsão específica da relação de trabalho subordinado está prevista no art. 3º da Consolidação das Leis do Trabalho e é qualificada por um prestador

(38) VALLEBONA, Antonio. *Istituzioni di diritto del lavoro, rapporto di lavoro*, 6. ed. Verona: Casa Edotrice Dott. Antonio Lilani, 2008. v. II, p. 73-74 (tradução livre).

(39) VALLEBONA, Antonio. Ob. cit., p. 74 (tradução livre).

(40) No Brasil, "[..a *manifestação de vontade* recebe tratamento singular no Direito do Trabalho, em contraponto ao direito comum. A ordem justrabalhista atenua o papel da vontade obreira como elemento determinante das cláusulas e alterações contratuais, antepondo a ela os princípios da imperatividade das normas laborais e da indisponibilidade de direitos" (Cfr. DELGADO, 2003, p. 219, itálico no original). A indisponibilidade de direitos trabalhistas pelo empregado, no Brasil, como regra geral do direito individual do trabalho, funda-se em três principais dispositivos da Consolidação das Leis do Trabalho, quais sejam, os arts. 9, 444 e 468.

de trabalho sob a dependência e a direção do empreendedor. Assim, esses elementos, de um lado — ainda que técnicos ou funcionais —, e a direção real e concreta do empregador na execução do contrato, de outro, são fatores decisivos para o enfoque diferenciado da questão da autonomia contratual privada no Direito Individual do Trabalho.

Cabe assinalar, nesse passo, que as novas formas de trabalho surgidas com a realidade tecnológica contemporânea, de qualquer espécie, não desnaturam o perfil empregatício próprio do Direito do Trabalho, quando presentes os elementos da relação jurídica laborista. Se a subordinação clássica vivenciada no período *fordista* e vigente até a segunda metade do século XX, com sua característica tipicamente vertical e hierarquizada, cedeu lugar ao modelo *toyotista*, alicerçado no figurino da produção sob demanda (*just in time*), o proveito obtido e extraído do trabalho alheio, na era tecnológica de plataformas diversas, amolda-se a essa tecnologia, com o foco voltado para a denominada subordinação estrutural ou integrativa, já anunciada, aliás, no século passado sob a feição de subordinação objetiva.

Desse modo, a suposta ausência de subordinação parece não passar de uma conjectura ilusória e a pretensa liberdade do prestador de serviços integrado à essência do empreendimento — disfarçadas em controles codificados — não alcança senão patamares imaginários de carência de controle. Não se almeja dizer que tudo seja subordinação e que não haja trabalho sem subordinação. Trata-se de constatar uma nova perspectiva por ela adquirida em tempos de plataformas digitais e virtuais tão presentes no setor de serviços.

2.2.1. O art. 444 e seu parágrafo único da CLT introduzido pela reforma trabalhista

Diz o art. 442 da Consolidação das Leis do Trabalho que "o contrato individual do trabalho é o acordo tácito ou expresso, correspondente à relação de emprego". Atentando-se para o dispositivo, depositário de incansáveis críticas por parte da doutrina, verifica-se que ele parece adotar uma concepção contratual do trabalho. A conclusão é autorizada não só pela denominação do Título no qual a definição está situada na CLT (Do Contrato Individual do Trabalho), como pelos vocábulos *acordo* no dispositivo definidor, *contratação* no atual art. 442-A e a expressão *relações contratuais*, contida no art. 444 do diploma consolidado.

Mas a leitura dos demais dispositivos da Consolidação que tratam dessa relação jurídica deixa claro que a pretensão de adotar a chamada *teoria contratualista*, de natureza privada, não disfarça o perfil misto de contratualidade e de institucionalidade.

Dispõe, com efeito, o art. 444 da CLT:

> Art. 444. As relações contratuais de trabalho podem ser objeto de livre estipulação das partes interessadas em tudo quanto não contravenha às disposições de proteção ao trabalho, aos contratos coletivos que lhes sejam aplicáveis e às decisões das autoridades competentes.

Nesse contexto, o dispositivo é dotado de comando que secciona, na esfera contratual do Direito do Trabalho positivo, a área de atuação da autonomia dos contraentes, autorizando-a de um lado e limitando-a de outro, com a vedação do ajuste de cláusulas que fujam do aspecto restritivo da permissão. Este é o ponto, esta a divisão: livre estipulação contida. O dispositivo tem, portanto, dupla função. É dizer: permitir o uso da autonomia privada[41] na estipulação de cláusulas contratuais, restringindo-a às fronteiras por ele ditadas.

Há, portanto, limites estabelecidos no texto, circunstância que cerceia, de algum modo, a livre estipulação das partes interessadas. É por isso que o acréscimo do parágrafo único pela Lei n. 13.467/2017, que excepciona o empregado que se enquadre na situação ali descrita, repercute de forma acentuada não só na esfera contratual trabalhista, mas tende a interceder nos próprios fundamentos, princípios e valores do Direito do Trabalho.

Ocorre que, se antes da Lei n. 13.467/2017, a regra era a submissão dos ajustes às denominadas normas de ordem pública, aos instrumentos coletivos e às decisões das autoridades competentes, tais restrições — que já vinham perdendo força no plano judicial, por conta da reiterada aplicação de normas coletivas contrárias aos textos legais — foram intensamente mitigadas pelo parágrafo único do citado art. 444 da CLT.

2.2.2. O parágrafo único do art. 444 da Consolidação das Leis do Trabalho, introduzido pela Lei n. 13.467/2017

As reflexões que acabam de ser feitas demonstram que está na essência do Direito do Trabalho — e, por conseguinte, do contrato de trabalho — capital proteção da pessoa, o que impede a presença dos chamados *contratos paritários*, nos quais há equivalência de forças entre as partes contratantes, que edificam, elas mesmas, o pacto desejado.

A novidade trazida pelo dispositivo sob análise, que pretende conferir equilíbrio contratual a uma relação jurídica desigual, repercute abertamente em alguns domínios da dogmática do Direito do Trabalho, ao outorgar terreno amplo para a prevalência da contratação individual.

Dispõe o parágrafo único do art. 444 da Consolidação das Leis do Trabalho, introduzido pela Lei n. 13.467/2017, *verbis*:

(41) Autonomia privada, porque já ultrapassada a autonomia da vontade sob qualquer aspecto.

Parágrafo único. A livre estipulação a que se refere o *caput* deste artigo aplica-se às hipóteses previstas no art. 611-A desta Consolidação, com a mesma eficácia legal e preponderância sobre os instrumentos coletivos, no caso de empregado portador de diploma de nível superior e que perceba salário mensal igual ou superior a duas vezes o limite máximo dos benefícios do Regime Geral de Previdência Social.

Uma primeira observação há de ser feita. Não se sabe a razão do critério utilizado pela lei para a fixação do valor do salário que autoriza as exceções legais no caso do empregado portador de diploma de nível superior e que perceba salário mensal igual ou superior a duas vezes o limite máximo dos benefícios do Regime Geral de Previdência Social. Demais disso, não se pode afirmar que as condições do empregado referido na lei sejam, em todos os sentidos e definitivamente, distintas da posição de outros empregados no contexto do contrato de trabalho.

O certo é que a regra, como toda a transformação operada, é fruto de opção do legislador pela adoção da premissa do *negociado sobre o legislado*, que permeia toda a nova concepção da legislação do trabalho no Brasil.

Como subdivisão do *caput* (que, em técnica legislativa, é a unidade básica de determinado texto normativo), o parágrafo restringe a parte final do artigo, para permitir que o empregado titular de curso superior que perceba salário mais elevado que a média dos trabalhadores celebre contrato individual nas hipóteses do art. 611-A do diploma com vigência prevista para novembro deste ano de 2017[42]. Vale dizer, estende a livre estipulação das partes e, por conseguinte, alarga o campo de autonomia do trabalhador e do empregador no regime contratual, transferindo determinados aspectos da autonomia privada coletiva, ela mesma expandida no citado art. 611-A, para a iniciativa dos contraentes no campo do contrato individual. A mitigação do intervencionismo estatal adotada pela Lei n. 13.467/2017 alcança, portanto, esferas distintas no que respeita à amplitude da implantação da nova ordem trabalhista: a coletiva e a individual.

Registre-se, porém, a expressa contradição existente no dispositivo, quando o legislador, optando embora, em todo o contexto da reforma, pelo giro direcional para a prevalência do negociado sobre o legislado, assinala que a livre estipulação contratual possui *eficácia legal e preponderância sobre os instrumentos coletivos* nas matérias autorizadas. Ora, conferir eficácia legal ao contrato é equipará-lo à lei (lembrando o vetusto *pacta sunt servanda*), e atribuir predomínio sobre aqueles instrumentos significa dizer que a lei lhes é superior. Lança-se mão da força conceitual da lei para considerar o contrato individual superior às convenções e acordos coletivos, base consagrada pela reforma.

Demonstrada a incongruência, assinale-se que a permissão outorgada pelo dispositivo acentua sensíveis alterações pertinentes a determinados aspectos de direitos constitucionalmente assegurados, à dinâmica das fontes do Direito do Trabalho, além de afrontar abertamente os fundamentos e os princípios reinantes no universo do Direito do Trabalho.

Assim, a redução salarial prevista no art. 611-A parece revelar vício constitucional, por isso que, vedada no plano da legislação ordinária (art. 468 da CLT), só é passível de adoção em instrumento coletivo, segundo o disposto no art. 7º, inciso VI, da Constituição da República. A prevalecer o dispositivo, estarão sendo malferidos a letra do artigo consolidado e o texto constitucional.

A liberdade de fixação da jornada de trabalho (inciso I), por sua vez, conquanto esteja limitada aos ditames constitucionais, poderá submeter-se à adoção de regimes de trabalho flexíveis e variáveis, contrários à saúde do empregado, já que a norma leva à conclusão de que a restrição se refere a *jornada* e não a *horários*, que, por isso, poderão ser fixados no plano de ajuste individual, ainda que prejudiciais ao empregado.

A possibilidade de fixação de intervalo intrajornada de trinta minutos para as jornadas superiores a seis horas (inciso III) constitui retrocesso no terreno da proteção do empregado.

A identificação dos cargos que se enquadram como funções de confiança (inciso V) parece não seguir a lógica do razoável, dado que, segundo a novel orientação, a confiança autorizadora do elastecimento da jornada para efeito de exclusão do capítulo da fixação da duração normal do trabalho decorre, necessariamente, do ajuste e não da própria natureza da função. A fixação de longas jornadas, próprias das chamadas funções de confiança, constitui excessivo rigor e concorre de modo decisivo na contração de doenças físicas e psíquicas, motivo pelo qual não pode ser deixada a critério das partes. De todo modo, cumpre repetir que a mera definição contratual não pode prevalecer sobre a natureza e o conteúdo da real função do empregado.

O enquadramento do grau da insalubridade (inciso XII), além de constituir retrocesso, embora apenas da perspectiva monetária da matéria, precipita-se sobre todo o arcabouço normativo pertinente, avançando em direção oposta a regras oriundas de estudos médicos e científicos que determinam a fixação escalonada dos graus. A propósito, a previsão está em aberta contradição com o disposto no inciso XVII, do art. 611-B, introduzido pela própria Lei n. 13.467/2017, segundo o qual não poderá ser objeto de convenção coletiva ou acordo coletivo de trabalho "as

(42) O art. 611 já havia sido alterado pela Medida Provisória n. 808/2017, mas tornou à redação original da Lei n. 13.467/2017, tendo em vista a perda de eficácia daquela, a teor do § 3º do art. 62 da Constituição da República. É claro que devem ser ressalvadas, aqui, as questões de direito intertemporal no que tange à vigência da MP, tema, contudo, alheio aos objetivos deste estudo.

normas de saúde, higiene e segurança do trabalho previstas em lei ou em normas regulamentadoras do Ministério do Trabalho".

Mais grave é a possibilidade de ajuste, em nível individual, da prorrogação de jornada em ambientes insalubres, sem licença prévia das autoridades competentes do Ministério do Trabalho. A fragilidade do empregado no contexto do contrato de trabalho, por tudo que já se disse, permitirá talvez a imposição, pelo empregador, daquela prorrogação em qualquer situação real.

No que respeita à hierarquia das fontes — excluídas, aqui, as profundas controvérsias sobre o seu conceito —, sabe-se que no chamado Direito Comum prevalece o critério vertical da ordem normativa, de inspiração kelseniana, conforme o grau de alcance e eficácia da norma dentro de um cenário estrutural rígido. Essa estrutura é formada por normas de maior e menor hierarquia, de tal modo que as primeiras se sobrepõem às segundas e estas submetem-se àquelas, observando-se, assim, uma gradação que tem início na *norma fundamental*, vértice da pirâmide, e dirige-se aos patamares inferiores, alargando-se até a base, sendo certo que a validade da norma inferior sempre decorrerá da validade da norma superior.

O Direito do Trabalho tem como característica a aplicação da norma mais favorável ao empregado e, por essa razão, no interior desse ramo nem sempre será a Constituição, em toda e qualquer hipótese, o cimo da estrutura das fontes, assim como não o será a lei, desde que a cláusula ajustada seja mais favorável para o trabalhador. A determinação expressa da prevalência do negociado sobre o legislado no contrato individual do trabalho estaria a impor, então, rígida hierarquia e, ao mesmo tempo, um corte na experiência vívida das fontes do Direito do Trabalho, não só ao acolher como vértice os instrumentos coletivos nos casos especificados no art. 611-A, como ao estabelecer, no caso específico do parágrafo sob análise, inequívoca distinção entre trabalhadores, já aí tornando vértice a contratação individual, na crença de que nem todos se inserem no arquétipo protetor juslaboral.

O dispositivo não atentou, no caso, para o princípio sistêmico da ordem jurídica, segundo o qual a lei deverá levar em conta as demais normas que compõem o ordenamento, de forma a integrar-se harmonicamente neste. Dessa maneira, afasta-se do Direito do Trabalho enquanto ramo ordenado segundo princípios. E não o faz apenas na parte pertinente ao contrato, mas, em frontal agressão ao conceito de sistema, que sustenta a autonomia de toda disciplina jurídica, fá-lo desde a alteração introduzida no § 1º do art. 8º, quando retira a incompatibilidade do Direito Comum com o Direito do Trabalho como requisito de *fonte* subsidiária daquele em situações de trabalho[43]. É imprescindível assinalar, contudo, que a modificação daquele parágrafo não exclui a incidência dos princípios da ordem jurídica trabalhista, referidos, aliás, de modo expresso no *caput* do dispositivo. Por isso mesmo é que parece que o salutar diálogo entre o Direito Civil ou Comum e o Direito do Trabalho não pode ser objeto de ingerência do primeiro no segundo, sem o imprescindível respeito à autonomia do último.

Assinale-se, por fim, que, em se tratando de norma de exceção, a sua interpretação/aplicação haverá de ser, necessariamente, restritiva, segundo consagrado princípio hermenêutico.

Resulta desta assertiva, por exemplo, do ponto de vista prático, que o *salário mensal* mencionado na regra em questão será sempre o salário-base, sem que a ele sejam acrescidos adicionais e outras verbas oriundas de situações específicas da execução do trabalho.

3. À guisa de conclusão

O parágrafo único do art. 444 introduzido na Consolidação das Leis do Trabalho traz a lume a antiga controvérsia relativa à questão da autonomia das partes na celebração do contrato, sobretudo do contrato de emprego e a confrontação entre o pactuado e os princípios clássicos do Direito do Trabalho, nomeadamente no que respeita à escolha da norma mais favorável ao empregado.

Na ordem positiva, desafia os intérpretes à análise do tratamento do tema sob a perspectiva constitucional.

Em linha de princípio, as relações entre autonomia coletiva e a individual não são objeto de conflitos, quando as condições de trabalho previstas nos instrumentos coletivos são mais favoráveis ao empregado. No caso examinado, contudo, a novidade surge, contraditoriamente, como imposição legal, ainda que em prejuízo do empregado e, em evidente paradoxo, situa o coletivo em patamar inferior ao contrato de trabalho nas matérias indicadas. É o que se deduz do texto legal, quando diz que a livre estipulação terá a mesma eficácia legal do art. 611-A, com *preponderância sobre os instrumentos coletivos*.

E nessa senda, vale-se da autonomia coletiva — que surge historicamente como alternativa à disciplina heterônoma das relações de trabalho, com a função fundamental de melhorar as condições dos grupos de empregados e não se insere, conceitualmente, na ordem da concepção da autonomia individual — para dispor sobre a aplicação de normas que podem reduzir o conteúdo mínimo da proteção estatal.

(43) Embora tenha mantido a exigência de compatibilidade na esfera de aplicação do direito processual comum no art. 769.

Por fim, tendo sempre presente o caráter excepcional do texto acrescentado à Consolidação das Leis do Trabalho, cabe assinalar que a sua interpretação/aplicação, se se considerá-lo hígido e isento de incongruências, insere-se na esfera restritiva, tanto nas hipóteses em que se divisar a sua possível inaplicabilidade, em razão de fundamentos jurídicos, quanto ao se considerar o valor do salário ali referido, ao qual não poderão ser agregadas outras verbas para fins de incidência da norma.

Referências Bibliográficas

AMARAL, Francisco. *Direito civil*: introdução. 5. ed. rev., atual. e aum. Rio de Janeiro: Renovar, 2003.

BARBAGELATA, Héctor-Hugo. *O particularismo do direito do trabalho*.Tradução Edilson Alkmim Cunha, revisão técnica Irany Ferrari. São Paulo: LTr, 1996.

BIANCA, Massimo. *Diritto civile*. Il contratto. Milano: Dott. A. Giuffrè Editore, 2000. v. 3.

CARBONNIER, Jean. *Droit civil, les obligations*. Paris: Presse Universitaire de France, 1956.

CATHARINO, José Martins. *Compêndio de direito do trabalho*. 3. ed. rev., atualizada e aum. São Paulo: Saraiva, 1982, v. 1.

CESARINO JÚNIOR, A. F. *Direito social brasileiro*. 6. ed. ampl. e atual. São Paulo: Saraiva, 1970. v. 1.

DELGADO, Mauricio Godinho. *Curso de direito do trabalho*. 2. ed. São Paulo: LTr, 2003.

FERRATER MORA, José. *Diccionario de filosofia*. 6. ed. Madrid: Alianza Editorial, 1979. v. I.

GOMES, Orlando. *Contratos*. 3. ed. Rio de Janeiro: Companhia Editora Forense, 1971.

GOTTSCHALK, Egon Felix. *Normas públicas e privadas no direito do trabalho*. São Paulo: Livraria Acadêmica — Saraiva & Cia. — Editores, 1944.

GURVITCH, Georges. *La idea de derecho social. Noción del sistema de derecho social, historia doctrinal desde el siglo XVII hasta el fin del siglo XIX*. Tradução de José Luis Monereo Pérez e Antônio Márquez Prieto. Comares: Granada, 2005.

KANT, Immanuel. *Fundamentação da metafísica dos costumes*. Tradução de Paulo Quintela. Lisboa: Edição 70 Ltda., 2009.

LALANDE, André. *Vocabulário técnico e crítico da filosofia*. Tradução de Fátima Sá Correia, Maria Emília V. Aguiar, José Eduardo Torres e Maria Corte de Souza. 3. ed. São Paulo: Martins Fontes, 1999.

LYON-CAEN, Antoine. Actualité du contrat de travail. *Droit Social*, n. 7-8, 1988.

MORAES FILHO, Evaristo de. *Introdução ao direito do trabalho*. Rio de Janeiro: Revista Forense, 1956, v. II.

NERY, Rosa Maria de Andrade; NERY JUNIOR, Nelson. *Instituições de direito civil* — teoria geral do direito privado. São Paulo: Revista dos Tribunais, 2014, v. I.

PARGENDLER, Mariana Souza; MARTINS-COSTA, Judith Hofmeister. *A ressignificação do princípio da autonomia privada*: o abandono do voluntarismo e a ascensão do valor de autodeterminação da pessoa. 2003. Disponível em: <http://ugrs.br/propesq/livro2/artgo_mariana.htm>. Acesso em: 2 out. 2010.

PEREIRA, Caio Mário da Silva. *Instituições de direito civil. Fontes das obrigações*. Rio de Janeiro: Companhia Editora Forense, 1963. v. III.

RAMALHO, Maria do Rosário Palma. *Da autonomia dogmática do direito do trabalho*. Coimbra: Almedina, 2000.

ROPPO, Vincenzo. *O contrato*. Tradução portuguesa de Coimbra Ana e Gomes, M. Januário C. Coimbra: Edições Almedina, 2009.

SILVEIRA, Michele Costa da. As grandes metáforas da bipolaridade. In: MARTINS-COSTA, Judith (Org.). *A reconstrução do direito privado: reflexos diretrizes e direitos fundamentais no direito privado*. São Paulo: Revista dos Tribunais, 2002.

SUPIOT, Alain. Pourqui um droit du travail? *Droit Social*. Dalloz, 1990.

VALLEBONA, Antonio. *Istituzioni di diritto del lavoro, il rapporto di lavoro*. 6. ed. Verona: Casa Edotrice Dott. Antonio Lilani, 2008. v. II.

WIEACKER, Franz. *História do direito privado moderno*. Tradução de A. M. Botelho Hespanha. 3. ed. Lisboa: Fundação Calouste Gulbenkian, 2004.

Quando a nostalgia salva:

Novos contornos da responsabilidade trabalhista do sucedido

Antonio Umberto de Souza Júnior(*)
Ney Maranhão(**)

1. Começando a conversa

A Lei n. 13.467/2017 implementou a chamada "Reforma Trabalhista" no Brasil. Trouxe consigo inúmeras alterações cujo verdadeiro impacto social e jurídico ainda não pode ser medido. Dentre suas múltiplas disposições, de ordem material e processual, encontra-se o novo art. 448-A da CLT, destinado a regrar os efeitos jurídicos da chamada *sucessão trabalhista* por um ângulo invertido ao que sempre esteve estatuído em lei (foco, agora, no *sucedido*), tema que buscaremos discorrer neste escrito no fito de ofertar uma visão geral do assunto no contexto pós-reforma.(1)

2. O Direito do Trabalho como um sistema de garantias

Em sua evolução, o Direito do Trabalho sempre se caracterizou por um importante movimento expansionista de garantia de direitos, iniciado pelos mais elementares (limitações de jornada, imposição de descansos e estipulação de mínimos remuneratórios) e progredindo para outros temas (prevenção de fadiga, de doenças e de acidentes, irreversibilidade das condições contratuais *in pejus*, isonomia salarial etc.). Por uma série de razões históricas, que a dimensão do presente estudo não permite esmiuçar, a relação de emprego foi alçada a uma condição peculiar de contrato em que boa parte das cláusulas já é predefinida pela lei diante da discrepância, no plano da vida real, dos poderes negociais das partes envolvidas. Em verdade, não houvesse a incisiva intervenção estatal sobre a configuração mínima de direitos e deveres decorrentes da relação de trabalho subordinado, certamente a força do capital — representada pelo empregador — quase sempre sobrepujaria a vontade e a força dos empregados.

O fato de esse contrato envolver a disponibilidade da força de trabalho humana mediante a paga de salário atrai, portanto, um colorido diferenciado para esse tipo de pactuação, fazendo-o destoar dos modelos contratuais ordinários, quase sempre limitados a uma dimensão estritamente individual e de cariz essencialmente patrimonialista. No contrato de emprego, porém, para além de uma patente faceta contratual-patrimonial, viceja também uma dinâmica que envolve incontornável faceta *existencial*, porquanto o enlace jurídico oportuniza, quanto ao polo obreiro, a percepção de verbas de **natureza alimentar**.

Não por outro motivo, a vinculação contratual trabalhista, como regra, operacionaliza-se para durar no tempo, constituindo-se com obrigações de trato sucessivo e efeito continuado, **tendendo à permanência**,(2) já que permanente também é a necessidade material alimentar do trabalhador, fator humano quase sempre justificador da fixação jurídica que materializa o pacto de trabalho. Daí advém a característica da *pessoalidade* do trabalhador, expressando um dos elementos fático-jurídicos configuradores da relação de emprego, fixando-o em caráter *intuito personae* no bojo do liame laboral e evidenciando inarredável nótula de *infungibilidade* quanto ao polo obreiro.

Sensível a tais premissas, cedo o sistema jurídico forjou uma outra onda expansionista paralela de regras tutelares no campo do Direito do Trabalho: as garantias

(*) Professor Universitário. Mestre em Direito pela Faculdade de Direito da Universidade de Brasília. Professor da Escola Nacional de Formação e Aperfeiçoamento de Magistrados do Trabalho (ENAMAT) e de diversas Escolas Judiciais de Tribunais Regionais do Trabalho. Conselheiro do Conselho Nacional de Justiça (2007-2009). Advogado (1986-1993). Juiz Titular da 6ª Vara do Trabalho de Brasília/DF (TRT da 10ª Região). E-mail: antonio.umberto.jr@gmail.com

(**) Professor Adjunto do Curso de Direito da Universidade Federal do Pará (Graduação e Pós-graduação *stricto sensu*). Doutor em Direito do Trabalho pela Universidade de São Paulo (USP), com estágio de Doutorado-Sanduíche junto à Universidade de Massachusetts (Boston/EUA). Mestre em Direitos Humanos pela Universidade Federal do Pará (UFPA). Especialista em Direito do Trabalho pela Universidade de Roma – La Sapienza (Itália). Professor convidado de diversas Escolas Judiciais de Tribunais Regionais do Trabalho. Juiz Titular da 2ª Vara do Trabalho de Macapá (AP) (TRT da 8ª Região/PA-AP). E-mail: ney.maranhao@gmail.com

(1) Para uma detida análise da Lei n. 13.467/2017 (Reforma Trabalhista), ponto a ponto, confira-se: SOUZA JÚNIOR, Antonio Umberto de; SOUZA, Fabiano Coelho de; MARANHÃO, Ney; AZEVEDO NETO, Platon Teixeira de. *Reforma trabalhista*: análise comparativa e crítica da Lei n. 13.467/2017. 2. ed. São Paulo: Rideel, 2018.

(2) RUSSOMANO, Mozart Victor. *Curso de direito do trabalho*. 7. ed. Curitiba: Juruá, 1999. p. 149.

de efetivação da legislação trabalhista. Afinal, a simples imposição legal (e, no nosso caso e de muitos países na atualidade, constitucional) de obrigações a serem cumpridas pelos empregadores precisa vir acompanhada de mecanismos múltiplos e eficazes para prevenção, superação e reparação do inadimplemento contratual. Tais mecanismos militam em diversas frentes, tais como:

a) na contemplação de multas e indenizações, ora de índole punitiva, ora de índole compensatória, para inibir o desfazimento dos contratos de trabalho (os 40% sobre o FGTS e a indenização adicional do art. 9º da Lei n. 7.238/84), reprimir a mora (as multas dos arts. 467 e 477, § 8º) ou reprimir determinadas condutas (a multa por ato discriminatório — CLT, art. 461, § 6º);

b) na criação de instâncias intraempresariais (comissões de prevenção de acidentes, serviços especializados em engenharia de segurança e em medicina do trabalho e comissões de representantes de empregados), intercorporativas (comissões de conciliação prévia) e externas (Justiça do Trabalho, sindicatos, Ministério Público do Trabalho e Ministério do Trabalho), todas voltadas à prevenção e solução de conflitos decorrentes da possível má aplicação da legislação trabalhista;

c) na concepção de um sistema próprio de regras e procedimentos para a tramitação judicial das demandas trabalhistas, que convencionamos chamar de Direito Processual do Trabalho;

d) na implementação de um sistema de sanções de polícia (multa, embargo de obra e interdição de estabelecimento) para a pronta atuação dos órgãos estatais de fiscalização do cumprimento das obrigações trabalhistas, inclusive, em certas circunstâncias de maior relevância e urgência, mediante atos impregnados de autoexecutoriedade que dispensam a intervenção prévia do Poder Judiciário, tamanha a gravidade e premência dos interesses tutelados (Direito Administrativo do Trabalho);

e) na invenção de um esquema permanente de monitoramento do nível de cumprimento das convenções ratificadas pelos diversos países emanadas da Organização Internacional do Trabalho (Comissão de Peritos);

f) na subsistência dos direitos oriundos do contrato de trabalho em caso de falência, concordata ou dissolução da empresa (CLT, art. 449);

g) na priorização dos créditos trabalhistas no concurso com outros credores (CTN, art. 186);

h) na proteção dos créditos trabalhistas contra investidas do próprio empregador e de terceiros credores do empregado (intangibilidade e impenhorabilidade dos salários);

i) na despersonalização ativa dos trabalhadores que permite a formulação de pretensões em juízo contra seus empregadores sem que se exponham individualmente (substituição processual e tutelas coletivas);

j) na criação de institutos de despersonalização do empregador que redundam na ampliação do grupo de pessoas (naturais ou jurídicas) suscetíveis de responsabilização patrimonial para cumprimento das obrigações nos contratos de trabalho vigentes e para quitação dos títulos executivos judiciais representativos de créditos trabalhistas, diminuindo a possibilidade de frustração dos empregados.

Neste último grupo de garantias pessoais de efetividade da legislação trabalhista, podemos enumerar:

a) a responsabilidade solidária objetiva das empresas integrantes de um mesmo grupo econômico, por subordinação ou coordenação (como explicitamente autoriza a nova redação do § 2º do art. 2º da CLT);

b) a responsabilidade solidária objetiva do empreiteiro principal pelas dívidas trabalhistas do subempreiteiro que contratar (CLT, art. 455);

c) a responsabilidade subsidiária objetiva do tomador de serviços pelas dívidas trabalhistas da empresa prestadora de serviços que contratar, na terceirização de serviços no âmbito privado e no trabalho temporário (Lei n. 6.019/74, arts. 5º-A, § 5º, e 10, § 7º);

d) a responsabilidade subsidiária subjetiva do tomador de serviços, nos casos de terceirização no setor público (Súmula n. 331/V/TST);

e) a responsabilidade subsidiária objetiva do dono da obra construtor ou incorporador pelas obrigações trabalhistas do empreiteiro que contratar (OJ n. 191/SDI-1/TST);

f) a desconsideração da personalidade jurídica do empregador para responsabilização subsidiária dos sócios da pessoa jurídica empregadora sem bens ou com acervo insuficiente para garantir a execução trabalhista (CPC, arts. 15 e 795);

g) a responsabilidade subsidiária em segundo grau (ou seja, posteriormente ao insucesso da tentativa de localização de bens dos sócios atuais) dos sócios retirantes da pessoa jurídica empregadora (CLT, art. 10-A, III);

h) a responsabilidade solidária do sócio retirante quando irregular o seu afastamento da pessoa jurídica empregadora (CLT, art. 10-A, parágrafo único);

i) a indiferença das alterações na estrutura ou formato jurídico da pessoa empregadora em relação à eficácia obrigacional dos pactos laborais tais como a transformação do tipo societário (de empresa societária para empresa individual ou de sociedade por cotas de responsabilidade limitada para sociedade anônima, por exemplo), fusão, incorporação, cisão e outros mecanismos de mutação empresarial (CLT, art. 10);

j) a responsabilidade do sucessor pelas obrigações trabalhistas do sucedido (CLT, art. 448).

Será em torno destas duas últimas modalidades de garantia subjetiva da efetividade dos direitos e execuções trabalhistas que orbitará nossa exposição.

3. Sucessão trabalhista: caracterização

Insiste-se que há uma **intrínseca assimetria material** entre os contratantes do pacto laboral, em que o tomador do serviço é possuidor dos meios de produção e o prestador do serviço é detentor apenas de sua força de trabalho, sendo que este, de regra, porta múltiplas hipossuficiências, tais como as de ordem econômica, informacional e probatória. Esse panorama fático gera um estado de franco descompasso entre as partes envolvidas, sendo que ao poder empregatício patronal corresponde, como outro lado da moeda, a necessária subordinação do obreiro, circunstância que acirra essa denunciada desarmonia contratual.

Assimilada essa realidade social, emerge a possibilidade de melhor compreensão da regência jurídica que sobre esse peculiar liame contratual incide, em especial quanto ao tema em particular que aqui nos debruçamos: **a dinâmica das alterações suscitadas no âmbito do polo patronal**. É que vigora no contrato de trabalho, ao contrário do que se dá no polo obreiro, a **fungibilidade do polo patronal** e a chamada **despersonalização da figura do empregador**. Como ensina Mauricio Godinho Delgado, *in verbis*:

> A despersonalização do empregador é um dos mecanismos principais que o Direito do Trabalho tem para alcançar certos efeitos práticos relevantes: de um lado, permitir a viabilização concreta do princípio da continuidade da relação empregatícia, impedindo que ela se rompa em função da simples substituição do titular do empreendimento empresarial em que se encontra inserido o empregado. De outro lado, harmonizar a rigidez com que o Direito Individual do Trabalho trata as alterações objetivas do contrato empregatício (vedando alterações prejudiciais ao empregado) com o dinamismo próprio ao sistema econômico, em que se sobreleva um ritmo incessante de modificações empresariais e interempresariais.(3)

Por isso, inspirado no princípio protetivo e tencionando promover adequada compensação jurídica frente a esse descomunal descompasso fático inerente à relação de emprego, o Direito optou por estabelecer regra protetiva básica: **estabeleceu rígida blindagem dos contratos de trabalho em reação a toda e qualquer mudança na estrutura sociojurídica da empresa**. Por isso, dispõe a CLT que "qualquer alteração na estrutura jurídica da empresa não afetará os direitos adquiridos por seus empregados" (art. 10). Igualmente, estabelece o Texto Consolidado que "a mudança na propriedade ou na estrutura jurídica da empresa não afetará os contratos de trabalho dos respectivos empregados" (art. 448). Como bem lecionam Evaristo de Moraes Filho e Antonio Carlos Flores de Moraes, *in verbis*:

> Pouco importa aos exercentes de uma relação de emprego as transformações subjetivas que se operem na estrutura jurídica do organismo patronal: venda, cessão, doação, alteração, fusão, locação, usufruto ou qualquer outra modificação quanto à sua propriedade ou titularidade.(4)

Para Leandro Krebs Gonçalves, sucessão trabalhista é "instituto justrabalhista em que, na alteração total ou parcial da propriedade do empreendimento econômico, o sucessor (adquirente) assume integralmente os créditos e as dívidas trabalhistas do sucedido (alienante)"(5). À flexibilidade da estruturação jurídica empresarial corresponde, portanto, uma sadia estabilidade das condições contratuais obreiras.

Os clássicos requisitos para a configuração da sucessão trabalhista seguem o padrão apontado por Délio Maranhão: que uma unidade econômico-jurídica passe de um para outro titular e que inexista solução de continuidade na prestação de serviços.(6) Mauricio Godinho Delgado, todavia, oferta-nos uma visão mais contemporânea que prescinde da continuidade da prestação de serviços empregatícios. Seguem seus valiosos escólios, *verbo ad verbum*:

> A nova vertente interpretativa do instituto sucessório trabalhista insiste que o requisito essencial à figura é tão só a garantia de que *qualquer mudança* intra ou interempresarial não venha afetar os contratos de trabalho — independentemente de ter ocorrido a continuidade da prestação laborativa. Isso significa que qualquer mudança intra ou interempresarial *significativa*, que possa *afetar* os contratos empregatícios, seria hábil a provocar a incidência dos arts. 10 e 448 da CLT.(7) (Grifos no original)

Como se vê, a sucessão trabalhista expressa importante **mecanismo jurídico-compensatório** da fragilidade

---

(3) DELGADO, Mauricio Godinho. *Curso de direito do trabalho*. 14. ed. São Paulo: LTr, 2015. p. 433-434.

(4) MORAES FILHO, Evaristo de. *Introdução ao direito do trabalho*. 10. ed. São Paulo: LTr, 2010. p. 295.

(5) GONÇALVES, Leandro Krebs. Sucessão trabalhista. In: SCHWARZ, Rodrigo Garcia (Org.). *Dicionário de direito do trabalho, de direito processual do trabalho e de direito previdenciário aplicado ao direito do trabalho*. São Paulo: LTr, 2012. p. 945.

(6) MARANHÃO, Délio. *Direito do trabalho*. 17. ed. Rio de Janeiro: Getúlio Vargas, 1993. p. 93-96.

(7) DELGADO, Mauricio Godinho. *Curso de direito do trabalho*. 14. ed. São Paulo: LTr, 2015. p. 454.

vivenciada pelos trabalhadores em relação à dinamicidade das relações civis e comerciais implementadas na estruturação jurídica da empresa. Não sem razão, a sucessão trabalhista resulta da convergência de três princípios informadores do Direito do Trabalho: o princípio da intangibilidade objetiva do contrato empregatício, o princípio da despersonalização da figura do empregador e o princípio da continuidade do contrato de trabalho.[8]

Cumpre enfatizar que a amplitude e a finalidade da responsabilidade sucessória conduzem a um estado de total despreocupação jurídica quanto à forma que venha a assumir o fenômeno da sucessão de empregadores, em mais uma incidência do abrangente princípio da primazia da realidade laboral (CLT, art. 9º). Assim, a sucessão tanto poderá ocorrer por ato solene e regular de transmissão da titularidade da pessoa jurídica ou da propriedade do fundo de comércio quanto por qualquer medida informal que gere o mesmo efeito de mudança nos donos do negócio.

Todavia, há de se distinguir a **sucessão jurídica** da **sucessão (meramente) cronológica.**[9]

A **sucessão jurídica** diz respeito a qualquer situação de transmissão da propriedade ou de alteração na estrutura jurídica de um empregador, de impacto relevante sobre os contratos de trabalho findos e em curso, pois o novo proprietário ou a nova pessoa jurídica será titular dos pactos laborais e responsável pelas obrigações trabalhistas pretéritas, inclusive de contratos findos antes do ato sucessório.

Já a **sucessão meramente cronológica** compreende a realização de atividade empresarial coincidente no mesmo local sem que entre o empregador precedente e o empregador posterior haja qualquer ato volitivo que funde a assunção da atividade pelo novo patrão. É o que ocorre nos casos de terceirização de serviços quando determinada prestadora de serviços perde a licitação e nova pessoa jurídica, sem nenhuma conexão com ela, assume o posto. Ou quando uma concessionária de determinado serviço público é vencida por uma prestadora concorrente, que passa a explorar o mesmo serviço. Ou ainda nos casos de aquisição de acervo integral de determinado estabelecimento, em hasta pública, onde o empregador sofrerá a transferência coativa e irresistível de seu empreendimento.

Traçados os elementos caracterizadores da sucessão de empregadores, o passo seguinte compreenderá a análise das consequências de tal fenômeno jurídico sobre os contratos de trabalho.

4. Sucessão trabalhista: efeitos

Caracterizada a sucessão trabalhista, quais seriam seus efeitos jurídicos? O art. 448-A, inserido na CLT pela Lei n. 13.467/2016, assim dispõe:

> Art. 448-A. Caracterizada a sucessão empresarial ou de empregadores prevista nos arts. 10 e 448 desta Consolidação, as obrigações trabalhistas, inclusive as contraídas à época em que os empregados trabalhavam para a empresa sucedida, são de responsabilidade do sucessor.
>
> Parágrafo único. A empresa sucedida responderá solidariamente com a sucessora quando ficar comprovada fraude na transferência.

De início, o *caput* do novo dispositivo realça que os direitos dos empregados não são afetados pelas mudanças na estrutura jurídica da pessoa jurídica empregadora — **sucessão empresarial** (CLT, art. 10) ou na sua propriedade — **sucessão de empregadores** (CLT, art. 448),[10] aspecto jurídico já por nós abordado no tópico pretérito. Ou seja, a sucessão (empresarial ou de empregadores) preserva imutáveis os contratos de trabalho e respectivas condições perante quaisquer fenômenos de transformação da pessoa do empregador (mudança na sua fisionomia jurídica, mudança na titularidade humana ou substituição da pessoa por outra na exploração da atividade).

Explicita agora a lei, ademais, que responderá o sucessor não só pela continuação dos contratos de trabalho em vigor como também pelas obrigações vencidas anteriormente à sucessão ou mudança societária, incluídas aí, obviamente, as obrigações alusivas aos empregados já despedidos. Aqui não inovou o *caput* do novo art. 448-A da CLT, senão na literalidade normativa, pois, doutrinariamente, sempre se reconheceu a amplitude temporal da responsabilidade trabalhista nas diversas formas de sucessão, alcançando não só as obrigações vindouras como as pretéritas, bem como tanto em relação a contratos em curso à época da sucessão quanto em relação a contratos extintos, sendo inoperantes, pois, no âmbito do Direito do Trabalho, as corriqueiras cláusulas

(8) *Ibidem*, p. 455.

(9) GOMES, Orlando; GOTTSCHALK, Elson. *Curso de direito do trabalho*. 17. ed. Rio de Janeiro: Forense, 2006. p. 336. A dupla de juristas baianos não acrescenta o advérbio (meramente), ao cuidar do tema, mas parece adequado acrescentá-lo para evitar uma possível acusação de pleonasmo. Afinal, em qualquer dos dois tipos sucessórios comparados haverá uma sequência temporal entre dois ou mais empregadores.

(10) Policiamo-nos no uso da terminologia, evitando a tentação de, na busca de sinônimos, utilizar a locução **sucessão de empresas**. Afinal, empresa é atividade e não uma pessoa. E se se opera a sucessão de uma atividade por outra, já não estaremos diante do instituto da sucessão trabalhista abordado nos arts. 10, 448 e 448-A da CLT. Não se desconhece o uso abundante do vocábulo **empresa** no corpo da CLT, mas, na maioria das vezes, isso apenas realça justamente a indiferença, em termos de tutela da legislação trabalhista, quanto à persistência ou mudança da propriedade ou da estrutura jurídica da pessoa do empregador. Decifrando didaticamente a diferença entre **empresa e empregador**, confira-se: MARANHÃO, Délio. Sujeitos do contrato de trabalho. In: SÜSSEKIND, Arnaldo *et alli*. *Instituições de direito do trabalho*, v. 1, 21. ed. São Paulo: LTr, 2003. p. 301-302. Contra, defendo a aparente confusão terminológica como algo útil a acentuar, de modo vanguardista, a despersonificação da figura do empregador, consulte-se: CASSAR, Vólia Bomfim. *Direito do trabalho*, 12. ed. São Paulo: Método, 2016. p. 416.

negociais atributivas de responsabilidade residual exclusiva do alienante por obrigações contraídas até o momento da celebração do negócio.[11] Na jurisprudência, tal raciocínio já aparece na Orientação Jurisprudencial n. 261/SDI-1/TST, com o seguinte conteúdo:

> BANCOS. SUCESSÃO TRABALHISTA. As obrigações trabalhistas, inclusive as contraídas à época em que os empregados trabalhavam para o banco sucedido, são de responsabilidade do sucessor, uma vez que a este foram transferidos os ativos, as agências, os direitos e deveres contratuais, caracterizando típica sucessão trabalhista.

Já no parágrafo único do art. 448-A, insere-se na CLT regra de responsabilização da empresa sucedida para se considerá-la solidariamente responsável pelas obrigações trabalhistas quando fraudulenta a transferência.

A nova norma traz uma ampliação importante das garantias legais de efetivação da legislação trabalhista nos episódios de sucessão de empregadores, pois a CLT somente contemplava expressamente a **responsabilidade do sucessor**. Os arts. 10 e 448 da CLT apenas resguardavam os empregados e ex-empregados perante a nova empresa ou os novos sócios, evitando que, na transferência, os adquirentes quisessem esquivar-se de honrar os contratos de trabalho e de arcar com obrigações laborais pretéritas, atribuindo toda responsabilidade aos alienantes.

Ocorre que a prática empresarial revela, por vezes, manobras com sentido inverso ao originalmente imaginado pelo legislador de 1943 — a transferência como instrumento de exoneração obrigacional dos alienantes, livres de qualquer responsabilidade, muitas vezes pelo artifício de interposição de sócios indigentes ou empresas em situação patrimonial precária.

Não é de hoje que alguns segmentos da doutrina perceberam a relevância do avesso normativo tradicional, buscando investigar se o sucedido não poderia ser cobrado, em certas circunstâncias.

Messias Donato identifica dois momentos em que se pode cogitar da responsabilidade sucessória do sucedido: "em caráter preventivo, apontando fraude no negócio e evitando que a sucessão se consume", e, "verificada a sucessão, o trabalhador poderá fazer ressurgir a responsabilidade do predecessor, em caso de inidoneidade técnica ou econômica e financeira do sucessor, para dar prosseguimento às atividades empresariais e assumir ônus e encargos decorrentes da manutenção dos contratos de trabalho ou das reparações legais e negociais, em caso de sua dissolução".[12]

Orlando Gomes e Elson Gottschalk admitem a responsabilidade do sucedido em caráter excepcional quando, por exemplo, "a cessão tenha sido feita em fraude, para que o cedente se exonere das obrigações trabalhistas".[13] À pena sábia de Russomano também não escapou o tema, trilhando a defesa da possibilidade de envolvimento do sucedido em caráter excepcional:

> Em princípio, diante do texto cru da lei, nada há a fazer. Mas, desde que se demonstre *fraude* ou *simulação* e desde que o empregado possa provar, satisfatoriamente, a má situação financeira do novo empregador, é de se admitir que ele reaja contra a nova ordem de coisas. Isso, porém, deve ser admitido como fato excepcional, condicionado à produção de prova convincente e robusta, pois, caso contrário, se permitirá que o empregado abale, injustificadamente, o prestígio comercial da nova empresa e, por incompreensão ou má-fé, fuja ao diâmetro protetor da norma estudada, com prejuízos causados, quiçá inconscientemente, para si próprio e para a coletividade.[14]

Em sua monografia sobre o tema, Gilberto Gomes, após uma resenha bibliográfica, sustenta:

> O afastamento do sucedido de toda e qualquer responsabilidade trabalhista para com seus ex-empregados não se coaduna com o princípio protecionista e tutelar do Direito do Trabalho, muito menos com a concepção de função social de empresa, nem se conforma com a realização do bem comum, sonho maior de toda a legislação social.
>
> Quanto mais essa possibilidade se afigura profundamente tentadora para a prática nefanda e nefasta de fraude, de abuso, desvirtuando a tendência, hoje predominante, de que não é mais a preocupação com os lucros, mas a distribuição equitativa de benefícios que se coloca como fim da empresa, ideal que já se encontra implantado no sistema de convivência social, até mesmo no direito positivo, a exemplo do disposto na nossa Lei das Sociedades Anônimas (Lei n. 6.404/76, arts. 116 e 154).[15]

Mauricio Godinho Delgado vislumbra a responsabilidade do sucedido de modo mais largo. Nas suas palavras, "as situações de sucessão trabalhista propiciadoras de um comprometimento das garantias empresariais deferidas aos contratos de trabalho seriam, sim, aptas a provocar a incidência da responsabilização subsidiária da empresa sucedida".[16]

---

(11) MARANHÃO, *Sujeitos...*, ob. cit., p. 306. Oportuna aqui a lembrança da regra do art. 123 do CTN, subsidiariamente aplicável às execuções trabalhistas e, como direito comum que é, ao Direito do Trabalho como um todo (CLT, arts. 8º, § 1º, e 889): "Salvo disposições de lei em contrário, as convenções particulares, relativas à responsabilidade pelo pagamento de tributos, não podem ser opostas à Fazenda Pública, para modificar a definição legal do sujeito passivo das obrigações tributárias correspondentes".

(12) DONATO, Messias Pereira. *Curso de direito individual do trabalho*. 6. ed. São Paulo: LTr, 2006. p. 150-151.

(13) GOMES e GOTTSCHALK, ob. cit., p. 338.

(14) RUSSOMANO, Mozart Victor. *Comentários à CLT*. 15. ed. v. 1. Rio de Janeiro: Forense, 1993. p. 51. Na mesma linha: CASSAR, ob. cit., p. 475.

(15) GOMES, Gilberto. *Sucessão de empresa*: a questão da responsabilidade solidária e a posição do empregado. São Paulo: LTr, 1994. p. 110.

(16) DELGADO, Mauricio Godinho. *Curso de direito do trabalho*. 16. ed. São Paulo: LTr, 2017. p. 490.

A novidade da responsabilização solidária do sucedido pelo adimplemento das obrigações trabalhistas é, no fundo, mais um desdobramento pontual da norma geral do art. 9º da CLT, que busca reprimir todo gesto que possa levar à frustração de aplicação da legislação trabalhista. Não só tal regra preciosa suporta a solução legal de responsabilização do sucedido. A alteração estrutural ou de propriedade da pessoa empregadora também traduz hipótese de alteração subjetiva do contrato de trabalho. E, sendo a novação contratual subjetiva lesiva ao empregado, configura-se, para os empregados em atividade à época da sucessão, a hipótese de se considerar inoperante a alteração (CLT, art. 468, *caput*), persistindo responsável o sucedido e abrindo espaço para a solicitação da rescisão indireta do contrato de trabalho por violação contratual (CLT, art. 483, *d*), sem falar nas hipóteses de concessão de tutela judicial inibitória ou de reversão do ato danoso iminente, em ação individual ou em reclamação proposta pelo sindicato como substituto processual ou até mesmo, a depender da amplitude subjetiva afetada, em ação civil pública ajuizada pelo Ministério Público.

Para nós, em interpretação do parágrafo único do art. 448-A da CLT integrada aos princípios da proteção, da intangibilidade dos contratos e créditos trabalhistas e ao disposto no poderoso art. 9º da CLT, pouco importa a espécie de vício (dolo, simulação, fraude contra credores ou fraude à execução) que macule o negócio: desde que caracterizada situação em que a sucessão empresarial revele, no plano objetivo, os propósitos de burlar a legislação trabalhista e de prejudicar os credores trabalhistas, inclusive pelo dado objetivo do esvaziamento patrimonial contemporâneo à alteração da estrutura jurídica societária ou da propriedade do negócio, estará aberta a oportunidade para que a ação ou execução tenha por alvo a empresa ou pessoa autora do ato de transferência, em qualquer de suas formas.

Portanto, a *fraude* aqui assume uma dimensão jurídica de amplo espectro.

Ademais, soa-nos interessante pontuar ainda que o legislador poderia ter usado uma terminologia mais precisa se pretendesse limitar o alcance da norma, mas não o fez, preferindo repetir o vocábulo lacônico *fraude*, expressão bem conhecida no âmbito trabalhista, normalmente designada para significar qualquer ato de desvirtuamento da aplicação da legislação trabalhista.[17] Assim, a partir da interpretação da norma, jamais desapegável dos princípios norteadores do Direito do Trabalho (CLT, art. 8º, *caput*), não será possível confinar, interpretativamente, a noção de fraude ao aspecto de mera validade jurídica formal e material da sucessão em si, ou seja, da presença ou ausência dos elementos essenciais para a constituição regular dos atos jurídicos em geral (agente capaz, objeto lícito e possível e forma prescrita ou não proibida em lei), considerando a elasticidade das garantias de efetivação dos direitos trabalhistas e a ausência de quaisquer detalhamentos legais que pudessem sugerir alguma restritividade na interpretação do texto em foco. Logo, a reles percepção de que a alienação foi, objetivamente, ruinosa para os interesses dos credores trabalhistas, com perda (normalmente instantânea) de perspectiva de integral satisfação das dívidas pendentes, já será suficiente para o envolvimento processual do sucedido. Na mesma direção, em lição publicada antes do advento da nova legislação trabalhista, Mauricio Godinho Delgado sustenta a responsabilidade do sucedido "mesmo que não haja fraude, porém comprometimento das garantias empresariais deferidas aos contratos de trabalho, incidente, portanto, a responsabilidade subsidiária da empresa sucedida".[18] Natural que o jurista não cogitasse de solidariedade porque esta não se presume e não havia, à época do referido escrito, norma legal que a contemplasse.

Assim, em uma interpretação garantista da nova disposição legal do parágrafo único do art. 448-A da CLT, parece apropriado que se confira máxima eficácia à previsão de responsabilização solidária do sucedido para alcançar todas as situações de inadimplemento de obrigações trabalhistas pelo sucessor, adotando-se uma visão mais larga de *fraude*. Portanto, se o ato deflagrador da sucessão for viciado ou redundar em instantâneo esvaziamento patrimonial da pessoa empregadora, o sucedido será solidariamente responsável pelo adimplemento de todas as obrigações laborais que pesem sobre o sucessor.

Em contrapartida, sendo juridicamente incensurável o ato sucessório e não havendo expressiva compressão do acervo de patrimônio patronal com a passagem do bastão empresarial, o negócio será hígido e o sucedido não responderá por nada, mesmo subsidiariamente, em nome da boa-fé objetiva e da dinâmica negocial onde os fracassos supervenientes não podem redundar na cobrança irrestrita de todos os donos remotos do negócio, como se a propriedade empresarial gerasse um laço eterno de responsabilidade patrimonial latente.

A propósito, se algum mérito se pode atribuir à nova regra do parágrafo único do art. 448-A da CLT, a par da explicitação da responsabilidade patrimonial retrospectiva do sucedido, já consagrada doutrinária e jurisprudencialmente muito antes da nova lei, é a afirmação de que tal envolvimento do sucedido há de ser **solidário**,[19] ou seja, sem benefício de ordem, podendo a execução correr simultaneamente contra a empregadora e contra

(17) Valentin Carrion, por exemplo, identifica a fraude como qualquer circunstância em que "aplica-se a lei aparentemente, não seu espírito" (*Comentários à Consolidação das Leis Trabalhistas*. 40. ed. São Paulo: Saraiva, 2015. p. 91).

(18) DELGADO, *Curso*..., 2017. p. 490.

(19) "AGRAVO DE INSTRUMENTO EM RECURSO DE REVISTA. CISÃO PARCIAL. FRAUDE. RESPONSABILIDADE. SUCEDIDA. Em se tratando de cisão parcial com a presença do elemento fraude, não prospera a pretensão da recorrente/sucedida, no sentido de desobrigá-la da condenação subsidiária, consoante OJ transitória 30 desta Corte. Óbice do art. 896, § 4º da CLT e da Súmula n. 333 do TST. Agravo de instrumento conhecido e não provido (TST, AIRR 74840-69.2005.5.02.0019, Relatora Ministra Dora Maria da Costa, j. 12.8.2009, DEJT 14.8.2009).

as pessoas que lhe transferiram a pessoa jurídica ou o fundo de comércio e pelo valor integral da dívida.

Não sendo clara a lei a respeito do modo de inserção do sucedido na relação processual, a ensejar leitura em sentido mais favorável ao trabalhador (como subprincípio derivado do princípio protecionista), poderá o trabalhador prejudicado incluir o sucedido no polo passivo da reclamação trabalhista para que já figure no título executivo judicial, em litisconsórcio com o sucessor, ou, a depender da marcha da execução, requerer sua integração à relação processual tardiamente. Como estamos diante de caso de solidariedade passiva (responsabilidade direta), soa desnecessária a prévia instauração de incidente de desconsideração da personalidade jurídica do devedor (sucessor), reservada geralmente para situações de responsabilidade subsidiária.

Na comparação da **responsabilidade patrimonial solidária retrospectiva da empresa ou empregador sucedido** com a **responsabilidade patrimonial retrospectiva do sócio retirante**, disciplinada no novo art. 10-A da CLT, também introduzido pela "Reforma Trabalhista", verifica-se que:

a) a responsabilidade do sócio retirante e da pessoa empregadora sucedida poderá ser **solidária**, havendo fraude na saída do sócio ou na alteração da estrutura jurídica ou transferência da titularidade da pessoa empregadora (CLT, arts. 10-A, parágrafo único, e 448-A, parágrafo único), remanescendo a responsabilidade **subsidiária**, nos demais casos, apenas em relação ao sócio retirante (CLT, art. 10-A, III);

b) a responsabilidade do sucedido é ilimitada temporalmente quanto à época de vencimento das obrigações trabalhistas (podendo compreender obrigações anteriores e posteriores à alienação, desde que vinculadas a contratos existentes à data da sucessão), enquanto a responsabilidade do sócio retirante somente poderá abranger obrigações trabalhistas vencidas ou surgidas enquanto persistiu o vínculo societário, ou seja, até a averbação do ato formalizador de sua saída;

c) o sucedido pode ser integrado à relação processual a qualquer tempo, independentemente da data de ajuizamento da ação, já que a lei não impõe tal condicionante, enquanto o sócio retirante pode ser integrado a qualquer tempo à relação processual desde que a ação seja ajuizada dentro do prazo de dois anos contados da averbação de seu desligamento societário.[20]

Registre-se, por oportuno, que, em caso de morte do empregador pessoa física ou constituído em empresa individual, é facultado ao trabalhador, em caso de continuidade da atividade econômica pelos sucessores, dar por extinto o contrato de trabalho (CLT, art. 483, § 2º). Cuida-se de regra que flexibiliza a diretriz da livre fungibilidade do polo patronal e consequente não impactação nos contratos de trabalho em vigor. Aqui, porém, essa impactação não incide *ope legis*, mas por opção do próprio obreiro, de acordo com as circunstâncias do caso concreto — no que se percebe, ainda aqui, alguma operatividade do princípio protetivo.

Cumpre consignar o entendimento do TST no sentido de que o sucessor não responde solidariamente por débitos trabalhistas de empresa não adquirida, integrante do mesmo grupo econômico da empresa sucedida, quando, à época, a empresa devedora direta era solvente ou idônea economicamente, ressalvada a hipótese de má-fé ou fraude na sucessão (OJ n. 411/SDI-1/TST).

Quanto à sucessão trabalhista de empresas falidas e em recuperação judicial, é importante destacar a jurisprudência do STF no sentido de que não configura sucessão trabalhista a alienação de ativos da empresa em processo de recuperação judicial (ADI n. 3.934-2/DF)[21].

5. Consideração final

De tudo o que se expôs acerca das novas regras sobre a responsabilidade na sucessão trabalhista, seja pela mutação estrutural da forma jurídica, seja pela mutação da titularidade da pessoa jurídica do empregador, constata-se que as disposições do art. 448-A amplificam, na nossa visão, o espectro de garantias institucionais para a satisfação intracontratual ou judicial das obrigações trabalhistas alusivas a contratos celebrados até a data do evento sucessório.

Assim, em certo sentido, a *nostalgia* ainda pode salvar. Em determinadas circunstâncias, a "saudade" do antigo empregador poderá mesmo ser a última tábua em que possam montar os trabalhadores para evitarem o naufrágio dos direitos vitimados pelo ato transformador da fisionomia ou da titularidade jurídica do empregador a que estiveram contratualmente vinculados.

(20) Ainda que se possa especular que a limitação temporal, como formulada, seja flagrantemente inconstitucional, não poderia a lei ordinária estabelecer prazo prescricional para atingir o sócio retirante em patamar inferior ao que estabelece a Carta Magna para as ações trabalhistas: 5 anos a contar da lesão, limitáveis ao biênio subsequente ao término da relação de emprego (CF, art. 7º, XXIX). Assim, haverá de pairar a possibilidade de o dispositivo, na limitação temporal, ter sido infeliz.

(21) EMENTA: "AÇÃO DIRETA DE INCONSTITUCIONALIDADE. ARTS. 60, PARÁGRAFO ÚNICO, 83, I E IV, C, E 141, II, DA LEI N. 11.101/2005. FALÊNCIA E RECUPERAÇÃO JUDICIAL. INEXISTÊNCIA DE OFENSA AOS ARTS. 1º, III E IV, 6º, 7º, I, E 170, DA CONSTITUIÇÃO FEDERAL de 1988. ADI JULGADA IMPROCEDENTE. I — Inexiste reserva constitucional de lei complementar para a execução dos créditos trabalhistas decorrente de falência ou recuperação judicial. II — Não há, também, inconstitucionalidade quanto à ausência de sucessão de créditos trabalhistas. III — Igualmente não existe ofensa à Constituição no tocante ao limite de conversão de créditos trabalhistas em quirografários. IV — Diploma legal que objetiva prestigiar a função social da empresa e assegurar, tanto quanto possível, a preservação dos postos de trabalho. V — Ação direta julgada improcedente" (STF, Pleno, ADI 3934, Relator Min. Ricardo Lewandowski, j. 27.5.2009, DJe 5.11.2009).

Padrão de vestimenta no meio ambiente laboral e inserção de propagandas no uniforme: uso da imagem do trabalhador

Maristela Íris da Silva Malheiros(*)

1. Introdução

O presente artigo tem como objetivo abordar normas introduzidas na Consolidação das Leis do Trabalho (CLT) pela Lei n. 13.467, de 13 de julho de 2017, atinentes ao padrão de vestimenta no ambiente laboral e inserção de logomarca do empregador e de empresas parceiras no uniforme do trabalhador e da limitação do regramento do dano extrapatrimonial.

Referida lei, também chamada de Lei da Reforma Trabalhista, inseriu na CLT vários dispositivos tratando do dano patrimonial e extrapatrimonial, dentre eles, o art. 223-A da CLT que busca restringir a aplicação supletiva da legislação comum ao direito do trabalho, ao dispor que aplicam-se "à reparação de danos de natureza extrapatrimonial decorrentes da relação de trabalho apenas os dispositivos deste Título". Ao impor tal restrição, o legislador não atentou para a regra contida no § 1º do art. 8º da CLT, o qual dispõe que "o direito comum será fonte subsidiária do direito do trabalho", além de afrontar a própria Constituição da República, que consagra o princípio da dignidade da pessoa humna, bem como a inviolabilidade da intimidade, da vida privada, da honra e da imagem.

O art. 456-A da CLT assegurou ao empregador o direito de definir o padrão de vestimenta do empregado no ambiente laboral e autorizou a inserção de logomarca da empresa e de suas parceiras no uniforme do empregado bem como de outros itens de identificação relacionados à atividade.

Apesar de tal dispositivo autorizar o empregador definir o padrão de vestimenta no local de trabalho, tal direito há que ser exercido dentro dos limites da razoabilidade, sempre respeitando a dignidade do empregado e a inviolabilidade de sua intimidade, honra e imagem, assegurados Constituição da República (arts. 1º, inciso III e 5º, inciso X), na própria CLT (arts. 223-B e 223-C) e nas regras do direito comum. Deste modo, não pode o empregador exigir do empregado o uso de indumentária que contrarie os bons costumes ou que o exponha ao ridículo ou a constrangimentos, nem exigir o uso do uniforme com logotipo da empresa ou de suas parceiras fora do local do trabalho, sob pena de se configurar abuso do direito passível de reparação, como prevê o art. 187 do Código Civil.

2. Breves notas sobre a evolução da responsabilidade civil no Brasil

No direito pátrio, o instituto da responsabilidade civil assumiu especial importância com o advento da Constituição da República de 1988, que elegeu como fundamento da República a dignidade da pessoa humana (art. 1º, inciso III), além de consagrar vários direitos fundamentais (art. 5º, X, XI e XII).

Posteriormente, em 1990, foi editada a Lei n. 8.078, que instituiu o Código de Defesa do Consumidor, com previsão da responsabilidade objetiva nas hipóteses de danos oriundos das relações de consumo. O Código Civil de 2002 manteve a responsabilidade subjetiva e ampliou o espectro da responsabilidade objetiva para aqueles casos em que a atividade normalmente desenvolvida pelo autor do dano implicar, por sua natureza, risco para terceiro (art. 927, parágrafo único).

Relembra Anderson Schereiber que o sistema de responsabilidade civil ancorava-se em três pilares fundamentais, que são a culpa, o dano e o nexo causal entre ambos. Acrescenta que, na prática judicial, constituía ônus da vítima de um dano demonstrar o prejuízo, além da culpa do ofensor, e o nexo de causalidade entre a conduta culposa do ofensor e o dano , concluindo que:

> Estas duas barreiras — prova da culpa e prova do nexo causal — chegaram a ser chamadas de 'filtros da responsabilidade civil ou filtros da reparação' que funcionavam como óbices capazes de promover a seleção das demandas de ressarcimento que deveriam merecer acolhida jurisdicional.[1]

Na mesma obra, o autor discorre sobre o "o caso da culpa" e da relativização do nexo causal, responsáveis

(*) Desembargadora junto ao Tribunal Regional do Trabalho da 3ª Região.

(1) SCHREIBER, Anderson. *Novos paradigmas da responsabilidade civil.* 6. ed. São Paulo: Atlas, 2015. p.11.

pela erosão dos filtros tradicionais da responsabilidade civil. Nesse sentido, afirma que:

> A perda de força de contenção da culpa resulta no aumento do fluxo de ações de indenização a exigir provimento jurisdicional favorável. Corrói-se o primeiro dos filtros tradicionais da responsabilidade civil, sendo natural que as atenções se volvem — como, efetivamente, têm se voltado — para o segundo obstáculo à reparação, qual seja, a demonstração do nexo de causalidade. Também aí, entretanto, verifica-se uma relativa perda do papel de filtragem do ressarcimento dos danos, por força de um fenômeno que pode ser genericamente designado por flexibilização do nexo causal.(2)

Atualmente, não só no Brasil, mas no mundo inteiro, a sociedade vem assistindo a uma proliferação de demandas de ressarcimento, ocasionada principalmente pela perda de força da culpa, pela relativização do nexo causal e pelo surgimento dos chamados novos danos, cabendo ao Poder Judiciário o importante papel de identificar os danos passíveis de ressarcimento, o que ocorre quando do julgamento dos inúmeros casos concretos que lhe são submetidos à apreciação.

Esse fenômeno não foi diferente na Justiça do Trabalho, onde se registra um crescimento vertiginoso de ações reparatórias, nas quais se discutem dos mais sérios danos sofridos pelo trabalhador, como aqueles decorrentes de acidentes do trabalho, às pretensões fundadas nos mais banais acontecimentos do cotidiano da relação de trabalho, chamadas demandas frívolas. Por conta desse fenômeno e até mesmo de certo abuso no manejo do direito de ação, os juízes do trabalho, em todas as instâncias, vêm se mostrando mais rigorosos com a produção da prova nesse tipo de pretensão.

A Lei n. 13.467/2017 introduziu modificações na regência legal pertinente à configuração dos danos de ordem patrimonial e extrapatrimonial e respectiva quantificação, buscando restringir, nesse ponto, a aplicação supletiva dos dispositivos da legislação comum ao direito do trabalho, o que será objeto de análise a seguir.

3. O dano extrapatrimonial no Direito do Trabalho — normas reguladoras

Como se afirmou acima, uma das inovações insertas na CLT pela Lei n. 13.467/2017 diz respeito ao "Dano Extrapatrimonial", tratado no Título II-A, da Seção XVI, do Capítulo IV, da CLT.

Antes de adentrar na questão atinente ao padrão de vestimenta no ambiente laboral e inserção de propagandas no uniforme do empregado, oportuno analisar o art. 223-A da CLT, que dispõe sobre as normas reguladoras do dano extrapatrimonial no direito do trabalho, estabelecendo o seguinte:

> Aplicam-se à reparação de danos de natureza extrapatrimonial decorrentes da relação de trabalho apenas os dispositivos deste título.

O dispositivo legal acima transcrito, ao utilizar o advérbio "apenas", deixou clara a intenção do legislador em restringir a regulação do dano extrapatrimonial, no âmbito do direito do trabalho, exclusivamente pelos dispositivos inseridos no Título II-A, da Seção XVI, do Capítulo IV, da CLT.

Ao impor tal restrição, o legislador não atentou para a regra contida no § 1º do art. 8º da CLT, com a nova redação atribuída pela Lei n. 13.467/2017, e que assim dispõe: "o direito comum será fonte subsidiária do direito do trabalho".

A aplicação supletiva das normas do direito comum ao direito do trabalho é historicamente consagrada na legislação, sendo respeitada pela doutrina e pela jurisprudência, inclusive no que toca aos julgamentos das ações que versam sobre ressarcimento por dano patrimonial e extrapatrimonial.

Por outro lado, o art. 223-A, ao determinar que o dano extrapatrimonial submete-se apenas aos novos dispositivos da CLT, olvidou a aplicação da própria Constituição da República, à qual se submetem todas as leis infraconstitucionais.

Não se pode desvincular o dano extrapatrimonial das normas constitucionais, pois são nelas que o direito à indenização em prol do trabalhador encontra sua garantia maior.

Basta ver que a Constituição de 1988 inseriu o princípio da dignidade da pessoa humana como fundamento da República (art. 1º, inciso III), resguardando-o também no inciso X do art. 5º, em que foi garantida a inviolabilidade da intimidade, da vida privada, da honra e imagem das pessoas, assegurando o direito à indenização pelo dano material ou moral decorrente de sua violação.

O art. 7º da Constituição assegura aos trabalhadores urbanos e rurais a proibição do retrocesso social (*caput*), a redução dos riscos inerentes ao trabalho, por meio de normas de saúde e segurança (inciso XXII), a não discriminação (incisos XXX, XXXI e XXXII), dentre outros, com referência expressa à indenização, nas hipóteses de violação dessas garantias.

Da mesma forma, o art. 170 da Carta Constitucional, ao tratar da ordem econômica, elege a valorização

(2) SCHREIBER, Anderson. *Novos paradigmas da responsabilidade civil*. 6. ed. São Paulo: Atlas, 2015. p. 85/86.

do trabalho humano e a existência digna, conforme os ditames da justiça social, como seus fundamentos. Referidos direitos fundamentais são apenas exemplificativos, a teor do que dispõe o art. 5º, § 2º: "Os direitos e garantias expressos nesta Constituição não excluem outros decorrentes do regime e dos princípios por ela adotados, ou dos tratados internacionais em que a República Federativa do Brasil seja parte".

Nesse sentido, o texto do art. 223-A, que pretendeu traçar regras rígidas e restritivas de regência dos danos extrapatrimoniais no âmbito do direito do trabalho, encontra óbice no conjunto da legislação pátria, como aqui demonstrado, pois não pode afastar a aplicação da Constituição da República aos conflitos trabalhistas, olvidando-se da constitucionalização do direito do trabalho.

Ainda que assim não fosse, a prática tem mostrado um sem número de variáveis que envolvem as lides trabalhistas nas quais se discute indenização por dano extrapatrimonial, sendo quase inviável solucioná-las apenas com base nos restritos dispositivos contidos no Título II-A, da Seção XVI, do Capítulo IV, da CLT.

Ademais, por força do disposto no art. 4º da Lei de Introdução às normas do Direito Brasileiro, *Decreto-lei n. 4.657/1942, com a redação dada pela Lei n. 12.376/2010, quando a lei for* omissa, o juiz deve decidir o caso de acordo com a analogia, os costumes e os princípios gerais de direito. Essa regra foi reproduzida no art. 140 do CPC, que dispõe que o juiz não se exime de decidir sob a alegação de lacuna ou obscuridade do ordenamento jurídico. E, no âmbito do direito do trabalho, o § 1º do art. 8º da CLT estabelece ser o direito comum fonte subsidiária do direito do trabalho, o que deverá ser observado pelo julgador.

Neste contexto, conclui-se que, à reparação decorrente dos danos extrapatrimoniais no direito do trabalho, aplicam-se as regras da Constituição da República que tiverem pertinência com a matéria, notadamente, o art. 1º, III, inciso X do art. 5º, os dispositivos contidos na CLT e as normas do direito comum (arts. 20, 186, 187 e 927 do Código Civil).

Dentre os bens de ordem extrapatrimonial assegurados ao trabalhador, tem-se o direito à imagem, o que será analisado a seguir.

4. O DIREITO À IMAGEM

O Constituição da República, no inciso X do art. 5º, arrola como bens invioláveis, sujeitos à reparação civil, a intimidade, a vida privada, a honra e a imagem das pessoas, estando aí inserida a garantia da dignidade da pessoa humana, consubstanciada como um dos fundamentos da República Federativa do Brasil, a teor do que dispõe o inciso III do art. 1º.

O Código Civil também contém regra a respeito do uso da imagem, dispondo, no art. 20 o seguinte:

> Salvo se autorizadas, ou se necessárias à administração da justiça ou à manutenção da ordem pública, a divulgação de escritos, a transmissão da palavra, ou a publicação, a exposição ou a utilização da imagem de uma pessoa poderão ser proibidas, a seu requerimento e sem prejuízo da indenização que couber, se lhe atingirem a honra, a boa fama ou a respeitabilidade, ou se se destinarem a fins comerciais.

A CLT, com a reforma trabalhista, passou a tratar do direito de imagem do trabalhador, estabelecendo, no art. 223-C, que a "honra, a imagem, a intimidade, a liberdade de ação, a autoestima, a sexualidade, a saúde, o lazer e a integridade física são os bens juridicamente tutelados inerentes à pessoa física".

Por sua vez, o art. 223-B da CLT dispõe que causa "dano de natureza extrapatrimonial a ação ou omissão que ofenda a esfera moral ou existencial da pessoa física ou jurídica, as quais são as titulares exclusivas do direito à reparação".

A imagem, inserida no rol dos direitos da personalidade, vem sendo, a cada dia, mais valorizada pela sociedade contemporânea em todas as áreas das relações sociais e jurídicas.

Segundo Carlos Alberto Bittar, o direito à imagem consiste:

> [...] no direito que a pessoa tem sobre a sua forma plástica e respectivos componentes distintos (rosto, olhos, perfil, busto) que a individualizam no seio da coletividade. Incide, pois, sobre a conformação física da pessoa, compreendendo um conjunto de caracteres que a identifica no meio social. Por outras palavras, é o vínculo que une a pessoa à sua expressão externa, tomada no conjunto, ou em partes significativas (como a boca, os olhos, as pernas, enquanto individualizadoras da pessoa)(3).

Diante de tal conceito, pode-se afirmar que o modo de vestir da pessoa é um dos caracteres que a identifica no meio social, integrando, portanto, sua imagem.

Como atributo da pessoa, a imagem tem valor social e expressão pecuniária, daí ser considerada como direito de feição dúplice. O valor pecuniário imposto como indenização pelo uso indevido da imagem da pessoa, seja ela trabalhadora ou não, nem sempre decorre da violação à honra, pois muitas vezes deriva simplesmente do desrespeito ao direito de personalidade. Nesse sentido, prelecionam Cristiano Chaves de Faria, Felipe Peixotto Braga Netto e Nelson Braga Rosenvald:

---

(3) BITTAR, Carlos Alberto. *Os direitos da personalidade*. 7. ed. Rio de Janeiro: Forense Universitária, 2015. p. 94.

> O direito à imagem ostenta feição dúplice: é, de um lado, direito da personalidade, participando do núcleo essencial à dignidade humana; de outro, é direito que possui feições patrimoniais, e o uso indevido da imagem alheia, mesmo sem lesão à honra, é indenizável, conforme adiante veremos. Adiantemos que o direito à imagem, protegido constitucionalmente, é direito da personalidade que não se confunde com a proteção da honra ou da intimidade.[4]

Essas considerações são importantes para a análise do tema atinente à definição do padrão de vestimenta imposto ao trabalhador, o que inclui a inserção de propagandas no uniforme exigido pelo empregador, sem a autorização do obreiro, tema que será visto a seguir.

5. Padrão de vestimenta no meio ambiente laboral — Inserção de propagandas no uniforme

No título que disciplina o contrato individual de trabalho, a Lei n. 13.467/2017 introduziu na CLT o art. 456-A. Referido dispositivo legal inovou em matéria até então não regulada no âmbito trabalhista, quanto à definição de padrão de vestimenta no meio ambiente de trabalho, à licitude da inserção de logomarcas da própria empresa ou de empresas parceiras no uniforme e de outros itens de identificação relacionados à atividade desempenhada e, ainda, sobre a responsabilidade de higienização do uniforme, com a seguinte redação:

> Art. 456-A. Cabe ao empregador definir o padrão de vestimenta no meio ambiente laboral, sendo lícita a inclusão no uniforme de logomarcas da própria empresa ou de empresas parceiras e de outros itens de identificação relacionados à atividade desempenhada.
>
> Parágrafo único. A higienização do uniforme é de responsabilidade do trabalhador, salvo nas hipóteses em que forem necessários procedimentos ou produtos diferentes dos utilizados para higienização das vestimentas de uso comum.

Acerca da definição do padrão de vestimenta do empregado, trata-se de prerrogativa assegurada ao empregador por força do poder diretivo que lhe é atribuído, estando nele inserido a forma de organização de seu empreendimento. Todavia, essa faculdade deve ser harmonizada com o direito à intimidade, à honra e à imagem do empregado (inciso X do art. 5º da Constituição da República e art. 223-C da CLT).

Nessa perspectiva, o empregador pode exigir do empregado o uso de vestimenta padronizada, adequada à boa apresentação aos seus clientes e fornecedores, como forma de passar a necessária credibilidade. Assim, por exemplo, o empregador que presta serviços a autoridades e a executivos, ou que tem como clientes pessoas com alto grau de exigência, pode impor a seus empregados que se apresentem para trabalhar seguindo certo padrão, como o uso de roupa social, por exemplo. De outro lado, empresas que comercializam produtos esportivos, podem determinar que seus empregados trabalhem com roupas esportivas ou despojadas. O que não pode haver é o desrespeito à intimidade, à honra e à imagem do empregado, como, por exemplo, exigir que trabalhe com trajes sumários, ou outros que o exponham ao ridículo ou a constrangimento.[5]

Por outro lado, demonstrado que houve bom senso e critério objetivo do empregador na exigência do padrão de vestimenta no meio ambiente do trabalho, não pode o empregado resistir a tal determinação. Entretanto, ainda que a determinação de observância de certo padrão de indumentária seja lícita, não pode o empregador obrigar o empregado a despender, na aquisição de sua vestimenta laboral, valores incompatíveis com seu padrão remuneratório. Ressalta-se que não se está aqui falando de uniforme, o qual deve ser fornecido pelo empregador.

Antes de adentrar no estudo da segunda parte do *caput* do art. 456-A da CLT, que reconhece a licitude da inclusão de logomarcas da própria empresa ou de empresas parceiras, cabe ressaltar que a questão atinente à inserção de logomarca do empregador ou de suas fornecedoras no uniforme do empregado tem gerado profundas controvérsias nos Tribunais Regionais do Trabalho (TRT) e também no Tribunal Superior do Trabalho (TST).

Alguns julgadores entendem que o uso do uniforme contendo logomarcas do empregador ou de empresas fornecedoras de produtos/serviços não importa em ofensa ao direito de imagem do empregado, por decorrer a determinação do poder diretivo patronal. Outros sustentam que tal exigência fere o direito de imagem do empregado, por fazer dele verdadeiro *outdoor* ambulante ou homem anúncio. Essa corrente entende que a postura configura abuso do poder diretivo, ensejando o direito à indenização por dano moral, com fulcro nos arts. 20, 186, 187 e 927 do Código Civil.

Para unificação de jurisprudência acerca do tema, tendo em vista a oscilação dos julgados, o TRT da Terceira Região editou a Súmula n. 35, que consolidou o seguinte entendimento:

> **USO DE UNIFORME. LOGOTIPOS DE PRODUTOS DE OUTRAS EMPRESAS COMERCIALIZADOS PELA EMPREGADORA. AUSÊNCIA DE PRÉVIO ASSENTIMENTO E DE COMPENSAÇÃO ECONÔMICA. EXISTÊNCIA DE VIOLAÇÃO AO DIREITO DE IMAGEM.** A imposição patronal de uso de uniforme com logotipos de produtos de outras empresas comercializados pela empregadora, sem que haja concordância do empregado e compensação econômica, viola o direi-

(4) CHAVES DE FARIAS, Cristiano *et al. Curso de direito civil* — responsabilidade civil. 4. ed. Salvador: JusPodivm, 2017. p. 662.

(5) SILVA, Homero Batista Mateus da. *Comentários à reforma trabalhista*. São Paulo: Revista dos Tribunais, 2017. p. 79

to de imagem do trabalhador, sendo devida a indenização por dano moral. (RA 213/21014, disponibilização: DEJT/TRT3/ Cad. Jud. 20.11.2014, 21.11.2014 e 24.11.2014).

A figura do homem anúncio foi retratada em poema de Carlos Drumond de Andrade, citado em acórdão recente do TRT/3ª Região[(6)] no qual foi reconhecido o direito à indenização por dano moral em prol do empregado, que usava uniforme com logotipos de produtos de empresas fornecedoras do empregador. Nesse julgado, foi transcrita parte do poema de Drumond:

> E vale ainda atentar para o sentido humanista da mencionada súmula nas palavras de Drummond: [...] fazem de mim homem-anúncio itinerante, escravo da matéria anunciada. Estou, estou na moda. É doce estar na moda, ainda que a moda seja negar minha identidade, trocá-la por mil, açambarcando todas as marcas registradas, todos os logotipos do mercado. Com que inocência demito-me de ser eu que antes era e me sabia tão diverso de outros, tão mim-mesmo, ser pensante, sentinte e solidário com outros seres diversos e conscientes de sua humana, invencível condição. Agora sou anúncio, ora vulgar ora bizarro [...] *In*: Corpo. Poema Eu, etiqueta. Carlos Drummond de Andrade.

No colendo TST, o entendimento majoritário atualmente é de que a exigência do uso de uniforme com logotipos de empresas fornecedoras de produtos comercializados pelo empregador, sem a concordância do empregado e compensação econômica, viola o direito de imagem do trabalhador, tornando devida a indenização por dano moral, como se infere dos arestos abaixo:

> I — AGRAVO DE INSTRUMENTO EM RECURSO DE REVISTA DA RECLAMADA. NÃO OBSERVÂNCIA DOS PRINCÍPIOS DA DEVOLUTIVIDADE E DA DELIMITAÇÃO RECURSAL. O agravo de instrumento constitui recurso autônomo e de fundamentação vinculada, devendo a agravante, além de impugnar os fundamentos da decisão que denegou seguimento ao recurso de revista, expor as razões do pedido de reforma ou de invalidação da decisão e o próprio pedido, de acordo com os princípios da devolutividade e da delimitação recursal, sem o que resta inviável o conhecimento do agravo de instrumento, nos termos do art. 1.010, III, do novo CPC e da Súmula 422 do TST. Agravo de instrumento não conhecido. **II — RECURSO DE REVISTA DO RECLAMANTE — INDENIZAÇÃO POR DANOS MORAIS. UNIFORME COM PROPAGANDA. USO INDEVIDO DA IMAGEM DO TRABALHADOR.** O uso da imagem do trabalhador, sem a sua autorização expressa e compensação pecuniária, configura manifesto abuso do poder diretivo do empregador, a ensejar o pagamento de indenização por dano moral. Julgados. Recurso de revista conhecido e provido." (ARR-1596-42.2013.5.03.0038, Relator Ministro: Márcio Eurico Vitral Amaro, Data de Julgamento: 24.5.2017, 8ª Turma, Data de Publicação: DEJT 26.5.2017).

> **RECURSO DE REVISTA. DANO MORAL. USO NÃO AUTORIZADO DA IMAGEM DA EMPREGADA COM FINS COMERCIAIS. EMPREGADA OBRIGADA A TRAJAR UNIFORME COM LOGOMARCA DE PRODUTOS COMERCIALIZADOS PELA EMPREGADORA. FINS COMERCIAIS. INCIDÊNCIA DO ART. 20 DO CÓDIGO CIVIL.** Extrai-se da decisão recorrida que a imagem do autor foi utilizada sem sua autorização e com evidente finalidade comercial, uma vez que, na condição de empregado, estava obrigado a trajar uniforme que estampava as logomarcas de produtos comercializados pela empresa. A empresa atentou contra, portanto, o que dispõe o art. 20 do Código Civil. Com efeito, a jurisprudência pátria consolidou-se no sentido de reconhecer o direito à indenização por dano moral nos casos de utilização da imagem para fins econômicos. É o que se extrai da Súmula n. 403 do STJ. Ao obrigar o empregado a utilizar vestimenta com a finalidade de produzir um ganho econômico ao patrão, sem o devido consentimento e sem a devida contraprestação pelo serviço prestado, a empresa extrapolou seu direito potestativo, incorrendo em abuso de direito, exatamente como prevê o art. 187 do Código Civil. Acrescente-se que, desde que a publicidade de produtos integre, direta ou indiretamente, a estratégia comercial ou publicitária da empresa, é de se presumir a existência de vantagem comercial, ainda que indireta, sendo irrelevante o fato de os produtos serem exibidos nas dependências do estabelecimento comercial. Precedentes. Recurso de revista conhecido por violação do art. 20 do Código Civil e provido. CONCLUSÃO: Recurso de revista integralmente conhecido e provido. (TST-RR-1120-09.2011.5.20.0003, Relator Ministro: Alexandre de Souza Agra Belmonte, 3ª Turma, DEJT 11.4.2017).

Em sentido contrário, decidiu a 5ª Turma do c. TST:

> INDENIZAÇÃO POR DANOS MORAIS. DIREITO DE IMAGEM. USO DE UNIFORMES CONTENDO LOGOMARCAS DE FORNECEDORES. DANO IMATERIAL NÃO CONFIGURADO. I — Cinge-se a controvérsia ao reconhecimento de dano moral à imagem do empregado que utiliza uniforme cedido pelo empregador que contém logomarcas dos fornecedores dos produtos comercializados pela empresa. II — Pois bem, como é sabido, o inciso X do art. 5º da Constituição elege como bens invioláveis, sujeitos à indenização reparatória, a intimidade, a vida privada, a honra e a imagem das pessoas. III — Encontra-se aí subentendida a preservação da dignidade da pessoa humana, em razão de ela ter sido erigida em um dos fundamentos da República Federativa do Brasil, a teor do art. 1º, inciso III da Constituição. IV — Como escreve Carlos Alberto Menezes Direito: "O direito à honra, à imagem, ao nome, à intimidade, à privacidade ou a qualquer outro direito da personalidade, todos estão englobados no direito à dignidade, verdadeiro fundamento e essência de cada preceito constitucional relativo aos direitos da pessoa humana." "Dano moral, à luz da Constituição vigente", arremata o autor, "nada mais é do que violação do direito à dignidade." (*In* Comentários ao novo Código Civil, p. 100/101). V — Importa registrar que o dano moral prescinde de prova da sua ocorrência, em virtude de ele consistir em ofensa a valores humanos, bastando a demonstração do ato em função do qual a parte diz tê-lo sofrido. VI — Nesse passo, em se tratando de atos praticados no âmbito da relação de emprego, há de se provar que ele tenha ocorrido por dolo ou culpa do empregador, cabendo ao Judiciário se posicionar se o dano dele decorrente se enquadra ou não no conceito de dano moral. VII — É válido consignar que a caracterização do dano moral demanda a prática de ato ilícito que implique grave violação aos direitos da personalidade, de modo que reste nítida a intensa repercussão negativa no estado psíquico do indivíduo lesado. VIII — Assim, eventuais dissabores do dia a dia não autorizam o acolhimento da pretensão

(6) TRT 3ª Região. RO n. 0010624-40.2016.5.03.0099, 1ª Turma. Relator: Juiz Convocado Márcio Toledo Gonçalves, DJ 11.8.2017.

reparatória por danos imateriais, de modo a inibir o estímulo à banalização dessa espécie de contenda. IX — O compulsar do acórdão recorrido revela a inexistência de qualquer premissa fática no sentido de que o recorrente tenha sido submetido pelo empregador à situação vexatória ou humilhante decorrente do uso do uniforme contendo logomarcas dos fornecedores da empresa. X — Ao revés, consta do voto prevalecente a premissa de que o reclamante, "utilizando fardamento do reclamado, não fora exposto a qualquer situação humilhante, vergonhosa que aviltasse a sua dignidade". XI — Outrossim, a inamovível matriz fático-probatória descrita na sentença e acolhida pela decisão impugnada, revela que, de fato, **não se operou dano à imagem do empregado em razão do uso do uniforme com logomarcas dos produtos que vendia. XII — Ademais, quanto ao tema em epígrafe, o entendimento que prevalece nesta 5ª Turma guarda estreita sintonia com a decisão Regional**. XIII — Nesse passo, não se materializa a propalada ofensa aos arts. 5º, X, da Constituição e 20 do Código Civil. XIV — Recurso de revista conhecido e não provido. (Processo: RR -1174-15.2014.5.05.0026 Data de Julgamento: 7.12.2016, Relator Ministro: Antonio José de Barros Levenhagen, 5ª Turma, Data de Publicação: DEJT 16.12.2016.).

O entendimento da Seção de Dissídios Individualizados I (SDI-I) do colendo TST é no sentido de que a exigência do uso de uniforme com logomarca de fornecedores sem autorização do empregado constitui ofensa ao direito da imagem, gerando direito à indenização por dano moral:

RECURSO DE EMBARGOS EM RECURSO DE REVISTA REGIDO PELA LEI N. 11.496/2007. INDENIZAÇÃO POR DANOS MORAIS. DIREITO DE IMAGEM. USO DE UNIFORME COM LOGOMARCAS DE FORNECEDORES. PROPAGANDA INDEVIDA. ART. 20 DO CÓDIGO CIVIL. O uso não autorizado da imagem das pessoas, ainda que não lhe atinja a honra, a boa fama ou a respeitabilidade, impõe indenização por danos morais, nos termos dos arts. 5º, inciso X, da Constituição Federal e 20 do Código Civil de 2002, caso se destine a fim comercial, e independe de prova do prejuízo experimentado, de acordo com a Súmula n. 403 do Superior Tribunal de Justiça. Precedentes. Recurso de embargos de que não se conhece. (TST-E-RR -2097-21.2012.5.03.0138, Data de Julgamento:11.2.2016, Relator Ministro: Cláudio Mascarenhas Brandão, Subseção I Especializada em Dissídios Individuais, Data de Publicação: DEJT 19.2.2016).

Antes da edição da Súmula n. 35 do TRT/3ª Região, eu adotava a tese de que não havia ofensa ao direito de imagem quando há inserção discreta de logomarca de empresas fornecedoras/produtos na vestimenta do empregado, por enxergar nessa publicidade uma forma de alavancar as vendas que a todos beneficia, contribuindo inclusive para a manutenção dos postos de trabalho. Após a edição da referida Súmula, curvei-me ao entendimento nela contido, por questão de disciplina judiciária, ressalvando nos julgados o anterior posicionamento.

O art. 456-A da CLT reconhece a licitude do uso de uniforme dentro do local de trabalho, contendo logomarca do empregador e empresas parceiras e de outros itens de identificação relacionados à atividade.

Por se tratar de forma de organização da empresa, a lei passa a consagrar a licitude do uso de uniforme contendo itens de identificação do empregador, o que deve ser acolhido, desde que o uniforme não contrarie os bons costumes ou exponham o trabalhador a constrangimento.

Admite-se também como lícita a inserção de logomarca de empresas do mesmo grupo econômico no uniforme do empregado, considerando a profundidade do vínculo jurídico estabelecido entre o empregador e tais empresas.

A inserção de logomarca do empregador ou de empresas do mesmo grupo econômico no uniforme de seus empregados é uma forma de os clientes, fornecedores e até mesmo os próprios colegas se identificarem entre si.

Referentemente ao uso do uniforme contendo logomarca de outras empresas, cabe observar que o legislador mencionou a expressão "empresas parceiras" e não "fornecedoras", que era o cerne das discussões nos tribunais antes da reforma trabalhista.

A doutrina conceitua parceria comercial ou empresarial quando duas ou mais empresas se unem para otimizar a oferta de produtos ou serviços com uma abrangência maior, a um custo mais baixo. No direito brasileiro, algumas das maneiras de se criar parcerias empresariais são por meio da formação de *joint ventures*, da celebração de contratos de distribuição, de franquia empresarial, de representação comercial e do consórcio entre empresas, dentre outras.(7)

Como a lei não contém palavras inúteis, cabe ao intérprete investigar se, de fato, há contrato de parceria entre o fabricante dos produtos e o empregador. Constatada a parceria, a lei reputa lícita a inserção de logomarca, tanto do próprio empregador quando de empresas parceiras, no uniforme do empregado, cujo uso somente pode ser exigido no local de trabalho.

Nas hipóteses de o empregador obrigar o empregado a usar uniforme com propagandas exageradas contendo imagens gigantescas e extremamente chamativas que, além de poluir visualmente a figura do empregado, ofusca sua imagem física, pode-se cogitar de dano moral, passível de indenização. De igual modo, pode-se cogitar de indenização quando empregador obriga o empregado a usar uniforme com inserção de símbolos, sinais ou imagens que possam ridicularizá-lo, citando-se, a título de exemplo, um motel ou *sex shop* que venha a exigir dos empregados o uso de trajes contendo imagens ou adereços eróticos.

Nesse sentido, Thereza Nahas, Leone Pereira e Raphael Miziara, ao comentarem o art. 456-A da CLT tecem as seguintes considerações:

---

(7) RIBEIRO, Aline Pardi. Parcerias empresariais: institutos assemelhados à sociedade. *Revista Jus Navigandi*, ISSN 1518-4862, Teresina, ano 19, n. 3864, 29 jan. 2014. Disponível em: <https://jus.com.br/artigos/26534>. Acesso em: 11 set. 2017.

> Este dispositivo traça uma importante regulamentação quanto ao poder empresarial de organização e direção. O trabalhador deverá usar o uniforme determinado pelo empregador e desde que não contrarie os bons costumes ou exponham o trabalhador a situações que possam ridicularizá-lo. Há que ter bom senso na aplicação e determinação das vestimentas. Tampouco poderá o trabalhador ser obrigado a usar logotipo da empresa ou seus parceiros fora do ambiente de trabalho.
>
> [...]
>
> Nas relações trabalhistas, verifica-se de um lado, o direito de propriedade do empregador, do qual deriva o poder diretivo. E, do outro lado, o direito personalíssimo à intimidade, honra e imagem do empregado. Impõe-se, então, harmonizar esses direitos. A relação de hierarquia que se apresenta nas relações trabalhistas, sendo o empregado subordinado às ordens do poder de comando do empregador, não pode ser de justificativa que legitime ações que venham a desrespeitar o direito à intimidade, bem como a própria dignidade da pessoa humana, consubstanciada na proteção dos direitos fundamentais. Nesse caso, portanto, há que se ter bom senso na aplicação de determinação de vestimentas, o que será aferido pela análise do caso concreto. Especificamente sobre o uso de logomarcas da própria empresa ou de empresas parceiras e fornecedoras, ou até mesmo de outros de identificação, o TST vinha entendendo que a determinação de uso de uniforme com logotipos de produtos comercializados pelo empregador sem que haja concordância do empregado ou compensação pecuniária, viola seu direito de uso da imagem, conforme dispõe o art. 20 do Código Civil(8).

O empregado pode pretender a indenização por dano extrapatrimonial, ainda que haja autorizado o uso da sua imagem, quando ficar demonstrado que o empregador recebeu das empresas parceiras valores para a divulgação de produtos, sem o correspondente repasse ao trabalhador.

Como se vê, a questão não é simples, pois envolve diversas variáveis que tanto poderão gerar direito à reparação civil, quanto obstaculizar a indenização por dano extrapatrimonial, dependendo das características próprias de cada caso concreto e respectiva prova.

Assim, entende-se que a partir da entrada em vigor da Lei n. 13.467/2017, nas demandas trabalhistas em que se discutir a licitude ou não da exigência de padrão de vestimenta, bem como de uso de uniforme pelo empregado, deverá o julgador, em cada caso concreto, fazer um juízo de ponderação entre o poder diretivo do empregador e o direito à imagem do empregado, à luz dos dispositivos constitucionais e infraconstitucionais que regem a matéria.

6. Conclusão

Dentre as inovações trazidas pela Lei n. 13.467/2017, que alterou a CLT, estão os dispositivos que tratam do dano extrapatrimonial e do padrão de vestimenta no meio ambiente laboral e considera lícita a inserção de logomarcas da empresa e de parceiras no uniforme do empregado e de outros itens de identificação relacionados à atividade desempenhada.

O art. 223-A da CLT pretendeu traçar regras rígidas e restritivas de regência dos danos extrapatrimoniais no âmbito do direito do trabalho, dispondo que a tais danos se aplicam apenas os dispositivos inseridos no Título II-A, da Seção XVI, do Capítulo IV, da CLT. Ao impor tal restrição, o legislador não atentou para a regra contida no § 1º do art. 8º da CLT, o qual dispõe que "o direito comum será fonte subsidiária do direito do trabalho", além de ter olvidado a aplicação da própria Constituição da República, à qual se submetem todas as leis infraconstitucionais. Desta forma, aplicam-se à reparação decorrente de danos extrapatrimoniais no direito do trabalho os dispositivos pertinentes com a matéria contidos na Constituição da República (art. 1º, inciso III, e art. 5º, inciso X, dentre outros) e na CLT, como também as regras do direito comum (arts. 20, 186, 187 e 927 do Código Civil).

O art. 456-A da CLT, em sua primeira parte, assegurou ao empregador o direito de definir o padrão de vestimenta no ambiente laboral.

A definição do padrão de vestimenta do empregado insere-se na prerrogativa do empregador de organizar seu empreendimento e decorre do poder diretivo que lhe é atribuído. Todavia, tal direito deve ser exercitado com bom senso e respeito à imagem do empregado, não se podendo impor a este o uso de vestimenta que contrarie os bons costumes ou que o exponha ao ridículo ou a constrangimento. Assim, na aplicação do referido art. 456-A da CLT, deverá fazer-se um juízo de ponderação entre o poder diretivo atribuído ao empregador e o direito à intimidade, à honra e à imagem do empregado.

Por outro lado, demonstrado que houve bom senso e critério objetivo do empregador na exigência do padrão de vestimenta no meio ambiente do trabalho, não pode o empregado opor resistência a tal comando. Entretanto, ainda que a determinação de observância de certo padrão de indumentária seja lícita, não pode o empregador obrigar o empregado a despender, na aquisição de

(8) NAJAS, Thereza; PEREIRA, Leone; MIZIARA, Raphael. *CLT comentada urgente*. São Paulo: Revista dos Tribunais, 2017. p. 295-296.

sua vestimenta laboral, valores incompatíveis com seu padrão remuneratório. Ressalta-se que não se está aqui falando de uniforme, o qual deve ser fornecido pelo empregador.

Na segunda parte do art. 456-A da CLT, reputou-se lícita a inserção de logomarcas da empresa e de parceiras no uniforme e de outros itens de identificação relacionados à atividade desempenhada.

Por se tratar de forma de organização, a lei reconhece a licitude do uso de uniforme contendo logomarca e itens de identificação do empregador, o que deve ser acolhido.

Acerca do uso do uniforme contendo logomarca de outras empresas, cabe observar que o legislador mencionou a expressão "empresas parceiras" e não "fornecedoras", que era o cerne das discussões nos tribunais do trabalho antes da reforma trabalhista.

No direito brasileiro, algumas das maneiras de se criar parcerias empresariais são por meio da formação de *joint ventures*, da celebração de contratos de distribuição, de franquia empresarial, de representação comercial e do consórcio de empresas, dentre outras.

Como a lei não contém palavras inúteis, cabe ao intérprete investigar se, de fato, há contrato de parceria entre o fabricante dos produtos e o empregador. Constatada a parceria, é de se reputar lícita a inserção de logomarca da parceira no uniforme do empregado, cujo uso somente pode ser exigido no local de trabalho.

Admite-se também como lícita a inserção de logomarca de empresas do mesmo grupo econômico no uniforme do empregado, considerando que o vínculo entre o empregador e tais empresas, em geral, é até mais profundo do que aquele estabelecido com empresas parceiras.

Nas hipóteses de o empregador obrigar o empregado a usar uniforme com propagandas exageradas contendo imagens gigantescas e extremamente chamativas que, além de poluir visualmente a figura do empregado, ofusca sua imagem física, pode-se cogitar de dano moral, passível de indenização. De igual modo, pode-se cogitar de indenização quando o patrão obrigar o empregado a usar uniforme com inserção de símbolos, sinais ou imagens que possam ridicularizá-lo.

O abuso do direito conferido ao empregador pelo art. 456-A poderá gerar para o empregado direito à indenização por dano extrapatrimonial.

O empregado também fará jus à indenização por dano extrapatrimonial, ainda que haja autorizado o uso da sua imagem, quando ficar demonstrado que o empregador recebeu das empresas parceiras valores para a divulgação de produtos, sem o correspondente repasse ao trabalhador.

Referências Bibliográficas

BITTAR, Carlos Alberto. *Os direitos da personalidade*. 7. ed. Rio de Janeiro: Forense Universitária, p. 94.

BOMFIM, Vólia. *Direito do trabalho*. 14. ed. Rio de Janeiro: Forense, São Paulo, 2017. p. 904.

CHAVES DE FARIAS, Cristiano *et al*. *Curso de direito civil* — responsabilidade civil. 4. ed. Salvador: JusPodivm, 2017. p. 662.

NAJAS, Thereza; PEREIRA, Leone; MIZIARA, Raphael. *CLT comentada urgente*. São Paulo: Revista dos Tribunais, 2017. p. 295.

RIBEIRO, Aline Pardi. Parcerias empresariais: institutos assemelhados à sociedade. *Revista Jus Navigandi*, ISSN 1518-4862, Teresina, ano 19, n. 3864, 29 jan. 2014. Disponível em: <https://jus.com.br/artigos/26534>. Acesso em: 11 set. 2017.

SCHREIBER, Anderson. *Novos paradigmas da responsabilidade civil*. 6. ed. São Paulo: Atlas, 2015.

SILVA, Homero Batista Mateus da. *Comentários à reforma trabalhista*. São Paulo: Revista dos Tribunais, 2017. p. 79.

TRT 3ª Região. RO n. 0010624-40.2016.5.03.0099, 1ª Turma. Relator: Juiz Convocado Márcio Toledo Gonçalves, DJ 11.8.2017.

O PRÊMIO: UMA COISA É UMA COISA, OUTRA COISA É OUTRA COISA

Mônica Sette Lopes(*)

Curto-circuitando (*Court-circuitant*) as formas, a demora e os procedimentos, a urgência, sob a autoridade do estado de necessidade (necessidade que faz a lei), se erige assim em *passe-droit* (salvo conduto) generalizado. Disso resulta um novo tipo de risco, a insegurança jurídica: não mais a insegurança econômico-social (perigo externo), mas o risco endógeno, produto secundário e indesejado da engenharia jurídica cujo ritmo se acelera (OST, 1999, p. 282).

1. Uma questão no meio das palavras

Na primeira leitura do que veio a se transformar na Lei n. 13.467, de 13.7.2017, o tema que mais me chamou atenção se expunha em pinceladas quase invisíveis, mas concatenadas, no curso de várias passagens. Ele não tinha a grandiosidade da discussão sobre os efeitos da negociação coletiva, nem atraía o olhar do intérprete como o tópico sobre o dano extrapatrimonial ou a ausência de limitação de jornada para o teletrabalho. Trata-se da definição da natureza jurídica do prêmio.

Passados alguns meses da entrada em vigor da Lei n. 13.467/2017, persiste a angústia com o sentido que se dará à regra e com seus efeitos.

A impressão que se tem, da leitura dos dispositivos, no que se anuncia como sua nova versão, é a deliberada intenção de definir a natureza genérica do prêmio como sendo indenizatória em qualquer circunstância.

Mas essa é, como se demonstrará, uma impossibilidade concreta, à vista da natureza retributiva ou contraprestativa de alguns pagamentos que se apresentam com aquela denominação.

Assim, corre-se o sério risco de uma frustração plena à promessa de estabilidade ou de segurança jurídica que se anuncia, caso as empresas decidam optar por reconhecer caráter indenizatório a determinadas situações, em que a remuneração venha a ser paga pela rubrica prêmio. Uma interpretação literal e descontextualizada dos dispositivos configurará uma instabilidade de proporções significativas para os empregadores, mesmo que eles aumentem os parâmetros para o pagamento de verba variável denominada prêmio na certeza, equívoca, de que não haverá desdobramentos em contribuição previdenciária e em outras verbas trabalhistas.

O risco aqui não é o da perda do direito do empregado. Mas o de se levar o empregador, pelo apressado de uma promessa que não vinculará o tempo, à insegurança a que se referiu François Ost no texto trazido como pórtico deste trabalho. A *engenharia jurídica* que, na composição da Lei n. 13.467/17, pretendeu levar a certezas, pode romper facilmente com as expectativas na situação que se examina.

Esse é o risco que justifica o pequeno estudo que ora se apresenta.

2. A nova versão do prêmio

A Lei n. 13.467, de 13.7.2017, apresenta a figura do prêmio em alguns dispositivos.

O primeiro deles é o próprio art. 457, matriz da concepção que se quer ver difundida:

> Art. 457. Compreendem-se na remuneração do empregado, para todos os efeitos legais, além do salário devido e pago diretamente pelo empregador, como contraprestação do serviço, as gorjetas que receber.
>
> § 1º *Integram o salário a importância fixa estipulada, as gratificações legais e as comissões pagas pelo empregador.*
>
> § 2º *As importâncias, ainda que habituais, pagas a título de ajuda de custo, auxílio-alimentação, vedado seu pagamento em dinheiro, diárias para viagem, prêmios e abonos não integram a remuneração do empregado, não se incorporam ao contrato de trabalho e não constituem base de incidência de qualquer encargo trabalhista e previdenciário.*[1]
>
> [...]
>
> § 4º *Consideram-se prêmios as liberalidades concedidas pelo empregador em forma de bens, serviços ou valor em dinheiro a empregado ou a grupo de empregados, em razão de desempenho superior ao ordinariamente esperado no exercício de suas atividades.* (Grifos nossos em itálico nas partes que importam modificação pela Lei n. 13.467/2017).

O § 2º insere o prêmio juntamente com verbas cuja natureza indenizatória é flagrante, até porque ou cons-

(*) Professora associada da Faculdade de Direito da UFMG. Desembargadora aposentada do Tribunal Regional do Trabalho da 3ª Região. Doutora em Filosofia do Direito.

(1) Vale a pena comparar a redação anterior: "§ 2º Não se incluem nos salários as ajudas de custo, assim como as diárias para viagem que não excedam de 50% (cinquenta por cento) do salário percebido pelo empregado".

tituem meio para a execução das atividades exigidas do empregado pertinentes ao giro do empreendimento na forma do art. 2º da CLT (ajuda de custo e diária para viagem), ou constituem tradicionalmente verbas previstas em normas coletivas ou no PAT (auxílio-alimentação).

2.1. A medida provisória n. 808/2017: a que não chegou a ser

Ainda que a Medida Provisória n. 808, de 14.11.2017, não tenha se efetivado como norma integrada ao sistema pelo decurso do prazo, é de todo interesse analisar as modificações que ela impunha ao tema. Aliás, talvez o volume de emendas apresentadas (967, segundo informativo da Câmara dos Deputados[(2)]) seja o fator mais incisivo a indicar que não há pacificação em relação ao tema. O dissenso persiste nesta área de interesses humanos que são claramente dissonantes (os de capital e de trabalho) e o processo que levou à chamada Reforma Trabalhista certamente não levou à construção de consensos.

A redação dada ao art. 457 pela Medida Provisória n. 808[(3)], de 14.11.2017, referiu-se aos prêmios, sem grandes desdobramentos no §2º:

> § 2º As importâncias, ainda que habituais, pagas a título de ajuda de custo, *limitadas a cinquenta por cento da remuneração mensal*, o auxílio-alimentação, vedado o seu pagamento em dinheiro, as diárias para viagem e os prêmios não integram a remuneração do empregado, não se incorporam ao contrato de trabalho e não constituem base de incidência de encargo trabalhista e previdenciário. (Grifos nossos em itálico nas partes que importam modificação pela Medida Provisória n. 808/2017).

A redação primitiva do § 2º foi repristinada, no que concerne à limitação da ajuda de custo a "cinquenta por cento do salário percebido pelo empregado".

Incluiu-se, a seu turno, no § 1º, ao lado das "gratificações legais", as "de função". É um indicativo até certo ponto redundante, característica de todo percurso de modificações que vieram com a Lei n. 13.467/2017. Num exercício, talvez superficial, de análise do discurso, isso poderia significar um desejo de reiteração, como meio de fixar a interpretação sem equivocidade.

A Medida Provisória n. 808/2017 trazia, porém, um aspecto especialmente relevante no tema que interessa tratar aqui. Trata-se do § 22 que tinha o seguinte teor:

> § 22. Consideram-se prêmios as liberalidades concedidas pelo empregador, *até duas vezes ao ano*, em forma de bens, serviços ou valor em dinheiro, a empregado, grupo de empregados *ou terceiros vinculados à sua atividade econômica em razão de desempenho superior ao ordinariamente esperado no exercício de suas atividades.*

Considerando-se a singeleza do brocardo segundo o qual a norma posterior revoga a anterior, não havia dúvida de que a lógica levaria à conclusão de que o § 22 do art. 457 na versão da Medida Provisória n. 808/2017 havia revogado o § 4º do art. 457 na redação dada pela Lei n. 13.467/2017. As alterações foram a inclusão de uma limitação temporal ("até duas vezes por ano") e de uma categoria nova ("terceiros vinculados à sua atividade econômica").

No entanto, segundo parece, houve um *embaralhamento* na numeração. A Medida Provisória parecia ter apenas tentado ajustar as alterações que antes haviam sido feitas pela Lei n. 13.419, de 13 de março de 2017[(4)]. Um acerto no texto da lei que poderia vir a resultar da Medida Provisória talvez tendesse a restaurar a redação do § 4º na forma dada pela chamada Lei das Gorjetas (A gorjeta mencionada no § 3º não constitui receita própria dos empregadores, destina-se aos trabalhadores e será distribuída segundo critérios de custeio e de rateio definidos em convenção ou acordo coletivo de trabalho)[(5)].

A perda de eficácia da medida provisória sem a conversão em lei faz com que essa questão tenha deixado de ter relevância, para além da constatação dos efeitos da pressa e da pressão por resultados no processo de elaboração normativa.

Havia, porém, na redação proposta para o § 22, a figura de "terceiros vinculados à sua atividade econômica", que certamente traria questões importantes se o texto chegasse a entrar em vigor tal como estava. A exposição de motivos não fazia qualquer explicitação para justificar a urgência ou mesmo a necessidade de extensão

---

(2) Disponível em: <http://www2.camara.leg.br/camaranoticias/noticias/TRABALHO-E-PREVIDENCIA/556254-MEDIDA-PROVISORIA-QUE-ALTERA-REFORMA-TRABALHISTA-PERDE-A-VALIDADE.html>. Acesso em: 02 ago. 2018.

(3) A parte mais significativa das mudanças dizia respeito a uma detalhada regulação da remuneração por meio de gorjeta que acrescentou aos §§ 3º a 11 decorrentes das alterações impostas pela Lei n. 13.419, de 13 de março de 2017, os §§12 a 21. A matéria exigia estudo de peculiaridades, inclusive as decorrentes dos costumes nas atividades que dão ensejo ao pagamento de gorjeta, que fogem ao escopo das questões que aqui se colocam e, por isso, a análise será feita apenas no que traz implicações diretas.

(4) É o que se conclui, aliás, da leitura das razões técnicas apresentadas ao Presidente da República para a edição da medida provisória: "10.21 O § 4º do proposto art. 457, busca corrigir alteração inadequada, não intencional, promovida pela Lei n. 13.467, de 2017, no que diz respeito às gorjetas, que não constituem receita própria dos empregadores, destinando-se aos trabalhadores e serão distribuídas segundo critérios de custeio e de rateio definidos em convenção ou acordo coletivo de trabalho" (Disponível em: <http://www2.camara.leg.br/legin/fed/medpro/2017/medidaprovisoria-808-14-novembro-2017-785757-exposicaodemotivos-154248-pe.html>. Acesso em: 18 nov. 2017). A referência ao teor do § 4º está na exposição de motivos, mas não no texto da medida provisória.

(5) A exposição de motivos que está disponível no *site* da Presidência da República faz referência explicitamente às alterações do § 22, no item 10.22, mas indicando o número do parágrafo como sendo o § 12. Como no item 10.20, afirma-se que as modificações visam a "manter o incentivo à remuneração por produtividade", mas evitando "possíveis excessos por parte das empresas", razão da limitação da natureza indenizatória aos prêmios pagos "duas vezes ao ano". (Disponível em: <http://www.planalto.gov.br/ccivil_03/MPV/Quadro/_Quadro2015-2018.htm>. Acesso em: 18 nov. 2017).

dos efeitos indenizatórios do prêmio a essa figura. Pode-se ter imaginado a realidade das gueltas, pagas pelas empresas produtoras aos vendedores que, nas empresas que comercializam seus produtos, atingem determinado patamar de vendas em períodos pré-estabelecidos. Poderia ser uma abertura para que na terceirização, a empresa tomadora pague prêmios. Isso diz pouco sobre os efeitos da aplicação do dispositivo, exatamente pela necessidade de se aferir a natureza da verba.

Não há no direito do trabalho, até aqui, um conceito inequívoco sobre o que sejam "terceiros vinculados à sua atividade econômica". Era uma ideia nova introduzida pela Medida Provisória n. 808/2017. Não se estava traduzindo na regra uma experiência fundada num costume, a não ser que se estivesse referindo às gueltas. Em relação a elas, a jurisprudência se coloca no sentido da natureza salarial, pela equiparação às gorjetas, sendo verba que não é paga "diretamente pelo empregador" (art. 457 da CLT, em seu *caput*), mas que remunera as atividades de venda.

A definição da extensão do dispositivo se daria, portanto, na medida em que as situações ocorressem. Pode ser que a intenção tenha sido permitir que o tomador dos serviços remunerasse resultados auferidos pelos empregados terceirizados que lhe prestem serviços. Se fosse essa a solução vislumbrada pela medida provisória, podia se antever o mesmo risco que se apresenta com o estabelecimento de condição pelo empregador direto. O tomador dos serviços estaria então interferindo diretamente na forma de remuneração de um empregado que não é seu e estabelecendo parâmetros como se fosse o empregador.

Não houve discussão ou definição da matéria pelo Congresso Nacional.

No entanto, não se pode compreender a Lei n. 13.419, de 13 de março de 2017, sem a interferência do texto da Medida Provisória n. 808/2017, porque o modo como ela foi redigida demonstra o nefasto da aceleração perversa da elaboração legislativa, seja pela falta dos pressupostos para esse tipo de produção normativa, seja pelos erros substanciais em seu conteúdo (frutos da afobação que não combina com o processo legislativo, pelos riscos endógenos, referidos por François Ost no pórtico deste pequeno estudo) ou pela inadequação conceitual que persistiu (e até se agravou) em relação ao que se chamou de prêmio.

Saber que a Medida Provisória n. 808/2017 existiu e porque existiu é essencial para o conhecimento do direito que em todos se presume.

2.2. A volta à redação originária da Lei n. 13.419, de 13 de março de 2017

A questão fundamental que persiste, então, é a da natureza do prêmio na interpretação das situações vivenciadas a partir do que se construiu recentemente: o que é usualmente pago sob essa nomenclatura?

O entendimento do que seja o prêmio tem desdobramentos importantes, como se verá adiante, principalmente porque não se lhe pode extrair, em algumas situações bem compreendidas, a feição contraprestativa típica, ainda que se tenha o pagamento esporádico, eventual ou mesmo sem atingir as duas vezes a que se referia o mencionado § 22 do art. 457, que deixou de gerar efeitos.

Não se define a natureza contraprestativa apenas pelo número de vezes em que o pagamento é feito. É preciso analisar todos os elementos intrínsecos e extrínsecos: o que originou a verba, frequência, se há uma condição a ser atendida para o seu pagamento, a natureza dessa condição (se exige atingimento de metas, a forma como as metas se colocam na tradição do trabalho e no decurso de tempo), se o pagamento é feito a todos os empregados ou a uma categoria deles (os vendedores apenas, por exemplo).

O entendimento do que seja o prêmio tem desdobramentos importantes, como se verá adiante, principalmente porque não se lhe pode extrair, em algumas situações bem compreendidas, a feição contraprestativa típica, ainda que se tenha o pagamento esporádico, eventual ou mesmo sem atingir as duas vezes a que se refere o mencionado § 22 do art. 457.

Diferentemente da ajuda de custo, das diárias de viagem e do auxílio-alimentação, que podem ser pagos habitualmente por todo contrato de trabalho, sem que isso interfira em sua natureza indenizatória e, ao contrário, a confirmem pela necessidade de fazer face a despesas cotidianas do empregado essenciais para o desempenho da função, (art. 2º da CLT) o caráter remuneratório do prêmio exige dissecação das contingências que levam ao seu pagamento e até mesmo o tornam exigível pela impossibilidade de redução salarial (art. 7º, inciso VI da CR/88). Fixados contratualmente passam a configurar legítima expectativa remuneratória do empregado, para quem a aquisição do direito condiciona-se ao atendimento de pressupostos que podem ser metas ou mesmo a simples assiduidade ao trabalho.

O abono é figura híbrida normalmente prevista em normas coletivas como resultado de acerto em negociação coletiva, no emaranhado do conglobamento. É o tecido da solução negociada que lhe definirá a natureza como ocorreu até aqui. Normalmente o próprio corpo da norma coletiva estipula a sua provisoriedade ou excepcionalidade e outorga-lhe a feição indenizatória.

Como desdobramento da previsão do § 2º do art. 457 da CLT, o prêmio é tratado ainda no art. 4º que fixa nova redação para o art. 28 da Lei n. 8.212, de 23.7.1991. Neste caso, cuida-se da inclusão da letra z no § 9º do art. 28, dispondo que prêmio e abono não "integram o salário de contribuição". Mais uma vez, a situação é conveniente quanto ao abono, pela matriz normalmente coletiva de sua estipulação. No entanto, um *depende* deve ser apontado para a intelecção dos desdobramentos no que se refere ao prêmio.

Está-se aqui com a franca tentativa de diminuir o custo da remuneração do empregado. Não será surpreendente que, no futuro, se vejam situações em que empregadores na ilusória convicção de que a verba tenha natureza indenizatória, mesmo quando remunere a produtividade, estabeleçam valores retributivos maiores pela falta dos desdobramentos ou reflexos. É particularmente instigante a constatação do crescimento de verbas indenizatórias, especialmente por meio de normas coletivas, que acabam por aumentar a remuneração do empregado sem que comprometam os ônus com as incidências indiretas. Vale-transporte, cesta básica, auxílio cesta-alimentação, auxílio creche, participação nos lucros, o próprio abono são exemplos de benefícios previstos com cujos efeitos se pretende igualar o chamado prêmio.

A verba está também posta no art. 611-A que estipula o que pode ser disciplinado por norma coletiva com sobreposição em relação à lei, numa redação que reflete os efeitos da irrefreada urgência para a aprovação da chamada *reforma trabalhista*: "XIV — prêmios de *incentivo* em bens ou serviços, eventualmente concedidos em programas de *incentivo*" (grifos nossos). A repetição da palavra *incentivo* não é mera redundância, mas atecnia, falta de maturação e alimpamento da linguagem, que exige distanciamento temporal, impedido pela pressa imposta à aprovação da lei.

Para um intérprete menos familiarizado com a dinâmica do direito do trabalho, os dispositivos podem passar despercebidos quanto a seus efeitos. Mas, para qualquer um que tenha lidado com questões trabalhistas nos últimos 20 anos, os riscos se apresentam com grande clareza.

Há um volume bastante significativo de empregados, cuja remuneração (variável) é calculada com base no cumprimento de metas previamente estabelecidas ou de resultados alcançados. A situação é diversa do comissionamento usual em que a contraprestação pelos serviços prestados, especialmente pelas vendas feitas, é calculada com a incidência de um percentual sobre os resultados alcançados pelo empregado. A remuneração pelo atingimento de metas, ao contrário, é feita pelo pagamento de um valor que incide quando se chega a um patamar de atendimentos, de vendas ou de outra situação definida antecipadamente. A pedra de toque neste debate está em que essa remuneração é chamada *prêmio*. A base para sua concessão, porém, não é a mera liberalidade do empregador, porque há uma condição a ser atendida pelo empregado, a qual depende exclusivamente de seu trabalho, que é o atendimento a um volume de produção, normalmente tornado visível num sistema de metas. É essa condição, que faz nascer o direito ao valor prometido, que identifica a peculiar natureza do que se entendeu chamar de prêmio e a característica retributiva opera mesmo que o pagamento aconteça uma única vez. Ele será sempre a remuneração pelo trabalho prestado.

Não causa estranheza que a versão de 1951 do *Tratado Jurídico do Salário*, de José Martins Catharino, cuide desse prêmio num capítulo intitulado *tipos impuros de comissão*:

> Embora as comissões não sejam salário por tarefa, poderão ser *tarefadas*, isto é, quando são pagas mediante exigências tempestivas. O empregado, por exemplo, poderá assumir a obrigação de realizar, dentro de um limite de tempo, estipulado, um número determinado de negócios. Ora, no caso, o sistema de pagamento pode *ser conjugado*, e não de pura comissão. A hipótese figurada é usual, principalmente quando o empregado, como compensação à obrigação de produzir um mínimo no tempo fixado, tenha direito a uma comissão adicional caso exceda o limite previsto (1951, p. 526).

Da manifestação de Catharino chega-se ao paradoxo que deve ser resolvido na interpretação do disposto no § 2º do art. 457 da CLT: como é possível que uma verba que tem sua composição assimilada à das comissões possa ter natureza indenizatória? Como sua essência, que pode ser completamente diversa de todas as outras postas no dispositivo, deve ser vista na compreensão de cada situação concreta?

As variadas versões de prêmio pela realização de metas ou de resultados assemelham-se mais à comissão prevista no § 1º do art. 457 do que às verbas descritas no seu § 2º.

A matéria se encontra bem escandida na obra de Alice Monteiro de Barros que o define como *salário condição*:

> Prêmio é modalidade de salário vinculado a fatores de ordem pessoal do trabalhador, como produtividade e eficiência. Os prêmios caracterizam-se por seu aspecto condicional. Uma vez instituídos os prêmios na empresa, com caráter habitual, preenchida a condição, deverão ser pagos. Seu cancelamento implica alteração lesiva (2016, p. 510).

Ela os classifica como prêmio coletivo, normalmente vinculado à produção a ser atingida pelo grupo de empregados ou prêmio individual "que se assenta no rendimento do trabalhador" (2016, p. 510). Seja qual for a hipótese, ao chamá-lo *prêmio* não desfigura o seu caráter eminentemente contraprestrativo, especialmente quando se traduz num hábito de usá-lo com vistas a incentivar a produtividade do empregado. Nestes casos, ele remunera diretamente o trabalho do empregado a partir de uma projeção construída como expectativa de resultado.

A questão assenta-se, portanto, em que a Lei n. 13.467/2017, ao acomodar o prêmio com verbas outras que, apesar de habituais, têm feição puramente indenizatória, implica o perigo de se criar uma expectativa de que o prêmio pago como remuneração pelo atingimento de metas ou outra condição vinculada à atividade corriqueira do empregado não gere obrigações conexas, como os já mencionados: contribuição previdenciária e reflexos em 13º salários, férias, FGTS com 40% etc. Essa é uma promessa da lei que não se concretizará e, por isso, é preciso alertar os empregadores para que não andem pela região penumbrosa que é a crença de que a partir de agora estão livres para remunerar seus empregados com esse *prêmio* que não seria salário. Mas é.

3. Uma coisa e outra coisa

A clássica *Teoria Pura do Direito*, de Hans Kelsen (1985), tem seus capítulos mais ilustrativos naqueles em que cuida da estática e da dinâmica jurídicas. Normalmente, dá-se mais importância a este último, porque explica a coordenação que se estabelece entre as normas jurídicas no plano da hierarquia, segundo o qual a vigência de uma norma mais concreta é, normalmente, autorizada por norma mais abstrata e assim sucessivamente até chegar ao padrão epistemológico ou de valores estabelecidos pela Norma Fundamental (*Grundnorm*).

No tópico em que trata da estática jurídica, Kelsen disseca conceitos que são estruturantes do direito: sanção, pena, execução forçada, responsabilidade, pessoa (física ou jurídica), capacidade de exercício, relação jurídica. Não se está querendo significar que ele tenha cuidado do conceito de prêmio até porque o direito do trabalho nem de longe passa por sua lógica de conjecturas.

Mas ao referir-se à importância de buscar a conexão sistemática do fenômeno jurídico particular com todos os outros (KELSEN, 1985, p. 204), a estática jurídica se volta para a necessidade de entender cada conceito e/ou tipo jurídico que se incorpora na tradição estrutural do direito.

Assim, quando a redação dada ao § 2º do art. 457 da CLT, na versão da Lei n. 13.467/2017, equipara o prêmio, ainda que pago habitualmente, a outras verbas indenizatórias típicas (ajuda de custo, auxílio-alimentação, diárias para viagem, prêmios e abonos[(6)]), enfatizando que ele não íntegra a remuneração do empregado, que não se incorpora ao contrato de trabalho e que não constitui base de incidência de qualquer encargo trabalhista e previdenciário, está subvertendo uma tradição interpretativa, principalmente considerando a profusão das situações em que paga verba com este nome (prêmio), mesmo que caracterizada por inúmeros adjetivos (prêmio-produção, prêmio-produtividade, prêmio-integração, prêmio-assiduidade, prêmio por resultados, prêmio por indicação de produto, prêmio pela venda de papéis etc.). Não há como desmanchar o que esse prêmio retributivo essencialmente é, equiparando-o ao prêmio que decorre de decisão esporádica do empregador, como mera liberalidade, visando a agradecer o empregado por algo excepcional que se destaque em sua atuação. O elo se fixa mais com a ideia de variabilidade que preside a remuneração por meio de comissionamento.

Será que o pagamento de *prêmio* em retribuição ao atendimento de uma condição (como o cumprimento de metas) pode ser considerado uma liberalidade da empresa? E se assim for, qual será o período para aferição das metas que definirá a verba como mera liberalidade?

Explica-se. Vamos supor que uma empresa passe a pagar prêmios semestralmente, ou seja, duas vezes ao ano, mas que eles decorram do atingimento de metas estabelecidas em normas internas para os meses imediatamente anteriores. Isso significa que o empregado trabalhará seis meses para receber o prêmio a partir de parâmetros que devem ser claramente fixados. Neste caso, há uma retenção do prêmio para pagamento diferido, mas ele não é uma liberalidade porque remunera o atendimento a uma condição.

Num outro exemplo, pode-se imaginar um empregado que recebeu prêmio apenas em dois meses por ano, porque apenas neles atingiu a meta estipulada, o que tornou exigível o pagamento do valor. Repare-se que aqui é plausível imaginar que, considerando que as metas foram estabelecidas em bases razoáveis, outros empregados lograram receber o valor que remunerava as vendas por certos parâmetros em meses diferentes do reclamante. Assim, não se pode olhar isoladamente a situação do empregado que os recebeu apenas duas vezes por ano, mas deve-se analisar a forma de operar da empresa que incentivava as vendas dos trabalhadores individualmente ou de um conjunto deles mediante o pagamento de um valor que chamava de prêmio. É a típica hipótese de remuneração variável, em que não se pressupõe o direito ao recebimento todos os meses.

A questão ainda é saber se as metas podem ser consideradas na ideia de um padrão de "desempenho superior ao ordinariamente esperado no exercício de suas atividades", tal como estava no § 22 do já citado art. 457 da CLT, na versão trazida pela Medida Provisória n. 808/2017. Ainda que ela não tenha gerado efeitos, a ideia parece ter presidido a interpretação que se quis dar à questão.

(6) Os abonos haviam sido excluídos do dispositivo na redação dada ao dispositivo pela Medida Provisória n. 808/2017. E é exatamente este o ponto a que se é levado pela Medida Provisória n. 808/2017.

Porém a meta ou o resultado-condição estipulado para o pagamento do prêmio, como contraprestação pelos serviços-produtividade concretizados, normalmente compreende padrões assimiláveis pelo trabalho usual do empregado. Não se pode exigir dele um esforço que leve ao absurdo, ao impossível.

Uma das pretensões deduzidas em relação a elas é exatamente a indenização por danos decorrentes do que seria contratação com a previsão de metas inatingíveis. Essa é uma expressão (meta inatingível e correlatas) que pode ser lançada no sistema de buscas da jurisprudência dos tribunais e o resultado trará discussões em torno de estipulações que seriam desarrazoadas e que, por isso, criariam uma falsa expectativa remuneratória prevista exatamente para nunca ocorrer. Não importa, para o argumento que aqui se tece, a (im)procedência dos pedidos. O relevante é que, para incentivar a produtividade, o usual é que as metas sejam viáveis, o que é incompatível desde logo com o costume de um desempenho "superior ao ordinariamente esperado". Quando se contrata a remuneração pelo atingimento de uma condição, baseada em um determinado nível de produtividade, se está normalmente incentivando as vendas, a produção ou o resultado dentro de limites adequados a que o empregado se sinta estimulado a produzir e a obter a compensação que é o *salário-condição* que se denomina prêmio. Nada pode haver de excepcional ou extraordinário na meta estabelecida para deflagrar o direito ao pagamento daquela verba.

Nestes casos, na base da contratualidade, o estímulo do empregado é, tradicionalmente, voltado para a compreensão de que deve fazer um volume específico de vendas, de que deve obter resultados previamente antecipados como objetivos de modo a que sua remuneração atinja os patamares projetados. A plausibilidade do resultado é parte do processo de condução do empregado a produzir.

Isso se constata da análise das várias modalidades de verbas que recebem o nome de prêmio. Tome-se, por exemplo, o chamado prêmio-assiduidade. Não há dúvida de que, quando previsto em norma coletiva, ele se sujeite à interpretação estreita de suas regras, inclusive quanto a desdobramentos e à feição jurídica, que pode (e normalmente é) indenizatória. Mas pago habitualmente como contraprestação ao comparecimento regular do empregado, de acordo com critérios previamente estabelecidos, ele não remunera o extraordinário, mas o que de mais corriqueiro pode haver que é a expectativa de que o empregado compareça para trabalhar.

Ainda que incentive a busca por resultados, que não seria tão natural se o pagamento de remuneração considerasse apenas um valor fixo, a base prevista como meta está sempre próxima do resultado desejável, mas dentro de padrões que circulam na base do possível e não do extraordinário, já que não seria razoável condicionar a remuneração do empregado a patamares tão difíceis de atingir que representassem uma contratação falaciosa.

Neste caso, não há grande polêmica na esfera trabalhista, nem se denota a disputa que ocorre, por exemplo, em relação ao papel da negociação coletiva. Não há dissenso interpretativo relevante a discrepar da consideração dos prêmios como verba contraprestativa, como remuneração variável pelo cumprimento de determinados objetivos previamente estabelecidos, como salário na acepção ampliada. A ausência de discrepância considerável está posta no uníssono da jurisprudência, como se vê dos arestos abaixo, que já vêm de algum tempo:

> PRÊMIO. NATUREZA JURÍDICA. Prêmio é salário condicionado à maior ou melhor produtividade ou operosidade do empregado, de forma que sua integração ao salário, para os fins legais, é procedimento que encontra respaldo legal. O Regional explicita que os prêmios especiais eram pagos com habitualidade, em função do cumprimento de metas fixadas pelo Banco, metas essas nas quais estavam incluídos os lucros e resultados, mas não apenas e exclusivamente essas duas parcelas, que poderiam descaracterizar sua natureza jurídica. (TST-RR-783.829/2001.3, 4ª Turma, Rel. Min. Maria de Assis Calsing, DJ 9.5.2008)

> NATUREZA INDENIZATÓRIA DAS PARCELAS DENOMINADAS PRÊMIOS E BICHOS. Não afronta o art. 5º, inciso II, da Constituição Federal, o entendimento do acórdão no sentido de que os prêmios e bichos, por se tratarem de modalidade prêmio-produção, que visa estimular o melhor rendimento do empregado em benefício do empreendimento têm caráter nitidamente salarial e, por serem pagos de forma habitual, devem integrar o salário nos moldes do art. 457, § 1º, da CLT, e do Enunciado n. 264, do Colendo TST. E, ao contrário, reflete interpretação mais que razoável das normas pertinentes à espécie, nos termos do Enunciado 221 desta Corte. (ED-AIRR — 128500-87.2001.5.03.0019 Data de Julgamento: 13.4.2005, Relator Juiz Convocado: Luiz Ronan Neves Koury, 3ª Turma, DJ 6.5.2005.)

Assim, a nova redação dada ao art. 457 da CLT traz contradições insanáveis que se desdobram em antinomias, que caberá ao intérprete acertar mediante distinção.

Em primeiro lugar, equipara genericamente o prêmio a verbas indenizatórias tipicamente representantes dos custos do empreendimento (a ajuda de custo, diárias para viagem) ou inseridas na tradição de regulação específica (como o auxílio-alimentação vinculado ao PAT), sem qualquer previsão das situações corriqueiras em que ela constitui remuneração variável estritamente vinculada à produtividade ou ao resultado(7). Com isso, produz uma contradição terminológica que afronta a

(7) Previa-se na Medida Provisória n. 808/2017 não mais a ideia de habitualidade como padrão, mas que eles seriam considerados "liberalidades concedidas pelo empregador, até duas vezes ao ano, em forma de bens, serviços ou valor em dinheiro". Ainda que ela tenha especificado o que se entendia por habitualidade para os prêmios ("até duas vezes por ano"), na hipótese de o texto haver prevalecido com aptidão para gerar efeitos, tudo ainda dependeria das circunstâncias da concessão para aferir-se não apenas se havia um caráter contraprestativo, como também como os critérios previstos

essência conceitual que caracteriza a verba. O prêmio pode ser salário-condição e quando o for sua índole salarial é inafastável e ela se sobrepõe à nomenclatura, porque define o que é a parcela em sua essência. Em segundo lugar, estabelece a excepcionalidade do resultado como foco para a exclusão dos efeitos, o que, por si só, já afasta as situações que se definem metas, porque elas se baseiam em patamares potencialmente atingíveis, visto que não se admitiria a contratação do empregado com uma promessa de pagamento vinculada ao impossível.

Em segundo lugar, estabelece a excepcionalidade do resultado como foco para a exclusão dos efeitos, o que, por si só, já afasta as situações que se definem como metas, porque elas se baseiam em patamares potencialmente atingíveis, visto que não se admitiria a contratação do empregado com uma promessa de pagamento vinculada ao impossível.

Não se descerá ao detalhamento das repercussões em matéria de intertemporalidade, que também guarda relevância. O tema se impõe com as dificuldades levantadas para sua utilização no pagamento de prêmios como contraprestação de serviços, resultados ou metas em relação aos novos contratos, firmados a partir da vigência da lei. No entanto, a alteração da feição atribuída às verbas tratadas com aquela denominação, para designar salário-condição, nos contratos que transitarem do passado para o momento da entrada em vigor da Lei n. 13.467/2017, será francamente lesiva, atingindo situação já consumada pela tradição remuneratória.

A engenharia que armou os contornos da regulação de temas de direito e de processo do trabalho pela Lei n. 13.467/2017 (e também pela Medida Provisória n. 808/2017) fundou-se numa promessa de redução de litigiosidade e de novos patamares de segurança para as relações entre empregado e empregador. Na linha da obra de François Ost, mencionada na abertura deste texto, o direito pode concomitantemente ligar e desligar passado e futuro. A profecia de que o prêmio seja considerado, em todos os casos, verba indenizatória típica, esbarra na essência de sua natureza remuneratória, vinculada à concretização de condição (que pode ser a realização de uma meta ou de um resultado). Ela tende, portanto, a desligar o futuro de certezas que parece haver sido prefigurado na forma como se encadeiam os vários dispositivos que tratam da matéria. Convém que esta situação seja posta com bastante clareza na organização das atividades das empresas e que não se criem ilusões que só poderiam decorrer de uma reviravolta conceitual na compreensão do que a verba representa em seu uso mais corriqueiro na dinâmica da relação de emprego.

Seria absoluto descompasso com jogo dos riscos alardear um novo sentido interpretativo para o prêmio a que se referiu este trabalho.

É preciso que as escalas de previsão ou de antecipação da gestão das empresas deixem bem claro que uma coisa é o prêmio que remunera a ocorrência de uma condição vinculada à produtividade ou aos resultados obtidos pelo empregado, especialmente quando há fixação de metas, e outra coisa é o prêmio que decorre da aleatória liberdade ou liberalidade de pagar aos empregados de modo a incentivar e a tornar mais amistosas e alvissareiras as relações no trabalho.

Referências Bibliográficas

BARROS, Alice Monteiro de. *Curso de direito do trabalho*. 10. ed. atualizada por Jessé Cláudio Franco de Alencar. São Paulo: LTr, 2016.

CATHARINO, José Martins. *Tratado jurídico do salário*. São Paulo: Freitas Bastos, 1951.

KELSEN, Hans. *Teoria pura do direito*. São Paulo: Martins Fontes, 1985.

OST, François. *Le temps du droit*. Paris: Odile Jacob, 1999.

atingiriam o curso do tempo e as práticas ou costumes da empresa em relação aos empregados em geral ou àqueles que exercem certa atividade (vendedores, por exemplo). Ainda que não seja mais sob a perspectiva do texto da Medida Provisória n. 808/2017, esses critérios ainda têm pertinência na avaliação interpretativa das circunstâncias.

O instituto da gorjeta na CLT após a reforma trabalhista

Neiva Schuvartz(*)
Luiz Antônio da Silva Bittencourt(**)

"Quase sempre, tornar a relação flexível significa dar mais poder a quem é mais forte" (VIANA, 2017).

1. Introdução

O Direito do Trabalho tem grande importância nas políticas de distribuição de renda em uma sociedade capitalista, pois visa diminuir a concentração de renda e poder próprios do capitalismo. Assim, temos que a lógica desse ramo do direito é ada inclusão social, a qual, segundo Delgado e Delgado (2017), foi quebrada pela reforma trabalhista, por meioda desregulamentação ou flexibilização de normas laborais imperativas protetivas do trabalhador em face do capital de acumulação.

Diante das profundas alterações ocorridas nas normas trabalhistas, é imperioso o debate acadêmico e jurídico de todos os pontos da reforma. Tal debate é de fundamental importância, pois estamos nos deparando com mais um "confronto" entre capital e trabalho, e esse "confronto" atinge uma grande massa de trabalhadores através da flexibilização ou desregulamentação das normas trabalhistas.

Assim, no presente artigo, o objetivo principal será discutir o instituto da gorjeta por meio das alterações procedidas no art. 457 da Consolidação das Leis do Trabalho com base nas Leis ns. 13.619/17 e 13.467/17 e a decadência da Medida Provisória n. 808/17.

2. Definição: remuneração, salário e gorjeta

Para ter uma reflexão acerca do tema da gorjeta, primeiramente se faz necessário definir o que a CLT e a doutrina consideram como remuneração, salário e gorjeta, para estabelecer limites de compreensão sobre o instituto da gorjeta.

Conforme dispõe o art. 457 da CLT, a remuneração é composta pelo salário e pelas gorjetas. Por sua vez, Cassar (2017) define remuneração como o conjunto de pagamentos diretos realizado pelo empregador, mais o pagamento indireto, o qual é realizado por terceiros, mas em decorrência do contrato de trabalho com o seu empregador.

Já salário é "[...] toda contraprestação ou vantagem em pecúnia ou em utilidade devida, paga diretamente pelo empregador ao empregado, em virtude de um contrato de trabalho" (CASSAR, 2017, p. 740).

Nesse sentido, será considerado salário para todos os fins somente a contraprestação que o empregado receber diretamente de seu empregador, a título de pagamento pelos serviços prestados, podendo ser pago em pecúnia ou *in natura*.

Corroborando com o pensamento de Cassar (2017), Delgado (2017, p. 799) afirma que "[...] salário é um conjunto de parcelas contraprestativas pagas pelo empregador ao empregado em função do contrato de trabalho. [...] trata-se de um complexo de parcelas[...]".

Lado outro, insta destacar que de acordo com o art. 100, § 1º da Constituição Federal de 1988, o salário tem natureza alimentar, uma vez que o trabalhador depende dele para sua sobrevivência.

À luz das definições apontadas, pode-se perceber que a remuneração tem conceito mais amplo que

---

(*) Mestre em Direito do Trabalho pela Faculdade de Direito da Universidade de Coimbra (diploma reconhecido pela USP). Especialista em Direito do Trabalho pela Faculdade Milton Campos. Especialista em Negócios Internacionais pela PUC-Minas. Graduada em Direito pelo Centro Universitário de Belo Horizonte e Psicologia pelo Centro Universitário Newton Paiva. Coordenadora do MBA em Direito do Trabalho do Centro Universitário Newton Paiva. Membro do Conselho Consultivo da *Revista Iniciação Científica Newton Paiva* e sócia da Calazans, Luz, Pereira & Schuvartz Advogados.

(**) Mestrando em Direito Privado pela Pontifícia Universidade Católica de Minas Gerais (CAPES 6). Especialista em Ensino de Filosofia; Especialização em andamento em Derechos Humanos Laborales y Derecho Transnacional del Trabajo pela Universidade de Castilha-La Mancha, Toledo, Espanha. Revisor do periódico da UNIFOR. Advogado.

salário, tendo em vista que abarca as contraprestações pagas diretamente pelo empregador e aquelas pagas indiretamente por terceiros, mas por força de contrato de trabalho existente entre o empregado e o empregador. O contrato de trabalho é a fonte geradora do pagamento indireto.

A gorjeta, de acordo com a definição prevista no art. 457, § 3º, da CLT, que foi introduzida pela Lei n. 13.419/17 é a importância paga de forma espontânea pelo cliente, bem como aquela cobrada pelo empregador em decorrência dos serviços prestados, sendo o valor arrecadado distribuído entre os empregados. "§ 3º Considera-se gorjeta não só a importância espontaneamente dada pelo cliente ao empregado, como também o valor cobrado pela empresa, como serviço ou adicional, a qualquer título, e destinado à distribuição aos empregados."

Pode-se verificar, pela leitura do parágrafo acima citado, que há duas espécies de gorjeta. A primeira espécie é a de caráter espontâneo ou facultativa, ou seja, é uma liberalidade do cliente em concedê-la ou não, e, por não ser imposta, também é chamada de gorjeta própria (CASSAR, 2017) ou genuína. Ela "[...] poderá integrar o salário do obreiro, conforme negociação coletiva" (LIMA; LIMA, 2017, p. 67). E a segunda espécie é a gorjeta compulsória, a qual é imposta aos clientes como um adicional pelos serviços prestados. Nesse caso, ela integra o salário "[...] para todos os efeitos legais, a partir da Lei n. 13.419/17 que mudou o entendimento sedimentado na Súmula n. 354 do TST [...]". Com efeito, a referida súmula não considerava o valor das gorjetas para o cálculo de aviso-prévio, repouso semanal remunerado, horas extras e adicional noturno.

3. Alterações introduzidas pelas Leis ns. 13.419/17 e 13.467/17

> "[...] entre o fraco e o forte, entre o pobre e o rico, é liberdade que escraviza, é a lei que liberta" (LACORDAIRE).

A gorjeta foi disciplinada pela Lei n. 13.419/17, a qual inseriu diversos parágrafos no art. 457 da CLT, apresentando regras mais distintas e específicas, tendo em vista que foram considerados a complexidade do tema e os reflexos reais na vida do trabalhador e nas finanças da empresa. O objetivo fundamental foi trazer para o mundo do Direito esse instituto que era aplicado no mundo do trabalho, na relação entre empregador e empregado, mas sem qualquer norma que disciplinasse, criando uma celeuma no campo prático. A cobrança e a destinação eram insertas, o que motivou, de certa forma, a normatização no campo do Direito desse instituto.

Os §§ 4º e 5º do art. 457 da Lei n. 13.419/17 deixavam claro que os valores das gorjetas não eram receita própria dos empregadores, mas sim dos trabalhadores, e deveriam ser rateados de acordo com os critérios definidos em convenção ou acordo coletivo de trabalho. Todavia, se não houvesse tal previsão, os critérios de rateio e distribuição, bem como o respectivo percentual, deveriam ser definidos pela assembleia de trabalhadores.

De acordo com o que dispunham os §§ 6º, 7º e 8º do referido preceito legal, as empresas que cobrassem gorjetas deveriam lançá-las nas notas de consumo, e poderiam reter um percentual sobre o valor arrecadado para o pagamento de encargos sociais decorrentes da integração dos valores das gorjetas à remuneração. Se a gorjeta fosse espontânea, ou seja, paga diretamente ao empregado, os critérios de rateio e distribuição seriam definidos em convenção ou acordo coletivo, facultada a retenção de percentual para o pagamento dos encargos sociais. Deveriam ser anotados tanto na CTPS quanto no contracheque do empregado o salário fixo mais o percentual que ele receberia a título de gorjetas.

A Lei determinava, ainda, que o empregador deveria anotar na CTPS a importância fixa percebida pelo empregado a título de salário, bem assim a média de gorjetas dos últimos 12(doze) meses. Caso o empregador cessasse a cobrança das gorjetas, e se o empregado tivesse recebido por mais de 12 meses, a respectiva média seria incorporada ao salário do obreiro, ressalvado o disposto na convenção e acordo coletivo (§§ 8º e 9).

Por fim, a norma também determinava que a empresa que tivesse mais de 60 (sessenta) empregados deveria constituir uma comissão de empregados para o acompanhamento e a fiscalização da cobrança e distribuição das gorjetas, desde que houvesse expressa previsão em convenção ou acordo coletivo. Em caso de descumprimento do que estabeleciam os §§ 4º, 6º, 7º e 9º, seria aplicada uma multa ao empregador, nos termos dos §§ 10 e 11.

Como podemos constatar, a mencionada lei regulamentava detalhadamente o instituto da gorjeta, de sorte a dar maior garantia aos empregados sobre como a gorjeta deveria ser dividida e repassada aos trabalhadores. Com efeito, muitas vezes os valores arrecadados não eram transferidos de forma justa aos empregados. Demais disso, a lei em exame enunciava ainda as obrigações dos empregadores, prestigiando de forma objetiva as negociações coletivas.

Em outras palavras, a Lei n. 13.419/17 era um avanço para o instituto da gorjeta e prestigiava uma importante categoria de trabalhadores.

Todavia, a Lei n. 13.467/17, que entrou em vigor em 11 de novembro de 2017, derrogou a regulamentação que foi dada ao instituto da gorjeta, ocasionando severas críticas, como ressaltam Delgado e Delgado (2017, p. 164):

> [...] (a lei de reforma trabalhista) não tomou em consideração essa mudança implementada na Lei n. 13.419/17 (em vista do afogadilho e açodamento com que foi realizada a tramitação do diploma legal

reformista), pelo que surgiram dispositivos truncados relativos à regência da gorjeta (o § 4º do art. 457, na redação promovida pela nova lei das Gorjetas, foi inadvertidamente revogado 13.467/17).

De fato, a reforma trabalhista, dentre outras alterações, deu nova redação ao § 4º, com sentido diverso da Lei n. 13.419/17, que era de suma importância para a proteção dessa classe de trabalhadores, uma vez que assegurava que a gorjeta não constituía receita própria dos empregadores e se destinava aos trabalhadores, sendo distribuída segundo critérios de custeio e de rateio definidos em convenção ou acordo coletivo de trabalho.

Visando minimizar os estragos promovidos pela referida lei, o Governo Federal expediu a MP n. 808/17, a qual reintroduziu os parágrafos da lei anterior. Contudo, a MP não foi aprovada pelo Congresso Nacional e, portanto, perdeu sua vigência.

Assim, o art. 457 da CLT possui, atualmente, somente 4 parágrafos, sendo que somente o 3º é que faz menção a gorjeta. Vejamos:

> Art. 457 — Compreendem-se na remuneração do empregado, para todos os efeitos legais, além do salário devido e pago diretamente pelo empregador, como contraprestação do serviço, as gorjetas que receber. *(Redação dada pela Lei n. 1.999, de 1.10.1953)*
>
> § 1º Integram o salário a importância fixa estipulada, as gratificações legais e as comissões pagas pelo empregador. *(Redação dada pela Lei n. 13.467, de 2017)*
>
> § 2º As importâncias, ainda que habituais, pagas a título de ajuda de custo, auxílio-alimentação, vedado seu pagamento em dinheiro, diárias para viagem, prêmios e abonos não integram a remuneração do empregado, não se incorporam ao contrato de trabalho e não constituem base de incidência de qualquer encargo trabalhista e previdenciário. *(Redação dada pela Lei n. 13.467, de 2017)*
>
> § 3º Considera-se gorjeta não só a importância espontaneamente dada pelo cliente ao empregado, como também o valor cobrado pela empresa, como serviço ou adicional, a qualquer título, e destinado à distribuição aos empregados. *(Redação dada pela Lei n. 13.419, de 2017)*
>
> § 4º Consideram-se prêmios as liberalidades concedidas pelo empregador em forma de bens, serviços ou valor em dinheiro a empregado ou a grupo de empregados, em razão de desempenho superior ao ordinariamente esperado no exercício de suas atividades. *(Redação dada pela Lei n. 13.467, de 2017)*

Após a reforma trabalhista, verifica-se um retrocesso dos direitos do trabalhadores. Considerando que o Direito do Trabalho é uma construção permanente, se apoiando em princípios internacionais que orientam o legislador na hora de edição de normas trabalhistas, a reforma, no que diz respeito ao tema da gorjeta foi um verdadeiro retrocesso social, infringindo diversos tratados, e aqui se menciona o Pacto Internacional de Direitos Econômicos, Culturais e Sociais.

O Brasil, em face do Pacto Internacional de Direitos Econômicos, Sociais e Culturais, assumiu um compromisso de assegurar o respeito universal e efetivo dos direitos e liberdades do homem.

Em suma, três são as responsabilidades adotada pelo Brasil ante o pacto: respeitar, proteger e realizar.

Leciona Gialdino (2003, p. 94):

> La dignidad de todos los miembros de la familia humana mencionada dos numeros antes[3], por ser “inherente” a éstos, tal como señala el proprio PIDESC recogiendo la impronta de la Declaración Universal, nos formula dos mensajes, entre muchos otros.
>
> Por el primero, nos dice que los derechos y liberdades de nuestro tratado, al derivar de una condición intrínseca de ser humano, la dignidad son anteriores a su texto. [...]
>
> El segundo mensaje da cuenta de una realidad incontrastable. Hablar de derechos económicos, sociales y culturales, no es hacerlo de lo que concierne a una “parte” o “seccion” del individuo. El PIDESC tratará sólo algunos derechos, si, pero de una persona humana considerada en su integridade.

O art. 2º do PIDESC traz tanto os compromissos dos países para a efetivação dos direitos humanos quanto a alguns princípios que foram adotados em diversos outros tratados, inclusive na Constituição da República, tais como os da progressividade, vedação à inação, vedação ao retrocesso.

> 1. Cada Estado-Parte do presente Pacto compromete-se a adotar medidas, tanto por esforço próprio como pela assistência e cooperação internacionais, principalmente nos planos econômico e técnico, até o máximo de seus recursos disponíveis, *que visem a assegurar, progressivamente,* por todos os meios apropriados, o pleno exercício dos direitos reconhecidos no presente Pacto, incluindo, em particular, a adoção de medidas legislativas.
>
> 2. Os Estados-Partes no presente Pacto comprometem-se a garantir que os direitos nele enunciados se exercerão sem discriminação alguma por motivo de raça, cor, sexo, língua, religião, opinião política ou de outra natureza, origem nacional ou social, situação econômica, nascimento ou qualquer outra situação.
>
> 3. Os países em desenvolvimento, levando devidamente em consideração os direitos humanos e a situação econômica nacional, poderão determinar em que garantirão os direitos econômicos reconhecidos no presente Pacto àqueles que não sejam seus nacionais (grifo nosso).

O Brasil, ao ratificar o Pacto Internacional de Direitos Econômicos, Sociais e Culturais, assumiu, nacional e internacionalmente, o compromisso de proteger, respeitar e efetivar os direitos no pacto previsto. O art. 2º do Pacto é de uma clareza e riqueza de obrigações assumidas pelos Estados contratantes. *“La naturaliza de las obrigaciones previstas en el PIDESC há dado lugar a una*

(3) No tópico a que o autor faz referência, ele trata do tema da dignidade intrínseca à liberdade da pessoa humana, sendo, por isso, o compromisso estatal ante as políticas positivas do Pacto Internacional de Direitos Econômicos, Sociais e culturais.

elaboración que las ordena bajo três tipos, viz, obligaciones de respetar, deproteger y de realizar los derechos (1)." (GIALDINO, 2003, p. 95).

Além disso, os princípios da vedação ao retrocesso, o princípio da vedação à inação e o princípio da progressividade, foram todos violados. A Reforma ao alterar a redação dada ao art. 457 da CLT, extirpando os dispositivos que tutelavam o instituto da gorjeta representou um retrocesso, configurando violação à Constituição Federal e aos tratados internacionais ratificados.

Conclusão

Este artigo teve por objetivo examinar as alterações ocorridas no instituto da gorjeta ocasionadas com a reforma trabalhista. De fato, percebe-se que a reforma trabalhista ocorreu sem debates com a sociedade e sem o devido cuidado em preservar o que, em poucos meses, havia sido legislado e de forma detalhada.

Percebe que as alterações promovidas no art. 457 da CLT pela Lei da Reforma Trabalhista, foi um retrocesso social, pois novamente trouxe uma insegurança e ausência de regulamentação. O que se tem na legislação, atualmente, é que a gorjeta não integra o salário. Mas a forma de rateio entre os empregados ou a forma de cobrança, se compulsória ou não, a lei não mais prevê.

O que se pode fazer agora é, consubstanciado no art. 611-A da CLT, tentar regulamentar a forma de rateio e pagamento mediante acordo individual, acordo coletivo ou negociação coletiva de trabalho.

Referências bibliográficas

BRASIL. *DECRETO-LEI N. 5.452, DE 1º DE MAIO DE 1943*. Aprova a Consolidação das Leis do Trabalho. Rio de Janeiro, 1943.

BRASIL. *LEI N. 13.419, DE 13 DE MARÇO DE 2017*. Altera a Consolidação das Leis do Trabalho (CLT), aprovada pelo Decreto-Lei n. 5.452, de 1º de maio de 1943, para disciplinar o rateio, entre empregados, da cobrança adicional sobre as despesas em bares, restaurantes, hotéis, motéis e estabelecimentos similares. Brasília: Senado Federal, 2017.

BRASIL. *LEI N. 13.467, DE 13 DE JULHO DE 2017*. Altera a Consolidação das Leis do Trabalho (CLT), aprovada pelo Decreto-Lei n. 5.452, de 1º de maio de 1943, e as Leis ns. 6.019, de 3 de janeiro de 1974, 8.036, de 11 de maio de 1990, e 8.212, de 24 de julho de 1991, a fim de adequar a legislação às novas relações de trabalho. Brasília: Senado Federal, 2017.

CASSAR, Vólia Bomfim. *Direito do trabalho*. 14. ed. rev., atual. e ampl. Rio de Janeiro: Forense, 2017.

________. *CLT comparada e atualizada com a reforma trabalhista*. Lei n. 13.467/17, de 13 de julho de 2017, com comentários de Vólia Bomfim Cassar. São Paulo: LTr, 2017.

DELGADO, Mauricio Godinho. *Curso de direito do trabalho*. 16. ed. São Paulo: LTr, 2017.

DELGADO, Mauricio Godinho; DELGADO, Gabriela Neves. *Reforma trabalhista no Brasil com os comentários à Lei n. 13.467/2017*. São Paulo: LTr, 2017.

LIMA, Francisco Meton Marques de; LIMA, Francisco Péricles Rodrigues Marques de. *Reforma trabalhista entenda ponto por ponto*. São Paulo: LTr, 2017.

SENADO FEDERAL. *Medida Provisória n. 808, de 2017 (Altera pontos da Reforma Trabalhista)*. Disponível em: <http://www.congressonacional.leg.br/materias/medidas-provisorias/-/mpv/131611>. Acesso em: 25 nov. 2017.

VIANA, Márcio Túlio. Livre-nos da livre negociação: aspectos subjetivos da reforma trabalhista. In. MELO, Raimundo Simão de; ROCHA, Cláudio Jannotti da. *Constitucionalismos, trabalho, seguridade social e as reformas trabalhista e previdenciária*. São Paulo: LTr, 2017.

A equiparação salarial em xeque: a reforma trabalhista dificulta. O que dizer dos enfoques constitucional e internacional?

Martha Halfeld Furtado de Mendonça Schmidt(*)

1. Introdução

Em meio a algumas acirradas disputas jurídicas, políticas e ideológicas, a reforma trabalhista foi aprovada pela Lei n. 13.467, de 13 de julho de 2017, com *vacatio legis* de cento e vinte dias. Modifica mais de duzentos artigos da CLT e é o marco legislativo que mais transformações trouxe na Consolidação das Leis do Trabalho, desde a sua edição em 1943.

É certo que a velha CLT já havia passado por transformações ao longo de sua existência de mais de setenta anos. A instituição do FGTS no final da década de sessenta (1966, com entrada em vigor em 1967) trouxe importante modificação, porque criou alternativa ao instituto da estabilidade decenal garantida pelo antigo art. 492. O empregado então deveria renunciar à estabilidade decenal para ter direito ao FGTS, havendo, em decorrência, substituição de um regime jurídico (com estabilidade no emprego) por outro (sem estabilidade no emprego), com consequências jurídicas e financeiras diferentes.(1) Pela envergadura da modificação, a lei que introduziu o FGTS foi a primeira grande reforma na CLT.

Outras mini-reformas se sucederam ao longo dos anos, em assuntos pontuais, com a introdução de temas relevantes, como o trabalho a tempo parcial e, mais recentemente, a modificação da profissão do motorista profissional.

Mas a CLT ainda era considerada por muitos como retrógrada e excessivamente protecionista, especialmente em época de desemprego e informalidade, de crise econômico-financeira e de reformas estruturais consideradas necessárias para a retomada econômica do país. Sobreveio então a reforma trabalhista de 2017, que começou tímida, mas terminou audaciosa.

O presente artigo é escrito ainda em meio a mais dúvidas do que respostas, sobretudo diante da inarredável constatação de que precisamos encontrar o nível ótimo de proteção, sem prejudicar o protegido pelo Direito do Trabalho, cuja principal característica é o princípio protetor.(2)

2. A Lei nova: modificações ao art. 461 da CLT

No que toca à equiparação salarial, a reforma indubitavelmente trouxe entraves ao direito em tese. Nesse sentido, várias modificações ao art. 461 da CLT foram introduzidas, como se pode observar do quadro comparativo abaixo:(3)

Consolidação das Leis do Trabalho, aprovada pelo Decreto-lei n. 5.452, de 1º de maio de 1943	Lei n. 13.467, de 13 de julho de 2017. Reforma trabalhista
Art. 461. Sendo idêntica a função, a todo trabalho de igual valor, prestado ao mesmo empregador, **na mesma localidade**, corresponderá igual salário, sem distinção de sexo, nacionalidade ou idade.	**Art. 461.** Sendo idêntica a função, a todo trabalho de igual valor, prestado ao mesmo empregador, **no mesmo estabelecimento empresarial**, corresponderá igual salário, sem distinção de sexo, **etnia**, nacionalidade ou idade.

(*) Juíza Titular do TRT-MG e do Tribunal de Apelação da ONU. Doutora em Direito pela *Université de Paris II (Panthéon-Assas)* e pela UFMG. Ex-Conselheira da Enamat (Escola Nacional de Formação e Aperfeiçoamento de Magistrados do Trabalho) e da Escola Judicial do TRT-MG. Professora licenciada do Centro Universitário UNA, em Belo Horizonte.

(1) Em caso de dispensa injustificada, sendo desaconselhável a reintegração por incompatibilidade resultante de ação trabalhista, a indenização era paga em dobro (art. 496 da CLT). Em termos práticos, o FGTS extinguiu a estabilidade decenal no emprego, que era vitalícia, e diminuiu a indenização por dispensa injustificada a cerca de metade do montante.

(2) SCHMIDT, Martha Halfeld F. de Mendonça. *Pertinence et devenir du principe protecteur em Droit du Travail.* Tese de doutorado defendida perante a Universidade de Paris II (2004), disponível em: <http://www.diffusiontheses.fr/43524-these-de-halfeld-furtado-de-mendonca-schmidt-martha.html>.

(3) Fonte, com adaptações: <https://legis.senado.leg.br/sdleg-getter/documento?dm=5287483&disposition=inline>.

Consolidação das Leis do Trabalho, aprovada pelo Decreto-lei n. 5.452, de 1º de maio de 1943	Lei n. 13.467, de 13 de julho de 2017. Reforma trabalhista
§ 1º Trabalho de igual valor, para os fins deste Capítulo, será o que for feito com igual produtividade e com a mesma perfeição técnica, entre pessoas cuja diferença de tempo de serviço não for superior **a 2 (dois) anos.**	§ 1º Trabalho de igual valor, para os fins deste Capítulo, será o que for feito com igual produtividade e com a mesma perfeição técnica, entre pessoas cuja diferença de tempo de serviço **para o mesmo empregador** não seja superior a **quatro anos e a diferença de tempo na função não seja superior a dois anos.**
§ 2º Os dispositivos deste artigo não prevalecerão quando o empregador tiver pessoal organizado em quadro de carreira, **hipótese em que as promoções deverão obedecer aos critérios de antiguidade e merecimento.**	§ 2º Os dispositivos deste artigo não prevalecerão quando o empregador tiver pessoal organizado em quadro de carreira **ou adotar, por meio de norma interna da empresa ou de negociação coletiva, plano de cargos e salários, dispensada qualquer forma de homologação ou registro em órgão** público.
§ 3º No caso do parágrafo anterior, as promoções **deverão** ser feitas **alternadamente** por merecimento e por antiguidade, dentro de cada categoria profissional.	§ 3º No caso do § 2º deste artigo, as promoções **poderão** ser feitas por merecimento e por antiguidade, **ou por apenas um destes critérios**, dentro de cada categoria profissional.
§ 4º O trabalhador readaptado em nova função por motivo de deficiência física ou mental atestada pelo órgão competente da Previdência Social não servirá de paradigma para fins de equiparação salarial.	....
....	§ 5º A equiparação salarial só será possível entre empregados contemporâneos no cargo ou na função, ficando vedada a indicação de paradigmas remotos, ainda que o paradigma contemporâneo tenha obtido a vantagem em ação judicial própria.
....	§ 6º No caso de comprovada discriminação por motivo de sexo ou etnia, o juízo determinará, além do pagamento das diferenças salariais devidas, multa, em favor do empregado discriminado, no valor de 50% (cinquenta por cento) do limite máximo dos benefícios do Regime Geral de Previdência Social. (NR)

Como se vê, houve incremento das condições de exigibilidade do direito à equiparação salarial. Analisaremos as alterações a seguir.

A) "Mesmo estabelecimento", "mesma localidade" ou "mesmo empregador"?

A nova redação do art. 461 da CLT tem o objetivo de indicar a necessidade de o paradigma trabalhar no mesmo estabelecimento, não sendo mais suficiente que trabalhe na mesma localidade. É verdade que o conceito de localidade era aberto, já que não há definição exata do que seja localidade (cidade? região metropolitana? região geoeconômica? Estado?).[(4)]

O conceito de estabelecimento, escolhido pela alteração legislativa ao art. 461, coloca fim à divergência de interpretações quanto ao alcance de "mesma localidade", porque tem definição precisa, embora bem mais restrita, a qual permite que, mesmo para o mesmo empregador (empresa) que possuir mais de um estabelecimento na mesma cidade (ou bairro, ou mesmo rua!), empregados com atividades compatíveis ou idênticas possam ter desníveis salariais, qualquer que seja a amplitude desse desnível.

Essa alteração legislativa pode, por esta razão prática, esbarrar em alguma interpretação jurisprudencial, a depender do caso concreto submetido à apreciação do juiz, já que situações poderão existir que não justificarão a adoção restrita do conceito de isonomia, amplo segundo a Constituição, mas sobremaneira restrito segundo a nova redação do art. 461 da CLT.

O curioso é que, se o *caput* do art. 461 menciona "mesmo estabelecimento empresarial", os §§ 1º e 2º pa-

(4) O inciso X da Súmula n. 6 do TST — O conceito de "mesma localidade" de que trata o art. 461 da CLT refere-se, em princípio, ao mesmo município, ou a municípios distintos que, comprovadamente, pertençam à mesma região metropolitana. *(ex-OJ da SBDI-1 n. 252 — inserida em 13.03.2002)* Se consentirmos com interpretação teleológica da lei, considerando que o intuito é a proteção do poder de compra e da qualidade de vida do trabalhador dentro da mesma localidade, assim como a maior economia e eficiência na gestão empresarial, com unificação dos níveis salariais de empregados exercentes de funções equiparáveis, poder-se-ia, com razoabilidade, chegar à interpretação de que seria possível equiparação salarial de trabalho prestado em estabelecimentos ou localidades de mesmo (ou similar) Índice de Desenvolvimento Humano Municipal (IDHM), em que se levam em conta fatores de saúde (expectativa de vida ao nascer), conhecimento (média de anos de estudo e os anos esperados de escolaridade) e padrão de vida (renda bruta *per capita*).

recem retornar à ideia de que a equiparação deve ser analisada dentro do critério mais amplo de "mesmo empregador" ou "empregador". Assim, embora fique clara a intenção do legislador de restringir, por meio do *caput* do dispositivo, o campo de aplicação da equiparação salarial ao trabalho prestado ao mesmo empregador, desde que no mesmo estabelecimento, parece haver certa inconsistência na redação do dispositivo legal, já que os parágrafos mantêm a redação mais abrangente.

Por outro lado, a interpretação de "mesmo empregador" parece estar mais em consonância com o princípio da isonomia resultante do *caput* e do inciso XXX do art. 7º da Constituição da República, os quais não trazem a ressalva de que a proibição de diferença de salário somente se aplicaria dentro do mesmo estabelecimento.[5]

É bem certo que o princípio constitucional da isonomia salarial, assim como a maioria das normas, não tem caráter absoluto, todavia é preciso indagar em quais condições a lei infraconstitucional pode restringir conceito mais amplo definido pela norma constitucional, sobretudo diante do fato de que a Lei Maior estabelece que, aos direitos por ela elencados, devem ser acrescidos outros que "visem à melhoria da condição social do trabalhador". Permitiria a Lei Maior restrição dos direitos por ela enumerados pela norma infraconstitucional, sem justificativa razoável?

B) Diferença de tempo de serviço para o mesmo empregador máxima de quatro anos e na função máxima de dois anos

A primeira dúvida que surge ao ler a alteração do parágrafo primeiro é a respeito da aplicabilidade do instituto da equiparação salarial em caso de sucessão de empregadores.

A dúvida seguinte é se o direito poderia ser aplicado em casos de empregados que trabalham em pessoas jurídicas diferentes do mesmo grupo econômico.

Se a intenção do legislador foi restringir o campo de incidência da equiparação salarial, parece lógico concluir que a modificação teve o objetivo de retirar o direito, em caso de sucessão, fusão e cisão de empresas e também de grupo econômico financeiro, cuja caracterização também foi limitada pela lei, com a introdução do § 3º ao art. 2º da CLT.[6]

Ocorrendo uma dessas hipóteses, seria possível em tese a existência de salários díspares, por exemplo, para pessoas que preenchem os demais critérios, contratadas no mesmo dia, mas por empregadores distintos que se fundiram, já que, com a transferência de uma empresa para outra, não haveria o preenchimento do critério objetivo de "mesmo empregador".

Da mesma forma, poder-se-iam admitir salários diferentes para empregados do mesmo grupo econômico, desde que a contratação tenha sido formalizada por empresas de CNPJ distintos.

Todavia, sabe-se que, uma vez promulgada, a lei se desprende da intenção do legislador (*mens legislatoris*), para adquirir vida e intuito próprios (*mens legis*). Por isso, o intérprete pode se valer dos anais da elaboração da lei, mas deve também procurar o sentido de unidade, coerência e completude no ordenamento jurídico, de forma a extrair a melhor interpretação da norma para o caso concreto.

Por outro lado, se empregador é a empresa (art. 2º, *caput*) no sentido de empreendimento, a sucessão de empregadores ou o grupo econômico não constituiriam óbice ao pedido de equiparação salarial, inclusive à vista do contido no art. 10 da CLT.[7] Nesse sentido, parece-nos que o inciso II da Súmula n. 6 do TST pode subsistir, com adaptações para contar o tempo de vigência do contrato de trabalho para o empreendimento, seja ele o grupo econômico ou a nova pessoa jurídica, em caso de sucessão de empregadores.[8]

Resta abordar a questão do tempo de serviço em si, já que, pela nova lei, a condição passou a ser mais rigorosa: além de a diferença na função não poder ser superior a dois anos, a diferença no emprego (tempo de casa) não pode ser superior a quatro anos.

Em trabalho anteriormente publicado[9], defendemos a ideia de que o art. 461 da CLT estabeleceria presun-

---

(5) Art. 7º São direitos dos trabalhadores urbanos e rurais, além de outros que visem à melhoria de sua condição social: (...) XXX — proibição de diferença de salários, de exercício de funções e de critério de admissão por motivo de sexo, idade, cor ou estado civil;

(6) § 3º Não caracteriza grupo econômico a mera identidade de sócios, sendo necessárias, para a configuração do grupo, a demonstração do interesse integrado, a efetiva comunhão de interesses e a atuação conjunta das empresas dele integrantes.

(7) Art. 10. Qualquer alteração na estrutura jurídica da empresa não afetará os direitos adquiridos por seus empregados.

(8) II — Para efeito de equiparação de salários em caso de trabalho igual, conta-se o tempo de serviço na função e não no emprego. *(ex-Súmula n. 135 — RA 102/1982, DJ 11.10.1982 e DJ 15.10.1982)*

(9) Nosso artigo denominado "Isonomia sob Enfoques Constitucional e Internacional: por uma releitura do art. 461 da CLT", publicado na *Revista LTr* de fevereiro de 2015 e na Revista do TRT-9ª Região, v. 4, n. 37, de fev. 2015, p. 20 a 32, disponível em: <https://ead.trt9.jus.br/moodle/pluginfile.php/24271/mod_resource/content/1/Revista%20Eletr%C3%B4nica%20%28FEV%202015%20-%20n%C2%BA%2037%20-%20Equipara%C3%A7%C3%A3o%20Salarial%29.pdf>. O mesmo artigo foi publicado na revista do TST, disponível em: <https://juslaboris.tst.jus.br/bitstream/handle/1939/92798/2015_schmidt_martha_isonomia_enfoques.pdf?sequence=1>. De forma didática, um resumo dos argumentos em caso concreto julgado perante a Eg. 4ª Turma do TRT, foi publicado no site do Tribunal em 10.1.2017, em republicação da notícia originalmente publicada em 26.8.2016, Disponível: <https://portal.trt3.jus.br/internet/imprensa/noticias-juridicas/importadas-2017/nj-especial-juiza-defende-interpretacao-evolutiva-do-artigo-461-da-clt-conferindo-maior-peso-a-identidade-de-funcoes-para-equiparacao-salarial-10-01-2017-06-04-acs>.

ção apenas relativa para afastar a equiparação salarial, quando ausente algum de seus elementos ou critérios. De acordo com a nova redação, esses critérios são: 1) igual produtividade; 2) mesma perfeição técnica; 3) mesmo estabelecimento ou empregador; 4) diferença de tempo de serviço para o mesmo empregador não superior a quatro anos; e 5) diferença de tempo de serviço na função não superior a dois anos.

Segundo nossa ideia, faltante um dos elementos garantidores do direito, haveria presunção de que o trabalhador não teria direito à equiparação salarial. Nesse caso, preferimos a ideia de presunção relativa de veracidade, porque seria razoável admitir que, na maioria das situações, a experiência obtida durante o contrato de trabalho, especialmente no exercício da função, possa gerar impacto de maior valorização do trabalho do paradigma. Entretanto, situações podem existir que não justifiquem a retirada do direito por esse critério meramente objetivo, sem análise da situação concreta.

Essa presunção seria portanto *juris tantum*, ou seja, poderia ser elidida, na hipótese de existir alguma circunstância específica onde se revele despropositada a aplicação inflexível dos critérios objetivos do art. 461. Pensemos, por exemplo, na situação em que a maior qualificação do jovem trabalhador, aliada a alguma experiência anterior, possa interferir positivamente na valorização de seu trabalho, quando comparado ao paradigma com tempo de serviço superior a dois anos na função.

Na época da publicação do artigo anterior, trouxemos outros dois exemplos bem práticos. O primeiro seria o de um gerente de empresa, com 20 anos de carreira nela prestados, comparado a outro gerente, em análogo serviço prestado à mesma empresa e com 24 anos de serviço. Poderia haver equiparação salarial, se comprovados os demais elementos, a despeito de a diferença de tempo de serviço na função para o mesmo empregador ser superior a dois anos? A pergunta se faz pertinente em virtude do longo tempo de exercício em idêntica função, o que induz à percepção natural de que os anos poderiam ter se incumbido de amenizar eventuais diferenças iniciais no trabalho, em virtude da experiência acumulada no decorrer do contrato.

O segundo exemplo seria o de gerentes em idêntica função terem diferença de tempo de serviço na função de apenas um ano, em localidades distintas e distantes, mas com custo de vida equivalente. A interpretação literal do art. 461 da CLT afastaria a pretensão de equiparação salarial em ambos os casos, já que o tempo de serviço na função é superior a dois anos ou o trabalho prestado em localidades (e estabelecimentos) distintos.

Todavia, já tivemos oportunidade de atuar em processo em que foi considerado não haver nenhuma evidência de que a maior experiência do paradigma na função, admitido como gerente geral de agência quase três anos antes do paragonado exercente da mesma função, produzisse algum diferencial positivo, qualitativa ou quantitativamente.[10]

Essa análise, que somente poderá ocorrer diante do caso concreto, levará em conta a aplicação dos princípios-regra de maior importância, de índole constitucional e internacional, com valor superior à legislação infraconstitucional, já que os tratados internacionais de direitos humanos — onde se situam os de isonomia salarial — ratificados pelo Brasil têm *status* pelo menos supralegal — quiçá constitucional — como se verá adiante neste trabalho.

C) Adoção, por meio de norma interna da empresa ou de negociação coletiva, de plano de cargos e salários, dispensada qualquer forma de homologação ou registro em órgão público

Essa modificação alcança em cheio o inciso I da Súmula n. 6 do TST, o qual repetia o comando do inciso modificado do art. 461 da CLT. Eis a redação do inciso I:

> Para os fins previstos no § 2º do art. 461 da CLT, só é válido o quadro de pessoal organizado em carreira quando homologado pelo Ministério do Trabalho, excluindo-se, apenas, dessa exigência o quadro de carreira das entidades de direito público da administração direta, autárquica e fundacional aprovado por ato administrativo da autoridade competente. *(ex-Súmula n. 06 — alterada pela Res. 104/2000, DJ 20.12.2000)*

De agora em diante, serão afastados pedidos de equiparação salarial na hipótese de existência de PCS — plano de cargos e salários — adotados por meio de norma interna ou resultante de negociação coletiva.

A solução para casos de desnível salarial em hipótese de existência de PCS deve ser a mesma anteriormente adotada para as que envolviam quadro de carreira homologado: o pedido não deve ser de equiparação salarial, mas de reenquadramento no correto nível salarial, com as respectivas diferenças salariais e reflexos daí decorrentes.

Nesse sentido, a regra é razoável e nos parece válida, na medida em que não exclui do Poder Judiciário o exame de diferenças salariais, pela via adequada.

O § 3º do art. 461 traz a novidade de que as promoções no PCS não serão mais obrigatoriamente alternadas por critérios de antiguidade e merecimento, mas poderão ser feitas por merecimento e por antiguidade, ou

(10) Ver 0011696-69.2013.5.03.0163 (RO), 05/11/2014. Aplicação do inciso VIII da Súmula n. 6 do TST, que parece subsistir à reforma: "É do empregador o ônus da prova do fato impeditivo, modificativo ou extintivo da equiparação salarial". *(ex-Súmula n. 68 — RA 9/1977, DJ 11.2.1977)*

por apenas um destes critérios, dentro de cada categoria profissional, segundo o que dispuser a norma coletiva ou a norma interna.

D) Contemporaneidade. Vedação da equiparação em cadeia

O § 5º do art. 461 não tem correspondente no dispositivo legal anterior, embora regule, de forma diversa, matéria disciplinada no item VI da Súmula n. 6 do Tribunal Superior do Trabalho.

Eis o que dispõem o § 5º e o item VI da Súmula n. 6:

> § 5º A equiparação salarial só será possível entre empregados contemporâneos no cargo ou na função, ficando vedada a indicação de paradigmas remotos, ainda que o paradigma contemporâneo tenha obtido a vantagem em ação judicial própria.
>
> VI — Presentes os pressupostos do art. 461 da CLT, é irrelevante a circunstância de que o desnível salarial tenha origem em decisão judicial que beneficiou o paradigma, exceto: a) se decorrente de vantagem pessoal ou de tese jurídica superada pela jurisprudência de Corte Superior; b) na hipótese de equiparação salarial em cadeia, suscitada em defesa, se o empregador produzir prova do alegado fato modificativo, impeditivo ou extintivo do direito à equiparação salarial em relação ao paradigma remoto, considerada irrelevante, para esse efeito, a existência de diferença de tempo de serviço na função superior a dois anos entre o reclamante e os empregados paradigmas componentes da cadeia equiparatória, à exceção do paradigma imediato.

Como se vê pelas letras "a" e "b", é bem certo que o inciso VI da Súmula n. 6 do Tribunal Superior do Trabalho trazia exceções para a possibilidade de equiparação "em cadeia". Nesse sentido, particular interesse havia na equiparação salarial com paradigma remoto (aquele que, em ação anterior, havia sido o paradigma inicial), pois o empregador poderia produzir prova hábil a afastar a equiparação com o paragonado atual. Essa prova poderia abranger quaisquer elementos do art. 461 (diferença de produtividade etc.), exceto quanto à diferença de tempo de serviço na função com os paradigmas componentes da cadeira equiparatória, tirante o paradigma imediato.

Isso porque, tratando-se de demanda que visava auferir equiparação salarial com paradigma remoto, poderia ocorrer de não haver concomitância no trabalho para o mesmo empregador, o que justificaria a existência de diferença de tempo de serviço na função superior a dois anos para os paradigmas componentes da cadeia equiparatória. Essa diferença, todavia, não poderia ser superior a dois anos para o paradigma imediato que tivesse auferido o benefício por decisão judicial.

A nova lei traz verdadeira revolução nesta matéria, pois exige contemporaneidade na prestação de serviços para o mesmo empregador entre paradigma e paragonado, excluindo, ainda, expressamente, a possibilidade de "equiparação em cadeia".

Sem nos adentrarmos na questão da melhor solução processual em hipótese de ação judicial com pedido de equiparação salarial "em cadeia"[(11)], a solução de direito material proposta pelo legislador da reforma, quanto a esse aspecto, a nosso juízo, não se encontra desarrazoada.

Com efeito, há casos em que um único paradigma remoto, muitas vezes oriundo de antiga fusão de empresas ou transferido de outra cidade com maior salário, está na origem de inúmeras ações trabalhistas por longos anos posteriores, a despeito de modificações subsequentes na organização interna da empresa e da ausência de possibilidade de avaliação comparativa direta, já que o trabalhador paragonado muitas vezes sequer conheceu, muito menos foi contemporâneo de trabalho do paradigma remoto.[(12)]

Por outro lado, aplicando-se o princípio geral de que seria do empregador o ônus da prova do fato modificativo, impeditivo ou extintivo do direito e do trabalhador o ônus de eventual contraprova. A produção da prova restava muitas vezes extremamente dificultada para ambas as partes, porque se referia a fatos que não eram contemporâneos ao contrato de trabalho em exame na ação trabalhista específica e de cujos fatos o trabalhador não tinha conhecimento direto. Como poderia o trabalhador se considerar lesado, se a comparação com o paradigma remoto somente ocorrera "por ouvir dizer"?

Nesse contexto, entendemos, em princípio, que a restrição realizada pelo legislador ao princípio geral da isonomia encontra guarida no princípio da razoabilidade.

Por outro lado, a norma do § 5º do art. 461 da CLT não parece alterar o conteúdo do inciso IV da Súmula n. 6 do TST, cujo teor é o seguinte:

> IV — É desnecessário que, ao tempo da reclamação sobre equiparação salarial, reclamante e paradigma estejam a serviço do estabelecimento, desde que o pedido se relacione com situação pretérita. *(ex-Súmula n. 22 — RA 57/1970, DO-GB 27.11.1970)*

Isso quer dizer que a ação judicial com pedido de equiparação salarial pode ser ajuizada mesmo após a

(11) O atual CPC não mais trata a impossibilidade jurídica do pedido como hipótese de extinção do processo sem exame de mérito. Seria então caso de indeferimento da petição inicial com fundamento na ausência de interesse processual, segundo o art. 330, III, do CPC? Seria caso de improcedência liminar do pedido, porém atípica, pois não se encontra no rol expresso do art. 332 do CPC?

(12) Não raros eram os pedidos de equiparação salarial em cadeia, em que se postulavam diferenças salariais decorrentes de equiparação com paradigma X que tinha sido equiparado mediante ação judicial ao paradigma Y, que por sua vez havia sido equiparado com o paradigma Z. Em Juiz de Fora, na década passada, um paradigma remoto era constante citado nas inúmeras petições iniciais ajuizadas em face de determinada empresa local.

ruptura contratual do paradigma ou do paragonado, desde que tenha havido contemporaneidade na prestação de serviços. A jurisprudência consolidada manifestou, com esse inciso de súmula, inequívoca preocupação com o emprego do trabalhador, já que eventual ajuizamento de ação trabalhista no curso do contrato de trabalho, salvo hipóteses de estabilidade, pode comprometer a sua continuidade, à vista do risco de ruptura contratual por iniciativa do empregador.

O trabalhador pode, pois, esperar a ruptura contratual para postular diferenças salariais em virtude de equiparação salarial, desde que seu contrato de trabalho seja contemporâneo ao do paradigma.

e) Diferença salarial discriminatória por motivo de sexo ou etnia

O novo § 6º do 461 da CLT introduz mecanismo específico de proteção contra diferença salarial por motivo de discriminação por motivo de sexo ou etnia.

Dispõe a nova norma:

> § 6º No caso de comprovada discriminação por motivo de sexo ou etnia, o juízo determinará, além do pagamento das diferenças salariais devidas, multa, em favor do empregado discriminado, no valor de 50% (cinquenta por cento) do limite máximo dos benefícios do Regime Geral de Previdência Social." (NR)

O dispositivo legal introduz o critério antropológico de "etnia", diverso do critério de "cor" adotado pela norma constitucional, embora alguns grupos étnicos possam ser distinguidos por cor específica.[13]

f) O que parece não ter sido modificado pela nova lei

Os demais incisos da Súmula n. 6 do Tribunal Superior do Trabalho, não anteriormente mencionados neste trabalho, parecem não ter sido objeto do alcance legislativo. São eles:

> III — A equiparação salarial só é possível se o empregado e o paradigma exercerem a mesma função, desempenhando as mesmas tarefas, não importando se os cargos têm, ou não, a mesma denominação. *(ex-OJ da SBDI-1 n. 328 — DJ 9.12.2003)*
>
> V — A cessão de empregados não exclui a equiparação salarial, embora exercida a função em órgão governamental estranho à cedente, se esta responde pelos salários do paradigma e do reclamante. *(ex-Súmula n. 111 — RA 102/1980, DJ 25.9.1980)*
>
> VII — Desde que atendidos os requisitos do art. 461 da CLT, é possível a equiparação salarial de trabalho intelectual, que pode ser avaliado por sua perfeição técnica, cuja aferição terá critérios objetivos. *(ex-OJ da SBDI-1 n. 298 — DJ 11.8.2003)*
>
> IX — Na ação de equiparação salarial, a prescrição é parcial e só alcança as diferenças salariais vencidas no período de 5 (cinco) anos que precedeu o ajuizamento. *(ex-Súmula n. 274 — alterada pela Res. 121/2003, DJ 21.11.2003)*

3. Para além da nova lei: integração do art. 461 da CLT ao ordenamento jurídico

Sabe-se que o ordenamento jurídico de um país tem unidade, coerência e completude. O Direito deve ter interpretado à luz de um conjunto harmônico, coerente e completo. Nesse sentido, a nova norma do art. 461 da CLT deve ser interpretada levando-se em conta não só a norma infraconstitucional em si, mas também as perspectivas constitucional e internacional de direitos humanos de índole trabalhista neste campo de aplicação do princípio da não discriminação.

3.1. O enfoque internacional em matéria de isonomia salarial

A partir da constituição da OIT em 1919, no final da 1ª Guerra Mundial, as convenções internacionais do trabalho tinham por objetivo estabelecer o equilíbrio assegurador da paz universal e durável, por meio da melhoria da condição social do ser humano.

É sabido que a Organização Internacional do Trabalho, desde os primeiros anos de sua constituição, preocupa-se com a igualdade de tratamento em matéria salarial. A Convenção n. 19 de 1925 já dispunha sobre esse tema. A OIT, desde sempre, cuida da proteção dos direitos humanos, embora muitas vezes sem dizê-lo expressamente. No sistema internacional de direitos humanos, o art. 23º da Declaração Universal dos Direitos do Homem de 1948, trouxe a disposição, pelo menos 23 anos após a OIT, no sentido de que "2. Todos têm direito, sem discriminação alguma, a salário igual por trabalho igual." O direito internacional do trabalho é, pois, certamente, parte da proteção dos direitos humanos universais no trabalho.

Em matéria de isonomia, vigoram algumas convenções no plano jurídico internacional. Baseadas no princípio da igualdade de remuneração para um trabalho de igual valor, têm por objetivo a equiparação salarial. Para atingir essa equiparação salarial, é preciso, segundo o direito internacional do trabalho, assegurar **igual remuneração para empregos idênticos ou similares** e para — aqui está o grande salto em relação à atual redação do art. 461 da CLT — **empregos que não sejam idênticos ou similares, mas cujo valor do trabalho é igual.**

(13) Segundo o Dicionário Houaiss, *etnia* é a coletividade de indivíduos que se diferencia por sua especificidade sociocultural, refletida principalmente na língua, religião e maneiras de agir; grupo étnico. Para alguns autores, a etnia pressupõe uma base biológica, podendo ser definida por uma raça, uma cultura ou ambas.

A Convenção n. 100 da OIT versa sobre "Igualdade de Remuneração de Homens e Mulheres Trabalhadores por Trabalho de Igual Valor".[(14)] Aprovada logo após o término da Primeira Guerra Mundial, teve o contexto do trabalho desenvolvido pelas mulheres durante o conflito. A igualdade de remuneração entre homens e mulheres é considerada uma das primeiras etapas do processo de instauração de melhor equidade na sociedade. Mais de sessenta anos após sua adoção pela comunidade internacional, ainda hoje é considerada importante instrumento de inspiração e de repercussão do princípio da igualdade de tratamento no mundo.

Em 1958, foi adotada a mais ampla Convenção n. 111 da OIT, que trata da "Discriminação em Matéria de Emprego e Ocupação".[(15)] Em seu art. 1º, "a" e "b", compreende no termo "discriminação", respectivamente, "*toda distinção, exclusão ou preferência fundada na raça, cor, sexo, religião, opinião política, ascendência nacional ou origem social, que tenha por efeito destruir ou alterar a igualdade de oportunidade ou de tratamento em matéria de emprego ou profissão*" e "*qualquer outra distinção, exclusão ou preferência que tenha por efeito destruir ou alterar a igualdade de oportunidades ou tratamento em matéria de emprego ou profissão que poderá ser especificada pelo Membro interessado depois de consultadas as organizações representativas de empregadores e trabalhadores, quando estas existam, e outros organismos adequados*".

Observe-se, pois, que não há *numeros clausus*: "a enumeração é exemplificativa, diante da cláusula aberta a "*toda e qualquer outra distinção, exclusão ou preferência...*".

Mais de 90% dos Estados-membros da OIT ratificaram essas duas convenções fundamentais, o que demonstra o grande nível de aceitação e de quase consenso sobre os valores sociais e humanos que delas emanam.

Por outro lado, ambas as convenções são consideradas fundamentais pela Declaração da OIT de 1998, relativas aos princípios de direitos fundamentais no trabalho, dentre os quais se encontra a eliminação da discriminação em matéria de emprego e de profissão. Ainda, a Declaração de 2008 sobre a justiça social para uma mundialização equitativa afirma que a igualdade entre homens e mulheres e a não discriminação devem ser consideradas como questões transversais na agenda do Trabalho Decente da OIT.

Igualmente, a Convenção n. 168 da OIT, "Promoção do Emprego e Proteção Contra o Desemprego".[(16)] Em seu art. 6º, estabelece: "*1. Todo Membro deverá garantir a igualdade de tratamento para todas as pessoas protegidas, sem discriminação alguma por motivo de raça, cor, sexo, religião, opinião pública, ascendência nacional, nacionalidade, origem étnica ou social, invalidez ou idade.*"

A propósito, a interpretação dos órgãos de controle da OIT tem considerado que cabe remuneração quando há exercício de mesmo trabalho ou trabalho idêntico, mas também quando os equiparandos "realizam trabalho que, mesmo sendo diferentes, são de igual valor".

A Comissão de Peritos examinou o exemplo da Irlanda, onde o âmbito da noção de "trabalho similar" foi definido como abrangendo desde o "mesmo trabalho" ao "trabalho de mesmo valor", levando-se em conta o que for preciso em áreas tais como aptidões, esforço físico ou mental, responsabilidade e condições de trabalho.[(17)]

Garantias desse jaez, é induvidoso, em alguns casos, têm sofrido franco retrocesso no ordenamento jurídico pátrio, a exemplo da disciplina em discussão, atinente à rígida interpretação conferida ao art. 461 da CLT, se considerado em sua literalidade, ainda mais diante do texto restritivo da reforma.

É preciso então indagar a respeito do lugar do direito internacional no ordenamento jurídico interno.

3.2. O reconhecimento lento e progressivo do direito internacional pelo direito interno. A noção de bloco de constitucionalidade e o controle de convencionalidade

A evolução da internalização do direito internacional dos direitos humanos revela que, até 1977, a tradição jurisprudencial no Supremo Tribunal Federal era de preponderância do direito internacional sobre o direito interno.[(18)]

---

(14) Aprovada na 34ª reunião da Conferência Internacional do Trabalho (Genebra — 1951), entrou em vigor no plano internacional em 23.5.1953 e foi ratificada no Brasil em 25.4.1058 e promulgada pelo Decreto n. 41.721, de 25.6.1957, com vigência nacional a partir de 25 de abril de 1958.

(15) Aprovada na 42ª reunião da Conferência Internacional do Trabalho (Genebra — 1958), entrou em vigor no plano internacional em 15.6.1960 e foi promulgada, no Brasil, por meio do Decreto Legislativo 104, de 24.11.1964 (ratificado em 26 de novembro de 1965), e Decreto n. 62.150, de 19.1.1968.

(16) Aprovada na 75ª reunião da Conferência Internacional do Trabalho (Genebra — 1988), entrou em vigor no plano internacional em 17.10.1991, promulgada, no Brasil, por meio do Decreto Legislativo n. 89, de 10.12.1992, do Congresso Nacional (ratificado em 24 de março de 1993) e Decreto n. 2.682, de 22.7.1998.

(17) "*Direito Internacional do Trabalho e Direito Interno: manual* de formação para juízes, juristas e docentes em Direito". Editado por Xavier Beaudonnet. Turim: Centro Internacional de Formação da OIT, 2011. Edição para a Língua Portuguesa pela ANAMATRA, p. 168.

(18) Ac. de 23.7.1952 do Ministro Laudo de Camargo, *Habeas Corpus* n. 24.637, in Jurisp., v. 6, p. 1, 1934 (DJ 10.1.1934), citado no RE n. 80.004/SE, de relatoria do Ministro Xavier de Albuquerque (julgado em 1º.6.1977; DJ 29.12.1977), que restou o único vencido. A maioria entendeu que "*ato normativo internacional — no caso, a Convenção de Genebra, Lei Uniforme sobre Letras de Câmbio e Notas Promissórias — poderia ser modificado por lei nacional posterior, ficando consignado que os conflitos entre duas disposições normativas, uma de direito interno e outra de direito internacional, devem*

De 1977 até 2008, manteve-se o reconhecimento do *status* de lei ordinária aos tratados e convenções internacionais ratificados pelo Brasil e prevalência da Constituição sobre os tratados ratificados.(19)

Ocorre que, com o advento da ordem constitucional de 1988, as instituições políticas passaram a ter novos desenhos, o que revelou a necessidade de novos posicionamentos acerca de alguns temas jurídicos, mais adequados aos novos paradigmas constitucionais.

Com efeito, a Constituição da República de 1988 elegeu como princípios fundamentais da nova ordem jurídica a dignidade da pessoa humana (art. 1º, III); os valores sociais do trabalho e da livre iniciativa (inciso IV); a prevalência dos direitos humanos (art. 4º, II).(20)

O art. 5º, § 1º, da Constituição Brasileira de 1988, dispõe que os direitos e garantias fundamentais têm aplicabilidade imediata, vinculando os poderes públicos independentemente do reconhecimento expresso por lei infraconstitucional.

Por sua vez, o art. 5º, § 2º da Constituição estabelece que: "*Os direitos e garantias expressos nesta Constituição não excluem outros decorrentes do regime e dos princípios por ela adotados, ou dos tratados internacionais em que a República Federativa do Brasil seja parte.*"

A Emenda Constitucional n. 45 de 2004 acrescentou o § 3º ao art. 5º, o qual dispõe que: "*Os tratados e convenções internacionais sobre direitos humanos que forem aprovados, em cada Casa do Congresso Nacional, em dois turnos, por três quintos dos votos dos respectivos membros, serão equivalentes às emendas constitucionais.*"

Em 2008, houve, então, importante modificação de jurisprudência de nossa Corte Constitucional. O *leading case* foi o Recurso Extraordinário 466.343-1, em cujo seio houve profunda reflexão acerca da necessidade de reconhecimento de lugar privilegiado na hierarquia das normas aos tratados de direitos humanos ratificados antes da Emenda Constitucional n. 45/2004, que incorporou o § 3º ao art. 5º da Constituição da República.

A tese então prevalecente foi a da supralegalidade dos tratados internacionais de direitos humanos ratificados até a introdução do *quorum* qualificado do § 3º do art. 5º da Constituição. Todavia, é preciso ressaltar que importante voto da lavra do Ministro Celso de Mello pregava a equiparação desses tratados à norma constitucional. Para chegar a essa conclusão, valeu-se o Ministro da noção de **bloco de constitucionalidade**, para concluir que, mesmo não sendo formalmente constitucionais (porque inexistente o *quorum* qualificado de que trata o § 3º do art. 5º da CF), tais tratados "revestem-se de caráter materialmente constitucional".(21)

Não sendo possível, no nosso modesto entender, a divisão dos tratados de direitos humanos em dois níveis hierárquicos (constitucional e supralegal), temos que a concepção mais adequada é a que os reconhece como materialmente constitucionais, independentemente dos critérios formais de ratificação.

A concepção de bloco de constitucionalidade é salvo-conduto para essa conclusão, na medida em que concebe o texto constitucional não somente como aquele objetivado na Constituição escrita, mas também abrange os textos que visam adicionar, expandir, complementar e integrar os parâmetros normativos fixados na própria Constituição, como é o caso dos tratados internacionais de direitos humanos até aqui conhecidos.

Ainda que se outorgue a esses tratados o valor apenas supralegal, uma consequência ressalta: o poder-dever do juiz de controlar a conformidade das leis aos tratados ratificados, em autêntico exercício de **controle de convencionalidade**.(22) Isso significa que o jurisdicionado pode contestar perante o juiz a aplicação de uma lei por afronta a uma convenção internacional. Como no controle de constitucionalidade difuso, trata-se de uma aferição *a posteriori* e concreta, cujos efeitos somente serão sentidos *inter partes*.

---

ser resolvidos pela mesma regra geral destinada a solucionar antinomias normativas num mesmo grau hierárquico: lex posterior derrogat legi priori", tendo prevalecido o voto do Ministro Leitão de Abreu (trecho do voto do Ministro Gilmar Mendes, no Recurso Extraordinário 466.343-1). Disponível em: <http://redir.stf.jus.br/paginadorpub/paginador.jsp?docTP=AC&docID=595444>. Acesso em: 28 set.2014.

(19) Na decisão da ADInMC 1.480, onde se cuidou do controle de constitucionalidade da Convenção n. 158 da OIT, o STF reiterou sua posição, declarando o conteúdo meramente programático da mencionada convenção.

(20) Evidentemente, esses princípios se aplicam a todas as pessoas, trabalhadores e empregadores pessoas físicas, quando partes do contrato de trabalho. Em matéria de equiparação salarial, todavia, esses princípios costumam ser invocados em julgamentos diante de empregadores grandes empresas, às vezes grandes conglomerados financeiros e muitas vezes litigantes habituais na Justiça Especializada do Trabalho. Em se tratando de pequenas e médias empresas, a impressão desta autora como magistrada indica ser raro o pedido de diferenças salariais em virtude de equiparação, sendo muito mais comum o pedido de diferenças salariais em virtude de acúmulo ou desvio de função.

(21) O "bloco de constitucionalidade" é expressão oriunda do direito francês (Louis Favoreu e decisão do Conselho Constitucional de 1971, sobre a liberdade de associação), onde as normas constitucionais passaram a ser concebidas não apenas como aquelas inscritas no texto constitucional, mas o conjunto dos princípios e disposições que as leis devem respeitar: os artigos da Constituição de 1958, mas também o preâmbulo da Constituição anterior de 1946, a Declaração dos Direitos do Homem e do Cidadão de 1789, a carta de meio ambiente (que institui o princípio da precaução), os princípios fundamentais reconhecimentos pelas leis da República francesa e os princípios e objetivos de valor constitucional. Fonte: <http://www.legifrance.gouv.fr/Droit-francais/Guide-de-legistique/I.-Conception-des-textes/1.3.-Hierarchie-des-normes/1.3.1.-Differentes-normes>.

(22) Tradução livre da autora. No original: "*habilitation implicitement aux juges pour contrôler la conformité des lois aux traités*", *in Olivier Dutheillet de Lamothe, in* "*Contrôle de Constitutionnalité et Contrôle de Conventionnalité.*" Texto publicado em "Mélanges en l'honneur de Daniel Labetoulle", Dalloz 2007, disponível em: <http://www.conseil-constitutionnel.fr/conseil-constitutionnel/root/bank_mm/pdf/Conseil/cccc.pdf>.

O controle de convencionalidade, com assento constitucional, constitui, pois, grande inovação na aplicação dos direitos fundamentais no âmbito do direito privado, em especial no campo da isonomia salarial.

Uma vez relembrada a evolução do direito internacional do trabalho e sua aplicação nacional, visitemos agora a evolução constitucional neste importante tema da isonomia salarial.

3.3. O enfoque constitucional em matéria de isonomia salarial

O princípio da isonomia consagrado constitucionalmente é densificado em regras específicas, as quais, no tocante às questões salariais, encontram nas figuras da equiparação salarial e do salário equitativo alguns de seus prismas.

A partir da Constituição de 1934, os direitos sociais do homem (decorrentes do direito natural) foram progressivamente inseridos no texto constitucional brasileiro, convertendo-se em direitos fundamentais, juridicamente institucionalizados em direito vigente.[23] O direito à igualdade salarial é contemplado desde então.

A Lei Maior de 1934 assim regulou a questão: "*Art 121. A lei promoverá o amparo da produção e estabelecerá as condições do trabalho, na cidade e nos campos, tendo em vista a proteção social do trabalhador e os interesses econômicos do País. § 1º A legislação do trabalho observará os seguintes preceitos, além de outros que colimem melhorar as condições do trabalhador: a) proibição de diferença de salário para um mesmo trabalho, por motivo de idade, sexo, nacionalidade ou estado civil*".

Princípio ignorado na Carta de 1937, foi parcialmente albergado em 1946, em conformidade com o disposto no inciso II do art. 157: "*Art. 157. A legislação do trabalho e a da previdência social obedecerão aos seguintes preceitos, além de outros que visem a melhoria da condição dos trabalhadores: (...) II — proibição de diferença de salário para um mesmo trabalho por motivo de idade, sexo, nacionalidade ou estado civil*". Em comparação ao art. 121 da Carta de 1934, suprimiu-se o *caput* do artigo, o que poderia ser interpretado como retrocesso.

Quanto à isonomia de salários, pontuou a Constituição de 1967, mas somente após a edição da Emenda Constitucional n. 1, de 1969, a teor do art. 165: "*A Constituição assegura aos trabalhadores os seguintes direitos, além de outros que, nos têrmos da lei, visem à melhoria de sua condição social: III — proibição de diferença de salários e de critérios de admissões por motivo de sexo, côr e estado civil*".

A superveniência da Constituição Federal de 1998 trouxe expressivas e contundentes mudanças, entrementes, apresenta timidez diante do texto da Convenção n. 111 da OIT, que maior amplitude ostenta, diante da cláusula de redação aberta pela enumeração meramente exemplificativa.

Especificamente, quanto ao princípio em estudo, inseriu a Lei Maior a proibição não apenas de diferença de salários, mas de exercício de funções, *ex vi* do disposto no art. 7º, XXX: "*proibição de diferença de salários, de exercício de funções e de critério de admissão por motivo de sexo, idade, cor ou estado civil*". Note-se que o legislador constituinte utilizou a conjunção coordenativa "e", aditiva, ligando duas orações independentes e estabelecendo uma relação de soma, adição; inexiste alternância, mediante o emprego de conjunção alternativa, como "ou".

A isonomia tem, pois, como norte o trabalho humano digno. E o significado de trabalho é sem dúvida por demais abrangente, compreendendo gama diversa de atribuições e funções, com variantes que vão desde o desenvolvimento de atividades braçais até o "trabalho remoto", sem qualquer necessidade de comparecimento ao estabelecimento do empregador.

A propósito, o trabalho, em seu largo conceito, e até mesmo o exercício de específica e determinada função, pode ou não ser desenvolvido em uma mesma localidade ou mesmo estabelecimento, sem que isso influencie a sua identidade. Exemplos concretos se identificam com atividades altamente intelectuais — que sequer dependem de metas e diretrizes específicas próprias que imponham às empresas atuação mais direta na forma de execução do mister — mais e mais praticadas em sistemas de *home office*, notadamente na cultura globalizada hoje vivenciada, à qual tem se rendido o sistema corporativo mundial.[24]

Pontue-se, ainda, que francamente colidem os preceitos do art. 6º, também da Consolidação das Leis do Trabalho — "*Não se distingue entre o trabalho realizado no estabelecimento do empregador, o executado no domicílio do empregado e o realizado a distância, desde que estejam caracterizados os pressupostos da relação de emprego*" — com o conceito de "mesmo estabelecimento" inserido no *caput* do art. 461, do mesmo diploma normativo.

(23) BONAVIDES, Paulo. *Curso de direito constitucional.* São Paulo: Malheiros, 2010. p. 577. Adota-se aqui a distinção entre direitos humanos e direitos fundamentais, entendidos estes como "direitos jurídico-positivamente vigentes numa ordem constitucional." (CANOTINHO, J. J. Gomes. *Direito constitucional e teoria da constituição.* 7. ed., 10ª reimp. Almedina: Coimbra, p. 377). O mesmo autor, citando Habermas, indica: "se se deseja falar de direitos no sentido de direito positivo é preciso distinguir entre *droits de l'homme* na qualidade de normas de acção moralmente justificadas e *droits de l'homme* enquanto normas constitucionais dotadas de valor de direito positivo" (*idem, ibidem*, p. 377).

(24) Em artigo publicado na revista Exame de novembro de 2012, noticiou-se que, atualmente, no Brasil, 64% das empresas já permitem o trabalho em casa (teletrabalho). Disponível em: <http://exame.abril.com.br/carreira/noticias/as-areas-que-mais-contratam-em-esquema-de-home-office>.

Como inserir as restrições expressas no art. 461 Consolidado ("idêntica função", "mesmo estabelecimento"), na cultura globalizada que hoje se vivencia, é tarefa que, mais cedo ou mais tarde, todos os operadores de Direito haverão de enfrentar.

De acordo com o priorizado desde a Carta de 1934, deve-se vedar a discriminação e garantir a igualdade, por meio da leitura teleológica e evolutiva dos conceitos que se inserem no art. 461 Consolidado e no texto Constitucional inscrito no art. 7º, *caput* e XXX, como também preceituado no art. 5º da CLT: "A todo trabalho de igual valor corresponderá salário igual, sem distinção de sexo".

O raciocínio que prega a interpretação sistemática da lei infraconstitucional cuida, antes de tudo, de reconhecimento da superioridade da Constituição e dos tratados internacionais reconhecedores de direitos humanos fundamentais no trabalho, em face da rigidez infraconstitucional, que, por sua vez, se submete a mutações legislativas, com alteração do significado, do alcance e do sentido de suas regras, sempre dentro dos limites da Constituição.

Essa autorização interpretativa dos Magistrados, oriunda do pós-positivismo, constitui, na realidade, reconhecimento do caráter evolutivo e dinâmico do Direito, que não está perfeito e acabado, mas deve sempre interagir com a realidade e com os fatos sociais.

Em seu multicitado voto, o Ministro Celso de Mello registrou ainda que:

> [...] o Poder Judiciário constitui o instrumento concretizador das liberdades civis, das franquias constitucionais e dos direitos fundamentais assegurados pelos tratados e convenções internacionais subscritos pelo Brasil. Essa alta missão, que foi confiada aos juízes e Tribunais, qualifica-se como uma das mais expressivas funções políticas do Poder Judiciário. (...)

É dever dos órgãos do Poder Público — e notadamente dos juízes e Tribunais — respeitar e promover a efetivação dos direitos garantidos pelas Constituições dos Estados nacionais e assegurados pelas declarações internacionais, em ordem a permitir a prática de um constitucionalismo democrático aberto ao processo de crescente internacionalização dos direitos básicos da pessoa humana.

O respeito e a observância das liberdades públicas impõem-se ao Estado como obrigação indeclinável, que se justifica pela necessária submissão do Poder Público aos direitos fundamentais da pessoa humana.

O conteúdo dessas liberdades — verdadeiras prerrogativas do indivíduo em face da comunidade estatal — acentua-se pelo caráter ético-jurídico que assumem e pelo valor social que ostentam, na proporção exata em que essas franquias individuais criam, em torno da pessoa, uma área indevassável à ação do Poder.

Com efeito, toda a estrutura normativa evoluiu e tem, portanto, atualmente, por norte o princípio da vedação do retrocesso, que objetiva a "*progressiva ampliação dos direitos fundamentais. Partindo desses pressupostos, o que a vedação do retrocesso propõe se possa exigir do Judiciário é a invalidade da revogação de normas que, regulamentando o princípio, concedam ou ampliem direitos fundamentais, sem que a revogação em questão seja acompanhada de uma política substitutiva ou equivalente.*"(25)

Cuida-se, no dizer de renomados doutrinadores, de eficácia horizontal dos direitos fundamentais sociais, a qual autoriza concluir pela aplicação direta e imediata dos dispositivos constitucionais que os instituem, sempre com o objetivo de assegurar a máxima efetividade possível para os direitos fundamentais.

Para Luís Roberto Barroso e Ana Paula de Barcellos: "*O discurso acerca dos princípios, da supremacia dos direitos fundamentais e do reencontro com a Ética — ao qual, no Brasil, se deve agregar o da transformação social e o da emancipação — deve ter repercussão sobre o ofício dos juízes, advogados e promotores, sobre a atuação do Poder Público em geral e sobre a vida das pessoas. Trata-se de transpor a fronteira da reflexão filosófica, ingressar na dogmática jurídica e na prática jurisprudencial e, indo mais além, produzir efeitos positivos sobre a realidade*".(26)

Não há, nessa atividade de interpretação ampliativa, qualquer violação ao princípio da reserva de plenário, conforme já decidiu o E. STF: "*Controle incidente de inconstitucionalidade: reserva de plenário (CF, art. 97). 'Interpretação que restringe a aplicação de uma norma a alguns casos, mantendo-a com relação a outros, não se identifica com a declaração de inconstitucionalidade da norma que é a que se refere o art. 97 da Constituição.' (cf. RE 184.093, Moreira Alves, DJ de 5.9.1997).*"(27)

A interpretação ampliativa, com razoabilidade, da regra inserida no art. 461 da CLT parece ser, pois, a solução que melhor atende aos valores positivados nas normas princípio da Constituição e à necessidade de concretizar, com a maior efetividade possível, o direito à igualdade de tratamento contido no art. 5º da CLT ("*A todo trabalho de igual valor corresponderá salário igual ...*"), assim como

---

(25) BARROSO, Luís Roberto; BARCELLOS, Ana Paula de. O começo da história. A nova interpretação constitucional e o papel dos princípios no direito brasileiro. In: *A nova interpretação constitucional. ponderação, direitos fundamentais e relações privadas*. 3. ed. Renovar, 2008. p. 370.

(26) BARROSO, Luís Roberto. *O controle de constitucionalidade no direito brasileiro: exposição sistemática da doutrina e análise crítica da jurisprudência.* 3. ed. rev. e atual. São Paulo: Saraiva, 2008. p. 337.

(27) RE 460.971, Rel. Min. Sepúlveda Pertence, julgamento em 13.2.2007, Primeira Turma, DJ de 30.3.2007. No mesmo sentido: ARE 676.006-AgR, Rel. Min. Luiz Fux, julgamento em 22.5.2012, Primeira Turma, DJE de 6.6.2012.

o direito fundamental à isonomia inscrito no inciso XXX, do art. 7º da Lei Maior ("*proibição de diferença de salários, de exercício de funções e de critério de admissão por motivo de sexo, idade, cor ou estado civil*") e nas Convenções Internacionais ns. 100 e 111 da OIT, ratificadas pelo Brasil e consideradas fundamentais por aquele órgão das Nações Unidas (Declaração de 1998), além de manifestar aderência à vedação do retrocesso social (art. 7º, *caput*) e à dignidade da pessoa humana (art. 1º, III).(28)

3.4. A PERSPECTIVA INTERNACIONAL E CONSTITUCIONAL DE DIREITOS HUMANOS DE ÍNDOLE TRABALHISTA APLICADA À JURISPRUDÊNCIA NACIONAL: EM DEFESA DE UM NOVO ENFOQUE JURISPRUDENCIAL

No pujante contexto internacional e constitucional, o grande desafio do Judiciário trabalhista, no que toca aos direitos humanos, é extrair a máxima eficácia possível dos preceitos garantidores das liberdades civis e dos direitos sociais fundamentais. Essa é uma das mais importantes funções políticas do Poder Judiciário.

Com efeito, se ao Judiciário incumbe a guarda da Constituição, inclusive com o controle de constitucionalidade das leis; e se a Constituição de 1988 — máxima expressão nacional do neoconstitucionalismo mundial — é a carta suprema do país, dotada de força normativa e de imperatividade e não apenas de diretrizes políticas, para a preservação dos direitos e garantias nela assegurados, muitas vezes, o juiz é levado a buscar soluções que vão além da clássica aplicação da lei.(29) A Constituição de 1988 atribuiu, pois, ao juiz o papel de agente político, com poder de proferir decisões que interferem na esfera das outras funções do poder.(30)

---

(28) Nesse sentido: TRT — 3ª Região, 02071-2012-109-03-00-8 RO, Sétima Turma, Relator(a): Juiza Convocada Martha Halfeld F. de Mendonca Schmidt, Revisor(a): Des. Fernando Luiz G. Rios Neto, publicação 3.10.2014. Também o acórdão cuja ementa segue: EMENTA: RECURSO ORDINÁRIO. ISONOMIA. EQUIPARAÇÃO SALARIAL. INTERPRETAÇÃO TELEOLÓGICA, AMPLIATIVA, EVOLUTIVA E CONCRETA DA LEI, EM DETRIMENTO DA APLICAÇÃO LITERAL, FORMAL E INFLEXÍVEL DO ART. 461 DA CLT. MUTAÇÃO LEGISLATIVA. APLICAÇÃO CONCOMITANTE DE NORMAS — PRINCÍPIOS CONSTITUCIONAIS, INTERNACIONAIS SUPRALEGAIS E LEGAIS INFRACONSTITUCIONAIS. EFICÁCIA HORIZONTAL OU PRIVADA E MÁXIMA EFETIVIDADE POSSÍVEL DE DIREITOS FUNDAMENTAIS. A isonomia deve se pautar no trabalho de igual valor, em leitura teleológica, ampliativa, evolutiva e concreta da lei, em detrimento da aplicação literal, formal e inflexível do texto do art. 461 da CLT, sob pena de esvaziar o sentido igualitário privilegiado pela norma. O art. 461 da CLT deve, pois, ser interpretado à luz da Carta Magna e dos Tratados Internacionais sobre o tema, os quais, versando sobre Direitos Humanos, têm força hierárquica supralegal. Como vem decidindo o E. STF (v. g. HC 87585/TO — Relator Ministro Marco Aurélio, Tribunal Pleno, Julgamento: 3.12.2008, DJe-118, divulg. 25.6.2009), quando aprovados em definitivo pelo Congresso Nacional e promulgados por decreto presidencial, os Tratados Internacionais estão situados hierarquicamente acima das leis, mas abaixo da Constituição Federal, afastando a eficácia da legislação infraconstitucional, quando conflitante. A interpretação do art. 461 da CLT não deve, pois, se atrelar à literalidade da diferença temporal no exercício da função ou ao duvidoso e ultrapassado conceito de "mesma localidade", em autêntica restrição do conceito constitucional e internacional mais amplo de isonomia, mas clama por ampliação para além da mera identidade de tarefas ou de localidade de prestação do trabalho, da diferença de tempo de serviço para o mesmo empregador ou da existência de plano de cargos e salários, os quais devem ser considerados meros parâmetros a serem avaliados diante do caso concreto, sempre inspirados pela leitura do preceituado no art. 5º, da CLT ("A todo trabalho de igual valor corresponderá salário igual ...") e no inciso XXX, do art. 7º da Lei Maior ("proibição de diferença de salários, de exercício de funções e de critério de admissão por motivo de sexo, idade, cor ou estado civil"), assim como nas Convenções Internacionais ns. 100 e 111 da OIT, ratificadas pelo Brasil e consideradas fundamentais por aquele órgão das Nações Unidas (Declaração de 1998). Os rígidos critérios objetivos traçados pelo art. 461 da CLT não podem restringir a aplicação das diretrizes constitucional e internacional. Uma releitura de seu vetusto texto se impõe. Não há nisso qualquer violação ao princípio da reserva de plenário, conforme já decidiu o E. STF: "Controle incidente de inconstitucionalidade: reserva de plenário (CF, art. 97). 'Interpretação que restringe a aplicação de uma norma a alguns casos, mantendo-a com relação a outros, não se identifica com a declaração de inconstitucionalidade da norma que é a que se refere o art. 97 da Constituição.' (cf. RE 184.093, Moreira Alves, DJ de 5.9.1997)." (RE 460.971, Rel. Min. Sepúlveda Pertence, julgamento em 13.2.2007, Primeira Turma, DJ de 30.3.2007.) No mesmo sentido: ARE 676.006-AgR, Rel. Min. Luiz Fux, julgamento em 22.5.2012, Primeira Turma, DJE de 6.6.2012. A jurisprudência do Excelso STF admitiria até mesmo a declaração de não recepção, por órgão fracionário, pelo texto constitucional de lei anterior à sua promulgação, resolvendo-se a questão no plano intertemporal e não no da validade da norma: "a incompatibilidade entre uma lei anterior ... e uma Constituição posterior (como a Constituição de 1988) resolve-se pela constatação de que se registrou, em tal situação, revogação pura e simples da espécie normativa hierarquicamente inferior (o ato legislativo, no caso), não se verificando, por isso mesmo, hipótese de inconstitucionalidade" (AI 582.280 AgR, voto do Rel. Min. Celso de Mello, julgamento em 12.9.2006, Segunda Turma, DJ de 6.11.2006.) No mesmo sentido: RE 495.370-AgR, Rel. Min. Joaquim Barbosa, julgamento em 10.8.2010, Segunda Turma, DJE de 1º.10.2010. (TRT da 3ª Região; Processo: 01643-2012-019-03-00-0 RO; Data de Publicação: 8.8.2014; Órgão Julgador: Sétima Turma; Relator: Convocada Martha Halfeld F. de Mendonca Schmidt; Revisor: Fernando Luiz G. Rios Neto; Divulgação: 7.8.2014. DEJT/TRT3/Cad.Jud. p. 213). Em sentido semelhante, já se manifestara a Quarta Turma do TRT Regional: TRT da 3.ª Região; Processo: 01786-2012-098-03-00-4 RO; Data de Publicação: 21.10.2013; Órgão Julgador: Quarta Turma; Relator: Convocada Martha Halfeld F. de Mendonca Schmidt; Revisor: Convocada Maria Cristina Diniz Caixeta; Divulgação: 18.10.2013. DEJT. p. 150.

(29) Ao Juiz, em certos casos, é dado expressamente o poder de legislar casuisticamente, como se conclui com o exame da finalidade do mandado de injunção e da Ação Direta de Inconstitucionalidade por omissão.

(30) A respeito da evolução jurisprudencial constitucional e das funções do juiz na sociedade atual, extrai-se significativa passagem do voto proferido pelo Ministro Celso de Mello no célebre Recurso Extraordinário 466.343-1, já citado: "O Juiz, no plano de nossa organização institucional, representa o órgão estatal incumbido de concretizar as liberdades públicas proclamadas pela declaração constitucional de direitos e reconhecidas pelos atos e convenções internacionais fundados no direito das gentes. Assiste, desse modo, ao Magistrado, o dever de atuar como instrumento da Constituição — e garante de sua supremacia — na defesa incondicional e na garantia real das liberdades fundamentais da pessoa humana, conferindo, ainda, efetividade aos direitos fundados em tratados internacionais de que o Brasil seja parte. Essa é a missão socialmente mais importante e politicamente mais sensível que se impõe aos magistrados, em geral, e a esta Suprema Corte, em particular. (...) A interpretação judicial desempenha um papel de fundamental importância, não só na revelação do sentido das regras normativas que compõem o ordenamento positivo, mas, sobretudo, na adequação da própria Constituição às novas exigências, necessidades e transformações resultantes dos processos sociais, econômicos e políticos que caracterizam a sociedade contemporânea. Daí a precisa observação de Francisco Campos ("Direito Constitucional", v. II/403, 1956, Freitas Bastos), cujo magistério enfatiza, corretamente, que, no poder de interpretar os textos normativos, inclui-se a prerrogativa judicial de reformulá-los, em face de novas e cambiantes realidades sequer existentes naquele particular momento histórico em que tais regras foram concebidas e elaboradas. Importante rememorar, neste ponto, a lição desse eminente publicista, para quem: "O poder de interpretar a Constituição envolve, em muitos casos, o poder de formulá-la. A Constituição está em elaboração

Nesse ponto, os métodos da hermenêutica constitucional contemporânea e a visão pós-positivista e neoconstitucionalista levam a produzir interpretações inovadoras e com maior grau de efetividade do ponto de vista da concretização dos direitos fundamentais sociais-trabalhistas.

Os parâmetros definidos no art. 461 da CLT, para aferição do "trabalho de igual valor", inclusive os requisitos temporal e espacial, devem ser, pois, sopesados diante da análise do caso concreto, não sendo possível aplicá-los de forma inflexível, sob pena de esvaziar o sentido igualitário privilegiado pela norma.

A doutrina e a jurisprudência já vinham se orientando no sentido de, por exemplo, permitir abertura interpretativa ao art. 461 da CLT, quanto à identidade de funções.[31] Para que se verifique identidade funcional entre dois empregados, há que se perquirir se desempenharam as mesmas atribuições, ainda que se identifiquem variações no contexto, na forma ou no objeto das atividades realizadas.[32]

Propõe-se então a perspectiva de visão de que a CLT define uma **presunção de ordem apenas relativa** quando estabelece que trabalho de igual valor seria aquele desempenhado entre pessoas, com igual produtividade e perfeição técnica, que labutam na mesma localidade e cuja diferença de tempo de serviço não seja superior a dois anos.

Isso porque a isonomia constitucionalmente prevista e a decorrente dos ordenamentos internacionais ratificados deve se pautar no trabalho de igual valor, não necessariamente, em coro com a limitação expressa no plano infraconstitucional, na identidade de funções (*caput* do art. 461 da CLT), e independentemente, ainda, de eventual diferença de dois anos no exercício da função ou de quatro anos de vigência do contrato de trabalho e da existência de plano de cargos e salários, os quais devem ser considerados como parâmetros a serem avaliados diante do caso concreto.

4. Conclusão

O Brasil, de tradição dualista[33], assumiu postura particular mais progressista e moderna no que toca ao Direito Internacional dos Direitos Humanos, de forma a lhes conferir *status* de norma pelo menos supralegal, quiçá constitucional: cedem a soberania e o voluntarismo estatais frente à proteção do direito internacional humanitário. Neste campo, os sujeitos de direito não são apenas os Estados, mas também o ser humano.

Ao mesmo tempo em que impõe limites à soberania estatal, porque o Estado passa a ter responsabilidade internacional com o que ocorre internamente com seus cidadãos, a noção de Direitos Humanos também extravasa o campo da relação vertical Comunidade Internacional-Estado-indivíduo, para atingir o palco das relações individuais horizontais. Com efeito, os tratados e convenções internacionais têm considerado a pessoa humana como um sujeito ao alcance de atuação dos entes supranacionais. Inexoravelvemente, essa atuação internacional na esfera individual, especialmente no plano dos direitos humanos, cria efeitos, na medida em que o indivíduo passa a ser sujeito de direito internacional, autêntico cidadão universal.

Foi sob essa perspectiva que a temática dos direitos humanos sofreu e acarretou transformações no ordena-

---

permanente nos Tribunais incumbidos RE 466.343/SP de aplicá-la (...). Nos Tribunais incumbidos da guarda da Constituição, funciona, igualmente, o poder constituinte" (grifei). Cumpre referir que o poder de interpretar o ordenamento normativo do Estado, ainda que disseminado por todo o corpo social, traduz prerrogativa essencial daqueles que o aplicam, incumbindo, ao Judiciário, notadamente ao Supremo Tribunal Federal — que detém, em matéria constitucional, "o monopólio da última palavra" —, o exercício dessa relevantíssima atribuição de ordem jurídica. A regra de direito — todos o sabemos — nada mais é, na expressão do seu sentido e na revelação do seu conteúdo, do que a sua própria interpretação. Na realidade, a interpretação judicial, ao conferir sentido de contemporaneidade à Constituição, nesta vislumbra um documento vivo a ser permanentemente atualizado, em ordem a viabilizar a adaptação do "*corpus*" constitucional às novas situações sociais, econômicas, jurídicas, políticas e culturais surgidas em um dado momento histórico, para que, mediante esse processo de "aggiornamento", o estatuto fundamental não se desqualifique em sua autoridade normativa, não permaneça vinculado a superadas concepções RE 466.343/SP do passado, nem seja impulsionado, cegamente, pelas forças de seu tempo. Ou, em outras palavras, a interpretação emanada dos juízes e Tribunais será tanto mais legítima quanto mais fielmente refletir, em seu processo de concretização, o espírito do tempo, aquilo que os alemães denominam "*Zeitgeist*". Daí a correta observação feita pelo eminente Ministro Gilmar Mendes, ao reconhecer "que a evolução jurisprudencial sempre foi uma marca de qualquer jurisdição de perfil constitucional", para enfatizar, a partir dessa constatação, que: "A afirmação da mutação constitucional não implica o reconhecimento, por parte da Corte, de erro ou equívoco interpretativo do texto constitucional em julgados pretéritos. Ela reconhece e reafirma, ao contrário, a necessidade da contínua e paulatina adaptação dos sentidos possíveis da letra da Constituição aos câmbios observados numa sociedade que, como a atual, está marcada pela complexidade e pelo pluralismo" (grifei).

(31) A função é definida de acordo com o feixe peculiar de atribuições incumbidas ao empregado, que concretamente demandam, na dinâmica da prestação de serviços, a execução de atividades necessárias ao desempenho da responsabilidade inerente ao cargo.

(32) Cf., a propósito, BARROS, Alice Monteiro de. *Curso de direito do trabalho*. 5. ed., 3ª tiragem, 2009 (com dedicação da autora!), p. 831.

(33) Para a teoria dualista, o Direito Internacional e o Direito interno são ordens diversas e suas normas devem ser aplicadas dentro das respectivas órbitas. Desse modo, o direito internacional, enquanto não internalizado, não tem aplicabilidade aos cidadãos dentro do Estado, mas somente legitima direitos entre os Estados, porque são os Estados os sujeitos de Direito Internacional. Em respeito à soberania nacional, os tratados internacionais, segundo essa acepção, para terem executoriedade, devem se submeter ao processo de incorporação pelo Direito interno. Já para a teoria monista, o Direito internacional e o Direito interno constituem uma única ordem jurídica e, em caso de conflito, a norma hierárquica superior prevalece. Há, pois, interação entre as duas órbitas. Essa teoria ganhou relevo após a 2ª Grande Guerra, na medida em que a observância dos tratados internacionais tornou-se necessária para garantir estabilidade no pós-guerra, com o objetivo de aumentar a responsabilidade do Estado perante a comunidade internacional. Houve, pois, o que se denominou de "corrosão da soberania nacional", com a possibilidade do surgimento de organizações supranacionais.

mento jurídico brasileiro nas últimas décadas. A forma como o Estado trata seus cidadãos não é mais somente questão de jurisdição nacional.

Em matéria de cooperação internacional, a efetividade das normas internacionais é questão fundamental. É importante ressaltar que o compromisso firmado internacionalmente tem não apenas caráter jurídico, mas sobretudo político e moral de preservação dos direitos humanos ligados ao trabalho, sem olvidar da sobrevivência e do desenvolvimento das empresas.[(34)]

No quadro normativo em que preponderam declarações constitucionais e internacionais de direitos, o grande desafio para o Judiciário é extrair dessas declarações a sua máxima eficácia. É nesse ambiente, ao mesmo tempo estruturante e inspirador, em constante evolução, que devem ser interpretadas as normas justrabalhistas na atualidade.

O juiz não tem mais o simples papel de "*bouche de la loi*"[(35)], nem deve se reprimir mais em papel passivo de aplicação estrita da lei, mas tem função de boca interpretativa ("boca criativa") do seu caráter polissêmico, no contexto do direito vivo. Nos dizeres do Procurador Geral junto à Corte de Cassação francesa, em novembro de 2011: "Foi-se o tempo em que os controles de normatividade encontravam sua plena expressão na rigorosa e confortável estrutura piramidal da hierarquia kelseniana das normas."[(36)]

Nessa toada, o art. 461 da CLT, em sua nova redação, deve ser interpretado à luz da Carta Magna e dos Tratados Internacionais sobre o tema, os quais, versando sobre Direitos Humanos, têm força hierárquica pelo menos supralegal, quiçá, constitucional, como já reconheceu o Supremo Tribunal Federal; de outro lado, esses tratados, preservando o princípio da isonomia no trabalho, são internacionalmente reconhecidos como fundamentais desde a Declaração de 1988 da Organização Internacional do Trabalho.

O Direito é eminentemente dinâmico, instável, mutável. Este movimento é profundo: toda norma passa a ser contestável, discutível perante o juiz. Nessa conjuntura, em que reflexões preponderam sobre certezas e seguranças, o diálogo das normas se enriquece na difícil articulação dos diferentes controles de fundamentalidade. A interpretação está mais do que nunca no coração do ofício jurisdicional!

Pelo exposto, ao mesmo tempo em que rendemos homenagens aos valorosos e competentes esforços empreendidos para a modernização do art. 461 da CLT, entendemos que devem ser sopesados os rígidos critérios adotados pela reforma trabalhista quanto a esse dispositivo constitucional, a exemplo da diferença na função superior a dois anos ou tempo de serviço ao empregador superior a quatro anos, ou ainda do "mesmo estabelecimento", diante do caso concreto.

De Juiz de Fora para Belo Horizonte-MG, setembro de 2017.

---

(34) A Declaração de 1998 da Conferência Internacional do Trabalho reflete esse desassossego: "*no momento de incorporar-se livremente à OIT, todos os Membros aceitaram os princípios e direitos enunciados em sua Constituição e na Declaração de Filadélfia, e se comprometeram a esforçar-se por alcançar os objetivos gerais da Organização na medida de suas possibilidades e atendendo a suas condições específicas*". De outro lado, a mesma Declaração aduz "*que todos os Membros, ainda que não tenham ratificado as convenções aludidas, têm um compromisso derivado do fato de pertencer à Organização de respeitar, promover e tornar realidade, de boa-fé e de conformidade com a Constituição, os princípios relativos aos direitos fundamentais que são objeto dessas convenções, isto é: a) a liberdade sindical e o reconhecimento efetivo do direito de negociação coletiva; b) a eliminação de todas as formas de trabalho forçado ou obrigatório; c) a abolição efetiva do trabalho infantil; e d) a eliminação da discriminação em matéria de emprego e ocupação*".

(35) A expressão vem de Montesquieu, em "O Espírito das Leis" (1748), quem assim definia a atividade do juiz: "Os juízes da nação não são mais do que a boca que pronuncia as palavras da lei, são seres inanimados, que não podem moderar nem a sua força, nem o seu rigor." O Código Civil napoleônico de 1804 também enquadrava rigorosamente a atividade do juiz, em seu art. 5º: "é defeso aos juízes pronunciar por disposição geral e regulamentar sobre os casos que lhes são submetidos".

(36) Discurso de Jean-Claude Marin, intitulado "Le juge est-il toujours la bouche de la loi ?" (O juiz é ainda a boca da lei?), na Conferência-debate "Club du Châtelet", em 23 novembro de 2011. Disponível em: <http://www.paris.notaires.fr/sites/default/files/club_du_chatelet_novembre_2011_discours_de_jean-claude_marin_le_juge_est-il_toujours_la_bouche_de_la_loi_discours.pdf>. Acesso em: 5 out. 2014.

Mônica Sette Lopes(*)

PARA COMEÇAR, UMA HISTÓRIA (OU VÁRIAS)

Em meados dos anos 80, uma ação trabalhista foi proposta contra a Caixa Econômica Federal. O autor tinha exercido por mais de dez anos uma função comissionada na empresa, recebendo a gratificação respectiva e, àquela altura de sua vida profissional, fora afastado dela, retornando ao cargo originário e perdendo o valor acrescido a seu cargo de origem. A pretensão deduzida na ação trabalhista era a incorporação da gratificação recebida por mais de dez anos. A ação, proposta perante a Justiça Federal, competente à época, foi julgada improcedente. Houve recurso para o então Tribunal Federal de Recursos, o qual foi julgado, já em meados dos anos 2000, pelo Tribunal Regional Federal da 1ª Região e foi provido para condenar a Caixa Econômica Federal aos desdobramentos da incorporação da verba. Sobre essa decisão incidiram os efeitos da coisa julgada.

Iniciada a execução, a primeira dificuldade adveio da constatação de que o autor falecera. Sua filha descobriu-se então herdeira dos valores devidos em razão daquela condenação.

Neste caso, em que me embrenhei quando o destino encaminhou a necessidade de fazer contatos para localizar aquela herdeira, o tempo foi essencial para consolidar o sentido de uma situação jurídica. Se não fosse a demora excessiva (absurda mesmo) no julgamento do recurso, teria sido bastante provável a manutenção da sentença de 1º grau, com a improcedência do pedido.

Na história, portanto, está a dimensão interpretativa de um tribunal que, a partir da Constituição de 1988, deixou de ser competente para a apreciação de ações trabalhistas contra a Caixa Econômica Federal. Está também a correspondência com o sentido de interpretação que foi passando a ser adotado pela Justiça do Trabalho no que concerne as gratificaçoes de funçao e a sua incorporação. Está a compreensão de que ela compõe uma situação jurídica estabilizada no tempo e introjeta o princípio da irredutibilidade de salário associado à ideia de continuidade da relação jurídica.

Essa singela narrativa, comezinha que seja, é bastante ilustrativa das questões que se colocam para exame neste texto que se apresenta à reflexão. Seu objetivo é tratar da transformação do parágrafo único do art. 468 da CLT em art. 1º, e a introdução do art. 2º com a modificação da Consolidação das Leis do Trabalho pela Lei n. 13.467, de 13.7.2017:

> Art. 468. Nos contratos individuais de trabalho só é lícita a alteração das respectivas condições por mútuo consentimento, e ainda assim desde que não resultem, direta ou indiretamente, prejuízos ao empregado, sob pena de nulidade da cláusula infringente desta garantia.
>
> § *1º* Não se considera alteração unilateral a determinação do empregador para que o respectivo empregado reverta ao cargo efetivo, anteriormente ocupado, deixando o exercício de função de confiança.
>
> *§ 2º A alteração de que trata o § 1º deste artigo, com ou sem justo motivo, não assegura ao empregado o direito à manutenção do pagamento da gratificação correspondente, que não será incorporada, independentemente do tempo de exercício da respectiva função."* (Grifos nossos nas partes alteradas em relação à redação anterior da CLT).

A conexão que se estabelece entre o caso e a alteração legislativa introduzida pela Lei n. 13.467/17 está em que ela revela o percurso interpretativo de uma situação jurídica, a partir de um mesmo quadro de previsão legal, que agora ganha um conteúdo que é de taxativa vedação ou, pelo menos, de explícita impossibilidade de se exigir a manutenção do padrão remuneratório, se não houver outra regra (norma coletiva, regulamento de empresa, contrato de trabalho) que a preveja.

Repare-se, na redação dada ao § 2º do art. 468, o volume de palavras a indicar negação ("não assegura", "não será incorporada", "independentemente do tempo de exercício da respectiva função"). A intenção do legislador foi deixar estampada a diretiva para a relação entre empregador e empregado que tenha percebido gratificação.

Procura-se reintroduzir um entendimento que estava na origem desse segmento de interesse na relação de emprego e que viceja em torno da alegada existência de ati-

(*) Professora associada da Faculdade de Direito da UFMG. Desembargadora aposentada do Tribunal Regional do Trabalho da 3ª Região. Doutora em Filosofia do Direito.

vismo judicial, porque até a edição da Lei n. 13.467/17 não havia uma regra legal a dispor diretamente sobre o tema. Tudo era versado em interpretação engendrada pelos tribunais com a força vinculante que há mesmo na uniformização mesmo quando se trate de precedente meramente persuasivo (*persuasive precedente*). Ele cria um costume hermenêutico que pasteuriza o exame dos recursos para o TST.

Uma primeira palavra sobre isso (sobre a possibilidade de as decisões judiciais definirem processos interpretativos) poderia caminhar para a aceitação desses percursos com certa naturalidade. Na história da Justiça do Trabalho, deve-se considerar a atuação propulsora de um quadro de advocacia (sindical ou não) bastante ágil na interpretação das bases da CLT em confronto com a complexa principiologia do direito do trabalho. Esse empuxo para a criatividade não é estranho ao sistema codificado. Ele atua corriqueiramente na medida em que a facticidade se apresenta. Muitas dessas ditas inovações acabaram sendo inscritas na lei. E essa talvez seja uma das áreas que merecem mais atenção em qualquer estudo sério que se faça da dita *reforma trabalhista*, porque ela representa uma reação genérica a esse processo, por boas e más razões que só poderão ser avaliadas com detido exame de circunstâncias e numa perspectiva histórica diferida. De nada adianta o fogo cruzado dos *slogans*, das torcidas, da divisão das vozes entre esquerda-direita, esse enfoque que não se coloca claramente do ponto de vista conceitual e passa longe das contingências e da casuística que preenchem a concretude do direito, a qual se espalha por salas de audiência e por processos judiciais numa dimensão mais larga do que o resumo nas palavras de ordem.

A atuação dos juízes na interpretação das pretensões que lhe são dadas a exame pode levar ao amadurecimento de ideias (o que aconteceu com bastante naturalidade e cuidado na situação que ora se examina). A análise correta, porém, só se faz com o distanciamento temporal. Só assim e do mesmo modo, por exemplo, se pode perceber como o susto criativo do *bom juiz Magnaud* no início do século XX, na França, se transformou numa escala de direitos assimilados com tanta certeza hoje, que chega a parecer incrível toda a celeuma criada em torno de suas posições[(1)]. Esse tortuoso caminho epistemológico deve ser ampla e frontalmente enfrentado no que respeita à jurisprudência trabalhista nas últimas décadas. E a incorporação da gratificação de função exercida por mais de 10 anos, a qual, a partir da entrada em vigor da Lei n. 13.467/17, deixa de ser exigível por lei, constitui seguramente uma dessas situações que merecem atenta ponderação de variáveis[(2)], até para a compreensão do modo como as empresas decidirão o que fazer na especificidade das situações, já que não é tão simples assim voltar um empregado ao *status* que tinha mais de uma década atrás como se não tivesse ocorrido sua evolução funcional. A dose de insegurança e de insatisfação que isso trará no ambiente de trabalho será, certamente, fator a ser compreendido na dinâmica da gestão dos interesses contrapostos entre empregados e empregadores.

Esse direito à incorporação da gratificação de cargo para aquele empregado que a tenha exercido por mais de 10 anos constituiu-se a partir de construção pretoriana. Não há uma lei que o preveja. Foi a pressão de ações propostas com a pretensão a esta incorporação que levou à fixação de um costume interpretativo, convolado em súmula do Tribunal Superior do Trabalho, que assegurou a manutenção do padrão remuneratório nesses casos, mesmo que se considerasse lícita a alteração contratual consistente no retorno do empregado à função de origem. A simbologia da súmula se incorporou ao sistema com caráter normativo, interferindo nas intepretações como se fora um precedente vinculante (*binding precedente*), porque se transformou em costume a sustentar causas de pedir, tendente a ser acatada com a procedência do pleito, e a fazer com que empregadores, em atitude preventiva, assimilassem espontaneamente a diretiva e adotassem a conduta especificada na gestão das relações de trabalho subordinado.

Quando se vai aos autores clássicos do direito do trabalho, até a década de 80, encontra-se com muita clareza a ideia de não incorporação da gratificação de cargo comissionado.

Há, normalmente, a referência ao fato de que o retorno à posição originária não constitui alteração contratual, como comentário ao art. 468 da CLT e, antes disso, a menção à possibilidade de redução salarial, nos tópicos em que se cuida de salário.

Assim se dá na obra de Martins Catharino, referência no que concerne à conceituação dos fatores que compõem o salário:

> O ato unilateral do empregador determina a promoção e também a volta ao cargo efetivo, mas sua licitude cessa onde começa o direito do empregado assegurado em lei. Com efeito, o ato unilateral da empresa não pode causar prejuízo ao empregado. Se durante sua ausência do cargo efetivo, seu salário estável foi alterado imperativamente, o retorno implica no seu direito de exigir a remuneração precedente ao desempenho das funções de confiança, *acrescida das majorações compulsórias determinadas no intervalo* (1951, p. 613).

Repare-se que a preocupação do autor não é com a incorporação da gratificação de função, mas com a inci-

(1) Cf. LEYRET, 1900 e LEYRET, 1903.

(2) E de forma até mais minuciosa do que a que se propõe neste texto ligeiro.

dência dos percentuais de reajuste compulsório sobre o salário do cargo efetivo. Retornando a ele, o empregado encontraria a projeção dos reajustes compulsórios que incidiram sobre os salários ao longo de todo o período, não se admitindo o pagamento do valor *congelado* daquele que teria sido o último salário-base recebido pelo empregado.

O apontamento feito é, no mais das vezes, irrelevante, porque normalmente os recibos tendem a registrar as parcelas de forma destacada. De um lado, o salário-base recebido pelo cargo de origem do empregado, de outro, as verbas pagas como gratificação pelo exercício de função comissionada. Normalmente, não se dá a transmudação integral para um outro patamar, condensado de remuneração, mas o acréscimo de verbas que dizem respeito ao comissionamento pelo cargo. Por isso, fica muito simples, na interpretação dos recibos, a distinção entre um (o salário-base) e outros (a gratificação de função e verbas afins). Usualmente, a incidência dos reajustes compulsórios já se fez sobre ambas as verbas.

Süssekind, numa versão antiga de seus comentários à CLT, expunha a franca possibilidade da reversão ao cargo, sem menção à alteração salarial, o que tampouco foi mencionado quando trata de gratificação de função (1964, p. 348 e 435).

Esses entendimentos compreendem o que está na origem da interpretação da CLT. A complexidade, não há dúvida, vem com o tempo e com uma composição mais intricada das empresas maiores e da projeção de suas instâncias intermediárias e superiores de gestão. Isso significa que mais cargos remunerados com gratificação são criados e exercidos.

Já na obra de Arnaldo Süssekind, Délio Maranhão e Segadas Viana, na versão de 1999, atualizada pelo primeiro e por Lima Teixeira, há também a menção genérica à possibilidade de retorno ao cargo de origem com perda do comissionamento do cargo e a referência aos arts. 450 e 499 da CLT (1999, p. 552). O art. 450 não tem relevância quanto ao tema ora avaliado, porque se refere exatamente à interinidade, o que implica a presunção de lapso temporal diminuto, incompatível com a questão tal como posta a exame. De igual modo, o art. 499 da CLT prevê a ausência de estabilidade (a ancestralmente estipulada no art. 492 da CLT) para o exercício de função de confiança. Ainda que a incidência da estabilidade decenal esteja ultrapassada desde a vinculação ao regime do FGTS, os dispositivos reiteram a precariedade que caracteriza o exercício daqueles cargos. Mas talvez a razão para que o movimento interpretativo se tenha fixado na incorporação, a partir dos 10 anos de exercício da função, esteja nessa força tradicional do decênio e na ideia de estabilidade de vínculos que vem desde a origem da regulação trabalhista pela CLT.

Porque já está, no texto da obra mencionada acima de Süssekind, Délio Maranhão e Segadas Viana (1999, p. 388), a indicação de mudança de posição do TST, relativamente àqueles que tivessem exercido a função por mais de dez anos. Há referência a acórdão da então 2ª Turma, com relatoria do Min. Vantuil Abdala (RR-12122/94), e da 4ª Turma, com relatoria do Min. Wagner Pimenta (RR-287.019/96). Ainda que o texto não se refira a isso, a uniformização já se consolidara na Súmula n. 209, editada em setembro de 1985 e reeditada em dezembro daquele mesmo ano para a correção de erro de regência verbal ("CARGO EM COMISSÃO. REVERSÃO. A reversão do empregado ao cargo efetivo implica a perda das vantagens salariais inerentes ao cargo em comissão, salvo se nele houver permanecido 10 (dez) ou mais anos ininterruptos").

A súmula foi cancelada em novembro de 2003, porque o seu teor foi consolidado na Súmula n. 372:

> GRATIFICAÇÃO DE FUNÇÃO. SUPRESSÃO OU REDUÇÃO. LIMITES (conversão das Orientações Jurisprudenciais ns. 45 e 303 da SBDI-I) — Res. 129/2005, DJ 20, 22 e 25.4.2005.
>
> I — Percebida a gratificação de função por dez ou mais anos pelo empregado, se o empregador, sem justo motivo, revertê-lo a seu cargo efetivo, não poderá retirar-lhe a gratificação tendo em vista o princípio da estabilidade financeira. *(ex-OJ n. 45 da SBDI-I — inserida em 25.11.1996)*
>
> II — Mantido o empregado no exercício da função comissionada, não pode o empregador reduzir o valor da gratificação. *(ex-OJ n. 303 da SBDI-I — DJ 11.08.2003)*

Assim, entra-se no cerne da questão que cabe analisar pela introdução do § 2º do art. 468 da CLT. O dever de o empregador manter o padrão salarial do empregado, com incorporação da comissão de cargo percebida por mais de 10 anos, não decorreu de previsão em lei, mas da evolução interpretativa a partir de questões levadas aos tribunais do trabalho e, posteriormente, consolidadas nos resultados como entendimento uniformizado pelo TST.

Pode-se fazer com bastante tranquilidade um repouso em decisões que funcionaram como precedentes para a uniformização consolidada na Súmula n. 372. No *site* do Tribunal Superior do Trabalho[(3)], logo abaixo do texto dela, estão seis acórdãos proferidos em julgamentos de Embargos entre os anos de 1993 a 1996.

O mais antigo deles, referente ao ERR 01944/1989, julgado em 12.2.1993, por maioria, foi redigido pelo Min. Orlando Teixeira da Costa. O voto é bastante interessante, porque rememora os percursos até a edição da Súmula n. 209. A hipótese trata de um cargo extinto em razão de reestruturação administrativa de órgão público (a Empresa de Assistência Técnica e Extensão Rural do Estado do Rio de Janeiro — Emater). A autora da ação

(3) Disponível em: <http://www3.tst.jus.br/jurisprudencia/Sumulas_com_indice/Sumulas_Ind_351_400.html#SUM-372>. Acesso em: 29 ago. 2017

ocupara-o por mais de 10 anos. Demonstra-se a paulatina mudança de entendimento a partir da constatação de que *nem sempre* se justifica a perda da gratificação de função. *Nem sempre* é uma expressão que se abre para a ponderação do que o passar do tempo representa na analogia entre situações. A base para esse entendimento lastreou-se nos princípios da habitualidade (aplicável já àquela altura a verbas como as horas extras), no princípio da irredutibilidade salarial (fundado inicialmente em lei e depois no art. 7º, inciso IV da Constituição de 1988), no princípio da analogia (pela comparação com os servidores públicos e o *apostilamento* em cargos que tivessem exercido por algum tempo como se dava na maior parte das unidades federadas até os anos 90[(4)]). Retoma-se ainda uma constância na jurisprudência em tal sentido com votos de vários ministros. Lá está também o voto vencido do Min. Ermes Pedro Pedrassani, esse importante sinal sobre como se dá a evolução de um entendimento, a indicar que o retorno à situação de origem, que não constitui alteração lesiva, implica a perda das vantagens, tanto mais naquele caso que versava alteração no sistema organizacional da empresa que extinguira o cargo ocupado pela autora.

Há um acórdão, o único unânime, de que foi relator o Min. Vantuil Abdala, lastreado no princípio da estabilidade econômica. A ação foi proposta contra a Empresa Brasileira de Correios e Telégrafos — ECT (ERR 67026/1992). Aquela mesma empresa foi ré nos processos relatados pelo Min. Francisco Fausto (ERR 75228/1993) e também pelo Min. Armando de Brito (ERR 43753/1992), este último arrolando várias ações congêneres com decisão no mesmo sentido.

O recurso de que foi relator o Min. Ronaldo Leal (EE-DRR 88144/1993) refere-se a um argumento usado, que foi o da natureza salarial conferida às gratificações ajustadas pelo art. 457, § 1º da CLT. O tempo a estabilizaria apesar de não ser possível separar a percepção de um *plus* salarial pelo exercício da função comissionada da possibilidade de reversão para o cargo originário. Por outro lado, a questão ganha tônus diverso na perspectiva da nova redação dada ao § 1º do art. 457 da CLT, de que foi extirpada a expressão *gratificação ajustada*[(5)]. Se a manutenção da gratificação de função não pode ser exigível, ela deixa de ser *legal* para fins de permanência na situação do empregado.

À primeira vista, pode-se talvez inferir que a incorporação das gratificações de função tenha buscado seu lastro na administração pública. Todas as pessoas jurídicas que figuram como parte nos precedentes são empresas públicas, a Empresa Brasileira de Correios e Telégrafos na maior parte deles. Não cabe neste trabalho um exame mais minucioso da escala de decisões fundadoras do costume hermenêutico, uniformizado em súmula, mas a leitura daqueles acórdãos descortina a opção adotada no preenchimento de um vazio legislativo que, de fato, existia. Ainda que houvesse a possibilidade de reversão ao cargo de origem, a CLT não tinha disposição expressa a definir afirmativa ou negativamente sobre a incorporação da gratificação recebida. A ideia de que a gratificação de função fosse uma gratificação ajustada não é estranha, especialmente quando se considera o tempo de sua percepção absorvido na interpretação prevalente. Se as decisões oscilaram entre o não (o indeferimento da incorporação da gratificação de função) e o sim (o deferimento da incorporação da gratificação de função), o fato é que a partir da Súmula n. 209 e, posteriormente, com o inciso I da Súmula n. 372, sinalizou-se um efeito unívoco para a percepção de gratificação de função por mais de 10 anos: a sua incorporação, ainda quando não se considere alteração lesiva a reversão ao cargo originário e desde que ela tenha ocorrido sem justo motivo.

Assim, o § 2º do art. 468 da CLT não está a revogar um dispositivo de lei, mas a romper com uma tradição interpretativa baseada num entendimento consolidado em Súmula do Tribunal Superior do Trabalho, o qual, inequivocamente, gerou efeitos e definiu a formação de direitos e de deveres, que passaram a ser exigíveis, a partir da configuração de um pressuposto primário que é o decurso do tempo na função.

O entendimento no sentido da incorporação da gratificação de função atuou incisivamente na definição de vários processos e funcionou como um sinal para os empregadores que passaram a ser obrigados a conjecturar sobre os efeitos econômicos e administrativos de não proceder na forma estabelecida nas Súmulas ns. 209 e 372, nos períodos em que estiveram aptas a gerar efeitos.

As situações jurídicas, porém, a partir da entrada em vigor da Lei n. 13.467/17, passam a ser avaliadas na perspectiva da redação dada ao § 2º do art. 468 da CLT. As impugnações certamente virão, assim como a dedução de pretensões à incorporação dos valores, nas hipóteses em que tenha havido retorno à função primária após a permanência no cargo, com percepção de gratificação, por mais de 10 anos.

As soluções para essas questões podem ser francamente encontradas no campo da composição de interesses, seja por meio das normas coletivas, seja na esfera dos contratos individuais ou mesmo dos regulamentos de empresa. Essas regras, de maior concreção e com

(4) O acórdão reporta-se ao art. 62 da Lei n. 8.112/91, que, na redação originária, previa, em seu § 2º a incorporação da gratificação à remuneração do servidor, inclusive para fins de aposentadoria, "na proporção de 1/5 (um quinto) por ano de exercício na função de direção, chefia ou assessoramento, até o limite de 5 (cinco) quintos", com a possibilidade de "atualização progressiva das parcelas já incorporadas", quando houvesse exercício posterior de cargo mais bem remunerado. A Lei n. 9.624, de 2.4.1998, mudou o critério de incorporação.

(5) "§ 1º *Integram o salário a importância fixa estipulada, as gratificações legais e as comissões pagas pelo empregador.*"

maior aptidão para regular especificidade de seus contextos, podem propiciar uma melhor perspectiva para a administração das relações entre empregados e empregadores.

É certo que para gratificações de função de pequena monta, as análises de circunstâncias podem se fazer com mais facilidade, dada a repercussão pecuniária de menor expressão. No entanto, nas hipóteses, em que os valores vão se somando em patamares mais significativos, pode haver outra sorte de implicação, com a incidência da previsão do art. 483, letra *e*, pela exposição, perante os colegas e, eventualmente perante os clientes, de um empregado que se encontrava num patamar hierárquico e remuneratório significativo a padrões originários muito baixos. Nos processos, geralmente, verifica-se que a ascensão dos empregados a cargos comissionados, usualmente, segue-se até a sua dispensa. Quando se trata de empregados de nível técnico de alta especialização (advogados, engenheiros, administradores) pode haver um rodízio entre as funções comissionadas, mas, nestes casos, o padrão salarial originário alça patamares mais elevados. O fato de a regra prever a não incorporação, não libera os gestores da avaliação de implicações concretas que disso advenham para as variadas situações de trabalho e da ponderação sobre como estabelecer critérios uniformes que não exponham seus empregados a tratamento que possa configurar aviltamento de suas posições.

De todo modo, a discussão mais significativa ou imediata que se apresenta, neste momento de transição entre sistemas de regulação das relações de trabalho, parece ser a intertemporalidade.

A intertemporalidade: os entretempos da aquisição de direitos e a retroação

A primeira indagação que há a fazer refere-se ao fato, já tratado no tópico anterior, que é a ausência de uma lei que frontalmente previsse a incorporação da gratificação de função tendo como pressuposto o decurso do tempo. Qual é o limite para a incidência da modificação introduzida na CLT de modo a que não se configure infração ao art. 5º, XXXVI da CR/88? Será que se pode falar, neste caso, de direito adquirido, para aqueles que já haviam consolidado temporalmente os 10 anos de função comissionada com percepção de gratificação quando da entrada em vigor da Lei n. 13.467/17, com a introdução do § 2º do art. 468?

A resposta é sim.

A Lei n. 13.467/17 não tem previsão para disciplinar as situações de intertemporalidade. Assim, haverá uma dose maior ou menor de esforço hermenêutico nesse tópico e em todos os outros que se apresentarem na relação continuativa que tende a ser aquela que se desenvolve a partir do contrato de emprego com implicações em algum dos dispositivos por meio dela modificados. Ninguém deverá se surpreender com o volume das questões que se apresentarão até porque advogados não estão proibidos de reivindicar e de discutir o teor da posição jurídica de seus clientes no domínio da transição entre dois tempos de normatividade.

Tratando dos direitos adquiridos, Paulo Emílio Ribeiro de Vilhena pontua a relevância do fator *tempo* no processo de incorporação dos direitos nas situações jurídicas e ressalta que o implemento à consecução do direito "não se subordina a evento estranho à vontade do titular do direito, senão ao decurso do tempo ou a fato também dependente de sua permanência no regime jurídico, a que aderiu" (1994, p. 45).

A partir da construção interpretativa, tornada súmula do TST, houve uma acomodação de entendimento, de modo que todos os empregados que tenha recebido gratificação de função por mais de 10 anos passaram a ter legitimidade de mantê-la, se e quando tivesse havido a determinação de retorno à função primária. Assim, o tempo de percepção da remuneração torna-se fator para a configuração dos pressupostos essenciais à manutenção da vantagem, integrada na situação jurídica vivenciada pelo empregado.

Ribeiro de Vilhena, ainda uma vez, reporta ao § 2º do art. 6º da Lei de Introdução às Normas do Direito Brasileiro:

> § 2º Consideram-se adquiridos assim os direitos que o seu titular, ou alguém por ele, possa exercer, como aqueles cujo começo do exercício tenha termo pré-fixo, ou condição pré-estabelecida inalterável, a arbítrio de outrem.

Após a edição da Súmula n. 209 e, posteriormente, da Súmula n. 372, qualquer empregado que fosse revertido ao cargo de origem, sem a incorporação da gratificação de função, percebida por mais de 10 anos, poderia deduzir judicialmente pedido declaratório-condenatório com chances absolutas de êxito.

Por mais que se argumente que não se está às voltas com uma súmula vinculante, sabe-se que, na composição do sistema jurídico, pela estrutura hierarquizada do Poder Judiciário, *julgar contra uma súmula do TST* implica certeza de reforma e de pasteurização do entendimento no sentido da uniformização.

Por mais que se argumente que as súmulas não têm caráter normativo, a conformidade das interpretações, segundo o sentido que nelas se fixa, com sedimentação do entendimento nos julgamentos dos recursos de revista, tem uma força de contenção e de retenção que não pode ser rechaçada ou desprezada. Seria ilusória a argumentação de que elas não influenciam o modo de conceber a aplicação de um instituto jurídico às situações em que se tenham configurado os seus pressupostos. Mais do que influenciar, elas o determinam, porque funcionam como a palavra final.

Não se está aqui a defender o teor das súmulas a qualquer custo ou mesmo o procedimento que leva a sua edição como algo não sujeito a impugnação[(6)]. Ao contrário, quem conhece bem o direito do trabalho pode perceber, na chamada *reforma trabalhista*, a reação veemente, já referida acima, ao teor das súmulas e orientações jurisprudenciais, especialmente no que concerne aos efeitos da negociação coletiva e aos direitos criados pretorianamente pelo fatiamento do tempo (os minutos, a hora extra integral quando não for concedido intervalo, para citar dois exemplos).

No entanto, consumado o transcurso do tempo, qualquer empregado teria direito à incorporação dos valores, pela necessidade de tratamento igual dos litígios nesta seara e a conduta conforme à súmula poderia ser exigida e assimilada como um direito já inserido na situação jurídica dele. Se não concedida espontaneamente, a reclamação trabalhista, mesmo com o risco da decisão em tempo diferido, tenderia a declarar o direito e condenar ao pagamento dos valores não quitados.

A questão não escapa da concepção mais tradicional na definição do que seja direito adquirido, que, neste caso, seria atingido pela retroação da lei para alterar os efeitos do tempo consumado na situação jurídica. Nela não se está necessariamente às voltas com a expressão textual de uma lei que tenha sido revogada. A questão se resolve a partir da existência de um direito consolidado que se possa exigir, sendo certo que essa exigibilidade que se confirmou até o momento de entrada em vigor da Lei n. 13.467/17, não pode ser afrontada pela retroação, porque constitui uma das formas de exercício dele atribuída.

Paulo Emílio Vilhena fala disso:

> Se a maior ou menor incorporação do bem jurídico no patrimônio do legitimado parte do campo de precisão estabelecido na norma jurídica, significa isso que a norma confere ao titular daquele bem um maior ou menor poder de disposição de seu conteúdo (material) e de preservação ou de defesa da sua efetividade (formal) (1994, p. 44).

O costume interpretativo inserido no sistema por meio da Súmula n. 372, que implicou uma definição de direitos e de deveres francamente exigíveis, tem caráter normativo e não encontrava, até a edição da Lei n. 13.467/17, qualquer pecha de inconstitucionalidade ou mesmo de ilegalidade que tivesse sido frontalmente arguida e assimilada. Havia, portanto, até o marco temporal que é o fim da *vaccatio legis*, uma certeza de garantia do direito que não pode ser extirpada de tantos quantos tenham logrado receber a gratificação de função por mais de 10 anos até o momento de sua entrada em vigor. Ao poder de disposição do conteúdo material (a percepção do salário com a gratificação) corresponde o poder de disposição ou de defesa de sua efetividade (a possiblidade de êxito da ação proposta para reivindicar o direito baseada na forma como o sistema interpretava costumeiramente a questão).

Carlos Maximiliano não trata de direito do trabalho, na especificidade da menção aos vários segmentos do direito. No entanto, a questão pode-se resolver, segundo ele, pela afirmação de que a lei posterior "não cria consequências ou efeitos novos para obrigações pretéritas, nem suprime antigos direitos, instituídos por norma do tempo em que se constituiu o vínculo jurídico" (1955, p. 197). Os direitos implantados pelo decurso do tempo antes da vigência da Lei n. 13.467/17 constituíram vínculo jurídico que o empregado leva para o futuro.

Enfatizando a ideia de direito adquirido, Gabba aponta os pressupostos para que se configure essa aquisição de direitos que vão exatamente neste sentido, impondo ao sistema a impossibilidade da retroação: que os fatos aquisitivos tenham se consumado; que tenham *posti in essere* em tempo idôneo; a capacidade das pessoas e observância da forma prescrita (1891, p. 227, v. I).

Machado fala de fatos e/ou situações jurídicas completas, assim compreendidos aqueles em que já se consolidaram todos os pressupostos na vigência do campo de normatividade ou de legalidade revogado. São os *faits accomplis, fattispecie compiute, abgeschlossene tatbestände*. Neles se consumou o "processo formativo", já se completou o "momento orgânico da constituição" (1968, p. 67). Fatos constitutivos do direito têm relevância na formação de uma situação jurídica.

Não importa o modo de constituição da situação jurídica

> que ela tenha por base um certo *acto* jurídico ou um simples *facto* material, que seja de formação instantânea ou, pelo contrário, requeira um certo estado de facto contínuo que se prolonga por certo tempo ou a reunião de vários elementos que se sucedem no tempo (1968, p. 70).

Por tudo isso, a configuração dos pressupostos a firmar a situação jurídica do empregado, que tenha consolidado os 10 anos de percepção da gratificação em tela, levaria que ele pudesse reivindicar o direito a qualquer tempo e obter êxito com a procedência. Isso não se altera se a ordem de reversão ocorrer após a entrada em vigor da Lei n. 13.467/17, porque nesses casos ela já encontrará a situação jurídica de aquisição de direito (a perfeição dos 10 anos de recebimento da verba) plenamente constituída.

(6) Esse tema já foi mais detidamente desenvolvido em LOPES, 2007 e LOPES, 2002.

Isso explicita-se na lição de Paul Roubier, para quem, quando a lei suprime uma situação jurídica, é "muito mais complexo [...]. Assim, a lei nova não pode sem retroagir atingir as situações jurídicas já existentes, porque já estão constituídas" (ROUBIER, 1960, p. 212).

O problema da falta de uma lei transitória é exatamente o que ocorre na hipótese que se examina, levando à contundência e à imprescindibilidade da intepretação. Neste caso, trata-se do que Roubier qualifica como "*loi de dinamique juridique*" (lei de dinâmica jurídica), que se refere aos meios de constituição de uma situação jurídica. E os efeitos da lei nova não podem retroagir de modo a atingir as situações jurídicas cujos pressupostos, especialmente os que dependam do decurso de certo tempo, já se tenham consumado (1960, p. 213).

Ele refere-se ainda às situações jurídicas que se formam "por um estado de fato contínuo, o qual deve se prolongar por um tempo expressivo de duração" (1960, p. 294). Contrapõe esse estado de fato contínuo ao estado de fato sucessivo, no qual vários atos intermediários e interdependentes devem ocorrer. Isso não ocorre na interpretação costumeira fixada para o tópico em exame: basta apenas o decurso do tempo com percepção da verba, para que se consolide o direito à sua manutenção. Isso se dá em relação aos empregados que, ao tempo da entrada em vigor da Lei n. 13.467/17, estejam exercendo cargo de confiança e recebendo gratificação de função há mais de 10 anos nos termos da interpretação consolidada na Súmula n. 372/TST.

Os efeitos futuros da lei

Cabe finalmente uma breve consideração sobre os efeitos da Lei n. 13.467/17 para aqueles empregados que, ao tempo de sua entrada em vigor, ainda não tinham completado os 10 anos de percepção da gratificação.

Aqui não se pode usar a analogia com a ideia da conduta obstativa porque a incompletude do prazo não pode ser imputada a um ato do empregador. Ela decorre da ruptura de entendimento introduzida pela lei nova, que certamente tem força de regulação maior do que a interpretação consolidada.

Ainda segundo Roubier, podem ser assimilados os efeitos da lei nova para as situações que se encontravam em vias de constituição no momento da entrada em vigor da lei (1960, p. 292). Incide, a partir de sua entrada em vigor, a regra consolidada no art. 468, § 2º, que torna inexigível a manutenção do pagamento da gratificação de função, mas isso não significa que essa seja uma opção proibida na gestão da empresa.

Ao longo do texto e aqui, especialmente, insiste-se em dizer que a manutenção da gratificação *deixou de ser exigível*. A aquisição de um direito que possa se incorporar à situação jurídica do empregado pelo só decurso do tempo não se configura com a nova pontuação do sistema jurídico trabalhista. Retomando aspecto anteriormente focado, trata-se de circunstância análoga àquela que se instalou em algumas esferas do serviço público quanto ao chamado apostilamento ou aos efeitos da remuneração para fins de aposentadoria.

Ao contrário da administração pública, porém, *não há vedação* a que o empregador, por meio de previsão contratual ou de regulamento de empresa ou ainda com uso de norma coletiva (acordo ou convenção), estabeleça parâmetros para que se dê a integração da parcela total ou proporcionalmente.

A percepção do sentido de bem gerir as relações com seus empregados torna bastante razoável a adoção de medidas que evitem a instabilidade no curso dos dias de trabalho e a depreciação do *status* de alguém que por longo tempo esteve no exercício de cargo de maior visibilidade. Para o empregado que tenha percebido por mais de 10 anos uma gratificação de função, o retorno à posição originária, do ponto de vista remuneratório e mesmo funcional, consistirá um acabrunhamento, uma desacomodação pessoal e profissional que certamente comprometerá seus vínculos com a empresa. Haverá uma perda na naturalidade das relações entre ele, seus superiores e colegas. O valor dos empregados e a importância de sua experiência para a empresa deve justificar soluções imaginativas que atendam à expectativa de manutenção de um padrão salarial, ainda que compatível com níveis médios ou aproximativos em relação àqueles vivenciados por longos anos.

Talvez não seja necessário romper inteiramente com a tradição interpretativa nessa seara. O futuro pode levar a soluções criativas que permitam uma nova versão de tudo o que se construiu até aqui, com base na pontuação teleológica de irredutibilidade dos salários e estabilização das bases remuneratórias habituais, propiciando um acerto de contas das realidades com uma promessa de segurança dos vínculos que não tem automatismos, porque depende da maneira clara com que as contingências (todas e cada uma delas) sejam compreendidas e tratadas.

Referências Bibliográficas

CATHARINO, José Martins. *Tratado jurídico do salário*. São Paulo: Freitas Bastos, 1951.

GABBA, C. F. *Teoria della retroattività delle leggi*. 3. ed. Torino: Unione Tipografico-editrice, 1891.

LEYRET, Henry. *Les jugements du Président Magnaud*. Paris: P.V. Stock, 1900.

__________. *Les noveaux jugements du Président Magnaud*. Paris: C. Reinwald, 1903

LOPES, Mônica Sette. Os precedentes e o sistema. *Revista Trabalhista*. Rio de Janeiro, v. 4, p. 517-539, 2002.

__________. Precedentes e tópica: soluções como problemas. *Revista do Tribunal Regional do Trabalho da 9ª Região*. Curitiba, v. 59, ano 32, n. 59, p. 255-273, jul./dez. 2007.

MACHADO, J. Batista. *Sobre a aplicação no tempo do novo Código Civil*: casos de aplicação imediata. Critérios fundamentais. Coimbra: Almedina, 1968.

MAXIMILIANO, Carlos. *Direito intertemporal ou teoria da irretroatividade das leis*. 2. ed. Rio de Janeiro: Freitas Bastos, 1955.

PACE, Gaetano. *Diritto transitório*: com particulare riguardo al diritto privato. Milano: Ambrosiana, 1944.

ROUBIER, Paul. *Le droit transitoire*: conflits des lois dans le temps. Paris: Dalloz et Sirey, 1960.

SÜSSEKIND, Arnaldo; MARANHÃO, Délio; VIANNA, Segadas; TEIXEIRA, João de Lima. *Instituições de direito do trabalho*. 18. ed. atual. por Arnaldo Süssekind e Lima Teixeira. São Paulo: LTr, 1999.

SÜSSEKIND, Arnaldo. *Comentários à Consolidação das Leis do Trabalho e à legislação complementar*. Rio de Janeiro: Freitas Bastos, 1964, v. III.

VILHENA, Paulo Emílio Ribeiro de. As expectativas de direito, a tutela jurídica e o regime estatutário. In: *Direito e processo do trabalho*. Belo Horizonte: Del Rey, 1994.

Modificações relativas à extinção do contrato de trabalho instituídas pela Lei n. 13.467/2017: dispensa individual e coletiva, direitos rescisórios, distrato e jurisdição voluntária

Antônio Gomes de Vasconcelos(*)

1. Introdução

A Lei n. 13.467/17 trouxe significativas alterações na regência das formalidades, procedimentos, documentação e direitos concernentes à extinção do contrato de trabalho por inciativa do empregador, além de instituir a figura do distrato — a extinção consensual ("comum acordo") do contrato de trabalho.

A dispensa ou redução de formalidades assistenciais e do concurso de vontade coletiva ou da vontade pública na prática dos atos jurídicos concernentes à terminação do contrato de trabalho são corolário de uma pretendida valorização da autonomia individual. Considerou-se que a legislação trabalhista padecia de certa "caducidade", por excessivamente burocrática e caracterizada por acentuado intervencionismo.

Considerou-se que a medida poderia contribuir para a contenção do elevado número de demandas trabalhistas ajuizadas na Justiça do Trabalho decorrente da excessiva judicialização das relações de trabalho que, em grande parte, diz respeito ao pagamento de verbas rescisórias.

Contudo, da análise sistêmica das "inovações" introduzidas na legislação trabalhista com o advento da Lei n. 13.467/17 denotam-se tendências paradoxais quando se tem em conta que o legislador, nos discursos de justificação, explicitou o fortalecimento da autonomia coletiva e da autonomia individual como premissa norteadora da nova ordem normativa introduzida na CLT.

No entanto, a nova regulamentação contempla dispositivos restritivos ao pleno exercício das prerrogativas dos sindicatos, seja no campo da representação, seja no campo da defesa dos direitos e interesses das respectivas categorias. Esta abordagem, entretanto, estabelece conexão entre o presente artigo e o que vem a seguir(1), no qual se preconiza uma compreensão sistêmica das questões e a antagonismos oriundos da nova lei e propugna-se, numa dimensão propositiva, pelo enfrentamento de tais contradições, a partir de um sistema de governança trabalhista baseado no diálogo e na concertação social entre as instituições do trabalho, especialmente os sindicatos.

Este trabalho, porém, se limitará à abordagem das alterações relativas à terminação do contrato de trabalho, alcançando também questões relacionadas ao acordo extrajudicial e à jurisdição voluntária cuja conexão com acertos relacionados à extinção do contrato de trabalho é evidente.

A nova legislação altera e extingue procedimentos relativos à rescisão do contrato de trabalho, institui a rescisão contratual mediante acordo entre o empregado e o empregador (distrato), institui norma que desvincula a dispensa coletiva ou plúrima de trabalhadores da necessidade da anuência e participação do sindicato obreiro, como estabelecia a jurisprudência do TST, e estabelece a eficácia liberatória da quitação dos créditos trabalhistas nos casos de extinção do contrato decorrente da adesão do trabalhador a Plano de Demissão Voluntária ou Incentivada (PDV/PDI), sobrelevando assim a vontade individual do trabalhador sobre a vontade coletiva, para revogar a existência da assistência sindical nos acertos rescisórios a partir da vigência da Lei n. 13.467/17, em 11.11.2017.

Nesse campo, a reforma concretiza a ideia de flexibilizar e reduzir os custos, diretos e indiretos, do despedimento do trabalho.

Tais disposições se aplicam ao cumprimento das obrigações rescisórias pertinentes a quaisquer causas ou formas de dissolução do contrato de trabalho. A regra inscrita no § 2º do citado art. 477, CLT, que estabelece o dever de especificação da natureza das parcelas pagas e de discriminaçao dos respectivos valores no termo de

(*) Professor da Faculdade de Direito da Universidade Federal de Minas Gerais. Coordenador do Programa Universitário de Apoio às Relações de Trabalho e à Administração da Justiça – UFMG. Mestre e Doutor em Direito Constitucional (UFMG). Juiz Titular da 45ª Vara do Trabalho de Belo Horizonte.

(1) Para maior contextualização, sugere-se a leitura, nesta mesma obra, do artigo intitulado: "O sistema Núcleo Intersindical de Conciliação Trabalhista: diálogo e concertação interinstitucionais e governança (tripartismo local/setorial) na aplicação e conformação da Lei n. 13.467/17 à Constituição da República".

rescisão do contrato de trabalho ou no recibo de quitação, se estende à dissolução dos contratos de trabalho de qualquer espécie, seja qual for a causa ou forma da extinção da relação contratual.

2. Alterações normativas relativas à terminação do contrato de trabalho

2.1. Exclusão do dispositivo que previa indenização rescisória revogada pela CR/88, no caso de dispensa imotivada

A Lei n. 13.467/17 excluiu do art. 477 da CLT a disposição que estabelecia o direito do empregado contratado por prazo indeterminado a receber indenização com base na maior remuneração recebida no curso do contrato de trabalho. Tal indenização era devida ao empregado não optante pelo FGTS e permaneceu inócua desde a extinção do regime não indenizatório que cedeu lugar ao sistema fundiário, por força da unificação da indenização rescisória procedida pela Constituição da República, em 05.10.88.

2.2. Fim da assistência sindical obrigatória nos pedidos de demissão e quitação de direitos rescisórios na extinção de contrato de trabalho com duração superior a um ano

Além disso, foram revogados os §§ 1º e 3º daquele artigo, o que eliminou a obrigatoriedade da assistência sindical ou administrativa nos casos de extinção do contrato de trabalho de trabalhador com mais de um ano de serviço. A validade dos atos e documentos rescisórios estava condicionada à "homologação" do sindicato da categoria ou, na sua falta, por autoridade do Ministério do Trabalho e Emprego.

2.3. Obrigações rescisórias do empregador após a vigência da Lei n. 13.467/17

Após a vigência da nova lei, a partir de 11.11.2017, as obrigações e formalidades concernentes à extinção do contrato de trabalho mediante pedido de demissão ou dispensa individual a serem cumpridas pelo empregador serão as seguintes:

a) Proceder à anotação da extinção do contrato na Carteira de Trabalho e Previdência Social do trabalhador desligado (art. 477, *caput*, CLT);

b) Realizar o pagamento das verbas rescisórias ao trabalhador no prazo de dez dias, contados da data do término do contrato (art. 477, § 6º, CLT);

c) Comunicar e entregar os documentos comprobatórios da extinção do contrato de trabalho aos órgãos competentes, no prazo de dez dias (art. 477, § 6º, CLT);

d) Formalizar o termo de rescisão ou recibo de quitação do contrato de trabalho, independentemente do motivo da terminação do contrato (demissão, dispensa imotivada ou por justa causa e distrato), que, conforme regulamentação anterior, deverá especificar as parcelas pagas e o respectivo valor (art. 477, § 2º, CLT).

À vista da nova regulamentação é de observar que o prazo para o pagamento das verbas rescisórias, assim como para a comunicação e entrega dos documentos rescisórios aos órgãos competentes, é único — dez dias — independentemente de o trabalhador cumprir o aviso prévio ou ser dispensado de cumpri-lo (art. 477, § 6º, CLT).

Foram mantidas as penalidades por atraso no cumprimento das obrigações rescisórias definidas no § 6º, do citado artigo, correspondentes à multa de 160 BTN por trabalhador e pagamento, em favor deste, de multa equivalente ao seu salário, exceto se o atraso se verificar por culpa do empregado desligado (art. 477, § 8º, CLT).

A quitação dada pelo trabalhador relativamente às verbas rescisórias alcança, exclusivamente, as parcelas e respectivos valores especificados no termo de rescisão ou no termo de acordo (art. 177, § 2º, CLT).

2.4. Forma e modo de pagamento das verbas rescisórias

Alteração de somenos importância refere-se à forma e modo do pagamento das verbas rescisórias. O pagamento poderá ser efetuado em dinheiro, depósito bancário ou cheque visado, a depender de acordo entre as partes, sendo que, se analfabeto o trabalhador, somente poderá ser feito mediante pagamento em dinheiro ou por meio de depósito bancário (art. 477, § 4º, CLT). É de se inferir que havendo discordância do trabalhador, mesmo alfabetizado, quanto a outras formas de pagamento, somente estas duas formas serão admitidas.

2.5. Anotação da extinção contratual na CTPS como condição suficiente para o exercício do direito ao seguro-desemprego e ao levantamento do FGTS

Foram simplificados aspectos burocráticos relativos ao requerimento do benefício do seguro-desemprego e à movimentação da conta vinculada no Fundo de Garantia por Tempo de Serviço nas hipóteses previstas em lei. Para o exercício de tais direitos basta comprovação da anotação da extinção do contrato na Carteira de Trabalho e

Previdência Social do requerente (art. 477, § 10, CLT). Com isso, o empregador ficará livre da obrigação de emitir a guia destinada ao requerimento do seguro-desemprego, cuja omissão ensejava o direito do ex-empregado ao recebimento de indenização em valor correspondente ao seguro-desemprego frustrado, conforme estabelecia a Súmula 389, do TST.

2.6. Prazo e penalidades quanto ao acordo extrajudicial rescisório. Compensação

A sanção prevista no citado § 8º se estenderá também à hipótese de acerto rescisório mediante acordo extrajudicial sujeito à homologação judicial (art. 855-B, CLT). O acordo extrajudicial relativo ao acerto rescisório sujeita-se aos prazos e às penalidades previstas no art. 477, § 6º, CLT, uma vez que, conforme estabelece o art. 855-C, "o disposto neste Capítulo não prejudica o prazo estabelecido no § 6º, do art. 477 da Consolidação e não afasta a aplicação da multa prevista no § 8º, art. 477 desta Consolidação" (art. 855-C, CLT).

A limitação da compensação de débito do trabalhador no pagamento das verbas rescisórias persiste restrita ao valor de um mês de remuneração do empregado (art. 477, § 5º, CLT).

3. Equiparação das dispensas imotivadas individual, plúrima e coletiva para todos os fins

A Lei n. 13.467/17 acrescentou à CLT novo artigo que trata da dispensa plúrima ou coletiva[2].

Num primeiro ângulo de vista, parece não fazer sentido a distinção entre dispensa *plúrima* ou *coletiva*. Contudo tais expressões, em direito do trabalho, têm um sentido técnico. A dispensa de um conjunto de trabalhadores não caracterizada como dispensa coletiva será plúrima, porque nesta modalidade há dispensa simultânea de empregados, mas por múltiplas razões, de tal modo que os motivos da dispensa de uma não se estendem a todos os demais, por se tratar de um número disperso de dispensas individuais. A dispensa coletiva, a par de atingir um número significativo de trabalhadores vinculados a uma mesma empresa ou respectivo estabelecimento (*lay-off*)[3], corresponde à dispensa simultânea de um grupo significativo de empregados por um mesmo motivo[4].

A nova regra equipara, portanto, as dispensas coletivas às dispensas individuais, dispensando a participação dos sindicatos nas deliberações acerca das dispensas massivas ou plúrimas e no estabelecimento das condições em que elas poderão se dar.

Não havia norma legal sobre a matéria. No entanto, o Tribunal Superior do Trabalho firmou reiterada jurisprudência no sentido de que as dispensas em massa de trabalhadores deveria ser precedida de negociação coletiva, com vistas à mitigação do impacto social dessas dispensas. Em 2009, a jurisprudência do Tribunal Superior do Trabalho estabeleceu restrições jurídicas às dispensas coletivas com base na premissa de que "a negociação coletiva é imprescindível para a dispensa em massa de trabalhadores". Entendeu a Egrégia Corte que as dispensas trabalhistas coletivas são inerentes ao Direito Coletivo do Trabalho, e não Direito Individual, pelo que tal espécie de dispensa é infensa ao manejo unilateral e potestativista do empregador, exigindo, por consequência, a participação do sindicato dos empregados envolvidos.[5] A jurisprudência firmada em torno da matéria sustentou-se nas regras e princípios constitucionais do respeito à dignidade da pessoa humana, dos valores sociais do trabalho e da intervenção dos sindicatos nas questões coletivas do trabalho, pelo que o regramento das dispensas coletivas exige distinção normativa em relação às dispensas individuais.

Em sentido contrário ao que se verifica no Direito Internacional e no Direito Comparado, a nova regulamentação optou por atribuir ao empregador plena discricionariedade para deliberar e promover a dispensa coletiva de empregados.

4. Distrato: extinção consensual ("comum acordo") do contrato de trabalho

Na legislação civil comum, as partes podem desfazer, por mútuo consentimento, o ajuste anteriormente firmado, extinguindo o contrato antes da expiração do seu termo ou de alcançados os seus fins normais. É a figura do distrato previsto no art. 472, do Código Civil Brasileiro que, em regra, caracteriza a resilição dos contratos e, tal como o próprio contrato, tem efeito vinculativo entre as partes. Nos contratos de prestações sucessivas por tempo indeterminado a bilateralidade inerente ao distrato sofre exceção, sendo ambas as partes autorizadas a dar por findo o contrato de trabalho mediante

---

(2) "Art. 477-A. As dispensas imotivadas individuais, plúrimas ou coletivas equiparam-se para todos os fins, não havendo necessidade de autorização prévia de entidade sindical ou de celebração de convenção coletiva ou acordo coletivo de trabalho para a sua efetivação."

(3) Cf. DELGADO, Mauricio Godinho. *Curso de direito do trabalho*. 1. ed., 2ª tiragem. São Paulo: LTr, 2002. p. 1.131.

(4) GOMES, Orlando. *Questões de direito do trabalho*. São Paulo: LTr, 1974, *passim*.

(5) Decisão proferida no ED-RODC-30900-12.2009.5.15.0000, a Seção Especializada em Dissídios Coletivos, publicada no DEJT 04.09.2009.

declaração unilateral de vontade, especialmente no contrato de trabalho em que prevalece a resilição unilateral em razão da natureza fiduciária da relação contratual.(6)

A CLT não continha previsão do distrato, figura intermediária de terminação do contrato de trabalho. No sistema vigorante a terminação do contrato de trabalho, ao menos em relação às suas consequências legais, ocorria exclusivamente num dos extremos: pedido de demissão ou dispensa. A nova regra ao instituir a possibilidade da rescisão contratual por acordo entre o empregado e o empregador e estabelecer as consequências jurídicas próprias dessa modalidade de resilição contratual, vem suprir uma falta. Sem essa possibilidade, caso ambos, o empregado e o empregador, tivessem interesse na terminação do contrato, poderiam não tê-lo em razão aos ônus oriundos da extinção unilateral do vínculo empregatício. A nova regra estabelece o equilíbrio entre as duas posições, de modo que ambas as partes compartilhem esses ônus.

Estabelece o art. 484-A e seus parágrafos da CLT que o contrato de trabalho poderá ser extinto por acordo entre o empregado e o empregador. Nesse caso, as verbas indenizatórias — o aviso prévio indenizado e a indenização sobre o saldo do FGTS, prevista no § 1º do art. 18 da Lei n. 8.036/90 —, deverão ser pagas pela metade e, na sua integralidade, as demais verbas trabalhistas devidas.

O trabalhador poderá, ainda, sacar até 80% dos depósitos existentes em sua conta vinculada junto ao Fundo de Garantia por Tempo de Serviço, no caso da terminação consensual do contrato de trabalho, mas não poderá ingressar no Programa de Seguro-Desemprego.

5. Homologação judicial do acordo extrajudicial

O acordo extrajudicial celebrado entre o empregado e o empregador em consequência do distrato é suscetível de ser submetido ao procedimento de jurisdição voluntária regulado no novo Capítulo III-A, inserido na CLT, pela Lei n. 13.467/17, a despeito de sua absoluta incoerência com as premissas da reforma trabalhista, como se verá no tópico pertinente à matéria (abaixo). Por meio deste procedimento podem as partes requerer a homologação judicial do acordo.

Acrescente-se que o acerto rescisório decorrente do distrato, bem como sua sujeição a processo de jurisdição voluntária, como estabelecido no inédito art. 855-C,CLT, não excepciona o prazo de 10 dias para a consumação do acerto rescisório, nem exclui a incidência da multa rescisória, mantendo-se, nesse caso, hígida a eficácia da norma prevista na nova redação do art. 477, § 8º, CLT em relação a esta hipótese terminativa do contrato.

6. Quitação liberatória e definitiva de créditos trabalhistas em consequência da adesão do trabalhador a Plano de Demissão Voluntária ou a Planos de Demissão Incentivada

Até a entrada em vigor da Lei n. 13.467/17, em 11.11.17, prevalecia a posição de que, do mesmo modo como ocorria com a exigência de negociação coletiva nos casos de dispensa coletiva, o Tribunal Superior do Trabalho firmou orientação jurisprudencial para limitar a quitação de direitos rescisórios e outras pendências trabalhistas decorrentes da adesão do trabalhador a Plano de Demissão Voluntária ou Plano de Demissão Incentivada, às parcelas e valores constantes do recibo.

Com efeito, a Corte Trabalhista estendeu à dispensa coletiva as mesmas condicionantes da quitação estabelecias na Súmula n. 330/TST, segundo a qual, ainda que o acerto rescisório do trabalhador se dê com a assistência de entidade sindical e observados os requisitos previstos no art. 477 e seus parágrafos da CLT, a eficácia liberatória do termo de quitação se restringe tão somente às parcelas expressamente consignadas no recibo, não alcançando aquelas parcelas e valores em relação aos quais haja ressalva.

Os fundamentos de extensão dos efeitos da Súmula à dispensa coletiva residem na assertiva de que a transação extrajudicial envolvendo quitação total e indiscriminada das parcelas do contrato de trabalho esbarra no fato de que a quitação rescisória, tal como previsto no § 1º do art. 477, CLT, agora revogado, é sempre relativa, por exigir a assistência sindical e a especificação das parcelas e valores objeto da quitação. A matéria foi, assim, pacificada nestes termos: "a transação extrajudicial imposta na rescisão contratual, pela adesão do empregado a Programa de Incentivo ao Desligamento, implica quitação apenas dos valores constantes do recibo".(7)

A Alta Corte Trabalhista considerou ainda que o princípio da proteção opera em favor do empregado inclusive "contra a sua própria necessidade e ganância, quando levado a anuir com preceitos coletivos que lhe subtraem direitos básicos".

A despeito do matiz jurisprudencial trabalhista, o Supremo Tribunal Federal deliberou, com *status* de repercussão geral que:

> A transação extrajudicial que importa rescisão do contrato de trabalho, em razão de adesão voluntária do empregado a plano de dispensa incentivada, enseja quitação ampla e irrestrita de todas as parcelas objeto do contrato de emprego, caso essa condição te-

---

(6) SÜSSEKIND, A.; MARANHÃO, Délio; VIANA, S. *Instituições de direito do trabalho.* 16. ed. São Paulo: LTr, 1996. p. 552.

(7) Orientação Jurisprudencial n. 270 da SBDI-1/TST.

nha constado expressamente do acordo coletivo que aprovou o plano, bem como dos demais instrumentos celebrados com o empregado.[8]

A Suprema Corte, ao fundamentar a decisão em questão, observou que o Brasil detém um modelo de normatização trabalhista acentuadamente heterônomo a partir de um "padrão corporativo-autoritário, que rejeita a autocomposição e a produção de normas privadas, por meio da submissão do conflito trabalhista ao rigoroso controle do estado". Nesse passo, a Constituição da República reconheceu as convenções e os acordos coletivos como instrumentos de prevenção e autocomposição dos conflitos trabalhistas. Em contraposição à limitação da autonomia individual, não se verifica no direito coletivo a assimetria presente nas relações individuais do trabalho, não estando a autonomia coletiva sujeita aos mesmos limites daquela.

Em síntese, a tese assentada estabeleceu que o princípio da autonomia coletiva sobrepõe-se ao princípio da irrenunciabilidade dos direitos trabalhistas nas relações coletivas de trabalho, em atenção ao princípio da adequação setorial negociada. [9]

A Lei n. 13.467/17 adotou a diretriz fixada pelo Supremo Tribunal Federal e fez acrescentar à CLT dispositivo que equipara, para "todos os fins", as dispensas individuais, plúrimas ou coletivas.[10]

7. O procedimento de jurisdição voluntária para homologação judicial de acordos extrajudiciais

Como advém da teoria clássica capitaneada, no País, por Frederico Marques, jurisdição voluntária constitui-se como atividade materialmente administrativa e, apenas subjetivamente judiciária, na qual o Poder Judiciário se limita a integrar ou fiscalizar a manifestação de vontade dos particulares, atuando como administrador público de interesses privados.

Com a promulgação da Lei n. 13.105/15, que instituiu o novo Código de Processo Civil, abre-se profunda discussão polarizada entre as teorias administrativista e jurisdicionalista acerca da jurisdição voluntária.

O artigo capítulo III-A, introduzido na CLT pela nova lei, instituiu no Processo do Trabalho o procedimento de jurisdição voluntária para homologação de acordo extrajudicial firmado pelo empregado e pelo empregador.

A jurisdição voluntária trabalhista, nesta hipótese, tem abrangência limitada na medida em que o seu escopo não é outro senão a *homologação* judicial de acordo extrajudicial. Tal ato insere-se na categoria dos atos de jurisdição voluntária constitutivos de situação jurídica nova[11]

7.1. A jurisdição voluntária como ato constitutivo de situação jurídica nova desprovida de caráter jurisdicional

O procedimento de jurisdição voluntária para a homologação de acordos extrajudiciais trabalhistas, se visto, exclusivamente, sob a ótica processual restrita ao âmbito interno à Justiça do Trabalho, constitui inovação de que devem se ocupar todos os que se dedicam ao estudo e à concepção de políticas públicas de administração da justiça juslaboral.

Não é propósito deste artigo aprofundar na questão sobre se a jurisdição voluntária é atividade materialmente administrativa e apenas subjetivamente judiciária, ou se se trata de atividade genuinamente jurisdicional.

Apenas para situar a dimensão da controvérsia, registre-se que grande parte da doutrina considera que os atos de jurisdição voluntária nada têm de jurisdicionais, porque tais se limitam a criar situações jurídicas novas e não a aplicação do direito; a vontade estatal não substitui a vontade das partes, não há conflito de interesses, nem lide. Sobretudo, não há coisa julgada material. A função do Poder Judiciário, nesse caso, limita-se a integrar ou fiscalizar a manifestação de vontade dos particulares, atuando como *administrador público de interesses privados*. Assim a jurisdição voluntária seria função, materialmente administrativa e apenas formal, e organicamente função judicial. No exercício dessa atividade, o ato de jurisdição voluntária não se sujeita ao controle hierárquico a que se sujeitam os atos da administração pública, dada a independência hierárquica do magistrado.

Por outro lado, se a jurisdição contenciosa almeja a atuação de relações já constituídas, a jurisdição voluntária institui relações jurídicas novas.

A questão fundamental que aqui interessa é a questão relativa à existência, ou não, da coisa julgada material na jurisdição voluntária.

(8) Recurso Extraordinário n. 590.415/SC;

(9) Recurso Extraordinário n. 590.415/SC.

(10) "Art. 477-A. As dispensas imotivadas individuais, plúrimas ou coletivas equiparam-se para todos os fins, não havendo necessidade de autorização prévia de entidade sindical ou de celebração de convenção coletiva ou acordo coletivo de trabalho para sua efetivação."

(11) Cf. CINTRA, Antonio Carlos de Araújo; GRINOVER, Ada Pellegrino; DINAMARCO, Cândido Rangel. *Teoria geral do processo*. 28. ed. São Paulo: Malheiros, 2012, *passim*.

Pavanini sustenta que ao entregar ao Poder Judiciário os atos administrativos de jurisdição voluntária o Estado os torna irrevogáveis em relação aos demais poderes estatais, tal como a jurisdição contenciosa. Contudo, perante outros juízes e diante de circunstâncias novas, o mesmo Poder Judiciário tem poderes para alterar o ato de jurisdição voluntária, porque não são alcançados pela coisa julgada.[12] Assim, a jurisdição voluntária visa evitar a sobreposição de atos administrativos e jurisdicionais sobre uma mesma situação de fato, dado que se tais atos permanecessem no âmbito da competência da administração pública poderia, naturalmente, sujeitar-se, *a posteriori*, ao controle jurisdicional.

Com efeito, a matéria tem despertado intenso debate entre os juristas teóricos e de ofício com a edição da nova legislação processual comum e, dados os seus reflexos na administração da justiça trabalhista, a discussão se robustecerá.

O Código de Processo Civil de 1973 ostentava expressamente que "a sentença poderá ser modificada, sem prejuízo dos efeitos já produzidos, se ocorrerem circunstâncias supervenientes" (art. 1.111). Nestes termos, a doutrina e a jurisprudência estabeleceram que em jurisdição voluntária não se opera a coisa julgada. E assim decidiu o STJ, após a promulgação do novo código e já na iminência de sua vigência: "A sentença prolatada em procedimento de jurisdição voluntária produz coisa julgada meramente formal, tornando descabida a ação rescisória (art. 485 do CPC) para alterá-la."[13] Em outro aresto aquela Corte assim se pronunciou acerca da decisão proferida no âmbito da jurisdição voluntária: "a decisão, conquanto denominada sentença, não produz coisa julgada, quer material, quer formal".[14] Merece transcrição literal o extrato jurisprudencial no sentido que reiteradamente vem decidindo o Tribunal Superior de Justiça:

> "Ao homologar acordos extrajudiciais, o Poder Judiciário promove meramente um juízo de delibação sobre a causa. Equiparar tal juízo, do ponto de vista substancial, a uma sentença judicial seria algo utópico e pouco conveniente. Atribuir eficácia de **coisa julgada** a tal atividade implicaria conferir um definitivo e real a um juízo meramente sumário, quando não, muitas vezes, ficto. Admitir que o judiciário seja utilizado para esse fim é diminuir-lhe a importância, é equipará-lo a um mero cartório, função para a qual ele não foi concebido."[15]

Do mesmo modo, tradicionalmente, o Supremo Tribunal Federal vem decidindo que as decisões proferidas em processos de jurisdição voluntária não são suscetíveis de trânsito em julgado. Sequer se admitiu ação rescisória contra tais decisões uma vez que não importam em coisa julgada.[16]

O Tribunal Superior do Trabalho vem decidindo na mesma direção, como se denota do ementário seguinte:

> "O art. 831, § 1º, da CLT é expresso ao referir-se, tão somente, às decisões proferidas em juízo, após frustrada tentativa de conciliação, pelo que, inviável a subsunção deste dispositivo à hipótese dos autos, em que se analisam os efeitos de acordo celebrado e homologado em sede de **jurisdição voluntária**. Significa dizer, ainda, que, nos termos do art. 269, inciso III, do CPC, somente produz efeitos de **coisa julgada** o acordo que tem o condão de por fim ao litígio, mediante extinção do processo com julgamento de mérito. Recurso de revista conhecido e desprovido."[17]

> **"JURISDIÇÃO VOLUNTÁRIA. COISA JULGADA.** Não há que se atribuir efeitos de **coisa julgada** a acordo extrajudicial homologado por Juiz Distribuidor, em procedimento de **jurisdição voluntária**, sob pena de se negar vigência ao preceituado no art. 831, parágrafo único, da CLT, que confere eficácia de decisão irrecorrível estritamente à conciliação ocorrida nos processos de **jurisdição** contenciosa...".[18]

A Lei n. 13.467/17 acrescentou às regras de competência das Varas do Trabalho a relativa à homologação de acordo extrajudicial em matéria de competência da Justiça do Trabalho (art. 652, *f*, CLT), reservando ao capítulo III-A, do Título X, a regulamentação do procedimento de jurisdição voluntária.

A jurisdição voluntária ora instituída no processo trabalhista assume posição singular e muito distinta daquela que, no direito comum, implica intervenção judicial na formação dos sujeitos jurídicos para integrar a capacidade jurídica, como nos casos da nomeação de tutor ou curador ou para intervir no estado das pessoas concorrendo para sua formação, como na declaração de ausência ou na interdição de incapaz dentre outros. Nesse campo, a jurisdição voluntária integraliza atos constitutivos de situação jurídica nova, tão somente.

---

(12) PAVANINI, Giovanni. "Limitti dela giurisdizione italiana nei procedimenti di giurisdizione volontaria". In: *Studi in onore di Enrico Redenti nel XL anno del suo insegnamento*. Milano: Giuffrè, v. II, 1951, *passim*.

(13) REsp. n. 1269544 / MG RECURSO ESPECIAL 2011/0124395-8, pub. em DJe 29.05.2015 e REVPRO, v. 45, p. 585.

(14) REsp n. 1418189/RJ — RECURSO ESPECIAL 2012/0046521-6.

(15) REsp. n. 1184151/MS – RECURSO ESPECIAL 2010/0039028-6, pub. em DJe 19.02.12, REDDP v. 112 p. 195.

(16) Cf. RE n. 86.348-6, DJ 15-09-78 PP- 06988 EMENT VOL- 01107 PP- 00449 – RTJ VOL – 00094-02 PP-00677; CC – 3.020 — DJ 16-03-1966 PP-00761 EMENT VOL-00647-01 PP-00011 (Tribunal Pleno).

(17) RR — 548581-93.1999.5.01.5555 Data de Julgamento: 12.12.2007, Relator Ministro: Renato de Lacerda Paiva, 2ª Turma, Data de Publicação: DJ 15.02.2008.

(18) RR — 596346-60.1999.5.01.5555 Data de Julgamento: 21.03.2001, Relator Juiz Convocado: Márcio Ribeiro do Valle, 2ª Turma, Data de Publicação: DJ 20.04.2001.

7.2. Contornos e incertezas relativas à jurisdição voluntária trabalhista

O provimento judicial inerente à jurisdição voluntária não vai além de um juízo de delibação (revisão limitada) em que se examina exclusivamente a legalidade formal do ato jurídico em questão. Em razão disso, não cabe ao magistrado averiguar a correspondência dos fatos narrados com a realidade, aprecia tão somente a coerência da narrativa e do objeto do acordo extrajudicial com a ordem jurídica trabalhista. Esta a razão pela qual grande parte da doutrina sustenta a inexistência de coisa julgada material nos procedimentos de jurisdição voluntária.

De toda forma, o ato homologatório do acordo extrajudicial submetido à Justiça do Trabalho por intermédio do procedimento de jurisdição voluntária é, evidentemente, distinto da sentença convalidatória (homologatória) do acordo judicial celebrado no bojo do processo contencioso. Neste, a sentença é provimento judicial de mérito que atesta a legalidade e a justeza do acordo celebrado no âmbito do processo judicial em que a controvérsia se estabelece sob contraditório, contexto que permite ao magistrado sopesar a juridicidade e justiça da avença. Nesse caso o provimento estatal é substitutivo da vontade das partes e incorpora *status* de coisa julgada.

Contrariamente, o ato homologatório do acordo extrajudicial não é oriundo de um litígio e, por isso mesmo desprovido do contraditório, não constitui ato substitutivo da vontade das partes, mas resultado da autocomposição celebrada antes do acionamento do Poder Judiciário.

Por outro lado, art. 831, parágrafo único, da CLT, confere eficácia de decisão irrecorrível ao acordo que põe fim ao litígio, exclusivamente. O dispositivo não alcança, por óbvio, o acordo extrajudicial que vier a ser homologado em procedimento de jurisdição voluntária, uma vez que o regramento do instituto não faz menção aos efeitos da decisão homologatória, salvo a referência ao trânsito em julgado da decisão denegatória da homologação do acordo para fins de revigorar a fluência do prazo prescricional suspenso (art. 855-E, parágrafo único, CLT) por força da instauração do procedimento de jurisdição graciosa.

A instauração do procedimento suspende a prescrição desde a data da distribuição da ação, mas a prescrição retomará seu fluxo temporal normal desde a data do trânsito em julgado da decisão.

O prazo de 10 dias para entrega ao empregado de documentos comprobatórios da comunicação da extinção contratual aos órgãos competentes e para o pagamento ao trabalhador, dos valores apurados no instrumento de rescisão ou no recibo de quitação, previsto no art. 477 flui, normalmente, no curso do procedimento de jurisdição voluntária para homologação de acordo, incidindo inclusive a multa prevista no § 8º do mesmo artigo, pela não observância do prazo.

As contribuições previdenciárias incidentes sobre o objeto do acordo serão objeto de deliberação conforme estabelecidos nos arts. 831 e 832, CLT.

Enfim, os aspectos mais relevantes do instituto da jurisdição voluntária sintetizam-se nos seguintes termos:

- ☐ Provimento limitado a um restrito juízo de "delibação" (STF);
- ☐ Petição conjunta das partes acordantes (Art. 855-B, CLT);
- ☐ Presença obrigatória de um advogado particular ou do sindicato;
- ☐ Vedação de advogado comum a ambos os requerentes;
- ☐ Prazo de 15 dias para homologação do acordo extrajudicial ou designação de audiência (Art. 855-D);
- ☐ Suspensão do prazo prescricional (Art. 855-E);
- ☐ Fluxo normal do prazo de 10 dias para o cumprimento das obrigações rescisórias (Art. 477, §§ 6º e 8º, CLT).

Ana Paula Taucedo, em seu ensaio sobre a homologação de acordos extrajudiciais na Justiça do Trabalho, contudo, além de considerá-lo como atividade meramente administrativa não passível de coisa julgada, chega a afirmar que "é facultado ao Juiz do Trabalho declinar da competência trazida pela regra insculpida no art. 652-F" ou mesmo "rejeitar atuar em atividades administrativas relacionadas à homologação de acordo extrajudicial", segundo critérios de conveniência e oportunidade, requisitos próprios do ato administrativo. Isto por que, no entender da autora, os interessados poderão "recorrer à legítima entidade sindical para executar tal atividade administrativa".[19]

Por tudo quanto foi dito, denota-se, desde já que a prevalência de qualquer das teorias concernentes aos efeitos do provimento judicial em procedimento de jurisdição voluntária, trará profundas consequências para a administração da justiça no campo juslaboral.

---

(19) TAUCEDO, Ana Paula. *Os acordos extrajudiciais na Justiça do Trabalho e a Lei n. 13.467/17*: jurisdição voluntária? Validade formal ou material? Competência", artigo disponibilizado em PDF pela própria autora.

7.3. O PROCEDIMENTO NA JURISDIÇÃO VOLUNTÁRIA TRABALHISTA

O procedimento de jurisdição voluntária trabalhista somente poderá ser instaurado mediante peticionamento conjunto das partes acordantes que deverão, obrigatoriamente, ser representadas pelos respectivos advogados, vedada a representação de ambas as partes pelo mesmo advogado (art. 855-B, CLT). É facultado ao trabalhador fazer-se acompanhar de advogado do respectivo sindicato. Assim, no tocante à jurisdição voluntária está extinto, no processo trabalhista, o *jus postulandi.*

Distribuída a petição de homologação, o magistrado terá o prazo de quinze dias para proferir a decisão homologatória ou designar audiência, se entender necessário.

É de se indagar sobre qual a finalidade da referida audiência que servirá para a obtenção de esclarecimentos das partes, se considerados pelo magistrado, como indispensáveis à formação de sua convicção. A audiência não se destinará, naturalmente, à instrução do processo, que é descabida no processo de jurisdição voluntária.

Ao juiz não é dado interferir na manifestação de vontade das partes, inobstante tenha o dever de avaliar e sopesar a legalidade do acordo. Além disso, o juiz analisará se a manifestação de vontade está isenta de vícios, se há violação da legislação trabalhista, se há renúncia indevida de direitos. Estando tudo, do ponto de vista formal, em conformidade com a lei, o magistrado homologará o acordo por sentença. Trata-se de juízo de legalidade em estágio prévio ao do exame do mérito, tal como se procedia, na vigência do CPC de 1973, em relação ao exame das preliminares concernentes ao atendimento ou não das condições da ação. Bem explicita o que se pretende comparar quando se volve ao exame, no regime processual anterior, da legitimidade *ad causam*. O exame, desprovido de prospecção fática, se restringia à averiguação sobre se havia pertinência subjetiva entre os sujeitos da relação processual e a relação jurídica de direito material afirmada na petição inicial. O exame nesse caso se limita tão somente à análise da coerência entre o que foi pedido e os sujeitos da relação material afirmada, tanto em relação ao que postula quanto em relação àquele frente ao qual a postulação é deduzida. No plano da realidade, a apuração da veracidade dos fatos e, portanto, da procedência do pedido, constitui-se de mérito dependente da prova dos fatos afirmados na causa de pedir. Na jurisdição voluntária, a não ser que o órgão judicial aja de ofício, a conformação dos fatos fica reservada, exclusivamente, às partes que comparecem a juízo em consenso quanto a eles. A jurisdição voluntária, portanto, apenas "estataliza" o ato jurídico privado celebrado pelas partes, sem conferir-lhe o caráter de provimento jurisdicional.

8. CONSIDERAÇÕES FINAIS

No que diz respeito à terminação do contrato de trabalho, por força do que dispõe a Lei n. 13.467/17, vigoram, desde 11.11.17, as seguintes modificações:

1. O procedimento e as obrigações relativas à extinção do contrato de trabalho mantidos e/ou instituídos pela nova legislação se aplicam a todos os contratos de trabalho, independentemente de sua modalidade, duração ou causa da terminação.

2. Excluiu-se do art. 477, da CLT a disposição que ainda se referia à indenização com base na maior remuneração recebida no curso do contrato de trabalho, revogação pela Constituição que unificou no sistema do FGTS o regime de proteção ao emprego.

3. Foi revogada a norma que estabelecia a assistência sindical ou administrativa obrigatória nos casos de extinção de contrato de trabalho com duração superior a um ano.

4. Extinta a relação contratual deverá o empregador:

a) Proceder à anotação da Carteira de Trabalho e Previdência Social do empregado desligado;

b) Entregar a ele os documentos comprobatórios da comunicação de extinção do contrato de trabalho aos órgãos competentes;

c) Efetuar o pagamento das verbas rescisórias no prazo de dez dias;

d) Elaborar termo de rescisão contratual ou recibo de quitação, especificando nele cada parcela paga com a discriminação do respectivo valor;

e) Proceder ao pagamento da multa rescisória prevista no art. 477, § 8º, CLT, nos casos em que a quitação rescisória for intempestiva.

5. A quitação alcança, tão somente, as parcelas cujos valores estejam discriminadas no documento rescisório.

6. O pagamento das verbas rescisórias, mediante acordo entre as partes, poderá ser efetuado em dinheiro, cheque ou depósito bancário, salvo quanto ao trabalhador analfabeto, em relação ao qual é vedado o pagamento em cheque.

7. A comprovação da anotação da extinção do contrato na CTPS do trabalhador é condição única para o exercício do direito ao seguro-desemprego e à movimentação da conta vinculada junto ao FGTS, não se exigindo mais os documentos "comunicação de dispensa" e guia para "requerimento do seguro-desemprego".

8. Permanece em vigor a vedação de compensação de débito do trabalhador em valor superior a um mês de sua remuneração.

9. O acerto rescisório mediante acordo extrajudicial submetido à homologação judicial sujeita-se aos prazos e cominações estabelecidas na nova legislação aplicáveis ao procedimento rescisório.

10. As dispensas plúrimas ou coletivas independem de negociação coletiva ou prévia autorização sindical. A dispensa será plúrima quando um conjunto de trabalhadores é dispensado simultaneamente, cada um deles por motivo distinto um do outro; será coletiva quando a dispensa simultânea do conjunto de trabalhadores se dá pelo mesmo motivo.

11. Tornou-se possível a extinção com contrato de trabalho mediante acordo entre as partes, caso em que o trabalhador:

a) Poderá efetuar o saque de 80% do valor dos depósitos do FGTS;

b) Terá direito à metade do aviso prévio indenizado (quando for o caso), indenização de 20% incidente sobre o saldo do FGTS existente na conta vinculada (art. 18, § 1º, Lei n. 8.036/90);

c) Não terá direito ao seguro-desemprego.

12. Os acordos rescisórios, incluído o distrato, poderão ser submetidos ao procedimento de jurisdição voluntária para homologação de acordo extrajudicial.

13. A quitação liberatória e definitiva concedida em consequência de adesão a Plano de Demissão Voluntária ou a Plano de Demissão Incentivada.

14. Os efeitos da jurisdição voluntária são objeto de aguda controvérsia entre posições que consideram a homologação do acordo extrajudicial como ato jurisdicional *stricto sensu* com *status* de coisa julgada e aquelas que consideram o ato como meramente administrativo, da espécie gestão pública de interesse privado, desprovido de caráter jurisdicional e insuscetível à coisa julgada.

15. Considera-se mais razoável a posição que tem na homologação de acordo extrajudicial hipótese típica de jurisdição voluntária de caráter meramente administrativo, no qual o juízo realiza tão somente a apreciação formal da validade da avença, exercendo mero juízo de delibação, em que se procede um juízo artificial sobre a legalidade de um ato, sem exame de mérito, não se lhe conferindo eficácia de decisão irrecorrível, muito menos o *status* de coisa julgada.

16. À decisão denegatória da homologação, entretanto, confere-se o efeito de coisa julgada tão somente para se revigorar a fluência do prazo prescricional suspenso nos termos do art. 855-E, CLT.

Ainda que se desconsiderem modificações outras não abordadas neste trabalho, denotam-se, quanto à participação dos sindicatos no acertamento de pendências rescisórias, incoerências insuperáveis. O fortalecimento da autonomia coletiva e da autonomia individual, simultaneamente pretendidos pelo legislador, não se verifica harmoniosamente. A ênfase dada à autonomia individual milita no sentido da desproteção do trabalhador, especialmente o de menor qualificação, que fica sem o indispensável apoio do seu sindicato e, portanto, vulnerável no procedimento e na prática dos atos rescisórios. Nesse caso, a reforma operou dupla debilitação: a) *debilitação da autonomia coletiva* no exercício de suas prerrogativas de atuar na defesa dos direitos e interesses, individuais e coletivos da categoria, no que as restrições que se lhe foram impostas são de duvidosa constitucionalidade, se não se lhe reconhecer competência e poder normativo para regular de modo diverso o instituto da assistência sindical, esvaziado pela nova regulamentação; b) *debilitação da autonomia individual* que, desprovida do suporte da autonomia coletiva, queda-se enfraquecida e suscetível a situações de vulnerabilidade que poderiam ser prevenidas pela atuação da autonomia coletiva. No artigo seguinte se intentará conjugar os institutos da negociação coletiva, o sistema Núcleo Intersindical de Conciliação Trabalhista e as políticas de administração da justiças oriundas da Resolução n. 176/16, do Conselho Superior da Justiça do Trabalho, para se propugnar por um ajuste sistêmico das contradições advindas da nova sistemática introduzida pela Lei n. 13.467/17.

O ESTATUTO DA PESSOA COM DEFICIÊNCIA E A REFORMA TRABALHISTA: IMPACTO DAS ALTERAÇÕES LEGISLATIVAS NAS NEGOCIAÇÕES INDIVIDUAIS

Taisa Maria Macena de Lima[*]

1. O ESTATUTO DA PESSOA COM DEFICIÊNCIA E A REFORMA TRABALHISTA

A Lei n. 13.146, de 6 de julho de 2015 (Estatuto da Pessoa com Deficiência — EPC)[1] produziu modificações legislativas que são visualizadas em diferentes áreas. Com o objetivo de derrubar barreiras da exclusão social, abandonou o antigo modelo médico — que focava na vulnerabilidade — e adotou o modelo social — que resgata a autonomia da pessoa vulnerável. Antes, pretendia-se munir a pessoa deficiente de instrumentos para adaptá-la ao mundo dito "normal"; agora, o mundo deve transformar-se para acolher as pessoas com deficiência. Num giro de perspectiva a dignidade-vulnerabilidade, que já foi o norte, é superada para se pensar a situação dos deficientes a partir da dignidade-autonomia.

No Direito Civil enfrenta-se a controvérsia sobre a capacidade civil das pessoas com deficiência mental e intelectual, excluídas formalmente do rol dos incapazes[2]. Ao mesmo tempo, indaga-se se o EPC, ao disciplinar a curatela das pessoas com deficiência, criou a *curatela de pessoas capazes*, apenas para auxiliar o exercício dos direitos de natureza patrimonial ou a prática de atos negociais.

A questão que nasce no Direito Civil desloca-se para o Direito do Trabalho.

Com a vigência da Lei n. 13.467/2017 (Lei da Reforma Trabalhista — LRT)[3] foram introduzidas novas hipóteses de celebração de negócios jurídicos diretamente entre empregado e empregador sem a participação das entidades sindicais. Apenas para exemplificar, seguem-se algumas:

a) O empregado, ao aderir a *Plano de Demissão Voluntária ou Incentivada*, para dispensa individual, plúrima ou coletiva, previsto em convenção coletiva ou acordo coletivo de trabalho, ao mesmo tempo, *dará quitação plena e irrevogável dos direitos decorrentes da relação empregatícia*, salvo disposição em contrário estipulada entre as partes (art. 477-B da CLT).

b) O banco de horas poderá ser pactuado por *acordo individual escrito*, desde que a compensação ocorra no período máximo de seis meses (art. 59, 5º, da CLT).

c) As partes, mediante *acordo individual escrito*, convenção coletiva ou acordo coletivo de trabalho, poderão estabelecer horário de trabalho de doze horas seguidas por trinta e seis horas ininterruptas de descanso, observados ou indenizados os intervalos para repouso e alimentação (art. 59-A da CLT).

d) Nos moldes do art. 396, § 2º, da CLT, os horários dos descansos para amamentação deverão ser definidos em *acordo individual* entre a mulher e o empregador.

e) Nos contratos individuais de trabalho poderá ser pactuada *cláusula compromissória de arbitragem* (art. 507-A da CLT)

f) Empregados e empregadores poderão firmar *termo de quitação anual* das obrigações trabalhistas, na vigência ou não do contrato de trabalho (art. 507-B da CLT).

Diante de tal panorama, neste texto, as reflexões sobre as novas leis ficam limitadas ao enfrentamento da seguinte indagação: são válidos acordos individuais

(*) Doutora e Mestra em Direito Civil pela UFMG. Professora na PUC-Minas. Ex-bolsista do DAAD. Desembargadora do Trabalho.

(1) A Organização das Nações Unidas — ONU promulgou a Convenção sobre os Direitos da Pessoa com Deficiência e seu protocolo facultativo no ano de 2007; o Brasil aprovou o documento no ano seguinte, por meio do Decreto n. 186/2008, com *quorum* qualificado de três quintos, na Câmara dos Deputados e Senado Federal, conforme art. 5º, § 3º da Constituição da República. Além disso, a Presidência da República ratificou e promulgou a Convenção por meio do Decreto Presidencial n. 6.949/2009.

(2) A questão da capacidade civil já foi objeto de três textos de minha autoria, já publicados, dois deles em coautoria. Todos eles constam nas "Referências", porquanto as reflexões e o levantamento de dados formaram a base para a produção do presente texto.

(3) Sobre a Reforma Trabalhista consular: DELGADO, Mauricio Godinho; DELGADO, Gabriela Neves. *A reforma trabalhista no Brasil*. São Paulo: LTr, 2017.

celebrados diretamente entre empregador e empregado — deficiente mental ou intelectual — sem a participação do curador?

A possibilidade de enquadrar ou não as pessoas com deficiência mental ou intelectual como incapazes é questão prejudicial à análise da higidez dos atos por eles praticados e, por consequência, ao estudo do impacto do EPD nas negociações individuais de direitos trabalhistas.

Por isso mesmo, inicia-se o percurso com breve estudo da capacidade negocial nas codificações civis brasileiras (1916 e 2002); em seguida, procede-se à análise do *status* jurídico da pessoa com deficiência mental e intelectual e das inovações no regime da curatela, para, ao final, aferir se os negócios jurídicos patrimoniais, celebrados pela pessoa com deficiência mental ou intelectual sem a presença do curador, são válidos, anuláveis ou nulos.

2. A CAPACIDADE NEGOCIAL NAS CODIFICAÇÕES DO DIREITO CIVIL BRASILEIRO

A capacidade de exercício e seu anverso, nas codificações de 1916 e 2002, estiveram intimamente conectadas com a noção de discernimento. Por isso, diferentemente da capacidade de gozo, a capacidade de exercício não era reconhecida indistintamente a todos os seres humanos.

Diante da realidade de graus de discernimento, deveriam existir várias possibilidades de enquadramento no modelo legal, conforme os sujeitos jurídicos tivessem pleno discernimento (pessoas plenamente capazes); algum discernimento (relativamente incapazes) e nenhum discernimento (absolutamente incapazes). O quadro normativo, no entanto, jamais assimilou com perfeição a complexa realidade social.

O primeiro Código Civil dos brasileiros, sob a denominação de "loucos de todo o gênero", negava a capacidade de exercício a todos aqueles que apresentassem transtorno mental, aos menores de dezesseis anos de idade, aos surdos-mudos, que não pudessem exprimir a sua vontade, e aos ausentes, declarados como tais por ato do juiz.

Não havia na lei distinção entre os transtornos mentais e o desenvolvimento mental incompleto. Havia simplesmente a loucura (loucos de todo gênero). Estava completamente afastada a possibilidade de investigar diferentes graus de comprometimento das faculdades mentais e/ou intelectivas resultantes de transtornos mentais, problemas neurológicos e desenvolvimento mental incompleto, com a finalidade de modular os efeitos da interdição.

Relativamente à deficiência sensorial, a redação do art. 5º, inciso III, do Código Civil de 1916 (CC/1916) permitia que os surdos-mudos fossem excluídos do rol dos absolutamente incapazes, quando tivessem recebido adequada educação, de modo a comunicar-se e interagir com as outras pessoas. A questão central, portanto, nunca foi a deficiência em si mesma, mas as condições reais e concretas de atuar no mundo social disciplinado pelo Direito.

Afora o caso de incapacidade absoluta em razão da idade, era imprescindível o processo judicial para decretar a interdição e nomear o assistente ou representante legal do incapaz. Afinal, a capacidade é a regra e a incapacidade é a exceção.

O propósito da interdição sempre foi a proteção do incapaz, sobretudo nas questões de natureza patrimonial. Mas o abismo entre o ideal e o real era evidente. Não raro, o sistema voltava-se contra aquele a quem deveria proteger. A interdição acabou por "justificar" a internação em asilos e hospitais de pessoas sãs, que se tornaram incomodas para o cônjuge, os pais, os filhos e netos e outros familiares[4].

A má aplicação da teoria das incapacidades e o desvio de seu objetivo primordial de proteção ao incapaz são, certamente, as principais causas de seu crescente desprestígio.

O Código Civil de 2002 (CC/2002) introduziu modificações significativas no regime das incapacidades, mas não se afastou de técnica de fixar três categorias de sujeitos jurídicos, conforme o grau de discernimento.

O direito recodificado buscou dar tratamento mais adequado aos transtornos mentais, inspirado nos avanços da Medicina, sobretudo da Psiquiatria. A expressão "loucos de todo o gênero" foi banida da legislação e substituída por linguagem mais científica: o art. 3º, inciso II, alude aos que "por enfermidade ou deficiência mental, não tiverem o discernimento necessário" para a prática dos atos da vida civil.

O novo quadro se completa com a disciplina jurídica da incapacidade relativa. Passaram a integrar a categoria intermédia: os maiores de dezesseis anos e menores de dezoito anos; os ébrios habituais, os viciados em tóxicos, e os que, por deficiência mental, tivessem o discernimento reduzido; os excepcionais, sem desenvolvimento mental completo, e os pródigos.

O que sobressai do CC/2002 é a tentativa de ampliar o leque de possibilidades de enquadramento jurídico das pessoas com *déficit* de discernimento por diferentes causas. Assim, a pessoa com deficiência mental, em razão das condições peculiares de cada caso, poderia preservar o

(4) Sobre a questão consultar: ARBEX, Daniela. *Holocausto brasileiro* — vida, genocídio e 60 mil mortes no maior hospício do Brasil. São Paulo: Geração Editorial, 2015.

status de pessoa plenamente capaz; ser interditada como absolutamente incapaz ou ainda ser interditada como relativamente capaz.

O desenvolvimento mental incompleto (deficiência intelectual) tornou-se causa autônoma de incapacidade relativa. Buscou-se dar solução moderada aos casos nos quais a deficiência ou retardo mental médio não retirava por completo o discernimento da pessoa, que ainda mantinha algum controle sobre si mesma.

Em suma, o CC/2002 modulou os efeitos da deficiência para reformular o rol das três categorias de sujeitos, conforme a capacidade de agir. Ainda assim não ficou isento de críticas, porquanto continuou a lidar com modelos abstratos(5). Afora isso, a reformulação do regime das incapacidades não bastou para inibir o seu mau uso por cônjuges e familiares do "suposto" incapaz.

3. A capacidade civil das pessoas com deficiência

Com entrada em vigor do EPC, inaugurou-se uma nova era para o Direito Civil, alinhando-se o Brasil entre aqueles países que, dando cumprimento à Convenção sobre Direitos da Pessoa com Deficiência, editou norma legal específica para proteção e promoção das pessoas com deficiência física, mental, intelectual ou sensorial.

O EPC — também referido como Lei da Inclusão social — centra-se na pessoa que, em razão da própria deficiência, apresenta dificuldade de entender a complexa sociedade contemporânea e de exercer pessoalmente os seus direitos.

Com intuito de promover a igualdade e não discriminação da pessoa deficiente o EPC dispõe, no art. 6º, que a deficiência não afeta a plena capacidade civil da pessoa, inclusive para:

I — casar-se e constituir união estável;

II — exercer direitos sexuais e reprodutivos;

III — exercer o direito de decidir sobre o número de filhos e de ter acesso a informações adequadas sobre reprodução e planejamento familiar;

IV — conservar sua fertilidade, sendo vedada a esterilização compulsória;

V — exercer o direito à família e à convivência familiar e comunitária; e

VI — exercer o direito à guarda, à tutela, à curatela e à adoção, como adotante ou adotando, em igualdade de oportunidades com as demais pessoas.

O texto normativo acima distancia-se na dicotomia clássica no Direito do Brasil, que distingue a capacidade civil em capacidade para titularizar direitos (capacidade de direito ou de gozo) e capacidade para, pessoalmente, exercer tais direitos (capacidade de exercício).

O EPC revoluciona o regime jurídico da capacidade ao ignorar a duplicidade do seu conceito jurídico. Em assim fazendo, acabou por reconhecer as pessoas com deficiência — qualquer deficiência — tanto a plenitude na titularização de direitos como no exercício pessoal dos direitos. A teoria das incapacidades foi fundamentalmente alterada, repercutindo em várias áreas do Direito.

Sem dúvida, não há razão para limitar a capacidade de exercício das pessoas com deficiência física e sensorial. Mas, a deficiência mental e a deficiência intelectual repercutem no discernimento da pessoa. É certo que o Estatuto remodelou a curatela com o intuito de viabilizar o exercício dos direitos de natureza patrimonial e negocial. Mas os direitos existenciais são insuscetíveis de assistência ou representação.

Qual o sentido de reconhecer plena capacidade de exercício a quem sofre de esquizofrenia catatônica ou a quem se encontra em estágio avançado de Alzheimer? Pessoas nessas condições podem, de fato, tomar decisões sobre adoção de crianças, planejamento familiar, tratamentos médicos e celebrar negócios jurídicos (existenciais, patrimoniais e híbridos)?

E quanto aos atos de natureza patrimonial? Qual a consequência de sua celebração sem a presença do curador?

Para responder a tal indagação é necessário definir o *status* da pessoa com deficiência mental ou intelectual, a partir da vigência do EPC.

Anteriormente, havia três hipóteses de incapacidade absoluta; agora existe só uma causa de incapacidade absoluta: a idade. Graças à nova redação do art. 3º do CC/2002, apenas os menores de dezesseis anos são absolutamente incapazes de exercer pessoalmente os atos da vida civil. Não há, portando, mais necessidade de ação de interdição para reconhecer a incapacidade absoluta.

O art. 4º do CC/2002 também foi substancialmente alterado, para constar entre os relativamente incapazes: os maiores de dezesseis e menores de dezoito anos; os ébrios habituais, os viciados em tóxicos; aqueles que, por causa transitória ou permanente, não puderem exprimir sua vontade e os pródigos.

O quadro abaixo revela as alterações, a partir do CC/1916 até o início da vigência do EPC:

(5) Sobre o tema consultar: SÁ, Maria de Fátima Freire de; MOUREIRA, Diogo Luna. *A capacidade dos incapazes:* saúde mental e uma releitura da teoria das incapacidades no direito privado. 1. ed. Rio de Janeiro: Lumen Juris, 2011.

Código Civil de 1916	Código Civil de 2002	Código Civil de 2002 com alterações do Estatuto da Pessoa com Deficiência
Absolutamente incapazes — os menores de dezesseis anos; — os loucos de todo o gênero; — os surdos-mudos, que não puderem exprimir a sua vontade; — os ausentes, declarados tais por ato do juiz.	**Absolutamente incapazes** — os menores de dezesseis anos; — os que por enfermidade ou deficiência mental, não tiverem o necessário discernimento para a prática dos atos da vida civil; — os que, por causa transitória, não puderem exprimir a sua vontade.	**Absolutamente incapazes** — apenas os menores de dezesseis anos.
Relativamente incapazes — os maiores de dezesseis e menores de vinte e um anos (arts. 154 a 156); — os pródigos; — os silvícolas.	**Relativamente incapazes** — os maiores de dezesseis e menores de dezoito anos; — os ébrios habituais, os viciados em tóxicos, e os que, por deficiência mental, tenham o discernimento reduzido; — os excepcionais, sem desenvolvimento mental completo; — os pródigos.	**Relativamente incapazes** — os maiores de dezesseis e menores de dezoito anos; — os ébrios habituais, os viciados em tóxicos; — aqueles que, por causa transitória ou permanente, não puderem exprimir sua vontade; — os pródigos.

Inexiste, na lei civil em vigor, qualquer alusão a deficiência física, mental, intelectual ou sensorial como causa de incapacidade — absoluta ou relativa.

A nova redação do art. 3º do CC/2002 não deixa dúvida de que somente os menores de dezesseis anos são absolutamente incapazes. Mas ainda é possível encontrar entre as hipóteses de incapacidade relativa, previstas no art. 4º, fundamentação dogmática para a incapacidade relativa de pessoas com deficiência mental e/ou intelectual?

Os intérpretes da norma legal divergem quanto à questão. É possível divisar três teses sobre o sentido e alcance na inovação legislativa:

A primeira tese *afasta* a mais remota possibilidade de se atribuir à pessoa com deficiência a situação jurídica de incapaz, defendendo que o EPC pretendeu fazer com que a pessoa com deficiência deixasse de ser "rotulada" como incapaz, disciplinando, ao mesmo tempo, institutos assistenciais específicos, como a tomada de decisão apoiada e a curatela, para a prática de atos na vida civil. A novidade, que rompe com o sistema tradicional, é a possibilidade de *curatela de pessoa capaz*, medida de caráter extraordinário e restrita a atos relacionados aos direitos de natureza patrimonial e negocial.

Plena autonomia, no entanto, é algo diverso de capacidade civil, não se identifica como plena autonomia. Por isso mesmo, não está afastada a intervenção do Estado-juiz, o que suscita a seguinte questão: quando será legitima a intervenção na autonomia da pessoa com deficiência, enquanto pessoa plenamente capaz?

Para Joyceane Bezerra Menezes:

> A resposta dependerá da aferição do grau de discernimento. Mas é importante saber que a análise desse discernimento será sempre pessoal, apurada caso a caso. Não pode ser pautada em critérios puramente objetivos, fixados abstratamente pela lei. Cada pessoa deve ser observada, no contexto de sua própria vida e experiência, no processo de avaliação dos limites de sua capacidade. A regra geral continua sendo a capacidade plena. (MENEZES: 2015)

A segunda tese defende que, eventualmente, é possível que a pessoa com deficiência seja declarada relativamente incapaz, nos moldes do art. 4º, inciso III do CC/2002, porquanto a deficiência pode vir a ser a *causa transitória ou permanente*, que impede a pessoa de exprimir sua vontade. Nas palavras de Flávio Tartuce:

> Todas as pessoas com deficiência que eram tratadas no comando anterior passam, em regra, plenamente capazes para o Direito Civil, o que visa a sua total inclusão social, em prol de sua dignidade. Valorizando-se a *dignidade-liberdade*, deixa-se de lado a *dignidade-vulnerabilidade*.
>
> Eventualmente, as pessoas com deficiência podem ser tidas como relativamente incapazes, em algum enquadramento do art. 4º do Código Civil, também alterado. (2015, p. 129)

Não há maiores dificuldades de incluir algumas situações de deficiência, na hipótese do art. 4º, inciso III do CC/2002: o surdo-mudo, o portador do Alzheimer, a pessoa com Síndrome de Down, o portador de transtorno mental, desde que essas condições médicas sejam causa da impossibilidade de manifestação da vontade.

Por fim, na linha de ideias defendida por Nelson Rosenvald e Cristiano Chaves de Farias, o critério para definir a incapacidade relativa será a impossibilidade de tomar decisões de forma autônoma. Ou seja, sempre que inexistir *vontade ponderada* será possível cogitar-se da incapacidade relativa do deficiente.

> Corretamente, o legislador optou por restringir o alcance da incapacidade ao conjunto das circunstâncias que evidenciam a impossibilidade real e duradoura de entender, de querer e de poder se manifestar claramente, a ponto de justificar a curatela. (...) Prevalece o critério da impossibilidade de o cidadão tomar decisões de forma esclarecida e autônoma sobre a sua pessoa ou bens ou de adequadamente as exprimir ou lhes dar execução (ROSENVALD; FARIAS, 2016, p. 336).

Na terceira tese, portanto, o EPC mitiga mas não aniquila a teoria das incapacidades. A interpretação à nova redação do art. 4º, inciso III do CC/2002, aqui, ultrapassa a sua literalidade, mediante o critério da aferição da "vontade ponderada" do sujeito. Esta interpretação tem alcance mais amplo que a segunda: não se trata apenas da impossibilidade de exprimir a vontade; eleva-se a critério para definir a incapacidade relativa, a impossibilidade de o cidadão maior tomar decisões de forma esclarecida e autônoma sobre a sua pessoa ou bens. Exige-se mais que o simples desejar. É imprescindível uma vontade qualificada. Assim, o EPC não teria criado a nova categoria das "pessoas capazes sob curatela". Toda pessoa deficiente mental ou intelectual sob curatela seria relativamente incapaz.

A partir da aferição do discernimento da pessoa, foram efetuadas as modulações da capacidade de exercício, nas Codificações de 1916 e 2002 — da plena capacidade até a ausência dela. Contudo, apenas em sociedade na qual todas as pessoas tivessem condições de entender, decidir e atuar, o Direito poderia reconhecer a todos a plena capacidade de exercer pessoalmente os atos da vida civil.

Não distinguindo entre capacidade de direito e capacidade de exercício, o EPC declara a capacidade civil das pessoas como qualquer deficiência (aí alcançadas a deficiência mental e intelectual), instaurando profundo e profícuo debate entre os civilistas.

4. A curatela das pessoas com deficiência

Coerente com seu propósito de afirmar a plena capacidade civil das pessoas com deficiência, o EPC baniu qualquer referência à "interdição", ao disciplinar a curatela.

Quatro inovações são dignas de notas:

Primeiramente, a nova redação do art. 1768 do CC/2002 criou a possibilidade de a própria pessoa promover a curatela, no exercício de sua autonomia:

> Art. 1768. O processo que define os termos da curatela deve ser promovido:
>
> I — pelos pais ou tutores;
>
> II — pelo cônjuge, ou por qualquer parente;
>
> III — pelo Ministério Público;
>
> IV — pela própria pessoa.

Necessário atentar que a interdição é também objeto da lei processual. O Código de Processo Civil de 1973 (CPC/1973) não previa a autocuratela, assim como o atualmente em vigor. Com efeito, o art. 747 do Código de Processo Civil de 2015 (CPC/2015) prevê que a interdição pode ser promovida pelo cônjuge ou companheiro; pelos parentes ou tutores; pelo representante da entidade em que se encontra abrigado o interditando e pelo Ministério Público. A própria pessoa não foi mencionada entre os legitimados a requerer a curatela.

Como solucionar tal antinomia normativa?

Pelo critério cronológico, a lei posterior revoga a anterior e pelo critério da especialidade: a lei especial afasta a aplicabilidade da lei geral.

Ora, a promulgação do EPC (Lei n. 13.146, de 6 de julho 2015) foi posterior à promulgação do CPC/2015 (Lei n. 13.105, de 16 de março de 2015). Todavia, a *vacatio legis* do Estatuto foi de apenas 180 (cento e oitenta) dias da data de sua publicação oficial, enquanto a *vacatio legis* do novo CPC foi de 1 (um) ano da data de sua publicação oficial. Como consequência, o início da vigência temporal do CPC/2015 deu-se quando já vigia o EPC.

Discute-se qual o marco temporal que deve ser considerado para a aplicação do critério cronológico: a data da promulgação ou a data do início da sua vigência?

Todavia, o critério temporal cede lugar a outro. O melhor critério para solucionar a antinomia, no presente caso, é o da especialidade. O EPC — como microssistema — é norma especial que não cede em face da norma do Direito Comum. Ao disciplinar os direitos das pessoas com deficiência, o EPC introduziu no ordenamento jurídico brasileiro a autocuratela. Esse direito não pode ser exterminado por lei processual (elaborada segundo um modelo de incapacidade civil já revogado).

A segunda inovação é a possibilidade da curatela compartilhada, ou seja, na nomeação de curador para a pessoa com deficiência, o juiz poderá estabelecer curatela compartilhada a mais de uma pessoa (prevista no art. 1775-A do CC/2002, acrescentado pelo EPC). Tal possibilidade não foi legalmente estendida à curatela dos incapazes em geral.

A terceira e mais controversa modificação legislativa refere-se à interdição.

A palavra "interdição" foi substituída pela expressão mais leve "pessoa sob curatela"; o verbo interditar deu lugar a "definir os termos da curatela". A nova linguagem parece reforçar a tese de que foi criada a curatela de pessoas capazes, abolindo-se a interdição.

A interdição é definida como a medida judicial cabível para, uma vez comprovada a redução ou falta de discernimento para o exercício pessoal de direitos e outras situações subjetivas, declarar a incapacidade do sujeito, dando-lhe curador para assisti-lo ou representá-lo. Pela interdição, uma pessoa presumidamente capaz torna-se relativamente ou absolutamente incapaz.

A mudança de nomenclatura não afasta a necessidade de intervenção do Estado-juiz para apurar a condição mental ou intelectual da pessoa e nomear-lhe curador. A questão controversa diz respeito à declaração da incapacidade.

Iara Antunes de Souza defende que as pessoas com deficiência mental ou intelectual que necessitam de curatela devem ser declaradas relativamente incapazes, adotando a terceira tese interpretativa apresentada no segmento anterior. Salienta, no entanto, que o instituto agora tem a natureza promocional, de modo que "*sua aplicação prática não pode ser usada como meio de segregação e afastamento indiscriminado da capacidade da pessoa, chegando a provocar a morte da pessoa civil*" (2016: p. 294).

A curatela da pessoa deficiente configura medida protetiva, de natureza extraordinária; deve ser proporcional às necessidades e às circunstâncias de cada caso e deve durar o menor tempo possível.

Por fim, a curatela restringe-se aos direitos de natureza patrimonial e negocial, de modo que estão excluídos da atuação do curador os atos relativos ao direito ao próprio corpo, à educação, à saúde, ao trabalho e ao voto. As decisões concernentes aos direitos existenciais remanescem com o curatelado.

Não se pode ignorar, no entanto, que o sujeito jurídico poderá encontrar-se totalmente desprovido de discernimento, não reunindo condições factuais de exercer o autogoverno nas questões existenciais. Diante da redação categórica da lei, é difícil sustentar que o curador pode assumir os poderes de representação para as atividades não patrimoniais. Aqui o direito legislado não apresenta solução.

Se houver óbice factual ao exercício do direito não patrimonial pelo curatelado (estado comatoso, p. ex.), ou o ato não poderá ser praticado, ou será necessário o suprimento da vontade do sujeito deficiente pela voz do Estado-juiz (suprimento judicial).

5. A questão da validade dos acordos individuais sobre direitos trabalhistas

A Lei n. 13.467, de 13 de julho de 2017 — LRT alterou vários artigos da Consolidação da Leis do Trabalho e passou a autorizar o acordo individual sobre direitos trabalhistas em situações em que, anteriormente, somente era possível a negociação coletiva.

Diante da ampliação da autonomia individual do empregado — implementada pela Reforma Trabalhista — e do reconhecimento de maior autonomia das pessoas com deficiência — em razão do EPC, é relevante investigar como essas duas fontes dialogam, para aferir a validade dos acordos individuais celebrados pela pessoa com deficiência sob curatela e seu empregador.

Nesse diálogo de fontes, acrescenta-se o CC/2002 pois a questão da validade de tais ajustes passa, necessariamente, pelo novo sistema das incapacidades.

Os poucos anos de vigência do EPC não foram suficientes para firmar e uniformizar a jurisprudência sobre a condição jurídica da pessoa com deficiência mental ou intelectual sob curatela. Relativamente incapaz ou plenamente capaz?

Não há, no entanto, como deixar de observar que essa discussão somente tem pertinência quando as pessoas com deficiência mental ou intelectual encontram-se sob curatela. Quando não estão sob curatela, não há debate: a *plena capacidade de exercício* é reconhecida pela ordem jurídica. Isso significa que os negócios jurídicos celebrados são, em princípio, válidos. Contudo, a capacidade civil não revela, neste contexto, discernimento para decidir autonomamente e compreender a extensão dos efeitos jurídicos da decisão.

Relativamente aos não curatelados, duas situações devem ser consideradas: a impossibilidade de manifestar a vontade, como nos casos de pessoa com esquizofrenia catatônica ou em estado comatoso; e a impossibilidade de manifestar a vontade de forma hígida, como pode acontecer em certos pessoas com Síndrome de Down.

No primeiro caso, terá havido falsa atribuição de vontade ao sujeito jurídico deficiente; no segundo caso, o empregado — que tenha deficiência mental ou intelectual — terá manifestado vontade sem compreender, no todo ou em parte, as consequências do ato.

Para Marcos Bernardes de Mello:

> (a) A questão da autenticidade da autoria da manifestação de vontade, isto é, se aquele a quem se atribui a vontade é, efetivamente, o figurante do ato jurídico, constitui elemento que diz respeito ao cerne do suporte fáctico, por isso tem implicações diretas quanto a existência do ato jurídico. Não se relaciona à sua validade. Na falsa atribuição da manifestação de vontade a alguém, que não a manifestou, ou quando a vontade é "manifestada" à força (*vis absoluta*), não há vontade e, portanto, não há concreção do suporte fáctico do ato jurídico respectivo. Não existe, assim, ato jurídico algum. A espécie é de inexistência em

sentido próprio. (b) A perfeição da vontade manifestada (= integridade e higidez) constitui elemento complementar do suporte fáctico dos autos jurídicos que atuam como pressupostos de sua validade. O sistema jurídico brasileiro tem como defeitos que afetam a perfeição da manifestação da vontade os chamados vícios da vontade (= erro substancial, dolo, coação, estado de perigo e lesão), a simulação, a fraude contra credores e a falta de anuência de alguém, quando necessária (...). A existência de qualquer desses defeitos acarreta a invalidade (= anulabilidade ou nulidade) do ato jurídico (MELLO, 2011, p. 67-68).

Em suma, não havendo designação de curador, a proteção jurídica do empregado com deficiência mental ou intelectual deve ser buscada na aplicação do regime dos defeitos dos negócios jurídicos. Necessária a prova de que, no momento da negociação dos direitos trabalhistas diretamente com o empregador, não havia higidez na manifestação de vontade do empregado para o reconhecimento judicial da invalidade do ato. Já no caso de falsa atribuição de manifestação de vontade ao empregado, nega-se existência jurídica ao ajuste, ou seja, o negócio é juridicamente inexistente.

Voltando ao tema central deste texto, que é validade dos acordos individuais celebrados diretamente entre empregador e empregado com deficiência mental ou intelectual sem a participação do curador, passa-se a sua análise, nos itens seguintes:

a) Incapacidade Relativa da Pessoa com Deficiência e Anulabilidade

Primeiramente, a questão será analisada a partir dos premissas lançadas pelas duas teses interpretativas que compatibilizam a curatela da pessoa com deficiência com reconhecimento da incapacidade relativa, preservando o dúplice conceito de capacidade civil.

A capacidade de exercício é um dos pressupostos de validade dos negócios jurídicos concernentes ao sujeito. O outro é a legitimidade para prática de ato específico.

Nos moldes do art. 166, I, do CC/2002, a incapacidade absoluta é causa de nulidade dos negócios jurídicos; nos termos do art. 171, a incapacidade relativa é causa de anulabilidade.

A partir da análise da capacidade civil, a sanção mais grave (nulidade) está, obviamente, descartada, porquanto, em nenhuma hipótese, a pessoa com deficiência será declarada absolutamente incapaz.

Quanto à sanção menos grave (anulabilidade), a sua aplicabilidade aos negócios jurídicos celebrados por pessoa deficiente, que não tenha discernimento ou que tenha discernimento reduzido, deve ser apreciada a partir de cada uma das teses jurídicas já referidas.

À luz da segunda tese, apenas eventualmente a pessoa com deficiência poderá ser reputada relativamente incapaz, quando, em razão da deficiência, não puder exprimir a sua vontade. Se o trabalhador com deficiência se encontrar sob curatela, a falta de participação do curador poderá ensejar a anulação do acordo individual de trabalho, nos moldes do art. 177, I do CC/2002.

Por fim, consoante a terceira tese, sempre que a pessoa não puder exprimir uma *vontade ponderada*, está caracterizada a hipótese do art. 4º, III, do CC/2002 e o negócio jurídico celebrado é passível de anulação.

Essa teoria é a que, no campo da Teoria das Nulidades, oferece solução mais adequada para as múltiplas situações da vida. Afinal, a pessoa com deficiência mental ou intelectual, não raro, embora seja capaz de interagir com outras pessoas e de expressar pensamentos e emoções, não se revela apta a tomar decisões mais complexas e a entender as consequências e riscos dos atos da vida civil. Noutras palavras, não *exprime* uma vontade ponderada, porque a deficiência a impede de *elaborar* uma vontade ponderada.

Se a pessoa não apresenta discernimento algum — como no caso de transtorno mental grave que acarreta a total dissociação com a realidade — ela sequer poderá praticar pessoalmente qualquer ato jurídico, atuando o curador como representante e não como assistente.

Com efeito, havendo diferentes graus de discernimento, mas sendo possível o enquadramento da pessoa com deficiência somente no rol dos relativamente incapazes, a extensão e limites da atuação do curador serão variáveis e fixados pelo Juiz em razão das circunstâncias do caso. Por isso, o curador pode ser autorizado a substituir o incapaz, ainda que não se trate tecnicamente de incapacidade absoluta.

Em termos mais claros, não poderá subsistir a distinção clássica concernente à atuação do curador, segundo a qual os absolutamente incapazes são representados e os relativamente incapazes são assistidos.

Sem dúvida, a tese que defende a incapacidade relativa do sujeito sob curatela tem mais aderência com a realidade. Quando adotada expressamente na decisão judicial, que defere a curatela, é base suficiente para a decretação da anulação dos acordos individuais firmados pelo empregado com deficiência, sem a presença do curador. Afinal, nos termos do art. 171 do CC/2002 é anulável o negócio jurídico por incapacidade relativa do agente.

b) Capacidade da Pessoa com Deficiência e Anulabilidade

Mais intricada é a solução quando se reconhece a possibilidade da curatela de pessoas capazes.

Se a pessoa tem curador mas é capaz, não há como aplicar o art. 171 do CC/2002, afastando-se a possibilidade de decretação da anulação do negócio jurídico patrimonial pela ausência de curador. O pressuposto de validade do negócio em relação ao sujeito (capacidade civil) está atendido.

A presunção de capacidade de agir é inafastável, mesmo diante da constatação de que a pessoa com deficiência não tem condições de entender a natureza, as consequências e a gravidade do ato praticado. Em conclusão: o acordo individual celebrado por trabalhador com deficiência mental ou intelectual será válido e apto a produzir efeitos concretos.

A presença ou ausência do curador na prática do ato não interfere na validade do ato negocial, porquanto o sujeito jurídico é plenamente capaz.

O EPC não cuidou de ajustar o regime de nulidades do CC/2002 à situação peculiar da *pessoa capaz sob curatela*, de modo a definir os efeitos da prática de ato negocial, sem assistência do curador.

Assim, a proteção do trabalhador deficiente, que for prejudicada com a celebração de negócios jurídicos patrimoniais, deve ser buscada em outros institutos, teorias, categorias e princípios jurídicos. Ganham importância, assim, os princípios jurídicos aplicáveis desde a conclusão até a execução dos contratos (autonomia privada, função social, justiça contratual e boa-fé objetiva), os defeitos dos negócios jurídicos, bem como a especial proteção que se dá ao contratante nas relações caracterizadas pela disparidade de forças entre os contratantes, tais como relações consumeristas e relações trabalhistas.

c) Capacidade da Pessoa com Deficiência e Nulidade.

Necessário investigar a possibilidade de se aplicar a sanção da nulidade aos acordos individuais trabalhistas, a partir da previsão contida no art. 166, VII, do CC/2002.

O art. 166, nos incisos de I a VI, do CC/02, enumera casos de nulidade, preceituando que é nulo o negócio jurídico quando: celebrado por pessoa absolutamente incapaz; for ilícito, impossível ou indeterminável o seu objeto; o motivo determinante, comum a ambas as partes, for ilícito; não revestir a forma prescrita em lei; for preterida alguma solenidade que a lei considere essencial para a sua validade; tiver por objetivo fraudar lei imperativa.

Ocorre que, muitas vezes, a lei estabelece requisitos específicos para a prática de determinados negócios jurídicos ou mesmo proíbe a sua celebração, deixando de indicar expressamente a consequência, no plano da validade, do descumprimento da regra (nulidade ou anulabilidade). O inciso VII do art. 166, do CC/02, traz a solução, ao dispor que é nulo o negócio jurídico quando a lei proibir-lhe a prática, sem cominar sanção. Esta hipótese de invalidade é denominada *nulidade virtual*.

Em face do que dispõem o art. 85, § 2º, do EPC, e o art. 755, I, do CPC/2015, o magistrado, ao definir a curatela, deve delimitar com precisão o seu alcance. Para tanto, deve minudenciar os atos para os quais será necessária a intervenção do curador. Noutros termos, a decisão judicial que define a curatela cria a norma jurídica individualizada do caso concreto:

> A positivação, tanto na lei material, quanto na processual, do comando no sentido de que o juiz deve modular o alcance da curatela em todo e qualquer caso atendeu a alertas da doutrina especializada, que desde há muito advertia acerca da impossibilidade de as pessoas serem encaixadas em um catálogo de incapacidade pré-fixada pelo ordenamento. Agora, superada a categorização apriorística e estanque de incapacidade, exige-se do juiz mais do que o mecânico enquadramento da pessoa no rol tipificado de antemão, superando-se em absoluto o modelo interpretativo de subsunção, na medida em que é cogente que o exame seja feito em consideração à pessoa com todas as suas particularidades. Houve, como já dito, verdadeiro giro de perspectiva, levando-se em conta as previsões legais de que é a partir da análise da pessoa dotada de alguma deficiência e não categorias abstratas de incapacidade que se deve verificar quais atos ela pode ou não praticar e em quais deve ou não estar acompanhada de seu curador.
>
> Reforça-se, assim, a noção de sentença — tomada em sua acepção ampla, como sinônimo de decisão judicial — como norma jurídica individualizada, advinda do reconhecimento de que a jurisdição é uma atividade criativa, haja vista que, ao decidir, os tribunais criam algo novo, diferente das formulações abstratas dos preceitos normativos elaborados pelo Poder Legislativo. Afinal, os problemas jurídicos não podem ser resolvidos apenas com uma operação dedutiva (geral-particular). Há uma tarefa na produção jurídica que pertence exclusivamente aos tribunais: a eles cabe interpretar, construir e, ainda, distinguir os casos, para que possam formular as suas decisões, confrontando-as com o Direito vigente. Exercem os tribunais papel singular e único na produção normativa. (LIMA; VIERA; SILVA, 2018)

Identificando a decisão judicial como norma cogente[(6)], que deve necessariamente ser observada na celebração de negócios jurídicos por pessoa com deficiência sob curatela, a sua violação atraí a incidência do art. 166, VII do CC/2002, caracterizando hipótese de nulidade virtual.

---

(6) Sobre o tema consultar os textos de SILVA, Rodrigo da Guia Silva e SOUZA, Eduardo Nunes de, constantes das "Referências".

Seguindo essa linha de argumentação, deve ser reputado nulo o acordo celebrado entre o empregador e o trabalhador, com deficiência mental ou intelectual, sem a assistência do curador.

Em síntese, a questão da validade dos acordos individuais trabalhistas celebrados pessoalmente pela pessoa como deficiência mental ou intelectual (sem participação do curador) depende umbilicalmente do seu *status*, no sistema da incapacidade civil.

A despeito da exclusão do rol de incapazes, não raro, juízes e tribunais declararam a incapacidade relativa da pessoa com deficiência mental ou intelectual sob curatela, o que importa verdadeira interdição. Neste caso, a ausência do curador é causa de anulação do negócio jurídico.

Todavia, caso prevaleça a tese interpretativa da plena capacidade de exercício, as nulidades virtuais — que não têm merecido especial atenção dos cultores da ciência jurídica — agora podem assumir papel relevante no tratamento das pessoas com deficiência mental ou intelectual, compatibilidade autonomia e vulnerabilidade e promovendo a dignidade da pessoa humana.

Referências bibliográficas

ARBEX, Daniela. *Holocausto brasileiro* — vida, genocídio e 60 mil mortes no maior hospício do Brasil. São Paulo: Geração Editorial, 2015.

DELGADO, Maurício Godinho; DELGADO, Gabriela Neves. *A reforma trabalhista no Brasil*. São Paulo: LTr, 2017.

LIMA, Taisa Maria Macena; SÁ, Maria de Fátima Freire de. Estatuto da pessoa com deficiência e questões médicas. In: LIMA, Taisa Maria Macena de; SÁ, Maria de Fátima Freire de: MOUREIRA, Diogo Luna. (Org.). *Autonomia e vulnerabilidade*. 1. ed. Belo Horizonte: Arraes, 2017, v. 1.

LIMA, Taisa Maria Macena de. O Estatuto da Pessoa com Deficiência e suas repercussões na capacidade civil. *Revista do Tribunal Regional do Trabalho 3ª Região*, v. 60, p. 223-234, 2015.

LIMA, Taisa Maria Macena de; VIEIRA, Marcelo de Mello; SILVA, Beatriz de Almeida Borges e. Reflexões sobre as pessoas com deficiência e sobre os impactos da Lei n. 3.146/2015 no estudo dos planos do negócio jurídico. *Revista Brasileira de Direito Civil — RBDCivil*, Belo Horizonte, v. 14, p. 17-39, out./dez. 2017. Disponível em: <rbdcivil.ibdcivil.org.br/rbdc/article/view/164/159>. Acesso em: 29 jun. 2018.

MELLO, Marcos Bernardes de. *Teoria do fato jurídico*: plano da validade. São Paulo: Saraiva, 2011.

MENEZES, Joyceane Bezerra de. O direito protetivo no Brasil após a convenção sobre a proteção da pessoa com deficiência: impactos do novo CPC e do estatuto da pessoa com deficiência. *Civilistica.com*. Rio de Janeiro, a. 4, n. 1, jan./jun. 2015. Disponível em: <http://civilistica.com/o-direito-protetivo-no-brasil/>. Acesso em: 04 jul. 2018.

ROSENVALD, Nelson; FARIAS, Cristiano Chaves de. *Curso de direito civil*: parte geral e LINDB. 14. ed. rev., ampl. e atual. Salvador: Juspodivm, 2016.

ROSENVALD, Nelson. *Em 11 perguntas e respostas tudo o que você precisa conhecer sobre o estatuto da pessoa com deficiência*. Disponível em: <Nhttps://pt-br.facebook.com/permalink.php?story_fbid=1480153702302318&id=140726071292495 1&substory_index=0> Acesso em: 17 fev. 2016.

________. Tudo que você precisa para conhecer o Estatuto da Pessoa com Deficiência. *Genjurídico.com.br*. Disponível em: <http://genjuridico.com.br/2015/10/05/em-11-perguntas-e-respostas-tudo-que-voce-precisa-para-conhecer-o-estatuto-da-pessoa-com-deficiencia>. Acesso em: 04 jul. 2018.

SÁ, Maria de Fátima Freire de; MOUREIRA, Diogo Luna. *A Capacidade dos Incapazes*: saúde mental e uma releitura da teoria das incapacidades no direito privado. 1. ed. Rio de Janeiro: Lumen Juris, 2011.

SILVA, Homero Batista Mateus. *Comentários à reforma trabalhista*. São Paulo: Revista dos Tribunais, 2017.

SILVA, Rodrigo da Guia; SOUZA, Eduardo Nunes de. Dos negócios jurídicos celebrados por pessoa com deficiência psíquica e/ou intelectual: entre a validade e a necessária proteção da pessoa vulnerável. In: MENEZES, Joyceane Bezerra. (Org). *Direito das pessoas com deficiência psíquica e intelectual nas relações privadas*: convenção sobre os direitos da pessoa com deficiência e a Lei Brasileira de Inclusão. Rio de Janeiro: Processo, 2016.

SOUZA, Iara Antunes de. *Estatuto da pessoa com deficiência*: curatela e saúde mental. Belo Horizonte: D'Plácido, 2016.

SOUZA, Eduardo Nunes de; SILVA, Rodrigo da Guia. Autonomia, discernimento e vulnerabilidade: estudo sobre as invalidades negociais à luz do novo sistema das incapacidades. *Civilistica.com*. Rio de Janeiro, a. 5, n. 1, 2016. Disponível em: <http://civilistica.com/autonomiadiscernimento-e-vulnerabilidade/>. Acesso em: 29 jun. 2018.

STOLZE, Pablo. Estatuto da Pessoa com Deficiência e sistema de incapacidade civil. *Revista Jus Navigandi*, Teresina, ano 20, n. 4411, 30 jul. 2015. Disponível em: <https://jus.com.br/artigos/41381/o-estatuto-da-pessoa-com-deficiencia-e-o-sistema-juridico-brasileiro-de-incapacidade-civil>. Acesso em: 04 jul. 2018.

TARTUCE, Flávio. Alterações do Código Civil pela Lei n. 13.146/2015 (Estatuto da Pessoa com Deficiência). Repercussões para o Direito de Família e Confrontações com o Novo CPC. Parte I. *Migalhas*. Disponível em: <http://www.migalhas.com.br/FamiliaeSucessoes/104,MI224217,21048-Alteracoes+do+Codigo+Civil+pela+lei+131462015+Estatuto+da+Pessoa+com>. Acesso em: 04 jul. 2018.

________. *Direito Civil*: Lei de Introdução e parte geral. V. 1. Rio de Janeiro: Forense, 2016.

Quitação anual de obrigações trabalhistas

Jorge Cavalcanti Boucinhas Filho(*)

1. Introdução

Consoante a sua própria exposição de motivos, os objetivos da versão inicial do projeto que resultou na Lei n. 13.467, apresentada pelo Presidente da República como "minirreforma trabalhista", eram aprimorar as relações do trabalho no Brasil por meio da valorização da negociação coletiva entre trabalhadores e empregadores; atualizar os mecanismos de combate à informalidade da mão de obra no país; regulamentar o art. 11 da Constituição Federal, que assegura a eleição de representante dos trabalhadores na empresa, para promover-lhes o entendimento direto com os empregadores; e atualizar a Lei n. 6.019, de 1974, que trata do trabalho temporário. O grande tema da reforma era, àquela altura, a negociação coletiva.

Após as diversas modificações pelas quais passou ao tramitar perante a Comissão Especial da Câmara dos Deputados, destinada a proferir parecer quanto ao seu texto, o projeto parecia outro. Além de ter sido significativamente aumentado, passando de treze para quase quarenta itens, o projeto teve também seus principais objetivos alterados.

Se a valorização da negociação coletiva era um dos objetivos da versão inicial, não se pode afirmar que esse escopo foi mantido no resultado final.

Lendo detidamente os preceitos de lei alterados e os inseridos no texto da Consolidação das Leis do Trabalho e na Lei n. 6.019/74 percebe-se que as mudanças implementadas excluíram a exigência de negociação coletiva de diversas situações para as quais a jurisprudência havia consagrado a medida. Contrariando entendimento jurisprudencial consagrado no Tribunal Superior do Trabalho, o texto de lei aprovado dispensou a exigência de negociação coletiva para pactuação de banco de horas, jornada 12x36 e dispensa coletiva. Consagrou também, ao inserir um parágrafo único no art. 444 da CLT, a hipótese de sobreposição da negociação individual sobre a negociação coletiva.

Percebe-se, outrossim, que ao passar pela Comissão Especial da Câmara dos Deputados o foco da reforma trabalhista deixou de ser a negociação coletiva. Analisando seus preceitos é possível concluir que passou a ser a segurança jurídica nas relações de trabalho. Essa conclusão é possível extrair da seguinte passagem do Relatório apresentado pelo Deputado Rogério Marinho (PSDB-RN), aprovado na Comissão por 27 votos a 10 e no Plenário por 296 votos a favor e 177 contra:

> O Substitutivo apresentado não está focado na supressão de direitos, mas sim em proporcionar uma legislação mais moderna, que busque soluções inteligentes para novas modalidades de contratação, que aumente a segurança jurídica de todas as partes da relação de emprego, enfim, que adapte a CLT às modernizações verificadas no mundo nesses mais de 70 anos que separam o nascimento da CLT deste momento[1].

Analisando-se a Lei n. 13.467 percebe-se, com clareza solar, que a segurança jurídica buscada pelos seus autores passa necessariamente pelo reconhecimento da validade das quitações outorgadas pelo empregado ou pelo sindicato que o representa e pela não modificação pelo judiciário das deliberações feitas pelas partes e seus representantes.

A palavra quitação aparece cinco vezes na Lei n. 13.467. No texto da Consolidação das Leis do Trabalho ainda vigente aparece, com conotações às vezes diferentes, vinte vezes. É indiscutível, portanto, que a quitação das obrigações trabalhistas é um tema de grande relevância para o Direito do Trabalho e para as relações entre empregado e empregador, de um modo geral.

Justifica-se, portanto, o presente estudo, feito a partir de uma análise dogmática do texto legal recém aprovado, com auxílio da bibliografia disponível sobre o tema, para analisar os novos tratamentos conferidos às quitações outorgadas pelo empregado, em especial, a quitação anual de obrigações trabalhistas.

(*) Professor de Direito Trabalhista da Fundação Getúlio Vargas/EAESP-FGV e da Escola Superior de Advocacia da OAB/SP. Titular da Cadeira n. 21 da Academia Brasileira de Direito do Trabalho. Diretor da Escola Superior de Advocacia Trabalhista da Associação dos Advogados Trabalhistas de São Paulo.

(1) Disponível em: <file:///C:/Users/Jorge/AppData/Local/Microsoft/Windows/INetCache/IE/0IVG6HVY/Tramitacao-PL%206787_2016.pdf>. Acesso em: 16 ago. 2017.

2. Segurança jurídica

Analisando-se o conceito de segurança jurídica outorgado pelo Dicionário Jurídico de Maria Helena Diniz, percebe-se, sem maiores dificuldades, que se trata de um termo plurissêmico. Denotará coisas diferentes, conforme a área do direito e diferentes autores atribuir-lhe-ão características diferentes:

> SEGURANÇA JURÍDICA. 1. Vide SEGURANÇA DO DIREITO. 2. Direito Administrativo. Princípio que requer a manutenção dos atos administrativos que geram direitos (José Cretellla Jr.). 3. Teoria geral do direito. a) Princípio geral de direito mantido através das regras de regulagem do sistema: 'não se pode deixar de obedecer comando do poder público, alegando sua invalidade", inferidas dedutivamente do princípio da presunção *juris tantum* da veracidade e legitimidade dos atos do Poder Público, e "deve-se respeitar o caso julgado", que é o princípio da coisa julgada pelo qual, tendo havido decisão judicial definitiva, para prestigiar o órgão judicante que a prolatou, se garantirá a impossibilidade de sua reforma e a sua executoriedade, pois terá força vinculante para as partes, devido a presunção absoluta (*jure et de jure*) de veracidade e licitude, absorvendo, portanto, a possível inconstitucionalidade que, porventura, tiver (Carlos Ayres Brito). As regras de calibragem, na lição de Ferraz Jr., conferindo à norma inconstitucional a mesma eficácia do preceito válido, estabelecem que seu destinatário não poderá subtrair-se ao seu vínculo; b) possibilidade de prever os efeitos asseguradores de direitos e garantias individuais ou coletivos que o direito comunica à conduta humana (Eduardo M. Ferreira Jardim); c) princípio que decorre da determinabilidade das leis e do da proteção da confiança, consubstanciando na existência de normas estáveis e previsíveis quanto aos seus efeitos (Canotilho); d) garantia de aplicação objetiva da lei de maneira que as pessoas possam saber quais são as suas obrigações e seus direitos (Emílio Fernandez Vasquez).[(2)]

Dentre as diversas acepções apresentadas acima, aquela que parece melhor servir aos propósitos dos autores da Lei n. 13.467, é a de Emílio Fernandez Vasquez. Ao estatuir, na redação dos §§ 2º e 3º do art. 8º da Consolidação das Leis do Trabalho que as "Súmulas e outros enunciados de jurisprudência editados pelo Tribunal Superior do Trabalho e pelos Tribunais Regionais do Trabalho não poderão restringir direitos legalmente previstos nem criar obrigações que não estejam previstas em lei" e que "No exame de convenção coletiva ou acordo coletivo de trabalho, a Justiça do Trabalho analisará exclusivamente a conformidade dos elementos essenciais do negócio jurídico", o legislador parece ter focado na "garantia de aplicação objetiva da lei de maneira que as pessoas possam saber quais são as suas obrigações e seus direitos"[(3)]. Quitação, para o direito civil, consiste:

> Prova do pagamento da dívida mediante recibo ou devolução do título; b) documento em que o credor, ou seu representante, reconhecendo ter recebido o pagamento do seu crédito, exonera o devedor da obrigação; c) recibo de pagamento; d) liberação de um débito[(4)].

A segurança jurídica usualmente buscada por meio do reconhecimento da eficácia de instrumento de quitação é a liberação dos débitos de natureza trabalhista. Buscam os empregadores a certeza de que não serão demandados futuramente para pagamento de dívidas já quitadas ou transacionadas. Essa segurança é, de fato, tão importante que o art. 940 do Código Civil de 2002 sanciona quem demandar por dívida já paga, no todo ou em parte, sem ressalvar as quantias recebidas com o pagamento do dobro do que houver cobrado e pune quem pedir mais do que for devido com a obrigação de pagar o equivalente do que dele exigir, salvo se houver prescrição.

Nas relações cíveis, entre partes em equilíbrio de forças, admite-se, normalmente, quitação qualquer que seja a sua forma. Como já decidiu o Tribunal de Justiça de Santa Catarina, "Não há forma específica para a quitação das obrigações. Qualquer que seja, satisfaz e libera o devedor, desde que válida enquanto declaração de vontade, podendo-se, até mesmo, inferir do contexto a verdadeira intenção"[(5)].

Na relação de trabalho a quitação das obrigações sempre apresentou um ar um pouco mais solene em razão da notória disparidade de força entre os envolvidos e da natureza alimentar da verba em questão. Na redação original do art. 465 estatuía-se que "O pagamento dos salários será efetuado em dia útil e no local do trabalho, dentro do horário do serviço ou imediatamente após o encerramento deste". Essa era a única forma de obtenção de quitação pelo pagamento de salários.

Apenas em 1997, a Lei n. 9.528, em reconhecimento à evolução do sistema bancário e de seus meios de pa-

---

(2) DINIZ, Maria Helena. *Dicionário jurídico*. 2. ed. rev., atual. e aum. São Paulo: Saraiva, 2005. p. 332/333.

(3) *Idem*.

(4) DINIZ, Maria Helena. *Dicionário jurídico*. 2. ed. rev., atual. e aum. São Paulo: Saraiva, 2005. p. 23.

(5) Responsabilidade Civil. Obrigação por ato ilícito. Pagamento comprovado por recibo. Má-fé do autor. Instrumento de quitação específico e irrefragável. Apesar de necessária ação autônoma para os fins do art. 1.531 do Código Civil, não fica excluída a possibilidade de condenação em litigância de má-fé àquele que demanda por dívida já paga. Não há forma específica para a quitação das obrigações. Qualquer que seja, satisfaz e libera o devedor, desde que válida enquanto declaração de vontade, podendo-se, até mesmo, inferir do contexto a verdadeira intenção. "O adimplemento, a solutio, a execução, realiza o fim da obrigação: satisfaz e libera; donde cessar a relação jurídica entre o devedor e o credor." (Pontes de Miranda). "A quitação vale qualquer que seja a sua forma (art. 1.093); ainda que uma escritura pública tenha sido da substância do ato, ou da obrigação, a prova do respectivo pagamento pode consistir em simples quitação do credor, feita em forma regular." (Washington de Barros Monteiro). (TJ-SC — AC: 43271 SC 1998.004327-1, Relator: Pedro Manoel Abreu, Data de Julgamento: 17.8.2000, Segunda Câmara de Direito Comercial, Data de Publicação: Apelação Cível n. 98.004327-1, de Criciúma.)

gamento, passou-se a admitir o pagamento por depósito em conta bancária e, por conseguinte, o respectivo comprovante como documento válido para atestar a quitação da obrigação.

Dada a fragilidade experimentada pelos empregados no momento da cessação do contrato de trabalho, a quitação das verbas rescisórias de empregados com mais de um ano de prestação de serviços teve a sua validade historicamente condicionada ao acompanhamento do pagamento pelo sindicato. A ideia era que a homologação da rescisão pelo sindicato garantiria a correção do pagamento, muito embora a quitação ali dada valesse apenas em relação aos valores então pagos, nada impedindo o empregador de apresentar outras demandas ou cobrar diferenças na Justiça do Trabalho[(6)].

A quitação do contrato de trabalho com eficácia liberatória de toda e qualquer obrigação inerente à relação empregatícia somente era admitida quando houvesse transação em juízo, na presença de um magistrado que assegurasse que a vontade manifestada pelo empregado não se sujeitou a qualquer forma de coação.

Em janeiro do ano 2000 facultou-se a empresas e sindicatos a criação de Comissões de Conciliação Prévia, de composição paritária, com representantes dos empregados e dos empregadores, com a atribuição de tentar conciliar os conflitos individuais de trabalho (Lei n. 9.958, de 12 de janeiro de 2000). A ideia do legislador era criar uma instância prévia e obrigatória para a tentativa de solução extrajudicial dos conflitos trabalhistas. Havendo conciliação perante essa instância, o termo de conciliação, com força de título executivo extrajudicial, teria eficácia liberatória geral, exceto quanto às parcelas expressamente ressalvadas[(7)]. Ou seja, a quitação alcançaria tudo aquilo que o trabalhador não manifestasse imediatamente no ato da conciliação o direito de discutir judicialmente no futuro. Estar-se-ia diante do que se definiu na Enciclopédia Saraiva de Direito como quitação plena:

> (...) o mesmo que quitação total, ou seja, aquela que extingue a obrigação em sua integralidade, liberando definitivamente o devedor. Distingue-se da quitação geral, pois nesta ficam individuados todos os pagamentos efetuados, concernentes às obrigações havidas entre credor e devedor. Já a quitação plena apresenta-se em termos gerais, amplos, sem que estejam mencionadas no documento as prestações quitadas[(8)].

A submissão obrigatória das disputas a uma tentativa de conciliação prévia perante essas Comissões foi considerada inconstitucional pelo Supremo Tribunal Federal (Ações Diretas de Inconstitucionalidade 2139/DF e 2160/DF). O STF, contudo, não invalidou as Comissões de Conciliação Prévia, nem tampouco entrou na discussão acerca da eficácia liberatória geral do termo de conciliação.

Ciente disso, diversos Tribunais Regionais do Trabalho admitiram, mesmo depois da decisão do Supremo Tribunal Federal, a validade da quitação com eficácia liberatória geral, ou seja, válida em relação a tudo aquilo que não for expressamente ressalvado[(9)]. O Tribunal Superior do Trabalho consolidou o entendimento de que não havendo comprovação de vício na celebração do acordo ou de aposição de ressalvas, "o termo de conciliação homologado perante a Comissão de Conciliação Prévia, sem aposição de ressalvas, detém eficácia liberatória geral quanto às parcelas oriundas do extinto contrato de trabalho"[(10)].

Engana-se, contudo, quem crê que a segurança jurídica pretendida com a quitação anual das obrigações trabalhistas é similar à da eficácia liberatória geral dos

---

(6) Art. 477. É assegurado a todo empregado, não existindo prazo estipulado para a terminação do respectivo contrato, e quando não haja êle dado motivo para cessação das relações de trabalho, o direto de haver do empregador uma indenização, paga na base da maior remuneração que tenha percebido na mesma emprêsa. *(Redação dada pela Lei n. 5.584, de 26.6.1970)*

§ 1º O pedido de demissão ou recibo de quitação de rescisão, do contrato de trabalho, firmado por empregado com mais de 1 (um) ano de serviço, só será válido quando feito com a assistência do respectivo Sindicato ou perante a autoridade do Ministério do Trabalho e Previdência Social. *(Redação dada pela Lei n. 5.584, de 26.6.1970)*

§ 2º O instrumento de rescisão ou recibo de quitação, qualquer que seja a causa ou forma de dissolução do contrato, deve ter especificada a natureza de cada parcela paga ao empregado e discriminado o seu valor, sendo válida a quitação, apenas, relativamente às mesmas parcelas.

(7) Art. 625-E. Aceita a conciliação, será lavrado termo assinado pelo empregado, pelo empregador ou seu proposto e pelos membros da Comissão, fornecendo-se cópia às partes.

Parágrafo único. O termo de conciliação é título executivo extrajudicial e terá eficácia liberatória geral, exceto quanto às parcelas expressamente ressalvadas.

(8) FRANÇA, Raimundo Limongi (Coord.). *Enciclopédia Saraiva do Direito*. São Paulo: Saraiva, 1977. p. 104.

(9) TRANSAÇÃO REALIZADA PERANTE AS COMISSÕES DE CONCILIAÇÃO PRÉVIA. EFICÁCIA LIBERATÓRIA GERAL — O termo da conciliação ajustada perante a CCP vale como título executivo extrajudicial e constitui negócio jurídico perfeito e acabado, exceto no tocante às parcelas expressamente ressalvadas. Segundo a lei, representa uma transaçao entre os litigantes e não implica nenhuma renúncia de direitos, de sorte que só pode ser considerado nulo se ficar provado, de forma cabal, que houve fraude ou outro vício de consentimento. Recurso ordinário obreiro a que se nega provimento. (TRT-6 — RO: 85000492008506 PE 0085000-49.2008.5.06.0016, Relator: Bartolomeu Alves Bezerra, Data de Publicação: 5.11.2009)

(10) RECURSO DE REVISTA. TERMO DE CONCILIAÇÃO. COMISSÃO DE CONCILIAÇÃO PRÉVIA. VALIDADE DO ACORDO HOMOLOGADO. EFICÁCIA LIBERATÓRIA GERAL. Caso em que o Tribunal Regional entendeu pela eficácia liberatória parcial do termo de conciliação firmado perante a Comissão de Conciliação Prévia, restrita às verbas e valores nele discriminados. Na hipótese, não há comprovação de vício na celebração do acordo ou de aposição de ressalvas. Nesse cenário, conforme reiterada jurisprudência do TST, o termo de conciliação homologado perante a Comissão de Conciliação Prévia, sem aposição de ressalvas, detém eficácia liberatória geral quanto às parcelas oriundas do extinto contrato de trabalho. Violação do parágrafo único do art. 625-E da CLT configurada. Recurso de revista conhecido e provido. (TST — RR: 2954820105090022, Relator: Douglas Alencar Rodrigues, Data de Julgamento: 28.10.2015, 7ª Turma, Data de Publicação: DEJT 6.11.2015)

termos de conciliação firmada perante as Comissões de Conciliação Prévia. Ao estatuir que a quitação anual firmada na presença do sindicato que representa a categoria do empregado, com "eficácia liberatória das parcelas nele especificadas", o legislador não possibilitou a quitação plena do contrato de trabalho, mas apenas a quitação das parcelas lá discriminadas.

Tampouco se trata de hipótese de quitação geral, assim entendida a que "prova o pagamento ou cumprimento de todas as obrigações existentes entre o credor e o devedor extinguindo-se totalmente o débito"(11).

Analisar-se-á, nos próximos itens, o propósito, a eficácia e os riscos que poderão advir da quitação anual criada com a reforma trabalhista de 2017.

3. Quitação das obrigações trabalhistas no entendimento da jurisprudência anterior à mudança do marco regulatório

O primeiro verbete editado pelo Tribunal Superior do Trabalho acerca da validade dos termos de quitação, em referência expressa à quitação das verbas rescisórias, foi a Súmula n. 41 do Tribunal Superior do Trabalho, editada em 14 de junho de 1973 e cancelada em novembro de 2003. Ela fazia referência expressa aos §§ 2º e 3º do art. 477 da Consolidação das Leis do Trabalho inseridos pela Lei n. 5.562/1968. A afirmação de que "A quitação, nas hipóteses dos §§ 1º e 2º do art. 477 da CLT(12) concerne exclusivamente aos valores discriminados no documento respectivo" apenas repetia o que já estava estatuído, com clareza solar, na lei.

O seu cancelamento não decorreu de uma mudança no entendimento. O seu cancelamento em 2003 decorreu apenas e tão somente do fato de o entendimento nela consagrado haver sido revisto em 1993 pela Súmula n. 330, que em sua redação originária afirmava que:

> Quitação. Validade. Revisão da Súmula n. 41. A quitação passada pelo empregado, com assistência de Entidade Sindical de sua categoria, ao empregador, com observância dos requisitos exigidos nos parágrafos do art. 477 da Consolidação das Leis do Trabalho, tem eficácia liberatória em relação às parcelas expressamente consignadas no recibo.

O texto original da Súmula, como é fácil perceber, não contemplava a possibilidade de o empregado receber determinados valores com ressalva. Não estava claro, na redação apresentada, se o recebimento com ressalvas assegurava ou não a desejada eficácia liberatória. Não sem razão a Súmula foi alterada em 2001 e mantida em revisão efetuada em novembro de 2003. Eis a redação atualmente válida:

> QUITAÇÃO. VALIDADE (mantida) — Res. 121/2003, DJ 19, 20 e 21.11.2003. A quitação passada pelo empregado, com assistência de entidade sindical de sua categoria, ao empregador, com observância dos requisitos exigidos nos parágrafos do art. 477 da CLT, tem eficácia liberatória em relação às parcelas expressamente consignadas no recibo, salvo se oposta ressalva expressa e especificada ao valor dado à parcela ou parcelas impugnadas. I — A quitação não abrange parcelas não consignadas no recibo de quitação e, consequentemente, seus reflexos em outras parcelas, ainda que estas constem desse recibo. II — Quanto a direitos que deveriam ter sido satisfeitos durante a vigência do contrato de trabalho, a quitação é válida em relação ao período expressamente consignado no recibo de quitação.

A Orientação Jurisprudencial n. 162 da SDI-1 menciona a palavra quitação apenas e tão somente para esclarecer que o prazo previsto no art. 477 exclui necessariamente o dia da notificação e exclui o do vencimento(13). A Orientação Jurisprudencial n. 31 da SDI-1 Transitória, por sua vez, disciplinou uma questão pontual reconhecendo validade a quitação de dívidas decorrentes de planos econômicos do passado com folgas remuneradas, mas não admitindo a conversão do valor correspondente às folgas remuneradas em pecúnia quando extinto o contrato de trabalho pelo advento de aposentadoria voluntária(14).

---

(11) FRANÇA, Raimundo Limongi (Coord.). *Enciclopédia Saraiva do Direito*. São Paulo: Saraiva, 1977. p. 104.

(12) De acordo com a redação dada pela Lei n. 5.562/68 a redação dos dispositivos em questão eram a seguinte: "§ 2º No têrmo de rescisão ou recibo de quitação, qualquer que seja a causa ou forma de dissolução do contrato, deve ser especificada a natureza de cada parcela paga ao empregado e discriminado o seu valor, sendo válida a quitação, apenas, relativamente às mesmas parcelas. § 3º Quando não existir na localidade nenhum dos órgãos previstos neste artigo, a assistência será prestada pelo Representante do Ministério Público ou, onde houver, pelo defensor público e, na falta ou impedimento dêstes, pelo Juiz de Paz". A Lei n. 5.584/70 alterou sutilmente a redação em questão apenas para deixá-la mais clara. A nova redação dos dispositivos passou a ser: § 2º O instrumento de rescisão ou recibo de quitação, qualquer que seja a causa ou forma de dissolução do contrato, deve ter especificada a natureza de cada parcela paga ao empregado e discriminado o seu valor, sendo válida a quitação, apenas, relativamente às mesmas parcelas. § 3º Quando não existir na localidade nenhum dos órgãos previstos neste artigo, a assistência será prestada pelo Represente do Ministério Público ou, onde houver, pelo Defensor Público e, na falta ou impedimento dêste, pelo Juiz de Paz.

(13) OJ-SDI1-162 MULTA. ART. 477 DA CLT. CONTAGEM DO PRAZO. APLICÁVEL O ART. 132 DO CÓDIGO CIVIL DE 2002 (atualizada a legislação e inserido dispositivo) — DJ 20.4.2005. A contagem do prazo para quitação das verbas decorrentes da rescisão contratual prevista no art. 477 da CLT exclui necessariamente o dia da notificação da demissão e inclui o dia do vencimento, em obediência ao disposto no art. 132 do Código Civil de 2002 (art. 125 do Código Civil de 1916). Histórico: Redação original — Inserida em 26.3.1999 162. Multa. Art. 477 da CLT. Contagem do prazo. Aplicável o art. 125 do Código Civil.

(14) OJ-SDI1T-31 PLANOS BRESSER E VERÃO. ACORDO COLETIVO AUTORIZANDO A QUITAÇÃO ATRAVÉS DA CONCESSÃO DE FOLGAS REMUNERADAS. CONVERSÃO EM PECÚNIA APÓS A EXTINÇÃO DO CONTRATO DE TRABALHO. INVIABILIDADE (DJ 9.12.2003) Acordo coletivo celebrado entre as partes autorizando a quitação dos valores devidos a título de Planos Bresser e Verão em folgas remuneradas é válido. Incabível a conversão do valor correspondente às folgas remuneradas em pecúnia quando extinto o contrato de trabalho pelo advento de aposentadoria voluntária.

O grande número de casos concretos em que se buscou, por meio de ação rescisória, rescindir acordo homologado em juízo levou à edição, pela SDI-2 do Tribunal Superior do Trabalho, já no século XXI, de duas Orientações Jurisprudenciais. Na de número 132 evidenciou-se a hipótese, há muito já praticada, de quitação plena de todo objeto do contrato de trabalho quando o acordo é feito perante um juízo do trabalho[(15)]. A ideia subjacente é a de que em juízo o trabalhador poderia manifestar livremente o seu consentimento dado que a presença do magistrado trabalhista impediria a existência de qualquer forma de coação ou outro vício que invalidasse o negócio jurídico. Na de número 154 admitiu-se a rescisão de sentença homologatória de acordo firmado previamente entre as partes e apenas submetido a homologação por algum juízo trabalhista. O seu texto deixa claro que o simples fato de as partes haverem chegado a um acordo extraprocessual e o terem submetido, numa lide simulada, à homologação judicial não torna o acordo nulo. A parte prejudicada e que, por essa razão, deseja invalidar o título, precisará provar fraude ou vício de consentimento para lograr êxito em sua pretensão[(16)]. Essa orientação parece perder o sentido com a consagração, pela Lei n. 13.467, da possibilidade de homologação pelos juízos trabalhistas, em processo de jurisdição voluntária, de acordos firmados extrajudicialmente[(17)].

Os verbetes em questão, em complemento ao que fora esclarecido nos itens anteriores, evidenciam que o Judiciário Trabalhista admite a quitação com eficácia liberatória geral tanto quando feita perante a Comissão de Conciliação Prévia quanto quando feita perante a Justiça do Trabalho. Ao contrário do que pode parecer à primeira vista, a Lei n. 13.467 não amplia esse rol de hipóteses legais, como se verá a seguir.

4. A QUITAÇÃO NOS TERMOS DA NOVA LEGISLAÇÃO

A quitação das obrigações trabalhistas é de grande importância para o Direito Laboral. E não poderia ser diferente. O Direito do Trabalho rege, em sua essência, uma relação obrigacional entre empregador, credor de obrigação de fazer e devedor de obrigação de pagar, e empregado, devedor de obrigação de fazer e credor de obrigação de pagar. Por mais que se tenha evoluído para reconhecer os direitos da personalidade do trabalhador, para vê-lo cada vez mais como pessoa e não simples credor de verba alimentar, por mais que os deveres acessórios como lealdade, boa-fé, fidelidade, tenham ganho cada vez mais importância, a relação empregatícia continua, em sua essência, obrigacional. E a forma, validade e abrangência da quitação é um tema de grande relevância para toda e qualquer relação obrigacional.

Não é de se estranhar, portanto, que a palavra quitação apareça cinco vezes na Lei n. 13.467. No texto da Consolidação das Leis do Trabalho ainda vigente aparece, com conotações por vezes diferentes, vinte vezes. O que é de se estranhar é que uma modificação legislativa da dimensão que adquiriu a reforma trabalhista não se tenha aproveitado a oportunidade para regulamentar os direitos da personalidade do trabalhador, o assédio moral, o assédio sexual, entre outros temas cuja omissão do legislador não pode deixar de ser observada.

A primeira vez em que a palavra quitação aparece no texto da Lei n. 13.467 é no momento da inserção do art. 58-A no texto da Consolidação das Leis do Trabalho, que modifica as regras referentes ao contrato de trabalho temporário. As horas suplementares, antes proibidas, passaram a ser admitidas de acordo com o novo regramento do trabalho temporário. Era natural, portanto, que o legislador cuidasse da forma de quitação do pagamento correspondente.[(18)]

O art. 477 da Consolidação das Leis do Trabalho foi alterado para dispensar a homologação do sindicato para a validade do pagamento das verbas rescisórias e uniformizar o seu prazo. Doravante os empregadores terão dez dias para efetuar o pagamento, independentemente de o

(15) OJ-SDI2-132 AÇÃO RESCISÓRIA. ACORDO HOMOLOGADO. ALCANCE. OFENSA À COISA JULGADA (DJ 4.5.2004) Acordo celebrado — homologado judicialmente — em que o empregado dá plena e ampla quitação, sem qualquer ressalva, alcança não só o objeto da inicial, como também todas as demais parcelas referentes ao extinto contrato de trabalho, violando a coisa julgada, a propositura de nova reclamação trabalhista.

(16) OJ-SDI2-154 AÇÃO RESCISÓRIA. ACORDO PRÉVIO AO AJUIZAMENTO DA RECLAMAÇÃO. QUITAÇÃO GERAL. LIDE SIMULADA. POSSIBILIDADE DE RESCISÃO DA SENTENÇA HOMOLOGATÓRIA DE ACORDO APENAS SE VERIFICADA A EXISTÊNCIA DE VÍCIO DE CONSENTIMENTO. (DEJT divulgado em 9, 10 e 11.06.2010) A sentença homologatória de acordo prévio ao ajuizamento de reclamação trabalhista, no qual foi conferida quitação geral do extinto contrato, sujeita-se ao corte rescisório tão somente se verificada a existência de fraude ou vício de consentimento.

(17) A Lei n. 13.467 acrescentará os seguintes artigos no texto da Consolidação das Leis do Trabalho:

Art. 855-B. O processo de homologação de acordo extrajudicial terá início por petição conjunta, sendo obrigatória a representação das partes por advogado.

§ 1º As partes não poderão ser representadas por advogado comum.

§ 2º Faculta-se ao trabalhador ser assistido pelo advogado do sindicato de sua categoria.

Art. 855-C. O disposto neste Capítulo não prejudica o prazo estabelecido no § 6º do art. 477 desta Consolidação e não afasta a aplicação da multa prevista no § 8º, art. 477 desta Consolidação.

Art. 855-D. No prazo de quinze dias a contar da distribuição da petição, o juiz analisará o acordo, designará audiência se entender necessário e proferirá sentença.

Art. 855-E. A petição de homologação de acordo extrajudicial suspende o prazo prescricional da ação quanto aos direitos nela especificados.

Parágrafo único. O prazo prescricional voltará a fluir no dia útil seguinte ao do trânsito em julgado da decisão que negar a homologação do acordo.

(18) Art. 58-A. (...) § 5º As horas suplementares da jornada de trabalho normal poderão ser compensadas diretamente até a semana imediatamente posterior à da sua execução, devendo ser feita a sua quitação na folha de pagamento do mês subsequente, caso não sejam compensadas.

aviso prévio ser trabalhado ou indenizado[19]. As alterações em questão foram assim justificadas pelo Deputado Rogério Marinho:

> Como já tivemos oportunidade de observar, na apreciação do presente projeto, devemos ter como uma de nossas metas a estabilidade das relações de trabalho, buscando-se uma forma de evitar que as conciliações feitas extrajudicialmente sejam levadas ao Judiciário indiscriminadamente.
>
> Não se trata de impedir o acesso do cidadão à Justiça, mas sim de se garantir maior segurança jurídica às relações de trabalho.
>
> É justamente com esse intento que estamos sugerindo uma nova redação para o art. 477 da CLT. Em sendo aprovado, não mais se exigirá a homologação da rescisão dos contratos com mais de um ano de vigência, mantida a exigência de especificação da natureza e do valor de cada parcela paga ao empregado no ato rescisório, sendo considerada válida a quitação apenas em relação a essas parcelas.
>
> Com o fim da homologação sindical, bastará a anotação da rescisão do contrato na Carteira de Trabalho juntamente com a comunicação da dispensa aos órgãos competentes para que o empregado possa levantar a multa do Fundo de Garantia do Tempo de Serviço — FGTS e para dar entrada em seu pedido do seguro-desemprego.
>
> Um dos problemas visíveis na homologação da rescisão é o fato de que, hoje, sem o ato rescisório, o trabalhador não pode dar início aos procedimentos para movimentação do FGTS e requerimento do seguro-desemprego. Portanto, estando com a documentação necessária para tais atos, o trabalhador não precisará mais ter "pressa" para assinar a sua rescisão, possibilitando uma verificação mais detalhada das verbas rescisórias que lhes são devidas.
>
> Some-se a isso as inovações que estão sendo propostas neste Substitutivo com o objetivo de garantir maior segurança à homologação rescisória, e que serão examinadas mais adiante, e esperamos ter um sistema que reduza o número de ações na Justiça do Trabalho, sem que haja prejuízos para as partes envolvidas[20].

O fim da homologação pelo sindicato não representa, à primeira vista, um grande prejuízo para o trabalhador. Quando identificavam alguma irregularidade no ato de homologação os sindicatos, em geral, limitavam-se a apor ressalvas e disponibilizar o Departamento Jurídico próprio para ajuizar ação visando discutir o direito que entende haver sido sonegado ao trabalhador. Em raras hipóteses o empregador corrigiu ou aumentou o pagamento a ser feito para o empregado em razão da intervenção do sindicato no ato de homologação.

Razão assiste ao Deputado Rogério Marinho quando afirma que o fim da exigência de homologação pelo sindicato facilitará o acesso às verbas depositadas no Fundo de Garantia do Tempo de Serviço. Em grandes centros, sobretudo em épocas de crise econômica e dispensa em massa, muitos sindicatos demoram a conseguir vaga na agenda para homologar a rescisão contratual dos trabalhadores. Quem costumava pagar o preço por essa demora era o trabalhador, que demoraria mais a ter acesso aos recursos depositados em seu nome no FGTS. O Tribunal Superior do Trabalho consagrou, apesar da ressalva de alguns poucos ministros, o entendimento segundo o qual se o pagamento for feito na data correta, o atraso na homologação, ainda que dificulte o acesso às verbas do FGTS, não justifica o pagamento da multa prevista no art. 477, § 8º da Consolidação das Leis do Trabalho[21].

Especial atenção deverá ser dada à questão dos efeitos da quitação dada por empregado que adere a plano de dispensa voluntária. A jurisprudência havia, há muito, consagrado o entendimento de que "A transação extrajudicial que importa rescisão do contrato de trabalho ante a adesão do empregado a plano de demissão voluntária implica quitação exclusivamente das parcelas e valores constantes do recibo". Noutras palavras, a adesão ao PDV não tinha eficácia liberatória geral, mas

(19) A redação vigente até 12 de novembro é a seguinte: "§ 6º O pagamento das parcelas constantes do instrumento de rescisão ou recibo de quitação deverá ser efetuado nos seguintes prazos: a) até o primeiro dia útil imediato ao término do contrato; ou b) até o décimo dia, contado da data da notificação da demissão, quando da ausência do aviso prévio, indenização do mesmo ou dispensa de seu cumprimento". Após 12 de novembro a redação é: "§ 6º A entrega ao empregado de documentos que comprovem a comunicação da extinção contratual aos órgãos competentes bem como o pagamento dos valores constantes do instrumento de rescisão ou recibo de quitação deverão ser efetuados até dez dias contados a partir do término do contrato".

(20) Disponível em: <file:///C:/Users/Jorge/AppData/Local/Microsoft/Windows/INetCache/IE/0IVG6HVY/Tramitacao-PL%206787_2016.pdf>. Acesso em: 16 ago. 2017.

(21) RECURSO DE REVISTA. MULTA DO ART. 477, § 8º, DA CLT. PAGAMENTO TEMPESTIVO DAS VERBAS RESCISÓRIAS. HOMOLOGAÇÃO TARDIA. Recurso fundamentado em ofensa ao art. 477, § 8º, da CLT e divergência jurisprudencial. Entendo que o descumprimento da obrigação de entrega do instrumento rescisório, no prazo legal, como determina a lei, por si só importa a incidência da indenização prevista no art. 477, § 8º, da CLT, por se tratar de falta de pagamento pelo descumprimento da obrigação de entrega do instrumento rescisório e de mora para o cumprimento atempado da obrigação de possibilitar ao trabalhador o recebimento do FGTS com a indenização de 40%. Todavia, por disciplina judiciária acompanho com ressalva a jurisprudência dominante desta Corte, segundo a qual a multa estipulada no art. 477, § 8º, da CLT não incide em caso de atraso na homologação da rescisão contratual — apesar de pressuposto de validade formal do ato —, quando efetuado o pagamento das verbas rescisórias no prazo legal. Precedentes. Recurso de revista conhecido por violação do art. 477, § 8º, da CLT e provido. (TST — RR: 318920125030034 31-89.2012.5.03.0034, Relator: Alexandre de Souza Agra Belmonte, Data de Julgamento: 26.6.2013, 3ª Turma)

apenas em relação às parcelas e valores constantes do recibo[22]. Doravante, a decisão de aderir ao Plano de Demissão Voluntária ou Incentivada passa a ter consequências mais drásticas. A quitação dada por ocasião da adesão não terá eficácia liberatória apenas das parcelas lá individualizadas, como antes. Terá eficácia liberatória plena a menos que alguma ressalva seja expressamente estipulada. É o que se conclui a partir da redação do art. 477-B que assim dispõe:

> Art. 477-B. Plano de Demissão Voluntária ou Incentivada, para dispensa individual, plúrima ou coletiva, previsto em convenção coletiva ou acordo coletivo de trabalho, enseja quitação plena e irrevogável dos direitos decorrentes da relação empregatícia, salvo disposição em contrário estipulada entre as partes.

Também quanto a este ponto vale recorrer a *mens legislatoris* e analisar o que foi expressamente consignado na exposição de motivos apresentada pelo Deputado Rogério Marinho:

> Esse artigo incorpora à CLT o entendimento que o Supremo Tribunal Federal consolidou em repercussão geral de que "a transação extrajudicial que importa rescisão do contrato de trabalho, em razão da adesão voluntária do empregado a plano de dispensa incentivada, enseja quitação ampla e irrestrita de todas as parcelas objeto do contrato de emprego, caso essa condição tenha constado expressamente do acordo coletivo que aprovou o plano, bem como dos demais instrumentos celebrados com o empregado".
>
> Essa tese foi firmada no Recurso Extraordinário n. 50.415, relatado pelo Ministro Roberto Barroso, e fundamentou-se nos pilares de que: a) decorreu de negociação coletiva, b) os empregados tiveram opção de aderir ou não ao plano e c) houve a previsão de vantagens aos trabalhadores. Esses fundamentos estão preservados na redação proposta para o artigo.
>
> Nesse sentido, acatamos a Emenda 499, do Deputado Jerônimo Goergen (PP/RS).

A referência ao acórdão 50.415 evidencia que a solução proposta não é inovadora. Ela apenas incorporou à legislação entendimento já consagrado pelo Supremo Tribunal Federal numa provável tentativa de assegurar a observância pelos tribunais superiores da tese então firmada.

5. Quitação anual de obrigações trabalhistas

Chega-se, por fim, à polêmica quitação anual de obrigações trabalhistas. O primeiro passo é, indiscutivelmente, analisar a redação do *caput* do art. 507-B, que estatui ser "facultado a empregados e empregadores, na vigência ou não do contrato de emprego, firmar o termo de quitação anual de obrigações trabalhistas, perante o sindicato dos empregados da categoria". Duas indagações são inevitáveis a partir de uma primeira leitura do dispositivo em comento. Por que alguém firmaria o termo de quitação anual de obrigações trabalhistas perante sindicato fora da vigência do contrato de emprego? Por que insistir com a participação do sindicato se a sua presença na homologação da rescisão contratual de empregados com mais de um ano de vínculo acaba de ser dispensada pela mesma lei?

Refletindo sobre o primeiro questionamento imaginou-se a situação do empregado que deixou a empresa e após receber suas verbas rescisórias, ou mesmo sem recebê-la, questionou o empregador sobre valores ainda não quitados. Reconhecendo integral ou parcialmente o débito, o empregador decide fazer o pagamento perante o sindicato para ter maior garantia de que não será demandado novamente, a mesmo título, no futuro.

Acerca do segundo questionamento é forçoso dizer que a única resposta imaginada para a manutenção da participação do sindicato é a busca por maior garantia de que não haverá novas demandas, a idêntico título, no futuro. Essa conclusão é reforçada pela afirmação aposta, na exposição de motivos do substitutivo apresentado pelo Relator Rogério Marinho, em que fica claro que o objetivo da quitação anual de obrigações trabalhistas é servir de prova para o empregador em eventual ação trabalhista:

> O art. 507-B permitirá que o empregador firme termo de quitação anual das obrigações trabalhistas, na presença do sindicato representante da categoria do empregado, no qual deverá constar as obrigações discriminadas e terá eficácia liberatória das parcelas nele especificadas. A ideia é que o termo de quitação sirva como mais um instrumento de prova, no caso de ser ajuizada ação trabalhista.

Como a quitação anual em questão não assegura eficácia liberatória geral, a sua utilidade prática acaba, efetivamente, restrita a servir de prova da quitação das parcelas lá discriminadas, na forma de seu parágrafo único, em caso de demanda por valores já pagos.

6. Quitação anual transacionando direitos e obrigações trabalhistas

Cabe uma última reflexão acerca da amplitude da quitação anual ora inserida no ordenamento jurídico

(22) OJ-SDI1-270 PROGRAMA DE INCENTIVO À DEMISSÃO VOLUNTÁRIA. TRANSAÇÃO EXTRAJUDICIAL. PARCELAS ORIUNDAS DO EXTINTO CONTRATO DE TRABALHO. EFEITOS (inserida em 27.9.2002) A transação extrajudicial que importa rescisão do contrato de trabalho ante a adesão do empregado a plano de demissão voluntária implica quitação exclusivamente das parcelas e valores constantes do recibo.

pátrio. Estaria ela apenas adstrita ao pagamento integral dos direitos assegurados por lei ao trabalhador ou poderia ela veicular hipótese de transação?

Após asseverar que durante a vigência do contrato de trabalho não se pode, em regra, renunciar aos direitos que lhe correspondem ou aos que advirão no curso do contrato[23], esclareceu Arnaldo Süssekind:

> Nem todas as renúncias verificadas durante a relação de emprego são, entretanto, nulas. Tratando-se de condição pactuada no contrato de trabalho, não decorrente de norma imperativa, pode o empregado renunciar a direito dela decorrente, desde que, como já acentuamos, disto não lhe advenham prejuízos[24].

Ora, seria o caso de permitir que a quitação implique em renúncia a determinados direitos, mas a outros não?

Dorval Lacerda, citado por Arnaldo Süssekind, esclarece que enquanto a renúncia, no Direito do Trabalho, correspondente a um ato de desistência voluntária do empregado, a transação é um ato jurídico pelo qual as partes, fazendo-se concessões recíprocas, extinguem obrigações litigiosas ou duvidosas[25].

A quitação, contudo, não se confunde com nenhuma das duas figuras. Ela corresponde a pagamento. E é somente como tal que o art. 507-B deverá ser aceito. O escopo do instituto é dar ao empregador maior segurança em relação às parcelas que está pagando. Não se destina, portanto, a lhe assegurar uma oportunidade de pagar menos do que o devido.

E não poderia ser diferente. Transação e renúncia, em matéria de direito do trabalho, são aceitas após o término do contrato de trabalho. É o que demonstram as transações realizadas diariamente pelos juízos trabalhistas. É o que evidência o instituto da prescrição, que possibilita renúncia tácita pela inércia.

Durante o contrato de trabalho elas tendem, no entanto, a serem vistas com desconfiança. A subordinação jurídica do empregado, bastante intensa no momento em que ele postula a obtenção ou simplesmente deseja a manutenção de um emprego de que necessita, o torna susceptível de aceitar proposta que lhe desagrada para evitar um conflito que lhe pode ser prejudicial.

O papel dos sindicatos neste ato de quitação é se certificar, portanto, que o pagamento em questão está sendo realizado em sua integralidade.

Durante a 2ª Jornada de Direito Material e Processual do Trabalho da ANAMATRA, um grupo expressivo de magistrados trabalhistas deliberou pela edição de um Enunciado, o de número 58, corroborando as assertivas feitas em relação ao termo de quitação anual, durante texto publicado na primeira edição desta obra[26].

7. Considerações finais

Diante de todo o exposto é forçoso concluir que a quitação anual de obrigações trabalhistas inserida no ordenamento jurídico pela Lei n. 13.467/17 não representará um instrumento de perda ou de supressão de direitos dos trabalhadores, caso aplicada fidedignamente. É preciso, para tanto, ter claro que não se trata de transação, nem tampouco de renúncia de direitos trabalhistas. O seu único escopo é conferir ao empregador melhor documentação do pagamento que está efetuando. O sindicato participante do ato tem, portanto, o importante papel de certificar que o pagamento apresentado corresponde à integralidade do débito.

---

(23) SÜSSEKIND, Arnaldo (*et al*). *Instituições de direito do trabalho*. São Paulo: LTr, 2002. p. 213.

(24) *Ibidem*, p. 214.

(25) *Ibidem*, p. 207.

(26) Enunciado n. 58 da 2ª Jornada de Direito Material e Processual do Trabalho da ANAMATRA: "TERMO DE QUITAÇÃO ANUAL. I) OS PAGAMENTOS EFETUADOS POR CONTA DE TERMO DE COMPROMISSO ARBITRAL, "QUITAÇÃO ANUAL" DE OBRIGAÇÕES TRABALHISTAS, EXTINÇÃO DO CONTRATO POR "MÚTUO ACORDO" E PLANO DE DEMISSÃO VOLUNTÁRIA OU INCENTIVADA SÓ PODEM PRODUZIR EFICÁCIA LIBERATÓRIA LIMITADA AOS VALORES EFETIVAMENTE ADIMPLIDOS DAS PARCELAS DISCRIMINADAS. EM RESPEITO À GARANTIA CONSTITUCIONAL DE ACESSO À JURISDIÇÃO (ART. 5º, XXXV) E AO ARTIGO 25 DA CONVENÇÃO AMERICANA DE DIREITOS HUMANOS, MANTÉM-SE O PLENO DIREITO DE ACESSO AO JUDICIÁRIO PARA SOLUCIONAR SITUAÇÕES CONFLITUOSAS, INCLUSIVE PARA SATISFAÇÃO DE DIFERENÇAS SOBRE RUBRICAS PARCIALMENTE PAGAS. II) O TERMO DE QUITAÇÃO DEVERÁ ESTAR NECESSARIAMENTE ACOMPANHADO DE DOCUMENTOS COMPROBATÓRIOS, SOB ASSISTÊNCIA EFETIVA DO SINDICATO. III) O TERMO DE QUITAÇÃO DEVE, POIS, SER INTERPRETADO RESTRITIVAMENTE, COM EFICÁCIA LIBERATÓRIA DE ALCANCE LIMITADO AOS VALORES DAS PARCELAS EXPRESSAMENTE ESPECIFICADAS NO DOCUMENTO, SEM IMPLICAR RENÚNCIA OU EXTINÇÃO DA OBRIGAÇÃO E NEM IMPEDIR O EXERCÍCIO DO DIREITO FUNDAMENTAL DE AÇÃO. IV) O REFERIDO TERMO SERÁ NULO DE PLENO DIREITO SE DESVIRTUAR, IMPEDIR OU FRAUDAR AS DISPOSIÇÕES DE PROTEÇÃO AO TRABALHO, OS CONTRATOS COLETIVOS E AS DECISÕES DAS AUTORIDADES TRABALHISTAS COMPETENTES."

Representação dos empregados nas empresas à luz dos arts. 510-A a 510-D introduzidos na CLT pela Lei n. 13.467/2017: uma leitura possível a partir das normas internacionais do trabalho e da Portaria MT n. 349/2018

Tarcísio Correa de Brito[(*)]

Às vezes tenho a impressão de que o Brasil está em eterna reforma e talvez nunca conclua o edifício tão sonhado por nossos antepassados e por nossa geração. Reforma-se de tudo, a todo instante, numa ansiedade que chega a oprimir a respiração de quem observa. Reformamos o velho e o novo, o errado e o certo. Reformamos o telhado sem terminar o alicerce, a fachada sem ter concluído as paredes, as vidraças sem que ainda haja portas. Somos o país em que as benfeitorias voluptuários são compradas antes das úteis e necessárias. Também tenho tido pesadelos em que a gente passa a fazer a reforma só pela reforma, sem um projeto de longo prazo e sem a construção de um pensamento nacional capaz de nos unir e de alavancar a ética e o respeito mútuos, valores que atualmente parecem conversa de lunáticos.

(Homero Batista Mateus da Silva, in Comentários à Reforma Trabalhista, 2017)

"É, dizem que não é pra você
Essa história de vencer
E sonhar e conquistar
Eu digo que é pra você
Essa história de vencer
De sonhar e conquistar
Eles querem forjar heróis
Pra manter o povo sem voz
É o soco no queixo, lapada no beiço
O tambor de criola merece respeito
Duro é saber que o país que almejo
Já foi vendido por um baixo preço
Então façam das flores navalhas
Que farei das canções baionetas
A verdade é o todo e o todo é povo
Meu povo é sofrido e não foge da luta
Pois em casa de menino de rua
O último a dormir apaga lua
Vai, que eu quero encontrar este lugar
E possa dizer: "valeu a pena essa porra de vez!"
Vai ser assim, senhor" VAI SER ASSIM, Crioulo

Os temas da cogestão[(1)] e da representação dos trabalhadores[(2)] na empresa já mereceram a análise penetrante da doutrina nacional, entre os anos de 1990 e 2012. No âmbito do TRT3, dois grandes doutrinadores[(3)] do

(*) Juiz do Trabalho do TRT3 desde 1998. Especialista em Direito do Trabalho e Direito Previdenciário pela Universidade Estácio de Sá, 2002. Mestre em Filosofia do Direito pela Faculdade de Direito da UFMG, 2002. Mestre em relações internacionais, opção política internacional pela Universidade de Paris II, Panthéon-Assas, 2004. Estudos doutorais em Direito Internacional Público pela Universidade de Paris II, Panthéon-Assas, 2004-2010.

(1) GOTTSCHALK, Elson. *A participação do empregado na gestão da empresa.* São Paulo: LTr, 1996; SILVA, Walkure Lopes Ribeiro da. *Representação e participação dos trabalhadores na gestão da empresa.* São Paulo: LTr, 1998; SIQUEIRA NETO, José Francisco. *Liberdade sindical e representação dos trabalhadores nos locais de trabalho.* São Paulo: LTr, 2000; KAUFMANN, Marcus de Oliveira. *Das práticas anti-sindicais às práticas anti-representativas*: sistemas de combate e a tutela de representações coletivas de trabalhadores. São Paulo: LTr, 2005; PEDREIRA FILHO, Waldemar Santos. Comissões de fábrica: um claro enigma. *Cad. Est. Soc. Recife*, v. 14, n. 1, p. 117146, jan./jun. 1998. Disponível em: <http://periodicos.fundaj.gov.br/index.php/CES/article/viewArticle/467&gt>. Acesso em: 25 jul. 2017; RAGHI, Luiz Vagner; MARRAS, Jean Pierre. *A representação no local de trabalho: uma análise contemporânea do ABC paulista.* Disponível em: <http://sare.unianhanguera.edu.br/index.php/anudo/article/viewArticle/457&gt>. Acesso em: 25 jul. 2017; CASAGRANDE, Cássio. *A reforma sindical e a representação dos trabalhadores no local de trabalho e na justiça.* Disponível em: <http://www.soc.puc-rio.br/cedes/PDF/cidadaniatrabalho/reforma%20sindical.pdf>. Acesso em: 20 fev. 2012.

(2) ROMITA, Arion Sayão. Representantes dos trabalhadores: proteção e facilidades. *Revista de Direito do Trabalho*, n. 77, 1992, p. 38-42. no mesmo sentido: SÜSSEKIND, Arnaldo; MARANHÃO, Délio; VIANA, Segadas. *Instituições de direito do trabalho.* v. 1, 11. ed., 1991 e NASCIMENTO, Amauri Mascaro. *Comentários às leis trabalhistas.* v. 1, 2. ed. São Paulo: LTr, p. 180. FERRARI, Irany. As atribuições do dirigente sindical e do representante dos empregados criado pela Constituição Federal de 1988. In: *Relações coletivas de trabalho*. São Paulo: LTr, 1989. p. 159.

(3) SILVA, Antônio Alvares da. Cogestão no estabelecimento da empresa. São Paulo, LTr, 1991. BARROS, Alice Monteiro de. Representante dos empregados no local de trabalho. *Revista do TRT3*, Belo Horizonte: ano 28, n. 58, p. 179-188, jan./dez. 1998. "Antonio Alvares vem defendendo

Direito do Trabalho já contribuíram igualmente para a discussão, trazendo esclarecimentos, inclusive, do direito comparado para percepção e para o enquadramento desses institutos. A Reforma Trabalhista de 2017, entretanto, trouxe o tema à atualidade do debate nacional, diante da evidente tentativa de regulamentação do art. 11 da CF/88, procurando formalizar a participação efetiva dos trabalhadores na autocomposição dos conflitos trabalhistas e no processo democrático de gestão nas empresas, introduzindo na CLT os arts. 510-A a 510-D. Em 14 de novembro de 2017, com o intuito de adequar vários pontos da Lei n. 13.467/17, o Presidente da República Michel Temer editou a Medida Provisória n. 808/17 versando sobre vários pontos polêmicos, dentre os quais, estabelecendo os limites da relação entre a comissão de representantes dos empregados e a entidade sindical, por intermédio do art. 510-E. Entretanto, após curto lapso de vigência, por não ter sido convertida em Lei pelo Congresso Nacional, a MP n. 808/17 perdeu vigência, restaurando-se as modificações originais implementadas pela Lei n. 13.467/17.

Na sequência, em 24 de maio de 2018, foi publicada a Portaria do Ministério do Trabalho e Emprego n. 349/18, nos termos do art. 87, parágrafo único, II, prevendo em seu art. 8º, em termos similares ao art. 510-E[4] da MP que:

> Art. 8º A comissão de representantes dos empregados a que se refere o Título IV-A da Consolidação das Leis do Trabalho não substituirá a função do sindicato de defender os direitos e os interesses coletivos ou individuais da categoria, inclusive em questões judiciais ou administrativas, hipótese em que será obrigatória a participação dos sindicatos em negociações coletivas de trabalho, nos termos dos incisos III e VI do *caput* do art. 8º da Constituição Federal.

Por fim, o até mesmo desnecessário art. 8º da Portaria MTE n. 349/18 em nada inova: a representação dos empregados por meio das denominadas "comissões de fábrica" (arts. 510-A a 510-B da CLT) não tem o condão de substituir os sindicatos como legítimos representantes das categorias profissionais, mormente no estabelecimento de acordos coletivos e de convenções coletivas de trabalho. Assim é, visto que tais garantias estão expressamente previstas no art. 8º, *caput*, e incisos III e VI, da Constituição Federal de 1988.

Na visão de Sérgio Pinto Martins, o pluralismo acaba sendo o contrapeso ao poder incondicionado do Estado, uma espécie de descentralização do Direito, implicando a diversidade de sistemas jurídicos[5], assumindo o modelo negociado, caráter democrático e pluralista, com elevado teor de eficácia social. No contexto da autonomia privada coletiva reconhece-se aos grupos, dentre os quais, os trabalhadores, o poder de manifestação de acordo com os próprios interesses, suportando, de *per se*, entretanto, as consequências de suas escolhas, na resposta à dicção do art. 444 da CLT[6].

Sabe-se que o direito do trabalho pode ser considerado como um instrumento de equilíbrio das relações de trabalho a serviço de uma determinada política econômica e social[7], objetivando conciliar esses imperativos, sem reconhecer, com isso, um certo caráter reducionista de sua importância. Dele dependem a edificação dos vínculos contratuais que unem a empresa aos trabalhadores e a organização do diálogo social para a preservação de um mínimo de harmonia, na empresa e em sua periferia, essencial para evitar tensões e conflitos sociais na seara da relação de trabalho.

Certo é que, na defesa da "autonomia coletiva" há uma "discursiva pretensão" no sentido de resguardar-se a harmonia, o equilíbrio democrático e a paz nas relações laborais, no estabelecimento de parcerias entre os sujeitos da relação de trabalho[8], com base em uma potencial convergência de interesses, baseadas na

---

há décadas a instituição do sistema de cogestão, forma mais evoluída e participativa de influência e coatuação nas decisões empresariais, permitindo-se a ruptura de uma estrutura monocrática decisional, "protegendo o empregado contra o poder de direção unilateralmente exercido pelo empregador, além de permitir-lhe a participação na organização e direção da empresa e do estabelecimento". É certo que a "nova" Consolidação das Leis do Trabalho, ainda não prevê tal tipo de participação, e sim tão somente a previsão de atuação para "entendimento direto' com os empregadores, mas nada impede que se evolua, a partir dessa comissão instituída pela recém-chegada lei, para um sistema em que se inclua a cogestão na empresa e no estabelecimento, conforme propalado pelo eminente jurista". SOUZA JUNIOR *et al.*, 2017: 249.

(4) Art. 510-E. "A comissão de representantes dos empregados não substituirá a função do sindicato de defender os direitos e os interesses coletivos ou individuais da categoria, inclusive, em questões judiciais ou administrativas, hipótese em que será obrigatória a participação dos sindicatos em negociações coletivas de trabalho, nos termos dos incisos III e VI do *caput* do art. 8º da Constituição". Texto da antiga MP n. 808/17.

(5) MARTINS, 2016:60.

(6) Quanto à previsão do paragrafo único do art. 444, introduzido pela Lei n. 13.467/17, entendo que a *eficácia* (liberatória) legal e a preponderância da negociação individual sobre os instrumentos coletivos, no caso de empregado portador de diploma de nível superior e que perceba salário mensal igual ou superior a duas vezes o limite máximo dos benefícios do Regime Geral da Previdência, não afasta a aplicação da teoria dos vícios do consentimento, conforme disposto nos arts. 4º, II e IV; 138 a 177; 166-167-177, I e II do Código Civil c/c art. 8º da CLT; arts. 9º e 468 da CLT; art. 1º, III e IV; 3º, I, III e IV; 4º, II; 7º, VI, XIII, XIV (vedação da negociação individual) da CF/88, resguardando a aplicação dos princípios *in dubio pro misero* e da irrenunciabilidade. Prevalece a melhor interpretação do art. 29 do Pacto de São José da Costa Rica, na busca da compatibilidade entre as fontes heterônomas e autônomas, por intermédio da interpretação *pro homine*.

(7) NADÈGE, 2010:16. No contexto de um mercado flexível de trabalho, não se poderia negligenciar a perspectiva econômica da lógica de flexibilização que impacta esse "equílibrio particular", como aponta Charles Nadège em sua tese de doutoramento: a ***flexibilidade funcional*** (adaptação rápida da mão de obra de acordo com a demanda de produção); a ***flexibilidade numérica*** (permite a variação do efetivo da força de trabalho, conforme as demandas do mercado, na formalização, por exemplo, de contratos a tempo parcial e intermitentes); e a ***flexibilidade da gestão*** (permitindo admitir e dispensar com o mínimo custo e com reduzidos entraves). As comissões de representantes das empresas terão que enfrentar seriamente, problematizando, os limites dessa modernização das relações laborais. (*Ibidem*, p. 19)

(8) SILVA, Elizabet, 2017:66

reciprocidade e na cooperação para o mútuo entendimento. Essa noção de participação do trabalhador na *tessitura interna da empresa* não pode, contudo, negligenciar, com a distensão relativa das estruturas de poder empresarial, a previsão no Parecer Consultivo 18/2003 da Corte Interamericana de Direitos Humanos (CIDH), no sentido do reconhecimento da obrigação de respeito e de garantia dos direitos humanos (sociais) no âmbito da relação trabalhista privada, na tensão entre os direitos fundamentais específicos dos trabalhadores e os direitos fundamentais inespecíficos a eles reconhecidos que preservam a noção de *cidadania na empresa*.

Nesse contexto, o art. 170 da CF/88 (valorização do trabalho humano e ditames da justiça social), o art. 421 do CCB (função social do contrato), e o art. 47 da Lei n. 11.101/05 (função social da empresa que contribui para a sua preservação) acabam por estabelecer e evidenciar diretrizes altamente vinculantes para a concretização da ordem econômica nacional e para o exercício do poder empregatício, em todas as suas formas de manifestação (organização, controle, fiscalização e disciplina), com elevada responsabilidade social.

> (...) o princípio da função social da empresa pressupõe igualmente uma carga de concretização, de efetividade frente a terceiros, em face do que também se contempla na disciplina do art. 170 da Constituição Federal, não se podendo presumir que a função social da empresa seria identificada somente com a indicada distribuição do lucro e a consequente riqueza distribuída aos que estão a ela diretamente vinculados, ou mesmo, com a simples prática de atos beneméritos ou ações humanitárias.[9]

Para Mascaro Nascimento, a participação do trabalhador na empresa é favorecida por uma plêiade de motivos, dentre os quais, de natureza **ética** (desenvolvimento da dignidade humana); **política-social** (democratização da empresa e melhoria do relacionamento interpessoal); **econômica** (crescimento diante da diminuição da conflitividade); e **jurídica**. Especifica, ainda, o mestre paulista que dita participação representa a presença do empregado na gestão econômica em sentido estrito, limitando-se a *processos de decisão conjunta e paritária, ou de co-decisao*[10]. Não é por menos que, na formulação téorica da *nova empresarialidade*, Fabio Konder Comparato refere-se em seus estudos à teoria social da empresa, ao seu reconhecimento como *instituição eminentemente social e ética, na vertente da essência da teoria dos* stakeholders *de Edward Freeman*[11].

> Não é praticada em um só nível, mas em diversos, de acordo com o modelo adotado, desde a unidade básica do local de trabalho, discutindo-se sobre jornada, férias, execução das tarefas, turnos, segurança e higiene etc., até o nível do estabelecimento, no qual mais própria é a discussão sobre a aplicação de diretrizes de cima e autônomas, caso em que a estrutura adequada é a de Conselho de Estabelecimento, inclusive com atribuições de conciliação, como, ainda, o nível de empresa no qual se decidem questões de regulamento de pessoal, plano de cargos e salários e questões econômicas, como participação nos lucros, nível em que tanto pode haver um comitê ou conselho de empresa, como o preenchimento de cargos reservados para trabalhadores na direção da empresa ou Conselho de Administração. Podem, ainda, em sentido amplo, enquadrar-se no conceito estruturas supra-empresariais, como os Conselhos Gestores de Fundos Sociais e Planos Econômicos[12].

Por outro lado, a cogestão, em sentido amplo, pretende significar a realização da ideia de "*estruturação da unidade produtiva — a empresa — em moldes democráticos, em consonância e sob a égide da visão social desse organismo*"[13], apreendendo-a em sua função de *coordenação social*, ou da representatividade enquanto direito de solidariedade. Essa pretensão de remodelação da empresa já constava, inclusive, do art. 165, V da Constituição de 1967[14], quando assegurou aos trabalhadores a *integração na vida e no desenvolvimento da empresa*.

---

(9) SILVA, Elizabet, 2017:68. "A exigência constitucional da função social da propriedade (art. 5º, XXIII e art. 170, III da CF/88) passa a irradiar em todo o ordenamento jurídico infraconstitucional a exigência de uma **postura ética dos agentes econômicos**, em especial, no nosso caso, atrelada a figura jurídica do empregador, com a entrada em vigor do Código Civil de 2002, houve uma verdadeira mudança de paradigma, uma vez que a nova legislação passa a estar sustentada nos seguintes princípios: eticidade, operacionalidade e sociabilidade. Por intermédio do artigo jurídico *Visão geral do projeto de Código Civil: tramitação do projeto*, publicado na Revista dos Tribunais (n. 752, p. 22-30, jun. 1998), Miguel Reale, autor do anteprojeto, adverte que não houve a vitória do socialismo, houve o **triunfo da socialidade**, fazendo prevalecer os valores coletivos sobre os individuais, sem perda, porém, do valor fundante da pessoa humana. Por outro lado, o projeto se distingue pela maior aderência à realidade contemporânea, com a necessária revisão dos direitos e deveres dos cinco personagens tradicionais do Direito Privado: o proprietário, o contratante, o empresário, o pai de família e o testador". BRAGHINI, 2017:49.

(10) NASCIMENTO, 2011:373.

(11) BRAGHINI, 2017:51. "A ideia vinculada à teoria da nova empresarialidade para ter sido incorporada pelo legislador infraconstitucional, uma vez que admite nos termos do art. 510-A da CLT a criação de uma comissão de empregados que tenha a finalidade de promover o entendimento direto com empregadores, e dentre as atribuições discriminadas no art. 510-B da CLT, prescreve: i) aprimoramento do relacionamento entre a empresa e seus empregados com base nos princípios da boa-fé e respeito mútuo (inciso II); ii) promoção do diálogo e o entendimento no ambiente de trabalho com o fim de prevenir conflitos (inciso III); e, iii) buscar soluções para os conflitos decorrentes da relação de trabalho, de forma rápida e eficaz; ou seja, um verdadeiro canal para a promoção e a emancipação do trabalhador diante de uma **possível relativização da teoria da hipossuficiência**." (Destaque inexistente no original)

(12) MASCARO, 2011:373

(13) VIEIRA DE MELLO, 1986:198

(14) Na década de 1980, Martins Catarino entendia que essa previsão constitucional apresentava caráter meramente programático, apesar de seu elevado conteúdo inovatório, "*para as empresas mais propícias*", como nos relembra Vieira de Mello.

Considerando-se a busca de equilíbrio entre a representação de empregados e a representação sindical no âmbito das empresas, um aspecto sensível a ser considerado pelo intérprete da Reforma Trabalhista de 2017, Antônio Alvares já havia asseverado que:

> As empresas com mais de duzentos empregados já praticam necessariamente a negociação coletiva de forma intensa com eles. Muitas já até criaram comitês ou comissões de fábrica através de convenção coletiva. Não precisarão mais de um representante para promover entendimento direto com o empregador, pois este canal já está criado. Ao contrário, a cogestão é útil nas pequenas e médias empresas, em que a comunicação empregados/empregador é menor ou mesmo inexistente. Promovendo-lhes o entendimento através de um comitê ou conselho, a administração comum da micro, pequena e média empresas ficará muito mais fácil para ambos os lados, pois terão meios de se adiantarem ao legislador em decisões que lhes interessam diretamente. A tendência atual é que cada empresa negocie diretamente com seus empregados os tópicos da relação de emprego. O comitê será o agente dessa negociação e o meio mais eficiente de entendimento[15].

O objetivo do presente estudo é apreender os limites da regulamentação proposta ao art. 11 da CF/88, por intermédio dos arts. 510-A a 510-D, introduzidos pela Reforma Trabalhista de 2017 e a Portaria MT n. 349/18. Após traçar um esboço do instituto, inserido em contexto histórico determinado, procuraremos qualificá-lo à luz das normas internacionais do trabalho que disciplinaram o tema da representação dos empregados no âmbito do ordenamento jurídico internacional. Na última parte, objetivamos apresentar algumas considerações sobre cada um dos artigos inseridos no Título IV-A da CLT.

1. Dos contornos de uma ideia

Estevão Mallet e Marcos Fava ao comentarem o art. 11 da CF/88 esclarecem que ambas as representações (sindical e de pessoal da empresa) representam instrumentos de *participação, de deliberação e de apresentação de demandas* dos trabalhadores que coexistem e se complementam. Segundo especificam, referida norma objetiva promover o **entendimento direto** entre empregados e empregadores, permitindo estabelecer novos **canais de diálogo em matérias sociais**, com lastro na noção de responsabilidade social da empresa na tomada de decisões.

No direito brasileiro, a ideia de cogestão foi apresentada, indiretamente, com o estabelecimento das comissões internas de acidentes de trabalho (CIPAS), por intermédio do Decreto n. 7.036, de 10 de novembro de 1944, que objetivaram prevenir acidentes e doenças decorrentes do trabalho, de modo a compatibilizar permanentemente o trabalho com a preservação da vida e a promoção da saúde do trabalhador, como especificado na NR-5 (alterada pela Portaria SIT n. 247, de 12 de julho de 2011). Sabe-se, contudo, que a sua instituição e a sua implementação não evitaram o crescimento exponencial dos acidentes de trabalho nos vários setores econômicos nacionais.

Nota-se, dessa maneira, que a totalizante da participação dos empregados no âmbito das empresas não era desconhecida no Brasil antes da Reforma de 2017 e da Portaria MT n. 349/2018, tendo sido, inclusive, disciplinada em normas coletivas que se referiam à representação de empregados por local de trabalho, na construção de um "novo sindicalismo".

Outra iniciativa conhecida, em matéria de cogestão *lato sensu*, foram as ineficientes comissões de conciliação prévia e os esparsos núcleos intersindicais de conciliação trabalhista introduzidos pela Lei n. 9.958/00 (Titulo VI-A da CLT, arts. 625-A a 625-H). No caso das comissões, diante das fraudes que ocorreram em virtude da tentativa de estabelecer termo com eficácia liberatória geral de direitos trabalhistas, alegava-se frontal violação à regra do art. 5º, XXXV da CF/88. Recentemente, a Lei n. 13.419 de 13 de março de 2017, que introduziu o § 10 ao art. 457 da CLT, passou a prever para as empresas com mais de 60 empregados a constituição de comissão de empregados, mediante previsão em convenção ou acordo coletivo.

O objetivo de sua constituição foi o acompanhamento e a fiscalização da regularidade da cobrança e da distribuição das gorjetas de que trata o parágrafo terceiro do referido artigo. Determinou-se a eleição dos representantes por intermédio de assembleia geral convocada para esse fim pela entidade sindical, com garantia de emprego vinculada ao desempenho das funções para que foram eleitos, e para as demais empresas, a previsão foi da constituição de comissão intersindical para o referido fim.

As razões do legislador são sempre uma incógnita perturbadora, mas previsível.

Buscando compreender o instituto da representação no âmbito da empresa, na perspectiva civilista, o representante é aquele que possui capacidade para praticar atos ou administrar interesses em nome de outrem, na defesa de interesses da coletividade, por intermédio da constituição de comissões de empregados legitimamente eleitos. Certo é, que nos termos do art. 3º da Convenção n. 135 da OIT, a expressão representantes dos trabalhadores, ao estabelecer a necessidade de manutenção de um duplo canal de representação no âmbito

(15) ALVARES DA SILVA. *Representação dos trabalhadores na empresa.* In: NASCIMENTO, 2001:301

da empresa, designam tanto os representantes sindicais típicos quanto os representantes livremente eleitos por todos os trabalhadores de um determinado ambiente de trabalho, ressalvadas as exceções legais.

Com essa representação pretende-se o estabelecimento de uma espécie de "democratização" das relações laborais no âmbito da empresa, com o objetivo de atender, de imediato, as questões surgidas no local de trabalho, aí incluídos o acompanhamento e a fiscalização das relações dos trabalhadores com a empresa, em suas reivindicações quanto ao aprimoramento das condições de trabalho, que não se confundem e nem usurpam a atuação típica da entidade sindical, nos termos do art. 5º da Convenção n. 135 da OIT, como no caso da previsão do art. 7º, incisos VI, XIII e XIV da CF/88. Isso não afasta, contudo, a pretensão de atuação complementar e colaborativa no plano da cogestão *lato sensu*.

É nessa perspectiva que o art. 11 da CF/88 define a representação como instrumento de promoção de entendimento direto entre empregados e empregadores. A limitação portanto é no sentido de garantir o diálogo para a solução de questões individuais ou coletivas, desde que não representem, ainda que indiretamente, a formalização de negociação coletiva. A regulamentação desse dispositivo, após quase 30 anos, seguiu-se com a Reforma Trabalhista de 2017, não podendo ser desconsiderada a Recomendação n. 1, de 15 de agosto de 2011 do Ministério Público do Trabalho que orientou o estabelecimento da representação de empregados no âmbito das empresas.

2. Da interpretação da representação dos empregados na empresa à luz das Normas Internacionais do Trabalho (NIT'S)

Em matéria de tutela das relações profissionais destacam-se as seguintes convenções e recomendações internacionais aprovadas no âmbito da Organização Internacional do Trabalho: Convenção n. 135 sobre os representantes dos trabalhadores, 1971; Convenção n. 151 sobre as relações de trabalho na função pública, 1978; Convenção n. 154 sobre a negociação coletiva, 1981; Recomendação n. 91 sobre contratos coletivos, 1951; Recomendação n. 92 sobre conciliação e a arbitragem voluntárias, 1951; Recomendação n. 94 sobre a colaboração nos planos da empresa, 1952; Recomendação n. 113 sobre a consulta aos níveis industrial e nacional, 1960; Recomendação n. 129 sobre as comunicações no âmbito da empresa, 1967; Recomendação n. 130 sobre o exame das reclamações, 1967; Recomendação n. 143 sobre representantes dos trabalhadores, 1971; Recomendação n. 159 sobre relações de trabalho na função pública, 1978; Recomendação n. 163 sobre a negociação coletiva, 1981.

Pois bem. Conforme já salientamos em estudo sobre o tema dos *Direitos sociais fundamentais na perspectiva internacional: contribuições para uma aplicação (criativa) da teoria do controle jurisdicional de convencionalidade e de legalidade das leis trabalhistas*, a ser publicado em edição especial na Revista do TRT3, referente à Reforma Trabalhista introduzida pela Lei n. 13.467/17, impõe-se, desde já, afirmar a "(...) *pertinência da justiça social como objetivo amplo da regulação de relações trabalhistas em escala global*"[16], considerando-se a "*inserção igualitária de sujeitos de direito à condição de razão de existência do econômico, do político e do jurídico*".

Não é novidade o fato de que, desde a sua criação em 1919, a Organização Internacional do Trabalho (OIT) vem objetivando promover os princípios fundamentais e o direito do trabalho, por intermédio de um sistema de supervisão e de aplicação das normas internacionais do trabalho (NIT's), tais como, a garantia de melhores oportunidades de emprego e de renda para homens e mulheres em condição de livre escolha; a não discriminação e a dignidade; a ampliação da abrangência e da eficácia da proteção social; bem assim, o fortalecimento do tripartismo e do diálogo social. Na Declaração de Filadélfia de 1944, parte integrante da Carta da OIT, ao lado dos princípios fundamentais que formalizou[17], restaram estabelecidos, gradativamente, um programa de ação envolvendo: o pleno emprego e a elevação do nível de vida; as ocupações garantindo a plena satisfação e o bem-estar comum; a concretização de um sistema de garantias adequadas; a participação justa nos frutos do progresso em termos de salários, da duração e das condições de trabalho; o reconhecimento do direito de negociação coletiva e da cooperação para melhoria contínua da organização e da produção; a ampliação das medidas de segurança social e de assistência médica; a proteção da vida e da saúde dos trabalhadores; a proteção da infância e da maternidade; o nível adequado de alimentação, de alojamento, de recreação e de cultura; e a igualdade de oportunidades na educação e no emprego.

Para o professor mineiro Gravatá Nicoli, como afirmamos naquele estudo, com a Declaração de 1944, a pauta da OIT passou a envolver uma série de eixos de ação, prevalecendo a proteção do ser humano em suas **formas de sociabilidade**[18], incorporando o amadurecimento de um **patrimônio ético e jurídico vazado de dinâmica historicidade**, e, colocando em evidência a

(16) NICOLI, 2016:17

(17) *O trabalho não é uma mercadoria; A liberdade de expressão e de associação é uma condição indispensável para o progresso constante; A pobreza constitui um perigo para a prosperidade de todos; A luta contra a necessidade por intermédio do esforço internacional contínuo e organizado de representantes dos trabalhadores, dos empregadores e dos governos.*

(18) NICOLI, 2016:103.

concorrência dos sistemas normativos internacional e interno(19). Dignas de referência, ainda, são: a Declaração da OIT sobre os princípios e direitos fundamentais no trabalho, de 1998(20) (*core labour standards* ou normas fundamentais do trabalho); a Declaração tripartite de princípios sobre empresas multinacionais e política social, de 1977, revista em 2000 e 2006; e, a Declaração da OIT sobre a justiça social para uma globalização justa, de 2008(21).

Nessa perspectiva, as normas internacionais do trabalho (NIT's)(22) podem ser conceituadas como sendo os instrumentos jurídicos elaborados pelos mandatários da OIT — governos, empregadores e trabalhadores, em sua composição tripartite — definindo princípios e direitos mínimos a serem observados nas relações trabalhistas em todos os Estados signatários. São elaboradas no âmbito da Conferência Internacional do Trabalho, órgão da OIT. O Estado que as ratifica deve aplicá-las na prática, além de ter a obrigação de apresentar relatórios sobre a respectiva aplicação, em intervalos regulares, sob pena de utilização dos procedimentos de reclamação e de queixa perante os comitês específicos da Organização.

Essas normas internacionais objetivam estabelecer um ***padrão jurídico mínimo internacional para os direitos sociais, formalizando um efetivo bloco de constitucionalidade dos direitos sociais***, na expressão de Hector Hugo Barbagelata(23). Devem ser incluídos na *constelação dos valores da paz*, a que se referiu o professor Gerson de Britto Mello Boson(24) em seus estudos sobre a constitucionalização do direito internacional.

As Convenções internacionais do trabalho (*hard law*) são tratados juridicamente obrigatórios que podem enunciar princípios fundamentais que devem ser aplicados pelos Estados que os ratificarem. As **Recomendações internacionais do trabalho (*soft law*)** são princípios diretores mais precisos sobre a forma como uma convenção poderá ser aplicada ou trazem natureza autônoma, quando não se relacionam a uma convenção específica. Acabam por orientar a política, a legislação e a prática, inclusive, jurisdicional dos Estados-membros da OIT.

Integrando o sistema normativo da Organização, vale destacar ainda os **Protocolos**, a partir dos anos de 2000, que passaram a ser utilizados para a adoção de um plano integrado para melhorar a coerência, a pertinência e o impacto das atividades normativas da OIT, podendo estender ou revisar parcialmente determinadas convenções, acrescentando novas disposições a convenções mais antigas. Os protocolos são abertos à ratificação dos Estados que já se encontram obrigados por determinada convenção a que se referem, podendo ser os dois instrumentos ratificados simultaneamente. Acabam por introduzir uma maior flexibilidade às convenções correspondentes, e, ainda, podem prever a extensão das obrigações nelas constantes.

Por fim, as **Resoluções** são instrumentos não vinculativos que fornecem diretrizes pormenorizadas relativas às estruturas conceituais, às definições operacionais e aos métodos de produção e de disseminação das estatísticas do trabalho. Objetivam orientar os Estados a desenvolver ou a rever os seus programas de estatística do trabalho nacional, bem como, aprimorar a sua comparabilidade internacional.

Nesse contexto, as NIT's acabam por refletir princípios universalmente reconhecidos, levando em consideração a cultura, a história, os sistemas jurídicos e os níveis de desenvolvimento econômico dos Estados da Sociedade Internacional. Inclusive, esses Estados, uma vez tendo ratificado uma convenção internacional da OIT, no limite de seu consentimento primário, têm a obrigação de observá-la na prática e de elaborar relatórios sobre a sua aplicação a intervalos regulares para os comitês da Organização, sob pena de aplicação de sanções.

Ademais, ainda que as NIT's possam conter *cláusulas de flexibilidade* que permitam aos Estados matizar sua

---

(19) *Ibidem*, p. 121.

(20) Essa Declaração reafirma a obrigação de os Estados-membros da OIT respeitarem os princípios concernentes aos direitos fundamentais e reconhece a obrigação que incumbe à OIT de auxiliar os Estados-membros a alcançar tais objetivos, por intermédio da cooperação técnica e de serviços de aconselhamento.

(21) Objetivou fortalecer a capacidade da OIT para o Programa do trabalho decente: *Promoção do emprego em um entorno institucional e econômico sustentável; adoção e ampliação das medidas de proteção social (saúde, segurança e seguridade); promoção do diálogo social e do tripartismo; respeito, promoção e aplicação dos princípios e dos direitos fundamentais no trabalho.*

(22) *"Considerando que as convenções internacionais do trabalho são tratados de direitos humanos em sentido estrito, o certo é que uma vez aprovadas pelo Congresso Nacional, e ratificadas pelo Poder Executivo, passam a integrar a nossa ordem jurídica com* status *materialmente constitucional, por força do art. 5º, § 2º da Constituição. Se, por sua vez, forem aprovadas pelo* quorum *do § 3º do art. 5º, tornam-se formalmente constitucionais, tendo, porém, em qualquer dos casos, aplicação imediata desde a sua ratificação. Assim, devem os juízes utilizar as convenções da OIT afastando a lei interna (menos benéfica) contrária à norma internacional, no exercício do controle difuso de convencionalidade. Importante notar que há regras próprias previstas na Constituição da OIT no que se refere ao conflito entre as convenções internacionais do trabalho e normas internas. O art. 19(8) do tratado constitutivo da Organização, prevê que "em caso algum, a adoção, pela Conferência, de uma convenção ou recomendação, ou a ratificação, por um Estado-membro, de uma convenção, deverão ser consideradas como afetando qualquer lei, sentença, costumes ou acordos que assegurem aos trabalhadores interessados condições mais favoráveis que as previstas pela convenção ou recomendação". Em outras palavras, a Constituição da OIT determina sejam aplicadas sempre as normas mais favoráveis aos cidadãos, não importando sejam elas internacionais ou internas".* MAZZUOLI; FRANCO FILHO. Incorporação e aplicação das convenções internacionais da OIT no Brasil. In: MAZZUOLI, Valerio; FRANCO FILHO, Georgenor (Orgs.). *Direito internacional do trabalho, 2016:17.*

(23) NICOLLI, 2016:122.

(24) BOSON, 1996:276.

aplicação no âmbito interno, não servem, de maneira estratégica, de parâmetro para fixar regras insuficientes de proteção social, fora da teleologia da própria normativa e dos princípios da OIT. Muito menos, deveriam essas cláusulas ser utilizadas como instrumento de retrocesso social ao patamar mínimo civilizatório já reconhecido por determinado Estado que as recepcionou, por mera alegação de mudança da "ideologia político-econômica" dominante, em se considerando o momento da assinatura e da efetiva produção de efeitos, concluído o processo de ratificação perante o ordenamento jurídico interno para aquelas NIT's que o exigem.

Por certo, e, principalmente, a legislação trabalhista não pode ser apreendida fora do contexto de inserção do Brasil na sociedade internacional de Estados, bem assim, de todas as regras jurídicas vigentes no ordenamento jurídico internacional que impactam e pautam a conduta dos negócios públicos e privados[25] *in terrae brasilis*. Previsibilidade e segurança jurídica nas decisões impõem o amadurecimento da argumentação e o aperfeiçoamento do *obter dicta* dos julgados, o que é necessário à conservação do próprio sistema como um todo e não o silêncio ensurdecedor do aplicador que não interpreta, sob o pretexto de ignorar, sem a problematização devida, o contexto e os pressupostos nos quais a pretendida modernização das relações do trabalho encontra-se inserida.

Assim, as NIT's ratificadas[26] pelo ordenamento jurídico interno, na dicção do art. 29 do Pacto de São José da Costa Rica de 1969, do art. 19 da Constituição da OIT de 1919 e do art. 27 da Convenção de Viena sobre direito dos tratados de 1969, podem ser utilizadas para colmatar lacunas legislativas, axiológicas e ontológicas, enquanto normas mais favoráveis, além de funcionarem como guias para a interpretação, no caso de ambiguidades do direito interno e para o esclarecimento de termos gerais e de conceitos jurídicos indeterminados, estabelecendo-se um *princípio jurisprudencial (de correção), com base no direito internacional e no direito internacional do trabalho*. Com relação às NIT's não ratificadas (declarações, convenções, recomendações, protocolos e resoluções da OIT), fora da ideia de controle de convencionalidade proposto por Valerio Mazzuoli[27], podem funcionar, igualmente, com propósito de aprimorar a pretensão normativa do legislador, no esclarecimento de termos gerais e de conceitos jurídicos indeterminados, na consagração do *ius communae* em matéria de direito social internacional.

2.1. Normas Internacionais do Trabalho (NIT's) em espécie que podem impactar a percepção do instituto da representação de pessoal no âmbito da empresa

A Recomendação n. 92[28] sobre conciliação e arbitragem voluntárias (R. 92, 1951) reconheceu a conciliação voluntária como um instrumento capaz de contribuir para *a prevenção e para a solução de conflitos de trabalho entre empregadores e trabalhadores*. Nessa vertente,

(25) Ao longo de décadas, é inegável perceber que a Consolidação das Leis do Trabalho (CLT) e a legislação esparsa incorporaram inúmeros direitos e princípios que tiveram sua origem na consolidação do direito do trabalho, por intermédio da iniciativa política e normativa da Organização Internacional do Trabalho (OIT). Para Mauricio Godinho o texto constitucional deveria assegurar: normas constitucionais em geral — previsão de um rol mínimo de disposições fundamentais em matéria trabalhista — art. 7º da CF/88; normas de tratados e de convenções internacionais — expressando um patamar civilizatório próprio do mundo ocidental; e, as normas legais infraconstitucionais que devem assegurar patamares de cidadania ao indivíduo que trabalha. BRAGHINI, 2017:40.

(26) Para Antonio Augusto Cançado Trindade "*Ao ratificar os tratados de direitos humanos, os Estados-partes contraem, a par das obrigações específicas relativas a cada um dos direitos protegidos, a obrigação geral de adequar seu ordenamento jurídico interno às normas internacionais de proteção. As duas Convenções de Viena sobre Direito dos Tratados (de 1969 e 1986 respectivamente), proíbem (art. 27) que uma parte invoque disposições de seu direito interno para tentar justificar o descumprimento de um tratado. É este um preceito, mais do que do direito dos tratados, do direito da responsabilidade internacional do Estado, firmemente cristalizado na jurisprudencia internacional. Segundo esta, as supostas ou alegadas dificuldades de ordem interna são um simples fato, e não eximem os Estados-Partes em tratados de direitos humanos da responsabilidade internacional pelo não cumprimento das obrigações internacionais contraídas.* ***A interpretação das leis nacionais de modo a que não entrem em conflito com a normativa internacional de proteção seria um meio de evitar o descumprimento daquelas obrigações internacionais. Os tratados, uma vez ratificados e incorporados ao direito interno, obrigam a todos, inclusive aos legisladores, podendo-se pois, presumir, o propósito de cumprimento de tais obrigações de proteção por parte do Poder Legislativo (da mesma forma que dos Poderes Executivo e Judiciário).*** *Em matéria de direitos humanos isto implica o dever geral de adequação do direito interno à normativa internacional de proteção (seja regulamentando os tratados para assegurar-lhes a eficácia no direito interno, seja alterando as leis nacionais para harmonizá-las com as disposições das convenções internacionais) — dever este que se encontra expressamente consignado nos tratados de direitos humanos (a exemplo do art. 2º da Convenção Americana sobre Direitos Humanos). Em virtude do caráter especial dos tratados de direitos humanos, impõe-se, com ainda maior força, a adequação do ordenamento jurídico interno às disposições convencionais.* CANÇADO TRINDADE, Antonio Augusto. Memorial em prol de uma nova mentalidade quanto à proteção dos direitos humanos nos planos internacional e nacional. In: ALBUQUERQUE MELLO, Celso D.; TORRES, Ricardo Lobo (diret). Arquivos de Direitos Humanos, 1999:36-37 — destaque inexistente no original.

(27) A teoria geral do controle de convencionalidade objetiva, no auxílio à atividade (criativa) de reconstrução de sentido da norma nacional a ser interpretada, na concepção de Valerio Mazzuoli, **adaptar**, **conformar** ou **compatibilizar** *verticalmente* as leis ou os atos normativos do poder público, tendo como parâmetro a Constituição e os Tratados de direitos humanos, ratificados pelo Brasil e em vigor. Esse controle exerce-se pela *teoria da dupla compatibilidade vertical*, no sentido de que as leis internas para a sua validade e consequente eficácia devem encontrar respaldo tanto nas garantias constitucionais vigentes quanto naquelas garantias instrumentalizadas pelos tratados de direitos humanos vigentes no ordenamento jurídico brasileiro. Valerio Mazzuoli trata do tema do controle de convencionalidade nas seguintes obras, a título exemplificativo: *O controle jurisdicional da convencionalidade das leis*. São Paulo: RT, 2011; *Direito internacional público*. Parte Geral, São Paulo: RT, 2012; *Curso de direito internacional público*. São Paulo: RT, 2013 e nos textos *O novo parágrafo terceiro do art. 5º da Constituição e sua eficácia* publicado na Revista de Informação Legislativa, ano 42, n. 167, Brasília, 2005 e *Teoria geral do controle de convencionalidade no direito brasileiro* publicado na Revista de Informação Legislativa, 46, n. 181, Brasília, jan./mar. 2009.

(28) Disponível em: <http://www.ilo.org/dyn/normlex/en/f?p=NORMLEXPUB:12100:0::NO::P12100_INSTRUMENT_ID:312430>.

a Recomendação n. 94[29] sobre a colaboração nos planos da empresa (R. 94, 1952) estabeleceu a necessidade de adoção de medidas apropriadas para a promoção da consulta e da colaboração entre empregados e empregadores, no âmbito da empresa *para questões de interesse comum, não compreendidas no plano de ação da negociação coletiva nem que sejam tratadas por outros organismos encarregados de determinar as condições de trabalho*. Como resultado, previu, ainda, a possibilidade de o entendimento direto estimular acordos voluntários entre as partes; promover uma legislação que estabeleça o alcance, a competência, a estrutura, e as modalidades de funcionamento desses organismos de consulta e de colaboração, levando em consideração as condições particulares das diferentes empresas. Em matéria de contratos coletivos de trabalho, as condições de trabalho e de emprego neles negociadas, devem ser celebradas preferencialmente pelas entidades sindicais e, apenas, no caso de sua ausência, excepcionalmente, por representantes dos trabalhadores interessados, devidamente eleitos e autorizados por estes, de acordo com a legislação nacional (Recomendação n. 91[30] sobre os contratos coletivos de trabalho, 1951).

A Recomendação n. 113 sobre a consulta aos níveis econômico e industrial foi adotada em 20 de junho de 1960 (R. 113, 1960) acabando por estabelecer a necessidade de adotar medidas apropriadas às condições nacionais para *promover de maneira efetiva a consulta e a colaboração* entre as autoridades públicas e as organizações de empregadores e de trabalhadores, assim como, entre as próprias organizações, para a realização dos objetivos previstos nos itens quarto e quinto[31] e para outras questões de interesse comum, nos ramos de atividade econômica e nacional. Especifica, ainda, que tais medidas deverão ser aplicadas sem discriminação de nenhuma natureza contra essas organizações, nem entre elas, por motivo de raça, sexo, religião, opinião política ou ascendência nacional de seus membros.

Reafirmou que a consulta e a colaboração não devem **vulnerar** nem a liberdade sindical nem os direitos das organizações de empregadores e de trabalhadores, incluídos aí os seus direitos de negociação coletiva. Não se afastou a possibilidade de que a fonte heterônoma e outras autoridades públicas (dentre as quais, por certo, a Justiça do Trabalho) possam estabelecer e facilitar ditas consultas, com o objetivo de estimulá-las.

A Recomendação n. 129[32] sobre as comunicações no âmbito da empresa (R. 129, 1967) apontou a necessidade de adoção de medidas necessárias para o estabelecimento e a aplicação de uma *política de comunicação* entre a direção da empresa e seus trabalhadores, na construção de um *clima de compreensão e de confiança mútuas favoráveis, tanto para a eficiência da empresa quanto para as aspirações de seus trabalhadores*. Para tanto, previu a necessidade de favorecer a difusão geral e o intercambio rápido de **informações suficientemente completas, eficazes e objetivas**, *sobre os diferentes aspectos da vida da empresa e das condições sociais dos trabalhadores, sem prejuízo para a liberdade sindical e sem limitar as atribuições dos representantes eleitos*.

Dita Recomendação indicou, ainda, que essa política de comunicação deverá resguardar a **comunicação real e efetiva**, em ambos os sentidos, entre os representantes da direção (proprietários, gerentes, supervisores, líderes de setor etc.) e os trabalhadores; e, entre o proprietário, o gestor de recursos humanos ou qualquer outro representante da administração e os representantes sindicais. As informações assim obtidas poderiam ser difundidas por intermédio de reuniões que permitissem o intercâmbio dos pontos de vista e das informações; de boletins e de manuais de política de pessoal; de revistas e de periódicos da empresa; de circulares e de folhetos de informação; de quadros de avisos; de informes anuais e financeiros redigidos de maneira a que possam ser compreendidos pelos trabalhadores; de exposições; de visitas; de meios audiovisuais, inclusive, películas e diapositivos; de circuitos internos de televisão e de comunicação; tudo, permitindo aos trabalhadores expressarem suas opiniões e apresentarem sugestões sobre temas referentes ao funcionamento da empresa.

A Recomendação, não exaustivamente, explicitou como prováveis matérias da referida comunicação: condições gerais de emprego, inclusive, contratação, alterações e término da relação de trabalho; descrição das tarefas dos diversos postos de trabalho e sua correspondente posição na estrutura da empresa; possibilidade de formação e ascensão profissionais; condições gerais de trabalho; regulamentos de segurança e

(29) Disponível em: <http://www.ilo.org/dyn/normlex/en/f?p=NORMLEXPUB:12100:0::NO:12100:P12100_INSTRUMENT_ID:312432:NO>.

(30) Disponível em: <http://www.ilo.org/dyn/normlex/en/f?p=NORMLEXPUB:12100:0::NO:12100:P12100_INSTRUMENT_ID:312429:NO>.

(31) "4. Tal consulta y tal colaboración deberían tener como objetivo general el fomento de la comprensión mutua y de las buenas relaciones entre las autoridades públicas y las organizaciones de empleadores y de trabajadores, así como entre las propias organizaciones, a fin de desarrollar la economía en su conjunto o algunas de sus ramas, de mejorar las condiciones de trabajo y de elevar el nivel de vida. 5. Tal consulta y tal colaboración deberían tener como objetivo, en particular: (a) permitir el examen conjunto, por parte de las organizaciones de empleadores y de trabajadores, de cuestiones de interés mutuo, a fin de llegar, en la mayor medida posible, a soluciones aceptadas de común acuerdo; (b) lograr que las autoridades públicas competentes recaben en forma adecuada las opiniones, el asesoramiento y la asistencia de las organizaciones de empleadores y de trabajadores respecto de cuestiones tales como: (i) la preparación y aplicación de la legislación relativa a sus intereses; (ii) la creación y funcionamiento de organismos nacionales, tales como los que se ocupan de organización del empleo, formación y readaptación profesionales, protección de los trabajadores, seguridad e higiene en el trabajo, productividad, seguridad y bienestar sociales; y (iii) la elaboración y aplicación de planes de desarrollo económico y social. (Disponível em: <http://www.ilo.org/dyn/normlex/en/f?p=1000:12100:0::NO::P12100_INSTRUMENT_ID,P12100_LANG_CODE:312451,es:NO>.)

(32) Disponível em: <http://www.ilo.org/dyn/normlex/en/f?p=NORMLEXPUB:12100:0::NO:12100:P12100_INSTRUMENT_ID:312467:NO>.

de higiene do trabalho e instruções sobre prevenção de acidentes e enfermidades profissionais; procedimentos para o exame de reclamações, bem assim, as modalidades de seu funcionamento e as condições para a sua utilização; serviços de bem-estar para o pessoal (assistência médica, psicológica, alimentação, alojamento etc.); situação geral da empresa e perspectivas ou planos para o desenvolvimento futuro; explicação das decisões que provavelmente tenham efeitos diretos ou indiretos sobre a situação dos trabalhadores na empresa; métodos de consulta, discussão e cooperação entre a direção e seus representantes, por um lado, e os trabalhadores e seus representantes, por outro.

A Recomendação n. 130[(33)] sobre o exame das reclamações no âmbito da empresa (R. 130, 1967) estipulou que todo empregado que julgasse ter motivos para apresentar uma reclamação, e que atuasse individualmente ou junto com outros trabalhadores deveria ter o direito de apresentá-la, sem que lhe pudesse resultar nenhum prejuízo (pelo fato de tê-la apresentado) e de que fosse examinada, em conformidade com um procedimento adequado. Os motivos, segundo a Recomendação, poderiam dizer respeito a qualquer situação que impactasse as relações entre empregador e trabalhador. Lado outro, seriam igualmente reconhecidos os motivos que pudessem afetar as condições de emprego de um ou de vários trabalhadores da empresa, quando essas medidas viessem a contrariar convenções ou acordos coletivos, o contrato individual de trabalho, o regulamento da empresa, a legislação nacional, os usos e costumes da profissão e/ou o ramo de atividade econômica, com base no princípio da boa-fé, não se confundindo com as reivindicações que devem ser instrumentalizadas por intermédio da negociação coletiva.

Apesar de a Recomendação reconhecer que as reclamações deveriam ser resolvidas no âmbito próprio da empresa, com base na adoção de procedimentos eficazes por ramo de atividade econômica e de empresa interessada, não afastou a possibilidade de o trabalhador buscar diretamente, a autoridade pública competente em matéria de trabalho, ou um tribunal do trabalho para análise da reclamação. Prevendo, ainda, o procedimento a ser adotado no âmbito da empresa para a solução, em tempo razoável, das reclamações apresentadas, a Recomendação indicou que o trabalhador deveria ter o direito de participar diretamente do procedimento de exame das reclamações, podendo ser assistido ou representado durante o procedimento, por um representante dos trabalhadores ou por qualquer pessoa à sua livre escolha, mesmo direito reconhecido aos empregadores, garantindo-se-lhe o tempo necessário para a respectiva participação, sem perda da remuneração ou de desconto por ausência ao trabalho.

Segundo a Recomendação n. 143[(34)] sobre representantes dos trabalhadores, adotada em 23 de junho de 1971 (R. 143, 1971), representantes dos trabalhadores foram definidos como sendo as pessoas reconhecidas como tais em virtude da legislação ou das práticas nacionais, incluindo no conceito, os representantes sindicais (nomeados ou eleitos pelos sindicatos ou por seus afiliados) e os representantes eleitos, livremente eleitos pelos trabalhadores da empresa, em conformidade com a legislação nacional ou dos contratos coletivos e *cujas funções não incluam atividades que sejam reconhecidas como prerrogativas exclusivas dos sindicatos.*

A Recomendação possibilitou às decisões judicias, à legislação nacional, aos contratos coletivos e aos laudos arbitrais determinarem que classe ou classes de representantes dos trabalhadores teriam direito à proteção e às facilidades neles previstas. No caso de coexistência entre representantes sindicais e representantes eleitos no âmbito da empresa, deve-se garantir que a existência dos segundos não seja utilizada em menoscabo da posição dos sindicatos interessados ou de seus representantes, *fomentando a colaboração em todos os assuntos de interesse entre ambos.*

Esses representantes deveriam gozar, nos termos da Recomendação, de proteção eficaz contra qualquer ato que pudesse prejudicá-los, incluindo-se a dispensa pela razão de sua condição de representante, de suas atividades, de sua filiação a sindicato, ou de sua participação em atividade sindical. Dentre as disposições efetivas para a sua proteção, destacam-se: a definição detalhada e precisa dos motivos que justificaram o término da relação de trabalho dos representantes; a exigência de consulta, a um organismo independente, público ou privado, ou de um organismo paritário, antes que a dispensa do trabalhador seja definitiva; procedimento especial de recurso acessível aos representantes dos trabalhadores que considerem ter havido término injusto de sua relação de trabalho, ou que suas condições de emprego restaram modificadas desfavoravelmente; estabelecimento de uma reparação, no caso de término injusto da relação de emprego, com sua reintegração ao posto de trabalho, com pagamento de salários vencidos e a manutenção dos direitos adquiridos; impor ao empregador o ônus da prova específico quanto ao motivo justificado da dispensa do representante, quando esse último entenda-a como sendo de natureza discriminatória; reconhecer a prioridade dos representantes quanto à manutenção de seu emprego, no caso de redução de pessoal.

A Recomendação reconheceu, ainda, a possibilidade de aplicação dessa proteção aos candidatos, bem assim, com relação àqueles que cessaram suas funções como representantes dos trabalhadores. Quanto às facilida-

(33) Disponível em: <http://www.ilo.org/dyn/normlex/en/f?p=NORMLEXPUB:12100:0::NO:12100:P12100_INSTRUMENT_ID:312468:NO>.

(34) Disponível em: <http://www.ilo.org/dyn/normlex/en/f?p=NORMLEXPUB:12100:0::NO:12100:P12100_INSTRUMENT_ID:312481:NO>.

des apropriadas para permitir aos representantes desempenhar, de maneira rápida e eficaz, as suas funções, destacam-se: devem ser estabelecidas de acordo com as características do sistema nacional de relações empregado-empregador, a necessidade, a importância e as possibilidades da empresa; essa outorga não deve prejudicar o funcionamento eficaz da empresa; devem garantir-lhes desfrutar dessas facilidades, sem perda de salário, nem de outras prestações ou vantagens contratuais, com tempo livre, razoável e necessário para desempenhar suas tarefas de representação, quando necessário, mediante autorização prévia de seu superior hierárquico, não podendo ser negada a permissão sem motivo justificado. Nessa autorização, englobam-se os afastamentos para a participação em reuniões, cursos de formação, seminários, congressos e conferências sindicais, inclusive, para adentrarem em todas as dependências da empresa para o exercício da representação.

A Recomendação n. 159[(35)] sobre relações de trabalho na função pública (R. 159, 1978) estabeleceu a possibilidade de instituição de representantes de organizações de empregados públicos, de conformidade com o art. 6, § 3º da Convenção sobre as relações de trabalho na administração pública, 1978, levando em consideração a Recomendação sobre os representantes dos trabalhadores, 1971.

A Convenção n. 135[(36)] sobre a proteção de representantes dos trabalhadores, 1971 (C.135), foi aprovada por intermédio do Decreto legislativo n. 86, de 14 de dezembro de 1989 e promulgada pelo Decreto n. 131, de 22 de maio de 1991. A C. 135 reconhece como *representantes dos trabalhadores* tanto os **representantes sindicais** quanto os **representantes livremente eleitos** (art. 3, "*a*" e "*b*") que devem beneficiar-se da mais eficaz proteção contra as medidas que lhes possam causar prejuízo, incluindo o despedimento (art. 1). A *coexistência* da dupla representação no âmbito da empresa é respaldada pela própria Convenção ao estabelecer que:

> Art. 5º Quando uma empresa tem, ao mesmo tempo, representantes sindicais e representantes eleitos, deverão ser tomadas medidas apropriadas, sempre que tal se verifique, a fim de se evitar que a presença dos representantes eleitos possa servir para enfraquecer a situação dos respectivos sindicatos ou dos seus representantes, e também para encorajar a cooperação entre os representantes eleitos e os sindicatos e seus representantes em todos os assuntos pertinentes.

Essa previsão deve ser interpretada em consonância com o art. 3º da Convenção n. 154[(37)] sobre fomento à negociação coletiva, 1981, recepcionada pelo Decreto n. 1.256, de 29 de setembro de 1994 que estabelece:

> Art. 3º
>
> 1. Quando a lei ou a prática nacionais reconhecerem a existência de representantes de trabalhadores que correspondam à definição do anexo b) do art. 3 da Convenção sobre os Representantes dos Trabalhadores, de 1971, a lei ou a prática nacionais poderão determinar até o ponto que a expressão "negociação coletiva" pode igualmente se estender, no interesse da presente Convenção, às negociações com tais representantes.
>
> 2. Quando, em virtude do que dispõe o § 1º deste artigo, a expressão "negociação coletiva" incluir também as negociações com os representantes dos trabalhadores a que se refere o parágrafo mencionado, deverão ser adotadas, se necessário, medidas apropriadas para garantir a existência destes representantes não seja utilizada em detrimento da posição das organizações de trabalhadores interessados.

A regra é igualmente reproduzida na Parte IV (remuneração dos trabalhadores e questões conexas), art. 10 da Convenção n. 117[(38)] da OIT sobre objetivos e normas básicas de política social, 1962, recepcionada no ordenamento nacional pelo Decreto n. 66.496, de 27 de abril de 1970, quando previu que:

> Art. 10.2. Quando não houver métodos adequados de fixação de valores salariais mínimos por meio de acordos coletivos, tomar-se-ão as medidas necessárias para permitir a determinação dos valores salariais mínimos, em consulta com os representantes dos empregadores e dos trabalhadores, entre os quais figurarão representantes das respectivas organizações, se as houver.

A Convenção n. 122[(39)] sobre política de emprego, recepcionada pelo Decreto n. 66.499, de 27 de abril de 1970, previu, em seu art. 3, que na sua aplicação, os representantes dos meios interessados nas medidas a serem implementadas em matéria de política do pleno emprego, produtivo e livremente escolhido, e, particularmente, os representantes dos empregados e dos trabalhadores, *deverão ser consultados quanto à política de emprego, para que sejam efetivamente consideradas as suas experiências e suas opiniões, para que colaborem efetivamente na elaboração dessas políticas e ajudem a obter para elas todo o apoio.*

3. Da representação dos empregados na Lei n. 13.467/17 — Comentários

A Lei n. 13.467/2017 que alterou inúmeros dispositivos da Consolidação das Leis do Trabalho de 1943 e de legislação especial, "*adequando-a às novas relações de trabalho*", introduziu o *Título IV-A, (Da Representação dos Empregados), arts. 510-A a 510-D,* passando claramente a regulamentar o art. 11 da Constituição Federal de 1988 quanto à representação dos empregados no

(35) Disponível em: <http://www.ilo.org/dyn/normlex/en/fp=1000:12100:0::NO::P12100_INSTRUMENT_ID,P12100_LANG_CODE:312497,es:N>.

(36) Disponível em: <http://www.planalto.gov.br/ccivil_03/decreto/1990-1994/D0131.htm>.

(37) Disponível em: <http://www.planalto.gov.br/ccivil_03/decreto/1990-1994/D1256.htm>.

(38) Disponível em: <http://www.trtsp.jus.br/geral/tribunal2/LEGIS/CLT/OIT/OIT_117.html>.

(39) Disponível em: <http://www.trtsp.jus.br/geral/tribunal2/LEGIS/CLT/OIT/OIT_122.html>.

âmbito das empresas. Pode-se até avançar a discussão no sentido de reconhecer que essa regulamentação, pretendendo realizar, no plano legislativo, a noção de cidadania na empresa, dialoga com a previsão do art. 122 do Código Civil[(40)], controlando o arbítrio do dirigente no exercício de seu poder empregatício.

Certo é que o art. 421 do Código Civil estabelece que a liberdade de contratar será exercida em razão e nos limites da função social do contrato, na tensão entre a autonomia privada e o respeito à ordem pública, constitucionalmente resguardada no Estado Democrático de Direito. No Direito do Trabalho reconhece-se a função social da distribuição de riqueza e de tutela da dignidade humana (art. 7º, *caput* da CF/88), salvaguardando-se o patamar mínimo civilizatório, a teor dos arts. 1º, III e IV, 3º, I e III, e 170 da CF/88. Assim, o exercício pelo magistrado de uma efetiva faculdade de qualificação jurídica concede-lhe o poder de intervir corretivamente nos contratos individuais e coletivos de trabalho, no ajuste de seus termos abertos e de suas cláusulas para o efetivo equacionamento das obrigações devidas parte a parte, à luz da Constituição e do conteúdo material do Estado constitucional democrático social de direito e do ordenamento jurídico internacional.

Conforme já mencionado, a Lei n. 13.467 introduziu na CLT o Título IV-A da Representação dos empregados, arts. 510-A a 510-D.

Nos termos do art. 510-A da Lei a representação define-se tanto por sua **finalidade**, que se consubstancia na *promoção do entendimento direto* entre empregados e empregadores, quanto por suas **atribuições**, nos termos do art. 510-B, garantindo-se, de forma independente (parágrafo segundo do art. 510-B), em previsão da co-gestão *stricto sensu*: a representação perante a administração da empresa; o aprimoramento das relações interprivadas, com base na boa-fé e no respeito mútuo; a promoção do diálogo e do entendimento para a prevenção de conflitos; a busca de soluções rápidas e eficazes para resguardar a aplicação das normas legais e contratuais; o combate à discriminação em quaisquer de suas formas; o encaminhamento de reivindicações específicas; e, o zelo pelo cumprimento das normas heterônomas e autônomas.

Entendemos que, diante da previsão das inúmeras recomendações internacionais do trabalho apresentadas no tópico anterior, a enumeração apresentada quanto às matérias especificadas no art. 510-B da CLT não é *numerus clausus*, atentando-se para a disposição da Recomendação n. 143 da OIT sobre representantes dos trabalhadores de 1971.

A) A representação do pessoal no âmbito da empresa: organização

O art. 510-A assegura às empresas com mais de 200 (duzentos) empregados a eleição de uma comissão de representantes, composta:

— *empresas entre 200 e até 3000 empregados* — 3 *(três) membros;*

— *empresas entre 3000 e até 5000 empregados* — 5 *(cinco) membros;*

— *empresas com mais de 5000 empregados* — 7 *(sete) membros.*

O § 2º do artigo estabelece, ainda que no caso de a empresa possuir empregados em vários estados da Federação e no Distrito Federal, restará assegurada a eleição de uma comissão de representantes de empregados por estado ou no Distrito Federal, na mesma forma estabelecida no § 1º do artigo. Esqueceu-se o legislador de que há determinados setores, por exemplo, o varejista, em que há empresas com sedes em diversas cidades de um mesmo Estado, o que prejudicaria o cálculo da proporcionalidade prevista no referido parágrafo.

Deve-se observar que a doutrina dividia-se quanto ao âmbito de representação da comissão: se por empresa ou por estabelecimento. Se o professor José Francisco Siqueira Neto entendia que o art. 11 da CF/88 estabelecia 1 (um) representante por empresa, ainda que se pensasse que a intenção do constituinte era a de possibilitar a representação por estabelecimento, uma vez que há empresas que exercem atividades em várias unidades federativas, sendo difícil para uma só comissão acompanhar as situações cotidianas de ambientes de trabalho localizados em cidades ou em estados diversos. Entretanto, o legislador preferiu referir-se à empresa, o que demandará um profundo trabalho de construção jurisprudencial quanto à matéria.

Vale ressaltar que a partir do 201º empregado todos os empregados contam, aí incluídos os contratados a tempo parcial, a prazo determinado (ainda que esses não possam candidatar-se, nos termos do parágrafo segundo do art. 510-C ?!) e aqueles em contrato intermitente, o que demandará do Judiciário a cautela para analisar a oscilação do número de empregados durante o ano, enquanto potencialmente afetando a base de cálculo proposta pela lei, e, mesmo, a garantia momentânea de emprego para os contratados sob tais modalidades contratuais.

> "Adentrando-se propriamente na disciplina do art. 510-A, ele traz uma inovação significativa quando comparado com o art. 11 da Constituição.

(40) Art. 122. São lícitas, em geral, todas as condições contrárias à lei, à ordem pública ou aos bons costumes; entre as condições defesas se incluem as que privarem de todo efeito o negócio jurídico, ou o sujeitarem ao puro arbítrio de uma das partes.

Enquanto o texto constitucional assegura um representante dos trabalhadores nas empresas com mais de duzentos empregados, o art. 510-A da CLT expande essa representação para uma comissão, de composição escalonada nos termos do seu paragrafo primeiro. (...) Não há dúvidas de que a solução infraconstitucional mais bem atende às finalidades da representação local, muito embora, a escala produzida seja, ainda, insuficiente. Afinal, em uma empresa com mais de cinco mil trabalhadores, a representação por apenas sete deles talvez não alcance os objetivos do instituto. O ideal, a nosso sentir, seria criar um escalonamento mais abrangente e mais detalhado capaz de alcançar mais segmentos empresariais, aproximando a proporcionalidade da representação à quantidade de trabalhadores representados"[(41)].

Certo é que o número de representantes poderá ser elevado por intermédio da negociação coletiva, pela leitura conjunta do dispositivo com a previsão dos arts. 611-A e 621 da CLT, posição de Carlos Eduardo Oliveira Dias, com a qual concordamos. Não se estabeleceu, contudo, um critério específico para a situação dos terceirizados, com o recente julgamento da Arguição de Descumprimento de Preceito Fundamental (ADPF) 324 e do Recurso Extraordinário (RE) 958252 que estabeleceu, em sede de repercussão geral que "É licita a terceirização ou qualquer outra forma de divisão do trabalho entre pessoas jurídicas distintas, independentemente do objeto social das empresas envolvidas, mantida a responsabilidade subsidiária da empresa contratante".

Nesse contexto, com a mutação do próprio mercado de trabalho, em decorrência dessa decisão, certo é que com a pulverização da prestação de serviço a vários tomadores, o instituto da representação local acaba por parecer ineficaz. Somente por intermédio da negociação coletiva é que será possível inserir a representação dos trabalhadores da tomadora de serviços, em condição análoga à dos terceirizados, com o que concordamos com Oliveira Dias.

B) ELEIÇÃO E MODO DE REPRESENTAÇÃO/ATUAÇÃO

Nos termos do art. 510-C, a eleição da comissão de representantes deve ser convocada com a antecedência de 30 dias, contados do término do mandato anterior, via editalícia, com ampla publicidade na empresa. Garante-se a plena independência da comissão eleitoral, integrada por cinco empregados, não candidatos, dentre os mais votados (em votação secreta, vedado o voto por representação), sem nenhuma interferência da empresa ou do sindicato das categorias profissional e patronal (ou garantia da *liberdade de atuação por meio do princípio da não interferência da empresa e sindicato*[(42)]).

> "Em alguns sistemas, é usada para definir o credenciamento do sindicato, nos casos onde prevalece a pluralidade, sendo objeto de proteção específica pelo art. 3º, *b*, da Convenção n. 135 da OIT, de 1971. No entanto, é evidente que a adoção de sistemas de representação no local de trabalho não pode resultar na substituição nem tampouco no enfraquecimento dos sindicatos, como estabelecido no art. 5º da mesma Convenção n. 135 (...)"[(43)].

Empregados contratados por prazo determinado; que tenham seu contrato suspenso ou que se encontrem pré-avisados, ainda que indenizado, não poderão candidatar-se (§ 2º do art. 510-C), sendo vedada a recondução do eleito até dois períodos subsequentes ao término do mandato de 1 (um) ano. A posse ocorrerá no primeiro dia útil seguinte à eleição ou a término do mandato anterior.

No caso de insuficiência de candidatos, a composição da comissão poderá ser diversa daquela prevista no § 1º, I a III do art. 510-A. Inexistindo registro de candidatura, será lavrada ata e convocada nova eleição no prazo de 1 (um) ano[(44)]. Toda a documentação referente ao processo eleitoral deverá ser arquivada pelo prazo de 5 (cinco) anos, para a consulta pelo trabalhador interessado, pelo MPT e pelo MTE.

As decisões da comissão deverão ser colegiadas, observado critério da maioria simples para aprovação das deliberações.

Ressalte-se que as normas internacionais citadas no tópico anterior não trazem limitação à participação e nem à candidatura de trabalhadores, tal como considerado pelo artigo em comento. Observe-se, inclusive, o que dispõem as NIT's analisadas com relação à necessidade de colaboração e de complementaridade na atuação entre representantes de empregados e representantes sindicais. Inclusive, a garantia de independência é estabelecida nas recomendações analisadas, como se observa, por exemplo, na tutela trazida pela Recomendação internacional n. 143 de 1971. No mesmo sentido, são as Convenções internacionais ns. 135 de 1971 e 154 de 1981.

---

(41) OLIVEIRA DIAS *et al.*, 2018: 130.

(42) BRAGHINI, 2017:140.

(43) OLIVEIRA DIAS *et al.*, 2018: 132.

(44) Para Homero Silva isso se justificaria "... antevendo a desmotivação dos trabalhadores quanto a uma representação de baixa densidade e em possível rota de colisão com a entidade sindical,"(SILVA, 2017:105).

Homero Silva, comentando o § 5º do art. 510-C, afirmou que:

> (...) antevendo a desmotivação dos trabalhadores quanto a uma representação de baixa densidade e em possível rota de colisão com a entidade sindical, há previsão para início do mandato com menos pessoas do que o estipulado (art. 510-C, parágrafo quinto) e até mesmo a vacância da representação por um ano, até que se realize novo certame (art. 510-C, § 6º).(45)

Quanto à atuação (art. 510-B) a comissão possui, dentre outras, as seguintes atribuições: I — representar os empregados perante a administração da empresa; II — aprimorar o relacionamento entre a empresa e seus empregados com base nos princípios da boa-fé e do respeito mútuo; III — promover o diálogo e o entendimento no ambiente de trabalho com o fim de prevenir conflitos; IV — buscar soluções para os conflitos decorrentes da relação de trabalho, de forma rápida e eficaz, visando à efetiva aplicação das normas legais e contratuais; V — assegurar tratamento justo e imparcial aos empregados, impedindo qualquer forma de discriminação por motivo de sexo, idade, religião, opinião política ou atuação sindical; VI — encaminhar reivindicações específicas dos empregados de seu âmbito de representação; VII — acompanhar o cumprimento das leis trabalhistas, previdenciárias e das convenções coletivas e acordos coletivos de trabalho.

Pela leitura atenta do dispositivo, observa-se que as atribuições dessas comissões acabaram por inserir noções que se aproximam e que se integram no conceito de "negociação coletiva", impondo-se a leitura das disposições do art. 2º, "a" a "c" c/c art. 3º, 1 e 2 da Convenção n. 154 sobre o fomento à negociação coletiva, 1981, da OIT, não havendo falar-se em concorrência nas referidas atuações, mesmo que virtual. Aliás, o art. 8º da Portaria MT n. 349/2018 procurou esclarecer, em substituição ao art. 510-E introduzido pela MP n. 808/18, que a atuação da comissão não substitui a função da entidade sindical na defesa dos direitos e dos interesses coletivos ou individuais da categoria, preservando-se, portanto, a dicção dos incisos III e VI do art. 8º da CF/88.

Souza Junior *et al.* reconhecem que referido artigo acaba por reconhecer à comissão um papel relevante no sentido de evitar a a discriminação entre os empregados, assegurando a todos um tratamento justo, equitativo e imparcial.

> "Enfim, considerando a finalidade social da empresa e a atuação da comissão para defesa de seus empregados, o que não se reduz ao período de manutenção do contrato de emprego, entendemos que sua atuação pode ajudar a impedir discriminações nos momentos pré e pós contratual também. Impõe-se ressalvar que a lista legal de discriminações constante do texto legal (por motivo de sexo, idade, religião, opinião pública ou atuação sindical) não é exaustiva. Afinal, nos Estados de modelo solidário, nenhuma espécie de discriminação negativa há de ser tolerada. Assim, deverá a comissão representativa atuar para combater e prevenir atos de preconceito fundado em identidade sexual, nacionalidade, naturalidade, deficiência, obesidade ou qualquer outro critério igualmente inadmissível, efetivando as diretrizes fixadas na Convenção n. 111 da OIT e na Lei n. 9.029/95.(46)"

C) Das horas de representação

O art. 510-D, em seu parágrafo segundo, trouxe uma particularidade indesejável e contrária à teleologia da própria representação.

> Art. 510-D, parágrafo segundo. O mandato de membro de comissão de representantes dos empregados não implica suspensão ou interrupção do contrato de trabalho, devendo o empregado permanecer no exercício de suas funções.

A atuação do representante dos empregados para a efetiva e a plena legitimação do exercício de suas atribuições, estabelecidas no art. 510-B, demanda a concessão de um crédito de horas mensais que devem ser consideradas como tempo de serviço, sendo, como tal, remuneradas, contrariamente ao que pretendeu o legislador com a Reforma. Nesse cômputo, encontrar-se-iam incluídas as horas dispendidas para a participação nas reuniões da comissão de representantes, que poderiam ser fixadas, inclusive, por negociação coletiva entre 15-20 horas mensais, a exemplo da prática internacional na matéria. Daí resta necessário o dever de o representante informar, por escrito, seu superior hierárquico de sua participação nas reuniões da comissão, lavrando-se

---

(45) HOMERO, 2017:105

(46) SOUZA JUNIOR *et al.*, 2017:255. A Convenção n. 111 sobre discriminação em matéria de emprego e ocupação, 1958, foi recepcionada pelo ordenamento jurídico brasileiro, por intermédio do Decreto n. 62.150/68, estabelecendo no art. 1º o alcance do termo discriminação": "a) Tôda distinção, exclusão ou preferência fundada na raça, côr, sexo, religião, opinião política, ascendência nacional ou origem social, que tenha por efeito destruir ou alterar a igualdade de oportunidades ou de tratamento em matéria de emprêgo ou profissão; b) Qualquer outra distinção, exclusão ou preferência que tenha por efeito destruir ou alterar a igualdade de oportunidades ou tratamento em matéria de emprêgo ou profissão, que poderá ser especificada pelo Membro Interessado depois de consultadas as organizações representativas de empregadores e trabalhadores, quando estas existam, e outros organismos adequados". Seu art. 2º, ainda, prevê: "Qualquer Membro para o qual a presente convenção se encontre em vigor compromete-se a formular e aplicar uma política nacional que tenha por fim promover, por métodos adequados às circunstâncias e aos usos nacionais, a igualdade de oportunidade e de tratamento em matéria de emprêgo e profissão, com objetivo de eliminar tôda discriminação nessa matéria", obrigação que se reconhece, igualmente, no ambito e sob a responsabilidade das empresas.

ata conforme consignando, inclusive, o horário de início e de término das mesmas para fins de apuração e de controle, para lançamento, por exemplo, em banco de horas ou para efetiva quitação.

A Recomendação n. 143 da OIT complementa a Convenção n. 135, assegurando a prerrogativa dos representantes, sem prejuízo dos salários, para gozarem do *tempo livre necessário* para o exercício de dita representação, que não se coaduna com a previsão legislativa da *permanência no exercício das funções regulares*. Referida previsão legislativa não prevalece sob o crivo interpretativo do controle das normas internacionais do trabalho, inclusive, podendo ser lida com a previsão dos arts. 1º e 2º da Convenção recepcionada pelo ordenamento jurídico nacional por intermédio do Decreto n. 131, de 22 de maio de 1991. Para a Recomendação n. 143 seria necessária a concessão de afastamento para permitir ao representante participar de reuniões, de cursos de formação, seminários, congressos e conferências sindicais, inclusive, para adentrarem em todas as dependências da empresa para o exercício da dita representação.

Caminhou mal o legislador nesse tópico, inclusive, diante da previsão do item 5.17 da NR-5 (Portaria n. 3.214/78 do MTE) que concede ao cipeiro tempo necessário para reuniões e diligências.

> "Resta flagrante, portanto, que o texto ora em análise não guarda compatibilidade com as normas internacionais específicas, o que autoriza, em se de controle de convencionalidade, o seu afastamento. Dito de outro modo, aplicando-se as disposições da Convenção n. 135 e da Recomendação n. 143 da OIT (especialmente seu item 10, 1) o integrante da comissão de representação no local de trabalho tem garantido o tempo necessário durante o expediente, sem perda de salário ou de benefícios sociais e adicionais"[47].

D) Da proteção das instituições representativas

Se o parágrafo segundo do art. 510-B determina que a atuação da comissão será de forma independente, reconheceu-se, expressamente, no parágrafo terceiro do art. 510-D que:

> Desde o registro da candidatura até um ano após o fim do mandato, o membro da comissão de representantes dos empregados não poderá sofrer despedida arbitrária, entendendo-se como tal a que não se fundar em motivo disciplinar, técnico, econômico ou financeiro.

A nova previsão legislativa parece contrariar o Precedente Normativo n. 86 do TST quando estabelece que:

> REPRESENTANTE DOS TRABALHADORES. ESTABILIDADE NO EMPREGO. Nas empresas com mais de 200 empregados é assegurada a eleição direta de um representante com as garantias do art. 543, e seus parágrafos, da CLT.

É que o § 3º do art. 543 da CLT prevê apenas e tão somente a possibilidade de dispensa do empregado se ele cometer **falta grave** (motivo disciplinar) **devidamente apurada** nos termos da Consolidação, não se referindo a outros fundamentos que pudessem afastar a estabilidade provisória reconhecida.

Como observa Homero Batista Mateus da Silva, apesar da ausência de previsão explícita, por certo, será aplicado o entendimento jurisprudencial utilizado para o caso do cipeiro, no sentido de afastar a garantia de emprego para o caso de fechamento do estabelecimento ou da própria empresa, visto que, nesse caso, desapareceria a razão de ser do encargo[48]. O tema não escapou à previsão internacional, como se observa pela leitura das Recomendações ns. 130 de 1976; 143 de 1971 e da Convenção n. 135 de 1971 quando se assegurou ao representante no local de trabalho as mesmas proteções para o exercício de seu mandato que são outorgadas aos dirigentes sindicais.

Quanto ao § 3º do art. 510-D, ao estabelecer que, desde o registro da candidatura até um ano após o fim do mandato, o membro da comissão de representantes não poderá sofrer despedida arbitrária, entendendo-se como tal a que não se fundar em **motivo disciplinar, técnico, econômico ou financeiro**, nessa perspectiva, para a definição jurisprudencial dos limites do motivo técnico, econômico ou disciplinar como fundamentação ao afastamento da estabilidade provisória do representante, tem-se o que especifica a Convenção n. 158 da OIT:

> PARTE III
>
> Disposições Complementares sobre o Término da Relação de Trabalho por Motivos Econômicos, Tecnológicos Estruturais ou Análogos
>
> SEÇÃO A
>
> Consulta aos Representantes dos Trabalhadores
>
> Art. 13.
>
> 1. Quando o empregador prever términos da relação de trabalho por motivos econômicos, tecnológicos, estruturais ou análogos;
>
> a) Proporcionará aos representantes dos trabalhadores interessados, em tempo oportuno, a informação pertinente, incluindo os **motivos dos términos previstos, o número e categorias dos trabalhadores que poderiam ser afetados pelos menos e o período durante o qual seriam efetuados esses términos**:
>
> b) em conformidade com a legislação e a prática nacionais, oferecerá aos representantes dos trabalhadores interessados, o mais breve que for possível, uma oportunidade para realizarem consultas sobre as medidas que deverão ser adotadas para evitar ou limitar os términos e as medidas para atenuar as

(47) OLIVEIRA DIAS, 2017:138.

(48) SILVA, 2017:105.

conseqüências adversas de todos os términos para os trabalhadores interessados, o mais breve que possível, uma oportunidade para realizarem consultas sobre as medidas que deverão ser adotados para evitar ou limitar os términos e as medidas para atenuar as conseqüências adversas de todos os términos para os trabalhadores afetados, por exemplo, achando novos empregos para os mesmos.

2. A aplicação do § 1º do presente artigo poderá ser limitada, mediante os métodos de aplicação mencionados no art. 1 da presente Convenção, àqueles casos em que o número de trabalhadores, cuja relação de trabalho tiver previsão de ser terminada, for pelo menos igual a uma cifra ou uma porcentagem determinadas do total do pessoal.
3. Para efeitos do presente artigo, a expressão "representantes dos trabalhadores interessados" aplica-se aos representantes dos trabalhadores reconhecidos como tais pela legislação ou a prática nacionais, em conformidade com a Convenção sobre os Representantes dos Trabalhadores, em 1971.

Nota-se que a norma não vedou a participação dos ocupantes de cargo de confiança e de gestão nas comissões de representação, propriamente ditas, e nem nas comissões eleitorais, o que poderá significar uma espécie velada de ***intervenção patronal oficial***. Igualmente, no caso de abuso no exercício da representação, a lei não estabeleceu mecanismo para que seja possível a destituição dos representantes por parte dos próprios trabalhadores, questão que, fatalmente, será trazida para análise do Judiciário Trabalhista. Um caminho prospectivo será a negociação coletiva.

Vale ainda ressaltar que a suspensão do contrato de emprego não inviabiliza, de *per se*, a representação, salvo casos específicos e comprovados de incapacidade para o seu exercício. O parágrafo segundo do art. 510-B da Lei, portanto, não chega a afastar a previsão das Súmulas ns. 244, III e 378, III do TST e do art. 10, II, "b" do ADCT, o que viabilizaria a candidatura e o exercício da representação para aqueles empregados que se enquadrassem nessas situações jurídicas.

"Ainda que não seja o nosso entendimento, assinalamos que, a prevalecer a literalidade do texto legal apontado, deve ser considerado que os motivos invocados pelo empregador para a dispensa desse trabalhador são vinculantes e devem ser devidamente provados judicialmente, sob pena de permitir a reintegração do trabalhador ou indenização correspondente, conforme o caso. Na linha do que já fora defendido, pondera-se, ainda, que devem ser assegurados ao representante local os direitos apontados no *caput* do art. 543 da CLT. Assim, o trabalhador eleito membro de comissão de empregados não poderá ser impedido do exercício de suas funções, nem transferido para lugar ou mister que lhe dificulte ou torne impossível o desempenho das suas atribuições, perdendo o mandato aquele que solicitar a transferência ou quando ela for por ele voluntariamente aceita. Na mesma linha, devemos interpretar que os trabalhadores que deixarem de exercer seu mandato na comissão devem ter garantida a retomada do trabalho na empresa, com todos os seus direitos preservados, inclusive, os referentes à natureza de seu emprego, a salários e a tempo de serviço. Isso não está explicitado na lei, mas é garantido pelo artigo 8.1 da Recomendação n. 143 da OIT"[(49)].

E) Da relação entre a comissão de representantes e a entidade sindical

Vale ressaltar que o art. 8º da Portaria MTE n. 349/18 acabou por não inovar: a representação dos empregados por meio das denominadas "comissões de fábrica" (arts. 510-A a 510-D da CLT) não tem o condão de substituir os sindicatos como legítimos representantes das categorias profissionais, mormente no estabelecimento de acordos coletivos e de convenções coletivas de trabalho. Assim é, visto que tais garantias estão expressamente previstas no art. 8º, *caput*, e incisos III e VI, da Constituição Federal de 1988. O antigo art. 510-E introduzido pela MP n. 808/17 procurava definir o papel da referida comissão que não possuía caráter excludente ou substitutivo da atuação da entidade sindical.

4. Conclusão

É possível perceber que as normas internacionais do trabalho podem, portanto, funcionar, na perspectiva principiológica, como um guia para a interpretação no caso de ambiguidades do direito interno; para a interpretação de termos gerais e de conceitos jurídicos indeterminados; e, mesmo, para a avaliação de convencionalidade de lei interna com ela incompatível, nesse último caso quando recepcionadas pela prática vigente no ordenamento jurídico interno. Assim, seria possível estabelecer um princípio jurisprudencial com base no direito internacional do trabalho assim aplicado, reforçando os argumentos da decisão, mesmo nos casos de convenções internacionais do trabalho e de recomendações não recepcionados pelo ordenamento jurídico nacional.

Luís Alberto Warat entende que os direitos humanos acabam por desencadear práticas políticas de democratização, fundamentando reivindicações do não estabelecido, assegurando e consagrando "... em seu nome (...) *a ultrapassagem permanente do instituído, abrindo o social à dignidade das margens, ao outro que não tem estatuto de sujeito por não ter acesso à regra*". No mesmo sentido, a lição sempre atual de Flavia Piovesan:

(...) o Direito Internacional dos Direitos Humanos pode reforçar a imperatividade de direitos cons-

(49) OLIVEIRA DIAS *et al.*, 2017:139.

> titucionalmente garantidos — quando os instrumentos internacionais complementam dispositivos nacionais, ou quando estes reproduzem preceitos enunciados da ordem internacional — ou ainda estender o elenco dos direitos constitucionalmente garantidos — quando os instrumentos internacionais adicionam direitos não previstos pela ordem jurídica interna. (...) os direitos internacionais constantes dos tratados de direitos humanos apenas vêm a aprimorar e fortalecer, nunca a restringir ou debilitar, o grau de proteção dos direitos consagrados no plano normativo constitucional. (...). (Deve-se atentar para a) hermenêutica vocacionada aos direitos humanos inspirada na prevalência da norma mais favorável (...).[50]

Guilherme Guimarães Feliciano analisa que a hipótese de um Poder Judiciário que, apenas e tão somente, reproduza mecanicamente os textos legais e adapte a vontade histórica do legislador, aos casos concretos, em um processo simplificado de subsunção formal, acaba por não atender os pressupostos do Estado Democrático de Direito, suprimindo, estrategicamente, seu relevante papel no jogo dos *checks and balances*[51].

Lanço a seguinte reflexão, proposta por Lênio Streck em sua leitura de Ronald Dworkin:

> (...) quando mais de uma solução se apresentar a partir d(e uma dada) "conduta interpretativa", o juiz deverá optar pela interpretação que, do ponto de vista da moral política, melhor reflita a estrutura das instituições e decisões da comunidade, ou seja, a que melhor represente o direito histórico e o direito vigente, sendo que esta seria, assim, a resposta concreta para o caso concreto[52].

Toda interpretação judiciária do direito legislativo é integrada por um certo grau de criatividade, visto que o texto legislativo deixa espaço para variações e nuances para a criatividade interpretativa em novo e diverso contexto de tempo e de lugar. Toda interpretação é criativa e toda interpretação judiciária *law making process*. Luigi Ferrajoli vem refletindo sobre os riscos que correm as liberdades no mundo contemporâneo e alerta para a utilização indevida do conceito de liberdade, principalmente, no que diz respeito à perda de sentido da ideia de liberdade de informação[53], que, em um estado liberal democrata era exercida a partir do paradigma constitucional do Estado de direito e da divisão dos poderes. Prevalece, segundo o autor, na atualidade, a ausência de regras e de limites ao mercado,

> es decir a los poderes económicos, serenamente equiparados a las liberdades fundamentales; mientras que "democracia" quiere decir omnipotencia de los poderes políticos de la mayoría e intolerancia hacia los vínculos constitucionales y los controles vinculados com el pluralismo político e institucional y a la separación de poderes.

Ernesto Krotoschin, em sua obra *Manual de derecho del trabajo* de 1975, entendia que o primado da colaboração poderia ocorrer tanto no caso de a empresa apenas informar e consultar previamente os representantes, isto é, transparência na gestão, como entenderíamos, quanto no sentido de garantir um regime de co-deliberação, possibilitando a efetiva participação dos representantes de pessoal nas deliberações. A leitura dos arts. 510-A e 510-B introduzidas na CLT pela Lei n. 13.467/17 evidencia que esse sistema colaborativo regulamentado pela Reforma não contempla, especificamente, o regime de co-deliberação.

Aliás, a enumeração introduzida pelo art. 510-B da Lei não garante o amplo direito de informação referente às matérias de natureza econômica e financeira da empresa, mas, tão somente, matérias sociais ou relativas ao emprego. O dever de informação garantido explicita e implicitamente à comissão de representantes, na leitura dos artigos que integram o Título IV-A, é mais limitante do que o direito à informação enquanto garantia constitucional previsto, analogicamente, no art. 5º, LXXII, "*a*" e "*b*" da CF/88 e das normas internacionais do trabalho aplicáveis à espécie.

Vale ressaltar, inclusive, que o Anteprojeto de Código do Trabalho de Evaristo de Moraes Filho de 1963 era mais avançado ao prever a possibilidade de consulta e de participação dos representantes em proposições econômicas em favor da empresa e do pessoal, incluindo estudo de sugestões sobre o aumento e a melhoria da produção e a organização geral da empresa; de proposição de recompensa; de consulta obrigatória em assuntos sobre organização, de gestão e da marcha geral da empresa e de informação obrigatória sobre os lucros da empresa. Sabe-se, inclusive, que no projeto da Constituição de 1988 a ideia defendida foi a da assistência das entidades sindicais às comissões de representantes da empresa. Esse diálogo entre as representações, nos termos das normas internacionais do trabalho analisadas, torna-se imprescindível para que a ideia de democratização ultrapasse a forma para a materialidade da atuação produtiva e integradora das referidas comissões, contrariamente, ao que pensou o legislador de 2017.

Pela leitura dos artigos, a regulamentação, sob a pretensão de novidade, acabou precarizando o instituto da representação de empregados, o que não surpreende. O

(50) PIOVESAN, 2012:165-167

(51) FILHO, 2018:17.

(52) STRECK, Lenio Luiz. *Verdade e consenso*. Constituição, hermenêutica e teorias discursivas. São Paulo: LTr, 2012. p. 281.

(53) FERRAJOLI, 2008:81.

sistema de garantias posto pela reforma é de uma fragilidade constrangedora. De fato, diante do quadro normativo que se apresenta, algumas questões poderão ser submetidas à Justiça do Trabalho, dentre as quais: o controle de legalidade do sistema eleitoral das comissões; os limites entre a representação (controle de legalidade) e a representatividade (controle de legitimidade) das comissões(54); o alcance e a naureza das matérias objeto da representação; a adequação do *princípio de equalização social*(55), na análise das deliberações da comissão de representantes e dos possíveis conflitos de interesse entre elas e a matéria de competência da negociação sindical, nos termos da CF/88.

As NIT's acabam por estabelecer, objetivamente, a necessidade do reforço do diálogo com a entidade sindical; de participação efetiva dos representantes em questões complexas, como nas dispensas coletivas; da multiplicidade das matérias a serem objeto da representação para a valorização do instituto; da formação inicial e contínua dos representantes para o pleno exercício da representação; da certeza de que a representação é fruto da confiança que se estabelece com a prática reiterada, sem interrupções; do caráter imprescindível do controle jurisdicional, para sua atuação no *checks and balances*, instrumento para garantia do próprio Estado democrático social de direito. Tais normas poderão auxiliar na construção do sentido da representação, inclusive, para que não se torne uma organização inócua e ineficiente, apenas como instrumento de desmobilização e de enfraquecimento da atuação dos sindicatos. Esses, inclusive, terão que fazer prova de engenhosidade para estabelecer claros e precisos limites entre uma e outra representação, como forma de garantir a própria higidez do sistema de democratização proposto pela Reforma.

Vamos ao debate que apenas se inicia. Aliás, a perda de validade da MP n. 808/17 e a edição da Portaria MT n. 349/2018 demonstraram que o alegado consenso do texto reformista esbarrou no dissenso interpretativo necessário para o enriquecimento ontológico e axiológico do texto normativo e para a sua construção necessária de sentido, a partir das conquistas sociais já constituídas e que devem ser resguardadas.

> "Portanto, mesmo reconhecendo o caráter cultural e a carga ideológica do Direito, é fundamental que também nesse ambiente travemos disputa por uma linguagem que comprometa os intérpretes com parâmetros civilizatórios que, no caso brasileiro, estão bem delineados nos primeiros artigos de nossa Constituição. Parece-me que a reconstrução do conceito de princípio, propondo uma nova forma de aplicação, é importante instrumento nessa disputa"(56).

Caminhemos.

Juiz de Fora, 13 de setembro de 2018, quase primavera.

Referências bibliográficas

ALBUQUERQUE MELLO, Celso D.; TORRES, Ricardo Lobo (diret). *Arquivos de direitos humanos*. Rio de Janeiro: Renovar, 1999.

ALEXY, Robert. *Teoria dos direitos fundamentais*. 2. ed. São Paulo: Malheiros, 2014.

ALMEIDA, Cleber Lucio de; ALMEIDA, Wania Guimarães Rabêllo. *Direito do trabalho e Constituição*: a constitucionalização do direito do trabalho no Brasil. São Paulo: LTr, 2017.

ANTUNES, Ricardo. *Adeus ao trabalho*: ensaio sobre as metamorfoses e a centralidade no mundo do trabalho. São Paulo: Cortez, 2011.

ATIENZA, Manuel. *Curso de argumentação jurídica*, v. 1. Curitiba: Alteridade, 2017.

ÁVILA, Humberto. *Teoria da segurança jurídica*. São Paulo: Malheiros, 2016.

AVRITZER, Leonardo *et al.* (Org.). *Dimensões políticas da justiça*. Rio de Janeiro: Civilização Brasileira, 2013.

AUBY, Jean Bernard. *La globalisation, le droit et l'État*. Paris: Montchrestien, 2003.

AZEVEDO NETO, Platon Teixeira de. *A justiciabilidade dos direitos sociais nas cortes internacionais de justiça*. São Paulo: LTr, 2017.

BAUMAN, Zygmunt. *Comunidade*. A busca por segurança no mundo atual. Rio de Janeiro: Zahar, 2003.

________. *Legisladores e intérpretes*. Rio de Janeiro: Zahar, 2010.

________. *Danos colaterais*. Desigualdades sociais numa era global. Rio de Janeiro: Zahar, 2013.

BAUMAN, Zygmunt; BORDONI, Carlo. *Estado de crise*. Rio de Janeiro: Zahar, 2016.

BEAUDONNET, Xavier (ed.). *Direito internacional do trabalho e direito interno*: manual de formação para juízes, juristas e docentes em direito. Turim: Centro internacional de formação da OIT, 2011.

(54) Por analogia, aplicando-se o mesmo entendimento ao alcance das deliberações da comissão de representantes da empresa, pode-se entender que "... *importa a representatividade sindical presuposto de legitimidade para que o sindicato possa atuar eficazmente na defesa do interesse de um grupo, e não basta para esse fim apresentar-se como representante sem que tenha condições de efetivamente interpretar e reproduzir a vontade do grupo*". NASCIMENTO, 2011:204

(55) Segundo Sayão Romita, o princípio quer significar ***princípio de compensação das desigualdades sociais***, no sentido de fomentar a promoção das pessoas socialmente desfavorecidas em confronto com outras pessoas de condição social mais favorável, o que importa a concessão de alguma vantagem positiva. Romita, 2014:238.

(56) FILHO, 2017: 55.

BOSON, Gerson de Britto Mello. *Constitucionalização do direito internacional*: internacionalização do direito constitucional. Direito constitucional internacional brasileiro. Belo Horizonte: Del Rey, 1996.

BRAGHINI, Marcelo. *Reforma trabalhista*. Flexibilização das normas sociais do trabalho. São Paulo: LTr, 2017.

BRITO, Tarcísio Correa de. O tema da formação de magistrados na construção de uma democracia judiciária ou de uma justiça democrática: qual(is) contradição(ões). *Revista do Tribunal Regional do Trabalho da Terceira Região*, Belo Horizonte, v. 39, n. 69, p. 75-94.

________. Fundamentação de sentença à luz do CPC/15 e seus reflexos no processo do trabalho: fragmentos. *Revista do Tribunal Regional do Trabalho da Terceira Região*, Belo Horizonte, v. 62, n. 93, p. 231-272.

________. Direitos sociais fundamentais na perspectiva internacional: contribuições para uma ampliação (criativa) da teoria do controle jurisdicional de convencionalidade e de legalidade das leis trabalhistas. *Revista do Tribunal Regional do Trabalho da 3ª Região*, Belo Horizonte, MG, n. especial, p. 203-269, nov. 2017.

BUSNELLO, Ronaldo. Mudanças do mundo do trabalho e as perspectivas do direito. *Revista Direito em debate*. UNIJUÍ: RS, n. 11, p. 73-84, jan./jun. 98.

CANOTILHO, J. J. Gomes. *Curso de direito constitucional*. Lisboa: Almedina, 2000.

CANOTILHO, J. J. Gomes; MENDES, Gilmar Ferreira; STRECK, Lenio Luiz. *Comentários à Constituição do Brasil*. São Paulo: Saraiva/Almedina, 2014.

CARVALHO, Laura. *Valsa brasileira*: do boom ao caos econômico. São Paulo: Todavia, 2018.

CARVALHO, Pedro de Menezes. *Os direitos sociais como direitos exigíveis*: breve estudo sobre a vinculação dos poderes públicos à eficácia dos direitos sociais. Anais do Congresso Internacional em homenagem a Claudio Souto. Sociedade, direito e decisão em Niklas Luhman. Recife: Universitária UFPE, 2009. p. 406-424.

CASSAR, Vólia Bomfim (Org.). *CLT comparada e atualizada*. Sao Paulo: Método, 2017.

CASSARA, Rubens R. R. *Estado pós-democrático*. Neo-obscurantismo e gestão dos indesejáveis. Rio de Janeiro: Civilização brasileira, 2017.

CHEVALIER, Jacques. *L'État de droit*. Paris: Montchrestien, 2003.

COMBACU, Jean; SUR, Serge. *Droit international public*. Paris: LGDJ, 2014.

COMPARATO, Fabio Konder. *A afirmação histórica dos direitos humanos*. São Paulo: Saraiva, 1999.

DELGADO, Gabriela Neves. *Direito fundamental ao trabalho digno*. São Paulo: LTr, 2015.

DELGADO, Mauricio Godinho; DELGADO, Gabriela Neves. *Tratado jurisprudencial de direito constitucional do trabalho*. V. I, II e III, São Paulo: Thomson Reuters RT, 2013.

DELGADO, Mauricio Godinho. Direitos fundamentais na relação de trabalho. *Revista de direitos e garantias fundamentais*, n. 2, 2007, p. 11-39. Acesso em: 10 maio 2017.

________. *Princípios constitucionais do trabalho e princípios de direito individual e coletivo do trabalho*. São Paulo: LTr, 2017.

DUPUY, Pierre-Marie. *Droit international public*. Paris: Dalloz, 2002.

DUPUY, René-Jean. *Le droit international*. Paris: PUF, 2001.

DUVAL, Guillaume. *Le libéralisme n'a pas d'avenir*. Big business, marchés et démocratie. Paris: La découverte/alternatives économiques, 2003.

ESPIELL, Héctor Gros. En el IV Centenario de Hugo Grocio. El nacimiento del Derecho de Gentes y la idea de la comunidad internacional. In Pensamento Jurídico y sociedad internacional. Estudios em honor del profesor d. Antonio Truyol Y Serra. Madrid: Centro de Estudios Constitutionales, v. I, 1986.

FELICIANO, Guilherme Guimarães. *Por um processo realmente efetivo*. Tutela processual de direitos humanos fundamentais e inflexoes do "*due process of law*". São Paulo: LTr, 2016.

FERRAZ JUNIOR, Tercio Sampaio. *Função social da dogmática jurídica*. São Paulo: Atlas, 2015.

FERRAJOLI, Luigi. *Constitucionalismo principialista y constitucionalismo garantista*. Doxa. Cuadernos de Filosofia del derecho, 34 (2011), p. 15-53.

________. *Los fundamentos de los derechos fondamentales*. Madrid: Trotta, 2007.

________. Las liberdades em el tiempo del neoliberalismo. *Isonomía*, n. 29, p. 81-95, octobre 2008.

FIORIN, José Luiz. *Linguagem e ideologia*. 7. São Paulo: Ática, 2000.

FONSECA, Maria Hemília. *Direito ao trabalho*: um direito fundamental no ordenamento jurídico brasileiro. São Paulo: Pontifícia Universidade Católica, 2006. Tese de doutorado. Acesso em: 12 abr. 2017.

GIDDENS, Anthony. *Mundo em descontrole*. O que a globalização está fazendo de nós. São Paulo: Record, 2000.

GOTTI, Alessandra. *Direitos sociais*: fundamentos, regime jurídico, implementação e aferição de resultados. São Paulo: Saraiva, 2012.

GRAZ, Jean-Christophe. *La gouvernance de la mondialisation*. Paris: La decouverte, 2004.

HABERMAS, Jürgen. *Après l'État nation*. Une nouvelle constellation politique. Paris: Fayard, 2003.

KAUFMANN, Marcus de Oliveira. *Das práticas anti-sindicais às práticas anti-representativas*: sistemas de combate e a tutela de representações coletivas de trabalhadores. São Paulo: LTr, 2005.

KRUGMAN, Paul. *La mondialisation n'est pas coupable*. Vertus et limites du libre-échange. Paris: La decouverte/poche, 2005.

KAPLAN, Morton A; KATZENBACH, Nicholas de B. *Fundamentos políticos do direito internacional*. Rio de Janeiro: Zahar, 1964.

KELSEN, Hans. *Principios de derecho internacional publico*. Buenos Aires: El Ateneo, 1963.

KERCHOVE, Michel van de. *OST, François*. Le système juridique entre ordre et désordre. Paris: Puf, 1988.

LAFER, Celso. *A internacionalização dos direitos humanos*: constituição, racismo e relações internacionais. São Paulo: Manole, 2005.

________. *A reconstrução dos direitos humanos: um diálogo com o pensamento de Hannah Arendt*. São Paulo: Companhia das Letras, 1998.

________. *Paradoxos e perspectivas*. Rio de Janeiro: Nova Fronteira, 1982. 188p.

LEIVAS, Paulo Gilberto Cogo. *Teoria dos direitos fundamentais sociais*. Porto Alegre: Livraria do advogado, 2006.

LIMA, Leonardo Tibo Barbosa. *Lições de direito processual do trabalho*. Teoria e prática — atualizada à luz do CPC de 2015 e da Reforma Trabalhista (Lei n. 13467/17). São Paulo: LTr, 2017.

LUÑO, Antônio Enrique Pérez. *Derechos humanos, Estado de derecho y Constitución*. Madrid: Technos, 2005.

MACCORMICK, Neil. *Argumentação jurídica e teoria do direito*. São Paulo: Martins Fontes, 2009.

MAEDA, Patricia. *A era zero dos direitos*. Trabalho decente, terceirização e contrato zero-hora. São Paulo: LTr, 2017.

MARTINEAU, François. *Petit traité d'argumentation judiciaire*. Paris: Dalloz, 2008.

MARTINEZ, Luciano. *Reforma trabalhista* — entenda o que mudou: CLT comparada e comentada. São Paulo: Saraiva, 2018.

MARTINS, Sérgio Pinto. *Comentários à CLT*. São Paulo: Saraiva, 2018.

MAUS, Ingeborg. Judiciário como superego da sociedade. O papel da atividade jurisprudencial na "sociedade órfã". *Novos Estudos Cebrap*, n. 58, p. 183-2002, nov. 2000. Acesso em: 06 ago. 2018.

MAZZUOLI, Valerio de Oliveira; FRANCO FILHO, Georgenor de Sousa. *Direito internacional do trabalho*. O estado da arte sobre a aplicação das convenções internacionais da OIT no Brasil. São Paulo: LTr, 2016.

MAZZUOLI, Valerio de Oliveira. *Curso de direito internacional público*. São Paulo: RT, 2013.

________. O novo parágrafo terceiro do art. 5º da Constituição e sua eficácia. *Revista de Informação Legislativa*, ano 42, n. 167, Brasília, p. 93-114, jul./set. 2005.

________. Teoria geral do controle de convencionalidade no direito brasileiro. *Revista de Informação Legislativa*, ano 46, n. 181, Brasília, p. 113-139, jan./mar. 2009.

________. *Curso de direitos humanos*. São Paulo: Método, 2017.

MECCARELLI, Massimo; PALCHETTI, Paolo; SOTIS, Carlo. *Il lato oscuro dei diritti umani*. Esigenze emancipatorie e logiche di domínio nella tutela giuridica dell'individuo. Madrid: Editorial Dykinson, 2014.

MEIRELLES, Davi Furtado. *Negociação coletiva no local de trabalho*: a experiência dos metalúrgicos do ABC. São Paulo: LTr, 2008.

MENDES, Gilmar Ferreira. *Jurisdição constitucional*. Saraiva: São Paulo, 2014.

MENDES, Gilmar Mendes; BRANCO, Paulo Gustavo Gonet. *Curso de direito constitucional*. São Paulo: Saraiva, 2012.

MÉSZÁROS, István. *A crise estrutural do capital*. São Paulo: Boitempo, 2011.

MIRAGLIA, Lívia Mendes Moreira. O direito do trabalho como instrumento de efetivação da dignidade social da pessoa humana no capitalismo. *Revista do Tribunal Regional do Trabalho da Terceira Região*, Belo Horizonte, v. 49, n. 79, p. 149-162, p. 149-162, jan./jun. 2009.

MOREAU DEFARGES, Philippe. *La mondialisation*. Paris: PUF, 1997.

NASCIMENTO, Amauri Mascaro. *Direito contemporâneo do trabalho*. São Paulo: Saraiva, 2011.

NASCIMENTO, Amauri Mascaro; SILVESTRE, Rita Maria. *Os novos paradigmas do direito do trabalho*. São Paulo: Saraiva, 2001.

NASCIMENTO, Amauri Mascaro. *Direito contemporâneo do trabalho*. São Paulo: Saraiva, 2011.

NEVES, Marcelo. *Entre Têmis e Leviatã*: uma relação difícil. São Paulo: Martins Fontes, 2008.

NICOLI, Pedro Augusto Gravatá. *Fundamentos de direito internacional social*. São Paulo: LTr, 2016.

OLIVEIRA DIAS, Carlos Eduardo Oliveira; FELICIANO, Guilherme Guimaraes; SILVA, José Antonio Ribeiro de Oliveira; TOLEDO FILHO, Manoel Carlos. *Comentários à lei da reforma trabalhista*. Dogmática, visão crítica e interpretação constitucional. São Paulo: LTr, 2018.

PAMPLONA FILHO, Rodolfo; LUDWIG, Guilherme Guimaraes; VALE, Silvia Teixeira do (Coords.). *Interpretação e aplicação da reforma trabalhista no direito brasileiro*. São Paulo: LTr, 2018.

PÉREZ LUÑO, Antônio Henrique. *Derechos humanos, Estado de derecho y constitución*. 9. ed. Madrid: Technos, 2005.

PIMENTA, Raquel Betty de Castro. *Cooperação judiciária internacional no combate à discriminação da mulher no trabalho*. Um diálogo Brasil e Itália. São Paulo: LTr, 2016.

PINKER, Steven. *O novo iluminismo*. Em defesa da razão, da ciência e do humanismo. São Paulo: Companhia das Letras, 2018.

PIOVESAN, Flavia. *Direitos humanos e o direito constitucional internacional*. São Paulo: Saraiva, 2012.

RODRIGUES JUNIOR, Edson Beas (Org.). *Convenções da OIT e outros instrumentos de direito internacional público e privado relevantes ao direito do trabalho*. São Paulo: LTr, 2015.

ROMITA, Arion Sayão. *Direitos fundamentais nas relações de trabalho*. São Paulo: LTr, 2014

SARLET, Ingo Wolfgang; FILHO, Luiz Philippe Vieira de Mello; FRAZAO, Ana de Oliveira (Orgs.). *Diálogos entre o direito do trabalho e o direito constitucional*. Estudos em homenagem a Rosa Maria Weber. São Paulo: Saraiva, 2014.

SCALÉRCIO, Marcos; MINTO, Tulio Martinez. *CLT comparada conforme a reforma trabalhista*. São Paulo: LTr, 2017.

SILVA, Walkure Lopes Ribeiro da. *Representação e participação dos trabalhadores na gestão da empresa*. São Paulo: LTr, 1998.

SILVA, Antônio Álvares da. *Co-gestão no estabelecimento e na empresa*. São Paulo: LTr, 1991.

SILVA, Sayonara Grillo Coutinho Leonardo da. Direitos fundamentais, garantismo e direito do trabalho. *Revista TST*, Brasília, v. 77, n. 3, p. 274-292, jul./set. 2011.

SILVA, Homero Batista Mateus da Silva. *Comentários à reforma trabalhista*. Análise da Lei n. 13.467/2017 — artigo por artigo. São Paulo: Thomson Reuters/Revista dos Tribunais, 2017.

SILVA, Elizabet Leal; ANDRADE, Fabio Siebeneichler. A co-gestão como instrumento de concretização social da empresa. *Revista jurídica Cesumar*, v. 17, n. 1, p. 65-80, jan./abr. 2017.

SOUTO MAIOR, Jorge Luiz. *História do direito do trabalho no Brasil*. Curso de direito do trabalho, v. I — Parte II. São Paulo: LTr, 2017.

SOUZA, Jesse de. *Subcidadania brasileira*. Para entender o país além do jeitinho brasileiro. Rio de Janeiro: Leya, 2018.

SOUZA JUNIOR, Antonio Umberto de; SOUZA, Fabiano Coelho de; MARANHAO, Ney; NETO, Platon Teixeira de Azevedo. *Reforma Trabalhista*. Análise comparativa e crítica da Lei n. 13.467/2017. São Paulo: Rideel, 2017.

SPITZCOVSKY, Jaime (Org.). *Pensar a justiça*. Porto Alegre: Arquipélago Editorial, 2016.

STARNINO, Alexandre; MILELI, Diego. Os intelectuais odeiam o capitalismo? A quem interessa pensar assim? Um debate sobre ressentimento, identificação e laço social. *Revista Filosofia*, ciência & vida, ano X, n. 130, p. 65-73.

STRECK, Lenio Luiz. *Verdade e consenso*. Constituição, hermenêutica e teorias discursivas. São Paulo: Saraiva, 2012.

STREECK, Wolfgang. *How will capitalism end*? Essays on a failing system. New York: Verso, 2016.

STUENKEL, Oliver. *O mundo pós-ocidental*. Potências emergentes e a nova ordem global. Rio de Janeiro: Zahar, 2018.

TRINDADE, Antônio Augusto Cançado. Dilemas e desafios da proteção internacional dos direitos humanos no liminar do século XXI. *Revista Brasileira de Política Internacional*, 40 (1), 1997, p. 167-177.

________. *O direito internacional em um mundo em transformação*. Rio de Janeiro: Renovar, 2002.

VIEIRA DE MELO, Luis Phillipe. A co-gestão e a constituinte. *Revista do Tribunal Superior do Trabalho*, São Paulo, v. 55, p. 198-203, 1986.

URIARTE, Oscar Ermida. *A proteção contra atos anti-sindicais*. São Paulo: LTr, 1989.

WARAT, Luís Alberto. *O direito e sua linguagem*. 2. ed. aum. Porto Alegre: Sérgio Antônio Fabris Editor, 1995. 120p.

________. *Introdução geral ao direito*: o direito não estudado pela teoria jurídica moderna, V. III. Porto Alegre: Sergio Antônio Fabris Editor, 1997.

WENDELLI, Leonardo Vieira. *O direito ao trabalho como direito humano e fundamental*: Elementos para sua fundamentação e concretização. Curitiba: Universidade Federal do Paraná, 2009. Tese de doutorado. Acesso em: 23 mar. 2017.

YUNUS, Muhammad. *A world of three zeros*. The new economics of zero poverty, zero unemployment and zero net carbon emissions. New York: Publicaffairs, 2017.

ZIZEK, Slavoj. *Problema no paraíso*. Do fim da história ao fim do capitalismo. Rio de Janeiro: Zahar, 2015.

A PREVIDÊNCIA SOCIAL E A REFORMA TRABALHISTA: AVANÇOS E RETROCESSOS

Geraldo Magela Melo(*)

1. INTRODUÇÃO

A reforma trabalhista, promovida pela Lei n. 13.467, de 13 de julho de 2017 realizou profundas alterações na Consolidação das Leis do Trabalho — CLT, que modificam significativamente diversos institutos do direito do trabalho, do processo do trabalho e, por via de consequência, no direito previdenciário e tributário.

As alterações trabalhistas impactam na Previdência Social, especialmente na regência da base de cálculo do tributo denominado contribuição previdenciária, que tem como principal hipótese fenomênica as parcelas pagas em decorrência das relações empregatícias.

Nesse aspecto, pretende-se elucidar e apontar críticas ou elogios à forma como foram procedidas as alterações que afetam ao custeio da Previdência Social. Assim, analisar-se-á a relevância, a legalidade ou a constitucionalidade das modificações realizadas na CLT que refletem no aspecto tributário/previdenciário.

2. DESENVOLVIMENTO

2.1. *O contrato intermitente. Impactos na previdência social. Limbo tributário-atuarial*

A Contribuição Previdenciária é um tributo que possui como principal base de incidência a folha de salários e demais rendimentos do trabalho pagos ou creditados, a qualquer título, a um empregado pelo empregador. Essa exação tributária tem previsão no art. 195, I, alínea "*a*", da Constituição Federal de 1988 (BRASIL, 2007) e regramento na Lei n. 8.212 de 24 de julho de 1991.

Uma das grandes alterações na CLT diz respeito à regulamentação do contrato de trabalho intermitente, que é uma nova modalidade de labor, inserida no art. 452-A da CLT. Nesse tipo de contrato, não há a obrigatoriedade da continuidade.

Trata-se de um vínculo empregatício que possui intervalos desiguais, com alteração não sequencial de períodos de trabalho em conjunto com interstícios de não atividade, momentos esses em que o trabalhador simplesmente não será convocado pelo empregador.

Na verdade, é um modelo que "busca romper com dois direitos e garantias justrabalhistas importantes, que são da estrutura central do Direito do Trabalho: a noção de duração do trabalho (e de jornada) e a noção de salário" (DELGADO; DELGADO, 2017, fls. 154).

Registre-se que essa nova modalidade tem sido apontada por parcela da doutrina como forma de extrema precarização jurídica do trabalho, com questionamentos quanto à constitucionalidade no tocante à garantia ao salário mínimo (art. 7º, VII, da CF)[1].

Discute-se, ainda, em relação à preservação dos princípios do Direito, tendo como intuito "dissimular estatísticas de desemprego, sem salvaguardas ao empregado"[2], dentre outras controvérsias.

(*) Juiz do Trabalho do Tribunal Regional do Trabalho da Terceira Região. Doutor em Direito pela UFMG. Mestre em Direito Privado, com ênfase em Direito do Trabalho, pela Pontifícia Universidade Católica de Minas Gerais, pós-graduado em Direito Tributário e Finanças Públicas pelo Instituto Brasiliense de Direito Público. Professor Universitário e de Pós-Graduação. Ex-Auditor Fiscal da Previdência Social e da Receita Federal do Brasil.

(1) "Mesmo com a garantia desse salário mínimo mensal, inclusive para os meses contratuais sem convocação para o trabalho — em conformidade com os preceitos normativos supramencionados —, não há dúvida de que a nova fórmula jurídica poderá ter um efeito avassalador quanto ao rebaixamento do valor trabalho na economia e sociedade brasileiras. É que ostentando essa fórmula uma amplitude bastante extensa (*vide* a generalidade da regra constante do § 3º do art. 443 da CLT), ela tenderá a instigar os bons empregadores a precarizarem a sua estratégia de contratação trabalhista tão logo os concorrentes iniciarem esse tipo de prática. Afinal, como a Sociologia e a Medicina explicam, as más práticas se deflagram e se generalizam epidemicamente, ao passo que as boas práticas levam longo tempo de maturação, aculturação, insistência e educação para prevalecerem" (DELGADO; DELGADO, 2017, p. 156).

(2) HIGA, Flávio da Costa. Reforma trabalhista e contrato de trabalho intermitente: uma tentativa de aproximação dialógica junto ao Senado. *Suplemento Trabalhista*, São Paulo: LTr 043/2017. No mesmo sentido, "O contrato de trabalho intermitente tem potenciais inesgotáveis de precarização do trabalho (...) O contrato intermitente pode ter-se expandido em países como Inglaterra, mas em contextos sociais completamente diferentes do brasileiro, em que o subemprego é tão ou mais significativo do que o emprego. Vários estudiosos enxergaram cenários terríveis, em que a taxa de desemprego pode cair drasticamente, mas de maneira artificial, com vária pessoas tendo vários contratos zerados. E o empregado ainda pode sofrer penalidades em dinheiro, ficar atrelado a contrato sem futuro e perder oportunidades de emprego duradouro" (SILVA, p. 77).

A par de referidos questionamentos jurídicos, há que se passar à análise dos reflexos do trabalho intermitente na seara previdenciária, foco do presente estudo.

Nessa forma contratual, o § 8º do art. 452-A da CLT determina que o empregador efetue o recolhimento das contribuições previdenciárias próprias e do empregado, com base nos montantes adimplidos no mês, obviamente caso haja pagamentos ao obreiro intermitente, e que forneça ao trabalhador comprovação do cumprimento dessa obrigação de reter e efetivar a arrecadação.

Trata-se de uma importante medida obrigar os empregadores a fornecer comprovante da pontualidade tributária, haja vista a frequência de demandas trabalhistas no Poder Judiciário entre trabalhadores e empregadores em razão da ausência de recolhimento previdenciário ou informações à Previdência Social pelos patrões, com prejuízo ao trabalhador na concessão de benefícios pela Autarquia Previdenciária.

Assim, mostra-se necessária a regulamentação do modo como irá ocorrer essa comprovação, uma vez que os empregadores recolhem em uma guia global para a empresa e não em uma guia para cada trabalhador especificamente. Não há menção do nome dos trabalhadores na guia de recolhimento previdenciário.

O meio viável para se cumprir a obrigação legal é a entrega ao empregado da cópia da capa da Guia de Recolhimento do FGTS e de Informações à Previdência Social – GFIP pelo empregador, relativamente a cada mês do vínculo intermitente, bem como cópia do respectivo protocolo de conectividade social e da Relação de Empregado – RE, em que comprove a informação do nome do trabalhador e da remuneração, juntamente com cópia da GPS paga com o valor total informado na GFIP.

E, mais recentemente, ainda de forma progressiva, cópia do envio das informações pelo Sistema de Escrituração Digital das Obrigações Fiscais, Previdenciárias e Trabalhistas — eSocial, na parte que menciona o trabalhador intermitente, juntamente com a comprovação do recolhimento da guia emitida por esse programa que centraliza em grande parte as obrigações dos empregadores (3).

A reforma demonstrou atenção para os descumprimentos reiterados das obrigações previdenciárias principais e acessórias pelos empregadores, art. 113 do CTN. Observa-se essa preocupação também por intermédio da regulação das competências da comissão de representantes dos empregados, em que se determinou que esse órgão deverá acompanhar o cumprimento das leis trabalhistas e previdenciárias, nos moldes do inciso VII do art. 510-B da CLT.

Essa medida poderá minimizar os danos ao trabalhador que estiver mais fragilizado em momentos de infortúnio, doença ou idade avançada e que ainda poderá ter de enfrentar percalços perante o INSS para conseguir fruir dos benefícios que a legislação de regência lhe assegura.

Por isso, é recomendável que as empresas entreguem mensalmente cópia da GFIP e da correspondente GPS ou do eSocial, conforme o caso, à comissão de trabalhadores para que seja verificada a regularidade no cumprimento da obrigação principal de recolher o tributo e a obrigação acessória de prestar informações ao sistema tributário, atualmente gerido pela Secretaria da Receita Federal, desde a Lei n. 11.457, de 16 de março de 2007.

O referido acompanhamento gerará um grande volume de serviço e de documentos a serem impressos e entregues aos operários e às comissões. Porém, em um país onde as obrigações trabalhistas e tributárias são reiteradamente descumpridas, mostra-se adequada a medida legal adotada.

Essa regra possui um efeito educativo para os trabalhadores e empregadores, no sentido de estarem sempre atentos ao cumprimento da legislação, com vistas a se evitar futuros empecilhos em momentos de necessidade que ensejem o acionamento da Previdência Social e eventualmente do Poder Judiciário Trabalhista ou Federal Comum, conforme o caso.

Todavia, isso não pode implicar em ausência de fiscalização pela Receita Federal em relação ao cumprimento das obrigações tributárias acessórias e principais. Essa atividade é obrigatória dos auditores fiscais, sob pena de responsabilidade funcional, conforme art. 142 do CTN.

Merece especial análise a perda de vigência do parágrafo primeiro do art. 911-A da CLT, que havia sido inserido pela MP n. 808/17 e regulamentado pelo Ato Declaratório Interpretativo RFB n. 6, de 24 de novembro de 2017. Contudo, como a Medida Provisória não mais vige, esse ato interpretativo não possui mais amparo legal e encontra-se tacitamente revogado.

A regra facultava aos trabalhadores o recolhimento do valor devido a título de contribuição previdenciária resultante da diferença entre a remuneração efetivamente recebida pelo obreiro e o montante tributário devido em relação ao valor do salário mínimo mensal.

A legislação havia criado uma espécie de segurado facultativo *sui generis*, pois o trabalhador era devedor

(3) Por meio desse sistema, os empregadores passarão a comunicar ao Governo, de forma unificada, as informações relativas aos trabalhadores, como vínculos, contribuições previdenciárias, folha de pagamento, comunicações de acidente de trabalho, aviso-prévio, escriturações fiscais e informações sobre o FGTS.[...] O projeto eSocial é uma ação conjunta dos seguintes órgãos e entidades do governo federal: Secretaria da Receita Federal do Brasil — RFB, Caixa Econômica Federal, Instituto Nacional do Seguro Social — INSS e Ministério do Trabalho — MTb. Disponível em: <http://portal.esocial.gov.br/institucional/conheca-o>. Acesso em: 02 ago. 2018.

sobre a parte que efetivamente recebia e, de forma opcional, pelo restante para completar o necessário a se atingir o cálculo atuarial, com vistas a serem adimplidos eventuais benefícios previdenciários.

Isso se dava nos casos em que ocorria remuneração inferior a um salário mínimo no somatório de todas as retribuições auferidas de um ou mais empregadores no período de um mês. Nesse caso, incidiria a mesma alíquota aplicada à contribuição do empregado retida pelo empregador no contracheque.

Por sua vez, a norma determinava que, caso o recolhimento da diferença não fosse efetivado, o mês de trabalho não seria considerado para fins de aquisição e manutenção da qualidade de segurado da Previdência Social, nem para cumprimento dos períodos de carência para concessão dos benefícios respectivos.

A regra gerava extrema preocupação e impunha um risco social muito grande para os trabalhadores admitidos nas novas modalidades contratuais previstas pela reforma, como o trabalho a tempo parcial e o trabalho intermitente. O legislador reformador autorizou tipos de vínculo sem garantia de percepção do valor nominal do salário mínimo mensal, o que implica remuneração aquém do básico garantido pelo art. 7º, inciso IV, da CF/88.

Juridicamente, após a Reforma Trabalhista tornou-se possível a existência de um vínculo empregatício com a ausência de remuneração mensal, caso não haja convocação do trabalhador pelo empregador em um determinado mês, ou pagamento de valores inferiores ao salário mínimo nacional, conforme é a disciplina do contrato intermitente, previsto no § 3º do art. 443 da CLT.

Referido regramento implica em ausência de recolhimentos previdenciários ou arrecadação de percentual aquém do parâmetro básico: o salário mínimo nacional. Ao invés de a Lei n. 13.467/17 atribuir a responsabilidade da diferença ao empregador, que possui capacidade econômica para tanto, ou a União assumir o custo de se autorizar referidas modalidades contratuais, a opção legislativa utilizada na MP n. 808/17 foi justamente imputar à parte mais fraca da relação jurídica — o empregado ou subempregado intermitente — o ônus tributário da flexibilização.

Nessa perspectiva, o prejuízo ao sujeito passivo tributário/trabalhador/segurado era notório. O empregado nessas condições contratuais poderia perceber baixos direitos creditícios e ainda a ele seria imputada a responsabilidade de arcar com a diferença de tributação sobre o valor que não recebeu.Assim, havia se determinado a incidência de um tributo sem o fato gerador respectivo, em ofensa ao art. 113, parágrafo primeiro do Código Tributário Nacional — CTN.

Nesse particular, a MP 808/17 também feria o princípio da capacidade contributiva, segundo o qual cada um deve contribuir de acordo com a sua capacidade financeira, de forma proporcional ao seu efetivo ganho. Esse princípio está previsto na Carta Republicana de 1988, em seu art. 145, § 1º.

Segundo os ensinamentos de Aliomar Baleeiro (BALEEIRO, 1987, p. 259): "a capacidade contributiva do indivíduo significa sua idoneidade econômica para suportar, sem sacrifício do indispensável à vida compatível com a dignidade humana, uma fração qualquer do custo total dos serviços públicos".

Ricardo Lobo Torres esclarece sobre este princípio, ao dizer que: "cada um deve contribuir na proporção de suas rendas e haveres, independentemente de sua eventual disponibilidade financeira." (TORRES, 2008, p. 94).

Nessa linha, a União, ao ter optado por tributar o não rendimento do trabalhador, que ela própria autorizou no Estado Brasileiro, agiu de forma desproporcional e feriu a capacidade contributiva do trabalhador. Isso ocorria porque, na reforma, não foi garantida ao empregado a fruição na integralidade do direito constitucional ao salário mínimo mensal.

Vale mencionar que as contribuições previdenciárias possuem caráter sinalagmático, com arrecadação destinada exclusivamente ao custeio dos benefícios da Previdência Social, pois se trata de um seguro público e cogente.

Com a perda da vigência da MP n. 808/17, que, nessa parte, foi bem-vinda, desapareceu essa obrigação e surgiu um limbo jurídico de quem irá arcar com a diferença atuarial entre o valor recolhido a menor que o padrão do salário mínimo. Esse é um importante questionamento, em razão de que os benefícios previdenciários possuem o parâmetro de um salário mínimo, conforme determina o § 2º do art. 201 da Constituição da República de 1988.

Por esse aspecto, o Estado Brasileiro assumiu risco social alto e iminente de eventual indeferimento de benefícios previdenciários. Tais prestações sociais são constitucionalmente asseguradas a todos os trabalhadores brasileiros, independentemente da modalidade contratual, art. 6º e 7º, incisos IV e XXIV da Constituição Federal de 1988.

Nesse aspecto, o limbo atuarial pode acarretar o ajuizamento de inúmeras demandas judiciais questionando eventuais atos administrativos se o INSS entender pela ausência de qualidade de segurado do trabalhador intermitente que não possuir contribuições no patamar referente ao salário mínimo.

Por outro lado, pode ocorrer o colapso do Regime Geral de Previdência Social, ante a arrecadação insuficiente perante o adimplemento dos benefícios pelo INSS sem a correspondente fonte de custeio, com a quebra do parâmetro atuarial que permita o equilíbrio do sistema previdenciário.

Diante desse dilema, não se pode atribuir ao obreiro, colocado em condição remuneratória vulnerável, com chancela legal do Estado Brasileiro, a responsabilidade pelo pagamento de tributo para o qual ele não possui capacidade econômica.

Se essa for a opção da Administração Pública, a Reforma se tornaria desumana, pois colocaria uma condição objetiva quase impossível de ser cumprida pelo segurado para acesso ao sistema de Previdência Social. Caso essa seja a postura do INSS, tal interpretação não respeitaria o valor justiça e muito menos observaria a dignidade do cidadão trabalhador, que é fundamento da República Federativa do Brasil, conforme art. 1º, III da Constituição Federal/88.

A Seguradora do Trabalhador brasileiro não pode se apropriar da arrecadação sobre os míseros valores recebidos pelos empregados que estejam nessas condições remuneratórias vulneráveis e não arcar com os benefícios correspondentes. A contribuição previdenciária é finalisticamente afeta ao custeio dos benefícios. Se não há a garantia de fruição, perde-se o parâmetro da legalidade e constitucionalidade, nos termos do art. 195 da CF/88.

Nesse contexto, urge a edição de norma a compelir os empregadores que optarem por modalidades contratuais que impliquem remuneração efetiva aquém do salário mínimo o recolhimento da diferença atuarial, pois eles é que se beneficiam dessa flexibilização trabalhista, com acréscimo dos seus lucros e redução dos custos.

A empresa, sem deixar de ser privada, se socializou, com isso importa que deve ofertar à coletividade uma maior utilidade, diante da concepção de que o social determina o individual. (CARVALHO, 2006, p. 533). A centralidade do Direito é disciplinar relações entre seres humanos e não apenas resguardar os patrimônios, sem que observem a função social. É necessário não se inverter os valores sociais (MELO, 2017, p. 172).

Nesse contexto, a medida proposta é necessária para se garantir a solvabilidade do sistema previdenciário brasileiro, em conjunto com a livre iniciativa e a função social da empresa, nos termos do art. 170, inciso III, da CF/88.

2.2. Isenções Tributárias e o Déficit Previdenciário

A principal fonte de custeio do Instituto Nacional do Seguro Social — INSS é a arrecadação incidente sobre o pagamento das verbas trabalhistas. Assim, ao se modificar a conceituação da natureza jurídica de uma determinada parcela para excluí-la do âmbito remuneratório afeta-se, por decorrência lógica, modificação no plexo de pagamentos laborais que se consubstanciam em fato gerador do tributo.

Há ainda obrigações acessórias impostas aos empregadores advindas da legislação trabalhista, como anotação da Carteira de Trabalho e Previdência Social — CTPS e gerenciamento das condições ambientais do trabalho, que repercutem no ramo do direito previdenciário, histórica e teleologicamente ligado à ciência juslaboral.

No que se refere à alteração do conceito de remuneração, a Reforma modifica o art. 457 da CLT e passa a prever, no seu parágrafo segundo, que não integram a remuneração do empregado e não constituem base de incidência de encargo trabalhista e previdenciário os valores, ainda que habituais, pagos a título de ajuda de custo, auxílio-alimentação, vedado seu pagamento em dinheiro, diárias para viagem, prêmios e abonos.

Com relação à ajuda de custo, que é uma verba adimplida por gastos que o trabalhador tiver no exercício da atividade, nenhuma alteração relevante, por não se tratar tecnicamente de remuneração, mas sim ressarcimento de gastos efetivos no desempenho das atribuições funcionais.

Melhor andaria o legislador se tivesse expressamente exigido a comprovação efetiva de gastos para vedar eventual sonegação fiscal ao se instituir ajudas de custo, que podem não ser reembolso e sim um incremento à remuneração, transmudada como se despesa fosse.

Contudo, para inibir eventual prática ilícita, em um determinado caso concreto, o Auditor Fiscal do Ministério do Trabalho ou o da Receita Federal, bem como o Magistrado podem considerar a parcela como remuneração, com base no art. 9º da CLT e art. 149, inciso VII do CTN.

O legislador optou por facilitar ainda mais o fornecimento de alimentação ao trabalhador, pois autoriza o auxílio-alimentação sem repercussão tributária ou trabalhista. Passou-se a impor apenas a vedação do pagamento em pecúnia para isentar o tributo.

Essa política legislativa merece críticas, na medida em que já havia a isenção para as empresas integrantes do Programa de Alimentação do Trabalhador – PAT, que é uma importante medida na busca da melhoria da alimentação do cidadão brasileiro. Ademais, esse já é um programa social implementado, com possibilidade de retrocesso social[(4)], pois as empresas provavelmente deixarão de observar as regras do PAT, previstas na Lei n. 6.321, de 14 de abril de 1976.

(4) Para maiores informações sobre o tema, ver artigo: MELO, Geraldo Magela. A vedação ao retrocesso e o direito do trabalho. *Revista do Tribunal Regional do Trabalho da 3ª Região*. Belo Horizonte, v. 52, n. 82, p. 65-74, jul./dez. 2010. Disponível em: <http://as1.trt3.jus.br/bd-trt3/handle/11103/27060>. Acesso em: 21 nov. 2017.

No entanto, com a manutenção do art. 458 da CLT, que continua a mencionar que a alimentação integra a remuneração, em uma interpretação conjunta e sistêmica, tem-se que: alimentação *in natura* ou em pecúnia integram a remuneração, só não irão integrar quando a empresa aderir ao PAT ou efetuar o adimplemento do auxílio-alimentação por outro meio que não dinheiro direto ao trabalhador, como o conhecido tíquete-alimentação.

No tocante às diárias deixa de impor o limite para pagamentos de até 50% da remuneração do empregado. O relevante em relação à referida parcela é que realmente seja paga ao trabalhador que esteja em viagem a trabalho. Por isso, acaba por também ser um custo para a realização do labor que é previamente assumido pelo empregador, em razão do princípio da alteridade, art. 2º da CLT.

No pertinente aos prêmios e abonos, a Reforma merece críticas severas, uma vez que autoriza o pagamento de parcelas habituais e nitidamente contraprestativas pelo trabalho realizado sem a correspondente repercussão da tributação previdenciária. Nesse sentido, o legislador modifica a hipótese de incidência da contribuição previdenciária.

Abonos são caracterizados por antecipações salariais, em razão de que em determinadas ocasiões e por força de questões específicas, os empregadores estabelecem essa contrapartida de forma transitória. Encerrando-se a parcela com o fim das razões que a geraram e, na sequência, incorporação ao salário. Os abonos possuem natureza de antecipação salarial por força de lei ou por iniciativa das partes, em situações de emergência (NASCIMENTO, 1975, p. 337).

Por sua vez, os prêmios são uma modalidade remuneratória vinculada a requisitos de ordem pessoal do empregado ou de forma geral na empresa, como produtividade ou eficiência (NASCIMENTO, 1975, p. 332). O prêmio é pago em razão de o trabalhador ter realizado algo de melhor ou em maior quantidade, podendo ser estipulados diversos fatores, geralmente ligados à produtividade (CATHARINO, 1981, p. 90/92).

Nesse quadrante, a isenção tributária concedida sobre os prêmios e abonos implica prejuízo indireto ao trabalhador, por não mais repercutir nos benefícios devidos pela Previdência Social. Na prática, reduz o valor da aposentadoria ou auxílio-doença a que o segurado tiver direito e reduz a arrecadação estatal, impondo o desequilíbrio financeiro/atuarial para toda a sociedade brasileira.

Essa alteração colide com o art. 201, § 11 da Constituição Federal que expressamente determina que os ganhos habituais do empregado, *a qualquer título*, sejam incorporados ao salário para efeito de contribuição previdenciária e consequentemente repercutam em benefícios concedidos pelo INSS aos trabalhadores.

Observa-se que o legislador reformador realizou uma renúncia fiscal fora do parâmetro previsto pelo art. 113 do Ato das Disposições Constitucionais Transitórias. Esse artigo determina claramente que todas as proposições legislativas que envolvam a renúncia de receita deverão estar acompanhadas da estimativa do seu impacto orçamentário e financeiro, como medida para se impor a responsabilidade fiscal, o que não foi observado pela Reforma Trabalhista.

Diante dessas contradições e, com base nas normas anteriormente citadas, não se observa amparo constitucional na isenção tributária atribuída pela reforma trabalhista em relação aos abonos e prêmios pagos no curso de contratos de trabalho e um total descompasso com a exigência da responsabilidade fiscal, prevista na Lei Complementar n. 101, de 4 de maio de 2000[5].

3. Conclusão

Ante o exposto, conclui-se que a legislação da Reforma Trabalhista evoluiu ao criar obrigações acessórias ao empregador de comprovar perante seus empregados e as comissões de trabalhadores o adimplemento do custeio previdenciário. No entanto, apresenta paradoxos fiscais e atuariais, como a diferença em relação ao trabalhador intermitente que receber menos que um salário mínimo e a concessão de benefícios no patamar de um salário mínimo. Observa-se ainda toda uma política estatal de criação de isenções tributárias, sem observância dos critérios de responsabilidade fiscal e dos parâmetros constitucionais que fixam a base de cálculo das contribuições previdenciárias. Nesse contexto, os problemas aqui apontados devem ser solucionados com vistas a se atingir uma tributação justa e para que sejam observados os princípios constitucionais sociais. A Previdência Social é patrimônio do trabalhador brasileiro e todos os empregados têm obrigação e direito de serem seus segurados e o dever de exigirem que essa instituição seja mantida e economicamente viável.

Referências bibliográficas

BALEEIRO, Aliomar. *Introdução à ciência das finanças*. 14. ed. Rio de Janeiro: Forense, 1987. p. 259.

(5) Art. 1º [...] § 1º A responsabilidade na gestão fiscal pressupõe a ação planejada e transparente, em que se previnem riscos e corrigem desvios capazes de afetar o equilíbrio das contas públicas, mediante o cumprimento de metas de resultados entre receitas e despesas e a obediência a limites e condições no que tange a renúncia de receita, geração de despesas com pessoal, da seguridade social e outras, dívidas consolidadas e mobiliárias, operações de crédito, inclusive por antecipação de receita, concessão de garantia e inscrição em Restos a Pagar. (grifo nosso).

BRASIL. Ato Declaratório Interpretativo RFB n. 6, de 24 de novembro de 2017. Dispõe sobre a contribuição previdenciária complementar prevista no § 1º do art. 911-A da Consolidação das Leis do Trabalho (CLT), aprovada pelo Decreto-Lei n. 5.452, de 1º de maio de 1943. Diário Oficial da União, Brasília, de 27 de nov. 2017. Disponível em: <http://normas.receita.fazenda.gov.br/sijut2consulta/link.action?visao=anotado&idAto=88247>. Acesso em: 02 ago. 2018.

BRASIL. Código Tributário Nacional (1966). *Código Tributário Nacional*. 4. ed. São Paulo: Saraiva, 2007.

BRASIL. Consolidação das Leis do Trabalho (1943). *Consolidação das Leis do Trabalho*. 37. ed. São Paulo: LTr, 2010.

BRASIL. Constituição (1988). *Constituição da República Federativa do Brasil*. 4. ed. São Paulo: Saraiva, 2007.

BRASIL. *Lei n. 11.457, de 16 de março de 2007*. Dispõe sobre a Administração Tributária Federal; altera as Leis ns. 10.593, de 6 de dezembro de 2002, 10.683, de 28 de maio de 2003, 8.212, de 24 de julho de 1991, 10.910, de 15 de julho de 2004, o Decreto-Lei n. 5.452, de 1º de maio de 1943, e o Decreto n. 70.235, de 6 de março de 1972; revoga dispositivos das Leis ns. 8.212, de 24 de julho de 1991, 10.593, de 6 de dezembro de 2002, 10.910, de 15 de julho de 2004, 11.098, de 13 de janeiro de 2005, e 9.317, de 5 de dezembro de 1996; e dá outras providências. *Diário Oficial da União*, Brasília, de 14 jul. 2017.

BRASIL. *Lei n. 13.467, de 13 de julho de 2017*. Altera a Consolidação das Leis do Trabalho (CLT), aprovada pelo Decreto-Lei n. 5.452, de 1º de maio de 1943, e as Leis ns. 6.019, de 3 de janeiro de 1974, 8.036, de 11 de maio de 1990, e 8.212, de 24 de julho de 1991, a fim de adequar a legislação às novas relações de trabalho. *Diário Oficial da União*, Brasília, de 19 mar. 2007.

BRASIL. *Medida Provisória n. 808, de 14 de novembro de 2017*. Altera a Consolidação das Leis do Trabalho — CLT, aprovada pelo Decreto-Lei n. 5.452, de 1º de maio de 1943. *Diário Oficial da União*, Brasília, de 14 nov. 2017.

CARVALHO, Kildare Gonçalves. *Direito constitucional Teoria do Estado e da Constituição. Direito Constitucional positivo*. 12. ed. Belo Horizonte: Del Rey, 2006.

CATHARINO, José Martins. *Compêndio de direito do trabalho*. v. 2. São Paulo: Saraiva, 1981.

DELGADO, Mauricio Godinho; DELGADO, Gabriela Neves. *A reforma trabalhista no Brasil*: com os comentários à Lei n. 13.467/17. São Paulo: LTr, 2017.

HIGA, Flávio da Costa. Reforma trabalhista e contrato de trabalho intermitente: uma tentativa de aproximação dialógica junto ao Senado. *Suplemento Trabalhista*, São Paulo: LTr 043/2017.

MAIOR, Jorge Luiz Souto; SEVERO, Valdete Souto. A "reforma" já era — Parte V: MP 808, a balbúrdia total!. Blog Jorge Luiz Souto, Campinas, nov. 2017. Disponível em: <http://www.jorgesoutomaior.com/blog/a-reforma-ja-era-parte-v-mp-808-a-balburdia-total>. Acesso em: 24 nov. 2017.

MELO, Geraldo Magela. *Direito constitucional teoria do Estado e da Constituição. Direito constitucional positivo*. 12. ed. Belo Horizonte: Del Rey, 2006.

________. A vedação ao retrocesso e o direito do trabalho. *Revista do Tribunal Regional do Trabalho da 3ª Região*. Belo Horizonte, v. 52, n. 82, p. 65-74, jul./dez. 2010.

NASCIMENTO, Amauri Mascaro. *O salário no direito do trabalho*. São Paulo: LTr, 1975.

PORTAL eSOCIAL. Conheça o esocial. Disponível em: <http://portal.esocial.gov.br/institucional/conheca-o>. Acesso em: 02 ago. 2018.

SILVA, Homero Batista Mateus da. *Comentários à reforma trabalhista*. São Paulo: Revista dos Tribunais, 2017.

TORRES, Ricardo Lobo. *Curso de direito financeiro e tributário*. 15. ed. Rio de Janeiro: Renovar, 2008.

PARTE VI

REFORMA TRABALHISTA E DIREITO COLETIVO DO TRABALHO

Fim da contribuição sindical obrigatória. Consequências para as entidades sindicais e categorias representadas

Sércio da Silva Peçanha(*)

A Lei n. 13.467, de 13 de julho de 2017, com vigência a partir de 11 de novembro de 2017 — por força do disposto no seu art. 6º, promoveu significativas alterações na Legislação infraconstitucional relativa ao Direito do Trabalho (abrangendo o direito individual e coletivo) e Direito Processual do Trabalho, ficando comumente conhecida como a lei da reforma trabalhista.

No tocante ao direito do trabalho, além de alterar, acrescentar e revogar dispositivos aplicáveis ao contrato individual de trabalho, cuidou também de dar elevada importância aos acordos celebrados pelo empregado e/ou pelo seu sindicato representativo com o empregador e/ou seu sindicato representativo, respectivamente, apoiando-se na premissa maior da prevalência do negociado sobre o legislado, em determinadas questões, como se vê exemplificativamente nos arts. 611-A e parágrafo único do art. 444, ambos da CLT, com a redação imprimida pela Lei n. 13.467/17.

Dentre os vários itens legislativos objeto de alteração, contidos na Lei n. 13.467/17, centralizar-se o presente estudo, na exclusão da obrigatoriedade da contribuição sindical, pelos membros das categoriais profissionais e econômicas ou das profissões liberais e suas consequências para as entidade sindicais e categorias profissionais representadas.

Impõe ressaltar, quando da aprovação do Projeto que transformou-se na Lei n. 13.467/17, perante o Senado, bem como da sua sanção pelo Presidente da República, membros do atual governo, declararam aos órgãos de imprensa nacional, que, posteriormente à sanção presidencial, seria editada uma Medida Provisória, com alterações de alguns dispositivos contidos na referida Lei, dentre eles os itens relativos a contribuição sindical.

Outrossim, até a data de término da redação deste texto (7.9.2017), referida Medida Provisória ainda não havia sido publicada, pelo que o presente capítulo far-se-á com a redação imprimida pela Lei n. 13.467/17.

Antes de adentrarmos o tema propriamente dito, necessário abordarmos, ainda que de forma rápida, algumas questões que entendo como precedentes e necessárias, para uma melhor compreensão do objeto deste estudo.

1. Do Direito Coletivo do Trabalho

Conjuntamente com o Direito Individual do Trabalho, encontra-se abrangido no Direito do Trabalho o Direito Coletivo do Trabalho, definido este como o ramo do Direito do Trabalho, constituído de princípios, normas e institutos aplicáveis às negociações coletivas, aos conflitos coletivos, às entidades sindicais e às relações entre as categorias profissionais e econômicas no âmbito coletivo.

A contribuição sindical encontra-se regulada, mais especificamente nos arts. 8º, inciso IV e 149, da Constituição da República Federativa do Brasil, promulgada em 05 de outubro de 2008 (CR/88); arts. 545, 578 e seguintes da Consolidação das Leis do Trabalho (CLT) e em legislação esparsa(1), encontra-se dentro do Direito Coletivo do Trabalho.

2. Dos Princípios do Direito Coletivo do Trabalho

Mauricio Godinho Delgado, classifica os princípios do Direito Coletivo do Trabalho em três grandes grupos, segundo a matéria e objetivos neles enfocados:

Princípios assecuratórios da existência do ser coletivo obreiro: 1) princípio da liberdade associativa e sindical; 2) princípio da autonomia sindical.

Princípios regentes das relações entre os seres coletivos trabalhistas: 1) princípio da interveniência sindical na normatização coletiva; 2) princípio da equivalência dos contratantes coletivos; e 3) princípio da lealdade e transparência na negociação coletiva.

Princípios regentes das relações entre normas coletivas negociadas e normas estatais: 1) princípio da criati-

(*) Desembargador no TRT-3ª Região e Mestre em Direito Processual pela PUC-MG.

(1) Decreto-Lei n. 1.166, de 15.4.1971, que dispõe sobre enquadramento e contribuição sindical rural, com as alterações imprimidas pelas Leis ns. 6.181/74 e 9.701/88.

vidade jurídica da negociação coletiva; 2) princípio da adequação setorial negociada.[(2)]

Importante destacar, que o discurso norteador, defendido na Câmara Federal e no Senado, por aqueles que defendiam a aprovação da Lei n. 13.467/17, no tocante a extinção da contribuição sindical obrigatória, foi a suposta ofensa do atual texto da CLT ao princípio da Liberdade Sindical, o que será abordado com maior profundidade no decorrer deste artigo.

3. Definição e Poderes do Sindicato

Sem prejuízo das diversas denominações doutrinárias atribuídas ao sindicato, extrai-se da Consolidação das Leis do Trabalho (CLT), notadamente do seu art. 511, a definição legal do sindicato como sendo "*a associação para fins de estudo, defesa e coordenação dos seus interesses econômicos ou profissionais* **de todos** *os que, como empregadores, empregados, agentes ou trabalhadores autônomos ou profissionais liberais exerçam, respectivamente, a mesma atividade ou profissão ou atividades ou profissões similares ou conexas*". (Destaquei e grifei).

Paralelamente, a CR/88, além de assegurar ao sindicato a defesa dos direitos e interesses coletivos ou individuais da categoria, inclusive em questões judiciais ou administrativas (art. 8º, III), consagrando o princípio da liberdade sindical (art. 8º, *caput*, I e V), manteve o princípio da unicidade sindical (contido na CLT), pelo qual não pode haver mais de um sindicato representativo da mesma categoria, na mesma base territorial, que não pode ser inferior a um município (art. 8º, II), assegurando a obrigatoriedade da participação dos sindicatos nas negociações coletivas de trabalho (art. 8º, VI).

Assim, seja por força do texto constitucional, seja por força da legislação infraconstitucional brasileira, diversamente das demais associações que só representam os associados, o sindicato representa todos os membros da categoria, sejam eles associados ou não.

Este poder atribuído ao sindicato lhe permite atuar, seja no âmbito administrativo, seja no âmbito judicial, como assistente, representante ou como substituto processual, na defesa dos direitos e interesses coletivos ou individuais de todos os membros da categoria, independentemente de sua filiação ao sindicato.

Aparentemente, apoiando-se no poder outorgado aos sindicatos pela Constituição Federal e na valoração das negociações coletivas (art. 7º, XXVI), o legislador, com a reforma trabalhista, atribuiu maior valor ao negociado sobre o legislado, como se vê nas disposições contidas no art. 611-A, da CLT, acrescido pela Lei n. 13.467/17.

Todavia, promoveu também significativa alteração legislativa, ao fixar, no arts. 545, 578, 579, 582, 583, 587 e 602 da CLT, que a contribuição sindical só será devida desde que **prévia e expressamente autorizada** pelo membro da categoria.

4. Da Estrutural Sindical Brasileira

A estrutura sindical brasileira, dá-se de forma piramidal, constituída de baixo para cima, sendo do lado das categorias profissionais e das profissões liberais, na seguinte ordem: 1 — Sindicatos (art. 511/CLT); Federações (art. 533 e 534 /CLT); Confederações (art. 533 e 535, § 2º/ CLT) e Centrais Sindicais (art. 1º da Lei n. 11.648/2008); e do lados dos empregadores, na seguinte ordem: 1 — Sindicatos (art. 511/CLT); Federações (art. 533 e 534 / CLT) e Confederações (art. 533 e 535, § 1º/CLT).

Segundo pesquisa do IPEA, divulgada em 2016 e elaborada por André Gambier Campos, com base no Cadastro Nacional de Entidades Sindicais de *2015* do Ministério do Trabalho e Emprego:

> Atualmente, há 16.491 organizações de representação de interesses econômicos e profissionais no Brasil, reconhecidas pelas autoridades do MTE. Seguindo os níveis hierárquicos da estrutura oficial, de baixo para cima, há 15.892 sindicatos, 549 federações, 43 confederações e 7 centrais sindicais, totalizando 16.491 organizações que representam empregadores (5.251) e trabalhadores (11.240).
>
> (...)
>
> ... há 10.817 sindicatos de trabalhadores, que correspondem a 65,6% do total de organizações de representação de interesses econômicos e profissionais. ... a maioria desses sindicatos representa os trabalhadores de áreas urbanas (73,8% deles). Eles estão concentrados principalmente na região Sudeste (33,1%), Nordeste (27,0%) e Sul (23,8%). Esses sindicatos representam, principalmente, empregados (43,4% dedicados aos empregados privados e outros 17,4% dedicados aos públicos). E, em termos de circunscrição geográfica, eles têm tipicamente uma base local, restrita a um município (50,1%) ou a um pequeno número de municípios (30,3%) ... .
>
> (...)
>
> .... a proporção de trabalhadores filiados no país é limitada a 16,2% atualmente, o que corresponde a 17,3 milhões de pessoas... .
>
> (...)

(2) DELGADO, Mauricio Godinho. *Direito Coletivo do Trabalho*. São Paulo: LTr, 2001. p. 39/40.

... a taxa de filiação é maior entre os trabalhadores rurais (22,7%) que entre os urbanos (15,0%). Além disso, essa taxa é um pouco superior entre os trabalhadores da região Nordeste (19,1%), provavelmente como consequência da filiação entre trabalhadores rurais. E, considerando-se apenas os trabalhadores urbanos, é possível ver que a filiação é maior entre os empregados públicos (36,8%) e empregados privados registrados (20,3%). Outros trabalhadores urbanos apresentam uma menor filiação, como os trabalhadores por conta própria (11,8%) e os trabalhadores privados não registrados (6,2%).(3)

5. Unicidade e Pluralidade Sindical

As entidades sindicais são constituídas e funcionam, segundo a legislação do País, onde são criadas, observando as normas internacionais (Convenções da OIT), quando ratificadas pelo referido País.

Destacam-se a existência de dois modelos de sistemas sindicais: um modelo denominado Unitarismo Sindical e um segundo modelo denominado Pluralismo Sindical.(4)

Referidos modelos são estabelecidos com suporte nos princípios da unicidade sindical ou da pluralidade sindical, respectivamente.

Pelo princípio da Unicidade Sindical, só pode existir um sindicato na mesma base territorial, como representante da categoria respectiva.

Pelo princípio da Pluralidade Sindical, pode existir mais de um sindicato na mesma base territorial, como representantes da mesma categoria.

O constituinte brasileiro reafirmou na CR/88 o princípio da unicidade sindical, ao estabelecer em seu art. 8º, II, que *"é **vedada a criação de mais de uma organização sindical**, em qualquer grau, **representativa de categoria profissional ou econômica, na mesma base territorial**, que será definida pelos trabalhadores ou empregadores interessados, não podendo ser inferior à área de um Município"*.

Assim, muito embora o *caput* do art. 8º, da CR/88, assegura o princípio da Liberdade Sindical, estabeleceu o constituinte de 1988, que esta liberdade sindical, no Brasil, há de se amoldar ao princípio da unicidade sindical.

Exatamente por isso, tem-se a dificuldade do Brasil de ratificar a Convenção n. 87 da OIT, que dispõe sobre a "Liberdade de Associação Sindical e a Proteção do Direito Sindical", uma vez que a referida Convenção escudada no princípio da liberdade sindical, adota o princípio da pluralidade sindical.

6. Das Fontes de Custeio das Entidades Sindicais

As entidades sindicais, como toda e qualquer organização no sistema capitalista, necessitam de receitas para o seu regular funcionamento, a fim de arcar com o pagamento de sua despesas, tais como água, energia elétrica, prestadores de serviços, campanhas salariais e negociais, dentre outras.

A CLT dispõe expressamente, em seu art. 548, que:

> Art. 548. Constituem o patrimônio das associações sindicais:
>
> a) as contribuições devidas aos Sindicatos pelos que participem das categorias econômicas ou profissionais ou das profissões liberais representadas pelas referidas entidades, sob a denominação de imposto sindical, pagas e arrecadadas na forma do Capítulo III deste Título;(5)
>
> b) as contribuições dos associados, na forma estabelecida nos estatutos ou pelas Assembléias Gerais;
>
> c) os bens e valores adquiridos e as rendas produzidas pelos mesmos;
>
> d) as doações e legados;
>
> e) as multas e outras rendas eventuais.

Após a promulgação da CR/88 que assegura a liberdade sindical, vedando ao Estado a interferência e a intervenção na organização sindical, é possível as entidades sindicais, em seus estatutos preverem outras fontes de receitas.

Assim, as fontes de receitas dos sindicatos, poderiam ser resumidas em:

1 — contribuição sindical;

2 — mensalidades (ou anuidades) dos associados;

3 — contribuição confederativa;

4 — contribuição assistencial;

5 — outras (doações, multas, rendimentos de aluguéis, aplicações financeiras, etc...).

Destacamos as quatro primeiras oriundas como as maiores fontes de receita dos sindicatos profissionais.

1 — Contribuição Sindical

A contribuição sindical, que até a entrada em vigor da na Lei n. 13.467/17, seria devida de forma **obrigató-**

---

(3) CAMPOS, André Gambier. Texto para discussão 2262 — *Sindicatos no Brasil*: o que esperar no futuro próximo. Instituto de Pesquisa Econômica Aplicada. Brasília, Rio de Janeiro: IPEA, 1990. p. 9.

(4) DELGADO, Mauricio Godinho. *Direito coletivo do trabalho*. São Paulo: LTr, 2001. p. 63.

(5) O Decreto-lei n. 229, de 28.2.1967, estabeleceu em seu art. 35, inciso V, que: Art 35. As referências feitas na CLT: (...) V — a "Impôsto Sindical", inclusive na denominação do Capítulo III do Título V, entendem-se como "Contribuição Sindical".

ria por todos os membros das categorias profissionais e econômicas, ou das profissões liberais, na esteira do disposto nos arts. 545, 578 e 579 da CLT, exemplificativamente, que dispunham respectivamente:

> Art. 545. Os empregadores ficam obrigados a descontar na folha de pagamento dos seus empregados, desde que por eles devidamente autorizados, as contribuições devidas ao Sindicato, quando por este notificados, *salvo quanto à contribuição sindical, cujo desconto independe dessas formalidades*. (grifei)
>
> Art. 578. As contribuições devidas aos Sindicatos pelos que participem das categorias econômicas ou profissionais ou das profissões liberais representadas pelas referidas entidades serão, sob a denominação do "imposto sindical", pagas, recolhidas e aplicadas na forma estabelecida neste Capítulo".
>
> Art. 579. A contribuição sindical **é devida por todos aqueles que participarem de uma determinada categoria econômica ou profissional, ou de uma profissão liberal**, em favor do sindicato representativo da mesma categoria ou profissão ou, inexistindo este, na conformidade do disposto no art. 591. (Destaquei)

Certo ainda, que referida contribuição encontra-se prevista na parte final do art. 8º, inciso IV da CR/88.

> Art. 8º É livre a associação profissional ou sindical, observado o seguinte:
>
> ...
>
> IV — a assembléia geral fixará a contribuição que, em se tratando de categoria profissional, será descontada em folha, para custeio do sistema confederativo da representação sindical respectiva, ***independentemente da contribuição prevista em lei***". (Destaquei e grifei).

Todavia a Lei n. 13.467/17, dentre os vários artigos alterados da CLT, modificou a redação do arts. 545, 578 e 579, 583, 587 e 602 valendo destacar as alterações imprimidas nos art. 545, 578 e 579:

> Art. 545. Os empregadores ficam obrigados a descontar da folha de pagamento dos seus empregados, **desde que por eles devidamente autorizados**, as contribuições devidas ao sindicato, quando por este notificados. (NR) (Destaquei)
>
> Art. 578. As contribuições devidas aos sindicatos pelos participantes das categorias econômicas ou profissionais ou das profissões liberais representadas pelas referidas entidades serão, sob a denominação de contribuição sindical, pagas, recolhidas e aplicadas na forma estabelecida neste Capítulo, **desde que prévia e expressamente autorizadas**." (NR) (Destaquei)
>
> Art. 579. O desconto da contribuição sindical **está condicionado à autorização prévia e expressa** dos que participarem de uma determinada categoria econômica ou profissional, ou de uma profissão liberal, em favor do sindicato representativo da mesma categoria ou profissão ou, inexistindo este, na conformidade do disposto no art. 591 desta Consolidação. (NR) (Destaquei)

Como se vê, após a entrada em vigor da Lei n. 13.467/17, o desconto e pagamento da contribuição sindical, ficaria condicionado à prévia e expressa autorização do membro da categoria.

Consoante matéria publicada no jornal Folha de São Paulo de 3.5.2017, o total arrecadado anualmente a título de imposto sindical é de R$ 2,75 bilhões, sendo 71,7% que corresponde a R$ 1,97 bilhões destinados aos sindicatos de trabalhadores e 28,3% que correspondente a R$ 777,4 milhões destinados aos sindicatos patronais.(6)

2 — *Mensalidades (ou Anuidades) dos associados*

As mensalidades ou anuidades sindicais são as contribuições devidas por todos os associados do sindicato, previstas no estatuto da entidade sindical, sendo o respectivo valor fixado em assembleia dos associados, promovida pelo respectivo sindicato.

Com o pagamento da referida contribuição, no prazo e forma estabelecidos pelo ente sindical, o associado poderá participar ativamente de todas as atividades promovidas pelo sindicato, em especial poderá votar e ser votado para os cargos de direção e administração da entidade sindical.

3 — *Contribuição Confederativa*

A contribuição confederativa surgiu com a CR/88, ao dispor no seu art. 8º, inciso IV que: "**a assembléia geral fixará a contribuição** que, em se tratando de categoria profissional, será descontada em folha, **para custeio do sistema confederativo da representação sindical respectiva, *independentemente da contribuição prevista em lei***; (Destaquei e grifei)

Referida contribuição, aprovada em assembleia, deve ser destinada a todas as entidades que compõe a estrutura sindical, da respectiva categoria.

Cumpre destacar que sobre referida contribuição, o Tribunal Superior do Trabalho (TST), por meio do Precedente Normativo n. 119 e da OJ n. 17, ambos da Seção de Dissídios Coletivos, firmou o entendimento, em síntese, que são nulas as disposições convencionais obrigando trabalhadores não sindicalizados a efetuarem a contribuição confederativa.

> PRECEDENTE N. 119-SDC/TST. "CONTRIBUIÇÕES SINDICAIS — INOBSERVÂNCIA DE PRECEITOS CONSTITUCIONAIS — (mantido) — DEJT divulgado em 25.8.2014. A Constituição da República, em seus arts. 5º, XX e 8º, V, assegura o direito de livre associação e sindicalização. É ofensiva a essa modalidade de liberdade cláusula constante de acordo, convenção coletiva ou sentença normativa estabelecendo contribuição em favor de entidade sindical a título de taxa para custeio do sistema confederativo, assistencial, revigoramento ou fortalecimento sindical e outras da mesma espécie, obrigando trabalhadores não sindicalizados. Sendo nulas as estipulações que inobservem tal restrição, tornam-se passíveis de devolução os valores irregularmente descontados.
>
> OJ N. 17. SDC/TST. "CONTRIBUIÇÕES PARA ENTIDADES SINDICAIS. INCONSTITUCIONALIDADE DE SUA EXTENSÃO A NÃO ASSOCIADOS. (mantida) — DEJT divulgado em

(6) Disponível em: <http://www1.folha.uol.com.br/mercado/2017/05/1880554-sistema-s-ajuda-sindicato-patronal-a-viver-sem-imposto-sindical.shtml>.

25.8.2014. As cláusulas coletivas que estabeleçam contribuição em favor de entidade sindical, a qualquer título, obrigando trabalhadores não sindicalizados, são ofensivas ao direito de livre associação e sindicalização, constitucionalmente assegurado, e, portanto, nulas, sendo passíveis de devolução, por via própria, os respectivos valores eventualmente descontados.

Por fim, sobre o tema, o Supremo Tribunal Federal (STF), no mesmo sentido do TST, editou a Súmula Vinculante n. 40, *in verbis*:

> SÚMULA VINCULANTE n. 40/STF. A contribuição confederativa de que trata o art. 8º, IV, da Constituição Federal, só é exigível dos filiados ao sindicato respectivo.

Assim, face ao entendimento jurisprudencial dominante no âmbito do TST e do STF, a contribuição confederativa só pode ser estipulada para pagamento pelos filiados aos sindicato.

4 — Contribuição Assistencial

A contribuição assistencial, também denominada taxa assistencial, taxa de desconto negocial, etc., regra geral, é prevista em cláusulas normativas constantes de acordos e/ou convenções coletivas de trabalho celebradas pelos sindicatos profissionais e o(s) empregador(es) e/ou sindicatos representativos da categoria econômica, respectivamente, sendo geralmente fixada como devidas por todos os empregados e empregadores abrangidos pelo instrumento normativo.

Assim, além de serem beneficiados pelas vantagens contidas nas cláusulas normativas, os membros das respectivas categorias, também arcariam com uma contribuição aprovada em assembléia e disposta no instrumento normativo, visando, em última análise, o ressarcimento dos gastos tidos pelas entidades sindicais, tais como publicação de editais em jornais, despesas de deslocamento, combustível, mobilização da categoria e contratação de assessores e advogados, dentre outras, para a celebração do instrumento normativo.

Havia o entendimento doutrinário e jurisprudencial, que referida contribuição tem sua fonte normativa no art. 513, alínea *e*, e no art. 545, da CLT, que dispõem:

> Art. 513. São prerrogativas dos sindicatos:
>
> (...)
>
> b) celebrar contratos coletivos de trabalho;
>
> (...)
>
> e) **impor contribuições *a todos aqueles*** que participam das categorias econômicas ou profissionais ou das profissões liberais representadas". (Destaquei e grifei).
>
> Art. 545. *Os empregadores ficam obrigados a descontar na folha de pagamento dos seus empregados, desde que por eles devidamente autorizados, as contribuições devidas ao Sindicato, quando por este notificados*, salvo quanto à contribuição sindical, cujo desconto independe dessas formalidades". (*Redação dada pelo Decreto-lei n. 925, de 10.10.1969* — grifei)

Todavia, muito embora fosse pacífico, anteriormente, nos Tribunais (incluindo o TST e STF) o entendimento que tal contribuição pudesse ser cobrada de todos os membros da categoria, desde que assegurado o direito de oposição — neste sentido os julgamentos proferidos pelo STF nos processos. RE-189.960/SP[7], RE-220.700-1/RS; RE-220120/SP; RE-337718 / SP e RE-220622/SP, o certo é que na última década, houve mudança do entendimento jurisprudencial, passando o TST a adotar o entendimento, que referida contribuição só poderia ser cobrada dos associados, como se vê da leitura do Precedente Normativo n. 119 e da OJ n. 17 da Seção de Dissídios Coletivos, anteriormente transcritos.

Por sua vez, o STF que anteriormente vinha decidindo pela legalidade da cláusula normativa, prevendo o desconto da contribuição assistencial, desde que assegurado o direito de oposição, como se vê nos julgados citados acima, passou a adotar, nos últimos anos, o entendimento que a matéria era de índole infraconstitucional e por fim, recentemente o STF ao julgar o Recurso Extraordinário com Agravo n. 1.018.459, com repercussão geral reconhecida, de Relatoria do Ministro Gilmar Mendes (Acórdão divulgado no DJE n. 46, em 9.3.2017), por maioria de votos, firmou a jurisprudência dominante no sentido da inconstitucionalidade da contribuição assistencial imposta por acordo, convenção coletiva de trabalho ou sentença normativa a empregados não sindicalizados.[8]

Assim, face ao entendimento jurisprudencial atual e dominante no âmbito do TST e do STF, a contribuição assistencial só pode ser estipulada para pagamento pelos filiados aos sindicato.

5 — Outras Fontes de Receitas

Além das contribuições acima elencadas, mensalidade/anuidade dos associados, contribuição confederativa, contribuição assistencial e contribuição sindical, após a promulgação da CR/88, tem-se que não há mais empecilho para o sindicato ter outras fontes de receitas, tais como doações (excluídas as oriundas de empregadores ou de entidades sindicais representativas das categorias econômicas, em face da vedação de ingerência contida na Convenção n. 98 da OIT, art. 2º, itens 1 e 2, ratifi-

---

(7) EMENTA. "CONTRIBUIÇÃO — CONVENÇÃO COLETIVA — A contribuição prevista em convenção coletiva, fruto do disposto no art. 513, alínea 'e', da Constituição Federal, é devida por todos os integrantes da categoria profissional, não se confundindo com aquela versada na primeira parte do inciso IV do art. 8º da Carta da República" (Proc. STF-RE-189.960/SP — Relator Ministro Marco Aurélio, pub. DJ 10.8.2001).

(8) EMENTA. "Recurso Extraordinário. Repercussão Geral. 2. Acordos e convenções coletivas de trabalho. Imposição de contribuições assistenciais compulsórias descontadas de empregados não filiados ao sindicato respectivo. Impossibilidade. Natureza não tributária da contribuição. Violação ao princípio da legalidade tributária. Precedentes. 3. Recurso extraordinário não provido. Reafirmação de jurisprudência da Corte". (Proc. STF-ARE-1.018.459/PR — Relator Ministro Gilmar Mendes, divulgado no DJE 9.3.2017).

cada pelo Brasil)(9), multas, rendimentos de aluguéis e aplicações financeiras, dentre outros, previstos em seus estatutos.

Consoante matéria publicada no jornal Folha de São Paulo de 3.5.2017, anteriormente citada, a Fiesp (Federação das Indústrias do Estado de Estado de São Paulo), teve um receita no ano de 2016 de R$ 164 milhões, sendo que o valor arrecadado com a contribuição sindical correspondeu a 11,1% (= R$ 18,2 milhões), sendo o restante da receita — 88,9% (= R$ 145,8 milhões), oriundo de de outras fontes, sendo 61,1% (= R$ 100,2 milhões) correspondentes a repasses do Sistema S (Sesi/Senai), 21,3% (= R$ 35 milhões) de receitas financeiras, locações e alienação de bens e 6,5% (R$ 10,6 milhões de outras receitas.

6 — Da Distribuição da Contribuição Sindical

Os valores recolhidos a título de contribuição sindical por força do art. 589 da CLT são distribuídos da seguintes forma:

> **I — para os empregadores:**
>
> a) 5% (cinco por cento) para a confederação correspondente;
>
> b) 15% (quinze por cento) para a federação;
>
> c) 60% (sessenta por cento) para o sindicato respectivo; e
>
> **d) 20% (vinte por cento) para a 'Conta Especial Emprego e Salário'**. (destaquei).
>
> **II — para os trabalhadores:**
>
> a) 5% (cinco por cento) para a confederação correspondente;
>
> b) 10% (dez por cento) para a central sindical;
>
> c) 15% (quinze por cento) para a federação;
>
> d) 60% (sessenta por cento) para o sindicato respectivo; e
>
> **e) 10% (dez por cento) para a 'Conta Especial Emprego e Salário'**; (destaquei).

7 — Da Natureza Jurídica da Contribuição Sindical

Conforme já destacado anteriormente, a previsão de pagamento da contribuição sindical **é imposta**, por força do art. 8º, IV da CR à todas as categorias, seja profissional, econômica, ou dos profissionais liberais, sendo regulada pela legislação infraconstitucional.

Reforçando tal entendimento o art. 548, alínea *a*, *in verbis*:

> Art. 548. Constituem o patrimônio das associações sindicais:
>
> a) as contribuições devidas aos Sindicatos *pelos que participem* das categorias econômicas ou profissionais ou das profissões liberais representadas pelas referidas entidades, sob a denominação de imposto sindical, pagas e arrecadadas na forma do Capítulo lll deste Título". (grifei)

Denota-se pelo art. 589 da CLT, que os valores arrecadados não são distribuídos somente para as entidades sindicais, mas que parte dos valores também são recolhidos para a "Conta Especial Emprego e Salário", que *in casu*, pertence ao governo federal.

Neste diapasão, sendo fixada por lei e imposta a todos os membros das categorias, com destinação de parte dos valores recolhidos aos cofres da União, sempre se entendeu, doutrinária e jurisprudencialmente, que a contribuição sindical tem natureza jurídica tributária.

Em reforço a tal entendimento colhe-se o conceito de tributo nos art. 3º e a referência no art. 217, I, ambos Código Tributário Nacional:

> Art. 3º Tributo é toda prestação pecuniária compulsória, em moeda ou cujo valor nela se possa exprimir, que não constitua sanção de ato ilícito, instituída em lei e cobrada mediante atividade administrativa plenamente vinculada.
>
> Art. 217. As disposições desta Lei, notadamente as dos arts. 17, 74, § 2º e 77, parágrafo único, bem como a do art. 54 da Lei n. 5.025, de 10 de junho de 1966, ***não excluem a incidência e a exigibilidade***: *(Incluído pelo Decreto-lei n. 27, de 1966)*
>
> I — ***da "contribuição sindical", denominação que passa a ter o imposto sindical de que tratam os arts 578 e seguintes, da Consolidação das Leis do Trabalho***, sem prejuízo do disposto no art. 16 da Lei n. 4.589, de 11 de dezembro de 1964. *(Incluído pelo Decreto-lei n. 27, de 1966)* (Destaquei e grifei)

Sobre a definição da natureza tributária da contribuição sindical, questão trago à lume, exemplificativamente, o julgado proferido pelo STF no processo RE-180.745-8/SP, em que foi Relator o Ministro Sepúlveda Pertence:

> **EMENTA: Sindicato: contribuição sindical da categoria: recepção. A recepção pela ordem constitucional vigente da contribuição sindical compulsória, prevista no art. 578 CLT e exigível de todos os integrantes da categoria, independentemente de sua filiação ao sindicato resulta do art. 8º, IV, in fine, da Constituição**; não obsta à recepção a proclamação, no *caput* do art. 8º, do princípio da liberdade sindical, que há de ser compreendido a partir dos termos em que a Lei Fundamental a positivou, nos quais a unicidade (art. 8º, II) e a **própria contribuição sindical de natureza tributária (art. 8º, IV)** — marcas características do modelo corporativista resistente —, dão a medida da sua relatividade (cf. MI 144, Pertence, RTJ 147/868, 874); nem impede a recepção questionada a falta da lei complementar prevista no art. 146, III, CF, à qual alude o

(9) Convenção n. 98 da OIT
Art. 2º 1. As organizações de trabalhadores e de empregadores deverão gozar de proteção adequada contra quaisquer atos de ingerência de umas e outras, quer diretamente quer por meio de seus agentes ou membros, em sua formação, funcionamento e administração.
2. Serão particularmente identificados a atos de ingerência, nos termos do presente artigo, medidas destinadas a provocar a criação de organizações de trabalhadores dominadas por um empregador ou uma organização de empregadores, ou a manter organizações de trabalhadores por outros meios financeiros, com o fim de colocar essas organizações sob o controle de um empregador ou de uma organização de empregadores.

art. 149, à vista do disposto no art. 34, §§ 3º e 4º, das Disposições Transitórias (cf. RE 146733, Moreira Alves, RTJ 146/684, 694).[10] (destaquei)

No mesmo sentido o STF reafirmou recentemente, a natureza tributária da contribuição sindical, como se verifica nos fundamentos constantes no voto do Ministro Gilmar Mendes, quando do julgamento do ARE n. 1.018.459, com repercussão geral reconhecida e já anteriormente citado, quando decidiu que a taxa assistencial só pode ser cobrada dos associados, *in verbis*:

(...)

Para melhor entender a controvérsia, é **imperioso distinguir a contribuição sindical, prevista na Constituição (art. 8º, parte final do inciso IV) e instituída por lei (art. 578 da CLT), em prol dos interesses das categorias profissionais, com caráter tributário (logo obrigatório)** da denominada contribuição assistencial, também conhecida como taxa assistencial. Esta última é destinada a custear as atividades assistenciais do sindicato, principalmente no curso de negociações coletivas, e não tem natureza tributária.

A questão encontra-se, inclusive, pacificada pela jurisprudência deste Supremo Tribunal, no sentido de que somente a contribuição sindical prevista especificamente na CLT, por ter caráter tributário, é exigível de toda a categoria, independentemente de filiação. Nesse sentido, registro os seguintes precedentes: (...).[11]

Assim, partindo da premissa da natureza tributária da contribuição sindical, cumpre analisar as alterações imprimidas pela Lei n. 13.467/17, na CLT.

8 — Da Exigência de Autorização Prévia e Expressa para o Desconto da Contribuição sindical e suas Consequências para as Entidades Sindicais e Categorias Representadas

Como já destacado anteriormente, após a entrada em vigor da Lei n. 13.467/17, o desconto e pagamento da contribuição sindical, ficará condicionado à prévia e expressa autorização do membro da categoria (em se tratando de membro de categoria profissional) e opção de recolhimento (em se tratando de membro de categoria econômica).

Referida alteração, impõe várias reflexões, sendo a primeira delas, se referida alteração amolda-se ao texto constitucional.

Conforme já salientado, o entendimento doutrinário e jurisprudencial prevalecente até os dia de hoje, é que em face do texto constitucional e considerando a destinação da contribuição sindical, a mesma tem natureza tributária e exatamente por isso é devida por todos os membros da categoria.

Sendo tributo não é dado ao contribuinte autorizar a sua cobrança.

Assim, a Lei n. 13.467/17, ao condicionar o desconto e pagamento da contribuição sindical à prévia e expressa autorização do membro da categoria, acaba por lhe retirar a sua própria natureza de tributo.

Tenho pois, que nestes tópicos, os dispositivos da Lei n. 13.467/17, ferem o art. 8º, inciso IV, 146, III e 149 da CR/88, que dispõem:

Art. 8º É livre a associação profissional ou sindical, ***observado o seguinte:***

IV — a assembléia geral fixará a contribuição que, em se tratando de categoria profissional, será descontada em folha, para custeio do sistema confederativo da representação sindical respectiva, ***independentemente da contribuição prevista em lei***;". (Destaquei e grifei)

Art. 146. Cabe à lei complementar:

(...)

III — estabelecer normas gerais em matéria de legislação tributária, especialmente sobre:

(...)

Parágrafo único. A lei complementar de que trata o inciso III, d, também poderá instituir um regime único de arrecadação dos impostos e contribuições da União, dos Estados, do Distrito Federal e dos Municípios, observado que: *(Incluído pela Emenda Constitucional n. 42, de 19.12.2003)*

III — o recolhimento será unificado e centralizado e a distribuição da parcela de recursos pertencentes aos respectivos entes federados será imediata, ***vedada qualquer retenção ou condicionamento***; *(Incluído pela Emenda Constitucional n. 42, de 19.12.2003)*

(...). (Destaquei e grifei)

Art. 149. Compete exclusivamente à União instituir ***contribuições sociais***, de intervenção no domínio econômico ***e de interesse das categorias profissionais ou econômicas***, **como instrumento de sua atuação nas respectivas áreas, observado o disposto nos arts. 146, III**, e 150, I e III, e sem prejuízo do previsto no art. 195, § 6º, relativamente às contribuições a que alude o dispositivo (...). (Destaquei e grifei)

É bem verdade, que os defensores da Lei n. 13.467/17, advogam que a contribuição sindical obrigatória choca com o princípio da liberdade sindical.

Aduzem que, se a pessoa não é filiada ao sindicato, ela não pode ser compelida a fazer contribuição para o mesmo.

Destaco que esta questão já foi superada pelo STF, quando do julgamento do processo RE-180.745-8/SP, anteriormente citado, em que foi Relator Ministro Sepúlveda Pertence, em que se firmou o entendimento que a Contribuição Sindical compulsória está em consonância com o texto constitucional.

---

(10) RE-180.745-8/SP. Relator Ministro Sepúlveda Pertence, pub. DJ 8.5.1998.

(11) Proc. STF-ARE-1.018.459/PR — Relator Ministro Gilmar Mendes, divulgado no DJE 9.3.2017).

Assim, repito, tenho que os dispositivos da Lei n. 13.467/17, condicionando o desconto e recolhimento da contribuição sindical à prévia autorização do contribuinte, ferem o art. 8º, inciso IV, 146, III e 149 da CR/88.

Superada a questão da inconstitucionalidade, não há a menor dúvida que, mantido o texto da Lei n. 13.467/17, a contribuição sindical deixa de ser compulsória e passa a ser facultativa.

Assim embora a contribuição sindical, não seja totalmente extinta, a compulsoriedade de seu pagamento fica extinta.

Neste diapasão, ausente a autorização prévia e expressa, o impacto será enorme nas finanças das entidades sindicais e também para as categorias representadas.

O impacto só será menor, para as entidades sindicais, que possuem outras fontes de receita em montante superior ao arrecadado com a contribuição sindical, em especial aquelas representantes das categorias econômicas, que recebem repasses do Sistema S.

Relembro que consoante o atual entendimento jurisprudencial dominante no TST e no STF, só poderá haver estipulação da contribuição confederativa e da taxa assistencial, em relação aos associados.

Certamente e na atual conjuntura de dificuldades econômicas, pelo qual passam os brasileiros, um significativo número de membros das categorias, não irá assinar termo autorizativo de desconto (membros das categorias profissionais) ou não irá optar pelo recolhimento (membros das categorias econômicas).

Resultado: menor arrecadação para as entidades sindicais e para o governo federal.

Mantida o texto da Lei n. 13.467/17, a manutenção financeira das entidades sindicais, mais especificamente as representativas das categorias profissionais, será norteada, majoritariamente, pelos seus associados.

No momento em que se reforça, legislativamente, os poderes outorgados aos sindicatos até para suprimir e flexibilizar direitos trabalhistas, a fragilização econômica dos sindicatos profissionais retira a paridade de armas, necessária, para a negociação e celebração de instrumentos normativos com os membros e representantes das categorias econômicas, o que poderá ocasionar, maior redução ou flexibilização de direitos individuais anteriormente assegurados às categorias profissionais, sejam oriundos de normas autônomas ou heterônomas.

E aqui, observo uma dicotomia futura, na realidade dos membros das categorias, é que não havendo a autorização para desconto da contribuição sindical pelos membros das categorias profissionais, em especial do não associado do sindicato, eles não contribuirão para a manutenção do sindicato profissional, todavia serão beneficiados pelas conquistas e vantagens contidas nos instrumentos normativos que vierem a ser celebrados por estes sindicatos.

Terão os bônus dos instrumentos normativos celebrados pelos sindicatos profissionais, mas não terão os ônus de manutenção das entidades sindicais, que negociarão em seu nome.

É o conflito de manutenção da unicidade sindical com a liberdade futura de escolha do recolhimento da contribuição sindical.

Melhor seria, que referida alteração no tocante à contribuição sindical viesse em conjunto com uma alteração constitucional, transformando o modelo brasileiro de Unitarismo Sindical para o Pluralismo Sindical.

Alterando-se o modelo para o Pluralismo Sindical, os instrumentos normativos poderiam ser aplicados somente aos membros da categoria filiados ao sindicato que celebrou o instrumento normativo. Assim ficaria resguardado, em todos os aspectos, o princípio da liberdade sindical, pelo qual ninguém seria obrigado a filiar-se ou contribuir financeiramente para sindicato representativo de categoria.

Da forma como ficou, uma vez já vedado jurisprudencialmente a cobrança da contribuição confederativa e assistencial dos não associados, somado à reforma trabalhista, que condicionou o desconto da contribuição sindical à autorização prévia e expressa do membro da categoria, tem-se que as entidades sindicais, notadamente as representativas das categorias profissionais, ficarão ainda mais fracas economicamente e fragilizadas nos momentos de negociações coletivas.

A PREVALÊNCIA DO NEGOCIADO SOBRE O LEGISLADO E SEU IMPACTO NAS RELAÇÕES DE TRABALHO. A MITIGAÇÃO DA INTERVENÇÃO DO JUDICIÁRIO TRABALHISTA

Vólia Bomfim Cassar(*)

A reforma trabalhista começou timidamente com um projeto de poucos artigos e se transformou numa grande mudança, não só da legislação trabalhista, mas também da estrutura do Direito do Trabalho, seus princípios e fundamentos.

O conteúdo da Lei n. 13.467/17, modifica o Direito do Trabalho como conhecemos, contraria alguns de seus princípios básicos, flexibiliza regras favoráveis ao trabalhador, prioriza a norma menos favorável ao empregado, autoriza a livre autonomia da vontade individual; permite que o negociado individualmente e coletivamente prevaleça sobre o legislado (para reduzir direitos trabalhistas), valoriza a imprevisibilidade do trabalho intermitente, exclui regras protetoras de direito civil e de processo civil ao direito e processo do trabalho.

O presente artigo visa explorar o tema sob a ótica do direito coletivo abordando os pontos da reforma que tratam ou influenciam na matéria.

Há quem argumente que a Lei n. 13.467/17, na parte que reduz direitos materiais trabalhistas, é inconstitucional.

Explico: o art. 7º, *caput*, incorporou em seu texto o princípio da prevalência da condição mais favorável ao trabalhador, subprincípio do princípio da proteção ao trabalhador. Ao afirmar que os trabalhadores têm os direitos contemplados nos 34 incisos do art. 7º, "além de outros que visem à melhoria de sua condição social", o legislador deixou claro que o rol de benesses era meramente exemplificativo, sendo bem recebido pelo comando constitucional qualquer outro direito que favoreça o trabalhador.

A indicação de que outras condições mais benéficas seriam bem recebidas induziu alguns a defender a inconstitucionalidade material de leis, principalmente da chamada Reforma Trabalhista, que reduzam ou suprimam quaisquer direitos trabalhistas, ao argumento de que o *caput* do art. 7º da CF veda o retrocesso de direitos sociais. Sustentam que a vedação do retrocesso gera a inconstitucionalidade da norma redutora ou supressora de direitos, sendo possível apenas a manutenção ou ampliação de direitos pela via infraconstitucional, numa ampliação crescente de direitos. Outros, em posição oposta, afirmam que apenas a revogação de direitos constitucionais fere a Lei Maior, mas não sua alteração por lei infraconstitucional. Em verdade, a lei apenas regulamenta direitos constitucionais, e a alteração da lei que importa em redução de direitos ou supressão daqueles não previstos na Lei Maior não acarreta a sua inconstitucionalidade. Prevalece no STF essa tese, ao fundamento de que o legislador do futuro não está limitado pelo legislador do passado. A se pensar de forma diversa, as normas benéficas aos trabalhadores teriam a mesma eficácia e hierarquia que a Constituição, equiparando-se às cláusulas pétreas. Isto é, o núcleo duro de direitos seria um bloco cada vez maior e imutável para sempre. Segundo essa tese, a premissa viola a liberdade da geração presente de resolver seus problemas, de se adaptar à realidade vivenciada. Assim, deve o legislador ordinário confeccionar leis que se moldem ao cenário econômico, social e político presente, sempre respeitando as garantias mínimas constitucionais. A maioria dos direitos trabalhistas contidos no art. 7º da CF são plásticos e abertos, delegando para a lei infraconstitucional sua regulamentação. A Reforma não viola esses direitos materiais constitucionais, mas apenas a sua regulamentação contida na CLT ou leis infraconstitucionais. Sob esse ponto de vista, são constitucionais os artigos 611-A e 611-B da CLT.

De acordo com os novos parágrafos do art. 8º da CLT:

> Art. 8º (...)
>
> § 1º O direito comum será fonte subsidiária do direito do trabalho.
>
> § 2º Súmulas e outros enunciados de jurisprudência editados pelo Tribunal Superior do Trabalho e pelos Tribunais Regionais do Trabalho não poderão restringir direitos legalmente previstos nem criar obrigações que não estejam previstas em lei.
>
> § 3º No exame de convenção coletiva ou acordo coletivo de trabalho, a Justiça do Trabalho analisará exclusivamente a conformidade dos elementos essenciais do negócio jurídico,

(*) Doutora em Direito e Economia pela UGF. Mestre em Direito Público pela UNESA. Desembargadora do Tribunal/RJ. Professora do curso LFG e curso Forum e autora.

respeitado o disposto no art. 104 da Lei n. 10.406, de 10 de janeiro de 2002 (Código Civil), e balizará sua atuação pelo princípio da intervenção mínima na autonomia da vontade coletiva.

O art. 8º, § 2º da CLT, acrescido pela Lei n. 13.467/17, proíbe os tribunais de criarem ou restringirem direitos por meio das súmulas ou outros enunciados de jurisprudência.

Portanto, a lei limita a interpretação normativa dos tribunais e impede que a Súmulas e demais enunciados de jurisprudência sejam fontes formais de direito.

De fato, pelo princípio da separação dos poderes, compete ao Legislativo legislar e ao Judiciário resolver conflitos e julgar, observando as normas existentes — art. 2º da CF.

Todavia, na função interpretativa da lei há cunho normativo, principalmente nas lacunas, nos vazios. Por outro lado, o juiz não pode deixar de sentenciar ao argumento de lacuna ou obscuridade da lei (art. 140 do CPC c/c art. 15 do CPC), nem julgar de forma contrária às normas constitucionais, nem deixar de atender aos objetivos sociais da Justiça (art. 8º do CPC c/c art. 15 do CPC).

Além disso, a interpretação da lei à luz da Constituição pode dar sentido à letra da lei diversa da vontade do legislador.

Por outro lado, a obrigatoriedade de observância dos precedentes obrigatórios e de uniformização da jurisprudência está contida nos arts. 489, § 1º, VI e arts. 926 e 927 do CPC e obriga o julgador à observância dos respectivos precedentes obrigatórios.

Diante de todo o exposto, percebe-se que o § 2º do art. 8º da CLT aparentemente conflita com os mencionados artigos do CPC, aplicáveis ao processo do trabalho por força dos arts. 15 do CPC, 769 da CLT e com o *caput* do art. 8º da CLT.

Os métodos tradicionais de solução de conflitos de normas não resolvem a questão, a antinomia, a contradição entre os comandos legais referidos. Logo, a solução é compatibilizá-los.

Explico.

Em se tratando de normas de mesma hierarquia, a hermenêutica nos ensina que a posterior revoga a anterior quando tratar da mesma matéria de forma diversa. Ora, o § 2º do art. 8º da CLT não exclui a aplicação do CPC nem revoga a regra do art. 15 do CPC, que determina sua aplicação supletiva.

Lado outro, o § 1º do art. 2º da Lei de Introdução às Normas de Direito Brasileiro (LINDB) dispõe:

> Art. 2º Não se destinando à vigência temporária, a lei terá vigor até que outra a modifique ou revogue.
>
> § 1º A lei posterior revoga a anterior quando expressamente o declare, quando seja com ela incompatível ou quando regule inteiramente a matéria de que tratava a lei anterior.

Ora, o § 2º do art. 8º da CLT não declara expressamente a revogação, não regula inteiramente a matéria e não é totalmente incompatível com os dispositivos do CPC a respeito do tema.

Assim, a solução é compatibilizar as normas, entendendo que o que quis o novo comando legal foi restringir o ativismo judicial, a atuação do Judiciário Trabalhista, mas não eliminá-lo.

Por outro lado, a Lei n. 13.467/17 dificultou ao máximo a intervenção do Judiciário na análise das cláusulas contidas nas convenções coletivas e acordos coletivos, limitando as hipóteses de nulidade. Adotou como princípio a **intervenção mínima (do Judiciário) na autonomia da vontade coletiva**, dando maior segurança às convenções coletivas e acordos coletivos e liberdade (poder) aos seres coletivos. Isso está refletido tanto no § 3º do art. 8º, quanto no art. 611-A da CLT.

Apesar da limitação acima imposta e da expressão "exclusivamente" contida no *caput* do art. 611-B da CLT, por óbvio que há outros vícios capazes de anular a norma coletiva ou uma cláusula contida no instrumento coletivo, como veremos abaixo.

Para validade da negociação coletiva e, consequentemente, da convenção coletiva e do acordo coletivo, é necessário observar o requisito contido no art. 612 da CLT (quórum da assembleia ou do estatuto), com ampla divulgação da convocação para a assembleia, registro em ata, bem como os requisitos dos arts. 613, 614, 616 da CLT. Além disso, devem ser observados os princípios, valores e regras constitucionais no seu conteúdo, sob pena de nulidade da cláusula violadora deste direito, mesmo que ele não esteja expressamente apontado em um dos muitos incisos do art. 611-B da CLT. Por exemplo, será nula a cláusula redutora do salário se o instrumento coletivo não garantiu a contrapartida legal exigida (garantia de emprego durante a vigência da norma).

Enfim, de fato foi limitado o poder do Judiciário de anular cláusulas contidas nas normas coletivas, e, com isso, o poder de interferir na autonomia coletiva. Entretanto, não é taxativo, como aparenta, o art. 611-B da CLT, mas sim restritivo. Logo, a limitação do juiz não está apenas na análise dos requisitos do art. 104 do CC, mas também nas normas constitucionais.

É claro que a medida visou dar garantia e segurança ao empresário que se valeu das normas coletivas para reduzir direitos (flexibilização).

De acordo com a CLT:

> Art. 611-A. A convenção coletiva e o acordo coletivo de trabalho têm prevalência sobre a lei quando, entre outros, dispuserem sobre:
>
> I — pacto quanto à jornada de trabalho, observados os limites constitucionais;
>
> II — banco de horas anual;

III — intervalo intrajornada, respeitado o limite mínimo de trinta minutos para jornadas superiores a seis horas;

IV — adesão ao Programa Seguro-Emprego (PSE), de que trata a Lei n. 13.189, de 19 de novembro de 2015;

V — plano de cargos, salários e funções compatíveis com a condição pessoal do empregado, bem como identificação dos cargos que se enquadram como funções de confiança;

VI — regulamento empresarial;

VII — representante dos trabalhadores no local de trabalho;

VIII — teletrabalho, regime de sobreaviso, e trabalho intermitente;

IX — remuneração por produtividade, incluídas as gorjetas percebidas pelo empregado, e remuneração por desempenho individual;

X — modalidade de registro de jornada de trabalho;

XI — troca do dia de feriado;

XII — enquadramento do grau de insalubridade;

XIII — e prorrogação de jornada em ambientes insalubres, sem licença prévia das autoridades competentes do Ministério do Trabalho;

XIV — prêmios de incentivo em bens ou serviços, eventualmente concedidos em programas de incentivo;

XV — participação nos lucros ou resultados da empresa.

§ 1º No exame da convenção coletiva ou do acordo coletivo de trabalho, a Justiça do Trabalho observará o disposto no § 3º do art. 8º desta Consolidação.

§ 2º A inexistência de expressa indicação de contrapartidas recíprocas em convenção coletiva ou acordo coletivo de trabalho não ensejará sua nulidade por não caracterizar um vício do negócio jurídico.

§ 3º Se for pactuada cláusula que reduza o salário ou a jornada, a convenção coletiva ou o acordo coletivo de trabalho deverão prever a proteção dos empregados contra dispensa imotivada durante o prazo de vigência do instrumento coletivo.

§ 4º Na hipótese de procedência de ação anulatória de cláusula de convenção coletiva ou de acordo coletivo de trabalho, quando houver a cláusula compensatória, esta deverá ser igualmente anulada, sem repetição do indébito.

§ 5º Os sindicatos subscritores de convenção coletiva ou de acordo coletivo de trabalho deverão participar, como litisconsortes necessários, em ação individual ou coletiva que tenha como objeto a anulação de cláusulas desses instrumentos.

Art. 611-B. Constituem objeto ilícito de convenção coletiva ou de acordo coletivo de trabalho, exclusivamente, a supressão ou a redução dos seguintes direitos:

I — normas de identificação profissional, inclusive as anotações na Carteira de Trabalho e Previdência Social;

II — seguro-desemprego, em caso de desemprego involuntário;

III — valor dos depósitos mensais e da indenização rescisória do Fundo de Garantia do Tempo de Serviço (FGTS);

IV — salário mínimo;

V — valor nominal do décimo terceiro salário;

VI — remuneração do trabalho noturno superior à do diurno;

VII — proteção do salário na forma da lei, constituindo crime sua retenção dolosa;

VIII — salário-família;

IX — repouso semanal remunerado;

X — remuneração do serviço extraordinário superior, no mínimo, em 50% (cinquenta por cento) à do normal;

XI — número de dias de férias devidas ao empregado;

XII — gozo de férias anuais remuneradas com, pelo menos, um terço a mais do que o salário normal;

XIII — licença-maternidade com a duração mínima de cento e vinte dias;

XIV — licença-paternidade nos termos fixados em lei;

XV — proteção do mercado de trabalho da mulher, mediante incentivos específicos, nos termos da lei;

XVI — aviso-prévio proporcional ao tempo de serviço, sendo no mínimo de trinta dias, nos termos da lei;

XVII — normas de saúde, higiene e segurança do trabalho previstas em lei ou em normas regulamentadoras do Ministério do Trabalho;

XVIII — adicional de remuneração para as atividades penosas, insalubres ou perigosas;

XIX — aposentadoria;

XX — seguro contra acidentes de trabalho, a cargo do empregador;

XXI — ação, quanto aos créditos resultantes das relações de trabalho, com prazo prescricional de cinco anos para os trabalhadores urbanos e rurais, até o limite de dois anos após a extinção do contrato de trabalho;

XXII — proibição de qualquer discriminação no tocante a salário e critérios de admissão do trabalhador com deficiência;

XXIII — proibição de trabalho noturno, perigoso ou insalubre a menores de dezoito anos e de qualquer trabalho a menores de dezesseis anos, salvo na condição de aprendiz, a partir de quatorze anos;

XXIV — medidas de proteção legal de crianças e adolescentes;

XXV — igualdade de direitos entre o trabalhador com vínculo empregatício permanente e o trabalhador avulso;

XXVI — liberdade de associação profissional ou sindical do trabalhador, inclusive o direito de não sofrer, sem sua expressa e prévia anuência, qualquer cobrança ou desconto salarial estabelecidos em convenção coletiva ou acordo coletivo de trabalho;

XXVII — direito de greve, competindo aos trabalhadores decidir sobre a oportunidade de exercê-lo e sobre os interesses que devam por meio dele defender;

XXVIII — definição legal sobre os serviços ou atividades essenciais e disposições legais sobre o atendimento das necessidades inadiáveis da comunidade em caso de greve;

XXIX — tributos e outros créditos de terceiros;

XXX — as disposições previstas nos arts. 373-A, 390, 392, 392-A, 394, 394-A, 395, 396 e 400 desta Consolidação.

Parágrafo único. Regras sobre duração do trabalho e intervalos não são consideradas como normas de saúde, higiene e segurança do trabalho para os fins do disposto neste artigo.

O objetivo da negociação coletiva é o de adequar as relações trabalhistas à realidade enfrentada pelos interessados, que se modifica a cada dia, de acordo com a base territorial, a empresa e a época. Busca a harmonia temporária dos interesses antagônicos da classe econômica e da profissional. Assim, é possível a criação de benefício não previsto em lei, a supressão deste mesmo benefício ou sua modificação. A negociação irá adequar-se ao campo que encontrar para que a pauta de reivindicações seja para melhorar, seja para a retração desses mesmos direitos. Por isso, o empregador poderá propor a flexibilização de certos direitos previstos em lei e que não violem os direitos constitucionais e os contidos no art. 611-B da CLT.

A negociação é feita entre os sindicatos da categoria econômica e profissional ou entre sindicato dos trabalhadores e a empresa.

As normas coletivas têm ampla liberdade para conceder benefícios superiores aos previstos na lei, mas têm limitações quando desejarem reduzir ou suprimir direitos previstos em lei. Esse poder está limitado pelos direitos constitucionalmente garantidos aos trabalhadores. O grupo deverá avaliar, em cada caso, o quanto aquela coletividade deve ceder para não perder seus empregos ou ganhos de forma coletiva.

O art. 611-B da CLT, acrescido pela Lei n. 13.467/17, apontou os direitos que não podem ser negociados coletivamente, impondo os limites da negociação. Entendemos que a relação ali apontada não é taxativa, apesar da expressão "exclusivamente" contida no *caput* do artigo, pois não incluiu alguns direitos, princípios e valores constitucionais. Daí ser meramente exemplificativo, mas restritivo.

Na verdade, o art. 611-A da CLT aponta alguns dos direitos que podem ser reduzidos ou alterados pela negociação coletiva, e o art. 611-B da CLT, a limitação desse poder. Sem dúvida o art. 611-A da CLT permite mais inclusões de outras hipóteses ali não previstas que o art. 611-B da CLT de limitações. A expressão "entre outras" contida no *caput* do art. 611-A espelha esta intenção do legislador de ampliar ao máximo a flexibilização com finalidade de redução de direitos legais.

Abaixo analisaremos o art. 611-A da CLT e cada um dos seus incisos:

Art. 611-A. A convenção coletiva e o acordo coletivo de trabalho **têm prevalência** sobre a lei quando, **entre outros**, dispuserem sobre:

O *caput* do art. 611-A da CLT autoriza a ampla **flexibilização**, aumentando o leque de possibilidades de direitos previstos em lei que podem ser reduzidos ou suprimidos. A norma não teve o objetivo de ampliar direitos, pois isto sempre foi possível.

O texto afirma que a enumeração desses direitos nos incisos do artigo é meramente **exemplificativa**. A prevalência do negociado sobre o legislado enfraquece o princípio da indisponibilidade dos direitos legais trabalhistas, assim como derruba o princípio da prevalência da norma mais favorável. Torna os direitos trabalhistas menos públicos e mais privados, transformando a maioria dos direitos contidos na CLT, que não se encontram na Constituição, em direitos disponíveis.

I — pacto quanto à **jornada de trabalho**, observados os limites constitucionais;

II — **banco** de horas **anual**;

Os incisos I e II tratam de jornada de trabalho e de compensação de jornada por banco de horas.

O legislador tratou o banco de horas em inciso diverso da compensação tradicional, como também o fez no art. 59 da CLT, demonstrando que são espécies do mesmo gênero, mas com efeitos diferentes.

A compensação tradicional é aquela em que as partes ajustam os dias que o empregado vai trabalhar além da jornada normal e o(s) dia(s) da correspondente diminuição (compensação). Assim, pode o trabalhador se preparar para o labor extra e para a compensação, pois tem ciência prévia dos horários e dias.

Diversamente, é o que ocorre com a compensação por banco de horas, que se traduz num sistema de crédito e débito, se assemelhando a uma conta corrente bancária. Nesse tipo de ajuste, nem o empregado, nem o patrão sabem quando haverá labor extra e quando será a compensação. É aleatório, imprevisível, variável, sem ajuste fixo de horas. Logo, poderá num dia o empregado trabalhar mais 40 minutos para atender os clientes da fila, noutro laborar mais 1:30 para fechar um negócio inadiável; noutro apenas 15 minutos, tudo depende do dia, das demandas, dos clientes etc. Em contrapartida, todas as faltas, saídas antecipadas e atrasos são abatidos e nos dias de menor movimento o empregado é liberado no meio do expediente ou de véspera, para fins de compensação. O trabalhador fica à mercê da necessidade do seu serviço. Se firmado por acordo individual escrito, o limite da compensação será semestral e só poderá trabalhar por até 2 horas. Se autorizado por norma coletiva, poderá ultrapassar o limite diário, mas respeitar o ano de aniversário de cada labor extra.

O inciso I do art. 611-A da CLT autoriza a compensação de jornada, sem impor os mesmos requisitos do art. 59 da CLT[(2)], observado o limite constitucional.

(2) O art. 59 da CLT limita em duas horas diárias o acordo de compensação.

Logo, poderá a norma coletiva, por exemplo, adotar o regime de compensação de 24 x 120, no sistema 1 x 5, isto é, poderá autorizar os médicos a trabalharem em regime de plantão de 24 horas consecutivas um dia na semana, compensando esse excesso nos cinco dias subsequentes, além do repouso semanal remunerado. Essa forma de compensação ultrapassa o limite de 2 horas por dia, imposto no art. 59 da CLT e não ultrapassa o limite semanal de 44 horas.

Poderá, por outro lado, o instrumento coletivo autorizar que o empregado trabalhe 10 horas durante dois anos e nos dois anos seguintes trabalhe 6 horas, sempre com o mesmo salário.

Quanto ao banco de horas, estampado no inciso II do artigo em estudo, como já mencionado, o legislador estabeleceu apenas o limite anual. Assim, o ajuste coletivo poderá autorizar o labor de mais duas horas por dia, superando o art. 59 da CLT.

III — intervalo intrajornada, respeitado o limite mínimo de trinta minutos para jornadas superiores a seis horas;

A regra é clara e não há necessidade de maiores explicações. O instrumento coletivo poderá reduzir o período mínimo de intervalo intrajornada de 1 hora para os que trabalham mais de 6 horas por dia, mesmo que a empresa não possua refeitório (regra contida no art. 71 da CLT), respeitado o limite mínimo de 30 minutos. Ressalte-se que o parágrafo único do art. 611-B da CLT excluiu a jornada e intervalo como espécie de norma de medicina e segurança do trabalho para fins de negociação coletiva.

IV — adesão ao Programa Seguro-Emprego (PSE), de que trata a Lei n. 13.189, de 19 de novembro de 2015;

Estranha a inclusão da Lei n. 13.189/15 na CLT, pois, de vigência temporária[(3)]. Por que o legislador incluiria uma lei de vigência temporária numa lei definitiva? A partir de dezembro de 2018, o Programa não mais existirá, salvo nova Lei ou Medida Provisória que o prorrogue.

O objetivo do legislador foi o de autorizar a redução do salário em percentuais superiores ao ali previsto[(4)], desde que reduza proporcionalmente a jornada, claro, sem onerar o FAT, pois o inciso XXIX do art. 611-B da CLT impede a negociação de direitos de terceiros. Assim, poderá a norma coletiva reduzir os salários, por motivo de comprovada dificuldade econômica, em 50%, reduzindo proporcionalmente a jornada, desde que garanta o emprego no período de vigência da norma coletiva, como exigem a lei e o § 3º do art. 611-A da CLT.

V — plano de cargos, salários e funções compatíveis com a condição pessoal do empregado, bem como identificação dos cargos que se enquadram como funções de confiança;

A negociação coletiva poderá apontar quais são os cargos que considera de confiança, com a nítida intenção de excluir esses trabalhadores do capítulo Da Duração do Trabalho contido na CLT, isto é, das horas extras noturnas e intervalos etc. Com isso, não poderá o Judiciário perquirir se aquela função é de alta confiança, média ou não é de confiança, pois sua intervenção na autonomia coletiva se limita ao exame dos requisitos contidos no art. 104 do CC. Dessa forma, poderá a norma coletiva, por exemplo, apontar que a função de chefe de servente está inserida no inciso II do art. 62 da CLT, sem a necessidade de percepção de ganho ou gratificação superior a 40% do salário efetivo.

VI — regulamento empresarial;

O instrumento coletivo poderá revogar, alterar e suprimir vantagens anteriormente concedidas aos seus empregados previstas no regulamento ou regimento interno da empresa, excluindo a incidência da Súmula n. 51, I, do TST, isto é, permitindo a alteração *in pejus* do contrato de trabalho. Logo, afasta-se a aplicação do art. 468 da CLT. Assim, prevalecerá o novo regulamento de empresa que cause prejuízo aos admitidos antes da alteração.

VII — representante dos trabalhadores no local de trabalho;

O objetivo do inciso VII foi o de alterar as regras contidas nos arts. 510-A e seguintes da CLT a respeito da estabilidade do representante dos empregados nas empresas com mais de 200 empregados. Assim, a norma poderá disciplinar o procedimento da eleição de foro diverso; poderá restringir o tempo da estabilidade, o prazo do mandato, reduzir o número de beneficiários pela estabilidade etc. Entendemos que não poderá excluir a estabilidade em si porque a norma visou regulamentar o art. 11 da CF.

VIII — teletrabalho, regime de sobreaviso, e trabalho intermitente;

Pouco espaço restou para a norma coletiva reduzir os direitos do teletrabalhador, pois os arts. 62, III e 75-A e seguintes da CLT já excluíram vários direitos desse trabalhador. Mesmo assim, ainda será possível que a norma coletiva discipline regras do teletrabalho para, por exemplo, apontar a responsabilidade do empregado na aquisição e manutenção do maquinário, dispensando o ajuste individual.

A inclusão do sobreaviso no inciso VIII visou eliminar de vez o sobreaviso como tempo à disposição, excluindo seu pagamento ou reduzindo ainda mais, ou apontando situações que não serão consideradas como "sobreaviso".

Poderá a norma coletiva alterar as regras contidas nos arts. 452-A e seguintes da CLT para, por exemplo, modificar o prazo de convocação mínima do trabalhador

(3) O PSE extingue-se em 31/12/18 e, com ele, todo o regulamento do programa trazido pela Lei n. 13.189/17.

(4) A Lei n. 13.189/17 autoriza a redução de até 30% do salário, mas 50% deste valor será pago ao trabalhador com recursos do FAT (Fundo de Amparo do Trabalhador), limitado a 65% do valor do seguro-desemprego. Podem aderir ao PSE as empresas de todos os setores em situação de dificuldade econômico-financeira que celebrarem acordo coletivo de trabalho específico de redução de jornada e de salário.

intermitente, aumentar a multa, fixar o período de inatividade etc. Provavelmente virá para prejudicar ainda mais esse trabalhador já tão prejudicado pela reforma trabalhista.

IX — remuneração por produtividade, incluídas as gorjetas percebidas pelo empregado, e remuneração por desempenho individual;

A finalidade do inciso IX foi de retirar a natureza salarial dos sobressalários ou parcelas pagas com base na produtividade ou no desempenho individual do empregado, além de permitir a supressão da integração das gorjetas ao salário, revogando parcialmente o art. 457 da CLT.

Poderá a norma coletiva autorizar desconto no salário sobre as gorjetas para pagar os encargos trabalhistas, retirar sua integração ao salário, assim como afastar a natureza salarial de qualquer outra parcela, salvo do próprio salário base, com base no *caput* do artigo 611-A da CLT. Logo, o acordo coletivo poderá afirmar que as gratificações ajustadas, de função ou pagas com habitualidade não terão natureza salarial, assim como o adicional noturno ou de transferência; poderá permitir a supressão de sobressalários não previstos em lei, etc.

X — modalidade de registro de jornada de trabalho;

Alterar a modalidade de registro da jornada de trabalho não depende de norma coletiva. O empregador sempre pôde escolher entre a marcação manual, mecânica, eletrônica ou digital. Logo, despicienda a autorização contida no inciso X do art. 611-A da CLT.

Como o *caput* do art. 611-A da CLT amplia as hipóteses contidas nos incisos, poderá a norma coletiva dispensar o registro diário de ponto e adotar o sistema mensal de *timesheet* confeccionado pelo próprio empregado ou de declaração pelo próprio empregado de quantas horas laborou, ou, ainda, de determinar que os estabelecimentos com menos de 50 empregados estão dispensados de controle de ponto. Esses exemplos não estariam autorizados pelo inciso X, mas sim pelo *caput* do mesmo artigo. Também poderá a norma coletiva afirmar que não será nulo o controle de ponto rasurado. A regra que obriga o patrão ao controle de ponto não está na Constituição e sim no art. 74 da CLT, que pode ser superado por instrumentos coletivos.

XI — troca do dia de feriado;

O trabalho do empregado em dia feriado deve ser pago em dobro ou compensado por outra folga, na forma da Lei n. 605/49, logo, não foi este o objetivo do inciso XI do art. 611-A da CLT. Sua verdadeira intenção foi a de permitir o funcionamento da atividade empresarial em dia feriado, sem a prévia necessidade da autorização da autoridade competente, garantindo ao trabalhador outro dia de descanso para compensar o feriado trabalhado. Poderá também a norma coletiva autorizar que a compensação pelo trabalho em dia feriado ocorra dentro do mês, semestre ou ano, por exemplo.

Outra finalidade foi a de não ser autuado pelos fiscais caso o estabelecimento funcione em dia feriado ou não tenha feito a escala de revezamento determinada pela lei ou por portarias da DRT.

O direito ao repouso remunerado aos feriados não está garantido pela Constituição, logo, poderá a norma coletiva suprimi-lo ou retirar a obrigatoriedade de pagamento pela pausa.

XII — enquadramento do grau de insalubridade;

Este inciso contraria o disposto no parágrafo único do art. 611-B da CLT, que proíbe a negociação coletiva sobre direitos que visam a segurança, higidez e saúde do trabalhador. A contradição neste caso é evidente e clara: autoriza a redução, por norma coletiva, do grau de insalubridade. Logo, se determinado agente nocivo está enquadrado no grau máximo pelas normas expedidas pelo Ministério do Trabalho, poderá a norma coletiva reduzir o grau para, por exemplo, 10%.

XIII — prorrogação de jornada em ambientes insalubres, sem licença prévia das autoridades competentes do Ministério do Trabalho;

Esse inciso também contraria, mas de forma indireta, o disposto no parágrafo único do art. 611-B da CLT, pois permite que o trabalhador se exponha por mais tempo ao agente insalubre, sem que um *expert* analise previamente o fato. Isto é, só um especialista pode afirmar se a exposição do trabalhador ao agente insalubre em tempo superior ao previsto na NR importa em majoração da nocividade. A intenção do legislador foi a de superar o *caput* do art. 60 da CLT para todos os tipos de trabalho além da jornada, seja para fins de compensação (já autorizada para o sistema 12x36 no parágrafo único do art. 60 da CLT) seja para horas extras.

XIV — prêmios de incentivo em bens ou serviços, eventualmente concedidos em programas de incentivo;

O inciso XIV do art. 611-A da CLT pode não só retirar a natureza salarial do prêmio pago para incentivar o trabalhador a aderir ao PDV, como também prever a ampla quitação (art. 477-B da CLT).

XV — participação nos lucros ou resultados da empresa.

A finalidade do inciso em estudo é a de permitir que as empresas distribuam o lucro aos seus empregados com liberdade e fora dos parâmetros contidos na Lei n. 10.101/00. Logo, a periodicidade de seu pagamento poderá ser até mensal, desde que isso esteja expresso na norma coletiva.

Assim, além dos casos acima estudados, contidos nos incisos I a XV do art. 611-A da CLT, é possível, por exemplo, a norma coletiva retirar a natureza salarial de qualquer sobressalário; autorizar a alteração contratual *in pejus*; alterar os requisitos da equiparação salarial para dificultá-la ainda mais; aumentar o limite de horas extras diárias (como já estudado acima); parcelar em mais vezes o pagamento do 13º salário; parcelar em mais períodos as férias; poderá determinar a inclusão no inciso I do art. 62 da CLT de qualquer tipo de externo; será possível, ainda, alterar o prazo legal ou determinar o parcelamento do pagamento das verbas da rescisão; diminuir a multa prevista pelo atraso no pagamento da rescisão; alterar a data de pagamento dos salários além do 5º dia útil do mês subsequente (garantido o valor do salário mínimo mensal); poderá diminuir o adicional de transferência ou até a sua retirada; será possível revogar estabilidades não previstas na Constituição; aumentar o prazo do contrato de experiência ou de qualquer contrato determinado; permitir mais prorrogações dos contratos determinados; etc. Enfim, a negociação coletiva poderá praticar amplas flexibilizações (revogações).

O § 3º do art. 611-A da CLT garantiu uma contrapartida, mas apenas no caso de ser pactuada cláusula que reduza o salário ou a jornada. Neste caso, a norma coletiva deverá prever a proteção dos empregados contra dispensa imotivada durante o prazo de vigência do instrumento coletivo. Assim, também cai por terra a tese do TST de que a retirada de vantagens por norma coletiva só é válida se houver uma contrapartida compensatória. Aliás, o § 2º do mesmo artigo foi expresso neste sentido: "a inexistência de expressa indicação de contrapartidas recíprocas em convenção coletiva ou acordo coletivo de trabalho não ensejará sua nulidade por não caracterizar um vício do negócio jurídico".

Por outro lado, além daqueles descritos no art. 611-B da CLT não será possível a norma coletiva afastar o vínculo de emprego (art. 611-B, I); reduzir o adicional de insalubridade ou periculosidade (por serem normas de medicina e segurança do trabalho — art. 611-B, VII); induzir de qualquer forma os trabalhadores a se associarem, pois fere a liberdade sindical (art. 611-B, XXVI)(5); não será possível ajustar banco de horas com prazo de compensação superior ao ano (II); etc.

Logo, apesar do vocábulo "exclusivamente" contido no *caput* do art. 611-B da CLT, é claro que a norma não é taxativa, mas sim restritiva, pois esqueceu de impedir que a negociação coletiva viole, por exemplo, os direitos da personalidade e liberdades garantidas na Constituição, além dos princípios e valores constitucionais. Não poderá, assim, a norma coletiva violar a dignidade, a intimidade, a privacidade, a honra do trabalhador, determinando, por exemplo, utilização de uniforme indecente, que exponha as partes íntimas, ou autorizando o monitoramento nos banheiros; não poderá a norma coletiva excluir a responsabilidade extrapatrimonial decorrente da violação de algum bem imaterial contido no inciso X do art. 5º da CF; não poderá a norma coletiva restringir a liberdade do trabalhador impedindo, por exemplo, seu afastamento do local de trabalho durante os intervalos; ou impedir a contratação ou promoção de algum trabalhador por motivo de crença, etnia, gênero ou opção sexual etc.

A Lei n. 13.467/17 dificultou ao máximo a intervenção do Judiciário na negociação coletiva, restringindo as hipóteses de **nulidade das normas coletivas**, limitando sua atuação. Adotou como **princípio a intervenção mínima na autonomia da vontade coletiva**, dando maior segurança às convenções coletivas e acordos coletivos e aos seres coletivos. Isso está refletido tanto no § 3º do art. 8º como no art. 611-A da CLT, abaixo transcritos.

Apesar da expressão "**exclusivamente**" contida no *caput* do art. 611-B da CLT, por óbvio que há outros vícios capazes de anular a norma coletiva ou uma cláusula contida no instrumento coletivo.

Como visto dos itens acima estudados, para validade da negociação coletiva e, consequentemente, da convenção coletiva e do acordo coletivo, é necessário observar o art. 612 da CLT (quórum da assembleia ou do estatuto), com ampla divulgação da convocação para a assembleia, registro em ata, bem como os requisitos dos arts. 613, 614, 616 da CLT. Além disso, devem ser observados os princípios, valores e regras constitucionais, sob pena de nulidade da cláusula violadora deste direito, mesmo que ele não esteja expressamente incluído nos incisos do art. 611-B da CLT. Será nula a cláusula redutora do salário se não garantiu a contrapartida legal exigida (garantia de emprego durante a vigência da norma).

Enfim, de fato foi limitado o poder do Judiciário de anular cláusulas contidas nas normas coletivas, o poder de interferir na autonomia coletiva. Entretanto, não é taxativo, como aparenta o art. 611-B da CLT.

(5) No dia 29/06/18 o STF, por 6 votos a 3, julgou improcedente a ADI 5794 ajuizada pela Confederação Nacional dos Trabalhadores em Transporte Aquaviário e Aéreo, na Pesca e nos Portos (CONTTMAF). Com essa decisão, o STF firmou o entendimento acerca da constitucionalidade da Reforma Trabalhista (Lei n. 13.467/17) na parte que deu nova redação aos arts. 545, 578, 579, 582, 583, 587 e 602 da CLT para condicionar o recolhimento da contribuição sindical anual (antes compulsória) à expressa e prévia autorização dos trabalhadores. O julgamento se estende às demais Ações Diretas de Inconstitucionalidade e, ainda, à Ação Declaratória de Constitucionalidade (ADC) 55, em que a Associação Brasileira de Emissoras de Rádio e TV (Abert) defende a validade da alteração legislativa. Desta forma, é constitucional a regra que tornou facultativa a contribuição sindical anual equivalente a um dia de salário. Logo, não pode a norma coletiva impor contribuição sindical a não associados, nem a assembleia sindical. A única forma lícita de impor contribuição sindical a não associado é mediante a sua prévia, expressa e individual autorização, na forma do inciso XXVI do art. 611-B da CLT. Os principais argumentos a respeito da constitucionalidade dos dispositivos acima apontados são: a) o novo comando legislativo está de acordo com o art. 8º, IV, da CF; b) a Lei n. 13.467/2017 não contempla normas gerais de direito tributário e, portanto, a matéria tratada não necessita de lei complementar; c) a facultatividade está em consonância com o direito fundamental de liberdade de associação, de sindicalização e de expressão, todos reconhecidos na Constituição.

A limitação do juiz não está apenas na análise dos requisitos do art. 104 do CC.

É claro que a medida visou dar garantia e segurança ao empresário que se valeu das normas coletivas para reduzir direitos (flexibilização).

> Art. 620. As condições estabelecidas em acordo coletivo de trabalho sempre prevalecerão sobre as estipuladas em convenção coletiva de trabalho.

A prevalência do acordo coletivo sobre a convenção coletiva pode ser uma exceção ao princípio da aplicação da norma mais favorável ao trabalhador. Isso porque a nova regra, oposta à anterior, trazida pela Lei n. 13.467/17, visou a aplicação da norma menos favorável ao trabalhador, dando segurança jurídica ao acordo coletivo que flexibiliza a legislação trabalhista, na forma do art. 611-A da CLT. É o retoque final para a garantia da prevalência do negociado sobre o legislado.

O § 3º do art. 614 da CLT visou impedir que os direitos previstos na convenção coletiva e no acordo coletivo obrigassem o empregador por um período superior ao da vigência da norma. Com isso, limitou-se a ultratividade, alterando o entendimento do TST consubstanciado na Súmula n. 277.

Percebe-se que o legislador se cercou de toda precaução, pois usou a expressão "sempre" indicando sua intenção de não cisão da norma quando de sua aplicação pelos critérios atomista ou intermediário. O acordo coletivo será aplicado como um todo sobre a convenção, mesmo que reduza direitos ou os suprima.

Referências bibliográficas

CASSAR, Vólia Bomfim. *Direito do trabalho*. 16. ed. São Paulo: Gen, 2017.

CASSAR, Vólia Bomfim. BORGES, Leonardo Dias. *Comentários à reforma trabalhista*. 3. ed. São Paulo: Gen, 2018.

DELGADO, Mauricio Godinho. *Curso de direito do trabalho*. São Paulo: LTr.

A PREVALÊNCIA DOS ACORDOS COLETIVOS SOBRE AS CONVENÇÕES COLETIVAS: UMA PROBLEMATIZAÇÃO NECESSÁRIA

Ana Paula Repolês Torres(*)
Maria Raquel Ferraz Zagari Valentim(**)

1. Introdução

Analisar qualquer alteração a ser implementada pela Reforma Trabalhista (Lei n. 13.467 de 13 de julho de 2017) implica primeiro uma advertência. Se faz parte da condição humana, como nos diria Hannah Arendt (ARENDT, 1958), a capacidade de inovar, de criar, de realizar novos inícios, não podemos ingenuamente acreditar que toda inovação é necessariamente positiva. Da mesma forma como o repúdio irrefletido às inovações pode ser algo problemático, na medida em que pode nos prender a tradições nem sempre adequadas aos tempos atuais, a aceitação imediata do novo como sinônimo de progresso pode nos levar a inesperadas e profundas frustrações. O pensar, a reflexão, são, portanto, essenciais para lidar com a disputa entre passado e futuro, de modo a sabermos quando não desperdiçar as possibilidades que o amanhã nos traz, e quando dizer não às inovações que se mostram prejudiciais, tendo em vista as conquistas já alcançadas.

O objeto de nosso estudo é a alteração do art. 620 da CLT, o qual passa a dispor que as condições estabelecidas em acordo coletivo de trabalho sempre prevalecerão sobre as estipuladas em convenção coletiva de trabalho. Em seu texto anterior, o citado artigo dispunha que as convenções coletivas de trabalho deveriam prevalecer sobre os acordos coletivos, quando mais favoráveis ao trabalhador.

A leitura da nova norma legal nos traz, de imediato, a ideia de que se trata de uma alteração que nega o princípio da aplicação da norma mais favorável ao trabalhador, na medida em que não só inverte a diretriz anterior (que impunha a aplicação da convenção coletiva, em detrimento do acordo, em caso de ser mais favorável), mas também exclui qualquer hipótese de interpretação que possa afastar a prevalência do acordo coletivo de trabalho.

Não se pode olvidar que o princípio da norma mais favorável é intrinsecamente vinculado ao Direito do Trabalho, ao seu caráter protetivo, considerando-se a desigualdade existente entre capital e trabalho, desigualdade esta que só tende a aumentar em um contexto de desemprego, em que o pleno emprego, o próprio direito ao trabalho, encontra-se em crise.

Antes ainda de esmiuçarmos essa alteração específica da CLT, devemos ressaltar que essa mudança está inserida em um contexto mais amplo, devendo ser conjugada com outras alterações em nosso ordenamento jurídico-trabalhista, como a prevalência do negociado sobre o legislado, a "comissão de representantes de empregados" e a adoção de formas precarizantes de trabalho, como o contrato intermitente e a ampliação das possibilidades de terceirização.

Se por um lado as alterações estão nos encaminhando para uma sociedade em que o trabalho será "quase um privilégio", em que o que importa "é que haja disponibilidade para o trabalho, seja ele provisório, precário ou mal remunerado" (MENEZES, 2017, 119), por outro vemos uma valorização da criação autônoma das normas coletivas, com prevalência do negociado sobre o legislado. Todavia, desde já indagamos: será que essas alterações, vistas como um todo, realmente conduzirão ao empoderamento dos sujeitos coletivos? Ou apenas servirão como instrumentos propícios para negação de direitos historicamente positivados, deslegitimando a própria negociação coletiva?

É importante dizer que essa prevalência do negociado sobre o legislado já vinha sendo implementada pelo Judiciário a partir de decisões do Supremo Tribunal Federal, o qual passou a desconsiderar, rompendo assim com o "romance em cadeia", para nos apropriarmos aqui da metáfora de Ronald Dworkin (DWORKIN, 1999), toda uma tradição construída jurisprudencialmente pela Justiça do Trabalho.

(*) Analista Judiciário do TRT da 3ª Região. Mestre em Direito e Doutora em Filosofia/UFMG.

(**) Juíza Titular da 5ª Vara do Trabalho de Juiz de Fora. Coordenadora Acadêmica da Escola Judicial do TRT da 3ª Região (2016-2017). Pós-graduada em Direito do Trabalho/USP.

A título exemplificativo, podemos citar os casos da possibilidade de supressão das horas *in itinere* por acordo coletivo, mediante concessão de outras vantagens, contrariando o art. 58, § 2º, da CLT (Recurso Extraordinário 895759); e a eficácia liberatória geral, com quitação ampla e irrestrita de todas as parcelas do extinto contrato de emprego, de Programa de Demissão Incentivada estabelecido por meio de acordo coletivo, caso essa condição tenha constado expressamente do acordo coletivo que aprovou o plano, bem como dos demais instrumentos celebrados com o empregado (Recurso Extraordinário 590415), na contramão do que dispõe o art. 477, § 2º, da CLT.

Tais decisões do STF sinalizam, na verdade, como o "guardião da Constituição", responsável pelo controle abstrato de constitucionalidade, poderá então analisar a reforma aprovada, nas inúmeras ações diretas de inconstitucionalidade que lhes foram submetidas[1].

Em outro passo, importa registrar que não há de passar despercebido pela nossa Excelsa Corte a existência de normas expressas em nosso Texto Maior de 1988 quanto ao tema, a exemplo daquelas que estabelecem "a dignidade da pessoa humana e os valores sociais do trabalho" como fundamentos da República Federativa do Brasil (art. 1º, III e IV); o trabalho como direito social (art. 6º); a valorização do trabalho humano, tendo por fim assegurar a todos existência digna, conforme os ditames da justiça social, como fundamento da ordem econômica (art. 170); sem excluir outros direitos e garantias "decorrentes do regime e dos princípios por ela adotados, ou dos tratados internacionais em que a República Federativa do Brasil seja parte (art. 5º, parágrafo segundo).

Assim, feitas tais considerações, passaremos a abordar a norma em estudo propriamente dita.

2. O princípio da especificidade e o abandono da norma mais favorável

Para entendermos o papel das convenções e acordos coletivos do trabalho, assim como o que significa a sempre prevalência dos acordos sobre as convenções, na esteira do que dispõe o novo art. 620 da CLT, deve-se primeiro lembrar que, como se diz no próprio STF, "não se interpreta o direito em tiras" (ADPF 101), devendo a Constituição ser lida como um todo sistemático, o que implica que a interpretação de seus dispositivos, como o inciso XXVI do art. 7º, que reconhece as convenções e acordos coletivos de trabalho, deve ser realizada em conjunto com os outros preceitos, como o *caput* do mesmo art. 7º, o qual veda o retrocesso social.

As convenções e os acordos sempre foram pensados como forma de aprimorar, de melhorar as condições dos trabalhadores. A própria prevalência do negociado sobre o legislado não é uma novidade, pois caso se configurasse como norma mais favorável, a convenção ou o acordo coletivo deveria ser aplicado, em detrimento da normatização heterônoma do Estado. Assim, tendo em vista a especificidade do Direito do Trabalho, que busca equilibrar uma relação essencialmente desigual, construiu-se uma peculiar compreensão da hierarquia das normas, distanciando-se do modelo rígido e inflexível dominante em outros ramos do direito, tendo sido o princípio da norma mais favorável adotado como critério para solução de conflitos entre as normas.

Nesse sentido, ao dispor sobre o modo de solucionar os conflitos entre acordos e convenções coletivas e a hierarquia entre tais diplomas normativos, o art. 620 da CLT, até então em vigor, deu prevalência ao princípio da norma mais favorável, em cotejo com o princípio da especificidade. Segundo este último princípio, também conhecido como princípio da especialidade, o acordo coletivo deveria sempre prevalecer, na medida em que seria mais adequado às peculiaridades da empresa e até mesmo dos trabalhadores.

Ressalte-se que existiram vozes que negavam a recepção do antigo art. 620 da CLT pela Constituição de 1988, em nome do critério da especialidade, para que fosse respeitada a força normativa dos acordos coletivos, entendendo-se que estes seriam sempre mais benéficos, na medida em que levam em conta as especificidades das situações concretas dos empregados e empregadores[2].

Mauricio Godinho Delgado, Ministro do TST, até chega a dizer, sobre esse conflito entre convenção e acordo coletivo, que:

> A resposta mais imediata conduziria à prevalência das regras do acordo coletivo de trabalho, por serem especiais, em contraponto aos preceitos da CCT, que teriam, na categoria, caráter geral. Esta conclusão derivaria da teoria geral do Direito Comum regulatória dos conflitos de regras, que informa que a regra especial não se comunica com a geral, prevalecendo na ordem jurídica — a menos que haja sua revogação expressa. Tal critério teórico, aliás, foi incorporado pela Lei de Introdução ao Código Civil (art. 2º, § 2º) (DELGADO, 2002).

---

(1) Existem atualmente, no STF, 21 ações diretas de inconstitucionalidade que versam sobre distintos dispositivos da Lei n. 13.467/2018. A ADI 5766, que trata da gratuidade da justiça, já teve seu julgamento iniciado, mas ainda não foi concluído. Há apenas uma ação já julgada, em que, por 6 votos a 3, considerou-se constitucional o fim da obrigatoriedade da contribuição sindical (ADI 5794). Uma lista das ADIs pode ser encontrada em: <https://www.conjur.com.br/2018-abr-27/reforma-trabalhista-estimula-trabalho-insalubre-gravidas-adi>. Acesso em: 13 jul. 2018.

(2) "Há doutrinadores que defendem o critério da especialidade como solução para o conflito. Eduardo Gabriel Saad, por exemplo, afirma que o artigo celetista não foi recepcionado pelo art. 7º, XXVI, da CF/1988 (LGL\1988\3), uma vez que retira a força normativa do acordo coletivo. Aduz, ainda, que o acordo, por ser mais restrito que a convenção, será mais bem elaborado, atendendo aos interesses dos membros da categoria em relação a seu empregador" (BERTOLIN, 2012).

Ocorre, todavia, que essa lógica civilista não é condizente com o Direito do Trabalho, pois, se no Direito Civil é proeminente a figura do indivíduo, com sua ampla, e até mesmo egoística, autonomia, no direito coletivo é o conjunto de trabalhadores, a solidariedade entre eles, que passa a ter relevância. Assim, como nos diz o mesmo doutrinador (DELGADO, 2002), o direito coletivo tende a valorizar os diplomas negociais mais amplos, como as convenções coletivas de trabalho, entendendo-se que estas tendem a ser mais favoráveis aos trabalhadores.

Em outros termos, poderíamos dizer que o acordo coletivo nem sempre é mais benéfico ao trabalhador, pois pode ser usado simplesmente como mecanismo para afastar a incidência das convenções coletivas aos empregados de certa empresa. Nessa linha, os tribunais consideraram recepcionado pela Constituição de 1988 o art. 620 da CLT, em sua redação anterior, acolhendo a aplicação do princípio da norma mais favorável, em detrimento do princípio da especialidade[(3)]. Dessa forma, a prevalência do acordo coletivo sobre a convenção, quando o acordo fosse prejudicial, sempre foi uma exceção, a ser utilizada com cautela, por exemplo, quando a própria convenção autorizasse a celebração em separado de acordo coletivo em casos episódicos e comprovados de crise financeira das empresas.

Na contramão de tal entendimento e afastando um entendimento normatizado há cinquenta anos (a redação anterior é de fevereiro de 1967), o novo art. 620 da CLT abandona o princípio da norma mais favorável, ao dizer que o acordo coletivo **sempre** prevalecerá sobre a convenção coletiva. A reforma adota de forma absoluta o princípio da especificidade, tomando como artifício retórico a ideia de que a maior proximidade faria com que os acordos coletivos **sempre** fossem melhores que as convenções coletivas, por levarem em conta as necessidades concretas dos trabalhadores e empregadores.

Poder-se-ia argumentar que a valorização dos acordos coletivos seria condizente com uma sociedade democrática, haja vista que esta privilegia o espaço local, tornando os trabalhadores sujeitos ativos, responsáveis pela elaboração das normas que irão reger o seu viver. Realmente, a ideia de proximidade é importante quando se fala em democracia, na medida em que está vinculada à maior facilidade de participação dos cidadãos na tomada de decisões. Esse pensamento é que justifica, por exemplo, uma defesa do aumento das competências dos municípios, estando por detrás, também, do incentivo constitucional à gestão democrática da empresa e da eleição de representantes diretos dos trabalhadores nas empresas com mais de 200 empregados (art. 7º, XI e art. 11 da CF/88). Todavia, esse argumento deve ser visualizado com cautela, pois, transposto acriticamente para a análise de alguns temas do Direito, ele inevitavelmente torna-se perigoso, pois em nome da democracia, do povo, pode ser implementado um regime de exclusão e de extrema ausência de liberdade[(4)].

Ressalte-se que a relação entre negociação coletiva e democracia é justamente um dos argumentos utilizados pelo Relator, o Doutor Ministro Luís Roberto Barroso, no já citado Recurso Extraordinário 590415-STF, para justificar a prevalência do negociado sobre o legislado. Vejamos:

> A negociação coletiva é uma forma de superação de conflito que desempenha função política e social de grande relevância. De fato, ao incentivar o diálogo, ela tem uma atuação terapêutica sobre o conflito entre capital e trabalho e possibilita que as próprias categorias econômicas e profissionais disponham sobre as regras às quais se submeterão, garantindo aos empregados um sentimento de valor e de participação. É importante como experiência de autogoverno, como processo de autocompreensão e como exercício da habilidade e do poder de influenciar a vida no trabalho e fora do trabalho. É, portanto, um mecanismo de consolidação da democracia e de consecução autônoma da paz social.
>
> [...] Não socorre a causa dos trabalhadores a afirmação, constante do acórdão do TST que uniformizou o entendimento sobre a matéria, de que 'o empregado merece proteção, inclusive, contra a sua própria necessidade ou ganância'. Não se pode tratar como absolutamente incapaz e inimputável para a vida civil toda uma categoria profissional, em detrimento do explícito reconhecimento constitucional de sua autonomia coletiva (art. 7º, XXVI, CF). As normas paternalistas, que podem ter seu valor no âmbito do direito individual, são as mesmas que atrofiam a capacidade participativa do trabalhador no âmbito coletivo e que amesquinham a sua contribuição para a solução dos problemas que o afligem. É através do respeito aos acordos negociados coletivamente que os trabalhadores poderão compreender e aperfeiçoar a sua capacidade de mobilização e de conquista, inclusive de forma a defender a plena liberdade sindical. Para isso é preciso, antes de tudo, respeitar a sua voz.

(3) Ressalte-se que o princípio da norma mais favorável foi adotado pelo *caput* do art. 7º da CF de 1988, quando ressalta que os direitos dos trabalhadores urbanos e rurais inclui, além dos ali enumerados, "**outros que visem à melhoria de sua condição social**".

(4) A título ilustrativo, basta pensarmos que a ditadura militar brasileira, instaurada em 1964, autointitulou-se "revolução", e que um dos grandes pensadores do Direito Constitucional, Carl Schmitt, utilizou a retórica democrática para justificar o governo do soberano, que seria aquele responsável pelas decisões políticas fundamentais de um povo, erigindo um governo de inclusão de todos, pela exclusão. Sobre o tema, ver: (SCHMITT, 1971), (MOUFFE, 1994) e (FERREIRA, 2004).

Em suma, defende-se em tal Voto que a valorização da negociação coletiva seria o meio para se alcançar a "maioridade cívica do trabalhador", na contramão da "visão paternalista que recusa à categoria dos trabalhadores a possibilidade de tomar as suas próprias decisões". Argumenta-se, ainda, que a limitação da autonomia da vontade seria uma lógica exclusiva das relações individuais de trabalho, tendo em vista a igualdade dos seres coletivos.

Não obstante o direito coletivo realmente se diferenciar do direito individual do trabalho em virtude da coletivização dos atores, empresas e sindicatos, não entendemos ser possível afirmar, de forma categórica, que há uma plena igualdade e consequentemente ilimitada autonomia da vontade coletiva, pois a estrutura do nosso sindicalismo, desde suas origens, e sua crise atual, como veremos no tópico a seguir, implica a necessidade de salvaguardas, dentre elas a indisponibilidade pela negociação coletiva das normas que garantem o mínimo existencial para os trabalhadores, tidas como normas de ordem pública.

Nesse sentido, a doutrina defende a existência de um princípio específico do direito coletivo do trabalho, o da "adequação setorial negociada", de acordo com o qual as normas autônomas juscoletivas somente podem prevalecer sobre o padrão geral heterônomo justrabalhista

> quando as normas autônomas juscoletivas implementam um padrão setorial de direitos superior ao padrão geral oriundo da legislação heterônoma aplicável e quando transacionem setorialmente parcelas justrabalhistas de indisponibilidade apenas relativa (e não de indisponibilidade absoluta) (DELGADO, 2017a, 1497-1498)[(5)].

Permitir que a negociação coletiva e, mais especificamente, o acordo coletivo de trabalho, já que este agora tem prioridade sobre a convenção, estabeleça novas regras trabalhistas independentemente de uma adequada proteção é desconhecer as especificidades do Direito do Trabalho, a situação de desigualdade fática existente entre empregados e empregadores, inclusive em âmbito sindical. A consolidação da democracia, o empoderamento dos trabalhadores, em um contexto de ampliação da terceirização e outras formas precarizantes de trabalho, passa pela manutenção dessa proteção do Direito do Trabalho, até mesmo pela ampliação dessa proteção para os trabalhadores como um todo, e não somente para os empregados, os trabalhadores subordinados. Novas tecnologias, empresas "enxutas", novas formas de produção, não podem significar o desmantelamento do direito laboral, a desregulamentação do trabalho subordinado e o nivelamento "por baixo" com as outras formas de trabalho não protegidos.

Abdicar dessa proteção em nome da "maioridade cívica" dos trabalhadores é ignorar a diferença existente no tocante à lógica civilista tradicional, da qual o Direito do Trabalho se afastou para se constituir enquanto ramo autônomo do Direito. De nada adianta oferecer oportunidades de participação, de diálogo, aos trabalhadores, se o contexto em que se inserem faz com que não possuam o mesmo poder de barganha que os empregadores.

Relegar a pactuação das condições de trabalho aos atores envolvidos, sem garantias mínimas, é o mesmo que tratar o trabalho e o ser humano que o exerce como mais uma mercadoria disponível no mercado, o que nos faz perguntar, com Michael Sandel: "Até que ponto nossas escolhas no livre mercado são realmente livres? Há certas virtudes e bens de natureza tão elevada que transcendam as leis do mercado e o poder do dinheiro?" (SANDEL, 2012:128)

É justamente essa transcendência com relação ao livre comércio, a necessidade de reconhecer as limitações da autonomia da vontade na pactuação da relação de emprego que fez com que se reconhecesse a existência dos direitos trabalhistas como verdadeiros direitos humanos, direitos estes que se fundamentariam no fato do homem possuir um valor absoluto e não um valor relativo, um valor de troca. Como nos ensinou Kant: "No reino dos fins tudo tem ou um **preço** ou uma **dignidade**. Quando uma coisa tem um preço, pode-se pôr em vez dela qualquer outra como equivalente; mas quando uma coisa está acima de todo o preço, e portanto não permite equivalente, então tem ela dignidade" (KANT, 1984, 140).

Assim, estabelecer que os acordos coletivos sempre prevaleçam sobre a lei e as próprias convenções coletivas, mesmo que sejam menos benéficos ao trabalhador, significa retirar deste a necessária proteção para que possa, por meio de seus representantes, negociar livremente com o empregador, fazendo com que seja obrigado a renunciar a direitos para preservar ou mesmo conseguir um emprego. Significa abdicar da própria dignidade e aceitar situações humilhantes para garantir a libertação das necessidades. Em suma, a democracia, a plena cidadania, só será alcançada com a garantia de direitos mínimos e irrenunciáveis, sendo ainda finalidade intrínseca do Direito do Trabalho, sob pena dele não ter mais razão de existir, a proteção do trabalho, tornando-se necessário cada dia mais a ampliação, e não a redução, do seu âmbito de abrangência.

Neste ponto, torna-se interessante registrar as considerações feitas pela doutrina ao longo dos anos sobre o artigo em foco, antes da alteração imposta pela Reforma Trabalhista, na medida em que bem demonstram, *a contrario sensu*, o risco que corremos com a inovação legislativa em questão.

(5) Como normas de indisponibilidade absoluta, podemos citar as normas sobre medicina e segurança do trabalho e a referente ao salário mínimo.

Asseveram Mauricio Machado Marca e Guilherme da Rocha Zambrano, por exemplo, que

> a norma celetista afasta o critério do Direito Comum de prevalência da norma especial sobre a geral (artigo segundo, parágrafo segundo, da Lei de Introdução às Normas do Direito Brasileiro). Pressupõe a norma celetista que a negociação entabulada perante toda a categoria econômica e profissional confere maior força ao sindicato profissional em comparação à negociação por empresa, objeto do acordo coletivo. Além disso, *evita que interesses infensos à categoria profissional e inconfessáveis possam estabelecer vantagens concorrenciais indevidas a determinada empresa em detrimento dos empregados e do conjunto de empresas da mesma categoria econômica.* Grifo acrescido (MARCA. ZAMBRANO, 2017, 364)

Citamos, ainda, manifestação da Desembargadora Vólia Bomfim Cassar, com a qual concordamos, quando ela, analisando a proposta do novo art. 620 da CLT, afirma:

> A proposta espelha a intenção do legislador em autorizar a redução de direitos trabalhistas, isto é, a ampla flexibilização. A mudança ainda estimulará o abuso na utilização dos acordos coletivos, pois serão confeccionados para serem menos favoráveis que as convenções e que a lei, e, algumas vezes com o único intuito de aumentar os lucros da empresa, pois reduzirá direitos trabalhistas. A medida também esvaziará as convenções coletivas. Sem a necessária liberdade sindical não se pode dar prevalência das normas coletivas sobre a lei, nem da norma menos favorável ao trabalhador sobre as demais. (CASSAR, 2017)

Cabe agora refletirmos um pouco mais sobre o modelo sindical adotado no Brasil, para compreendermos com mais profundidade quais os reflexos dessa valorização do acordo coletivo de trabalho e de que forma isso poderá acabar por deslegitimar as negociações coletivas como um todo.

3. Os limites do acordo coletivo de trabalho

É bastante conhecida a dimensão corporativista do sindicalismo brasileiro, o qual teve sua estruturação regulamentada durante o Governo Provisório de Getúlio Vargas, havendo resquícios desta feição autoritária ainda na Constituição de 1988, representados pelos institutos da unicidade sindical, da atuação normativa da Justiça do Trabalho(6) e da contribuição sindical obrigatória(7).

Não se pode, todavia, localizar neste período o surgimento do movimento sindical, pois, na verdade, o que ocorreu foi o reconhecimento e tentativa de controle de uma realidade já existente. Para tanto, basta pensarmos na Revolta da Chibata, de 1910, na qual os marinheiros conseguiram extinguir os castigos corporais, e nas diversas greves que ocorreram no início do século XX para redução da jornada de trabalho e reajustes salariais.

Seguindo o entendimento de Paulo Antunes e Pedro Carlos de Carvalho, diríamos então que o novo governo criou "uma série de leis, medidas, decretos e políticas que objetivavam o controle do movimento operário, destacando-se, dentre elas: a legislação trabalhista, a previdência social e a estrutura sindical" (ANTUNES. CARVALHO, 2008, 48). Como exemplos, podemos citar o Decreto n. 19.770/1931, também conhecido como Lei da Sindicalização, em que se buscava tornar os sindicatos "uma força orgânica de cooperação com o Estado" (ANTUNES. CARVALHO, 2008, 46); a regulamentação do horário de trabalho no comércio e indústria; a regulamentação do trabalho da mulher; e a criação da Carteira de Trabalho. A Consolidação das Leis do Trabalho, de 1943, unificou os direitos trabalhistas e introduziu outros, mantendo, todavia, a mesma feição intervencionista do Estado na organização sindical.

Toda essa conjuntura fez com que se construíssem diversas interpretações do Direito do Trabalho a partir deste viés interventivo do Estado, como se o Direito e a Justiça do Trabalho fossem necessariamente desmobilizadores, excluindo, por meio do corporativismo sindical, o trabalhador da cena política. Segundo tais visões, todos os direitos positivados dos trabalhadores caracterizar-se-iam como benesses concedidas pelo Estado. O historiador Fernando Teixeira da Silva resume bem as consequências dessas interpretações na seguinte passagem:

> A Justiça do Trabalho, segundo algumas avaliações mais contundentes, teria retirado dos sindicatos "a iniciativa no que diz respeito às condições de trabalho e impediu a eclosão de conflitos ao único nível — o da empresa — favorável ao desenvolvimento de um forte movimento de base". Nos termos de interpretações semelhantes a essa, o conflito capital-trabalho desloca-se, irreversivelmente, do "chão da fábrica" para o campo legal, "consolidando a democracia burguesa", na medida

(6) É necessário lembrar que a atuação normativa da Justiça do Trabalho foi restringida por meio da inserção, pela Emenda Constitucional n. 45 de 2004, no § 2º do art. 114 da CF/88, da necessidade de "comum acordo" para ajuizamento de dissídio coletivo de natureza econômica.

(7) Cabe dizer que a reforma trabalhista aprovada elimina a contribuição sindical compulsória, mas isso, por si só, não soluciona os problemas do sindicalismo brasileiro, haja vista que ainda se mantém vigente o princípio da unicidade sindical. A contribuição facultativa seria interessante num sistema de plena liberdade sindical, em que houvesse possibilidade de existência de mais de um sindicato na mesma base territorial, favorecendo os sindicatos que realmente lutassem por mais direitos nas negociações coletivas, e que seriam, portanto, mais representativos.

em que o mundo da lei, dos Direitos e da Justiça comporiam um dos mais sofisticados e arcanos aparelhos de dominação de classe. Nesse processo de deslocamento, a "questão social" transformar-se-ia em questão técnica e jurídica, com "regras só acessíveis aos especialistas", retirando dos trabalhadores a capacidade de intervenção na arena judiciária. Teria havido, então, um processo de esvaziamento do saber-fazer dos trabalhadores, pois o controle que estes poderiam deter nos locais de trabalho, baseado em seus conhecimentos do cotidiano fabril, cederia espaço para o controle da classe dominante por meio da produção de um saber exercido de uma ponta a outra pelo campo jurídico-ideológico. (SILVA, 2016: 43/44)

São análises como essas que servem para deslegitimar a proteção do empregado pelo Direito do Trabalho, taxando-a de paternalismo exacerbado e retrógrado, contrário à própria pretensão democrática de autonomia dos trabalhadores, afirmações essas que estão sendo utilizadas para justificar diversos aspectos da atual reforma trabalhista, mais especificamente a prevalência das negociações coletivas e, dentre essas, dos acordos coletivos, sobre a legislação. "Aparentemente, não há nada tão politicamente correto. Afinal, como dizia Carnelutti, a lei é como uma roupa feita: veste a todos, sem vestir bem a ninguém. Já a convenção coletiva é uma roupa sob medida (...) Ninguém melhor do que as partes para regular seus interesses" (VIANA, 2002:184).

Trata-se, entretanto, de uma equivocada e unilateral compreensão de nossa história. Se por um lado o corporativismo dificultou a ação dos movimentos sindicais, não se pode negar que esses tenham existido, mesmo em ambientes hostis, e que conseguiram, por meio de luta, vários dos direitos que hoje se encontram positivados. A título ilustrativo, podemos nos lembrar do 13º salário, fruto de uma greve geral em plena década de 60 (CAMPANTE, 2017)[(8)], às vésperas da implantação da ditadura militar. Assim, entender o Direito do Trabalho e a CLT como dádivas é ignorar todo o processo de disputa política por mais direitos que sempre existiu e que foi responsável pela própria tentativa de controle ou enfraquecimento por parte do Estado.

O *"chão da fábrica"*, por sua vez, não significa necessariamente uma participação mais ativa dos trabalhadores. É próprio da lógica do direito coletivo do trabalho que a união, a agregação, a solidariedade entre um maior número de trabalhadores é que os torna fortes o suficiente para negociar em situações de maior igualdade com os empregadores, na medida em que esses já são, em si mesmos, seres coletivos. Assim,

no transcorrer do século XIX, perceberam os trabalhadores que um dos sujeitos da relação de emprego (o empregador) sempre foi um ser coletivo, isto é, ser cuja vontade era hábil a deflagrar ações e repercussões de impacto social, seja certamente no âmbito da comunidade de trabalho, seja eventualmente até mesmo no âmbito comunitário mais amplo. Isso porque a vontade empresarial, ao se concretizar em ação, atinge um universo bastante amplo de pessoas no conjunto social em que atua. Em comparação a ela, a vontade obreira, enquanto manifestação meramente individual, não tem a natural aptidão para produzir efeitos além do âmbito restrito da própria relação bilateral pactuada entre empregador e empregado. Relembre-se que o Direito Civil, à época, antes do advento do ramo justrabalhista, tratava os dois sujeitos da relação de emprego como seres individuais, ocultando, em sua equação formalística, a essencial qualificação de ser coletivo detida naturalmente pelo empregador. (DELGADO, 2017b, 24)

Não é por outro motivo que o modelo mais forte de sindicalismo é o que agrega os trabalhadores por segmento ou ramo empresarial, como a indústria, o comércio, vigente, por exemplo, na Alemanha, pois agrupa trabalhadores que atuam em empresas diversas, criando sindicatos grandes, com mais e melhores condições de pressionar os empregadores. Por outro lado, o sindicalismo organizado por empresas, como o norte-americano, é o que apresenta a menor solidariedade entre trabalhadores, menor propensão a expandir os direitos trabalhistas, haja vista que as conquistas ficam limitadas a determinadas entidades empresariais. Trata-se de um modelo que incentiva o individualismo e "que se mostra mais suscetível à cooptação empresarial" (DELGADO, 2017b, 108).

Não obstante o Brasil não adotar o modelo do sindicalismo por empresas, na medida em que os sindicatos dos trabalhadores em nosso ordenamento jurídico são agrupados por categoria profissional, o fato de o novo art. 620 estabelecer a sempre prevalência de os acordos coletivos do trabalho leva-nos a resgatar as limitações de tal modelo, pois apesar dos acordos coletivos serem estabelecidos com a participação necessária de sindicatos de trabalhadores, os quais não se restringem a determinada empresa, a presença desta num dos polos da negociação faz-nos também pensar em uma maior vulnerabilidade dos trabalhadores.

O que se percebe é que as convenções coletivas de trabalho, por serem estabelecidas por meio da negociação entre dois sindicatos, e não entre os sindicatos dos trabalhadores e uma ou mais empresas, como ocorre nos acordos coletivos, tendem a ser mais benéficas aos trabalhadores.

---

(8) "Precisamos, então, avaliar o corporativismo varguista em toda sua ambiguidade: um arranjo institucional que, na prática, nem sempre eliminou a mobilização e a organização dos trabalhadores, além de se abrir à representação de interesses, a depender das conjunturas e dos enquadramentos político-institucionais". (SILVA, 2016: 47)

> Isso ocorre porque a negociação coletiva no plano estritamente empresarial (como permite a ACT, embora com o reforço participatório do sindicato) inevitavelmente reduz a força coletiva dos obreiros: aqui eles não agem, de fato, como categoria, porém como mera comunidade específica de empregados. A propósito, não é por outra razão que o sindicalismo de empresa é considerado uma via de submissão sindical à força do polo empregador (DELGADO, 2017b, 233).

Para que um acordo coletivo seja mais benéfico do que uma convenção, o sindicato dos trabalhadores tem que ser forte o bastante para não ceder às pressões empresariais, às tentativas de transferir para os trabalhadores os riscos da atividade econômica. E não temos hoje sindicatos tão fortes, fala-se em crise ou até mesmo em declínio do sindicalismo (ANTUNES; CARVALHO, 2008, 89)[(9)], o qual não estaria se amoldando às novas faces do mundo do trabalho, provocadas pela adoção do modelo fordista de produção e pelo impacto da tecnologia. Nesse novo contexto, temos uma classe trabalhadora fragmentada, a qual é capturada subjetivamente, gerando mais individualismo e competição, no sentido oposto à unidade de interesses e coesão imprescindíveis ao movimento sindical. Para exemplificar, podemos pensar que o aumento da terceirização faz com que nas empresas existam trabalhadores realizando as mesmas atividades, mas sem os mesmos direitos e representados por sindicatos diferentes[(10)], não obstante a semelhança de condições de vida. Temos então a criação de situações concretas que levam ao conflito, à disputa, à desagregação, e não à união entre os trabalhadores, na contramão dos ideais do sindicalismo.

Assim, cabe dizer, com Márcio Túlio Viana, que "o sindicato pode equilibrar as forças — pelo menos em termos relativos — num contexto de pleno emprego, com produção centralizada, empresas verticalizadas, trabalhadores homogêneos e relações estáveis de emprego" (VIANA, 2002, 186). Se nossa realidade não é mais esta, não podemos prescindir do legislado, e do princípio da aplicação da norma mais favorável quando estivermos diante do impasse sobre a hierarquia de diplomas normativos, como a convenção coletiva e o acordo coletivo de trabalho.

Ainda com Márcio Túlio Viana, podemos dizer que

> onde a lei é imperativa, o sindicato pode reivindicar sem o risco de perder; mas onde a lei é dispositiva, o empresário também pode exigir "reajustes" em suas taxas de lucro. Com isso, o direito do trabalho corre o risco de ser reconstruído pela classe empresarial — tornando-se, tendencialmente, um simples ramo do direito civil (VIANA, 2002, 186).

Cabe acrescentar que a alteração do art. 620 da CLT pode ser considerada, até, contrária à própria Constituição, não somente porque esta deve ser interpretada como um todo, como dissemos anteriormente, mas também porque, não obstante reconhecer as negociações coletivas de trabalho, a Constituição é expressa quanto às hipóteses em que os acordos e as convenções coletivas de trabalho podem prevalecer sobre a legislação, mesmo que sejam prejudiciais aos trabalhadores.

As hipóteses estão tipificadas nos incisos VI, XIII, XIV, do art. 7º da CF da 1988, e dizem respeito ao salário e à jornada de trabalho. Trata-se de situações que fogem à previsão geral do *caput* do citado artigo, o qual assume o dever de progressivamente melhorar as condições dos trabalhadores. É regra geral do direito que as exceções devem ser interpretadas restritivamente, como o dispõe o art. 114 do Código Civil de 2002. Se essa regra vale para um ramo do direito em que as partes encontram-se em situação de igualdade, ela se mostra ainda mais necessária no Direito do Trabalho, o qual lida, a todo momento, com a assimetria de poder entre empregados e empregadores.

É importante enfatizarmos, por fim, que em nosso país essa assimetria também se faz presente no direito coletivo do trabalho, na medida em que não temos um sindicalismo forte, uma plena liberdade sindical, o que pode ser confirmado não só pela manutenção de institutos como o da unidade sindical, como pelo fato de o Brasil sequer ter ratificado a Convenção 87 da Organização Internacional do Trabalho.

4. Considerações finais

Por todo o exposto, percebe-se que a sempre prevalência do acordo coletivo do trabalho sobre a convenção coletiva e até mesmo sobre a legislação, como o propõe a reforma trabalhista e especificamente o novo art. 620 da CLT, sem considerar o princípio da norma mais favorável, vai de encontro a diversos preceitos da Constituição de 1988 e fará com que haja uma "deslegitimação" da própria negociação coletiva[(11)], reconhecida por essa mesma Constituição.

(9) "O processo de reorganização da produção que se desenvolveu nas duas últimas décadas colocou em xeque o sindicalismo, atingindo de forma generalizada à organização coletiva dos trabalhadores e mudando significativamente a correção de força entre capital e trabalho. Para ele, os fatores que levaram à diminuição da eficácia da ação sindical e à diminuição das taxas de sindicalização são: mudanças no perfil do mercado de trabalho, aumento do desemprego e a desregulamentação das relações de trabalho" (RODRIGUES *apud* ANTUNES. CARVALHO, 2008, 88).

(10) Lembre-se que os trabalhadores terceirizados são representados pelo sindicato das empresas prestadoras de serviços e não pelos sindicatos da categoria dos tomadores de serviços.

(11) Na Nota Técnica n. 8, o Ministério Público do Trabalho também adverte sobre uma possível deslegitimação das negociações coletivas, citando o relatório do Comitê de Peritos em Aplicação de Convenções e Recomendações da OIT, o qual foi consultado sobre a proposta de introdução no ordenamento jurídico brasileiro da prevalência do negociado sobre o legislado. Assim dispõe um trecho do citado relatório: "Do ponto de vista prático, o Comitê considera que a introdução de medida para permitir a redução do piso legal por meio da negociação coletiva possui o efeito de afastar o

Em um contexto de precarização, de desemprego, de pulverização dos trabalhadores, de crise do sindicalismo, deixar que as questões trabalhistas sejam decididas pelas empresas, ainda que com a participação dos sindicatos dos trabalhadores, como ocorre nos acordos coletivos, significa permitir que a negociação coletiva possa ser mero instrumento de desregulamentação de direitos historicamente conquistados, de flexibilização e subjugação das condições de trabalho às leis do mercado.

Assim, ao contrário de um "empoderamento" dos trabalhadores, de potencialização de sua "maioridade cívica", o que tais mudanças ocasionarão será a descaracterização das negociações coletivas, tidas tradicionalmente como mecanismos para aprimoramento das condições de pactuação do trabalho humano.

Se a democracia atual exige uma valorização da participação dos destinatários das normas e que estas levem em conta as especificidades das situações concretas de vida, há que se chegar a uma alternativa que não conduza ao aniquilamento dessa mesma participação, uma alternativa que leve em conta o fato de as forças em diálogo na relação capital e trabalho não possuírem o mesmo peso, mesmo na seara do direito coletivo do trabalho, *data maxima venia*.

Acreditamos que tal alternativa passa pela assunção da tensão constitutiva do Direito do Trabalho, de sua natureza paradoxal (MAIOR, 2000), pois se ele inegavelmente serve para a legitimação do sistema capitalista de produção, ao mesmo tempo é fruto de luta, de conquistas dos trabalhadores. A história do Direito do Trabalho é então marcada por avanços e retrocessos, por cooptações de sindicatos e por conquistas de maior liberdade e igualdade por meio da mobilização de tais associações, enfim, por uma tensa relação entre empregadores e empregados, tensão esta que justifica e torna imprescindível a atuação estatal a implementar salvaguardas para que a negociação entre as partes envolvidas seja empreendida em condições mais equânimes.

Enfim, diante de tudo o que foi exposto, entendemos que, pelo menos no que diz respeito à norma insculpida no art. 620 da CLT, a alteração imposta pela Reforma Trabalhista restringe o campo de aplicação do Direito do Trabalho e abre uma perigosa porta para supressão de direitos trabalhistas e até mesmo desequilíbrio das relações entre as empresas dentro de uma mesma categoria econômica, incentivando-se uma concorrência desleal, cujo maior lesado será, em última instância, o próprio trabalhador.

Referências bibliográficas

ANTUNES, Paulo; CARVALHO, Pedro Carlos de. *A trajetória do sindicalismo*: uma análise da história, conceitos e as perspectivas sindicais. São Paulo: Alínea, 2008.

ARENDT, Hannah. *The human condition*. Chicago: University of Chicago Press, 1958.

BERTOLIN, Patrícia Tuma Martins. A determinação da norma mais favorável e a possibilidade de prevalência do acordo coletivo sobre a convenção da categoria. *Revista dos Tribunais*, v. 919, p. 529-550, maio 2012.

CAMPANTE, Rubens Goyatá. *O 13º veio de uma greve geral*. Disponível em: <https://www.brasildefato.com.br/2017/05/03/o-13o-veio-de-uma-greve-geral/>. Acesso em: 22 ago. 2017.

CARVALHO, José Murilo de. *Cidadania no Brasil*: o longo caminho. 22. ed. Rio de Janeiro: Civilização Brasileira, 2016.

CASSAR, Vólia Bomfim. Breves Comentários às Principais Alterações Propostas pela Reforma Trabalhista. *Migalhas*. 2017. Disponível em: <http://www.migalhas.com.br/arquivos/2017/5/art20170511-02.pdf>. Acesso em: 17 ago. 2017.

DELGADO, Mauricio Godinho. *Curso de direito do trabalho*. 16. ed. São Paulo: LTr, 2017a.

DELGADO, Mauricio Godinho. *Direito coletivo do trabalho*. 7. ed. São Paulo: LTr, 2017b.

DELGADO, Mauricio Godinho. Negociação Coletiva Trabalhista. *Revista de Direito do Trabalho*, v. 107/2002, p. 67-98, jul./set. 2002.

DWORKIN, Ronald. *O império do direito*. Trad. Jefferson L. Camargo. São Paulo: Martins Fontes, 1999.

FERREIRA, Bernardo. *O risco do político*. Rio de Janeiro/Belo Horizonte: IUPERJ/Ed. UFMG, 2004.

KANT, Immanuel. *Fundamentação da metafísica dos costumes*. Immanuel Kant: textos selecionados. São Paulo: Victor Civita, 1984.

MAIOR, Jorge Luiz Souto. *O direito do trabalho como instrumento de justiça social*. São Paulo: LTr, 2000.

MARCA, Mauricio Machado; ZAMBRANO, Guilherme da Rocha. Arts. 611 a 625. In: SOUZA, Rodrigo Trindade de (Org.). AMARAL, Márcio Lima do; SANTOS JÚNIOR, Rubens Fernando Clamer dos; SEVERO, Valdete Souto (Coord.). *CLT comentada pelos juízes do trabalho da 4ª Região*. 2. ed. São Paulo: LTr, 2017.

MENEZES, Cláudio Armando Couce de. *Direito e trabalho*: análise das reformas trabalhistas. São Paulo: LTr, 2017.

MOUFFE, Chantal. Pensando a democracia moderna com, e contra, Carl Schmitt. Trad. Menelick de Carvalho Netto. *Cadernos da Escola do Legislativo*, Belo Horizonte, n. 2, jul./dez. 1994.

exercício da negociação coletiva e pode enfraquecer a sua legitimidade no longo prazo" (MPT, 2017, 30). Como procuramos desenvolver em nosso texto, a sempre prevalência do acordo coletivo sobre a negociação coletiva aumenta ainda mais esse risco de deslegitimação, na medida em que privilegia a desagregação, a fragmentação da classe trabalhadora, ao se dar ênfase ao instrumento coletivo mais vulnerável às flutuações e contingências da atividade empresarial.

MPT. Nota Técnica n. 8. Secretaria de Relações Institucionais do Ministério Público do Trabalho. 2017. Disponível em: <http://portal.mpt.mp.br/wps/wcm/connect/portal_mpt/ce4b9848-f7e4-4737-8d81-6b3c6470e4ad/Nota+t%C3%A9cnica+n%C2%BA+8.2017.pdf?MOD=AJPERES>. Acesso em: 22 ago. 2017.

NASCIMENTO, Amauri Mascaro. *Compêndio de direito sindical*. 7. ed. São Paulo: LTr, 2012.

SANDEL, Michael J. *Justiça*: o que é fazer a coisa certa. 6. ed. Trad. Heloísa Matias e Maria Alice Máximo. Rio de Janeiro: Civilização Brasileira, 2012.

SCHMITT, Carl. *Legalidad y legitimidad*. Trad. Jose Diaz Garcia. Madrid: Aguilar, 1971.

SILVA, Fernando Teixeira da. *Trabalhadores no tribunal*: conflitos e Justiça do Trabalho em São Paulo no contexto do golpe de 1964. São Paulo: Alameda, 2016.

SÜSSEKIND, Arnaldo; MARANHÃO, Délio; VIANNA, Segada; TEIXEIRA, Lima. *Instituições de direito do trabalho*. 22. ed., v. I e II, atual. por Arnaldo Süssekind e João de Lima Teixeira Filho. São Paulo: LTr, 2005.

VIANA, Márcio Túlio. Quando a livre negociação pode ser um mau negócio. *Revista de Direito do Trabalho*, v. 106, p. 184-188, abr./jun. 2002.

O sistema Núcleo Intersindical de Conciliação Trabalhista: o diálogo e a concertação interinstitucionais (governança e tripartismo local/setorial), na interpretação, na aplicação e na conformação da Lei n. 13.467/17 à Constituição da República

Antônio Gomes de Vasconcelos(*)

1. Breve escorço sobre argumentos e contra-argumentos presentes no "debate" que resultou na aprovação da Lei n. 13.467/17

A "reforma trabalhista" não pode ser compreendida fora dos contextos em que foi realizada. A apreensão do sentido profundo — ou mesmo da incoerência ou da falta de sentido constitucional de muitos dos institutos acrescidos ou modificados pela Lei n. 13.467/17, vigente desde de 11 de novembro de 2017, assim designada "reforma trabalhista", requer uma breve abordagem das posições ideológicas presentes nos debates que resultaram na hegemonia dos discursos de justificação que conduziram à aprovação da lei.

As presentes considerações introdutórias não pretendem ir além de explicitar aspectos dos discursos de justificação, levados em conta pelo parlamento, para a aprovação da nova lei, concernente aos institutos aqui estudados.

No embate discursivo antecedente à aprovação da lei confrontaram-se, de um lado, ideias de que a superação da crise econômica, do desemprego e da "informalidade da mão de obra", dependeria da flexibilização da legislação trabalhista, que estaria ultrapassada, excessivamente burocrática, exacerbadamente interventiva e cerceadora da liberdade das pessoas, em descompasso com as transformações tecnológicas, com o surgimento de novas profissões, com a complexidade das relações econômico-produtivas oriundas da globalização, convertendo-se, nestes termos, em obstáculo ao desenvolvimento econômico e social.

De outro lado, ideias de que a crise e o desempenho econômicos não decorrem do regime de proteção trabalhista adotado no país, que, coerente com os princípios fundamentais do Estado Constitucional Democrático de Direito adotado na Constituição Federal que tem por fundamento a dignidade da pessoa humana, os valores sociais do trabalho e a justiça social consagra o princípio do não retrocesso social, a reforma trabalhista tal como proposta e aprovada significaria, em múltiplos aspectos, exclusão, redução ou flexibilização dos direitos trabalhistas à medida que normas instrumentais de garantia desses direitos foram mitigadas ou revogadas, além da sobreposição da vontade individual ou coletiva sobre a legislação protetora de direitos indisponíveis dos trabalhadores(1). Nessa perspectiva a retomada da economia decorre não do sacrifício dos direitos sociais, do agravamento da desigualdade e da injustiça social. A retomada da economia decorre da alocação de investimentos em infraestrutura e na adoção de medidas econômicas de fomento ao desenvolvimento, condição para o crescimento econômico e para mais justa distribuição de renda.

A Constituição incluiu no rol dos fundamentos da República brasileira a dignidade humana, os valores sociais do trabalho e a livre-iniciativa (art. 5º, III e IV) e dentre seus objetivos fundamentais a construção de uma sociedade livre, justa e solidária. Do mesmo modo, a ordem econômica é fundada na valorização do trabalho humano e na livre-iniciativa e orientada pelos ditames da justiça social. O Estado brasileiro tem como eixo norteador de sua atuação, portanto, promover o equilíbrio entre o desenvolvimento econômico e o desenvolvimento social. Os contornos da ideia de justiça social inscrita na Constituição, no que diz respeito ao trabalho humano, não se esmaecem em abstrações. Coerentemente com os fundamentos estatuídos, foram elencados os direitos sociais fundamentais insuscetíveis de derrogação pelo legislador infraconstitucional.

Por seu turno, a autonomia e a negociação coletivas foram alçadas ao *status* de garantia e direitos constitu-

---

(*) Professor da Faculdade de Direito da Universidade Federal de Minas Gerais. Coordenador do Programa Universitário de Apoio às Relações de Trabalho e à Administração da Justiça — UFMG. Mestre e Doutor em Direito Constitucional (UFMG). Juiz Titular da 45ª Vara do Trabalho de Belo Horizonte.

(1) Nesse sentido destacam-se: a) a Nota técnica n. 08 do Ministério Público do Trabalho;

cionais, cabendo aos sindicatos, além de outras prerrogativas, a defesa dos direitos e interesses individuais e coletivos de suas categorias, inclusive em questões judiciais e administrativas. Para tanto, constitui dever constitucional dos sindicatos a participação das negociações coletivas (art. 7, III, VI, CR/88).

A Lei n. 13.467/17, ao sobrepor as normas coletivas às normas legais na hierarquia das fontes normativas do direito do trabalho, mesmo com as restrições inscritas no art. 611-B, CLT, potencializa e estende o exercício da autonomia coletiva, atribuindo aos sindicatos enorme responsabilidade.

A análise das alterações oriundas da nova lei trabalhista revela que, em relação a diversos institutos de direito material e processual, elas ensejaram contradições internas ao estatuto da CLT, situações paradoxais ou de considerável complexidade no que diz respeito à sua conformação constitucional, além de aspectos que guardam nítida incongruência com a Constituição. Além disso, alguns aspectos objeto da nova regulação confrontam de forma contundente os objetivos explicitados nos discursos de justificação e na exposição de motivos oficializada pelo parlamento.

Como escreve Ha-Joon Chang, as teorias econômicas, por melhor que sejam, são erigidas especificamente para seu tempo e espaço.(2) O mesmo autor assinala que o "*establishment* internacional da política de desenvolvimento"(3) reconheceu a importância das estruturas institucionais. Isto é, ao lado das "boas políticas" para se chegar ao "preço certo" passou-se a enfatizar a importância de se "*chegar às instituições certas*", dadas as condicionalidades "ligadas à governança" (Kapur & Web, 2000). Ocorre que, para os países pobres a adoção dessas boas instituições tem significado copiar ("transplante") as norte-americanas.(4) Tais instituições, que levaram séculos para serem desenvolvidas, são "impostas" aos países em desenvolvimento e muitas delas podem colidir com "as normas sociais e os valores culturais de algumas nações".

Por outro lado, os países em desenvolvimento são vistos como retardatários na aplicação das "boas políticas" recomendadas pelo "*establishment* internacional da política de desenvolvimento". Desse modo, verifica-se, no Brasil, a absorção de "boas políticas" que já não mais são tidas como boas pelo *stablishment* que, ante as consequências da liberalização e da desregulamentação — amiudamento das crises econômicas de larga escala, agora já se preocupa com a urgência da criação de uma "rede de seguridade", com a recomendação de que sejam adotadas instituições mínimas de bem-estar social.(5)

Em favor desta tese têm sido invocados estudos recentes, inclusive do próprio FMI, órgão responsável pela disseminação das políticas liberalizantes no mundo, estas tardiamente ora em curso no Brasil. A revista *Finance & Development* (FMI) publicou artigo em que alertou no sentido de que:

> "Os benefícios de algumas políticas que são uma parte importante da agenda neoliberal parecem ter sido um pouco exagerados... Em vez de gerar crescimento, algumas políticas neoliberais aumentaram a desigualdade, colocando em risco uma expansão duradoura...
>
> O aumento da desigualdade prejudica o nível e a sustentabilidade do crescimento... Mesmo que o crescimento seja o único ou principal objetivo da agenda neoliberal, os defensores dessa agenda devem prestar atenção nos efeitos de distribuição...
>
> A abordagem tradicional para ajudar os países a reconstruir suas economias através de corte de gastos do governo, privatização, livre comércio e abertura de capital podem ter custos "significativos" em termos de maior desigualdade"(tradução livre)(6).

Os que se posicionam nesta perspectiva trazem em amparo de tal tese o alerta dos citados economistas do Fundo Monetário Internacional, Jonathan D. Ostry, Prakash Loungani e Davide Furceri, também no sentido de que, a despeito dos aspectos positivos da agenda neoliberal, vêm grandes problemas nas políticas de remoção generalizada das restrições ao fluxo de capital e na rigidez orçamentária dos governos. Reforçam que políticas de austeridade, que frequentemente reduzem o tamanho do Estado, não somente "geram custos sociais substanciais", mas também "prejudica(m) a demanda", além de aprofundar o desemprego.(7)

Na mesma direção, invocam os estudos de Simon Keakin, Jonas Malmberg e Prabirjt Sarkar, que, adotando

---

(2) CHANG, Ha-Joon. *Economia*: modo de usar. Trad. Isa Mara Lando, Rogério Galindo. São Paulo: Portfólio-Penguin, 2015.

(3) Fazem parte do *stablishment*, dentre outros, o Banco Mundial e o FMI que incorporam os interesses das grandes corporações e do sistema financeiro mundial.

(4) CHANG, Ha-Joon. *Chutando a escada* — estratégia do desenvolvimento em perspectiva histórica. São Paulo: Unesp, 2004. p. 123/124.

(5) *Idem*.

(6) OSTRY, Jonathan D.; LOUNGANI, Prakash; FURCERI, Davide. Neoliberalism: Oversold? Instead of delivering growth, some neoliberal policies have increased inequality, in turn jeopardizing durable expansion, *Finance and Development*, International Monetary Fund, Washington DC. June/2016, ISSN 0145-1707, p. 38-41.

(7) *Idem, passim*.

metodologia longitudinal, considerando longo período de tempo e tomando como objeto de investigação as economias de cinco países da OCDE, revelaram que a legislação trabalhista em geral (regras de proteção contra a dispensa, jornada de trabalho, direito de greve, representação sindical) não têm relação com os índices de desemprego. Muito ao contrário, a existência de regulação da jornada de trabalho e da representação sindical tem relação com o aumento de taxas de emprego e de distribuição da renda nacional.[(8)]

Estudos nacionais como o Dossiê da Reforma Trabalhista, do Centro de Estudos Sindicais e de Economia do Trabalho do Instituto de Economia da Universidade de Campinas (junho/2017), também são invocados porque este assim concluiu:

> "A estratégia de desmonte das políticas sociais e de retirada de direitos serve a dois propósitos: reduzir o tamanho do estado na formulação e implementação de políticas públicas, reservando fatias cada vez maiores para a iniciativa privada em setores como saúde e educação, e possibilitar a privatização de empresas públicas como a Petrobrás, entre outras. Com a diminuição do papel do Estado abre-se caminho para a redução da carga tributária, atendendo pleito antigo dos empresários, que pressionam por redução de impostos e pela reforma trabalhista."

Em sintonia com todos estes estudos, evoca-se também o pronunciamento do Comitê de Peritos em aplicação de Convenções e Recomendações da OIT, a propósito da reforma trabalhista brasileira para reafirmar que os objetivos das Convenções ns. 98, 151 e 154 são o de "promover a negociação coletiva sob a perspectiva de tratativas de condições de trabalho mais favoráveis que as fixadas em lei", e não como instrumento de desregulamentação ou flexibilização restritiva de direitos.

Essas duas posições políticas em disputa no curso do processo legislativo da reforma se confrontaram, especialmente em relação, de um lado, à defesa da flexibilização da legislação trabalhista, pela via da negociação coletiva, inclusive para reduzir garantias legais e, de outro lado, a posição que sustenta a possibilidade da utilização da negociação coletiva tão somente para a concessão de vantagens além daquelas previstas em lei .

Consta dos discursos de justificação da nova legislação[(9)] o objetivo de aprimorar as relações de trabalho mediante o fortalecimento da autonomia coletiva[(10)] e da autonomia individual[(11)].

O fortalecimento da autonomia coletiva permitiria a correção da exacerbação burocrática e intervencionista do estado nas relações de trabalho, além de permitir a regulação coerente e adequada de situações resultantes das transformações oriundas das novas tecnologias, das novas formas de ocupação do trabalho humano com a exigência de novas modalidades contratuais.

O fortalecimento da autonomia individual implicaria a valorização da manifestação da vontade individual e a consequente entrega à vontade das partes contratantes a definição das condições e de direitos trabalhistas sem intervenção legislativa em temáticas previamente estabelecidas.

Conforme se extrai dos discursos de justificação da Lei n. 13.467/17, a limitação das autonomias coletiva e individual são fatores que favorecem a informalidade e o desemprego e, em consequência a retração econômica, com o que almeja estimular a economia e aumentar a oferta de empregados formais, sem comprometimento dos direitos. Procura-se superar o excesso de rigidez das normas trabalhistas, visto como fator gerador de insegurança jurídica e fator inibidor da contração de mão de obra e, em consequência, obstáculo ao crescimento do

---

(8) DEAKIN, Simon; MALMBERG, Jonas; SARKAR, Prabirjit. How do labour laws affect unemployment and the labour share of national income? The experience of six OECD countries, 1970-2010, IN International Labour Review, v. 153 (2104), n. 1.

(9) Os motivos aqui elencados foram extraídos da Exposição de Motivos e do Parecer da Comissão Especial da Câmara dos Deputados sobre o Projeto de Lei n. 6.787/2016.

(10) Cf. Parecer ao Projeto de Lei n. 6.797/16 e justificativo de substitutivo do projeto original apresentado pelo Poder Executivo, emitido pela Comissão Especial criada pela Presidência da Câmara em 02.02.17, cujo relatório foi lavrado pelo Dep. Rogério Marinho: "É com essa visão particular que vislumbramos a presente modernização: a necessidade de trazer as leis trabalhistas para o mundo real, sem esquecer dos seus direitos básicos e das suas conquistas históricas que, por sua importância, estão inseridos no art. 7º da Constituição da República. Precisamos evoluir, precisamos nos igualar ao mundo em que os empregados podem executar as suas atividades sem que estejam, necessariamente, no estabelecimento; em que a informatização faz com que um empregado na China interaja com a sua empresa no Brasil em tempo real; um mundo em que se pode, e se deve, conferir maior poder de atuação às representações sindicais de trabalhadores e de empregadores para decidirem, de comum acordo, qual a melhor solução para as partes em momentos determinados e específicos."

(11) Cf. *Idem*: "O respeito às escolhas individuais, aos desejos e anseios particulares é garantido pela nossa Lei Maior. Não podemos mais negar liberdade às pessoas, não podemos insistir nas teses de que o Estado deve dizer o que é melhor para os brasileiros negando-os o seu direito de escolher. Precisamos de um Brasil com mais liberdade. A legislação trabalhista brasileira vigente hoje é um instrumento de exclusão, prefere deixar as pessoas à margem da modernidade e da proteção legal do que permitir contratações atendendo as vontades e as realidades das pessoas."

País, à medida que provoca a fuga de investimentos e a transferência de postos de trabalho para outros países.(12)

No plano da autonomia individual, bem ilustra o espírito da reforma texto de Ives Gandra Martins Filho para quem o acentuado intervencionismo estatal e judicial nas relações de trabalho são fatores de desequilíbrio comprometedor do desenvolvimento econômico e da empregabilidade, pelo que a legislação trabalhista deve assumir um viés menos intervencionista e regular minimamente as relações contratuais, atendo-se mais à definição das regras do jogo negocial entre "o poder econômico das empresas" e o "poder sindical dos trabalhadores", para "reequilibrar a balança". (13)

Além disso, na perspectiva reformista, a rigidez da legislação trabalhista não mais se justifica nos tempos atuais em que o predomínio das atividades campesinas, há muito, cedeu lugar à industrialização e a inúmeras novas atividades e profissões potencializadas pelas novas tecnologias, especialmente as tecnologias da informação.(14)

Em síntese, o propósito declarado pelo legislador reformista é de reverter as perdas econômicas e o crescimento negativo presentes no país nos últimos anos, pelo combate ao desemprego, à informalidade, por meio de instrumentos legais que proporcionem maior liberdade e segurança jurídica para os empreendedores.

1.1. Contradições entre os discursos de justificação, a exposição de motivos e disposições normativas constantes da Lei n. 13.467/17.

Os direitos sociais são instituições de bem-estar social de amparo aos segmentos mais fracos da sociedade e sempre foram necessárias para a garantia da estabilidade social e o seu enfraquecimento geraram as tensões sociais do século XIX, força motriz do surgimento dos direitos trabalhistas.(15)

Como observa Chang, todos os países hoje desenvolvidos promoveram e aprimoraram políticas de bem-estar social e instituições trabalhistas referenciais. Além disso, as instituições do trabalho são mais que meras "redes de seguridade", promovem o crescimento da eficiência e da produtividade.(16) O autor vê nas políticas públicas de saúde e educação um custo-eficaz que pode melhorar a força de trabalho e, com isso, um aumento de eficiência e de produtividade. Com efeito, "as instituições de bem-estar social reduzem as tensões sociais e dão mais legitimidade ao sistema político, criando um ambiente mais estável para os investimentos a longo prazo".(17)

Num movimento tardio, em relação às mudanças de concepção referenciadas até aqui, a "reforma trabalhista" parece que não se deu conta de uma visão sistêmica da economia mundial. Com acerto parcial nos diagnósticos — necessidade de atenuação da rigidez normativa, atualização e adequação de certos aspectos da legislação trabalhista, debilidade da autonomia coletiva, inoperância do sindicalismo (salvo exceções), desprestígio da negociação coletiva, contenção de abusos no acesso à justiça, cultura da litigiosidade, recorribilidade excessiva, a "reforma" excedeu na correção e foi além do diagnóstico para vulnerar ou suprimir direitos trabalhistas ou malferir a Constituição.

Remeteu para a livre negociação direitos relativos a saúde e segurança do trabalhador, como fez ao permitir o trabalho da empregada grávida em ambiente insalubre, a excluir da prova pericial obrigatória o estabelecimento (pela via da negociação coletiva) do grau de insalubridade a que está submetido o empregado, ao excluir do campo das normas protetivas da segurança e saúde do trabalhador aquelas relativas à jornada de trabalho. Fle-

(12) O "tom" da reforma, no que diz respeito à autonomia coletiva, como se pode denotar inspira-se em recentes decisões do Supremo Tribunal Federal: RE 590.45, de 30.04.15; RE 895.759, de 08.09.2016, ADPF 323, de 14.10.2016. Todos mostram a tendência do STF de valorizar a autonomia coletiva. Bem demonstra o extrato do voto da lavra do Ministro Roberto Luiz Barroso: "No âmbito do direito coletivo do trabalho não se verifica a mesma situação de assimetria de poder presente nas relações individuais de trabalho. Como consequência, a autonomia coletiva da vontade não se encontra sujeita aos mesmos limites que a autonomia individual. 4. A Constituição de 1988, em seu art. 7º, XXVI, prestigiou a autonomia coletiva da 33. Documento assinado digitalmente conforme MP n. 2.200-2/2001 de 24.08.2001, que institui a Infraestrutura de Chaves Públicas Brasileira — ICP-Brasil. O documento pode ser acessado no endereço eletrônico <http://www.stf.jus.br/portal/autenticacao/> sob o n. 11867909. ADPF 323 MC/DF, vontade e a autocomposição dos conflitos trabalhistas, acompanhando a tendência mundial ao crescente reconhecimento dos mecanismos de negociação coletiva, retratada na Convenção n. 98/1949 e na Convenção n. 154/1981 da Organização Internacional do Trabalho. O reconhecimento dos acordos e convenções coletivas permite que os trabalhadores contribuam para a formulação das normas que regerão a sua própria vida.

(13) FILHO, Ives G. M. Reflexões por ocasião dos 75 anos da Justiça do Trabalho no Brasil. In: *RJLB*, ano 2 (2016), n. 5, p. 721-817.

(14) Cf. Parecer ao Projeto de Lei n. 6.797/16, *op. cit.*: "Em nosso país, além do excesso de normas trabalhistas, elas são muito rígidas. E essa rigidez, por sua vez, provoca um alto grau de insegurança jurídica na contratação do trabalhador, fazendo com que, primeiro, o empregador tenha receio de contratar a mão de obra e, depois, que investimentos importantíssimos para o crescimento do País sejam direcionados a outros países".

(15) CHANG, Ha-Joon. *Chutando a escada* — estratégia do desenvolvimento em perspectiva histórica. São Paulo: Unesp, 2004. p. 176.

(16) Cf. CHANG, J.-JU.; ROWTHORN, B. (Ed.). *The Role of the state in economic change.* Oxford: Oxford University Press, 1995.

(17) *Idem*, p. 175.

xibilizou-se, portanto, normas referentes a integridade pessoal do trabalhador, transgredindo-se, assim, um dos fundamentos da República que é a dignidade da pessoa do trabalhador.

Na regulação de novas formas de contratação deixou-se de observar princípios basilares do direito laboral, como o que considera tempo de serviço aquele em que o empregado estiver à disposição do empregador, como se verifica na regulamentação do trabalho intermitente. Remeteu-se à prevalência da negociação coletiva matérias legais de caráter até então indisponível e sobrepôs à autonomia pública e à autonomia coletiva a autonomia individual, em matérias não imunes a coerções neutralizadoras da liberdade individual. Desvinculou-se a reparação indenizatória de danos morais infligidos ao trabalhador da avaliação, caso a caso, da extensão do dano ao introduzir indenizações previamente tarifadas. Impuseram-se severas restrições ao direito de acesso à justiça, a exemplo da instituição de restrições à justiça gratuita, com gravames eivados de patente inconstitucionalidade e exigências mais rigorosas que aquelas previstas no processo comum.

Conferiu-se aos sindicatos tratamento paradoxal, na medida em que se lhes retirou abruptamente os meios de manutenção da ação sindical ao mesmo tempo em que se lhes imputou enormes responsabilidades institucionais, especialmente do que diz respeito à sobreposição da negociação coletiva à lei, além de extrair-lhes parte da representação sindical, como no caso da representação de trabalhadores nas empresas.

Nos aspectos acima mencionados, a "reforma" significou um aprofundamento tardio de políticas neoliberais já desautorizadas pela experiência e pelas consequências para o sistema econômico como um todo e na contramão dos países que se aventuraram por este caminho, do qual retrocederam.

A análise de Chang revela que "as 'reformas políticas' neoliberais se mostraram incapazes de cumprir a sua grande promessa: o crescimento econômico"[18]. Um profilático aumento da desigualdade no curto prazo se reverteria em favor do crescimento rápido, do desenvolvimento e da superação do desemprego. A desigualdade aumentou, mas a prometida aceleração do crescimento não se confirmou.

Assim, a declaração de motivos com que a legislação justifica a "reforma trabalhista" está, em certos aspectos, comprometida no que diz respeito à intangibilidade dos direitos sociais resultantes de conquistas históricas e assegurados na Constituição, ao fortalecimento da ação sindical, à segurança jurídica, ao acesso à justiça, à promoção do desenvolvimento econômico e à reversão do desemprego. Com efeito, o que está em jogo são os valores éticos e políticos[19] que sustentam as teorias e as políticas econômicas subjacentes ao norteamento dos aspectos questionáveis, à luz da Constituição, da "reforma trabalhista".

Ante tais contradições, paradoxos e inconstitucionalidades, cabe aos sindicatos e às instituições públicas do trabalho extraírem da reforma trabalhista o melhor que ela pode oferecer e ao mesmo tempo proceder retificação e/ou adequação daquilo em que excedeu e contrariou o projeto de sociedade inscrito na Constituição da República.

Nesse contexto é que se apresenta a instituição do trabalho Núcleo Intersindical de Conciliação Trabalhista que, na visão deste autor, muito poderá contribuir para a depuração da "reforma trabalhista" pela via do diálogo e da concertação social (interinstitucional), especialmente no que tange ao aprimoramento, fortalecimento e adequação constitucional da negociação coletiva, ao uso desta como instrumento de fortalecimento da ação sindical, à prevenção e à resolução consensual/não judicial dos conflitos trabalhistas cuja solução mais adequada seja por essa via. Trata-se da inserção dos sindicatos como atores relevantes na implementação das políticas judiciárias de tratamento adequado dos conflitos e da participação dos mesmos na administração da justiça, como prevê a Resolução n. 174/17, do Conselho Superior da Justiça do Trabalho. Em suma, a referida instituição poderá contribuir para a viabilidade da "reforma trabalhista" no que ela tem de positivo e naquilo em que ela for harmônica com a Constituição da República, avaliação que se poderá fazer pela via do diálogo interinstitucional, entre os sindicatos e as instituições do trabalho no âmbito do Conselho Tripartite, espaço destinado a este mister.

Tal desiderato põe em relevo as ideias de governança, diálogo e concertação interinstitucional, tripartismo de base, administração da justiça consensual e participativa institucionalizadas no sistema Núcleo Intersindical de Conciliação Trabalhista (art. 625-H, CLT).

2. Uma nova instituição do trabalho[20]: a institucionalização do diálogo e da concertação social

Na concepção deste articulista, a perspectiva mais alvissareira, na implementação da nova legislação tra-

(18) CHANG, Ha-Joon. *Chutando a escada* — estratégia do desenvolvimento em perspectiva histórica. São Paulo: Unesp, 2004. p. 272.

(19) Para apreensão do sentido desta abordagem confira-se, e. g.: CHANG, Ha-Joon. *Economia modo de usar*: um guia básico dos principais conceitos econômicos: São Paulo: Portfólio-Penguin, 2015, Cap. 4: "Que desabrochem cem flores", p. 107-153.

(20) Instituição de fato criada em 1994 e recepcionada na ordem jurídica pela Lei n. 9.958/2000, que inseriu na CLT o art. 625-H, no título regulamenta as Comissões de Conciliação Prévia.

balhista, é a que vier a articular os diversos mecanismos institucionais e os diversos institutos jurídicos incorporados pela nova legislação, a partir de uma concepção sistemática e articulada dos diversos atores da administração da justiça, públicos, coletivos e privados, em torno dos institutos de prevenção e resolução de conflitos provenientes das diversas fontes normativas como se propugna neste modesto trabalho.

Dentre esses institutos jurídicos destaco o Núcleo Intersindical de Conciliação Trabalhista que, como já discutido no desenvolvimento do trabalho, constitui espaço institucionalizado de diálogo/ concertação social entre os sindicatos e as instituições do trabalho, de promoção e prática dos meios extrajudiciais de resolução dos conflitos de negociação coletiva permanente e, sobretudo, de prevenção dos conflitos, resolvendo-os ou prevenindo-os no curso do contrato de trabalho. Do esforço conjunto das instituições envolvidas nas relações de trabalho se pode operar grandes transformações na implementação da nova legislação.

O afastamento do sindicato dos atos de acertamento rescisórios e das deliberações a propósito da dispensa coletiva e/ou plúrima contradiz um dos eixos norteadores da nova ordem trabalhista, que é o da valorização da negociação coletiva, potencializada pela norma inscrita no art. 611-A que passa a integrar a CLT e estabelece a prevalência da negociação coletiva sobre a lei em ampla gama de matérias reguladas pela legislação trabalhista. Com efeito, o fortalecimento da autonomia coletiva, em atenção ao escopo de conferir maior segurança jurídica aos atos rescisórios e demais formas de conferências e/ou regularização de pendências relativas ao contrato de trabalho, introduzidos na legislação, poderia ser alcançado com a assunção de maior responsabilidade pelos entes sindicais e a ampliação da assistência sindical como como instrumento de prevenção e contenção da excessiva judicialização.

2.1. O Sistema Núcleo Intersindical de Conciliação Trabalhista (Ninter)

A dispersão e o isolamento das instituições do trabalho resultam de uma compreensão fragmentária, objetivista e determinista que estão na base do método científico moderno, hoje considerado insuficiente para dar conta da realidade na sua amplitude, multiversidade e complexidade. Os efeitos, sobre as relações de trabalho, de politicas e práticas institucionais díspares, oriundas das diversas instituições do trabalho incidentes sobre uma mesma realidade ou situação-problema, com frequência induzem perplexidades e desnorteamento insuperáveis. O reconhecimento desse fenômeno tem levado à constatação, nos setores públicos e privados, da necessidade do diálogo interinstitucional, de ações conjuntas e cooperativas, bem como da prática da governança na organização das atividades públicas e privadas.

A instituição do trabalho Núcleo Intersindical de Conciliação Trabalhista aqui designado como 'sistema' (aberto) promove a instituicionalização de espaço de diálogo e concertação social (interinstitucional) entre os sindicatos e as instituições do trabalho, bem como demais atores sociais cuja atuação guarde conexão com a organização das relações de trabalho no âmbito dos respectivos campos de representação.

O Ninter é uma instituição criada pelos sindicatos profissional e empresarial de determinado setor de atividade econômica, dotado de um estatuto e personalidade jurídica própria. A estrutura orgânica compõe-se de um conselho tripartite, de uma seção intersindical de conciliação trabalhista e de um conselho de arbitragem. É constituído com base nos princípios da livre associação de natureza intersindical e da negociação coletiva, da paridade entre os sindicatos signatários nas deliberações e gestão da instituição, do tripartismo local (ou de base), da boa-fé e lealdade negocial, da legalidade, da coexistencialidade e intercomplementaridade entre os meios judiciais e não judiciais de resolução dos conflitos do trabalhistas, da institucionalização das relações intersindicais para a realização de objetivos de interesse comum e da preservação da autonomia e da independência dos sindicatos signatários.

O Ninter, para cumprir seus objetivos institucionais, é dotado, portanto, de uma estrutura orgânica adequada ao alcance de seus objetivos e à concretização das correspondentes estratégias de ação. O organograma abaixo, sem explicitação de seus fundamentos jurídico-doutrinários-dogmáticos, visa proporcionar ao leitor uma visão panorâmica da instituição como instituto jurídico e como instituição social à qual se refere o art. 625-H, CLT. O citado artigo apenas recepcionou o instituto tal como concebido na prática originária e em documento editado pelo Ministério do Trabalho e Emprego (MINISTÉRIO DO TRABALHO E EMPREGO. *Núcleo Intersindical de Conciliação Trabalhista — Manual Básico*. Brasília: MTE, 2000), no qual foram delineadas as bases do instituto a partir da experiência matricial do Núcleo Intersindical de Conciliação Trabalhista de Patrocínio (MG), o primeiro criado no Brasil.

A recepção da instituição que, até então, era uma instituição social, na ordem jurídica brasileira foi consequência do reconhecimento da sua função social, bem como do impacto social de sua atuação na prevenção e pacificação dos conflitos coletivos e individuais e na organização do trabalho na sua área de atuação.

Ante o restrito propósito deste trabalho de estabelecer e destacar a importância da instituição Núcleo Intersindical de Conciliação Trabalhista na implementação da "reforma trabalhista" e para dela extrair sua máxima potencialidade com a observância dos fundamentos e princípios constitucionais e juslaborais da proteção trabalhista, apresenta-se apenas uma visão panorâmica daquela instituição do trabalho, no que ela pode contribuir, especialmente para o fortalecimento da negociação coletiva e como instrumento de prevenção e resolução dos conflitos individuais e coletivos do trabalho, portanto, de participação dos sindicatos na administração da justiça.

Para visão mais abrangente do instituto Núcleo Intersindical de Conciliação Trabalhista remete-se o leitor para as fontes da doutrina básica e aprofundada(21) que expõe de modo consistente e exaustivo todas as dimensões do instituto. Para tanto, menciona-se um conjunto de indicações bibliográficas, em sua maior parte produzido a partir de pesquisas realizadas no âmbito do Programa de Pós-Graduação da Faculdade de Direito da Universidade Federal de Minas Gerais (tese doutoral e dissertações de mestrado) e do Programa Universitário de Apoio às Relações de Trabalho e à Administração da Justiça da Universidade Federal de Minas Gerais — PRUNART-UFMG. O PRUNART-UFMG é programa de extensão que se dedica ao ensino, à pesquisa e à extensão universitárias, no qual, dentre inúmeros outros projetos, se desenvolve o Projeto Ninter que se dedica ao ensino, pesquisa e extensão tendo por objeto o Sistema Núcleo Intersindical de Conciliação Trabalhista. Mediante celebração de convênios, o Programa dá suporte aos sindicatos interessados na criação dos respectivos Ninters, por meio da transferência do conhecimento e *know-how* necessários à constituição e no funcionamento do Ninter, bem como por meio de cursos de extensão promove a capacitação dos dirigentes sindicais e do *staff* destes Ninters, especialmente os conciliadores, mediadores e coordenadores que atuam na Seção Intersindical de Conciliação, tal como ocorre nesse momento em que se delineia a criação de três Ninters dos setores de asseio, conservação, limpeza e condomínios de Belo Horizonte.

Além de atividades institucionais correlatas destacam-se como fins precípuos do Ninter:

• Institucionalizar espaço de diálogo interinstitucional entre os sindicatos e as instituições do trabalho, especialmente aquelas do sistema de justiça, com a finalidade de construir diagnósticos conjuntos, concertados, fidedignos, abrangentes e realistas dos problemas e questões pertinentes ao setor de atividade em que atuam os sindicatos signatários do Ninter, como subsídio para a atuação das instituições, de programas de ação interinstitucional, conjunta e cooperativa entre as entidades envolvidas e o sindicatos para o enfrentamento dos problemas de ordem a promover a melhoria das relações de trabalho e a efetividade da legislação trabalhista em conformidade e de forma adequada às particularidades e especificidades de cada setor de atividade;

• Institucionalizar espaço de negociação coletiva permanente entre os sindicatos signatários do Ninter;

• Institucionalizar meios não judiciais de resolução dos conflitos individuais e coletivos do trabalho — conciliação, mediação e arbitragem;

• Prestar suporte e apoio aos trabalhadores e empregados no acertamento de suas pendências trabalhistas no curso e após o término do contrato de trabalho.

Com intuito de proporcionar ao leitor uma visão, ainda que superficial e panorâmica, pela qual ele possa

---

(21) Indicações selecionadas — **LIVROS:** 1) MINISTÉRIO DO TRABALHO E EMPREGO. Núcleos Intersindicais de Conciliação Trabalhista – Manual Básico. Brasília: Ministério do Trabalho e do Emprego, 2000; 2) VASCONCELOS, Antônio Gomes. Pressupostos Filosóficos e Político-Constitucionais do Sistema Núcleos Intersindicais de Conciliação Trabalhista: Teoria e prática da razão dialógica e do pensamento complexo na organização do trabalho e na administração da justiça: democracia integral e ética de responsabilidade social. São Paulo: LTr, 2014; 1ª ed. Belo Horizonte: LTr, 2014. p. 476; 3) VASCONCELOS, Antônio Gomes de; GALDINO, Dirceu. Núcleos Intersindicais de Conciliação Trabalhista — princípios, fundamentos, criação, estrutura e funcionamento. São Paulo: LTr, 1999. p. 536; 4) VASCONCELOS, Antônio Gomes. *O sistema Núcleo Intersindical de Conciliação Trabalhista*: do fato social ao instituto jurídico: uma transição neoparadigmática do modelo de organização do trabalho e da administração da justiça.. 1. ed. São Paulo: LTr, 2014. v. 2. p. 461. **PESQUISA CIENTÍFICA**: 5) TESE DOUTORAL: VASCONCELOS, Antônio Gomes de. *Pressupostos Filosóficos e Político-Constitucionais para a aplicação do Princípio da Democracia Integral e da Ética de Responsabilidade na Organização do Trabalho e na Administração da Justiça: o Sistema Núcleos Intersindicais de Conciliação Trabalhista. Estudo de caso — a questão trabalhista regional e os resultados da instituição matricial de Patrocínio-MG* (1994-2006). 907 f. Tese (Doutorado) — Universidade Federal de Minas Gerais, Faculdade de Direito, defendida em dezembro/2007; 6) DISSERTAÇÃO DE MESTRADO: VASCONCELOS, Antônio Gomes de. A função dos Conselhos Tripartites dos Núcleos Intersindicais de Conciliação Trabalhista: a organização intercategorial das relações de trabalho (regulamentação, administração, prevenção e solução dos conflitos) orientada pelo princípio da subsidiariedade ativa. Curso de Pós-Graduação em Direito Constitucional, Faculdade de Direito da UFMG, 2002. **ARTIGOS**: 7) VASCONCELOS, Antônio Gomes de. "O sistema Núcleo Intersindical de Conciliação Trabalhista (NINTER): o diálogo social, o tripartismo local e a negociação coletiva como instrumentos de prevenção e de resolução dos conflitos, de governança e de participação dos sindicatos na administração da justiça". In: ORSINI, Adriana G. S.; ÁVILA, Fláiva; FANTINI, Karine M. C.; SILVA, Nathane F. *Mecanismos de solução de controvérsias trabalhistas nas dimensões nacional e internacional*. São Paulo: LTr, 2015; 8) VASCONCELOS, Antonio Gomes de; SENA, Gabriela de Campos. *Participação dos Sindicatos na Administração da Justiça*: governança, diálogo social e coexistencialidade na prevenção e solução dos conflitos do trabalho — O Sistema Núcleo Intersindical de Conciliação Trabalhista (NINTER). Disponível em: <www.conpedi.org.br>; em publicações. Tema: DIREITO, CONSTITUIÇÃO E CIDADANIA: contribuições para os objetivos de desenvolvimento do Milênio. Aracaju/ Sergipe. Mais informações: PRUNART-UFMG — Coord.: <angovas@gmail.com>; Secretaria.: <ufmg.prunart@gmail.com>.

vislumbrar a dimensão do que aqui se propõe é que, nas páginas seguintes, apresentam-se o fluxograma dos atos constitutivos e o organograma de um Núcleo Intersindical de Conciliação Trabalhista:

ESTRUTURA ORGÂNICA DO NINTER

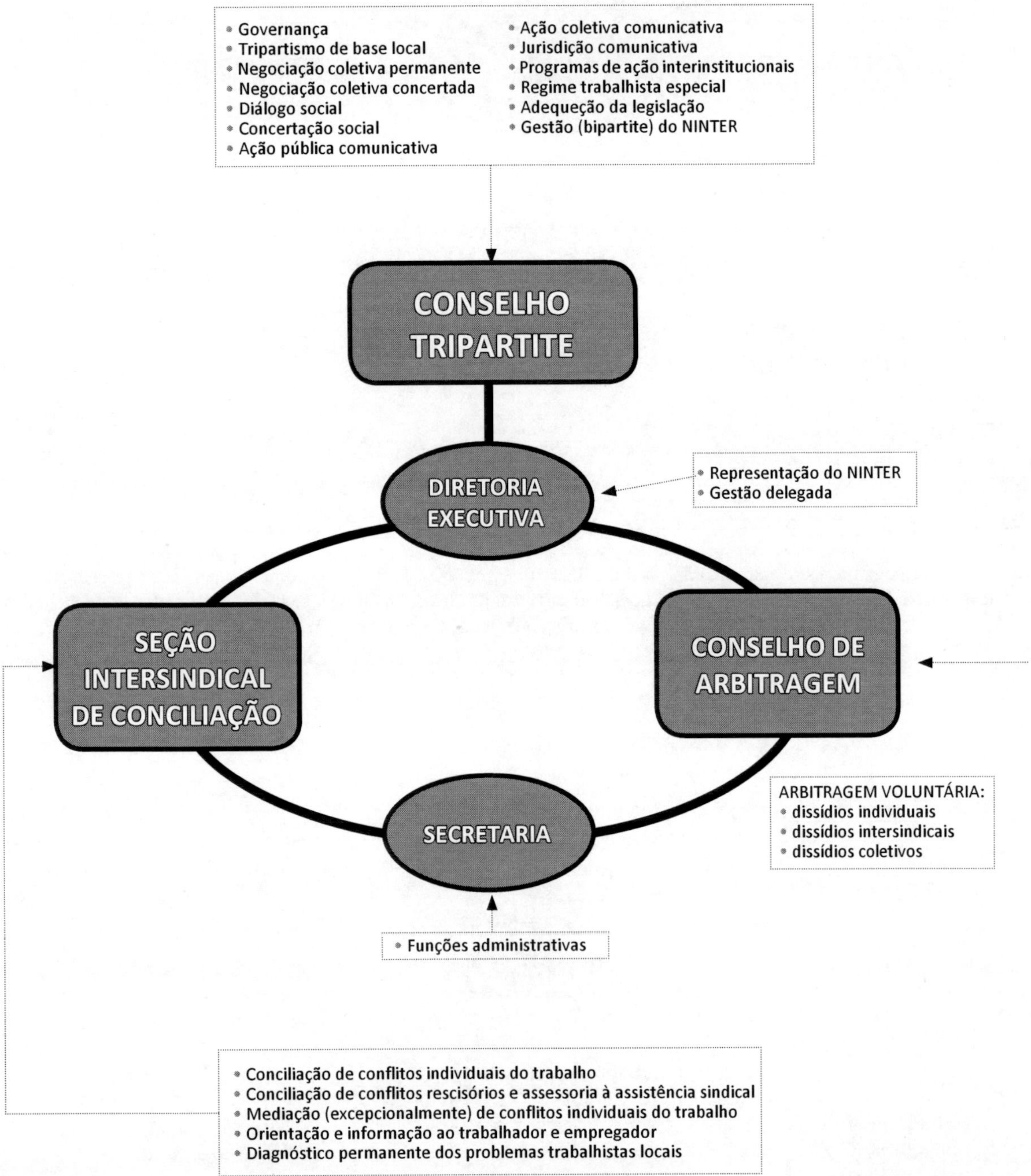

Figura 1 — Estrutura Orgânica do Sistema NINTER (competências). **Fonte:** Cf. VASCONCELOS, Antônio Gomes de. *O Sistema Núcleo Intersindical de Conciliação Trabalhista* — do fato social ao instituto jurídico: uma transição neoparadigmática do modelo de organização do trabalho e da administração da justiça. São Paulo: LTr, 2014. p. 351.

INTERAÇÕES (INTERNAS E EXTERNAS) DO SISTEMA NINTER

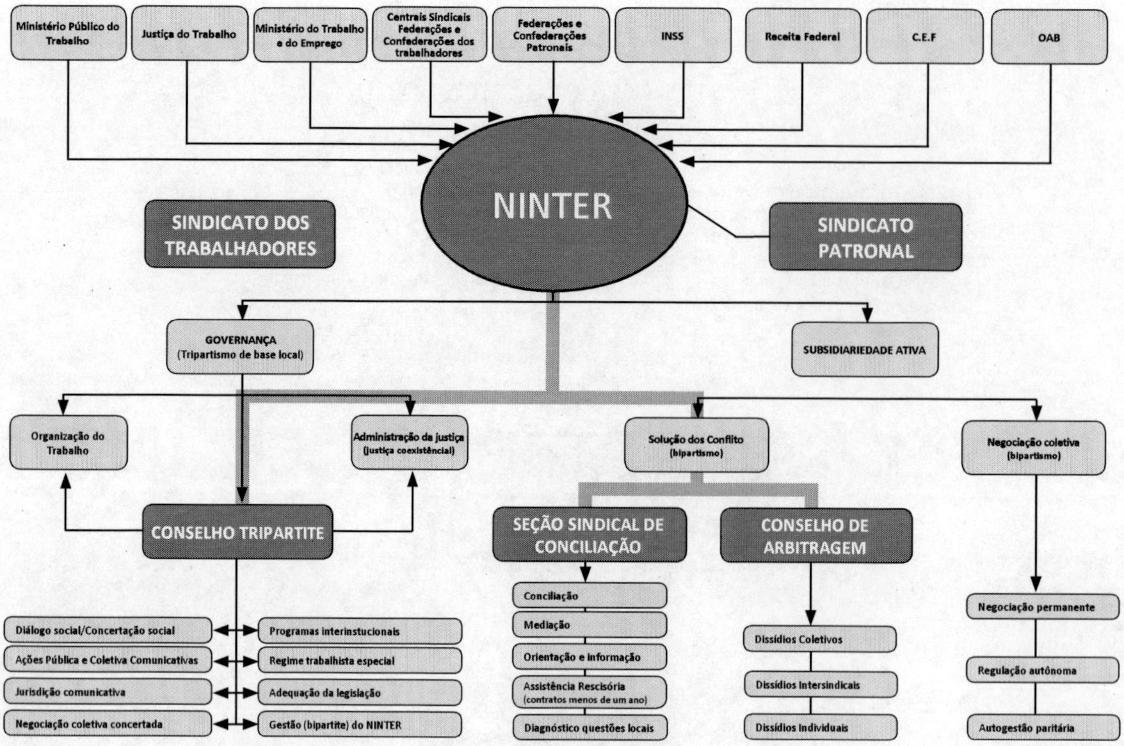

Figura 2 — Interações (internas e externas) do sistema NINTER. Cf. VASCONCELOS, Antônio Gomes de. *O Sistema Núcleo Intersindical de Conciliação Trabalhista* — do fato social ao instituto jurídico: uma transição neoparadigmática do modelo de organização do trabalho e da administração da justiça. São Paulo: LTr, 2014. p. 370.

FLUXOGRAMA DOS ATOS CONSTITUTIVOS DO NINTER

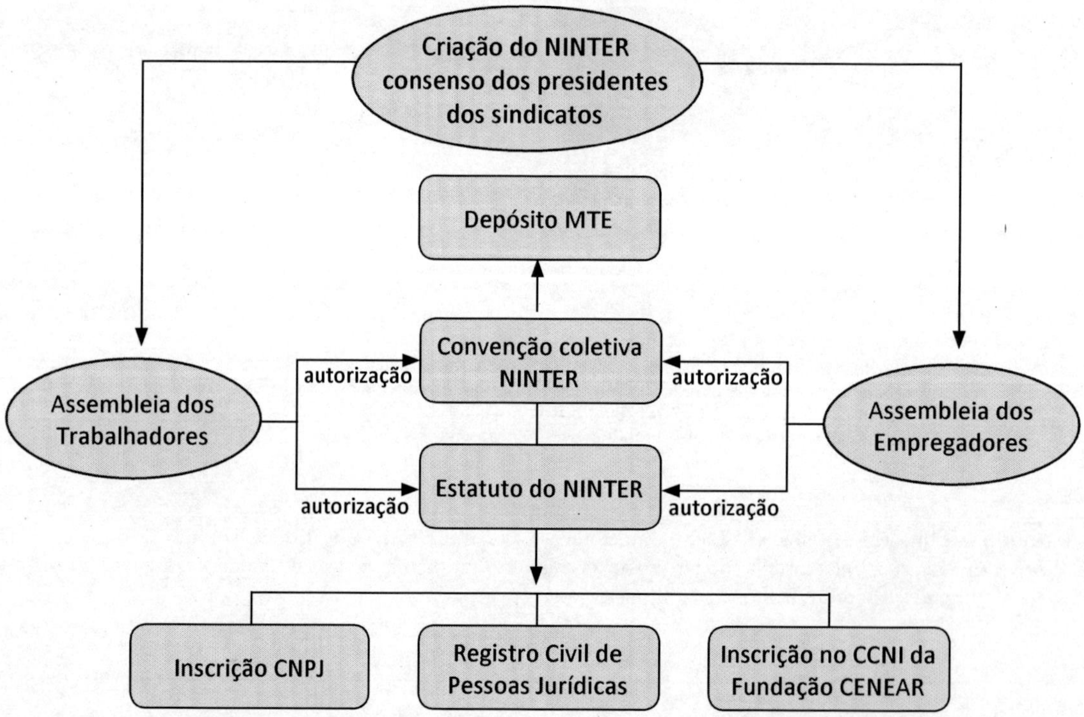

Figura 3 — Atos constitutivos do NINTER: Cf. VASCONCELOS, Antônio Gomes de. *O Sistema Núcleo Intersindical de Conciliação Trabalhista* — do fato social ao instituto jurídico: uma transição neoparadigmática do modelo de organização do trabalho e da administração da justiça. São Paulo: LTr, 2014. p. 354.

2.2. A distinção entre Núcleo Intersindical de Conciliação Trabalhista (Ninter) e Comissão de Conciliação Prévia (CCP)

Não se pode deixar de registar a profunda diferença existente entre o instituto Ninter e o da CCP, ainda que se restrinja a mera referência aos aspectos fundamentais da distinção. A visão panorâmica acerca do sistema Ninter esboçada nas linhas acima permite ao leitor identificar, de plano, a profunda distinção deste e a CCP que tem como escopo exclusivamente a tentativa de conciliação dos conflitos individuais do trabalho antes do ajuizamento da ação trabalhista. A configuração orgânica do Ninter, que aqui não será desenvolvida, bem o demonstra. Ele conta com *a)* um *Conselho Tripartite* onde operam o diálogo e a concertação interinstitucional entre os sindicatos e as instituições do trabalho, a negociação coletiva permanente, a autocomposição dos conflitos coletivos e a gestão paritária da instituição; *b)* uma *Seção Intersindical de Conciliação e Mediação*, na qual são disponibilizados às categorias dos sindicatos signatários os mecanismos de prevenção e resolução consensual e autocompositiva dos conflitos individuais; *c)* um *Conselho de Arbitragem*(22) destinados à solução arbitral dos conflitos intersindicais e coletivos não resolvidos pela via consensual e autocompositiva.

Os dois quadros abaixo apresentam uma sinopse comparativa entre os dois institutos que, de forma esquemática, permitem ao leitor visualizar a impossibilidade de equiparação conceitual entre ambos:

QUADRO

Comparativo entre o instituto dos NINTER's e o das comissões de conciliação prévia.

ASSUNTO	NINTER	COMISSÕES
Natureza	• Personalidade jurídica	• Entidade de fato
Criação	• Estatuto + convenção coletiva	• Convenção ou acordo Coletivo / regimento empresarial
Conciliadores	• Empregados permanentes	• Temporários
Organização interna	• Subdivisão em órgãos com funções específicas	• Inexistente
Composição Orgânica	• Conselho Tripartite • Seção Intersindical Conciliação • Conselho de Arbitragem	• Inexistente
Atribuições	• Negociação coletiva permanente • Interação sindicatos e autoridades ou instituições do trabalho • Diagnóstico conjunto dos problemas trabalhistas da categoria • Prevenção dos conflitos • Conciliação prévia dos conflitos trabalhistas antes do término do contrato ou do ajuizamento da ação • Mediação e arbitragem voluntária	• Tentativa de conciliação prévia
Duração	• Indeterminada	• Prazo da convenção coletiva
Conciliação	• Conciliadores permanentes • Quitação restrita a parcelas conciliadas • Impossibilidade de conciliação quanto a matéria de direito: vínculo de emprego etc. • Impossibilidade de cobrança de percentuais sobre o valor do acordo e gratuidade para o trabalhador	• Rodízio de conciliadores • Quitação geral • Qualquer questão trabalhista de fato ou de direito • Ausência de regras relativas a cobrança dos serviços
Mediação/ Arbitragem	• Adequação do procedimento às regras e princípios do Direito do Trabalho	• Inexistente

FONTE: VASCONCELOS, Antônio Gomes de. *A função dos conselhos tripartites dos núcleos intersindicais de conciliação trabalhista*: a organização intercategorial das relações de trabalho (regulamentação, administração, prevenção e resolução dos conflitos) orientada pelo princípio da subsidiariedade ativa, 2002. p. 340 e ss.

---

(22) Caso a arbitragem de dissídios individuais instituída pela Lei n. 13.467/2017 seja declarada constitucional os sindicatos poderão atribuir ao Conselho de Arbitragem do Ninter a competência para a sua implementação.

QUADRO

Comparativo dos objetivos dos NINTER's e das CCP's

ASSUNTO	NINTER	COMISSÕES
Relação com poder público	• Diálogo social e interação interinstitucional • Diagnóstico e solução conjunta dos problemas locais • Participação dos sindicatos no exercício do poder público	Inexiste
Negociação coletiva	• Permanente • Aperfeiçoamento • Ampliação • Desburocratização • Adequação da legislação trabalhista • Regulamentação das particularidades de cada setor de atividade	Inexiste
Prevenção dos conflitos	• Coletivos: negociação permanente • Individuais: no curso do contrato de trabalho	Inexiste
Solução dos Conflitos	• Negociação coletiva • Conciliação de conflitos individuais • Mediação de conflitos individuais • Arbitragem e conflitos intersindicais e coletivos	Conciliação de conflitos individuais

FONTE: VASCONCELOS, Antônio Gomes de. *A função dos conselhos tripartites dos Núcleos Intersindicais de Conciliação Trabalhista*: a organização intercategorial das relações de trabalho (regulamentação, administração, prevenção e resolução dos conflitos) orientada pelo princípio da subsidiariedade ativa, 2002. p. 340 e ss.

2.3. O Sistema Núcleo Intersindical de Conciliação Trabalhista e a Lei n. 13.467/17 ("reforma trabalhista")

Considerando que a criação de um Ninter, como faculdade decorrente de negociação coletiva entre os sindicatos profissional e econômico representativos de determinado segmento de atividade — além das demais formalidades legais indispensáveis para que seja dotado de personalidade jurídica de direito coletivo sem fins lucrativos, os sindicatos podem julgar conveniente e deliberar, com fundamento na autonomia coletiva, que modificações introduzidas na organização e nas relações de trabalho pela Lei n. 13.467/2017 sejam implementadas pela via da negociação coletiva.

Aqui se descortina nova dimensão de atuação do Ninter de grande relevância neste período de transição para a nova ordem normativa.

A relevância do papel a ser desempenhado pelo Ninter na implementação da "reforma trabalhista" pode ser destacada a partir de três aspectos fundamentais: a) equilíbrio e harmonização com a constituição e adequação da nova regulação às especificidades de cada setor de atividade por intermédio do exercício do tripartismo local com base nas técnicas do diálogo e da concertação social (interinstitucional); b) institucionalização da negociação coletiva permanente, desburocratizada como instrumento mediador entre a Constituição, a "reforma trabalhista" e a realidade; c) participação dos sindicatos na administração da justiça por intermédio da institucionalização de meios preventivos, autocompositivos e não judiciais de resolução dos conflitos como forma integrativa das políticas judiciárias de tratamento adequado dos conflitos, numa relação de intercomplementaridade entre os meios judiciais e não judiciais de resolução de conflitos, incluída a adoção de procedimentos preparatórios dos procedimentos de jurisdição voluntária como se verá adiante.

A existência de um espaço institucionalizado destinado à prática da governança baseada no *tripartismo local* (setorial), exercido por intermédio do diálogo e da concertação social (interinstitucional), permite ao Ninter alcançar os referidos propósitos institucionais. Numa primeira dimensão, a interação dialógica entre os sindicatos signatários do Ninter e as instituições do trabalho permite a elaboração de diagnósticos consensuais e compartilhados acerca de *situações-problema* (fáticas ou jurídicas) suscetíveis à negociação e solução, pelos sindicatos, pela via da negociação coletiva, ou à atuação conjunta e concertada dos sindicatos e das instituições do trabalho em busca de solução que contemple os interesses/poderes/deveres da autonomia coletiva e da autonomia pública. Nesse campo, situa-se a construção do sentido e a aplicação das normas jurídico-trabalhista, especialmente aquelas oriundas da reforma trabalhista, de interpretação e aplicação controvertida ou comprometida por vício de inconstitucionalidade e mesmo por contradição sistêmica com os princípios fundamentais do direito do trabalho.

A possibilidade institucionalizada do exercício da governança através do diálogo e da concertação interinstitucional instaurada, no Ninter, por iniciativa dos sindicatos ou de qualquer das demais instituições do trabalho, destinada à construção de diagnósticos multifacetários e compartilhados, bem como à busca de soluções consensuais para situações problemáticas assim identificadas por quaisquer dos atores envolvidos, permite o tratamento e o enfrentamento de tais situações, nos seguintes termos:

a) Posterior negociação coletiva entre os sindicatos signatários com base nos elementos e possibilidades vislumbradas a partir dos diagnósticos e perspectivas resultantes do exercício da governança no âmbito do conselho tripartite do Ninter. Nesse caso, as normas coletivas resultantes contemplarão a máxima extensão, profundidade, coerência, efetividade e aceitabilidade por parte das instituições públicas, uma vez conhecedoras da realidade (situações-problema) determinante de sua edição e dos objetivos que as orientam. Os sindicatos, com efeito, produzirão tais normas coletivas depois de sopesar as visões das instituições públicas do trabalho locais, partícipes do diálogo interinstitucional acerca da legalidade, constitucionalidade e coerência daquelas normas com o sistema jurídico, bem como avaliar a conveniência, ou não, de assumir possíveis riscos do não reconhecimento delas na atuação dos referidos atores públicos. As instituições públicas do trabalho, de posse de conhecimento mais aprofundado da realidade, poderão apreender as situações-problema originárias da negociação coletiva, bem como melhor sopesar os contextos de realidade em que ela se opera e os objetivos ínsitos às normas coletivas produzidas.

Nesse passo, o diálogo interinstitucional e a negociação coletiva se transformam em poderosos instrumentos de potencialização da ação sindical (negociação coletiva) e da ação pública, uma vez que a abertura das instituições públicas do trabalho para o diálogo e para a concertação interinstitucional abre-lhes um espaço de atuação *persuasiva* que contará com maior *receptividade* por parte dos sindicatos e que, por isso, dotará, no mais das vezes, de muito maior *abrangência* e *efetividade* que as ações isoladas e sancionatórias. A negociação poderá se constituir no instrumento de maior relevância na correção de inconstitucionalidades, contradições e incoerências sistêmicas de dispositivos introduzidos na CLT pela Lei n. 13.467/17. A negociação coletiva se transforma também em um instrumento de governança e de adequação da legislação atendendo à complexidade e à singularidade de cada segmento de atividade.

b) A negociação coletiva deixa de ser um hiato no tempo e na dinâmica da realidade para se tornar permanente, do mesmo modo que o diálogo e a concertação interinstitucional, podendo ser instaurada a qualquer momento, a depender da provocação de qualquer um dos sindicatos signatários a qualquer tempo, nos termos estabelecidos no estatuto do Ninter aprovado e autorizados pela assembleia das categorias signatárias. As datas-base se convertem em momentos re-ratificadores das normas produzidas no interregno entre uma e outra data-base.

c) Os instrumentos descritos em "a)" e "b)" comportam capítulo à parte no tocante à participação dos sindicatos na administração da justiça, quer seja na prevenção, quer seja na resolução não judicial dos conflitos individuais e coletivos do trabalho, contribuindo para que as pendências entre trabalhadores e empresas tomadoras de seus serviços recebam tratamento adequado quando o tipo de conflito de interesse não exija ou não se onere ou se agrave com a utilização da via judicial, nesse caso desnecessária. Ao institucionalizar meios preventivos e não judiciais de resolução dos conflitos individuais e coletivos do trabalho — conciliação, mediação e arbitragem, por meio desses Núcleos Intersindicais de Conciliação Trabalhista, os sindicatos consolidam sua reconhecida relevância na implementação das políticas judiciárias de tratamento adequado dos conflitos trabalhistas, como se verá adiante.

2.3.1. O Ninter e a "reforma trabalhista": a prevalência da autonomia coletiva sobre a autonomia individual

A reconstrução jurídico-teórico-pragmático-dogmática procedida até aqui permite vislumbrar o papel relevante a ser desempenhado pelo instituto Ninter na implementação das mudanças operadas na regulamentação das relações de trabalho pela Lei n. 13.467/17, enfatizando-se os aspectos declarados nos discursos de justificação e na exposição de motivos da nova lei: a valorização da ação sindical, da negociação coletiva; o fortalecimento dos sindicatos; a atualização e a adequação da legislação trabalhista à complexidade da realidade resultante das transformações nos modos de produção e de utilização do trabalho humano decorrentes do surgimento e avanço de novas tecnologias; a preservação dos direitos e garantias dos trabalhadores assegurados na Constituição e na legislação infraconstitucional; a implementação de meios consensuais e não judiciais de resolução dos conflitos como parte das políticas de tratamento adequado dos conflitos trabalhistas; contenção dos abusos no exercício do direito de ação e consequentemente o evitável e desnecessário congestionamento do poder judiciário; e, dentre outros objetivos, o incremento de medidas preventivas dos conflitos trabalhistas.

Sem maiores detalhamentos e para explicitar a tese acima exposta, de forma empírica, exemplificativa e a partir da realidade já existente e, por isso, mais eloquente, opta-se, aqui, pela transcrição — ainda que parcialmente — de dois dispositivos constantes do estatuto-referência do sistema Ninter e que foram introduzidos no estatuto de Núcleos Intersindicais de Conciliação Trabalhistas, já criados, a serem proximamente instalados(23):

> Art. 3º As funções institucionais do NINTER ... (denominação do Ninter) são:
>
> I — Promover, com base no princípio do tripartismo local:
>
> a) a aproximação, o diálogo permanente, a atuação conjunta dos sindicatos signatários em torno de interesses e objetivos comuns;
>
> b) a cooperação interinstitucional entre os sindicatos signatários e as instituições públicas encarregadas da aplicação da legislação trabalhista;
>
> c) a cooperação interinstitucional entre os sindicatos signatários e outras instituições ou atores sociais cuja atuação envolva as relações de trabalho situadas nos respectivos âmbitos de representação;
>
> d) a comunhão de esforços na elaboração de diagnóstico e na busca de solução para questões trabalhistas do respectivo segmento de atividades.
>
> II — Disponibilizar meios de prevenção e resolução consensual e extrajudicial de conflitos individuais e coletivos no âmbito de representação dos sindicatos signatários do NINTER SINDEAC-SEAC/MG;
>
> III — Promover a cooperação e a concertação de ações interinstitucionais relacionadas ao cumprimento da legislação trabalhista;
>
> IV — Reunir subsídios para o aprimoramento da negociação coletiva;
>
> Parágrafo único. Compreende-se por tripartismo local o exercício da governança nas relações entre os sindicatos signatários e as instituições públicas do trabalho, especialmente o Ministério Público do Trabalho, o Ministério do Trabalho e Emprego e a Justiça do Trabalho, bem como a interação com outros atores sociais, por meio do diálogo e da concertação interinstitucional, com o objetivo de promover as ações previstas no inciso I deste artigo, além dos objetivos institucionais do NINTER SINDEAC-SEAC/MG.
>
> Art. 4º O NINTER SINDEAC-SEAC/MG tem por objetivos:
>
> ....
>
> IV — Promover, dinamizar, aprofundar, desburocratizar e tornar efetiva e permanente a negociação coletiva entre os sindicatos signatários, inclusive como instrumento de adequação da legislação trabalhista às diferenças e às peculiaridades regionais, locais e/ou setoriais;
>
> V — Institucionalizar mecanismos autônomos para o cumprimento de procedimentos, obrigações e faculdades introduzidas na legislação trabalhista pela Lei n. 13.467/17;
>
> ....
>
> IX — Harmonizar, por intermédio do diálogo interinstitucional, as normas coletivas instituídas nos termos do art. 611-A, CLT com a Constituição e as normas de Direito Internacional do Trabalho;
>
> Art. 5º Caberá exclusivamente ao Núcleo Intersindical de Conciliação Trabalhista, mediante Ato Normativo Interno previsto neste estatuto decorrente de negociação coletiva celebrada no âmbito do Conselho Tripartite dar cumprimento aos seguintes institutos instituídos pela Lei n. 13.467/17 no âmbito das respectivas categorias:
>
> I — Assistência intersindical obrigatória, por intermédio da Seção Intersindical de Conciliação Trabalhista, às partes no ato da celebração de acordo extrajudicial e da formalização do respectivo termo, a ser submetido ao procedimento de jurisdição voluntária perante a Justiça do Trabalho, prevista no art. 652, *f*, e no novo Capítulo III-A (art. 855-B e seguintes da CLT);
>
> II — Elaboração e/ou conferência do termo de quitação anual de obrigações trabalhistas, com eficácia liberatória das parcelas nele especificadas, previsto no art. 507-B, CLT;
>
> III — Manutenção da assistência rescisória prevista nos §§ 1º e 3º, do art. 477, CLT, revogados pela Lei n. 13.467/17, em todos os casos de extinção de contrato de trabalho no âmbito das categorias representadas pelos sindicatos signatários como instrumento de prevenção de demandas trabalhistas;
>
> IV — Assistência rescisória nos casos de extinção do contrato de trabalho por *distrato* ou acordo, prevista no art. 484-A, CLT;
>
> V — Submissão obrigatória dos casos de dispensa massiva de trabalhadores, por parte das empresas, à negociação coletiva, com apreciação, aprovação e negociação de suas condições pelo Conselho Tripartite, com deliberação exclusiva dos sindicatos sobre a matéria;
>
> VI — Regulamentação da jornada de trabalho no que diz respeito à compensação de jornada, ao intervalo interjornada, ao banco de horas, a utilização da jornada em regime de 12 x 36 horas;
>
> VII — Arbitragem individual de dissídios individuais prevista no art. 507-A, da CLT;
>
> VIII — Adoção do regime especial trabalhista para empresas em dificuldade econômica, em casos excepcionais, da empresa ou em recuperação judicial decorrente de situação conjuntural, com objetivo de viabilizar a atividade empresarial e preservar empregos;

---

(23) Trata-se das seguintes instituições:
- Núcleo Intersindical de Conciliação Trabalhista do Asseio e Conservação de Minas Gerais NINTER SINDEAC-SEAC/MG;
- Núcleo Intersindical de Conciliação Trabalhista dos Condomínios de Minas Gerais NINTER SINDEAC-SINDICON/MG;
- Núcleo Intersindical de Conciliação Trabalhista da Limpeza Urbana de Minas Gerais NINTER SINDEAC-SINDILURB/MG.

IX — Harmonização das atividades assistenciais relativas à homologação judicial de acordo extrajudicial trabalhista e dos demais procedimentos de resolução consensual e de prevenção de conflitos instituídos pelo NINTER SINDEAC-SEAC/MG, com as políticas judiciárias previstas na Resolução n. 174/16 do Conselho Superior da Justiça do Trabalho, mediante acordo de cooperação judiciária com o Centro Judiciário de Métodos Consensuais de Solução de Disputas do Tribunal Regional da 3ª Região;

X — Institucionalização da negociação coletiva permanente e regulamentação, das matérias previstas no art. 611-A, itens a XV da CLT, por meio da edição de Ato Normativo do Conselho Tripartite na forma prevista neste estatuto (art. 11, I e II);

XI — Regulamentação, por Ato Normativo do Conselho Tripartite, das atividades empresariais objeto da contratação de serviços, terceirizações e dos direitos e condições de trabalho, observadas as vedações estabelecidas no art. 611-B da CLT, dos trabalhadores terceirizados no âmbito de representação dos sindicatos signatários do NINTER SINDEAC-SEAC/MG.

Os dispositivos estatutários transcritos revelam em que dimensão os sindicatos e as instituições do trabalho, mediante alteração do paradigma de atuação, dos respectivos códigos de conduta e *modus operandi*, poderão extrair da "reforma trabalhista" o que ela pode oferecer de melhor para o estabelecimento do equilíbrio entre o desenvolvimento econômico e social do país sob o império da Constituição e dos princípios informativos do direito do trabalho.

2.3.2. O Ninter e a administração da justiça

Dedica-se a abordagem, em apartado, relativamente à participação dos sindicatos na administração da justiça por intermédio do instituto Ninter, com a conjugação de elementos advindos da "reforma trabalhista" e das políticas de tratamento adequado dos conflitos, introduzidas no âmbito trabalhista pela Resolução n. 174/16 do Conselho Superior da Justiça do Trabalho (CSJT).

Propõe-se que importante medida de administração da justiça poderá ser adotada pelo acoplamento entre os novos instrumentos de administração da justiça adotados pelo CSJT, bem como os decorrentes das inovações introduzidas pela Lei n. 13.467/17[24] em torno do instituto jurídico dos Núcleos Intersindicais de Conciliação Trabalhista (Ninter), inserto na CLT (art. 625-H) pela Lei n. 9.958/2000, ao lado das Comissões de Conciliação Prévia, que, com estas não se confunde, nem se equipara[25].

O conjunto das instituições agora conformadas na ordem jurídica trabalhista, a saber, os **Núcleos Intersindicais de Conciliação Trabalhista — Ninter** (art. 625-H, CLT), os **Núcleos Permanentes de Métodos Consensuais de Solução de Disputas — NUPEMEC-JT (art. 5º**, Resolução 174/16 — **CSJT**) e os **Centros Judicias de Métodos Consensuais de Solução de Disputas — CEJUSC-JT**), aliado aos novos institutos jurídico-processuais, especialmente, o **procedimento de jurisdição voluntária para homologação de acordos extrajudiciais** (arts. 855-B a 855-E, CLT), o **termo de quitação anual de obrigações trabalhistas** (novo art. 507-B, CLT, introduzido pela Lei n. 13.467/2017), a **arbitragem de dissídios individuais** e a **arbitragem de dissídios coletivos** já previstas na Constituição (art. 114, § 2º, CR/88), carecem de uma instância institucionalizada de diálogo e concertação interinstitucional para a concepção e formulação de políticas de administração da justiça baseada no princípio da subsidiariedade ativa[26] e no instituto da

---

(24) Refiro-me, de um lado, como instrumentos administrativos, aos Núcleos Permanentes de Métodos Consensuais de Solução de Disputas (NUPEMEC-JT) e aos Centros Judiciais de Métodos Consensuais de Solução de Disputas (CEJUSC-JT) instituídos por todos os TRTs por força da Resolução n. 174/16-CSJT e, de outro, como instrumentos decorrentes da Lei n. 13.467/17, o procedimento de jurisdição voluntária para homologação de acordos extrajudiciais, ora em estudo. E, ainda, o termo de quitação anual de obrigações trabalhistas (novo art. 507-B, CLT, introduzido pela Lei n. 13.467/2017). A estes, a depender da deliberação dos sindicatos e das políticas dos NUPEMCs-JT, poderão se reunir, de modo harmônico e sistêmico os institutos da arbitragem de dissídios coletivos (art. 114, § 2º, CR/88) e da arbitragem de dissídios individuais referentes a contratos individuais de trabalho cuja *remuneração* seja superior a duas vezes o limite máximo estabelecido para os benefícios do Regime Geral de Previdência Social (novo art. 507-A, CLT, introduzido pela Lei n. 13.467/2017).

(25) Dada a exiguidade deste espaço não se aprofundará na radical distinção entre os dois institutos. Para maior aprofundamento convido o leitor a consultar: VASCONCELOS, Antônio Gomes de. *O Sistema Núcleo Intersindical de Conciliação Trabalhista — Do fato social ao instituto jurídico: uma transição neoparadigmática da organização do trabalho e da administração da justiça*. São Paulo: LTr, 2014 (Especialmente o Capítulo 5 — A autonomia Jurídica do Instituto dos Núcleos Intersindicais de Conciliação Trabalhista). E, ainda: VASCONCELOS, Antônio Gomes de. *Pressupostos filosóficos e político-constitucionais do sistema Núcleo Intersindical de Conciliação Trabalhista — teoria e prática da razão dialógica e do pensamento complexo na organização do trabalho e na administração da justiça: democracia integral e etica de responsabilidade social*. São Paulo. LTr, 2014 (Especialmente o Capítulo 3).

(26) Sobre o princípio da subsidiariedade ativa cf. VASCONCELOS, Antônio Gomes de. *Pressupostos filosóficos e político-constitucionais do sistema Núcleo Intersindical de Conciliação Trabalhista* — teoria e prática da razão dialógica e do pensamento complexo na organização do trabalho e na administração da justiça: democracia integral e ética de responsabilidade social. São Paulo: LTr, 2014. p. 146-159. Antecipa-se que: "Esta versão contemporânea do princípio da subsidiariedade, de elevado alcance administrativo e social, apreende as relações horizontais de distribuição de competências entre o Estado e os cidadãos, estabelecendo um novo equilíbrio entre o público e o privado. Essa concepção do papel do Estado se interpõe entre o liberalismo e o socialismo. A subsidiariedade pressupõe o exercício da *cidadania ativa* e importa na atuação ativa dos indivíduos e grupos sociais na organização do Estado e na execução das funções de interesse público, como forma de estabelecer uma relação construtiva e equilibrada entre a sociedade e o Estado." (*Op. cit.*, p. 147).

cooperação judiciária por extensão[27] que diz respeito à cooperação interinstitucional da qual toma parte o Poder Judiciário. Enquanto instituto jurídico e enquanto instituição, o Núcleo Intersindical de Conciliação Trabalhista inclui no rol de suas atribuições institucionais *a)* o diálogo e concertação social e interinstitucional que se realizam por intermédio do Conselho Tripartite órgão interno à instituição, *b)* a atuação na prevenção e disponibilização de meios extrajudiciais de resolução de conflitos. Por intermédio do Conselho Tripartite promovem o intercâmbio e a interação dos meios não judiciais de resolução de conflitos por ele disponibilizados e os meios judiciais de resolução de conflitos, utilizando, para tanto, a técnica do diálogo e da concertação interinstitucional orientadas pelos princípios da cooperação, da subsidiariedade e da justiça coexistencial[28].

Do lado do Poder Judiciário, conforme estabelece a Resolução n. 174/17, CSJT, cabe ao Poder Judiciário estabelecer política pública de tratamento adequado das questões jurídicas e dos conflitos de interesses, organizando, em âmbito nacional, além dos serviços prestados nos processos judiciais, também **outros mecanismos de solução de conflitos, em especial os consensuais, como a mediação e a conciliação.**

A criação dos NUPEMECs constitui estratégia para o alcance desse desiderato e, dentre as suas diversas atribuições, além da incumbência de propor ao respectivo Tribunal a realização de convênios e parcerias com entes públicos e privados para a implementação da política de tratamento adequado das disputas de interesses no âmbito da Justiça do Trabalho:

> "Os Núcleos poderão estimular programas voltados à pacificação social no âmbito das relações de trabalho, bem como das relações entre categorias profissionais e econômicas, como forma de prevenir conflitos e contribuir com a paz social, preferencialmente com o envolvimento de sindicatos, federações, confederações e centrais sindicais" (art. 5º, § 3º, Resolução n. 174/17, CSJT).

Os Núcleos Permanentes de Métodos Consensuais de Solução de Disputas — NUPEMEC-JT, portanto, são responsáveis, no âmbito dos tribunais, pelo desenvolvimento das políticas judiciárias de tratamento adequado das disputas de interesses visando "assegurar a todos o direito à solução das disputas por meios adequados à sua natureza, peculiaridade e características socioculturais de cada Região" instituindo, para tanto, os Centro(s) Judiciário(s) de Métodos Consensuais de Solução de Disputas — CEJUSC-JT .

Com fundamento nos objetivos institucionais do sistema Ninter e dos NUPEMECs definidos nos respectivos estatutos e nas respectivas ordens normativas é que se formula a proposta de que, com base nos princípios da cooperação interinstitucional e da cooperação judiciária por extensão é que estes dois entes possam formular e implementar políticas setoriais adequadas às particularidades regionais e setoriais de cada segmento de atividade em que atuam os sindicatos signatários de cada Ninter, com base na adequação setorial negociada e na introdução dos princípios da governança e da subsidiariedade ativa no âmbito da administração da justiça, esta coordenada e gerida pelos Tribunais (NUPEMECs e CEJUSCs).

A interação e a cooperação interinstitucional entre os sistemas NUPEMECs e NINTER se realizarão no âmbito do Conselho Tripartite de cada Ninter onde os dirigentes representantes dos sindicatos signatários no Ninter e a coordenação dos NUPEMECs entabularão o diálogo, a interação e a concertação interinstitucional com vistas à implementação das políticas de administração de justiça concebidas pelos Tribunais, em parceria com os Ninters, inspirados na ideia de *justiça coexistencial,* na qual os meios judiciais e não judicias de conflitos se convergem e se harmonizam numa relação de cooperação e intercomplementaridade.

Esses dois espaços institucionais (NINTERs e NUPEMECs), onde existirem, poderão conceber, pela via do diálogo e da concertação interinstitucionais, políticas específicas e intercomplementares para a implementação dos novos institutos processuais — **procedimento de jurisdição voluntária para homologação de acordos extrajudiciais** (arts. 855-B a 855-E, CLT), o **termo de quitação anual de obrigações trabalhistas** (novo art. 507-B, CLT, introduzido pela Lei n. 13.467/2017), a **arbitragem de dissídios individuais** e a **arbitragem de dissídios coletivos** já previstas na Constituição (art. 114, § 2º, CR/88) — pelas quais os NINTERs, sob mediação e coordenação dos NUPMECs poderão executar tais procedimentos, contribuindo, eficazmente, para a realização da política judiciária nacional de tratamento adequado das disputas de interesses no âmbito do Poder Judiciário Trabalhista, estabelecida na Resolução n. 174/17-CSJT.

---

(27) Sobre o instituto da cooperação judiciária e suas diversas modalidades cf.: VASCONCELOS, Antônio Gomes de; JUNIOR, José Eduardo C. Cooperação judiciária na administração da justiça e no processo do trabalho. In: COLNAGO, Lorena M. Rezende; NAHAS, Thereza Christina. *Processo do trabalho atual.* São Paulo: Revista dos Tribunais, 2016. p. 263-302. Antecipa-se que: "A cooperação judiciária por extensão é a que institui a cooperação entre o poder judiciário e atores sociais. Em suma, é aquela realizada entre órgãos do Poder Judiciário e os demais órgãos do sistema de justiça ou quaisquer outros órgãos do Poder Público, que, em parceria com órgãos judiciários, colaboram na administração da justiça visando à celeridade, à efetividade do processo e à gestão da solução de conflitos."

(28) CAPPELLETI, Mauro; GARTH, Bryant. *Acesso à justiça.* Porto Alegre: Sergio Antonio Fabris, 2002, *passim.*

2.3.2.1. O Ninter e a jurisdição voluntária trabalhista

Dos institutos implantados pela Lei n. 13.467 parece emergir certa contradição entre a proclamada busca da desjudicialização das relações de trabalho e do incentivo aos meios autocompositivos e extrajudiciais de resolução dos conflitos, e a adoção do instituto da jurisdição voluntária trabalhista que transparece mais como um convite à judicialização e ao uso estratégico do Poder Judiciário, sem que haja um conflito a ser pacificado.

O instituto da jurisdição voluntária trabalhista, desconectado de uma concepção sistêmica e dos demais instrumentos de gestão dos métodos de resolução dos conflitos individuais e coletivos do trabalho definidos pelas políticas públicas de administração da justiça delineada nos últimos anos, parece constituir um grave retrocesso, contrastando, paradoxalmente, com as premissas norteadoras da reforma. Estataliza, sobremaneira e de modo sem precedentes, o sistema de prevenção dos conflitos trabalhistas. Olvida mecanismos já existentes na ordem jurídica destinados ao acertamento autocompositivo e extraprocessual dos conflitos juslaborais que prescindem do aparato processual-burocrático do poder judiciário. Retira dos sindicatos atribuição genuína e historicamente desempenhada e, apropriadamente, incumbida aos sindicatos, a de prestar assistência ao trabalhador e ao empregador no acertamento de oriundas do contrato de trabalho. Transfere para a Justiça do Trabalho o monopólio destas atividades administrativo-burocráticas com a pretensão de conferir-lhes caráter jurisdicional (coisa julgada?) sem que, nesta espécie de procedimento se tenha os meios processuais plenos para se aferir a justiça e a legalidade de tais atos jurídicos, a não ser pelos seus aspectos formais declarados pelos interessados. Ainda que o órgão homologador possa designar audiência para auscultar diretamente as partes e suas motivações, o exame da matéria se restringirá à sua conformação, apenas do ponto de vista formal, ao ordenamento jurídico; não podendo o órgão judicial exercer juízo instrutório adversarial com o fito de extrair elementos que lhe possam afiançar um juízo seguro e justo acerca da avença submetida à homologação. Aqui é de se lembrar do problema das lides simuladas, de longa data, enfrentado pela Justiça do Trabalho.

Afora o problema da aferição da justiça e legalidade dos acordos extrajudiciais, emergem as consequências do que considero medida equivocada de administração da justiça frente aos pressupostos, aos princípios, às premissas e às estratégias de resolução e gestão dos conflitos e de gestão judiciária delineados pelas políticas públicas desencadeadas e regulados nos diversos atos normativos editados pelo CNJ e na própria reforma trabalhista engendrada pela Lei n. 13.467/17. O instituto da jurisdição voluntária para homologação de acordo extrajudicial destoa de tudo o mais. Nada garante que não contribuirá para um considerável aumento das taxas de congestionamento dos Tribunais e que não estimulará a judicialização de situações relacionadas à assistência rescisória e acertos jurídico-contábeis afetos à seara da assistência sindical suprimida pela nova lei, transferindo-a para a Justiça do Trabalho. Poderá, ao contrário, exacerbar o vício da judicialização dos atos cotidianos da vida privada sem que haja sequer um conflito de interesses, em lugar de preservar a instância judicial para os casos em que os interessados considerem imprescindível o acionamento do Poder Judiciário. Ao se generalizar a utilização do procedimento de jurisdição voluntária na Justiça do Trabalho, esta terá que ampliar sua estrutura e a capacidade das unidades jurisdicionais para absorver esta demanda estimulada pelo legislador.

Por outra via, ainda que não se cogite do uso indiscriminado do procedimento de jurisdição voluntária homologatório de acordos extrajudiciais como instrumento para se alcançar a chancela judiciária para obter a quitação total e definitiva de direitos não cumpridos, o reforço do "vício da litigiosidade" agora vertido em "vício da judicialização sem litígio", tão amplamente denunciado como responsável pela crise da Justiça, para a mera administração judicial de interesses decorrentes da autocomposição consumada extrajudicialmente, com certeza ampliará significativamente as já elevadas taxas de congestionamento na Justiça do Trabalho, exigindo-lhe agigantamento de sua estrutura burocrático-administrativa para dar conta da nova demanda estimulada pelo legislador. Em lugar do aprimoramento da atuação dos sindicatos, neste mister, estimula a judicialização das declarações consensuais de vontade e comporta risco potencial de se converter a Justiça do Trabalho em órgão homologador e tutor de atos jurídicos autônomos das partes, com o prenúncio do comprometimento, qualitativo e quantitativo, de sua função primordial que é a resolução e a pacificação dos conflitos. Sem contar que, há muito a Justiça do Trabalho vem sendo utilizada para a chancela de *lides simuladas* visando à obtenção de fins ilícitos, agasalhados pela coisa julgada que qualifica os acordos judiciais.

Como se pode denotar do que foi exposto acerca do procedimento de jurisdição trabalhista voluntária instituído pela Lei n. 13.467/17, o instituto parece prenunciar o agravamento dos problemas de administração da justiça enfrentados, atualmente, pelo Poder Judiciário trabalhista, ainda que esse seja reconhecido o ramo de justiça menos moroso.

Considera-se, portanto, mais efetivo e razoável fomentar e promover a competência e a *expertise* dos sindicatos para cumprir esse papel, de modo que a qualidade e correção dos atos assistidos por tais instituições proporcionem a certeza e a definitividade dos atos de acertamento de pendências trabalhistas sem conflito. O instituto Ninter pode contribuir decisivamente nessa direção.

3. Considerações finais

Não se poderia esperar do resultado final da reforma da legislação trabalhista a coerência e organicidade que comumente se espera de um diploma legal de tamanha repercussão. Destaco dois fatores determinantes desta ponderação: a extrema rapidez da tramitação do projeto de lei e a multiversatilidade das questões controvertidas inerentes à matéria. Isso implicou, a par de inconstitucionalidades patentes, o surgimento de insuperáveis contradições entre as premissas e princípios norteadores do movimento reformista e diversas das regras que afinal foram promulgadas. Dentre as quais se pode mencionar o multicitado objetivo de fortalecimento dos sindicatos e da negociação coletiva que resultou na sobreposição das normas coletivas sobre as normas legais, *in melius* e *in pejus*, nas temáticas minuciosamente elencadas na lei, inobstante se tenham extraído dos sindicatos inúmeras de suas atribuições a exemplo da prerrogativa da assistência rescisória e da participação do sindicato na representação dos trabalhadores no âmbito da empresa. Outra interessante contradição reside na proclamada busca da desjudicialização das relações de trabalho e do incentivo aos meios autocompositivos e extrajudiciais de resolução dos conflitos, ao mesmo tempo em que se institui, paradoxalmente, o instituto da jurisdição voluntária trabalhista que soa como um convite à judicialização e ao uso estratégico do Poder Judiciário, sem que haja um conflito a ser pacificado.

Mas, a nova legislação está posta e cabe às instituições e aos juristas teóricos e de ofício "lapidá-la", conformá-la exegeticamente à Constituição da República e às regras de Direito Internacional que, por força da Constituição, dos tratados e convenções internacionais firmados pelo Brasil, integram o ordenamento jurídico-trabalhista e, assim, extrair dela a máxima efetividade naquilo em que ela realmente possa atender aos objetivos declarados pelo legislador. Aos sindicatos a missão de interpretá-la, reconstruí-la pela via da negociação coletiva e aplicá-la em conformidade e coerência com o sistema normativo superior, valendo-se, exatamente, da sobreposição da autonomia coletiva à autonomia pública para fazer com que esta prevaleça em conformidade com a Constituição.

O instituto da jurisdição voluntária, retrocesso por contrariar as premissas e as estratégias definidas nas políticas de administração consensual e de tratamento adequado dos conflitos, bem como aquelas voltadas para a implementação dos meios não judiciais de resolução dos conflitos adotadas pelo CNJ e preconizadas na própria Lei n. 13.467/17.

Na concepção deste articulista, a perspectiva mais alvissareira é a que lograr a harmonização entre os diversos mecanismos institucionais disponíveis e os diversos institutos jurídicos incorporados pela nova legislação, a partir de uma concepção sistemática e articulada dos diversos atores da administração da justiça, públicos, coletivos e privados, em torno dos institutos de prevenção e resolução de conflitos provenientes das diversas fontes normativas concernentes à administração da justiça e ao tratamento adequado dos conflitos.

Nesse sentido é que se destaca o instituto dos Núcleos Intersindicais de Conciliação Trabalhista que, como já discutido no desenvolvimento do trabalho, constitui espaço institucionalizado de diálogo/concertação social entre os sindicatos e as instituições do trabalho, de promoção e prática dos meios extrajudiciais de resolução dos conflitos de negociação coletiva permanente e, sobretudo, de prevenção dos conflitos, resolvendo-os ou prevenindo-os no curso do contrato de trabalho.

O afastamento do sindicato dos atos de acertamento rescisórios e das deliberações a propósito da dispensa coletiva e/ou plúrima contradiz um dos eixos norteadores da nova ordem trabalhista que é o da valorização da negociação coletiva, potencializada pela norma inscrita no art. 611-A, que passa a integrar a CLT e estabelece a prevalência da negociação coletiva sobre a lei, em ampla gama de matérias reguladas pela legislação trabalhista. Com efeito, o fortalecimento da autonomia coletiva, em atenção ao escopo de conferir maior segurança jurídica aos atos rescisórios, poderia ser alcançado com a atribuição de maior responsabilidade aos entes sindicais, mais qualidade, eficácia e efetividade à assistência rescisória como estratégia de prevenção e redução de demandas que tenham por objeto acertos rescisórios e os demais atos de acertamento de pendências trabalhistas instituídos pela nova lei.

A partir do esforço conjunto das instituições do trabalho, protagonizado pelos sindicatos, por intermédio do sistema Núcleo Intersindical de Conciliação Trabalhista — este concebido como espaço de governança constitutivo de subsistemas de organização setorial e intercategorial das relações de trabalho, fundamentado no tripartismo local, na negociação permanente utilizada como instrumento de adequação constitucional e pragmática da legislação trabalhista e de participação dos sindicatos na administração da justiça, mediante a utilização das técnicas do diálogo e da concertação social (interinstitucional), poder-se-á operar uma profunda transformação paradigmática na organização das relações de trabalho e na administração da justiça.

BIBLIOGRAFIA

CHANG, Ha-Joon. *Economia*: modo de usar. Trad. Isa Mara Lando, Rogério Galindo. São Paulo: Portfólio-Penguin, 2015.

________. *Chutando a escada* — estratégia do desenvolvimento em perspectiva histórica. São Paulo: Unesp, 2004.

DEAKIN, Simon; MALMBERG, Jonas; SARKAR, Prabirjit. How do labour laws affect unemployment and the labour share of national income? The experience of six OECD countries, 1970-2010. In: *International Labour Review*, v. 153 (2104), n. 1.

FILHO, Ives G. M. Reflexões por ocasião dos 75 anos da Justiça do Trabalho no Brasil. In: *RJLB*, ano 2 (2016), n. 5, p. 721-817.

OSTRY, Jonathan D.; LOUNGANI, Prakash; FURCERI, Devide. Neoliberalism: Oversold? Instead of delivering growth, some neoliberal policies have increased inequality, in turn jeopardizing durable expansion, *Finance and Development*, International Monetary Fund, Washington DC. June/2016.

VASCONCELOS, Antônio Gomes de. *Núcleos Intersindicais de Conciliação Trabalhista* — manual básico. Brasília: Ministério do Trabalho e do Emprego, 2000.

VASCONCELOS, Antônio Gomes de; GALDINO, Dirceu. *Núcleos Intersindicais de Conciliação Trabalhista* — princípios, fundamentos, criação, estrutura e funcionamento. São Paulo: LTr, 1999. p. 536.

VASCONCELOS, Antônio Gomes de. *O sistema Núcleo Intersindical de Conciliação Trabalhista*: do fato social ao instituto jurídico: uma transição neoparadigmática do modelo de organização do trabalho e da administração da justiça. 1. ed. São Paulo: LTr, 2014. v. 2. 461págs.

VASCONCELOS, Antônio Gomes. Pressupostos Filosóficos e Político-Constitucionais do Sistema Núcleos Intersindicais de Conciliação Trabalhista: Teoria e prática da razão dialógica e do pensamento complexo na organização do trabalho e na administração da justiça: democracia integral e ética de responsabilidade social. São Paulo: LTr, 2014. 1. ed. Belo Horizonte: LTr, 2014. p. 476.

PARTE VII

REFORMA TRABALHISTA E DIREITO PROCESSUAL DO TRABALHO

Justiça gratuita, honorários periciais e honorários advocatícios na Lei n. 13.467/2017: possíveis soluções em caso de improcedência do pedido formulado na ADI 5766.

Isabela Márcia de Alcântara Fabiano(*)
Sara Costa Benevides(**)

1. Introdução

Este artigo aborda as principais novidades introduzidas pela Lei n. 13.467/2017 no tocante à justiça gratuita, aos honorários periciais e aos honorários advocatícios.

As matérias são estudadas à luz da constitucionalização do direito e das ondas reformatórias do processo no sentido de demonstrar eventuais acertos e desacertos advindos da apelidada "Reforma Trabalhista".

Sempre que possível, faz-se a comparação entre o tratamento legal dado aos institutos pela Lei n. 13.105/2015 (CPC) e pela Lei n. 13.467/2017.

Também é explorada a propositura da Ação Direta de Inconstitucionalidade 5766 (ADI 5766), pelo Procurador-Geral da República, em 25 de agosto de 2017, na qual se alega a inconstitucionalidade material de dispositivos legais relacionados ao presente estudo: o art. 790-B, *caput* e § 4º e o art. 791-A, § 4º, ambos com redação dada pela Lei n. 13.467/2017. A par disso, são feitas referências à tramitação da ADI 5766 até o presente momento.

Os objetivos do texto são compreender e analisar as mudanças legislativas, além de sugerir eventuais saídas processuais e institucionais no que se refere aos honorários periciais e aos honorários advocatícios sucumbenciais, caso a constitucionalidade dos artigos acima mencionados seja confirmada pelo Supremo Tribunal Federal (STF).

2. Assistência Jurídica Integral e Gratuita — Assistência Judiciária — Justiça Gratuita — Distinções Necessárias

Inicialmente, faz-se a distinção entre os conceitos de "assistência jurídica integral e gratuita", "assistência judiciária" e "justiça gratuita", seja porque é recorrente a confusão entre tais institutos, seja porque a Lei n. 13.467/2017 prevê novo regramento normativo apenas e tão somente para a justiça gratuita.

A Constituição de 1988 garante, no inciso LXXIV do seu art. 5º, que "o Estado prestará assistência jurídica integral e gratuita aos que comprovarem insuficiência de recursos".

Segundo Pedro Lenza, a assistência jurídica integral e gratuita constitui direito e garantia fundamentais. Via de regra, ela é instrumentalizada pela Defensoria Pública, instituição essencial à função jurisdicional do Estado, incumbindo-lhe a orientação jurídica e a defesa, em todos os graus, dos necessitados (art. 134 da Constituição de 1988).[1]

(*) Mestre em Direito do Trabalho pela PUC-Minas. Especialista em Direito do Trabalho e Processo do Trabalho pelo IEC PUC-Minas. Bacharel em Direito pela UFMG. Professora de Processo do Trabalho nos Cursos de Especialização em Processo e em Direito do Trabalho do IEC PUC-Minas e no MBA em Direito do Trabalho e Processo do Trabalho do Centro Universitário Newton Paiva. Servidora do TRT/MG. Formadora da Escola Judicial do TRT/MG. Coordenadora e revisora de obras jurídicas coletivas e articulista.

(**) Doutora e Mestre em Direito do Trabalho pela PUC-Minas. Especialista em Direito Civil pelo IEC PUC-Minas. Bacharel em Direito pela PUC-Minas. Professora de Direito e Processo do Trabalho em cursos de graduação e pós-graduação *lato sensu* e em cursos preparatórios para concursos públicos. Advogada.

(1) Ocorre que as Defensorias Públicas, em âmbito federal e estadual, não oferecem, efetivamente, a orientação jurídica e a defesa dos trabalhadores necessitados. O art. 14 da Lei Complementar n. 80/1994 dispõe: "Art. 14. *A Defensoria Pública da União atuará* nos Estados, no Distrito Federal e nos Territórios, *junto às Justiças* Federal, *do Trabalho*, Eleitoral, Militar, *Tribunais Superiores* e instâncias administrativas da União". (grifos acrescidos). Todavia, os §§ 1º a 3º do referido artigo foram incluídos pela Lei Complementar n. 98/1999, prescrevendo respectivamente: § 1º *A Defensoria Pública da União deverá firmar convênios com as Defensorias Públicas dos Estados e do Distrito Federal, para que estas, em seu nome, atuem junto aos órgãos de primeiro e segundo graus de jurisdição referidos no caput, no desempenho das funções que lhe são cometidas por esta Lei Complementar.* § 2º *Não havendo na unidade federada Defensoria Pública constituída nos moldes desta Lei Complementar, é autorizado o convênio com a entidade pública que desempenhar essa função, até que seja criado o órgão próprio.* § 3º *A prestação de assistência judiciária pelos órgãos próprios da Defensoria Pública da União dar-se-á, preferencialmente, perante o Supremo Tribunal Federal e os Tribunais Superiores*". Acontece que o citado convênio ainda não foi celebrado com sucesso, a fim de assegurar assistência jurídica integral e gratuita para os sujeitos das relações de trabalho. Tanto isso é verdade que, a título meramente exemplificativo, menciona-se a Lei Complementar n. 65/2003, alterada pela Lei Complementar n. 141/2016, que organiza a Defensoria Pública do Estado

De acordo com clássica lição de José Carlos Barbosa Moreira, transcrita por Pedro Lenza, as notas distintivas do tratamento constitucional dado ao instituto em tela são a substituição do adjetivo "judiciária" (presente nas Constituições de 1934, 1946, 1967 e 1969[(2)]) por "jurídica" (adotado a partir da Constituição de 1988) e a integralidade da assistência aos necessitados.

Nas palavras de Barbosa Moreira,

> [...] a grande novidade trazida pela Carta de 1988 consiste em que, para ambas as ordens de providências, o campo de atuação já não se delimita em função do atributo "judiciário", mas passa a compreender tudo que seja "jurídico". A mudança do adjetivo qualificador da "assistência", reforçada pelo acréscimo "integral", importa notável ampliação do universo que se quer cobrir. Os necessitados fazem jus agora à dispensa de pagamentos e à prestação de serviços não apenas na esfera *judicial*, mas em todo o campo dos atos jurídicos. Incluem-se também na franquia: a instauração e movimentação de processos administrativos, perante quaisquer órgãos públicos, em todos os níveis; os atos notariais e quaisquer outros de natureza jurídica, praticados extrajudicialmente; a prestação de serviços de consultoria, ou seja, de informação e aconselhamento em assuntos jurídicos.[(3)] (destaques originais)

Em razão disso, a assistência jurídica integral e gratuita é o gênero, que compreende as espécies "assistência judiciária" e "justiça gratuita". Estas, por sua vez, apesar de afins, também se distinguem.

Como ensina José Augusto Rodrigues Pinto,[(4)]

> *Gratuidade da Justiça ou Justiça Gratuita* é a concessão legal, à parte que não dispõe de recursos financeiros para prover as despesas obrigatórias de processo, de litigar com dispensa do respectivo encargo.
>
> *Assistência Judiciária Gratuita* é a concessão legal, à parte que não dispõe de recursos financeiros para suportar o pagamento de honorários advocatícios, de ser assistida por advogado sem ter que suportar o respectivo encargo. (destaques originais)

As distinções feitas acima são, portanto, necessárias, já que esclarecem o alcance de cada instituto.

3. Assistência Judiciária no Processo do Trabalho

No processo do trabalho, por força do art. 14 da Lei n. 5.584/1970[(5)], a assistência judiciária gratuita deverá, em regra, ser prestada pelo sindicato da categoria profissional a que pertencer o trabalhador.

Nos termos do § 1º do mencionado dispositivo, ela é devida a todo aquele que perceber salário igual ou inferior ao dobro do mínimo legal, ficando assegurado igual benefício ao trabalhador de maior salário, desde que provado que a sua situação econômica não lhe permite demandar sem prejuízo do sustento próprio ou de sua família.

A concessão da assistência judiciária gratuita não está condicionada, obrigatoriamente, à associação do trabalhador à aludida entidade de classe (art. 18 da Lei n. 5.584/1970).

A assistência judiciária gratuita não foi objeto da Reforma Trabalhista.

4. Justiça Gratuita: Breves Notas sobre a Regulamentação na Lei n. 1.060/1950 e no CPC Vigente

A justiça gratuita, como visto alhures, compreende as despesas materiais necessárias à impulsão do processo[(6)]; logo, uma vez concedida, seus benefícios alcançam as despesas processuais[(7)].

O instituto era disciplinado pela Lei n. 1.060/1950.

Mas, em virtude da publicação e vigência da Lei n. 13.105/2015 — que dispõe sobre o CPC —, os artigos

de Minas Gerais, definindo a sua competência e dispondo sobre a carreira do Defensor Público. Dentre as atribuições que competem à referida instituição, não está inserida a atuação em lides trabalhistas. Assim, é patente que os trabalhadores brasileiros não usufruem, integralmente, da garantia constitucional. (destaques acrescidos)

(2) A Constituição de 1937 não contemplava o instituto.

(3) MOREIRA, José Carlos Barbosa. O direito à assistência jurídica: evolução no ordenamento brasileiro de nosso tempo. *RePro* 67/130 *apud* LENZA, Pedro. *Direito constitucional esquematizado*. 12. ed. rev. atual. e ampl. São Paulo: Saraiva, 2008. p. 548.

(4) RODRIGUES PINTO, José Augusto. *Processo trabalhista de conhecimento*. 7. ed. São Paulo: LTr, 2005. p. 304.

(5) Mauro Schiavi, em sua obra *Manual de direito processual do trabalho*. 2016. p. 376, após alerta feito por José Affonso Dallegrave Neto, passou a entender que o art. 14 da Lei n. 5.587/1970 foi tacitamente revogado pela Lei n. 10.288/2001, que introduziu o § 10º ao art. 789 da CLT com a seguinte redação: "Art. 789 [...] 10. O sindicato da categoria profissional prestará assistência judiciária gratuita ao trabalhador desempregado ou que perceber salário inferior a cinco salários mínimos ou que declare, sob responsabilidade, não possuir, em razão dos encargos próprios e familiares, condições econômicas de prover à demanda." Como, no entanto, a Lei n. 10.288/2001 foi expressamente revogada pela Lei n. 10.537/2002, que, por sua vez, alterou os arts. 789 e 790 da CLT, sobre custas e emolumentos da Justiça do Trabalho e acrescentou os arts. 789-A, 789-B, 790-A e 790-B, sem determinar, expressamente, qualquer efeito repristinatório ao art. 14 da Lei n. 5.584/1970, que, assim, continua padecendo da revogação tácita imposta pela Lei n. 10.288/2001, a assistência judiciária gratuita não constitui mais monopólio dos sindicatos.

(6) FIALHO, Célia Tavares. Justiça gratuita e honorários periciais na justiça do trabalho. *Revista LTr*, v. 73, n. 11, p. 1.359, nov. 2009.

(7) LEITE, Carlos Henrique Bezerra. *Curso de direito processual do trabalho*. 7. ed. São Paulo: LTr, 2009. p. 370.

da lei mais antiga que tratavam da justiça gratuita foram revogados, introduzindo-se, no novo diploma processual civil, a Seção IV, intitulada "Da Gratuidade da Justiça", composta dos arts. 98 a 102.

Dentre as mudanças trazidas pelo CPC, verifica-se a expressa ampliação dos benefícios da justiça gratuita em favor das pessoas jurídicas (*caput* do art. 98 do CPC), o que já era debatido na esfera trabalhista.

A gratuidade da justiça passou a compreender as taxas ou as custas judiciais; os selos postais; as despesas com publicação na imprensa oficial, dispensando-se a publicação em outros meios; a indenização devida à testemunha que, quando empregada, recebera do empregador salário integral, como se em serviço estivesse; as despesas com a realização de exame de código genético — DNA — e de outros exames considerados essenciais; *os honorários do advogado e do perito* e a remuneração do intérprete ou do tradutor nomeado para apresentação de versão em português de documento redigido em língua estrangeira; o custo com a elaboração de memória de cálculo, quando exigida para instauração da execução; os depósitos previstos em lei para interposição de recurso, para propositura de ação e para a prática de outros atos processuais inerentes ao exercício da ampla defesa e do contraditório; os emolumentos devidos a notários ou registradores em decorrência da prática de registro, averbação ou qualquer outro ato notarial necessário à efetivação de decisão judicial ou à continuidade de processo judicial no qual o benefício tenha sido concedido (§ 1º do art. 98 do CPC).

Outra inovação constante do CPC diz respeito à manutenção da responsabilidade do beneficiário da justiça gratuita pelas despesas processuais e pelos honorários advocatícios decorrentes de sua sucumbência (§ 2º do art. 98 do CPC).

Caso seja vencido, as obrigações decorrentes da sucumbência do beneficiário da justiça gratuita ficarão sob condição suspensiva de exigibilidade e somente poderão ser executadas se, nos 5 (cinco) anos subsequentes ao trânsito em julgado da decisão que as certificou, o credor demonstrar que deixou de existir a situação de insuficiência de recursos que justificou a concessão de gratuidade, extinguindo-se, passado esse prazo, tais obrigações do beneficiário (§ 3º do art. 98 do CPC).

Contudo, a concessão da gratuidade da justiça não afasta o dever de o beneficiário pagar, ao final, as multas processuais que lhe forem impostas (§ 4º do art. 98 do CPC).

A gratuidade da justiça poderá ser concedida em relação a algum ou a todos os atos processuais, ou consistir na redução percentual de despesas processuais que o beneficiário tiver de adiantar no curso do procedimento (§ 5º do art. 98 do CPC).

Conforme o caso, o juiz poderá conceder direito ao parcelamento de despesas processuais que o beneficiário tiver de antecipar durante a tramitação do processo (§ 6º do art. 98 do CPC).

Considerando que a assistência da parte por advogado particular não impede a concessão da gratuidade da justiça (§ 4º do art. 99), nesse aspecto, o CPC acabou ratificando as diferenças entre assistência judiciária e justiça gratuita, já que o fato de o litigante escolher um mandatário judicial não o exclui, obrigatoriamente, da possibilidade de ter deferidos todos ou alguns benefícios alusivos às despesas processuais.

Nos termos do § 3º do art. 99 do CPC, presume-se verdadeira a alegação de insuficiência deduzida *exclusivamente* por pessoa natural.

Dependendo do requerente e das circunstâncias de cada caso concreto, o momento para requerer os benefícios da justiça gratuita pode coincidir com a formulação da petição inicial, da contestação, da petição para ingresso de terceiro no processo ou pode ocorrer, até mesmo, na fase recursal (*caput* do art. 99 do CPC).

Em homenagem ao princípio da instrumentalidade das formas e demonstrando correto desapego a formalismos exacerbados, admite-se que o pedido de justiça gratuita seja formulado mediante simples petição, nos autos do próprio processo, sem suspender o curso do feito, quando o motivo alegado for superveniente à primeira manifestação da parte na instância (art. 99, § 1º, do CPC).

Em respeito aos princípios da primazia do julgamento de mérito e da vedação à decisão surpresa — ambos, respectivamente, extraídos dos arts. 4º e 10, do CPC —, o juiz somente poderá indeferir o pedido de justiça gratuita se houver nos autos elementos que evidenciem a falta dos pressupostos legais para a concessão da gratuidade, *devendo, antes de indeferir o requerimento, determinar à parte a comprovação do preenchimento dos referidos pressupostos* (art. 99, § 2º, do CPC).

O CPC ainda determina que, requerida a concessão da gratuidade da justiça em fase recursal, o recorrente estará dispensado de comprovar o recolhimento do preparo, incumbindo ao Relator, nesse caso, apreciar o requerimento e, na hipótese de indeferi-lo, fixar prazo para a realização do recolhimento (art. 99, § 7º).

Ou seja, novamente, o legislador infraconstitucional escolheu o caminho da superação de questões meramente procedimentais, a fim de assegurar, sempre que possível, o oferecimento da prestação jurisdicional de mérito.

Tal escolha é a mais sensata e consentânea com os princípios constitucionais do acesso à ordem jurídica justa e da efetividade, tendo em vista que ao jurisdicionado interessa saber se ganhou ou perdeu os pleitos formulados; o porquê do resultado; o valor da condenação, se houver; o momento do pagamento a que tiver direito.

A ele não importam as questões tecnicamente procedimentais e processuais, sobretudo se eventuais vícios puderem ser sanados.

O Tribunal Superior do Trabalho (TST), diante das novas diretrizes traçadas pelo CPC, reformulou a redação da sua Súmula n. 463.

Registre-se, contudo, que o equívoco terminológico constante do verbete sumular deve ser superado. Assim, onde se lê assistência judiciária gratuita, leia-se justiça gratuita.

> SUM-463 ASSISTÊNCIA JUDICIÁRIA GRATUITA. COMPROVAÇÃO (conversão da Orientação Jurisprudencial n. 304 da SBDI-1, com alterações decorrentes do CPC de 2015) — Res. n. 219/2017, DEJT divulgado em 28, 29 e 30.6.2017 — republicada — DEJT divulgado em 12, 13 e 14.7.2017
>
> I — A partir de 26.6.2017, para a concessão da assistência judiciária gratuita à pessoa natural, basta a declaração de hipossuficiência econômica firmada pela parte ou por seu advogado, desde que munido de procuração com poderes específicos para esse fim (art. 105 do CPC de 2015); [8]
>
> II — No caso de pessoa jurídica, não basta a mera declaração: é necessária a demonstração cabal de impossibilidade de a parte arcar com as despesas do processo.

A Orientação Jurisprudencial n. 269 da Subseção de Dissídios Individuais I do TST também foi objeto de revisão em razão do tratamento dado à matéria pelo CPC:

> OJ-SDI1-269 JUSTIÇA GRATUITA. REQUERIMENTO DE ISENÇÃO DE DESPESAS PROCESSUAIS. MOMENTO OPORTUNO (inserido item II em decorrência do CPC de 2015) — Res. n. 219/2017, DEJT divulgado em 28, 29 e 30.6.2017 — republicada — DEJT divulgado em 12, 13 e 14.7.2017
>
> I — O benefício da justiça gratuita pode ser requerido em qualquer tempo ou grau de jurisdição, desde que, na fase recursal, seja o requerimento formulado no prazo alusivo ao recurso;
>
> II — Indeferido o requerimento de justiça gratuita formulado na fase recursal, cumpre ao relator fixar prazo para que o recorrente efetue o preparo (art. 99, § 7º, do CPC de 2015).

O posicionamento do TST demonstra que, para a mais alta Corte Trabalhista, os artigos do CPC acima transcritos são aplicáveis ao processo do trabalho, ora porque este ramo jurídico deve se submeter aos efeitos da integração quando padecer de vazio legislativo causado por lacuna normativa, ensejando a aplicação subsidiária do CPC às lides trabalhistas, ora porque existem hipóteses em que a complementação de norma preexistente na CLT ou na legislação processual trabalhista extravagante se faz necessária, mediante aplicação supletiva, com vistas a suprimir insuficiências ontológicas e/ou axiológicas do preceito, que não atende mais, respectivamente, aos anseios sociais contemporâneos e/ou se afasta dos valores de justiça, de máxima efetividade e de resultado útil do processo.

De todo modo, em qualquer situação de diálogo das fontes, é compulsória a compatibilidade das "normas emprestadas" com os princípios do processo do trabalho.

5. Justiça Gratuita — Reforma Trabalhista — Nova redação dada ao art. 790 da CLT

No âmbito trabalhista, a justiça gratuita é regida pelo art. 790 da CLT.

Todavia, como o aludido dispositivo não esgota a matéria, faz-se a integração da norma celetista com as normas do processo civil retromencionadas.

Até a entrada em vigor da Lei n. 13.467/2017, o art. 790 da CLT apresenta a seguinte redação:

> Art. 790. Nas Varas do Trabalho, nos Juízos de Direito, nos Tribunais e no Tribunal Superior do Trabalho, a forma de pagamento das custas e emolumentos obedecerá às instruções que serão expedidas pelo Tribunal Superior do Trabalho.
>
> § 1º Tratando-se de empregado que não tenha obtido o benefício da justiça gratuita, ou isenção de custas, o sindicato que houver intervindo no processo responderá solidariamente pelo pagamento das custas devidas.
>
> § 2º No caso de não-pagamento das custas, far-se-á execução da respectiva importância, segundo o procedimento estabelecido no Capítulo V deste Título.
>
> § 3º É facultado aos juízes, órgãos julgadores e presidentes dos tribunais do trabalho de qualquer instância conceder, a requerimento ou de ofício, o benefício da justiça gratuita, inclusive quanto a traslados e instrumentos, àqueles que perceberem salário igual ou inferior ao dobro do mínimo legal, ou declararem, sob as penas da lei, que não estão em condições de pagar as custas do processo sem prejuízo do sustento próprio ou de sua família.

Acontece que a Reforma Trabalhista modifica o § 3º do art. 790 da CLT e, ainda, acrescenta o § 4º ao referido dispositivo. *In verbis*:

> Art. 790 [...]
>
> § 3º É facultado aos juízes, órgãos julgadores e presidentes dos tribunais do trabalho de qualquer instância conceder, a requerimento ou de ofício, o benefício da justiça gratuita, inclusive quanto a traslados e instrumentos, àqueles que perceberem salário igual ou inferior a 40% (quarenta por cento) do limite máximo dos benefícios do Regime Geral de Previdência Social.
>
> § 4º O benefício da justiça gratuita será concedido à parte que comprovar insuficiência de recursos para o pagamento das custas do processo.

Cotejando os preceitos "velhos" e "novos", percebe-se que os benefícios da justiça gratuita ainda poderão ser requeridos pela parte ou deferidos de ofício pelo julgador.

Contudo, a partir da vigência do novo § 3º do art. 790, será imposto novo parâmetro, de cunho estritamente ob-

(8) Art. 105. A procuração geral para o foro, outorgada por instrumento público ou particular assinado pela parte, habilita o advogado a praticar todos os atos do processo, *exceto* receber citação, confessar, reconhecer a procedência do pedido, transigir, desistir, renunciar ao direito sobre o qual se funda a ação, receber, dar quitação, firmar compromisso e *assinar declaração de hipossuficiência econômica, que devem constar de cláusula específica.* (grifos acrescidos)

jetivo, para o deferimento do benefício, que contemplará aqueles que perceberem salário igual ou inferior a 40% (quarenta por cento) do limite máximo dos benefícios do Regime Geral de Previdência Social.

No presente momento, o limite máximo dos benefícios do Regime Geral de Previdência Social é regido pela Portaria n. 9/2019 do Ministério da Economia[9], que, textualmente, prevê:

> Art. 2º A partir de 1º de janeiro de 2019, o salário de benefício e o salário de contribuição não poderão ser inferiores a R$ 998,00 (novecentos e noventa e oito reais), nem superiores a R$ 5.839,45 (cinco mil oitocentos e trinta e nove reais e quarenta e cinco centavos).[10]

Mediante simples operação aritmética, descobre-se que, hoje, 40% de R$ 5.839,45 (cinco mil, oitocentos e trinta e nove reais e quarenta e cinco centavos) equivalem a R$ 2.335,78 (dois mil, trezentos e trinta e cinco reais e setenta e oito centavos).

Em termos meramente numéricos, o limite anterior, de até 2 salários mínimos, foi majorado, já que, hodiernamente, o salário mínimo é de R$ 998,00 (novecentos e noventa e oito reais)[11][12]. Logo, a sua multiplicação por 2 equivale a R$ 1.996,00 (mil, novecentos e noventa e seis reais).

Ocorre que esse artifício é estritamente quantitativo e não pode bastar para seduzir o intérprete do Direito, pois, a rigor, ele inviabiliza o genuíno exercício ao direito e à garantia fundamental de acesso à ordem jurídica justa.

A retirada da parte final do art. 790, § 3º, da CLT, que admitia que pessoas que ganhassem acima de dois salários mínimos declarassem, sob as penas da lei, que não tinham condições de pagar as custas do processo sem prejuízo do sustento próprio ou de sua família, foi proposital e deliberada.

Com efeito, o referido suporte fático passou a ser regulado pelo novo § 4º do art. 790 do Texto Consolidado, que condiciona o deferimento dos benefícios da justiça gratuita, nessas circunstâncias, à efetiva demonstração do estado de miserabilidade legal do requerente.

Antes, a autodeclaração bastava para esse fim, presumindo-se a boa-fé processual do interessado.

O advogado da parte também podia declarar o estado de pobreza legal do seu cliente.

Com o advento da Reforma Trabalhista, parte-se do pressuposto contrário e, pior, exigem-se do requerente nas lides trabalhistas (que, normalmente, é um ex-empregado) condições mais gravosas para que obtenha um benefício que, de acordo com o art. 5º, LXXIV, da Constituição da República, deve ser integral e gratuito.

Se a assistência jurídica integral e gratuita é, como explicitado, o gênero, tendo como espécies a assistência judiciária e a justiça gratuita, não restam dúvidas de que estas últimas devem ser regulamentadas, na esfera infraconstitucional, com vistas a concretizar o valor central consagrado pela Norma Fundamental, e não com o propósito de dificultar o acesso do mais pobre ao Poder Judiciário.

A par disso, a justiça gratuita pode ser concedida mediante a apresentação de mera declaração de pobreza legal — seja pela pessoa física interessada, seja por seu procurador com poderes especiais para tanto (art. 99, § 3º, do CPC).

Se o processo civil é um instrumento para a concretização de direitos materiais, que, via de regra, são fruto de relações jurídicas travadas entre partes com igualdade de forças e, ainda assim, o CPC presume a veracidade da declaração de miserabilidade jurídica firmada diretamente pela pessoa física interessada na concessão desse benefício ou por seu advogado, por que aceitar norma mais lesiva para o jurisdicionado trabalhista, se o processo do trabalho constitui instrumento para a concretização de direitos trabalhistas, que são resultado de relações jurídicas entabuladas entre pessoas com notória desigualdade fática?

Vários questionamentos ainda se apresentam: Tal opção legislativa não está a consagrar uma subclasse de jurisdicionado? Tal trilha não gera uma discriminação infundada em detrimento do jurisdicionado que busca o reconhecimento de sua pretensão na Justiça do Trabalho? Essa escolha não dificulta o acesso à ordem jurídica substancial e justa? Qual a verdadeira motivação do legislador?

Se o processo civil, mediante a vigência do CPC de 2015, demonstra patente preocupação em assegurar o cumprimento de normas fundamentais, em respeito ao fenômeno da constitucionalização do direito[13], faci-

---

(9) Enquanto vigorar o art. 790, § 3º, da CLT, com a redação dada pela Lei n. 13.467/2017, deverá ser pesquisado, regularmente, o valor do maior benefício do Regime Geral de Previdência Social.

(10) Disponível em: <http://pesquisa.in.gov.br/imprensa/jsp/visualiza/index.jsp?data=16/01/2019&jornal=515&pagina=25>. Acesso em: 22 jan. 2019.

(11) Disponível em: <http://www.in.gov.br/ materia/-/asset_publisher/Kujrw0TZC2Mb/content/id/57510734/do1esp-2019-01-01-decreton-9-661-de-1-de-janeiro-de-2019-57510684 >. Acesso em: 22 jan. 2019.

(12) O leitor deverá pesquisar o valor do salário mínimo vigente à época da leitura deste trabalho, pois, anualmente, ele é alterado.

(13) Sobre o fenômeno da constitucionalização do direito, também chamado por Luís Roberto Barroso de "filtragem constitucional", tem-se o seguinte apontamento: "A ideia de constitucionalização do Direito aqui explorada está associada a um efeito expansivo das normas constitucionais, cujo conteúdo material e axiológico se irradia, com força normativa, por todo o sistema jurídico. Os valores, os fins públicos e os comportamentos contemplados nos princípios e regras da Constituição passam a condicionar a validade e o sentido de todas as normas do direito infraconstitucional." (BARROSO, Luís Roberto. Neoconstitucionalismo e constitucionalização do direito: o triunfo tardio do direito constitucional no Brasil. *Revista do Tribunal de Contas do Estado de Minas Gerais*, ano XXV, v. 65, n. 4, p. 22-28, 2007.

litando, inclusive, o acesso à ordem jurídica justa aos economicamente mais vulneráveis e tutelando, consequentemente, a assistência jurídica integral e gratuita, por que o legislador infraconstitucional quer impor ao processo do trabalho rumo diametralmente oposto? A postura irrestrita adotada pelos adeptos da Reforma Trabalhista se harmoniza com os valores, objetivos e postulados da Norma Fundamental ou padece de inconstitucionalidade material?

6. Honorários Periciais — Evolução Legislativa até a Reforma Trabalhista

A celeuma da responsabilidade pelo pagamento dos honorários periciais é antiga no processo do trabalho.

Na Justiça do Trabalho, em razão do disposto no art. 195 da CLT, há, em regra, a obrigatoriedade de o deferimento dos pedidos de adicionais de insalubridade e de periculosidade ser respaldado por perícia a ser realizada por médico do trabalho ou engenheiro do trabalho.

Ademais, é corriqueira a necessidade de a produção de prova pericial ser feita por médico (em razão de doenças e acidentes do trabalho) e, ainda, por contador (quando a controvérsia está relacionada, na maioria das vezes, à correção dos cálculos trabalhistas, mormente na fase de liquidação). Essas são as hipóteses mais comuns na praxe trabalhista.

O perito é um auxiliar eventual da justiça e assume *munus publico* quando é nomeado para atuar em determinado processo, com a obrigação de cumprir o seu ofício, no prazo que lhe assinar a lei ou o juízo, empregando toda a sua diligência.

Ele pode, contudo, escusar-se do encargo, alegando motivo legítimo, de acordo com o art. 157 do CPC.

Na qualidade de *expert*, ele deve receber contraprestação pecuniária pelo trabalho realizado.

Enquanto, no processo civil, a respectiva remuneração é paga pela parte que tiver requerido a perícia, ou rateada quando esse meio de prova é determinado de ofício ou requerido pelos litigantes (art. 95, *caput*, do CPC), no processo do trabalho, o ônus de arcar com esses honorários é da parte sucumbente no objeto da perícia.

Em 2002, por força da Lei n. 10.537/2002, foi inserido, no Texto Consolidado, o art. 790-B, com a seguinte redação: "A responsabilidade pelo pagamento dos honorários periciais é da parte sucumbente na pretensão objeto da perícia, salvo se beneficiária de justiça gratuita".

Todavia, como a aludida Lei não esclareceu quem seria o responsável pelo pagamento dos respectivos honorários na hipótese de o vencido no objeto da perícia ser beneficiário da justiça gratuita, grande celeuma surgiu nesse aspecto.

Diversas ideias foram difundidas no intuito de tentar solucionar o problema.

Célia Tavares Fialho, em artigo publicado em 2009[14], chegou a enumerar sete soluções que foram adotadas nas decisões judiciais à época: a) a responsabilização era do empregado sucumbente; b) a responsabilização era do empregador; c) a responsabilização era do sindicato da categoria profissional; d) a responsabilização era do empregado parcialmente sucumbente; e) havia a isenção do empregado sucumbente; f) a responsabilização era da União; e g) a responsabilização era do próprio Judiciário trabalhista que arcava com a despesa mediante seus recursos orçamentários.

Diante de tamanha insegurança e de tantos entendimentos divergentes na prática, muitos peritos ficaram receosos de atuar na Justiça do Trabalho, pois temiam não receber pelo trabalho prestado. Os magistrados enfrentaram dificuldades para encontrar bons profissionais técnicos dispostos a auxiliá-los nas lides trabalhistas.

Pior: algumas impugnações passaram a sugerir que os peritos, conhecedores da melhor condição econômica da empresa e desprovidos de ética e profissionalismo, estariam beneficiando o empregado em seus laudos, visando, pura e simplesmente, ao recebimento de seus honorários.

Diante dessa realidade, muitos *experts* passaram a requerer a antecipação dos honorários periciais, muito embora essa prática fosse e continue sendo incompatível com os princípios do processo do trabalho por inviabilizar o acesso à ordem jurídica justa, o contraditório e a ampla defesa, com todos os meios e recursos a ela inerentes.

Nesse sentido, a OJ n. 98 da SDI-2 do TST:

> OJ n. 98 DA SDI-2. MANDADO DE SEGURANÇA. CABÍVEL PARA ATACAR EXIGÊNCIA DE DEPÓSITO PRÉVIO DE HONORÁRIOS PERICIAIS (nova redação) — DJ 22.8.2005
>
> É ilegal a exigência de depósito prévio para custeio dos honorários periciais, dada a incompatibilidade com o processo do trabalho, sendo cabível o mandado de segurança visando à realização da perícia, independentemente do depósito.

Em 2007, o Conselho Superior da Justiça do Trabalho (CSJT), por meio da Resolução n. 35, regulamentou a questão.

Em 2010, porém, a Resolução n. 66 do CSJT a revogou, prevendo que os Tribunais Regionais do Trabalho deveriam destinar recursos orçamentários para o pagamento de honorários periciais, conforme regras ali estipuladas.

(14) FIALHO, Célia Tavares. Justiça gratuita e honorários periciais na justiça do trabalho. *Revista LTr*, São Paulo, v. 73, n. 11, p. 1.361-1.365, nov. 2009.

A então OJ n. 387 da SDI-I do TST foi cancelada em 2014, em virtude da sua conversão na Súmula n. 457.

> SUM-457 HONORÁRIOS PERICIAIS. BENEFICIÁRIO DA JUSTIÇA GRATUITA. RESPONSABILIDADE DA UNIÃO PELO PAGAMENTO. RESOLUÇÃO N. 66/2010 DO CSJT. OBSERVÂNCIA. (conversão da Orientação Jurisprudencial n. 387 da SBDI-I com nova redação) — Res. 194/2014, DEJT divulgado em 21, 22 e 23.5.2014.
>
> A União é responsável pelo pagamento dos honorários de perito quando a parte sucumbente no objeto da perícia for beneficiária da assistência judiciária gratuita, observado o procedimento disposto nos arts. 1º, 2º e 5º da Resolução n. 66/2010 do Conselho Superior da Justiça do Trabalho — CSJT.

É oportuno acrescentar que a Resolução n. 66/2010 do CSJT exige três requisitos(15) para que os honorários periciais sejam custeados pela União: a) a fixação pelo juízo; b) a sucumbência da parte beneficiada pela justiça gratuita no objeto da perícia e c) o trânsito em julgado da decisão.

Todavia, em decorrência da Reforma Trabalhista, o art. 790-B da CLT passa a ter a seguinte redação:

> Art. 790-B. A responsabilidade pelo pagamento dos honorários periciais é da parte sucumbente na pretensão objeto da perícia, ainda que beneficiária da justiça gratuita.
>
> § 1º Ao fixar o valor dos honorários periciais, o juízo deverá respeitar o limite máximo estabelecido pelo Conselho Superior da Justiça do Trabalho.
>
> § 2º O juízo poderá deferir parcelamento dos honorários periciais.
>
> § 3º O juízo não poderá exigir adiantamento de valores para realização de perícias.
>
> § 4º Somente no caso em que o beneficiário da justiça gratuita não tenha obtido em juízo créditos capazes de suportar a despesa referida no *caput*, ainda que em outro processo, a União responderá pelo encargo.

Comparando os dispositivos acima transcritos com o tratamento normativo até então dado à matéria pela Lei n. 10.537/2002, que introduziu o art. 790-B à CLT(16), verifica-se a profundidade das mudanças.

De plano, cumpre destacar que, à luz da Reforma Trabalhista, a parte sucumbente no objeto da perícia será a responsável pelo pagamento dos honorários periciais, mesmo que beneficiária da justiça gratuita.

A obrigação passará à União somente no caso de o sucumbente no objeto da perícia ser beneficiário da justiça gratuita e, cumulativamente, não possuir qualquer crédito a receber, seja na mesma demanda em que houve a elaboração de laudo pericial, seja em outra ação.

Assim, por exemplo, se o (ex)empregado for o vencido no objeto da perícia, mas vencedor em outros pedidos condenatórios, de viés pecuniário, ou caso venha a ganhar outras demandas, mesmo se tiver amparado pela gratuidade da justiça, deverá arcar com a verba honorária pericial.

Se tal entendimento for confirmado — registre-se que foi ajuizada a ADI 5766 em 25 de agosto de 2017 —, a redação da Súmula n. 457 do TST deverá ser revista.

Hodiernamente, está em vigor o art. 3º da Resolução n. 66/2010 do CSJT.(17) Ele dispõe que, em caso de concessão do benefício da justiça gratuita, o valor dos honorários periciais observará o limite de R$ 1.000,00 (um mil reais), que será fixado pelo juiz, atendidos a complexidade da matéria; o grau de zelo profissional; o lugar e o tempo exigidos para a prestação do serviço; as peculiaridades regionais.

A fixação dos honorários periciais, em valor maior do que o teto estabelecido pela referida Resolução, deverá ser devidamente fundamentada (§ 2º do retrocitado art. 3º).

7. ADI 5766 — Inconstitucionalidade Material da Lei n. 13.467/2017

Em 25 de agosto de 2017, o Procurador-Geral da República propôs ação direta de inconstitucionalidade, com pedido de medida cautelar, contra o art. 1º da Lei n. 13.467, de 13 de julho de 2017, que aprovou a denominada "Reforma Trabalhista", nos pontos em que altera ou insere disposições nos arts. 790-B, *caput* e § 4º; 791-A, § 4º , e 844, § 2º , do Decreto-lei n. 5.452, de 1º de maio de 1943, o qual aprova a Consolidação das Leis do Trabalho.(18)(19)

---

(15) MIESSA, Élisson; CORREIA, Henrique. *Súmulas e orientações jurisprudenciais do TST*: comentadas e organizadas por assunto. 3. ed. Salvador: JusPodivm, 2013. p. 728.

(16) Art. 790-B. A responsabilidade pelo pagamento dos honorários periciais é da parte sucumbente na pretensão objeto da perícia, salvo se beneficiária de justiça gratuita. *(Incluído pela Lei n. 10.537, de 27.8.2002)*

(17) Para a manutenção da atualidade deste artigo, basta pesquisar se a referida Resolução foi revogada ou sofreu alguma alteração à época da leitura deste texto.

(18) A íntegra da petição inicial da ADI 5766 está disponível em: <http://www.mpf.mp.br/pgr/documentos/ADI5766reformatrabalhista.pdf>. Acesso em: 24 set. 2017.

(19) Em 1º.9.2017, foi publicado despacho nos seguintes termos: "[....] 5. Determino a oitiva do Congresso Nacional, do Exmo. Sr. Presidente da República e do Exmo. Sr. Advogado-Geral da União, nos prazos de 5 (cinco) dias para os dois primeiros e de 3 (três) dias para o último, como facultado pelo art. 10, § 1º, da Lei n. 9.868/1999. Após o decurso do prazo, os autos devem retornar à conclusão para a apreciação da cautelar. Publique-se. Intimem-se. Brasília, 29 de agosto de 2017. Ministro Luís Roberto Barroso". Até o presente instante, a medida cautelar ainda não foi apreciada. O andamento da ADI 5766 está disponível em: <http://www.stf.jus.br/portal/processo/verProcessoAndamento.asp?incidente=5250582>. Acesso em: 24 set. 2017.

Tendo em vista o objeto deste trabalho, serão transcritos apenas alguns trechos da exordial alusivos aos temas em foco, a fim de a abordagem não se perder e de a extensão do artigo não se alongar em demasia.

São argumentos extraídos da exordial da ADI 5766:

[...]

Com propósito desregulamentador e declarado objetivo de reduzir o número de demandas perante a Justiça do Trabalho, a legislação avançou sobre garantias processuais e viola direito fundamental dos trabalhadores pobres à gratuidade judiciária, como pressuposto de acesso à jurisdição trabalhista. Assim o fez ao alterar os arts. 790-B, *caput* e § 4º, e 791-A, § 4º, da Consolidação, e autorizar uso de créditos trabalhistas auferidos em qualquer processo, pelo demandante beneficiário de justiça gratuita, para pagar honorários periciais e advocatícios de sucumbência.

[...]

A Constituição de 1988 consagra a garantia de amplo acesso à jurisdição no art. 5º, XXXV e LXXIV, que tratam dos direitos a inafastabilidade da jurisdição e a assistência judiciária integral aos necessitados.

Na contramão dos movimentos democráticos que consolidaram essas garantias de amplo e igualitário acesso à justiça, as normas impugnadas inviabilizam ao trabalhador economicamente desfavorecido assumir os riscos naturais de demanda trabalhista e impõe-lhe pagamento de custas e despesas processuais de sucumbência com uso de créditos trabalhistas auferidos no processo, de natureza alimentar, em prejuízo do sustento próprio e do de sua família.

[...]

Mais grave é isso ocorrer na Justiça do Trabalho, constitucionalmente vocacionada ao atendimento de demandas da grande massa trabalhadora em busca de solução de conflitos decorrentes da violação (não raro sistemática) de seus direitos laborais. A legislação impugnada investe contra garantia fundamental da população trabalhadora socialmente mais vulnerável e alveja a tutela judicial de seus direitos econômicos e sociais trabalhistas, que integram o conteúdo mínimo existencial dos direitos fundamentais, na medida de sua indispensabilidade ao provimento das condições materiais mínimas de vida do trabalhador pobre. *Ao impor maior restrição à gratuidade judiciária na Justiça do Trabalho, mesmo em comparação com a Justiça Comum, e ao desequilibrar a paridade de armas processuais entre os litigantes trabalhistas, as normas violam os princípios constitucionais da isonomia (art. 5º,* caput*), da ampla defesa (art. 5º, LV), do devido processo legal (art. 5º, LIV) e da inafastabilidade da jurisdição (art. 5º, XXXV). Em face da intensidade dos obstáculos econômicos impostos aos direitos fundamentais dos demandantes pobres, as normas impugnadas ainda incorrem em inconstitucionalidade por violação aos princípios da proporcionalidade e da proibição de excesso, configurando desvio de finalidade legislativa.* (destaques acrescidos)

Emerge cristalino que as normas ordinárias que compõem a Lei n. 13.467/2017, sobretudo no que tange às limitações impostas aos beneficiários da justiça gratuita, acabam esvaziando o conteúdo do art. 5º, *caput*, incisos XXXV, LIV, LV e LXXIV, todos da CR/1988, na medida em que inviabilizam ao demandante pobre a assunção dos riscos da demanda, colocando-o em posição de inferioridade frente aos outros jurisdicionais e ao litigante adverso.

Em verdade, a Reforma Trabalhista, nos referidos aspectos, colide diretamente com o movimento de ondas do processo, que foi impulsionado pelo novo constitucionalismo e amplamente divulgado por Mauro Cappelletti e Bryan Garth.

Visando à superação dos entraves processuais ordinariamente impostos aos jurisdicionados, o processo contemporâneo passou a prestigiar tríplice objetivo: a universalização da prestação da tutela jurisdicional, com a inclusão das demandas dos economicamente mais débeis; a defesa de direitos difusos encontrados na nova sociedade pós-industrial, fruto da massificação da civilização e dos conflitos, e a transformação do direito formal à jurisdição ao acesso à ordem jurídica justa que deverá produzir resultados úteis e executáveis em favor daquele que tem razão, sobretudo quando se tratar de jurisdicionado hipossuficiente.

Acerca da primeira onda reformadora do processo, pode-se dizer que a dogmática conservadora liberal, apegada à filosofia individualista, excluía os mais desfavorecidos do acesso à justiça, ou porque desinformados de como exercer suas faculdades legais, ou porque sem condições financeiras de recorrer às cortes de justiça, ou porque inibidos de fazê-lo, seja pela premência e medo de perder o emprego, seja pela vergonha e acanhamento de ir à Justiça, seja pela falta de costume de acionar os órgãos jurisdicionais.

As razões ensejadoras de tamanha exclusão dos mais pobres ao acesso à justiça são descritas por Mauro Cappelletti e Bryant Garth:

> [...] Nos estados liberais "burgueses" dos séculos dezoito e dezenove, os procedimentos adotados para solução dos litígios civis refletiam a filosofia essencialmente individualista dos direitos, então vigorante. Direito ao acesso à proteção judicial significava essencialmente o direito *formal* do indivíduo agravado de propor ou contestar uma ação. A teoria era de que, embora o acesso à justiça pudesse ser um "direito natural", os direitos naturais não necessitavam de uma ação do Estado para sua proteção. Esses direitos eram considerados anteriores ao Estado; sua preservação exigia apenas que o Estado não permitisse que eles fossem infringidos por outros. O Estado, portanto, permanecia passivo, com relação a problemas tais como a aptidão de uma pessoa para reconhecer seus direitos e defendê-los adequadamente, *na prática*. Afastar a "pobreza no sentido legal" — a incapacidade que muitas pessoas têm de utilizar plenamente a justiça e suas instituições — não era preocupação do Estado. *A justiça, como outros bens, no sistema do* ***laissez-faire****, só podia ser obtida por aqueles que pudessem enfrentar seus custos; aqueles que não pudessem fazê-lo eram considerados os únicos responsáveis por sua sorte. O acesso formal, mas não efetivo*

à justiça, correspondia à igualdade, apenas formal, mas não efetiva.[20] (destaques acrescidos)

No movimento de reformulação do processo moderno, o óbice de natureza econômica foi superado, a princípio, pelo dever honorífico da advocacia de prestar gratuitamente os próprios serviços aos mais pobres.

Porém, a medida era um simples paliativo.

Como salientam Cappelletti e Garth[21], eram poucos advogados, principalmente os mais experientes e competentes, que se prestavam a desincumbir o *munus honorificum,* pois, em economias de mercado, é comum os profissionais dedicarem a maior parte de seu tempo e de sua energia à execução de trabalhos remunerados.

Posteriormente, houve a implementação de assistência judiciária gratuita aos legalmente necessitados sob a responsabilidade estatal. Ou seja, o Estado deixou de ser singelo espectador da política do "deixai fazer deixai passar", para assumir um dever positivo: fazer uma prestação.

Contudo, para que o sistema de assistência judiciária gratuita seja eficiente, são necessárias dotações orçamentárias consideráveis que proporcionem uma boa infraestrutura material e humana, com justa remuneração aos advogados que se dedicarem a esse mister. Do contrário, haverá a evasão de profissionais competentes, e o serviço prestado tenderá a ser de baixa qualidade.

Se isso não bastasse, no Brasil, a Defensoria Pública não atua na área trabalhista.

Têm razão Mauro Cappelletti e Bryant Garth quando pronunciam:

> Em economia de mercado, como já assinalamos, a realidade diz que, sem remuneração adequada, os serviços jurídicos para os pobres tendem a ser pobres, também. Poucos advogados se interessam em assumi-los, e aqueles que o fazem tendem a desempenhá-los em níveis menos rigorosos.[22]

A opção prevalecente na Reforma Trabalhista de onerar o beneficiário da justiça gratuita — em várias hipóteses, inclusive com o comprometimento de eventuais verbas que venha a receber — acaba demonstrando uma falácia, pois ao hipossuficiente, na verdade, é negado o direito fundamental à assistência jurídica integral e gratuita.

Aumentará o temor quanto aos riscos decorrentes do ajuizamento de qualquer ação trabalhista.

Se, hoje, os prejuízos advindos da "lista negra" que contém o nome dos trabalhadores que batem à porta do Poder Judiciário já constitui um fator intimidador, a tendência é o índice de litigiosidade contida ser majorado nas relações de trabalho, deixando as vítimas de ameaças e lesões a direitos fundamentais — em regra, desempregados —, de vindicar suas pretensões na Justiça do Trabalho, que, paradoxalmente, passará a impor condições mais gravosas contra o litigante hipossuficiente, afastando-se de sua gênese e de sua índole social.

Analisando os dispositivos do CPC que tratam dos honorários periciais e aqueles decorrentes da nova redação dada ao art. 790-B, §§ 1º a 4º, da CLT pela Lei n. 13.467/2017, nota-se que, no processo civil, quando o pagamento da perícia for de responsabilidade do beneficiário da gratuidade da justiça, ela poderá ser: custeada com recursos alocados no orçamento do ente público e realizada por servidor do Poder Judiciário ou por órgão público conveniado (art. 95, § 3º, inciso I, do CPC) ou paga com recursos alocados no orçamento da União, do Estado ou do Distrito Federal, no caso de ser realizada por particular — hipótese em que o valor será fixado conforme tabela do tribunal respectivo ou, em caso de sua omissão, do Conselho Nacional de Justiça (art. 95, § 3º, inciso II, do CPC).

O juiz, *somente após o trânsito em julgado da decisão final*, oficiará a Fazenda Pública para que promova, contra quem tiver sido condenado ao pagamento das despesas processuais, a execução dos valores gastos com a perícia particular ou com a utilização de servidor público ou da estrutura de órgão público (art. 95, § 4º, do CPC).

É verdade que, se o responsável pelo pagamento das despesas for beneficiário da gratuidade da justiça, a concessão dessa benesse não afastará a responsabilidade pelas despesas processuais e pelos honorários advocatícios decorrentes de sua sucumbência (art. 98, § 2º, CPC).

No entanto, na dicção do art. 98, § 3º, do CPC, vencido o beneficiário da justiça gratuita, as obrigações decorrentes de sua sucumbência ficarão sob condição suspensiva de exigibilidade e somente poderão ser executadas se, nos 5 (cinco) anos subsequentes ao trânsito em julgado da decisão que as certificou, o credor demonstrar que deixou de existir a situação de insuficiência de recursos que justificou a concessão de gratuidade, extinguindo-se, passado esse prazo, tais obrigações do beneficiário.

Em outras palavras: no processo civil, o titular da justiça gratuita não é desprovido, imediatamente, de eventuais créditos que venha a receber para o pagamento de honorários.

8. Sugestões para Resolver o Problema dos Honorários Periciais

Mesmo que, futuramente, venha a ser reconhecida a constitucionalidade dos artigos questionados na

(20) CAPPELLETTI, Mauro; GARTH, Bryant. *Acesso à justiça.* Tradução de Ellen Gracie Northfleet. Porto Alegre: Fabris, 1988. p. 09.

(21) CAPPELLETTI, Mauro; GARTH, Bryant. *Acesso à justiça.* Tradução de Ellen Gracie Northfleet. Porto Alegre: Fabris, 1988. p. 32.

(22) CAPPELLETTI, Mauro; GARTH, Bryant. *Acesso à justiça.* Tradução de Ellen Gracie Northfleet. Porto Alegre: Fabris, 1988. p. 47-48.

ADI 5766[23][24], acredita-se que, desde já, podem ser empreendidas outras saídas processuais e institucionais, a fim de substituir a perícia por outros meios de prova convincentes e bastantes para elucidar a questão, ou, não sendo isso possível, outras alternativas podem ser adotadas com o escopo de diminuir o valor dos honorários periciais.

A primeira possibilidade é estimular a aplicação do art. 472 do CPC[25] (que corresponde ao antigo art. 427 do CPC/1973) nas lides trabalhistas, uma vez que o julgador tem ampla liberdade na direção do processo, devendo velar pelo rápido andamento da causa (art. 765 da CLT) para conferir a máxima efetividade à prestação jurisdicional trabalhista (art. 5º, XXXV e LXXVIII, da Constituição de 1988 c/c art. 769/CLT).

Não causa estranheza a aplicação do dispositivo do CPC no processo do trabalho, seja em virtude da existência de lacunas na CLT a esse respeito, o que permite o diálogo das fontes, seja em razão da compatibilidade do preceito com os princípios do processo do trabalho.

Nesse sentido, a propósito, decidiu o TST recentemente:

> EMENTA: [...] RECURSO DE REVISTA DA SANTA BARBARA ENGENHARIA S.A. EM FACE DE DECISÃO PUBLICADA ANTES DA VIGÊNCIA DA LEI N. 13.015/2014. DEFERIMENTO DE ADICIONAL DE INSALUBRIDADE SEM REALIZAÇÃO DE PERÍCIA TÉCNICA. EXPOSIÇÃO À AGENTE NOCIVO CONSTATADA POR PROVA DOCUMENTAL. POSSIBILIDADE. *Nos termos do art. 765 da CLT, o juiz tem ampla liberdade na direção do processo, devendo velar pelo rápido andamento da causa. Ademais, de acordo com o disposto no art. 130 do CPC/1973, cabe-lhe, de ofício ou a requerimento da parte, determinar as provas necessárias à instrução do processo* e indeferir as diligências inúteis ou meramente protelatórias. *Há, ainda, que se considerar a diretriz do art. 427 do CPC/1973, segundo a qual constitui faculdade do juiz a possibilidade de dispensar a realização de perícia técnica, quando presentes outros elementos de prova capazes de elucidar a questão de fato. Nesse contexto, a jurisprudência desta Corte tem admitido a comprovação do trabalho em ambiente insalubre mediante outros elementos de prova, em especial os registros ambientais (PPRA e PCMSO), a respaldar eventual pedido de adicional de insalubridade. Minimiza-se, desse modo, a ideia de exclusividade da perícia técnica como prova hábil a atestar a nocividade do ambiente de trabalho. No caso, o registro fático que se extrai das decisões proferidas pela instância ordinária é o de que o pleito de adicional de insalubridade está respaldado nos relatórios do Programa de Controle Médico de Saúde Ocupacional (PCMSO) e do Programa de Prevenção de Riscos Ambientais (PPRA). Ressaltado, ainda, a ausência de fornecimento de EPI's pela empresa. Precedentes. Recurso de revista de que não se conhece.* [...] (Processo: RR — 873-46.2012.5.08.0126. Data de Julgamento: 13.9.2017, Relator Ministro: Cláudio Mascarenhas Brandão, 7ª Turma, Data de Publicação: DEJT 22.9.2017) (grifos acrescidos).

Outrossim, é comum a realidade de uma empresa litigante habitual na Justiça do Trabalho já ter sido descorti-

(23) Foi iniciado o julgamento da ADI 5766. Até o momento, no *site* do STF, a última tramitação disponível é: "Decisão: Após o voto do Ministro Roberto Barroso (Relator), julgando parcialmente procedente a ação direta de inconstitucionalidade, para assentar interpretação conforme a Constituição, consubstanciada nas seguintes teses: 1. O direito à gratuidade de justiça pode ser regulado de forma a desincentivar a litigância abusiva, inclusive por meio da cobrança de custas e de honorários a seus beneficiários. 2. A cobrança de honorários sucumbenciais do hipossuficiente poderá incidir: (i) sobre verbas não alimentares, a exemplo de indenizações por danos morais, em sua integralidade; e (ii) sobre o percentual de até 30% do valor que exceder ao teto do Regime Geral de Previdência Social, mesmo quando pertinente a verbas remuneratórias. 3. É legítima a cobrança de custas judiciais, em razão da ausência do reclamante à audiência, mediante prévia intimação pessoal para que tenha a oportunidade de justificar o não comparecimento, e após o voto do Ministro Edson Fachin, julgando integralmente procedente a ação, pediu vista antecipada dos autos o Ministro Luiz Fux. Ausentes o Ministro Dias Toffoli, neste julgamento, e o Ministro Celso de Mello, justificadamente. Presidência da Ministra Cármen Lúcia. Plenário, 10.5.2018." Disponível em: <http://portal.stf.jus.br/processos/detalhe.asp?incidente=5250582>. Acesso em: 27 dez. 2018.

(24) Em que pese o respeito ao voto do Ministro Barroso, que se pautou, sobretudo, em aspectos econômicos em detrimento do fenômeno da filtragem constitucional, seguem-se excertos do voto do Ministro Edson Fachin que, observando a melhor técnica jurídica, posicionou-se pela procedência do pedido de inconstitucionalidade formulado na ADI 5766. *In verbis:* "Além da Constituição da República, o direito fundamental de acesso à Justiça também é protegido por normas internacionais, notadamente pelo art. 8º da Convenção Interamericana de Direitos Humanos, também conhecida como Pacto de São José da Costa Rica [...]. É preciso reconhecer, também, a relação da gratuidade da Justiça e, consequentemente, do acesso à Justiça, com a isonomia. [...]. A restrição, no âmbito trabalhista, das situações em que o trabalhador terá acesso aos benefícios da gratuidade da justiça, pode conter em si a aniquilação do único caminho de que dispõem esses cidadãos para verem garantidos seus direitos sociais trabalhistas.[...]. Quando se está a tratar de restrições legislativas impostas a garantias fundamentais, como é o caso do benefício da gratuidade da Justiça e, como consequência, do próprio acesso à Justiça, o risco de violação em cascata de direitos fundamentais é iminente e real, pois não se está a resguardar apenas o âmbito de proteção desses direitos fundamentais em si, mas de todo um sistema jurídico-constitucional de direitos fundamentais deles dependente. [...]. Nas lições de Nelson Nery Júnior: '(...) Se a lei, atendendo ao preceito constitucional, permite o acesso do pobre à Justiça, como poderia fazer com que, na eventualidade de perder a ação, tivesse que arcar com os honorários advocatícios da parte contrária? Seria, a nosso juízo, vedar o acesso ao Judiciário por via transversa porque, pendente essa espada de Dâmocles sobre a cabeça do litigante pobre, jamais iria ele querer promover qualquer ação judicial para a garantia de um direito ameaçado ou violado.' (NERY JÚNIOR, Nelson. *Princípios do processo na Constituição Federal*. São Paulo: RT, 2013. p. 127). [...]. É importante consignar que a mera existência de créditos judiciais, obtidos em processos trabalhistas, ou de outra natureza, não é suficiente para afastar a situação de pobreza em que se encontrava a parte autora, no momento em que foram reconhecidas as condições para o exercício do seu direito fundamental à gratuidade da Justiça. Ora, as normas impugnadas que impõem o pagamento de despesas processuais, independentemente da declaração oficial da perda da condição de hipossuficiência econômica, afrontam o próprio direito à gratuidade da Justiça e, consequentemente, o próprio direito ao acesso à Justiça. [...]. Apresenta-se relevante, nesse contexto, aqui dizer expressamente que a gratuidade da Justiça, especialmente no âmbito da Justiça Laboral, concretiza uma paridade de condições, propiciando às partes em litígio as mesmas possibilidades e chances de atuarem e estarem sujeitas a uma igualdade de situações processuais. É a conformação específica do princípio da isonomia no âmbito do devido processo legal. [...]. Assim sendo, o pedido da presente ação direta de inconstitucionalidade deve ser julgado procedente. É como voto." A íntegra do voto do Ministro Edson Fachin está disponível em: <https://www.conjur.com.br/dl/voto-fachin-reforma-trabalhista.pdf>. Acesso em: 28 set. 2018.

(25) Art. 472 do CPC. O juiz poderá dispensar prova pericial quando as partes, na inicial e na contestação, apresentarem, sobre as questões de fato, pareceres técnicos ou documentos elucidativos que considerar suficientes.

nada em processos repetitivos, nos quais, reiteradamente, inúmeros laudos periciais já foram produzidos, a fim de descrever as condições de trabalho dos empregados lotados no mesmo ambiente, na mesma época, e expostos aos mesmos agentes insalubres e/ou perigosos. Por isso, deve ser incentivado, também, o uso de laudos periciais emprestados.

As particularidades de cada causa — tais como o regular fornecimento de equipamentos de proteção individual e de proteção coletiva; as respectivas vida útil, qualidade e adequação a determinada função — podem ser resolvidas mediante a produção de prova específica para aquele caso (*v. g.*, laudos periciais emprestados, prova documental complementada por prova testemunhal), sem, nessa hipótese, gerar a fixação de honorários periciais na causa.

Há, ainda, outras opções.

Se, por exemplo, o ponto controvertido for de menor complexidade, a requerimento das partes ou de ofício, o juiz poderá, em substituição à perícia, determinar a produção de prova técnica simplificada, que consistirá apenas na inquirição de especialista pelo magistrado sobre a questão controversa na causa que demandar especial conhecimento científico ou técnico (art. 464, §§ 2º e 3º, do CPC c/c art. 769 da CLT).

Assim, com certeza, o valor dos honorários periciais será bem menor, tendo em vista a dispensa de deslocamento do perito, de elaboração de laudo pericial e o curto tempo dedicado pelo profissional para esclarecer uma dúvida mais singela do julgador.

Outra forma de tentar reduzir despesas processuais com *experts* pode ser verificada quando o juiz se valer do disposto no § 1º do art. 478 do CPC:

> Art. 478. Quando o exame tiver por objeto a autenticidade ou a falsidade de documento ou for de natureza médico-legal, o perito será escolhido, de preferência, entre os técnicos dos estabelecimentos oficiais especializados, a cujos diretores o juiz autorizará a remessa dos autos, bem como do material sujeito a exame.
>
> § 1º *Nas hipóteses de gratuidade de justiça, os órgãos e as repartições oficiais deverão cumprir a determinação judicial com preferência, no prazo estabelecido.* (grifos acrescidos)

Registre-se que a CLT possui dispositivo relativamente semelhante nesse sentido, quando, na parte final do § 2º do seu art. 195, prescreve que, onde não houver perito habilitado, o juiz requisitará perícia ao órgão competente do Ministério do Trabalho.

Com vistas a minimizar os prejuízos econômicos impingidos à parte hipossuficiente que vier a ser onerada porque sucumbente no objeto da perícia, conclui-se que esforços cooperativos devem ser empreendidos por vários órgãos públicos, a fim de assegurar a não-violação direta dos princípios do acesso à ordem jurídica justa, do devido processo legal, do contraditório e da ampla defesa com todos os meios e recursos a ela inerentes.

Outra forma de suplantar os obstáculos provocados pela nova redação do art. 790-B da CLT é difundir e promover a implementação e/ou o aperfeiçoamento do credenciamento de peritos fixos pelos respectivos Tribunais Regionais do Trabalho, preferencialmente concursados.

Segundo Homero Batista Mateus da Silva, experiências bem sucedidas foram tomadas pela Justiça Federal e por alguns Tribunais de Justiça estaduais, podendo servir de parâmetro para a Justiça do Trabalho.[26]

9. Honorários Advocatícios Sucumbenciais à luz da Reforma Trabalhista

A estipulação de honorários advocatícios no âmbito da Justiça do Trabalho é velha bandeira defendida pelos advogados trabalhistas, que foi concretizada pela Reforma Trabalhista, por meio do art. 791-A da CLT:

> Art. 791-A. Ao advogado, ainda que atue em causa própria, serão devidos honorários de sucumbência, fixados entre o mínimo de 5% (cinco por cento) e o máximo de 15% (quinze por cento) sobre o valor que resultar da liquidação da sentença, do proveito econômico obtido ou, não sendo possível mensurá-lo, sobre o valor atualizado da causa.
>
> § 1º Os honorários são devidos também nas ações contra a Fazenda Pública e nas ações em que a parte estiver assistida ou substituída pelo sindicato de sua categoria.
>
> § 2º Ao fixar os honorários, o juízo observará:
>
> I — o grau de zelo do profissional;
>
> II — o lugar de prestação do serviço;
>
> III — a natureza e a importância da causa;
>
> IV — o trabalho realizado pelo advogado e o tempo exigido para o seu serviço.
>
> § 3º Na hipótese de procedência parcial, o juízo arbitrará honorários de sucumbência recíproca, vedada a compensação entre os honorários.
>
> § 4º Vencido o beneficiário da justiça gratuita, desde que não tenha obtido em juízo, ainda que em outro processo, créditos capazes de suportar a despesa, as obrigações decorrentes de sua sucumbência ficarão sob condição suspensiva de exigibilidade e somente poderão ser executadas se, nos dois anos subsequentes ao trânsito em julgado da decisão que as certificou, o credor demonstrar que deixou de existir a situação de insuficiência de recursos que justificou a concessão de gratuidade, extinguindo-se, passado esse prazo, tais obrigações do beneficiário.
>
> § 5º São devidos honorários de sucumbência na reconvenção.

(26) SILVA, Homero Batista Mateus da. *Comentários à reforma trabalhista*. São Paulo: Revista dos Tribunais, 2017. p. 138.

Na dinâmica anterior, os honorários advocatícios eram devidos em ocasiões específicas, nos termos do entendimento consolidado na Súmula n. 219 do TST, aqui sintetizado:

1) nas demandas trabalhistas, os honorários advocatícios não decorriam, pura e simplesmente, da sucumbência, sendo necessário, concomitantemente, que a parte estivesse assistida pelo sindicato da categoria profissional e comprovasse percepção de salário inferior ao dobro do salário mínimo ou se encontrasse em situação econômica que não lhe permitisse demandar sem prejuízo do próprio sustento ou de sua família;

2) nas ações rescisórias, a verba era devida conforme normas previstas nos arts. 85, 86, 87 e 90 do CPC;

3) nas lides decorrentes de relação de trabalho, excluída a relação de emprego (Instrução Normativa n. 27/2005 do TST), os referidos honorários eram devidos de acordo com os arts. 85, 86, 87 e 90 do CPC;

4) em caso de assistência judiciária sindical ou de substituição processual sindical, excetuados os processos em que a Fazenda Pública fosse parte, eram devidos honorários advocatícios, no mínimo, de 10% e, no máximo, de 20% sobre o valor da condenação, do proveito econômico ou, não sendo possível mensurá-lo, sobre o valor atualizado da causa, nos termos do art. 85, § 2º , do CPC;

5) nas causas em que fosse parte a Fazenda Pública, aplicar-se-iam os percentuais específicos de honorários advocatícios contemplados no CPC.

Com a vigência da Lei n. 13.467/2017, a redação da Súmula n. 219 do TST ficará prejudicada em vários aspectos.

Inspirada no processo civil, a nova previsão trabalhista traz algumas peculiaridades; todavia, ainda há lacunas a colmatar.

A primeira diferença encontrada diz respeito aos valores, que, na Justiça do Trabalho, de acordo com a Reforma Trabalhista, variarão entre o mínimo de 5% e o máximo de 15% sobre o valor resultante da liquidação da sentença, do proveito econômico ou do valor atualizado da causa quando impossível mensurar o proveito, observando-se os critérios de zelo do profissional, o lugar da prestação, a natureza e a importância da causa, bem como o trabalho realizado e o tempo exigido.

No CPC, os percentuais variam de 10% a 20%.

Os honorários advocatícios na Justiça do Trabalho serão devidos também nas ações propostas contra a Fazenda Pública.

Porém, o CPC, nesse particular, previu percentuais escalonados. Ao que tudo indica, eles não se aplicarão ao processo do trabalho, prevalecendo o limite entre 5% a 15% em todas as ações que tramitarem na Justiça Obreira.

Os honorários serão devidos, também, em proveito do sindicato-assistente e do sindicato substituto processual. Essa previsão se justifica, já que a referida verba também serve como incentivo para a entidade de classe realizar um bom trabalho, principalmente em ações que envolvam direitos metaindividuais e macrolesões.

A reconvenção também ensejará o pagamento da verba honorária, o que é compreensível, pois se trata de ação movida pelo réu-reconvinte em face do autor-reconvindo. Ambas são decididas no mesmo processo e ampliam o objeto da lide.

No entanto, a sucumbência recíproca não poderá ser motivo para a compensação dos honorários advocatícios, devendo a verba ser paga pelos litigantes, pois vencidos em parte.

Segundo a Reforma Trabalhista, os honorários advocatícios serão devidos, inclusive, pelo beneficiário da justiça gratuita, quando, em razão de créditos existentes na própria ação ou em outra causa(27), obtiver verba pecuniária capaz de suportar as despesas e as obrigações decorrentes da sucumbência.

Apenas se não houver créditos para o pagamento dos honorários advocatícios sucumbenciais e das despesas, essas obrigações do beneficiário ficarão sob condição suspensiva de exigibilidade e somente poderão ser executadas se, nos dois anos subsequentes ao trânsito em julgado da decisão que as certificou, o credor demonstrar que deixou de existir a situação de insuficiência de recursos que justificou a concessão de gratuidade, extinguindo-se, passado esse prazo, tais obrigações.(28)

Neste último aspecto, faz-se o mesmo questionamento no pertinente à constitucionalidade do art. 791-A, § 4º, da CLT, com redação dada pela Lei n. 13.467/2017, pois, novamente, verifica-se condição mais lesiva para o credor trabalhista, que, ao contrário dos demais, pode ser imediatamente desprovido de eventuais valores que vier a receber na presente causa ou em outras ações, muito embora tais créditos, na maioria esmagadora das vezes, em razão de sua feição alimentar, ostentam a qualidade *necessarium vitae*.

---

(27) Apenas outras causas trabalhistas ou quaisquer outras modalidades de demandas (v. g., ações de cobrança, inventário, repetição de indébito)? Há dúvidas nesse particular. De todo modo, em qualquer hipótese, se a parte sucumbente tiver crédito a receber em outro processo, o juízo responsável por este feito deverá ser cientificado, a fim de garantir a respectiva reserva para o pagamento dos honorários advocatícios sucumbenciais em favor do advogado da parte contrária. Nesse ponto, percebe-se que o sistema de cooperação/comunicação entre os órgãos judiciários terá que ser aprimorado, sob pena de a norma se tornar ineficiente e gerar ainda mais injustiças.

(28) Na CLT, o prazo é de 2 anos. No CPC, é de 5 anos. Pelo menos, nesse aspecto, a diferença foi mais favorável para o jurisdicionado trabalhista.

Conforme consta da petição inicial da ADI 5766,

> O problema aqui reside em que *o art. 791-A, § 4º, da CLT condiciona a própria suspensão de exigibilidade dos honorários advocatícios de sucumbência à inexistência de crédito trabalhista capaz de suportar a despesa. Contraditoriamente mais restritiva à concessão de gratuidade judiciária do que a norma processual civil, dispõe a norma reformista que a obrigação de custear honorários advocatícios de sucumbência ficará sob condição suspensiva de exigibilidade, "desde que* [o beneficiário de justiça gratuita] *não tenha obtido em juízo, ainda que em outro processo, créditos capazes de suportar a despesa.* (destaques acrescidos)

Em síntese: o axioma e o propósito constitucionais que justificam a assistência jurídica integral e gratuita como garantia fundamental (lembrando que uma de suas espécies é a justiça gratuita) acabam caindo por terra em detrimento do credor trabalhista, que, diante de circunstâncias processuais mais danosas, automaticamente, tem mitigado — para não dizer obstado — o seu direito fundamental de acesso à ordem jurídica justa.

Mas, e se a alegação de inconstitucionalidade material "perder o fôlego"(29)?

Quais expedientes poderão ser utilizados no intuito de reduzir os prejuízos para o jurisdicionado trabalhista, em regra, hipossuficiente e ex-empregado?

10. Sugestões para Resolver o Problema dos Honorários Advocatícios Sucumbenciais

A primeira proposição que se apresenta, caso o STF não declare a inconstitucionalidade material pretendida na ADI 5766 em relação aos honorários advocatícios sucumbenciais, é compreender que a configuração da sucumbência recíproca não está atrelada à fixação, a menor, do valor do pedido condenatório feito pelo demandante ou pelo reconvinte.

Noutras palavras: o fato de um pedido ser acolhido, mas o montante postulado ser estipulado em quantia inferior àquela almejada pelo demandante não implica sucumbência recíproca, uma vez que a parte foi vencedora na pretensão principal.

A respeito, a Súmula n. 326 do STJ estabelece: "Na ação de indenização por dano moral, a condenação em montante inferior ao postulado na inicial não implica sucumbência recíproca".

Um dos precedentes originários da aludida Súmula é bem didático, razão pela qual deve ser transcrito:

> [...] a postulação contida na exordial inicial se faz em caráter meramente estimativo, não podendo ser tomada como pedido certo para efeito de fixação de sucumbência recíproca na hipótese de a ação vir a ser julgada procedente em montante inferior ao assinalado na peça inicial (REsp n. 265.350/RJ, 2ª Seção, por maioria, Rel. Min. Ari Pargendler, DJU de 27.8.2001). [...] A sucumbência recíproca não tem lugar aqui, eis que o entendimento hoje pacificado na 2ª Seção (Cf. REsp n. 265.350/RJ, Rel Min. Ari Pargendler, unânime, DJU de 27.8.2001), é o de que a pretensão inicial, pela natural dificuldade de ser aferida a lesão moral, é de ser considerada meramente estimativa pelo autor, de modo que, na eventualidade de ser fixado um *quantum* inferior, isso não o transforma em parcialmente vencido. Vencido é, apenas, o réu, desde que haja condenação, como acontece na hipótese em comento. (REsp 432177 SC, Rel. Ministro Aldir Passarinho Junior, Quarta Turma, julgado em 23.9.2003, DJ 28.10.2003).

Em outro precedente originário da Súmula n. 326 do STJ restou pacificado que,

> [...] 2. Nos casos de indenização por danos morais, fixado o valor indenizatório menor do que o indicado na inicial, não se pode, para fins de arbitramento de sucumbência, incidir no paradoxo de impor-se à vítima o pagamento de honorários advocatícios superiores ao deferido a título indenizatório. (AgRg no Ag 459509 RS, Rel. Ministro Luiz Fux, Primeira Turma, julgado em 25.11.2003, DJ 19.12.2003).(30)

Mais recentemente, no julgamento do REsp Repetitivo 1.114.398–PR (2009/0067989-1), sobre idêntico tema, restou decidido:

> EMENTA: [...]1) PROCESSOS DIVERSOS DECORRENTES DO MESMO FATO, POSSIBILIDADE DE TRATAMENTO COMO RECURSO REPETITIVO DE TEMAS DESTACADOS PELO PRESIDENTE DO TRIBUNAL, À CONVENIÊNCIA DE FORNECIMENTO DE ORIENTAÇÃO JURISPRUDENCIAL UNIFORME SOBRE CONSEQUÊNCIAS JURÍDICAS DO FATO, QUANTO A MATÉRIAS REPETITIVAS; 2) TEMAS: [...] f) SUCUMBÊNCIA. [...] f) Ônus da sucumbência. Prevalecendo os termos da Súmula n. 326/STJ, a condenação em montante inferior ao postulado na inicial não afasta a sucumbência mínima, de modo que não se redistribuem os ônus da sucumbência. [...](31)

Essa baliza, portanto, pode e deve ser utilizada analogicamente nas lides trabalhistas, não só no que tange às indenizações por danos morais, mas, também, quanto a outros pedidos, uma vez que determina uma premissa importante para a definição de sucumbência recíproca.

Soma-se a isso o teor do parágrafo único do art. 86 do CPC, aplicável ao processo do trabalho por força do art. 769 da CLT. Ele determina que, se um litigante sucumbir em parte mínima do pedido, o outro responderá, por inteiro, pelas despesas e pelos honorários.

Finalmente, diante do risco de um trabalhador hipossuficiente ter de arcar, também, com os honorários advocatícios sucumbenciais previstos pela Reforma Tra-

(29) A expressão foi mencionada pelo magistrado e jurista Ben-Hur Silveira Claus em palestra apresentada no Seminário "Reforma Trabalhista", promovido pela Escola Judicial do Tribunal Regional do Trabalho de Minas Gerais, nos dias 28 e 29 de setembro, em Belo Horizonte/MG.

(30) Disponível em: <https://ww2.stj.jus.br/processo/revista/documento/mediado/?componente=ATC&sequencial=1030166&num_registro=200200748135&data=20031219&tipo=5&formato=PDF>. Acesso em: 24 set. 2017.

(31) Disponível em: <https://ww2.stj.jus.br/processo/revista/documento/mediado/?componente=ATC&sequencial=20163252&num_registro=200900679891&data=20120216&tipo=5&formato=PDF>. Acesso em: 24 set. 2017.

balhista, tudo indica que é o momento apropriado para se buscar outra interpretação no que diz respeito aos honorários advocatícios contratuais.

É verdade que os honorários advocatícios sucumbenciais e contratuais não se confundem: ambos possuem origem, finalidade e natureza jurídica distintas.

Como demonstrado, os honorários sucumbenciais remuneram o trabalho do advogado bem-sucedido na demanda.

A seu turno, os honorários advocatícios contratuais são aqueles estabelecidos entre o cliente e o seu patrono para a remuneração da prestação de serviço especializado.

Contudo, o art. 389 do CC/2002 prevê que, "Não cumprida a obrigação, responde o devedor por perdas e danos, mais juros e atualização monetária segundo índices oficiais regularmente estabelecidos, e honorários de advogado".

Também o art. 404 do CC/2002 permite incluir entre as perdas e danos os honorários advocatícios — tudo a fim de garantir a restituição integral da vítima.

Na Justiça do Trabalho, o tema tem suscitado muita controvérsia, com entendimentos divergentes: ora são proferidas decisões admitindo a possibilidade de inclusão dos honorários advocatícios contratuais na condenação, a fim de o trabalhador, vencedor da lide, não ter subtraído de seu ganho pecuniário o percentual alusivo ao seu mandatário judicial; ora são exarados julgados entendendo pela inviabilidade de condenação nesse sentido, tendo em vista o argumento de que a contratação de advogado é uma faculdade da parte que não acarreta para a outra o dever de indenizar[32].

Se, nos termos do art. 98, § 2º, do CPC, a concessão de gratuidade não afasta a responsabilidade do beneficiário pelos honorários advocatícios decorrentes de sua sucumbência, parece razoável sustentar que a contratação de advogado particular não afugenta o direito à indenização integral, inclusive para pagamento dos honorários advocatícios contratuais.

Do contrário, o vencedor sempre perceberá menos do que lhe é devido na esfera trabalhista, porque terá que desembolsar, desse montante, verba para a quitação do causídico que contratou para obter, no Poder Judiciário, bem da vida que, no plano extrajudicial, já deveria ter-lhe sido concedido espontaneamente há muito.

O tema, atualmente, está pendente de julgamento em sede de recurso de revista repetitivo no TST, cuja afetação recai sobre os autos 341-06.2013.5.04.0011.[33] A questão ainda não restou decidida.

Espera-se que, no momento oportuno, todas as ponderações sejam feitas no sentido de garantir justeza, correções ética e jurídica à decisão que, sendo proferida em julgamento por amostragem, gerará efeito multiplicador nos processos com idêntica questão de direito que foram sobrestados, aguardando um posicionamento final.

11. Conclusão

Apresentar posicionamentos sobre as mudanças introduzidas no sistema processual trabalhista pela Lei n. 13.467/2017 ainda é uma tarefa incipiente em virtude do próprio frescor das normas em análise.

Independentemente do fator temporal é possível questionar eventuais acertos e desacertos da Reforma Trabalhista no tocante aos benefícios da justiça gratuita, aos honorários periciais e aos honorários advocatícios sucumbenciais, mormente no que diz respeito à constitucionalidade material de alguns dispositivos legais que regulam tais temas.

Em que pese o fato de o Brasil, que é um Estado Democrático de Direito, ter progredido ao prestigiar o novo constitucionalismo — cujos dois ícones são o reconhecimento de força normativa à Constituição e o amadurecimento dos direitos fundamentais —, tudo indica que a Lei n. 13.467/2017 elegeu percurso diametralmente oposto a tais avanços.

Isso porque as limitações que impõe aos princípios do acesso à ordem jurídica justa (art. 5º, XXXV, da Constituição Federal de 1988), do devido processo legal, do contraditório e da ampla defesa com todos os meios e recursos a ela inerentes (art. 5º, LIV e LV, respectivamente, da Norma Fundamental), e da assistência jurídica integral e gratuita (LXXIV, da CR/1988) revelam verdadeira dissociação dos movimentos decorrentes do neoconstitucionalismo, das ondas reformatórias do processo e do compromisso inclusivo que a Nação e o Direito têm.

Apenar aqueles que buscam a Justiça do Trabalho como jurisdicionados de segunda classe, sujeitos a condições processuais mais danosas, apesar de beneficiários da justiça gratuita, implica verdadeiro ataque ao direito fundamental à acionalidade qualificada.

E, sem essa garantia, resta prejudicada a concretização de direitos fundamentais sociais, categoria na qual

(32) Sem embargo a posicionamento diverso, entende-se que está equivocada a Súmula n. 37 do TRT/MG: "POSTULADO DA REPARAÇÃO INTEGRAL. HONORÁRIOS ADVOCATÍCIOS. PERDAS E DANOS. INTELIGÊNCIA DOS ARTS. 389 E 404 DO CÓDIGO CIVIL. É indevida a restituição à parte, nas lides decorrentes da relação de emprego, das despesas a que se obrigou a título de honorários advocatícios contratados, como dano material, amparada nos arts. 389 e 404 do Código Civil. (RA 105/2015, disponibilização: DEJT/TRT3/Cad.Jud. 21.5.2015, 22.5.2015 e 25.5.2015)

(33) O andamento processual está disponível em: <http://aplicacao4.tst.jus.br/consultaProcessual/consultaTstNumUnica.do?consulta= Consultar&conscsjt=&numeroTst=341&digitoTst=06&anoTst=2013&orgaoTst=5&tribunalTst=04&varaTst=0011&submit=Consultar>.

se inserem os direitos trabalhistas, que não estarão mais sujeitos à produção de resultado justo, efetivo e transformador da realidade fática.

A propósito, toda a essência que justifica os ramos jurídicos trabalhistas está sendo desprezada.

Há, outrossim, afronta ao princípio da progressividade (art. 7º, *caput*, da CR/1988), que assegura a concessão de direitos fundamentais para a garantia do mínimo existencial do cidadão-trabalhador, sem prejuízo de outros que visem à sua melhoria social.

Se, eventualmente, não prosperar o pedido feito na ADI 5766, vias alternativas processuais e institucionais deverão ser manejadas, já que o diálogo das fontes deve ser utilizado, a fim de evitar o retrocesso social e a discriminação entre jurisdicionados brasileiros.

O fato de a Justiça do Trabalho ter, como principal público, pessoas mais humildes não pode servir para desqualificá-la, nem para torná-la menos acessível e menor.

A escolha do país pelo neoliberalismo exacerbado tem implicado a concessão de desmesurado poder à mão invisível do mercado. O risco é maior do que aquele observado na época do "deixai fazer, deixai passar".

Por isso, torna-se tão importante ressaltar as saídas hermenêuticas constitucionais e infraconstitucionais(34), além de fomentar a adoção de posturas institucionais mais efetivas pelos órgãos do Judiciário Trabalhista.

Referências Bibliográficas

BARROSO, Luís Roberto. Neoconstitucionalismo e constitucionalização do direito: o triunfo tardio do direito constitucional no Brasil. *Revista do Tribunal de Contas do Estado de Minas Gerais*, ano XXV, v. 65, n. 4, p. 22-28, 2007.

________. *O momento institucional brasileiro e uma agenda para o futuro*. Disponível em: <http://s.conjur.com.br/dl/discurso-barroso-uk.pdf>. Acesso em: 22 ago. 2017.

BENEVIDES, Sara Costa; BENEVIDES. Wilmeia da Costa. Súmula n. 457 do TST: honorários periciais e justiça gratuita — responsabilidade da União. In: FABIANO, Isabela Márcia de Alcântara *et al. O que há de novo em processo do trabalho*. São Paulo: LTr, 2015. p. 324-326.

BRASIL. *Decreto n. 9.661, de 1º de janeiro de 2019*. Regulamenta a Lei n. 13.152, de 29 de julho de 2015, que dispõe sobre o valor do salário mínimo e a sua política de valorização de longo prazo. Disponível em: <http://www.in.gov.br/materia/-/asset_publisher/Kujrw0TZC2Mb/content/id/57510734/do1esp-2019-01-01-decreto-n-9-661-de-1-de-janeiro-de-2019-57510684>. Acesso em: 22 jan. 2019.

BRASIL. *Decreto-lei n. 5.452, de 1º de maio de 1943*. Aprova a Consolidação das Leis do Trabalho. Disponível em: <http://www.planalto.gov.br/ccivil_03/decreto-lei/del5452.htm>. Acesso em: 22 ago. 2017.

BRASIL. *Lei n. 5.869, de 11 de janeiro de 1973*. Institui o Código de Processo Civil. Disponível em: <http://www.planalto.gov.br/ccivil_03/leis/L5869impressao.htm>. Acesso em: 22 ago. 2017.

BRASIL. *Lei n. 13.105, de 16 de março de 2015*. Aprova o Código de Processo Civil. Disponível em: <http://www.planalto.gov.br/ccivil_03/_ato2015-2018/2015/lei/l13105.htm>. Acesso em: 22 ago. 2017.

BRASIL. *Lei n. 13.467, de 13 de julho de 2017*. Altera a Consolidação das Leis do Trabalho (CLT), aprovada pelo Decreto-Lei n. 5.452, de 1º de maio de 1943, e as Leis ns. 6.019, de 3 de janeiro de 1974, 8.036, de 11 de maio de 1990, e 8.212, de 24 de julho de 1991, a fim de adequar a legislação às novas relações de trabalho. Disponível em: <http://www.planalto.gov.br/ccivil_03/_ato2015-2018/2017/lei/L13467.htm>. Acesso em: 22 ago. 2017.

BRASIL. Ministério Público Federal. *Petição inicial da ADI 5766*. Disponível em: <http://www.mpf.mp.br/pgr/documentos/ADI5766reformatrabalhista.pdf>. Acesso em: 24 set. 2017

BRASIL. *Portaria n. 9, de 15 de janeiro de 2019*. Dispõe sobre o reajuste dos benefícios pagos pelo Instituto Nacional do Seguro Social — INSS e dos demais valores constantes do Regulamento da Previdência Social — RPS. Disponível em: <http://pesquisa.in.gov.br/imprensa/jsp/visualiza/index.jsp?data=16/01/2019&jornal=515&pagina=25>. Acesso em: 22 jan. 2019.

BRASIL. Superior Tribunal de Justiça. *AgRg no Agravo de Instrumento 459.509/RS*. Disponível em: <https://ww2.stj.jus.br/processo/revista/documento/mediado/?componente=ATC&sequencial=1030166&num_registro=200200748135&data=20031219&tipo=5&formato=PDF>. Acesso em: 24 set. 2017.

BRASIL. Superior Tribunal de Justiça. *REsp 432.177/SC*. Disponível em: <https://ww2.stj.jus.br/processo/revista/documento/mediado/?componente=ATC&sequencial=654584&num_registro=200200506303&data=20031028&tipo=5&formato=PDF>. Acesso em: 24 set. 2017.

BRASIL. Superior Tribunal de Justiça. *REsp Representativo n. 1.114.398/PR*. Disponível em: <https://ww2.stj.jus.br/processo/revista/documento/mediado/?componente=ATC&sequencial=20163252&num_registro=200900679891&data=20120216&tipo=5&formato=PDF>. Acesso em: 24 set. 2017.

BRASIL. Superior Tribunal de Justiça. *Súmulas Anotadas*. Disponível em: <http://www.stj.jus.br/SCON/sumanot/toc.jsp#TIT1TEMA0>. Acesso em: 24 set. 2017.

BRASIL. Supremo Tribunal Federal. *ADI 5766*. Disponível em: <http://portal.stf.jus.br/processos/detalhe.asp?incidente=5250582>. Acesso em: 27 dez. 2018.

(34) No que concerne às questões de direito intertemporal, agiu bem o TST ao editar a Instrução Normativa n. 41/2018, estabelecendo o entendimento de que o art. 790-B, *caput* e §§ 1º a 4º e o art. 791 e seus parágrafos, todos da CLT, não se aplicam aos processos iniciados antes de 11 de novembro de 2017. Tal raciocínio tem os propósitos de tentar: i) uniformizar a jurisprudência nacional; ii) afugentar a nocividade do efeito surpresa e iii) eliminar a insegurança jurídica, o que é desfavorável para as partes e para o próprio país.

BRASIL. Supremo Tribunal Federal. Voto do Ministro Edson Fachin na ADI 5766. Disponível em: <https://www.conjur.com.br/dl/voto-fachin-reforma-trabalhista.pdf>. Acesso em: 28 set. 2018.

BRASIL. Tribunal Regional do Trabalho de Minas Gerais. *Súmulas*. Disponível em: <https://portal.trt3.jus.br/internet/bases-juridicas/jurisprudencia/uniformizacao-de-jurisprudencia/sumulas>. Acesso em: 24 set. 2017.

BRASIL. Tribunal Superior do Trabalho. Instrução Normativa n. 41/2018. Dispõe sobre a aplicação das normas processuais da Consolidação das Leis do Trabalho alteradas pela Lei n. 13.467, de 13 de julho de 2017. Disponível em: <https://juslaboris.tst.jus.br/bitstream/handle/20.500.12178/138949/2018_res0221_in0041.pdf?search-result=true&query=&current-scope=&filter_relational_operator_3=contains&filter_relational_operator_2=contains&filter_relational_operator_5=notequals&filter_relational_operator_4=notequals&filter_0=Instru%C3%A7%C3%A3o+Normativa+-+IN&filter_relational_operator_1=equals&filter_2=41&filter_relational_operator_0=equals&filter_1=Brasil.+Tribunal+Superior+do+Trabalho+%28TST%29&filter_4=N%C3%A3o+Revogado&filter_3=&filter_5=N%C3%A3o+Cancelado&filtertype_0=especieato&filtertype_1=author&filtertype_2=numdoc&filtertype_3=dateIssued&filtertype_4=situacao&filtertype_5=situacao&rpp=15&sort_by=score&order=desc>. Acesso em: 28 set. 2018.

BRASIL. Tribunal Superior do Trabalho. *Livro de Súmulas, Orientações Jurisprudenciais e Precedentes Normativos*. Disponível em: <http://www.tst.jus.br/livro-de-sumulas-ojs-e-pns>. Acesso em: 22 ago. 2017.

BRASIL. Tribunal Superior do Trabalho. *RR em rito repetitivo 341-06.2013.5.04.0011*. Disponível em: <http://www.tst.jus.br/documents/10157/24211934/2017.03.01+-+Res-235-Anexo-I-B+-+Tema+03.pdf/88817e86-4e08-d53e-fc50-51e2aa6906d7>. Acesso em: 24 set. 2017.

CAPPELLETTI, Mauro; GARTH, Bryant. *Acesso à justiça*. Tradução de Ellen Gracie Northfleet. Porto Alegre: Fabris, 1988.

CLAUS, Ben-Hur Silveira. A prescrição intercorrente na execução trabalhista depois da Reforma Trabalhista introduzida pela Lei n. 13.467/2017. In: *Seminário Reforma Trabalhista promovido pela Escola Judicial do Tribunal Regional do Trabalho de Minas Gerais*. 28 e 29 de setembro de 2017. Belo Horizonte.

COIMBRA, André Luiz Gonçalves. Justiça gratuita e honorários periciais na Justiça do Trabalho. *Revista do Tribunal do Trabalho da 3ª Região*. Belo Horizonte, v. 43, n. 73, p. 123-130, jan./jun. 2006.

FIALHO, Célia Tavares. Justiça gratuita e honorários periciais na Justiça do Trabalho. *Revista LTr*, v. 73, n. 11, p. 1.358-1.366, nov. 2009.

FABIANO, Isabela Márcia de Alcântara. *Mecanismos processuais para a solução de conflitos trabalhistas cumulados, massificados e repetitivos*. Dissertação (Mestrado em Direito) — Pontifícia Universidade Católica de Minas Gerais, Belo Horizonte, 2011. 213p.

KOURY, Luiz Ronan Neves; ASSUNÇÃO, Carolina Silva Silvino. A gratuidade da justiça no processo do trabalho: reflexões à luz do CPC e da Lei n. 13.467/17. *Revista do Tribunal Regional do Trabalho 3ª Região*. Edição especial. v. 63, nov. 2017, no prelo.

LEITE, Carlos Henrique Bezerra. *Curso de direito processual do trabalho*. 7. ed. São Paulo: LTr, 2009.

LENZA, Pedro. *Direito constitucional esquematizado*. 12. ed. rev., atual. e ampl. São Paulo: Saraiva, 2008.

LIMA, Francisco Meton Marques de; LIMA, Francisco Péricles Rodrigues Marques de. *Reforma trabalhista*: entenda ponto a ponto. São Paulo: LTr, 2017.

MANFREDINI, Aryanna. Gratuidade da justiça no processo do trabalho sob a égide do novo Código de Processo Civil. In: MIESSA, Élisson (Coord.). *O novo Código de Processo Civil e seus reflexos no processo do trabalho*. 2. ed. rev., ampl. e atual. Salvador: JusPodivm, 2016. p. 267-276.

MIESSA, Élisson; CORREIA, Henrique. *Súmulas e orientações jurisprudenciais do TST*: comentadas e organizadas por assunto. 3. ed. Salvador: JusPodivm, 2013.

NERY JUNIOR; Nelson. *Princípios do processo na Constituição Federal*. 9. ed. São Paulo: Revista dos Tribunais, 2009.

PIMENTA, José Roberto Freire. O sistema dos precedentes judiciais obrigatórios e o microssistema de litigiosidade repetitiva no processo do trabalho. *Revista Eletrônica do Tribunal Regional do Trabalho da 9ª Região*. Disponível em: <https://juslaboris.tst.jus.br/bitstream/handle/1939/98357/2016_rev_trt09_v006_n055.pdf?sequence=1&isAllowed=y>. Acesso em: 22 ago. 2017.

RODRIGUES PINTO, José Augusto. *Processo trabalhista de conhecimento*. 7. ed. São Paulo: LTr, 2005.

SOUTO MAIOR, Jorge Luiz; SEVERO, Valdete Souto. *O acesso à justiça sob a mira da reforma trabalhista*. Disponível em: <https://www.anamatra.org.br/artigos/25549-o-acesso-a-justica-sob-a-mira-da-reforma-trabalhista>. Acesso em: 22 ago. 2017.

SCANDOLARA, Cláudio; SILVA, Gilmar Athoff da. Honorários periciais na Justiça do Trabalho: responsabilidade nos casos de concessão do benefício da justiça gratuita. Justiça do Trabalho: *Caderno de direito previdenciário*. Porto Alegre, v. 27, n. 323, p. 68-74, nov. 2010.

SCHIAVI, Mauro. *A reforma trabalhista e o processo do trabalho*. São Paulo: LTr, 2017.

________. *Manual de direito processual do trabalho*: de acordo com o novo CPC. 10. ed. São Paulo: LTr, 2016.

SILVA, Homero Batista Mateus da. *Comentários à reforma trabalhista*. São Paulo: Revista dos Tribunais, 2017.

A RESPONSABILIDADE PELA REPARAÇÃO DE DANOS PROCESSUAIS NA REFORMA TRABALHISTA

Cleber Lúcio de Almeida(*)

1. INTRODUÇÃO

Embora a doutrina e a jurisprudência predominantes já admitam a aplicação do Código de Processo Civil (CPC) como fonte subsidiária do Direito Processual do Trabalho para efeito de punição da litigância de má-fé no contexto do processo do trabalho, o legislador optou, como se vê na Lei n. 13.467/17, pela inserção na Consolidação das Leis do Trabalho (CLT) de disciplina própria para a questão.

Com efeito, a Lei n. 13.467/17, que entrou em vigor em 11.11.2017, acrescentou ao Capítulo II do Título X da Consolidação das Leis do Trabalho (CLT) a Seção IV-A, que trata da responsabilidade por dano processual.

O presente ensaio pretende analisar os dispositivos consolidados que compõem a citada Seção, considerando, não só o seu conteúdo, como, também, o seu aspecto simbólico.

2. A REFORMA TRABALHISTA E A PUNIÇÃO DA LITIGÂNCIA DE MÁ-FÉ NO PROCESSO DO TRABALHO: SIMBOLISMO

A disciplina da responsabilidade por dano processual pelo Direito Processual do Trabalho deve ser examinada no contexto em que foi realizada.

Os vários argumentos utilizados para justificar a alteração da CLT na parte em que trata dos *custos da litigância* — custas processuais, honorários advocatícios, honorários periciais, punição da litigância de má-fé e justiça gratuita — demonstram a adoção pelo legislador, como premissa básica, a ideia segundo a qual *os trabalhadores abusam do seu direito de ação e contam, ao fazê-lo, com a condescendência da Justiça do Trabalho*.

No entanto, ao mesmo tempo em que trata dos custos da litigância partindo da citada premissa, as alterações realizadas pela *reforma trabalhista* na CLT dificultam o reconhecimento e a realização concreta de direitos inerentes ao trabalho, quando trata, por exemplo, da configuração do grupo econômico, equiparação salarial e legitimidade para a promoção da execução.

Note-se, ainda, que a disciplina da responsabilidade por dano processual não foi acompanhada pela prévia definição dos deveres das partes e seus procuradores e daqueles que de qualquer forma participam do processo, como se fez no CPC (arts. 77 e 78).

Dir-se-á que, constituindo o CPC fonte subsidiária e supletiva do Direito Processual do Trabalho, os deveres que ele impõe às partes e aos seus procuradores e daqueles que de qualquer forma participam do processo são os mesmos que devem ser respeitados no processo do trabalho.

Isto é verdade.

Mas é também verdade que a doutrina e a jurisprudência já admitem que a punição da litigância de má-fé no processo do trabalho pode ser realizada utilizando-se o CPC como fonte subsidiária ou supletiva do Direito Processual do Trabalho.

Ora, se o CPC é considerado fonte, subsidiária ou supletiva, do Direito Processual do Trabalho para a punição da litigância de má-fé, qual é a razão da a inclusão deste tema na CLT?

É aqui que para aparece o aspecto simbólico da *reforma trabalhista*.

A *reforma trabalhista* torna claro, *para os trabalhadores*, que eles poderão ser punidos por litigância de má-fé. Aliás, não só eles, como também as suas testemunhas (art. 793-D da CLT, acrescentado pela Lei n. 13.467/17).

Em suma, a disciplina da responsabilidade por dano processual realizada pela *reforma trabalhista* nada mais é do que a tentativa de **inibir o acesso à justiça, por meio da ameaça de punição**.

Aliás, a *reforma trabalhista* vai mais além e realça a sua postura punitiva em relação aos trabalhadores.

É que ela *pune o trabalhador em razão da improcedência da sua pretensão*, quando o seu exame conduzir à re-

(*) Pós-doutor em Direito pela Universidad Nacional de Córdoba/ARG. Doutor em Direito pela Universidade Federal de Minas Gerais. Mestre em Direito pela PUC-SP. Professor da graduação e do Programa de Pós-Graduação PPGD/PUC-Minas. Juiz do Trabalho da 3ª Região.

alização de prova pericial, na medida em que ele terá que pagar os honorários periciais *ainda que beneficiário da justiça gratuita* (nova redação conferida ao art. 790-B da CLT).

Tem mais.

Para deixar claro ao trabalhador que ele suportará os custos da demanda, foi estabelecido, na linha já dotada pelo CPC, que são devidos honorários de sucumbência na reconvenção (art. 791-A, § 5º). No entanto, chama a atenção o fato de a *reforma trabalhista* deixar, *estrategicamente*, de prever que também são devidos honorários advocatícios na execução, definitiva ou provisória, resistida ou não, e nos recursos, cumulativamente (art. 85, § 1º, do CPC).

Resta evidente, portanto, que não se teve o mesmo rigor em relação aqueles que descumprem a legislação trabalhista, *ainda que dolosamente.*

Aliás, para estes, que certamente não são todos os empregadores, *os custos da demanda foram reduzidos*, posto que foi fixado valor máximo para as custas (art. 789 da CLT na redação que lhe conferiu a Lei n. 13. 467/17), e até mesmo os *custos da ofensa à moral dos trabalhadores foram limitados*, por meio da tarifação, flagrantemente inconstitucional, dos danos extrapatrimoniais (art. 223-G da CLT, acrescentado pela Lei n. 13.467/17).

Não se pode esquecer, ainda, a *moratória* estabelecida em favor dos devedores, por meio da determinação no sentido de que deve ser aguardado o prazo de 45 dias, a contar da citação, para a realização do protesto da decisão judicial e inscrição do nome do executado em órgãos de proteção do crédito ou Banco Nacional de Devedores Trabalhista (art. 883-A da CLT, acrescentado pela Lei n. 13.467/17).

Cumpre esclarecer que não está sendo negada a necessidade da punição da litigância de má-fé praticada pelos trabalhadores.

Com efeito, no nosso livro *Abuso do direito no processo do trabalho*, editado em 1999, foi sustentado que a litigância de má-fé constitui uma espécie do gênero abuso do direito de ação e que o juiz tem o *dever* de punir o abuso no exercício do direito de ação e que esta punição, além de constituir uma resposta aos atentados à dignidade da justiça, decorre da "*necessidade* de conferir proteção qualificada e rápida a todos que se evolvam em dissídios decorrentes da relação de emprego (ALMEIDA, 1999, p. 55).

No citado livro foi acrescentado que a omissão na punição do abuso do direito de ação:

a) permite que o trabalhador a quem nada é devido recorra ao Judiciário trabalhista para tirar proveito de sua vocação para o acordo ou de eventual falha do empregador, na medida em que do insucesso na demanda sequer decorre a obrigação de pagar as custas processuais, das quais, no geral, é isento;

b) favorece o empregador, para quem passa a ser vantajoso pagar as parcelas devidas ao obreiro somente após uma longa demanda, vez que o não cumprimento de suas obrigações no tempo certo, de ordinário, não gera qualquer punição (ALMEIDA, 1999, p. 56).

Também foi ressaltado, no citado livro, que a omissão na punição do abuso do direito de ação resulta em descrédito do Judiciário, que "deixa de ser um instrumento de pacificação social, para se tornar, aos olhos do corpo social em que está inserido, meio de alcançar enriquecimento ilícito" (ALMEIDA, 1999, p. 57), e, ainda, que também o trabalhador deve ser punido quando abusa do direito de ação, vez que a condição de empregado "não autoriza a prática de ilícitos" (ALMEIDA, 1999, p. 60).

No entanto, tais afirmações, *que são aqui reiteradas*, não autorizam olvidar que a *reforma trabalhista* utilizou a disciplina da punição da litigância de má-fé para inibir o acesso à justiça, por meio da ameaça de punição, sendo de suma relevância recordar que dificultar o acesso à justiça é fazer o mesmo em relação aos direitos assegurados pela ordem jurídica, o que ganha relevância quando se trata de direitos que são reconhecidos com a pretensão de garantir a equitativa distribuição de rendas, a liberdade em relação à necessidade e condições dignas de vida.

3. A punição da litigância de má-fé no processo do trabalho, na perspectiva da Lei n. 13.467/2017

Definidos os contextos em que veio à luz a Lei n. 13.467/17 e a *reforma trabalhista* por ele realizada, cumpre examinar o que ela estabelece a respeito da responsabilidade por dano processual.

Antes, porém, cumpre recordar que agir em juízo, de forma espontânea ou provocada ou no cumprimento de determinação legal ou judicial implica uma série de deveres, que encontram justificação no fato de que a todos cumpre colaborar para que o processo alcance a finalidade a que se destina, que é tornar concreto o direito assegurado pela ordem jurídica, de forma rápida e econômica.

Neste sentido, o CPC estabelece, no art. 5º, que aquele que de qualquer forma participar do processo deve comportar-se de acordo com a boa fé. Trata-se, em suma, do estabelecimento do *dever de boa-fé processual.*

O CPC também dispõe, no art. 77, que, além de outros previstos naquele Código, constitui dever das partes, de seus procuradores e de todos aqueles que de qualquer forma participem do processo (assistente e arrematante, por exemplo): a) expor os fatos em juízo conforme a verdade (*dever de veracidade*); b) não formular pretensão ou de apresentar defesa quando cientes de que são destituídas de fundamentos (*dever de apresentar pretensão ou defesa fundadas*); c) não produzir provas e não praticar atos inúteis ou desnecessários à declaração ou à defesa de direito (*dever de colaboração com a celeridade e economia processuais*); d) cumprir com exatidão as decisões jurisdicionais, de natureza provisória ou final, e não criar embaraços à sua efetivação (*dever de cumprir com exatidão as decisões judiciais e de não criar embaraços à sua efetivação*); e) declinar, no primeiro momento que lhes couber falar nos autos, o endereço residencial ou profissional onde receberão intimações, atualizando esta informação sempre que ocorrer qualquer modificação temporária ou definitiva (*dever de fornecimento e atualização de dados necessários para a realização de intimações*); f) não praticar inovação ilegal no estado de fato de bem ou direito litigioso (*dever de não praticar atentado*).

O CPC ainda dispõe que:

1) nas hipóteses de descumprimento do dever de cumprir com exatidão as decisões judiciais e de não criar embaraços à sua efetivação e do dever de não praticar inovação ilegal no estado de fato ou de direito litigioso, o juiz advertirá qualquer das pessoas mencionadas no *caput* de que sua conduta poderá ser punida como ato atentatório à dignidade da justiça (art. 77, § 1º);

2) a violação do dever de cumprir com exatidão as decisões judiciais e de não criar embaraços à sua efetivação e do dever de não praticar inovação ilegal no estado de fato ou de direito litigioso constitui ato atentatório à dignidade da justiça, situação em que o juiz, sem prejuízo das sanções criminais, civis e processuais, deverá aplicar ao responsável multa de até vinte por cento do valor da causa, de acordo com a gravidade da conduta (ou até 10 vezes o valor do salário mínimo, quando o valor da causa foi irrisório ou inestimável — art. 77, § 5º), observando-se que a multa não paga no prazo fixado pelo juiz será inscrita em dívida ativa da União ou do Estado após o trânsito em julgado da decisão que a fixou, e sua execução far-se-á de acordo com o procedimento da execução fiscal, revertendo-se o valor respectivo ao fundo de que trata o art. 97 do CPC (*fundo de modernização do Poder Judiciário*) (art. 77, §§ 2º e 3º);

3) a multa prevista no art. 77, § 2º, será fixada independentemente da incidência daquelas previstas nos arts. 523, § 1º (multa a ser paga quando não for cumprida a obrigação de forma voluntária) e 536, § 1º (multa fixada visando ao cumprimento de obrigação de fazer ou de não fazer) (no art. 77, § 4º).

De acordo com o art. 77, § 6º, do CPC, aos advogados, públicos e privados, e aos membros da Defensoria e do Ministério Público não se aplica o disposto nos §§ 2º a 5º (que fixam a multa a ser aplicada no caso de descumprimento dos deveres de cumprir com exatidão as decisões judiciais e de não criar embaraços à sua efetivação, bem como do dever de não praticar inovação ilegal no estado de fato ou de direito litigioso), devendo eventual responsabilidade disciplinar ser apurada pelo respectivo órgão de classe ou corregedoria, ao qual o juiz oficiará.

Ainda consoante o CPC, violado o dever de não praticar inovação ilegal no estado de fato de bem ou direito litigioso, ou seja, cometido *atentado*, o juiz determinará o restabelecimento do estado anterior, podendo, ainda, proibir a parte de falar nos autos até a purgação do atentado, sem prejuízo da aplicação da multa prevista no art. 77, § 2º (art. 77, § 7º), ao passo que o representante judicial da parte não pode ser compelido a cumprir decisão em seu lugar (art. 77, § 8º).

A CLT não trata dos deveres das partes, dos procuradores e daqueles que de qualquer forma participam do processo, o que exige o recurso ao CPC como sua fonte subsidiária ou supletiva, com respaldo nos arts. 769 da CLT e 15 do CPC.

Realizado este registro, cumpre retornar ao exame da responsabilidade por dano processual no processo do trabalho.

A CLT não trata de forma pormenorizada da responsabilidade por dano processual, o que exige o recurso ao CPC como sua fonte subsidiária ou supletiva.

Essa omissão é afastada pela Lei n. 13.467/17, que acrescentou à CLT os arts. 793-A, 793-B, 793-C e 793-D, segundo os quais:

Art. 793-A. Responde por perdas e danos aquele que litigar de má-fé como reclamante, reclamado ou interveniente;

Art. 793-B. Considera-se litigante de má-fé aquele que:

I — deduzir pretensão ou defesa contra texto expresso de lei[1] ou fato incontroverso;[2]

II — alterar a verdade dos fatos;[3]

III — usar do processo para conseguir objetivo ilegal;[4]

IV — opuser resistência injustificada ao andamento do processo;[5]

V — proceder de modo temerário em qualquer incidente ou ato do processo;[6]

---

(1) Trata-se de pretensão ou defesa manifestada contra texto normativo de significado evidente. É o que ocorre, por exemplo, quando a pretensão ou defesa é apresentada desconsiderando o significado de uma norma estabelecido por súmula ou precedente vinculante.

(2) Fato incontroverso, na hipótese, é aquele do qual a parte tem plena ciência.

(3) Alterar a verdade é negar fato existente ou afirmar fato inexistente.

(4) A hipótese é de utilização do processo para alcançar resultado vedado pela ordem jurídica.

(5) Resistir injustificadamente ao processo é atuar contra o seu andamento regular.

(6) Trata-se da adoção dolosa de comportamento imprudente ou sem fundamento.

VI — provocar incidente manifestamente infundado;[7]

VII — interpuser recurso com intuito manifestamente protelatório".[8]

Consoante o art. 793-C da CLT, constatada a litigância de má-fé o juiz, de ofício ou a requerimento, condenará o litigante de má-fé a:

a) *pagar multa*, em favor da parte contrária, em valor superior a 1% e inferior a 10% do valor corrigido da causa, observando-se que, quando o valor da causa for irrisório ou inestimável, a multa poderá ser fixada em até duas vezes o limite máximo dos benefícios do Regime Geral da Previdência Social (art. 793-C, § 2º);

b) *indenizar a parte contrária pelos prejuízos por ela sofridos*, devendo o valor da indenização ser fixado pelo juízo, ou, caso não seja possível mensurá-lo, liquidado por arbitramento ou pelo procedimento comum, nos próprios autos (art. 793-C, § 3º);

c) *arcar com os honorários advocatícios e com todas as despesas que a parte contrária efetuou.*[9]

Quando forem dois ou mais os litigantes de má-fé, o juiz condenará cada um na proporção do seu respectivo interesse na causa ou solidariamente aqueles que se coligarem para lesar a parte contrária (art. 793-C, § 1º).

A CLT prevê, ainda, que o juiz poderá impor a multa prevista no art. 793-C da CLT à *testemunha* que intencionalmente alterar a verdade dos fatos ou omitir fatos essenciais ao julgamento da causa, devendo a execução desta multa ser realizada nos mesmos autos (art. 793-D, *caput* e parágrafo único).

O exame de tais dispositivos legais demonstra que **a Lei n. 13.467/17 reproduziu o disposto no art. 80 do CPC**, ao passo que na sua aplicação não se pode olvidar que:

1) as penas pela litigância de má-fé podem ser aplicadas de ofício ou a requerimento da parte contrária, garantindo, no entanto, o direito de defesa (arts. 9º e 10 do CPC);

2) mesmo o vencedor na demanda pode ser condenado em razão da litigância de má-fé;

3) a punição da litigância de má-fé não pode ser utilizada para inibir o acesso à justiça, notadamente a pretexto de reduzir o número de demandas trabalhistas, lembrando que o direito de ação tem o *status* de direito humano e fundamental;

4) a punição da litigância de má-fé não pode ser utilizada para penalizar o empregador pelo descumprimento da legislação trabalhista, visto que, para tanto, já existem penalidades estabelecidas pela ordem jurídica;

5) a improcedência do pedido não implica, necessariamente, litigância de má-fé do autor, o mesmo ocorrendo quanto à procedência do pedido, em relação ao réu;

6) a multa e a indenização em razão de litigância de má-fé têm o mesmo pressuposto, qual seja, a litigância de má-fé, mas a condenação no pagamento de indenização pressupõe a prova do dano experimentado pela parte contrária, ao passo que a imposição da obrigação de pagar multa dispensa esta prova;

7) a condenação do autor no pagamento de honorários advocatícios em razão da litigância de má-fé, se dará quando todos os pedidos forem julgados improcedentes. Se ocorrer a litigância de má-fé, mas algum pedido for acolhido, somente poderá ser imposta à parte a obrigação de pagar a multa cominada no art. 793-C. Nesta hipótese, a responsabilidade pelo ajuizamento da demanda é do demandado.

Não se pode olvidar que o Direito Processual do Trabalho adota como princípio fundamental a facilitação do acesso à justiça, autorizando a apresentação de reclamação oralmente e reduz o número de requisitos da petição inicial, consagrando critério especial na fixação da competência em razão do local, estabelecendo que as custas processuais serão pagas após o trânsito em julgado da decisão ou, no caso de recurso, dentro do prazo recursal, facilitando a produção da prova testemunhal, por meio da dispensa de apresentação do rol de testemunhas, favorecendo o julgamento do mérito da demanda e estabelecendo instrumentos voltados à garantia da maior eficácia possível das decisões judiciais, dentre os quais a exigência de prévia garantia do juízo para a apresentação de recurso nos dissídios individuais em que tenha ocorrido condenação em pecúnia.

Mas, o acesso à justiça não constitui um fim em si mesmo.

O acesso à justiça se justifica pela sua condição de instrumento de acesso aos direitos assegurados pela ordem jurídica, dentre os quais aqueles inerentes ao trabalho.

Lembre-se, ainda, que o direito de acesso à justiça pode ser encarado como "requisito fundamental — o mais básico dos direitos humanos — de um sistema jurídico moderno e igualitário, que pretenda garantir, e não apenas proclamar, os direitos de todos". (CAPPELLETTI; GART, 1998, p. 11-12)

Desse modo, restringir o acesso à justiça é atentar contra o mais básico dos direitos humanos, valendo lembrar que o Estado possui três obrigações em relação aos direitos humanos, inclusive, processuais, quais sejam, respeitar, proteger e realizar, observando-se que, em razão da sua *obrigação de respeito*, o Estado deve "abster-se de adotar medidas que possam dificultar ou impedir a atividade livre dos indivíduos, famílias e grupos no emprego de seus recursos e no exercício de suas opções, di-

(7) A hipótese diz respeito à procrastinação do andamento do processo, por meio da provação de incidentes sem fundamentação razoável.

(8) Dá-se a interposição de recurso com intuito manifestamente protelatório quando a parte interpõe o recurso ciente de que carece de um mínimo de fundamento e com a intenção de protelar o andamento do processo ou prejudicar a efetividade da decisão judicial.

(9) A possibilidade de impor ao litigante de má-fé a obrigação de arcar com os honorários advocatícios eventualmente pagos pela parte contrária para comparecer em juízo torna indiscutível a compatibilidade nos arts. 389 e 404 do Código Civil, que versam sobre os gastos realizados pelas partes para comparecer em juízo para a defesa de seus direitos ou interesses, com o Direito Processual do Trabalho.

rigidas a alcançar o gozo de seus direitos", no exercício da sua *obrigação de proteção*, o Estado deve proteger o titular dos direitos em questão contra violações praticadas por terceiros, ao passo que, no cumprimento da sua *obrigação de realização*, o Estado facilitar, fazer efetivo e promover o exercício de tais direitos (GIALDINO, 2003, p. 95-102).

4. Anotações conclusivas

A ordem jurídica a todos reconhece o direito de recorrer ao Poder Judiciário, visando à tutela de seus direitos, ou seja, o direito de ação.

Esta mesma ordem jurídica considera ilícito o exercício do direito de ação, punindo-o de várias formas, inclusive nas hipóteses de litigância de má-fé, ou seja, em que é desrespeitado o dever de boa-fé, com danos ao andamento do processo e/ou à parte contrária.

A punição do abuso do direito de ação não pode ser utilizada para inibir o acesso à justiça e, indiretamente, aos direitos assegurados pela ordem jurídica.

A Lei n. 13.467/17, por meio da qual foi realizada a *reforma trabalhista*, utilizou a disciplina da punição da litigância de má-fé para inibir o acesso à justiça, por meio da ameaça de punição, sendo de suma relevância recordar que dificultar o acesso à justiça é fazer o mesmo em relação aos direitos assegurados pela ordem jurídica, o que ganha relevância quando se trata de direitos que são reconhecidos com a pretensão de garantir a equitativa distribuição de rendas, a liberdade em relação à necessidade e condições dignas de vida, como se dá com os direitos inerentes ao trabalho humano.

A *reforma trabalhista* representa a opção por um *tipo político de Direito do Trabalho*. Neste sentido, está em andamento no Brasil o processo de construção de um Direito do Trabalho que já não serve à dignidade humana, à justiça social, à cidadania e à democracia, mas que se torna instrumento de colonização do humano, social e político pelo econômico, ou seja, um verdadeiro *Direito do Trabalho de exceção*.

As restrições ao acesso à justiça realizadas pela *reforma trabalhista* não podem implicar criação de um *Direito Processual do Trabalho de exceção*, que restringe o acesso à justiça, ao invés de facilitá-lo, e dificulta o reconhecimento e a satisfação, em juízo, dos direitos inerentes ao trabalho, ao invés de se preocupar com a sua efetividade.

Referências bibliográficas

ALMEIDA, Cleber Lúcio. *Abuso do direito no processo do trabalho*. Belo Horizonte: Inédita, 1999.

CAPPELLETTI. Mauro; GART, Bryant. *Acesso à justiça*. Porto Alegre: Sergio Antonio Fabris, 1998.

GIALDINO, Rolando E. Obligaciones del Estado ante el Pacto Internacional de Derechos Económicos, Sociales y Culturales. *Revista Instituto Interamericano de Derechos Humanos*. San Jose, Costa Rica, 2003, v. 37, p. 87-132.

O procedimento da exceção de incompetência territorial no processo do trabalho: Análise após um ano de vigência da Lei n. 13.467/17

Carolina Silva Silvino Assunção(*)

1. O acesso à justiça e a competência territorial

Como forma de alcançar a pacificação social, os Estados avocaram o encargo e o monopólio de definir o direito concretamente aplicável às situações litigiosas postas à análise, bem como o de realizar esse mesmo direito, se a parte recalcitrante recusar-se a cumprir espontaneamente o comando concreto da norma jurídica.

Para cumprir essa função criou-se a jurisdição, que é o exercício de parcela da soberania do Estado com a finalidade de fazer prevalecer a regra jurídica concreta sobre o litígio estabelecido entre indivíduos.

Em razão da necessidade de se organizar a atuação do Poder Judiciário de forma a otimizar a prestação dos serviços, estipulou-se o critério da competência, que visa a distribuir, entre os vários órgãos, as atribuições relativas ao desempenho da jurisdição (THEODORO JÚNIOR, 2011, p. 169).

A distribuição da competência, que é realizada por normas constitucionais, leis processuais e normas de organização judiciária, classifica-se consoante os seguintes critérios: (i) competência interna e internacional; (ii) competência em razão do valor da causa; (iii) competência em razão da matéria; (iv) competência funcional e (v) competência territorial.

Segundo Humberto Theodoro Júnior, denomina-se competência territorial a que é atribuída aos diversos órgãos jurisdicionais levando em conta a divisão do território nacional em circunscrições judiciárias (THEODORO JÚNIOR, 2011, p.185)(1). Além de ser ferramenta essencial à racionalização da prestação do serviço judiciário por permitir maior eficiência e especialização de cada órgão no julgamento de determinados tipos de causa, a competência territorial é tema indispensável para se verificar a efetividade do direito fundamental do acesso à Justiça (art. 5º, XXXV CR/88).

Os critérios de distribuição da competência territorial no processo do trabalho estão elencados no art. 651 da CLT, que estabelece como premissa a atribuição do processamento e julgamento da ação trabalhista ao juízo da localidade em que o empregado prestou serviços ao empregador. Observa-se que, diferentemente do Código de Processo Civil, que estabeleceu como regra geral critério subjetivo (local do domicílio do réu — art. 46 CPC), o legislador celetista adotou critério objetivo de fixação da competência territorial, com o claro propósito protecionista de assegurar ao trabalhador maior acessibilidade à Justiça do Trabalho para resguardar seus direitos.

Segundo João Oreste Dalazen, a adoção, como regra geral, do critério de se considerar competente a vara do local da prestação dos serviços visou facilitar ao empregado a produção de prova (sobretudo, pericial e testemunhal) dos fatos controvertidos e evitar-lhe despesas com locomoção. O escopo da lei foi facilitar ao litigante economicamente mais débil e vulnerável o ingresso em juízo em condições mais favoráveis para a defesa de seus direitos, independentemente da posição processual que assumir. Levou em conta o legislador que, em tese, é mais fácil ao empregado recolher as provas no local onde ele trabalha ou trabalhou. (DALAZEN, 2017, p. 90).

É certo que a intenção do legislador foi alcançada à época da edição da Consolidação das Leis do Trabalho, porquanto adequada ao contexto social do país da década de quarenta, época na qual ainda não havia se intensificado a migração de trabalhadores no território nacional, fato que se acentuou a partir da segunda metade do século XX. Naquele tempo, graças ao estágio de desenvolvimento dos meios de comunicação e de transporte, não se vislumbrava grande fluxo no deslocamento de pessoas com a única finalidade de obter trabalho, de maneira que, normalmente, procurava-se emprego nas proximidades de seu domicílio.

(*) Mestranda em direito do trabalho e das relações sociais pelo Centro Universitário do Distrito Federal (UDF). Pós-graduanda em Direito do Trabalho pela Fundação Getúlio Vargas (FGV). Especialista em Direito e Processo do Trabalho pela Faculdade de Direito Milton Campos (FDMC). Membro do Grupo de Estudos As Interfaces entre o Processo Civil e o Processo do Trabalho da FDMC. Professora do curso de pós-graduação da Faculdade de Direito Milton Campos (FDMC). Juíza do Trabalho substituta no TRT/MG.

(1) Como o objetivo do presente ensaio é analisar o novo procedimento de exceção de incompetência em razão do lugar, analisar-se-á tão somente a competência territorial.

A partir da intensificação da industrialização e do crescimento econômico, o país vivenciou não só grande fluxo migratório para grandes centros, mas também o deslocamento de trabalhadores para o desempenho de atividades temporárias, tais como o labor nas agriculturas de larga escala e na construção de grandes obras de infraestrutura.

A migração de trabalhadores para locais distantes de sua residência nos quais conseguem obter trabalho e contratação, mediante contratos de prazo determinado, dificulta seu acesso à Justiça e a exigibilidade de direitos trabalhistas descumpridos (DE CASTRO, 2014, p. 332).

Segundo Raphael Miziara,

> (...) o acolhimento literal do foro da prestação de serviços, acaba, muitas vezes, por impossibilitar o trabalhador a ajuizar a reclamação trabalhista, tendo em vista sua carência de recursos financeiros, o que redundará, inexoravelmente, na sua inaptidão para ajuizar a ação.
>
> Basta imaginar a situação na qual um trabalhador do setor canavieiro do Estado do Piauí que, após trabalhar durante o período de safra do Estado de Minas Gerais, retorna a sua terra natal e pretenda ingressar em juízo buscando a tutela jurisdicional para a satisfação de horas extras não pagas.
>
> Exigir que o referido empregado se desloque ao local da prestação de serviços para o ingresso em juízo é o mesmo que lhe negar tal acesso, face ao manifesto obstáculo criado pela ausência de recursos financeiros do Reclamante, aliado ao alto custo de deslocamento e estada no local da prestação dos serviços. (MIZIARA, 2016, p. 192)

O atual contexto social e econômico da sociedade brasileira exigiu dos operadores do Direito verdadeira releitura da norma celetista a fim de adequá-la à visão constitucionalista do Direito Processual do Trabalho, que exige a concretização dos preceitos constitucionais como forma de afirmação de uma sociedade justa e democrática.

Cientes da nova realidade brasileira — notadamente marcada pelo grande fluxo de deslocamento de trabalhadores de regiões áridas e com escassez de postos de trabalho para polos da agroindústria e de grande desenvolvimento econômico e, a par da necessidade de se atender à *mens legis* e do dever do operador do Direito de identificar os obstáculos a serem transpostos para a efetiva materialização do direito fundamental do acesso à Justiça — os Tribunais do Trabalho passaram a flexibilizar a norma prevista no art. 651 da CLT, de forma a permitir o ajuizamento da ação no foro do domicílio do trabalhador quando existente a possibilidade de compatibilizar o acesso à Justiça da parte hipossuficiente com o direito ao exercício da ampla defesa do empregador.

Nesse sentido a decisão recentemente proferida pela 7ª Turma do c. TST, que declarou como competente o foro de Mossoró/RN, local do domicílio do reclamante, em detrimento do foro do local da prestação dos serviços (Macaé/RJ), em razão de a reclamada ser empresa de grande porte e que tem atuação em diversos pontos do país e que, portanto, tem facilidade de locomoção o que, consequentemente, lhe permite o amplo exercício do contraditório e ampla defesa. Entendeu o órgão julgador que o art. 5º, § 1º da CR/88 impõe uma série de deveres ao Estado, não só no âmbito Legislativo, mas também no Judiciário, no sentido de adotar interpretações que viabilizem, na máxima extensão, o amplo e irrestrito acesso aos seus órgãos, bem como a própria obtenção de julgamentos substancialmente justos[(2)].

---

(2) EXCEÇÃO DE INCOMPETÊNCIA EM RAZÃO DO LUGAR. AJUIZAMENTO DA RECLAMAÇÃO TRABALHISTA NO FORO DO DOMICÍLIO DO AUTOR, CONTRATAÇÃO E PRESTAÇÃO DE SERVIÇOS EM LOCALIDADE DISTINTA. VIOLAÇÃO DO ART. 5º, XXXV, DA CF. 1. Caso em que o trabalhador propôs a ação trabalhista no foro de seu domicílio (Mossoró/RN), local diverso daquele em que foi contratado e prestou serviços (Macaé-RJ). O Tribunal Regional do Trabalho retificou a decisão do d. juízo monocrático em que acolhida a exceção de incompetência em razão do lugar e determinada a remessa dos autos à Vara do Trabalho de Macaé-RJ, local da prestação dos serviços. Considerou que a manutenção da decisão recorrida "obstaculizaria o seu acesso à Justiça, em razão da notória despesa com locomoção, estadia, além dos demais gastos acessórios, bem assim, do tempo despendido no trajeto", razão pela qual mostra-se "razoável e proporcional aceitar-se o foro do domicílio do autor como competente para apreciar esta demanda." Aduziu, por fim, que a análise do contrato social da reclamada revela tratar-se de "de empresa cujo capital social de uma de suas sócias (Paragon Holding SCS 2 Limited) corresponde a R$ 6.125.000,00 (seis milhões e cento e vinte e cinco mil reais), o que revela ser ela a detentora de maiores condições de demandar em local diverso de sua sede." 2. De acordo com o art. 5º, XXXV, da CF, a garantia constitucional de amplo acesso à Justiça encerra direito fundamental gravado com eficácia imediata (CF, art. 5º, § 1º), que impõe uma série de deveres ao Estado nos âmbitos legislativo (com a produção de normas legais de conteúdo procedimental que facilitem o exercício pleno desse direito), executivo (com a melhor estruturação das defensorias públicas) e judiciário (com a adoção de interpretações que viabilizem, na máxima extensão, não apenas o acesso amplo e irrestrito a seus órgãos, mas a própria obtenção de julgamentos substancialmente justos). 3. De acordo com o art. 651 da CLT, a competência territorial dos órgãos de primeiro grau da Justiça do Trabalho é definida pelo local da prestação de serviços, ainda que a contratação tenha se processado em local diverso. Ainda que preveja critérios adicionais (§§ 1º a 3º do art. 651 da CLT), a CLT não parece autorizar a propositura da ação no foro em que domiciliado o trabalhador, no qual não foi contratado ou em que não prestou serviços. 4. No caso dos autos, a eleição de qualquer dos juízos envolvidos imporia a um dos litigantes ônus diversos, especialmente de natureza econômica, restando configurada a aparente colisão de princípios: de um lado, o do amplo acesso à Justiça (CF, art. 5º, XXXV) e, de outro, o do contraditório e da ampla defesa (CF, art. 5º, XXXVI). 5. Superado o debate acerca da eficácia normativa dos princípios jurídicos, especialmente os de matiz constitucional, ao Poder Judiciário incumbe interpretar a ordem jurídica à luz do Texto Constitucional, afastando a eficácia das normas infraconstitucionais sempre que de sua aplicação — fundada no critério hermenêutico literal — decorram resultados contrários ao próprio sentido das normas fundamentais do sistema, com a consagração de sacrifícios excessivos e desproporcionais a um dos litigantes. Essa é a hipótese dos autos, em que o trabalhador, que foi contratado e prestou serviços em Macaé (RJ), propôs a ação no juízo de seu domicílio Mossoró (RN), em face de empresa que tem em seu quadro social outra empresa detentora de expressivo capital social. A jurisprudência desta Corte tem flexibilizado o rigor do art. 651 da CLT, nas situações em que a empresa demandada atua em localidades diversas no país. Do acórdão regional extrai-se a premissa

A discussão acerca do foro competente para processar e julgar ação trabalhista desafia a interposição da exceção de incompetência territorial.

A redação original da Consolidação das Leis do Trabalho exigia que as empresas se locomovessem ao órgão indicado como competente pelo trabalhador mesmo quando pretendessem arguir a exceção de competência territorial. Em razão da necessidade de se deslocarem, alegavam prejuízo ao seu direito, também constitucional, de acesso à Justiça e exercício substancial do direito de defesa em razão de, muitas vezes, o ajuizamento da ação ocorrer em local muito distante de sua sede, inviabilizando o comparecimento em juízo em razão dos altos custos.

A Lei n. 13.467/17, trouxe novo procedimento da exceção de incompetência territorial para satisfazer o interesse de grandes empresas que recrutam trabalhadores nas mais diversas regiões do País e que constantemente são demandadas nos domicílios atuais de seus ex-empregados.

A alteração legislativa despertou elogios e críticas da comunidade jurídica. Para que se possa ter a correta dimensão das implicações que a Lei n. 13.467/17 trouxe ao procedimento de exceção de incompetência territorial, necessário se faz, primeiramente, analisar como era disciplinada a matéria na redação original da Consolidação das Leis do Trabalho.

2. O procedimento de exceção de incompetência territorial na redação original — CLT/43

A Consolidação das Leis do Trabalho disciplinava o procedimento de exceção territorial nos arts. 799 e 800, sendo que esse último tinha redação sucinta. Em razão da insuficiente regulamentação na norma celetista, o Direito Processual do Trabalho se valia, de forma subsidiária, das normas do processo civil comum (art. 769, CLT).

O advento do Código de Processo Civil de 2015 trouxe diversas reflexões acerca da compatibilidade das normas processuais comuns ao processo do trabalho, principalmente no que diz respeito à possibilidade de apresentação da exceção no bojo da contestação (art. 337, II, CPC) e a faculdade de apresentá-la no domicílio do réu (art. 340 CPC). Apesar de a maioria da doutrina ter se posicionado favoravelmente à aplicação do art. 337, II do CPC ao processo do trabalho e contrariamente à norma do art. 340 CPC[(3)], certo é que as novidades legislativas do CPC/15 não alteraram substancialmente a sistemática de verificação da competência territorial no processo do trabalho.

Consoante o antigo procedimento previsto na CLT, apresentada a exceção, que se dava na primeira oportunidade de a reclamada se manifestar nos autos, qual seja, na audiência (art. 843), o juízo suspendia o feito e abria prazo de 24 horas improrrogáveis para o exceto se manifestar, proferindo decisão na primeira sessão ou audiência subsequente.

A despeito da norma prevista no art. 799, § 1º da CLT, os juízos, em prestígio aos princípios da instrumentalidade das formas, celeridade, concentração dos atos processuais, informalidade e, amparados nas normas dos art. 337, II, CPC e art. 794 CLT, já admitiam a apresentação da exceção no bojo da peça de defesa. No cotidiano das varas trabalhistas, ademais, não raras vezes, as exceções territoriais eram decididas na mesma audiência em que apresentadas, desde que oportunizado o contraditório às partes e presentes elementos suficientes para a convicção do juízo acerca do efetivo local da prestação dos serviços[(4)].

Verifica-se, no entanto, que a antiga redação do art. 800, apesar de sintética, não impedia que os magistrados, com amparo no art. 765 CLT, ao analisar a necessidade de maiores elementos para a aferição da competência territorial, designassem audiência de instrução para a produção de prova testemunhal.

A decisão proferida na exceção de incompetência territorial era considerada de natureza interlocutória, sendo, em regra, irrecorrível de imediato (art. 799, § 2º c/c art. 893, § 1º da CLT). As exceções ficavam a cargo do disposto na Súmula n. 214, *c*, do TST, que permitia a interposição de recurso ordinário quando o acolhimento da exceção de incompetência territorial importasse em remessa dos autos para Tribunal Regional distinto daquele a que era vinculado o juízo excepcionado e do

---

de que a Reclamada possui em seu quadro social pelo menos uma outra empresa, o que sugere não apenas a existência de grupo econômico, mas também a possibilidade, não elidida pelos registros fáticos inscritos na decisão recorrida, de que atue em outra(s) localidade(s). A rigor, a análise do contrato social da empresa demonstra que opera em atividades de apoio à extração de petróleo e gás natural, com sede em Macaé e filiais nos Estados do Espírito Santo e Sergipe (Contrato social, cláusula 2ª). Nesse contexto, irrecusável a incidência da diretriz jurisprudencial consonante com o amplo acesso à Justiça, sem que se possa cogitar da imposição de ônus desproporcionais à empresa. (...) Não há, portanto, razão jurídica, lógica ou ética que autorize o afastamento da competência do juízo de Mossoró (RN), preservando-se o direito fundamental de acesso à Justiça (CF, art. 5º, XXXV) e o sagrado direito de defesa (CF, art. 5º, LV). Recurso de revista não conhecido. Processo: RR-368-69.2014.5.21.0014 Data de Julgamento: 8.2.2017, Relator Ministro: Douglas Alencar Rodrigues, 7ª Turma, Data de Publicação: DEJT 17.2.2017.

(3) O Código de Processo Civil de 1973 já previa no art. 305, parágrafo único, ainda que de forma menos detalhada, a possibilidade de a petição de exceção de incompetência territorial ser protocolizada no domicílio do réu. A jurisprudência e a doutrina trabalhistas já se firmavam majoritariamente, desde o CPC/73, no sentido da incompatibilidade da norma com o processo do trabalho.

(4) Na grande maioria das vezes, a controvérsia era solucionada pela simples oitiva do reclamante e do preposto da reclamada acerca da prestação de serviços na localidade em algum período do contrato de trabalho.

art. 799, § 2º da CLT, que trata das decisões que põem fim ao feito na Justiça do Trabalho.

Observa-se, portanto, que o procedimento da exceção de incompetência previsto na redação original da Consolidação das Leis do Trabalho exigia que a empresa reclamada se deslocasse ao juízo eleito pelo trabalhador como o competente para apreciar a demanda, mesmo que pretendesse alegar sua incompetência territorial, independentemente de a ação ter sido ajuizada em local distante de sua sede ou filiais.

3. O procedimento de exceção de incompetência territorial implementado pela Lei n. 13.467/17

A Lei n. 13.467/17 altera significativamente o procedimento de exceção de incompetência no âmbito da Justiça do Trabalho. Ao modificar o *caput* do art. 800 e introduzir quatro parágrafos em sua redação, o legislador traz uma nova sistemática de processamento da referida exceção.

Eis a nova redação do *caput* do art. 800:

> Apresentada exceção de incompetência territorial no prazo de cinco dias a contar da notificação, antes da audiência e em peça que sinalize a existência desta exceção, seguir-se-á o procedimento estabelecido neste artigo.

Em uma primeira análise, chega-se a cogitar que o novo procedimento será aplicado apenas caso a reclamada opte por apresentar exceção em peça apartada nos cincos dias subsequentes à notificação. A aparente faculdade, no entanto, não existe, haja vista ser a competência territorial de natureza relativa, o que atrai a regra prevista no *caput* do art. 795 da CLT que, insta salientar, não sofreu alterações. Em virtude de trazer o texto legal a oportunidade de manifestação antes da audiência, a reclamada terá, assim, o prazo de cinco dias contatos da citação[5] para apresentar a exceção perante o juízo, sob pena de preclusão.

Nesse sentido foi a decisão proferida, em 20/07/2018, nos autos da ação ordinária 0010823-41.2018.5.18.0013 por juiz do Tribunal Regional do Trabalho da 18ª Região:

> Nos termos do art. 800 da CLT, conforme redação conferida pela Lei n. 13.467/2017, a parte tem o prazo de cinco dias para apresentar a exceção de incompetência territorial a contar da notificação, antes da audiência.
>
> A notificação postal da reclamada para apresentar defesa foi expedida no dia 03.07.2018, terça-feira (fl. 35).
>
> Desse modo, o prazo de cinco dias para apresentação da exceção de incompetência encerrou-se em 10.07.2018, mas a reclamada juntou essa petição ao processo apenas em 17.07.2018 (fls. 38/45).
>
> Portanto, incide no caso em tela o disposto no art. 800 da CLT, com a redação que lhe foi conferida pela Lei n. 13.467/2017, *in verbis* (...).
>
> Como se vê, o referido artigo não autoriza à parte interessada a apresentação da exceção na audiência inaugural, tendo em vista o tratamento minucioso dado pela Lei acerca dos procedimentos a serem adotados se oposta a exceção[6].
>
> A empresa não observou o regramento exigido pelo supracitado dispositivo legal, quedando-se inerte sobre a matéria nos 05 dias posteriores a sua regular notificação, tornando preclusa a sua discussão na audiência inaugural.
>
> Destarte, rejeito a exceção de incompetência em razão do lugar.
>
> Intimem-se.

A nova redação do referido artigo põe fim à regra geral até então estabelecida que, amparada no princípio da concentração dos atos processuais (art. 845, CLT), determinava a apresentação de todas as formas de defesa em audiência. Verifica-se, portanto, a fragmentação da oportunidade de pronunciamento da reclamada nos autos, alteração que demonstra clara aproximação do processo trabalhista às regras que norteiam o processo comum.

Quanto à forma de apresentação, observa-se que o § 1º do art. 799, ao determinar que as demais exceções sejam apresentadas com a defesa, deixa claro que a exceção de incompetência deve ser apresentada em petição apartada. Como já destacado, no entanto, a jurisprudência, amparada nos princípios da simplicidade, informalidade e instrumentalidade dos atos processuais (art. 794, CLT), já admitia que ela fosse apresentada no bojo da contestação. Por não se apresentar como nulidade insanável, e, considerando que o art. 799 não sofreu alterações, pensamos que permanecerá a faculdade de apresentação da exceção juntamente com a contestação, desde que a reclamada protocolize a defesa nos cinco dias seguintes ao recebimento da citação postal.

É necessário observar, contudo, que, em razão da inserção do § 3º ao art. 841, não mais poderá o reclamante desistir da ação, sem o consentimento da reclamada, a partir do oferecimento da contestação, ainda que essa tenha sido feita de forma eletrônica[7]. Dessa forma, caso a reclamada opte pela concentração de toda a defesa em apenas uma peça processual e a protocolize dentro do prazo determinado pelo *caput* do art. 800, não poderá o reclamante, a partir do protocolo eletrônico do documento, desistir da ação sem o consentimento da parte adversa.

A alteração merece atenção haja vista ter ocorrido expressiva redução do prazo para o exercício do direito potestativo de desistência da ação que, mesmo com

(5) Ressalte-se que o *caput* do art. 841 não foi modificado, de forma que acreditamos que o teor da Súmula n. 16 do c. TST não será alterado, porquanto compatível com as mudanças perpetradas no processo do trabalho.

(6) Página 993 do DEJT do Tribunal Regional do Trabalho da 18ª Região (TRT-18), de 20 de julho de 2018.

(7) Art. 841, § 3º; Oferecida a contestação, ainda que eletronicamente, o reclamante não poderá, sem o consentimento do reclamado, desistir da ação.

o advento do processo eletrônico, poderia ser praticado até a audiência, momento adequado para a apresentação da defesa da reclamada (art. 847, CLT c/c art. 485, § 4º, CPC).

Protocolada a exceção, seja ou não em peça apartada, será suspenso o processo e não se realizará audiência até que se decida o incidente (art. 800, § 1º, CLT).

Verifica-se que a norma faz menção apenas à audiência do rito ordinário (art. 843, CLT), quedando-se silente quanto à suspensão da audiência una do rito sumaríssimo (art. 852-C, CLT).

A ausência de menção ao rito sumaríssimo já faz ressoar entre os operadores do Direito a possibilidade de inaplicabilidade do novo procedimento de exceção de incompetência territorial a esse rito especial em virtude de a norma específica prevista no art. 852-C da CLT determinar a realização de audiência una, preceito que não se mostra compatível com o novo § 3º do art. 800 da CLT.

É certo que a inovação legislativa ainda será objeto de profundas discussões. A ausência de menção à audiência do rito sumaríssimo no §1° do art. 800 da CLT poderá ser considerada como silêncio eloquente do legislador ou apenas descuido técnico. De toda forma, recomenda-se cautela aos procuradores nos processos regidos sob o referido rito com fins de se evitar a preclusão.

Prosseguindo a análise das novas regras procedimentais, observa-se que tão logo seja suspenso o processo serão os autos conclusos ao juiz, que procederá à intimação do reclamante e de eventuais litisconsortes para apresentação de manifestação no prazo comum de cinco dias (art. 800, § 2º, CLT).

Verifica-se que a apresentação da exceção de incompetência territorial já se apresentava como uma das poucas hipóteses de suspensão do processo do trabalho (art. 799, CLT). Todavia, conforme já ressaltado, os juízes do trabalho, quando possível, em reverência ao princípio da concentração dos atos processuais, decidiam a exceção de incompetência em razão do lugar na própria audiência, desde que devidamente oportunizado o contraditório.

Com a alteração da redação do art. 800 não mais subsistirá a possibilidade de concentrar em uma só audiência a decisão interlocutória da exceção e os atos instrutórios, sendo o processo necessariamente suspenso até a decisão da exceção arguida.

Ademais, observa-se também alteração relevante no prazo para manifestação do exceto, que antes era de vinte e quatro horas. A partir do fim da *vacatio legis* da reforma trabalhista, o exceto e demais litisconsortes porventura existentes terão cinco dias para se manifestarem, prazo esse que será contado em dias úteis por força da nova redação do art. 775 da CLT[8].

Após a apresentação e a análise das manifestações, caso o juízo entenda necessária a produção de prova oral, designará audiência para esse propósito, garantindo ao excipiente e às suas testemunhas o direito de serem ouvidos por carta precatória no juízo que for indicado como competente (art. 800, § 3º, CLT).

Pontue-se que o referido parágrafo deve ser interpretado em consonância com o art. 765 da CLT, que confere ao Juiz do Trabalho amplos poderes de direção do processo. Verifica-se, assim, que as partes não têm direito líquido e certo à oitiva de prova testemunhal, vez que essa modalidade de prova apenas será produzida caso o juízo entenda ser essencial ao deslinde da controvérsia[9]. Caso o magistrado não se convença acerca do local da prestação dos serviços pela análise das alegações e documentos anexados à exceção e à manifestação, deverá garantir ao excipiente e às suas testemunhas a oitiva por carta precatória.

Deve-se registrar que já ressoam na doutrina posicionamentos divergentes quanto à necessidade de expedição de carta precatória.

Parte da comunidade jurídica sustenta que os poderes conferidos ao magistrado pelo art. 765 da CLT podem ser utilizados para determinação de audiência de conciliação, que impõe a presença das partes, em detrimento da expedição de carta precatória.

Para tal segmento de pensamento, a audiência com a presença conjunta de ambas as partes permite ao magistrado perquirir com maior segurança acerca dos fatos essenciais para o estabelecimento do foro competente para apreciação da demanda. A possibilidade de solucionar depoimentos contraditórios pela acareação resta prejudicada pela expedição de carta precatória.

Apesar da importância dos fundamentos trazidos por tal posicionamento, os quais respeitamos, entendemos que o ato de não garantir ao excipiente e às suas testemunhas a oitiva por carta precatória configura *error in procedendo* apto a ensejar correição parcial ou até mesmo mandado de segurança por violar direito líquido e certo previsto em lei.

Os amplos poderes do magistrado, de direção do processo, conferidos pela dicção do art. 765 da CLT, encontram limites nas normas constitucionais e infraconstitucionais que constituem direitos subjetivos

(8) Art. 775. Os prazos estabelecidos neste Título serão contados em dias úteis, com exclusão do dia do começo e inclusão do dia do vencimento.

(9) Art. 800, § 3º: *Se entender necessária a produção de prova oral, o juízo designará audiência, garantindo o direito de o excipiente e de suas testemunhas serem ouvidos, por carta precatória, no juízo que este houve indicado como competente.* (grifos nossos)

às partes. O § 3º do art. 800 da CLT é clarividente em conferir ao excipiente o direito de ser ouvido por carta precatória no juízo que indicar como o competente, o que, em prestígio e em reverência aos princípios da legalidade e da segurança jurídica, deve ser observado.

Nesse sentido foi o julgamento de Liminar em Mandado de Segurança pelo Desembargador Platon Teixeira de Azevedo Filho, do Tribunal Regional do Trabalho da 18ª Região[(10)]:

> Trata-se de mandado de segurança impetrado por BOMSUCESSO AGROINDÚSTRIA LTDA, em regime de plantão (às 11h59 do dia 27.01.2018), em face de ato do Juízo da Vara do Trabalho de Inhumas – GO, nos autos do processo n. 0011886-10.2017.5.18.0281, que marcou audiência de instrução da exceção de incompetência apresentada, para o dia 29.01.2018, às 8h20, sem garantir o direito de o excipiente e suas testemunhas serem ouvidos, por carta precatória, no juízo indicado como competente.
>
> Narra a impetrante que recebeu notificação da reclamação trabalhista ajuizada por GILMAR VITORINO DA SILVA em 10.01.2018, tendo apresentado exceção de incompetência territorial em 22.01.2018.
>
> Afirma que o Juízo condutor do feito corretamente cancelou a audiência anteriormente designada, mas agiu ilegalmente ao marcar audiência de instrução da exceção de incompetência para o dia 29.01.2018, determinando às partes que nela comparecessem com suas testemunhas sob pena de preclusão.
>
> Sustenta que, ao ser intimada desta audiência, postulou à magistrada que lhe garantisse o direito de ser ouvida, juntamente com suas testemunhas, no Juízo que entende ser o competente (Juízo da Vara de Trabalho de Goiatuba), mas seu pleito foi indeferido, com a observação de que somente em audiência haveria deliberação sobre testemunhas ausentes que tenham comprovadamente sido convidadas.
>
> Afirma que o § 3º, do art. 800, da CLT, dispõe que, caso o Juízo entenda necessária a produção de prova oral em relação à exceção de incompetência, deve garantir o direito de o excipiente e suas testemunhas serem ouvidos no Juízo indicado como competente, razão pela qual o indeferimento mencionado vulnerou seu direito líquido e certo.
>
> Pede, assim, a concessão de liminar, para lhe dispensar do comparecimento à audiência do dia 29.01.2018 e para que seja determinado a colheita de seu depoimento e o de suas testemunhas.
>
> O mandado de segurança mostra-se cabível, uma vez que, no ordenamento jurídico vigente, não há outro remédio em favor da impetrante contra os atos narrados na inicial. (...).
>
> Para a concessão da liminar postulada, mister a verificação da presença da fumaça do bom direito e do perigo da demora.
>
> Após a vigência da Lei n. 13.467/2017, denominada Reforma Trabalhista, o procedimento da exceção de incompetência territorial foi alterado, passando o art. 800 da CLT a viger com a seguinte redação(...).
>
> A autoridade coatora, ao receber a exceção de incompetência, assim despachou:
>
> "Intime-se o excepto para que, querendo, manifeste sobre a exceção de incompetência apresentada, em 05 dias.
>
> Intimem-se as partes e seus advogados, estes últimos pelo DJe-JT, para ciência da inclusão do processo na pauta de audiências do dia 29.01.2018 às 08:20, relativa à realização de audiência de instrução referente à exceção de incompetência apresentada.
>
> As partes deverão comparecer à audiência designada, para depoimento pessoal, sob pena de confissão quanto aos fatos relativos à exceção de incompetência.
>
> As testemunhas deverão ser apresentadas em Juízo, no mesmo ato, sob pena de preclusão."
>
> Intimada em 25.01.2018, a excipiente, ora impetrante, atravessou petição, requerendo que fosse dispensada de comparecer à audiência marcada para 29.01.2018 e que fosse expedida carta precatória para que ela e suas testemunhas fossem ouvidas pelo Juízo da Vara do Trabalho de Goiatuba, o que foi indeferido em 26.01.2018, aos seguintes fundamentos:
>
> "Indefiro o requerimento formulado pela reclamada (id. 0Cf86d4).
>
> Ressalto que a audiência de instrução designada serve para colher depoimentos pessoais das partes e inquirir as testemunhas que comparecerem. Ainda, nos termos do § 3º do art. 852-H, somente em audiência este Juízo deliberará sobre a oitiva de testemunhas arroladas e comprovadamente convidadas que não comparecerem à audiência designada. Intime-se."
>
> Em um juízo de cognição superficial, é possível afirmar que a decisão acima fere a intenção da lei, estando presente o *fumus boni iuris* para a concessão da liminar.
>
> Também se faz presente o perigo da demora em relação ao pedido de dispensa do comparecimento da excipiente e suas testemunhas na audiência do dia 29.01.2018, haja vista a exiguidade do prazo.
>
> Quanto ao pedido liminar de que seja determinada a colheita de seu depoimento e o de suas testemunhas pelo Juízo da Vara do Trabalho de Goiatuba, entendo que não há o perigo da demora, podendo ser apreciado por ocasião do julgamento final deste mandado de segurança, razão pela qual deixo de deferi-lo neste momento.
>
> Logo, CONCEDO PARCIALMENTE A LIMINAR, para dispensar a impetrante de comparecer, com suas testemunhas, na audiência marcada para o dia 29.01.2018 às 8h20, devendo a autoridade coatora abster-se de marcar audiência no Juízo da Vara do Trabalho de Inhumas, para o comparecimento da excipiente e suas testemunhas, até o julgamento final deste mandado de segurança.

A inobservância do novo procedimento pode também ser arguida em sede de recurso ordinário desde que a parte demonstre sua irresignação em momento oportuno, por meio do protesto, para fins de se afastar a preclusão.

> RECURSO ORDINÁRIO. EXCEÇÃO DE INCOMPETÊNCIA. INOBSERVÂNCIA DO PROCEDIMENTO PREVISTO NO ART. 800 DA CLT. NEGATIVA DE PRESTAÇÃO JURISDICIO-

(10) Processo N. MS-0010035-66.2018.5.18.0000. Relator: Desembargador Platon Teixeira de Azevedo Filho. Decisão publicada na página 7077 do DEJT do Tribunal Regional do Trabalho da 18ª Região (TRT-18), de 29 de Janeiro de 2018.

NAL. NULIDADE. Uma vez apresentada exceção de incompetência territorial e não observado, pelo Juízo *a quo*, o procedimento previsto no art. 800 da CLT, impõe-se reconhecer a existência de nulidade, por negativa de prestação jurisdicional. Com efeito, uma interpretação conclusiva, por este Regional e neste instante processual, sobre o tema, poderia ensejar prejuízo às partes, destacando-se, inclusive, que não foi devidamente oportunizada à demandante, por meio do incidente cabível, argüir aspectos relativos à fixação da competência, apenas aduzidos em contrarrazões, não sendo mais possível, nesta Superior Instância, que se proceda à respectiva instrução probatória. (Processo: RO — 0001079-26.2016.5.06.0401, Redator: Maria Clara Saboya Albuquerque Bernardino, Data de julgamento: 19.03.2018, Terceira Turma, Data da assinatura: 20.03.2018)

Não há dúvidas de que a nova regra afetará a celeridade dos processos, visto que a oitiva por carta precatória depende da disponibilidade das pautas das Varas, que se encontram atualmente congestionadas em razão do crescimento vertiginoso das demandas trabalhistas e da ausência de crédito orçamentário para investimentos e reposição de servidores.

Segundo João Oreste Dalazen,

> Como se percebe, o novo art. 800 e parágrafos da CLT traça um rito absolutamente desnecessário, que conspira contra a razoável duração do processo trabalhista. A arguição da incompetência territorial no bojo da própria contestação, ainda que com suspensão da instrução do processo principal, não comprometeria a defesa e propiciaria ganho notável de eficiência e rapidez ao processo trabalhista. (2017, p. 101).

Por outro lado, não se pode deixar de considerar que a alteração legislativa, que em muito se aproxima da norma processual civil (art. 340 CPC), harmoniza-se com as normas que visam à implementação do devido processo constitucional (art. 1º, CPC c/c art. 15 CPC e art. 769, CLT).

Segundo Homero Batista:

> (...) É nesse contexto que a reforma trabalhista importa do processo civil, pela primeira vez, a permissão para a apresentação de exceção de incompetência territorial sem que o réu precise se deslocar até o local do ajuizamento da ação para, somente ali, indicar que a prestação dos serviços ocorrera em outra Comarca. O ônus desse deslocamento é muito alto em alguns casos, em nosso país continental e, de fato, inviabiliza o direito de defesa (2017, p. 149/150).

O novo procedimento assegura às empresas de pequeno porte que têm atuação pontual, em apenas uma localidade do país, o efetivo acesso à jurisdição e o pleno exercício da ampla defesa e do contraditório (art. 5º, XXXV, CR/88 c/c art. 7º, CPC e art. 769, CLT).

Não se pode olvidar que as micro e pequenas empresas têm, no Brasil, papel fundamental pois são as responsáveis por 43,5% dos postos de trabalho do país[11]. Tais empresas, apesar de serem verdadeira força motriz da nossa economia, não dispõem de recursos suficientes para o custeio do deslocamento e da hospedagem do preposto e das testemunhas para os diversos rincões do país.

É certo também que situações em que se verifica o ajuizamento de ação no domicílio de ex-empregado de micro e pequenas empresas são excepcionais. No entanto, em razão do avanço dos meios de locomoção que proporcionam maior mobilidade à população, verifica-se a ocorrência de alguns casos:

> (...) No recurso de revista, a reclamada alega que tanto a contratação como a prestação de serviços ocorreu em Brasília/DF, sendo o foro desta localidade competente para o julgamento da ação trabalhista, nos termos do art. 651 da CLT. Sustenta que sua defesa foi prejudicada com o ajuizamento da ação em São Raimundo Nonato/PI, uma vez que a reclamada é empresa de pequeno porte que não possui sequer filial em outra cidade. Aponta violação dos arts. 651, *caput* e § 3º, da CLT; 344 do CPC de 2015 e 5º, LV, XXXV, XXXVII e LIII, da CF. (...) Observa-se, na hipótese, que houve má aplicação do art. 5º, XXXV, da CF pelo Tribunal Regional, uma vez que a reclamada foi prejudicada no seu direito de defesa, tanto que fora declarada a sua revelia. Ademais, consignou o regional que a ação foi ajuizada em local diverso da contratação e da prestação de serviço, além de não ter registrado o âmbito de atuação da empresa reclamada. Assim, o entendimento do Tribunal Regional diverge do entendimento firmado por esta Corte (...) (RR.209-92.2015.5.22.0102. Relator Ministro Hugo Carlos Scheurmann. 1ª Turma. Publicação DEJT 14.8.17).

AGRAVO DE INSTRUMENTO. RECURSO DE REVISTA. RITO SUMARÍSSIMO. COMPETÊNCIA EM RAZÃO DO LUGAR. LOCAL DA PRESTAÇÃO DOS SERVIÇOS DISTINTO DO DOMICÍLIO DO EMPREGADO. No caso concreto dos autos é certo que o reclamante trabalhou para a reclamada em local diverso (SP) daquele do ajuizamento da reclamação trabalhista (CE). Considerada esta premissa em confronto com os critérios objetivos para o ajuizamento da ação trabalhista previstos no § 3º do art. 651 da CLT (local da contratação ou da prestação de serviços), não há viabilidade de aforamento da reclamação trabalhista em local diverso. Nesse sentido, aliás, julgados desta Corte, inclusive da SBDI-2 em Conflito de Competência. O devido processo legal tem em vista permitir às partes em litígio exercerem amplamente seus direitos de acesso à justiça, ao contraditório e à defesa. As regras específicas de competência trabalhista em razão do lugar visam e devem beneficiar, antes de tudo, o tratamento processual isonômico, sem retirar dos litigantes (empregado e empresa) a possibilidade efetiva de acesso à justiça e de defesa dos seus interesses. Assim, não se pode admitir, tão só pela hipossuficiência do empregado, em desatenção, *v. g.*, à hipossuficiência do empregador reconhecida no caso concreto (item 9 da decisão regio-

(11) Dados retirados de pesquisa do Sebrae. Disponível em: <https://m.sebrae.com.br/Sebrae/Portal%20Sebrae/Estudos%20e%20Pesquisas/Participacao%20das%20micro%20e%20pequenas%20empresas.pdf>. Acesso em: 20 ago. 2017.

nal), que o processo seja irregular, dispendioso e injusto para a empresa sem lhe assegurar paridade de condições e plenitude de defesa. Desse modo, não se pode dar ampla faculdade ao empregado de sempre eleger o foro de seu domicílio para ajuizar a demanda quando a regra do art. 651 da CLT não lhe for mais favorável, porque a observância aos princípios da proteção do trabalhador deve ser ponderada com o também direito do empregador de acesso à Justiça. Sob esta ótica não se constata a violação do art. 5º, LV e XXXV, da Constituição Federal. Precedentes. Agravo de instrumento conhecido e não provido. (AIRR 62-91.2013.5.07.00225. Relator Ministro Alexandre Agra Belmonte. 3ª Turma. Publicação DEJT 21.10.14.

Para tais situações, observa-se que é salutar a nova redação do art. 800, pois permitirá a oitiva do excipiente e de suas testemunhas, por carta precatória, no juízo que este houver indicado como competente.

Em razão de o poder-dever do magistrado de velar pelo rápido andamento do processo lhe exigir postura proativa no sentido de evitar atos processuais desnecessários e protelatórios, acredita-se que a oitiva por carta precatória será medida excepcional que somente será autorizada pelo juízo quando os documentos anexados à exceção e à manifestação do exceto não forem suficientes para formar seu convencimento.

Conforme já adiantado, a oitiva de testemunha se dará a critério do juiz, não tendo a parte direito líquido e certo e não se caracterizando a negativa do magistrado como ato de cerceamento de defesa, porquanto a redação do § 3º do art. 800 da CLT é clara ao estabelecer a oitiva como faculdade do juízo. É necessário registrar, contudo, que a decisão da exceção de incompetência deve ser devidamente fundamentada pelo magistrado em observância ao art. 489 do CPC/15 e art. 3º, IX, da Instrução Normativa n. 39/16.

Não há dúvidas de que o novo procedimento demandará maiores cuidados com a prova documental a ser anexada na exceção de incompetência. Em razão de a oitiva de testemunhas figurar como faculdade do juízo (art. 800, § 3º, CLT), os documentos passam a ter papel de destaque e podem se mostrar fundamentais para o acolhimento da exceção de incompetência apresentada.

Por meio da análise do contrato social da empresa, que evidenciará o porte da sociedade, seu capital, o objeto social e a existência de filiais, terá o julgador elementos suficientes para aferir se o caso em análise se enquadra nas hipóteses já firmadas na jurisprudência de flexibilização da regra prevista no art. 651 da CLT ou se é o caso de declarar incompetência territorial e remeter os autos ao juízo do local da prestação dos serviços.

Cumpre ressaltar que a preocupação quanto ao desprestígio do princípio basilar do processo do trabalho pela desconcentração dos atos processuais tende a se minimizar com a implementação de todas as etapas do processo eletrônico. A partir da implementação de recursos tecnológicos de recepção de som e imagem, poderá a oitiva do excipiente e de suas testemunhas correr por meio de videoconferência, tal como preconiza o art. 453, § 1º do CPC. A utilização dos meios telemáticos permitirá que todas as provas sejam colhidas em um mesmo ato, preservando a celeridade e observando o efetivo contraditório das partes.

É certo que a presença física à audiência, ato que tem especial relevância no Direito Processual do Trabalho, traz indiscutíveis benefícios ao processo, tanto em termos de facilidades à conciliação quanto para a percepção do juízo acerca dos fatos controvertidos do litígio. É necessário, contudo, nos adequarmos à nova realidade, que exige que o Poder Judiciário preste serviço célere e eficiente, o que demanda desburocratização dos procedimentos pela utilização das tecnologias.

Em razão de o novo procedimento implicar em desconcentração dos atos processuais, o que repercute substancialmente no princípio da celeridade — que é muito caro ao Direito Processual do Trabalho em razão da natureza do crédito alimentar — é importante que a reclamada seja prudente na sua instauração, que deve ser feita somente quando fundada em controvérsia e argumentos relevantes. Deve a parte, portanto, ter cautela pois, caso o magistrado evidencie conduta meramente protelatória da reclamada, contrária à boa-fé processual (art. 5º CPC), aplicará, de ofício, multa por litigância de má-fé, com fundamento no art. 80, VI, CPC e art. 793-B, VI, CLT.

Salienta-se, por fim, que a reforma trabalhista não alterou a redação do art. 799 de forma que a decisão sobre a exceção de incompetência territorial continua com natureza de decisão interlocutória, sendo, portanto, em regra, irrecorrível de imediato (art. 799, § 2º c/c art. 893, § 1º da CLT). Observa-se, assim, que a exceção prevista na Súmula n. 214, *c*, do TST continua sendo pertinente e aplicável quando se verificar acolhimento da exceção de incompetência territorial com a remessa dos autos para Tribunal Regional distinto daquele a que se vincula o juízo excepcionado.

Quanto às regras de aplicação das normas no tempo, necessário observar que o legislador reformista optou por caminho diverso ao escolhido quando da elaboração do Código de Processo Civil de 2015, que trouxe livro específico, intitulado "Das disposições finais e transitórias", com o intuito de regulamentar a aplicação do direito intertemporal.

Na oportunidade, previu-se no art. 1.046 que *"ao entrar em vigor este Código, suas disposições se aplicarão desde logo aos processos pendentes, ficando revogada a Lei n. 5.869, de 11 de janeiro de 1973"* e no art. 14 *"a norma processual não retroagirá e será aplicável imediatamente aos processos em curso, respeitados os atos processuais praticados e as situações jurídicas consolidadas sob a vigência da norma revogada"*. Verifica-se assim que, ao regular o direito transitório no processo comum, optou o legislador por adotar a regra do *tempus regit actum* e a teoria do isolamento dos atos processuais de maneira a aplicar aos atos a lei vigente no momento de sua prática.

É no momento da notificação da reclamada que se inicia o direito de alegar a exceção de incompetência territorial, que deve ser apresentada no prazo de cinco dias, em peça apartada.

O Tribunal Superior do Trabalho, ao interpretar a norma de direito processual aplicável à hipótese, adotou no art. 11 na Instrução Normativa n. 41/18 a regra de isolamento dos atos processuais prevista no processo comum para, acertadamente, aplicar as alterações promovidas pela Lei n. 13.467/17, no que diz respeito ao novo procedimento, a todas as ações que tiverem a notificação da reclamada expedida a partir de 11.11.17.

Observa-se, portanto, que, a partir da referida data, o novo procedimento de exceção deverá ser aplicado a todas as ações que tiverem a notificação da reclamada expedida a partir da entrada em vigência da Lei n. 13.467/17 em razão da adoção da regra do *tempus regit actum* e da teoria do isolamento dos atos processuais.

A par das inovações introduzidas pela reforma trabalhista, observa-se que a regra de distribuição de competência territorial não sofreu alterações de forma que, consequentemente, todo o avanço jurisprudencial no sentido de flexibilizar a regra contida no art. 651 da CLT, com o objetivo de prestar reverência ao texto constitucional, permanece inalterado, devendo ser aplicado quando se verificar a possibilidade de garantir efetivo acesso à Justiça ao reclamante com preservação do direito de ampla defesa e contraditório da reclamada.

A nova regra de procedimento para a exceção da incompetência territorial, portanto, não afetará a releitura constitucional do art. 651 da CLT, já cristalizada pela jurisprudência.

O que o novo procedimento permitirá é a possibilidade de a reclamada se insurgir acerca do foro escolhido sem a necessidade de se deslocar e de despender recursos financeiros.

No entanto, é preciso registrar que, caso a exceção de incompetência territorial não seja acolhida, será necessário que a reclamada compareça ao juízo que se declarou competente para apresentar defesa e produzir provas.

Observa-se assim que o novo procedimento não põe fim aos custos de deslocamento da reclamada, porquanto esses persistirão caso o juízo não acolha a exceção por aplicar a releitura constitucional do art. 651 da CLT, admitindo como foro competente o do domicílio do trabalhador.

4. Conclusão

A competência territorial, além de ser fundamental para a racionalização da prestação do serviço judiciário, é matéria processual que se correlaciona diretamente com o direito fundamental de acesso à Justiça (art. 5º, XXXV, CR/88). A Consolidação das Leis do Trabalho adotou, como regra geral, critério objetivo de fixação de competência com vistas a assegurar amplo acesso pelo trabalhador ao Judiciário Trabalhista.

As alterações econômicas e sociais vivenciadas pelo país exigiram dos operadores do Direito Processual do Trabalho releitura da norma contida no art. 651 da CLT, sob a ótica do devido processo constitucional, de forma a flexibilizar a regra de distribuição de competência a fim de garantir o efetivo acesso à jurisdição a todos os empregados, inclusive àqueles que são arregimentados e se deslocam para prestarem trabalhos temporários ou sazonais.

A discussão acerca do foro competente para processar e julgar a ação trabalhista desafia a interposição da exceção de incompetência territorial. A redação original da CLT exigia que os empregadores se deslocassem para o foro indicado como competente pelo empregado, mesmo que pretendessem arguir a exceção em razão do lugar.

A Lei n. 13.467/17, também conhecida como reforma trabalhista, trouxe novo procedimento da exceção de incompetência territorial para satisfazer o interesse das empresas que constantemente são demandadas nos domicílios atuais de seus ex-empregados.

As alterações perpetradas pela reforma certamente afetarão a celeridade dos processos em razão da necessidade de se manter a suspensão processual enquanto não ouvido o excipiente e suas testemunhas por carta precatória. Por outro lado, as alterações, que em muito se aproximam da norma processual comum, materializam princípios constitucionais e asseguram, principalmente aos pequenos empresários, o efetivo acesso à jurisdição e o pleno exercício da ampla defesa e do contraditório (art. 5º, XXXV, CR/88 c/c art. 7º CPC e art. 769, CLT).

Verifica-se a importância do papel e da percepção do magistrado na análise do caso concreto para que se evite a perda da celeridade no processo trabalhista. Por ser a oitiva do excipiente e de suas testemunhas faculdade do juízo, o magistrado deve autorizar a produção da prova apenas em casos excepcionais, nos quais não restar a controvérsia dirimida pelas provas documentais que necessariamente devem acompanhar o incidente de exceção.

Não há dúvidas de que o novo procedimento demandará dos procuradores maiores cuidados com a prova documental a ser anexada na exceção de incompetência. Em razão de a oitiva de testemunhas figurar como faculdade do juízo (art. 800, § 3º, CLT), os documentos passam a ter papel de destaque e podem se mostrar fundamentais para o acolhimento da exceção de incompetência apresentada.

Em razão de o novo procedimento afetar substancialmente a celeridade processual, devem as reclamadas, em observância aos princípios da boa-fé processual e da colaboração, ajuizar a exceção de incompetência territorial somente quando respaldadas em controvérsias e argumentos relevantes. O ajuizamento da exceção com intuito meramente protelatório implicará em multa por litigância de má-fé (art. 80, VI, CPC e art. 793-B, VI, CLT).

A preocupação quanto à perda de celeridade do processo do trabalho pela implementação do novo incidente de exceção de incompetência territorial tende a se minimizar, ou até mesmo se extinguir, com a implementação de todas as etapas do processo eletrônico, que permitirão a oitiva do excipiente e de suas testemunhas por meio de videoconferência.

De acordo com o art. 11 da Instrução Normativa n. 41/18, o novo procedimento de exceção deverá ser aplicado a todas as ações que tiverem a notificação da reclamada expedida a partir da entrada em vigência da Lei n. 13.467/17 (11.11.17) em razão da adoção da regra do *tempus regit actum* e da teoria do isolamento dos atos processuais.

Por fim, observa-se que a regra de distribuição de competência territorial não sofreu alterações, de forma que, consequentemente, todo o avanço e construção jurisprudencial no sentido de flexibilizar a regra contida no art. 651 da CLT, com fins de prestar reverência ao texto constitucional, permanecem inalterados.

A nova regra de procedimento para a exceção da incompetência territorial, caso bem aplicada, servirá como importante instrumento para a efetivação dos direitos processuais constitucionais.

Referências bibliográficas

DA SILVA, Homero Batista Mateus. *Comentários à reforma trabalhista*. Análise da Lei n. 13.467/17 — artigo por artigo. São Paulo: Revista dos Tribunais, 2017.

DALAZEN, João Oreste. *Lições de direito e processo do trabalho*. São Paulo: LTr, 2017.

DE CASTRO, Maria do Perpétuo Socorro Wanderley. O deslocamento de trabalhadores e a postulação de seus direitos na Justiça do Trabalho. In: MIESSA, Élisson; CORREIA, Henrique (Orgs.). *Estudos aprofundados da magistratura do trabalho*. 1. ed., v. 2. Salvador: JusPodivm, 2014.

KIPPEL, Bruno. A nova defesa do reclamado: análise das principais alterações promovidas pelo novo CPC e sua aplicação ao processo do trabalho. In: MIESSA, Élisson (Org.). *O Novo Código de Processo Civil e seus reflexos no processo do trabalho*. 1. ed. Salvador: JusPodivm, 2015.

MIZIARA, Raphael. Reflexões sobre a distribuição da competência territorial no processo do trabalho e seus incidentes: breves diálogos com o novo Código de Processo Civil e a legislação extravagante. In: COLNAGO, Lorena de Mello Rezende; NAHAS, Thereza Christina (Orgs.). *Processo do trabalho atual*: aplicação dos enunciados do Fórum Nacional e da instrução normativa do TST. São Paulo: Revista dos Tribunais, 2016.

SCHIAVI, Mauro. *Manual de direito processual do trabalho*. De acordo com o Novo CPC. 12. ed. São Paulo: LTr, 2017.

THEODORO JÚNIOR, Humberto. *Curso de direito processual civil* — teoria geral do direito processual civil e processo de conhecimento. 52. ed. Rio de Janeiro: Forense, 2011.

A distribuição do ônus da prova no processo do trabalho à luz da reforma trabalhista e sua semelhança com o tratamento adotado pelo CPC/2015

Vítor Nogueira de Oliveira(*)
Letícia Coutinho Monte Alto(**)

1. Introdução

A Lei n. 13.467 (Reforma Trabalhista) trouxe inúmeras alterações para o ordenamento jurídico pátrio, tanto no plano de Direito Material do Trabalho, quanto na processualística juslaboral.

As modificações promovidas pela reforma trabalhista entraram em vigor[1] em novembro de 2017. Passados pouco mais de 12 (doze) meses da entrada em vigor da nova legislação, pode-se afirmar com tranquilidade que um dos principais objetivos almejados com a reforma restou frustrado, qual seja, trazer maior segurança jurídica para as relações trabalhistas e os processos em trâmite perante a Justiça do Trabalho. Ao revés, ante a falta de pacificação acerca da conformidade de inúmeros dispositivos deste novel diploma normativo com a Constituição Federal, bem como quanto à aplicação dessas normas de Direito material e processual do trabalho trazidas pela Reforma Trabalhista no tempo (Direito Intertemporal), inúmeras discussões tomaram conta da comunidade militante na área trabalhista, e, ao que parece, essas cizânias ainda devem permear o meio jurídico laoboral por algum tempo até que se chegue a conclusões com alicerces firmes.

Além da notória sensação de insegurança jurídica que a Reforma vem gerando para os operadores do Direito do Trabalho, ainda é precoce qualquer previsão peremptória acerca dos efeitos práticos, no campo econômico e estatístico, decorrentes da entrada em vigor da Reforma Trabalhista.

Tal como asseverado no artigo inaugural desta obra, a alteração da redação do art. 818 da CLT, que regula a distribuição dos encargos probatórios no âmbito do processo do trabalho , pouca repercussão gerou. Como bem observado por SOUZA JÚNIOR[2] "*é possível vaticinar que este dispositivo será aplicado sem maiores questionamentos, pois, diversamente de muitos pontos da chamada "reforma trabalhista", não está em confronto com nenhuma norma constitucional nem com a posição oficial e jurisprudencial do TST. Bem ao contrário, está em enorme harmonia com o que têm sinalizado, em linhas gerais, a doutrina e a jurisprudência na seara laboral*".

É justamente sobre esta nova disciplina atinente ao ônus da prova no âmbito da CLT que o presente artigo irá se debruçar adiante.

2. Ônus da prova

2.1. Conceito e noções fundamentais

Antes de adentrar nas inovações legislativas em matéria de ônus da prova levadas a cabo com a edição das Leis ns. 13.105/2015 — Novo Código de Processo Civil e 13.467/2017 — reforma trabalhista, importante tecermos algumas considerações sobre o que se deve compreender da expressão "ônus da prova".

A palavra ônus tem origem latina, deriva de *onus, oneris*, cujo sentido etimológico é de peso, fardo. No âmbito jurídico, contudo, o vocábulo ônus é constantemente utilizado de maneira equivocada, sendo, inúmeras vezes, confundido com o conceito de obrigação[3].

Porém, apesar de uma análise perfunctória permitir essa confusão terminológica, as figuras do ônus e da obrigação gozam de autonomia conceitual plena, e, portanto, não se mesclam.

(*) Bacharel em Direito pela UFMG. Pós-graduado em Direito do Trabalho e Processo do Trabalho. Advogado.
(**) Bacharel em Direito pela UFMG. Servidora Pública do Tribunal de Justiça do Estado de Minas Gerais — TJMG.

(1) O art. 6º da Lei n. 13.467/2017 dispõe que a vigência do novel diploma normativo terá início "*após decorridos cento e vinte dias de sua publicação oficial*", publicação esta ocorrida no DOU de 14.7.2017.

(2) SOUZA JÚNIOR, Antônio Umberto de *et al. Reforma trabalhista*: análise comparativa e crítica da Lei n. 13.467/2017 e da Med. Prov. n. 808/2017. 2. ed. São Paulo: Rideel, 2018. p. 485.

(3) Sobre essa distinção, o professor Fredie Didier Jr. ensina que "*ônus é o encargo cuja inobservância pode colocar o sujeito numa situação de desvantagem. Não é um dever e, por isso mesmo, não se pode exigir o seu cumprimento*". DIDIER JR., Fredie. *Curso de direito processual civil:* teoria da prova, direito probatório, ações probatórias, decisão, precedente, coisa julgada e antecipação dos efeitos da tutela. 10. ed. Salvador: Juspodivm, 2015. p. 106-107.

O conceito de obrigação está intimamente ligado à ideia de sujeição, de subordinação. Em linhas gerais, a obrigação é "o vínculo jurídico em razão do qual uma pessoa pode exigir da outra uma determinada prestação, economicamente apreciável ou não"(4). O não cumprimento dá uma *obrigação geral* para aquele que descumpre *uma sanção* jurídica.

Precisa a lição de Carnelutti sobre os conceitos ora examinados:

> Falamos de ônus quando o exercício de uma faculdade é posto como condição para obter certa vantagem. Por isso, o ônus é uma faculdade, cujo exercício é necessário para a consecução de um interesse. Daí o parentesco entre os dois conceitos. Obrigação e ônus têm em comum o elemento formal, consistente no vínculo da vontade, mas diferem entre si quanto ao elemento substancial, porque o vínculo é imposto, quando há obrigação para a tutela de um interesse alheio, enquanto, havendo ônus, a tutela é um interesse próprio. Correlativa à ideia de ônus está, portanto, a ideia de risco, não a ideia de subordinação ou sujeição(5).

Apesar das variações encontradas em âmbito doutrinário e jurisprudencial, o conceito de ônus probatório encontra-se, pois, sempre atrelado à noção de faculdade posta à disposição da parte como meio de obtenção de uma vantagem. Por conseguinte, as partes não são obrigadas a produzir prova, ou, como diria o mestre Humberto Theodoro Júnior(6):

> [...] não há um dever de provar, nem à parte contrária assiste o direito de exigir a prova do adversário. Há um simples ônus, de modo que o litigante assume o risco de perder a causa se não provar os fatos alegados dos quais depende a existência do direito subjetivo que pretende resguardar através da tutela jurisdicional.

Conclui-se, portanto, que o *ônus* probatório *não gera sanção* àquele que o descumpre, mas, sim, um prejuízo de ordem processual, pois a parte que não se desincumbir desse encargo perde a condição vantajosa que poderia criar para si dentro do contexto da lide. E, em regra, tal situação (não cumprimento do encargo probatório) gera à parte inerte a sucumbência, a perda da demanda.

De maneira sintética e objetiva, ônus da prova é, pois, a atribuição probatória que toca à parte que deseja ver reconhecido em juízo a procedência do pleito apresentado (sob a ótica do autor/reclamante) ou, no prisma oposto, a improcedência do requerimento adverso (neste caso, sob o ponto de vista do réu/reclamado).

2.2. Função processual do ônus da prova

Delineado o conceito do instituto, mister analisar a finalidade e os destinatários das regras de distribuição do ônus da prova. Afinal, quais as funções do ônus da prova na sistemática processual?

As regras de distribuição do ônus probatório são destinadas a todos os sujeitos do processo — autor/reclamante, juiz e réu/reclamado, exercendo, contudo, funções distintas para o julgador e para as partes. Por possuir essa funcionalidade dúplice, a doutrina pátria majoritária costuma seccionar o ônus da prova em ônus subjetivo e ônus objetivo.

O ônus subjetivo é o aspecto, a faceta do ônus probatório que "*distribui entre demandante e demandado o encargo de produzir as provas dos fatos necessários ao julgamento da ação, apontando quais os fatos que devem ser provados por cada qual, com vistas a obter uma decisão favorável*"(7).

O ônus subjetivo é, portanto, regra de conduta para as partes, critério orientador que aponta a quem compete provar determinado(s) fato(s) e, por conseguinte, as consequências daí decorrentes: lograr êxito, caso cumpra com o encargo que lhe é posto ou sucumbir, caso não consiga se desvencilhar do ônus probatório que lhe fora atribuído.

O ônus objetivo, por sua vez, atua como regra de julgamento, indicando ao magistrado como deve proceder ao final da demanda, ou seja, quem deve ser indicado sucumbente e vencedor da lide posta sob sua apreciação, tendo em vista os encargos probatórios que lhe competiam e a desincumbência ou não de tais atribuições.

Nesse viés, a quase totalidade da doutrina reduz o aspecto objetivo do ônus da prova às situações em que determinada parte frustrou o encargo probatório que lhe cabia e, por isso, deve sucumbir. Nesse sentido, assevera Cleber Lúcio de Almeida que "*somente no caso de dúvida invencível é que o juiz deverá recorrer às normas sobre o ônus da prova*"(8). Na mesma direção, Carlos Alberto Reis de Paula chega a denominar a doutrina do ônus da prova como "*a doutrina da decisão sobre o fato incerto*"(9), para em seguida afirmar que o regramento dos

---

(4) CREMASCO, Suzana Santi. *A distribuição dinâmica do ônus da prova*. Rio de Janeiro: GZ, 2009. p. 24.

(5) CARNELUTTI, Francesco. *Sistema di diritto processuale civile*. v. I, p. 55 e segs., *apud* PAULA, Carlos Alberto Reis de. *A especificidade*. *cit.*, p. 22.

(6) THEODORO JÚNIOR, Humberto. *Curso de direito processual civil*. 45. ed., v. I. Rio de Janeiro: Forense, 2006. p. 472.

(7) CREMASCO, Suzana Santi. *A distribuição dinâmica*. *cit.*, p. 29-30.

(8) ALMEIDA, Cléber Lúcio de. *Direito processual do trabalho*. 2. ed. Belo Horizonte: Del Rey, 2008. p. 481.

(9) PAULA, Carlos Alberto Reis de. *A especificidade do ônus da prova no processo do trabalho*. 2. ed. São Paulo: LTr, 2010. p. 99.

encargos probatórios é, para o julgador, "*uma regra de julgamento, porque indica a ele como deve sentenciar quando não encontre a prova dos fatos*"(10). Esse é, como dito, o pensamento quase unânime dos doutrinadores, tanto no âmbito do processo civil quanto na seara processual trabalhista.

Apesar do respeito e admiração que os renomados juristas merecem, ouso dissentir desse posicionamento. As normas determinadoras do ônus probatório das partes atuam, em verdade, em todos os processos (à exceção daqueles extintos sem julgamento de mérito ainda no seu nascedouro), tanto para o juiz como para as partes.

Para os litigantes, atua como norteador sobre quais fatos lhes cabem produzir prova, sob pena de provável insucesso na demanda. Para o juiz, contudo, mesmo nos processos em que as provas apresentadas se mostram suficientes para formar seu convencimento acerca dos fatos controvertidos, acaba o julgador por recorrer, ainda que intuitivamente, às regras de distribuição do ônus da prova.

A título exemplificativo, vejamos a situação em que o juiz profere uma decisão reconhecendo que o reclamante A manteve, de fato, relação de emprego com a reclamada B, sob o fundamento de que "*os documentos acostados aos autos comprovam a existência do vínculo empregatício*". Não estaria aqui o magistrado afirmando, em outras palavras, que o autor cumpriu com seu encargo de apresentar provas do(s) fato(s) constitutivo(s) do seu direito, conforme determinam os arts. 818 da CLT e 373 do CPC? Não há dúvidas de que a resposta é afirmativa. É exatamente por ter cumprido seu encargo probatório que o reclamante teve seu pleito declaratório deferido.

O simples fato de o juiz não mencionar expressamente em sua decisão os dizeres ônus da prova ou encargo probatório não tem o condão de desqualificar a importância das regras sobre o ônus probatório em sua tomada de decisão, pois se a parte conseguiu efetivamente provar o que esperava, nada mais fez do que cumprir o que determina o mandamento do art. 373 do CPC e/ou art. 818 da CLT.

Sobre o tema, não se pode ignorar o posicionamento e a lucidez de Marinoni, para quem as regras de distribuição do ônus probatório, em especial o art. 373 do CPC, não atuam, quando direcionadas ao juiz, meramente como normas decisórias, mas, também, como regras elementares para a formação do convencimento judicial(11):

> Na fase de convicção, e, portanto, antes de ter chegado a uma eventual dúvida, o juiz deve considerar não só a natureza dos fatos em discussão e a quem incumbe a sua prova, mas também a natureza da situação concreta a ele levada para julgamento. Há situações de direito substancial que exigem que o convencimento judicial possa se formar a partir da verossimilhança do direito sustentado pelo autor.
>
> (...)
>
> Quando a regra do ônus da prova passa a considerar a convicção diante do caso concreto, ela passa a ser responsável pela formação da convicção, que poder ser de certeza ou de verossimilhança. Ou melhor, pode ser de verossimilhança sem ser de dúvida. **Como o convencimento antecede a decisão, não há como aceitar a ideia de que a regra do ônus da prova somente tem importância para permitir a decisão em caso de dúvida, e não para a formação do convencimento. Ora, o juiz que decide com base em verossimilhança não está em estado de dúvida; ao contrário, ele está convencido de que a verossimilhança basta diante das circunstâncias do caso concreto.** (destaque nosso)

Portanto, conclui-se que as regras de distribuição do ônus probatório são critérios norteadores tanto para o juiz como para as partes e atuam em todos os feitos em que há julgamento de mérito.

Com as inovações que exsurgiram no tocante ao ônus da prova com a edição do novo CPC e agora reproduzidas no art. 818 da CLT a partir da reforma trabalhista (Lei n. 13.467/2017), a consagração legal da teoria da **distribuição dinâmica do ônus da prova** (inserida no § 1º dos arts. 373 do CPC e 818 da CLT) confere nova faceta ao chamado "*ônus objetivo da prova*".

Isso porque, agora, além de uma alternativa para evitar o *non liquet*, a flexibilidade conferida ao magistrado de distribuir de maneira excepcional os encargos probatórios, fugindo à regra geral prevista no *caput* dos artigos retrocitados, confere às novas regras de repartição do ônus da prova, sob a perspectiva do julgador (destinatário final da prova), a feição de mecanismo ativo de auxílio na busca pela verdade real, evitando-se que a distribuição apriorística (ou estática) do ônus crie para a parte o encargo de produção da chamada *prova diabólica* ou prova impossível(12).

(10) *Idem*.

(11) MARINONI, Luiz Guilherme; ARENHART, Sérgio Cruz. *Processo de. cit.*, p. 268-269.

(12) É o que ocorria, por exemplo, com os empregados domésticos que litigavam em juízo e pleiteavam o pagamento de horas extras antes da edição da Lei Complementar n. 150/2015. Até a edição dessa norma, que, de maneira sábia, passou a exigir dos empregadores controle da jornada do empregado por qualquer meio idôneo (art. 12), o encargo de comprovar a sobrejornada recaía sobre o reclamante, já que a questão se subsumia à regra geral: ao autor, toca o ônus de comprovar o fato constitutivo de seus direitos. Considerando que na quase totalidade das ações os empregados/reclamantes eram os únicos trabalhadores do ambiente doméstico em que laboraram, e, não havendo, à época, obrigatoriedade de controle documental da jornada, tornava-se praticamente impossível ao reclamante doméstico desincumbir-se do encargo probatório, já que nem mesmo o socorro da prova testemunhal havia para o obreiro, pelo fato já exposto: a maioria dos lares conta com apenas um empregado doméstico. O resultado não podia ser diferente: entre o

Assim, as regras de distribuição do ônus da prova exercem papel decisivo na seara processual: para o julgador, as normas de repartição dos encargos probatórios servem como critérios de orientação para a formação do seu convencimento, como regra de procedimento (quando utilizada a faculdade inserta no § 1º do art. 373 do CPC), e, como tradicionalmente consagrado, como regra de julgamento, determinando quem deve sair vencedor — por ter cumprido seu encargo probatório, ou sucumbente, nesta hipótese, justamente por não ter se desincumbido do ônus que lhe fora imposto (como sabido, o ordenamento jurídico pátrio veda o *non liquet*, conforme dispõe o art. 140 do CPC[13]). E, para as partes, atua referido regramento como normas de orientação de conduta processual, indicando os fatos que cada uma deve provar para obter a tutela judicial esperada.

2.3. A clássica distribuição do ônus da prova no processo civil e no processo do trabalho

Sem maiores delongas, distribuir o ônus da prova nada mais é que repartir entre os litigantes o encargo de demonstrar a veracidade dos fatos controversos, ou seja, estabelecer "quem" deve provar "o quê".

Antes de traçar a distinção entre distribuição estática e a moderna teoria da carga dinâmica do ônus da prova, necessário imergir em breve escorço histórico do regramento distributivo do ônus da prova no processo civil e no processo do trabalho antes da égide das Leis ns. 13.105/2015 ("novo" Código de Processo Civil) e 13.467/2017.

Até a edição da reforma trabalhista, a CLT continha disposição extremamente sucinta acerca da repartição dos encargos probatórios, assim encampada no art. 818 da CLT, *in verbis*:

> Art. 818. A prova das alegações incumbe à parte que as fizer.

A redação de referido dispositivo, que se manteve inalterada desde a promulgação da CLT, em 1º de maio de 1943, até novembro de 2017 (data de entrada em vigor da Lei n. 13.467/2017 — reforma trabalhista), foi inspirada no hoje longínquo Código de Processo Civil de 1939, que também atribuía o ônus da comprovação às partes responsáveis pelas alegações fáticas postas sob apreciação do juízo processante[14].

Ocorre, contudo, que a dicção do art. 818 da CLT (que esteve vigente até o dia 10.11.2017) mostrou-se, ao menos aos olhos da doutrina e da jurisprudência, absolutamente dominante, falha e insuficiente. Interessante, neste particular, transcrever o escólio do magistrado paranaense José Aparecido dos Santos[15], que sabiamente descreveu o labirinto a que seria conduzido o processo do trabalho caso se restringisse à aplicação da norma do art. 818 do texto consolidado em sua redação original:

> **A ideia de que o art. 818 da CLT é exaustivamente significante conduziria a insuperáveis paradoxos.** A quem incumbiria o ônus da prova: a quem afirmou primeiro ou a quem afirmou por último? O critério é meramente temporal? Ou o ônus da prova é sempre do empregador, visto ser ele em princípio o último que fala a respeito dos fatos alegados? É possível afirmar, também com base no art. 818 da CLT, que, como foi o autor quem alegou a existência de horas extras e a parte contrária apenas as negou, incumbe ao demandante a prova. **Assim, haveria um retorno ao antigo e já abandonado ponto de vista de que sempre quem afirma (fatos positivos) prova e quem apenas nega (fatos negativos) não precisa provar.** (destaque nosso)

Partindo desse ponto de vista acerca da insuficiência do comando celetista em matéria de ônus da prova (art. 818), posição esta que, ao longo do tempo, tornou-se praticamente uníssona no meio juslaboral[16][17], a possibilidade e, mais do que isso, a imperiosidade de

início da vigência da EC n. 72/2013 e a LC n. 150/2015, uma enxurrada de reclamações trabalhistas de empregados domésticos culminou com a improcedência do pleito de pagamento de sobrejornada, invariavelmente sob a mesma fundamentação: *"o(a) reclamante não se desincumbiu do encargo probatório que lhe cabia"*.

(13) Art. 140. O juiz não se exime de decidir sob a alegação de lacuna ou obscuridade do ordenamento jurídico.

(14) Art. 209. O fato alegado por uma das partes, quando a outra o não contestar, será admitido como verídico, se o contrário não resultar do conjunto das provas.

§ 1º Se o réu, na contestação, negar o fato alegado pelo autor, a este incumbirá o ônus da prova.

§ 2º Se o réu, reconhecendo o fato constitutivo, alegar a sua extinção, ou a ocorrência de outro que lhe obste aos efeitos, a ele cumprirá provar a alegação.

(15) SANTOS, José Aparecido dos. Teoria geral das provas e provas em espécie. In: CHAVES, Luciano Athayde. *Curso de processo*. cit., p. 606.

(16) Diz-se "praticamente", pois, até por um dever ético-científico, não se pode olvidar o posicionamento, ainda que minoritário e do qual o autor deste artigo discorda, do ilustre professor Manoel Antônio Teixeira Filho, que há anos defende peremptoriamente que o art. 818 da CLT (em sua redação atual e até outrora vigente) *"deve ser o único dispositivo legal a ser invocado para resolver os problemas relacionados ao ônus da prova no processo do trabalho, vedando-se, desta forma, qualquer invocação supletiva do art. 373, do CPC, seja porque a CLT não é omissa, no particular, seja porque há manifesta incompatibilidade com o processo do trabalho"* (TEIXEIRA FILHO, Manoel Antônio. *Comentários ao novo Código de Processo Civil sob a perspectiva do processo do trabalho (Lei n. 13.105, 16 de março de 2015)*. São Paulo: LTr, 2015. p. 501).

(17) Em recente artigo publicado para a revista do Tribunal Regional do Trabalho da 3ª Região, a Desembargadora Rosemary de Oliveira Pires e a Advogada Ana Cláudia Barbosa Dias fizeram coro à posição do professor Manoel Antônio Teixeira Filho, defendendo a completude e suficiência do art. 818 (redação original) da CLT. PIRES, Rosemary de Oliveira; DIAS, Ana Cláudia Barbosa. A prova no CPC de 2015 e no processo do trabalho: a distribuição do ônus probatório e seus questionamentos. *Rev. Trib. Reg. Trab. 3ª Reg.*, Belo Horizonte, v. 62, n. 93, p. 113-114, jan./jun. 2016.

socorrer-se (com amparo no permissivo do art. 769 da CLT) aos ditames do Código de Processo Civil em matéria de distribuição de encargos probantes restou consagrada. Assim, invocar o art. 333 do CPC/1973 como baliza norteadora passou a ser o procedimento padrão nos processos trabalhistas. Referido dispositivo do Código de Processo Civil anterior (de 1973) disciplinava a divisão dos afazeres probatórios entre os litigantes da seguinte maneira:

> Art. 333. O ônus da prova incumbe:
>
> I — ao autor, quanto ao fato constitutivo do seu direito;
>
> II — ao réu, quanto à existência de fato impeditivo, modificativo ou extintivo do direito do autor.

Uma análise detida do comando normativo apresentado no art. 333 do CPC/73 permite concluir que a processualística brasileira consagrou, à época, a clássica teoria de distribuição do ônus da prova proposta por Giuseppe Chiovenda, que leva em consideração a posição das partes na demanda (autor ou réu) e a natureza dos fatos controvertidos (constitutivos, impeditivos, modificativos e extintivos)[18].

Trata-se, como se vê, de critério de definição rígido e apriorístico, que cria regra abstrata para a repartição dos encargos probatórios sem considerar, todavia, as especificidades do litígio em questão e do direito material posto à apreciação do julgador, ignorando, também, as dificuldades das partes para, na situação em concreto, produzir prova dos fatos alegados.

A essa metodologia de distribuição do ônus da prova adotada pelo ordenamento jurídico pátrio por meio do CPC de 1973, reproduzida no art. 373, I e II do CPC atual e copiada na nova redação dada ao art. 818 da CLT, I e II, com a égide da Lei n. 13.467/2017, convencionou-se chamar de "teoria da distribuição **estática** do ônus da prova". Referida nomenclatura exsurge em contraposição à moderna, e agora legalmente consagrada "teoria da distribuição **dinâmica** do ônus da prova".

A doutrina da distribuição dinâmica do ônus da prova foi sistematizada e propagada pelo jurista argentino Jorge W. Peyrano, que assim conceituou sua tese de repartição dos encargos probatórios:

> A chamada doutrina das cargas probatórias dinâmicas pode e deve ser utilizada pelos órgãos jurisdicionais em determinadas situações, nas quais não funcionem adequada e valiosamente as previsões legais que, como norma, repartem os esforços probatórios. A mesma importa em um deslocamento do *onus probandi*, segundo forem as circunstâncias do caso, em cujo mérito aquele pode recair, *verbi gratia*, ***na cabeça de quem está em melhores condições técnicas, profissionais ou fáticas para produzi-las*, para além do seu posicionamento como autor ou réu, ou de tratar-se de fatos constitutivos, impeditivos, modificativos ou extintivos**[19]. (destaque nosso)

Em nossa visão, a distribuição **dinâmica** do ônus da prova constitui *alternativa* à repartição clássica dos encargos probatórios em situações tais que a manutenção da divisão tradicional cria para o responsável originário pela produção da prova situação de dificuldade extrema e/ou impossibilidade de se desincumbir da responsabilidade posta sob seu jugo, ao passo que o mesmo fato se mostra de simples comprovação pela parte adversa.

Assim, na perspectiva da distribuição dinâmica dos encargos probatórios, o ônus comprobatório de cada fato controvertido deve recair à parte que melhores condições tiver para dele se desincumbir, independentemente da natureza do fato (se constitutivo, modificativo, impeditivo ou extintivo) e da posição que ocupa na relação processual (autor/reclamante ou réu/reclamado).

O Código de Processo Civil de 2015, aperfeiçoando as previsões contidas no diploma anterior (CPC/1973) e dando concretude à tendência que já se observava nos tribunais civilistas, incorporou expressamente a teoria da distribuição dinâmica do ônus da prova (§§ 1º e 2º do art. 373), sem, contudo, abandonar a regra geral clássica da distribuição estática. As duas formas de distribuição do ônus (estática e dinâmica) foram contempladas pelo regramento do atual Código de Processo Civil.

Para melhor visualização, transcrevemos a redação do dispositivo que tratava do ônus da prova no CPC de 1973 (art. 333) e como ficou a redação do art. 373 do novel diploma processual (CPC 2015):

(18) Nesse sentido, cf. CREMASCO, Suzana Santi. *Distribuição dinâmica. cit.*, p. 61.

(19) PEYRANO, Jorge W. Nuevos lineamentos de las cargas probatorias dinâmicas. In: PEYRANO, Jorge W.; WHITE, Inés Lépori (Coords.). *Cargas probatorias dinâmicas*. 1. ed. Santa Fé: Rubinzal-Culzoni, 2004. p. 19-20 *apud* CREMASCO, Suzana Santi. *Distribuição dinâmica, cit.*, p. 72.

Ônus da Prova no CPC/1973	Ônus da Prova no CPC/2015
Art. 333. O ônus da prova incumbe: I — ao autor, quanto ao fato constitutivo do seu direito; II — ao réu, quanto à existência de fato impeditivo, modificativo ou extintivo do direito do autor. Parágrafo único. É nula a convenção que distribui de maneira diversa o ônus da prova quando: I — recair sobre direito indisponível da parte; II — tornar excessivamente difícil a uma parte o exercício do direito.	Art. 373. O ônus da prova incumbe: I — ao autor, quanto ao fato constitutivo de seu direito; II — ao réu, quanto à existência de fato impeditivo, modificativo ou extintivo do direito do autor. **§ 1º Nos casos previstos em lei ou diante de peculiaridades da causa relacionadas à impossibilidade ou à excessiva dificuldade de cumprir o encargo nos termos do *caput* ou à maior facilidade de obtenção da prova do fato contrário, poderá o juiz atribuir o ônus da prova de modo diverso, desde que o faça por decisão fundamentada, caso em que deverá dar à parte a oportunidade de se desincumbir do ônus que lhe foi atribuído.**
	§ 2º A decisão prevista no § 1º deste artigo não pode gerar situação em que a desincumbência do encargo pela parte seja impossível ou excessivamente difícil. § 3º A distribuição diversa do ônus da prova também pode ocorrer por convenção das partes, salvo quando: I — recair sobre direito indisponível da parte; II — tornar excessivamente difícil a uma parte o exercício do direito. § 4º A convenção de que trata o § 3º pode ser celebrada antes ou durante o processo.

Parece-nos acertado o caminho adotado pelo legislador no novo dispositivo do CPC que trata da distribuição do ônus da prova. Isso porque a regra que prevê a distribuição estática (incisos I e II) atende bem à ***maioria*** dos casos postos à apreciação do Poder Judiciário. Ademais, caso ausente a regra geral ou, noutro giro, caso prevista apenas regra genérica que determinasse que o ônus compete à parte com maior facilidade probatória, criar-se-ia cenário de grande insegurança jurídica para as partes litigantes, ficando, nessa hipótese, à mercê da interpretação de cada magistrado o direcionamento acerca da maior ou menor aptidão de cada parte sobre cada fato. Em suma: a existência de regra geral de distribuição do ônus probatório, ainda que estática, continua exercendo importante papel norteador para a atuação das partes e mesmo para desonerar o juiz da obrigação de advertir os litigantes sobre quem deve produzir provas sobre cada um dos fatos, situação essa impensável e que geraria demasiada incerteza na ordem processual.

A entrada em vigor do atual CPC — Lei n. 13.105/2015 — trouxe para o universo juslaboralista inúmeras dúvidas e intensos debates sobre quais dispositivos do novo diploma adjetivo seriam aplicáveis ao processo do trabalho e quais, noutro giro, seriam incompatíveis para aplicação nas lides trabalhistas.

Sem olvidar o objetivo central deste texto, interessante notar o que diz o próprio art. 15 do CPC/2015, *in verbis*:

> Art. 15. Na ***ausência de normas*** que regulem processos eleitorais, ***trabalhistas*** ou administrativos, as disposições deste Código lhes serão aplicadas supletiva e subsidiariamente.

Veja que o novo código utilizou a expressão "ausência", em detrimento de "incompletude". Como já exposto anteriormente, a grande crítica à redação original do art. 818 da CLT sempre foi no sentido de insuficiência, incompletude e, para outros, anacronismo. Jamais se negou, até porque a referência é textual e induvidosa, que há, e sempre houve, regulação própria (ainda que para muitos deficitária) de normas que regulem a distribuição do ônus da prova no processo do trabalho.

Assim, sendo incabível falar-se em "ausência de normas" acerca da repartição dos encargos probatórios na CLT (o art. 818 encorpa a redação original do texto consolidado), permaneceria válido o socorro às normas do CPC sobre o assunto diante da redação do art. 15 da Lei n. 13.105?

O Tribunal Superior do Trabalho — TST, antecipando-se a esse e outros questionamentos, e objetivando trazer segurança jurídica para os intérpretes que militam na área trabalhista sobre as normas do novo CPC de aplicação pertinente (ou não) no processo do trabalho, editou a Instrução Normativa n. 39, de 10 de março de 2016, normativo este que "*dispõe sobre as normas do Código de Processo Civil de 2015 aplicáveis e inaplicáveis ao Processo do Trabalho, de forma não exaustiva*".

Nesta instrução normativa, que, frise-se, antecede em mais de um ano a reforma trabalhista (Lei n. 13.467/2017), constou, de maneira expressa, o entendimento do sodalício superior acerca da compatibilidade da utilização da teoria da distribuição dinâmica do ônus da prova no processo do trabalho. Vejamos (transcrição literal):

> Art. 3º Sem prejuízo de outros, ***aplicam-se ao Processo do Trabalho, em face de omissão e compatibilidade***, os preceitos do Código de Processo Civil que regulam os seguintes temas:
>
> (...)
>
> VII — art. 373, §§ 1º e 2º (***distribuição dinâmica do ônus da prova***); (destaques nossos)

O mesmo diploma (IN n. 39/2016 do TST) também estabeleceu, de maneira categórica, a parte do art. 373 do CPC que entende incabível, senão vejamos:

> Art. 2º Sem prejuízo de outros, ***não se aplicam ao Processo do Trabalho, em razão de inexistência de omissão ou por incompatibilidade***, os seguintes preceitos do Código de Processo Civil:
>
> (...)
>
> VII — art. 373, §§ 3º e 4º (distribuição diversa do ônus da prova por convenção das partes);

Foi nesse contexto, percorrendo o mesmo caminho e evidenciando a tendência atual de crescente aproximação do processo do trabalho com o processo civil, que a reforma trabalhista — Lei n. 13.467/2017 — modificou o tradicional dispositivo celetista regulatório dos encargos probatórios. Também para facilitar a visualização, colacionamos, abaixo, a redação original e a nova redação do dispositivo celetista — art. 818 — que regula a divisão de afazeres probantes entre os litigantes. Vejamos:

<table>
<tr><th colspan="2">Redação art. 818 da CLT:</th></tr>
<tr><th>Antes da Reforma</th><th>Após a Reforma</th></tr>
<tr><td>Art. 818. A prova das alegações incumbe à parte que as fizer.</td><td>Art. 818. O ônus da prova incumbe:
I — ao reclamante, quanto ao fato constitutivo de seu direito;
II — ao reclamado, quanto à existência de fato impeditivo, modificativo ou extintivo do direito do reclamante.
§ 1º Nos casos previstos em lei ou diante de peculiaridades da causa relacionadas à impossibilidade ou à excessiva dificuldade de cumprir o encargo nos termos deste artigo ou à maior facilidade de obtenção da prova do fato contrário, poderá o juízo atribuir o ônus da prova de modo diverso, desde que o faça por decisão fundamentada, caso em que deverá dar à parte a oportunidade de se desincumbir do ônus que lhe foi atribuído.
§ 2º A decisão referida no § 1º deste artigo deverá ser proferida antes da abertura da instrução e, a requerimento da parte, implicará o adiamento da audiência e possibilitará provar os fatos por qualquer meio em direito admitido.
§ 3º A decisão referida no § 1º deste artigo não pode gerar situação em que a desincumbência do encargo pela parte seja impossível ou excessivamente difícil. (NR)</td></tr>
</table>

Uma análise perfunctória da redação dada ao art. 818 da CLT pela reforma trabalhista permite facilmente observar que a redação do dispositivo em questão constitui "cópia fiel" do teor do art. 373 até o § 2º, consagrando, pois, de maneira expressa, a utilização da **teoria da distribuição dinâmica do ônus da prova.**

Também é fácil notar que a reforma (Lei n. 13.467/2017) positivou o entendimento antecipado pelo TST na Instrução Normativa n. 39/2016 acerca daquilo que é aproveitável e, igualmente, do que não é aproveitável ao processo do trabalho do texto do art. 373 do CPC, decotando da nova redação do art. 818 a permissão contida no Processo Civil de *"distribuição diversa do ônus da prova por convenção das partes"*.

Parece-nos acertada a não inclusão de referidos dispositivos, já que, como é cediço, a hipossuficiência existente no plano material das relações de trabalho em muitas ocasiões se reproduz, também, no plano processual, sendo temerário admitir que partes desiguais deliberem sobre aspecto crucial e determinante para o desfecho final do processo (distribuição do ônus probatório), inspirados em um permissivo de um diploma (CPC/2015) que parte da premissa de paridade entre as partes.

Ademais, é cediço que os direitos trabalhistas são, como um todo, indisponíveis e irrenunciáveis, tornando automaticamente inaplicável a possibilidade prevista no § 3º do art. 373 do CPC, já que o próprio inciso I deste dispositivo também ressalva o não cabimento da convenção sobre o ônus quando esta recair *"sobre direito indisponível da parte"*[20].

Assim, tanto o CPC/2015 quanto a reforma trabalhista consagraram expressamente a teoria da *distribuição dinâmica do ônus da prova*, tendo este último diploma

(20) Alertam Marinoni e Arenhart que *"a finalidade da regra contida no inciso I do § 3º do art. 373 é impedir que as partes disponham de maneira indireta e sub-reptícia de um direito indisponível"*. MARINONI, Luiz Guilherme; ARENHART, Sérgio Cruz. *Comentários ao Código de Processo Civil:* arts. 369 a 380. São Paulo: Revista dos Tribunais, 2016. p. 263.

(Lei n. 13.467/2017) buscado nítida inspiração na codificação processual civilista, o que se afere facilmente por um simples cotejo da redação dos arts. 373 do CPC (até o § 2º, excluídos os §§ 3º e 4º) e o novo art. 818 da CLT.

Ônus da Prova no CPC/2015:	**Ônus da Prova na CLT pós-Reforma Trabalhista:**
Art. 373. O ônus da prova incumbe: I — ao autor, quanto ao fato constitutivo de seu direito; II — ao réu, quanto à existência de fato impeditivo, modificativo ou extintivo do direito do autor. **§ 1º Nos casos previstos em lei ou diante de peculiaridades da causa relacionadas à impossibilidade ou à excessiva dificuldade de cumprir o encargo nos termos do *caput* ou à maior facilidade de obtenção da prova do fato contrário, poderá o juiz atribuir o ônus da prova de modo diverso, desde que o faça por decisão fundamentada, caso em que deverá dar à parte a oportunidade de se desincumbir do ônus que lhe foi atribuído.** **§ 2º A decisão prevista no § 1º deste artigo não pode gerar situação em que a desincumbência do encargo pela parte seja impossível ou excessivamente difícil.** § 3º A distribuição diversa do ônus da prova também pode ocorrer por convenção das partes, salvo quando: I — recair sobre direito indisponível da parte; II — tornar excessivamente difícil a uma parte o exercício do direito. § 4º A convenção de que trata o § 3º pode ser celebrada antes ou durante o processo.	Art. 818. O ônus da prova incumbe: I — ao reclamante, quanto ao fato constitutivo de seu direito; II — ao reclamado, quanto à existência de fato impeditivo, modificativo ou extintivo do direito do reclamante. **§ 1º Nos casos previstos em lei ou diante de peculiaridades da causa relacionadas à impossibilidade ou à excessiva dificuldade de cumprir o encargo nos termos deste artigo ou à maior facilidade de obtenção da prova do fato contrário, poderá o juízo atribuir o ônus da prova de modo diverso, desde que o faça por decisão fundamentada, caso em que deverá dar à parte a oportunidade de se desincumbir do ônus que lhe foi atribuído.** **§ 2º A decisão referida no § 1º deste artigo deverá ser proferida antes da abertura da instrução e, a requerimento da parte, implicará o adiamento da audiência e possibilitará provar os fatos por qualquer meio em direito admitido.** § 3º A decisão referida no § 1º deste artigo não pode gerar situação em que a desincumbência do encargo pela parte seja impossível ou excessivamente difícil." (NR)

Apresentada a alteração no campo da repartição dos encargos probatórios e seu paradigma inspirador, exsurgem duas questões: afinal, a adoção da teoria da distribuição dinâmica do ônus da prova com a reforma trabalhista constitui, de fato, uma inovação, na acepção plena da palavra, no processo do trabalho? Referida possibilidade legal traz, de fato, apenas benefícios à instrução processual no âmbito da Justiça do Trabalho?

Sobre os dois questionamentos, buscaremos expor, de maneira sucinta, nosso posicionamento em breves tópicos a seguir.

2.4. Distribuição dinâmica do ônus da prova e o princípio da aptidão para a prova: inovação ou consagração legal de tendência jurisprudencial?

Como delineado anteriormente, a reforma trabalhista (Lei n. 13.467/2017) positivou, com a alteração da redação do art. 818, a teoria da distribuição dinâmica do ônus da prova, seguindo o rastro do art. 373 do CPC/2015 e consagrando as balizas indicadas pelo TST na Instrução Normativa n. 39/2016, que indicou o entendimento prevalecente daquela corte sobre o que deveria ou não ser aproveitado do dispositivo civilista no âmbito do processo do trabalho.

Mas, afinal, referida alteração legislativa constitui, de fato, uma inovação no cenário juslaboral? A resposta é seguramente negativa!

Há muito a doutrina trabalhista reconhece a aplicabilidade aos processos de cunho laboral do *Princípio da aptidão para a prova*, que atesta que *"o encargo da prova deve caber aprioristicamente àquele que a puder produzir com menor sacrifício, ou sem dificuldade excessiva que impeça ou estorve sensivelmente a satisfação da pretensão material"*(21).

No âmbito jurisprudencial, também é possível encontrar julgados que remontam há tempos distantes sobre a aplicação do tradicional princípio. Vejamos:

TRT/MG — ano de 1996:

EMENTA: VALE-TRANSPORTE. ÔNUS DA PROVA. Para a aquisição do direito ao vale-transporte, deve o empregado fornecer as informações necessárias, conforme o art. 7º, do Decreto n. 95.247/87. **Mas, na dúvida sobre se ele as forneceu ou não, deve-se decidir contra o empregador, *com fundamento no princípio da aptidão para a prova, que informa o processo***

(21) TEIXEIRA FILHO, Manoel Antônio. *A prova no processo do trabalho*. 5. ed. São Paulo: LTr, 1991. p. 84, *apud* FELICIANO, Guilherme Guimarães. Assédio e inversão do ônus da prova: breves considerações. *Revista LTr*, 81-01, p. 40.

do trabalho. DECISÃO: A Turma, à unanimidade, conheceu do recurso do reclamado; no mérito, sem divergência, negou-lhe provimento; unanimemente, conheceu do recurso do reclamante; no mérito, por maioria de votos, deu-lhe provimento parcial para condenar o reclamado a pagar-lhe as seguintes verbas: valor referente aos vales-transporte, por todo o período contratual, nos termos da fundamentação, compensando-se o valor correspondente a 4%, conforme instrumento normativo; ressarcimento de todos os descontos efetuados nos salários do reclamante, a título de caixa beneficente; valor referente ao pagamento do FGTS + 40% sobre o aviso prévio, vencidos, parcialmente, os Exmos. Juízes Revisor e Orlando Junqueira, quanto ao vale-transporte. A Egrégia Turma acresceu ao valor da condenação a importância de R$ 1.500,00, com custas no importe de R$ 30,00, pelo reclamado.

(TRT da 3ª Região; Processo: RO — 3363/96; Data de Publicação: 17.8.1996; Órgão Julgador: Quarta Turma; Relator: Marcio Tulio Viana; Revisor: Carlos Alberto Reis de Paula)

TST — ano de 2003:

PRINCÍPIO DA APTIDÃO PARA A PROVA. OMISSÃO DA RECLAMADA EM TRAZER AS PROVAS EM SEU PODER. A inversão do ônus probatório, **com apoio no princípio da aptidão para a prova**, não está condicionada à existência de determinação judicial para a exibição de documento e recusa injustificada ao seu cumprimento. **O Princípio da Aptidão informa que se deve atribuir o ônus de fornecer a prova à parte que se apresentar mais apta para produzi-la. O critério será o da proximidade real e o da facilidade de acesso aos meios de prova**. Somente dessa forma a distribuição do ônus da prova se revelará um instrumento condizente com o escopo do processo, que não é a simples composição, mas a justa composição da lide. Por isso, o ônus probatório deve recair sobre a parte que melhor possa contribuir para que a convicção do juiz coincida com a verdade. Esse princípio encontra fundamento na justiça distributiva aliada ao princípio da igualdade, cabendo a cada parte aquilo que normalmente lhe resulta mais fácil. Funda-se também nos princípios da boa-fé e lealdade processual que regem a conduta dos litigantes, e lhes impõe o dever de conjugar esforços com o Estado no processo para solucionar o litígio, cooperando e trazendo aos autos as provas que estão em seu poder independentemente de haver ou não determinação judicial expressa nesse sentido. Diante desse entendimento, tem-se que a conduta da reclamada, que deixou de trazer os cartões de ponto relativos a alguns meses do contrato de trabalho, justifica a inversão do ônus probatório e a presunção de veracidade do horário de trabalho declinado na petição inicial quanto a esse período, ainda que não tenha havido determinação judicial expressa para a juntada de qualquer documento, em face do princípio da aptidão para a prova, como concluiu o Tribunal Regional. Embargos de declaração acolhidos apenas para prestar esclarecimentos.

(E-RR — 749062-47.2001.5.03.5555, Relator Ministro: Rider de Brito, Data de Julgamento: 29.10.2003, 5ª Turma, Data de Publicação: DJ 28.11.2003) (destaques nossos)

O princípio da aptidão para a prova parte da mesma premissa da teoria da distribuição dinâmica do ônus da prova, qual seja, a parte mais habilitada deve ficar encarregada de trazer aos autos a prova do fato controvertido. O efeito também é o mesmo: criar uma alternativa flexibilizatória para a regra geral, estática, de repartição dos encargos probatórios.

O Tribunal Superior do Trabalho, ao longo do tempo, dinamizou, em múltiplos verbetes, a repartição do ônus probatório no processo do trabalho, flexibilizando a regra estática até então vigente. É o que se verifica, por exemplo, em três súmulas daquele sodalício, quais sejam, os Enunciados ns. 338, 443 e 460, *in verbis*:

Súmula n. 338 do TST

JORNADA DE TRABALHO. REGISTRO. ÔNUS DA PROVA (incorporadas as Orientações Jurisprudenciais ns. 234 e 306 da SBDI-1) — Res. 129/2005, DJ 20, 22 e 25.4.2005

I — É ônus do empregador que conta com mais de 10 (dez) empregados o registro da jornada de trabalho na forma do art. 74, § 2º, da CLT. A não-apresentação injustificada dos controles de frequência gera presunção relativa de veracidade da jornada de trabalho, a qual pode ser elidida por prova em contrário. *(ex Súmula n. 338 — alterada pela Res. 121/2003, DJ 21.11.2003)*

II — A presunção de veracidade da jornada de trabalho, ainda que prevista em instrumento normativo, pode ser elidida por prova em contrário. *(ex OJ n. 234 da SBDI-1 — inserida em 20.6.2001)*

III — Os cartões de ponto que demonstram horários de entrada e saída uniformes são inválidos como meio de prova, invertendo-se o ônus da prova, relativo às horas extras, que passa a ser do empregador, prevalecendo a jornada da inicial se dele não se desincumbir. *(ex OJ n. 306 da SBDI-1- DJ 11.8.2003)*

Súmula n. 443 do TST

DISPENSA DISCRIMINATÓRIA. PRESUNÇÃO. EMPREGADO PORTADOR DE DOENÇA GRAVE. ESTIGMA OU PRECONCEITO. DIREITO À REINTEGRAÇÃO — Res. 185/2012, DEJT divulgado em 25, 26 e 27.9.2012

Presume-se discriminatória a despedida de empregado portador do vírus HIV ou de outra doença grave que suscite estigma ou preconceito. Inválido o ato, o empregado tem direito à reintegração no emprego.

Súmula n. 460 do TST

VALE-TRANSPORTE. ÔNUS DA PROVA — Res. 209/2016, DEJT divulgado em 1º, 2 e 3.6.2016

É do empregador o ônus de comprovar que o empregado não satisfaz os requisitos indispensáveis para a concessão do vale-transporte ou não pretenda fazer uso do benefício.

Os três exemplos transcritos demonstram a tendência progressista do TST e a percepção, mesmo antes da égide do CPC/2015 e da reforma trabalhista, de que a repartição estática dos encargos probatórios (art. 333 do CPC/73 e art. 373, I e II do CPC/2015), traz, em determinadas situações de direito material do trabalho, demasiada dificuldade ao trabalhador/reclamante para o cumprimento dos encargos probatórios dos fatos constitutivos do seu direito. Assim, por meio da criação de presunções, subverte-se a repartição ordinária para transferir ao lado oposto, qual seja, ao empregado/reclamado o ônus de comprovar a inconsistência da presunção que milita em favor do empregado. Dúvidas não há de que referidos precedentes consubstanciam exemplos típicos de aplicação da carga dinâmica das provas, agora consagrada legalmente.

Também não se pode deixar de destacar outra seara em que a questão atinente à inversão/distribuição dinâmica do ônus da prova encontra campo fértil: as ações que versam sobre acidentes laborais, saúde e segurança do trabalho. Nesse particular, destaca o ilustre doutrinador Homero Batista, em obra recém-lançada acerca da Lei n. 13.467/2017:

> A doutrina habitualmente menciona temas de saúde e segurança do trabalho, inclusive as alegações de danos morais, materiais e estéticos, como os mais recorrentes em matéria de inversão do ônus da prova, dado o melhor aparelhamento da empresa de provar a salubridade e o equilíbrio do ambiente de trabalho — competindo ao empregado, se for o caso, provar que aquela harmonia era apenas aparente[22].

Destarte, parafraseando o ilustre professor mineiro Sebastião Geraldo de Oliveira, a nova redação do art. 818 da CLT, que positivou a faculdade de aplicação pelos juízes da teoria da distribuição dinâmica do ônus da prova, apenas *"tornou legal o que já era real"*[23] no âmbito pretoriano.

Justamente por não constituir propriamente uma inovação, mas sim apenas a formalização daquilo que já se observava na praxe doutrinária e pretoriana, inclusive no âmbito do próprio TST, muito pouco foi produzido em matéria jurisprudencial com decisões que já tangenciassem a nova redação do art. 818 da CLT. Merece menção, porém, o Enunciado 4.2.1 da 2ª Jornada de Direito Material e Processual do Trabalho da ANAMATRA, que aponta para a aplicação do permissivo contido no § 1º do art. 818 da CLT em questões atinentes à aferição da existência ou não de grupo econômico. Vejamos:

> GRUPO ECONÔMICO TRABALHISTA. DISTRIBUIÇÃO RACIONAL DO ÔNUS DA PROVA.
>
> I. A Lei n. 13.467/2017 reconheceu expressamente a figura do grupo econômico trabalhista por coordenação (art. 2º, § 2º) e estabeleceu requisitos subjetivos (interesse integrado e comum) e objetivos (atuação conjunta) para a caracterização do grupo, a serem verificados no caso concreto pelo juízo (art. 2º, § 3º).
>
> II. Nas hipóteses restritas de aplicação do § 3º do art. 2º da CLT, a mera identidade de sócios entre as empresas integrantes, embora não baste à caracterização do grupo econômico, constitui indício que autoriza a inversão ou redistribuição do ônus da prova, nos termos do art. 818, § 1º da CLT, com redação dada pela Lei n. 13.467/2017. Incumbe então ao empregador o ônus de comprovar a ausência de interesses integrados, da comunhão de interesses e/ou da atuação conjunta das empresas. Aplicação dos princípios da aptidão para a prova e da paridade de armas em concreto (isonomia processual). (Enunciado Aglutinado n. 5 da Comissão 1). (destaque nosso)

Como destacado na primeira edição desta obra, apesar de a nova redação do art. 818 da CLT não constituir, a rigor, um fator de transformação na regulação do *onus probandi* trabalhista, a positivação da teoria da carga dinâmica da prova é digna de encômios, já que extirpa qualquer dúvida acerca do seu cabimento/aplicabilidade no processo do trabalho e auxilia o magistrado no objetivo precípuo de sua atuação, qual seja, a busca da chamada *verdade real*, com fulcro no alcance efetivo de um resultado justo da lide.

2.5. Direito intertemporal. Possibilidade de aplicação da teoria da distribuição dinâmica do ônus da prova nas ações em curso

Em meio a tantas inovações que exsurgem com a entrada em vigor da reforma trabalhista (Lei n. 13.467/2017), um dos aspectos que maior controvérsia tem gerado nos embates doutrinários diz respeito ao chamado direito intertemporal, que trata da aplicação do direito no tempo, orientando os operadores e os intérpretes do direito acerca de qual a norma jurídica aplicável (anterior ou atual) no momento da análise da questão posta sob apreciação do Poder Judiciário.

Em vista das especificidades e nuances que cercam a questão da intertemporalidade no plano do direito material, vamos nos ater à análise do tratamento que se supõe que será dado às mudanças no plano do direito processual do trabalho, mais detidamente à possibilidade de aplicação do art. 818 da CLT, já com sua nova redação, aos processos distribuídos antes de 11 de novembro de 2017 (data de início da vigência das regras previstas na Lei n. 13.467/2017 — reforma trabalhista).

A CLT é omissa em matéria de direito intertemporal, atraindo, portanto, a aplicação dos ditames do Código de Processo Civil, por força do permissivo do art. 769 da CLT. Acerca do tema abordado neste tópico, dispõe o art. 14 do CPC:

> Art. 14. A norma processual *não retroagirá* e ***será aplicável imediatamente aos processos em curso***, respeitados os atos processuais praticados e as situações jurídicas consolidadas sob a vigência da norma revogada. (destaques nossos)

Apesar de ser hialina e objetiva a redação do artigo transcrito, as peculiaridades do processo juslaboral exigem maior acuidade para avaliar o cabimento da aplicação, de imediato, da nova regra de repartição dos encargos probatórios prevista no reformado art. 818 da CLT.

---

(22) SILVA, Homero Batista Mateus da. *Comentários à reforma trabalhista. Análise da Lei n. 13.467/2017* — artigo por artigo. São Paulo: Revista dos Tribunais, 2017. p. 152/153.

(23) O insigne professor costumeiramente diz que, em matéria de prevenção e redução dos acidentes de trabalho, já há arcabouço legal suficiente para obtenção de melhores resultados, todavia, a eficácia das normas ainda não encontra ressonância nas estatísticas e que, portanto, o desafio, no Brasil, para redução/prevenção dos acidentes do trabalho é *"tornar real o que já é legal"*.

De início, convém recordar que, tal como já abordado neste artigo, a IN n. 39/2016 do TST já reconhecia a aplicabilidade do art. 373 do CPC/2015 ao processo do trabalho, em seu art. 3º, VII. Todavia, é cediço que o diploma normativo do sodalício superior trabalhista não possui natureza vinculante, ficando a aplicação de suas disposições ao alvedrio de cada magistrado.

Diferentemente de outras regras de cunho processual inseridas no ordenamento jurídico trabalhista com a edição da Lei n. 13.467/2017 e que poderão, caso seguidas as diretrizes do art. 14 do CPC, trazer prejuízo concreto às partes(24), no caso do novel art. 818 da CLT, a redação do § 2º trouxe um norte sobre o momento para aplicação da faculdade de flexibilização das regras apriorísticas de distribuição do ônus da prova (a chamada "distribuição estática"). Vejamos:

> § 2º A decisão referida no §1º deste artigo ***deverá ser proferida antes da abertura da instrução*** e, a requerimento da parte, implicará o adiamento da audiência e possibilitará provar os fatos por qualquer meio em direito admitido. (destaque nosso)

A respeito do início da instrução no processo do trabalho, dispõe o art. 848 da CLT:

> Art. 848. *Terminada a defesa, seguir-se-á a instrução do processo*, podendo o presidente, *ex officio* ou a requerimento de qualquer juiz temporário, interrogar os litigantes.

Harmonizando os dois dispositivos transcritos, parece-nos que, para as ações já em curso antes de 11 de novembro de 2017, *regra geral* a faculdade de utilização da distribuição dinâmica do ônus da prova pelo magistrado de primeiro grau será possível em todas aquelas em que ainda não tenha ocorrido a audiência de instrução.

Desse modo, caso o ônus da prova seja distribuído de maneira diversa da regra geral dos incisos I e II do art. 818 da CLT, é imperioso que se conceda, à parte que herdou o encargo que *a priori* não lhe cabia, prazo adicional para eventual produção suplementar de provas. Isso porque o § 2º do art. 818 mencionado deixa claro que deverá ser outorgado às partes, quando utilizada a repartição dinâmica (§ 1º do mesmo artigo), provar os fatos *"por qualquer meio em direito admitido"*. Recordando o vetusto brocardo jurídico que diz *"a lei não contém palavras inúteis"*, não há espaço para dúvidas quanto à imprescindível oportunização de produção extraordinária de provas para que a parte consiga se desincumbir de ônus que lhe foi atribuído de forma superveniente.

Dito isso, concluímos pela possibilidade(25) de utilização imediata da faculdade de redistribuir os encargos probatórios de maneira diversa da regra geral (ou seja, utilizar a chamada "distribuição dinâmica do ônus da prova") em todas as ações, inclusive as que foram distribuídas antes da vigência da Lei n. 13.467/2017, desde que ainda não tenha dado início à instrução processual, ressalvado, porém, caso aplicada a nova norma, o direito à parte que recebeu o novo encargo a um prazo para a devida desincumbência do encargo.

2.6. A distribuição dinâmica do ônus da prova ante as especificidades do processo do trabalho. Possível efeito colateral da inovação à luz dos §§ 1º e 2º do novel art. 818 da CLT. Colisão de princípios (celeridade e razoável duração do processo x aptidão para a prova)

A positivação da teoria da distribuição dinâmica do ônus da prova no processo do trabalho constitui, inequivocamente, um importante passo rumo à modernização da processualística juslaboral, além de servir como mais um mecanismo à disposição do magistrado para alcançar a tão almejada *"verdade* real", em sintonia com o princípio da aptidão para a prova.

Quando da elaboração do artigo da primeira edição desta obra, foram tecidas considerações acerca de possíveis manobras protelatórias a que o dispositivo em comento poderia dar azo, tornando as reclamatórias trabalhistas ainda mais morosas do que já tem sido hodiernamente, o que contraria os princípios cardeais da celeridade e razoável duração do processo. Não se pode perder de vista que nas reclamatórias trabalhistas, em regra, o que está em jogo são parcelas de natureza alimentar, vitais para a subsistência dos postulantes.

A preocupação exposta naquela ocasião se fundamenta na inocorrência, em regra, da chamada *decisão de saneamento* (expressão utilizada pelo CPC em seu art. 357, *caput*) no processo do trabalho, realidade esta que levou à inclusão, no § 2º do art. 818 da CLT da possibilidade de ***adiamento da audiência*** para oportunizar ao litigante que herdou o ônus que, em princípio, cabia à parte adversa, a chance de se desincumbir do novo encargo.

Como já versado neste artigo, a nova redação do art. 818 da CLT possui nítida inspiração no art. 373 do CPC, tendo, em sua essência, reproduzido fielmente o texto do *codex* civilista.

Ocorre, porém, que há, no processo civil, a fase de saneamento e organização do feito, sendo este o momento

(24) À guisa de exemplo, citam-se os arts. 790-B e 791-A, recém-inseridos na CLT, e que, caso sejam aplicados de imediato aos processos distribuídos sob a égide da legislação anterior, poderão gerar despesas não previstas quando do início do processo aos litigantes.

(25) Utiliza-se o vocábulo "possibilidade", pois a utilização do verbo poder no futuro do presente no § 1º do art. 818 (*"poderá o juízo..."*) deixa claro o caráter facultativo da utilização da distribuição dinâmica do ônus da prova.

reservado ao magistrado para distribuir de maneira diversa da regra geral o ônus da prova. É o que se extrai do art. 357, II e III, do CPC, *in verbis*:

> Art. 357. Não ocorrendo nenhuma das hipóteses deste Capítulo, deverá o juiz, em decisão de saneamento e de organização do processo:
>
> (...)
>
> II — delimitar as questões de fato sobre as quais recairá a atividade probatória, especificando os meios de prova admitidos;
>
> III — **definir a distribuição do ônus da prova, observado** o *art. 373*;

No processo do trabalho, todavia, na quase totalidade das ações, salvo em reclamações que contenham pedidos liminares ou de antecipação dos efeitos da tutela, o primeiro contato do magistrado com os autos se dá na audiência inaugural.

A esse respeito, escreve Dallegrave Neto:

> Ora, no processo do trabalho não existe a figura da decisão de saneamento com a mesma formalidade do processo civil. Contudo, aquela conversa entre o juiz e as partes (na verdade, com os advogados das partes), antes do início da audiência de instrução, não deixa de ser um ato de saneamento do processo. Com efeito, será neste momento de interlocução que o juiz decidirá, com sucinta fundamentação, acerca da inversão (ou não) do ônus estático da prova, *ex vi* dos arts. 373 e 357, § 3º, ambos do CPC.[26]

A possibilidade de adiamentos das audiências de instrução causou a este articulista especial preocupação, justificada ante o contexto atual de sobrecarga de ações tramitando perante a Justiça do Trabalho, que tem resultado em um processo cada vez mais moroso.

Contudo, ao menos em um primeiro momento, não há relatos de inopinados e descabidos adiamentos justificados com amparo na previsão do § 2º do art. 818 da CLT. Ainda assim, permanece válido o alerta, posto que é (infelizmente) comum observarmos, na prática, a utilização de expedientes diversos de cunho unicamente protelatório por parte de réus que, sabidamente em desvantagem no caso concreto, objetivam retardar ao máximo o desfecho da ação, seja com o intuito de conseguir com a demora uma negociação de acordo mais vantajosa, seja para buscar mecanismos de dilapidação patrimonial com intuito de frustrar futura execução.

Assim, ao magistrado cabe o dever de dedicar particular atenção a esta possibilidade de postergação da instrução e, dentro do seu poder discricionário, avaliar se há justificativa plausível para o adiamento da audiência, evitando que o repentino anúncio da decisão de modificação da distribuição do ônus da prova vulnere a garantia da ampla defesa. Detectando o intuito procrastinatório, cabe ao magistrado rejeitar o requerimento de adiamento em observância do elementar princípio da razoável duração do processo.

2.7. Prazos

No Tribunal Superior do Trabalho, o prazo médio transcorrido entre o ajuizamento do processo e a sua baixa é de 1 ano, 6 meses e 12 dias. Para a classe Recursos de Revista, o prazo é de 2 anos e 2 dias, e para os Agravos de Instrumento em Recursos de Revista, de 1 ano.

Nos Tribunais Regionais do Trabalho, após autuado, um processo leva em média 4 meses e 7 dias para ser julgado e mais 124 dias em média para o acórdão ser publicado. O prazo médio da autuação até a baixa é de 8 meses e 3 dias.

Nas Varas do Trabalho, o prazo médio de um Processo de Conhecimento do ajuizamento até a prolação de sentença é de 6 meses e 15 dias. Já o prazo médio do início até o encerramento da Execução é de aproximadamente 2 anos, 8 meses e 6 dias.

(26) DALLEGRAVE NETO, José Affonso. *Responsabilidade civil no direito do trabalho*. 6. ed. São Paulo: LTr, p. 112.

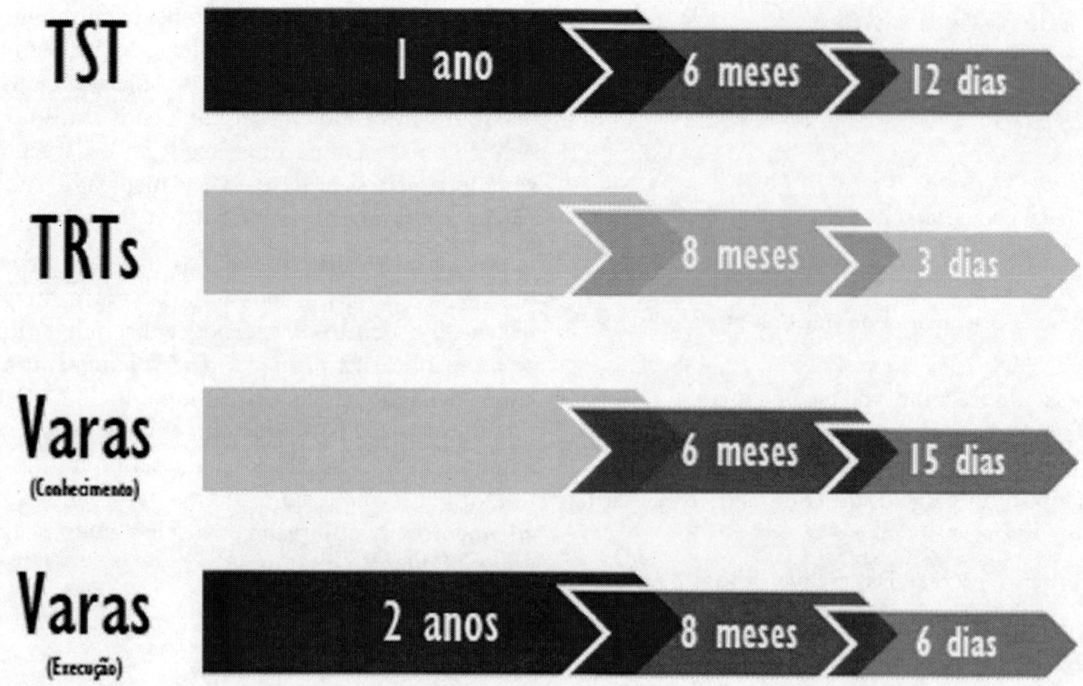

É impossível falar em processo efetivo e justo em um contexto no qual as ações em que não há composição amigável demoram, em média, cinco anos e meio para chegar ao seu desfecho, mormente se o bem jurídico tutelado são verbas de cunho alimentar, indispensáveis para a subsistência daqueles que recorrem ao Judiciário.

Na jurisdição de Belo Horizonte e cidades contíguas (Betim e Contagem), área de concentração da atuação deste articulista, o cenário é ainda mais dramático: salvo raras exceções, nas ações que tramitam sob o rito ordinário, tornou-se comum um intervalo de dezoito meses (ou mais) entre as audiências inaugural e de instrução.

Assim, para que a novidade inserta no ordenamento jurídico trabalhista com a nova redação do art. 818 da CLT (que, frise-se, é benéfica em sua essência) não se converta em um malefício diante das nuances do processo do trabalho (inexistência de fase de saneamento e organização do processo) e do dramático cenário atual da Justiça do Trabalho, os condutores do processo (advogados e o juiz) deverão buscar alternativas para evitar que o adiamento da audiência se afigure como a única solução possível.

Nesse contexto, vislumbramos, como meio de otimização do processo, a possibilidade de formulação de *pedido liminar* de inversão do ônus da prova (§ 1º do art. 818 da CLT) nas ações de rito sumaríssimo. Com isso, evitar-se-ia que a questão fosse analisada apenas na audiência una e permitiria, ao mesmo tempo, que, caso acolhido o pleito, a parte adversa tivesse tempo suficiente até a primeira assentada para desincumbir-se do encargo que lhe foi atribuído.

Nas ações de rito ordinário, mostra-se de curial importância que o postulante da inversão/redistribuição do ônus da prova alerte o magistrado, na audiência inaugural, acerca do pedido, prevenindo-se, assim, que referido ponto controvertido venha a ser abordado apenas na audiência de instrução e acabe por culminar no indesejado adiamento da audiência.

Mas mesmo quando não se observar proatividade dos procuradores atuantes na ação, tal como frisado no tópico anterior, deverá o magistrado analisar de maneira criteriosa e com extremo rigor a real necessidade de adiamento da audiência para fins de cumprimento do § 2º do art. 818, pois, como dito, a busca da verdade real não pode se distanciar da efetividade do processo, ao contrário, tais premissas devem caminhar lado a lado.

3. Conclusão

As alterações decorrentes da Lei n. 13.467/2017, que ganhou a alcunha de reforma trabalhista, vêm impactando diretamente o cotidiano das relações de trabalho e o curso das ações trabalhistas no Brasil.

Neste primeiro ano, o que se pôde observar, na prática, foi um cenário de grande incerteza quanto à aplicação dos inúmeros dispositivos inseridos e suprimidos pela Reforma e uma redução sensível do número de novas ações distribuídas perante a Justiça do Trabalho.

Dentre as inovações trazidas pela nova lei, destacamos neste artigo a nova redação do art. 818 da CLT, que, inspirado pelo art. 373 do CPC, cuja aplicabilidade ao processo do trabalho fora reconhecida pela Instrução Normativa n. 39/2016 do TST (art. 3º, VII), positivou a possibilidade de adoção da distribuição dinâmica do ônus da prova.

A distribuição dinâmica do ônus da prova consagra tendência jurisprudencial já há algum tempo observada nas cortes trabalhistas brasileiras, que já vinham mitigando a regra de repartição estática do ônus probatório (art. 373, I e II, do CPC) com supedâneo no princípio da aptidão para a prova, que prevê a atribuição do encargo probatório àquele que melhores condições possui de dele se desincumbir.

Mesmo constituindo apenas mera formalização de prática já rotineira na jurisprudência, a alteração é digna de encômios, pois pacifica discussões acerca da aplicabilidade ou não da teoria dinâmica do ônus da prova no processo do trabalho (agora indubitavelmente aplicável) e sobre o momento de utilização desta faculdade (que deverá ocorrer antes de iniciada a instrução), *vide* redação do novo § 2º do art. 818 da CLT).

Merece particular atenção, porém, a previsão relativa à possibilidade de adiamento da audiência inserta no novel § 2º do art. 818 da CLT, que, com a finalidade de possibilitar à parte a quem foi atribuído ônus, que *a priori* não lhe competia, que dele consiga se desincumbir, poderá acabar se transformando em mais um fator de retardamento do desfecho do processo. Felizmente, até o presente momento, não há relatos de retardamentos indevidos do curso de ações decorrentes da utilização do expediente previsto no § 2º do artigo em comento.

Em um contexto no qual as ações trabalhistas vêm se tornando cada vez menos céleres, fato este confirmado a cada ano pela análise dos relatórios gerais anuais da Justiça do Trabalho divulgados pelo TST, é importante que o magistrado de primeiro grau e os próprios advogados (em especial o da parte autora, maior interessado em um desfecho rápido da lide) busquem alternativas para evitar o adiamento da audiência, possibilitando, assim, que a busca da verdade real e de um processo efetivo (fins colimados com a consagração da distribuição dinâmica do ônus da prova), não torne necessário o sacrifício, a contrapeso, do princípio da razoável duração do processo, tão caro na seara juslaboral.

PETIÇÃO INICIAL TRABALHISTA E A FORMAÇÃO DO PROCESSO

Vitor Salino de Moura Eça(*)

1. INTRODUÇÃO

O Direito Processual do Trabalho, ciência de notável concepção, optou desde a origem por total singeleza para a inauguração da demanda trabalhista a fim de viabilizar o exercício satisfatório do *ius postulandi*(1) das partes. No entanto, ao longo do tempo, a ciência processual se desenvolveu muito, a sociedade brasileira se tornou incrivelmente demandista, foram concebidos dois códigos de processo civil, os feitos laborais se tornaram bem complexos, especialmente após o elastecimento da competência da Justiça do Trabalho com o advento da reforma do judiciário, e tudo isso conduz a um deslocamento do eixo originário, exigindo a revisão do instituto da petição inicial.

A compreensão contemporânea parte de dois importantes marcos legislativos: o novo Código de Processo Civil, instituído pela Lei n. 13.105/15, e a reforma trabalhista, de que trata a Lei n. 13.467/17, e dispõe também de matéria processual, de modo a que possamos rever e atualizar os fatos fulcrais da exordial.

O processo se torna um instituto mais complexo a cada dia. Nesta ordem de ideias, vincar de modo pronunciado a formação do processo e os aspectos formais da petição inicial importa em constituir doutrina. Será dada especial atenção ao principal elemento da petição inicial, qual seja o pedido, bem como à sua ampliação ou redução, inclusive em variados momentos do processo, situação até aqui não era usual.

2. FORMAÇÃO DO PROCESSO E ASPECTOS FORMAIS DA PETIÇÃO INICIAL

Considera-se proposta a ação quando a petição inicial é protocolada, apesar dela só induzir a litispendência, tornar litigiosa a coisa e constituir o devedor em mora com a citação válida. Convém destacar ainda que a distribuição torna prevento o juízo.

A petição inicial possui aspectos estruturais cuja forma é da essência do ato, razão pela qual os aspectos formais e metodológicos de sua elaboração merecem detida análise.

A CLT trata do assunto nos arts. 840, 852-A e 852-B, aduzindo que a petição inicial pode ser escrita ou verbal. Esta última forma é excepcional e está praticamente em desuso. Ela consiste no comparecimento da parte no *Forum* da Justiça do Trabalho, a fim de relatar a sua queixa a um servidor, a fim de que este reduza a termo a sua fala e a distribua como petição inicial.(2)

Afigura-se oportuno esclarecer que a Súmula n. 425/TST, c/c a IN n. 27/05, também do TST estabelecem que o mandado de segurança, o *habeas corpus*, o *habeas data*, ação rescisória e a consignação em pagamento jamais poderão ser interpostas verbalmente.

A CLT traz outras duas vedações ao *ius postulandi* direto, quais sejam o inquérito para apuração de falta grave e o dissídio coletivo, nos termos dos arts. 853 e 856, respectivamente.

O Código de Processo Civil — CPC também dispõe sobre a petição inicial e, sob certas angulações, o faz de modo mais exauriente do que a CLT, razão pela qual a sua aplicação suplementar é autorizada pelo art. 769/CLT, c/c o art. 15/CPC. Assim, além dos dispositivos trabalhistas mencionados convém que se observe a normatividade constante do art. 319/CPC.

Objetivamente são os seus requisitos: a) o juízo a que é dirigida; b) qualificação das partes; c) a exposição dos fatos e os fundamentos jurídicos do pedido, deven-

---

(*) Pós-doutor em Direito Processual Comparado pela Universidad Castilla-La Mancha, na Espanha. Professor Adjunto IV da PUC-Minas (CAPES 6), lecionando nos cursos de mestrado e doutorado em Direito. Professor visitante em diversas universidades nacionais e estrangeiras. Professor conferencista na Escola Nacional de Magistratura do Trabalho — ENAMAT e na ENAMATRA. Pesquisador junto ao Centro Europeo y Latinoamericano para el Diálogo Social — España. Membro efetivo, dentre outras, das seguintes sociedades: Academia Brasileira de Direito do Trabalho — ABDT; Asociación Iberoamericana de Derecho del Trabajo y de la Seguridad Social — AIDTSS; Asociación de Laboralistas — AAL; Escuela Judicial de América Latina — EJAL; Instituto Brasileiro de Direito Social Cesarino Júnior — IBDSCJ; Instituto Latino-Americano de Derecho del Trabajo y de la Seguridad Social — ILTRAS; da Societé Internationale de Droit du Travail et de la Sécurité Sociale e do Instituto Brasileiro de Direito Processual — IBDP.

(1) O *ius postulandi* está em acelerado processo de desaparecimento, pois o manejo da demanda trabalhista está a exigir amplo domínio técnico, que é exclusivo do advogado. A representação direta da parte é uma ilusão, vez que o desconhecimento estrutural precariza o seu direito. A representação da parte economicamente vulnerável deve ser feita por meio da entidade sindical e da Defensoria Pública da União.

(2) Não se trata de exclusividade trabalhista, pois idêntica possibilidade processual é assegurada às partes nos Juizados Especiais Civis, em pedidos de medidas protetivas nos casos de violência contra a mulher, em ações de alimentos e assim por diante.

do este ser certo, determinado e com indicação de seu valor;[3] d) o valor da causa equivale à soma dos pedidos, sendo importante observar que ele pode ser apurado mediante simples soma aritmética, nos moldes do inciso V, do art. 319/CPC; e) a data e a assinatura do reclamante ou de seu representante são os requisitos finais no padrão celetista — a lei processual civil ainda aduz ser dever da parte indicar as provas com que o autor pretende demonstrar a verdade dos fatos alegados — a lei processual do trabalho deixa de fazer esta exigência, mas por técnica jurídica e diante do inafastável dever de provar os fatos alegados de que se ocupa o art. 818/CLT, entendemos que se trata de premissa implícita.

Historicamente o Direito Processual do Trabalho se pautava pela Teoria da Individualização, ou seja, bastava que a parte apontasse os fatos e formulasse o seu pedido. Entretanto, o apuramento que tem sido exigido dos foros trabalhistas tem aproximado esta parte do processo com a Teoria da Substanciação de que se ocupa a Teoria Geral do Processo, e a adição da norma que tutela a pretensão deduzida tem sido cada vez mais frequente, sobretudo nas demandas civis de competência da Justiça do Trabalho, bem como em todas as causas trabalhistas *stricto sensu* em que a parte conta com assistência de profissional do direito, ou seja, na quase totalidade dos casos.

Merece destaque a circunstância de que a indicação de pedido certo, determinado e com a indicação de valor é um acréscimo vindo com a Lei n. 13.467/17 — reforma trabalhista, mas não chega a ser uma inovação para o Direito Processual do Trabalho, eis que o inciso I, do art. 852-B/CLT, que também trata de petição inicial trabalhista no procedimento sumaríssimo, já fazia tal exigência. No entanto, este assunto gera polêmica, pois o processo do trabalho é caracterizado pela multiplicidade de pedidos e, geralmente, de conteúdo patrimonial específico, em virtude do que a exigência legal se justifica.

A regra não exige uma prévia liquidação, mas sim uma estimativa de quanto pode significar cada um dos pedidos formulados, ou seja, a apresentação de valores que dependem de simples conta aritmética. Nada obstante, temos na atualidade diversos programas gratuitos de elaboração de cálculos que podem facilitar este trabalho e ainda promover ajustes de contas que ensejam a conciliação.

A CLT volta ainda a dispor sobre requisitos de petição inicial quando se ocupa dos dissídios coletivos, o fazendo no art. 858, pelo qual a representação deverá ser apresentada em tantas vias quantos forem os reclamados (circunstância que deixa de fazer sentido com o processo eletrônico), e deverá conter: a) a designação e qualificação dos reclamantes e dos reclamados e a natureza do estabelecimento ou do serviço; b) os motivos do dissídio e as bases de conciliação.

O Direito Processual do Trabalho, atuando o art. 114/CF e variada legislação extravagante, admite ainda a postulação no seio da Justiça do Trabalho de inúmeras ações especiais, com ritos próprios, cujos requisitos específicos da petição inicial devem seguir o regramento peculiar, de que são exemplos a ação rescisória, o mandado de segurança etc.

Quantos aos aspectos formais, cabe ainda a consideração de que salvo nos casos de *ius postulandi* direto da parte, a petição inicial deve vir acompanhada de procuração, que conterá os endereços do advogado, eletrônico e físico, na forma do art. 287/CPC.

3. Conceito de petição inicial

No magistério de Mauro Schiavi, petição inicial é a peça formal de ingresso do demandante em juízo, em que apresenta o seu pedido, declina a pessoa que resiste ao seu direito, explica os motivos pelos quais pretende a atuação jurisdicional e pede ao Estado-Juiz a tutela do seu direito (SCHIAVI, 2017, p. 540).

Na lição ilustrada de Bezerra Leite, a petição inicial é o veículo, o meio, o instrumento pelo qual o autor exerce o direito fundamental de acesso à justiça (LEITE, 2017, p. 606).

Fredie Didier Jr., em precisa síntese, diz que a petição inicial é a forma da demanda, o seu instrumento, e que a demanda é o conteúdo da petição inicial (DIDIER Jr., 2015, p. 548).

Em nosso sentir, a petição inicial é o instrumento por meio do qual se enceta o exercício do direito de ação.

4. Requisitos da petição inicial

Juízo é unidade judiciária a que é dirigida a petição inicial, de que são exemplos: vara, turma, seção especializada etc.

Qualificação das partes significa dizer o nome, os prenomes, o estado civil ou a existência de união estável, a profissão, o número do CPF, em se tratando de pessoa natural ou do CNPJ[4], em se tratando de pes-

(3) A indicação do valor de cada um dos pedidos é matéria sempre polêmica, e visando dotar a norma de maior objetividade veio à luz a IN n. 41/TST, dispondo no § 2º, de seu art. 12, que o valor da causa de que dispõe os §§ 1º e 2º do art. 840/CLT será ESTIMADO, observando-se, no que couber, o disposto nos arts. 291 a 293/CPC.

(4) A Lei n. 11.419/06 que instituiu o processo eletrônico, c/c a Res. N. 185/17, do CSJT, que se ocupa com o PJ-e/JT exigem o CPF e o CNPJ para o cadastramento, visando a escorreita individualização da parte.

soa jurídica[5] — especialmente para efeito de eventual pesquisa patrimonial e inclusão no Banco Nacional de Devedores Trabalhistas — BNDT, o endereço físico e o eletrônico, o domicílio e a residência do autor e do réu, ou a localização da sede da empresa.

No lançamento de dados no PJ-e, além dos dados referidos, sempre que possível devem ser adicionalmente, na forma da Consolidação dos Provimentos da Corregedoria-Geral da Justiça do Trabalho — CPCGJT: I — o CEI (Cadastro Específico do INSS contendo número da matrícula do empregador pessoa física); II — o Número de Identificação do Trabalhador (NIT) perante o INSS; III — o PIS ou PASEP; IV — o número da CTPS do empregado; e V — o CNAE (Classificação Nacional de Atividades Econômicas — código do ramo de atividade) do empregador.

Na qualificação da petição inicial trabalhista, dois outros detalhes devem ser observados: a anotação do número da CPTS e o nome da mãe do trabalhador, porquanto o INSS se utiliza deste dado para a individualização da conta destinatária das contribuições sociais.

Breve exposição dos fatos ou fatos de que resulte o dissídio. Vale esclarecer que *dissídio* era uma expressão do CPC/39, vigente quando a CLT veio à luz, equivalente à demanda na compreensão atual do instituto. A expressão *fatos e fundamentos* do pedido corresponde ao que se chama em técnica processual de *causa petendi*, onde o fato é a causa remota e o fundamento a causa próxima. A causa de pedir significa, portanto, a subsunção do fato da vida ao enquadramento na norma jurídica a fim de suportar a pretensão deduzida judicialmente.

Pedido certo e determinado. O pedido é a ordem jurisdicional requerida, ou seja, o cerne da petição inicial. Diz-se pedido certo aquele que foi preciso no objeto vindicado em juízo, no qual também se compreende os juros e a atualização monetária. O pedido determinado é aquele que fixa a quantidade e/ou a qualidade do que se pede[6].

Valor do pedido e valor da causa. A toda causa deve ser atribuído um valor certo (específico, individualizado), ainda que não tenha conteúdo econômico imediatamente aferível. A soma dos pedidos corresponde ao valor da causa[7]. Outrora, mesmo nos casos de omissão, o Juiz do Trabalho poderia o fixar de ofício, na forma da Lei n. 5.584/70, mas após o advento da Lei n. 13.467/17, que deu nova redação ao art. 840/CLT, o critério de valor passou a balizar o procedimento ordinário também, isto é, além do procedimento sumaríssimo que já se orientava por este critério de valor. O art. 292/CPC oferece-nos um critério seguro de valoração da causa, cuja suplementaridade é recomendada.

Data e assinatura do reclamante ou de seu representante. A norma põe estes dois elementos como da essência do ato, ou seja, sem os quais não há validade, entretanto, elas foram concebidas na época do processo de papel (autos físicos), pois na transmissão eletrônica o próprio sistema providencia ambos os requisitos. E mais, sendo a parte assistida por advogado, este tem o dever de indicar o seu número de inscrição na OAB e o local, físico ou eletrônico em que recebe intimações.

Adunamos ainda dois outros importantes elementos neste tópico, indispensáveis a toda petição inicial: o pedido de honorários advocatícios e a juntada de documentos.

Os honorários estão tratados no artigo 791-A/CLT, segundo o qual ao advogado, ainda que atue em causa própria, serão devidos honorários de sucumbência, fixados entre o mínimo de 5% (cinco por cento) e o máximo de 15% (quinze por cento) sobre o valor que resultar da liquidação da sentença, do proveito econômico obtido ou, não sendo possível mensurá-lo, sobre o valor atualizado da causa.

O documento é um importante meio de prova, que deve instruir a petição inicial, especialmente se destinados à comprovação do alegado, na forma do art. 787/CLT[8], c/c os arts. 320 e 434/CPC, sendo certo de que a petição inicial precisa contar com os documentos indispensáveis à propositura da ação. Depois desta etapa

(5) Convém lembrar que, na forma da lei civil, a representação judicial de pessoa jurídica pressupõe a exibição de seus atos constitutivos, com expressão indicação da outorga de poderes a quem por ela assina. Ocorre que nem sempre a totalidade desses dados encontra-se disponível, devendo a parte procurar a maior individualização possível, especialmente quando a PJ figurar no polo passivo. Note-se que a pessoa incerta também pode ser parte em juízo, nos moldes do citando por edital, inciso I, do art. 256/CPC.

(6) O pedido certo é aquele que não é dúbio ou impreciso, enquanto determinado é aquele que não é genérico. O não atendimento desses requisitos importa em inépcia.

(7) Como a CLT não especifica o que entende por valor da causa, segue a regra constante do CPC. Art. 292. O valor da causa constará da petição inicial ou da reconvenção e será: I — na ação de cobrança de dívida, a soma monetariamente corrigida do principal, dos juros de mora vencidos e de outras penalidades, se houver, até a data de propositura da ação; II — na ação que tiver por objeto a existência, a validade, o cumprimento, a modificação, a resolução, a resilição ou a rescisão de ato jurídico, o valor do ato ou o de sua parte controvertida; III — na ação de alimentos, a soma de 12 (doze) prestações mensais pedidas pelo autor; IV — na ação de divisão, de demarcação e de reivindicação, o valor de avaliação da área ou do bem objeto do pedido; V — na ação indenizatória, inclusive a fundada em dano moral, o valor pretendido; VI — na ação em que há cumulação de pedidos, a quantia correspondente à soma dos valores de todos eles; VII — na ação em que os pedidos são alternativos, o de maior valor; VIII — na ação em que houver pedido subsidiário, o valor do pedido principal. § 1º Quando se pedirem prestações vencidas e vincendas, considerar-se-á o valor de umas e outras. § 2º O valor das prestações vincendas será igual a uma prestação anual, se a obrigação for por tempo indeterminado ou por tempo superior a 1 (um) ano, e, se por tempo inferior, será igual à soma das prestações. § 3º O juiz corrigirá, de ofício e por arbitramento, o valor da causa quando verificar que não corresponde ao conteúdo patrimonial em discussão ou ao proveito econômico perseguido pelo autor, caso em que se procederá ao recolhimento das custas correspondentes.

(8) Art. 787/CLT. A reclamação escrita deverá ser formulada em duas vias e desde logo acompanhada dos documentos em que se fundar.

somente poderão ser adunados os documentos que se tornaram conhecidos, acessíveis ou disponíveis após esses atos, cabendo à parte que os produzir comprovar o motivo que a impediu de juntá-los anteriormente e incumbindo ao Juiz do Trabalho, em qualquer caso, avaliar a conduta da parte e dar vista para atender ao princípio do contraditório.

5. Peculiaridades da petição inicial trabalhista

Alguns aspectos processuais são excepcionalmente proveitosos na petição inicial trabalhista, cuja prudência recomenda-nos apontamento específico.

O manejo da ação trabalhista no curso do contrato de emprego é raro, logo o mais usual é a busca judiciária após o desfazimento do liame, o que deixa o autor em vulnerabilidade econômica. Sendo assim, é importantíssimo que haja desde a petição inicial a formulação do pedido de isenção de custas, por cautela, porquanto o magistrado não tem o dever de o deferir de ofício.

Convém lembrar que é facultado ao Juiz do Trabalho, em qualquer instância, conceder, a requerimento ou de ofício, o benefício da justiça gratuita, inclusive quanto a traslados e instrumentos, àqueles que perceberem salário igual ou inferior a 40% (quarenta por cento) do limite máximo dos benefícios do Regime Geral de Previdência Social, percentual equivalente hoje a R$ 2.258,32. Nada obstante, nos moldes do § 4º, do art. 790/CLT, o benefício da justiça gratuita pode ser concedido à parte que comprovar insuficiência de recursos para o pagamento das custas do processo.

O desaparecimento de pessoas empregadoras durante o processo ou na fase de cumprimento da sentença ou execução é usual, e o Direito Processual do Trabalho exige o incidente de desconsideração da personalidade jurídica para a responsabilização patrimonial dos sócios. Ocorre que dispensa-se a instauração do incidente se a desconsideração da personalidade jurídica for requerida na petição inicial, hipótese em que será citado o sócio ou a pessoa jurídica.

A urgência no provimento é própria dos feitos judiciais onde se requer crédito de natureza existencial. Nesse sentido, quando se tratar de procedimento de tutela cautelar requerida em caráter antecedente e tutela de evidência, a exposição objetiva do perigo de dano ou risco ao resultado útil do processo no primeiro caso, ou prova documental suficiente dos fatos constitutivos do direito do autor, a que o réu não oponha prova capaz de gerar dúvida razoável, no segundo (tutela de evidência), são elementos que devem constar expressamente da petição inicial para sucesso do pleito.

No tópico das peculiaridades da demanda trabalhista, e antes de adentrarmos às considerações das regras formais dos pedidos, mister se falar no *princípio da extrapetição*, que segue atuando no Direito Processual do Trabalho, apesar de nem sempre constar de manuais aceitos amplamente.

Não se trata de autorização doutrinária para que o Juiz do Trabalho julgue fora ou além dos pedidos formulados, mas uma discricionariedade para aplicar o direito que melhor se ajuste ao caso concreto. Destarte, adicionar juros e atualização monetária quando deixar de constar expressamente, converter uma garantia provisória de emprego em indenização, quando a prudência contraindicar a permanência do trabalhador no local, e assim por diante.

6. Pedido

O pedido é um dos requisitos da petição inicial, mas é o mais importante, pois ele significa exatamente o que a parte vai buscar em juízo, daí porque ele merece um item especialmente destinado ao seu tratamento.

A sua classificação permite uma mirada em sua consistência. Os pedidos podem ser: mediatos e imediatos; cumulativos; ampliados e reduzidos; o pedido pode ainda ser genérico, apesar de ser vedada a indeterminação, dentre outras hipóteses.

O pedido mediato é o próprio direito vindicado, o bem da vida que se busca, enquanto o pedido imediato é a pretensão deduzida em juízo, ou seja, a providência jurisdicional requerida.

É lícito à parte formular mais de um pedido, desde que o julgador seja apto para todos eles e a cumulação seja viável entre si. Sendo vários, como é comum no processo do trabalho, falamos em cumulação própria, isto é, quando a pretensão é o acolhimento de todos eles.

A cumulação pode ainda ser imprópria, onde apenas um dos pleitos pode ser atendido, como quando se busca vínculo com vários tomadores de serviços, havendo fundada dúvida quanto ao real empregador. Destarte, a formação de vínculo com um deles exclui os demais pedidos.

Os pedidos podem ainda ser cumulados subsidiariamente, de modo que o acolhimento de um deles (geralmente o mais desejado vem em primeiro lugar), acarreta o prejuízo dos demais. Pede-se férias de trinta dias, mas se não for acolhido o pleito, que sejam deferidas as férias proporcionais.

A cumulação se subdivide em inicial ou ulterior, conforme o momento em que é requerida. A parte pode pretender na petição inicial que lhe sejam deferidas e marcadas férias integrais, e no curso da demanda vencem outras, circunstância que permite a emenda para se pedir a suplementação.

Apesar de o pedido ter de ser certo, ele pode ser genérico se a pretensão assim exigir, nos moldes do art. 324/CPC. Imaginemos alguém que ajusta a sua remuneração em situações variáveis, em função do volume de vendas ou consoante a produção agrícola, onde a qualidade ou a quantidade não sejam precisos. Note-se que esta indeterminação tem a ver com a natureza do pedido e não com a determinação de seu objeto, pois o pedido indeterminado segue inválido, vez que inepto.

7. Emenda à petição inicial

A emenda é o ato jurídico que retifica a petição inicial, a fim de sanar algum defeito. Naturalmente que a iniciativa pode ser da própria parte, como derivar de determinação judicial, mas ambas têm o escopo de emprestar máximo aproveitamento ao ato processual que se pretendeu praticar, evitando a interposição de nova demanda.

O Juiz do Trabalho, ao verificar que a petição inicial não preenche os requisitos formais ou que apresenta defeitos e irregularidades capazes de dificultar o julgamento de mérito, determinará que o autor a emende ou a complete, indicando com precisão o que deve ser corrigido ou completado, em linha com os ditames do art. 321/CPC.

Desprezada a oportunidade, isto é, se o autor não cumprir a diligência, cabe ao magistrado indeferir a petição inicial. Ainda assim, entendemos que somente o pedido impróprio deve ser descartado, com o prosseguimento do processo se outros pleitos estiverem em condições de serem julgados.

Até a citação válida, o autor sempre pode emendar a petição inicial, aditando ou alterando a causa de pedir e mesmo o pedido. Realizada a citação, qualquer modificação precisa contar com a concordância do réu.

A lei processual comum ainda nos oferece mais uma chance de emenda, para o caso de o réu eleito pelo autor ser inadequado. Assim, quando este afirmar que é parte ilegítima e indicar o real empregador, o art. 338/CPC autoriza que o autor emende a petição inicial para a substituição do réu, com o aproveitamento do processo[9].

8. Indeferimento da petição inicial

O cumprimento escorreito dos requisitos formais são essenciais para o prosseguimento do processo, e sendo a petição inicial o primeiro passo desta sucessão de atos, o § 3º, do art. 840/CLT preceitua que os pedidos que não atenderem os requisitos da petição inicial serão julgados extintos sem resolução do mérito. Nada obstante o comando legal há de ser ministrado consoante o verbete 236, da Súmula do TST, a saber: "salvo nas hipóteses do art. 330/CPC, o indeferimento da inicial, por encontrar-se desacompanhada de documento indispensável à propositura da ação ou não preencher outro requisito legal, somente é cabível se, após intimada para suprir a irregularidade em 15 dias, mediante indicação precisa do que deve ser corrigido ou completado, a parte não o fizer".

Pontue-se que a chance de emenda conferida pelo verbete comentado é para a correção de vícios sanáveis, pois nos demais casos o insucesso é imediato.

A CLT não especifica as condutas inválidas, razão pela qual a aplicação supletória do CPC é autorizada, e segundo os moldes do art. 330/CPC, a petição inicial será indeferida quando: I — for inepta[10]; II — a parte for manifestamente ilegítima; III — o autor carecer de interesse processual; IV — não atendidas as prescrições formais da postulação.

Nestes casos então, é desnecessário que o Juiz do Trabalho conceda o prazo de que trata a Súmula n. 236/TST, podendo indeferir desde logo a petição inicial defeituosa.

Diz-se inepta a petição inicial quando lhe faltar pedido ou causa de pedir; o pedido for indeterminado, ressalvadas as hipóteses legais em que se permite o pedido genérico; da narração dos fatos não decorrer logicamente a conclusão; ou quando dela constar pedidos incompatíveis entre si.

O indeferimento da inicial enseja a interposição de recurso ordinário[11], que é o apelo das decisões definitivas ou terminativas das Varas do Trabalho, no prazo de 8 dias, conforme o art. 895/CLT.

Convém lembrar que o processo do trabalho admite a execução por título extrajudicial, ou seja, como ação autônoma, que se sujeita ao preenchimento dos requisitos da petição inicial, sob pena de indeferimento, com base no inciso I, do art. 924/CPC.

A decisão que indeferir a petição inicial não resolve o mérito, nos moldes do art. 485/CPC.

(9) É prático, mas nem sempre conveniente, pois a causa de pedir certamente precisará ser alterada. Havendo a dispensa de custas, o melhor é desistir da demanda e formular nova petição inicial devidamente estruturada. Se não houver, a chance legal afigura-se oportuna.

(10) O Juiz do Trabalho pode declarar a inépcia de ofício, mas a matéria também poderá ser arguida pelo réu, precisamente como matéria preliminar, isto é, antes de qualquer outra alegação atinente ao mérito, inciso IV, do art. 337/CPC.

(11) O art. 331/CPC faculta ao Juiz a possibilidade de se retratar do indeferimento da inicial. A praxe não é usual no Direito Processual do Trabalho, entretanto, a norma comum se acomoda muito bem com os princípios que informam o processo do trabalho, notadamente da simplicidade procedimental e da celeridade. Isso porque, o recurso pode contar aspectos que não haviam sido observados pelo julgador originário que, instado pela parte recorrente, pode ter a chance de rever sua decisão, evitando o congestionamento do TRT e abreviando a prestação jurisdicional.

9. Desistência

Assim como é dado ao autor emendar a petição inicial nas circunstâncias aventadas, ele também poderá reduzir o seu pleito, excluindo alguma pretensão deduzida, e até mesmo desistir da postulação inteira. Poderá ainda transacionar parte dos pedidos e prosseguir em relação àqueles em que o ajuste de vontades não foi possível no momento.

Preceitua o § 3º, do art. 841/CLT, que depois de oferecida a contestação, ainda que eletronicamente (vale dizer, antes da audiência), o reclamante não poderá, sem o consentimento do reclamado, desistir da ação.

É assim porque após a citação o réu passa a ter interesse juridicamente tutelado na fixação da demanda. Em boa ciência processual, uma vez citado o réu, a desistência somente pode ser homologada com a aquiescência deste.

10. Peculiaridades da petição inicial no procedimento sumaríssimo

O procedimento sumaríssimo foi instituído pela Lei n. 9.957/00, e incorporada à CLT no art. 852-A até 852-I, também com o fito de tornar o processamento dos feitos trabalhistas mais célere, pelo que estabeleceu, inclusive, a sua tramitação como preferencial. O principal critério de pregação do procedimento é, igualmente, o valor da causa, cuja soma não pode ultrapassar os quarenta salários mínimos, na data da distribuição da demanda(12). E além disso, apenas os dissídios individuais podem nele permanecer.

A norma exclui expressamente do procedimento sumaríssimo as demandas em que é parte a Administração Pública direta, autárquica e fundacional.

Vários são os requisitos para que as pessoas possam se utilizar deste abreviado procedimento, conforme o art. 852-B/CLT.

Está positivado que o pedido deverá ser certo ou determinado e indicar o valor correspondente, culminando com a extinção do processo em caso de não observância da regra. Ela é bem clara, mas surgem duas polêmicas questões.

Em se tratando de pedido imaterial, cabe à parte lhe atribuir o valor que desejar objetivamente receber, a fim de balizar o procedimento. E como é usual a multiplicidade de pedidos nos feitos trabalhista, a completa extinção do processo somente ocorrerá se todos eles estiverem sem o devido valor. Sendo a omissão apenas parcial, somente o respectivo pedido deve ser eliminado.

O critério para a fixação de valor dos pedidos é ainda coadjuvado pelos arts. 291 e 292/CPC, sendo certo que a toda causa será atribuído valor certo, ainda que não tenha conteúdo econômico imediatamente aferível.

Quando se pedirem prestações vencidas e vincendas (como costuma acontecer com salários), considerar-se-á o valor de umas e outras.

O Juiz do Trabalho pode corrigir, de ofício e por arbitramento, o valor da causa quando verificar que não corresponde ao conteúdo patrimonial em discussão ou ao proveito econômico perseguido pelo autor, na forma do art. 2º, da Lei n. 5.584/70. E suplantando o valor do procedimento sumaríssimo, a consequência é a extinção da demanda, salvo se o autor desistir de alguns dos pedidos para efeito de adequação.

11. Conclusão

O novo Código de Processo Civil e a reforma trabalhista estabeleceram novos paradigmas para a petição inicial. Cabe então à doutrina atualizar o importantíssimo instituto de instauração da ação trabalhista. Foi o nosso propósito.

A formação do processo exige tecnicidade, razão pela qual alinhamos os requisitos formais da petição inicial, incluindo as peculiaridades do processo do trabalho, com um tópico destinado aos pedidos, que constituem o cerne da petição inicial.

O Direito Processual do Trabalho passa a contemplar honorários advocatícios sucumbenciais, para além das hipóteses das causas civis e com intervenção da entidade sindical.

A ampliação e a redução da causa de pedir e do rol de pedidos são situações bem frequentes do foro trabalhista, mas um tema que raramente é lembrado pela doutrina. Dele nos ocupamos, assim como da desistência da demanda, porquanto esta foi revista de reforma trabalhista, estando a ensejar a revisão científica.

Referências bibliográficas

DIDIER Jr., Fredie. *Curso de direito processual civil*. 17. ed. Salvador: Juspodivm, 2015.

EÇA, Vitor Salino de Moura *et al*. *Teoria crítica da reforma trabalhista*. Belo Horizonte: RTM, 2018.

LEITE, Carlos Henrique Bezerra. *Curso de direito processual do trabalho*. 16. ed. São Paulo: Saraiva, 2018.

SCHIAVI, Mauro. *Manual de direito processual do trabalho*. 13. ed. São Paulo: LTr, 2018.

(12) Não é incomum que durante a tramitação outros créditos venham a ser adicionados, como salários vincendos, multa e outras penalidades, créditos fiscais e previdenciários, e assim por diante. Há de se observar que a regra processual do trabalho, diferentemente com o que ocorre nos juizados especiais civis, não impõe a renúncia a parte que sobejar aos quarenta salários mínimos. Este teto está jungido à data de distribuição do feito e não a época de execução dos créditos.

Reforma trabalhista de 2017 no âmbito da audiência de julgamento. Representação das partes em audiência e os efeitos da ausência de qualquer dos litigantes

Denise Alves Horta(*)

"Os homens [...] continuam a ter uma fé cega nas leis, e em buscar nas reformas destas o remédio contra os males do processo, que têm causas muito diferentes e remotas e são provavelmente o sinal mais ostensivo de uma insuficiência radical do direito para as tarefas mais importantes que a desordem social vem colocando sobre seus ombros." (CARNELUTTI)[1]

RESUMO: O objetivo deste artigo é analisar as alterações implementadas pela Lei n. 13.467/2017 no âmbito das disposições da CLT que tratam da audiência de julgamento e que envolvem a representação das partes na audiência e os impactos da ausência de qualquer dos litigantes nesse importante momento processual. As novas regras, algumas conflitantes com os princípios estruturais históricos do Direito Processual do Trabalho, sinalizam efeitos cujo alcance perverso já se vislumbra para a parte reclamante, e desafiam reflexões sob o viés constitucional das novidades introduzidas. De todo modo, a prática e a hermenêutica jurídicas, ao longo do tempo, é que vão dar o tom das mudanças empreendidas.

PALAVRAS-CHAVE: Reforma trabalhista —Audiência — Representação das partes — Preposto — Arquivamento — Revelia.

1. Introdução

A Lei n. 13.467, de 13 de julho de 2017, realizou significativas alterações na CLT, aprovada pelo Decreto-Lei n. 5.452, de 1º de maio de 1943. O comentário que se propõe é voltado às novidades introduzidas na seção da CLT que trata da audiência de julgamento (Seção II, Capítulo III, Título X — arts. 843 a 852).

Nessa seção, as alterações ocorreram no art. 843, em que se acrescentou o § 3º; no art. 844, em que o parágrafo único foi transformado em § 1º e acrescidos outros parágrafos até o 5º; no art. 847, em que se acrescentou um parágrafo único.

As inovações implantadas na mencionada seção da CLT, e que serão objeto de exame, sinalizam para as novas tendências estruturais do Direito Processual do Trabalho, mormente se consideradas no conjunto da Reforma empreendida, e levam à reformulação da cultura até então sedimentada no âmbito doutrinário e do manuseio processual tanto pelas partes e seus procuradores quanto pelos juízes.

Entendimentos jurisprudenciais consagrados e sumulados pelo Tribunal Superior do Trabalho foram repelidos com a criação de norma em sentido oposto, a exemplo do § 3º inserido no art. 843 da CLT, que afasta a necessidade de o preposto ser empregado da parte reclamada e supera a disposição da Súmula n. 377 do TST, que, ao contrário, exigia a condição de o preposto ser empregado, exceto quanto à reclamação de empregado doméstico ou contra micro ou pequeno empresário.

Outro indicativo do embate promovido pela nova lei com a jurisprudência consolidada é a mitigação da revelia do reclamado, prevista no § 5º acrescido ao art. 844 da CLT, em confronto com a Súmula n. 122 do TST.

A lei reformadora trouxe, também, a obrigação de o reclamante, ainda que beneficiário da justiça gratuita, pagar as custas do arquivamento da reclamação, encargo estabelecido como condição para a propositura de nova demanda (art. 844, §§ 2º e 3º). O § 2º do art. 844 foi

---

(*) Desembargadora do TRT da 3ª Região. Mestre em Filosofia pela PUC-SP. Pós-graduada em Direito do Trabalho: Materialidade, Instrumentalidade e Efetividade pela PUC-MG. Conselheira da Escola Judicial do TRT da 3ª Região.

(1) CARNELUTTI, Francesco. *Instituições de processo civil*. Tradução: Adrián Sotero de Witt Batista; v. I, Campinas: Servanda, 1999. p. 62.

objeto da ADI 5.766[2] proposta pelo Procurador-Geral da República em face da Lei n. 13.467/2017, nos pontos que discrimina como inconstitucionais. O julgamento foi iniciado e se encontra suspenso com pedido de vista para o Ministro Luiz Fux.

Com vistas a minimizar as consequências adversas para os jurisdicionados e a garantir a segurança jurídica, com balizas orientadoras também para os aplicadores da lei, a Instrução Normativa n. 41 do TST, editada por meio da Resolução n. 221, de 21 de junho de 2018, estabeleceu a fixação de marco temporal inicial para a aplicação das novas normas processuais trabalhistas introduzidas pela Lei n. 13.467/2017. Além disso, vedou a cumulação das condições de advogado e preposto, em face das novas disposições do art. 843, § 3º, e do art. 844, § 5º, ambos da CLT.

A par das críticas que possam ser realizadas à Reforma Trabalhista, está contemplado por ela um cenário novo, cujos efeitos já se fazem sentir na prática das audiências e julgamentos, e que serão examinados ao longo do presente ensaio.

A seguir, uma sinopse das alterações implementadas pela nova lei, destacadas em negrito:

> Art. 843. Na audiência de julgamento deverão estar presentes o reclamante e o reclamado, independentemente do comparecimento de seus representantes, salvo, nos casos de Reclamatórias Plúrimas ou Ações de Cumprimento, quando os empregados poderão fazer-se representar pelo Sindicato de sua categoria.
>
> § 1º É facultado ao empregador fazer-se substituir pelo gerente, ou qualquer outro preposto que tenha conhecimento do fato, e cujas declarações obrigarão o proponente.
>
> § 2º Se por doença ou qualquer outro motivo poderoso, devidamente comprovado, não for possível ao empregado comparecer pessoalmente, poderá fazer-se representar por outro empregado que pertença à mesma profissão, ou pelo seu sindicato.
>
> **§ 3º O preposto a que se refere o § 1º deste artigo não precisa ser empregado da parte reclamada.**
>
> Art. 844. O não comparecimento do reclamante à audiência importa o arquivamento da reclamação, e o não comparecimento do reclamado importa revelia, além de confissão quanto à matéria de fato.
>
> § 1º Ocorrendo motivo relevante, poderá o **juiz** suspender o julgamento, designando nova audiência.
>
> **§ 2º Na hipótese de ausência do reclamante, este será condenado ao pagamento das custas calculadas na forma do art. 789 desta Consolidação, ainda que beneficiário da justiça gratuita, salvo se comprovar, no prazo de quinze dias, que a ausência ocorreu por motivo legalmente justificável.**
>
> **§ 3º O pagamento das custas a que se refere o § 2º é condição para a propositura de nova demanda.**
>
> **§ 4º A revelia não produz o efeito mencionado no *caput* deste artigo se:**
>
> **I — havendo pluralidade de reclamados, algum deles contestar a ação;**
>
> **II — o litígio versar sobre direitos indisponíveis;**
>
> **III — a petição inicial não estiver acompanhada de instrumento que a lei considere indispensável à prova do ato;**
>
> **IV — as alegações de fato formuladas pelo reclamante forem inverossímeis ou estiverem em contradição com a prova constante dos autos.**
>
> **§ 5º Ainda que ausente o reclamado, presente o advogado na audiência, serão aceitos a contestação e os documentos eventualmente apresentados.**
>
> Art. 845. O reclamante e o reclamado comparecerão à audiência acompanhados das suas testemunhas, apresentando, nessa ocasião, as demais provas.
>
> Art. 846. Aberta a audiência, o juiz ou presidente proporá a conciliação.
>
> § 1º Se houver acordo lavrar-se-á termo, assinado pelo presidente e pelos litigantes, consignando-se o prazo e demais condições para seu cumprimento.
>
> § 2º Entre as condições a que se refere o parágrafo anterior, poderá ser estabelecida a de ficar a parte que não cumprir o acordo obrigada a satisfazer integralmente o pedido ou pagar uma indenização convencionada, sem prejuízo do cumprimento do acordo.
>
> Art. 847. Não havendo acordo, o reclamado terá vinte minutos para aduzir a sua defesa, após a leitura da reclamação, quando esta não for dispensada por ambas as partes.
>
> **Parágrafo único. A parte poderá apresentar defesa escrita pelo sistema de processo judicial eletrônico até a audiência.**

2. Da audiência de julgamento

2.1. Aspectos gerais

Antes de se adentrar nas considerações acerca das mudanças legislativas realizadas pela Lei n. 13.467/2017,

(2) Até o término deste ensaio, o julgamento ainda não havia sido retomado. Em seu voto, o Relator, Ministro Luís Roberto Barroso, defendeu as seguintes teses: 1) O direito à gratuidade de justiça pode ser regulado de forma a desincentivar a litigância abusiva, inclusive por meio da cobrança de custas e honorários de seus beneficiários; 2) A cobrança de honorários sucumbenciais poderá incidir: a) sobre verbas não alimentares, a exemplo de indenizações por danos morais, em sua integralidade; b) sobre o percentual de até 30% do valor que exceder ao teto do regime geral de previdência social, quando pertinentes a verbas remuneratórias; e c) é legítima a cobrança de custas judiciais em razão da ausência do reclamante à audiência, mediante sua prévia intimação pessoal, para que tenha a oportunidade de justificar o não comparecimento. Apesar de o Ministro Luiz Fux ter dito que pediria vista do caso, o Ministro Fachin antecipou seu voto e explicitou sua divergência: "Entendo que a restrição no âmbito trabalhista das situações em que o trabalhador poderá ter acesso à gratuidade da justiça pode conter em si a aniquilação do único caminho que dispõem esses cidadãos de verem garantidos seus direitos sociais trabalhistas." Disponível em: <http://www.stf.jus.br/portal/geral/verPdfPaginado.asp?id=13465868&tipo=TP&descricao=ADI%2F5766>; <https://www.jota.info/stf/do-supremo/barroso-e-fachin-divergem-sobre-restricao-a-gratuidade-da-justica-10052018>. Acesso em: 30 ago. 2018. Petição inicial da ADI 5766, disponível em: <http://www.mpf.mp.br/pgr/documentos/ADI5766reformatrabalhista.pdf>. Acesso em: 30 ago. 2018.

na seção da CLT que trata da audiência de julgamento, faz-se necessário, para a visão do contexto em que inseridas, um breve escorço a respeito desse importante momento no Processo do Trabalho e da representação das partes em juízo.

Audiência significa ouvir com atenção e provém do latim *audientia*[3], palavra que tem como "elemento de composição, do latim *Audi* —, *de audire*, 'ouvir', que se documenta em alguns vocábulos formados do próprio latim (como *audiência*) e em muitos outros introduzidos [...]"[4]. Em juízo, é o momento, designado pelo juiz, para ouvir as partes, incentivar a conciliação, colher defesa e provas, proferir decisões necessárias à instrução do feito, colher razões finais e proceder ao julgamento da lide[5].

A audiência é a fonte primária da dinâmica do processo, sendo indispensável a presença das partes, para o seu curso regular. Não por outra razão, o art. 843, *caput*, da CLT, dispõe: "Na audiência de julgamento, deverão estar presentes o reclamante e o reclamado, independentemente do comparecimento de seus representantes [...]".

Explica-se a menção da CLT à "audiência de julgamento" pelo fato de ter sido prevista para essa oportunidade o julgamento, propriamente dito, do processo, que é, em suma, o objetivo almejado pelas partes. Na verdade, seguido à risca o sistema agasalhado pela CLT, a audiência seria de "instrução e julgamento" como observado por Russomano[6], e não apenas de julgamento.

Concebida a audiência para ser contínua, a realidade forense, retratada no número de demandas, sua complexidade e provas a serem produzidas, levou à necessidade de se adotar como rotineira a exceção, prevista na lei, de não concluí-la no mesmo dia (art. 849 da CLT) e de designar o seu processamento em três etapas: conciliação, instrução e julgamento.

Isso significa, realizada uma etapa, adiar a continuidade da audiência para um momento seguinte, mas sem prejuízo de o magistrado, a seu critério, e adredemente cientes as partes, praticar em única assentada todos os atos necessários ao julgamento da lide.

Nos processos de rito sumaríssimo, regulados nos arts. 852-A a 852-I da CLT, as demandas, com maior razão, por conta da celeridade do rito, também são instruídas e julgadas em audiência una, prevista, porém, se necessária, a possibilidade de seu adiamento para momento posterior (art. 852-H, §§ 1º, 3º, 4º, 7º). Para o julgamento, em regra, adia-se a audiência, proferindo-se a decisão no prazo legal.

O sistema de desenvolvimento das audiências no Processo do Trabalho revela, por si, a importância do comparecimento das partes pessoalmente, ou devidamente representadas e/ou assistidas, nesse ato processual solene e público (art. 93, IX, da CF, arts. 11 e 189 do CPC/2015, art. 770 da CLT).

Consoante a doutrina clássica de Batalha, "[...] o comparecimento em juízo constitui ônus da parte, em seu próprio benefício"[7]. Na verdade, a ninguém mais do que à própria parte interessa acompanhar a realização concentrada dos atos processuais em audiência, necessários à demonstração e/ou defesa do seu direito, ou ponderar sobre a conveniência da conciliação, ainda que acompanhada de advogado. Nesse plano, a norma processual não deixa dúvida ao apenar aquele que não comparece à audiência ou nela não se faz representar consoante determina a lei.

2.2. A representação das partes em juízo

A representação das partes em juízo deve se fazer segundo os preceitos do CCb (art. 1.690) e do CPC (arts. 71 e 75), consideradas tanto a capacidade e a incapacidade relativa ou absoluta da pessoa para o livre exercício dos seus direitos quanto a natureza da parte que pretende figurar em juízo.

A CLT trata da representação das partes na audiência e lhes faculta a capacidade postulatória (*ius postulandi*), sem prejuízo de se fazerem representar em juízo pelo sindicato ou por advogado regularmente inscrito na OAB (CLT, art. 791 e § 1º; Lei n. 8.906/1994, arts. 1º e 3º). Observa-se que foram extintas as figuras do provisionado (rábula) e do solicitador, ainda mencionadas no art. 791, § 1º, da CLT; o estagiário (antigo solicitador) somente pode atuar em conjunto com o advogado (Lei n. 8.906/1994, art. 3º, § 2º). No dissídio coletivo, por igual, atuar por meio de advogado é faculdade conferida às partes, que podem fazê-lo sem essa representação (art. 791, § 2º, da CLT).

O *ius postulandi* das partes, nos termos da Súmula n. 425 do TST, "[...] limita-se às Varas do Trabalho e aos Tribunais Regionais do Trabalho, e não alcança a ação rescisória, a ação cautelar, o mandado de segurança e os recursos de competência do Tribunal Superior do Trabalho."

---

(3) CUNHA, Antonio Geraldo da. *Dicionário etimológico Nova Fronteira da língua portuguesa*. Verbete Audi (o), Rio de Janeiro: Nova Fronteira, 1986. p. 83.

(4) *Idem*.

(5) HORTA, Denise Alves. Audiência trabalhista: aspectos relevantes. In: RENAULT, Luiz Otávio Linhares *et al*. (Coord.). *ABC da execução trabalhista: teoria e prática*. São Paulo: LTr, 2014. p. 23-28.

(6) RUSSOMANO, Mozart Victor. *Comentário à CLT*. Rio de Janeiro: Forense, 1986. p. 903.

(7) BATALHA, Wilson de Souza Campos. *Tratado judiciário do trabalho*. 3. ed. São Paulo: LTr, 1995. V. II, p. 58.

A representação por advogado, no juízo trabalhista, com poderes para o foro em geral, pode ser formalizada *apud acta*, ou seja, "[...] mediante simples registro em ata de audiência, a requerimento verbal do advogado interessado, com anuência da parte representada" (art. 791, § 3º da CLT), além de ser corrente o mandato tácito.

A representação do menor de 18 anos está contida no art. 793 da CLT e "[...] será feita por seus representantes legais e, na falta destes, pela Procuradoria da Justiça do Trabalho, pelo sindicato, pelo Ministério Público estadual ou curador nomeado em juízo". O trabalho do menor é permitido a partir dos 16 anos, salvo na condição de aprendiz, a partir de 14 anos (CF, art. 7º, XXXIII). O menor entre 16 e 18 anos, na verdade, será assistido por seu representante legal ou, na ausência, pelos entes descritos no art. 793 da CLT ou curador nomeado pelo juiz. O menor de 16 anos não será assistido, mas representado na forma legal. A Lei n. 13.467/2017 revogou o art. 792 da CLT visto que em desconformidade com a CF e o CCb/2002.

A presença das partes em audiência, por si, ou devidamente representadas, é crucial para o regular desenvolvimento do processo. Quando o empregado não puder comparecer pessoalmente, por doença ou qualquer outro motivo poderoso, devidamente comprovado, o § 2º do art. 843 da CLT faculta-lhe fazer-se representar por outro empregado da mesma profissão ou pelo seu sindicato. Essa representação, na prática, acontece somente para ensejar a suspensão da audiência, e evitar o arquivamento da reclamação, previsto no art. 844 celetário, sendo imperioso o comparecimento do reclamante à audiência em prosseguimento designada pelo Juiz.

Ao reclamado, a lei faculta-lhe fazer-se substituir, nos termos do art. 843, § 1º da CLT, o que pode se dar pelo gerente ou qualquer outro preposto que tenha conhecimento do fato. Como o preposto, na dicção legal, substitui o reclamado, suas declarações obrigarão o preponente, pois ali atua como se o reclamado fosse.

A doutrina critica a redação desse § 1º do art. 843 da CLT, quando alude que o preposto "substitui" o reclamado, pois, como acentua Martins, "[...] ele não passa a ser parte no processo"(8), na verdade ele o "representa". Do contrário, "[...] seria admitir que o preposto passasse a ser o responsável pelo adimplemento das obrigações contidas na sentença condenatória, respondendo, para isso, com o seu patrimônio atual e futuro [...] — o que seria absurdo"(9), assinala Teixeira Filho.

O art. 861 da CLT, que trata dos dissídios coletivos, adota a redação que se entende a mais correta, pois faculta "[...] ao empregador fazer-se representar na audiência pelo gerente, ou por qualquer outro preposto que tenha conhecimento do dissídio, e por cujas declarações será sempre responsável".

A atuação do preposto é autorizada por lei somente na audiência (CLT, art. 843 e § 1º) não tendo, pois, legitimidade para recorrer em nome da parte que representa. Ilustra esse aspecto o seguinte julgado:

> EMENTA: AGRAVO DE INSTRUMENTO. RECURSO ORDINÁRIO ASSINADO PELO PREPOSTO. INADMISSIBILIDADE. A atuação do preposto se restringe à audiência, não estando ele legalmente autorizado a procurar em Juízo. Tampouco a figura do *jus postulandi* confere capacidade postulatória a esse singular representante patronal. Esposar entendimento contrário significaria, na verdade, tolerar o exercício ilegal da profissão de advogado. RECURSO ORDINÁRIO. RESPONSABILIDADE SUBSIDIÁRIA DO TOMADOR DE SERVIÇOS. O reconhecimento da responsabilidade subsidiária não significa tirar a responsabilidade da real empregadora, mas simplesmente assegurar que o trabalhador receba seus créditos, ainda que do tomador de serviços, que se beneficiou diretamente do trabalho do obreiro e que, como se sabe, poderá se valer do direito de regresso, no Juízo competente, se lhe for conveniente. (RO 00099201110403008 0000099-57.2011.5.03.0104. TRT3. Segunda Turma. Pub. 03.04.2012, 02.04.2012. DEJT. P. 172. Rel: Maria Raquel Ferraz Zagari Valentim)

A Lei n. 13.467/2017 inseriu o § 3º ao art. 843 da CLT, e dispôs expressamente que o preposto a que se refere o § 1º do citado artigo "[...] não precisa ser empregado da parte reclamada". Essa disposição veio colidir frontalmente com a jurisprudência trabalhista consolidada na Súmula n. 377 do Tribunal Superior do Trabalho:

> SÚMULA n. 377 DO TST
>
> PREPOSTO. EXIGÊNCIA DA CONDIÇÃO DE EMPREGADO (nova redação) — Res. 146/2008, DJ 28.04.2008, 02 e 05.05.2008. Exceto quanto à reclamação de empregado doméstico, ou contra micro ou pequeno empresário, o preposto deve ser necessariamente empregado do reclamado. Inteligência do art. 843, § 1º, da CLT e do art. 54 da Lei Complementar n. 123, de 14 de dezembro de 2006.

O referido § 1º do art. 843 da CLT, ao facultar ao reclamado "[...] fazer-se substituir pelo gerente ou por qualquer outro preposto", nada dispôs sobre a condição de esse preposto ser ou não empregado, e ressaltou ser imprescindível, apenas, o seu conhecimento dos fatos. A interpretação desse dispositivo ensejou entendimentos divergentes.

Por longos anos, contudo, a doutrina e a jurisprudência trabalhistas firmaram-se no sentido de que o preposto devia ser empregado da parte demandada. Primeiramente, em 30.05.1997, o TST expediu a Orientação Jurisprudencial n. 99 de sua SDI-1, de seguinte teor:

> OJ N. 99 DA SDI-1 DO TST
>
> PREPOSTO. EXIGÊNCIA DA CONDIÇÃO DE EMPREGADO — Exceto quanto à reclamação de empregado doméstico, o

(8) MARTINS, Sérgio Pinto. *Comentários à CLT*. 20. ed. São Paulo: Saraiva, 2016. n. 4, p. 920.

(9) TEIXEIRA FILHO, Manoel Antonio. *Manual da audiência na justiça do trabalho*. 2. ed. São Paulo: LTr, 2017. p. 53.

preposto deve ser necessariamente empregado do reclamado. Inteligência do art. 843 § 1º da CLT.

Essa OJ foi convertida na Súmula n. 377 do TST, publicada em 20.04.2005, que teve a sua redação alterada pela Res. N. 146/2008 (DJ 28.04.2008, 02 e 05.05.2008), para acrescentar, além do doméstico, a exceção do micro e pequeno empresário. O art. 54 da Lei Complementar n. 123, de 14 de dezembro de 2006, faculta ao "[...] empregador de microempresa ou de empresa de pequeno porte fazer-se substituir ou representar perante a Justiça do Trabalho por terceiros que conheçam dos fatos, ainda que não possuam vínculo trabalhista ou societário". A especificidade das situações mencionadas explicava-se porque, no caso do doméstico, o labor é destinado à entidade familiar e, quanto às micro e pequenas empresas, a LC citada visou a facilitar o acesso dessas demandadas ao juízo, ante o seu número reduzido de empregados.

Relativamente ao empregador rural, a exceção referida vinha alcançando os empregadores pessoas físicas e pequenos produtores rurais, como exemplifica o seguinte aresto:

EMENTA: RECURSO DE REVISTA — REPRESENTAÇÃO PROCESSUAL DOS RECLAMADOS — PESSOAS FÍSICAS E PRODUTORES RURAIS — PREPOSTO — CONDIÇÃO DE EMPREGADO — DESNECESSIDADE. Em regra, o preposto do reclamado em audiência deve ser seu empregado. Todavia, em determinadas situações, como no caso do micro e pequeno empresário e do empregador doméstico, tal exigência é incompatível com a realidade fática e deve ser mitigada. No caso dos autos, os reclamados consistem em pessoas físicas e pequenos produtores rurais, que conduzem pessoalmente o seu empreendimento, não sendo razoável exigir dos reclamados a sua representação processual por meio de preposto empregado, mesmo porque não se há notícia nos autos da existência de outros empregados em condições de lhe representar. Logo, tem-se que os reclamados foram regularmente representados em audiência, sendo descabida a aplicação da revelia e da pena de confissão ficta. Incide a Súmula n. 377 do TST. (RR-1390-60.2011.5.09.0093, 7ª Turma, Rel. Min. Vieira de Mello Filho, julgado em 12.03.2014). (TRT18, RO — 0010657-48.2015.5.18.0131, Rel. Marilda Jungmann Goncalves Daher, 2ª TURMA, 04.11.2015)

Nas demais hipóteses, a necessidade de o preposto ser empregado da reclamada tinha assento, sobretudo, na possibilidade de, em caso contrário, criarem-se os denominados "prepostos profissionais". Estes são os que militam ao mesmo tempo na representação de vários demandados, e vêm a juízo preparados para esquivarem-se, artificiosamente, de eventual confissão em audiência. A moralização do processo seria, assim, uma consequência natural do preposto empregado, que tem conhecimento dos fatos em virtude da realidade mesma vivenciada na empresa, e que pode ser revelada em depoimento pessoal.

A corrente favorável à desnecessidade de o preposto ser empregado da empresa justificava esse entendimento com a literalidade da norma, que não impunha limitação; com a possibilidade de o reclamado ser representado por mandatário com amplos poderes de representação e negociação, o que viria facilitar a vida da parte reclamada, que não desfalcaria empregado de seus quadros para tal mister, panorama ilustrado pelos seguintes arestos:

EMENTA: REPRESENTAÇÃO DO EMPREGADOR. PREPOSTO NÃO-EMPREGADO. INEXISTÊNCIA DE CONFISSÃO *FICTA*. O art. 843, § 1º, da CLT permite que o empregador seja representado por preposto, desde que este tenha conhecimento dos fatos relativos à contratualidade. O dispositivo não exige que esse preposto seja empregado da empresa. Dessarte, configura nulidade por cerceamento de defesa a aplicação da pena de confissão ficta ao réu, apenas porque este se fez representar por preposto não-empregado. (TRT 12ª Reg. RO 00525200803112003 SC 00525-2008-031-12-00-3. 3ª T. Pub.: 16.01.2009; Rel.: Gilmar Cavalieri)

EMENTA: PREPOSTO EMPREGADO. NÃO EXIGÊNCIA. O § 1º do art. 843 da CLT exige tão somente que o preposto tenha ciência dos fatos sobre os quais deverá depor, não fazendo qualquer menção à condição obrigatória de empregado. Assim, a despeito do que contido na Súmula n. 377, não cabe ao intérprete estabelecer uma distinção em nenhum momento pretendida pelo legislador. (RO 1034000520075010043 RJ — 1ª T. Pub. 07.12.2012. Rel. José Nascimento Araújo Netto)

EMENTA: PREPOSTO. MANDATÁRIO. CONFISSÃO. INEXISTÊNCIA. Preposto não empregado, que ostenta a condição de mandatário com amplos poderes de gestão, está apto a representá-la em audiência. Inteligência do art. 843, § 1º, da CLT [...]. (TRT10. RO 764201100610000 DF 00764-2011-006-10-00-0. Pub. 23.03.2012/DEJT. Rel. Des. João Amílcar)

A doutrina partidária dessa linha de pensamento favorável à representação do reclamado em audiência por preposto não empregado ainda acrescentava outras justificativas, como o óbice ao acesso à Justiça pelo demandado impossibilitado de nomear preposto empregado; outra pessoa poderia conhecer mais a realidade dos fatos do que um empregado; o demandado assumiria o risco de designar preposto que não conhecesse os fatos[10].

De modo elucidativo, assinala Martins:

> Preposto vem do latim *praepostus*, de *praeponere*, que tem o significado de posto adiante, à testa de uma operação, para conduzi-la ou dirigi-la. Não está escrito no § 1º do art. 843 da CLT que o preposto tenha de ser empregado, pois aquele comando legal emprega a expressão *qualquer outro preposto*, não mencionando que deve haver relação de emprego entre essa pessoa e a empresa. [...] Analisando-se a origem da palavra *preposto*, que era encontrada em vários dispositivos do Código Comercial (arts. 74 a 85), verifica-se que aquele não tem necessariamente de ser empregado, mas podem sê-lo os feitores, guarda-livros (contadores, atualmente), caixeiros, como se depreende da lei-

(10) *Vide*, a propósito: SCHIAVI, Mauro. *Manual de direito processual do trabalho*. 4. ed. São Paulo: LTr, 2011. p. 500-501.

tura daquelas disposições. [...] É o que deveria ser observado no processo do trabalho, pois o único requisito que a CLT exige do preposto é que tenha conhecimento dos fatos, pois suas declarações obrigarão o preponente. Só o empregador poderá nomear o preposto, em razão de ter confiança irrestrita nessa pessoa, arcando, assim, com os atos por ela praticados [...]. Assim, o contador autônomo, que faz a folha de pagamento da empresa, poderia substituir o empregador na audiência, como admito. Argumenta-se que nesse caso estaria sendo instituída a indústria dos prepostos, mas o que se verifica na prática é que aqueles prepostos de grandes empresas, que comparecem às Varas do Trabalho, já o são de maneira profissional, pois sempre comparecem às Varas do Trabalho [...].(11)

A reflexão sob essa diretriz, com certeza, influenciou o legislador da Reforma Trabalhista, para acrescentar o § 3º ao art. 843 da CLT, que afasta a necessidade de o preposto ser empregado da reclamada e equipara, no particular aspecto, a sistemática do Processo do Trabalho à dos Juizados Especiais Cíveis (Lei n. 9.009/1995, art. 9º, § 4º(12)).

Com efeito, a novidade afasta um contexto interpretativo articulado e sedimentado ao longo do tempo para conferir maior credibilidade ao Processo do Trabalho e evitar abusos. Com o advento do texto legal expresso de que o "[...] preposto não precisa ser empregado da parte reclamada", a essencialidade do conhecimento dos fatos por ele adquire extremado relevo, e é preciso que seja posto em teste nas audiências, doravante, com rigor ainda mais acurado.

Outro aspecto a ser destacado é a possibilidade de o advogado, em audiência, cumular as condições de preposto e mandatário judicial da reclamada. O Regulamento Geral do Estatuto da Advocacia e da OAB (art. 3º) e o Código de Ética e Disciplina da OAB (art. 25 da Resolução n. 02/2015 do Conselho Federal da OAB) vedam ao advogado "[...] funcionar no mesmo processo, simultaneamente, como patrono e preposto do empregador ou cliente". A proibição é de ordem ética e disciplinar, e o que se alega para sustentá-la é que as funções cumuladas de preposto e advogado não se conciliam com as prerrogativas, a liberdade, a independência e os deveres do advogado. Não obstante, os Tribunais, inclusive o TST, antes da vigência da Lei n. 13.467/2017, e ainda sob a égide da Súmula n. 377 do TST, vinham admitindo essa cumulação, quando o advogado fosse empregado da empresa. Nesse sentido os seguintes julgados:

> EMENTA — RECURSO ORDINÁRIO — PREPOSTO E ADVOGADO — ATUAÇÃO SIMULTÂNEA — POSSIBILIDADE — A teor do disposto no art. 843, § 1º, da CLT, não se vislumbra nenhuma incompatibilidade legal de o advogado atuar concomitantemente como preposto da reclamada no processo do trabalho, desde que dela seja empregado, nos termos da Súmula n. 377 do TST. Recurso provido. (Processo: RO — 0001698-02.2015.5.06.0009, Redator: Nise Pedroso Lins de Sousa, Data de julgamento: 13.12.2017, Quarta Turma, Data da assinatura: 19.12.2017)

> EMENTA — PREPOSTO. ADVOGADO. ATUAÇÃO SIMULTÂNEA. REVELIA. Este Tribunal tem se orientado no sentido de que é possível a atuação simultânea nas funções de advogado e preposto, ainda que no mesmo processo, desde que o advogado seja empregado da reclamada. (TST-RR-1555-19.2010.5.09.0651. Pub. 14.09.2012. 2ª T. Rel. Min. Guilherme Caputo Bastos)

> EMENTA — RECURSO DE REVISTA. 1. ADVOGADO E PREPOSTO. ATUAÇÃO SIMULTÂNEA. EXIGÊNCIA DA CONDIÇÃO DE EMPREGADO. Não há impedimento legal à acumulação das figuras de preposto e advogado, desde que se trate de empregado da empresa reclamada, nos termos da Súmula n. 377 do TST. Rememore-se que, a teor do art. 791 da CLT, o empregador pode exercitar o *jus postulandi*, aí comparecendo solitário à audiência. Imaculado o art. 843, § 1º, do mesmo texto. Recurso de revista não conhecido. (...). (TST-RR- 23100-71.2008.5.09.0666 Data de Julgamento: 29.09.2010, Relator Ministro: Alberto Luiz Bresciani de Fontan Pereira, 3ª Turma, Data de Publicação: DEJT 08.10.2010)

Com o advento da Lei n. 13.467/2017, o TST, na Instrução Normativa n. 41/2018 (art. 12, § 3º), vedou a cumulação das condições de advogado e preposto, tendo em vista os termos do art. 843, § 3º e do art. 844, § 5º, ambos da CLT, o que será abordado no tópico relativo à ausência do reclamado à audiência.

3. Da ausência das partes à audiência — efeitos

O não comparecimento das partes à audiência implica os efeitos que estão contidos no *caput* do art. 844 da CLT, ao qual a Lei n. 13.467/2017 acrescentou cinco parágrafos, transformando o antigo parágrafo único em § 1º, a saber:

> Art. 844. O não comparecimento do reclamante à audiência importa o arquivamento da reclamação, e o não comparecimento do reclamado importa revelia, além de confissão quanto à matéria de fato.
>
> § 1º Ocorrendo motivo relevante, poderá o juiz suspender o julgamento, designando nova audiência.
>
> **§ 2º Na hipótese de ausência do reclamante, este será condenado ao pagamento das custas calculadas na forma do art. 789 desta Consolidação, ainda que beneficiário da justiça gratuita, salvo se comprovar, no prazo de quinze dias, que a ausência ocorreu por motivo legalmente justificável.**
>
> **§ 3º O pagamento das custas a que se refere o § 2º é condição para a propositura de nova demanda.**

(11) MARTINS, Sérgio Pinto. *Comentários à CLT*. 20. ed. São Paulo: Saraiva. 2016. n. 4, p. 921.

(12) Lei n. 9.009/1995: Art. 9º Nas causas de valor até vinte salários mínimos, as partes comparecerão pessoalmente, podendo ser assistidas por advogado; nas de valor superior, a assistência é obrigatória. [...] § 4º O réu, sendo pessoa jurídica ou titular de firma individual, poderá ser representado por preposto credenciado, munido de carta de preposição com poderes para transigir, sem haver necessidade de vínculo empregatício.

§ 4º A revelia não produz o efeito mencionado no *caput* deste artigo se:

I — havendo pluralidade de reclamados, algum deles contestar a ação;

II — o litígio versar sobre direitos indisponíveis;

III — a petição inicial não estiver acompanhada de instrumento que a lei considere indispensável à prova do ato;

IV — as alegações de fato formuladas pelo reclamante forem inverossímeis ou estiverem em contradição com a prova constante dos autos.

§ 5º Ainda que ausente o reclamado, presente o advogado na audiência, serão aceitos a contestação e os documentos eventualmente apresentados.

A dimensão da importância da audiência não é demais realçar, "[...] pois é a oportunidade em que as partes estarão frente a frente e perante o juiz. Trata-se de momento apropriado para a prática pelos litigantes e pelo magistrado de atos essenciais ao desfecho do processo [...]"(13). Essa observação, reiterada, revela a necessidade do exame individualizado da ausência de qualquer das partes nesse decisivo momento processual. O § 1º do art. 844 da CLT autoriza o juiz(14), ocorrendo motivo relevante, a suspender a audiência e designar nova data. Relevantes são não só os motivos previstos na própria lei, a exemplo da ausência justificada de qualquer dos litigantes, como outros que, por sua natureza, legitimem o adiamento.

3.1. Ausência do reclamante à audiência

A ausência do reclamante à audiência pode ensejar o arquivamento da demanda (art. 844 da CLT) ou a pena de confissão quanto à matéria de fato (art. 385, § 1º do CPC). Nos termos do art. 844, *caput*, da CLT, "O não comparecimento do reclamante à audiência importa o arquivamento da reclamação". Essa medida processual equivale à extinção do processo sem resolução do mérito. O legislador assentiu por esse desfecho processual para oportunizar ao trabalhador, parte hipossuficiente na relação jurídica, maior acesso à Justiça a fim de pleitear os direitos trabalhistas que supõe lesados ou ameaçados (CF, art. 5º, XXXV). A disposição referida deve ser analisada em sintonia com o disposto no § 2º do art. 843 e com o atual § 1º (antigo parágrafo único) do art. 844, ambos da CLT. O juiz poderá suspender a audiência, em caso de motivo relevante — o que se compraz com a doença da parte ou outra razão igualmente justificadora devidamente comprovada — facultando-se, no caso do reclamante, fazer-se representar pelo sindicato ou por outro empregado que pertença à mesma profissão, com o fim de evitar o arquivamento da demanda.

Ao reclamante, contudo, não é outorgado faltar à audiência, reiterada e descompromissadamente, sem penalidade. O art. 732, combinado com o art. 731, ambos da CLT e não alterados pela Lei n. 13.467/17, prevê que, se o reclamante, por duas vezes seguidas, der causa ao arquivamento da reclamação, incorrerá na perda, pelo prazo de 6 (seis) meses, do direito de reclamar perante a Justiça do Trabalho. Trata-se da perempção, prevista também no art. 485, V, do CPC(15), mas com algumas particularidades no processo civil, como forma de extinção do processo, sem resolução do mérito.

Importa esclarecer que a perempção trabalhista somente se configura quando o reclamante der causa a dois arquivamentos seguidos por conta de sua ausência à audiência, não se computando para esse fim arquivamentos ou extinção do processo sem resolução do mérito por outras razões, como ilustra a seguinte decisão:

> EMENTA: PEREMPÇÃO. ARTS. 732 E 844 DA CLT. Caracteriza-se a perempção quando o reclamante, "por duas vezes seguidas, der causa ao aquivamento de que trata o art. 844" (art. 732 a CLT). Por sua vez, o referido art. 844 trata do arquivamento por ausência do reclamante à audiência. Ambos os dispositivos devem ser interpretados em conjunto e de forma restritiva, somente se configurando a perempção, portanto, quando o autor der causa ao arquivamento, por duas vezes seguidas, devido à sua ausência na audiência inaugural. Qualquer outra causa de extinção do processo, ou de arquivamento, não pode ser levada em conta para fins de perempção. (TRT 3ª R., RO 0001494-66.2011.5.03.0110. 8ª T. Rel. Des. Márcio Ribeiro do Valle. DEJT 10.02.2012).

As custas, nos casos de arquivamento, são devidas, nos termos do art. 789, II e executadas nos moldes do art. 790, § 2º, ambos da CLT.

A Lei n. 13.467/2017, no § 2º acrescentado ao art. 844 da CLT, dispôs que, na hipótese de ausência do reclamante, ele será condenado à satisfação das custas, ainda que beneficiário da Justiça gratuita. Facultou-lhe, contudo, provar, em 15 dias, que faltou à audiência por motivo legalmente justificável, para isentar-se da oneração. Estabeleceu, também, no § 3º do art. 844, o pagamento das custas como condição para a propositura de nova demanda.

A norma do § 2º do art. 844 da CLT, assim como as normas dos arts. 790-B, *caput* e § 4º; 791-A, *caput* e § 4º, e 844,

(13) HORTA, Denise Alves. Audiência trabalhista: aspectos relevantes. In: RENAULT, Luiz Otávio Linhares *et al* (Coord.). *ABC da execução trabalhista: teoria e prática*. São Paulo: LTr, 2014. p. 23-28.

(14) Houve correção da redação primitiva, que mencionava "presidente", referindo-se ao presidente da antiga Junta de Conciliação e Julgamento, o que foi alterado pela Emenda Constitucional n. 24/99, que extinguiu a representação classista e transformou as JCJs em Varas, com jurisdição exercida por um juiz singular.

(15) A particularidade da perempção prevista no CPC refere-se ao seu fato gerador, que está descrito no art. 486, § 3º, do diploma processual civil: "Se o autor der causa, por 3 (três) vezes, a sentença fundada em abandono da causa, não poderá propor nova ação contra o réu com o mesmo objeto, ficando-lhe ressalvada, entretanto, a possibilidade de alegar em defesa o seu direito."

§ 2º, da CLT, introduzidas pela Lei n. 13.467/2017, são objeto da Ação Direta de Inconstitucionalidade n. 5.766, proposta pelo Procurador-Geral da República em 25 de agosto de 2017 e distribuída ao relator, Ministro Luís Roberto Barroso, sendo que o julgamento da ADI foi iniciado e suspenso, com pedido de vista pelo Ministro Luiz Fux, em 10.05.2018, como assinalado em nota na introdução deste ensaio.

O beneficiário da justiça gratuita, regra geral, permanece isento do pagamento das custas processuais, isenção contemplada pela gratuidade judiciária (art. 790, § 3º, da CLT e art. 98, § 1º, inciso I, do CPC).

A Lei n. 13.467/2017, contudo, inseriu relevante alteração, ao acrescer os §§ 2º e 3º ao art. 844 da CLT, para regular o pagamento das custas pelo arquivamento da reclamação por ausência do reclamante à audiência. No § 2º do art. 844, impôs o texto legal esse encargo ao reclamante, "[...] ainda que beneficiário da Justiça gratuita, salvo se comprovar, no prazo de quinze dias, que a ausência ocorreu por motivo legalmente justificável", e, ainda, no § 3º, exigiu o pagamento das custas como "[...] condição para a propositura de nova demanda".

Essas disposições legais (§§ 2º e 3º do art. 844 da CLT), ao imporem ao beneficiário da Justiça gratuita o pagamento das custas e limitarem o seu acesso ao Judiciário, caso não comprove o pagamento, não se harmonizam com o direito fundamental da isonomia (CF, art. 5º, *caput*) e de acesso à Justiça, na medida em que a norma constitucional assegura que "todos são iguais perante a lei" (CF, art. 5º) e que "a lei não excluirá da apreciação do Poder Judiciário lesão ou ameaça de direito" (CF, art. 5º, XXXV). A garantia de acesso à Justiça não se viabiliza sem a assistência jurídica integral e gratuita aos que comprovarem insuficiência de recursos (CF, art. 5º, LXXIV).

Os artigos em apreço, inseridos pela Lei n. 13.467/2017, colidem, ainda, com as disposições da própria CLT que estabelecem que as custas não pagas serão executadas (art. 790, § 2º); o benefício da Justiça gratuita poderá ser concedido, inclusive de ofício, àqueles que perceberem salário igual ou inferior a 40% do limite máximo dos benefícios do Regime Geral da Previdência Social (art. 790, § 3º); o benefício da Justiça gratuita será concedido à parte que comprovar insuficiência de recursos para o pagamento das custas do processo (art. 790, § 4º), e são isentos do pagamento de custas os beneficiários da justiça gratuita (art. 790-A, *caput*).

A propósito, os seguintes arestos:

EMENTA: JUSTIÇA GRATUITA. CUSTAS PROCESSUAIS. ARQUIVAMENTO. A assistência judiciária gratuita e integral àqueles que não possuem recursos financeiros que lhes permitam litigar em juízo constitui garantia prevista na Constituição Federal (art. 5º, LXXIV), podendo ser requerida em qualquer tempo ou grau de jurisdição, desde que, na fase recursal, seja o requerimento formulado no prazo alusivo ao recurso (OJ n. 269 da SDI-I do c. TST). A parte gozará do aludido benefício, mediante simples afirmação de que não está em condições de arcar com os custos do processo, sem prejuízo do sustento próprio ou de sua família, havendo presunção relativa de sua condição, até prova em contrário (art. 99, §§ 2º e 3º, do CPC). Assim, a declaração do Obreiro gera presunção relativa de sua hipossuficiência, o que autoriza o deferimento do aludido pleito, exceto se existente prova em contrário, o que não ocorreu no processado. Incide também na espécie o entendimento contido na Súmula 463, I, do c. TST, que dispõe ser bastante a declaração de hipossuficiência econômica firmada pela parte ou por seu advogado, a fim de que sejam concedidos os benefícios da assistência judiciária gratuita à pessoa natural. Logo, devem ser deferidos ao Reclamante os benefícios da justiça gratuita, com a automática isenção do pagamento das custas processuais fixadas na origem, merecendo destacar que o art. 844, § 2º, da CLT, incluído pela Lei n. 13.467/2017, traz em seu bojo disposição que colide frontalmente com outra regra da CLT, a do art. 790, §§ 3º e 4º, que, mesmo tendo mitigado o alcance da justiça gratuita, ainda a manteve para aqueles que percebem salário igual ou inferior a 40% (quarenta por cento) do limite máximo dos benefícios do Regime Geral de Previdência Social e comprovem insuficiência de recursos para o pagamento das custas do processo. (RO 00101000520185030186 0010100-05.2018.5.03.0186. TRT-3ª Região. Rel. Márcio Ribeiro do Valle. Oitava Turma. Publicado em 5/6/2018. Disponível em: <https://trt-3.jusbrasil.com.br/jurisprudencia/586826553/recurso-ordinario-trabalhista-ro-101000520185030186-0010100-0520185030186?ref=serp>. Acesso em: 31 ago. 2018).

EMENTA: REFORMA TRABALHISTA — BENEFICIÁRIO DA JUSTIÇA GRATUITA — ARQUIVAMENTO DA RECLAMATÓRIA — A exigência de pagamento de custas da parte beneficiária da gratuidade da justiça contraria a CLT, que pelo art. 790-A dispõe que os beneficiários da justiça gratuita são isentos de custas. O conflito entre as disposições do art. 790-A e o art. 844, § 2º, ambos da CLT, deve ser resolvido pela aplicação do art. 790-A da CLT, que favorece o acesso à justiça, com esteio no princípio da aplicação da norma mais favorável à melhoria da condição social do trabalhador, consagrado no art. 7º, *caput*/CF. (TRT da 3ª Região; PJe: 0010150-02.2018.5.03.0034 (RO); Disponibilização: 28.08.2018; Órgão Julgador: Primeira Turma; Relator: Maria Cecília Alves Pinto. Disponível em: <https://as1.trt3.jus.br/juris/detalhe.htm?conversationId=5244>. Acesso em: 04 set. 2018)

Outro aspecto a ser ponderado é a possibilidade de incidência, de modo subsidiário (CPC, art. 15), da norma do Processo Civil quanto à suspensão da exigibilidade dessa despesa ao beneficiário da Justiça gratuita (CPC, art. 98, § 3º), mas por dois anos, período este compatível com a previsão do § 4º do art. 791-A da CLT. Em tal circunstância, não se aplicaria o disposto no § 3º do art. 844 da CLT, que condiciona a propositura de nova demanda ao pagamento das custas da ação arquivada. Nesse sentido, a jurisprudência tem manifestado controvérsia, a saber:

EMENTA: RECURSO ORDINÁRIO. RECLAMAÇÃO TRABALHISTA ARQUIVADA. CUSTAS PROCESSUAIS. ART. 844, § 2º, DA CLT. ÔNUS DO PAGAMENTO. INTERPRETAÇÃO CONFORME A CONSTITUIÇÃO. PRINCÍPIOS DA INAFASTABILIDADE DA JURISDIÇÃO E DO ACESSO À JUSTIÇA (ART. 5º, XXXV, DA CARTA MAGNA). BENEFICIÁRIO DA JUSTIÇA GRATUITA. SUSPENSÃO DA EXIGIBILIDADE DA

OBRIGAÇÃO. INCIDÊNCIA DO ART. 791-A, § 4º, DA CLT. I — À luz das disposições constitucionais que consagram os Princípios da Inafastabilidade da Jurisdição e do Acesso à Justiça (art. 5º, XXXV, da CF/88), bem assim considerando o dever do Estado de prestar assistência jurídica integral e gratuita aos que comprovarem insuficiência de recursos (art. 5º, inciso LXXIV, da Carta Magna), deve ser alijada qualquer interpretação do art. 844, § 2º, da CLT, que imponha ao reclamante favorecido pela justiça gratuita o ônus do pagamento das custas processuais, enquanto perdurar a situação de hipossuficiência econômica que ensejou a concessão do benefício. II — Sendo assim, embora a parte autora possa ser condenada ao pagamento de custas processuais, quando injustificadamente não comparecer à ausência inaugural, nos exatos termos do art. 844, § 2º, da CLT, no caso de beneficiário da justiça gratuita, as obrigações decorrentes da sucumbência ficarão sob condição suspensiva de exigibilidade e somente poderão ser executadas, se, nos dois anos subsequentes ao trânsito em julgado da decisão que as certificou, houver demonstração inequívoca de insubsistência da condição de hipossuficiência econômica que ensejou a concessão de gratuidade, extinguindo-se tais obrigações após o decurso desse prazo, consoante expressa determinação do art. 791-A, § 4º, da CLT. III — Recurso provido, em parte. (Proc. TRT 6ª Reg. n. 0001535-37.2017.5.06.0143 (RO). Rel. Des. Valéria Gondim Sampaio. 1ª Turma. Julgamento em 14.06.2018. Disponível em: <http://apps.trt6.jus.br/consultaAcordaos/exibirInteiroTeor?documento=8980857&tipoProcesso=eletronico>. Acesso em: 31 ago. 2018.

EMENTA: ARQUIVAMENTO DO FEITO. NÃO COMPARECIMENTO À AUDIÊNCIA INAUGURAL. CUSTAS PROCESSUAIS. O não comparecimento da autora à audiência inicial gera o arquivamento da ação, de acordo com o art. 844 da CLT, bem como a consequente condenação ao pagamento das custas processuais, nos termos do § 2º do referido artigo. Ainda que beneficiária da justiça gratuita, não cabe a suspensão da exigibilidade das custas, por força do art. 844, §§ 2º e 3º da CLT. A norma do art. 791-A, § 4º, da CLT é referente aos honorários sucumbenciais. Recurso não provido. (RO 00212500920175040018 (TRT-4). Data de publicação: 03.09.2018. 10ª Turma. Relator: Janney Camargo Bina. Disponível em: <https://trt-4.jusbrasil.com.br/jurisprudencia/631891556/recurso-ordinario-ro--212500920175040018?ref=serp>. Acesso em: 04 set. 2018.

A seu turno, a condição imposta no § 3º do art. 844 ("O pagamento das custas a que se refere o § 2º é condição para a propositura de nova demanda") constitui afronta à garantia constitucional de acesso à Justiça (CF, art. 5º, inciso XXXV), consideradas, especialmente, a singularidade do jurisdicionado trabalhador e a natureza alimentar dos direitos postulados. Nessa linha de entendimento, assinala Cassar que "[...] a obrigatoriedade de pagamento de custas pelo reclamante beneficiário da gratuidade de justiça é injusto e fere o acesso à Justiça quando impede o ajuizamento de nova ação"[(16)]. Comentando esse dispositivo legal, realça Teixeira Filho:

> Não há, portanto, razão factual ou jurídica para obstar-se o exercício do direito constitucional de alguém invocar a prestação da tutela jurisdicional do Estado, seja no caso do direito colocado em estado de periclitância, seja no de o direito já haver sido violado, pelo simples fato de não haver sido pagas as custas atinentes ao processo anterior, extinto sem resolução do mérito. Chega, mesmo, a causar indignação às consciências mais lúcidas o fato de o legislador ordinário haver colocado o interesse da União (recebimento das custas) acima da garantia constitucional, assegurada aos indivíduos e às coletividades, de invocarem a tutela jurisdicional do Estado (direito de ação)[(17)].

Sensível a esse contexto, o Tribunal Regional do Trabalho da 3ª Região, em julgamento no Processo de Arguição Incidental de Inconstitucionalidade, PJe TRT n. 0010676-71.2018.5.03.0000 ArgInc, decidiu pela inconstitucionalidade da expressão "ainda que beneficiário da justiça gratuita", constante do § 2º e da íntegra do § 3º ambos do art. 844 da CLT, introduzidos pela Lei n. 13.467/2017, e editou a Súmula n. 72 de sua jurisprudência, com a seguinte redação:

ARGUIÇÃO INCIDENTAL DE INCONSTITUCIONALIDADE. PAGAMENTO DE CUSTAS. BENEFICIÁRIO DE JUSTIÇA GRATUITA. §§ 2º e 3º DO ART. 844 DA CLT (LEI N. 13.467/2017). São inconstitucionais a expressão "ainda que beneficiário da justiça gratuita", constante do § 2º, e a íntegra do § 3º, ambos dispositivos do art. 844 da CLT, na redação dada pela Lei n. 13.467/2017, por violação direta e frontal aos princípios constitucionais da isonomia (art. 5º, *caput*, da CR), da inafastabilidade da jurisdição (art. 5º, XXXV, da CR) e da concessão de justiça gratuita àqueles que dela necessitarem (art. 5º, LXXIV, da CR).

Sobre a aplicação dos §§ 2º e 3º do art. 844 da CLT, a IN n. 41/2018 do TST se limitou a regular a sua incidência no tempo e dispôs serem as disposições legais aplicáveis, exclusivamente, às ações ajuizadas a partir de 11 de novembro de 2017 (art. 12). Com efeito, tratando-se de normas que trouxeram consideráveis ônus à parte reclamante, antes inexistentes, deve ser aplicada a lei do tempo do ajuizamento da ação, tendo em conta os direitos à segurança jurídica (CF, art. 5º, inciso XXXVI), à inexistência de decisão surpresa (CPC, arts. 9º e 10) e à proteção da confiança (CPC, art. 927, § 4º)[(18)].

A propósito, é elucidativo o seguinte aresto:

EMENTA: AÇÃO AJUIZADA ANTES DA EDIÇÃO DA REFORMA TRABALHISTA E ARQUIVADA POR AUSÊNCIA DO RECLAMANTE. REGRAS DE DIREITO INTERTEMPORAL. INAPLICABILIDADE DO ART. 844, § 3º, DA CLT, ACRESCENTADO PELA LEI N. 13.467/2017, QUE EXIGE O RECOLHIMENTO DE CUSTAS PROCESSUAIS COMO CONDIÇÃO PARA O AJUIZAMENTO DE NOVA DEMANDA. As normas

(16) CASSAR, Vólia Bomfim. *CLT comparada e atualizada com a reforma trabalhista*. São Paulo: Método, 2017. p. 491.

(17) TEIXEIRA FILHO, Manoel Antônio. *O processo do trabalho e a reforma trabalhista*: as alterações introduzidas no processo do trabalho pela Lei n. 13.467/2017. São Paulo: LTr, 2017. p. 163.

(18) Exame exaustivo do tema em ALMEIDA, Cleber Lúcio de; ALMEIDA, Wânia Guimarães Rabêllo de. *Direito material e processual do trabalho na perspectiva da reforma trabalhista*. Belo Horizonte: RTM, 2018. p. 39-45 e 125-130.

de direito processual, que geram efeitos materiais, notadamente honorários advocatícios, custas processuais, justiça gratuita, devem ser aplicadas em conformidade com a sua vigência à data do ajuizamento da ação, a fim de evitar a violação ao devido processo legal e em prol da segurança jurídica ("tempus regit actum"). Assim o arquivamento de ação ajuizada antes da edição da Reforma Trabalhista — Lei n. 13.467/2017, ainda que tenha sido determinado quando já vigente a nova regra, não atrai a aplicação da disposição constante do § 3º do art. 844 da CLT, que exige o recolhimento das custas processuais como condição para o ajuizamento de nova demanda, em respeito às regras de direito intertemporal. Proc. TRT15. ROPS 00102470620175150130 0010247-06.2017.5.15.0130. **Relatora: Rita de Cássia Penkal Bernardino de Souza. 4ª Câmara. Publicação**: 16.03.2018.

O "motivo legalmente justificável" a que se refere o § 2º do art. 844 da CLT a ser comprovado em 15 dias, para evitar o pagamento das custas pelo reclamante, pode ser, exemplificativamente, qualquer um dos assinalados no art. 473 e incisos da CLT, além de doença e outras razões legalmente justificáveis, aferíveis, evidentemente, segundo o bom-senso do juiz, que "[...] aplicará as regras de experiência comum subministradas pela observação do que ordinariamente acontece", nos termos do art. 375 do CPC.

A ausência do laborista à audiência pode ensejar, ainda, a aplicação a ele da pena de confissão quanto à matéria de fato, quando, em caso de adiamento da assentada, for intimado a comparecer, para prestar depoimento pessoal, sob essa cominação ou, comparecendo, recusar-se a depor (CPC, art. 385, § 1º). A ausência justificada, nos termos destacados, é suficiente para evitar, de igual modo, a aplicação da aludida pena de confissão.

3.2. Ausência do reclamado à audiência

Diz o art. 844, *caput*, da CLT que o não comparecimento do reclamado à audiência importa revelia, além de confissão quanto à matéria de fato. A audiência, no Processo do Trabalho, é o momento hábil para se apresentar defesa, e prevê a lei o prazo de 20 minutos para a defesa oral (CLT, art. 847), o que não impede a apresentação de defesa escrita, como é corriqueiro, e pode ser feito pelo sistema, em se tratando de processo judicial eletrônico (CLT, art. 847, parágrafo único, incluído pela Lei n. 13.467/2017).

Revel tem origem do latim *'rebellis'*, que significa rebelde, teimoso[19] e, no âmbito jurídico processual, é aquele que, citado, não apresenta defesa, o que induzirá à presunção de serem verdadeiros os fatos alegados pelo autor, nos termos do art. 344 do CPC. Essa presunção é relativa, pois pode ser ilidida pelas provas preexistentes nos autos. Sobre a confissão, a jurisprudência encontra-se sedimentada na Súmula n. 74 do TST:

> SÚMULA N. 74
>
> CONFISSÃO (atualizada em decorrência do CPC de 2015) — Res. 208/2016, DEJT divulgado em 22, 25 e 26.04.2016). **I** — Aplica-se a confissão à parte que, expressamente intimada com aquela cominação, não comparecer à audiência em prosseguimento, na qual deveria depor. (ex-Súmula n. 74 — RA 69/1978, DJ 26.09.1978). **II** — A prova pré-constituída nos autos pode ser levada em conta para confronto com a confissão ficta (arts. 442 e 443, do CPC de 2015 — art. 400, I, do CPC de 1973), não implicando cerceamento de defesa o indeferimento de provas posteriores. (ex-OJ n. 184 da SBDI-1 — inserida em 08.11.2000). **III** — A vedação à produção de prova posterior pela parte confessa somente a ela se aplica, não afetando o exercício, pelo magistrado, do poder/dever de conduzir o processo.

A revelia do reclamado e seus efeitos foram especificamente tratados nos §§ 4º e 5º introduzidos pela Reforma Trabalhista ao art. 844 da CLT. No § 4º, houve a reprodução do previsto no art. 345 e incisos do CPC e, no § 5º, acrescentou-se que, ausente o reclamado mas presente o advogado na audiência, serão aceitos a contestação e os documentos eventualmente apresentados. Essas normas acrescidas ao texto antigo da CLT tiveram o objetivo de mitigar os efeitos da revelia, ao contrário do que ocorreu com a ausência do reclamante à audiência dita inaugural, que, com a Reforma Trabalhista, passou a sofrer consequências mais severas. O novo § 4º do art. 844 da CLT, em quatro incisos, discrimina as circunstâncias em que se afastam os efeitos da revelia.

A primeira delas sucede quando, "**I — havendo pluralidade de reclamados, algum deles contestar a ação**". O litisconsórcio é tratado nos arts. 113 a 118 do CPC, e a disposição *sub examine* se aplica quando o juiz tiver de decidir o mérito de modo uniforme para todos os litisconsortes, e, assim, o litisconsórcio for unitário (CPC, art. 116). No mais, a regra do art. 117 do CPC, aplicável por força do art. 769 da CLT e do art. 15 do CPC, dispõe que, em relação à parte contrária, os litisconsortes são considerados litigantes distintos, "[...] caso em que os atos e as omissões de um não prejudicarão os outros, mas os poderão beneficiar"[20].

A segunda situação apta a frustrar os efeitos da revelia se materializa quando "**II — o litígio versar sobre direi-**

(19) CUNHA, Antonio Geraldo da. *Dicionário etimológico da língua portuguesa*. Rio de Janeiro: Nova Fronteira. 1986. Verbete revel, p. 683.

(20) Sobre os efeitos da revelia quando houver pluralidade de réus, comentam Marinoni, Arenhart e Mitidiero que: "O art. 345, I do CPC, só se aplica no que tange ao regime especial do litisconsórcio (isto é, nos casos de litisconsórcio unitário), porque somente nessa hipótese existe a necessidade de harmonizar a situação processual dos consortes a fim de que o juiz prolate sentença uniforme. Fazê-lo aplicável a toda e qualquer espécie litisconsorcial viola o art. 117, CPC. Isso não quer dizer, contudo, que as alegações de fato feitas no processo por um dos consortes não possam, indiretamente, aproveitar aos demais. Se o litisconsorte que contestou o pedido do demandante aponta um fato comum a todos os consortes e sobre essa alegação faz prova, pela regra da comunhão da prova, a produção probatória aproveita aos demais litisconsortes". MARINONI, Luiz Guilherme; ARENHART, Sergio Cruz; MITIDIERO, Daniel. *Código de Processo Civil comentado*. São Paulo: Revista dos Tribunais, 2015. art. 345, p. 372.

tos indisponíveis". Com efeito, o art. 392 do CPC trata da mesma possibilidade, e dispõe que "Não vale como confissão a admissão, em juízo, de fatos relativos a direitos indisponíveis", o que também é referido no art. 341, I, do CPC. Indisponíveis são os direitos que não podem ser alienados, renunciados ou transferidos, como os direitos da personalidade e os relativos ao estado da pessoa, o que, em regra, já era observado no Processo do Trabalho, por ser norma do CPC com ele compatível. Outrossim, nos termos da OJ n. 152 da SDI-1 do TST, "Pessoa jurídica de direito público sujeita-se à revelia prevista no art. 844 da CLT", observadas iguais cautelas previstas para o demandado comum. Importante realçar que o direito indisponível capaz de atrair a exceção em comento para o ente de direito público se refere ao interesse público primário (da coletividade) e não ao interesse público secundário (interesse administrativo do ente público). Ilustra esse aspecto o seguinte aresto:

> EMENTA: [...] REVELIA DA PRIMEIRA DEMANDADA. CONTESTAÇÃO NÃO ESPECÍFICA DA SEGUNDA RECLAMADA. CONSEQUÊNCIAS. INDISPONIBILIDADE DO DIREITO. A contestação que não se manifesta especificamente sobre os fatos narrados (art. 302, do CPC), não tem o condão de afastar os efeitos da revelia aplicada à primeira reclamada (art. 320, I, do CPC). O direito indisponível capaz de atrair a exceção estabelecida pelo art. 320, II, do CPC se refere ao interesse público da coletividade (primário) e não ao interesse administrativo do ente público (secundário). A recorrente defende em juízo interesse secundário, o qual não se caracteriza como direito indisponível apto a atrair a previsão contida no art. 320, II do CPC.[...]. TRT10 — RO 02218201201510005 DF 02218-2012-015-10-00-5 — 3ª Turma. Publicação: 08.05.2015 no DEJT. Julg. 29.04.2015 — Relatora: Cilene Ferreira Amaro Santos.

Na terceira hipótese, não se produzem os efeitos da revelia, se "**III — a petição inicial não estiver acompanhada de instrumento que a lei considere indispensável à prova do ato**". Na espécie, pode se tratar tanto de instrumento público (art. 406 do CPC) quanto de instrumento particular, pois a norma em comento não faz referência específica. Quando a lei exige instrumento público, ele é substancial[(21)] para a validade e a eficácia do ato. O inciso III do art. 320 do CPC de 1973 mencionava instrumento público, mas o CPC de 2015, no art. 345, III, menciona apenas instrumento, o que foi adotado pela Reforma Trabalhista. É o caso, por exemplo, do pleito formulado com fulcro em instrumento coletivo de trabalho que não acompanhou a inicial. O instrumento coletivo é indispensável não só à prova do direito quanto da sua própria constituição, quando o pleito é fundado nesse instrumento. Exemplifica esse aspecto a seguinte decisão, ainda sob a vigência do CPC de 1973, que não se altera na atualidade:

> EMENTA: DIFERENÇAS SALARIAIS FUNDADAS EM NORMAS COLETIVAS. NECESSIDADE DE JUNTADA AOS AUTOS INDEPENDENTEMENTE DA CONFISSÃO FICTA DA RECLAMADA. Ainda que não se equipare a documento público, tendo o reclamante fundamentado a pretensão ao recebimento de diferenças salariais em normas coletivas, documento particular, deveria tê-las trazido aos autos, independentemente da revelia patronal. Ao empregado cabe demonstrar a existência da norma que diz assegurar-lhe remuneração distinta daquela recebida (que, inclusive, pode ter sua aplicabilidade ao contrato — ou não — ser apreciada e declarada de ofício, como consignado na r. decisão de embargos), de modo que, não o fazendo, impõe-se o indeferimento. Recurso do reclamante conhecido e desprovido. TRT-PR-19-03-2010. Pub. 19.03.2010. Rel. Des. Altino Pedrozo dos Santos.

O quarto suposto estabelecido para afastar os efeitos da revelia ocorre quando "**IV — as alegações de fato formuladas pelo reclamante forem inverossímeis ou estiverem em contradição com prova constante dos autos"**. Inverossímeis são as alegações dissociadas do que ordinariamente acontece e pode suceder, pelo que deve o juiz observar os princípios da razoabilidade e ponderação (art. 375 do CPC). Como exemplo clássico tem-se a alegação na inicial de jornada de trabalho não suportável pelo homem médio, consoante ressai da seguinte decisão do TST:

> EMENTA: AGRAVO DE INSTRUMENTO. RECURSO DE REVISTA. HORAS EXTRAS. CONFISSÃO FICTA. JORNADA INVEROSSÍMIL DECLINADA NA PETIÇÃO INICIAL. I — A presunção de veracidade dos fatos, decorrente da confissão ficta, é relativa e deve ser ponderada sob o prisma do princípio da razoabilidade. II — No caso em exame, verifica-se que o Tribunal Regional delimitou a jornada declinada na inicial com fundamento no princípio da razoabilidade e na aplicação das regras de experiência comum, nos termos do art. 375 do NCPC (art. 335 do CPC/73), uma vez que, de fato, a jornada delineada na inicial não é plausível. III — Aplicável à hipótese também a norma do art. 345, IV, do NCPC, no sentido de que a revelia não produz seus efeitos quando "as alegações de fato formuladas pelo autor forem inverossímeis". IV — Agravo de instrumento de que se conhece e a que se nega provimento.Proc. AIRR 7552220145030035. Pub. DEJT 24.03.2017. Julg. 22.03.2017.

Outro ponto constante do inciso IV do art. 844 da CLT e que afasta os efeitos da revelia são as alegações de fato formuladas pelo reclamante em contradição com a prova existente nos autos. A confissão não se materializa nessa hipótese, e merece relevo a circunstância de que, para esse objetivo, a prova a ser aferida é aquela preexistente no processado. A relatividade da confissão ficta em confronto com a prova já produzida nos autos é objeto da Súmula n. 74 do TST, citada em linhas pretéritas.

O § 5º do art. 844 da CLT, acrescido pela Lei n. 13.467/2017, dispõe que "Ainda que ausente o reclamado, presente o advogado na audiência, serão aceitos a contestação e os documentos eventualmente

(21) Sobre "documento substancial" leciona Calmon de Passos, referindo-se a instrumento público: "206. DOCUMENTO SUBSTANCIAL – Igualmente cessa a presunção de verdade se o fato não impugnado é fato jurídico que, para produzir os seus efeitos típicos, depende de instrumento público. Cuida-se, na espécie, de documento denominado de substancial, exigido não para a prova do direito, mas para sua constituição mesma. Se esse documento exigido for instrumento público, o silêncio do réu não tem força para gerar a presunção de verdade mencionada no art. 302". PASSOS, José Joaquim Calmon de. *Comentários ao Código de Processo Civil*. Rio de Janeiro: Forense, 1989. V. III. Arts. 270 a 331. p. 331.

apresentados". A importância do comparecimento das partes à audiência independentemente dos seus representantes está prevista no art. 843 da CLT e foi inicialmente enfatizada neste estudo. Com efeito, a necessidade do comparecimento pessoal das partes à audiência trabalhista ergue-se da clarividência do legislador originário da CLT para com os princípios informadores do Direito Processual do Trabalho, mormente os da concentração dos atos processuais e da imediatidade, pelos quais se alcançam a celeridade, a economia, a maior efetividade do contraditório e da democratização do processo, conforme realçado pela doutrina:

> Os benefícios da concentração são visíveis, como celeridade no procedimento e economia dos atos processuais. Além disso, há possibilidade de maior compreensão da dimensão do litígio pelo Juiz do Trabalho, pois, numa única audiência, analisa o pedido e a defesa, bem como as provas produzidas.
>
> [...] A imediatidade propicia maior participação das partes no procedimento, dando efetividade ao contraditório real, e também maior democratização do processo[22].

Esses princípios são destacados na jurisprudência, a exemplo:

> EMENTA: AUSÊNCIA DA RECLAMADA. PRESENÇA DO ADVOGADO. REVELIA. Diferente da processualística comum, no Processo do Trabalho, como está claro da dicção do art. 844, da CLT, a ausência do reclamado à audiência importa em sua revelia, além da confissão fática. Ou seja, não basta a apresentação de contestação, mas sim, é imprescindível a presença do demandado. O motivo para tal diferenciação é simples. Quis o legislador fomentar a possibilidade de acordo entre as partes, o que normalmente só é possível com a presença do empregador ou de seu preposto. Além disso, a confissão real, que só pode ser obtida através do depoimento pessoal da parte, no caso, resta impossibilitada, já que o réu simplesmente não está presente no ato. Por último, de vital importância, a regra do art. 844, da CLT, vai ao encontro dos princípios da oralidade e imediatidade, que imperam no processo laboral, tido este como um verdadeiro "processo de audiência". Corolário de tal comando, cita-se a Súmula n. 122, do C. TST, eis que o advogado não é parte, naturalmente. Proc. RO 00029014720125020063 SP 00029014720125020063 A28. 12ª Turma. Pub. 27.02.2015. Julg. 12.02.2015. Rel. Des. Maria Elizabeth Mostardo Nunes.

A nova disposição da Lei n. 13.467/2017, ao inserir o § 5º ao art. 844 da CLT, que, no cenário de ausência do reclamado e presença do advogado na audiência, impõe ao juiz aceitar a contestação e os documentos eventualmente apresentados, trouxe vantagem ao reclamado antes inexistente. Até então, assentava-se na Súmula n. 122 do TST que a ausência injustificada do reclamado à audiência acarretava-lhe a revelia e confissão quanto à matéria de fato, ainda que presente seu advogado munido de procuração, a saber:

> SÚMULA N. 122 DO TST
>
> REVELIA. ATESTADO MÉDICO (incorporada a Orientação Jurisprudencial n. 74 da SBDI-1) — Res. 129/2005, DJ 20, 22 e 25.04.2005. A reclamada, ausente à audiência em que deveria apresentar defesa, é revel, ainda que presente seu advogado munido de procuração, podendo ser ilidida a revelia mediante a apresentação de atestado médico, que deverá declarar, expressamente, a impossibilidade de locomoção do empregador ou do seu preposto no dia da audiência. (primeira parte — ex-OJ n. 74 da SBDI-1 — inserida em 25.11.1996; segunda parte — ex-Súmula n. 122 — alterada pela Res. 121/2003, DJ 21.11.2003).

Em face do teor da Súmula, a defesa, com ou sem documentos, em regra, sequer era colhida, caso manifestada a intenção do advogado de entregá-la ao juiz ou, se colhida, não era considerada, consoante ilustram as seguintes decisões do TST:

> EMENTA: AGRAVO DE INSTRUMENTO EM RECURSO DE REVISTA — REVELIA E CONFISSÃO — AUSÊNCIA DO PREPOSTO NA AUDIÊNCIA INAUGURAL — PRESENÇA DO ADVOGADO MUNIDO DE PROCURAÇÃO E CONTESTAÇÃO — APLICAÇÃO DE CONFISSÃO FICTA QUANTO À MATÉRIA DE FATO E RECONHECIMENTO DA REVELIA COM O INDEFERIMENTO DA JUNTADA DA CONTESTAÇÃO — NULIDADE POR CERCEAMENTO DE DEFESA — NÃO CONFIGURAÇÃO. Nos exatos termos do art. 844, *caput*, da CLT, o não comparecimento da reclamada à audiência inaugural importa a produção de dois efeitos distintos, quais sejam a revelia, consistente na ausência de defesa, e a confissão quanto à matéria de fato. Nessa esteira, esta Corte consolidou entendimento no sentido da imprescindibilidade da presença da parte ré à audiência inaugural, independentemente do comparecimento de advogado constituído, sob pena de confissão da matéria de fato; bem como de revelia, cuja consequência é o indeferimento da juntada da defesa. Fixadas essas premissas, não configura cerceamento de defesa a ordem judicial que obsta a apresentação de defesa e documentos pelo réu reputado revel. Inteligência da Súmula n. 122 do TST. Incidência do óbice do art. 896, § 4º, da CLT e da Súmula n. 333 do TST. Agravo de instrumento desprovido. (Proc. AIRR 14844620105020090. 7ª Turma. Pub. DEJT 07.08.2015. Julg. 05.08.2015. Rel. Min. Luiz Philippe Vieira de Mello Filho)
>
> EMENTA: RECURSO DE REVISTA INTERPOSTO EM FACE DE DECISÃO PUBLICADA ANTERIORMENTE À VIGÊNCIA DA LEI N. 13.015/2014. 1. AUSÊNCIA DA RECLAMADA NA AUDIÊNCIA INAUGURAL. COMPARECIMENTO APENAS DO ADVOGADO. REVELIA. CONFISSÃO FICTA. SÚMULA N. 122/TST. JUNTADA DE DOCUMENTOS. NULIDADE POR CERCEAMENTO DE DEFESA NÃO CONFIGURADA. Hipótese em que o Tribunal Regional do Trabalho desconsiderou a defesa apresentada e os documentos acostados, em face da decretação da revelia e consequente aplicação dos efeitos da confissão ficta. Nos termos do entendimento cristalizado na Súmula n. 122/TST, a ausência injustificada da Reclamada à audiência inaugural enseja a decretação da revelia, mesmo que presente seu advogado devidamente constituído. Uma vez decretada a revelia, não há obrigação do juiz de origem em proceder ao recebimento de defesa e documentos apresentados. Precedentes. Recurso de revista não conhecido. [...] (Proc. RR 12512220115040005. 7ª Turma. Pub. DEJT 11.03.2016. Julg. 09.03.2016. Rel. Min. Douglas Alencar Rodrigues).

---

(22) SCHIAVI, Mauro. *A reforma trabalhista e o processo do trabalho*. São Paulo: LTr, 2017. p. 34.

Com a realidade trazida pela Reforma Trabalhista, cumpre ao juiz aceitar a defesa e os documentos eventualmente ofertados pelo advogado presente à audiência, embora ausente o demandado. Nesse plano, não haverá revelia, considerada esta a ausência de defesa (CPC, art. 344), pois o réu terá manifestado o ânimo de se defender.

No entanto, a pena de confissão quanto à matéria fática poderá ser aplicada ao reclamado, como um dos efeitos da sua ausência à audiência, nos termos do art. 844 da CLT, e, analisados a defesa e os documentos, poderá a confissão ser ilidida se as alegações de fato formuladas pelo reclamante estiverem em contradição com esse contexto probatório (art. 844, § 4º, IV, da CLT). Dos documentos juntados, cumpre ao juiz conceder vista ao reclamante e autorizar, se for o caso, a dilação probatória para desconstituí-los, não configurando cerceio de defesa o indeferimento. Doutro lado, a faculdade de produzir outras provas não alcança a parte reclamada confessa, aspectos assentados nos itens II e III da Súmula n. 74 do TST.

É importante salientar a vedação realizada pela IN n. 41/2018 do TST de cumulação das condições de advogado e preposto (art. 12, § 3º), tendo em vista os termos do art. 843, § 3º, e do art. 844, § 5º, da CLT. Com efeito, quando o § 5º do art. 844 da CLT permitiu a apresentação da defesa e documentos pelo advogado, ainda que ausente o reclamado, fê-lo sob a premissa de que as duas figuras (advogado e preposto) não se confundem, sendo, pois, inacumuláveis. Do contrário, seria a eliminação da necessidade de o reclamado comparecer à audiência.

Cumpre enfatizar que, se, para uns, a alteração legislativa (§ 5º do art. 844 da CLT) significou atendimento às garantias do contraditório e do devido processo legal (CF, art. 5º, LIV e LV)[23], o certo é que a presença do reclamado à audiência perde a importância e a essencialidade que lhe foram originalmente atribuídas, não só para o alcance da verdade real, com o depoimento das partes, mas, sobretudo, para o desenvolvimento do potencial de efetividade do processo por meio da conciliação em audiência.

4. Processo judicial eletrônico

Outra alteração advinda com a Lei n. 13.467/2017 refere-se ao parágrafo único acrescentado ao art. 847 da CLT:

> Art. 847. Não havendo acordo, o reclamado terá vinte minutos para aduzir a sua defesa, após a leitura da reclamação, quando esta não for dispensada por ambas as partes.
>
> **Parágrafo único. A parte poderá apresentar defesa escrita pelo sistema de processo judicial eletrônico até a audiência.**

A disposição acrescida — a parte poderá apresentar defesa escrita pelo sistema de processo judicial eletrônico até a audiência — está em perfeita sintonia com o *caput* do art. 847, pois é a audiência a oportunidade para o reclamado apresentar defesa oral ou escrita, após a proposta de conciliação, conforme previsto no art. 846 da CLT.

A Lei n. 11.419/2006, que versa sobre a informatização do processo judicial, autorizou, no seu art. 18, a regulamentação da lei, no que couber, pelos órgãos do Poder Judiciário, no âmbito de suas respectivas competências. Nesse plano, o Conselho Superior da Justiça do Trabalho editou a Resolução n. 136, de 25.04.2014, revogada pela Resolução n. 185/CSJT, de 24.03.2017.

A Resolução n. 185/CSJT/2017, no art. 22, autoriza a apresentação da contestação, reconvenção, exceção e documentos, protocolados no PJe, "[...] até a realização da proposta conciliatória infrutífera [...], facultada a apresentação de defesa oral, na forma do art. 847, da CLT". Permanece, entretanto, no § 1º, que "No expediente de notificação inicial ou de citação constará orientação para que a contestação, reconvenção, exceção e documentos que as acompanham sejam protocolados no PJe com pelo menos 48h de antecedência da audiência" e as peças permanecerão ocultas do usuário externo "[...] até a realização da proposta conciliatória infrutífera." (art. 22, § 4º).

A previsão do parágrafo único do art. 847 da CLT veio reafirmar a soberania da lei no sentido de que o momento oportuno para a apresentação da defesa e documentos pelo reclamado no processo judicial eletrônico é a audiência e exatamente após frustrada a proposta conciliatória. Este é o Processo do Trabalho que não se altera pelo fato de ser eletrônico. A previsão contida na Resolução n. 185/2017 do CSJT de as peças defensivas e documentos serem "[...] protocolados com pelo menos 48h de antecedência à audiência" (art. 22, § 1º) tem o caráter de mera orientação, como ressalvado na própria norma, e como tal facultativa, para facilitar e acelerar o procedimento em audiência.

Posto como objetivo de otimização da forma como os atos processuais são praticados, o PJe veio facilitar o acesso à Justiça e contribuir para a celeridade e a economia processuais em amplo espectro. Esse motor, contudo, não se contrapõe ou derroga as normas processuais trabalhistas, tampouco as garantias constitucionais quanto à ampla defesa e ao devido processo legal, do que não discrepa o parágrafo único acrescido ao art. 847 da CLT.

(23) Dentre os favoráveis ao advento da regra do § 5º do art. 844 da CLT, vejam-se TEIXEIRA FILHO, Manoel Antonio. *O processo do trabalho e a reforma trabalhista*: as alterações introduzidas no processo do trabalho pela Lei n. 13.467/2017. São Paulo: LTr, 2017. p. 169; SCHIAVI, Mauro. *A reforma trabalhista e o processo do trabalho*. São Paulo: LTr, 2017. p. 101.

5. Considerações finais

As modificações efetivadas pela Lei n. 13.467/2017, que instituiu a Reforma Trabalhista, atribuíram feição diferente à seção da CLT que trata da audiência de julgamento, pois trouxeram desequilíbrio expressivo no tratamento conferido à ausência das partes à audiência: o rigor conferido aos efeitos da ausência do reclamante, de um lado, quiçá a impedir o acesso à Justiça, em descompasso com a amenização dos efeitos da ausência do reclamado, de outro.

Contrariamente à tradição característica da estrutura do Processo do Trabalho, foram mitigadas a importância e a essencialidade da presença do reclamado à audiência, com o que se vislumbra o consequente enfraquecimento dos princípios da imediatidade, da busca da verdade real e, sobretudo, uma contribuição para frustrar-se a potencial efetividade do processo por meio da conciliação em audiência. Além disso, a jurisprudência sedimentada ao longo dos anos viu-se, repentinamente, soçobrada (Súmulas ns. 377 e 122 do TST).

Apresenta-se a Reforma Trabalhista em momento nacional conturbado por crise política, econômica e social. Nesse horizonte histórico, as reformas das leis, manipuladas como fármaco, ainda que com os "melhores espíritos", esbarram, parafraseando Carnelutti, na "*insuficiência radical do direito para as tarefas mais importantes que a desordem social vem colocando sobre seus ombros*". Reafirma-se então que, críticas à parte, o cenário novo contemplado pela Reforma Trabalhista terá sua consistência — ou inconsistência — testada na rica diversidade da prática, amálgama de novos contornos do direito posto.

Afinal, as leis são feitas para e pelas pessoas e estas não obedecem a receitas prontas. Nas palavras de Guimarães Rosa, "[...] as pessoas não estão sempre iguais, ainda não foram terminadas, mas que elas vão sempre mudando. Afinam e desafinam. Verdade maior"(24).

Afinar o dissonante é, assim, o permanente desafio que se impõe.

Referências bibliográficas

ALMEIDA, Cleber Lúcio de; ALMEIDA, Wânia Guimarães Rabêllo de. *Direito material e processual do trabalho na perspectiva da reforma trabalhista.* Belo Horizonte: RTM, 2018.

BATALHA, Wilson de Souza Campos. *Tratado judiciário do trabalho.* 3. ed. São Paulo: LTr, 1995. V. II.

BRASIL. Supremo Tribunal Federal ADI 5766. Rel. Min. Roberto Barroso. Distribuído em 25.08.2017. Disponível em: <http://www.stf.jus.br/portal/processo/verProcessoAndamento.asp>. Acesso em: 22 set. 2017.

CARNELUTTI, Francesco. *Instituições de processo civil.* Tradução: Adrián Sotero de Witt Batista; v. I, Campinas: Servanda, 1999.

CASSAR, Vólia Bomfim. *CLT comparada e atualizada com a reforma trabalhista.* São Paulo: Método, 2017.

CUNHA, Antonio Geraldo da. *Dicionário etimológico da língua portuguesa.* Rio de Janeiro: Nova Fronteira, 1986.

HORTA, Denise Alves. Audiência trabalhista: aspectos relevantes. In: RENAULT, Luiz Otávio Linhares *et al* (Coord.). *ABC da execução trabalhista*: teoria e prática. São Paulo: LTr, 2014.

LIMA, Francisco Meton Marques de; LIMA, Francisco Péricles Rodrigues Marques de. *Reforma trabalhista*: entenda ponto por ponto. São Paulo: LTr, 2017.

MARINONI, Luiz Guilherme; ARENHART, Sergio Cruz; MITIDIERO, Daniel. *Código de Processo Civil comentado.* São Paulo: Revista dos Tribunais, 2015.

MARTINS, Sérgio Pinto. *Comentários à CLT.* 20. ed. São Paulo: Saraiva, 2016.

PASSOS, José Joaquim Calmon de. *Comentários ao Código de Processo Civil.* Rio de Janeiro: Forense, 1989, V. III. Arts. 270 a 331.

ROSA, João Guimarães. *Grande sertão*: veredas. 19. ed. Rio de Janeiro: Nova Fronteira, 2001.

RUSSOMANO, Mozart Victor. *Comentário à CLT.* Rio de Janeiro: Forense, 1986.

SCHIAVI, Mauro. *Manual de direito processual do trabalho.* 4. ed. São Paulo: LTr, 2011.

________. *A reforma trabalhista e o processo do trabalho.* São Paulo: LTr, 2017.

SILVA, Homero Batista Mateus da. *Comentários à reforma trabalhista*: análise da Lei n. 13.467/2017 — artigo por artigo. São Paulo: Revista dos Tribunais, 2017.

TEIXEIRA FILHO, Manoel Antonio. *Manual da audiência na Justiça do Trabalho.* 2. ed. São Paulo: LTr, 2017.

________. O processo do trabalho e a reforma trabalhista: as alterações introduzidas no processo do trabalho pela Lei n. 13.467/2017. São Paulo: LTr, 201?.

(24) ROSA, João Guimarães. *Grande sertão*: veredas. 19. ed. Rio de Janeiro: Nova Fronteira, 2001. p. 39.

A regulamentação do incidente da desconsideração da personalidade jurídica na CLT: sua repercussão na Justiça do Trabalho um ano após a implantação da Reforma Trabalhista (vigência da Lei n. 13.467/2017)

Luiz Ronan Neves Koury(*)

1. Introdução

De acordo com a perspectiva adotada nesta obra, pretende-se analisar a repercussão das novidades trazidas pela Reforma Trabalhista, Lei n. 13.467/2017, na Justiça do Trabalho, um ano após a sua vigência.

Em outras palavras, a indagação presente neste livro diz respeito à aplicação e interpretação dos dispositivos legais, realizada pelo Judiciário trabalhista, em relação aos vários temas objeto da referida legislação.

Se, em uma etapa inicial, o que se teve foi um primeiro contato e as primeiras impressões sobre as alterações na CLT trazidas pela Reforma, o que se tem agora é um debate decorrente da jurisprudência que está sendo construída sobre os inúmeros temas em relação aos quais o Judiciário trabalhista é provocado a manifestar-se.

Pode-se, assim, dividir a Reforma, do ponto de vista jurídico, em duas etapas. A primeira, a da vigência da própria lei, objeto de intensa controvérsia, e a segunda, com a aplicação dos dispositivos legais, de forma amadurecida, por parte da jurisprudência no tocante às inúmeras matérias objeto da nova legislação.

Rigorosamente em relação a este nosso trabalho, como já resta mencionado nesta Introdução e ao longo deste artigo, a controvérsia reside na exigência de aplicação do Incidente de Desconsideração da Personalidade Jurídica na execução trabalhista, a sua extensão e a possibilidade de sua instauração de ofício.

Optou-se pela repetição do artigo já publicado sobre o tema em obra anterior, com os acréscimos resultantes da interpretação judicial que está se consolidando ao longo deste período a fim de que fique bem evidenciada a posição jurisprudencial acerca do instituto.

A previsão do incidente de desconsideração da personalidade jurídica no Código de Processo Civil foi bem recebida pelos processualistas civis ao argumento de que o instituto se ressentia de uma regulamentação procedimental para sua aplicação.

Embora valorizando a construção da teoria da desconsideração da personalidade jurídica no âmbito do direito material, com origem na jurisprudência e, posteriormente, a sua positivação em alguns diplomas legais, os processualistas argumentavam que a ausência de um procedimento legal para sua utilização trazia inegável insegurança jurídica.

Sustentavam que cada juiz fixava um procedimento próprio e, com isso, promoviam verdadeiro atentado aos princípios do devido processo legal, contraditório e ampla defesa.

A par de todo esse regozijo com a implementação de um procedimento legal relativo à teoria da desconsideração da personalidade jurídica, os operadores jurídicos do direito processual do trabalho, em sua maioria, receberam com ressalvas a novidade trazida pelo Código de Processo Civil.

Inicialmente porque, de uma forma geral, não havia qualquer dificuldade na aplicação do referido instituto na seara trabalhista, bastando, para tanto, que se garantisse o contraditório, aspecto que lhe preservava a indispensável eficácia.

Em segundo lugar, porque a principiologia do processo do trabalho não se compatibiliza com formalidades, como a instauração de incidente, suspensão do processo e necessidade de requerimento das partes, dentre outras, que são absolutamente avessas à ideia de celeridade e efetividade inerente à processualística trabalhista.

Como consequência, parte da doutrina se posicionou pela incompatibilidade de sua aplicação ao direito processual do trabalho em razão da evidente desarmonia com o espírito da norma processual trabalhis-

(*) Desembargador aposentado do Tribunal Regional do Trabalho da 3ª Região. Mestre em Direito Constitucional pela UFMG. Professor de Direito Processual do Trabalho da Faculdade de Direito Milton Campos.

ta, havendo até mesmo posições que defendiam a sua aplicação com adaptações ao procedimento trabalhista, como a possibilidade da iniciativa do juiz na fase de execução, como é o caso da própria Instrução Normativa n. 39 do TST.

O fato é que grande parte da produção doutrinária sobre o tema se prendeu à verificação da compatibilidade ou não da norma forânea com o processo do trabalho, questionando com frequência a sua congruência com os princípios do processo do trabalho, em especial a simplificação procedimental das formas.

Após a controvérsia resultante de sua previsão no Código de Processo Civil e possibilidade ou não de aplicação ao processo do trabalho vem à lume a Lei n. 13.467 de 13.7.2017 que, em seu art. 855-A, prevê o Incidente de Desconsideração da Personalidade Jurídica, com a aplicação da normatização prevista nos arts. 133 a 137 do CPC ao processo do trabalho.

Em parte da nova regulamentação celetista foram adotadas as disposições contidas na Instrução Normativa n. 39/TST, que já previa a aplicação do referido incidente no processo do trabalho, quanto à natureza da decisão que acolhe ou rejeita o incidente, o recurso cabível e a possibilidade de concessão da tutela de urgência de natureza cautelar, apenas não fazendo referência à sua instauração de ofício pelo juiz (CLT, art. 878), que consta da referida Instrução.

É claro que com essa iniciativa legislativa boa parte dos argumentos até então apresentados perde a sua razão de ser porque centrados na compatibilidade de sua aplicação, aspecto já superado pela existência de previsão expressa sobre o tema na própria CLT.

O que se faz necessário agora é verificar em que medida e extensão a norma deve ser aplicada, considerando as peculiaridades do processo do trabalho, mas principalmente revisitando certos temas do direito material, ainda que de forma superficial, como a pessoa jurídica, a sua desconsideração e o papel do procedimento no contexto maior representado pela necessidade de se dar efetividade à execução trabalhista.

Ao que parece é no direito material que podemos encontrar fundamento para interpretação da norma agora existente na CLT, ou seja, a criação de pessoa jurídica e a sua desconsideração, como forma de evitar que seja utilizada como escudo para fraudes e o inadimplemento das dívidas.

A engenhosidade da doutrina da desconsideração da personalidade jurídica não pode se encontrar limitada em seus objetivos pela existência de formalidades que impeçam que seja atingida a sua finalidade.

Se no processo civil havia a necessidade de um procedimento para aplicação do importante instituto da desconsideração da personalidade jurídica, no processo do trabalho, em que impera a informalidade e simplicidade das formas, a sua implantação tem um efeito contrário, de impedir que se atinja, com a celeridade necessária, a efetividade da execução.

Mais uma vez vale lembrar que o procedimento, a despeito de sua importância como fator de segurança jurídica, não pode ser considerado um fim em si mesmo ou ter relevância maior do que o direito perseguido.

O que se pretende neste trabalho é criar itinerários, com esteio no espírito e principiologia da legislação processual trabalhista, que permitam que o objetivo da importante teoria da desconsideração da personalidade jurídica seja atingido, sem que isso implique em qualquer opção contrária ao texto legal.

É exatamente com base na constitucionalização de que se reveste o processo, em qualquer de seus ramos, que se deve encontrar uma saída para, sem contrariar os ditames legais, autorizar uma interpretação compatível com os princípios e premências da execução trabalhista.

2. Pessoa jurídica — desconsideração da pessoa jurídica

A criação da pessoa jurídica pelo direito, como sustentado na doutrina, teve por objetivo incrementar o empreendedorismo, porquanto se apresenta como uma forma de atuação nos negócios, sem comprometer o patrimônio individual.

Fábio Konder Camparato afirma que a criação de pessoa jurídica é uma técnica utilizada pelo direito para que alguns objetivos sejam atingidos, ou seja, a autonomia patrimonial com a supressão de responsabilidades individuais.(1)

Afirma o autor, em monografia sobre o tema mencionado, que: "(...) O gênero próximo da pessoa jurídica, como se demonstrará, é o sujeito de direito, e a diferença específica deve ser localizada em relação aos demais sujeitos de direito (pessoa física, nascituro, condomínio, massa falida...). Assim, o ponto de partida para a construção do conceito de pessoa jurídica é a constatação de que se trata de um tipo de sujeito de direito.(2)

Desse modo, a ficção representada pela pessoa jurídica é a de um sujeito de direito, com direitos e obrigações, que se responsabiliza no universo jurídico e material pelas transações que realiza e pelas relações em que se vê enredado.

---

(1) COMPARATO, Fábio Konder. *O poder de controle na sociedade anônima*. São Paulo: RT, 1976. p. 290. In: TEODORO, Viviane Rosália. *A teoria da desconsideração da personalidade jurídica e o novo Código de Processo Civil*. *Revista dos Tribunais*, São Paulo, v. 268, ano 42, p. 119, jun. 2017.

(2) TEODORO, Viviane Rosália, ob. citada, p. 119.

Quando esse sujeito de direito não cumpre com as suas obrigações tem-se também a previsão de uma outra ficção jurídica representada pela desconsideração de sua personalidade, realizada episodicamente, apenas em determinado caso concreto, como forma de fazer face às obrigações e dívidas assumidas e não cumpridas.

A origem da teoria da desconsideração da personalidade jurídica é atribuída a um julgamento ocorrido nos Estados Unidos em 1809, em que se analisou a pessoa jurídica em conjunto com seus sócios bem como um litígio na Inglaterra, em 1897, sem que se aprofundasse na análise do tema, o que somente ocorreu posteriormente na Alemanha.[3]

É atribuída ao jurista alemão Rolf Serick, na década de 1950, a sistematização da desconsideração da personalidade jurídica, tendo como parâmetro a chamada, na Alemanha, penetração da pessoa jurídica, concluindo pela sua sujeição a derrogações ou mesmo ao caráter relativo da autonomia da pessoa jurídica.[4]

No Brasil, a doutrina do *disregard of legal entity* trilhou um longo caminho até ser aceita. Atribui-se a Rubens Requião, em célebre conferência na Universidade Federal do Paraná, na década de 60, a sua abordagem pioneira e a defesa de sua aplicação ao nosso sistema jurídico.[5]

Atualmente, a teoria da desconsideração da personalidade jurídica tem previsão no art. 50 do Código Civil; art. 28 do Código de Defesa do Consumidor; art. 4º da Lei n. 9.605/1998 (Lei de Proteção do Meio Ambiente) e o art. 34 da Lei n. 12.529/2012 (Lei do Direito da Concorrência).

De uma forma geral, existem duas vertentes no tratamento do tema para justificar a desconsideração da personalidade jurídica. A primeira delas, a teoria maior ou subjetiva, representada pelo desvio de finalidade da pessoa jurídica, confusão patrimonial ou fraude em sua atuação (art. 50 do Código Civil). A segunda, representada pela teoria menor ou objetiva, que apenas justifica a sua aplicação pela inadimplência da pessoa jurídica (art. 28, *caput*, e § 5º do Código de Defesa do Consumidor).

Fixadas resumidamente as bases teóricas, o histórico e a origem da pessoa jurídica e a sua desconsideração, importa para o nosso estudo que o instituto cumpra a finalidade para a qual foi criado, qual seja, garantir o cumprimento da obrigação fixada no título judicial e não o de punir o sócio, responsável subsidiário.

Trata-se, como assevera determinado segmento da doutrina, da universalização da jurisdição, de sua preservação, muito mais do que a finalidade punitiva ou lesiva até porque a desconsideração da personalidade jurídica apenas se verifica em um determinado caso concreto e não de forma permanente.

Mozart Vilela Andrade Júnior esclarece que o objetivo da desconsideração é potencializar a eficácia da norma jurídica, que se vê subtraída pelo abuso da personalidade jurídica. Aduz que em se tratando de "desconsideração da personalidade jurídica para fins de responsabilidade o enfoque não consiste em punir a atividade lesiva, mas em universalizar e revigorar a tutela jurisdicional executiva para proteger o credor fraudado e, por que não?, a própria jurisdição".[6]

É por isso que, antes de ingressar no exame do procedimento fixado no CPC, encampado pela CLT, em seu art. 855-A, é importante ter sempre presente, na sua interpretação e aplicação, que o objetivo da desconsideração da personalidade jurídica é tornar efetiva a jurisdição como técnica jurídica para garantir o cumprimento das obrigações reconhecidas judicialmente.

É necessário, sem contrariar a lei, adotar interpretação que melhor atenda à finalidade da multicitada teoria da desconsideração da pessoa jurídica que também se fundamenta em importantes princípios constitucionais, representados pelo acesso à Justiça e o seu corolário, igualmente relevante, do prazo razoável de duração do processo.

Referidos princípios processuais constitucionais conjugados com a própria principiologia do processo do trabalho, que se amolda à previsão constitucional, como a proteção, celeridade e simplicidade das formas, justificam que se procure dar ao procedimento um sentido que atenda ao verdadeiro objetivo para o qual foi criada a teoria da desconsideração da personalidade jurídica.

3. Incidente de Desconsideração da Personalidade Jurídica

A primeira questão que se coloca no exame da matéria é desvendar o verdadeiro significado do incidente, qualquer incidente, em termos processuais e quais as suas consequências para o processo ou mesmo para a solução da questão principal.

Em sua etimologia, incidente deriva do latim *incidere*, que significa interromper, com o sentido equivalente a acidente.

(3) TEODORO, Viviane Rosália, ob. citada, p. 122.

(4) TEODORO, Viviane Rosália, ob. citada, p. 122.

(5) GAMA, Guilherme Calmon Nogueira da. Incidente da desconsideração da personalidade jurídica. *Repro*, São Paulo: Revista dos Tribunais, v. 262, ano 41, p. 62/63, dez. 2016.

(6) ANDRADE JÚNIOR, Mozart Vilela. A desconsideração da personalidade jurídica para fins de responsabilidade: uma visão dualista do *Disregard Doctrine*. *Repro*, São Paulo: Revista dos Tribunais, v. 252, ano 41, p. 66, fev. 2016.

Refere-se a questões incidentes no curso do processo, vinculadas a outra, tida como questão principal. Guarda similitude com o incidente de falsidade documental, por exemplo, eis que solucionado no próprio processo.[7]

O incidente de desconsideração da personalidade jurídica, da mesma forma que o incidente de falsidade, previsto no art. 390 do CPC/13, e agora nos arts. 430/433 do CPC atual, aplicado ao processo do trabalho, não exige forma rígida para sua aplicação, podendo se sujeitar à sistemática processual/procedimental trabalhista.

Até porque a resolução de questões incidentais, solucionadas no bojo do processo, sem a necessidade de ação independente e específica, significa que o fundamental, sem prejuízo da forma que pode ser adaptada, é a solução a ser encontrada para propiciar o desfecho da questão principal.

Desse modo, antes de qualquer análise sobre a forma de aplicação das principais questões trazidas pelos artigos do CPC, mencionados no *caput* do art. 855-A, cabe alertar que a referência existente na lei é a aplicação, de uma forma geral, do incidente de desconsideração da personalidade jurídica ao processo do trabalho, sem que isso deva ocorrer de forma literal e rígida.

Cumpre aqui citar a lição de Ben-Hur Silveira Claus, que resume a questão ao dizer que "a técnica da desconsideração da personalidade jurídica da sociedade conformar-se-à necessariamente às características hermenêuticas estruturais do subsistema jurídico no qual será aplicada".[8]

Se o legislador considerasse indispensável a instauração do incidente de desconsideração da personalidade jurídica, nos moldes do CPC e com a observância rígida de suas normas, teria feito referência expressa ao art. 795, § 4º, do mesmo CPC que, de forma peremptória, exige a instauração do incidente para desconsideração da personalidade jurídica.

Assim não o fazendo autoriza que se desconsidere a personalidade jurídica sem que se observe, de forma literal, a previsão existente no CPC ou mesmo a rigidez formal nele estabelecida.

Além do mais, é o próprio CPC que minimiza a observância do incidente para desconsideração da personalidade jurídica quando permite que esse pedido seja apresentado na inicial (art. 134, § 2º). Neste sentido é a opinião de Daniel Amorim Assumpção Neves ao dizer que a criação de um incidente processual não será sempre necessária, desde que requerido na petição inicial, hipótese em que serão citados a pessoa jurídica e o sócio.[9]

Embora tenha adotado a posição anterior, no sentido de que a ausência de previsão do art. 795, § 4º, do CPC na legislação processual trabalhista levaria à não obrigatoriedade na instauração do Incidente da Desconsideração da Personalidade Jurídica, a jurisprudência que está se formando sobre a matéria tem posição diversa.

O posicionamento retratado em dois Acórdãos do TRT da 6ª Região e na jurisprudência do 3º Regional sobre o tema[10] é no sentido de que há obrigatoriedade na instauração do incidente para que seja desconsiderada a personalidade jurídica.

O entendimento presente na jurisprudência mencionada, portanto, é que incorre em cerceamento de defesa a decisão que desconsidera a personalidade jurídica sem observar a instauração do incidente, nos exatos termos do art. 795, § 4º, do CPC.

Essa exigência, ao que me parece, mostra-se extremamente formal, porquanto não há qualquer prejuízo em se desconsiderar a personalidade jurídica sem a instauração do incidente desde que garantido o contraditório.

O fato de a referida norma (art. 795, § 4º, do CPC) não ter sido repetida na regulamentação do incidente de desconsideração da personalidade jurídica no processo do trabalho é o maior indicativo de que a previsão nela imposta não se harmoniza com o espírito e finalidade da norma processual trabalhista.

Quando o legislador quis que determinada norma tivesse aplicação ao processo do trabalho, ele o disse de forma expressa, até mesmo para evitar eventual celeuma em torno de sua aplicação.

A interpretação, portanto, que deve prevalecer é a de que, ao não repetir a norma que obriga à instauração do incidente, o legislador prestou reverência à informalidade e simplificação das formas presentes no processo do trabalho, entendendo pela desnecessidade na adoção do referido procedimento.

Se essa foi a posição do legislador, não cabe ao intérprete, contrariando os critérios previstos no art. 769 da CLT, proceder à interpretação que não se enquadra no

(7) SILVA, De Plácido e. *Vocabulário jurídico conciso*. SLAIBI FILHO, Nagib; CARVALHO, Gláucia (atualizadores). 2. ed. Rio de Janeiro: Forense, 2010. p. 426.

(8) CLAUS, Ben-Hur Silveira. O incidente de desconsideração da personalidade previsto no CPC/2015 e o direito processual do trabalho. In: DALLEGRAVE NETO, José Affonso; GOULART, Rodrigo Fortunato (Coords). *Novo CPC e o processo do trabalho*. São Paulo: LTr, 2016. p. 89.

(9) NEVES, Daniel Amorim Assumpção. *Novo Código de Processo Civil* — Lei n. 3.105/2015. 2. ed. rev. atual. e simpl. Rio de Janeiro: Forense, São Paulo: Método, 2015. p. 144.

(10) Processo n. TRT 000107-80.2016.5.06.0102 (AP) — 1ª Turma. Processo TRT 0001245-65.2015.5.06.0313 (AP) — 2ª Turma. TRT da 3ª Região — PJe 0011212-09.2017.5.03.0165 (AP) — 4ª Turma.

referido dispositivo legal, com exigência de formalidade incompatível com o procedimento trabalhista.

E, especialmente, entendendo que o juiz, ao não determinar a instauração do incidente, estaria incorrendo em cerceamento de defesa, ou seja, determinando que se retroaja no procedimento apenas para atender a uma formalidade que sequer tem previsão na legislação processual trabalhista.

Cabe aqui também a leitura do art. 15 do CPC, que prevê a aplicação, de forma supletiva e subsidiária, das normas processuais civis do processo do trabalho, de forma conjugada com o art. 769 da CLT, pois, na hipótese, a regulamentação celetista sobre o tema é completa, a teor do art. 855-A da CLT.

No caso, é desnecessária a aplicação supletiva da norma processual civil, porquanto a finalidade da teoria da desconsideração da personalidade jurídica é maid bem atendida quando o intérprete deixa de se apegar a maiores formalidades que, ao longo do processo e, em especial na execução, prejudicam a sua efetividade.

Na sequência, passa-se à análise das mais importantes matérias previstas nos arts. 133 a 137, com impacto no processo do trabalho, tendo como norte a perspectiva anteriormente mencionada no tocante à aplicação das normas de cunho procedimental.

A instauração do incidente, como consta do *caput* do art. 133 do CPC, com a exigência de que deve ser proposto pela parte ou o Ministério Público, encontra maior amplitude e adequação na seara trabalhista com o art. 878 da CLT, que permite a execução de ofício nas hipóteses em que as partes estiverem sem advogado, conforme consta de sua nova redação.

Cabe registrar que essa limitação do art. 878 da CLT diz respeito apenas à promoção da execução, não impedindo que o juiz, por força do art. 765 da CLT, que lhe autoriza a ampla direção do processo e o dever que tem de garantir o rápido desfecho das causas, determine as diligências necessárias para, no seu curso, dar efetividade à execução.

No mesmo sentido cabe citar os ensinamentos de Ben-Hur Silveira Claus, esclarecendo que nesse aspecto é notável a harmonia que se estabelece entre os arts. 878, *caput*, e 765, ambos da CLT.[11]

Quando nada, ainda que não existisse norma específica na legislação processual trabalhista conferindo esse dever ao magistrado, os princípios processuais constitucionais do acesso à Justiça e o prazo razoável de duração do processo aliados ao art. 4º do CPC, de que as partes têm direito de obter a atividade satisfativa, seriam mais do que suficientes para justificar uma atuação mais incisiva do juiz.

Até mesmo porque o que está em jogo, em última análise, é a proteção ao trabalho realizado e os créditos alimentares dele decorrentes, o que se inscreve como fundamento constitucional e norma de ordem pública (arts. 1º, IV, e 7º da CF), o que também autoriza a atuação judicial independentemente de provocação.

Se essa autorização legal se justifica na fase de conhecimento, com muito mais razão ela se torna indispensável na execução, em que está em jogo a própria eficácia da jurisdição. Talvez aí a razão pela qual no art. 6º, *caput*, da Instrução Normativa n. 39/TST, consta a previsão da execução instaurada, de ofício, pelo juiz do trabalho.

Além do mais, como se pode verificar da própria doutrina processual civil, há posição favorável, ainda que minoritária, sobre a viabilidade de sua instauração de ofício quando se trata de questão envolvendo relação de consumo, que tem absoluta similitude com a relação de trabalho.

Guilherme Calmon Nogueira da Gama, com argumento que seguramente se enquadra na seara trabalhista, esclarece que, no âmbito das relações de consumo, o magistrado poderá aplicar a desconsideração da personalidade jurídica por se tratar de medida mais benéfica ao consumidor, o que não pode ocorrer nas relações "paritárias", de crédito/débito, que denomina de relações civis, a exigir expressa provocação.[12]

No mesmo sentido a posição adotada por José Tadeu Neves Xavier ao defender que a proteção ao consumidor tem previsão constitucional (art. 5º, XXXII) e na própria regulamentação da Ordem Econômica (art. 179, V). Assim, como norma de ordem pública e de interesse social (art. 1º do Código de Defesa do Consumidor — CDC), permite que o magistrado atue de ofício na desconsideração da pessoa jurídica, até mesmo porque o art. 28 do CDC autoriza que assim seja feito.[13]

Na Instrução Normativa n. 41/2018 do TST, nos arts. 13 e 17, a matéria relativa ao incidente de desconsideração da personalidade jurídica é tratada no tocante à iniciativa na instauração do Incidente e a forma com que é regulado, respectivamente.

No art. 13 da referida Instrução Normativa consta que "a iniciativa do juiz na execução de que trata o art. 878 da CLT e no Incidente de Desconsideração da

(11) CLAUS, Ben-Hur Silveira, ob. citada, p. 88.

(12) GAMA, Guilherme Calmon Nogueira da, ob. citada, p. 69.

(13) XAVIER, José Tadeu Neves. A processualização da desconsideração da personalidade jurídica. *Revista de Processo*, São Paulo: RT, v. 259, ano 41, abr. 2016.

Personalidade Jurídica a que alude o art. 855-A da CLT ficará limitada aos casos em que as partes não estiverem representadas por advogado".

Nesse passo, deve ficar registrado que o TST não deu à matéria a mesma interpretação constante do art. 6º da Instrução Normativa n. 39/2016 que, ao transportar a regulamentação do Incidente de Desconsideração da Personalidade Jurídica do CPC para o processo do trabalho, entendeu pela possibilidade de sua instauração de ofício.

Enquanto o Incidente previsto nos arts. 133 a 137 do CPC estabelecia que a sua iniciativa deveria ser da parte ou do Ministério Público, o art. 6º, *caput*, da Instrução Normativa n. 39/2016, permitia a sua instauração de ofício, de acordo com a sistemática processual trabalhista e, em especial, com fundamento do art. 878 da CLT.

Alterado o art. 878 da CLT, limitando a instauração da execução de ofício pelo juiz apenas aos casos em que as partes não estiverem representadas por advogado, a Instrução Normativa n. 41/2018 estendeu esta proibição também para o Incidente de Desconsideração da Personalidade Jurídica.

Neste ponto, não é possível concordar com a alteração promovida, com a limitação da instauração do incidente, de ofício, apenas nas hipóteses em que a parte esteja sem advogado.

A proibição legal da instauração de ofício diz respeito apenas à execução. Como medida restritiva não pode ser ampliada a sua aplicação, como fez a IN n. 41/2018, no sentido de estendê-la ao Incidente de Desconsideração da Personalidade Jurídica.

O Incidente é instaurado, na maioria das vezes, em decorrência de uma execução frustrada, quando não se consegue cumprir a obrigação prevista no título judicial em relação ao devedor.

Desse modo, a instauração do incidente no curso da execução trabalhista e, a própria denominação incidente, a par de representar um procedimento próprio, também significa que se trata de questão que surge no curso da tramitação do processo.

Como se trata, o art. 878/CLT, de norma específica relacionada com a instauração da execução e, o Incidente de Desconsideração da Personalidade Jurídica ocorre, no curso dela, não há como aplicar a restrição trazida com a Reforma Trabalhista, Lei n. 13.467/2017, à instauração do referido incidente.

Além do mais, repete-se aqui tudo o que já foi dito quanto ao impulso oficial, autorizado no art. 765/CLT, ou seja, se cabe na fase de conhecimento com muito razão deve ser considerado o seu cabimento na execução.

Essa última interpretação tem apoio no espírito da norma processual trabalhista como também na principiologia constitucional e do processo civil, no tocante ao prazo razoável de duração do processo e de emprestar efetividade à jurisdição.

Repetindo argumento utilizado na versão original deste artigo, é importante dizer que, se no âmbito das relações de consumo, cuja rede de proteção do credor é a mesma no campo trabalhista, admite-se que, de ofício, o magistrado desconsidere a pessoa jurídica, não só por força do art. 1º do Código de Defesa do Consumidor como também pelo seu art. 28, não há como deixar de reconhecer a sua aplicação ao processo do trabalho.

A terceira questão a ser considerada, depois de serem tratadas a forma de aplicação do incidente no processo do trabalho e a possibilidade de sua instauração independentemente de provocação mas de ofício pelo magistrado, é a relacionada com a suspensão do processo prevista de forma imperativa no art. 134, § 3º, do CPC.

O primeiro argumento a afastar a sua aplicação ao processo do trabalho é o mesmo utilizado em relação aos temas anteriores no que se refere à ausência de compatibilidade com a principiologia do processo do trabalho e com os vários princípios constitucionais em relação aos quais os primeiros se encontram adequados.

A rigor, pode-se dizer que referida norma é a que guarda maior dificuldade para aplicação na seara trabalhista, exatamente pelo que de negativo representa a suspensão do processo na perspectiva da celeridade e simplificação das formas, características inerentes ao procedimento trabalhista.

Na doutrina processual civil há o questionamento se rigorosamente é uma hipótese de suspensão do processo, o que significa a sua paralisação integral, ou se não se trata de uma suspensão parcial ou imprópria e, portanto, inadequada.

José Tadeu Neves Xavier, citando José Miguel Garcia Medina, diz que este se mostra crítico em relação à opção adotada pelo legislador, pois a suspensão deveria se ater à questão do incidente e não a todo o processo. O mesmo autor, citando Alexandre Freitas Câmara, informa que este afirma tratar-se de suspensão imprópria, sendo vedada apenas a prática de certos atos que não integram o procedimento do incidente.[14]

Alexandre Freitas Câmara chega a dizer "ora, se o incidente de desconsideração da personalidade jurídica implicasse mesmo a suspensão do processo, ter-se-ia um paradoxo: o processo ficaria suspenso até a resolução do incidente mas, de outro lado, não se poderia resolver o incidente porque o processo estaria suspenso".[15]

(14) XAVIER, José Tadeu Neves, ob. citada, p. 178 e 179.

(15) XAVIER, José Tadeu Neves, ob. citada, p. 178.

Trata-se, como se vê da posição dos processualistas civis, de uma suspensão relativizada, sem a possibilidade de englobar todo o processo, o que fragiliza a necessidade de sua observância como procedimento a ser seguido com a instauração do incidente.

Se os próprios processualistas civis questionam se a previsão legal teria os efeitos de uma verdadeira suspensão, com efeito de suspender a prática de outros atos processuais, o que representaria um atraso para o bom andamento do processo, é certo que impor tal exigência ao processo do trabalho torna expressivo o absurdo em termos procedimentais.

Élisson Miessa cita boa parte da doutrina processual trabalhista para demonstrar a incompatibilidade da aplicação da norma ao processo do trabalho, com base no princípio da concentração dos atos processuais e que apenas as exceções de suspeição (impedimento) ou incompetência podem ser opostas com suspensão do feito, concordando com a adoção da posição apenas na fase de conhecimento.(16)

A condição para suspensão do processo é a instauração do incidente e, como esse não é exigido no processo do trabalho nos mesmos moldes de sua previsão no processo civil, como restou demonstrado, é perfeitamente possível a não suspensão do processo pela ausência de seu pressuposto.

Além de todos os argumentos apresentados é certo que a simples suspensão do processo e a própria instauração do incidente que lhe serve de requisito desatendem ao objetivo maior da teoria da desconsideração da personalidade jurídica que, muito mais do que representar punição para o sócio, é não permitir que, sob o escudo da pessoa jurídica, iniquidades sejam perpetradas com o desvirtuamento da ficção jurídica criada, que teve por objetivo exatamente favorecer o cumprimento das obrigações previstas nas relações jurídicas e comerciais.

Como não se exige a instauração do incidente nos moldes do processo civil não há que se falar em suspensão do processo, o que não impede, ainda que existisse, a concessão de tutela de urgência de natureza cautelar, que tem pressupostos específicos. Nesse passo cabe lembrar que o Fórum de Permanente de Processualistas Civis editou o Enunciado n. 31, que confirma a sobrevivência do poder geral de cautela no CPC vigente.

O prazo de 15 dias, como já se defendeu na doutrina, pode ser reduzido para 5, pois é este o prazo comum no processo do trabalho e mais compatível com a sistemática processual trabalhista.

A redução é uma consequência da necessária adaptação que deve ser feita para desconsideração da personalidade jurídica no campo processual trabalhista, uma vez que não se admite a rigidez na aplicação do Incidente processual civil ao processo do trabalho.

Quanto à natureza da decisão prolatada e o recurso cabível, o art. 855-A repetiu os incisos I a III do art. 6º da Instrução Normativa 39/TST, registrando-se a desnecessidade de garantia da execução para interposição de agravo de petição, o que representa um verdadeiro contrassenso porque contraria aspecto fundamental de efetividade da execução trabalhista.

A garantia do juízo, como antecipação de futura execução, é a forma engenhosa que se encontrou para que seja dada maior efetividade à execução e para desestimular a protelação no desfecho dos processos, o que agora não mais prevalecerá pelo que restou positivado.

À guisa de conclusão pode-se dizer que o Incidente de Desconsideração da Personalidade Jurídica previsto no CPC não se impõe, em sua literalidade, como exigência procedimental no processo do trabalho, no qual cabe apenas observar, com rigor, o contraditório, prévio ou diferido, garantindo-se a mais ampla produção probatória ao sócio ou à empresa executados.

É esse aliás o procedimento que sempre foi adotado no processo do trabalho, com resultados exitosos no sentido de concretizar os nobres objetivos da tradicional Teoria da Desconsideração da Pessoa Jurídica.

4. Considerações finais

Nesta etapa da Reforma Trabalhista, após um ano de sua vigência, tem-se a necessidade de acompanhar a posição da jurisprudência sobre os inúmeros temas trazido pela Lei n. 13.467/2017, oportunidade em que se procede a uma leitura mais refletida e amadurecida das normas legais, vencido o período anterior de impacto com a nova lei e das primeiras impressões sobre a novel normatização trabalhista.

É certo que o julgamento de casos concretos servirá para dar a real dimensão dos novos institutos trazidos pela Reforma Trabalhista, com a necessária compreensão de seu significado no universo trabalhista.

Embora o Incidente de Desconsideração da Pessoa Jurídica tenha sido bem recebido pelos processualistas civis, por trazer segurança na aplicação da referida teoria, os operadores do processo do trabalho, em sua maioria, tiveram fundadas ressalvas quanto à sua aplicação ao processo do trabalho.

É que, a rigor, contraria a principiologia processual trabalhista, calcada na celeridade, efetividade e simplificação das formas, bem como até mesmo vai de encontro

(16) MIESSA, Élisson. Incidente de desconsideração da personalidade jurídica: forma de aplicação no direito processual do trabalho. *Revista do Tribunal Superior do Trabalho*, n. 3, ano 82, p. 124, jul./set. 2016.

aos fundamentos e princípios constitucionais, a exemplo do valor social do trabalho, do acesso à Justiça e do tempo razoável de duração do processo.

A questão relativa à compatibilidade acabou por restar superada com o art. 855-A da Lei n. 13.467 de 13.7.2017 que, de forma expressa, prevê a aplicação do incidente de desconsideração da pessoa jurídica ao processo do trabalho em compasso com a previsão contida na Instrução Normativa n. 39/TST, além de consagrar as demais disposições previstas na referida Instrução Normativa relativas ao tema, salvo a sua instauração de ofício.

O desafio que se apresenta é em que medida se deve ter a aplicação do incidente de desconsideração da pessoa jurídica ao processo do trabalho de tal forma que não represente empecilho à concretização do valor maior representado pelos objetivos da referida teoria que lhe serve de sustentação no direito material, como forma de evitar a inadimplência fraudulenta e descumprimento das obrigações assumidas.

Trata-se, como se vê da construção a respeito da teoria mencionada, de preservação da própria eficácia da jurisdição no cumprimento de seu elevado papel de garantir a efetividade da tutela executiva bem como o cumprimento da obrigação constante do título judicial.

O que se verifica é que o incidente, como facilitador para solução da questão principal, não deve perder de vista a razão de sua existência. Desse modo, a exigência de aplicação do Incidente de Desconsideração da Pessoa Jurídica ao processo do trabalho não deve se ater à literalidade e rigidez formal da norma prevista no CPC, mas se adequar à estrutura e espírito da legislação processual trabalhista.

Assim é que deve observar, na sua aplicação, as características desse subsistema processual bem como de que a atenuação da rigidez em sua aplicação é garantida pelo próprio legislador ao não se referir expressamente ao art. 795, § 4º, do CPC, que impõe obrigatoriamente a instauração do incidente para desconsideração da pessoa jurídica, e adotar a opção contida no art. 134, § 2º, que dispensa a sua instauração quando o pedido já consta da inicial.

A jurisprudência pesquisada tem se mostrado contrária à posição adotada neste trabalho, no sentido de que não há necessidade de instauração do Incidente para desconsideração da personalidade jurídica, pelo fato de não ter havido repetição dos termos do art. 795, § 4º, do CPC, no processo do trabalho.

Nos julgados pesquisados há determinação expressa de observância do incidente, nos termos do referido art. 795, § 4º, do CPC, sob pena de cerceamento de defesa, o que, a meu juízo, valoriza a forma em detrimento da efetividade da execução.

Essa posição distancia-se do comando contido nos arts. 15 do CPC e 769 da CLT, porquanto a supletividade da norma só pode ser exigida quando for omissa ou incompleta a norma celetista, o que não ocorre no caso pela simples razão de que o procedimento de desconsideração da personalidade jurídica, em sua inteireza, restou aplicado ao processo do trabalho.

Dentre as medidas que causam impacto na instauração do Incidente de Desconsideração da Pessoa Jurídica ao processo ao trabalho coloca-se, em primeiro lugar, a exigência de requerimento da parte.

Essa exigência é facilmente superada não só porque já se admite a instauração, de ofício, do incidente nas relações de consumo como também porque a leitura conjugada dos arts. 765 e 878 da CLT permite que assim seja feito.

A limitação agora prevista no art. 878/CLT, de que a execução só poderá ser promovida de ofício se a parte estiver sem advogado, em nada altera a conclusão anterior, porquanto se refere a instauração da execução e não a incidente ou desconsideração da personalidade jurídica realizada em seu curso.

A IN n. 41/2018 do TST trouxe a previsão de que não se pode, de ofício, instaurar o incidente de desconsideração da pessoa jurídica quando estiver representada por advogado. Tal posicionamento se deve à alteração do art. 878 da CLT, cuja extensão adotada não se pode admitir por se tratar de norma restritiva, específica para instauração da execução, não se aplicando a procedimento existente no curso de sua tramitação.

Como o incidente não é instaurado nos moldes da previsão contida no Código de Processo Civil, pressuposto para suspensão do processo, é certo que esta não se justifica no processo do trabalho, em que a desconsideração da personalidade jurídica deve seguir rito próprio e compatível com o espírito da norma processual trabalhista.

Com os mesmos argumentos utilizados anteriormente, pode-se reduzir o prazo para manifestação do sócio ou pessoa jurídica em 5 dias, tempo que também guarda compatibilidade com a sistemática procedimental trabalhista.

Cabe dizer, por fim, que assegurado o contraditório com toda a sua plenitude, seja prévio ou diferido, permitindo-se a ampla produção probatória, não há porque alterar o procedimento da desconsideração da pessoa jurídica no processo do trabalho em razão sua eficácia já demonstrada para concretizar os objetivos da referida teoria, sendo certo que também não foi essa a intenção da Lei n. 13.467/2017, como restou demonstrado neste trabalho.

5. Referências bibliográficas

CLAUS, Ben-Hur Silveira. O Incidente de Desconsideração da Personalidade previsto no CPC/2015 e o direito processual do trabalho. In: DALLEGRAVE NETO, José Affonso; GOULART, Rodrigo Fortunato (Coords.). *Novo CPC e o processo do trabalho*. São Paulo: LTr, 2016.

COMPARATO, Fábio Konder. *O poder de controle na sociedade anônima*. São Paulo: RT, 1976, p. 290. In: TEODORO, Viviane Rosália. A Teoria da Desconsideração da Personalidade Jurídica e o Novo Código de Processo Civil. *Revista dos Tribunais*, São Paulo, ano 42, v. 268 — junho/2017.

GAMA, Guilherme Calmon Nogueira da. Incidente da Desconsideração da Personalidade Jurídica, *Repro*, Revista dos Tribunais, São Paulo, ano 41, 262 — dezembro de 2016.

JÚNIOR, Mozart Vilela Andrade. A Desconsideração da Personalidade Jurídica para fins de responsabilidade: uma visão dualista do *Disregard Doctrine*, *Revista dos Tribunais*, São Paulo, Ano 41, v. 252, fevereiro/2016.

MIESSA, Élisson. Incidente de Desconsideração da Personalidade Jurídica: forma de aplicação no direito processual do Trabalho in: *Revista do Tribunal Superior do Trabalho*, ano 82, n. 3, jul. a set. 2016.

NEVES, Daniel Amorim Assumpção. *Novo Código de Processo Civil — Lei 3.105/2015*, 2. ed. rev. atual. e simpl. Rio de Janeiro: Forense, São Paulo: Método, 2105.

SILVA, De Plácido e. *Vocabulário Jurídico Conciso / De Plácido e Silva*, atualizadores Nagib Slaibi Filho e Glaúcia Carvalho. 2. ed. Rio de Janeiro: Forense, 2010.

TEODORO, Viviane Rosália. A Teoria da Desconsideração da Personalidade Jurídica e o Novo Código de Processo Civil. *Revista dos Tribunais*, São Paulo, ano 42, v. 268 — junho/2017.

XAVIER, José Tadeu Neves. A processualização da desconsideração da personalidade jurídica. *Revista de Processo*. São Paulo: Revista dos Tribunais. v. 254. ano 41. Abril de 2016, p. 172.

Homologação de acordo extrajudicial pela Justiça do Trabalho em matéria de sua competência. Processo de jurisdição voluntária

Ricardo Wagner Rodrigues de Carvalho[*]

1. Aspectos Gerais da Reforma Trabalhista

Sob a justificativa de "modernizar" a legislação trabalhista foram procedidas açodadas modificações no corpo da CLT[1], sem que houvesse a necessária discussão com a sociedade, o que, fatalmente, trará mais prejuízos do que benefícios para o Mundo do Trabalho, sofrendo este, em dias atuais, inúmeras transformações que obscurecem o horizonte, trazendo incertezas quanto ao desfecho dessas mudanças[2].

Diante disso, introduziu-se em nosso ordenamento jurídico a Lei n. 13.467/2017 que procedeu à alteração de inúmeros artigos da CLT, revogou tantos outros e criou novas figuras, ainda estranhas ao Direito e Processo do Trabalho.

Depois de quase 1 ano de vigência dos novos dispositivos que compõem a denominada Reforma Trabalhista podemos melhor analisar seus efeitos. Infelizmente, como já era esperado, a propalada criação de novos empregos não se concretizou. Ao revés, verifica-se um avanço do mercado informal e o aumento da precarização das relações de trabalho.

No campo do Direito Processual do Trabalho, ainda espantam as restrições ao acesso à Justiça proporcionado pela Reforma Trabalhista e espalham-se pelos Tribunais do Trabalho arguições de inconstitucionalidade de dispositivos que foram inseridos pela Reforma Trabalhista e que inviabilizam o manejo de ações por parte do trabalhador.[3]

A respeito do processo de jurisdição voluntária na Justiça do Trabalho, objeto do presente estudo, não há dúvida de que surgem, a cada dia, incentivos para agilizar a solução de conflitos, práticas de gestão Judiciária que podem ser observadas em todas as esferas do Poder Judiciário. Tanto é assim que o Conselho Nacional de Justiça editou a Resolução n. 125/2010 e instituiu a "Política Judiciária Nacional de tratamento dos conflitos de interesses" (art. 1º, da Res. 125/2010).

De par com essa diretriz, o Direito Processual do Trabalho sempre apresentou vocação conciliatória, característica, inclusive, presente na legislação processual. Com efeito, o art. 764 da CLT prevê a possibilidade de conciliação em qualquer fase do processo e os arts. 831 e 846 da CLT preveem momentos obrigatórios em que o Juiz deverá propor a conciliação (na abertura da audiência e antes de proferir a sentença).

Não obstante esses aspectos, a Justiça do Trabalho sempre foi refratária quanto à homologação de acordos extrajudiciais na amplitude que se pretende com a Reforma Trabalhista, por entender que não pode figurar como mero órgão homologador da vontade das partes, mesmo porque os direitos trabalhistas, em sua maioria, têm natureza indisponível.[4]

Tal questão, como poderemos analisar ao longo deste artigo, apresenta-se como fator de segurança para o trabalhador, na certeza de que o Juiz prolator da sentença homologatória poderá analisar, não apenas os requisi-

(*) Professor de Direito do Trabalho nos cursos de graduação e pós-graduação da Faculdade de Direito Milton Campos. Mestre em Direito do Trabalho pela PUC-MG. Assessor de Desembargador do TRT 3ª Região.

(1) Foi editada a Lei n. 13.467 de 13.7.2017 com *vacatio legis* de 120 dias. A entrada em vigor se dará em 11.11.2017, de acordo com o art. 8º, § 1º, da Lei Complementar n. 95/1998.

(2) A OIT, preocupada com essas transformações, instituiu a Comissão Global sobre o Futuro do Trabalho, com foco na criação de empregos decentes para todos, na organização do trabalho e da produção e na governança do trabalho. Disponível em: <http://www.ilo.org/brasilia/noticias/lang--pt/index.htm>.

(3) Para ilustrar, no Tribunal Regional do Trabalho foi arguida a inconstitucionalidade dos §§ 2º e 3º do art. 844 da CLT, na redaçao dada pela Lei n. 13.467/2017 que prevê a condenação do beneficiário da justiça gratuita e condiciona a propositura de nova demanda quando a ausência do reclamante na 1º audiência não estiver assentada em justificativa legal.

(4) Cf. DELGADO, Mauricio Godinho: "A indisponibilidade inata aos direitos trabalhistas constitui-se talvez no veículo principal utilizado pelo Direito do Trabalho para tentar igualizar, no plano jurídico, a assincronia clássica existente entre os sujeitos da relação socioeconômica de emprego. O aparente contingenciamento da liberdade obreira que resultaria da observância desse princípio desponta, na verdade, como o instrumento hábil a assegurar efetiva liberdade no contexto da relação empregatícia: é que aquele contingenciamento atenua ao sujeito individual obreiro a inevitável restrição de vontade que naturalmente tem perante o sujeito coletivo empresarial." (*Curso de Direito do Trabalho*, LTr)

tos formais de validade do acordo apresentado pelas partes, mas também o conteúdo do termo de acordo apresentado.

Com a Reforma Trabalhista, imposta pela Lei n. 13.467/2017, acrescentou-se um capítulo na CLT dedicado ao processo de jurisdição voluntária (arts. 855-B a E, da CLT), especificamente aplicável à homologação de Acordo Extrajudicial.

Nesse contexto, importante conceituarmos o instituto da jurisdição voluntária e o papel do Magistrado na condução do procedimento, o qual, por certo, será simplificado e tem como objetivo maior a resolução mais célere de conflitos. No entanto, não podemos perder de vista que celeridade não se confunde com pressa e, tampouco, com renúncia a direitos originariamente indisponíveis. Importante investigar o momento atual quanto à utilização do procedimento de jurisdição voluntária para homologação de acordos extrajudiciais, nos diversos tribunais trabalhistas.

Não se pode olvidar que a jurisprudência majoritária nos tribunais antes da Reforma Trabalhista era de extinção do processo quando o intuito das partes era o de buscar a mera homologação da rescisão contratual no Judiciário. Além disso, a jurisprudência consolidada do Tribunal Superior do Trabalho trata como faculdade do Juiz a homologação de acordos, a teor do entendimento contido na Súmula n. 418 do TST[(5)].

Nessa quadra, importante seja avaliado, também, os efeitos decorrentes da revogação do art. 477, § 1º da CLT, que trata da homologação das rescisões contratuais por parte do sindicato e outros órgãos que enumera, A revogação da obrigatoriedade da intervenção dos sindicatos no momento da rescisão implicaria no incremento de ações trabalhistas com esta finalidade? Poderá se transformar em um instrumento de renúncia a direitos trabalhistas?

Mauro Schiavi preleciona:

> Os arts. 855-B a 855-E da CLT disciplinam polêmico instituto de homologação de acordo extrajudicial, qualificado como procedimento de jurisdição voluntária, o que sempre encontrou uma resistência grande na Justiça do Trabalho, em razão de princípios próprios do direito material do trabalho como a irrenunciabilidade de direitos, e do acesso à justiça do trabalhador economicamente fraco.
>
> Doravante, os Juízes do Trabalho deverão ter grande sensibilidade em analisar e avaliar, no caso concreto, a extensão da quitação bem como a pertinência ou não da homologação.

Importante refletirmos sobre os efeitos dessas modificações e possível crescimento de acordos extrajudiciais que poderão representar verdadeira renúncia a direitos trabalhistas já adquiridos, em razão do término da contratação.

2. Jurisdição Voluntária

Segundo Greco Filho citado por Diddier, jurisdição voluntária "é uma modalidade de atividade estatal ou judicial em que o órgão que a exerce tutela assistencialmente interesses particulares, concorrendo com o seu conhecimento ou com a sua vontade para o nascimento, a validade ou a eficácia de um ato da vida privada, para a formação, o desenvolvimento, a documentação ou a extinção de uma relação jurídica ou para a eficácia de uma situação"[(6)].

Não obstante tratar-se de interesses privados, nos processos de jurisdição voluntária, a participação do Estado-Juiz é obrigatória para que as partes alcancem o seu desiderato.

Por não constituir atividade típica do Judiciário, há quem negue a natureza jurisdicional do procedimento. Passando ao largo dos motivos que alimentam a corrente administrativista, adoto o entendimento de Alexandre Freitas Câmara, considerando a jurisdição voluntária como verdadeira modalidade de jurisdição[(7)]:

> Afirmada a natureza jurisdicional da jurisdição voluntária, há que se buscar o elemento que a distingue da 'contenciosa' (*rectius*, jurisdição não voluntária), e tal elemento, a meu juízo, está na pretensão.
>
> Como já se disse, pode haver processo sem lide, o que não pode haver é processo sem pretensão. Tal assertiva decorre da inércia característica da função jurisdicional. O Estado-juiz só exerce a função jurisdicional se provocado, e tal provocação se faz através da manifestação em juízo de uma pretensão. Sendo tal pretensão de integração de um negócio jurídico de direito privado, estar-se-á diante da jurisdição voluntária. Caso contrário, a hipótese será de jurisdição contenciosa (ou não voluntária). Assim, aquele que vai a juízo pleiteando a separação consensual ou a alienação de um bem de incapaz pretende tão somente que o

(5) Súmula n. 418 do TST: MANDADO DE SEGURANÇA VISANDO À HOMOLOGAÇÃO DE ACORDO (nova redação em decorrência do CPC de 2015) — Res. n. 217/2017 — DEJT divulgado em 20, 24 e 25.4.2017.
A homologação de acordo constitui faculdade do juiz, inexistindo direito líquido e certo tutelável pela via do mandado de segurança.

(6) DIDDIER, Fredie Jr. *Curso de direito processual civil*. 13. ed. v. I. Salvador: Juspodivm, 2015.

(7) Ao contrário da corrente administrativista que nega a existência de jurisdição, não obstante a denominação dada ao instituto da jurisdição voluntária. *Vide* Edson Prata citado por CÂMARA, Alexandre Freitas. *Lições de direito processual civil*. 18. ed. São Paulo: Lumen Juris, 2008. p. 77/78.

ato judicial confira validade ao negócio jurídico que quer realizar. A hipótese será, portanto, de jurisdição voluntária.

A reforçar o caráter jurisdicional da jurisdição voluntária pode-se citar a norma contida no art. 16 do CPC de 2015[(8)] que não mais apresenta a dicotomia antes presente no art. 1º do CPC de 1973[(9)] que subdividia a jurisdição em contenciosa e voluntária[(10)].

Importa observar que a participação do Juiz no processo de jurisdição voluntária é requisito de validade do negócio jurídico de interesse das partes, competindo ao Juiz não somente a análise dos elementos formais, como também "adotar em cada caso a solução que considerar mais conveniente ou oportuna"[(11)], constituindo verdadeira autorização para o julgamento por equidade[(12)].

3. O Procedimento de Jurisdição Voluntária e o Processo do Trabalho antes e depois da reforma trabalhista

O Código de Processo Civil vigente dedicou capítulo específico à jurisdição voluntária, cujas disposições são aplicáveis ao Processo do Trabalho, a teor do art. 769 da CLT, quando constatada a lacuna normativa e depois de exercido o prévio, e necessário, exame de compatibilidade com a sistemática processual trabalhista.[(13)]

Inexistindo, até o momento, na CLT, regramento próprio quanto ao tema, abre-se espaço para aplicação do CPC, por força do art. 769 da CLT e art. 15 do CPC. A aplicação se dá não só quando constatada a lacuna normativa, mas também nas denominadas lacunas ontológicas e axiológicas[(14)].

Embora pouco comuns, há exemplos de processos de jurisdição voluntária na Justiça do Trabalho, quando a pretensão se limita à expedição de Alvará para levantamento de FGTS, protesto judicial, dentre outros. Para ilustrar, trago à lume o seguinte Acórdão do Tribunal Superior do Trabalho:

> Ementa: RECURSO DE EMBARGOS — REGÊNCIA PELA LEI N. 11.496/2007 — OBRIGAÇÃO DE FAZER — CEF — EXPEDIÇÃO DE ALVARÁ PARA LEVANTAMENTO DOS DEPÓSITOS DO FGTS — CULPA RECÍPROCA — PROCEDIMENTO DE JURISDIÇÃO VOLUNTÁRIA — SITUAÇÃO SINGULAR — EFEITOS. Na presente situação, na qual o empregado pretende a expedição de alvará de levantamento do FGTS, estamos diante da atuação da jurisdição voluntária, na qual se visa ou se pretende a constituição de situações jurídicas novas, mas não se resiste, não há o conflito, os interesses não colidem. Portanto, não existe uma lide, mas apenas um negócio jurídico, com a efetiva presença do juiz, do qual advirá o pronunciamento judicial de administração de interesse privado com relevante repercussão pública. O pedido inscrito na inicial é claro e limitado, vinculado apenas à expedição de alvará de saque do FGTS, e não existe questionamento acerca da redução da multa de 40%. Ora, na voluntária jurisdição, o magistrado não aplica o direito à controvérsia existente entre partes, substituindo a vontade delas, há atos de vontade dos interessados, em que existem negócios jurídicos privados que serão administrados pelo Poder Judiciário. Portanto, à Justiça do Trabalho, no exercício da jurisdição voluntária, compete autorizar ao trabalhador saques na conta vinculada do FGTS, mesmo estando ausente dissídio entre empregado e empregador. Por isso não há o que se falar em imutabilidade das decisões judiciais, pois as decisões em jurisdição voluntária só produzem coisa julgada formal e não material, fazendo com que se admita que a discussão da matéria no âmbito do procedimento findo seja apreciada em demanda judicial, que revisite os mesmos elementos do procedimento analisado na seara da jurisdição voluntária finda. Assim, a questão acerca da multa estabelecida em norma coletiva, bem como a validade daquela norma prevista em acordo coletivo, terá campo próprio para discussão em ação específica, com a formação exata do contencioso, inclusive, com a participação dos signatários da norma coletiva questionada. A essência do instituto se agiganta pelo aspecto de não existir o caráter substitutivo da jurisdição contenciosa, pois no caso da jurisdição voluntária, o magistrado não impõe uma sentença para os interessados,

(8) "Art. 16. A jurisdição civil é exercida pelos juízes e pelos tribunais em todo o território nacional, conforme as disposições deste Código."

(9) "Art. 1º A jurisdição civil, contenciosa e voluntária, é exercida pelos juízes, em todo o território nacional, conforme as disposições que este Código estabelece."

(10) *Vide* artigo de Elpídio Donizete. *A jurisdição voluntária continua firme e vitaminada no novo código*. Disponível em: <http://genjuridico.com.br/2016/01/20/a-jurisdicao-voluntaria-continua-firme-forte-e-vitaminada-no-novo-codigo/#_ftn1>.

(11) A análise extrapola a legalidade estrita, na forma do disposto no art. 723, parágrafo único, do CPC.

(12) Art. 140. O juiz não se exime de decidir sob a alegação de lacuna ou obscuridade do ordenamento jurídico.
Parágrafo único. O juiz só decidirá por equidade nos casos previstos em lei.

(13) A respeito da compatibilidade veja LIMA, Leonardo Tibo Barbosa. *Lições de direito processual do trabalho*: teoria e prática. São Paulo: LTr, 2017. p. 487.

(14) Segundo Carlos Henrique Bezerra Leite, As recentes reformas do CPC e as lacunas ontológicas e axiológicas do processo do trabalho: necessidade de heterointegração do sistema processual não penal brasileiro. In: *Revista TST*, Brasília, v. 73, n. 1, jan./mar. 2007: "a) lacuna ontológica, pois não há negar que o desenvolvimento das relações políticas, sociais e econômicas desde a vigência da CLT (1943) até os dias atuais revelam que inúmeros institutos e garantias do processo civil passaram a influenciar diretamente o processo do trabalho (astreintes, antecipação de tutela, multas por litigância de má-fé e por embargos procrastinatórios etc.), além do progresso técnico decorrente da constatação de que, na prática, raramente é exercido o *ius postulandi* pelas próprias partes, e sim por advogados cada vez mais especializados na área justrabalhista;
b) lacuna axiológica ocorre quando a regra do art. 769 da CLT, interpretada literalmente, se mostra muitas vezes injusta e insatisfatória em relação ao usuário da jurisdição trabalhista quando comparada com as novas regras do sistema do processo civil sincrético que propiciam situação de vantagem (material e processual) ao titular do direito deduzido na demanda. Ademais, a transferência da competência material das ações oriundas da relação de trabalho para a Justiça do Trabalho não pode redundar em retrocesso econômico e social para os seus novos jurisdicionados nas hipóteses em que a migração de normas do CPC, não obstante a existência de regras na CLT, impliquem melhoria da efetividade da prestação jurisdicional, como é o caso da multa de 10% e a intimação do advogado (em lugar de citação) do devedor para o cumprimento da sentença."

mas a intervenção do Estado-juiz é importante para dar legitimidade, validez e eficiência ao negócio jurídico, conforme estabelece, inclusive e na espécie, a Lei n. 8.036/90. Recurso de embargos conhecido e desprovido."[15]

Com o advento da Lei n. 13.467/2017 incluiu-se na CLT capítulo próprio denominado "Do Processo de Jurisdição Voluntária para Homologação de Acordo Extrajudicial" (arts. 855-B a 855-E). Como se pode perceber, trata-se de procedimento especial de Jurisdição Voluntária, com aplicação restrita à homologação de acordos extrajudiciais, circunstância que nos leva a concluir que o CPC ainda continua a ser aplicado supletivamente, conforme preceitua o art. 15 do CPC de 2015. Ainda que não observada a lacuna normativa, como visto anteriormente, mantém-se necessária a incidência das normas do rito civil, de forma supletiva, considerando a existência de outras hipóteses de jurisdição voluntária[16].

Importante sublinhar que o CPC vigente já permitiria a homologação de acordos extrajudiciais no Processo do Trabalho, conforme dispõe o art. 725, VIII, do CPC. A Justiça do Trabalho, no entanto, nunca se sentiu à vontade em proceder à homologação de acordos extrajudiciais, como pretende o instituído pela Lei n. 13.467/2017, por entender ausente interesse processual para as partes[17].

Diante desses aspectos, seria fadada ao insucesso, na sistemática trabalhista anterior à reforma, a submissão de acordo extrajudicial visando homologar a extinção de contrato individual de trabalho, por se encontrar ausente, nesta hipótese, o interesse processual, considerando que a Justiça do Trabalho não se prestava a este fim, consoante estabelecia o art. 477, § 1º, da CLT, norma que discriminava as entidades aptas a prestar esse tipo de assistência[18].

No entanto, há quem já defendia a viabilidade do pedido de homologação de acordo extrajudicial na Justiça do Trabalho. A posição defendida seria de aplicação com certas restrições, diante da natureza dos direitos trabalhistas e a competência que era concedida aos sindicatos para homologar as rescisões contratuais, conforme nos ensina Leonardo Tibo Barbosa Lima[19]:

> A lei não veda a celebração de acordo extrajudicial em matéria trabalhista. Pelo contrário, no dia a dia das relações de trabalho, o contrato fica sujeito a constantes ajustes, que podem ocorrer também quando de sua extinção, desde que não atentem contra as disposições da lei, como ocorre com o tempo e o modo de pagamento das verbas rescisórias (art. 477 da CLT).

Com a edição da Lei n. 13.467/2017 as discussões sobre a possibilidade da propositura de ações cujo objeto se restringe à homologação de Acordos Extrajudiciais perderam relevo, uma vez a previsão expressa na lei. Todavia, a existência de norma expressa na CLT, regulamentando o processo de jurisdição voluntária para homologação de Acordo Extrajudicial, não fará desaparecer discussões quanto ao alcance do termo firmado e a posição do Juiz ao proferir sentença, homologando ou negando a homologação do acordo firmado entre as partes.

Para ilustrar, trago à lume, julgado do Tribunal Regional do Trabalho da 3ª Região que enfrentou esta controvérsia:

> HOMOLOGAÇÃO DE ACORDO EXTRAJUDICIAL. FACULDADE DO JUIZ. IMPOSSIBILIDADE DE RENÚNCIA A DIREITOS. VALORES NÃO CONDIZENTES. NÃO HOMOLOGAÇÃO. 1. A Lei n. 13.467/17 acrescentou à CLT os artigos 855-B a 855-E, os quais tratam do processo de jurisdição voluntária para homologação de acordo extrajudicial. 2. Consoante o entendimento da Súmula n. 418, do TST, a homologação de acordo constitui mera faculdade do juiz. 3. Cotejando os valores pactuados para

---

(15) Processo: E-RR — 7000-10.2006.5.10.0011 Data de Julgamento: 26.9.2013, Redator Ministro: Luiz Philippe Vieira de Mello Filho, Subseção I Especializada em Dissídios Individuais, Data de Publicação: DEJT 18.9.2015.

(16) Mauro Schiavi, em seu livro *A Reforma Trabalhista e o Processo do Trabalho*, LTr, p. 65, cita, como aplicável, o procedimento de jurisdição voluntária, além da pretensão de expedição de Alvará, a homologação de pedido de demissão de empregado estável (art. 500 da CLT).

(17) "Ementa: AGRAVO DE INSTRUMENTO. RECURSO DE REVISTA. JURISDIÇÃO VOLUNTÁRIA. INCOMPETÊNCIA DA JUSTIÇA DO TRABALHO. ACORDO. HOMOLOGAÇÃO. Na hipótese em exame, a parte agravante insurgiu-se contra a decisão que determinou o arquivamento do feito sem julgamento do mérito ante o reconhecimento da incompetência desta Justiça Especializada para chancelar acordo extrajudicial oriundo da relação de trabalho. Nada obstante, não prospera a pretensão recursal, uma vez que a jurisdição voluntária tal como ensina a melhor doutrina, mesmo quando exercida pelo juiz, detém natureza tipicamente administrativa. E sendo assim, entendo que da interpretação conjunta do art. 114 da Carta Magna, que fixa a competência desta Justiça Especializada combinado com os dispositivos consolidados presentes no Título VIII, Capítulo I, da CLT, que tratam da Justiça do Trabalho, no caso arts. 643/649, demonstram que, a jurisdição voluntária, consistente no exercício pelo Juízo da função administrativa de interesses privados, para sua validade, não está compreendida por esta Justiça Especializada, motivo pelo qual refoge à sua competência homologar acordos extrajudiciais, efetuados antes da interposição da competente ação. Agravo de instrumento improvido." (Processo: AIRR — 758-08.2013.5.09.0661 Data de Julgamento: 27.5.2015, Relator Desembargador Convocado: Américo Bedê Freire, 6ª Turma, Data de Publicação: DEJT 29.5.2015.)

(18) Art. 477. É assegurado a todo empregado, não existindo prazo estipulado para a terminação do respectivo contrato, e quando não haja ele dado motivo para cessação das relações de trabalho, o direito de haver do empregador uma indenização, paga na base da maior remuneração que tenha percebido na mesma empresa.
§ 1º O pedido de demissão ou recibo de quitação de rescisão do contrato de trabalho, firmado por empregado com mais de 1 (um) ano de serviço, só será válido quando feito com a assistência do respectivo Sindicato ou perante a autoridade do Ministério do Trabalho e Previdência Social.
§ 2º O instrumento de rescisão ou recibo de quitação, qualquer que seja a causa ou forma de dissolução do contrato, deve ter especificada a natureza de cada parcela paga ao empregado e discriminado o seu valor, sendo válida a quitação, apenas, relativamente às mesmas parcelas.
§ 3º Quando não existir na localidade nenhum dos órgãos previstos neste artigo, a assistência será prestada pelo Representante do Ministério Público ou, onde houver, pelo Defensor Público e, na falta ou impedimento deste, pelo Juiz de Paz.

(19) *Op. cit.*, p. 489/450.

as verbas rescisórias e aquilo a que o obreiro teria direito, haveria que se ter certa similitude, o que não foi verificado, configurando renúncia de direitos, o que não pode prevalecer. 4. Assim, por ausentes os requisitos dos artigos 855-B e seguintes da CLT, deixa-se de homologar o acordo extrajudicial. 5. Recurso conhecido e não provido.[20]

4. A Homologação de Acordo Extrajudicial e a Reforma Trabalhista

Com a controvérsia instaurada em torno da aplicação, no processo do trabalho, do procedimento de jurisdição voluntária para homologação de Acordo Extrajudicial, em face da previsão no art. 725, VIII, do CPC, a Lei n. 13.467/2017 foi editada com vistas a modificar a CLT para regulamentação específica desse procedimento especial.

Como já afirmado, a CLT passou a contar com capítulo específico a regular a homologação de Acordos Extrajudiciais, dispondo o art. 855-E da CLT, inserido pela Lei n. 13.467/2017, que "O processo de homologação de acordo extrajudicial terá início por petição conjunta, sendo obrigatória a representação das partes por advogado."

A pretexto de simplificar o procedimento, o art. 855-D estabelece o prazo de 15 dias para análise do termo de acordo apresentado, facultando ao Juiz a designação de audiência. Depois de adotadas as providências necessárias, o Juiz proferirá sentença, cujo prazo é de 30 dias, na forma do art. 226, III, do CPC, de aplicação subsidiária, por força da Resolução n. 177/2016 do CSJT[21].

Os §§ 1º e 2º do art. 855-E vedam a representação das partes por advogado comum. Tal disposição intenta coibir prática já detectada em diversos processos trabalhistas em que um advogado representa ambas as partes, em franco prejuízo aos direitos trabalhistas do empregado. A norma também faculta a assistência judiciária prestada pelo Sindicato da categoria profissional, como não poderia ser diferente, conforme já dispõem a Lei n. 5.584/70 e o art. 514 da CLT. A norma do art. 855-E da CLT não prevê o exercício do *jus postulandi*, previsto no art. 791 da CLT. Ao revés, veda a apresentação do pedido de homologação do Acordo Extrajudicial sem a representação das partes por advogado. A vedação ao exercício do *jus postulandi* pelas partes representa mais um duro golpe neste moribundo instituto, que, ao meu ver, encontra-se fadado à extinção.

O art. 855-E da CLT prevê a suspensão do prazo prescricional em relação às parcelas objeto do pedido de homologação, cujo prazo retomará o seu curso normal depois do trânsito em julgado da sentença que negar a homologação do acordo. Tal disposição encerra exceção, ao instituir a suspensão e não interrupção do prazo prescricional, como nos demais procedimentos trabalhistas, por aplicação do art. 202 do Código Civil.

A retomada do curso do prazo prescricional se dará depois do trânsito em julgado da sentença que negar a homologação do acordo, conforme dicção do art. 855-E, parágrafo único da CLT. Tal disposição nos leva a investigar quando se dará o trânsito em julgado, pois não há previsão expressa no capítulo a este respeito[22]. Não há dúvida quanto à irrecorribilidade da sentença que homologar o Acordo Extrajudicial, por aplicação analógica da norma inserta no art. 831, parágrafo único, que dispõe: "No caso de conciliação, o termo que for lavrado valerá como decisão irrecorrível, salvo para a Previdência Social quanto às contribuições que lhe forem devidas."

No entanto, quando a sentença negar a homologação, o trânsito em julgado ocorrerá depois de esgotado o prazo recursal. Isto porque, tratando-se de sentença, a possibilidade de impugnação por meio de recurso[23] é consequência da aplicação do art. 895 da CLT, desde que o valor atribuído seja superior a dois salários mínimos[24].

A fluência do prazo prescricional, por se tratar de causa suspensiva e não interruptiva, será retomada após o trânsito em julgado, computando-se o tempo já decorrido, anterior à propositura da ação.

Obviamente que a suspensão atingirá ambos os prazos prescricionais: o de dois anos para propositura da ação computados da data do término do contrato de trabalho; e o de cinco anos, contados da lesão. Tal fenômeno atinge apenas as parcelas objeto da pretensão, conforme jurisprudência consolidada na Súmula n. 268 do TST. Havendo, portanto, negativa quanto ao pedido de homologação do acordo extrajudicial, poderá o empregado manejar ação judicial para discutir não somente as parcelas objeto do acordo declarado inválido, como também outras parcelas inadimplidas, observando-se,

(20) TRT da 3ª Região; PJe: 0010372-89.2018.5.03.0059 (RO); Disponibilização: 16. 7.2018, DEJT/TRT3/Cad.Jud, Página 549; Órgão Julgador: Quarta Turma; Relatora: Desembargadora Paula Oliveira Cantelli.

(21) Não se pode olvidar, no entanto, que o CPC estabelece o prazo de 10 (dez) dias para decisão em processos de jurisdição voluntária (art. 723 do CPC), sendo imperiosa a modificação da norma do CSJT.

(22) Apesar da posição doutrinária e jurisprudencial a respeito da inexistência de coisa julgada material nos processos de jurisdição voluntária, é clara a intenção do legislador em conceder esse atributo às sentenças proferidas em sede de homologação de Acordo Extrajudicial.

(23) Como se trata de ato de jurisdição voluntária, sem condenação em pecúnia, não há que se falar em exigência do depósito recursal, aplicando-se o entendimento contido na Súmula n. 161 do TST: "**DEPÓSITO. CONDENAÇÃO A PAGAMENTO EM PECÚNIA (mantida) — Res. 121/2003**, DJ 19, 20 e 21.11.2003. Se não há condenação a pagamento em pecúnia, descabe o depósito de que tratam os §§ 1º e 2º do art. 899 da CLT (ex-Prejulgado n. 39).

(24) "Salvo se versarem sobre matéria constitucional, nenhum recurso caberá das sentenças proferidas nos dissídios da alçada a que se refere o parágrafo anterior, considerado, para esse fim, o valor do salário mínimo à data do ajuizamento da ação." (art. 1º, § 4º, da Lei n. 5.584/70)

para estas últimas, os efeitos da prescrição, sem considerar a suspensão.

Importante questão assenta-se no alcance da quitação passada no termo de acordo extrajudicial, uma vez que não há dispositivo legal tratando desse efeito. Não obstante o acordo extrajudicial pressupor a convergência de interesses entre as partes, entendo que a quitação alcança apenas as parcelas e valores ali consignados. O raciocínio é o mesmo para o TRCT homologado perante as entidades e órgãos enumerados no art. 477 da CLT e recepcionado pela Súmula n. 330 do TST[(25)]. A quitação, portanto, abrangerá apenas as parcelas e valores expressamente consignados no Acordo Extrajudicial homologado na Justiça do Trabalho.

Nesse sentido, o seguinte julgado:

> HOMOLOGAÇÃO DE ACORDO EXTRAJUDICIAL. EFEITOS LIBERATÓRIOS. Os efeitos liberatórios do acordo extrajudicial submetido à homologação judicial (art. 855-B e seguintes da CLT) devem restringir-se tão somente às parcelas discriminadas na petição de acordo, sob pena de se permitir renúncia antecipada a direitos dos quais o empregado sequer tinha conhecimento à época da transação.[(26)]

Ademais, esta questão ganhou especial relevo com a revogação expressa do art. 477, §§ 1º, 3º e 7º da CLT que dispunha:

> Art. 477. (...)
>
> § 1º O pedido de demissão ou recibo de quitação de rescisão, do contrato de trabalho, firmado por empregado com mais de 1 (um) ano de serviço, só será válido quando feito com a assistência do respectivo Sindicato ou perante a autoridade do Ministério do Trabalho e Previdência Social.
>
> (...)
>
> § 3º Quando não existir na localidade nenhum dos órgãos previstos neste artigo, a assistência será prestada pelo Represente do Ministério Público ou, onde houver, pelo Defensor Público e, na falta ou impedimento deste, pelo Juiz de Paz.
>
> (...)
>
> § 7º O ato da assistência na rescisão contratual (§§ 1º e 2º) será sem ônus para o trabalhador e empregador.

Extinta a homologação obrigatória, o Termo de Quitação do Contrato de Trabalho passa a ter validade com as assinaturas do empregado e do empregador, além de possibilitar a submissão de acordo extrajudicial à apreciação do Judiciário, envolvendo as parcelas decorrentes do término do contrato de trabalho. Tal conclusão decorre da disposição contida no art. 855-C, da CLT, inserido pela Lei n. 13.467/2017: "O disposto neste Capítulo não prejudica o prazo estabelecido no § 6º do art. 477 desta Consolidação e não afasta a aplicação da multa prevista no § 8º do art. 477 desta Consolidação."

Logo, assegurando-se o respeito aos prazos para quitação das verbas rescisórias e a multa em decorrência do descumprimento dos aludidos prazos, evidencia-se a intenção do legislador em instituir o processo de jurisdição voluntária para homologação de acordos extrajudiciais, em substituição à homologação procedida no sindicato representante da categoria profissional.

Eis a lição de Manoel Antônio Teixeira Filho[(27)]:

> Estamos diante de uma questão instigante, apresentada pelo legislador: em um primeiro lançar de olhos, parece-nos que a norma legal em exame está a versar, efetivamente, sobre acordo extrajudicial como modalidade de negócio jurídico bilateral, sinônimo de transação ou de conciliação. Cremos, todavia, que a intenção do legislador foi a de fazer com que o acordo extrajudicial substitua a assistência do sindicato no ato de rescisão contratual, que era prevista no art. 477, § 1º, da CLT.
>
> (...)
>
> Em suma: revogados, *expressis verbis*, os §§ 1º, 3º e 7º, do art. 477, da CLT, não só a antiga 'homologação' pelo sindicato e a assistência pelo órgão do Ministério do Trabalho (*ibidem*, § 1º) ou pelo representante do Ministério Público, pelo Defensor Público ou pelo Juiz de Paz (§ 3º) deixam de existir, como a rescisão contratual pode ser objeto de acordo extrajudicial, independentemente do tempo de serviço do empregado.

Não faltam motivos, portanto, para uma reflexão mais profunda a respeito do alcance da Reforma Trabalhista, notadamente quanto ao tema aqui proposto, na medida em que as parcelas objeto da rescisão contratual, por comporem o patrimônio jurídico do trabalhador, não poderão ser objeto de renúncia ou transação.

Nem se diga que a Lei n. 13.467/2017 quebrou o dogma da indisponibilidade dos direitos trabalhistas ao inserir, na CLT, o distrato[(28)]. Mesmo nessa hipótese,

---

(25) Súmula n. 330 do TST. QUITAÇÃO. VALIDADE (mantida) — Res. N. 121/2003, DJ 19, 20 e 21.11.2003
A quitação passada pelo empregado, com assistência de entidade sindical de sua categoria, ao empregador, com observância dos requisitos exigidos nos parágrafos do art. 477 da CLT, tem eficácia liberatória em relação às parcelas expressamente consignadas no recibo, salvo se oposta ressalva expressa e especificada ao valor dado à parcela ou parcelas impugnadas.
I — A quitação não abrange parcelas não consignadas no recibo de quitação e, conseqüentemente, seus reflexos em outras parcelas, ainda que estas constem desse recibo.
II — Quanto a direitos que deveriam ter sido satisfeitos durante a vigência do contrato de trabalho, a quitação é válida em relação ao período expressamente consignado no recibo de quitação.

(26) TRT da 3ª Região; PJe: 0010337-32.2018.5.03.0059 (RO); Disponibilização: 28/06/2018; Órgão Julgador: Decima Turma; Relator: Maria Laura Franco Lima de Faria

(27) TEIXEIRA FILHO, Manoel Antônio. *O processo do trabalho e a reforma trabalhista. As alterações introduzidas no processo do trabalho pela Lei n. 13.467/2017*. São Paulo: LTr, 2017. p. 186.

(28) Art. 484-A. O contrato de trabalho poderá ser extinto por acordo entre empregado e empregador, caso em que serão devidas as seguintes verbas trabalhistas:

que se traduz em verdadeira lesão aos direitos do trabalhador e também restrição de acesso aos recursos do FGTS, as possibilidades de transação foram restritivamente enumeradas. Tal circunstância nos leva a concluir que persiste a indisponibilidade dos direitos trabalhistas em geral e, particularmente, aqueles devidos em decorrência do término do contrato de trabalho, como já podemos observar em diversos julgados nos tribunais trabalhistas:

> ACORDO EXTRAJUDICIAL. HOMOLOGAÇÃO. A finalidade do acordo extrajudicial autorizado pelo artigo 855-B da CLT é a eliminação do litígio e da insegurança, quando há razoável controvérsia a respeito da natureza da relação jurídica ou de algum direito. As partes, diante de efetiva ou possível ocorrência de conflito de interesses gerado pela dúvida a respeito da natureza de uma relação jurídica ou exigibilidade de um direito, ajustam as respectivas diferenças e repartem os riscos por meio de concessões recíprocas, prevenindo ou encerrando uma disputa judicial. Não se admite, no entanto, que o instrumento seja utilizado para obtenção de renúncia pura e simples a direito controvertido, mediante pagamento de parcelas trabalhistas sobre as quais não pende controvérsia.(29)

Seguindo esta linha de raciocínio, ou seja, persistindo a impossibilidade de as partes, por meio de Acordo Extrajudicial, procederem à transação dos direitos rescisórios e outros concernentes ao contrato de trabalho, em face do caráter indisponível desses direitos, parece-me que a intenção do legislador foi de atribuir ao Judiciário trabalhista a competência para homologar as rescisões contratuais o que, no meu ponto de vista, inviabilizaria o funcionamento da Justiça do Trabalho.

Importante observar que um dos pilares da Reforma Trabalhista é constituído pela necessidade constatada de se reduzir o número de ações trabalhistas(30). Todavia, a subsistir o entendimento de que a Justiça do Trabalho passará a deter esta competência de validar as rescisões de contratos de trabalho, ato meramente homologatório travestido de acordo extrajudicial, o efeito será o contrário do previsto pelo legislador. O término das relações de trabalho será submetido crivo do Poder Judiciário, sob o aspecto da validade, elevando o número de processos trabalhistas, além do risco de a Justiça do Trabalho chancelar a transação de direitos trabalhistas ao proceder a homologação dos acordos extrajudiciais submetidos a sua homologação.

Daí a importância, ainda maior, da atuação cuidadosa da magistratura trabalhista ao analisar os acordos e somente homologá-los quando não representarem lesão a direitos dos trabalhadores.

Em linha de conclusão, o acordo extrajudicial levado ao crivo do Poder Judiciário não poderá ser analisado apenas sob o aspecto da estrita legalidade, ou seja, apenas com a avaliação da presença dos requisitos formais do negócio jurídico. Não obstante a inserção na CLT de normas específicas quanto ao processo de jurisdição voluntária, tal não afasta a aplicação das normas do direito processual comum, mormente se considerarmos a disposição contida no art. 15 do CPC de aplicação subsidiária e supletiva no processo do trabalho.

Nessa quadra, pertinente a aplicação do art. 723, parágrafo único do CPC, quando autoriza o Juiz a proceder à análise exercendo juízo de equidade, com a busca da solução mais justa para o pedido de homologação de acordo extrajudicial, negando validade, em casos de subtração de direitos trabalhistas indisponíveis.

Não se pode olvidar, outrossim, que a competência da Justiça do Trabalho para homologar acordos extrajudiciais, poderá resultar em um acréscimo no número de processos com esse objeto. Mesmo considerando esse aumento, agora, mais do que nunca, a Magistratura Trabalhista terá papel essencial na concretização dos direitos sociais, impedindo abusos cometidos em acordos extrajudiciais forjados e com a única finalidade de lesar os direitos dos trabalhadores.

Nesse período de vigência da Reforma Trabalhista pudemos constatar, por meio dos julgados, como os que aqui foram transcritos, o entendimento no sentido de que o acordo extrajudicial não pode servir de instrumento para renúncia de direitos trabalhistas indisponíveis. Além disso, o termo de quitação será restrito às parcelas e valores constantes da petição comum apresentada na Justiça do Trabalho.

I — por metade:

a) o aviso-prévio, se indenizado; e

b) a indenização sobre o saldo do Fundo de Garantia do Tempo de Serviço, prevista no § 1º do art. 18 da Lei n. 8.036, de 11 de maio de 1990;

II — na integralidade, as demais verbas trabalhistas.

§ 1º A extinção do contrato prevista no *caput* deste artigo permite a movimentação da conta vinculada do trabalhador no Fundo de Garantia do Tempo de Serviço na forma do inciso I-A do art. 20 da Lei n. 8.036, de 11 de maio de 1990, limitada até 80% (oitenta por cento) do valor dos depósitos.

§ 2º A extinção do contrato por acordo prevista no *caput* deste artigo não autoriza o ingresso no Programa de Seguro-Desemprego.

(29) TRT da 3ª Região; PJe: 0010096-09.2018.5.03.0043 (RO); Disponibilização: 18.6.2018; Órgão Julgador: Setima Turma; Relator: Cristiana M.Valadares Fenelon.

(30) Segundo parecer do Relator Deputado Rogério Marinho: "De acordo com dados colocados à disposição pelo próprio TST, somente no ano de 2016, as Varas do Trabalho receberam, na fase de conhecimento, 2.756.159 processos, um aumento de 4,5% em relação ao ano anterior. Desses, 2.686.711 foram processados e julgados. A soma da diferença dos processos não julgados no ano com o resíduo já existente nos tribunais totalizou 1.843.336 de processos pendentes de julgamento, em 31 de dezembro de 2016. Se forem acrescidas as execuções das sentenças proferidas, foram iniciadas 743.410 execuções e encerradas 660.860 em 2016, estando pendentes, em 31 de dezembro de 2016, o expressivo número de 2.501.722 execuções. Somando todos esses números, chegamos ao expressivo número de cerca de 4 milhões de novas ações trabalhistas. Além disso, foram remetidos aos Tribunais Regionais do Trabalho (TRT), 760.877 processos, um aumento de 11,9% em relação ao ano anterior. Por fim, o TST recebeu, no mesmo período, 239.765 processos, o que representou, em média, 9.990 processos para cada Ministro, não considerados, aqui, o acervo já existente em cada gabinete. A pergunta a ser feita é: o País suporta tal demanda? Até quando os tribunais trabalhistas suportarão esse volume de processos?"

A JURISDIÇÃO VOLUNTÁRIA NA REFORMA TRABALHISTA (ART. 855-B) E A "LIDE SIMULADA"

Elaine Nassif(*)

1. INTRODUÇÃO

A Lei n. 13.467 introduziu uma nova competência às Varas do Trabalho, qual seja, a de decidir quanto à homologação de acordos extrajudiciais trabalhistas.

Art. 652. Compete às Varas do Trabalho:

....

f) decidir quanto à homologação de acordo extrajudicial em matéria de competência da Justiça do Trabalho.

Categorizou tal competência como ato de jurisdição voluntária na Justiça do Trabalho, conforme o título dado ao Capítulo III-A ao Título X da CLT. É a primeira vez que se atribui "jurisdição voluntária" à Justiça Laboral.

O mesmo título informa que a jurisdição voluntária se dá por "processo", diferentemente do processo civil, em que ela se dá por "procedimento". Vejamos:

CAPÍTULO III-A

DO PROCESSO DE JURISDIÇÃO VOLUNTÁRIA PARA HOMOLOGAÇÃO DE ACORDO EXTRAJUDICIAL

Art. 855-B. O processo de homologação de acordo extrajudicial terá início por petição conjunta, sendo obrigatória a representação das partes por advogado.

§ 1º As partes não poderão ser representadas por advogado comum.

§ 2º Faculta-se ao trabalhador ser assistido pelo advogado do sindicato de sua categoria.

Art. 855-C. O disposto neste Capítulo não prejudica o prazo estabelecido no § 6º do art. 477 desta Consolidação e não afasta a aplicação da multa prevista no § 8º do art. 477 desta Consolidação.

Art. 855-D. No prazo de quinze dias a contar da distribuição da petição, o juiz analisará o acordo, designará audiência se entender necessário e proferirá sentença.

Art. 855-E. A petição de homologação de acordo extrajudicial suspende o prazo prescricional da ação quanto aos direitos nela especificados.

Parágrafo único. O prazo prescricional voltará a fluir no dia útil seguinte ao do trânsito em julgado da decisão que negar a homologação do acordo.

Neste estudo nos esforçaremos por enquadrar esta nova competência de jurisdição voluntária nas teorias processualistas que tratam de sua natureza jurídica, tecer críticas sobre os problemas encontrados e finalizar estas primeiras análises com a contextualização do problema.

2. TEORIAS SOBRE A NATUREZA JURÍDICA DA JURISDIÇÃO VOLUNTÁRIA[1]

As teorias sobre a natureza jurídica da jurisdição voluntária estão baseadas na tripartição de poderes estatais. Vejamos:

2.1. *JURISDIÇÃO VOLUNTÁRIA EM CHIOVENDA*

Para Chiovenda[2], jurisdição é a função do Estado de fazer cumprir a lei por meio da substituição, da atividade de particulares ou de outros órgãos públicos, seja no afirmar a existência da vontade da lei, seja no torná-la efetiva.

No processo de cognição, a jurisdição consiste na substituição definitiva e obrigatória da atividade intelectiva do juiz à atividade intelectiva, não só das partes, mas de todos os cidadãos.

No processo de execução também há jurisdição. É execução da lei mediante substituição da vontade do particular. A jurisdição revela a soberania do poder inerente ao Estado. A soberania é também desenvolvida no campo do direito internacional, não admitindo superlativos nem fissões na sua unidade.[3]

(*) Procuradora do Trabalho na PRT3. Mestre em Direito Processual. Mestre em Direito Constitucional. Doutora em Direito Público.

(1) Boa parte deste item do artigo extraído da obra: NASSIF, Elaine. *Conciliação judicial e indisponibilidade de direitos*. São Paulo: LTr, 2005.

(2) CHIOVENDA, Giuseppe. *La acción en el sistema de los derechos*. Bogotá: Temis, 1986.

(3) DE CASTRO, Amílcar. *Lições de direito processual civil e o direito internacional privado*. Rio de Janeiro: Editora do Brasil, 1978. O autor explica que "Jurisdição em direito internacional é sinônimo de competência geral, em oposição à competência especial, ou competência interna, mas significa também o que se tem chamado "soberania territorial", ou exercício pleno da soberania administrativa, legislativa e judiciária, atinente a determinado

Como se vê, a posição do juiz em relação às partes e aos auxiliares da Justiça é de proeminência, de superioridade, de império, o que afeta, naturalmente, a formação do provimento final, que se afasta de uma decisão construída com base nas diversas formulações dos diversos atores que atuam na própria formação desse provimento. Essa concepção viria a ser superada por Fazzalari, que estudaremos adiante.

Em Chiovenda, a jurisdição voluntária não é jurisdição. Ela pertence à função administrativa. Ele segue o entendimento de Wach[(4)] quando este ressalta o *caráter constitutivo da jurisdição voluntária.*

Neste sentido, para Chiovenda, *enquanto os atos de jurisdição voluntária tendem à constituição ou desenvolvimento de relações novas*, a jurisdição propriamente dita visa o reconhecimento, desenvolvimento ou resolução de relações existentes.

Da mesma forma, a característica da jurisdição voluntária *não é a ausência de contraditório mas a ausência de duas partes,* no sentido técnico que se lhe emprega.

A atividade dos juízes, em Chiovenda, dirige-se necessariamente a dois objetos: exame dos fatos e da norma. Assim, o poder da jurisdição consiste na decisão sobre a atividade do outro (mérito) e sobre a própria atividade (dever de se pronunciar quanto ao mérito), respectivamente.

2.2. Jurisdição voluntária em Carnelutti, Rocco, Allorio, Satta e Goldschmidt

Para Carnelutti, a jurisdição voluntária é jurisdição verdadeira e própria, pois enquanto esta última serve para a composição da lide, *a primeira tende à prevenção da lide em si mesma*, tornando *impossível o conflito de interesses.* Posteriormente, o mesmo Carnelutti asseverou que, na realidade, *há falta de elementos formais do litígio na jurisdição voluntária.*[(5)]

Rocco[(6)] sustentou que a semelhança entre jurisdição contenciosa e voluntária está somente no nome, pois *a voluntária se liga à função que a vontade privada tem no campo do direito*, à qual se lhe atribuem efeitos jurídicos.

Tal atividade pode ser exercida por órgãos administrativos ou judiciais, pois o que importa é que o Estado intervenha na formação de certas relações jurídicas concretas, declarando de forma característica e determinada, não a existência ou inexistência da relação jurídica, senão a conveniência do ato ou a legalidade das condições estabelecidas para produção dos efeitos desejados.

Allorio[(7)] parte da doutrina de Kelsen, em particular da distinção que ele faz entre jurisdição e administração, em que considera que a coisa julgada é o elemento revelador da natureza jurisdicional e, por conseguinte, do procedimento necessário para chegar a ela.

Importante notar que a jurisdição voluntária nunca fecha completamente a questão, limitando-se a referendar um pedido por seu objeto, pois nos temas em que ela interfere há uma relação em seu início e cujo desenvolvimento poderá ainda ser objeto de revisão diversas vezes no curso da vida dos envolvidos nessa relação.

Satta[(8)] distingue a jurisdição voluntária da atividade jurisdicional própria. Recorda que o ordenamento jurídico reconhece à *autonomia privada* poderes juridicamente determinantes da vontade dos sujeitos, e que da *jurisdição voluntária emana o reconhecimento jurídico dessa vontade.* Assim ela é voltada para os processos dirigidos à aplicação *de um direito potestativo*, categoria na qual se compreendem alguns tipos de processos contenciosos. Donde se extrai que não é toda e qualquer relação jurídica ou de interesses privados que o Estado obriga ao jurisdicionado ir até ele requerer seu reconhecimento, mas somente aquelas que ele tutela.

Goldschmidt[(9)] defendeu que para os direitos processuais não é suficiente a instituição de um direito material, pois, como eles têm valor decisivo no caso concreto, necessitam de meios de prova. Daí nasceu a jurisdição voluntária, essencialmente na instituição de documentos e registros, para constituição dos meios de prova do direito material. A jurisdição voluntária tem uma natureza cartorial, de registro da constituição de relações jurídicas novas reconhecidas e documentadas.

---

povo, em determinada área territorial. Para Amílcar de Castro, "Todas as vezes que a autoridade jurisdicional possa e deva fazer o que está proibido ao jurisdicionado, encontra-se a mesma jurisdição, nada importando que o assunto seja penal ou civil; que não tenha havido defesa; que seja esta, ou aquela, a forma do processo; com ou sem lide; seja ou não a sentença dotada do efeito de coisa julgada substancial; ou deva o próprio requerente, que não foi vencido, pagar as custas. Numa palavra: a jurisdição, como poder de julgar, é função unitária. Tem sempre a mesma forma e a mesma natureza; e precisamente por isso, a não ser como expressão figurada é indivisível pela essência do dividendo." Nesse sentido afirma que o art. 1º do CPC é equivocado quando diz a "jurisdição civil, contenciosa ou voluntária", pois a jurisdição em si mesmo não é nenhuma dessas coisas; os procedimentos sim é que podem ser civis, contenciosos ou não contenciosos. A respeito de procedimento contencioso esclarece com o seguinte exemplo: na revelia não houve divergência, mas o processo ou o procedimento não deixou um só instante de ser contencioso, porque extraprocessualmente havia litígio.

(4) WACH, Adolf Ludwig Eduard Gustav, processualista alemão.

(5) Cf. MENEZES, Wilson Gomes de. Da jurisdição voluntária. *Revista Forense*, v. 252, ano 71, p. 118, out./dez. 1975.

(6) ROCCO, Ugo. *Apud* MENEZES, *op. cit.*, p. 118.

(7) ALLORIO, Enrico. *Apud* MENEZES, *op. cit.*, p. 119.

(8) SATTA, Salvatore. *Diritto processuale civile.* Padova: CEDAM, 1981. p. 799.

(9) GOLDSHIMIDT, James. *Teoría general del proceso.* Barcelona-Madrid-BuenosAires-Rio de Janeiro: Labor, 1936.

2.3. Jurisdição voluntária em Liebman

Para Liebman, a jurisdição é entendida da seguinte forma:

> [...] Há um ramo do direito destinado, precisamente, à tarefa de garantir a eficácia prática e efetiva do ordenamento jurídico, por meio de órgãos públicos instituídos com a incumbência de fazer valer essa garantia, disciplinando as modalidades e formas da sua atividade. Esses são os órgãos judiciários e a sua atividade chama-se, desde tempos imemoriais, jurisdição (*jurisdictio*); as pessoas que exercem a jurisdição chamam-se juízes e formam, no seu conjunto, a Magistratura; sua atividade desenvolve-se em direção dupla, através da cognição (*giudizio*) e da execução forçada [(10)].

A jurisdição ordinária, portanto, é a exercida pela magistratura, enquanto as jurisdições especiais seriam a administrativa, a constitucional e a eclesiástica[(11)].

Já a jurisdição voluntária não é jurisdição verdadeira. Para Liebman parece mais pertinente a definição da jurisdição voluntária como *administração pública de direito privado*, presente este interesse público no desenvolvimento dessas liberdades privadas.

2.4. Jurisdição voluntária em Fazzalari

Fazzalari confere se nas atividades típicas do Estado, ou seja, as legislativas, jurisdicionais e administrativas, estão ou não presentes os elementos que caracterizam a relação jurídica processual.

Especificamente sobre a jurisdição voluntária, o autor, após analisar cada uma das disposições legais pertinentes, conclui que a natureza da jurisdição voluntária é autônoma, e independe das demais. *Uma natureza própria, diversa tanto da jurisdição contenciosa quanto da administrativa.*[(12)]

Para Fazzalari, o Estado tem muitos deveres e assume outros tantos cada dia mais. Na sua formação original foram diferenciadas funções legislativas, das administrativas (também chamadas executivas), e a jurisdicional.

A terminologia é convencional, pois em todas as atividades o Estado segue a lei. É evidente que a distinção entre as atividades estatais são determinadas por razões substanciais, isto é, do fato de que cada uma das três atividades acima contempladas é disciplinada de modo peculiar.

A razão de distinção não está, como é óbvio, na diversidade de nome mas na diversidade de disciplinamento jurídico, sem que isso todavia impeça haver pontos comuns entre as atividades.

Nesse sentido *a jurisdição voluntária, que vive entre ser jurisdição e administração, deveria ser considerada uma função distinta, porque realmente é distinta, seja da jurisdição, seja da administração.*

Fazzalari é o autor contemporâneo que mais se aproximou e desenvolveu conceitos adequados às garantias constitucionais do processo no Estado Democrático de Direito.

Com efeito, as concepções de jurisdição e processo se entrelaçam em Fazzalari, na construção da decidibilidade. A legitimidade da jurisdição encontra-se na forma como ela se desenvolve, ou seja, mediante a participação efetiva e simétrica dos destinatários da própria jurisdicão.

Asim, se o provimento final buscado pelas partes é o ato com o qual os órgãos do Estado emanam disposições imperativas, e sendo o procedimento a sequência de atividades que precedem ao provimento, logo a lei não reconhece validade e eficácia ao provimento final se ele não foi precedido de uma série de atividades preparatórias estabelecidas pela própria lei, como condicionantes do seu reconhecimento.

E mais: se do procedimento de formação do provimento, são chamados a participar em uma ou mais fases, também os interessados, em contraditório, colhemos aí a essência do processo, que é, justamente, um procedimento do qual participam, além do autor do ato final, os interessados nele, isto é, os destinatários dos efeitos de tal ato, em contraditório.

Em síntese, pode-se dizer que, por suas características, a Jurisdição propriamente dita se desenvolve por meio de processos. Já a *jurisdição voluntária se desenvolve por meio de procedimentos*. A jurisdição administrativa não conteciosa, em geral, se perfaz em procedimentos. A função legislativa se desenvolve em processos mesmo, quando encontra sua essência nos debates e participação dos representantes do povo. A arbitragem, espécie de justiça privada reconhecida, caso atenda a determinados procedimentos, pelo Estado, é também desenvolvida e legitimada por meio do processo.

---

(10) LIEBMAN, Enrico Tullio. *Manual de direito processual civil*, I. Tradução e notas de Cândito R. Dinamarco. Forense: Rio de janeiro, 1984. p. 3. LIEBMAN, Enrico Tullio. L'azione nella teoria del processo civile. In: *Scritti Giuridici in onore di F. Carnelutti* (v. II, CEDAM, 1950). LIEBMAN, Enrico Tullio. *Manuale di diritto processuale civile*. 4. ed., v. I e II. Milano: Giuffrè, 1980.

(11) Em linhas gerais, as causas que tenham por objeto um direito subjetivo do cidadão pertencem à jurisdição ordinária; diversamente, cabe aos tribunais administrativos, onde estes existam. A jurisdição constitucional é exercida pela Corte Constitucional, a que se confia com exclusividade o controle da constitucionalidade das leis. Na Itália, se a questão não for manifestamente infundada, o juiz suspende o processo e o remete á Corte Constitucional. A eclesiástica julga casos como nulidade de casamento ministrado no culto católico.

(12) Cf.: FAZZALARI, Elio. *Istituzioni di diritto processuale*. 8. ed. Padova: CEDAM, 1996. p. 4, 530, 537, 565, 557, 565, 575 e 589.

2.5. Jurisdição voluntária na doutrina brasileira

A doutrina brasileira acolhe as teorias acima expostas.

Lopes da Costa[13] adota a concepção de que a jurisdição voluntária é, na sua essência, administração pública de direitos privados. Apesar de explicar que a jurisdição voluntária é uma variante dos três poderes do Estado, entende que é variante, mas não do poder jurisdicional, e sim do poder administrativo, e não obstante o reconhecimento da mistura dos dois, refuta a tese jurisdicionalista, por um lado, e a tese autonomista, por outro, e adota a tese administrativista.

José Frederico Marques[14] explica o fenômeno da judicialização dizendo que o Estado pode "judicializar certas operações administrativas em que os conflitos entre seus interesses e o do indivíduo são solucionados através do exercício dos poderes de autodefesa implícitos em seu *imperium*."

Ao *decidir pela atribuição da resolução judicial* de conflitos que poderiam ser resolvidos no plano administrativo, o Estado arrisca *procrastinar a resolução e tornar mais lenta a satisfação de um interesse próprio*; em compensação, há a segurança de um pronunciamento definitivo, como também, tutela menos aleatória dos direitos individuais.

Análogo ao fenômeno da judicialização há o da processualização, que cria, em determinadas hipóteses, um "*contencioso fictício*", para resolver constitutivamente uma situação jurídica sempre que necessário alterá-la ou suprimi-la.

Quando isso acontece, a função que o Estado poderia exercer no campo administrativo é judicializada e também jurisdicionalizada.

Este é o terreno da jurisdição voluntária, tanto que alguns autores como Roger Merle, não veem a diferença substancial *entre esse contencioso fictício e a tutela administrativa que o Judiciário realiza pela jurisdição voluntária*. Precisaria uma dissolução de casamento ser levada a juízo? Seria plenamente possível que a dissolução se realizasse mediante simples termo lavrado no Registro Civil. Realmente isso passou a acontecer, desde que inexistentes bens e interesses de incapazes.

Fato é que os casos de jurisdição voluntária *obrigam* as partes a irem a juízo, *mesmo não havendo contencioso*. A jurisdição é "voluntária" por parte do Estado e é "obrigatória" para o jurisdicionado, pois a eficácia jurídica de determinados atos está condicionada à atividade "voluntária" do Estado. É resultado do processo de judicialização e processualização, que gera um contencioso fictício.

Há diferenças entre judicialização e jurisdição voluntária. No primeiro o Estado tem interesse na manutenção do *status quo*, então, ao invés de deixar a via administrativa resolver, obriga a ida direta ao Judiciário. No segundo, o Estado apenas *compõe o negócio jurídico controlando os requisitos da sua validade*.

José Carlos Barbosa Moreira[15] assevera que a jurisdição voluntária é uma atividade de tutela de interesses privados socialmente relevantes, confiada, por motivos históricos e de conveniência, a órgãos do Poder Judiciário, que, entretanto, não exercem, nestes casos, verdadeira jurisdição, mas função administrativa.

Pontes de Miranda[16] escreveu nos seus Comentários ao Código de Processo Civil que na jurisdição voluntária o fim do Estado consiste em *proteger e assegurar os direitos* dos particulares ou pela *documentação, ou pelo registro, ou pela inspeção*, ou pelo cuidado empregado na boa conclusão dos negócios jurídicos, na formação, forma, exercício e liquidação ou na transformação de certas relações jurídicas.

Moacyr Amaral Santos[17] trata da jurisdição voluntária conceituando-a como administração de interesses privados pelos órgãos jurisdicionais. Ele classifica a jurisdição nas seguintes categorias: 1) atos de formação dos sujeitos jurídicos, como os constitutivos das pessoas jurídicas; 2) atos de integração da capacidade jurídica das pessoas e fiscalização de suas atividades, como nomeação de tutor ou curador; 3) atos de intervenção no estado das pessoas, como emancipação, desquite amigável, sendo discutível a natureza da jurisdição; 4) *atos de participação no comércio jurídico*, como balanços e despachos nas notificações e interpelações judiciais; 5) finalmente, o juízo de *conciliação*, que no Direito brasileiro é preliminar no processo de *desquite*.

Lucena[18], contrariando a maioria dos estudiosos sobre a matéria, entende que não goza o notário, como autoridade pública de direito privado, das características essenciais ao exercício da jurisdição como a independência e a "terzietà" para que se justifique a delegação a esse órgão das responsabilidades atinentes à tutela dos procedimentos de jurisdição voluntária, atividade característica da competência do poder jurisdicional do Estado.

---

(13) LOPES DA COSTA, Alfredo de Araújo. *Direito processual civil brasileiro*. 2. ed. Rio de Janeiro: Forense, 1959.

(14) MARQUES, José Frederico. *Ensaio sobre a jurisdição voluntária*. São Paulo: Saraiva, 1959. p. 121-119.

(15) MOREIRA, José Carlos Barbosa. *O novo processo civil brasileiro*: exposição sistemática do procedimento. 4. ed., rev. e at. Rio de Janeiro: Forense, 1980.

(16) MIRANDA, Pontes de. *Comentários ao Código de Processo Civil*. V. 1. Rio de Janeiro: Forense, 1947. p. 105.

(17) SANTOS, Moacyr Amaral. *Direito processual civil*. V. I. São Paulo: Saraiva, 1984. p. 75.

(18) LUCENA, João Paulo. *Natureza jurídica da jurisdição voluntária*. Porto Alegre: Livraria do Advogado, 1996. p. 125.

Edson Prata[19], que escreveu um esmerado estudo sobre a jurisdição voluntária, a considera como pertencendo à *função administrativa, na qual inclui também a homologação de conciliações na Justiça do Trabalho*. Da mesma forma, conferir Nassif[20], para quem é mais parecida à jurisdição voluntária a homologação de acordos logo na primeira audiência, antes de estabelecida a relação jurídica processual, ou de realizado qualquer contraditório.

Para Milarè[21], há uma certa categoria de atos que envolvem interesses tão relevantes para a sociedade que o Estado se vê obrigado a interferir na sua realização, por meio de variados órgãos públicos, operando-se, então, aquilo que a doutrina chama de administração pública de interesses privados. *Administração pública* porque é um órgão do Estado que deles participa; e de *interesses privados* porque são esses interesses que estão imediata e diretamente envolvidos naquele ato. Mas não é todo e qualquer ato de gestão de interesses privados que interessa. Trata-se de manifesta *limitação aos princípios de autonomia e liberdade* em determinados atos, que caracteriza a vida jurídico-privada dos indivíduos, limitação essa justificada pelo interesse social nesses atos da vida privada.

É o que se dá com o casamento, que necessita de ser habilitado perante o oficial do registro civil, ou também com a venda de bem imóvel de incapaz, separação judicial consensual, que só perfectibilizam com a interferência do Poder Judiciário. A tais atos praticados pelo juiz se costuma denominar jurisdição voluntária.

A jurisdição voluntária para Medina[22] é secundária porém não anômala, exercida pelos juízes na tutela de determinados interesses, que por serem indisponíveis, exigem a interferência do órgão público competente para se traduzirem em atos jurídicos eficazes. (p. 49) A coisa julgada constitui a pedra de toque da função jurisdicional como assinalou Eduardo Couture[23].

Para Maraninchi[24] e Cardoso[25] a jurisdição voluntária implica em real exercício jurisdicional e para se chegar a essa conclusão é preciso verificar não tanto os efeitos da jurisdição voluntária, mas o *conteúdo* do ato administrativo.

3. Enquadramento da jurisdição voluntária nas categorias jurídicas apresentadas

Pelas teorias sobre a natureza jurídica da jurisdição voluntária acima, podemos resumir em que os autores convergem no sentido de que o Estado tutela certos interesses privados para a constituição de relações novas (Chiovenda), em procedimentos nos quais não há, tecnicamente, partes opostas (Chiovenda) e em que não há elementos formais de um litígio (Carnelutti), nos quais a jurisdição se limita a tratar dos aspectos de conveniência ou legalidade do ato (Rocco), cujas relações jurídicas constituídas e reconhecidas podem, no entanto, ser alteradas a qualquer momento e desconstituídas, sem a rigidez e a estabilidade da coisa julgada (Allorio), posto que se trata de reconhecimento de direito potestativo (Satta), que necessite de constituição de meios de prova de relações jurídicas de direito material (Goldschmidt), sendo uma jurisdição especial que não necessita ser exercida exclusivamente pela magistratura, pois é administração pública de direitos privados (Liebman), que pode ser considerada função distinta das demais funções tripartites do Estado, necessitando, em qualquer caso, estar disciplinada por lei em procedimentos que sejam observados para que obtenha seu reconhecimento (Fazzalari).

Na doutrina brasileira, a jurisdição voluntária é administração pública de direitos privados (Lopes da Costa); e por isso o Estado se obriga a que se judicializem certas operações para que os interesses estatais sejam preservados ante a vontade privada (Frederico Marques), e por isso há um contencioso fictício (Roger Merle), pois as partes devem ir a juízo não porque há um litígio, mas sim porque convém ao Estado (Barbosa Moreira), pois esta judicialização também protege os direitos dos particulares pela documentação ou registro (Pontes de Miranda) como ocorre com atos constitutivos de pessoas jurídicas, de reconhecimento de capacidade jurídica, das intervenções, do comércio e nas conciliações prévias a um desquite (Moacyr Amaral) sendo que o notário exerce jurisdição exceto para um autor (Lucena) e que homologações de conciliações judiciais são também

---

(19) PRATA, Edson. *Jurisdição voluntária*. São Paulo: EUD, 1979. p. 97.

(20) NASSIF, Elaine. *Op. cit.*

(21) MILARÉ, Édis. O Ministério Público e a jurisdição voluntária. *Justitia*. São Paulo: publicada pela procuradoria-geral de justiça em convênio com a associação paulista do Ministério Público. V. 124, jan./mar. 1984. p. 125-143. O autor elenca os seguintes processualistas que defendem a jurisdicionalidade da jurisdição voluntária: Carnelutti, Satta, Otto Mayer, Santi Romano, Vincenzo Corsini, Di Blasi, De Marini, Roger Merle, Micheli. E também os que defendem a natureza administrativa da jurisdição voluntária, que são a maioria: Redenti, Pajardi, Jannuzzi, Mazzacane, Chiovenda, Liebman, Messina, Calamandrei, Zanobini, Zanzucchi, Allorio, Pavanini, Morel, Alsina, Prieto Castro, J.ª dos Reis, Eduardo Couture, Gabriel de Rezende Filho, Pedro Batista Martins, Machado Guimarães, Pontes de Miranda.

(22) MEDINA, Paulo Roberto de Gouvêa. Em torno da jurisdição voluntária. *Revista da Faculdade de Direito da Universidade Federal de Juiz de Fora*. Juiz de Fora: Ed. da Universidade, ano XIII, n. 10, p. 48-57, jun. 1981.

(23) COUTURE, Eduardo J. *Fundamentos do direito processual civil*. São Paulo: Saraiva, 1946.

(24) MARANINCHI, Maria Luiza Ahrends. Natureza jurídica da jurisdição voluntária. *Estudos jurídicos*. São Leopoldo: Universidade do Vale do Rio dos Sinos, v. 19, n. 45, p. 45-67, jan./abr. 1986.

(25) CARDOSO, José Eduardo Martins. A Jurisdição voluntária e a coisa julgada. In: "*Justitia*". Órgão do Ministério Público de São Paulo. São Paulo: seção de publicação e divulgação do MPSP, v. 140, p. 38-81, out./dez. 1987.

jurisdição voluntária (Prata), desde antes do contraditório (Nassif), de modo que vários órgãos públicos podem operacionalizar a atividade estatal administrativa ou voluntária (Milaré) sendo importante verificar que a jurisdição propriamente dita se perfaz com a coisa julgada (Couture), de modo que é necessário verificar o conteúdo do ato jurídico emanado para perscrutar sua estabilidade (Maraninchi e Cardoso).

4. Considerações sobre o modelo de "jurisdição voluntária" na Justiça Laboral

Antes de tudo é preciso notar que a homologação de quaisquer acordos, de quaisquer natureza nunca foi objeto de jurisdição voluntaria.

Como vimos em todos os autores e em todas as teorias sobre a natureza jurídica da jurisdição voluntária, nenhum deles e nenhuma delas conheceu este tipo do que agora os códigos passaram a incluir como competência da jurisdição voluntária. É preciso, pois, analisar a questão sob um ponto de vista histórico porque nos parece que há um ponto de inflexão importante aí no papel da justiça de um modo geral.

No Código de Processo Civil de 1973 e nos que lhe antecederam não havia a homologação de acordos extrajudiciais como atividade estatal de jurisdição voluntária, fosse esta de que natureza fosse, administrativa, jurisdicional ou de terceiro gênero.

O Novo Código de Processo Civil de 2015 inaugurou esta peculiaridade. Vejamos:

CAPÍTULO XV

DOS PROCEDIMENTOS DE JURISDIÇÃO VOLUNTÁRIA

Seção I
Disposições Gerais

Art. 719. Quando este Código não estabelecer procedimento especial, regem os procedimentos de jurisdição voluntária as disposições constantes desta Seção.

Art. 720. O procedimento terá início por provocação do interessado, do Ministério Público ou da Defensoria Pública, cabendo-lhes formular o pedido devidamente instruído com os documentos necessários e com a indicação da providência judicial.

Art. 721. Serão citados todos os interessados, bem como intimado o Ministério Público, nos casos do art. 178, para que se manifestem, querendo, no prazo de 15 (quinze) dias.

Art. 722. A Fazenda Pública será sempre ouvida nos casos em que tiver interesse.

Art. 723. O juiz decidirá o pedido no prazo de 10 (dez) dias.

Parágrafo único. O juiz não é obrigado a observar critério de legalidade estrita, podendo adotar em cada caso a solução que considerar mais conveniente ou oportuna.

Art. 724. Da sentença caberá apelação.

Art. 725. Processar-se-á na forma estabelecida nesta Seção o pedido de:

I — emancipação;

II — sub-rogação;

III — alienação, arrendamento ou oneração de bens de crianças ou adolescentes, de órfãos e de interditos;

IV — alienação, locação e administração da coisa comum;

V — alienação de quinhão em coisa comum;

VI — extinção de usufruto, quando não decorrer da morte do usufrutuário, do termo da sua duração ou da consolidação, e de fideicomisso, quando decorrer de renúncia ou quando ocorrer antes do evento que caracterizar a condição resolutória;

VII — expedição de alvará judicial;

VIII — homologação de autocomposição extrajudicial, de qualquer natureza ou valor.

Parágrafo único. As normas desta Seção aplicam-se, no que couber, aos procedimentos regulados nas seções seguintes.

Na mesma toada veio a Reforma Trabalhista de 2017. Temos que indagar: se os atos e negócios jurídicos produzem efeitos no mundo jurídico sem necessidade de homologações judiciais, por que carrear para o Judiciário essas homologações?

É um sinal dos tempos. Homologar acordos extrajudiciais nunca foi objeto de jurisdição alguma, tanto mais, independentemente do seu objeto, nem na jurisdição comum nem na especial trabalhista. Os acordos extrajudiciais, como atos ou negócios jurídicos que são, produzem os efeitos jurídicos. Bastam-lhes agente capaz, objeto licito e forma não prescrita em lei. Na Justiça Laboral os termos de rescisão de contrato de trabalho também produzem seus efeitos jurídicos independentemente de qualquer homologação judicial.

3.1. O primeiro aspecto é que a jurisdição voluntária parece ter se elastecido demasiadamente, para conferir efeito jurídico diverso aos atos e negócios jurídicos que os jurisdicionados pleitearem, transmudando a natureza de negócio para a de título executivo judicial.

3.2. O segundo aspecto é que a jurisdição voluntária, antes "obrigatória", agora é eletiva. Ela é obrigatória para os procedimentos especiais que determina e para os comuns é eletiva. Ou seja, fica a critério das partes negociadoras ir ou não ir ao Judiciário para obter deste uma segurança jurídica ainda maior nos seus negócios. Tais negócios privados agora podem ter a sua natureza transmudada para títulos executivos judiciais.

Neste aspecto, um Termo de Ajustamento de Conduta, por exemplo, que é um título executivo judicial poderia ser objeto de pedido de homologação judicial e obter a promoção à categoria de título executivo judicial.

Estas graduações de rigidez dos atos e negócios, que parte do negócio jurídico para o título executivo extrajudicial e daí para o título executivo judicial são matizes da segurança jurídica, como um degradê de cores que se vão acentuando, quanto mais rigidez e imutabilidade se aplica ao documento e às relações nele estabelecidas.

3.3. Um terceiro aspecto que a mera homologação de acordos extrajudiciais de qualquer natureza e valor trouxe à esfera desta inaudita "jurisdição voluntária" é o da existência ou inexistência de litígio prévio, ou de conflito fictício. Afinal, na jurisdição voluntária clássica, como vista acima, este litígio não existe no sentido clássico do processo, como naquele em que há duas partes, em que cada uma pede uma determinada coisa, sendo possível sim que ambas estejam representadas pelo mesmo advogado. Já nesta novidade trabalhista, tanto o conflito é latente que as partes devem estar assistidas por dois advogados. Claro que é uma medida salutar de se evitar ainda mais a abertura para fraudes. Mas também não deixa de ser um sinal de haver aí duas partes com interesses distintos: uma quer receber e a outra quer economizar. Uma tem necessidade de receber rápido e a outra pode lhe interessar a procrastinação máxima, tudo a depender do que está em jogo.

3.4. Ainda podemos destacar a natureza constitutiva de relações novas na jurisdição voluntária clássica, que agora também se desmonta, tanto mais quando inaplicável à Justiça Laboral, cujos acessos se dão, na maioria absoluta dos casos, após o término da relação contratual.

3.5. Na jurisdição voluntária clássica, o conteúdo do ato muitas vezes não se reveste da coisa julgada, podendo ser revisto e novamente transacionado, a depender da previsão do procedimento especial. Na novel jurisdição voluntária, este conteúdo é uma sentença recorrível por apelação, na Justiça comum, e na Justiça Trabalhista, irrecorrível, revestida de coisa julgada na sua preclusão consumativa própria dos processos de jurisdição contenciosa.

3.6. Na jurisdição voluntária clássica existe um interesse público em administrar o interesse privado, ou seja, o interesse na estabilidade dos matrimônios e dos direitos dos incapazes, filhos menores, ali envolvidos; o interesse público na tutela e curatela dos vulneráveis; havendo sempre um interesse público de tutela evidente em atos privados. Agora, nesta nova jurisdição voluntária, o que há de interesse público em se conferir imutabilidade a negócios jurídicos cuja eficácia já se produz independentemente da homologação?

3.7. Importante recordar que a mera homologação de acordos pela Justiça do Trabalho foi rechaçada pela doutrina e pela jurisprudência especializadas, sob a teoria muito conhecida sob a alcunha de "lide simulada", ou seja, uma indevida utilização da Justiça como órgão homologador [26]. Vejamos:

> RECURSO DE REVISTA INTERPOSTO PELO MINISTÉRIO PÚBLICO DO TRABALHO DA 7ª REGIÃO. INDENIZAÇÃO POR DANO MORAL COLETIVO. LIDES SIMULADAS. HOMOLOGAÇÃO DE RESILIÇÃO CONTRATUAL NA JUSTIÇA DO TRABALHO. As reclamadas, ao trazerem inúmeras lides simuladas à Justiça do Trabalho com vistas a homologar resilições contratuais, incorreram em afronta a interesses metaindividuais, já que a conduta afeta a coletividade, a ensejar a condenação em dano moral coletivo. Recurso de revista conhecido e provido. (TST — RR: 1542002920075070024 154200-29.2007.5.07.0024, Relator: Aloysio Corrêa da Veiga, Data de Julgamento: 07.12.2010, 6ª Turma, Data de Publicação: DEJT 17.12.2010)

> USO DA JUSTIÇA DO TRABALHO COMO ÓRGÃO HOMOLOGADOR DE RESCISÃO CONTRATUAL — IMPOSSIBILIDADE — LIDE SIMULADA — CARACTERIZAÇÃO. A utilização da Justiça do Trabalho como mero órgão homologador de rescisão contratual não é admissível, em face da inexistência de lide, isto é, de pretensão resistida. Valendo-se o demandante do processo para fim diverso daquele que a lei pretendeu, usando-o fora de suas finalidades e em fraude à legislação trabalhista, está configurada a hipótese de lide simulada, cabendo ao magistrado proferir sentença que obste os objetivos ilícitos das partes, com lastro no art. 129 do CPC. (Processo: RO — 0002135-88.2011.5.06.0201 (00218-2007-271-06-00-0), Redator: Fernando Cabral de Andrade Filho, Data de julgamento: 12.06.2012, Segunda Turma, Data de publicação: 17.06.2012).

> LIDE SIMULADA APLICAÇÃO DO ARTIGO 129 DO CPC. Se não existe a lide, fato pré- processual, não se justifica o acionamento da máquina judiciária. Simulando as partes a existência de lide, abusando do direito de ação constitucionalmente garantido e usando da "Justiça do Trabalho como órgão homologador de rescisões contratuais" (Parecer Ministerial), deve o julgador proferir sentença que obste ao seu objetivo, como determina o artigo 129 do CPC. (TRT-3 — RO: 2213099 22130/99, Relator: Maria Jose C. B. de Oliveira, Quarta Turma, Data de Publicação: 28.10.2000, DJMG. p. 11. Boletim: Não).

> LIDE SIMULADA. NÃO HOMOLOGAÇÃO DE ACORDO. Os esclarecimentos prestados pelas partes tornam evidente se tratar de lide simulada, com o objetivo de, como o acordo firmado, quitar o contrato de trabalho da reclamante e desse modo inviabilizar eventual acesso, espontâneo e legítimo, ao Judiciário, que não pode ser tido como mero órgão homologador da rescisão contratual. Extinção do processo sem resolução de mérito (arts. 125/III, 129 e 267/VI, todos do CPC). (TRT-15 — RO: 12073 SP 012073/2011, Relator: Luiz Roberto Nunes, Data de Publicação: 11.03.2011).

> LIDE SIMULADA — Utilizar a Justiça do Trabalho como órgão homologador de acordo rescisório, em lide simulada, é prática que deve ser coibida, diante do que estabelece o artigo 129 do CPC. (TRT-5 — RECORD: 334006720095050020 BA 0033400-67.2009.5.05.0020, Relator: Nélia Neves, 4ª Turma, Data de Publicação: DJ 24.09.2009).

O que podemos então inferir de tudo isso é que, quando o legislador permite ou faculta a empregadores submeterem suas transações com os trabalhadores à homologação judicial, supondo haver ali uma inexistência

---

(26) PIMENTA, José Roberto Freire. Lides simuladas: a Justiça do Trabalho como órgão homologador. *Revista do Tribunal Regional do Trabalho da 3ª Região*, Belo Horizonte, MG, v. 30, n. 60, p. 119-152, jul./dez. 1999.

de conflito, mesmo quando ela trate de termos rescisórios de contrato de trabalho, transmudando a natureza do negócio para título executivo judicial, é que o legislador quis dar mais segurança jurídica ao contratante, ao empregador, ao empresário, bloqueando, para o empregado, seu acesso à Justiça para questionar eventuais parcelas não pagas, posteriormente. A balança da Justiça pendendo para um lado, assim como o pêndulo do Estado, despencando para o lado da acumulação de capital, às custas das injustiças sociais.

Na reforma trabalhista se retirou do sindicato a homologação das rescisões com mais de um ano de trabalho, ao tempo que entregou ao empregador (sim, ele tem a palavra no momento da rescisão) a faculdade de ir ao Judiciário buscar a segurança jurídica e o impedimento de um acesso à Justiça posterior para discutir termos da relação jurídica que se finda. Se excluiu também o controle sobre o cumprimento de acordos e convenções, que era feito nessas homologações sindicais.

Digamos que na "era da incerteza", os atos e negócios sofreram ou sofrem abalos, dificultando a confiança dos atores do "mercado". Visando atender a esta demanda da corrente fase da revolução "industrial", a reforma facultou a esses agentes, investidores ou especuladores, imprimir total rigidez e força de coisa julgada a negócios jurídicos, independentemente do conteúdo que tenham.

Esta necessidade progressiva de "segurança jurídica" para empresários não é nova na história dos contratos. Também no advento do capitalismo e das revoluções burguesas, o conteúdo dos contratos necessitava ser "justo" para ser reconhecido. Não bastava a forma. Foram as revoluções burguesas que eliminaram o exame do critério de "justiça" contratual das revisões judiciais dos contratos. Esse exame de "justeza" retornou ao nosso ordenamento, de forma modesta e discreta, quando do Código Civil de 2003, com a teoria da boa-fé.

Entretanto, com o sopro neoliberal novamente o legislador busca mais a forma do que o conteúdo para imprimir imutabilidade e segurança aos negócios. É tendencialmente favorável ao mais forte economicamente obter vantagens desse tipo de sistema, do que ao mais fraco.

Impõe-se também observar que a Justiça como mero órgão homologador tende a se tornar um órgão cartorial de registro de documentos cuja imutabilidade tenha sido conferida. Tende também a passar de órgão com atividade cognitiva para órgão de atividade proeminentemente executiva, atuando mais com a espada na execução de suas próprias homologações do que como atividade cognitiva voltada ao entendimento das relações postas à sua apreciação. Esta transmudação da função jurisdicional do contencioso para o gracioso, ou do intelectivo para o executivo, reduz-lhe em muito a sua importância como poder que "diz o direito" (*juris dictum*), reduz o império do Estado (para usar a linguagem chiovendiana) e reduz também seu exercício democrático na composição das soluções e dos provimentos (para usar a linguagem fazzalariana). E se enquadra de forma bastante satisfatória dentro da ideologia do Estado mínimo ou do Estado que interfira o mínimo na autonomia privada, como aliás consta do § 3º do art. 8º da Lei n. 13.467.

5. Conclusão

A jurisdição voluntária está passando a ser a principal função deste ramo do poder jurisdicional, reduzindo-o a um juizado especial de tipo cartorário, ou seja, a jurisdição deixa lugar de dizer o direito para homologar o que se diz que seja o direito. Esta nova atribuição, cartorial, não só carreará para a Justiça Laboral centenas de milhares de termos de rescisão contratual convertidos em acordos extrajudiciais com lesão de direitos, como, paradoxalmente, inverterá o interesse público da tutela dos interesses privados. Se antes eles poderiam ser identificados com a teoria da hipossuficiência, do interesse público na tutela do mais fraco da relação jurídico contratual trabalhista, agora, essa neutralidade homologatória pode inverter a situação e permitir uma imensa porta aberta para a derrogação do direito material a critério das partes com a chancela judicial.

Com efeito, já 67% dos pedidos são homologados. Apenas o TRT de São Paulo, até o momento em que escrito este artigo, regulamentou minimamente o procedimento de "decisão" sobre as homologações, visando minimizar a homologação de acordos totalmente fraudulentos. Mas as fraudes e lesões num sistema tão aberto tendem inexoravelmente ao aumento, estabelecendo pela via dos fatos consumados um outro paradigma de direitos, na prática bem inferior àquele mínimo estabelecido constitucionalmente, os quais tendem a ser declarações de intenções políticas antes que direitos regiamente assegurados pela instituição originalmente criada para esse fim. Nesse diapasão podemos dizer que a jurisdição voluntária na Justiça do Trabalho acerta em cheio na regressão histórica das três fases de evolução do direito do trabalho.

O conteúdo político dos direitos trabalhistas está sendo esvaziado quanto menos articulados ficam os trabalhadores em torno de seus interesses comuns. A fragmentação do modo de produção dissociou os trabalhadores do seu conceito de classe e da necessidade de solidariedade que ela pressupõe para seguir garantindo os direitos que custaram tão caro aos operários que os conquistaram para as gerações futuras, em momentos dramáticos de muito sangue, suor e lágrimas. Nenhum desses direitos foi dado. Todos foram duramente conquistados. Se vão prosseguir somente no papel, ou se serão efetivados, disso dependem as duas coisas: a dignidade da Justiça Laboral e a luta pelo conteúdo político dos direitos pela classe trabalhadora, ou do que ainda restar dela.

A execução de ofício e a Lei n. 13.467/2017:
Reflexos na efetividade do Direito do Trabalho

Wânia Guimarães Rabêllo de Almeida(*)

> *"Não basta repetir que o processo, na medida do que for praticamente possível, deve proporcionar a quem tem um direito precisamente aquilo a que faça jus, se a determinação desse direito a atuar (base de todo raciocínio) revelar-se imperfeita e inadequada. A efetividade do processo, portanto, depende do bom entendimento de como opera a tutela jurisdicional e também do direito material a atuar."*
>
> *Flávio Yarshell*

1. Introdução

O Direito Processual do Trabalho demonstra especial preocupação com a satisfação dos créditos reconhecidos em juízo. Neste sentido, o art. 878 da CLT, na sua redação original, atribui ao juiz o poder para *promover a execução de ofício*, solução que é reforçada pelo art. 880 da CLT, que se refere à execução requerida ou *determinada*, em uma clara demonstração de que a execução não pressupõe requerimento do credor.

A Lei n. 13.467 de 2017 alterou a redação do art. 878 da CLT, estabelecendo que a execução poderá ser realizada de ofício "apenas nos casos em que as partes não estiverem representadas por advogado".

Pretende-se, com o presente artigo, analisar os efeitos da Lei n. 13.467/2017 na execução trabalhista e, principalmente, na efetividade do Direito do Trabalho.

2. Direito do trabalho e direito processual do trabalho: a efetividade necessária

Não há como examinar os efeitos da Lei n. 13.467/2017 na execução trabalhista olvidando os seus reflexos na própria efetividade do Direito do Trabalho.

Deste modo, cumpre recordar que o Direito do Trabalho tem entre as suas funções primordiais promover a melhoria da condição humana, social, econômica e política do trabalhador, com vistas a propiciar a ele e à sua família uma vida conforme a dignidade humana.

Daí a razão pela qual a Constituição da República atribui aos direitos inerentes ao trabalho humano o *status* de direitos fundamentais, como se vê dos seus arts. 5º a 11, valendo notar que o art. 170 da Constituição estabelece, de forma expressa, como finalidade da ordem econômica assegurar a todos uma vida digna. Desta forma, constitui uma *exigência* da dignidade humana a realização concreta dos direitos inerentes ao trabalho, em especial dos *direitos fundamentais trabalhistas*.

Não é só.

Ao trabalho humano também correspondem direitos humanos, ou seja, *direitos humanos trabalhistas*.

É o que o vê da *Declaração Universal dos Direitos Humanos*, que reconhece, por exemplo, o direito ao trabalho, a condições justas e favoráveis de trabalho, a igual remuneração por igual trabalho, a uma remuneração justa e satisfatória e de organizar sindicatos (art. XXIII).

No mesmo compasso, o *Pacto Internacional sobre Direitos Econômicos, Sociais e Culturais* assegura, nos arts. 6º e 7º, por exemplo, o direito de ganhar a vida mediante um trabalho livremente escolhido ou aceito, de formação e orientação técnica e profissional e ao emprego produtivo, que permita salvaguardar o gozo das liberdades políticas e econômicas fundamentais, assim como o direito de gozar de condições de trabalho justas e favoráveis, que assegurem, especialmente: a) uma remuneração que proporcione, no mínimo, a todos os trabalhadores, um salário equitativo e uma remuneração igual por um trabalho de igual valor, sem qualquer dis-

(*) Doutora e mestra em Direito Privado, com ênfase em Direito do Trabalho, pela PUC-Minas. Professora e advogada.

tinção, em particular, as mulheres deverão ter a garantia de condições de trabalho não inferiores às dos homens e perceber a mesma remuneração que eles, por trabalho igual e uma existência decente para eles e suas famílias; b) condições de trabalho seguras e higiênicas; c) igual oportunidade para todos de serem promovidos, em seu trabalho, à categoria superior que lhes corresponda, sem outras considerações que as de tempo de trabalho e de capacidade; d) o descanso, o lazer, a limitação razoável das horas de trabalho e férias periódicas remuneradas, assim como a remuneração dos feriados. No art. 8º, este *Pacto* assegura o direito de: fundar sindicato, se filiar a sindicato, dos sindicatos de formarem federações ou confederações nacionais e o direito destas de formar organizações sindicais internacionais ou de a elas filiar-se, autonomia sindical, e direito de greve.

Já a *Declaração Americana dos Direitos e Deveres do Homem* dispõe que toda pessoa tem direito: à educação, no sentido de "preparo para subsistir de uma maneira digna, para melhorar o seu nível de vida" (art. XII); ao trabalho em condições dignas e o de seguir livremente sua vocação, na medida em que for permitido pelas oportunidades de emprego existente (direito ao trabalho — art. XIV); quando trabalhar, de receber uma remuneração que, em relação à sua capacidade de trabalho e habilidade, lhe garanta um nível de vida conveniente para si e para sua família (direito a uma justa retribuição — art. XIV); ao descanso, ao recreio honesto e à oportunidade de aproveitar utilmente o seu tempo livre em benefício do seu melhoramento espiritual, cultural e físico (direito ao descanso e ao aproveitamento do tempo livre — art. XV); à previdência social de modo a ficar protegido contra as consequências do desemprego, da velhice e da incapacidade, que, provenientes de qualquer causa alheia à sua vontade, a impossibilitem física ou mentalmente de obter meios de subsistência (direito à previdência social — art. XVI); de se associar com outras a fim de promover, exercer e proteger os seus interesses legítimos, de ordem política, econômica, religiosa, social, cultural, profissional, sindical ou de qualquer outra natureza (direito de associação — art. XXII).

Por fim, o *Protocolo Adicional à Convenção Americana sobre Direitos Humanos* (*Protocolo de San Salvador*), no art. 6º, a todos reconhece o direito ao trabalho, "o que inclui a oportunidade de obter os meios para levar uma vida digna e decorosa por meio do desempenho de uma atividade lícita, livremente escolhida ou aceita", e estabelece, no art. 7º, que o direito ao trabalho "supõe que toda pessoa goze do mesmo em condições justas, equitativas e satisfatórias", cumprindo aos Estados garantir: remuneração que assegure, no mínimo, a todos os trabalhadores condições de subsistência digna e decorosa para eles e suas famílias e um salário equitativo e igual por trabalho igual, sem nenhuma distinção; o direito de todo trabalhador de seguir sua vocação e de dedicar-se à atividade que melhor atenda às suas expectativas e a trocar de emprego de acordo com a respectiva regulamentação nacional; o direito do trabalhador à promoção ou avanço no trabalho, para o qual serão levadas em conta suas qualificações, competência, probidade e tempo de serviço; estabilidade dos trabalhadores em seus empregos, de acordo com as características das indústrias e profissões e com as causas de justa separação. No caso de dispensa injustificada, o trabalhador terá direito a uma indenização ou à readmissão no emprego ou a quaisquer outras prestações previstas pela legislação nacional; segurança e higiene no trabalho; proibição de trabalho noturno ou em atividades insalubres e perigosas para os menores de 18 anos e, em geral, de todo trabalho que possa pôr em risco sua saúde, segurança ou moral; limitação razoável das horas de trabalho, tanto diárias como semanais, devendo a jornada ser de menor duração quando se tratar de trabalho perigoso, insalubre ou noturno; repouso; gozo do tempo livre; férias remuneradas; remuneração dos feriados nacionais.

Note-se que todos estes direitos são assegurados na perspectiva da melhoria da condição humana, social, econômica e política do trabalhador e da sua família e à realização das condições necessárias para uma vida em sintonia com a dignidade humana.

Deste modo, quando se fala em efetividade do Direito do Trabalho deve estar presente que se trata da realização concreta de direitos voltados à melhoria da condição humana, social, econômica e política do trabalhador e sua família e à realização das condições necessárias para uma vida em sintonia com a dignidade humana.

Nesta linha de raciocínio, tendo o Direito Processual do Trabalho como uma das suas funções principais tornar concreto o Direito do Trabalho, é inegável que qualquer medida que afete a efetividade da jurisdição atinge, na essência, o próprio Direito do Trabalho.

Com efeito, existe entre estes dois ramos autônomos do Direito uma *íntima conexão*, no sentido de que "o direito processual do trabalho deve criar as condições processuais aptas a assegurar a máxima efetividade possível do direito do trabalho e, com isto, os direitos que traduzem as condições necessária a uma vida digna [...]. O direito processual do trabalho serve ao direito do trabalho e, este, à dignidade humana. Com isto, o direito processual do trabalho serve à dignidade humana." (ALMEIDAc, 2016, p. 69).

Acrescente-se que *íntima conexão entre o direito processual do trabalho e do direito do trabalho* impõe:

> a) ao legislador, a criação de instrumentos aptos à realização da tutela adequada, efetiva, tempestiva, simplificada e econômica dos direitos assegurados pela ordem jurídica;
>
> b) às partes e ao juiz, o respeito aos princípios do direito do trabalho, na perspectiva, de que o processo do trabalho não pode servir à desconstrução do direito do trabalho;

> c) ao legislador, às partes e ao juiz, a consideração da dimensão humana, econômica, social e política do direito do trabalho e, com isto, também da sua violação. (ALMEIDAc, 2016, p. 69).

Atenta a esta realidade, a CLT assegura ao juiz ampla liberdade na direção do processo e a ele impõe o dever de velar pelo andamento rápido das causas, podendo determinar qualquer diligência necessária ao esclarecimento delas (art. 765). Isto é, cabe ao juiz velar pela efetividade dos direitos assegurados aos trabalhadores, respeitando as particularidades do direito a ser tutelado, não podendo ser olvidado que, "se o processo pode ser visto como um instrumento, é absurdo pensar em neutralidade do processo em relação ao direito material e à realidade social." (MARINONI, 2004, p. 191).

Assim, tanto o Direito do Trabalho quanto o Direito Processual do Trabalho são instrumento para tornar efetiva a melhoria da condição humana, social, econômica e política daquele que vive da alienação da sua força de trabalho e da sua família.

Lembre-se que o Direito não é um fim em si mesmo, mas está a serviço do homem. Para isto, desempenha diversas funções, destacando-se que:

> Pelo fato de viverem em sociedade, as pessoas precisam manter a harmonia em seus relacionamentos, porquanto o conflito afeta o equilíbrio nestas relações sociais e afasta a paz social. O Direito, ao fixar normas de conduta, previne conflitos e, ao mesmo tempo, estabelece critérios para a sua solução. A observância das normas jurídicas evita o conflito, e a sua aplicação permite solucioná-lo. Aliás, consta do Preâmbulo da Constituição da República de 1988 a instituição de um Estado Democrático, destinado a assegurar o exercício dos direitos sociais e individuais, a liberdade, o bem-estar, o desenvolvimento, a igualdade e a justiça como valores supremos de uma sociedade fraterna, pluralista e sem preconceitos, fundada na harmonia social e comprometida, na ordem interna e internacional, com a solução pacífica das controvérsias.
>
> A paz e a solução pacífica dos conflitos são princípios que norteiam as relações internacionais do Brasil, como se vê também do art. 4º, incisos VI e VII, da Constituição da República de 1988.
>
> Além de prevenir conflitos, o Direito tem a função de solucioná-los, porquanto o "Direito apresenta solução de acordo com a natureza do caso, seja para definir o titular do direito, determinar a restauração da situação anterior ou aplicar penalidades de diferentes tipos." [...]. O Direito serve à paz, pois a ordem jurídica é voltada também para a paz. (ALMEIDA, 2016, p. 62-63).

Não se esqueça da função promocional do Direito do Trabalho "no sentido de que procura estabelecer as condições necessárias para a valorização da dignidade humana, o que, inclusive, constitui um mandamento constitucional, na medida em que a Constituição de 1988, no *caput* do art. 170, estabelece que a ordem econômica, fundada também na valorização do trabalho humano, tem por fim assegurar a todos existência digna. Não se olvide que a valorização da dignidade humana do trabalhador é também realizada por meio da atribuição de direitos que assegurem uma vida digna e que deem concretude a esses direitos." (ALMEIDA, 2016, p. 68-69).

Lembre-se, ainda, da *função transformadora* do Direito, observando-se que o Direito do Trabalho tem como um dos seus princípios básicos a progressividade na melhoria da condição humana, social, econômica e política do trabalhador, como decorre, por exemplo, do *caput* do art. 7º da CR/88, o que lhe impõe um caráter marcantemente transformador da realidade social. À função transformadora se acrescenta a função relacionada com a conservação do nível de proteção social estabelecido em favor do trabalhador, notando-se, neste sentido, que a atribuição de *status* de direito fundamental a vários direitos decorrentes da relação de emprego permite aplicar em seu favor a técnica das cláusulas pétreas, impedindo o retrocesso social (art. 60, § 4º, IV, da CR/88). É relevante notar que a progressividade e a vedação de retrocesso social não se restringem ao direito material. A condição social abarca a condição processual, no sentido de disposição de instrumentos processuais voltados à plena satisfação dos direitos inerentes ao trabalho humano.

A propósito dessas duas funções do Direito do Trabalho, observa Maria do Rosário Palma Ramalho que

> [...] a meta vertical do princípio da proteção do trabalhador vai sendo prosseguida através da intensificação progressiva da tutela concedida aos trabalhadores [...]. Para além da melhoria da tutela, importa ainda assegurar a sua estabilidade. Para esse efeito desenvolve-se a ideia da irreversibilidade do nível de tutela atingido. (RAMALHO, 2005, p. 49).

Não pode haver retrocesso no nível de tutela já concedida ao trabalhador, inclusive de ordem processual.

O nível das garantias processuais que podem ser atuadas em favor da tutela dos direitos trabalhistas não pode ser reduzido. É que a Constituição Federal de 1988 confere estatura de direitos fundamentais aos direitos processuais elencados em seu art. 5º, o que atrai a restrição constante do seu art. 60, § 4º, IV, que estabelece o princípio do não retrocesso.

Vale acrescentar que a melhoria da condição humana, social, econômica e política do trabalhador, imposta pelos dispositivos constitucionais já mencionados neste artigo, abrange a tutela jurisdicional dos seus direitos.

A *Convenção Americana de Direitos Humanos* reconhece vários direitos processuais e estabelece no art. 29 que nenhuma de suas disposições pode ser interpretada visando "a) suprimir [...] o gozo dos direitos e liberdades reconhecidos na Convenção ou limitá-los em maior medida do que a nela prevista [...]; c) excluir outros direitos e garantias inerentes ao ser humano ou que decorrem da forma democrática representativa de governo; d) excluir ou limitar o efeito que possam produzir a Declaração Americana dos Direitos e Deveres do Homem e outros atos internacionais da mesma natureza." Adota, com isso, a vedação de retrocesso no nível de tutela jurisdicional assegurada a quem sofra ameaça ou lesão em seus direitos, não podendo ser olvidado que esta *Convenção* compõe o ordenamento jurídico brasileiro, por força do art. 5º, § 2º, da CR/88, segundo o qual os direitos previstos na Constituição não excluem outros decorrentes dos tratados internacionais em que a República Federativa do Brasil seja parte.

Para Eduardo Cambi,

> [...] o princípio da proibição de retrocesso, no direito brasileiro, além de poder ser retirada da garantia fundamental do devido processo legal em sentido substancial, também encontra fundamentação na noção de Estado Democrático de Direito (art. 1, *caput* da CF) e no princípio da segurança jurídica (art. 5, *caput* da CF) [...]. O princípio da proibição de retrocesso teve formulação marcadamente ideológica, voltada à vedação da evolução reacionária, pressupondo uma direção e uma meta emancipatória, unilateralmente definida: o aumento contínuo de prestações sociais. (CAMBI, 2010, p. 229).

Ingo Wolfgang Sarlet e Tiago Fensterseifer aduzem que a proibição de retrocesso

> [...] diz respeito mais especificamente a uma garantia de proteção dos direitos fundamentais (e da própria dignidade da pessoa humana) contra a atuação do legislador, tanto no âmbito constitucional quanto — e de modo especial — infraconstitucional (quando estão em causa medidas legislativas que impliquem supressão ou restrição no plano das garantias e dos níveis de tutela dos direitos já existentes), mas também proteção em face da atuação da administração pública. A proibição de retrocesso, de acordo com o entendimento consolidado na doutrina, consiste em um princípio constitucional implícito, tendo como fundamento constitucional, entre outros, o princípio do Estado (Democrático e Social) de Direito, o princípio da dignidade da pessoa humana, o princípio da máxima eficácia e efetividade das normas definidoras de direitos fundamentais, o princípio da segurança jurídica e seus desdobramentos, o dever de progressividade em matéria de direitos sociais, econômicos, culturais e ambientais (DESCA), apenas para citar os mais relevantes fundamentos jurídico-constitucionais invocados. (SARLET; FENSTERSEIFER, 2013, p. 288).

3. Execução trabalhista: diretrizes fundamentais

O processo de execução visa à satisfação do direito reconhecido em título executivo, ou, nas palavras de Cleber Lúcio de Almeida, "no processo de execução, o que se busca é a satisfação do direito reconhecido em título executivo judicial ou extrajudicial, ou seja, na execução, parte-se da certeza do direito para a sua satisfação". (ALMEIDA, 2016, p. 741).

A relevância humana, social, econômica e política dos direitos inerentes ao trabalho repercute no Direito Processual do Trabalho, que procura estabelecer o instrumental necessário para a sua mais rápida e plena satisfação.

Daí ter a execução como diretrizes a simplificação das formas e dos procedimentos, a facilitação da satisfação do credor e a maior celeridade possível, notadamente porque o crédito trabalhista tem caráter alimentar, e "qualquer demora no desenvolvimento da execução reverte em prejuízo à amplitude de seu resultado". (LIEBMAN, 2003, p. 131).

A execução possui os seus próprios princípios, quais sejam:

a) é *real*: os atos executivos incidem sobre o patrimônio e não sobre a pessoa do executado, ou seja, a responsabilidade do executado é patrimonial e não pessoal;

b) é *parcial*: os atos executivos devem afetar o patrimônio do devedor na exata medida daquilo que seja necessário para a satisfação do exequente, o que resulta na vedação de excesso de penhora;

c) deve ser *útil* ao credor: os atos executivos devem contribuir para a satisfação do crédito objeto da execução e não podem ser utilizados para causar danos desnecessários ao executado;

d) deve ser *econômica*: a execução deve ser realizada de forma mais econômica possível, ou seja, com o menor número de atos e o menor dispêndio econômico possíveis;

e) deve ser *específica*: a execução deve propiciar ao exequente aquilo que obteria se a obrigação fosse cumprida espontaneamente;

f) *corre às expensas do executado*: os custos da execução devem ser suportados pelo executado, na medida em que quem deu causa à demanda deve responder pelos custos respectivos;

g) é *limitada* pela necessidade de desrespeito à dignidade humana do executado;

h) é realizada em benefício de créditos *de caráter superprivilegiado*: a satisfação dos créditos decorrentes da relação de emprego prefere à de qualquer outro. (ALMEIDA, 2016, p. 744).

Vê-se, assim, que a execução trabalhista deve ser útil ao credor, econômica, específica e é realizada em proveito de créditos de caráter "*superprivilegiado*", na medida em que visa propiciar ao trabalhador a satisfação de várias necessidades humanas que possui, bem como as da sua família.

Aliás, as necessidades básicas do trabalhador e da sua família encontram-se elencadas no art. 76 ("Salário mínimo é a contraprestação mínima devida e paga diretamente pelo empregador a todo trabalhador, inclusive ao trabalhador rural, sem distinção de sexo, por dia normal de serviço, e capaz de *satisfazer*, em determinada época e região do País, *as suas necessidades normais de alimentação, habitação, vestuário, higiene e transporte*"), art. 449, § 1º, (segundo o qual, na falência, constituirão *crédito privilegiado* a totalidade dos salários devidos ao empregado, com a limitação estabelecida, no entanto, pelo art. 83, I, da Lei n. 11.101/05[(1)]) da CLT; 6º ("São direitos *sociais a educação, a saúde, a alimentação, o trabalho, a moradia, o transporte, o lazer, a segurança, a previdência social, a proteção à maternidade e à infância, a assistência aos desamparados*, na forma desta Constituição"), 7º, IV ("salário mínimo, fixado em lei, nacionalmente unificado, capaz de atender *a suas necessidades vitais básicas e às de sua família com moradia, alimentação, educação, saúde, lazer, vestuário, higiene, transporte e previdência social*, com reajustes periódicos que lhe preservem o poder aquisitivo, sendo vedada sua vinculação para qualquer fim"); 100, §§ 1º e 2º (segundo o qual *os créditos de natureza alimentar pela Fazenda Pública serão pagos com preferência sobre todos os demais créditos*, exceto aqueles cujos titulares tenham sessenta anos de idade ou mais na data de expedição do precatório, ou sejam portadores de doença grave), da Constituição Federal de 1988; art. 186 do Código Tributário Nacional, que *reconhece a preferência do crédito trabalhista em relação ao tributário*, que, por sua vez, prefere a qualquer outro, seja qual for a sua natureza ou tempo de constituição. (Destaques nossos).

A execução deve propiciar a entrega do bem da vida ao seu titular, devendo o juiz praticar e determinar a prática de todos os atos necessários para se alcançar este fim.

Os princípios específicos da execução trabalhista justificam o seu início e a sua promoção de ofício, devendo ser afastada a restrição imposta pela Lei n. 13.467/2017.

4. Efetividade da jurisdição e efetividade dos direitos trabalhistas: execução de ofício como técnica para a efetividade dos direitos trabalhistas

As normas jurídicas são criadas com a pretensão de que sejam dotadas de eficácia e efetividade. Este fato ganha ainda mais relevo quando se trata de normas que asseguram direitos fundamentais e humanos, por se tratar de direitos inerentes à dignidade humana.

Os direitos assegurados aos trabalhadores visam a propiciar a ele e sua família uma vida digna.

Os direitos trabalhistas devem ser efetivos, motivo pelo qual o sistema jurídico deve dispor de técnicas suficientes para tornar concretos estes direitos, ou seja, o Estado deve dotar o sistema jurídico de mecanismos para fazer valer os direitos trabalhistas em Juízo quando não satisfeitos espontaneamente pelo empregador.

É neste compasso que se apresenta a atribuição ao juiz do poder e dever de promover a execução de ofício.

A promoção da execução de ofício é uma técnica adotada para tornar concretos os direitos trabalhistas, visando entregar o bem da vida ao seu titular, independentemente de a parte estar ou não assistida por advogado.

Não se olvide que o crédito trabalhista possui caráter alimentar, sendo muitas vezes o único meio de que dispõe o trabalhador para a sobrevivência própria e de sua família.

De nada adiantaria o ordenamento jurídico reconhecer aos trabalhadores direitos para que tenham uma vida conforme a dignidade humana se não fossem criadas medidas voltadas para a sua concretização.

O Estado deve, portanto, estar aparelhado para impor pela força, se necessário, o cumprimento das normas ou fazer valer as consequências jurídicas decorrentes do seu descumprimento.

Anote-se que, segundo Luigi Ferrajoli, o Direito desempenha função garantista, na medida em que atua "como um *sistema artificial de garantias* constitucionalmente preordenado à tutela dos direitos fundamentais", sendo por ele esclarecido que as garantias dos direitos são "técnicas idôneas para assegurar (o máximo grau de) efetividade às normas que os reconhecem". (FERRAJOLI, 2010, p. 19 e 105).

Digno de registro que, consoante ensina António Monteiro Fernandes, tratando da efetividade do Direito do Trabalho, o descumprimento das normas muitas vezes decorre da aplicação da lógica do custo-benefício, ou

(1) Este dispositivo legal estabelece a classificação dos créditos e coloca em primeiro lugar na ordem a ser seguida na sua satisfação, "os créditos derivados da legislação do trabalho, limitados a 150 (cento e cinquenta) salários mínimos por credor, e os decorrentes de acidente de trabalho".

seja, do fato de o "seu descumprimento ser considerado preferível", sendo por ele realçado, ainda, que "a 'fuga' do direito do trabalho é um fenômeno explicável seja como aspiração natural de absoluta liberdade de iniciativa e de disposição econômica, seja como preocupação de reduzir custos, imposta pela competição no mercado". (FERNANDES, 2006, p. 9).

A efetividade do processo contribui para a eficácia das normas jurídicas, o que ganha relevo quando se trate de direitos de dimensão humana e fundamental, ao passo que a falta de efetividade do processo contribui para a ineficácia das normas, em especial quando passa a compor uma das variáveis no exame do custo-benefício do seu descumprimento. Porém, não se trata apenas de efetividade do processo, mas de que o processo seja eficiente, isto é, que o processo atinja o resultado que dele se espera de modo mais satisfatório possível, pois o processo pode ser efetivo sem ter sido eficiente ("atingiu o fim 'realização do direito' de modo insatisfatório" [...] com muitos resultados negativos colaterais e/ou excessiva demora, por exemplo"). (DIDIER JR, 2014, p. 161). Acrescenta esse autor que:

> o princípio da eficiência é fundamento para que se permita a adoção, pelo órgão jurisdicional, de técnicas atípicas (porque não previstas expressamente na lei) de gestão de processo, como o calendário processual (definição de uma agenda de atos processuais, com a prévia intimação de todos os sujeitos processuais de uma só vez), ou outros acordos processuais com as partes, em que se promovam certas alterações procedimentais, como a ampliação de prazos ou inversão da ordem de produção de provas. (DIDIER JR, 2014, p. 162).

Em suma, a promoção da execução trabalhista de ofício atende à necessidade de efetividade das normas trabalhistas.

É aqui que se apresentam os efeitos da Lei n. 13.467/2017.

Esta Lei confere nova redação ao art. 878 da CLT, que passa a dispor que a "execução será promovida pelas partes, permitida a execução de ofício pelo juiz ou pelo Presidente do Tribunal apenas nos casos em que as partes não estiverem representadas por advogado".

A citada Lei, na linha do que foi demonstrado, não se restringe a limitar os poderes do juiz.

Ela afeta a efetividade da jurisdição.

Mais grave do que isto.

A Lei n. 13.467/2017 afeta a efetividade do Direito do Trabalho e, com isto, opera contra a melhoria da condição humana, social, econômica e política do trabalhador e sua família.

A mencionada Lei realiza um verdadeiro retrocesso social, posto que reduz a efetividade da tutela jurisdicional dos direitos, opondo-se, inclusive, ao princípio da máxima efetividade das decisões judiciais e dificulta a satisfação do crédito do trabalhador.

Vale acrescentar que a Constituição da República de 1988 determina que as contribuições previdenciárias sejam executadas de ofício. Sendo estas contribuições acessórias do crédito do trabalhador, não há como privilegiar aquelas em detrimento deste. Isto significa que o art. 878 da CLT, na sua nova redação, é inconstitucional.

Ademais, o art. 876, parágrafo único, da CLT, com a redação concedida pela Lei n. 13.467/2017, também determina que "a Justiça do Trabalho executará, de **ofício**, as contribuições sociais previstas na alínea *a* do inciso I e no inciso II do *caput* do art. 195 da Constituição Federal, e seus acréscimos legais, relativas ao objeto da condenação constante das sentenças que proferir e dos acordos que homologar".

Anote-se que, como assinala Andrea Proto Pisani, o processo é uma espécie de contrapartida à proibição ao exercício arbitrário das próprias razões, que, "para ser efetiva, deve traduzir-se na predisposição de meios de tutela jurisdicional (de procedimentos, provimentos e medidas coercitivas) adequados às necessidades da tutela das singulares situações de direito substancial" (PISANI, 2003, p. 7), o que implica a necessária adequação dos meios (instrumentos jurídicos processuais) aos fins do processo e, portanto, a adequação do processo às necessidades do direito material.

Valorizar o trabalho humano não se resume ao reconhecimento formal da titularidade de direitos, sendo indispensável a criação de instrumentos que assegurem a sua efetividade. E a promoção da execução de ofício é uma técnica que visa tornar efetivos os direitos assegurados ao trabalhador, bem como implementar funções fundamentais do Direito do Trabalho e do Direito Processual do Trabalho.

A promoção da execução de ofício facilita o acesso à Justiça e ao próprio direito, não se esquecendo que estes podem atuar na própria evolução do Direito, como assinalam Helen Hershkoff e Aubrey McCutcheon:

> A litigância pode contribuir para a reforma legal [...]. Pode implementar direitos previstos pela ordem jurídica, mas que não são respeitados na prática. A litigância pode complementar um movimento político mais amplo, estimular a mobilização e encorajar alianças capazes de produzir uma ação política. Além disso, a litigância pode colaborar para a mudança de atitudes perante a lei e criar uma cultura em que as entidades governamentais e privadas respeitem e implementem valores de direitos humanos. (Helen Hershkoff e Aubrey McCutcheon[2] *apud* Flávia Piovesan, 2012, p. 473).

(2) HERSHKOFF, Helen; MCCUTCHEON, Aubrey. Public interest litigation: an international perspective. In: MCCLYMONT, Mary; GOLUB, Stephen (editors). *Many roads to justice*: the law related work of Ford Foundation Grantees around the World. The Ford Foundation, 2000, p. 283).

É no contexto da facilitação do acesso à Justiça e aos direitos que ganha relevância a iniciativa e promoção da execução de ofício pelo juiz independentemente de as partes estarem assistidas ou não por advogados. Esta medida contribui, ainda, para a função transformadora do Direito e atua sobre a realidade do homem que vive do trabalho e do empregador brasileiro que não cumpre as normas jurídicas trabalhistas, em especial, quando já usufruiu da força de trabalho do empregado.

Como assinala Manuel Alonso Olea:

> O Direito e os próprios juristas são, por si mesmos, uma força social operante, que atuam sobre as transformações sociais, ora acelerando-as, ora retardando seu aparecimento. Não é o ordenamento jurídico um arquétipo que se imponha à realidade social, mas um princípio de ordenação dessa mesma realidade. As transformações políticas, econômicas e jurídicas vêm sempre indissociavelmente unidas, influenciando-se reciprocamente e atuando, como concausas, sobre as transformações e as diferenciações operadas na sociedade. O Direito em parte se faz e em parte se descobre. Mais: enquanto realidade que se faz, o Direito não surge *ex nihilo*, nem da mente do jurista, nem da vontade ou da visão do legislador — que, segundo Rodolfo Ihering, mais descobre do que cria — mas da preocupação de ambos em regular adequadamente a realidade social. (OLEA, 1969, p. 15-16).

Não se olvide que a ineficácia da norma jurídica acarreta danos não apenas aos titulares dos direitos por ela atribuídos, como também à sociedade, em especial porque o Direito, inclusive o do trabalho, somente promoverá as suas funções quando cumprido, valendo lembrar, ainda, da necessidade de preservação da força normativa da Constituição.

Não basta, para a melhoria da condição humana, social, econômica e política do trabalhador, o reconhecimento de direitos e a afirmação da relevância da sua concretização. Para tanto, é indispensável a existência de meios próprios e eficazes para os fazer valer em juízo. Neste sentido, a Constituição, quando assegura o acesso à Justiça proíbe o que J. J. Gomes Canotilho denominou "defeito de proteção", que ocorre quando "as entidades sobre quem recai um *dever de proteção* (*schutzpflicht*) adotam medidas insuficientes para garantir uma proteção constitucionalmente adequada dos direitos fundamentais". (CANOTILHO, 2003, p. 273).

Ademais, como ensina Tercio Sampaio Ferraz Jr, há uma crença de que o Direito "não é apenas um dado, mas, também, uma construção, ou seja, não é apenas um dado para a disciplina do comportamento humano, porém, uma construção deste mesmo comportamento." (FERRAZ JR, 1998, p. 131). O que significa que as normas jurídicas devem ser cumpridas também porque moldam o comportamento humano.

A eficácia da norma também depende da sua interpretação e da atuação daqueles que são encarregados da sua aplicação. Com efeito, o Direito pode ser construído ou desconstruído na interpretação e aplicação das normas que o compõem.

A efetividade da norma jurídica está relacionada à produção dos resultados por ela perseguidos, aduzindo José Afonso da Silva, neste sentido, que a efetividade diz respeito "ao produto final objetivado pela norma [...], enquanto a eficácia jurídica é apenas a possibilidade de que isso venha a acontecer." (SILVA, 1998, p. 66).

Lembre-se que, o cumprimento espontâneo de uma norma jurídica e a consequente produção do resultado por ela perseguido implicam sua efetividade (a norma é eficaz, do ponto de vista social, e efetiva), ao passo que, descumprida a norma e imposto o seu cumprimento pelo Poder Judiciário, com a concreta entrega do bem da vida por ela assegurado, a norma terá eficácia jurídica e será dotada de efetividade.

Como adverte Eduardo Couture, a ideia de processo "é necessariamente teleológica, pois só se explica por seu fim. O processo pelo processo não existe" (COUTURE, 1993, p. 145), advertência que é levada em conta neste artigo, no qual não será olvidado, ainda, que "os processos judiciais refletem os valores, sentimentos e crenças (a 'cultura') da coletividade que os utiliza" (CHASE, 2003, p. 115-140.), ou seja, que o direito processual é um fenômeno social e histórico.

Assim, a redação conferida ao art. 878 da CLT pela Lei n. 13.467/2017 é incompatível com as principais funções do Direito do Trabalho e do Direito Processual do Trabalho, negando vigência aos princípios específicos da execução trabalhista, do Direito Processual do Trabalho e o princípio da efetividade da jurisdição e da tutela tempestiva.

5. Conclusão

A Lei n. 13.467/2017 alterou a redação do art. 878 da CLT, estabelecendo que o juiz somente pode promover a execução de ofício quando a parte não estiver assistida por advogado.

O art. 878 da CLT, com a redação que lhe concedeu a Lei n. 13.467/2017:

a) é inconstitucional, porque viola o art. 114, VIII, da Constituição Federal de 1988.

b) impede ou dificulta a concretização do Direito do Trabalho, ou seja, da realização concreta de direitos voltados à melhoria da condição humana, social, econômica e política do trabalhador e sua família e à realização das condições necessárias para uma vida em sintonia com a dignidade humana.

c) impede ou dificulta a realização da função primordial do Direito Processual do Trabalho que é tornar concreto o Direito do Trabalho, sendo inegável que qualquer medida que afete a efetividade da jurisdição atinge, na essência, próprio Direito do Trabalho, ante a íntima conexão que existe entre estes dois ramos autônomos do Direito.

d) ofende os princípios da progressividade e vedação de retrocesso social, observando-se que a melhoria da condição humana, social, econômica e política do trabalhador abarca a sua *condição processual*, no sentido de disposição de instrumentos processuais voltados à plena satisfação dos direitos inerentes ao trabalho humano.

Referências bibliográficas

ALMEIDA, Cleber Lúcio de. *Direito processual do trabalho*. 6. ed. São Paulo: LTr, 2016.

ALMEIDA, Wânia Guimarães Rabêllo de. *Direito processual metaindividual do trabalho*: a adequada e efetiva tutela jurisdicional dos direitos de dimensão transindividual. Salvador: JusPodivm, 2016.

CAMBI, Eduardo. *Neoconstitucionalismo e neoprocessualismo*: direitos fundamentais, políticas públicas e protagonismo judiciário. São Paulo: RT, 2010.

CANOTILHO, J. J. GOMES. *Direito constitucional e teoria da Constituição*. 7. ed. Coimbra: Almedina, 2003.

CHASE, Oscar G. A "excepcionalidade" americana e o direito processual comparado. *Revista de Processo*. São Paulo: RT, ano 28, abr./jun. 2003.

COUTURE, Eduardo J. *Fundamentos del derecho procesal civil*. 3. ed. Buenos Aires: Depalma, 1993.

DIDIER JR, Fredie. Apontamentos para a concretização do princípio da eficiência do processo. In: GAIO JÚNIOR, Antônio Pereira; CÂMARA, Alexandre Freitas (Coords.). *Novo CPC*: reflexões e perspectivas. Belo Horizonte: Del Rey, 2014a.

FERNANDES, António Monteiro. L'effettività nel diritto del lavoro: il caso portogheses. *Rivista Italiana di Diritto del Lavoro*. Milano: Giuffrè, ano XXV, p.7-18, 2006.

FERRAJOLI, Luigi. *Derechos y garantias. La ley del más débil*. 7. ed. Madrid: Trotta, 2010.

FERRAZ JR, Tércio Sampaio. *Função social da dogmática jurídica*. São Paulo: Max Limonad, 1998.

LIEBMAN, Enrico Tullio. *Embargos do executado*. Campinas: Bookseller, 2003.

MARINONI, Luiz Guilherme. *Técnica processual e tutela dos direitos*. São Paulo: RT, 2004.

OLEA, Manuel Alonso. *Introdução ao direito do trabalho*. Tradução de C. A. Barata da Silva. Porto Alegre: Sulina, 1969.

PIOVESAN, Flávia. *Temas de direitos humanos*. 5. ed. São Paulo: Saraiva, 2012.

PISANI, Andrea Proto. *Le tutele giurisdizionali dei diritti. Studi*. Napoli: Jovene, 2003.

RAMALHO, Maria do Rosário Palma. *Direito do trabalho. Parte I* — dogmática geral. Coimbra: Almedina, 2005.

SARLET, Ingo Wolfgang; FENSTERSEIFER, Tiago. *Direito constitucional ambiental*: Constituição, direitos fundamentais e proteção do ambiente. 3. ed. São Paulo: RT, 2013.

SILVA, José Afonso. *Aplicabilidade das normas constitucionais*. 3. ed. São Paulo: Malheiros, 1998.

A CORREÇÃO MONETÁRIA DO DÉBITO TRABALHISTA APÓS A REFORMA

Maria Cristina Diniz Caixeta(*)

INTRODUÇÃO

À luz do mandamento inerente ao sistema jurídico, com o fim de se concretizar o ideal de justiça, aplicável a todas as modalidades de crédito, o credor deve receber seus direitos de forma integral com atualização completa, afastando-se qualquer prejuízo decorrente do inadimplemento obrigacional.

Assim, a correção monetária tem por escopo atualizar o valor da moeda em razão do tempo transcorrido e da inflação, vez que juros de mora, por seu turno, decorrem do atraso do pagamento da obrigação. Juros é remuneração do capital e não critério de correção monetária, sendo, portanto, diferentes as funções dos referidos institutos.

Com efeito, os juros objetivam punir a mora do devedor acrescendo ao débito como uma indenização ao credor por danos emergentes e são contados a partir do ajuizamento da ação.

Nessa perspectiva, os juros, por si só, revelam-se como índice inadequado para corrigir débitos trabalhistas, não se admitindo, sob a óptica da razoabilidade, que um empregado, depois de vários anos discutindo seu direito na Justiça do Trabalho, venha receber seu crédito no valor original, sem qualquer correção monetária ou com atualização monetária segundo índices que não reflitam a inflação.

Em sede trabalhista os juros são contados a partir do ajuizamento da ação, ao passo que a correção monetária, em regra é devida a partir do vencimento da obrigação.

Acerca da conceituação da correção monetária, destacam-se os ensinamentos do Ministro do STF, Ayres Britto, *in verbis:*

> É que a correção monetária é instituto jurídico-constitucional, porque tema específico ou a própria matéria de algumas normas figurantes do nosso Magno Texto, tracejadoras de um peculiar regime jurídico para ela. Instituto que tem o pagamento em dinheiro como fato-condição de sua incidência e, como objeto, a agravação quantitativa desse mesmo pagamento. Agravação, porém, que não corresponde a uma sobrepaga, no sentido de constituir obrigação nova que se adiciona à primeira, com o fito de favorecer uma das partes da relação jurídica e desfavorecer a outra. Não é isso. Ao menos no plano dos fins a que visa a Constituição, na matéria, ninguém enriquece e ninguém empobrece por efeito de correção monetária, porque a dívida que tem o seu valor nominal atualizado ainda é a mesma dívida. Sendo assim, impõe-se a compreensão de que, com a correção monetária, a Constituição manda que as coisas mudem..., para que nada mude; quero dizer: o objetivo constitucional é mudar o valor nominal de uma dada obrigação de pagamento em dinheiro, para que essa mesma obrigação de pagamento em dinheiro não mude quanto ao seu valor real. É ainda inferir: a correção monetária é instrumento de preservação do valor real de um determinado bem, constitucionalmente protegido e redutível a pecúnia. Valor real a preservar que é sinônimo de poder de compra ou "poder aquisitivo", tal como se vê na redação do inciso IV do art. 7º da C.F. atinente ao instituto do salário mínimo.(1)

Porém, para atualização dos débitos trabalhistas o Judiciário Laboral faz uso da chamada (Tabela Única de Atualização dos Débitos Trabalhistas), que visa, apenas, assegurar com base no índice oficial da inflação do mês anterior, o valor monetário dos créditos do trabalhador até o primeiro dia do mês subsequente.

Assim, no âmbito da Justiça do Trabalho, a partir de 1º de maio de 1993 (MP n. 319, de 30 de abril de 1993), com a extinção da TRD (art. 2º da Lei n. 8.660/93), passou-se a utilizar, como índice de correção, a TR (Taxa Referencial de Juros) que substituiu a TRD para os negócios jurídicos celebrados a partir de então e que também servia de correção monetária dos depósitos da caderneta de poupança.

(*) Juíza do Trabalho — Titular da 40ª VT/BH. Mestre em Processo pela PUC-Minas. Mestre em Relações Laborais pela Universidade Castilla De La Mancha — Espanha. Professora Universitária.

(1) APDF 4.425/DF.

O art. 39 da referida lei previa que:

Os débitos trabalhistas de qualquer natureza, quando não satisfeitos pelo empregador nas épocas próprias assim definidas em lei, acordo ou convenção coletiva, sentença normativa ou cláusula contratual sofrerão juros de mora equivalentes à TRD acumulada no período compreendido entre a data de vencimento da obrigação e o seu efetivo pagamento.

Não obstante a preocupação de assegurar a paridade dos créditos judiciais com a preservação do poder de compra, à época os altos índices inflacionários corroíam diariamente a moeda, pulverizando as dívidas que não estivessem indexadas a algum índice de correção monetária.

Naquele momento, sinalizava-se para a impropriedade de utilização de um índice destinado à remuneração de investimentos financeiros para correção de créditos trabalhistas, pois, revisitando a linha do tempo, tem-se que a TRD surge não para ser um indexador, mas para ser apenas um sinalizador de expectativas inflacionárias para o mercado financeiro, sendo previsível que, em algum momento, a TRD deixaria de refletir a elevação de preços, bem como a elevação do custo de vida para configurar-se como mero instrumento de política financeira, não havendo nenhuma razão plausível no sentido de mantê-la como indexador trabalhista.

Todavia, a Lei n. 8.660/93 extinguiu a TRD silenciando-se sobre a correção dos débitos trabalhistas levando o Judiciário, por construção jurisprudencial, a adotar a TR (Taxa Referencial de Juros), atrelando a atualização dos débitos trabalhistas aos juros da poupança popular que, naquele tempo, revelava-se como investimento de menor retribuição no mercado financeiro.

Segundo pesquisa realizada pelo Portal Brasil (2017)[(2)], a TRD é o rateio da TR — Taxa Referencial, Índice Mensal, pelo número de dias úteis do mês a que se refere a TR, que serve de referência aos valores pró-rata ou descasados do período mensal cheio.

Nos dias atuais, a correção dos créditos trabalhistas se faz com utilização do índice da TR, previsto na Lei n. 8.177/91.

Lado outro, a recente Lei n. 13.467, de 13 de julho de 2017, a chamada "Lei da Reforma Trabalhista" insistiu em manter o referido índice de atualização para os créditos trabalhistas, como está previsto na alteração do art. 879 da CLT com o acréscimo do novo parágrafo sétimo, sendo essa determinação normativa objeto de breves reflexões no presente artigo, tendo como parâmetro as recentes posições firmadas na jurisprudência do STF e do TST acerca da matéria.

Lei n. 13.467/17 — reforma trabalhista e atualização dos créditos decorrentes de condenação judicial

O art. 879 da CLT, atualmente, prevê que:

Art. 879. Sendo ilíquida a sentença exequenda, ordenar-se-á, previamente, a sua liquidação, que poderá ser feita por cálculo, por arbitramento ou por artigos. *(Redação dada pela Lei n. 2.244, de 23.6.1954)*

§ 1º Na liquidação, não se poderá modificar, ou inovar, a sentença liquidanda nem discutir matéria pertinente à causa principal. *(Incluído pela Lei n. 8.432, 11.6.1992)*

§ 1º-A A liquidação abrangerá, também, o cálculo das contribuições previdenciárias devidas. *(Incluído pela Lei n. 10.035, de 2000)*

§ 1º-B As partes deverão ser previamente intimadas para a apresentação do cálculo de liquidação, inclusive da contribuição previdenciária incidente. *(Incluído pela Lei n. 10.035, de 2000)*

§ 2º Elaborada a conta e tornada líquida, o Juiz poderá abrir às partes prazo sucessivo de 10 (dez) dias para impugnação fundamentada com a indicação dos itens e valores objeto da discordância, sob pena de preclusão. *(Incluído pela Lei n. 8.432, 11.6.1992)*

§ 3º Elaborada a conta pela parte ou pelos órgãos auxiliares da Justiça do Trabalho, o juiz procederá à intimação da União para manifestação, no prazo de 10 (dez) dias, sob pena de preclusão. *(Redação dada pela Lei n. 11.457, de 2007)* (Vigência)

§ 4º A atualização do crédito devido à Previdência Social observará os critérios estabelecidos na legislação previdenciária. *(Parágrafo incluído pela Lei n. 10.035, de 2000)*

§ 5º O Ministro de Estado da Fazenda poderá, mediante ato fundamentado, dispensar a manifestação da União quando o valor total das verbas que integram o salário-de-contribuição, na forma do art. 28 da Lei n. 8.212, de 24 de julho de 1991, ocasionar perda de escala decorrente da atuação do órgão jurídico. *(Incluído pela Lei n. 11.457, de 2007)* (Vigência)

§ 6º Tratando-se de cálculos de liquidação complexos, o juiz poderá nomear perito para a elaboração e fixará, depois da conclusão do trabalho, o valor dos respectivos honorários com observância, entre outros, dos critérios de razoabilidade e proporcionalidade. *(Incluído pela Lei n. 12.405, de 2011)*

Todavia, o texto da Lei n. 13.467/17, além de outras modificações no citado artigo, cuidou de inserir o parágrafo sétimo com a seguinte redação:

§ 7º A atualização dos créditos decorrentes de condenação judicial será feita pela Taxa Referencial (TR), divulgada pelo Banco Central do Brasil, conforme a Lei n. 8.177, de 1º de março de 1991.

Não se pode olvidar que, atualmente, nas lides trabalhistas impera um conflito sobre qual índice deve ser observado para correção do débito trabalhista, vez que alguns Juízes optam por adotar o IPCA-E, ao passo que outros, por convicção ou disciplina judiciária se mantêm fiéis à aplicação da TR.

(2) Disponível em: <https://www.portalbrasil.net/>. Acesso em: 18 set. 2017.

Porém, o novo ordenamento tratou de pacificar a controvérsia.

Assim, tem-se que, entrando em vigor a respectiva Lei, os créditos trabalhistas, oriundos de condenação judicial serão corrigidos pela TR, observando-se o art. 39 da Lei n. 8.177/91, ou seja, mantendo-se o que já ocorria no âmbito de correção monetária de crédito no Judiciário Trabalhista.

TR X IPCA-E

A Taxa Referencial é uma taxa mensal que foi criada para servir de referência para a taxa de juros no Brasil, numa tentativa de controlar a inflação durante o governo Collor, no início dos anos 1990[(3)].

Hoje, a TR é usada como um fator de correção monetária de empréstimos do FGTS e de investimentos. Mas é conhecida principalmente por quem aplica na poupança.

Isso porque, o rendimento da poupança é diretamente relacionado à Taxa Referencial. Quando a taxa básica de juros (Selic) é superior a 8,5% ao ano, a remuneração da poupança é de 0,5% ao mês mais a variação da TR[(4)].

Trata-se da mesma rentabilidade da "poupança antiga" (depósitos anteriores à mudança nas regras de remuneração da caderneta, em 2012).

Assim, revisitando a linha do tempo, tem-se que a TR revela-se como uma taxa de juros de referência, que foi instituída pela Medida Provisória n. 294, de 31 de janeiro de 1991, ratificada por meio da Lei n. 8.177, de 1º de março de 1991 e integrava um conjunto de medidas de política econômica do Plano Collor II, cujo objetivo era servir como referência para os juros vigentes no Brasil, com divulgação diária, a fim de evitar que a taxa de juros do mês corrente refletisse a inflação do mês anterior, surgindo como um método de contenção da inflação.

A Taxa é calculada pelo Banco Central do Brasil, com base na taxa média mensal ponderada ajustada do Certificado e Recibo de Depósito Bancário — CDB/RDB — prefixada das trinta maiores instituições financeiras do país, eliminando-se as duas menores e as duas maiores taxas médias.

O Tribunal Superior do Trabalho, em julgamento da relatoria do Ministro Cláudio Brandão, assim se posicionou em relação a TRD:

> Diante desse panorama, é inevitável reconhecer que a expressão "equivalentes à TRD" também é inconstitucional, pois impede que se restabeleça o direito à recomposição integral do crédito reconhecido pela sentença transitada em julgado.[(5)]

O Ministro frisou a importância de se reparar a defasagem do índice de correção, ao afirmar que:

> Ao permanecer essa regra, a cada dia o trabalhador amargará perdas crescentes resultantes da utilização de índice de atualização monetária que não reflete a variação da taxa inflacionária.[(6)]

Ressaltou, ainda, que a TRD, em 2013, foi de 0,2897%, enquanto o IPCA foi de 5,91%".[(7)] O julgamento final foi no sentido de aplicar o IPCA-E como índice de correção dos créditos trabalhistas.

Assim, ao optar pela utilização do IPCA-E, a Corte Trabalhista entendeu por seguir precedente do STF, que em Ação Cautelar n. 3764, adotou esse índice para a correção dos valores de precatórios e requisições de pequeno valor (RPV) da União.

O voto condutor lembrou, ainda, que o IPCA-E vem sendo utilizado em decisões administrativas do TST e do STF.

A medida objetivava corrigir o que o Ministro Cláudio Brandão definiu como um *"interessante efeito colateral"*, na área trabalhista, da decisão do STF sobre a correção dos precatórios pelo IPCA-E.

Desde então, segundo o relator:

> passou a existir estranho e injustificável desequilíbrio entre os titulares de créditos trabalhistas: os credores de entidades públicas, que recebem por meio de precatórios, têm seus créditos corrigidos pelo novo índice, enquanto os créditos de devedores privados continuaram a ser atualizados pela TR.[(8)]

A adoção do IPCA-E, por sua vez, como índice de atualização monetária, também teve como fundamento o já decidido pelo STF, inclusive em questão de ordem na ADI 4.357/DF.

Atentando-se para a atualidade do tema, transcreve-se a ementa do referido julgado:

> Arguição de inconstitucionalidade. Expressão "equivalentes à TRD" contida no art. 39 da Lei n. 8.177/91. *Ratio decidendi* definida pelo Supremo Tribunal Federal. Interpretação conforme a Constituição. Declaração de inconstitucionalidade por arrastamento, por atração, consequência, decorrente ou reverberação normativa. Interpretação conforme a Constituição. Modulação de efeitos autorizada pela integração analógica prevista no art. 896-C, § 17, da CLT, introduzido pela Lei n. 13.015/2014. Respeito ao ato jurídico perfeito. Na decisão

(3) Disponível em: <https://genialinvestimentos.com.br/artigo/o-que-e-a-taxa-referencial-tr>. Acesso em: 18 set. 2017.

(4) Disponível em: <https://genialinvestimentos.com.br/artigo/o-que-e-a-taxa-referencial-tr>. Acesso em: 18 set. 2017.

(5) ArgInc-479-60.2011.5.04.0231.

(6) ArgInc-479-60.2011.5.04.0231.

(7) Noticias do TST — 14 de outubro 2015.

(8) ArgInc-479-60.2011.5.04.0231.

proferida pelo Supremo Tribunal Federal nas ADIs ns. 4.357, 4.372, 4.400 e 4425, foi declarada inconstitucional a expressão 'índice oficial da remuneração básica da caderneta de poupança', constante do § 12 do art. 100 da Constituição Federal. Mais recentemente e na mesma linha, desta feita por meio da decisão proferida nos autos da Ação Cautelar n. 3764 MC/DF, em 24.3.2015, o entendimento foi reafirmado pela Suprema Corte, e fulminou a aplicação da TR como índice de correção monetária. A *ratio* decidendi desses julgamentos pode ser assim resumida: a atualização monetária incidente sobre obrigações expressas em pecúnia constitui direito subjetivo do credor e deve refletir a exata recomposição do poder aquisitivo decorrente da inflação do período em que apurado, sob pena de violar o direito fundamental de propriedade, protegido no art. 5º, XXII, a coisa julgada (art. 5º, XXXVI), a isonomia (art. 5º, *caput*), o princípio da separação dos Poderes (art. 2º) e o postulado da proporcionalidade, além da eficácia e efetividade do título judicial, a vedação ao enriquecimento ilícito do devedor. Diante desse panorama, inevitável reconhecer que a expressão 'equivalentes à TRD', contida no art. 39 da Lei n. 8.177/91, também é inconstitucional, pois impede que se restabeleça o direito à recomposição integral do crédito reconhecido pela sentença transitada em julgado. O reparo, portanto, dessa iníqua situação se impõe e com urgência, na medida em que, ao permanecer essa regra, a cada dia o trabalhador amargará perdas crescentes resultantes da utilização de índice de atualização monetária do seu crédito que não reflete a variação da taxa inflacionária. A solução para a questão emana do próprio Supremo Tribunal Federal e recai sobre a declaração de Inconstitucionalidade por Arrastamento (ou por Atração, Consequência, Decorrente, Reverberação Normativa), caracterizada quando a declaração de inconstitucionalidade de uma norma impugnada se estende aos dispositivos normativos que apresentam com ela relação de conexão ou de interdependência. A técnica já foi utilizada pela Corte Maior, em inúmeros casos e, especificamente na discussão em exame, em relação à regra contida no art. 1º-F da Lei n. 9.494/97, a partir do reconhecimento de que os fundamentos da *ratio* decidendi principal também se encontravam presentes para proclamar o mesmo 'atentado constitucional' em relação a este dispositivo que, na essência, continha o mesmo vício. A consequência da declaração da inconstitucionalidade pretendida poderá acarretar, por sua vez, novo debate jurídico, consistente em definir o índice a ser aplicável e, também, o efeito repristinatório de distintas normas jurídicas, considerando haverem sido diversas as leis que, ao longo da história, regularam o tema. Porém, a simples declaração de que as normas anteriores seriam restabelecidas, de pronto, com a retirada do mundo jurídico da lei inconstitucional, ainda que possível, não permitiria encontrar a solução, diante da extinção da unidade de referência de cuja variação do valor nominal se obtinha a definição do fator de reajuste, além de, de igual modo, haver sido assegurado no comando do STF a indicação do índice que reflete a variação plena da inflação. Nessa mesma linha de argumentação e como solução que atenda à vontade do legislador e evite a caracterização do 'vazio normativo', pode ser adotada a técnica de interpretação conforme a Constituição para o texto remanescente do dispositivo impugnado, que mantém o direito à atualização monetária dos créditos trabalhistas. Pretende-se, pois, expungir do texto legal a expressão que atenta contra a Constituição e, uma vez mantida a regra que define direito à atualização monetária (o restante do art. 39), interpretá-la em consonância com as diretrizes fixadas na Carta, para assegurar o direito à incidência do índice que reflita a variação integral da "corrosão inflacionária", dentre os diversos existentes (IPC, IGP, IGP-M, ICV, INPC e IPCA, por exemplo), acolhendo-se o IPCA-E, tal como definido pela Corte Maior. Mas isso também não basta. Definido o novo índice de correção, consentâneo com os princípios constitucionais que levaram à declaração de inconstitucionalidade do parâmetro anterior, ainda será necessária a modulação dos efeitos dessa decisão, autorizada esta Corte por integração analógica do art. 896-C, § 17, da CLT, introduzido pela Lei n. 13.015/2014, a fim de que se preservem as situações jurídicas consolidadas resultantes dos pagamentos efetuados nos processos judiciais em virtude dos quais foi adimplida a obrigação, sobretudo em decorrência da proteção ao ato jurídico perfeito, resguardado desde o art. 5º, XXXVI, da Constituição, até o art. 6º da Lei de Introdução ao Direito Brasileiro — LIDB. Em conclusão: declara-se a inconstitucionalidade por arrastamento da expressão 'equivalentes à TRD', contida no *caput* do art. 39 da Lei n. 8.177/91; adota-se a técnica de interpretação conforme a Constituição para o texto remanescente do dispositivo impugnado, a preservar o direito à atualização monetária dos créditos trabalhistas; define-se a variação do Índice de Preços ao Consumidor Amplo Especial (IPCA-E) como fator de atualização a ser utilizado na tabela de atualização monetária dos débitos trabalhistas na Justiça do Trabalho; e atribui-se efeito modulatório à decisão, que deverá prevalecer a partir de 30 de junho de 2009 (data de vigência da Lei n. 11.960/2009, que acresceu o art. 1º-F à Lei n. 9.494/1997, declarado inconstitucional pelo STF, com o registro de que essa data corresponde à adotada no Ato de 16/04/2015, da Presidência deste Tribunal, que alterou o ATO. TST.GDGSET.GP. N. 188, de 22.4.2010, publicado no BI n. 16, de 23.4.2010, que estabelece critérios para o reconhecimento administrativo, apuração de valores e pagamento de dívidas de exercícios anteriores — passivos — a magistrados e servidores do Tribunal Superior do Trabalho), observada, porém, a preservação das situações jurídicas consolidadas resultantes dos pagamentos efetuados nos processos judiciais em virtude dos quais foi adimplida a obrigação, em respeito à proteção ao ato jurídico perfeito, também protegido constitucionalmente (art. 5º, XXXVI)." (TST, Pleno, ArgInc — 479-60.2011.5.04.0231, rel. Min. Cláudio Mascarenhas Brandão, DEJT 7.8.2015)

Já o IPCA-E (Índice de Preços ao Consumidor Amplo Especial) é considerado índice oficial de inflação do país e foi criado visando oferecer a variação dos preços no comércio para o público final. O IBGE esclarece que este índice é utilizado pelo Banco Central como medidor oficial da inflação do país e o governo usa o IPCA como referência para verificar se a meta estabelecida para a inflação está sendo cumprida(9).

Ocorre que não obstante ser o IPCA-E o índice que reflete a exata recomposição do poder aquisitivo decorrente da inflação do período em que apurado, a Justiça do Trabalho vem aplicando a TR (Taxa Referencial de Juros), na atualização dos créditos decorrentes de suas sentenças, com base no art. 39 da Lei n. 8.177/91 e agora a metodologia permanecerá por força do § 7° inserido no art. 879 da CLT (Lei n. 13.467/17).

STF x TST — CORREÇÃO DOS CRÉDITOS TRABALHISTAS

O Colendo Tribunal Superior do Trabalho, em sua composição plenária, no processo n. ArgInc-479-60.2011.5.04.0231, analisou a constitucionalidade do art. 39 da Lei n. 8.177/91, na parte pertinente à utilização da variação

(9) Disponível em: <https://www.ibge.gov.br/home/estatistica/indicadores/precos/ipcae/default.shtm>. Acesso em: 18 set. 2017.

acumulada da TRD, para fins de atualização monetária, tomando-se como parâmetro recente decisão do STF na ADPF-4.425/DF, da relatoria do Ministro Ayres Brito.

O TST entendeu que a atualização das dívidas trabalhistas seria feita com observância do Índice de Preço ao Consumidor Amplo Especial (IPCA-E) em substituição à Taxa Referencial Diária (TRD). Estabeleceu que os efeitos da decisão seriam retroativos a 30 de junho de 2009 e que, para as execuções em andamento, dever-se-ia observar o referido índice. A modulação seguiu orientação da data usada pelo Supremo Tribunal Federal, no julgamento da ADI 4.357 que utilizou o mesmo índice para a correção dos precatórios.

Os Ministros decidiram, também, que o índice seria utilizado pelo Conselho Superior da Justiça do Trabalho, quando da atualização da Tabela de Correção Monetária da Justiça do Trabalho, impondo-se, assim, a observância do novo índice pelos juízos trabalhistas.

O voto condutor, como acima realçado, é da lavra do Ministro Cláudio Brandão, relator do ArgInc 479-60,2011.5.04.0231, sendo que o efeito modular veio na decisão de Embargos Declaratórios em incidente de arguição de inconstitucionalidade que declarou a inconstitucionalidade, por arrastamento, da expressão "equivalentes à TDR" de que trata o art. 39 da Lei n. 8.177/91, culminando com o acolhimento do IPCA-E como índice de correção de crédito trabalhista.

Posteriormente, à decisão plenária do Tribunal Superior do Trabalho, em outubro de 2015, o Ministro Dias Tofolli, em decisão monocrática, nos autos da Reclamação n. 22.012, de autoria da Federação Nacional dos Bancos, concedeu liminar para suspender os efeitos da decisão do Pleno Trabalhista, bem como da Tabela Única editada pelo Conselho Superior da Justiça do Trabalho.

A liminar teve como fundamento o fato de o TST ter-se equivocado na interpretação da decisão do STF que apreciou, nas ADI's 4357 e 4425, a constitucionalidade do regime de pagamento dos precatórios, introduzida pela Emenda Constitucional n. 62/2009. Frisou o Ministro que o TST, ao determinar que o CSJT utilizasse o índice do IPCA-E para correção da Tabela Única de Correção dos débitos trabalhistas, usurpou da competência do STF que, em última instância, analisa a constitucionalidade das leis à luz do Texto Constitucional. Lembrou o Ministro que o STF, em sede de controle concentrado, ainda não se posicionou em relação à constitucionalidade ou não do art. 39 da Lei n. 8.177/91 nem submeteu a matéria à sistemática de repercussão geral.

Entretanto, é importante ressaltar que no julgamento das ADI's, o STF declarou inconstitucional, dentre outras disposições da EC n. 62/2009, o uso da TR como índice de correção monetária, por não representar fielmente a evolução inflacionária. A decisão fundamentou-se no fato de a Corte Maior ter ciência, por meio do Conselho Federal da OAB, que o pagamento de precatórios em alguns Estados e Municípios estava paralisado.

Assim, a decisão de relatoria do Ministro Fux, no acórdão das ADI's, determinou aos Tribunais de Justiça que continuassem a efetuar o pagamento dos precatórios, na forma da EC n. 62/2009, até que o STF decida, em definitivo, acerca da modulação dos efeitos da declaração de inconstitucionalidade (AC 3764). Para os precatórios federais, determinou-se a utilização dos índices previstos nas Leis de Diretrizes Orçamentárias da União de 2014 e 2015 que instituíram o IPCA-E em substituição à TR (índice de remuneração básica da poupança).

Ressalte-se, ainda, que no julgamento da ADI 4.357-DF, o STF deu um passo adiante e declarou a inconstitucionalidade do § 12º do art. 100 da Constituição da República, ao determinar a correção dos precatórios pelos mesmos índices de remuneração da poupança, ou seja, a mesma TR utilizada para correção trabalhista.

Por fim, o Ministro assinalou que a decisão do Supremo nas ADI's sobre o regime de precatórios — julgando parcialmente inconstitucional a EC n. 62/2009 — não alcançou a hipótese tratada pelo TST, relativa a débitos trabalhistas, mas tão somente débitos da fazenda pública. "Essa tabela implementa o IPCA-E como índice de atualização monetária de débitos em hipóteses diversas da que foi submetida à análise desta Suprema Corte nas ADIs 4357 e 4425 — dívida da Fazenda Pública no período entre a inscrição do débito em precatório e seu efetivo pagamento."(10)

Confrontando o posicionamento do STF e aquele adotado pelo TST, tem-se que o tema é controvertido e demanda um julgamento conclusivo da Corte Maior acerca da constitucionalidade do § 7º do art. 879 da CLT, acrescido pela Lei n. 13.467, de 13 de julho de 2017, a fim de imprimir segurança jurídica nas decisões que determinam a correção monetária dos créditos trabalhistas reconhecidos judicialmente.

Segundo lição de Mauro Schiavi; "o paragrafo sétimo ao determinar a atualização monetária pela TR, contraria de forma injusta o crescente entendimento jurisprudencial inclusive do TST em aplicar outros índices que atualizam de forma mais adequada os créditos trabalhistas, como o IPCA."(11)

Conclusão

É fato que os débitos trabalhistas devem sofrer correção monetária e juros de mora, pois, segundo Chiovenda; *"na medida do que for praticamente possível, o processo*

(10) RCL 22012 MC / RS

(11) SCHIAVI, Mauro. *A reforma trabalhista no processo do trabalho*. São Paulo: LTr, 2017. p. 115.

deve proporcionar a quem tem um direito tudo aquilo e precisamente aquilo que se tem o direito de obter".(12)

Porém, quanto à correção monetária, o texto da nova lei, que tratou da Reforma Trabalhista, evidencia, no nosso entendimento, como um retrocesso na eficácia e cumprimento das decisões judiciais trabalhistas, transitadas em julgado, na medida em que determina a aplicação da TR (Taxa Referencial) desprezando a aplicação do IPCA-E, ou outro índice que melhor reponha a perda inflacionária da moeda, o que conduz à ilação de que a medida, tal como prevista em lei, beneficia, apenas, o devedor.

Não é por outra razão que o entendimento de Norberto Bobbio corrobora as reflexões aqui trazidas, pois, segundo seu pensamento: "*o fato de uma norma ser universalmente seguida não demonstra sua justiça. Assim, uma norma pode estar em vigor, por não ter sido revogada expressa ou tacitamente por outra norma, mas não quer dizer que seja justa.*"(13)

É esse exatamente o caso da Lei n. 13.467/17 que ratificou a correção dos créditos trabalhistas com observância do art. 39 da Lei n. 8.177/91, metodologia essa que não mais reflete a variação da inflação e a perda do poder aquisitivo da moeda.

Oportuno destacar que é essencial a essa função restituidora/restauradora da condenação judicial a mais perfeita reparação do dano mediante o pagamento integralmente corrigido do débito judicialmente declarado, desde a data em que este era devido até seu efetivo pagamento.

Atente-se para a impropriedade de utilização de um índice destinado à remuneração de investimentos financeiros para correção de créditos trabalhistas, pois a TR surge, não como indexador, mas para ser apenas um sinalizador de expectativas inflacionárias para o mercado financeiro, sendo previsível que, em algum momento, a TR deixaria de refletir a elevação de preços e do custo de vida para tornar-se mero instrumento de política financeira tornando sem qualquer sentido sua permanência como indexador trabalhista.

Na mesma linha de reflexão, a inconsistência jurídica da adoção da TR, como fator de atualização de débitos judiciais e a exigência normativa de substituição desse índice por outro que reflita, precisamente, a desvalorização da moeda em nome da preservação do direito subjetivo do credor e da efetividade e eficácia das decisões judiciais, é medida que se impõe.

Ademais, a prevalecer o que estabelece o novo § 7º, do art. 897 da CLT, estaríamos vulnerando o princípio da proibição do retrocesso social, na medida em que o crédito trabalhista deve ser justamente corrigido para lhe garantir a efetiva composição da perda inflacionária, oriunda da demora da tutela jurisdicional, em detrimento do locupletamento indevido pelo devedor trabalhista.

Assim, deve-se vislumbrar a possibilidade, no futuro próximo, de a Justiça do Trabalho vir a utilizar o IPCA-E ou outro índice de correção monetária que seja eficaz na recomposição da perda inflacionária, o que, certamente, será objeto de reflexão na construção da nova jurisprudência a respeito do tema.

Por fim, observa-se que o inciso XXII do art. 5º da Constituição Federal/88, assim como o princípio da isonomia consagrado no *caput* do art. 5º do Texto Maior não podem ser olvidados como balizadores do direito à garantia de propriedade do trabalhador, que representa o seu direito ao crédito trabalhista devidamente corrigido e sem prejuízo decorrente da corrosão inflacionária.

Ademais, segundo posicionamento dos estudiosos do assunto, "*num futuro próximo, essa matéria possivelmente será objeto de repercussão geral junto ao Supremo Tribunal Federal para a análise de constitucionalidade.*"(14)

Referências Bibliográficas

BOBBIO, Norberto. *Teoria da norma jurídica*. Bauru: Edipro, 2003.

CASTELO, Jorge Pinheiro. A correção monetária na Justiça do Trabalho, o IPCA-E e o STF — e a prevalência do negociado sobre o legislado. *Revista LTr* 81-04/434.

FURTADO, Alan. Em Jurisprudência-htpp Data 10 de maio de 2017.

GIUSEPPE Chiovenda *apud* CASTELO, Jorge Pinheiro. A correção monetária na Justiça do Trabalho, o IPCA-E e o STF — e a prevalência do negociado sobre o legislado. *Revista LTr* 81-04/434.

OFFA BASILE, César Reinaldo. Artigo publicado na LTr de julho de 2013.

RODRIGUES, Deusmar José (Coord. e Coautor). *Lei da reforma trabalhista* — comentada artigo por artigo. Leme: J.H.MIZUNO, 2017.

SCHIAVI, Mauro. *A reforma trabalhista no processo do trabalho*. São Paulo: LTr, 2017.

TST. 0000479-602011.5.04.0231. Tribunal Pleno. Ministro Relator Cláudio Brandão. Data de publicação: 4.8.2015. Disponível em: fonte bibliográfica de consulta <https://www.ibge.gov.br/home/estatistica/indicadores/precos/ipcae/default.shtm>. Acesso em: 18 set. 2017.

Disponível em: <https://genialinvestimentos.com.br/artigo/o-que-e-a-taxa-referencial-tr>. Acesso em: 18 set. 2017.

(12) GIUSEPPE CHIOVENDA, *apud* CASTELO, Jorge Pinheiro. A correção monetária na Justiça do Trabalho, o IPCA-E e o STF — e a prevalência do negociado sobre o legislado. *Revista LTr* 81-04/434.

(13) BOBBIO, Norberto. *Teoria da norma jurídica*. Bauru: Edipro, 2003.

(14) RODRIGUES, Deusmar José (Coord. e Coautor). *Lei da reforma trabalhista* – comentada artigo por artigo. Leme: J.H.MIZUNO, 2017. p. 328.

A PRESCRIÇÃO INTERCORRENTE NA EXECUÇÃO TRABALHISTA DEPOIS DA REFORMA TRABALHISTA INTRODUZIDA PELA LEI N. 13.467/2017

Ben-Hur Silveira Claus(*)

"[...] nenhum outro crédito deve ter, em sua execução judicial, preferência, garantia ou rito processual que supere os do crédito público, à exceção de alguns créditos trabalhistas." (item 4 da Exposição de Motivos n. 223 da Lei n. 6.830/80)

INTRODUÇÃO

O presente artigo tem por objetivo estudar a prescrição intercorrente prevista no art. 11-A da CLT e sua aplicação à execução trabalhista. O preceito foi introduzido na Consolidação das Leis do Trabalho pela Lei n. 13.467/2017 (Reforma Trabalhista) e apresenta a seguinte redação:

> Art. 11-A. Ocorre a prescrição intercorrente no processo do trabalho no prazo de dois anos.
>
> § 1º A fluência do prazo prescricional intercorrente inicia-se quando o exequente deixa de cumprir determinação judicial no curso da execução.
>
> § 2º A declaração da prescrição intercorrente pode ser requerida ou declarada de ofício em qualquer grau de jurisdição.

Parece adequado iniciar o presente estudo pelo exame da atual jurisprudência do Tribunal Superior do Trabalho sobre o tema da prescrição intercorrente e sobre as perspectivas da jurisprudência diante da introdução da prescrição intercorrente na execução trabalhista no direito positivo do trabalho.

1. A ATUAL JURISPRUDÊNCIA DO TST SOBRE A PRESCRIÇÃO INTERCORRENTE NA EXECUÇÃO

No período anterior à denominada Reforma Trabalhista, o Tribunal Superior do Trabalho uniformizou sua jurisprudência no sentido de que a prescrição intercorrente é inaplicável à execução trabalhista. A antiga redação da Súmula n. 114 do TST sintetizava o posicionamento. Aprovada no ano de 1980, a Súmula n. 114 do TST tem a seguinte redação:

> PRESCRIÇÃO INTERCORRENTE. É inaplicável na Justiça do Trabalho a prescrição intercorrente.

Em que pese a possibilidade de a arguição de prescrição intercorrente estivesse prevista no art. 884, § 1º, da CLT[1], o Tribunal Superior do Trabalho construiu sua jurisprudência na perspectiva de afirmar a inaplicabilidade da prescrição intercorrente à execução trabalhista. Mesmo quando a paralisação da execução decorria da inércia do exequente, ainda assim a jurisprudência do TST afirmava, ser inaplicável a prescrição intercorrente ao processo do trabalho na fase de execução (TST-RR-20400-07.1995.5.02.0074, Relator Ministro João Oreste Dalazen, DEJT 27.02.2015).

De outra parte, a jurisprudência do Tribunal Superior do Trabalho reputava insubsistente a distinção algumas vezes estabelecida entre prescrição intercorrente e prescrição da ação executiva, sob o fundamento de que essa distinção "... traz subjacente a superada ideia de bipartição entre ação de conhecimento e ação de execução, que já não existia no Processo do Trabalho, caracterizado por uma relação processual única, mesmo antes das reformas do CPC, que implicaram a consolidação do chamado processo sincrético, identificado pela união de tutelas cognitivas e executivas" (TST-RR-72600-08.1989.5.02.0007, 2ª Turma, Rel. Min. José Roberto Freire Pimenta, DEJT 13.03.2015).

Fundada na possibilidade de o juiz promover a execução de ofício por força da previsão originária do art. 878, *caput*, da CLT, a jurisprudência do TST foi estruturada axiologicamente sobre uma concepção *substancialista* do Direito do Trabalho, com o evidente propósito de consagrar ao crédito trabalhista a hie-

(*) Juiz do Trabalho do Tribunal Regional do Trabalho da 4ª Região (RS). Mestre em Direito.

(1) "Art. 884. Garantida a execução ou penhorados os bens, terá o executado cinco dias para apresentar *embargos*, cabendo igual prazo ao exequente para impugnação.

§ 1º. A matéria de defesa será restrita às alegações de cumprimento da decisão ou do acordo, quitação ou *prescrição da dívida*."

rarquia própria a sua condição de crédito representativo de direito fundamental previsto no art. 7º da Constituição Federal, dotado do superprivilégio legal previsto no art. 186 do Código Tributário Nacional. Para *André Araújo Molina*, o TST realizou uma metainterpretação da jurisprudência para os casos em que a execução ficava parada em razão de omissão de ato do juízo ou da prática de ato da defesa. Essa interpretação conduzia ao afastamento da prescrição intercorrente, já que a paralisação do processo não era causada pela omissão do exequente.(2)

A concepção *substancialista* que conformava a jurisprudência do Tribunal Superior do Trabalho sobre o tema revelava-se evidente quando se observava que o TST admitia Recurso de Revista contra a decisão regional que acolhe a arguição de prescrição intercorrente. Essa concepção *substancialista* tornava-se ainda mais evidente quando o estudo da jurisprudência do TST revelava que o tribunal admitia o Recurso de Revista sob fundamento de violação a três distintos dispositivos da Constituição Federal. Em outras palavras, o TST reputava caracterizada ofensa direta e literal a três dispositivos da Constituição Federal quando o Tribunal Regional do Trabalho declarava prescrição intercorrente na execução.

Como é sabido, o cabimento de Recurso de Revista na fase de execução está restrito à hipótese de violação literal e direta de norma da Constituição Federal. Com efeito, a teor do art. 896, § 2º, da CLT, não cabe Recurso de Revista das decisões proferidas em execução de sentença, "... salvo na hipótese de ofensa direta e literal de norma da Constituição Federal."(3)

A pesquisa realizada na jurisprudência revela que o Tribunal Superior do Trabalho admitia Recurso de Revista nessa hipótese tanto sob fundamento de violação ao art. 5º, XXXVI, da Constituição Federal (coisa julgada) quanto sob fundamento de violação ao art. 5º, XXXV, da Constituição Federal (cláusula da inafastabilidade da jurisdição); bem como sob fundamento de violação ao art. 7º, XXIX, da Constituição Federal (prescrição bienal e quinquenal).

As ementas a seguir sintetizam a concepção *substancialista* que se formara na jurisprudência do Tribunal Superior do Trabalho acerca da matéria, na medida em que essas ementas revelam que o TST admitia o recurso de revista por: a) ofensa ao inciso XXXVI do art. 5º da Constituição Federal (coisa julgada):

> RECURSO DE EMBARGOS INTERPOSTO SOB A ÉGIDE DA LEI N. 11.496/2007. EXECUÇÃO. PRESCRIÇÃO INTERCORRENTE. ALEGAÇÃO DE AFRONTA À COISA JULGADA. *Afronta o art. 5º, XXXVI, da Constituição da República decisão por meio da qual se extingue a execução com resolução do mérito, em virtude da incidência da prescrição intercorrente*, uma vez que tal conduta impede indevidamente a produção dos efeitos materiais da coisa julgada, tornando sem efeitos concretos o título judicial transitado em julgado. Recurso de embargos conhecido e provido. (E-RR — 4900-08.1989.5.10.0002, Relator Ministro Lelio Bentes Corrêa, SBDI — 1, DEJT 29.06.2012);

b) ofensa ao inciso XXXV do art. 5º da Constituição Federal (cláusula da inafastabilidade da jurisdição):

> RECURSO DE REVISTA INTERPOSTO NA VIGÊNCIA DA LEI N. 13.015/2014. FASE DE EXECUÇÃO. INÉRCIA DO EXEQUENTE. JUSTIÇA DO TRABALHO. PRESCRIÇÃO INTERCORRENTE. INAPLICABILIDADE. ART. 5º, XXXV, DA CONSTITUIÇÃO FEDERAL. 1. A jurisprudência do Tribunal Superior do Trabalho consolidou o entendimento de que não se aplica a prescrição intercorrente na Justiça do Trabalho, sob pena de ineficácia da coisa julgada material. Precedentes. 2. A diretriz perfilhada na Súmula n. 114 do TST também incide no caso de paralisação do processo decorrente de inércia do exequente. Ressalva de entendimento pessoal do Relator. 3. *Viola o art. 5º, XXXV, da Constituição Federal acórdão regional que mantém a declaração de prescrição intercorrente, ante a inércia do Exequente.* 4. Recurso de revista do Exequente de que se conhece a que se dá provimento para afastar a prescrição intercorrente e determinar a remessa dos autos à Vara do Trabalho de origem, para que prossiga na execução. (RR-162700-04.1997.5.03.0103, Relator Ministro João Oreste Dalazen, 4ª Turma, DEJT 17.06.2016);

c) ofensa ao inciso XXIX do art. 7º da Constituição Federal (prescrição bienal e quinquenal):

> RECURSO DE REVISTA. FASE DE EXECUÇÃO. INÉRCIA DO EXEQUENTE. JUSTIÇA DO TRABALHO. PRESCRIÇÃO INTERCORRENTE. INAPLICABILIDADE SÚMULA N. 114 DO TRIBUNAL SUPERIOR DO TRABALHO. 1. A jurisprudência do Tribunal Superior do Trabalho consolidou o entendimento de que não se aplica a prescrição intercorrente na Justiça do Trabalho. 2. A diretriz perfilhada na Súmula n. 114 do TST também incide no caso de paralisação do processo decorrente de inércia do exequente. Ressalva de entendimento pessoal do Relator. 3. O art. 7º, XXIX, da Constituição Federal prevê a contagem da prescrição bienal e quinquenal na Justiça do Trabalho em relação à data de extinção da relação de trabalho e do ajuizamento da ação, *não durante seu trâmite*. 4. *Viola o art. 7º, XXIX, da Constituição Federal acórdão regional que mantém a declaração de prescrição intercorrente*, ante a inércia do Exequente. 5. Recurso de revista de que se conhece e a que se dá provimento para afastar a prescrição intercorrente e determinar a remessa dos autos à Vara do Trabalho de origem, para que prossiga na execução (RR-20400-07.1995.5.02.0074, Relator Ministro João Oreste Dalazen, DEJT 27.02.2015).

No primeiro julgado, o TST reputou violado o art. 5º, XXXVI, da Constituição Federal por entender que a declaração de prescrição intercorrente pelo Tribunal Regional esvaziava a coisa julgada material estabelecida no título executivo judicial em execução; para reproduzir os termos da ementa, porque a pronúncia da prescrição

(2) "A prescrição intercorrente na execução trabalhista". *Revista Jurídica Luso-Brasileira*, Ano 3 (2017), n. 2. p. 124.

(3) "Art. 896. Cabe Recurso de Revista... .
§ 2º *Das decisões proferidas* pelos Tribunais Regionais do Trabalho ou por suas Turmas, *em execução de sentença*, inclusive em processo incidente de embargos de terceiro, *não caberá Recurso de Revista, salvo na hipótese de ofensa direta e literal de norma da Constituição Federal.*"

intercorrente pelo Tribunal Regional "... impede indevidamente a produção dos efeitos materiais da coisa julgada, tornando sem efeitos concretos o título judicial transitado em julgado."

No segundo julgado, o TST reputou violado o art. 5º, XXXV, da Constituição Federal por entender que a declaração de prescrição intercorrente pelo Tribunal Regional não se aplicava na Justiça do Trabalho, "sob pena de ineficácia da coisa julgada material".

É questionável a conclusão pela ocorrência de ofensa direta e literal aos dois preceitos constitucionais em questão; a ofensa poderia ser considerada apenas reflexa (indireta). Merece registro o fato de que o TST não admitia prescrição intercorrente mesmo na hipótese de inércia do exequente. O fato de o relator ter registrado entendimento pessoal em sentido contrário confirma que era majoritário no Tribunal o entendimento de que não se aplicava prescrição intercorrente ainda que a paralisação da execução decorresse da inércia do exequente. Tanto o primeiro julgado quanto o segundo julgado têm por propósito evitar a ineficácia da coisa julgada material que a declaração da prescrição intercorrente acarretaria em termos concretos. Daí a razão por que reputo *substancialista* a concepção da antiga jurisprudência do Tribunal Superior do Trabalho acerca da matéria, na medida em que a conclusão pela ocorrência de ofensa direta e literal dos incisos XXXVI e XXXV revelar-se-ia controvertida em face da tradição da teoria constitucional. A antiga jurisprudência do TST superava o entendimento estrito de que a ofensa aos referidos preceitos constitucionais seria apenas reflexa (indireta), para divisar ofensa direta e literal à *substância* dos incisos XXXVI e XXXV do art. 5º da Constituição Federal quando a decisão regional declarava prescrição intercorrente na execução trabalhista.

No terceiro julgado, o TST reputou violado o art. 7º, XXIX, da Constituição Federal por entender que não se pode extrair desse preceito constitucional a existência de prescrição intercorrente. Na fundamentação do julgado, está assentado o entendimento de que a previsão do preceito da Constituição Federal não trata de prescrição durante o trâmite do processo. Isso porque tanto a prescrição bienal quanto a prescrição quinquenal vinculam-se tão somente à data da extinção do contrato de trabalho e à data da propositura da demanda. Vale transcrever esta parte da ementa: "3. O art. 7º, XXIX, da Constituição Federal prevê a contagem da prescrição bienal e quinquenal na Justiça do Trabalho em relação à data de extinção da relação de trabalho e do ajuizamento da ação, *não durante seu trâmite*" (grifei).

Em outro acórdão em que o TST reputou violado o inciso XXIX do art. 7º da Constituição Federal, da lavra do Min. José Roberto Freire Pimenta, essa fundamentação foi mais especificamente detalhada, tendo o Tribunal assentado que o instituto da prescrição trabalhista tem como fonte normativa principal a própria Constituição Federal. Na ocasião, assentou-se: "... esta Corte assentou o entendimento de que não se aplica ao processo trabalhista a prescrição intercorrente, porquanto o instituto da prescrição no Direito do Trabalho possui como fonte principal o artigo 7º, inciso XXIX, da Constituição Federal, do qual, absolutamente, não se extrai nem se deduz a incidência da prescrição intercorrente" (TST-RR-72600-08.1989.5.02.0007, 2ª Turma, Rel. Min. José Roberto Freire Pimenta, DEJT 13.03.2015).

Se nos dois julgados anteriores o intérprete depara-se com dúvida razoável acerca do controvertido problema da caracterização de ofensa direta e literal à norma constitucional, no terceiro julgado e no último julgado mencionado parece mais razoável divisar violação direta e literal a preceito constitucional, sobretudo quando o Tribunal afirma que o instituto da prescrição no Direito do Trabalho tinha como fonte principal o art. 7º, inciso XXIX, da Constituição Federal.

Se o entendimento que se extrai desses dois últimos julgados permanecer subsistente no âmbito do TST mesmo após a revogação da faculdade de o magistrado promover a execução de ofício pela Lei n. 13.467/2017, que confere nova redação ao art. 878 da CLT, é razoável admitir que a jurisdição trabalhista poderá vir a declarar a inconstitucionalidade do art. 11-A da CLT, em razão do entendimento de que então o art. 11-A da CLT violaria o preceito constitucional do art. 7º, inciso XXIX, da Constituição Federal, na medida em que do preceito constitucional não se extrairia interpretação acerca de existência de prescrição intercorrente no Direito do Trabalho, conforme a atual jurisprudência do Tribunal Superior do Trabalho então consolidada. Entretanto, é necessário refletir sobre a eventual opção pela declaração incidental de inconstitucionalidade do preceito do art. 11-A da CLT, na medida em que uma reação previsível seria o recurso das entidades patronais ao controle concentrado de constitucionalidade acerca do preceito em questão mediante Ação Direta de Constitucionalidade do art. 11-A, situação na qual a tendência natural do Supremo Tribunal Federal seria a de referendar sua própria jurisprudência, corroborando a diretriz hermenêutica da Súmula n. 372, na qual o STF afirma que "o direito trabalhista admite a prescrição intercorrente".[4]

A jurisprudência do TST acerca do tema da prescrição intercorrente foi construída sob o pressuposto de que o juiz estava autorizado a promover a execução de ofício, a teor do art. 878, *caput*, da CLT, na redação anterior à Lei n. 13.467/2017. A denominada Reforma Trabalhista pretendeu retirar esse poder de iniciativa do magistrado, alterando a redação do dispositivo legal em questão.

(4) Súmula n. 327 do STF: "PRESCRIÇÃO INTERCORRENTE. O direito trabalhista admite a prescrição intercorrente" (1963).

Com a alteração da redação do art. 878 da CLT, a Reforma Trabalhista pretendeu limitar a iniciativa do juiz para promover a execução à hipótese em que as partes não estão representadas por advogado. Essa hipótese é exceção; em regra, as partes têm advogado constituído nos autos do processo.

Resta saber se o TST vai manter a diretriz de sua jurisprudência acerca da prescrição intercorrente após a modificação introduzida na redação do art. 878 da CLT pela Lei n. 13.467/2017 e após a introdução de previsão expressa de prescrição intercorrente na execução trabalhista pelo art. 11-A da CLT reformada. Isso porque a jurisprudência do Tribunal foi estruturada sob a vigência da redação anterior do art. 878 da CLT, preceito revogado pela legislação que introduziu a denominada Reforma Trabalhista na CLT. Para Manoel Antonio Teixeira Filho, a superveniência do art. 11-A da CLT reformada deverá implicar o cancelamento da Súmula n. 114 do TST.[5]

Chamada a adequar a jurisprudência uniforme do TST à Reforma Trabalhista instituída pela Lei n. 13.467/2017, a Comissão de Jurisprudência do Tribunal propôs a seguinte redação para a Súmula n. 114 do TST: "PRESCRIÇÃO INTERCORRENTE. Aplica-se a prescrição intercorrente na fase de execução do processo do trabalho, nos termos do art. 11-A da CLT, acrescido pela Lei n. 13.467/2017". A redação proposta ainda não foi aprovada, devendo ser submetida à análise do Tribunal nos próximos dias. A proposta da Comissão de Jurisprudência não é de cancelamento da súmula, mas de adequação da redação do verbete sumular à previsão do art. 11-A da CLT, conforme sugeriram os juristas Rodolfo Pamplona Filho e Leandro Fernandez.[6]

Embora a nova redação proposta para a Súmula n. 114 do TST não tenha sido ainda analisada, o TST sinalizou sua aprovação ao editar a Instrução Normativa n. 41/2018. Destinada a estabelecer diretrizes sobre a aplicabilidade das normas da Reforma Trabalhista ao processo do trabalho, a Instrução Normativa n. 41/2018 do TST enfrentou o tema da aplicação da prescrição intercorrente na execução trabalhista. No art. 2º da referida instrução normativa, o TST assentou a seguinte diretriz: "Art. 2º. O fluxo da prescrição intercorrente conta-se a partir do descumprimento da determinação judicial a que alude o § 1º do art. 11-A da CLT, desde que feita após 11 de novembro de 2017 (Lei n. 13.467/2017)".

A diretriz adotada na instrução normativa acaba por excluir a interpretação de que a determinação judicial prevista no § 1º do art. 11-A da CLT pudesse ser compreendida como ordem judicial determinada antes da vigência da lei. Havia a interpretação de que a determinação judicial anterior à vigência da Lei n. 13.467/2017 poderia ser considerada válida para preencher o suporte fático do § 1º do art. 11-A da CLT, hipótese em que a fluência do biênio teria início a partir da vigência da lei. Essa vertente interpretativa era questionada sob a perspectiva da irretroatividade do art. 11-A da CLT. Os defensores dessa vertente interpretativa argumentavam que não haveria aplicação retroativa porque o fluxo prescricional teria início apenas a partir da vigência da lei, embora a determinação judicial tivesse sido anterior à vigência da lei. Para superar divergências interpretativas, a instrução normativa adotou assertiva oração com a qual localiza no tempo a determinação judicial apta a preencher o suporte fático do preceito legal, esclarecendo que se trata de determinação judicial "... feita após 11 de novembro de 2017".

Outro aspecto sobre o qual a comunidade jurídica aguarda pelo posicionamento do TST diz respeito ao itinerário procedimental a ser observado na aplicação da prescrição intercorrente introduzida pelo art. 11-A da CLT reformada. Neste particular, cumpre registrar que a Instrução Normativa n. 39/2016 do TST definira posição pela não aplicação dos arts. 921 e 924 do CPC de 2015 ao processo do trabalho, fazendo-o de forma coerente com a jurisprudência que se uniformizara na na vigência da redação originária da Súmula n. 114 do TST — "É inaplicável na Justiça do Trabalho a prescrição intercorrente". Porém, é necessário registrar o elemento cronológico de que esse posicionamento foi adotado pelo TST antes do advento da Reforma Trabalhista. Com a superveniência da Reforma Trabalhista instituída pela Lei n. 13.467/2017, foi alterada a redação do art. 878 da CLT e foi introduzida a prescrição intercorrente na execução trabalhista pela redação do art. 11-A, o que torna atual a questão de definir o procedimento a ser observado para a pronúncia da prescrição intercorrente.

2. A prescrição intercorrente na Lei de Executivos Fiscais

A previsão de incidência da Lei de Executivos Fiscais na execução trabalhista, estabelecida no art. 889 da CLT[7], recomenda o estudo do tema da prescrição intercorrente no âmbito dos executivos fiscais, a fim de melhor compreender o alcance do art. 11-A da CLT, preceito introduzido pela denominada Reforma Trabalhista, instituída pela Lei n. 13.467/2017.

Nada obstante a antiga jurisprudência uniformizada do TST tenha assentado na Súmula n. 114 o entendi-

(5) *O processo do trabalho e a reforma trabalhista*. São Paulo: LTr, 2017. p. 39.

(6) *Tratado da prescrição trabalhista – aspectos teóricos e práticos*. São Paulo: LTr, 2017. p. 87.

(7) "Art. 889. Aos trâmites e incidentes do processo da execução são aplicáveis, naquilo que não contravierem ao presente Título, os preceitos que regem o processo dos executivos fiscais para a cobrança judicial da dívida ativa da Fazenda Pública Federal."

mento de que a prescrição intercorrente não se aplicava ao processo do trabalho, não se desconhece o fato de que setores consideráveis da magistratura do trabalho, acompanhados da doutrina trabalhista majoritária, vinham sustentando a aplicabilidade da prescrição intercorrente na execução, fazendo-o mediante a adoção do itinerário procedimental estabelecido no art. 40 da Lei n. 6.830/80, sob a invocação da aplicação da Lei de Executivos Fiscais à execução trabalhista, a teor do art. 889 da CLT.

Na redação originária do art. 40 da Lei n. 6.830/80 havia apenas três (3) parágrafos. Não havia o § 4º, que viria a ser introduzido pela Lei n. 11.051/2004.

A redação originária do art. 40 da LEF era a seguinte:

> Art. 40. O juiz suspenderá o curso da execução, enquanto não for localizado o devedor ou encontrados bens sobre os quais possa recair a penhora, e, nesses casos, não correrá o prazo de prescrição.
>
> § 1º Suspenso o curso da execução será aberta vista dos autos ao representante judicial da Fazenda Pública.
>
> § 2º Decorrido o prazo máximo de 1 (um) ano, sem que seja localizado o devedor ou encontrados bens penhoráveis, o Juiz ordenará o arquivamento dos autos.
>
> § 3º Encontrados que sejam, *a qualquer tempo*, o devedor ou os bens, serão desarquivados os autos para prosseguimento da execução (sublinhei).

A interpretação gramatical da redação originária do art. 40 da Lei n. 6.830/80 dava margem ao entendimento de que o direito à exigibilidade da obrigação tributária tornar-se-ia imprescritível na hipótese de não localização do devedor ou de bens penhoráveis. Isso porque o § 3º do art. 40 da LEF previa o desarquivamento dos autos para prosseguimento da execução quando encontrados, a qualquer tempo, o devedor ou bens a penhorar. A locução "a qualquer tempo" induzia ao entendimento pela imprescritibilidade do direito a exigir a obrigação tributária, pois sugeria que a execução fiscal poderia ser retomada no futuro sem nenhum limite temporal; encontrado o devedor ou localizados bens a penhorar, a referida locução sugeria a possibilidade de ser retomada a execução fiscal no futuro, indefinidamente. Essa interpretação, contudo, não se conforma à norma de ordem pública do art. 202, parágrafo único, do Código Civil, preceito segundo o qual "a prescrição interrompida recomeça a correr da data do ato que a interrompeu, ou do último ato para a interromper."

A regra é a prescritibilidade das pretensões. A imprescritibilidade é exceção. A Constituição Federal estabelece algumas hipóteses de imprescritibilidade: a) crime de racismo (CF, art. 5º, XLII); b) crime de ação armada contra a ordem constitucional e o Estado Democrático (CF, art. 5º, XLIV); c) ação de ressarcimento por prejuízos causados ao erário (CF, art. 37, § 5º). São hipóteses excepcionais expressamente previstas no direito positivo. As ações declaratórias também são imprescritíveis, por construção doutrinária. As ações condenatórias estão sujeitas à prescrição. As ações reclamatórias trabalhistas são espécie do gênero das ações condenatórias.

Na doutrina, a interpretação pela imprescritibilidade do direito à obrigação tributária foi desde logo rejeitada. Humberto Theodoro Júnior, ao comentar o art. 40 da Lei n. 6.830/80, foi categórico sobre o tema, assentando "... a necessidade de evitar-se a interpretação literal, pois essa acabaria provocando a aberração de criar-se direito obrigacional imprescritível em favor da Fazenda Pública"[(8)].

A tese da imprescritibilidade também foi rejeitada pela jurisprudência. O Supremo Tribunal Federal assentou no particular: "A interpretação dada, pelo acórdão recorrido, ao art. 40 da Lei n. 6.830/80, recusando a suspensão da prescrição por prazo indefinido, é a única susceptível de torná-lo compatível com a norma do art. 174, parágrafo único, do Cód. Tributário Nacional, a cujas disposições gerais é reconhecida a hierarquia da lei complementar" (STF, RE 106.217-SP, Rel. Min. Octávio Galotti, ac. de 09.09.1986, RTJ 119:328).

O Superior Tribunal de Justiça também recusou a tese da imprescritibilidade da ação relativa à obrigação tributária, rejeitando o entendimento a que a interpretação gramatical do § 3º do art. 40 da Lei de Executivos Fiscais poderia conduzir o intérprete desavisado: "O art. 40 da Lei n. 6.830/80 é silente quanto ao prazo máximo da suspensão do curso da execução. Todavia, cumpre afastar interpretação que a identifique à imprescritibilidade. Analogicamente, considerar-se-á o prazo de um ano" (STJ, 2ª T., REsp 6.783-RS, Rel. Min. Vicente Cernicchiaro, ac. de 17.12.1990, DJU 04.03.1991).

Na solução do conflito entre o art. 174 do CTN e o art. 40 da LEF, a jurisprudência do STJ conferiu prevalência ao preceito do Código Tributário Nacional, em detrimento à literalidade do art. 40 da Lei n. 6.830/80, consolidando a diretriz hermenêutica antes referida, segundo a qual o sistema tributário não se compatibiliza com a noção de imprescritibilidade. Em acórdão do ano de 2003, a matéria em questão foi solucionada neste sentido: "4. Os casos de interrupção do prazo prescricional estão previstos no art. 174 do CTN, nele não incluídos os do art. 40, da Lei n. 6.830/80. Há de ser sempre lembrado que o art. 174, do CTN tem natureza de Lei Complementar. 5. O art. 40, da Lei n. 6.830/80, nos termos em que admitido em nosso ordenamento jurídico, não tem prevalência. Sua aplicação há de sofrer os limites impostos pelo art. 174, do CTN. 6. Repugna aos princí-

(8) *Lei de execução fiscal*. 11. ed., São Paulo: Saraiva, 2009. p. 229.

pios informadores do nosso sistema tributário a prescrição indefinida. Após o decurso de determinado tempo sem promoção da parte interessada, deve-se estabilizar o conflito, pela via da prescrição, impondo segurança jurídica aos litigantes" (STJ, 1ª T., REsp 388.000/SP, Rel. Min. José Delgado, ac. de 21.02.2003, RJTAMG 85:386).

No ano de 2004 e na linha da orientação que se consolidara na jurisprudência, a Lei n. 11.051/2004 alterou a redação originária da Lei n. 6.830/80, para introduzir o § 4º no art. 40 da LEF, positivando previsão de aplicação de prescrição intercorrente nos executivos fiscais de forma expressa. E essa aplicação ocorre de ofício. Para tanto, basta que tenha ocorrido o arquivamento provisório dos autos e, após, que tenha decorrido o prazo prescricional quinquenal aplicável à execução fiscal.

Com o acréscimo do § 4º introduzido pela Lei n. 11.051/2004, a redação do art. 40 da Lei n. 6.830/80 passou a ser a seguinte:

> Art. 40. O juiz suspenderá o curso da execução, enquanto não for localizado o devedor ou encontrados bens sobre os quais possa recair a penhora, e, nesses casos, não correrá o prazo de prescrição.
>
> § 1º. Suspenso o curso da execução será aberta vista dos autos ao representante judicial da Fazenda Pública.
>
> § 2º. Decorrido o prazo máximo de 1 (um) ano, sem que seja localizado o devedor ou encontrados bens penhoráveis, o Juiz ordenará o arquivamento dos autos.
>
> § 3º. Encontrados que sejam, a qualquer tempo, o devedor ou os bens, serão desarquivados os autos para prosseguimento da execução.
>
> § 4º. Se da decisão que ordenar o arquivamento tiver decorrido o prazo prescricional, o juiz, depois de ouvida a Fazenda Pública, poderá, de ofício, reconhecer a prescrição intercorrente e decretá-la de imediato.

Trata-se de inovação legislativa significativa. Comentando o preceito, Humberto Theodoro Júnior registra que as dificuldades encontradas pela jurisprudência na aplicação do art. 40 da LEF foram superadas pela Lei n. 11.051/2004, que acrescentou o § 4º. Comentando o novo preceito, o jurista mineiro registrou que, "... uma vez arquivados os autos e transcorrido o prazo prescricional, o juiz ficará autorizado a decretar a prescrição intercorrente, de ofício".(9)

A jurisprudência do STJ confirmou a interpretação de Humberto Theodoro Júnior acerca do alcance do § 4º do art. 40 da Lei n. 6.830/80: "O atual § 4º do art. 40 da LEF, acrescentado pela Lei n. 11.051, de 29.12.04 (art. 6º), viabiliza a decretação da prescrição intercorrente por iniciativa judicial, com a única condição de ser previamente ouvida a Fazenda Pública, permitindo-lhe arguir eventuais causas suspensivas ou interruptivas do prazo prescricional. Tratando-se de norma de natureza processual, tem aplicação imediata, alcançando inclusive os processos em curso". (STJ-1ª T., REsp 735.220, Min. Teori Zavascki, j. 03.03.05, DJU 16.05.05).

A Súmula n. 314 do STJ sintetiza a atual jurisprudência acerca da prescrição intercorrente no âmbito dos executivos fiscais, ao estabelecer que: "Em execução fiscal, não localizados bens penhoráveis, suspende-se o processo por um ano, findo o qual se inicia o prazo da prescrição quinquenal intercorrente." Essa súmula foi aprovada no final do ano de 2005 e publicada no início do ano de 2006.

A maior novidade a acrescentar à Súmula n. 314 do STJ é, na observação de Humberto Theodoro Junior, a autorização legal conferida ao juiz para declarar a prescrição intercorrente de ofício, com fundamento no § 4º do art. 40 da Lei n. 6.830/80, preceito introduzido na Lei de Executivos Fiscais pela Lei n. 11.051/2004.(10)

Como se viu, tanto a doutrina quanto a jurisprudência rejeitaram a tese da imprescritibilidade no âmbito da execução fiscal. Não há dúvida de que a formulação doutrinária e jurisprudencial sobre a matéria serviu de subsídio à legislação que viria alterar a redação originária do art. 40 da Lei n. 6.830/80, mediante a introdução do § 4º, inserido pela Lei n. 11.051/2004, para positivar a aplicabilidade da prescrição intercorrente nos executivos fiscais de forma induvidosa, inclusive de ofício.

Há um outro elemento cronológico importante para a compreensão do tema. Esse elemento cronológico sobrevém cinco (5) anos após o advento da Lei n. 11.051/2004, que acrescentou o § 4º ao art. 40 da LEF. Trata-se do advento da Lei n. 11.960/2009, que acrescentou o § 5º ao art. 40 da Lei n. 6.830/80. Nessa lei, o legislador corrobora a opção pela aplicação da prescrição intercorrente na execução fiscal, estabelecendo hipótese em que a declaração da prescrição intercorrente pode ser realizada sem a prévia intimação da Fazenda Pública. A redação do § 5º do art. 40 da Lei n. 6.830/80 foi dada pela Lei n. 11.960/2009 e é a seguinte: "§ 5º. A manifestação prévia da Fazenda Pública prevista no § 4º deste artigo será dispensada no caso de cobranças judiciais cujo valor seja inferior ao mínimo fixado por ato do Ministro de Estado da Fazenda."

Vale dizer, a superveniência da Lei n. 11.960/2009 opera como fator de reiteração da opção do legislador pela aplicação de prescrição intercorrente na execução fiscal, restando definitivamente insubsistente a tese da imprescritibilidade a que poderia conduzir a interpretação literal do § 3º do art. 40 da LEF.

A doutrina resume assim o itinerário procedimental a ser percorrido para a aplicação da prescrição intercor-

---

(9) *Lei de execução fiscal*. 11. ed São Paulo: Saraiva, 2009. p. 230.

(10) *Lei de execução fiscal*. 11. ed São Paulo: Saraiva, 2009. p. 236.

rente na execução fiscal: "Como acontece em qualquer processo, na execução fiscal, o despacho que ordena a citação interrompe a prescrição, e a efetivação do ato citatório faz com que os efeitos interruptivos retroajam até a data da propositura da demanda (interpretação sistemática da LEF (art. 8º, § 2º), do CTN (art. 174, § único), do CPC (art. 240, § 1º) e do CC (art. 202, I). Tal interrupção não se dá indefinidamente e, nos casos de não localização do executado ou de bens penhoráveis, obedece regras próprias para a execução fiscal. Nessas circunstâncias, passado um ano da suspensão da execução nessas hipóteses (§ 1º) e persistindo o insucesso na localização do executado ou de bens penhoráveis, deve haver a remessa dos autos ao arquivo (§ 2º), fato que deflagra o prazo prescricional anteriormente interrompido (§ 4º)."(11)

Por fim, cumpre registrar que requerimentos infrutíferos quanto à localização de bens à penhora não têm o condão de interromper o curso do prazo da prescrição intercorrente iniciado com o arquivamento provisório da execução fiscal. É o que afirma a doutrina de Ari Pedro Lorenzetti: "... são irrelevantes as buscas ou quaisquer outros atos promovidos pela Fazenda Pública durante o período, a menos que sejam encontrados bens penhoráveis. Todavia, por mais atos que a Fazenda Pública pratique após o arquivamento, se não obtiver êxito, não conseguirá obstar a liberação do executado".(12)

A jurisprudência orienta-se no mesmo sentido: "Os requerimentos de bloqueios de bens, negativamente respondidos, não têm o condão de suspender ou interromper o prazo prescricional. Antes, comprovam que a exequente não logrou êxito no seu mister de localizar bens penhoráveis do devedor". (STJ-2ª T., REsp 1.305.755, Min. Castro Meira, j. 03.05.12, DJU 10.05.12).

Por derradeiro, cumpre observar que a legislação fiscal abandona o modelo anterior de prescrição intercorrente, no qual se reputava relevante a conduta subjetiva do exequente no processo, para redefinir a prescrição intercorrente sob uma perspectiva objetiva, na qual interessam apenas dois (2) elementos objetivos — a) a inexistência de bens para penhorar e o b) decurso do tempo. A lição é de André Araújo Molina. Para o jurista, o modelo adotou uma perspectiva objetiva, independentemente do elemento subjetivo da inércia do exequente, para considerar apenas os critérios objetivos da inexistência de bens e da passagem do tempo, ainda que o exequente demonstre real interesse (frustrado) nas diligências para a busca de bens penhoráveis.(13)

Em outras palavras, já não mais se exige tenha o exequente incorrido em conduta negligente caracterizadora de inércia processual injustificada para se ter por iniciada a fluência do prazo prescricional intercorrente na execução fiscal. Esse elemento subjetivo é definitivamente abandonado pelo legislador tanto na edição da Lei n. 11.051/2004 quanto na edição da Lei n. 11.960/2009, as quais acrescentaram ao art. 40 da Lei n. 6.830/80 os §§ 4º e 5º, respectivamente.

Afirma-se, por isso, que a prescrição intercorrente na execução fiscal assumiu perspectiva objetiva: mesmo que a conduta subjetiva do exequente não possa ser identificada como conduta negligente caracterizadora de inércia processual injustificada, a inexistência de bens para penhorar é o fato objetivo que faz disparar a fluência do prazo prescricional intercorrente na execução fiscal, desde que já tenha ocorrido o arquivamento provisório dos autos (Lei n. 6.830/80, art. 40, § 4º). A adoção dessa perspectiva objetiva é confirmada no enunciado da Súmula n. 314 do STJ: "Em execução fiscal, não localizados bens penhoráveis, suspende-se o processo por um ano, findo o qual se inicia o prazo da prescrição quinquenal intercorrente." O fato de o exequente fazer sucessivos requerimentos infrutíferos não interrompe a fluência do prazo da prescrição intercorrente na execução fiscal.

O prazo de prescrição intercorrente que começa a fluir, nos executivos fiscais, após o arquivamento provisório dos autos, somente é interrompido quando a penhora de bens ocorre e se logra promover a satisfação da execução mediante a alienação judicial do bem penhorado. Vale dizer, na execução fiscal, ainda que a Fazenda Pública faça requerimentos ao juízo com a finalidade de se fazer realizar a penhora de bens, essa proatividade processual não tem eficácia jurídica para fazer interromper o curso do prazo da prescrição intercorrente se a penhora não for exitosa.

Essa digressão é necessária porque parece que a Reforma Trabalhista instituída pela Lei n. 13.467/2017 não adotou a mera perspectiva objetiva de prescrição intercorrente imposta aos executivos fiscais pelas Leis ns. 11.051/2004 e 11.960/2009. A Reforma Trabalhista, ao introduzir a prescrição intercorrente na execução de forma expressa, adotou o modelo de prescrição intercorrente no qual se toma em consideração *a conduta subjetiva do exequente que permanece inerte mesmo após instado pelo juízo a promover a execução.* É o que indica a dicção do § 1º do art. 11-A da CLT, ao estabelecer expressamente que "... a fluência do prazo prescricional intercorrente inicia-se quando o exequente *deixa de cumprir determinação judicial no curso da execução*" (sem grifo no original). Voltaremos a essa questão depois de examinar o tratamento que o Código de Processo Civil 2015 conferiu ao tema da prescrição intercorrente.

---

(11) NEGRÃO, Theotonio e outros. *Novo Código de Processo Civil e legislação processual em vigor*. 47. ed. São Paulo: Saraiva, 2016. p. 1351.

(12) *A prescrição e a decadência na Justiça do Trabalho*. São Paulo: LTr, 2009. p. 303.

(13) A prescrição intercorrente na execução trabalhista. *Revista Jurídica Luso-Brasileira*, Ano 3 (2017), n. 2. p. 143.

3. A prescrição intercorrente no CPC de 2015

A prescrição intercorrente na execução no CPC de 2015 tem regência legal semelhante àquela adotada nos executivos fiscais, sobretudo depois das explicitações trazidas à execução fiscal com o advento das Leis n. 11.051/2004 e 11.960/2009, revelando que o tema da prescrição intercorrente recebeu disciplina semelhante nesses dois diplomas legais.

O CPC disciplina a prescrição intercorrente nos seguintes termos:

> Art. 921. Suspende-se a execução:
>
> [...]
>
> III — quando o executado não possuir bens penhoráveis;
>
> [...]
>
> § 1º Na hipótese do inciso III, o juiz suspenderá a execução pelo prazo de 1 (um) ano, durante o qual se suspenderá a prescrição.
>
> § 2º Decorrido o prazo máximo de 1 (um) ano sem que seja localizado o executado ou que sejam encontrados bens penhoráveis, o juiz ordenará o arquivamento dos autos.
>
> § 3º Os autos serão desarquivados para prosseguimento da execução se a qualquer tempo forem encontrados bens penhoráveis.
>
> § 4º Decorrido o prazo de que trata o § 1º sem manifestação do exequente, começa a correr o prazo de prescrição intercorrente.
>
> § 5º O juiz, depois de ouvidas as partes, no prazo de 15 (quinze) dias, poderá, de ofício, reconhecer a prescrição de que trata o § 4º e extinguir o processo.
>
> ...
>
> Art. 924. Extingue-se a execução quando:
>
> [...]
>
> V — ocorrer a prescrição intercorrente.

O art. 924, V, do CPC estabelece que a prescrição intercorrente é causa extintiva da execução. A previsão legal é suficiente para afastar interpretação em favor da tese imprescritibilidade da execução no processo civil. Se a interpretação isolada do § 3º do art. 921 pode conduzir o intérprete desavisado à tese da imprescritibilidade, a interpretação sistemática dos arts. 921 e 924 do CPC revela a insubsistência da ideia de imprescritibilidade. Se a prescrição intercorrente pode ser declarada (CPC, art. 921, § 5º), a interpretação que se impõe, para harmonizar os preceitos em questão, é aquela segundo a qual a locução "a qualquer tempo" há de ser compreendida no sentido de que o desarquivamento dos autos previsto no § 3º do art. 921 do CPC é possível *enquanto não consumada a prescrição*. É dizer, o desarquivamento dos autos será possível *se o prazo prescricional não tiver transcorrido por inteiro*. A leitura seria então: o desarquivamento dos autos será possível a qualquer tempo *desde que não consumada a prescrição*.

Os §§ 1º e 2º do art. 921 do CPC fixam o arquivamento provisório como marco inicial para a retomada da contagem do prazo prescricional na execução civil, a exemplo do que ocorre no âmbito dos executivos fiscais (Lei n. 6.830/80, art. 40, §§ 2º e 4º).

Esse arquivamento provisório dos autos deve ocorrer um ano após a suspensão da execução.

A suspensão da execução ocorre quando o executado não possuir bens penhoráveis (CPC, art. 921, III), tal qual ocorre nos executivos fiscais (Lei n. 6.830/80, art. 40, *caput*). O prazo de suspensão da execução é de um (1) ano (CPC, art. 921, § 1º). Durante esse prazo de um (1) ano de suspensão da execução, a prescrição estará suspensa (CPC, art. 921, § 1º). Entretanto, decorrido esse prazo de um (1) ano, sem que sejam encontrados bens penhoráveis, o juiz ordenará o arquivamento provisório dos autos (CPC, art. 921, § 2º), data a partir da qual terá início o curso do prazo prescricional intercorrente na execução civil. E o § 5º do art. 921 do CPC prevê que o juiz poderá reconhecer a prescrição intercorrente de ofício e extinguir o processo, depois de ouvidas as partes. Trata-se de disciplina legal semelhante à adotada na Lei de Executivos Fiscais (Lei n. 6.830/80, art. 40, § 4º). As partes são ouvidas apenas para indicar eventual causa de suspensão ou interrupção da prescrição e não para requerer novas diligências de penhora. Isso porque o prazo prescricional já estará consumado, salvo a caracterização de causa de suspensão ou interrupção da prescrição.

Assim como ocorre no âmbito dos executivos fiscais (Lei n. 6.830/80, art. 40, § 3º), somente se forem encontrados bens penhoráveis do executado é que a execução civil terá prosseguimento (CPC, art. 921, § 3º). Daí a percepção de que também o CPC adota a perspectiva objetiva para a aplicação da prescrição intercorrente.

A previsão do § 3º do art. 921 do CPC é de que "Os autos serão desarquivados para prosseguimento da execução se a qualquer tempo forem encontrados bens penhoráveis." Conforme já afirmado, a locução "se a qualquer tempo forem encontrados bens penhoráveis" deve ser interpretada de forma sistemática com os demais preceitos dos arts. 921 e 924 do CPC, de modo a evitar que a interpretação literal e isolada dessa locução conduza à tese da imprescritibilidade da execução. Trata-se de conferir à matéria no CPC a mesma interpretação sistemática que a doutrina e a jurisprudência outorgam ao § 3º do art. 40 da LEF, conformando a exegese da locução "a qualquer tempo" aos demais preceitos legais incidentes, de modo a submeter a interpretação dessa locução à supremacia da diretriz hermenêutica da prescritibilidade do direito a exigir pretensão relativa à obrigação de natureza civil.

Desta forma, assim compreendida a questão em razão da interpretação sistemática a ser observada na execução civil, a retomada da execução pode ser feita a qualquer tempo, *mas desde que antes da consumação do prazo da prescrição intercorrente*. Para a retomada da execução civil, o exequente deve indicar bens à penhora. Mas não basta a mera indicação; a simples apresentação de petição não interrompe a prescrição intercorrente que começou a correr quando do arquivamento provisório dos autos. É necessário que a penhora seja realizada de fato, de modo que a execução civil tenha efetivo prosseguimento, com a alienação do bem penhorado e a satisfação da execução.

É ilustrativa a doutrina de André Araújo Molina no particular: "Com o arquivamento provisório e reinício da contagem do prazo para a prescrição, a existência de pedidos reiterados, ainda que diligências inúteis tenham sido realizadas, não suspendem ou interrompem o prazo da prescrição que voltou a correr, sendo decisivo que o exequente encontre novos bens e instigue o juiz para a realização da penhora e alienação (art. 40 da Lei n. 6.830 de 1980 c/c 921, § 3º, do CPC de 2015), extinguindo-se a execução pelo pagamento ou pela transação (art. 924, II e III, do CPC de 2015), antes da consumação do prazo de prescrição".(14)

Na execução fiscal, somente a efetivação da penhora interrompe o curso do prazo prescricional intercorrente iniciado com o arquivamento provisório dos autos. Na execução civil ocorre o mesmo. Assim, requerimentos infrutíferos de penhora de bens não interrompem o curso prescricional já iniciado, seja na execução fiscal, seja na execução civil.

4. A prescrição intercorrente na execução trabalhista — aspectos gerais

Antes do advento da denominada Reforma Trabalhista, instituída pela Lei n. 13.467/2017, embora a doutrina majoritária manifestasse, com fundamento na previsão do art. 884, § 1º, da CLT(15), posicionamento a favor da aplicabilidade da prescrição intercorrente à execução trabalhista (Mozart Victor Russomano, Valentin Carrion, Wilson de Souza Campos Batalha, Alice Monteiro de Barros, Amauri Mascaro Nascimento, Francisco Antonio de Oliveira, Manoel Antonio Teixeira Filho, Carlos Henrique Bezerra Leite, Sérgio Pinto Martins, Amador Paes de Almeida, Júlio César Bebber, Vitor Salino de Moura Eça, Rodolfo Pamplona Filho e Mauro Schiavi), a jurisprudência do Tribunal Superior do Trabalho orientava-se em sentido contrário na Súmula n. 114. O enunciado originário da Súmula n. 114 do TST era no sentido de que "É inaplicável na Justiça do Trabalho a prescrição intercorrente". Essa Súmula n. 114 do TST foi aprovada no ano de 1980.

A Lei n. 13.467/2017 acrescentou à CLT o art. 11-A, disciplinando a aplicação da prescrição intercorrente na execução trabalhista. A redação do preceito é a seguinte:

> Art. 11-A. Ocorre a prescrição intercorrente no processo do trabalho no prazo de dois anos.
>
> § 1º A fluência do prazo prescricional intercorrente inicia-se quando o exequente deixa de cumprir determinação judicial no curso da execução.
>
> § 2º A declaração da prescrição intercorrente pode ser requerida ou declarada de ofício em qualquer grau de jurisdição.

Em que pese não se desconheça a ponderação de retrocesso social em relação à orientação estabelecida na redação originária da Súmula n. 114 do TST acerca da matéria da prescrição intercorrente na execução trabalhista, o primado da legalidade (CF, art. 5º, II) impõe a observância da nova legislação, já que parece de difícil sustentação a tese da inconstitucionalidade do art. 11-A da CLT reformada. Afirma-se que parece de difícil sustentação a tese da inconstitucionalidade do art. 11-A da CLT reformada porque se imagina que essa interpretação não teria acolhida no âmbito dos Tribunais Superiores e no âmbito dos Tribunais Regionais do Trabalho, seja em face da literalidade do art. 11-A da CLT reformada, seja em face da previsão do § 1º do art. 884 da CLT; seja em face da jurisprudência do Supremo Tribunal Federal (S-372-STF). Aliás, o legislador pretendeu positivar a diretriz da Súmula n. 372 do STF no art. 11-A da CLT.

É preciso tentar compreender o alcance do novo dispositivo legal.

O prazo de dois (2) anos é um elemento objetivo. Esse prazo está previsto no *caput* do art. 11-A da CLT reformada, de forma expressa. O prazo de dois (2) anos aplica-se quando a ação reclamatória trabalhista foi proposta após a extinção do contrato de trabalho. Entretanto, quando o contrato de trabalho estiver em curso, o prazo será de cinco (5) anos, de forma a fazer valer o prazo prescricional quinquenal estabelecido na Constituição Federal (art. 7º, XXIX) e na CLT (art. 11), conclusão que decorre da hermenêutica imposta pelo método sistemático de interpretação do ordenamento jurídico.

Maior celeuma também não deve gerar a previsão de declaração de ofício da prescrição intercorrente na execução trabalhista, seja porque a literalidade do preceito assim o estabelece (CLT, art. 11-A, § 2º), seja porque a declaração da prescrição intercorrente de ofício tornou-se regra legal tanto nos executivos fiscais (Lei n. 6.830/80, art. 40, § 4º) quanto na execução cível (CPC, art. 921, § 5º). O sistema jurídico nacional registra uma tendência legislativa no sentido do pronun-

(14) A prescrição intercorrente na execução trabalhista. *Revista Jurídica Luso-Brasileira*, Ano 3 (2017), n. 2. p. 143.

(15) "Art. 884. Garantida a execução ou penhorados os bens, terá o executado cinco dias para apresentar *embargos*, cabendo igual prazo ao exequente para impugnação.
§ 1º A matéria de defesa será restrita às alegações de cumprimento da decisão ou do acordo, quitação ou *prescrição da dívida*."

ciamento da prescrição de ofício. A Lei n. 11.280/2006 introduziu o § 5º no art. 219 do CPC de 1973, para estabelecer que "O juiz pronunciará, de ofício, a prescrição." Essa tendência orienta também o CPC de 2015. O CPC vigente prevê que haverá resolução do mérito quando o juiz "... decidir, de ofício ou a requerimento, sobre a ocorrência de decadência ou de prescrição" (CPC, art. 487, II).

Cumpre enfrentar agora o alcance da previsão legal do § 1º do art. 11-A da CLT. Trata-se do preceito que enseja maior controvérsia. O preceito está assim redigido: "§ 1º. A fluência do prazo prescricional intercorrente inicia-se quando o exequente deixa de cumprir determinação judicial no curso da execução."

O preceito legal prevê a existência de um fato que determina o início da fluência do prazo prescricional intercorrente na execução trabalhista. Esse fato é o *descumprimento de determinação judicial pelo exequente*. Significa dizer que o art. 11-A, § 1º, da CLT encerra um *requisito normativo adicional* em relação à regência legal do tema estabelecida na LEF e no CPC para a prescrição intercorrente, pois prevê que uma específica determinação judicial tenha sido estabelecida pelo juízo da execução e que essa determinação não tenha sido cumprida pelo exequente.

Na LEF e no CPC, não há tal previsão; de tal modo que a fluência do prazo de prescrição intercorrente inicia-se com o fato objetivo do arquivamento provisório dos autos tanto nos executivos fiscais (Lei n. 6.830/80, art. 40, § 4º) quanto na execução civil (CPC, art. 921, §§ 2º e 4º). Em outras palavras, nos executivos fiscais e na execução civil não há previsão legal para a realização de um *novo ato* pelo qual o juízo insta o exequente a cumprir determinada ordem judicial, de tal modo que a fluência do prazo prescricional tem início — imediata e automaticamente — com o arquivamento provisório dos autos. Esse fato objetivo — o arquivamento provisório dos autos — é suficiente para, isoladamente, fazer disparar a fluência do prazo prescricional intercorrente tanto no âmbito da execução fiscal quanto no âmbito da execução civil.

Na execução trabalhista, contudo, a disciplina da matéria é diversa, porquanto o legislador introduziu na CLT o *requisito normativo adicional* de que tenha havido o *descumprimento, pelo exequente, de uma específica determinação judicial*, para que então — e só daí então — se tenha por iniciada a fluência do prazo prescricional intercorrente de dois (2) anos. O problema está em saber de que espécie de determinação judicial cuida o legislador no § 1º do art. 11-A da CLT.

Parece razoável concluir que se trata de determinação judicial para o exequente impulsionar a execução.

Vejamos algumas espécies de determinação judicial de que se pode cogitar.

A primeira hipótese é a de apresentação de artigos de liquidação pelo exequente.(16) Diante da previsão de execução de ofício existente na redação originária do art. 878, *caput*, da CLT, a jurisprudência do TST foi construída na perspectiva de que não se poderia cogitar de prescrição intercorrente, na medida em que se compreendia ser incumbência do juízo promover a execução de ofício, não podendo o exequente ser prejudicado pela inércia estatal ou por medidas protelatórias adotadas pelo executado, consoante se recolhe dos precedentes que conduziram à edição da Súmula n. 114 do TST. Entretanto, como o juízo da execução não pode substituir a parte exequente na apresentação de artigos de liquidação diante da necessidade de alegar e provar fatos novos nessa modalidade de liquidação de sentença, a jurisprudência do TST identificou nessa situação hipótese para realizar uma *distinção* — no âmbito da aplicação da Súmula n. 114 do TST — quando a necessidade de apresentação de artigos de liquidação impunha a necessária iniciativa do exequente, admitindo então que nessa particular situação a inércia injustificada do exequente teria o efeito de fazer iniciar a fluência do prazo prescricional intercorrente, pois, do contrário, o processo ficaria indefinidamente pendente de solução.(17)

Certamente, a determinação judicial para que o exequente apresente artigos de liquidação é uma hipótese em que se tem por preenchido o suporte fático da norma em estudo quando o exequente permanecer inerte diante da ordem do juízo. A previsão legal, contudo, abrange outras hipóteses de descumprimento de determinação judicial. Essa interpretação decorre do enunciado genérico da locução empregada pelo legislador no preceito em exame — "quando o exequente deixa de cumprir determinação judicial no curso da execução". Mauro Schiavi cita os seguintes exemplos: "indicação de bens do devedor, informações necessárias para o registro da penhora, instauração do incidente de desconsideração da personalidade jurídica etc.".(18)

Conquanto o preceito legal em estudo constitua-se como uma espécie de cláusula geral em face do enunciado genérico de sua redação, não parece razoável admitir que o juízo da execução possa invocar o preceito do § 1º

(16) A liquidação por cálculos pode continuar determinada de ofício pelo juízo da execução, pois nessa modalidade de liquidação de sentença não há necessidade de alegar e provar fato novo.

(17) TST-SBDI1 — ERR 0693039-80.2005.10.0004 — Rel. Min. João Oreste Dalazen — DJE 08.05.2009. No mesmo sentido, TST-SBDI2 — RO 0000014-17.2014.5.02.0000 — Rel. Min. Douglas Alencar Rodrigues — DEJT 06.000003.2015.

(18) *A reforma trabalhista e o processo do trabalho*. São Paulo: LTr, 2017. p. 76.

do art. 11-A da CLT para se desvencilhar do dever funcional previsto no art. 765 da CLT de determinar "qualquer diligência necessária" a assegurar o resultado útil do processo, para transferir para o exequente a incumbência de realizar desde as primeiras pesquisas de bens à penhora, quando é o juízo da execução que tem acesso aos sistemas informatizados de pesquisa patrimonial eletrônica capaz de promover a constrição de patrimônio necessária à satisfação da dívida trabalhista.

Uma tal interpretação contrariaria — além do princípio da proteção (CLT, art. 9º[(19)]) — tanto a norma de sobredireito do art. 765 da CLT[(20)] quanto a norma do art. 139, IV, do CPC[(21)], aplicável ao processo do trabalho (CLT, art. 769; CPC, art. 15; Instrução Normativa n. 39/2016 do TST, art. 3º, III[(22)]), acarretando maltrato também ao princípio de direito administrativo da eficiência da administração pública (CF, art. 37, *caput*[(23)]; CPC, art. 8º[(24)]).

Cumpre observar que o art. 139, IV, do CPC estabelece ser incumbência do magistrado determinar todas as medidas necessárias ao cumprimento das decisões judiciais. Essa incumbência do magistrado aplica-se também na execução por quantia, aspecto em relação ao qual é de se registrar que o novo tratamento da matéria no CPC de 2015 denota a superação do paradigma restritivo que orientava o CPC revogado. O novo paradigma visa à efetividade da execução de crédito, inserindo-se numa clara perspectiva de ruptura com o modelo anterior, que ficara identificado pela marca da ineficácia da execução de crédito, conforme se recolhe do magistério de Hermes Zaneti Jr.[(25)] O preceito do art. 139, IV, do CPC "(...) pode ser considerado um adequado *desdobramento supletivo e subsidiário* do comando contido no art. 765 da CLT, na medida em que complementa e reforça a expressão 'qualquer diligência' a que o dispositivo consolidado faz menção", conforme a produtiva observação de Manoel Carlos Toledo Filho[(26)].

De outra parte, não se deve cogitar de fluência do prazo de prescrição intercorrente antes de terem sido esgotadas — pelo juízo da execução, de ofício, — as demais providências necessárias à satisfação da execução, entre as quais figuram — além da pesquisa patrimonial eletrônica de bens — tanto o redirecionamento da execução contra os sócios da sociedade executada quanto a pesquisa acerca de existência de grupo econômico, caso não encontrados bens da sociedade executada; o protesto extrajudicial da sentença; a inscrição do nome do executado em cadastro de inadimplentes; a indisponibilidade de bens via Central Nacional de Indisponibilidade de Bens — CNIB, dentre outras providências.

5. A prescrição intercorrente na execução trabalhista — aspectos específicos: a questão da execução de ofício

A Reforma Trabalhista pretendeu articular a introdução da prescrição intercorrente com a eliminação da execução de ofício. O propósito teria sido o de retirar eficiência da jurisdição trabalhista, nada obstante a Administração Pública seja regida pelo princípio da eficiência (CF, art. 37, *caput;* CPC, art. 8º). A Lei n. 13.467/2017 contraria o princípio da eficiência na Justiça do Trabalho. A Reforma Trabalhista é uma espécie de punição à eficiência da Justiça do Trabalho, o ramo mais eficiente da jurisdição brasileira. A Reforma Trabalhista objetiva uma jurisdição menos eficiente, na contramão do projeto constitucional de construção de um aparato judiciário eficiente.

O impulso do processo do trabalho pelo magistrado é uma característica histórica do sistema processual do trabalho no Brasil. Daí afirmar-se que a execução de ofício é um dos princípios do Direito Processual do Trabalho. A acertada observação é de Homero Batista Mateus da

---

(19) "Art. 9º. Serão nulos de pleno direito os atos praticados com o objetivo de desvirtuar, impedir ou fraudar a aplicação dos preceitos contidos na presente Consolidação."

(20) "Art. 765. Os juízos e Tribunais do Trabalho terão ampla liberdade na direção do processo e velarão pelo andamento rápido das causas, podendo determinar qualquer diligência necessária ao esclarecimento delas."

(21) "Art. 139. O juiz dirigirá o processo conforme as disposições deste Código, incumbindo-lhe:

IV — determinar todas as medidas indutivas, coercitivas, mandamentais ou sub-rogatórias necessárias para assegurar o cumprimento de ordem judicial, inclusive nas ações que tenham por objeto prestação pecuniária;".

(22) "Art. 3º. Sem prejuízo de outros, *aplicam-se* ao Processo do Trabalho, em face de omissão e compatibilidade, os preceitos do Código de Processo Civil que regulam os seguintes temas:

...

III — art. 139, exceto a parte final do inciso V (poderes, deveres e responsabilidades do juiz);".

(23) "Art. 37. A administração pública direta e indireta de qualquer dos Poderes da União, dos Estados, do Distrito Federal e dos Municípios obedecerá aos princípios da legalidade, impessoalidade, moralidade, publicidade e *eficiência* e, também, ao seguinte: ...".

(24) "Art. 8º. Ao aplicar o ordenamento jurídico, o juiz atenderá aos fins sociais e às exigências do bem comum, resguardando e promovendo a dignidade da pessoa humana, e observando a proporcionalidade, a razoabilidade, a legalidade, a publicidade e a *eficiência.*"

(25) Hermes Zaneti Jr. preceitua: "(...) o processo de execução deverá ser pensado, estruturado e efetivado de maneira a garantir o direito à tutela do crédito adequada, tempestiva e efetiva" (*Comentários ao Código de Processo Civil.* vol. XIV. Luiz Guilherme Marinoni (diretor). Sérgio Cruz Arenhart e Daniel Mitidiero (coordenadores). São Paulo: RT, 2016. p. 41).

(26) *Comentários ao novo CPC e sua aplicação ao processo do trabalho.* v. I. José Antônio Ribeiro de Oliveira Silva (coordenador). São Paulo: LTr, 2016. p. 200.

Silva.(27) Eliminar a execução de ofício significa descaracterizar um dos elementos essenciais do direito processual do trabalho. Não é só o aspecto conceitual da autonomia científica do processo do trabalho que resta mutilado, a Reforma foi pragmática na realização do desiderato de enfraquecer o direito processual do trabalho na prática, suprimindo uma das principais virtudes do procedimento trabalhista. Entretanto, foi mantida a possibilidade de execução de ofício do crédito previdenciário. O crédito principal não pode ser executado de ofício (o crédito trabalhista), enquanto que o crédito acessório (crédito previdenciário) deve ser executado de ofício (CLT, art. 876, parágrafo único(28)). É um contrassenso. Não é racional que no mesmo processo se possa executar de ofício o crédito previdenciário acessório e não se possa executar de ofício o crédito trabalhista principal, sobretudo quando se considera que o crédito trabalhista serve de base de cálculo às contribuições previdenciárias. Trata-se de uma alteração legislativa ilógica, conforme sublinham Mauricio Godinho Delgado e Gabriela Neves Delgado(29).

Além de ilógica, a alteração legislativa em questão não resiste à interpretação sistemática da própria CLT. Conforme destaca Wolney de Macedo Cordeiro, "... é a própria norma processual trabalhista que determina o julgamento conjunto (art. 884, § 4º) dos embargos e das impugnações relativas aos créditos previdenciário e trabalhista. Esse julgamento simultâneo só será possível caso as execuções sejam processadas conjuntamente. Logo, tendo o juiz do trabalho iniciado a execução previdenciária de ofício, por força de determinação constitucional, deverá também provocar a execução trabalhista, a fim de possibilitar a aplicação do disposto no art. 884, § 4º".(30)

É uma incógnita saber se os magistrados do trabalho vão acatar essa mutilação do processo do trabalho. Isso porque continua vigente a norma de sobredireito processual do art. 765 da CLT, a qual atribui ao juiz o dever de velar pela rápida solução da causa. Essa mesma norma legal atribui ao magistrado a incumbência de "determinar qualquer diligência necessária". A interpretação desse preceito da CLT deve ser realizada em conformidade com a Constituição Federal. A Constituição estabelece que os cidadãos têm direito à razoável duração do processo (CF, art. 5º, LXXVIII). A interpretação do art. 765 da CLT conforma-se à previsão constitucional apenas quando se assegura às partes a rápida solução da causa em concreto. Daí por que não parece conforme à Constituição a interpretação de que a execução trabalhista seja realizada apenas se houver iniciativa do exequente. De outra parte, o novo Código de Processo Civil atribui ao juiz a incumbência de adotar todas as medidas necessárias ao cumprimento das determinações judiciais (CPC, art. 139, IV), evidenciando que a sociedade quer pronto cumprimento das decisões judiciais.

O processo do trabalho apresenta particularidades que motivam a atuação de ofício do juiz do trabalho na execução. Entre essas particularidades está a natureza alimentar do crédito trabalhista. A estatura jurídica conferida ao crédito trabalhista na ordem de classificação dos créditos no direito brasileiro levou o Superior Tribunal de Justiça a qualificar o crédito trabalhista como crédito *necessarium vitae*.(31) Posicionado no ápice da classificação de créditos na ordem jurídica nacional (CTN, art. 186), o superprivilégio legal do crédito trabalhista constitui uma expressão pela qual se manifesta o primado da dignidade da pessoa humana no sistema de Direito brasileiro. Trata-se de um tipo de crédito especial, ao qual a ordem jurídica confere primazia ainda quando em cotejo com o crédito fiscal, cuja característica é expressar o superior interesse público que o Estado tem na arrecadação de tributos necessária à consecução da vida em sociedade (CTN, art. 186). Em resumo, a ordem jurídica brasileira confere primazia ao crédito trabalhista no cotejo com o crédito fiscal.

Observo que a Lei n. 6.830/80 representou importante passo na desburocratização do processo(32), ao prever que o despacho do juiz que deferir a inicial importa em ordem para citação, penhora, arresto, registro da penhora ou do arresto, independentemente do pagamento de despesas, e avaliação dos bens. Trata-se do art. 7º da Lei n. 6.830/80(33). Deferida a petição inicial — e a regra é o deferimento —, os atos necessários à execução fiscal são realizados automaticamente, de ofício. Salvo a rara hipótese de indeferimento da petição inicial, basta o ajui-

(27) *Comentários à reforma trabalhista*. São Paulo: RT, 2017. p. 169.

(28) "Art. 876. ...
Parágrafo único. *A Justiça do Trabalho executará, de ofício, as contribuições sociais* previstas na alínea *a* do inciso I e no inciso II do *caput* do art. 195 da Constituição Federal, e seus acréscimos legais, relativas ao objeto da condenação constante das sentenças que proferir e dos acordos que homologar."

(29) *A reforma trabalhista no Brasil*. São Paulo: LTr, 2017. p. 356.

(30) *Execução no processo do trabalho*. 4. ed. Salvador: Juspodivm, 2017. p. 55.

(31) STJ. 1ª Turma. REsp n. 442.325. Relator Min. Luiz Fux. DJU 25.11.2002, p. 207.

(32) ALBUQUERQUE, Marcos Cavalcanti de. *Lei de Execução Fiscal*. São Paulo: Madras, 2003. p. 30.

(33) "Art. 7º. O despacho do Juiz que deferir a inicial importa em ordem para:
I — citação, pelas sucessivas modalidades previstas no art. 8º;
II — penhora, se não for paga a dívida, nem garantida a execução, por meio de depósito ou fiança;
III — arresto, se o executado não tiver domicílio ou dele se ocultar;
IV — registro da penhora ou do arresto, independentemente do pagamento de custas ou outras despesas, observado o disposto no art. 14; e
V — avaliação dos bens penhorados ou arrestados."

zamento da ação para que todos os atos necessários à execução fiscal sejam realizados de ofício. A norma visa à concreta realização do crédito fiscal, cuja satisfação atende ao interesse público de prover as políticas de Estado. A simplificação procedimental justifica-se diante do privilégio legal que o crédito fiscal ostenta na ordem jurídica nacional (CTN, art. 186[(34)]). É intuitiva a conclusão de que ao crédito trabalhista deve ser assegurada sua execução de ofício, à semelhança do que ocorre nos executivos fiscais, na medida em que a ordem jurídica posiciona o crédito trabalhista acima do crédito fiscal na classificação dos créditos, conferindo-lhe o superprivilégio legal que levou o Superior Tribunal de Justiça a identificá-lo como crédito necessário à vida.

Têm razão Antonio Umberto de Souza Júnior, Fabiano Coelho de Souza, Ney Maranhão e Platon Teixeira de Azevedo Neto quando ponderam que a Reforma Trabalhista também contraria os arts. 4º e 6º do CPC[(35)], de aplicação supletiva no processo do trabalho (CLT, art. 769; CPC, art. 15). O art. 4º do CPC é contrariado porque se trata de norma que estabelece o direito das partes de obterem solução integral do mérito em prazo razoável, *incluída a atividade satisfativa*. O art. 6º é contrariado porque estabelece que todos os sujeitos do processo devem cooperar para obter-se uma decisão justa e *efetiva*. Esses dispositivos integram as normas fundamentais do novo CPC, conformando a teoria geral do processo civil.

A aparente antinomia de normas de mesma hierarquia deve ser resolvida por uma interpretação sistemática e por uma hermenêutica principiológica. O acertado magistério é de Antonio Umberto de Souza Júnior, Fabiano Coelho de Souza, Ney Maranhão e Platon Teixeira de Azevedo Neto.[(36)] Acrescento que a teoria do diálogo das fontes pode ser útil à conformação da interpretação sistemática postulada pelos referidos juristas, na medida em que o recurso à norma de ordem pública do art. 186 do Código Tributário Nacional pode permitir conformar interpretação sistemática no sentido de conferir dimensão também processual à primazia do crédito *necessarium vitae*, sobretudo se os juristas trabalharem com interpretação conforme à Constituição, na perspectiva da razoável duração do processo e da eficiência da atividade estatal judicial.

Por derradeiro, uma ponderação de matiz consequencialista. O impulso da execução de ofício pelo juiz do trabalho não acarretará nulidade processual. A nulidade processual caracteriza-se quando o ato processual acarretar manifesto prejuízo para a parte. A norma está prevista no art. 794 da CLT.[(37)] O prejuízo de que se cogita aqui é prejuízo de natureza processual. O prejuízo de natureza processual caracteriza-se apenas quando o exercício de determinada faculdade processual da parte lhe for negado pelo juízo. Na medida em que se assegure ao executado — como, aliás, ordinariamente é mesmo assegurado — a faculdade processual de opor embargos à execução após a realização da penhora, não se poderá cogitar de nulidade processual, porquanto nessa situação não caracterizar-se-á o manifesto prejuízo processual de que trata o art. 794 da CLT. Isso porque a faculdade processual do executado é a de se opor à execução mediante a apresentação dos embargos previstos no art. 884 da CLT. Assegurado ao executado o exercício da faculdade processual prevista no art. 884 da CLT, já não mais se poderá cogitar de nulidade processual em decorrência do fato de a execução ter sido impulsionada de ofício diante da ausência de prejuízo processual. E, ainda que se pudesse cogitar de nulidade processual, eventual nulidade processual restaria convalidada por ter sido assegurado ao executado o exercício do contraditório na execução, como, aliás, é da experiência ordinária do foro. Incide, aqui, a teoria teleológica das nulidades processuais: se a finalidade foi alcançada, o ato é considerado válido, mesmo que o itinerário processual observado não seja exatamente aquele prescrito em lei.

6. A prescrição intercorrente na execução trabalhista — aspectos específicos: a prescrição intercorrente não retroage

No caso de nova hipótese de prescrição instituída por lei superveniente, a fluência do prazo prescricional somente pode ter início a partir da vigência da nova lei. É lição clássica que a instituição de novo prazo prescricional não pode ter efeito retroativo. Mais do que isso: o novo lapso prescricional somente pode ser contado para a frente — é a partir da vigência da nova lei que pode ter início a fluência do prazo prescricional fixado na lei que estabelece a nova hipótese de prescrição. A lição decorre do postulado da segurança jurídica.

Assim sendo, na hipótese da prescrição intercorrente instituída pelo art. 11-A da CLT reformada, a fluência do prazo prescricional somente pode ter início a partir da vigência da Reforma Trabalhista. Portanto, não poderá o magistrado, a pretexto de aplicar a nova lei, procurar

(34) "Art. 186. O crédito tributário prefere a qualquer outro, seja qual for a sua natureza ou o tempo de sua constituição, ressalvados os créditos decorrentes da legislação do trabalho ou do acidente do trabalho."

(35) SOUZA JÚNIOR, Antonio Umberto de; SOUZA, Fabiano Coelho de; MARANHÃO, Ney; AZEVEDO NETO, Platon Teixeira de. *Reforma trabalhista* — análise comparativa e crítica da Lei n. 13.467/2017. São Paulo: Ridell, 2017.

(36) SOUZA JÚNIOR, Antonio Umberto de; SOUZA, Fabiano Coelho de; MARANHÃO, Ney; AZEVEDO NETO, Platon Teixeira de. *Reforma trabalhista* — análise comparativa e crítica da Lei n. 13.467/2017. São Paulo: Ridell, 2017.

(37) "Art. 794. Nos processos sujeitos à apreciação da Justiça do Trabalho só haverá nulidade quando resultar dos atos inquinados manifesto prejuízo às partes litigantes."

processos parados há dois anos e declarar a prescrição intercorrente de forma retroativa. Isso porque se trata de nova hipótese de prescrição, situação em que os respectivos efeitos projetam-se — necessária e exclusivamente — para o futuro; nessa hipótese não se pode atribuir efeito retroativo à lei, sob pena de maltrato ao postulado da segurança jurídica. A lição doutrinária é de Homero Batista Mateus da Silva. O autor invoca o magistério em que Pontes de Miranda afirma que esse tipo de situação — lei que institui nova hipótese de prescrição — equivale à criação de uma nova modalidade de prescrição sobre a pretensão deduzida pela parte. Logo, o novo prazo prescricional somente tem aplicação a partir da criação da nova hipótese de prescrição instituída, sem possibilidade de operar efeito retroativo; e com início da contagem do prazo apenas para o futuro, a partir da vigência da lei instituidora da nova modalidade de prescrição criada pelo legislador.(38)

Mesmo aqueles magistrados que aplicavam a prescrição intercorrente na execução trabalhista antes do advento da Lei n. 13.467/2017, fazendo-o mediante a aplicação do art. 40 da Lei de Executivos Fiscais, com fundamento na previsão do art. 889 da CLT, devem considerar que a Lei n. 13.467/2017 instituiu nova hipótese de prescrição, a ser aplicada a partir da vigência da lei e sem caráter retroativo, de modo a evitar seja o exequente surpreendido por prematura declaração de prescrição intercorrente da execução, quando a jurisprudência uniformizada na redação originária da Súmula n. 114 do TST afirmava não ser aplicável a prescrição intercorrente na Justiça do Trabalho.

Essa mesma diretriz hermenêutica foi adotada no CPC de 2015 no que diz respeito à prescrição intercorrente na execução. No art. 921 do CPC, o novo diploma processual civil explicitou a aplicabilidade da prescrição intercorrente à execução civil. O CPC de 1973 não havia explicitado a aplicabilidade da prescrição intercorrente na execução. Nos estudos em que são comparados ambos os códigos, a doutrina é pacífica ao afirmar que o CPC de 1973 não tinha dispositivo equivalente aos §§ 1º, 2º, 3º, 4º e 5º do inciso III do art. 921 do CPC de 2015.

No art. 1.056 do CPC de 2015, o legislador houve por bem inserir norma de direito intertemporal destinada a promover segurança jurídica na aplicação da prescrição intercorrente na execução civil. É interessante observar — sob a perspectiva da tópica — que se trata de norma integrante das Disposições Finais e Transitórias do CPC de 2015. Tendo explicitado a hipótese de aplicação de prescrição intercorrente na execução civil no art. 921, o legislador do CPC de 2015 adotou a cautela de definir o termo inicial do prazo prescricional em questão, com o evidente propósito de evitar surpresa ao exequente e com a finalidade de promover segurança jurídica na aplicação da nova norma, ciente de que a instituição de nova hipótese de prescrição reclamava dispositivo definidor do termo inicial do prazo prescricional explicitado no art. 921 do CPC.

A norma de direito intertemporal em questão tem a seguinte redação: "Art. 1.056. Considerar-se-á como termo inicial do prazo da prescrição prevista no art. 924, inciso V, inclusive para as execuções em curso, a data de vigência deste Código".

É interessante reiterar que o CPC de 1973 não tinha norma explícita acerca de prescrição intercorrente na execução. Nada obstante o silêncio do CPC de 1973, a doutrina e a jurisprudência enfrentaram o tema mediante interpretação sistemática e sempre concluíram pela aplicabilidade da prescrição intercorrente na execução, apesar da omissão do Código revogado acerca da matéria. O fato de a doutrina e a jurisprudência terem concluído pela aplicabilidade da prescrição intercorrente na execução civil não dispensou o legislador do CPC de 2015 da cautela de definir, para promover segurança jurídica, que a prescrição intercorrente na execução, explicitada no art. 921 do CPC, somente tem sua fluência a partir da data de vigência do CPC de 2015.

O mesmo raciocínio jurídico é válido para a aplicação da prescrição intercorrente na execução trabalhista. A exemplo da previsão do art. 1.056 do CPC, no caso de prescrição intercorrente na execução trabalhista somente se pode cogitar do início da fluência do prazo prescricional a partir da vigência da Lei n. 13.467/2017. Significa dizer que não se pode aplicar o art. 11-A da CLT reformada de forma retroativa; mais do que isso, é só a partir da vigência da Lei n. 13.467/2017 que se pode cogitar do início da fluência do prazo prescricional de dois (2) anos estabelecido no art. 11-A da CLT. Recorrendo à fórmula adotada na redação do art. 1.056 do CPC, poder-se-á enunciar a regra de que o termo inicial do prazo de prescrição prevista no art. 11-A da CLT reformada, inclusive para as execuções em curso, não poderá ocorrer senão depois da data de vigência da Lei n. 13.467/2017.

A fórmula adotada pelo legislador na redação do art. 1.056 do CPC tem a virtude de promover segurança jurídica ao definir que o termo inicial do novo prazo prescricional somente pode começar a fluir depois da vigência da lei que instituiu a nova modalidade de prescrição no sistema jurídico, o que significa dizer que não há possibilidade de aplicação retroativa do novo prazo prescricional instituído.

Contudo, é preciso ponderar que essa fórmula se apresenta incompleta — insuficiente — para disciplinar a adequada aplicação da prescrição intercorrente na execução trabalhista, na medida em que o art. 11-A da CLT

(38) *Comentários à reforma trabalhista*. São Paulo: RT, 2017. p. 203/204.

reformada exige a conformação do *elemento normativo adicional* do descumprimento de uma específica determinação judicial pelo exequente, para que somente após esse descumprimento tenha início a fluência do prazo prescricional bienal (CLT, art. 11-A, § 1º). Na regência do CPC de 2015, não se exige a conformação desse *elemento normativo adicional*, bastando o fato objetivo do arquivamento provisório dos autos para que tenha início a fluência do prazo prescricional intercorrente (CPC, art. 921, §§ 1º, 2º e 3º). Na regência da Lei dos Executivos Fiscais, também não se exige a conformação desse *elemento normativo adicional*, bastando o fato objetivo do arquivamento provisório dos autos para que tenha início a fluência do prazo prescricional intercorrente (Lei n. 6.830/80, art. 40, §§ 2º e 4º). Na execução trabalhista, a prescrição intercorrente tem regência legal distinta daquela prevista na LEF e no CPC.

O legislador reformista da CLT, ciente de que fragilizava a tutela do crédito trabalhista ao instituir a prescrição intercorrente na execução trabalhista quando a jurisprudência uniformizada na Súmula n. 114 do TST excluía essa modalidade de prescrição, houve por bem, presumivelmente para estabelecer alguma compensação, adotar perspectiva distinta da perspectiva objetiva que foi adotada nos executivos fiscais e na execução civil, ao estabelecer como *requisito normativo adicional* para a fluência do prazo prescricional o descumprimento, pelo exequente, de determinação judicial no curso da execução.

Diversamente do que se sustentou nos debates iniciais acerca da Reforma Trabalhista, a determinação judicial em questão deve ocorrer *após* a vigência da Lei n. 13.467/2017. Conforme ponderação feita anteriormente, a diretriz adotada na Instrução Normativa n. 41/2018 do TST parece excluir a interpretação de que a determinação judicial prevista no § 1º do art. 11-A da CLT pudesse ser compreendida como ordem judicial determinada *antes* da vigência da lei. Havia a interpretação de que a determinação judicial anterior à vigência da Lei n. 13.467/2017 poderia ser considerada válida para preencher o suporte fático do § 1º do art. 11-A da CLT, hipótese em que a fluência do biênio teria início a partir da vigência da lei. Essa vertente interpretativa era questionada sob a perspectiva da irretroatividade do art. 11-A da CLT. Os defensores dessa vertente interpretativa argumentavam que não haveria aplicação retroativa porque o fluxo do prazo prescricional teria início apenas a partir da vigência da lei, embora a determinação judicial tivesse sido anterior à vigência da lei. Para superar divergências interpretativas, a instrução normativa adota assertiva oração com a qual localiza no tempo a determinação judicial apta a preencher o suporte fático do preceito legal, esclarecendo que se trata de determinação judicial "... feita após 11 de novembro de 2017" (art. 2º da IN 41/2018 do TST).

7. Em favor da aplicação combinada da LEF e do art. 11-A da CLT

A aplicação do art. 40 da Lei de Executivos Fiscais à prescrição intercorrente na execução trabalhista é defendida tanto por Francisco Meton Marques de Lima e Francisco Péricles Rodrigues Marques de Lima(39) quanto por André Araújo Molina(40). Manoel Antonio Teixeira Filho também defende essa aplicação.(41) Raphael Miziara segue o mesmo caminho, ponderando que a aplicação da LEF à execução trabalhista não dispensa adaptações necessárias.(42) Para Mauro Schiavi, o itinerário procedimental da LEF também seria aplicável à prescrição intercorrente. Embora faça menção ao procedimento instituído no art. 921 do CPC de 2015, o itinerário procedimental que o jurista entende aplicável é o mesmo previsto na Lei n. 6.830/80(43). Isso decorre da similitude que se registra na LEF e no CPC na disciplina do tema da prescrição intercorrente.

Para Francisco Meton Marques de Lima e Francisco Péricles Rodrigues Marques de Lima essa aplicação tem natureza subsidiária. Embora os juristas não o explicitem, presume-se que estão a trabalhar com a previsão do art. 889 da CLT, quando afirmam que se deve aplicar o rito do art. 40 da LEF na execução trabalhista para efeito de incidência da prescrição intercorrente, com exceção do prazo, que é de dois anos. Os juristas explicam o itinerário procedimental a ser observado: "Então, primeiro se suspende a execução por um ano. Não sendo encontrado o devedor ou bens penhoráveis, inicia-se a contagem do prazo para a prescrição intercorrente".(44) Embora tenham escrito já na vigência do art. 11-A da CLT, os referidos juristas não abordam o papel adicional

(39) *Reforma trabalhista* — entenda ponto por ponto. São Paulo: LTr, 2017. p. 28.

(40) A prescrição intercorrente na execução trabalhista. *Revista Jurídica Luso-Brasileira*, Ano 3 (2017), n. 2. p. 143.

(41) *O processo do trabalho e a reforma trabalhista*. São Paulo: LTr, 2017. p. 38: "... consideramos aplicável ao processo do trabalho a disposição encartada no art. 40 da Lei n. 6.830/80, segundo a qual o juiz suspenderá o curso da execução: a) enquanto não for localizado o devedor; ou b) não forem encontrados bens sobre os quais possa recair a penhora (*caput*); decorrido o prazo de um ano, sem que o devedor tenha sido localizado ou os bens encontrados, determinará o arquivamento dos autos (§ 2º)".

(42) A tutela da confiança e a prescrição intercorrente na execução trabalhista: o equívoco da instrução normativa n. 39 do TST. *Revista Eletrônica do Tribunal Regional do Trabalho da 9ª Região*, Curitiba, PR, v. 5, n. 50, p. 204-222, maio de 2016.

(43) *A reforma trabalhista e o processo do trabalho*. São Paulo: LTr, 2017. p. 77: "... quando o executado não possuir bens penhoráveis, ou não for localizado, pensamos que as providências preliminares do art. 921 do CPC (suspensão da execução por um ano, sem manifestação do exequente) devem ser aplicadas pela Justiça do Trabalho antes do início da fluência do prazo prescricional."

(44) *Reforma trabalhista — entenda ponto por ponto*. São Paulo: LTr, 2017. p. 28.

que poderia estar reservado à norma do § 1º do art. 11-A da CLT reformada para o equacionamento do tema.

André Araújo Molina escreveu sobre o tema prescrição intercorrente na execução *antes* da Reforma Trabalhista e sustentou, na ocasião, que se aplicavam, além do art. 40 da LEF, o art. 202, parágrafo único, do Código Civil, o art. 844, § 1º, da CLT e o art. 924, V, do CPC, tendo concluído, à época, que o procedimento seria então o seguinte: "1) não localizados bens do devedor, deve o magistrado determinar a suspensão da execução pelo prazo de 1 (um) ano; 2) havendo persistência na situação de não encontrar bens penhoráveis, o passo seguinte é a remessa dos autos ao arquivo provisório; 3) esgotado o prazo de prescrição de 2 ou 5 anos (conforme o caso), deverá o juiz intimar o exequente para se manifestar se ocorreu alguma das causas suspensivas; 4) ao final, pronunciar a prescrição intercorrente da pretensão."(45) Como destacado no artigo pesquisado, o jurista não tinha conhecimento do teor que viria a ser atribuído pela Lei n. 13.467/2017 ao art. 11-A da CLT reformada, de modo que suas ponderações tiveram em consideração a legislação vigente à época da publicação do artigo.

Ao atualizar seu artigo jurídico à previsão do art. 11-A da CLT, o referido autor fez alteração do itinerário procedimental a ser observado para a aplicação da prescrição intercorrente na execução trabalhista: "1) o exequente deverá indicar as diretrizes e requerer as diligências para a satisfação da execução (art. 878 da CLT, com a nova redação dada pela Lei 13.467/2017); 2) não localizados bens do devedor, deve o magistrado determinar a suspensão da execução pelo prazo de 1 (um) ano; 3) havendo persistência na situação de não encontrar bens penhoráveis, o passo seguinte é a intimação do exequente para indicar novos bens ou novas diretrizes; 4) permanecendo silente o exequente (ou não indicando diretrizes efetivas), tem-se o início da prescrição intercorrente; 5) esgotado o prazo da prescrição, o juiz deve intimar o exequente para se manifestar se ocorreu alguma das causas suspensivas; 6) ao final, pronunciar, de ofício, a prescrição"(46).

A primeira alteração consistiria no reconhecimento da existência de um encargo processual, atribuído ao exequente, supostamente por força da nova redação do art. 878 da CLT, de "... indicar as diretrizes e requerer as diligências para a satisfação da execução". A segunda alteração consiste no fato de que não mais ocorreria a remessa dos autos ao arquivo provisório; haveria apenas a suspensão da execução pelo prazo de 1 (um) ano se não fossem localizados bens penhoráveis. A terceira alteração parece adequadamente inspirada na previsão do § 1º do art. 11-A da CLT e consiste na "... intimação do exequente para indicar novos bens ou novas diretrizes"; adequadamente inspirada na previsão do § 1º do art. 11-A da CLT porque esse preceito estabelece um *elemento normativo adicional*, qual seja, a existência de uma determinação judicial descumprida pelo exequente.

Entendo que a declaração da prescrição intercorrente na execução trabalhista deve obedecer — combinadamente — tanto à previsão do art. 11-A, § 1º, da CLT quanto ao itinerário procedimental previsto no art. 40 da LEF, por força da previsão do art. 889 da CLT, dispositivo que manda aplicar na execução trabalhista os preceitos que regem os executivos fiscais naquilo que não contravierem ao Título do Processo Judiciário do Trabalho (arts. 763 a 910 da CLT). Assim entendo porque o art. 11-A da CLT mostra-se sintético e genérico, apresentando-se incompleto para disciplinar o complexo tema da prescrição intercorrente na execução trabalhista, como se conclui ao cotejar a regência legal do tema na CLT, na LEF e no CPC.

Além de apresentar-se fundada na previsão do art. 889 da CLT, essa interpretação em favor da aplicação combinada da LEF e do art. 11-A, § 1º, da CLT é consentânea com a norma de direito material do art. 186 do CTN, que posiciona o crédito trabalhista no ápice da ordem de classificação de créditos no sistema de direito do país, colocando-se, essa interpretação, outrossim, na perspectiva da teoria do diálogo das fontes formais de direito que tratam da prescrição intercorrente no ordenamento jurídico nacional, de modo a evitar que créditos classificados em posição jurídica inferior tenham tutela jurídica superior àquela conferida ao crédito trabalhista no que diz respeito ao tema da prescrição intercorrente na execução.

Assim, por força da aplicação do art. 40 da LEF à execução trabalhista (CLT, art. 889), a declaração de prescrição intercorrente na fase de execução da sentença trabalhista também deve ser *antecedida* do arquivamento provisório dos autos.(47)

E, antes do arquivamento provisório dos autos, o juiz deverá, para observar o itinerário procedimental previsto no art. 40 da LEF, de aplicação supletiva à execução trabalhista, suspender o curso da execução se não for localizado o devedor ou encontrados bens para a penhora (Lei n. 6.830/80, art. 40, *caput*) e intimar o exequente da suspensão da execução (Lei n. 6.830/80, art. 40, § 1º).

Somente depois do decurso do prazo de um (1) ano sem que tenha sido localizado o devedor ou encontrados bens penhoráveis é que o juiz determinará o arquivamento provisório dos autos na execução fiscal (Lei n. 6.830/80, art. 40, § 2º). Durante esse prazo de

(45) "A prescrição intercorrente na execução trabalhista". *Revista Jurídica Luso-Brasileira*, Ano 3 (2017), n. 2. p. 142.

(46) A prescrição trabalhista: pretensões condenatória, executiva e intercorrente. *Revista de Direito do Trabalho*, ano 44, v. 185, p. 51, jan./2018.

(47) A exceção é a hipótese de necessidade de apresentação de artigos de liquidação pelo exequente, uma vez que essa providência é antecedente lógico do arquivamento provisório dos autos; e sem a apresentação de artigos de liquidação pelo exequente o processo não pode prosseguir. Nesse caso específico, caracteriza-se situação que a doutrina identifica sob a denominação de prescrição da pretensão executiva.

um (1) ano, a execução ficará suspensa e o prazo prescricional ficará igualmente suspenso (Lei n. 6.830/80, art. 40, *caput*; CPC, art. 921, § 1º).

É depois desse período de um (1) ano que ocorre o arquivamento provisório dos autos. E é somente a partir do arquivamento provisório dos autos que se pode cogitar da fluência do prazo prescricional intercorrente de dois (2) anos previsto no art. 11-A da CLT; mas apenas *após* a ocorrência de específica determinação judicial para que o exequente cumpra ordem judicial para impulsionar a execução. Sem essa determinação judicial, expressamente prevista no art. 11-A, § 1º, da CLT reformada, não se pode cogitar do início da fluência do prazo de prescrição intercorrente de dois (2) anos previsto no preceito legal em estudo. Isso porque o dispositivo legal de regência estabelece que o termo inicial desse prazo prescricional ocorre somente "quando o exequente deixa de cumprir determinação judicial no curso da execução" (CLT, art. 11-A, § 1º).

Para que a fluência do prazo prescricional tenha início é necessário, portanto, que *antes* ocorra uma determinação judicial para que o exequente impulsione a execução e que essa determinação judicial não seja cumprida pelo exequente. É a partir daí que poderá ter início o prazo prescricional intercorrente na execução trabalhista. Antes disso, não. Do contrário, a se entender que a prescrição teria início automático com o arquivamento provisório dos autos, não teria sentido a previsão do legislador, que estabeleceu, no art. 11-A, § 1º, da CLT, a exigência de descumprimento de específica ordem judicial, pelo exequente, para que então tivesse início o curso do prazo prescricional intercorrente — "§ 1º A fluência do prazo prescricional *inicia-se quando o exequente deixa de cumprir determinação judicial no curso da execução*" — grifei.

Outra interpretação possível seria a de se entender que não se aplica ao credor trabalhista a disciplina do art. 40 da LEF no que diz respeito à prescrição intercorrente, aplicando-se tão somente o art. 11-A da CLT reformada, de modo que bastaria então uma — única e isolada — determinação judicial descumprida pelo exequente para que a fluência do prazo de prescrição intercorrente de dois (2) anos tivesse início, sem necessidade de prévia suspensão da execução por um ano (Lei n. 6.830/80, art. 40, *caput*); e sem necessidade de prévio arquivamento provisório dos autos (Lei n. 6.830/80, art. 40, § 2º) — arquivamento provisório esse realizado depois de um ano de suspensão da execução.

Essa interpretação não parece adequada do ponto de vista sistemático porque, em afronta substancial à norma de ordem pública do art. 186 do CTN, colocaria o credor trabalhista em posição desvantajosa em relação ao credor fiscal, incidindo numa verdadeira contradição axiológico-sistemática no ordenamento jurídico nacional. Essa interpretação teria como consequência autorizar a declaração de prescrição intercorrente de ofício depois de dois (2) anos na execução trabalhista, enquanto que o credor fiscal teria, pelo menos, seis (6) anos para promover a execução tributária (um ano de suspensão da execução; mais cinco anos, depois de realizado o arquivamento provisório dos autos). O mesmo raciocínio vale para cotejar a prescrição intercorrente do crédito trabalhista com a prescrição intercorrente do crédito quirografário na execução civil. O credor quirografário, a exemplo do credor fiscal, contará com a suspensão da execução por um (1) ano e, depois, com o arquivamento provisório dos autos durante o prazo de prescrição da respectiva pretensão, sendo que é a partir desse último — o arquivamento provisório dos autos — que se contará o prazo prescricional intercorrente para o credor quirografário. Vale dizer, o credor quirografário também teria tratamento vantajoso em relação ao credor trabalhista.

A respeito da relação de coerência axiológica que o ordenamento jurídico impõe entre direito material e direito processual no sistema de direito, vem a propósito recordar a lição que se recolhe do item 4 da Exposição de Motivos n. 223 da Lei n. 6.830/80 e que serve de fundamento à proposta adotada no presente artigo para a resolução da questão em estudo: "[...] nenhum outro crédito deve ter, em sua execução judicial, preferência, garantia ou rito processual que supere os do crédito público, à exceção de alguns créditos trabalhistas".

Poder-se-ia pretender afastar a aplicação do art. 40 da LEF à execução trabalhista no tema da prescrição intercorrente sob o argumento de que a CLT não é omissa, na medida em que a matéria foi disciplinada no art. 11-A da CLT reformada. Entretanto, essa não parece ser a melhor solução, porquanto o art. 11-A da CLT apresenta-se extremamente sintético quando comparado com a disciplina adotada no art. 40 da LEF para o tema da prescrição intercorrente. O mesmo ocorre quando o art. 11-A da CLT é comparado com o art. 921 do CPC.

Admitido o entendimento de que se aplica a Lei de Executivos Fiscais à prescrição intercorrente na execução trabalhista, cumpre retornar à crucial questão da oportunidade em que a determinação judicial prevista no art. 11-A da CLT pode ser ordenada pelo juiz. A questão é crucial porque é a partir do descumprimento dessa determinação judicial que tem início a fluência do prazo prescricional intercorrente na execução trabalhista, a teor do § 1º do art. 11-A da CLT.

Penso que a determinação judicial em questão *não pode ser anterior ao arquivamento provisório dos autos*, sob pena de se conferir ao crédito fiscal e ao crédito quirografário tutela jurídica superior àquela assegurada ao crédito trabalhista, em afronta à norma de ordem pública do art. 186 do CTN. Assim, penso que essa determinação deva ser ordenada ou na mesma oportunidade da decisão em que o juiz do trabalho determina o arquivamento provisório dos autos; ou em momento posterior a esse arquivamento provisório; mas nunca antes do arquivamento provisório dos autos. Essa decisão deve explicitar, para promover segurança jurídica, que o prazo prescricional intercorrente terá curso caso não cumprida a determinação judicial ordenada com fundamento no art. 11-A, § 1º, da CLT, de modo que o exequente tenha consciência de que lhe incumbe diligenciar para cumprir a determinação judicial, de modo a evitar a consumação da prescrição intercorrente, sob pena de extinção de sua execução com julgamento de mérito. Para tanto, a intimação respectiva deve ser feita tanto ao procurador quanto ao exequente; quanto a esse último, pessoalmente.

8. A necessidade de intimar também a parte exequente pessoalmente

Tanto na doutrina quanto na jurisprudência prevalece o entendimento de que a parte exequente deve ser intimada pessoalmente, para que tenha fluência o prazo prescricional, medida que se revela consentânea com o instituto da prescrição intercorrente, na medida que a pronúncia da prescrição tem como consequência a extinção do processo com resolução do mérito. Essa providência deve ser adotada pelo juízo trabalhista quando esse último der cumprimento à norma do art. 11-A da CLT.

Comecemos pela doutrina. Para Manoel Antonio Teixeira Filho, a intimação também da parte é indispensável para que tenha curso a prescrição intercorrente: "Mesmo nos casos em que a norma legal autoriza o juiz a agir de ofício será indispensável a intimação da parte para que a prescrição intercorrente se constitua. Essa prévia intimação, que figura como requisito ou pressuposto da *praescriptio*, se destina a atribuir segurança jurídica à parte, uma vez que terá ciência de que praticar determinado ato, no prazo previsto em lei ou assinado pelo juiz, sob pena de o seu direito de estar em juízo ser fulminado pelo termo prescricional."(48)

Mauro Schiavi também sustenta a necessidade de que tanto o advogado quanto o exequente sejam intimados para cumprir a determinação judicial: "... pensamos cumprir ao magistrado, antes de reconhecer a prescrição intimar o exequente, por seu advogado e, sucessivamente, pessoalmente, para que pratique o ato processual adequado ao prosseguimento da execução, sob consequência de se iniciar o prazo prescricional."(49)

A mesma posição é adotada por Raphael Miziara. Para o jurista, a intimação pessoal do exequente é indispensável.(50) A jurisprudência pesquisada por Raphael Miziara confirma que essa posição é adotada também no âmbito do Superior Tribunal de Justiça: "[...] De acordo com precedentes do Superior Tribunal de Justiça, a prescrição intercorrente só poderá ser reconhecida no processo executivo se, após a intimação pessoal da parte exequente para dar andamento ao feito, a mesma permanece inerte (AgRg no AREsp 131.359-GO, relator Ministro Marco Buzzi, 4ª Turma, julgado em 20 de novembro de 2014, DJe 26 de novembro de 2014). Na hipótese, não tendo havido intimação pessoal da parte exequente para dar andamento ao feito, não há falar em prescrição" (AgRg no REsp 1.245.41-MT, relator Ministro Luis Felipe Salomão, 4ª Turma, julgado em 8.8.2015, DJe 31.8.2015).

9. Consumado o prazo prescricional, não cabe nova diligência para penhora

Se o prazo prescricional intercorrente de dois (2) anos consumar-se, o juiz poderá então decretar a prescrição e extinguir o processo com julgamento do mérito. Entretanto, o exequente poderá impedir a consumação desse prazo prescricional, indicando bens à penhora que levem à efetiva constrição do patrimônio de executado; e pode fazê-lo a qualquer tempo (Lei n. 6.830/80, art. 40, § 3º) enquanto não consumado o prazo prescricional de dois (2) anos previsto no art. 11-A da CLT. Mas, vale repetir, deverá fazê-lo antes de terminado o prazo prescricional intercorrente. Consumado o prazo prescricional intercorrente de dois (2) anos, novo requerimento de penhora de bens não terá o condão de desconstituir a prescrição já consumada, cujo efeito é o de extinguir o processo com julgamento de mérito (CPC, art. 924, V). A doutrina de André Araújo Molina é precisa: "Consumada a prescrição, é evidente que a intimação do exequente não é para dar seguimento à fase de execução, com requerimento de novas diligências, mas apenas para que exercite o contraditório substancial, precisamente indicando alguma causa suspensiva da prescrição intercorrente".(51)

Conclusão

A redação originária da Súmula n. 114 do TST foi aprovada em 1980 e adotava o entendimento de que a prescrição intercorrente é inaplicável na Justiça do Trabalho.

A jurisprudência do TST acerca do tema da prescrição intercorrente foi construída sob o pressuposto de que o juiz estava autorizado a promover a execução de ofício, a teor do art. 878, *caput*, da CLT, na redação anterior à Lei n. 13.467/2017.

---

(48) *O processo do trabalho e a reforma trabalhista*. São Paulo: LTr, 2017. p. 39.

(49) *A reforma trabalhista e o processo do trabalho*. São Paulo: LTr, 2017. p. 77.

(50) A tutela da confiança e a prescrição intercorrente na execução trabalhista: o equívoco da instrução normativa n. 39 do TST. *Revista Eletrônica do Tribunal Regional do Trabalho da 9ª Região*, Curitiba, PR, v. 5, n. 50, p. 204-222, maio de 2016.

(51) A prescrição intercorrente na execução trabalhista. *Revista Jurídica Luso-Brasileira*, Ano 3 (2017), n. 2. p. 143.

Resta saber se o TST vai manter a diretriz de sua jurisprudência acerca da prescrição intercorrente após a modificação introduzida na redação do art. 878 da CLT pela Lei n. 13.467/2017 e após a introdução de previsão expressa de prescrição intercorrente na execução trabalhista pelo art. 11-A da CLT reformada. Isso porque a jurisprudência do Tribunal foi estruturada sob a vigência da redação anterior do art. 878 da CLT, preceito revogado pela legislação que introduziu a denominada Reforma Trabalhista na CLT.

Parece que a tendência do TST é a de adequar a redação da Súmula n. 114 à previsão do art. 11-A da CLT. A proposta de nova redação da Súmula n. 114 do TST, elaborada pela Comissão de Jurisprudência do Tribunal, é neste sentido: "PRESCRIÇÃO INTERCORRENTE. Aplica-se a prescrição intercorrente na fase de execução do processo do trabalho, nos termos do art. 11-A da CLT, acrescido pela Lei n. 13.467/2017". A redação proposta ainda não foi aprovada, devendo ser submetida à análise do Tribunal nos próximos dias.

Embora a nova redação proposta para a Súmula n. 114 do TST não tenha sido ainda analisada, o TST sinalizou sua aprovação ao editar a Instrução Normativa n. 41/2018. Destinada a estabelecer diretrizes sobre a aplicabilidade das normas da Reforma Trabalhista ao processo do trabalho, a Instrução Normativa n. 41/2018 do TST enfrentou o tema da aplicação da prescrição intercorrente na execução trabalhista. No art. 2º da referida instrução normativa, o TST assentou a seguinte diretriz: "Art. 2º. O fluxo da prescrição intercorrente conta-se a partir do descumprimento da determinação judicial a que alude o § 1º do art. 11-A da CLT, desde que feita após 11 de novembro de 2017 (Lei n. 13.467/2017)".

É necessário refletir sobre a eventual opção pela declaração incidental de inconstitucionalidade do preceito do art. 11-A da CLT, na medida em que uma reação previsível seria o recurso das entidades patronais ao controle concentrado de constitucionalidade acerca do preceito em questão mediante Ação Direta de Constitucionalidade do art. 11-A, situação na qual a tendência natural do Supremo Tribunal Federal seria a de referendar sua jurisprudência, corroborando a diretriz hermenêutica da Súmula n. 372, na qual o STF afirma que "o direito trabalhista admite a prescrição intercorrente".

O prazo de prescrição intercorrente começa a fluir, nos executivos fiscais, após o arquivamento provisório dos autos e somente é interrompido quando a penhora de bens ocorre e se logra promover a satisfação da execução mediante a alienação judicial do bem penhorado. Vale dizer, na execução fiscal, ainda que a Fazenda Pública faça requerimentos ao juízo com a finalidade de se fazer realizar a penhora de bens, essa proatividade processual não tem eficácia jurídica para fazer interromper o curso do prazo da prescrição intercorrente se a penhora não for exitosa.

Essa digressão é necessária porque parece que a Reforma Trabalhista instituída pela Lei n. 13.467/2017 não abraçou a mera perspectiva objetiva de prescrição intercorrente adotada nos executivos fiscais pelas Leis ns. 11.051/2004 e 11.960/2009. A Reforma Trabalhista, ao introduzir a prescrição intercorrente na execução de forma expressa, adotou o modelo de prescrição intercorrente no qual se toma em consideração a conduta subjetiva do exequente que permanece inerte mesmo após instado pelo juízo a promover a execução. É o que indica o § 1º do art. 11-A da CLT, ao estabelecer que "a fluência do prazo prescricional intercorrente inicia-se quando o exequente deixa de cumprir determinação judicial no curso da execução".

A prescrição intercorrente na execução no CPC de 2015 tem regência legal semelhante àquela adotada nos executivos fiscais, sobretudo depois das explicitações trazidas à execução fiscal com o advento das Leis ns. 11.051/2004 e 11.960/2009, revelando que o tema da prescrição intercorrente recebeu disciplina semelhante nesses dois diplomas legais.

Assim como ocorre no âmbito dos executivos fiscais (Lei n. 6.830/80, art. 40, § 3º), somente se forem encontrados bens penhoráveis do executado é que a execução civil terá prosseguimento (CPC, art. 921, § 3º). A previsão do § 3º do art. 921 do CPC é de que "Os autos serão desarquivados para prosseguimento da execução se a qualquer tempo forem encontrados bens penhoráveis." A locução "se a qualquer tempo forem encontrados bens penhoráveis" deve ser interpretada de forma sistemática com os demais preceitos dos arts. 921 e 924 do CPC, de modo a evitar que a interpretação literal e isolada dessa locução conduza à tese da imprescritibilidade da execução. Trata-se de conformar a exegese da locução "a qualquer tempo" aos demais preceitos legais incidentes, de modo a submeter a interpretação dessa locução à supremacia da diretriz hermenêutica da prescritibilidade do direito a exigir pretensão relativa à obrigação de natureza civil.

Na execução trabalhista, contudo, a disciplina da matéria é diversa, porquanto o legislador introduziu na CLT o *requisito normativo adicional* de que tenha havido o *descumprimento, pelo exequente, de uma específica determinação judicial*, para que então — e só daí então — se tenha por iniciada a fluência do prazo prescricional intercorrente de dois (2) anos.

O impulso da execução de ofício pelo juiz do trabalho não acarretará nulidade processual. A nulidade processual caracteriza-se quando o ato processual acarretar manifesto prejuízo para a parte. A norma está prevista no art. 794 da CLT. O prejuízo de que se cogita aqui é prejuízo de natureza processual. O prejuízo de natureza processual caracteriza-se apenas quando o exercício de determinada faculdade processual da parte lhe for negado pelo juízo.

Na medida em que se assegure ao executado a faculdade processual de opor embargos à execução após a realização da penhora, não se poderá cogitar de nulidade processual, porquanto nessa situação não estará caracterizado o manifesto prejuízo processual de que trata o art. 794 da CLT. Isso porque a faculdade processual do executado é a de se opor à execução mediante a apresentação dos embargos previstos no art. 884 da CLT. Assegurado ao executado o exercício da faculdade processual prevista no art. 884 da CLT, já não mais se poderá cogitar de nulidade processual em decorrência do fato de a execução ter sido impulsionada de ofício. E, ainda que se pudesse cogitar de nulidade processual, eventual nulidade processual restaria convalidada por ter sido assegurado ao executado o exercício do contraditório na execução.

Na hipótese da prescrição intercorrente instituída pelo art. 11-A da CLT reformada, a fluência do prazo prescricional somente pode ter início a partir da vigência da Reforma Trabalhista. Portanto, não poderá o magistrado, a pretexto de aplicar a nova lei, procurar processos parados há dois anos e declarar a prescrição intercorrente de forma retroativa. Isso porque se trata de nova hipótese de prescrição, situação em que os respectivos efeitos projetam-se — necessária e exclusivamente — para o futuro; nessa hipótese não se pode atribuir efeito retroativo à lei, sob pena de maltrato ao postulado da segurança jurídica.

A declaração da prescrição intercorrente na execução trabalhista deve obedecer — combinadamente — tanto à previsão do art. 11-A, § 1º, da CLT quanto ao itinerário procedimental previsto no art. 40 da LEF, por força da previsão do art. 889 da CLT, dispositivo que manda aplicar na execução trabalhista os preceitos que regem os executivos fiscais naquilo que não contravierem ao Título do Processo Judiciário do Trabalho (arts. 763 a 910 da CLT).

Admitido o entendimento de que se aplica a Lei de Executivos Fiscais à prescrição intercorrente na execução trabalhista, cumpre retornar à crucial questão da oportunidade em que a determinação judicial prevista no art. 11-A da CLT pode ser ordenada pelo juiz.

A determinação judicial em questão *não pode ser anterior ao arquivamento provisório dos autos*, sob pena de se conferir ao crédito fiscal e ao crédito quirografário tutela jurídica superior àquela assegurada ao crédito trabalhista, em afronta à norma de ordem pública do art. 186 do CTN. Assim, penso que essa determinação deva ser ordenada na mesma oportunidade da decisão em que o juiz do trabalho determina o arquivamento provisório dos autos; ou em momento posterior a esse arquivamento provisório; mas nunca antes do arquivamento provisório dos autos. Essa decisão deve explicitar, para promover segurança jurídica, que o prazo prescricional intercorrente terá curso caso não cumprida a determinação judicial ordenada com fundamento no art. 11-A, § 1º, da CLT, de modo que o exequente tenha consciência de que lhe incumbe diligenciar para cumprir a determinação judicial, de modo a evitar a consumação da prescrição intercorrente, sob pena de extinção de sua execução com julgamento de mérito. Para tanto, a intimação respectiva deve ser feita tanto ao procurador quanto ao exequente; quanto a esse último, pessoalmente.

Se o prazo prescricional intercorrente de dois (2) anos consumar-se, o juiz poderá então decretar a prescrição e extinguir o processo com julgamento do mérito. Entretanto, o exequente poderá impedir a consumação desse prazo prescricional, indicando bens à penhora que levem à efetiva constrição do patrimônio de executado; e pode fazê-lo a qualquer tempo (Lei n. 6.830/80, art. 40, § 3º) enquanto não consumado o prazo prescricional de dois (2) anos previsto no art. 11-A da CLT. Mas vale repetir, deverá fazê-lo antes de terminado o prazo prescricional intercorrente. Consumado o prazo prescricional intercorrente de dois (2) anos, novo requerimento de penhora de bens não terá o condão de desconstituir a prescrição já consumada, cujo efeito é o de extinguir o processo com julgamento de mérito (CPC, art. 924, V).

Referências bibliográficas

ALBUQUERQUE, Marcos Cavalcanti. *Lei de execução fiscal*. São Paulo: Madras, 2003.

CORDEIRO, Wolney de Macedo. *Execução no processo do trabalho*. 4. ed. Salvador: Juspodivm, 2017.

DELGADO, Mauricio Godinho; DELGADO, Gabriel Neves. *A reforma trabalhista no Brasil*. São Paulo: LTr, 2017.

LORENZETTI, Ari Pedro. *A prescrição e a decadência na Justiça do Trabalho*. São Paulo: LTr, 2009.

MARQUES DE LIMA, Francisco Meton; MARQUES DE LIMA, Francisco Péricles Rodrigues. *Reforma trabalhista* — entenda ponto por ponto. São Paulo: LTr, 2017.

MIZIARA, Raphael. A tutela da confiança e a prescrição intercorrente na execução trabalhista: o equívoco da instrução normativa n. 39 do TST. *Revista Eletrônica do Tribunal Regional do Trabalho da 9ª Região*, Curitiba, PR, v. 5, n. 50, p. 204-222, maio de 2016.

MOLINA, André Araújo. "A prescrição intercorrente na execução trabalhista". *Revista Jurídica Luso-Brasileira*, Ano 3 (2017), n. 2, p. 124.

_______. A prescrição trabalhista: pretensões condenatória, executiva e intercorrente. *Revista de Direito do Trabalho*. Ano 44, v. 185, p. 21-55, jan./2018.

PAMPLONA FILHO, Rodolfo; FERNANDEZ, Leandro. *Tratado da prescrição trabalhista* — aspectos teóricos e práticos. São Paulo: LTr, 2017.

SCHIAVI, Mauro. *A reforma trabalhista e o processo do trabalho*. São Paulo: LTr, 2017.

SILVA, Homero Batista Mateus da. *Comentários à reforma trabalhista*. São Paulo: RT, 2017.

SOUZA JÚNIOR, Antonio Umberto; SOUZA, Fabiano Coelho de; MARANHÃO, Ney; AZEVEDO NETO, Platon Teixeira de. *Reforma trabalhista* — análise comparativa e crítica da Lei n. 13.467/2017. São Paulo: Ridell, 2017.

TEIXEIRA FILHO, Manoel Antonio. *O processo do trabalho e a reforma trabalhista*. São Paulo: LTr, 2017.

TEODORO JÚNIOR, Humberto. *Lei de execução fiscal*. 11. ed. São Paulo: Saraiva, 2009.

NEGRÃO, Theotonio e outros. *Novo Código de Processo Civil e legislação processual em vigor*. 47. ed. São Paulo: Saraiva, 2016.

TOLEDO FILHO, Manoel Carlos. *Comentários ao novo CPC e sua aplicação ao processo do trabalho*. v. I. José Antônio Ribeiro de Oliveira Silva (coordenador). São Paulo: LTr, 2016.

ZANETI JR., Hermes. *Comentários ao Código de Processo Civil*. v. XIV. Luiz Guilherme Marinoni (diretor). Sérgio Cruz Arenhart e Daniel Mitidiero (coordenadores). São Paulo: RT, 2016.

O RECURSO DE REVISTA NO PROCESSO DO TRABALHO À LUZ DAS ALTERAÇÕES INTRODUZIDAS PELA REFORMA TRABALHISTA

Murilo Rodrigues Coutinho(*)

A edição da Lei n. 13.467/2017 trouxe algumas consideráveis modificações na sistemática recursal trabalhista, especialmente quanto ao Recurso de Revista. Podemos separá-las entre alterações: a) menores, como a explicitação de poderes do Ministro Relator para decidir monocraticamente, conforme a inclusão do § 14 no art. 896 da CLT; b) pontuais, mas com amplos reflexos, como a da técnica de fundamentação em um tópico específico de negativa de prestação jurisdicional com a inserção do inciso IV no § 1º-A do art. 896 da CLT, e; c) mais profundas, como a revogação dos §§ 3º a 6º do art. 896 da CLT, introduzidos pela recente Lei n. 13.014/2014, eliminando a uniformização, digamos, compulsória da jurisprudência dos Tribunais Regionais do Trabalho por meio de Incidentes de Uniformização de Jurisprudência — IUJ e, ainda, a introdução de seis parágrafos no art. 896-A, que agora regulamentam, em lei, um instituto há tempos existente e inoperante: a transcendência do recurso de revista.

Faremos observações conforme a necessidade de aprofundar em cada tema, refletindo sobre as consequências das alterações e possíveis rumos interpretativos a serem dados.

1. INSERÇÃO DO INCISO IV NO § 1º-A DO ART. 896 DA CLT. FUNDAMENTAÇÃO RECURSAL EM NEGATIVA DE PRESTAÇÃO JURISDICIONAL

Como sabido, o *jus postulandi* é a faculdade de qualquer parte de atuar na Justiça do Trabalho sem um advogado nas causas decorrentes da relação de emprego. Essa norma teria eficácia reduzida se não fossem os princípios da oralidade e da simplicidade que estão consagrados mesmo ainda com a alteração provocada pela Lei n. 13.467/2017 no art. 840, *caput* e § 1º, da CLT(1) e permitem que a atuação sem advogado ocorra sem maiores rigores técnicos. Assim, ao invés de serem considerados regras especiais da petição inicial trabalhista, esses dois princípios e em especial o da simplicidade, foram alçados a verdadeiros princípios norteadores do Direito Processual do Trabalho, conforme reconhecido até mesmo pela jurisprudência do TST(2).

Desse modo, deve-se interpretar de forma integrativa o *jus postulandi* e, como instrumento para viabilizá-lo, os princípios da oralidade e da simplicidade previstos no art. 840, *caput* e § 1º, da CLT, conforme inclusive reitera a jurisprudência do TST(3), salvo as exceções previstas

(*) Assessor Jurídico de Desembargador do TRT da 3ª Região. Ex-Assessor Jurídico de Ministros do TST.

(1) Art. 840. A reclamação poderá ser escrita ou verbal. § 1º, da CLT: “sendo escrita, a reclamação deverá conter a designação do Presidente da Junta, ou do juiz de direito a quem for dirigida, a qualificação do reclamante e do reclamado, uma breve exposição dos fatos de que resulte o dissídio, o pedido, a data e a assinatura do reclamante ou de seu representante”.

(2) Dois exemplos da jurisprudência do TST em que o princípio da simplicidade foi reconhecido para além da petição inicial: RECURSO DE REVISTA. NÃO CONHECIMENTO DO RECURSO ORDINÁRIO. AUSÊNCIA DE FUNDAMENTAÇÃO. 1. Considerando o princípio da simplicidade que informa o Recurso Ordinário na Justiça do Trabalho, a reiteração dos argumentos anteriormente deduzidos, por si só, não implica ausência de fundamentação de tal recurso, ainda que essa não seja a melhor forma para a sua interposição. 2. Num tal contexto, não há falar em ausência de fundamentação do Recurso Ordinário pelo simples fato de a recorrente haver reiterado os argumentos erigidos na petição inicial, mormente diante da total improcedência da pretensão obreira. 3. Configurada, nessas circunstâncias, a má-aplicação da Súmula n. 422 desta Corte superior, a ensejar a reforma do acórdão prolatado pela Corte de origem. 4. Recurso de Revista conhecido e provido. (TST — RR: 42006720135170011, Data de Julgamento: 2.12.2015, Data de Publicação: DEJT 4.12.2015); JUNTADA DE PROCURAÇÃO NOVA INVÁLIDA. AUSÊNCIA DE REVOGAÇÃO DE PODERES DO INSTRUMENTO DE MANDATO ANTERIOR. DEMONSTRAÇÃO DE OUTORGA DE PODERES À ADVOGADA SUBSCRITORA DO RECURSO ORDINÁRIO. IRREGULARIDADE DE REPRESENTAÇÃO NÃO CONFIGURADA. Tendo em vista os princípios da simplicidade e da instrumentalidade das formas que regem o processo do trabalho, é de se considerar a demonstração inequívoca da outorga de poderes à advogada subscritora do Recurso Ordinário, não se podendo cogitar de irregularidade de representação processual. Ademais, a juntada de nova procuração, inválida, não produz os efeitos que se espera, sendo inviável considerar-se que os poderes conferidos ao mesmo patrono tenham sido tacitamente revogados. Recurso de Revista conhecido e provido. (TST — RR: 1212006420085180002, Relator: Márcio Eurico Vitral Amaro, Data de Julgamento: 6.5.2015, 8ª Turma, Data de Publicação: DEJT 8.5.2015)

(3) Menciono, a título de exemplo, dois acórdãos do TST, um recente e outro mais antigo: “Na Justiça do Trabalho, em virtude do princípio da simplicidade do processo trabalhista, bem como o da adoção do *jus postulandi*, não se exige grande rigorismo técnico no que tange ao pedido e à causa de pedir. Basta que a parte faça uma breve exposição dos fatos e o pedido, nos termos do artigo 840, § 1º, da CLT, até porque o juiz conhece o direito (*iura novit curia*).” (ARR-1-71.2013.5.04.0008, Relator Ministro: Antonio José de Barros Levenhagen, Data de Julgamento: 8.3.2017, 5ª Turma, Data de Publicação: DEJT 10.3.2017)
PRELIMINAR DE NULIDADE DO ACÓRDÃO RECORRIDO POR JULGAMENTO *ULTRA PETITA*. As normas que regem a petição inicial no processo civil são bem diferentes das do processo do trabalho, onde se evidencia a aplicação do princípio da simplicidade, permitindo que a exordial seja

na Súmula n. 425[4], editada em maio de 2010, firmando que o *jus postulandi* não alcança o Recurso de Revista e outros instrumentos processuais específicos.

Atendo-se exclusivamente ao Recurso de Revista, que é o foco deste estudo, a fundamentação para tal separação é, em suma, de que este tem natureza recursal extraordinária, sobressaindo aspectos estritamente técnico-jurídicos, o que o distinguiria, por exemplo, do recurso ordinário[5].

Embora não seja o objetivo deste artigo a análise dos princípios que norteiam o Direito Processual do Trabalho, as observações feitas são de suma importância para entender como o TST vem alterando a sua própria compreensão das características do Recurso de Revista, sendo que por meio da Súmula n. 425 já afastou deste a incidência do art. 791 da CLT e, ao que parece, minimiza a aplicação dos princípios especiais e caracterizadores deste ramo processual especial, como o princípio da simplicidade do art. 840, § 1º, da CLT, embora este último, o da oralidade e o *jus postulandi* estejam desde a redação original de maio de 1943 e incidissem ao então "recurso extraordinário trabalhista"[6], ou seja, foram pensados originariamente para a aplicabilidade inclusive em casos de recursos de natureza técnica.

A cisão de incidência principiológica iniciada no Direito Processual do Trabalho em 2010 com o afastamento do *jus postulandi* do Recurso de Revista, entretanto, não teve o condão de desacoplar o princípio da simplicidade da estrutura argumentativa tanto de petições subscritas por advogados quanto de despachos e decisões de magistrados, pois o princípio da simplicidade já convivia e amoldava-se a uma larga e pretérita jurisprudência recursal formal e técnica[7].

Destacamos, por exemplo, o prequestionamento, considerado pela jurisprudência do TST essencial ainda que se trate de discutir incompetência absoluta (OJ n. 62 da SBDI-1); que a decisão de TRT que simplesmente adota os fundamentos de primeiro grau e não explicita as suas próprias razões de decidir não atende prequestionamento (OJ n. 151 da SBDI-1), bastando, todavia, que o TRT adote explicitamente a tese, ainda que sem menção a dispositivo (OJ n. 118 da SBDI-1), mas havendo necessidade de a parte indicar expressamente o dispositivo legal nas razões do Recurso de Revista (Súmula n. 221). Dispensa, todavia, o prequestionamento quando a violação indicada houver surgido no próprio acórdão regional (OJ n. 119 da SBDI-1).

Pelo que se percebe, o legislador e a própria jurisprudência do TST ao longo dos anos quiseram mudar o feitio do recurso de natureza extraordinária trabalhista, reduzindo-lhe as hipóteses de incidência, até porque caso mantida a redação original ter-se-ia hoje um apelo que fatalmente seria uma terceira instância de ampla discussão, e não uma Corte de uniformização da legislação trabalhista voltada para uma discussão mais técnica.

Entretanto, ainda que se acolha a alegada complexificação de recursos de natureza técnica, o que justificaria inviabilizar que a própria parte se valesse do *jus postulandi* para interpor seu recurso, o que se percebe é que os advogados utilizam do princípio da simplicidade previsto no art. 840, § 1º, da CLT e neste fincam a técnica argumentativa utilizada no Recurso de Revista, causando também impactos na estrutura e aprofundamento argumentativo decisório dos magistrados da Justiça do Trabalho, pois o princípio da simplicidade também está ligado à celeridade, outro pilar de sustentação teleológico do Direito Processual do Trabalho: faz-se o simples para poder se fazer mais.

Como nem as várias Orientações Jurisprudenciais e Súmulas mencionadas foram suficientes para alterar a estrutura técnica argumentativa pautada na simplicidade, pretendida — ou, ao menos, sinalizada — pelo TST para o Recurso de Revista sob o argumento de se tratar de recurso técnico, não por falta de qualificação dos advogados, mas por conta da cultura jurídica processual arraigada ao princípio da simplicidade até mesmo dos

apresentada de forma verbal ou por escrito, admitindo-se, também, que as partes ingressem em juízo e acompanhem suas ações sem a intermediação de procurador (*jus postulandi*), com fulcro no art. 791 da CLT. (...) A dispensa de vários requisitos no processo do trabalho justifica-se porque os fundamentos jurídicos do pedido dependem da livre apreciação judicial, pois tal sistema admite leigos postularem em juízo; porque as provas são requeridas e apresentadas em audiência; porque a citação do reclamado é promovida automaticamente pelo secretário da Vara, bem como nesta seara não se admite o despacho de saneamento. Daí porque de extremo rigor exigir no processo trabalhista o mesmo tecnicismo empregado contido no processo civil. Preliminar não conhecida. (RR — 540975-57.1999.5.03.5555, Relator Ministro: Rider de Brito, Data de Julgamento: 12.2.2003, 5ª Turma, Data de Publicação: DJ 14.3.2003)

(4) Súmula n. 425 do TST. *JUS POSTULANDI* NA JUSTIÇA DO TRABALHO. ALCANCE. Res. n. 165/2010, DEJT divulgado em 30.4.2010 e 3 e 4.5.2010. O *jus postulandi* das partes, estabelecido no art. 791 da CLT, limita-se às Varas do Trabalho e aos Tribunais Regionais do Trabalho, não alcançando a ação rescisória, a ação cautelar, o mandado de segurança e os recursos de competência do Tribunal Superior do Trabalho.

(5) *Vide* Incidente de Uniformização de Jurisprudência apreciado pelo Eg. Tribunal Pleno do TST no julgamento do processo n. 8558100-81.2003.5.02.0900, Red. Designado Min. João Oreste Dalazen, DEJT 1º.4.2011.

(6) A redação original do art. 896 da CLT, para a qual foi pensado, harmonicamente, o princípio da simplicidade, era: "Art. 896. Cabe recurso extraordinário das decisões de última instância, quando: a) derem à mesma norma jurídica interpretação diversa da que tiver sido dada por um Conselho Regional ou pela Câmara de Justiça do Trabalho; b) proferidas com violação, expressa de direito. § 1º O recurso extraordinário será interposto, no prazo de quinze dias, para a Câmara de Justiça do Trabalho. § 2º O recurso terá efeito devolutivo, salvo ao juiz ou presidente do tribunal recorrido, no caso de divergência manifesta, dar-lhe também, o efeito suspensivo; § 3º Na hipótese de não ser dado o efeito suspensivo, o presidente do tribunal recorrido, ou o juiz, encaminhará o recurso devidamente informado ao tribunal *ad quem*, sendo a este facultado determinar a remessa do processo". A nomenclatura "recurso de revista" foi introduzida pela Lei n. 861, de 13.10.1949.

(7) Por exemplo, as Súmulas ns. 126, 296, 297 e 422, do TST.

próprios magistrados, restou fazer alterações na estrutura legislativa a fim de explicitar a técnica recursal a ser utilizada, cuja transformação ganhou força com o § 1º-A e incisos I a III do art. 896 da CLT, introduzidos pela já picotada Lei n. 13.015/2014, que passaram a exigir que a parte se desincumbisse, sob pena de não conhecimento, do ônus de:

I) indicar o trecho da decisão recorrida que consubstancia o prequestionamento da controvérsia objeto do recurso de revista;

II) indicar, de forma explícita e fundamentada, contrariedade a dispositivo de lei, súmula ou orientação jurisprudencial do Tribunal Superior do Trabalho que conflite com a decisão regional, e;

III) expor as razões do pedido de reforma, impugnando todos os fundamentos jurídicos da decisão recorrida, inclusive mediante demonstração analítica de cada dispositivo de lei, da Constituição Federal, de súmula ou orientação jurisprudencial cuja contrariedade deve apontar.

Como se percebe, houve uma indiscutível complexificação discursiva e argumentativa do Recurso de Revista, sendo que o legislador passou a exigir do advogado subscritor — vejam-se os termos! — que indique o trecho da decisão recorrida e, ainda, de forma explícita e fundamentada, contrariedade a dispositivo de lei, ou jurisprudência qualificada do TST, inclusive mediante demonstração analítica, exigência técnica formal muito superior e explícita quando comparada às exigências dos recursos extraordinário para o STF e especial para o STJ[(8)]. Não fosse suficiente a normatização e jurisprudência, a Lei n. 13.467/2017 complementou o rigorismo do art. 896, § 1º-A, da CLT com a introdução do inciso IV, de seguinte teor:

Art. 896. (...)

§ 1º-A (...)

IV — transcrever na peça recursal, no caso de suscitar preliminar de nulidade de julgado por negativa de prestação jurisdicional, o trecho dos embargos declaratórios em que foi pedido o pronunciamento do tribunal sobre questão veiculada no recurso ordinário e o trecho da decisão regional que rejeitou os embargos quanto ao pedido, para cotejo e verificação, de plano, da ocorrência da omissão.

As razões de ordem de política judiciária são claras: conforme publicado pelo próprio sítio do TST na internet[(9)], ao final do primeiro trimestre de 2017, como previsível, o tema mais recorrente em recursos na Corte Superior era o de horas extras, com 45.938 feitos a discutir esse tema. A grande surpresa veio logo com o segundo colocado: negativa de prestação jurisdicional, com 45.192 casos, já com razoável distância do terceiro tema, intervalo intrajornada que constou em 30.187 processos.

Cabe, num primeiro momento, refletir as razões de a negativa de prestação jurisdicional alcançar o segundo lugar dentre os temas mais recorrentes, sendo que esse resultado tem diversos fatores. Em seguida, abordaremos o mecanismo de enrijecimento da sistemática recursal trabalhista acrescentado pela Lei n. 13.467/2017.

Quanto aos motivos do aumento da discussão sobre negativa de prestação jurisdicional, os dois primeiros e mais frágeis argumentos são o de ordem de administração processual, em razão do notório aumento de demandas ajuizadas, inclusive em decorrência da crise econômica que afeta o Brasil desde a metade da década de 2010, que todavia não nos parece ser preponderante e também que, conquanto menos importante, mas não desprezível, a existência de profissionais menos escrupulosos que se utilizam apenas ou precipuamente da alegação de negativa de prestação jurisdicional para protelar o feito, pelo que se espera um rigor maior a esse tipo de conduta com a introdução dos arts. 793-A e 793-B na CLT pela Lei n. 13.467/2017.

O terceiro fator é o da cultura processual jurídica: após tanto tempo de aplicação do princípio da simplicidade, embora direcionado à petição, inegável que este tem impacto na atuação de todos os operadores do direito que atuam na Justiça do Trabalho, tanto advogados quanto magistrados, muito além da mera atuação das partes que se valem do *jus postulandi*. O que muitas vezes foi visto pela Justiça do Trabalho como decisão decorrente do princípio da simplicidade e dos brocardos do *iura novit curia* e *da mihi factum, dabo tibi ius* para negar provimento a um recurso ordinário em que se questionava um julgamento *extra* ou *ultra petita*[(10)] causaria

---

(8) Veja-se, para tanto, os termos do art. 1.029 do novo CPC: "O recurso extraordinário e o recurso especial, nos casos previstos na *Constituição Federal*, serão interpostos perante o presidente ou o vice-presidente do tribunal recorrido, em petições distintas que conterão: I — a exposição do fato e do direito; II — a demonstração do cabimento do recurso interposto; III — as razões do pedido de reforma ou de invalidação da decisão recorrida. § 1º Quando o recurso fundar-se em dissídio jurisprudencial, o recorrente fará a prova da divergência com a certidão, cópia ou citação do repositório de jurisprudência, oficial ou credenciado, inclusive em mídia eletrônica, em que houver sido publicado o acórdão divergente, ou ainda com a reprodução de julgado disponível na rede mundial de computadores, com indicação da respectiva fonte, devendo-se, em qualquer caso, mencionar as circunstâncias que identifiquem ou assemelhem os casos confrontados.

(9) Disponível em: <http://www.tst.jus.br/noticias/-/asset_publisher/89Dk/content/horas-extras-e-o-tema-mais-frequente-nos-processos-em-tramite-no-tst-no-primeiro-tri-mestre-de-2017/pop_up?_101_INSTANCE_89Dk_viewMode=print&_101_INSTANCE_89Dk_languageId=pt_BR>. Acesso em: 30 jul. 2017, às 13h56.

(10) Registro apenas um exemplo de julgado em que há convalidação pelo TST da aplicação do princípio e brocados mencionados, sem tecer qualquer análise ou crítica à decisão: JULGAMENTO *EXTRA PETITA*. A Corte Regional decidiu pela inexistência de nulidade processual no particular, a despeito de a sentença vincular-se a cláusulas diversas das constantes do pedido, pois presente na petição inicial o pedido de incidência da multa normativa. Como é cediço, no processo do trabalho, no qual se aplica a regra do art. 840, § 1º, da CLT, exige-se que a petição inicial apresente o pedido e uma

estranheza a um operador do direito acostumado apenas com a prática forense da Justiça Comum.

A razão mais provável do aumento das alegações de negativa de prestação jurisdicional é a soma dos anteriores com o surgimento de um quarto motivo: a dificuldade de adaptação e, em alguns casos, a verdadeira resistência em aplicar os termos do art. 489 do novo CPC, em especial os dispostos nos incisos do § 1º do referido dispositivo, de inquestionável compatibilidade também com o Direito Processual do Trabalho, em razão do disposto no art. 15 do NCPC e no firmado art. 3º, IX, da Instrução Normativa n. 39/2016 do TST.

Os elementos essenciais da sentença dispostos no novo CPC exigem do magistrado uma maior extensão e clareza argumentativas ao decidir. Não basta mais dizer porque julga procedente ou improcedente o pedido formulado, impondo-se também alterar a cultura jurídica de decisões proferidas apenas com paráfrase de ato normativo, com conceitos jurídicos indeterminados, genéricas ou de deixar de enfrentar os argumentos capazes de infirmar a decisão com base na convicção formada ou em brocardos da época do Direito Romano, aplicar ou deixar entendimento de súmula sem justificar as razões de a hipótese dos autos se subsumir ou não ao firmado.

A norma trouxe, assim, incremento à transparência decisória e argumentativa típicas dos regimes democráticos e em total consonância com a Constituição da República de 1988, em contraposição à norma processual comum de 1973, promulgada em época de regime ditatorial. Óbvio que esta extensão argumentativa das decisões exige mais tempo, mas a celeridade deve ser sopesada com a dita transparência.

A advocacia acompanha os fatores listados ciente de que o art. 489, § 1º, da CLT veio a pormenorizar o disposto no art. 93, IX, da Constituição da República, além de que o Poder Judiciário como um todo ainda tenta se adaptar, embora já passada mais de uma década da reforma introduzida pela Emenda Constitucional n. 45/2004, a um modelo misto de *civil law* com o de precedentes adaptado do *common law*, que dá maior importância aos fundamentos decisórios[(11)] e não apenas às ementas e dispositivos, a fim de conferir coerência argumentativa sistêmica em especial para as Cortes Superiores, que se veem postas a reanalisar a mesma norma com base em uma ampla diversidade de hipóteses de fato e, no caso do TST, de situações do mundo do trabalho, a pôr à prova os entendimentos tomados em rito repetitivo ou sedimentados em súmulas, ora aumentando-os, ora restringindo-os ao serem confrontados por meio de pesquisas em bancos de dados de mais de uma centena de milhar de decisões proferidas ao longo de um único ano.

A fundamentação da decisão, portanto, ganhou outros contornos de importância no sistema jurídico pátrio, exigindo, como sinalizou o TST ao afastar o *jus postulandi* e, pelo que se infere, ao menos nos Embargos de Declaração em Recurso Ordinário, uma fundamentação também analítica e pormenorizada do quadro fático-jurídico e da norma legal aplicada, o que provou um substancial aumento desse tipo de discussão no primeiro trimestre de 2017 no TST.

Vimos até aqui a gradual alteração do Recurso de Revista pela Súmula n. 425 do TST e pela Lei n. 13.015/14, afastando-se da principiologia clássica do Direito Processual do Trabalho consubstanciada no *jus postulandi*, na oralidade, celeridade e simplicidade e rápida formalização técnica analítica, até mesmo mais rigorosa que a exigida em recursos do processo civil.

Essa formalização foi um movimento que ocorreu em paralelo com o natural choque de amoldamento entre o princípio da simplicidade e a introdução da forma argumentativa mínima decisória prevista no art. 489, § 1º, do novo CPC, e adoção de um sistema de precedentes vinculativos, agravado pelo fato de ter remanescido a ampla utilização da técnica argumentativa calcada no princípio da simplicidade das petições e decisões — em nome, muitas vezes, da almejada celeridade —, especialmente pela cisão de incidência do *jus postulandi* e o rigorismo introduzido pela Lei n. 13.015/14 não terem alcançado, ao menos diretamente, os recursos nos TRTs.

Agora, o inciso IV do § 1º-A do art. 896 da CLT impõe que a preliminar de nulidade do julgado por negativa de prestação jurisdicional venha com transcrição dos Embargos de Declaração opostos em face do acórdão regional.

Por vezes, os Tribunais Regionais se omitem em registrar no corpo do acórdão acerca de premissa fática essencial para amparar a tese jurídica de quem interpõe Recurso de Revista e que não poderá ser revolvida pelo TST em razão do firmado na Súmula n. 126 da referida Corte Superior, visto que não há prequestionamento fic-

---

breve exposição dos fatos de que resulte o dissídio. Ao contrário do que ocorre no processo civil (art. 282, III, do CPC), no processo do trabalho não é necessário que, além dos fatos, seja apresentada a fundamentação jurídica correta do pedido, tendo em vista a aplicação dos princípios *da mihi factum, dabo tibi ius*, dá-me o fato, que eu te darei o direito, da *jura novit cúria*, o juiz conhece o direito, e da simplicidade/informalidade. Assim, pode o julgador dar aos fatos o enquadramento jurídico que entender pertinente, sem que isso configure julgamento *extra* e/ou *ultra petita*. No caso dos autos, o Tribunal Regional observou os limites da lide. Incólumes, pois, os citados arts. 5°, LIV e LV, da CF/88 e 128, 293 e 460 do CPC. (AIRR — 486-97.2010.5.03.0010, Relator Ministro: Alexandre de Souza Agra Belmonte, Data de Julgamento: 16.12.2015, 3ª Turma, Data de Publicação: DEJT 18.12.2015)

(11) Embora indiscutível a importância dos fundamentos decisórios, tão somente a título de registro, a eficácia vinculante dos motivos determinantes foi rejeitada no Supremo Tribunal Federal. Precedentes: Rcl 3.294-AgR, Rel. Min. Dias Toffoli, Pleno, Dje de 29.11.2011; Rcl 9.778-AgR, Rel. Min. Ricardo Lewandowski, Pleno, Dje de 11.11.2011; Rcl 3.014, Rel. Min. Ayres Britto, Pleno, Dje de 21.5.2010, embora haja na Corte, por exemplo, magistrados que defendem a sua aplicação, vide Rcl 2.986-MC/SE, Rel. Min. Celso de Mello.

to de aspecto fático, mas apenas da interpretação jurídica, o que pode, de fato, justificar o pedido de nulidade por negativa de prestação jurisdicional.

Veja-se bem, todavia, o que o legislador fez: passou a exigir como condição para discutir negativa de prestação jurisdicional no TST a oposição de Embargos de Declaração em Recurso Ordinário.

A teor do art. 896 da CLT, em face de todos os temas discutidos no Direito Material e Processual do Trabalho, salvo as decisões interlocutórias e as exceções previstas na Súmula n. 214 do TST(12), cabe Recurso de Revista em face de acórdão regional proferido em Recurso Ordinário. Agora, teremos uma curiosa situação, em que para se discutir um único tema em Recurso de Revista não cabe a interposição direta de Recurso de Revista de decisão proferida em Recurso Ordinário, mas apenas, veja-se, Recurso de Revista em Embargos de Declaração em Recurso Ordinário, sob pena, por questão lógica, de não conhecimento, pois não preenchidos os requisitos formais do art. 896, § 1º-A, IV, da CLT.

Cumpre registrar que já se utilizavam dos Embargos de Declaração em face de acórdão regional até mesmo para fins de prequestionamento, na forma do item III da Súmula n. 297 do TST, e se o TRT, ainda que instado pelo instrumento previsto no art. 897-A da CLT, persistir em sua omissão quanto a interpretação jurídica, considera-se a questão devidamente prequestionada para fins de Recurso de Revista.

Assim, a omissão sobre questão jurídica, não obstante a oposição de Embargos de Declaração, não inviabilizava o debate do tema na via recursal extraordinária, nem causa prejuízo à parte e, portanto, não enseja a decretação da nulidade do acórdão por negativa de prestação jurisdicional, ante a incidência da Súmula n. 297, III, do TST(13). Veja-se a jurisprudência:

> AGRAVO DE INSTRUMENTO EM RECURSO DE REVISTA. 1. PRELIMINAR DE NULIDADE POR NEGATIVA DE PRESTAÇÃO JURISDICIONAL. A simples oposição de embargos de declaração ao acórdão do Tribunal Regional supre a exigência do prequestionamento das questões jurídicas submetidas ao crivo do órgão julgador, nos termos da Súmula n. 297, II e III, desta Corte Superior. Não há falar, portanto, em nulidade por negativa de prestação jurisdicional, estando incólumes os arts. 93, IX, da Constituição Federal e 832 da CLT. (AIRR — 12300-35.2009.5.15.0131, Relatora Ministra: Dora Maria da Costa, Data de Julgamento: 29.8.2012, 8ª Turma, Data de Publicação: DEJT 31.8.2012)

Não bastasse, pelo que se percebe, passa-se a exigir mais das decisões proferidas nos Tribunais Regionais em sede de Embargos de Declaração, ou seja, a mitigação do princípio da simplicidade que iniciou com o Recurso de Revista contaminou também os Embargos de Declaração em Recurso Ordinário, que agora deve proceder minuciosa análise, ao menos em matéria de negativa de prestação jurisdicional, caso contrário afetará o Recurso de Revista para discutir essa negativa. O Ministro Cláudio Brandão, ao analisar a OJ n. 151 da SBDI-1 do TST em face do § 1º-A do art. 896 da CLT, registra:

> *esse requisito formal* — exigência de que tenha sido, pelo menos, suscitada previamente a questão objeto do recurso, a fim de que o TST possa reexaminá-la, mediante o conhecimento do recurso de natureza extraordinária — *constitui pressuposto intrínseco do recurso de revista e não é atendido quando o TRT* se limita a adotar os fundamentos da decisão de primeiro grau e não explicita as suas próprias razões de decidir(14). (grifo nosso)

Como visto, cabe ao TRT municiar a parte para que possa preencher pressuposto intrínseco do Recurso de Revista, na forma da referida Orientação Jurisprudencial, não sendo, portanto, tão nova a questão de o formalismo do Recurso de Revista alongar-se para os Embargos de Declaração em face da decisão regional. Todavia, o inciso IV do § 1º-A do art. 896 da CLT eleva a questão para outro patamar ao dispor que só é passível de conhecimento Recurso de Revista por negativa de prestação jurisdicional em face de acórdão em Embargos de Declaração em Recurso Ordinário.

Repise-se: ante os termos do art. 896 da CLT, via de regra, das decisões proferidas em Recurso Ordinário cabe Recurso de Revista, salvo se a parte pretender discutir

---

(12) Súmula n. 214 do TST. DECISÃO INTERLOCUTÓRIA. IRRECORRIBILIDADE. Na Justiça do Trabalho, nos termos do art. 893, § 1º, da CLT, as decisões interlocutórias não ensejam recurso imediato, salvo nas hipóteses de decisão: a) de Tribunal Regional do Trabalho contrária à Súmula ou Orientação Jurisprudencial do Tribunal Superior do Trabalho; b) suscetível de impugnação mediante recurso para o mesmo Tribunal; c) que acolhe exceção de incompetência territorial, com a remessa dos autos para Tribunal Regional distinto daquele a que se vincula o juízo excepcionado, consoante o disposto no art. 799, § 2º, da CLT.

(13) "Considera-se prequestionada a questão jurídica invocada no recurso principal sobre a qual se omite o Tribunal de pronunciar tese, não obstante opostos embargos de declaração". Há acórdão emblemático sobre o tema: "a rejeição dos embargos declaratórios, caracterizadora de recusa do órgão judicante em suprir a omissão ali apontada pela parte, não obsta a que a questão jurídica omitida seja desde logo examinada pelo TST, desde que sobre essa matéria tivesse de pronunciar-se o Tribunal *a quo*, sob pena de conduzir-se ao paroxismo e à verdadeira denegação de Justiça em que o Regional renitentemente negaria a tutela jurisdicional e o TST sentir-se-ia impedido de enfrentar diretamente o tema, o que poderia prolongar-se *ad infinitum*. Ademais, a exigência de prestação jurisdicional exauriente, transformando-a em verdadeiro fetiche, é concessão demasiada ao formalismo, que não se compadece com a moderna administração da Justiça, em particular com os princípios da celeridade e da economia processuais. Precedentes do Supremo Tribunal Federal. 3. Silente o Regional sobre a acenada inviabilidade de utilização do salário mínimo como fator de indexação das obrigações, conforme preceituado no art. 7º, inciso IV, da Constituição da República, a despeito de ventilada a matéria em recurso ordinário e em embargos declaratórios, tem-se por prequestionada e, sob tal premissa, julga-se o recurso de revista". (RR 481720/1998, 1ª Turma, Rel. Min. João Oreste Dalazen, DJ 21.11.2003, Decisão unânime)

(14) BRANDÃO, Cláudio. *Reforma do sistema recursal trabalhista:* comentários à Lei n. 13.015/2014. São Paulo: LTr, 2015. p. 55.

negativa de prestação jurisdicional, em que o cabimento passará a ser condicionado à interposição de Embargos de Declaração em Recurso Ordinário, sob pena de não conhecimento por não preencher o pressuposto legal para tanto, qual seja, a transcrição e análise dos Embargos de Declaração, visto que sequer foram opostos.

Cabe ainda questionar o que ocorrerá se embora opostos Embargos de Declaração em face de acórdão proferido em Recurso Ordinário remanescer, para a parte recorrente, a omissão.

Ao que tudo indica, a introdução do inciso IV no § 1º-A do art. 896 da CLT não obsta a aplicação do item III da Súmula n. 297 do TST, nem ainda que se discuta negativa de prestação jurisdicional[(15)]. Por exemplo, se o acórdão regional analisa o pedido de horas extras, mas a parte considerou que remanesce omissa a decisão e opôs Embargos de Declaração, tratando-se de perpetuação da violação surgida na Vara do Trabalho. Contra essa decisão a parte poderá discutir horas extras e suscitar a negativa de prestação jurisdicional do acórdão regional, transcrevendo nas razões do recurso para o TST o que determina o inciso IV do § 1º-A do art. 896 da CLT.

Ao Ministro do TST, caso ultrapassados os demais pressupostos extrínsecos, intrínsecos e especiais, compete optar pelos seguintes encaminhamentos: em primeiro, reputar que não há negativa de prestação jurisdicional, passando à análise do restante do apelo.

Caso, todavia, entenda que o acórdão regional incorre em negativa de prestação jurisdicional, serão possíveis dois caminhos: se entender que, embora haja a referida negativa, é possível decidir o mérito do recurso em favor da parte a quem aproveite a nulidade (seja de aspecto do próprio pedido de horas extras ou de outro que esteja maduro para julgamento), com fundamento no art. 282, § 2º, do novo CPC[(16)] deixará de pronunciar a nulidade e passará a analisar o mérito das horas extras e dará provimento ao apelo. Caso, todavia, não considere haver possibilidade de prover o apelo, poderá declarar a nulidade do julgado, por negativa de prestação jurisdicional, determinando o retorno dos autos ao TRT de origem.

Como se pode concluir quanto a esse aspecto, a inclusão do inciso IV ao § 1º-A do art. 896 da CLT é visivelmente prejudicial ao Direito Processual do Trabalho, pois não enriquece a discussão, alonga a tramitação e, ainda, aumenta a complexidade do sistema.

2. Acréscimo de poderes ao Ministro relator (inclusão do § 14 no art. 896 da CLT)

Ao acrescentar especificamente no art. 896 da CLT o § 14, dispondo que *"o relator do recurso de revista poderá denegar-lhe seguimento, em decisão monocrática, nas hipóteses de intempestividade, deserção, irregularidade de representação ou de ausência de qualquer outro pressuposto extrínseco ou intrínseco de admissibilidade"*, o legislador apenas tratou de repetir aquilo que já era aplicado[(17)] e utilizado de forma subsidiária/supletiva a partir do disposto nos arts. 932, inciso III, e 1.011, I, do NCPC e até do 118, X, do RITST[(18)], não se tratando de uma inovação, tendo apenas registrado de forma explícita as hipóteses e listado os pressupostos extrínsecos e intrínsecos de admissibilidade do recurso de revista. A propósito, já se sinalizava a compatibilidade do art. 557 do CPC de

(15) Menciono a título de exemplo sobre a nulidade por negativa de prestação jurisdicional o seguinte acórdão: NULIDADE DO V. ACÓRDÃO REGIONAL POR NEGATIVA DE PRESTAÇÃO JURISDICIONAL. SUCESSÃO TRABALHISTA. GRUPO ECONÔMICO. RESPONSABILIDADE SOLIDÁRIA DAS RECLAMADAS ASSOCIAÇÃO EDUCACIONAL SÃO PAULO — ASSESPA, GALILEO ADMINISTRAÇÃO DE RECURSOS EDUCACIONAIS S.A., GALILEO GESTORA DE RECEBÍVEIS SPE S.A., SOCIEDADE UNIVERSITÁRIA GAMA FILHO, INSTITUTO CULTURAL DE IPANEMA — ICI E ASSOCIAÇÃO PARA MODERNIZAÇÃO DE EDUCAÇÃO — APME. A obrigatoriedade da fundamentação das decisões judiciais é princípio constitucional que não pode ser desconsiderado pelo julgador. O impedimento de alçar o tema a debate ao Tribunal Superior, porque não examinada matéria sobre a qual a parte buscou manifestação, em embargos de declaração, denota a nulidade do julgado por negativa de prestação jurisdicional, com a consequente violação dos arts. 93, IX, da Constituição Federal, 832 da CLT e 489, IV, do CPC/15. No caso, o eg. Tribunal Regional não se manifesta sobre nenhuma das questões suscitadas pelas reclamadas em seus embargos de declaração, premissas imprescindíveis ao exame da configuração do grupo econômico e à aferição da responsabilidade solidária que lhes foram imputadas. Recurso de revista conhecido e provido. (RR — 11675-80.2014.5.01.0077, Relator Ministro: Aloysio Corrêa da Veiga, Data de Julgamento: 28.6.2017, 6ª Turma, Data de Publicação: DEJT 30.6.2017)

(16) Art. 282. Ao pronunciar a nulidade, o juiz declarará que atos são atingidos e ordenará as providências necessárias a fim de que sejam repetidos ou retificados. § 2º Quando puder decidir o mérito a favor da parte a quem aproveite a decretação da nulidade, o juiz não a pronunciará nem mandará repetir o ato ou suprir-lhe a falta. O TST já vem aplicando essa saída processual há algum tempo. Veja-se: RECURSO DE REVISTA. 1. PRELIMINAR DE NULIDADE POR NEGATIVA DE PRESTAÇÃO JURISDICIONAL. Nos termos do § 2º do art. 249 do CPC/73 (atual § 2º do art. 282 do CPC/2015), aplicado subsidiariamente ao processo do trabalho, quando puder decidir o mérito a favor da parte a quem aproveite a decretação da nulidade, o juiz não a pronunciará. Assim, a nulidade suscitada não será analisada em atenção aos princípios da celeridade e economia processual. (RR — 80300-37.2006.5.02.0040, Relator Ministro: Douglas Alencar Rodrigues, Data de Julgamento: 16.8.2017, 7ª Turma, Data de Publicação: DEJT 18.8.2017)

(17) AGRAVO REGIMENTAL. AGRAVO DE INSTRUMENTO EM RECURSO DE REVISTA. CERCEAMENTO DO DIREITO DE DEFESA. Não configura cerceamento do direito de defesa o fato de o apelo ter o seu processamento obstado mediante a adoção dos fundamentos constantes da decisão da instância recorrida, pois proferido em conformidade com os arts. 932, III, c/c 1.011, I, do CPC de 2015 e 106, X, do RITST. Agravo regimental conhecido e desprovido. (AgR-AIRR — 1319-28.2014.5.05.0008 , Relator Ministro: Alexandre de Souza Agra Belmonte, Data de Julgamento: 22.8.2017, 3ª Turma, Data de Publicação: DEJT 25.8.2017). Ressalte-se que ante o disposto nos arts. 235, VII, e 239 do Regimento Interno do TST, seria o caso de interposição de Agravo, e não Agravo Regimental.

(18) "Art. 932. Incumbe ao relator: (...) III — não conhecer de recurso inadmissível, prejudicado ou que não tenha impugnado especificamente os fundamentos da decisão recorrida; Art. 1.011. Recebido o recurso de apelação no tribunal e distribuído imediatamente, o relator: I — decidi-lo-á monocraticamente apenas nas hipóteses do art. 932, incisos III a V; art. 106. Novo Regimento Interno do TST: "Art. 118: Compete ao Relator: X — decidir monocraticamente ou denegar seguimento a recurso, na forma da lei, inclusive na hipótese contemplada no § 2º do art. 896- A da CLT;"

1973 (correspondente ao art. 932 do novo CPC) com o Direito Processual do Trabalho por meio da Súmula n. 435 do TST.

A reforma peca, todavia, ao não estabelecer uma via processual para recorrer contra a decisão monocrática. Acreditamos que não se trate da tentativa de autorizar o Ministro Relator de decidir monocraticamente e de forma irrecorrível, pois contrariaria a premissa de colegialidade das decisões dos Tribunais, mas sim de mais uma das omissões e imperfeições da reforma trabalhista, razão pela qual é de se inferir que tais decisões monocráticas poderão ser impugnadas por meio de Agravo do art. 1.021 do NCPC[(19)], e não Agravo Regimental, até em razão do firmado na Orientação n. 412 da SBDI-1 do TST[(20)], já ajustada aos termos do novo CPC.

Quanto ao § 11 do art. 896 da CLT, o legislador determinou ainda pela Lei n. 13.015/14 que o recurso tempestivo que não tiver defeito formal grave o TST poderá desconsiderar o vício ou mandar saná-lo. Como se pode concluir, a intempestividade será um erro grave, não passível de desconsideração ou saneamento. Provavelmente, a ausência de fundamentação, nos termos da Súmula n. 422 do TST, também será considerado um erro grave e insanável. De outro lado, a irregularidade de representação provavelmente deverá ser reputada como uma irregularidade sanável, ante a sistemática introduzida nos arts. 76 e 104 do novo CPC, conforme o firmado nas Súmulas ns. 383 e 395 do TST, e a insuficiência de recolhimento de custas e de depósito recursal também, embora a completa inexistência de comprovação de recolhimento destas no prazo recursal possa vir a ser reputada como erro grave e insanável, cabendo-nos aguardar elucidação da jurisprudência do TST, principalmente sobre este último aspecto, especialmente porque o critério da transcendência, poderá provocar a revisão da jurisprudência defensiva do TST (v. g. Súmulas ns. 23, 126, 296, 337, 442, dentre outras) quanto aos pressupostos de admissibilidade recursal. Todavia, neste primeiro ano de vigência da transcendência, a jurisprudência do TST tem sinalizado que ainda que se reconheça a transcendência da matéria, ressentindo-se o apelo de cumprir os requisitos formais do art. 896, § 1º-A e incisos, da CLT, ele não ensejará conhecimento:

> AGRAVO DE INSTRUMENTO. RECURSO DE REVISTA INTERPOSTO NA VIGÊNCIA DA LEI N. 13.467/2017. TRANSCENDÊNCIA DA CAUSA. PRESCRIÇÃO — ACIDENTE DE TRABALHO TÍPICO — ESTABILIDADE ACIDENTÁRIA — INDENIZAÇÃO POR DANO MORAL — RESTRIÇÃO DE USO DE BANHEIRO. DANO MORAL DECORRENTE DA CIRCULAÇÃO EM TRAJES ÍNTIMOS. HONORÁRIOS ADVOCATÍCIOS. O processamento do recurso de revista na vigência da Lei n. 13.467/2017 exige que a causa ofereça transcendência com relação aos reflexos gerais de natureza econômica, política, social ou jurídica, a qual deve ser analisada de ofício e previamente pelo Relator (arts. 896-A, da CLT, 246 e 247 do RITST). No entanto, <u>mesmo que se reconheça a transcendência social das matérias trazidas no recurso de revista, não há como reformar a decisão recorrida quando a parte não cumpre os requisitos previstos no art. 896, § 1º-A e incisos, da CLT. Ressalvado o entendimento da Relatora.</u> Agravo de instrumento de que se conhece e a que se nega provimento. (AIRR — 638-02.2016.5.12.0038, Relatora Desembargadora Convocada: Cilene Ferreira Amaro Santos, Data de Julgamento: 06.06.2018, 6ª Turma, Data de Publicação: DEJT 08.06.2018, grifo nosso)

A novidade mesmo quanto aos poderes do Ministro Relator está nos §§ 2º a 5º do art. 896-A da CLT, que tratam da transcendência e serão objeto de análise em tópico específico.

3. Revogação dos §§ 3º a 6º do art. 896 da CLT. Incidente de uniformização de jurisprudência regional

A revogação dos §§ 3º a 6º do art. 896 da CLT, introduzidos pela recente Lei n. 13.014/2014, elimina a uniformização, digamos, compulsória da jurisprudência dos Tribunais Regionais do Trabalho por meio de Incidentes de Uniformização de Jurisprudência — IUJ e de exigir que esta decisão seja a única apta a servir como paradigma para viabilizar o conhecimento de recurso de revista por divergência. Esse filtro recursal foi substituído pela transcendência. Os últimos IUJ a serem apreciados serão aqueles que foram determinados o processamento antes da vigência da Lei n. 13.467/2017 em 11.11.2017, em razão da aplicação da teoria do isolamento dos atos processuais.

Entendemos que não existe solução simples em matéria de política recursal. Se os §§ 3º e 6º do art. 896 da CLT tinham por mérito conferir maior previsibilidade na interpretação e tutela do direito objetivo a determinado fato, aprimorando a segurança jurídica e estreitamento das hipóteses de Recurso de Revista, pois "a ideia era que, no longo prazo, o TST se transformasse numa Corte de apreciação de súmulas e precedentes, a saber, analisaria as teses — ou melhor, a divergência de

(19) AGRAVO — AGRAVO DE INSTRUMENTO EM RECURSO DE REVISTA INTERPOSTO SOB A ÉGIDE DA LEI N. 13.015/2014 — HONORÁRIOS ADVOCATÍCIOS. A decisão agravada observou os arts. 932, III, IV, VIII, do NCPC, 896, §§ 1º, 1º-A, 12, da CLT c/c art. 106, X, do RITST e 5º, LXXVIII, da Constituição da República, razão por que é insuscetível de reforma ou reconsideração. Agravo a que se nega provimento. (Ag-AIRR — 11062-29.2015.5.15.0047, Relatora Ministra: Maria Cristina Irigoyen Peduzzi, Data de Julgamento: 9.8.2017, 8ª Turma, Data de Publicação: DEJT 14.8.2017)

(20) OJ N. 412. AGRAVO INTERNO OU AGRAVO REGIMENTAL. INTERPOSIÇÃO EM FACE DE DECISÃO COLEGIADA. NÃO CABIMENTO. ERRO GROSSEIRO. INAPLICABILIDADE DO PRINCÍPIO DA FUNGIBILIDADE RECURSAL (nova redação em decorrência do CPC de 2015) — Res. 209/2016, DEJT divulgado em 1º, 2 e 3.6.2016. É incabível agravo interno (art. 1.021 do CPC de 2015, art. 557, § 1º, do CPC de 1973) ou agravo regimental (art. 235 do RITST) contra decisão proferida por Órgão colegiado. Tais recursos destinam-se, exclusivamente, a impugnar decisão monocrática nas hipóteses previstas. Inaplicável, no caso, o princípio da fungibilidade ante a configuração de erro grosseiro.

teses entre dois regionais"[21], visto que somente após o julgamento do Incidente de Uniformização de Jurisprudência determinado por Ministros do TST ou pelo Presidente do Tribunal Regional é que a decisão proferida neste, desde que não conflitante com a jurisprudência sedimentada em Súmula ou Orientação Jurisprudencial do TST, seria a única para servir como paradigma para viabilizar o conhecimento do recurso de revista, por divergência, por outro lado suspendia a tramitação, até mesmo por meses, de vários feitos em grau de Recurso Ordinário. Vale ler a crítica de Antônio Álvares da Silva:

> Sabemos que o TST está abarrotado de processos. Poderá demorar nos julgamentos, como tem sido a regra. Enquanto isto a jurisdição dos TRT's ficará suspensa com grave prejuízo à prestação jurisdicional, o que poderá ferir frontalmente o art. 5º, LXXVIII, da CF. E desta vez a demora não poderá ser atribuída a excesso de processo, falta de meios, pois é determinada pela própria lei.[22]

Outros críticos do sistema instituído pela Lei n. 13.015/14 argumentavam que a responsabilidade pela uniformização da aplicação do direito ao caso concreto delineado pelo conjunto probatório dos autos havia sido deslocada desnecessariamente para os Tribunais Regionais[23], já que tinham que ser pacificadas em Incidentes de Uniformização de Jurisprudência determinados por Ministros do TST ou pelo Presidente do Tribunal Regional, além de que a uniformização era, na visão de alguns, feita de forma prematura, com base às vezes em apenas um par de julgados.

Entendo, todavia, que o curto período de vigência dos §§ 3º e 6º do art. 896 da CLT provocará saudades em breve. Não era um sistema perfeito, é certo, a proposta enviada pelo TST sofreu várias alterações durante a tramitação no Congresso Nacional, mas as principais críticas são de repercussão menor. Cabe aqui registrar observação feita pelo Ministro Cláudio Mascarenhas Brandão:

> Não se trata de algo novo a obrigação de os Tribunais Regionais do Trabalho procederem à uniformização de sua jurisprudência. Consta do mesmo dispositivo desde a Lei n. 9.756, de 17.12.1998.
>
> (...)
>
> Apesar de não constituir novidade, na prática, a regra ficou despida de efetividade, pois a diversidade de entendimentos no âmbito interno dos tribunais passou a ser comum e, com isso, a jurisprudência não foi uniformizada. É suficiente para comprovar essa afirmação o reduzido número de súmulas expedidas pelos TRT's.
>
> A multiplicidade de teses jurídicas acolhidas no âmbito dos TRT's, de outro modo, contribuiu nos últimos anos para o incremento de recursos no TST, que, por sua vez, passou também a exercer papel que, verdadeiramente, é atribuído ao Pleno dos TRT's ou, em alguns casos por norma regimental, ao Órgão Especial: por via indireta, definir questões jurídicas oriundas de divergências entre turmas.[24]

Como bem analisado, os Tribunais Regionais relegaram ao longo do tempo a cultura de uniformização de jurisprudência, de modo que cada Turma atuava, ao fundo e em muitas ocasiões, como órgão independente dos demais. Em Tribunais Regionais maiores como o TRT da 3ª Região, com 11 Turmas com 4 Desembargadores cada, e o TRT da 2ª Região, com 18 Turmas compostas por 5 Desembargadores, via-se uma mesma questão jurídica ser decidida de várias formas diferentes até mesmo dentro das mesmas Turmas, o que reduz a segurança jurídica e descaracteriza a função do próprio Tribunal Regional, que delega por questão de administração da Justiça a competência Colegiada do Plenário para órgãos fracionários.

Quanto à crítica feita sobre a suspensão da tramitação dos feitos até o julgamento do Incidente de Uniformização de Jurisprudência, ela também não procede, pois a pacificação da interpretação de uma questão jurídica, ainda que retarde a tramitação de alguns processos, posteriormente acelera a tramitação e dá maior segurança jurídica, ainda que sejam dois casos apenas de início, resguardando o dever de o Tribunal Regional manter uniforme a sua jurisprudência, pois a fragmentação de competência funcional se deu apenas para facilitar os julgamentos e a tramitação processual, não para incrementar e amplificar seus termos.

A despeito do art. 702, § 4º, da CLT, introduzido pela Lei n. 13.467/17, espera-se que os Tribunais Regionais do Trabalho não parem de uniformizar sua jurisprudência, visto que a segurança jurídica proporcionada e a celeridade conferida pela edição e observância de súmulas beneficia não apenas a administração interna da Justiça, mas também o jurisdicionado, facilitando eventual interposição de Recurso de Revista.

4. Transcendência. Inclusão dos §§ 1º a 6º no art. 896-A da CLT

4.1. *Introdução*

A reforma trabalhista da Lei n. 13.467/17, pelo que aparenta, constitui sensível reação do Poder Legislativo

(21) SILVA, Homero Batista Mateus da. *Comentários à reforma trabalhista*. São Paulo: Revista dos Tribunais, 2017. p. 180.

(22) SILVA, Antônio Álvares da. *Processo do trabalho*: comentários à Lei n. 13.015/2014. Belo Horizonte: RTM, 2014. p. 111-112.

(23) "(...) os dispositivos revogados soavam estranhos à independência jurisdicional dos Desembargadores e dos órgãos julgadores, que encerravam seu ofício com o julgamento proferido". In: LIMA, Francisco Meton Marques de. *Reforma trabalhista*: entenda ponto a ponto. São Paulo: LTr, 2017. p. 157.

(24) BRANDÃO, Cláudio. *Reforma do sistema recursal trabalhista*: comentários à Lei n. 13.015/2014. São Paulo: LTr, 2015. p. 55-56.

não aos termos da legislação trabalhista posta, embora faça diversas alterações nesta, mas se trata sobretudo de uma reação à jurisprudência e normatização do Tribunal Superior do Trabalho. Não é diferente o que ocorre com o instituto da transcendência em Recurso de Revista.

O art. 896-A da CLT foi introduzido pela Medida Provisória n. 2.226/2001, dispondo que o TST, no Recurso de Revista, examinará previamente se a causa oferece transcendência com relação aos reflexos gerais de natureza econômica, política, social ou jurídica. O art. 2º da aludida Medida Provisória, contudo, havia deixado a critério do TST a regulamentação desse instituto em seu regimento interno, apenas acrescentando que ao processamento da transcendência deveria se assegurar a apreciação em sessão pública, com direito a sustentação oral e fundamentação da decisão.

Passados mais de 15 anos[25], havia, aparentemente, uma concordância da inviabilidade de regulamentação do instituto por parte dos Ministros da Corte[26]. Em reação à omissão, o legislador aproveitou a reforma trabalhista levada a cabo pela Lei n. 13.467/2017 e acrescentou os §§ 1º a 6º no art. 896-A da CLT:

> Art. 896-A (...)
>
> § 1º São indicadores de transcendência, entre outros:
>
> I — econômica, o elevado valor da causa;
>
> II — política, o desrespeito da instância recorrida à jurisprudência sumulada do Tribunal Superior do Trabalho ou do Supremo Tribunal Federal;
>
> III — social, a postulação, por reclamante-recorrente, de direito social constitucionalmente assegurado;
>
> IV — jurídica, a existência de questão nova em torno da interpretação da legislação trabalhista.
>
> § 2º Poderá o relator, monocraticamente, denegar seguimento ao recurso de revista que não demonstrar transcendência, cabendo agravo desta decisão para o colegiado.
>
> § 3º Em relação ao recurso que o relator considerou não ter transcendência, o recorrente poderá realizar sustentação oral sobre a questão da transcendência, durante cinco minutos em sessão.
>
> § 4º Mantido o voto do relator quanto à não transcendência do recurso, será lavrado acórdão com fundamentação sucinta, que constituirá decisão irrecorrível no âmbito do tribunal.
>
> § 5º É irrecorrível a decisão monocrática do relator que, em agravo de instrumento em recurso de revista, considerar ausente a transcendência da matéria.
>
> § 6º O juízo de admissibilidade do recurso de revista exercido pela Presidência dos Tribunais Regionais do Trabalho limita-se à análise dos pressupostos intrínsecos e extrínsecos do apelo, não abrangendo o critério da transcendência das questões nele veiculadas.

Assim, deu-se forma e aplicabilidade ao instituto da transcendência. Tal pressuposto recursal somente não poderá ser aferido aos recursos de revista anteriores à vigência da Lei n. 13.467/2017, em razão do respeito ao ato jurídico processual perfeito e à vedação de aplicação retroativa da norma processual. Quanto à natureza jurídica da transcendência vale transcrever a leitura de Ives Gandra da Silva Martins Filho:

> O critério de transcendência como pressuposto de admissibilidade do recurso de revista difere essencialmente dos demais requisitos, uma vez que não constitui critério de natureza jurídica, mas administrativa, ou seja, de política judiciária, pautado fundamentalmente pela conveniência e oportunidade de se apreciar determinado tema, em face de sua transcendência política, jurídica, econômica e social"[27].

A constitucionalidade enquanto filtro recursal já foi reconhecida outrora no julgamento da ADIMC 2.527/DF, Rel. Min. Ellen Gracie, julgada pelo Pleno do STF em 23.11.2007, analisando-a sob o enfoque da MP n. 2.226/2001, não havendo motivos para supor que haja inconstitucionalidade seja formal ou material no art. 896-A, *caput* e parágrafos, da CLT, introduzido pela Lei n. 13.467/17, salvo eventual discussão sobre os termos e limites da regulamentação, especialmente quanto à possibilidade de recurso interno à SbDI-1 do TST em face das decisões que não reconhecem a transcendência do apelo, o que no máximo poderia ser apreciado no próprio TST, uma vez que o STF dificilmente superaria o seu precedente do RE n. 598.365/MG, Rel. Min. Carlos Ayres Britto, DJe de 26.03.2010, em que se firmou que a discussão sobre pressupostos de admissibilidade recursal não possui repercussão geral.

4.2. Transcendência e repercussão geral

Impõe-se, por oportuno, esclarecer que a repercussão geral é, em síntese, uma soma da relevância da questão federal trazida pela Emenda Regimental n. 3 de 1975

(25) Não se pode deixar de registrar que em 16.8.2007, no julgamento da ADIn n. 2.527-9, ajuizada pelo Conselho Federal da Ordem dos Advogados do Brasil (CFOAB) foi indeferido pelo Eg. Tribunal Pleno do STF, Rel. Min. Ellen Gracie, o pedido liminar de suspensão da norma que acrescentou a transcendência ao recurso de revista, e que tramitou no Congresso Nacional o PL n. 3.267/00, a fim de regulamentar a matéria, porém já se encontra arquivado desde 2001.

(26) Vale registrar que a Segunda Comissão de Ministros constituída no âmbito do Tribunal Superior do Trabalho para examinar a viabilidade de regulamentação do critério da transcendência como juízo prévio de delibação para o conhecimento do recurso de revista (art. 896-A da CLT), criada pela Resolução Administrativa n. 1.360, de 2009 e Presidida pelo Exmº. Ministro João Oreste Dalazen, e dela fizeram parte os Mins. Ives Gandra Martins Filho, João Batista Brito Pereira, Maria Cristina Irigoyen Peduzzi e Lelio Bentes Corrêa. Enviaram em junho de 2010 Ofício ao então Presidente do TST comunicação acerca do deliberado pela Comissão no sentido de rechaçar a viabilidade técnica de regulamentação da transcendência, sobretudo em face da multiplicidade de temas objeto de recurso de revista. DALAZEN, João Oreste. Apontamentos Sobre a Lei n. 13.015/2014 e impactos no sistema recursal trabalhista. *Revista TST*, Brasília, v. 80, n. 4, p. 204-263, out./dez. 2014.

(27) MARTINS FILHO, Ives Gandra da Silva. O critério de transcendência do recurso de revista. *Revista LTr*, v. 82, n. 1, p. 13, jan. 2018.

do STF[28] com o antigo instituto da transcendência que ultrapassa os interesses subjetivos do processo[29]. Sobre acarretar em subjetivização, cabe relembrar escrito do Ministro Ives Gandra da Silva Martins Filho sobre a transcendência, em que anota importante observação do Ministro Victor Nunes Leal sobre a relevância, aplicável ao ora estudado, embora a análise não seja especificamente sobre a regulamentação de que trata a Lei n. 13.467/17:

O próprio Regimento Interno do STF ofereceu uma definição do que entendia ser relevante, para efeito de pronunciamento da Suprema Corte:

> Art. 327. (...)
>
> § 1º Entende-se relevante a questão federal que, pelos reflexos na ordem jurídica, e considerados os aspectos morais, econômicos, políticos ou sociais da causa, exigir a apreciação do recurso extraordinário pelo Tribunal.

Interpretando tal dispositivo, o Min. Victor Nunes Leal entendia que a relevância de uma questão estaria ligada à importância que teria para o público, e não apenas para as partes em litígio. Refutava, assim, a pecha de subjetivismo decisório ofertado pela norma aos ministros do STF, pois considerava que toda decisão judicial, por estar ligada à interpretação da lei, está carregada de uma boa parcela de subjetivismo: 'Se encaramos o problema sob outro ângulo, veremos que não há critério algum, por mais rígido e objetivo, que elimine totalmente o subjetivismo nas decisões judiciais. A ponderação é inerente à função de julgar, que consiste em pesar as razões de um e de outro lado'[30].

Cumpre acrescentar que, neste primeiro ano de vigência da Lei n. 13.467/17, a doutrina[31][32] tem se manifestado de forma a dividir a análise e aplicação do instituto da transcendência, de um lado, como uma espécie de "repercussão geral trabalhista", tentando aproximar a interpretação do filtro do recurso de revista à do recurso extraordinário do art. 1.035 do CPC, por considerar a similaridade das hipóteses de transcendência com as de repercussão geral e a finalidade de atuarem como filtro seletivo de julgamento. Outros, entretanto, consideram que, conquanto não se possa ignorar a experiência obtida pelo instituto da repercussão geral, a transcendência trabalhista ganha contornos próprios, devendo ser analisada de forma sistêmica a distanciar-se da repercussão geral.

Particularmente nos inclinamos a corroborar a interpretação de que o instituto da transcendência do recurso de revista, ainda que guarde similaridade em alguns pontos com a repercussão geral do recurso extraordinário, detém autonomia estrutural e científica que enseja interpretação e aplicação por prisma próprio, conforme os princípios orientadores do direito processual do trabalho e com a finalidade do TST de uniformizar a aplicação da legislação federal de sua competência.

Embora a repercussão geral e a transcendência tenham por semelhança a finalidade de restringir o julgamento para apreciar somente as questões que em abstrato transcendem o interesse jurídico das partes envolvidas com base em critérios de repercussão econômica, política, social ou jurídica que serão analisados de forma pormenorizada mais adiante, os pontos de diferença são inúmeros. Por exemplo, a repercussão geral exige para os recursos interpostos após a decisão proferida no AI 715.423 QO/RS, Rel. Min. Ellen Gracie, julgado em 11.06.2008, que o recorrente apresente preliminar formal e fundamentada de repercussão geral[33], enquanto a transcendência não exige a abertura de um tópico destacado — embora a parte possa se valer dessa estratégia recursal — para demonstrar a transcendência do recurso de revista, podendo ser considerada como preenchida pelo Ministro Relator que considerar que o feito se enquadra nas hipóteses legais.

Alguns juristas consideram que a sistemática do recurso extraordinário de submeter a análise da repercussão geral a todos os Ministros do STF por meio do Plenário Virtual é capaz de garantir a função da Corte de uniformizar a interpretação da Constituição e resguardar o princípio da colegialidade. A seu turno, a transcen-

---

(28) O aprofundamento pode ser feito pela leitura de: BAPTISTA, N. Doreste. *Da arguição de relevância no recurso extraordinário*: comentários à emenda regimental n. 3, de 12.6.1975, do Supremo Tribunal Federal. Rio de Janeiro: Forense, 1976.

(29) A redação do art. 1.035, § 1º, do novo CPC não deixa dúvidas sobre os elementos da repercussão geral: "Para efeito de repercussão geral, será considerada a existência ou não de questões relevantes do ponto de vista econômico, político, social ou jurídico [relevância] que ultrapassem os interesses subjetivos do processo [transcendência]". (colchetes e sublinhados do autor)

(30) MARTINS FILHO, Ives Gandra da Silva. O critério de transcendência no recurso de revista — Projeto de Lei n. 3.267/00. *Revista Jurídica Virtual*. Brasília, v. 2, n. 20, jan. 2001.

(31) CARNEIRO, Claudio Gomes. A aplicação prática da transcendência no âmbito do Tribunal Superior do Trabalho e a ofensa ao princípio da colegialidade. *Revista LTr*, v. 82, n. 04, p. 415, abr. 2018.

(32) MARTINS FILHO, Ives Gandra da Silva. O critério de transcendência do recurso de revista e sua aplicação efetiva pelo TST. *Revista LTr*, v. 82, n. 6, jun. 2018.

(33) Art. 13, V, "b", do RISTF: São atribuições do Presidente: (...) v — despachar: (...) c) como Relator, nos termos dos arts. 544, § 3º, e 557 do Código de Processo Civil, até eventual distribuição, os agravos de instrumento, recursos extraordinários e petições ineptos ou de outro modo manifestamente inadmissíveis, inclusive por incompetência, intempestividade, deserção, prejuízo ou ausência de preliminar formal e fundamentada de repercussão geral, bem como aqueles cuja matéria seja destituída de repercussão geral, conforme jurisprudência do Tribunal; Art. 327. A Presidência do Tribunal recusará recursos que não apresentem preliminar formal e fundamentada de repercussão geral, bem como aqueles cuja matéria carecer de repercussão geral, segundo precedente do Tribunal, salvo se a tese tiver sido revista ou estiver em procedimento de revisão. § 1º Igual competência exercerá o(a) Relator(a) sorteado, quando o recurso não tiver sido liminarmente recusado pela Presidência.

dência, que autoriza que o Ministro Relator decida até mesmo monocraticamente a análise do filtro, inclusive sendo irrecorrível em caso de se tratar de decisão em agravo de instrumento em recurso de revista (art. 896-A, § 5º, da CLT) ou, na análise do recurso de revista em si, caber agravo (art. 896-A, § 2º, da CLT), prejudicaria o princípio da colegialidade e a uniformização da legislação federal, proporcionando insegurança jurídica ante eventual divergência entre as turmas do TST. Argumenta-se, inclusive, a inconstitucionalidade dos §§ 4º e 5º do art. 896-A da CLT por violação ao acesso à jurisdição, direito de ampla defesa e contraditório de que tratam o art. 5º, XXXV, LIV e LV, da Constituição Federal.

Não se olvida que o compartilhamento da análise da transcendência por um órgão colegiado ou sujeitá-la à recorribilidade talvez conferisse mais transparência na subjetividade, mas nem por isso se pode reputar inconstitucional ou estaria esvaziada a função do TST de uniformizar a interpretação da legislação. Ainda assim, mesmo que essa opção legislativa tenha a aparente vantagem de submeter a análise da questão jurídica inclusive aos ministros que reputaram não haver repercussão geral, tal prática força a decisão plenária de questão, tornando o tribunal menos célere, revelando-se razoável a opção da Lei n. 13.467/17 de que em alguns casos a decisão que rejeita a transcendência poderá ser monocrática e irrecorrível.

Com a devida vênia, defender a inconstitucionalidade dos parágrafos do art. 896-A da CLT e que haja nova alteração para tornar plenária a decisão quanto à transcendência de um tema ou a possibilidade de recurso de embargos à SbDI-1 do TST tenderia a levar o TST ao mesmo caminho que tomou a repercussão geral, em que embora o estoque de processos no STF tenha reduzido[34] o julgamento de todos os temas já afetados, caso nenhum mais seja admitido, poderá levar muitos anos, o que contrasta com o princípio da celeridade que ganha especial relevo no direito processual do trabalho ante a natureza jurídica das relações analisadas em matéria trabalhista.

Por essa razão é que entendemos que a transcendência em recurso de revista deve seguir caminho próprio e não se ressentir de ter procedimento idêntico ao da repercussão geral do recurso extraordinário. É óbvio que o § 5º do art. 896-A da CLT não se revela tão agradável ao disciplinar que é irrecorrível a decisão monocrática do relator em agravo de instrumento em recurso de revista que reputar ausente a transcendência, mas não se pode perder de vista que se trata apenas de um filtro de admissibilidade subjetivo. De um lado, é importante destacar que é uma válida opção do legislador de que tal filtragem não seja feita por todo o Plenário do Tribunal, mas até mesmo por um único Ministro, uma vez que assim viabilizará a maior celeridade dos julgamentos. De outro, que isto não afetará a função uniformizadora da legislação pelo TST, uma vez que o objeto não é uniformizar o filtro sobre se uma questão é ou não transcendente, mas sim a questão jurídica de fundo. Veja-se que em outros países[35] se considera até mesmo válida a recusa em apreciar um recurso de natureza extraordinária de forma desfundamentada.

4.3. Análise exclusiva pelo TST (art. 896-A, § 6º, da CLT)

Fazendo uma análise sistêmica dos parágrafos, começamos pelo último que foi incluído, o § 6º, que deixa claro que no juízo de admissibilidade *a quo* o Tribunal Regional apenas poderá apreciar os pressupostos intrínsecos e extrínsecos de admissibilidade, mas não o da transcendência que, como ensina Júlio César Bebber, se trata de um pressuposto recursal especial[36], ou seja, um terceiro gênero. Assim, preenchidos os pressupostos intrínsecos e extrínsecos na ótica do TRT, deve ser o apelo remetido ao TST, que fará novamente o exame de tais pressupostos e, se preenchidos, analisará a existência do pressuposto especial da transcendência. Já no âmbito do TST, o Relator primeiramente deverá analisar os pressupostos extrínsecos e, em seguida, os intrínsecos, começando dentre estes pela transcendência.

4.4. Poderes do relator na análise monocrática dos indicadores de transcendência (art. 896-A, §§ 2º e 5º, da CLT)

Os §§ 2º ao 5º do art. 896-A da CLT, somados ao já comentado § 14 do art. 896 da CLT, também acrescentado pela Lei n. 13.467/17, formam o feixe de possibilidades de atuação monocrática do Ministro Relator do Recurso de Revista, tratando basicamente os §§ 2º a 5º do art. 247 do novo Regimento Interno do TST[37] apenas a repeti-las.

(34) Disponível em: <http://www.stf.jus.br/portal/cms/verNoticiaDetalhe.asp?idConteudo=345370>. Acesso em: 12.08.2018 às 15h35.

(35) A subjetividade dos filtros recursais nos tribunais superiores é adotada em outros países. Nos Estados Unidos da América, por exemplo, o *writ of certiorari* para a Suprema Corte Norte-Americana é tão discricionário que permite que a recusa se dê sem fundamentação, como elucidado no caso State of Maryland v. Baltimore Radio Show (228, SS 912). Para mais detalhes entre o filtro estadunidense e a repercussão geral vale a leitura do seguinte artigo: <https://www.jfrj.jus.br/sites/default/files/revista-sjrj/arquivo/32-149-1-pb.pdf>. Acesso em: 11.08.2018, às 19h58.

(36) BEBBER, Júlio César. *Recursos no processo do trabalho*. 2. ed. São Paulo: LTr, 2009. p. 290.

(37) Art. 247 (...) § 2º Poderá o relator, monocraticamente, denegar seguimento ao recurso de revista que não demonstrar transcendência. § 3º Caberá agravo apenas das decisões em que não reconhecida a transcendência pelo relator, sendo facultada a sustentação oral ao recorrente, durante 5 (cinco) minutos em sessão, e ao recorrido, apenas no caso de divergência entre os componentes da Turma quanto à transcendência da matéria. § 4º Mantido o voto do relator quanto ao não reconhecimento da transcendência do recurso, será lavrado acórdão com fundamentação sucinta, que constituirá decisão irre-

A análise dos referidos parágrafos permite inferir que o reconhecimento da transcendência será feito apenas pelas Turmas do TST em decisão colegiada, podendo o Ministro Relator atuar monocraticamente em juízo de transcendência apenas de forma negativa, ou seja, para declarar a inexistência desse pressuposto recursal especial.

A primeira hipótese que ora analisamos é a do § 5º do art. 896-A da CLT, que dispõe ser irrecorrível a decisão monocrática do Relator em Agravo de Instrumento em Recurso de Revista que considerar ausente a transcendência da matéria, ou seja, contra esta não cabem sequer embargos de declaração. Quanto a esse aspecto merece transcrição a seguinte observação feita por Ives Gandra da Silva Martins Filho:

> Mostra-se falacioso o argumento de que seria necessária a admissão dos embargos, ao menos para, com efeito integrativo do julgado, sanar eventual omissão. Se, por um lado, a esmagadora maioria dos declaratórios vem com pedido de modificação do julgado, por outro, a escolha dos recursos a serem analisados é do relator, dando alguma satisfação às partes, mas não se tratando, aqui, de negativa de prestação jurisdicional a ausência do enfrentamento de todos os motivos e razões do recorrente, bastando que o julgador expresse os motivos pelos quais não selecionou a causa. Em sejamos realistas: aberta a porta dos embargos declaratórios, a vontade da lei e a intenção do legislador serão frustrados e o elemento que maior contribuição trouxe para a celeridade processual, que é a irrecorribilidade dos despachos denegatórios, terá sido frustrado, em detrimento da prestação jurisdicional como um todo[38].

Essa diferenciação, pelo que se pode inferir, decorre da conclusão do legislador de que como nos termos do art. 897, "*b*", da CLT o Agravo de Instrumento no Direito Processual do Trabalho se destina apenas a destrancar recurso, presumiu não haver transcendência ao se discutir a admissibilidade de Recurso de Revista pelo TRT.

De outro lado, se a decisão monocrática de ausência de transcendência ocorrer em Recurso de Revista, nos termos do § 2º do mesmo artigo caberá Agravo interno do art. 1.021 do NCPC, aplicável subsidiariamente na forma do art. 769 da CLT.

Em bom tempo, o novo Regimento Interno do TST reviu a antiga previsão do art. 145, § 5º, IV, do RITST e, no novo Regimento Interno[39] publicado em 27.11.2017, firmou, no art. 161, § 5º, IV, que via de regra não haverá sustentação oral em agravos internos, salvo se interpostos contra decisão do relator que denegue seguimento ao recurso de revista que não demonstrar transcendência. Tal medida se revela acertada, pois se privilegia a possibilidade de discutir o pressuposto recursal especial da transcendência.

4.5. A opção pela análise pelo colegiado da questão da transcendência (art. 896-A, §§ 3º e 4º, da CLT)

Ao invés de denegar seguimento monocraticamente a Agravo de Instrumento em Recurso de Revista (irrecorrível, *vide* § 4º) ou em Recurso de Revista (recorrível por meio de Agravo, *vide* § 2º), embora sofra pela pouca clareza, pode-se concluir do disposto nos §§ 3º e 4º do art. 896-A da CLT que o Ministro Relator pode optar por levar diretamente ao Colegiado a análise do pressuposto recursal especial da transcendência.

Se assim decidir, pouco fazendo diferença se em Recurso de Revista ou em Agravo de Instrumento, o § 3º do art. 896-A da CLT dispõe que se o Relator entender que não há transcendência, o recorrente poderá fazer sustentação oral em sessão sobre esse pressuposto especial durante cinco minutos. Quanto a esses dispositivos, é de causar estranheza esta norma, que somente autoriza ao recorrente fazer sustentação oral para defender o preenchimento do pressuposto de transcendência se o Ministro Relator se manifestar por não haver transcendência.

Menciona-se por exemplo que, a seguir a literalidade, não será dada oportunidade ao recorrente de se manifestar pela existência de transcendência caso o Ministro Relator entenda que esta foi preenchida no apelo, mas os demais membros da Turma votem pela inexistência de transcendência e o Ministro Relator termine, assim, vencido quanto a esse aspecto.

A nosso sentir, a interpretação mínima que se deve dar a esse dispositivo é de que sendo recurso passível de sustentação oral poderá o advogado defender da tribuna a existência de transcendência em qualquer situação, sendo que apenas na hipótese singular de o próprio Relator se manifestar pela inexistência de transcendência é que o advogado poderá se valer do tempo de 5 (cinco) minutos adicionais — ou seja, somados ao tempo de sustentação oral, e não englobado neste — para a defesa oral da transcendência embora, na forma do já transcrito art. 161 do novo Regimento Interno do TST, deva a

---

corrível no âmbito do Tribunal. § 5º O juízo de admissibilidade do recurso de revista exercido pela Presidência dos Tribunais Regionais do Trabalho limita-se à análise dos pressupostos intrínsecos e extrínsecos do apelo, não abrangendo o critério da transcendência das questões nele veiculadas.

(38) MARTINS FILHO, Ives Gandra da Silva. O critério de transcendência do recurso de revista e sua aplicação efetiva pelo TST. *Revista LTr*, v. 82, n. 6, p. 652, jun. 2018.

(39) Art. 161. Ressalvado o disposto no art. 147, § 11, deste Regimento, a sustentação oral será feita de uma só vez, ainda que arguida matéria preliminar ou prejudicial. (...) § 5º Não haverá sustentação oral em: (...) IV — agravos internos previstos neste Regimento, salvo se interpostos contra decisão do relator que extinga a ação rescisória, o mandado de segurança e a reclamação ou que *denegue seguimento ao recurso de revista que não demonstrar transcendência*; (grifo nosso)

sustentação oral ser feita de uma única vez. Nada obsta que o recorrente use seu tempo regimental também para essa finalidade.

O § 4º trata de esclarecer que caso prevaleça na Turma a decisão de que o Recurso de Revista carece de transcendência será apenas lavrado um acórdão com fundamentação sucinta, provavelmente dispensando a ementa.

A decisão, nesses casos, conforme a redação do dispositivo, será "irrecorrível no âmbito do Tribunal", ou seja, dá a entender que pela decisão de existência ou não de transcendência, ainda que apenas por maioria dos votantes, poderia ser objeto de recurso para outra Corte, como o Recurso Extraordinário para o Supremo Tribunal Federal. Não nos parece que seja essa a intenção do legislador, pois, ainda que caiba recurso extraordinário por se tratar de decisão de última instância na Justiça do Trabalho e, de fato, seja cabível a interposição deste recurso ao STF nessa hipótese, não caberia ao STF analisar a transcendência do Recurso de Revista, caso contrário incorreria numa situação paradoxal de a parte ter que demonstrar a repercussão geral da declaração de existência ou inexistência de transcendência, ou seja, incorreria em análise de pressuposto de admissibilidade recursal, cujo tema não tem repercussão geral, conforme decidido no julgamento do RE n. 598.365, Rel. Min. Ayres Britto, DJe 26.03.2010.

4.6. Indicadores de transcendência (art. 896-A, § 1º da CLT)

Feitas essas considerações sobre procedimento decisório da transcendência, sua tramitação, recorribilidade e hipótese de sustentação oral, cabe analisar as hipóteses que o legislador elencou nos incisos I a IV e o próprio § 1º do art. 896-A da CLT para a caracterização desse pressuposto recursal especial.

Inicialmente, cumpre destacar que o § 1º do referido artigo deixa claro que as hipóteses listadas nos incisos são meramente exemplificativas, ou seja, não se tratam dos únicos "indicadores" e elementos para servir de filtro na análise da transcendência da causa. Todavia, ao menos no atual momento, o TST se limitou a repetir o teor legal no art. 247 do seu novo Regimento Interno[40].

Embora não tenha repetido a norma do art. 2º da Medida Provisória n. 2.226/2001, parece ficar claro que o legislador quis apenas traçar os parâmetros mínimos para forçar a aplicabilidade da transcendência, mas deixou em aberto a possibilidade de outros indicadores. Considerando a interpretação do art. 896-A, *caput* e § 1º, da CLT, que dispõem que ao analisar o Recurso de Revista o TST examinará previamente se a causa oferece transcendência com relação aos reflexos gerais de natureza econômica, política, social ou jurídica, listando que são indicadores, entre outros, entendemos que o TST poderá complementar as hipóteses previstas, não se referindo a expressão "dentre outros" a uma atuação legislativa complementar. Assim, poderá o TST, por exemplo, editar normatização para fixar como transcendência também questões que envolvem o meio ambiente do trabalho ou grave violação dos aspectos morais nas relações de trabalho.

Avalia-se, contudo, que o Ministro Relator ou a Turma não poderão estabelecer ao próprio alvedrio no momento de julgamento um grupo de critério novo para o acolhimento do pressuposto de transcendência, sob pena de violação da regra do devido processo legal insculpida no art. 5º, LIV e LV, da Constituição da República, ou seja, ainda que se trate de cláusula aberta deve haver previsibilidade de quais fundamentos as partes poderão se valer para justificar a transcendência de um recurso. Espera-se, assim, que o TST venha a se pautar pelos critérios já previstos em lei e caso queira estabelecer outros, que o faça por meio de ato regulamentar, provavelmente por Instrução Normativa.

Veja-se também que os indicadores postos na lei, ou seja, referências assim tidas como parâmetros gerais, detêm alto grau de abstração e subjetividade. Boa medida foi introduzida no art. 249 do novo Regimento Interno do TST, que determinou que o Tribunal organizará banco de dados em que constarão os temas a respeito dos quais houver sido reconhecida a transcendência.

Antes de iniciar a análise dos incisos faz-se necessário repisar que o TST propositadamente não regulamentou a transcendência como pressuposto recursal especial quando da inclusão do art. 896-A da CLT nos idos de 2001. Esse fato ganha especial importância para se ter em mente como deve seguir a orientação da Corte em eventual regulamentação e aplicação da matéria. Como se pode presumir, considerando que quando podiam fazer a regulamentação com ampla liberdade os Ministros da Corte preferiram não fazê-la, ainda que a Lei n. 13.467/2017 tenha efetivamente implementado o instituto da transcendência, a tendência é que o TST adote aos poucos os parâmetros da já bem desenvolvida e sedimentada repercussão geral do Recurso Extraordinário, levando certamente em consideração as peculiaridades das lides trabalhistas, mas a deixar o filtro, digamos,

(40) Art. 247. A aplicação do art. 896-A da CLT, que trata da transcendência do recurso de revista, observará o disposto neste Regimento, devendo o Tribunal Superior do Trabalho, no recurso de revista, examinar previamente de ofício, se a causa oferece transcendência com relação aos reflexos gerais de natureza econômica, política, social ou jurídica.
§ 1º São indicadores de transcendência, entre outros: I — econômica, o elevado valor da causa; II — política, o desrespeito da instância recorrida à jurisprudência sumulada do Tribunal Superior do Trabalho ou do Supremo Tribunal Federal; III — social, a postulação, por reclamante-recorrente, de direito social constitucionalmente assegurado; IV — jurídica, a existência de questão nova em torno da interpretação da legislação trabalhista.

bem mais alargado, considerando que não teve interesse em regulamentá-lo quando podia fazê-lo de forma mais livre, nos moldes da *Medida Provisória n. 2.226 de 2001*.

Quanto aos termos postos, entendo que a análise da transcendência, ainda que regulamentada por critérios subjetivos, deve se compatibilizar e aperfeiçoar a própria missão do TST de uniformizar em âmbito nacional a interpretação da legislação trabalhista, caso contrário o filtro terá apenas a função de reduzir o número de recursos ao TST, podendo provocar a fragmentação interpretativa da Lei Federal, causar distorções no mercado de trabalho e impactos socioeconômicos que venham a erodir a finalidade de uma legislação trabalhista una em âmbito nacional consentânea com o objetivo fundamental da República de erradicar as desigualdades sociais e regionais de que trata o art. 3º, III, da Constituição da República.

Isso é relevante porque, ao menos em tese, o Tribunal Superior do Trabalho não mais apreciará diretamente a correta aplicação ao direito *inter partes*, mas sim julgará questões da legislação trabalhista que transcendam o interesse subjetivo das partes e apresentem relevância econômica, política, social, jurídica ou outra que venha a estabelecer, conforme autorizado pela norma.

Um dos problemas da regulamentação feita pela Lei n. 13.467/17 é que embora ela exija para a apreciação do TST que a questão venha a transcender o interesse subjetivo das partes, a decisão proferida somente produzirá efeitos *inter partes*, não havendo autorização para que o TST aplique, ainda que por analogia, a denegação de outros feitos, pois o reconhecimento de transcendência não enseja o sobrestamento na origem de outros feitos que tratem da mesma matéria[41], até porque será decidida no âmbito de Órgão fracionário (Turma) e não pelo Pleno, como ocorre com a repercussão geral.

Espera-se, assim, que o TST tenha a sensibilidade de aproximar a transcendência dos instrumentos do novo CPC, tais como o Incidente de Assunção de Competência previsto no art. 927, III, do referido diploma, a fim de que possa dar a alguns casos de transcendência resultados quantitativos. Veja-se que o legislador não retirou os arts. 896-B e 896-C da CLT, que acrescentaram a aplicação subsidiária das normas de Recurso Extraordinário e especial repetitivos, bem como o incidente de Recursos de Revista repetitivos quando houver multiplicidade de recursos de revista fundados em idêntica questão de direito, considerando a relevância da matéria ou a existência de entendimentos divergentes entre os Ministros dessa Seção ou das Turmas do Tribunal.

4.6.1. Transcendência econômica (art. 896-A, § 1º, I, da CLT)

Comecemos pela análise do indicador de transcendência econômica posto pelo legislador no inciso I do § 1º do art. 896-A da CLT: o elevado valor da causa.

Em uma análise inicialmente literal, veja-se que a norma não fixou para tanto o valor da condenação, mas sim o da causa, de modo que a análise deve ser feita não com relação ao já eventualmente decidido, mas quanto ao postulado nos autos, daí a relevância do posto na petição inicial ou na eventual decisão interlocutória proferida pelo Juiz da Vara do Trabalho, de modo que pode haver transcendência econômica para fins de Recurso de Revista em um processo cujos pedidos foram julgados improcedentes na sentença e esse entendimento foi mantido no acórdão regional.

Sob essa perspectiva, impõe repisar aqui também o que já tratamos sobre o crescente afastamento do Recurso de Revista e o princípio da simplicidade e os efeitos irradiadores, causando impactos também no restante de todo o sistema processual, como já tratamos, ainda que superficialmente, quanto aos Embargos de Declaração, mas em análise do requisito da transcendência econômica do Recurso de Revista esse afastamento ganha traço ainda mais peculiar, já que irradia à petição inicial da Reclamação Trabalhista.

Como sabido, o art. 840, § 1º, da CLT, com a nova redação conferida pela Lei n. 13.467/2017, passou a exigir que o pedido formulado na petição inicial de Reclamação Trabalhista seja certo, determinado e com indicação de seu valor, não fazendo menção expressa ao valor da causa, devendo o Juiz, inclusive de ofício, retificar o valor atribuído caso não corresponda à projeção financeira dos pedidos iniciais[42]. A legislação apenas delineia rito especial para causas de dois salários mínimos para o rito sumário, conforme art. 2º, § 4º, da Lei n. 5.584/70, ou até 40 salários mínimos para o rito sumaríssimo, nos termos do art. 852-B, I, da CLT, levando-nos a inferir que se tratam de situações em que o "baixo valor da causa" justificaria um rito mais célere.

(41) Como ocorre com a repercussão geral no art. 1.040 do novo CPC.

(42) VALOR DA CAUSA — MODIFICAÇÃO DE OFÍCIO PELO JUIZ DO TRABALHO — PERMISSIVO LEGAL. O art. 2º da Lei n. 5.584/70 permite a atribuição do valor da causa pelo próprio Juiz, caso seja o valor indeterminado na inicial, para fixação da alçada, podendo qualquer das partes instaurar o dissídio de alçada mediante impugnação, em razões finais, do valor arbitrado pelo Juiz. Esse dispositivo institui, no processo do trabalho, procedimento específico para arbitramento e modificação do valor da causa, não se aplicando a regra geral do processo civil ordinário, prevista no art. 261 do CPC. O valor da causa, além de servir de parâmetro para a estipulação das penalidades processuais, também define a alçada processual e que servirá de norte para o procedimento a ser adotado no processo. O Juiz do Trabalho tem poderes para modificar o valor atribuído pelo reclamante, no poder que a lei lhe confere de velar pela conduta processual ilibada e conforme aos princípios e às finalidades do processo judicial. O poder de modificação do valor da causa pelo Juiz do Trabalho pode ser exercido de ofício, nos próprios termos do dispositivo acima referido, até porque cabe-lhe prevenir ou reprimir qualquer ato atentatório à dignidade da Justiça (art. 125, III, do CPC). O princípio básico é o de que o valor da causa deve corresponder à realidade econômica dos pedidos formulados e que delimitam o objeto da ação. Havendo nítida discrepância entre o valor atribuído na inicial e a projeção financeira dos pedidos iniciais, tem o Juiz do Trabalho poderes para ajustar o valor. (TRT da 3ª Região; Processo: 0001886-15.2011.5.03.0010 RO; Data de Publicação: 16.8.2012; Órgão Julgador: Nona Turma; Relator: Manoel Barbosa da Silva; Revisor: Convocado Rodrigo Ribeiro Bueno)

Como se percebe, para se chegar a um "elevado valor da causa" passa-se também por fixar o valor desta que, se antes tinha somente por finalidade estabelecer o rito, os valores de custas e de honorários advocatícios, hoje deve ser tratada como um embrião especialmente relevante para a eventual defesa de uma tese jurídica que poderá ser analisada em sede de Recurso de Revista.

Além de poder vir a ensejar novos recursos e discussões laterais ao mérito, a interpretação exclusivamente literal conferida ao inciso I do § 1º do art. 896-A da CLT induz à fixação de um valor monetário expressivo certo, uma quantia como um milhão de reais, para fins de fixação de transcendência econômica, o que pode vir a ser feito pelo TST, embora entendamos que essa não é a melhor opção. Na mesma linha, Ives Gandra da Silva Martins Filho assevera:

> por outro lado, sendo impossível e inconveniente fixar um patamar mínimo para exame da causa, como de transcendência econômica, pois se estaria fixando alçada recursal, é natural que se examine caso a caso o aspecto econômico, comparando o valor da causa ou condenação com o porte ou capital social da empresa e a remuneração do salário do empregado, de modo a captar a relevância e impacto do processo, em caso de manutenção ou imposição da condenação[(43)].

Ao significado de "elevado" o legislador não trouxe sob a ótica de quem é que este deve ser considerado. Na das partes, por exemplo, o trabalhador que recebe um salário mínimo, um feito em que discute R$ 10.000,00 tem elevado valor, enquanto para seu empregador, uma empresa multinacional, a mesma quantia é irrisória, o que não seria o mesmo para um empregador doméstico que, algumas vezes, pode estar também desempregado.

A investigação sobre o tema nessa perspectiva esvaziaria qualquer tentativa de fixação de critérios técnicos, alçando-o a um subjetivismo exagerado, pois estar-se-ia a interpretar o indicador de transcendência econômica desconectado do restante da norma do Recurso de Revista, até porque ainda que uma causa tenha como fixado o valor de bilhões não caracteriza, por si só, haver repercussão da controvérsia para além do interesse subjetivo das partes ou de relevância para fins de interpretação uniforme da legislação trabalhista.

Em razão disso, entendemos que é imprescindível a interpretação teleológica, considerando a transcendência econômica pelo "elevado valor da causa" conforme a finalidade do Recurso de Revista, de modo que a transcendência trabalhista econômica deva ser compreendida dentro da função precípua deste de pacificar a interpretação da legislação trabalhista nacional e pacificar o conflito social.

Nessa linha, a questão deverá ser interpretada para fins de manutenção da uniformidade da interpretação da legislação trabalhista autônoma ou heterônoma com impacto para além das partes em razão de sua repercussão econômica, razão pela qual essa leitura teleológica justifica a conclusão de que provavelmente a transcendência econômica não será regulamentada sob a perspectiva de valores como expressão monetária definida, mas sim de eventuais interpretações da legislação que provoquem impacto econômico para além das partes. Um exemplo de ausência de transcendência econômica pode ser tirado do seguinte julgado, em que o reclamante pretendia apenas majorar a indenização por danos morais de R$ 6.500,00 para R$ 10.000,00, não ultrapassando o limite do interesse meramente subjetivo:

> AGRAVO DE INSTRUMENTO DA RECLAMANTE — INDENIZAÇÃO POR DANOS MORAIS POR ASSALTO E ASSÉDIO — MAJORAÇÃO DO VALOR — INTRANSCENDÊNCIA ECONÔMICA — DESPROVIMENTO. 1. Os requisitos do art. 896-A, § 1º, da CLT podem ser analisados conjunta ou separadamente para efeito de reconhecimento da transcendência do recurso de revista. Como o objetivo da transcendência é selecionar os casos mais representativos de determinada controvérsia para efeito de fixação de teses jurídicas e depois garantir sua observância pelos TRTs, a intranscendência econômica de determinada causa, pelo baixo valor da causa ou da condenação, já a descarta de plano para efeito de uniformização de jurisprudência, se não se tratar de matéria nova que justifique seu enfrentamento originário. 2. *In casu*, o recurso de revista obreiro tropeça, de plano, na transcendência econômica, por não atender à exigência legal de "elevado valor da causa", uma vez que, para majorar de R$ 6.500,00 para R$ 10.000,00 o valor da indenização por danos morais referentes a assalto e obter o reconhecimento do dano moral referente a assédio moral, a Reclamante pretende o reexame fático e jurídico de questão que não é nova nesta Corte e tropeça na Súmula n. 126 do TST (intranscendência jurídica), nem a decisão regional a está tratando de forma a conflitar com jurisprudência sumulada do TST (intranscendência política), e muito menos se trata de recurso obreiro esgrimindo a seu favor direito social constitucionalmente assegurado pelos arts. 6º a 11 da CF (intranscendência social), para um processo em que nem sequer postulou quanto entende devido pelo assédio pretensamente sofrido, a par do valor de R$ 3.500,00 de majoração postulado quanto ao assalto não justificar nova análise do caso (intranscendência econômica). Agravo de instrumento desprovido. (ARR — 346-44.2016.5.12.0029, Relator Ministro: Ives Gandra Martins Filho, Data de Julgamento: 26.06.2018, 5ª Turma, Data de Publicação: DEJT 29.06.2018)

Por exemplo, ao analisar os termos de uma norma coletiva firmada por um sindicato de abrangência nacional, regional ou até mesmo de base mínima constitucional de um município, o TST poderá considerar que a eventual interpretação a ser conferida produzirá impactos econômicos sensíveis em todo o grupo vinculado à norma, acarretando a inviabilidade da continuidade do empreendimento ou rebaixamento de direito com expressão pecuniária para um grande número de

(43) MARTINS FILHO, Ives Gandra da Silva. O critério de transcendência do recurso de revista e sua aplicação efetiva pelo TST. *Revista LTr*, v. 82, n. 6, p. 651, jun. 2018.

empregados, conforme argumentado e demonstrado pela parte na preliminar de transcendência, sendo que a expressão monetária dessa questão para cada trabalhador poderá ser de pequena monta e o feito, inclusive, tramitar pelo rito sumaríssimo. Utilizando o comparativo da repercussão geral, no RE n. 597.124/PR, Rel. Min. Edson Fachin, ainda pendente de julgamento, a Corte reconheceu a repercussão geral "porquanto a solução do tema em exame poderá ensejar relevante impacto no orçamento dos operadores portuários, dos órgãos de gestão de mão de obra e dos trabalhadores portuários avulsos e dos próprios trabalhadores avulsos desse setor", ao analisar o direito à isonomia entre trabalhador avulso portuário e trabalhador portuário com vínculo empregatício permanente no tocante à extensão do adicional de risco portuário ao avulso.

Assim, é plenamente possível que em um feito que discuta valores menores que o de um depósito recursal o TST considere que tem transcendência econômica, mas poderia repercutir em uma grande quantidade de contratos de trabalho ou, ainda que restrito a um município ou empresa, possa apresentar notável impacto econômico naquela localidade, sendo que o "elevado valor da causa" estaria configurado numa ótica de interesse para além das partes e de interpretação pacificada da legislação trabalhista.

Em suma, deve-se fugir de uma fixação quantitativa monetária e prestigiar a leitura da norma conforme a finalidade do Recurso de Revista, a garantir que controvérsias de grande impacto econômico, mas baixo impacto individual escapem a esse filtro.

4.6.2. Transcendência política (art. 896-A, § 1º, II, da CLT)

No inciso II o legislador estabelece como critério de transcendência política "o desrespeito da instância recorrida à jurisprudência sumulada do Tribunal Superior do Trabalho ou do Supremo Tribunal Federal", assim a interpretar como política judiciária, visto que trata de observância pelos Tribunais Regionais dos entendimentos firmados pelo Tribunais Superiores.

Talvez o legislador não tenha conseguido imaginar um critério genuinamente político para a análise em Recurso de Revista, embora devesse pensar o termo para além do critério político-partidário ou de ativismo judicial, sendo que seria muito melhor ter adotado os termos do Projeto de Lei n. 3.267/2000, que definia a transcendência política como sendo "o desrespeito notório ao princípio federativo ou à harmonia dos Poderes constituídos".

Se o legislador considerou a interpretação jurídica reiterada do TST e do STF consolidadas em súmulas como um indicador "político" de transcendência, deve ter entendido que há uma espécie de governo, controle ou ingerência na atuação jurisdicional dos magistrados das Varas do Trabalho e dos TRT's para além da mera orientação interpretativa que representam as súmulas[(44)].

Ainda assim, há algumas outras ponderações a se fazer. A primeira é que essa alteração normativa é válida tanto para as súmulas editadas antes do art. 702, I, "*f*", da CLT introduzido pela Lei n. 13.467/2017 quanto as editadas posteriormente.

Em segundo, conquanto a norma não faça menção à transcendência política como a contrariedade à Orientação Jurisprudencial e à jurisprudência iterativa e notória, como entendemos que o legislador fixou apenas rol exemplificativo e o TST poderá acrescentá-las na regulamentação à matéria, não acompanhamos a conclusão de Homero Batista Mateus da Silva de que o § 7º do art. 896 da CLT se tornou obsoleto[(45)], de modo que embora a transcendência política fixada na lei seja a exclusivamente que decorre de Súmula, pois isso não obsta que essa compreensão seja alargada em regulamentação do TST.

A análise da casuística da transcendência política pelo TST já permite encontrar casos em que esta foi reconhecida por contrariar o item V da Súmula n. 331 do TST, ao reconhecer a responsabilidade subsidiária do ente público sem observar os critérios definidos pelo STF no julgamento do RE n. 760.931/DF[(46)].

(44) Faz-se apenas exceção às súmulas vinculantes, pois devem ser observadas inclusive pelos órgãos administrativos, cabendo reclamação constitucional para cassar ato administrativo que contrarie o firmado neste tipo de súmula pelo STF.

(45) SILVA, Homero Batista Mateus da. *Comentários à reforma trabalhista*. São Paulo: Revista dos Tribunais, 2017. p. 184.

(46) RECURSO DE REVISTA. ACÓRDÃO PUBLICADO NA VIGÊNCIA DA LEI N. 13.467/2017. ART. 896-A DA CLT. DECISÃO CONTRÁRIA À SÚMULA N. 331, V, DO TST. TRANSCENDÊNCIA POLÍTICA CARACTERIZADA. Caracterizada a existência de transcendência política, em razão de contrariedade ao entendimento contido na Súmula n. 331, V, desta Corte, além de ofensa ao art. 71, § 1º, da CLT. ADMINISTRAÇÃO PÚBLICA. RESPONSABILIDADE SUBSIDIÁRIA. CULPA *IN VIGILANDO*. ÔNUS DA PROVA DO RECLAMANTE. LEI DE ACESSO À INFORMAÇÃO. PRESUNÇÃO DE LEGITIMIDADE DOS ATOS PRATICADOS PELOS AGENTES PÚBLICOS. IMPOSSIBILIDADE DE RESPONSABILIZAÇÃO AUTOMÁTICA. O Supremo Tribunal Federal, após declarar a constitucionalidade do art. 71, § 1º, da Lei n. 8.666/93 nos autos da ADC 16/DF, alertou ser possível o reconhecimento da responsabilidade subsidiária quando constatada omissão do ente público na fiscalização do cumprimento das obrigações trabalhistas por parte da prestadora de serviços. Em sede de repercussão geral, julgou o mérito do RE 760931/DF, mas deixou de fixar tese acerca do ônus da prova do dever de fiscalização. Para sua definição, é imprópria a adoção da teoria da aptidão da prova ou mesmo o enquadramento na exceção do art. 373, § 1º, do CPC de 2015. Isso não só em razão da ausência de maiores dificuldades para obtenção do substrato probatório, amenizadas, aliás, com a superveniência da Lei de Acesso à Informação (Lei n. 12.527/11), mas, sobretudo, por conta da presunção relativa de legitimidade das informações oficiais de agentes públicos. Impor ao Poder Público o ônus da prova significa, ao revés, presumir sua culpa *in vigilando*, presunção cuja resultante natural é a "transferência automática" da responsabilidade pelo pagamento dos haveres trabalhistas, na contramão da *ratio decidendi* firmada no RE 760931/DF, erigido à condição de *leading case*. Na hipótese dos autos, conforme se verifica do acórdão regional, o e. TRT acabou por transferir automaticamen-

4.6.3. Transcendência social (art. 896-A, § 1º, III, da CLT)

Ao estabelecer como indicador a transcendência social, o legislador fixou que a mera postulação de reclamante que figure como recorrente de direito social constitucionalmente assegurado basta para configurar a transcendência. Pelo visto, o legislador resolveu propositadamente restringir essa possibilidade de transcendência a quem ajuizou a Reclamação Trabalhista, o que provavelmente deverá ser considerado na análise do Recurso de Revista. Todavia, parte da jurisprudência trabalhista já sinaliza que, em razão de a transcendência ser cláusula aberta, a de tipo social também se estende ao empregador. Veja-se a seguinte ementa:

> A) AGRAVO DE INSTRUMENTO EM RECURSO DE REVISTA. I) CORREÇÃO MONETÁRIA — IPCA-E — INTRANSCENDÊNCIA DO RECURSO DE REVISTA — DESPROVIMENTO DO AGRAVO. 1. O critério de transcendência do recurso de revista, introduzido pela MP n. 2.226/01 e regulamentado pela Lei n. 13.467/17, constitui juízo de delibação, prévio à análise do recurso em seus demais pressupostos extrínsecos e intrínsecos, como filtro seletor de matérias que mereçam pronunciamento do TST para firmar teses jurídicas pacificadoras da jurisprudência trabalhista ou garantir seu respeito (CLT, art. 896-A, e seus §§). 2. O rol dos indicadores de transcendência do recurso de revista não é taxativo, uma vez que o § 1º do art. 896-A da CLT usa a expressão "entre outros" para elencá-los. Assim, não será apenas o desrespeito à jurisprudência sumulada do STF e TST que caracterizará a transcendência política, mas também aquela oriunda de precedentes firmados em repercussão geral ou em incidente de recursos repetitivos. Do mesmo modo, a transcendência social não pode ser considerada como via de mão única para o empregado, pois desde que estejam em discussão os direitos sociais elencados nos arts. 6º a 11 da CF, independentemente de quem os esgrima, patrão ou empregado, a questão terá relevância social. 3. (...) . 4. Assim, não se enquadrando em nenhum dos incisos do § 1º do art. 896-A da CLT a revista patronal, no particular, não merece rediscussão quanto ao mérito a questão veiculada no apelo empresarial, devendo ser mantido o despacho agravo, nesse tópico, com acréscimo de fundamentação. Agravo de instrumento desprovido, no particular. (RR — 24523-13.2017.5.24.0091, Relator Ministro: Ives Gandra Martins Filho, Data de Julgamento: 08.08.2018, 5ª Turma, Data de Publicação: DEJT 10.08.2018, grifo nosso)

Esse grupo de direitos não se esgota aos temas do art. 6º da Constituição da República, que deixa claro que os direitos sociais não são somente os que estão enunciados nos arts. 7º a 11. Eles podem ser localizados, principalmente, no Título VIII "Da Ordem Social", nos arts. 193 e seguintes da Constituição da República. Podem, assim, ser divididos em direitos sociais dos trabalhadores, coletivos ou individuais; de seguridade social; de natureza econômica; da cultura e, por fim, de segurança. É interessante analisar o seguinte julgado, que entendeu que, para fins de transcendência social, não se enquadram os direitos previstos no art. 5º, V e X, da Constituição Federal:

> AGRAVO EM RECURSO DE REVISTA. DECISÃO MONOCRÁTICA EM QUE NÃO SE RECONHECE A TRANSCENDÊNCIA. INDENIZAÇÃO POR DANOS MORAIS EM RAZÃO DO ATRASO DE VERBAS TRABALHISTAS. A decisão regional, ao consignar que o "inadimplemento de verbas trabalhistas não enseja, por si só, dano moral passível de reparação", não está em descompasso com a jurisprudência sumulada deste Tribunal Superior do Trabalho ou do Supremo Tribunal Federal, tampouco com decisão reiterada proferida no âmbito da SBDI-1 desta Corte ou em sede de incidente de recursos repetitivos, de assunção de competência e de resolução de demandas repetitivas, em especial porque não menciona se tal descumprimento se dava de forma contumaz. Ausente, portanto, a transcendência política. Quanto à transcendência social, é inviável o reconhecimento, na hipótese, por possível ofensa aos dispositivos constitucionais trazidos somente no agravo, uma vez que não foram invocados nas razões de revista, devendo ser ressaltado que o art. 5º, V e X, da Constituição Federal não possibilitaria o reconhecimento do preenchimento do requisito, uma vez que não está elencado no Capítulo II do Título I da Carta de 1988 (Dos Direitos Sociais). Agravo não provido. (Ag-RR — 276-94.2017.5.12.0060, Relator Ministro: Breno Medeiros, Data de Julgamento: 16.05.2018, 5ª Turma, Data de Publicação: DEJT 25.05.2018)

Assim, melhor seria interpretar o disposto no inciso III do § 1º do art. 896-A da CLT como referentes ao autor, independentemente do tipo de demanda a ser apreciada, seja ele empregado ou empregador.

Deve ser rechaçada a possibilidade de o TST praticamente esvaziar o instituto conferindo interpretação extensiva para reputar como transcendência social todos os direitos sociais constitucionalmente assegurados como adicional noturno, aviso prévio, 13º salário, FGTS, seguro-desemprego, tudo o que tiver menção expressa na Constituição da República pelo simples fato de ali estar, presumindo que há reflexos para além do conflito concreto dos autos.

O instituto da transcendência, como já dito, tem como característica a análise se a questão posta discute a aplicabilidade da legislação trabalhista autônoma ou heterônoma com possíveis impactos para além da hipótese dos autos.

Desse modo, a mera alegação de que o quadro fático-jurídico delineado nos autos enseja a aplicação da legislação trabalhista e indiretamente viola a Constituição da República não é o bastante para caracterizar a transcendência. Diferente, contudo, é o caso de a parte alegar que a interpretação fixada pelo TRT sobre a legislação federal nulifica o disposto na Constituição da República e a eventual adoção desta como precedente a ser aplicado em outros feitos pode dar interpretação restritiva ao conteúdo constitucional. Como se pode concluir, o que dependerá aqui é o enfoque argumentativo e a fundamentação apresentada pela parte, devendo haver ponderação pelos Ministros do TST sobre a efetiva representatividade da questão trabalhista discutida para

---

te à Administração Pública a responsabilidade subsidiária, à míngua de prova robusta da caracterização de culpa *in vigilando*. Recurso de revista conhecido e provido. (RR — 1234-42.2017.5.11.0017, Relator Ministro: Breno Medeiros, Data de Julgamento: 12.09.2018, 5ª Turma, Data de Publicação: DEJT 14.09.2018)

além do caso concreto. Foi o que aconteceu no seguinte julgado, em que a 4ª Turma do TST entendeu que por se tratar de termo inicial de prescrição de doença ocupacional, assegurada no art. 7º, XXXIX, da Constituição Federal a questão possui transcendência social:

> AGRAVO DE INSTRUMENTO EM RECURSO DE REVISTA. APELO INTERPOSTO SOB A ÉGIDE DA LEI N. 13.467/2017. TRANSCENDÊNCIA. Na hipótese, considerando a possibilidade de a decisão recorrida violar direito social constitucionalmente assegurado (art. 7º, XXIX, da CF/88) e diante da função constitucional uniformizadora desta Corte, verifica-se transcendência social, nos termos do art. 896-A, § 1º, III, da CLT. DOENÇA OCUPACIONAL. PERDA AUDITIVA (PAIR). PRESCRIÇÃO. *ACTIO NATA*. Demonstrada violação da norma constitucional (art. 7º, XXIX, da CF/88), nos termos do art. 896, "c", da CLT, o processamento do Apelo é medida que se impõe. Agravo de Instrumento conhecido e provido. RECURSO DE REVISTA. DOENÇA OCUPACIONAL. PERDA AUDITIVA (PAIR). PRESCRIÇÃO. *ACTIO NATA*. A doença relatada pelo Reclamante — Perda Auditiva Induzida por Ruído Ocupacional (PAIR) —, é lesão que, se não cessado o agente causador, evolui ao longo dos anos, razão pela qual não há como fixar como marco prescricional o surgimento dos primeiros sinais da lesão. A questão já foi objeto de exame por esta Corte Superior, inclusive no âmbito da SBDI-1, tendo sido fixada a tese jurídica de que, diante das peculiaridades da perda auditiva, a qual, conforme exposto, cessa com a interrupção do contato com o agente nocivo, o marco prescricional deve ser contado a partir da rescisão contratual. Recurso de Revista conhecido e provido. (RR — 20254-66.2016.5.04.0205, Relatora Ministra: Maria de Assis Calsing, Data de Julgamento: 02.08.2018, 4ª Turma, Data de Publicação: DEJT 10.08.2018)

4.6.4. Transcendência jurídica (art. 896-A, § 1º, IV, da CLT)

A nosso sentir, a hipótese referida no inciso II, qual seja, de não se observar entendimento firmado em Súmula do TST e do STF deveria ser considerada como transcendência jurídica, juntamente com a do inciso IV, que acertadamente deu a qualificação de indicador jurídico de transcendência "a existência de questão nova em torno da interpretação da legislação trabalhista".

Compreende-se como questão nova não a decorrente de lei que entrou em vigência recentemente, mas cuja interpretação jurisprudencial não foi apreciada pelo TST ou, ainda que apreciada, não tenha sido pacificada, conforme os seguintes precedentes:

> III) RECURSO DE REVISTA DA RECLAMANTE — INTERVALO DO ART. 384 DA CLT PARA A MULHER — CONCESSÃO APENAS PARA JORNADA EXTRAORDINÁRIA SUPERIOR A 30 MINUTOS — LIMITAÇÃO NÃO PREVISTA EM LEI — TRANSCENDÊNCIA JURÍDICA — RECURSO PROVIDO. 1. <u>Não estando ainda pacificada pela SBDI-1 do TST a questão relativa à eventual parametrização do que se considera jornada extraordinária para efeito de concessão do intervalo de 15 minutos à empregada prévio à prestação de horas extras, previsto no art. 384 da CLT, configura-se a transcendência jurídica prevista no art. 896-A, § 1º, IV, da CLT, para efeito de apreciação do tema por Turma do TST em recurso de revista.</u> 2. O art. 384 da CLT não estabelece limitação temporal à sua incidência, não fixando uma jornada extraordinária mínima a ser cumprida pela mulher, para que se possa considerar o intervalo como direito a ser respeitado ou, em caso de descumprimento, pago como tempo de labor extraordinário. 3. A única limitação legal à percepção de horas extras, como parametrização do direito, exsurge do art. 58, § 1º, da CLT, que excepciona o pagamento dos denominados minutos residuais, no total de 10 minutos diários. 4. Assim, a decisão regional que parametrizou o direito emanado do art. 384 da CLT, considerando-o devido apenas quando houver sobrejornada de 30 minutos, extrapolou a função judicial, praticamente legislando sobre a matéria, em típico ativismo judiciário, inadmissível quer para reduzir, quer para criar ou ampliar direitos, em face do princípio da separação dos Poderes do Estado. 5. Nesses termos, dá-se provimento ao recurso de revista, para restabelecer a sentença. Recurso de revista da Reclamante provido. (ARR — 346-44.2016.5.12.0029, Relator Ministro: Ives Gandra Martins Filho, Data de Julgamento: 26.06.2018, 5ª Turma, Data de Publicação: DEJT 29.06.2018) (grifo nosso)

> RECURSO DE REVISTA. APELO INTERPOSTO SOB A ÉGIDE DA LEI N. 13.467/2017. TRANSCENDÊNCIA. <u>Na hipótese, considerando que a questão relativa à configuração, ou não, do dano existencial decorrente da prestação habitual e excessiva de horas extras, a fim de ensejar a reparação por dano moral, apesar de não ser efetivamente nova, não se encontra pacificada no âmbito desta Corte e, diante da função constitucional uniformizadora deste Tribunal Superior, verifica-se a transcendência jurídica, nos termos do art. 896-A, § 1º, IV, da CLT.</u> DANO MORAL. DANO EXISTENCIAL. SUBMISSÃO À JORNADA EXTENUANTE. PREJUÍZO NÃO COMPROVADO. O dano existencial é espécie de dano imaterial. No caso das relações de trabalho, o dano existencial ocorre quando o trabalhador sofre dano/limitações em sua vida fora do ambiente de trabalho em razão de condutas ilícitas, por parte do empregador, impossibilitando-o de estabelecer a prática de um conjunto de atividades culturais, sociais, recreativas, esportivas, afetivas, familiares etc., ou de desenvolver seus projetos de vida nos âmbitos profissional, social e pessoal. Não é qualquer conduta isolada e de curta duração, por parte do empregador, que pode ser considerada como dano existencial. Para isso, a conduta deve perdurar no tempo, sendo capaz de alterar o objetivo de vida do trabalhador, trazendo-lhe um prejuízo no âmbito de suas relações sociais. Ressalte-se, por oportuno, que a prestação de horas extras, por si só, não configura ato ilícito cometido pelo empregador a ensejar a condenação em danos existenciais, cabendo ao trabalhador a efetiva prova acerca da afronta aos seus direitos fundamentais do trabalhador, o que não ocorreu no caso dos autos. Recurso de Revista conhecido e não provido. (RR — 1343-58.2016.5.12.0051, Relatora Ministra: Maria de Assis Calsing, Data de Julgamento: 20.06.2018, 4ª Turma, Data de Publicação: DEJT 29.06.2018). (grifo nosso)

> RECURSO DE REVISTA. ACÓRDÃO PUBLICADO NA VIGÊNCIA DA LEI N. 13.467/2017. INDENIZAÇÃO POR DANO MORAL. PRETERIÇÃO EM CONCURSO PÚBLICO. ART. 896-A DA CLT. TRANSCENDÊNCIA JURÍDICA RECONHECIDA. MATÉRIA NÃO PACIFICADA NESTA CORTE. Existindo entendimentos divergentes sobre a matéria no âmbito desta Corte, resta caracterizada a hipótese de transcendência jurídica apta a autorizar o conhecimento do recurso de revista. Nos termos do art. 927 do Código Civil, "aquele que, por ato ilícito, causar dano a outrem, fica obrigado a repará-lo". Não obstante a ECT tenha praticado ato ilícito ao contratar temporariamente servidor em preterição ao reclamante aprovado em concurso, para que se reconheça o direito à indenização por dano moral é imprescindível o dano. Com efeito, na hipótese, não é possível extrair do quadro fático delineado no acórdão regional que o reclamante foi atingido em seus direitos de personalidade. Desse modo, não constatada a existência de dano, não se há falar em indenização por danos

morais ao recorrente. Recurso de revista conhecido e desprovido. (RR — 597-28.2015.5.10.0005, Relator Ministro: Breno Medeiros, Data de Julgamento: 20.06.2018, 5ª Turma, Data de Publicação: DEJT 29.06.2018)

Veja-se que questão nova aqui merece alguma interpretação sistêmica legal, pois não será questão nova apenas aquele primeiro caso que foi apreciado por uma Turma do TST, visto que submetida apenas a Órgão fracionário. Para uma questão deixar de ser nova e esbarrar no critério do inciso IV do § 1º do art. 896-A da CLT deverá ser aquela que já foi apreciada pelo Eg. Tribunal Pleno ou Subseção I Especializada em Dissídios Individuais do TST, por exemplo, em incidente de Recurso de Revista repetitivo, arguição de inconstitucionalidade ou, caso sobrevier a interpretação de que a alteração promovida pela Lei n. 13.467/2017 no art. 702, I, *"f"*, é constitucional[47], que a questão analisada sob o enfoque da transcendência jurídica é nova enquanto não houver súmula editada pelo voto de pelo menos dois terços dos Ministros da Corte e, caso a mesma matéria já tenha sido decidida de forma idêntica por unanimidade em, no mínimo, dois terços das turmas em pelo menos dez sessões diferentes em cada uma delas.

Assim, terá transcendência jurídica a questão trabalhista autônoma ou heterônoma em que ainda paire controvérsia sob a perspectiva da jurisprudência do próprio Tribunal Superior do Trabalho, não importando que haja súmula ou decisão em rito especial pelos Tribunais Regionais.

5. Conclusão

A conclusão que se tem das alterações promovidas pela Lei n. 13.467/17 a respeito do Recurso de Revista é que o legislador propositadamente quis torná-lo mais formal, complexo e, ao mesmo tempo, com maior subjetividade no conhecimento.

O mecanismo utilizado, todavia, distancia o apelo ainda mais dos princípios do Direito Processual do Trabalho, reduz-lhe a celeridade e não traz a garantia da redução de recursos ao TST mas, quando muito, a redução de apelos que serão efetivamente conhecidos, irradiando implicações para outras fases processuais.

A norma não traz também mecanismos de aplicar a transcendência a outros casos, o que reduz a eficácia da transcendência reconhecida, que deverá ser aplicada em conjunto com o incidente de Recursos de Revista Repetitivos e demais incidentes do novo CPC, devendo ser observado como a jurisprudência e normatização do TST direcionarão os ajustes necessários.

Referências bibliográficas

BEBBER, Júlio César. *Recursos no processo do trabalho*. 2. ed. São Paulo: LTr, 2009.

BRANDÃO, Cláudio. *Reforma do sistema recursal trabalhista*: comentários à Lei n. 13.015/2014. São Paulo: LTr, 2015.

CARNEIRO, Claudio Gomes. A aplicação prática da transcendência no âmbito do Tribunal Superior do Trabalho e a ofensa ao princípio da colegialidade. *Revista LTr*, v. 82, n. 04, abr. 2018.

CÔRTES, Osmar Mendes Paixão. Transcendência x Repercussão Geral. *Revista LTr*, v. 81, n. 9, set. 2017.

DALAZEN, João Oreste. Apontamentos sobre a Lei n. 13.015/2014 e impactos no sistema recursal trabalhista. *Revista TST*, Brasília, v. 80, n. 4, p. 204-264, out./dez. 2014.

LIMA, Francisco Meton Marques de. *Reforma trabalhista*: entenda ponto a ponto. São Paulo: LTr, 2017.

MARTINS FILHO, Ives Gandra da Silva. O critério de transcendência no recurso de revista — Projeto de Lei n. 3.267/00. *Revista Jurídica Virtual*, Brasília, v. 2, n. 20, jan. 2001.

________. O critério de transcendência do recurso de revista. *Revista LTr*, v. 82, n. 1, jan. 2018.

________. O critério de transcendência do recurso de revista e sua aplicação efetiva pelo TST. *Revista LTr*, v. 82, n. 6, jun. 2018.

SILVA, Antônio Álvares da. *Processo do trabalho*: comentários à Lei n. 13.015/2014. Belo Horizonte: RTM, 2014.

________. *A transcendência no recurso de revista*. São Paulo: LTr, 2002.

SILVA, Homero Batista Mateus da. *Comentários à reforma trabalhista*. São Paulo: Revista dos Tribunais, 2017.

(47) Embora não seja o objetivo deste artigo se manifestar acerca do art. 702, inciso I, alínea *"f"*, e § 4º, da CLT, alterados e introduzidos pela Lei n. 13.457/2017, nos parecem ser inconstitucionais as disposições que fixam os critérios de edição de Súmula, por violação da regra das autonomias dos Tribunais disposta no art. 96 da Constituição da República, que apenas tratou de criar critérios para a edição de súmulas vinculantes pelo STF porque estas possuem algum caráter normativo, posto que mais que simplesmente orientam a interpretação das leis pelos Tribunais, visto que caso contrariadas inclusive por ato administrativo cabe imediata cassação por meio de reclamação constitucional. Assim, ainda que o TST tenha, de fato, incorrido em excessos na edição de Súmulas, tal como ocorreu com a alteração de redação da Súmula n. 277 pela Resolução 185, divulgada no DeJT de 25 a 27 de setembro de 2012, que é a única que não contém no sítio eletrônico do TST a indicação de precedentes, visto que, de fato, a alteração decorreu sem sequer um único precedente indicativo, violando inclusive os próprios critérios para a edição de súmulas no art. 165 do Regimento Interno do próprio TST, não justifica tornar esta e os Tribunais Regionais do Trabalho os únicos do país com critérios legais para a edição de súmulas sem qualquer caráter vinculante, visto que os demais poderão dar eficácia à autonomia dos Tribunais prevista no art. 96 da Constituição da República na forma do art. 926, § 1º, do Código de Processo Civil, que dispõe que os tribunais devem uniformizar sua jurisprudência e mantê-la estável, íntegra e coerente, sendo que editarão enunciados de súmula correspondentes a sua jurisprudência dominante na forma estabelecida e segundo os pressupostos fixados no regimento interno.

O novo regramento dado ao depósito recursal pela Lei n. 13.467/2017 e sua repercussão na efetividade das decisões trabalhistas

José Murilo de Morais(*)

"Os princípios constitucionais que garantem o livre acesso ao Poder Judiciário, o contraditório e a ampla defesa não são absolutos e hão de ser exercidos, pelos jurisdicionados, por meio das normas processuais que regem a matéria, não se constituindo negativa de prestação jurisdicional e cerceamento de defesa a inadmissão de recursos quando não observados os procedimentos estatuídos nas normas instrumentais." (STF-AGRAI-152676).

O texto aqui reproduzido é aquele do livro anterior, datado de agosto de 2017, ao qual se está a acrescentar algumas observações pertinentes ao tema.

Diz-se algumas porque, embora as alterações legais em tela sejam daquelas de aplicação imediata e tendo, portanto, recebido apreciação dos órgãos julgadores quase que instantaneamente, não chegaram a suscitar maiores questionamentos ao longo desse tempo de sua eficácia.

A respeito da aplicação das normas processuais alteradas e/ou introduzidas pela Lei n. 13.467, de 13 de julho de 2017, vale conferir a Instrução Normativa n. 41, aprovada pela Resolução n. 221, de 21 de junho de 2018, do Pleno do TST.

Passa-se ao texto:

O primitivo art. 899 da CLT foi alterado pela Lei n. 5.442/1968, que lhe introduziu seis parágrafos, passando a ter a seguinte redação:

Art. 899. Os recursos serão interpostos por simples petição e terão efeito meramente devolutivo, salvo as exceções previstas neste Título, permitida a execução provisória até a penhora.

§ 1º Sendo a condenação de valor até 10 (dez) vezes o valor de referência regional, nos dissídios individuais, só será admitido o recurso, inclusive o extraordinário, mediante prévio depósito da respectiva importância. Transitada em julgado a decisão recorrida, ordenar-se-á o levantamento imediato da importância do depósito, em favor da parte vencedora, por simples despacho do juiz.

§ 2º Tratando-se de condenação de valor indeterminado, o depósito corresponderá ao que for arbitrado, para efeito de custas, pela Vara ou Juízo de Direito, até o limite de 10 (dez) vezes o valor de referência regional.

§ 3º Revogado pela Lei n. 7.033/1982.

§ 4º O depósito de que trata o § 1º far-se-á na conta vinculada do empregado a que se refere o art. 2º da Lei n. 5.107, de 13 de setembro de 1966, aplicando-se-lhe os preceitos dessa Lei, observado, quanto ao respectivo levantamento, o disposto no § 1º.

§ 5º Se o empregado ainda não tiver conta vinculada aberta em seu nome, nos termos do art. 2º da Lei n. 5.107, de 13 de setembro de 1966, a empresa procederá à respectiva abertura, para o efeito do § 2º.

§ 6º Quando o valor da condenação, ou o arbitrado para fins de custas, exceder o limite de 10 (dez) vezes o valor de referência regional, o depósito para fins de recursos será limitado a este valor.

Posteriormente, foram acrescentados outros dois, a saber:

Art. 899 (...)

(...)

§ 7º No ato de interposição do agravo de instrumento, o depósito recursal corresponderá a 50% (cinquenta por cento) do valor do depósito do recurso ao qual se pretende destrancar. (Lei n. 12.275/2010)

§ 8º Quando o agravo de instrumento tem a finalidade de destrancar recurso de revista que se insurge contra decisão que contraria a jurisprudência uniforme do Tribunal Superior do Trabalho, consubstanciada nas suas súmulas ou em orientação jurisprudencial, não haverá obrigatoriedade de se efetuar o depósito referido no § 7º deste artigo. (Lei n. 13.015/2014)

Essas alterações legislativas foram bastante salutares, na medida em que o depósito recursal, tendo por escopo a garantia de futura execução, passou a ser poderoso instrumento para a efetivação das decisões proferidas pela Justiça do Trabalho.

Note-se que em face de sua natureza jurídica de "garantia do juízo recursal", e não de taxa de recurso, tal como

(*) Desembargador do Tribunal Regional do Trabalho da 3ª Região.

definido na Instrução Normativa n. 3/1993 do TST (com suas atualizações), é exigível mesmo em caso de concessão de gratuidade judiciária ao recorrente empregador, porquanto não enquadrado nos depósitos tratados no inciso VII do art. 3º da Lei n. 1.060/1950, acrescentado pela Lei Complementar n. 132, de 7.10.2009. Embora revogado esse art. 3º pela Lei n. 13.105/2015 (NCPC), o entendimento persiste em relação aos depósitos tratados no inciso VIII do art. 98 da referida Lei n. 13.105/2015.

A imediata definição do TST, quando da alteração do art. 3º da Lei n. 1.060/1950, foi oportuna, dado que as partes nas lides trabalhistas não se acanham de requerer o benefício da gratuidade judiciária, mesmo conscientes de não possuírem os requisitos legais para a regular obtenção, contando com a complacência dos juízes, máxime quando se trata da parte reclamante. Oxalá sirva a Lei n. 13.467/2017 de incentivo para que essa questão seja tratada com mais seriedade e respeito, dado que passa a exigir que a parte comprove insuficiência de recursos para o pagamento das custas do processo, salvo aqueles que perceberem salário igual ou inferior a 40% (quarenta por cento) do limite máximo dos benefícios do Regime Geral da Previdência Social (cf. nova redação dos §§ 3º e 4º do art. 790 da CLT).

No ano de 1988, a Lei n. 7.701, em seu art. 13, estabeleceu:

> Art. 13. O depósito recursal de que trata o art. 899 e seus parágrafos da Consolidação das Leis do Trabalho fica limitado, no recurso ordinário, a 20 (vinte) vezes o valor de referência e, no de revista, a 40 (quarenta) vezes o referido valor de referência. Será considerado valor de referência aquele vigente à data da interposição do recurso, devendo ser complementado o valor total de 40 (quarenta) valores, no caso de revista.

A Lei n. 8.177/1991, que criou regras para a desindexação da economia, dispôs em seu art. 40 e § 4º:

> Art. 40. O depósito recursal de que trata o art. 899 da Consolidação das Leis do Trabalho fica limitado a Cr$20.000.000,00 (vinte milhões de cruzeiros), nos casos de interposição de recurso ordinário, e de Cr$40.000.000,00 (quarenta milhões de cruzeiros), em se tratando de recurso de revista, embargos infringentes e recurso extraordinário, sendo devido a cada novo recurso interposto no decorrer do processo.
>
> (...)
>
> § 4º Os valores previstos neste artigo serão reajustados bimestralmente pela variação acumulada do INPC do IBGE dos dois meses imediatamente anteriores. *(Redação dada pelo art. 8º da Lei n. 8.542/1992)*

Daí por diante os valores passaram a ser corrigidos anualmente e divulgados pelo TST. Os valores vigentes a partir de agosto de 2017 eram de R$ 9.189,00 para o recurso ordinário e de R$ 18.378,00 para recurso de revista, recurso de embargos e recurso extraordinário (Ato 360/2017).

Como se vê, o depósito recursal recebeu um tratamento gradativo e positivo, que, apesar de nem sempre garantir a integralidade do valor em execução, serviu e serve pelo menos para reparar, imediatamente ao trânsito em julgado da condenação, parte dos direitos sonegados ao empregado durante a vigência do contrato de trabalho, mormente diante da eterna dificuldade da concretização da execução, ainda não resolvida com a utilização de ferramentas como Bacenjud, Infojud, Renajud, convênios com cartórios e outras instituições, criação de núcleos de execução, núcleos de pesquisa patrimonial etc.

Tal situação decorre do fato de que a grande maioria dos devedores é composta de pequenas e microempresas (correspondentes a 99% das empresas brasileiras), que, de uma hora para outra, fecham as portas do estabelecimento, desaparecendo-lhes os bens e os sócios. As grandes empresas utilizam-se de todos os recursos cabíveis, mas, ao final, quase sempre pagam o débito.

Essa realidade não foi levada em conta pela Lei n. 13.467/2017 quando da introdução dos §§ 9º e 10 ao art. 899 da CLT, de seguinte teor:

> Art. 899. (...)
>
> (...)
>
> § 9º O valor do depósito recursal será reduzido pela metade para entidades sem fins lucrativos, empregadores domésticos, microempreendedores individuais, microempresas e empresas de pequeno porte.
>
> § 10. São isentos do depósito recursal os beneficiários da justiça gratuita, as entidades filantrópicas e as empresas em recuperação judicial.

Está claro que a intenção foi facilitar a interposição de recursos pelos mencionados empregadores, o que é louvável, mas, sem sombra de dúvida, prejudicará o reclamante credor, que, de imediato, receberá apenas a metade do que poderia receber se não tivesse havido tal alteração legislativa, sem falar na isenção do depósito recursal aos beneficiários da justiça gratuita (gratuidade judiciária soa melhor). Essa isenção causará uma enormidade de requerimentos do benefício por parte dos reclamados, criando mais um incidente processual[(1)].

A possibilidade de se substituir o depósito recursal por fiança bancária ou seguro garantia judicial (§ 11) é razoável, considerando o parco rendimento do depósito

---

(1) A IN n. 3/93 esclarece nas letras "b", "c" e "d" do seu inciso IV: (...) b) dada a natureza jurídica dos embargos à execução, não será exigido depósito para a sua oposição quando estiver suficientemente garantida a execução por depósito recursal já existente nos autos, efetivado no processo de conhecimento, que permaneceu vinculado à execução, e/ou pela nomeação ou apreensão judicial de bens do devedor, observada a ordem preferencial estabelecida em lei; c) garantida integralmente a execução nos embargos, <u>só haverá exigência de depósito em qualquer recurso subsequente do devedor se tiver havido elevação do valor do débito, hipótese em que o depósito recursal corresponderá ao valor do acréscimo, sem qualquer limite; d) o depósito previsto no item anterior será efetivado pelo executado recorrente, mediante guia de depósito judicial expedida pela Secretaria Judiciária, à disposição do Juízo da execução</u>; (grifo acrescentado) (...).

à disposição do juízo, ainda que atrelado aos índices da poupança (§ 4º)[(2)].

O depósito recursal, agosto/2017, era na conta vinculada do reclamante no FGTS, ou fora dela, desde que feito na sede do juízo e à disposição deste, mediante guia de depósito judicial extraída pela Secretaria Judiciária, conforme alínea *e* do inciso II da supramencionada Instrução Normativa n. 3/1993 do TST, que, aliás, regulamenta, por assim dizer, o depósito recursal trabalhista em todos os seus aspectos (ela naturalmente será adaptada ao novo regramento)[(3)].

Diante disso, não se compreende a razão pela qual a Lei n. 13.467/2017 determina que o depósito seja feito em conta vinculada ao juízo e corrigida com os mesmos índices da poupança (nova redação do § 4º do art. 899 da CLT e revogação do § 5º). A diferença de rendimento é de apenas 0,25% ao mês, que não compensa a não destinação provisória de tão volumoso capital ao FGTS, cujos recursos são utilizados em programas sociais de financiamento de habitação popular, infraestrutura urbana e saneamento básico.

Reiterando a conclusão anterior, não há dúvida de que as alterações levadas a efeito pela Lei n. 13.467/2017, no tocante ao depósito recursal, serão prejudiciais à efetividade das decisões condenatórias proferidas pela Justiça do Trabalho, além de, certamente, criar mais um incidente processual gerado pelos requerimentos de gratuidade judiciária que advirão de empregadores reclamados.

O art. 6º da IN n. 39/16 estabeleceu que:

> Aplica-se ao Processo do Trabalho o incidente de desconsideração da personalidade jurídica regulado no Código de Processo Civil (arts. 133 a 137), assegurada a iniciativa também do juiz do trabalho na fase de execução (CLT, art. 878).
>
> § 1º Da decisão interlocutória que acolher ou rejeitar o incidente:
>
> I — na fase de cognição, não cabe recurso de imediato, na forma do art. 893, § 1º, da CLT;
>
> II — na fase de execução, cabe agravo de petição, <u>independentemente de garantia do juízo;</u>
>
> (...) (grifo acrescentado)

Foi revogado pela IN 41/18 (arts. 13, 17 e 21) em face da introdução do art. 855-A da CLT. De seguinte teor:

> Art. 855-A. Aplica-se ao processo do trabalho o incidente de desconsideração da personalidade jurídica previsto nos arts. 133 a 137 da Lei n. 13.105, de 16 de março de 2015 — Código de Processo Civil.
>
> § 1º Da decisão interlocutória que acolher ou rejeitar o incidente:
>
> I — na fase de cognição, não cabe recurso de imediato, na forma do § 1º do art. 893 desta Consolidação;
>
> II — na fase de execução, cabe agravo de petição, <u>independentemente de garantia do juízo</u>; (grifo acrescentado)
>
> III — cabe agravo interno se proferida pelo relator em incidente instaurado originariamente no tribunal.
>
> § 2º A instauração do incidente suspenderá o processo, sem prejuízo de concessão da tutela de urgência de natureza cautelar de que trata o art. 301 da Lei n. 13.105, de 16 de março de 2015 (Código de Processo Civil).

Quanto ao seguro garantia judicial, advieram decisões a respeito, transcrevendo-se aqui apenas a ementa de uma delas, por bem explicitar a questão:

> Recurso ordinário. Art. 899, § 11, da CLT. Possibilidade de substituição do depósito recursal. Seguro garantia judicial contendo cláusulas que afastam a característica do instituto processual trabalhista de garantia de futura execução. Não conhecimento do recurso por deserção. 1. O § 11 do art. 899 da CLT, incluído pela Lei n. 13.467, de 2017, estabelece a possibilidade de que o depósito recursal seja substituído pelo seguro garantia judicial. 2. A par da citada inovação legislativa, contudo, não se pode deixar de considerar que, para que tal substituição ocorra, deve ser preservada a finalidade do depósito recursal no processo do trabalho, qual seja, a garantia, ainda que parcial, de futura execução da obrigação de pagar decorrente da sentença condenatória. Para tanto, as condições de validade estabelecidas na apólice de seguro devem permitir que o valor segurado em substituição ao depósito recursal possa ser utilizado na quitação da parte incontroversa do crédito exequendo, ainda que em hipótese de execução provisória. 3. No caso, as condições especiais constantes na apólice de seguro ofertada pela recorrente expressamente estabelecem a necessidade de trânsito em julgado da decisão para que tenha efeito a cobertura segurada. Além disso, a apólice confere à Seguradora a prerrogativa de requerer a apresentação de novos documentos ou informações, por ocasião da reclamação do pagamento do valor segurado, o que extrapola os regulares procedimentos processuais, cuja condução cabe ao Magistrado. Por fim, a apólice do seguro possui prazo de vigência preestabelecido até 27.02.2021 e a renovação desse prazo depende da prática de atos por parte da tomadora do seguro garantia, ora recorrente, e da Seguradora, o que também pode obstar futuro levantamento do valor pela parte exequente. 4. Essas condições estabelecidas na apólice do Seguro Garantia Judicial findam por afastar a característica elementar do depósito recursal, consistente na garantia de futura execução total ou parcial e da efetividade do provimento condenatório consubstanciado em obrigação de pagar. 5. Afastada essa garantia, não se pode atribuir ao Seguro Garantia Judicial ofertado pela recorrente a

---

(2) Atente-se para o fato de que essa nova disposição legal não repetiu a previsão do CPC no sentido de se acrescer trinta por cento ao valor do débito para o caso de penhora (2º do art. 835 e parágrafo único do art. 848), admitida no Processo do Trabalho pela Orientação Jurisprudencial n. 59 da SBDI-II do TST.

(3) O Ato n. 13 da Corregedoria-Geral da Justiça do Trabalho, de 13 de novembro de 2017, alterou o art. 71, *caput*, da Consolidação dos seus Provimentos, que passou a ter a seguinte redação: "Art. 71. As guias de depósito judicial para pagamentos, garantia de execução, encargos processuais, levantamentos de valores e <u>depósitos recursais</u> seguirão o modelo único padrão estabelecido na Instrução Normativa n. 36 do Tribunal Superior do Trabalho, ou outra que venha a substituí-la." (sublinhou-se)

condição de substituto do depósito recursal, restando caracterizada a deserção do recurso ordinário. 6. Recurso ordinário a que se nega conhecimento, por deserto." (TRT 3ª Região. Sétima Turma. 0010563-27.2016.5.03.0182 (RO) (PJe). Recurso Ordinário. Rel. Desembargador Marcelo Lamego Pertence. DEJT/TRT3/Cad. Jud. 30.04.2018, p. 1034-1038).

Observe-se, entretanto, que a alínea *e* do item II da Instrução Normativa n. 3/1993 permanece inalterado, talvez por esquecimento.

Embora não diretamente ligada ao tema, mostra-se oportuno mencionar a alteração efetivada na Orientação Jurisprudencial n. 140 da SBDI-I do TST, que dizia: "Ocorre deserção do recurso pelo recolhimento insuficiente das custas e do depósito recursal, ainda que a diferença em relação ao '*quantum*' devido seja ínfima, referente a centavos."

Tal se deu em 17.04.17, passando ela a ter a seguinte redação:

> Em caso de recolhimento insuficiente das custas processuais ou do depósito recursal, somente haverá deserção do recurso se, concedido o prazo de 5 (cinco) dias previsto no § 2º do art. 1.007 do CPC de 2015, o recorrente não complementar e comprovar o valor devido.

Interessante é que o referido parágrafo do CPC de 2015 não alterou substancialmente o § 2º do art. 511 do CPC de 1973 e, quando da edição da Instrução Normativa n. 139/2016, dizia-se que se aplicava às custas processuais e não ao depósito recursal, restrição posteriormente revogada pela Resolução n. 218, de 17 de abril de 2017, do TST.

Agosto de 2018.